TRAITÉ

THÉORIQUE ET PRATIQUE

DES

BREVETS D'INVENTION

ET DE LA

CONTREFAÇON

Paris. — Imprimerie L. BAUDOIN et Cie, 2, rue Christine.

TRAITÉ
THÉORIQUE ET PRATIQUE
DES

BREVETS D'INVENTION

ET DE LA

CONTREFAÇON

PAR EUGÈNE POUILLET

AVOCAT A LA COUR D'APPEL DE PARIS

Troisième édition mise au courant de la jurisprudence

PARIS

IMPRIMERIE ET LIBRAIRIE GÉNÉRALE DE JURISPRUDENCE

MARCHAL ET BILLARD

IMPRIMEURS-ÉDITEURS, LIBRAIRES DE LA COUR DE CASSATION

27, Place Dauphine, 27

1889

AVERTISSEMENT

DE LA TROISIÈME ÉDITION.

Quoique la rapidité avec laquelle se sont épuisées les deux premières éditions de cet ouvrage soit une marque de la faveur du public, nous nous garderons bien d'en tirer vanité. Nous savons que ce n'est pas au mérite de l'œuvre qu'il faut attribuer son succès. Notre *Traité des Brevets* a eu la chance de venir à son heure et de répondre à un besoin. Le progrès toujours grandissant de l'industrie a donné au Droit industriel une place qu'il n'avait pas eue jusque-là. Il est entré maintenant dans l'enseignement public; il a ses professeurs, d'éminents professeurs, dans nos Facultés; au lieu d'être relégué au second plan et traité comme un accessoire à peine digne d'intérêt, il est devenu une science, à laquelle, non seulement en France, mais encore à l'étranger, les jurisconsultes commencent à accorder l'attention qu'elle mérite et que, dans tous les cas, elle commande. Dans ce siècle qui fait de si grandes choses, — qui marque chacun de ses pas par une étonnante découverte, — qui a inventé les chemins de fer, la télégraphie et la lumière électriques, l'acier Bessemer, les couleurs dérivées du goudron de houille, le téléphone, le phonographe, — qui, surprenant les secrets de la nature, est parvenu à reconstituer quelques-uns de ses produits, — dans ce siècle, l'industrie est la maîtresse du monde. Les lois qui règlent et protègent ses conquêtes devaient devenir et sont en effet devenues la base d'un Droit nouveau, dont l'application est chaque jour plus fréquente, et, par suite, l'étude plus nécessaire.

C'est à ce besoin que répondait notre livre. Venu le dernier, on a bien voulu reconnaître qu'il était plus complet que les ouvrages, traitant du même sujet, qui l'avaient précédé. On a reconnu aussi, — et cela nous a touché, parce que c'est à cela que nous visions d'abord, — qu'il était clair. On nous a pourtant reproché quelquefois le luxe des arrêts que nous citions; ce reproche ne nous a pas convaincu et nous avons persisté à le mériter. Aux arrêts cités dans nos premières éditions, nous avons ajouté ceux qui ont été rendus depuis. Nous avons pris le même soin de les analyser fidèlement et de reproduire autant que possible le point de fait; dans ces matières, le fait est trop intimement mêlé au droit pour qu'on le passe sous silence. Nous avons aussi toujours indiqué les sources où l'on peut aller rechercher le texte même des arrêts; c'est un contrôle nécessaire, et que le lecteur a le droit d'exiger. Sans cette précaution, les citations d'arrêts doivent inspirer et inspirent une naturelle défiance.

Nous offrons donc au public cette nouvelle édition, avec l'espoir qu'il lui sera aussi indulgent qu'il l'a été pour les autres.

INTRODUCTION.

On a beaucoup discuté la question de savoir si le droit de l'inventeur est ou non un droit de propriété. Le législateur français, qui a été appelé à l'examiner à deux reprises différentes et après un long intervalle de temps, en 1791 et en 1844, l'a résolue la première fois, sans hésitation et presque d'enthousiasme, dans le sens de l'affirmative, tandis que la seconde fois il a cru plus sage de la laisser dans l'ombre et de ne pas la résoudre.

C'est ainsi que l'art. 1er de la loi de 1791 portait textuellement : « Toute découverte ou nouvelle invention, dans tous « les genres d'industrie, est *la propriété* de son auteur ; en « conséquence, la loi lui en garantit la pleine et entière jouis- « sance, suivant le mode et le temps qui seront ci-après « déterminés. » Et le préambule de la loi, découvrant sans ambages la pensée du législateur, disait : « L'Assemblée « nationale, considérant que toute idée nouvelle, dont la « manifestation ou le développement peut devenir utile à la « société, appartient privativement à celui qui l'a conçue et « que ce serait attaquer les droits de l'homme que de ne pas « regarder une découverte industrielle comme la propriété « de son auteur ; considérant, en même temps, combien le « défaut d'une déclaration positive et authentique de cette « vérité peut avoir contribué jusqu'à présent à décourager « l'industrie française, en occasionnant l'émigration de plu- « sieurs artistes distingués et en faisant passer à l'étranger « un grand nombre d'inventions nouvelles, dont cet empire « aurait dû tirer les premiers avantages ; considérant, enfin, « que tous les principes de justice, d'ordre public et d'inté- « rêt national, lui commandent impérieusement de fixer « désormais l'opinion des citoyens français sur ce genre de « propriété par une loi qui la consacre et qui la protège, « décrète, etc. »

Ce préambule n'était que l'écho du rapport rédigé par M. de Boufflers, lequel revendiquait hautement pour les inventeurs un droit de propriété sur leurs œuvres. Et tel était alors le courant des esprits que Mirabeau, dans un beau mouvement d'éloquence, n'hésitait pas à déclarer à la tribune que « les découvertes de l'industrie et des arts « étaient une propriété avant que l'Assemblée nationale « l'eût déclaré. »

En 1844, lorsque le gouvernement songea à substituer une loi nouvelle à la loi de 1791, le sentiment du législateur était bien changé : il n'était plus question du droit de propriété de l'inventeur, et l'exposé des motifs, après avoir rappelé les divers systèmes proposés, ajoutait : « Heureusement, « messieurs, nous n'avions pas à vous déférer une question « de pure métaphysique, et nous ne pouvions oublier que « les sociétés, qui s'éclairent et s'améliorent par les discus- « sions philosophiques, ne se gouvernent pas par des prin- « cipes absolus et vivent de la réalité des faits. Bornons- « nous donc à constater ce qui existe et ce qui existe sans « contestation depuis 1791. L'inventeur ne peut exploiter sa « découverte sans la société ; la société ne peut en jouir sans « la volonté de l'inventeur ; la loi, arbitre souverain, est « intervenue ; elle a garanti à l'une la jouissance exclusive, « temporaire ; à l'autre, une jouissance différée, mais per- « pétuelle. Cette solution, transaction nécessaire entre les « principes et les intérêts, constitue le droit actuel des inven- « teurs, et, droit naturel ou droit concédé, propriété ou pri- « vilège, indemnité ou rémunération, ce résultat a été « regardé universellement comme le règlement le plus équi- « table des droits respectifs ; la raison publique l'a accepté, « et il est devenu, en cette matière, la base de la législation « chez tous les peuples. »

Depuis 1844, la question a fait encore du chemin, et, les idées de libre échange aidant, sous le couvert de ce grand mot dont on a tant abusé « liberté du travail », quelques personnes en sont venues à demander l'abolition pure et simple des brevets. M. Michel Chevalier s'est fait particulièrement l'apôtre de la doctrine nouvelle, allant jusqu'à dire, dans une lettre rendue publique en 1863, que le système des brevets était « *un outrage à la liberté et à l'industrie* » ; ajoutant que « *tous les amis du progrès industriel et social doivent* « *unir leurs efforts pour délivrer l'industrie d'entraves,* « *restes surannés du passé* » et que « *les brevets doivent dis-* « *paraître les premiers* ».

Grâce à un pareil patronage, l'idée de l'abolition des brevets d'invention devait réunir des adhérents ; c'est ce qui ne manqua pas d'arriver. Tous les frelons de l'industrie, c'est-à-dire tous ceux qui vivent des idées des autres, n'en ayant pas par eux-mêmes, et surtout les potentats de l'industrie, qui bénéficieraient d'abord de l'abolition des brevets, applaudirent aux principes émis par M. Michel Chevalier, et en pressèrent la mise à exécution.

La chute du gouvernement impérial et le retour forcé, au moins pour un temps, vers des idées sagement *protectionnistes*, ont ajourné depuis lors l'examen de la question ; tant d'autres questions, et de plus graves, de plus vitales pour notre pays, sont encore en suspens, attendant une solution qui ne vient jamais ! Mais, dès que le pays sera reposé, sinon guéri, nul doute que les mêmes théories se présenteront de nouveau, et que, dans un intérêt peut-être purement politique, on cherchera à réveiller les mêmes impatiences et les mêmes passions.

C'est pour cela que nous voulons ici, en peu de mots d'ailleurs, rechercher quels sont les droits de l'inventeur et avant tout s'il en a, et, par suite, examiner laquelle des deux thèses est la vraie, celle qui réclame l'abolition des brevets ou celle qui en propose le maintien.

Nous sommes d'autant plus convié à le faire que, tout récemment, M. Malapert, dont chacun connaît la tournure d'esprit originale et le savoir, a publié une brochure (1) dans laquelle il se prononce à son tour pour l'abolition des brevets, qui, selon lui, se sont multipliés au point d'être devenus une calamité publique ; et son avis mérite d'autant plus d'être rappelé qu'il nous apprend que, s'il a aujourd'hui une opinion

(1) Malapert, *Des lois sur les brevets d'invention dans leurs rapports avec les progrès de l'industrie.*

arrêtée sur ce sujet, il a commencé par avoir des doutes et a longtemps hésité.

Ce n'est pas d'ailleurs que M. Malapert ait trouvé des arguments nouveaux pour combattre le droit de l'inventeur; il donne seulement un tour nouveau aux arguments déjà connus; et ce tour nouveau consiste surtout à juger sévèrement les partisans de l'opinion contraire. Ce sont, pour M. Malapert, des gens *absurdes*, des *faibles d'esprit*, et, tout en voulant bien reconnaître qu'ils sont de la meilleure foi du monde, en déclarant même qu'ils ne sont pas à blâmer, il leur reproche de se servir des lois sur les brevets pour faire leur propre fortune.

Nous n'imiterons pas en ce point M. Malapert; nous n'admettons pas seulement sa bonne foi; nous lui reconnaissons, par-dessus le marché, une science juridique à toute épreuve, une grande largeur de vues; nous le tenons, comme tous les autres partisans de la même opinion, pour un adversaire sérieux et convaincu, et, pour cela, nous ne nous en prendrons qu'à ses arguments.

Précisons d'abord le rôle de l'inventeur dans la société : que fait-il? quel est son rôle? Lui rend-il ou ne lui rend-il pas un service?

Sur ce point, pas de discussion possible; les partisans les plus décidés de l'abolition des brevets reconnaissent sans difficulté que l'inventeur est utile à la société et qu'il lui rend un service. M. Michel Chevalier, et M. Malapert à sa suite, partent même de là pour proposer de substituer à la législation actuelle un système de récompenses *soit nationales, soit européennes*.

Tout de même, MM. Picard et Olin, dans la préface de leur excellent ouvrage (1), reconnaissent le service rendu par l'inventeur; seulement, dans un but d'économie que nous ne savons comment qualifier, ils conseillent à la société de ne lui rien accorder en échange, sous peine de *faire un marché de dupe* : car, disent-ils sans scrupule, « jamais un novateur « ne gardera ses conceptions pour lui, de crainte de la con- « currence; son intérêt évident l'appelle à mettre son projet

(1) *Traité des brevets d'invention*, p. 25.

« à exécution pour jouir des bénéfices espérés » ; et ils ne craignent pas d'ajouter : « La société ne doit pas faire de « concessions pour obtenir des avantages qui lui seraient « acquis sans cela ; elle n'a pas le droit de limiter la liberté « d'action d'aucun de ses membres, lorsqu'une nécessité « impérieuse ne l'y contraint pas. » Ainsi, la théorie de ces auteurs est la plus simple du monde ; ils reconnaissent que la société profitera de l'invention, mais ils l'engagent à ne rien donner à l'inventeur non pas parce qu'il ne mérite rien, mais parce que, par la nécessité même de sa situation, il sera entraîné un jour ou l'autre à livrer sa découverte gratuitement. En d'autres termes, MM. Picard et Olin veulent que la société spécule sur l'inventeur. A la place de la société, mettez un patron ; à la place de l'inventeur, mettez un ouvrier ; comment l'acte que ces auteurs conseillent s'appellera-t-il ? Il est vrai qu'un peu plus loin et, en quelque sorte confus de la proposition qu'ils viennent d'émettre, ils se rattachent, comme M. Chevalier, à un système de récompenses, composées de distinctions honorifiques, de pensions, ou même d'allocations pécuniaires.

M. Malapert va plus loin ; il articule (ce qui ne manque ni de hardiesse ni d'originalité) qu'en France les inventeurs sont récompensés, et, pour le prouver, il s'appuie sur ce que l'Académie des sciences ou le gouvernement auraient décerné des prix ou alloué des pensions à Rumkorff, Daguerre, Nièpce de Saint-Victor, Pasteur. Il ajoute : « Dites, si vous voulez, que tout cela ne fait pas assez d'honneurs, assez d'argent ; j'appuierai vos demandes. » On n'est pas plus généreux.

De ce qui précède retenons du moins ceci : c'est que, de l'avis de tous, le brevet rend un service à la société ; Kant le disait déjà ; Bacon d'ailleurs, remontant plus haut, remarquait justement, c'est M. Malapert qui le rappelle, « que les « anciens avaient fait des demi-dieux des conquérants et « des héros, mais qu'ils avaient fait des dieux des inven« teurs (1). »

---

(1) On lit dans l'*Encyclodédie*, au mot *Invention*, le passage suivant : « Qu'on parcoure l'histoire : les premières apothéoses ont été faites « pour les inventeurs : la terre les adora comme ses dieux visibles. Il

Ce premier point acquis, et du moment où, par une conséquence nécessaire, tout le monde est d'accord pour proclamer que la reconnaissance entraîne, pour la société qui s'enrichit, l'obligation d'accorder une récompense à l'inventeur, il reste à rechercher quelle doit être cette récompense, en quoi elle doit consister.

N'est-il pas juste que la récompense de l'inventeur soit la chose même qu'il a découverte ? Sa récompense ne sera-t-elle pas de cette façon proportionnée exactement au service qu'il aura rendu à la société? N'est-il pas naturel que la société dise à l'inventeur : « Je ne sais ce que vaut ton invention ; nul ne peut l'apprécier à son prix ; c'est la pratique seule qui en décidera ; je suis exposée, en l'évaluant dès à présent, à te donner beaucoup pour rien, comme toi à recevoir peu quand tu me donnes beaucoup ; il ne s'agit ici ni des efforts que tu as faits, ni des sommes que tu as dépensées, ni du mérite intrinsèque de ta découverte ; il s'agit uniquement de la chose qui me vient de toi ; bonne ou mauvaise, utile ou non, exploite-la d'abord à tes risques et périls ; nul mieux que toi n'est à même d'en faire comprendre le mérite, comme d'en propager l'usage. Recueille ses premiers fruits, quels qu'ils soient ; tant mieux pour toi s'ils sont importants ; tant pis, s'ils se réduisent à peu de chose. » Ce langage n'est-il pas sensé et logique? N'est-il pas évident qu'une invention ne peut être appréciée à sa juste valeur, au moment même où elle naît? Telle invention, d'un mérite extraordinaire en soi, donne en définitive de minces résultats, soit que la routine attachée au passé la rejette sans raison, soit qu'elle nuise à une catégorie d'industriels qui se liguent contre elle et la repoussent. Telle autre découverte, d'une importance mé-

---

« ne faut point s'étonner après cela qu'ils soient sensibles à l'honneur « de leurs découvertes ; c'est la dernière chose dont l'homme puisse se « dépouiller. Thalès, après avoir trouvé en quelle raison est le diamètre « du soleil au cercle décrit par cet astre autour de la terre, en fit part à « un particulier, qui lui offrit pour récompense tout ce qu'il exigerait. « Thalès lui demanda seulement de lui conserver l'honneur de sa décou- « verte. Ce sage de la Grèce, pauvre et comblé d'années, fut insensible « à l'argent, au gain, à tout autre avantage, hormis à l'injustice qui « pourrait s'emparer de la gloire qu'il méritait. »

diocre à la considérer en elle-même, se développe, se répand, et devient en peu de temps populaire. Quel jury aura l'esprit de divination nécessaire pour prévoir cela et pour fixer à l'avance d'une manière équitable la récompense due à l'inventeur? Qui ne voit qu'en procédant par une allocation pécuniaire, au moment même où l'invention se produit, on commettrait tous les jours les plus navrantes injustices?

A cela on objecte qu'en accordant à l'inventeur un droit de jouissance sur la chose même qu'il a découverte, on porte atteinte à la liberté de l'industrie.

La liberté! en quoi est-elle blessée? L'industrie possédait-elle cette invention avant que son auteur lui en fît part! N'était-elle pas à cet égard dans une ignorance absolue? L'empêche-t-on de jouir de tout ce qu'elle possédait auparavant? Lui enlève-t-on un seul des biens qui lui appartenaient? Restreint-on son domaine d'hier? Non! son champ n'est pas même amoindri.

Mais, dit-on, on lui apporte des entraves, et, si l'on ne restreint pas son domaine d'hier, on restreint son domaine de demain.

Le domaine que l'industrie possédera demain! mais qui peut préjuger ce qu'il sera? En tout cas, elle n'y a dès à présent aucun droit. Qui peut assurer que l'invention, si elle ne s'était pas produite aujourd'hui, se serait produite plus tard? Il est vrai qu'on répète sur tous les tons qu'il n'est pas rare de voir deux inventeurs, inconnus l'un à l'autre, se rencontrer de point en point (1), et, partant de là, on en tire

---

(1) MM. Picard et Olin (p. 21) écrivent à ce propos : « On a vu les « mêmes innovations éclore en même temps sur des points éloignés du « continent, œuvres de gens qui n'avaient eu entre eux aucune com- « munication; on a proposé des concours pour réaliser un problème « industriel et des solutions arrivaient de toutes parts, basées sur les « mêmes idées, conduisant aux mêmes résultats! Ces faits sont venus, « avec leur logique écrasante, apporter leur témoignage et ont abaissé « l'orgueil de l'individu ; ils l'ont forcé à écarter ses prétentions à une « propriété exclusive, parce qu'ils ont montré que son œuvre n'avait « rien d'exclusif. » Où ont-ils vu cela? Quels sont les faits auxquels ils font allusion? Dans quel pays cela s'est-il passé? De quelles inventions s'agissait-il? Ces auteurs ne nous l'apprennent pas.

un argument en faveur de l'impersonnalité des inventions, on en conclut que les inventions sont le fruit du travail d'une époque, le résultat du milieu où elles prennent naissance, et qu'à de certaines heures elles sont, comme on dit, dans l'air. Mettez ceux qui parlent ainsi au pied du mur; priez-les de vous citer des exemples; ils vous citeront quelques faits isolés, trop rares assurément pour devenir le fondement d'une règle; c'est le cas de dire plutôt que l'exception confirme la règle.

Que les inventions soient, dans une certaine mesure, le produit du milieu dans lequel elles se développent, à quoi servirait de le nier (1)? Nous admettons volontiers, avec M. Malapert, que « toute œuvre humaine est collective, que « la plus grande part en appartient au temps qui nous a pré- « cédés, à celui dans lequel nous vivons »; il est certain, comme il le remarque, que « notre valeur personnelle procède « du monde dans lequel nous sommes nés, qui nous a « nourris, élevés, instruits, et que nos forces créatrices sont « proportionnelles au milieu dans lequel nous avons vécu. » Tout cela est vrai; mais qu'en conclure? Il en est de même pour la peinture, la sculpture, les belles-lettres; le milieu dans lequel nous sommes plongés, le temps où nous vivons, ont une influence nécessaire sur notre activité; mais les facultés

(1) MM. Picard et Olin disent (p. 20, note 2) : « La substitution « de la paille au chiffon dans la fabrication du papier a été provo- « quée, non par le génie de celui qui le premier l'a réalisée, mais par « la rareté du chiffon. » Cela est en vérité naïf, à force d'être vrai; mais de ce que la rareté du chiffon a engagé les hommes spéciaux à chercher une autre matière première pour le remplacer, faut-il en conclure que le problème était par cela seul résolu? Il n'était que posé; il restait encore à choisir la matière première qui pouvait le mieux convenir, et, après avoir pensé à la paille, à trouver le moyen de la réduire en pâte propre à faire le papier. Or, le problème était si complexe, si ardu, qu'aujourd'hui encore l'emploi de la paille est restreint, et que, chaque jour, de nouveaux procédés, de nouvelles machines sont imaginés pour l'utiliser plus commodément, à moins de frais, dans des conditions meilleures. MM. Picard et Olin auraient dû se souvenir de cette parole si vraie de Biot : « Rien n'est plus clair que ce qu'on « a trouvé hier; rien n'est plus difficile à voir que ce qu'on trouvera « demain. »

individuelles, suivant la façon dont chacun les dirige, sont loin de suivre un développement identique dans un même milieu et pour le même temps; le milieu, le temps amènent et fournissent le problème à résoudre, l'activité individuelle en trouve plus ou moins la solution; aussi, pour être vrai, faut-il dire que, à de certains moments, le même problème se pose à tous les esprits, et reconnaître d'un autre côté que le plus souvent les solutions proposées sont très-diverses et n'ont de commun entre elles que le but auquel elles tendent, le besoin auquel elles répondent.

Mais allons plus loin.

Tenons un moment pour démontrer que ce qu'un inventeur découvre, un autre tôt ou tard l'eût découvert, et que cela est vrai pour toutes les inventions, de quelque nature qu'elles soient. Devons-nous pour cela nous prononcer contre les brevets? Point du tout.

Sans doute, cela nous conduit à refuser à l'inventeur un droit de jouissance perpétuelle sur sa découverte, c'est-à-dire, en d'autres termes, un droit absolu de propriété (1); car le

---

(1) On remarquera que nous avons réduit la question à ces termes fort simples et tout à fait pratiques : faut-il abolir ou maintenir les brevets? Nous n'avons donc pas à rechercher scientifiquement si le droit de l'inventeur constitue ou non un droit de propriété, ou plutôt, nous inclinant devant la définition scolastique du droit de propriété, nous avons d'un mot concédé que le droit de l'inventeur n'est point, à proprement parler, un droit de cette nature. Nous avons fait d'autant plus facilement cette concession, que, selon nous, la question, intéressante en théorie, est d'un intérêt fort mince dans la pratique. Qu'importe, en effet, que le droit de l'inventeur soit ceci ou cela, si ce droit en définitive existe, s'il s'impose à nous, s'il résulte de la nécessité même des choses. Ajoutons cependant, sans y insister, que la définition de la propriété, telle qu'elle a cours à l'école, nous paraît excellente en tant qu'elle s'applique à des corps certains, à ces objets, meubles ou immeubles, dont la nécessité d'appropriation s'est manifestée dès le commencement des sociétés. Mais à côté de la propriété matérielle, telle qu'elle fut comprise dans l'origine, n'est-il pas venu se placer un autre genre de propriété, née de relations nouvelles des hommes entre eux? Et n'est-il pas naturel que cette propriété, par cela même qu'elle est d'une espèce particulière, ait ses règles spéciales? Pourquoi, parce que la perpétuité du droit est l'essence de la première, nier la seconde, en affirmant qu'elle répugne au principe de la perpétuité? Pourquoi ne pas admettre qu'il y ait deux

lui accorder serait reconnaître que seul il a pu posséder cette découverte et nous admettons précisément l'opposé.

Mais faut-il lui dénier même un droit de jouissance temporaire (1), sous le prétexte qu'un autre eût trouvé ce qu'il a trouvé lui-même? Ne voit-on pas qu'en matière d'invention la date, à laquelle elle se produit, est l'essentiel? Elle se serait produite tôt ou tard! Ce « tôt ou tard » est la solution même de la question. L'intérêt de la société est de posséder le plus tôt possible, et, fût-il aussi sûr que cela l'est peu qu'à défaut du premier inventeur il s'en trouverait un autre pour faire la même découverte, il est clair que ce premier inventeur, en devançant les autres de plusieurs années peut-être, a bien mérité de la société, et qu'il lui a rendu un service signalé. C'est là un point de vue auquel, à notre sens, on s'est trop peu attaché jusqu'ici dans toutes les discussions sur la matière, et il a un intérêt considérable, décisif. Il n'avait pas échappé cependant à M. de Boufflers, et, pour

---

sortes de propriété, l'une dans l'ordre purement physique et celle-là perpétuelle, l'autre dans l'ordre intellectuel et celle-ci temporaire? Pourquoi s'obstiner à les confondre et repousser l'une sous prétexte qu'elle ne saurait s'accommoder des règles de l'autre (V. Tillière, p. 40 et suiv.)? Le congrès de la propriété industrielle, réuni à Paris, en 1878, a voté, au début même de ses travaux, la résolution suivante : « Le droit « des inventeurs sur leurs œuvres est un droit de propriété : la loi « civile ne le crée pas, elle ne fait que le réglementer. » Pas une voix, du reste, dans le sein du congrès, ne s'est élevée pour nier ou seulement mettre en doute l'utilité et la légitimité des brevets. C'est toutefois ici le cas de rappeler, à propos de la nature du droit de l'inventeur, la théorie des *droits intellectuels* imaginée par M. E. Picard (*Journal du droit international privé*, 1883, p. 565); l'éminent jurisconsulte belge pense, au moyen de la création de cette nouvelle classe de droits, remédier aux inconvénients qui, selon lui, « se lèvent à chaque pas, « quand on s'efforce de les confiner dans la propriété ordinaire ». A dire le vrai, et sauf la terminologie, *droits intellectuels* ou *propriété d'une espèce particulière*, cela nous semble bien près de revenir au même.

(1) Voici ce que dit à ce sujet Proudhon dans son livre des *Majorats littéraires* (p. 229) : « Le brevet d'invention temporaire et la con« currence, agissant l'un sur l'autre comme deux cylindres qui tournent « en sens inverse, entretiennent le travail et engendrent le progrès. Il y a « bien des inventeurs malheureux, je le confesse; il y en a d'indignement

justifier les brevets d'importation, il disait déjà avec un bon sens admirable : « Vaut-il mieux pour une nation avoir plus « tôt les découvertes, et les payer davantage, que de les « attendre plus longtemps pour en jouir à meilleur mar- « ché? Eh quoi, faudrait-il donc payer d'avance l'espoir « très incertain d'acheter un jour à meilleur marché ces « produits d'une nouvelle découverte, par des années de « non-jouissance, par des années de stagnation? Il me « semble entendre demander, en d'autres termes, lequel « vaut mieux d'ignorer ou de savoir, de ne rien faire ou de « travailler, d'acheter ou de vendre, d'attendre ou de jouir. » M. de Boufflers ajoutait : « Si une nation pouvait supputer « tout ce qu'elle gagne à posséder, la première, une invention « utile, et tout ce qu'elle gagne à se l'approprier le plus « tôt possible, elle conviendrait sans peine qu'en ce genre, « comme en beaucoup d'autres, la patience est le plus mau- « vais calcul. »

Qu'on ne dise donc pas : l'inventeur ne peut réclamer un droit de jouissance temporaire sur son invention, parce qu'un autre eût tôt ou tard inventé à sa place; d'abord cela est au moins problématique; ensuite, même réduit à cette seule question de date, le service rendu à la société est considérable et n'est pas trop récompensé par le droit temporaire de jouissance que nous réclamons pour l'inventeur.

Il est d'ailleurs une autre considération : si vous prétendez vous emparer de l'invention sans récompenser l'inventeur, vous pouvez exposer la société à en être à jamais privée. Il se peut en effet que l'inventeur, gardant le secret de sa décou-

« dépouillés; trop souvent une invention utile est stérilisée; d'autres « fois elle enrichit de misérables spéculateurs après avoir ruiné l'inven- « teur. Tout cela est affaire de réformes à introduire tant dans la légis- « lation des brevets que dans l'économie générale et dans les mœurs. « Ce qui importe, c'est de donner satisfaction égale à la liberté et au « génie, et de faire que par leur concours l'initiative individuelle, le bon « marché des produits, la prospérité publique, soient entourés de fortes « garanties. » Il faut lire tout le passage; on y verra que Proudhon ne combat que la perpétuité du privilège et admet au contraire, sans réserves, comme un principe de toute justice, le droit à un monopole temporaire.

verte, n'en veuille pas faire bénéficier une société ingrate. A cela nos adversaires font toujours la même réponse : un autre inventera. Et nous répliquons à notre tour : il inventera, c'est possible, mais quand?

Un autre inventera! Mais cette concession faite, pour un moment, à l'opinion adverse, l'histoire de l'industrie ne vient-elle pas la démentir? Combien de secrets de fabrique ont été ensevelis avec ceux qui les possédaient sans que nul ait pu les découvrir au temps où ils étaient mis en pratique, sans que nul, depuis, soit parvenu à les retrouver! Et voyez quel système d'injustice, d'oppression et d'inégalité vous allez consacrer, si vous supprimez les brevets et si vous livrez toutes les inventions au domaine public. Il est évident que l'inventeur menacé cherchera, comme il faisait jadis, à garder le secret de son invention ; ce sera sa première pensée; mais, parmi les découvertes, il y en a qui n'admettent pas le secret : une machine, par exemple, destinée à être manœuvrée par un plus ou moins grand nombre d'ouvriers, sera divulguée le jour où elle fonctionnera; tel autre instrument, grâce à sa forme, à ses dimensions, à ses fonctions, sera au contraire susceptible d'être exploité secrètement ; un procédé chimique enfin, que son auteur pourra mettre en œuvre, seul, dans son laboratoire, restera complètement et peut-être indéfiniment secret. Et vous créerez de cette façon maintes inégalités ; tel inventeur verra le public s'emparer, du jour au lendemain, du fruit de son travail ; tel autre lui en ravira la connaissance pendant un temps plus ou moins long ; un troisième la lui ravira absolument et seul en conservera les bénéfices. Cela est-il juste?

Je sais qu'on peut objecter ici que la loi actuelle admet le secret de fabrique en même temps que le brevet, et que de ce fait il résulte, même sous l'empire de notre législation, une inégalité. Cette inégalité n'est qu'apparente ou plutôt elle est réduite à sa plus simple expression. Le nombre des secrets de fabrique est aujourd'hui très restreint ; et la plupart des industriels préfèrent une jouissance temporaire sous la protection de la loi à une jouissance qui peut être illimitée, mais qui, dépendant de la moindre indiscrétion, du moindre hasard, ne lui est aucunement garantie. Abolissez les brevets, et vous verrez le secret de fabrique, de toutes parts, renaître et refleurir.

Chose singulière ! M. Malapert constate l'inconvénient et même le danger des secrets de fabrique ; rappelant l'époque où il acceptait la législation sur les brevets, il dit textuellement : « Je remarquais qu'une seule raison pouvait être « invoquée en faveur de ce privilège (des inventeurs) : c'est « que beaucoup de secrets de fabrique ont été perdus, parce « qu'on ne les avait pas publiés, et que la loi, qui donnait le « droit privatif, exigeait le dépôt d'une description complète « et sans réserve. » Il semblerait que, pour revenir sur une opinion aussi bien justifiée, M. Malapert a eu des motifs irrésistibles, et qu'il va nous les faire connaître. Point du tout. Après avoir reconnu le danger des secrets de fabrique, il rejette les brevets d'invention qui, d'après lui-même, sont un moyen d'y remédier, mais sans dire comment, en les supprimant, il conjurera le danger qu'il signale.

C'est ici l'occasion de rappeler que le Congrès international, réuni à Vienne en 1873, a voté la résolution suivante : « La protection des inventeurs doit être garantie par la législation de tous les peuples civilisés, en vertu des motifs « suivants : ...4° parce que cette protection fournit le seul « moyen pratique de porter les idées nouvelles à la con- « naissance du public sans perte de temps, d'une manière « authentique, à la condition que la description des inven- « tions soit publiée d'une façon complète ; parce que l'on « tend à supprimer, par la publication, le plus grand « ennemi du progrès : le *secret de fabrique.* »

On dit, il est vrai, qu'une foule d'ignorants prennent des brevets sans raison, et que ces brevets sont un épouvantail pour l'industrie qui, dans ce temps d'incrédulité, a conservé la foi dans le brevet, et l'on ajoute ici, avec raison, qu'il y a des habiles qui ne prennent des brevets que pour intimider leurs concurrents et se faire des réclames. Le mal existe, nous en convenons ; mais est-il sans remède ? Instruisez la foule de ses droits, et surtout supprimez ce mot de « brevet » qui porte avec lui, quoi qu'on fasse, l'idée d'une consécration de l'invention. Ne permettez plus que l'on se dise *breveté par le gouvernement ;* délivrez, comme on l'a proposé, de simples certificats de dépôt, et, si ce n'est assez, s'il est encore des gens pour abuser de ces certificats de dépôt et en faire, malgré tout, un instrument de concurrence déloyale, ordonnez que ceux-là seront poursuivis rigoureusement et que leur condamnation sera publiée par voie d'affiche et d'insertion. Le mal aura bien vite disparu ou ses effets seront conjurés.

Ce mal a-t-il, d'ailleurs, la portée et l'étendue qu'on lui attribue? Produit-il les fâcheuses conséquences qu'on prétend? Est-il vrai, comme semble l'écrire sérieusement M. Malapert, que, chaque année, les 6,000 brevets qui sont demandés enlèvent à l'action des travailleurs un nombre incalculable de produits ou de procédés industriels? L'auteur remarque lui-même que beaucoup des brevetés, cessant de payer l'annuité, renoncent d'eux-mêmes à leur privilège et laissent leurs brevets tomber dans le domaine public (1). Dès lors, où est l'entrave? où est cet empiètement préjudiciable à l'industrie et barrant la route au progrès? Il est vrai que le gouvernement ne publie pas la liste des brevets dont les annuités n'ont pas été payées en temps voulu; M. Malapert s'en indigne: il s'écrie avec douleur que « les travailleurs ignorent quand la liberté leur a été rendue ». Ne sait-il pas qu'il suffit d'adresser au ministre une demande pour recevoir aussitôt l'état exact du payement des annuités d'un brevet? On n'ignore donc que par sa faute.

Il est un autre argument auquel nous devons répondre: il consiste à se lamenter sur le sort des malheureux inventeurs, qui quelquefois, dit-on, meurent sans avoir pu tirer parti de leur brevet, ou passent le temps de leur jouissance temporaire à lutter contre une contrefaçon sans cesse renaissante, et usent leurs forces à soutenir des procès interminables et ruineux. Les inventeurs ont souvent à souffrir et de l'obstinée routine du public et de l'acharnement des contrefacteurs: hélas! nous ne le savons que trop! Mais il faut convenir que c'est un singulier remède que celui qui, pour guérir la maladie, supprime le malade. Interrogez les inven-

(1) Les statistiques montrent qu'au bout de dix ans, il reste debout à peine 1 brevet sur 16, et, au bout de quinze ans, à peine 1 sur 25.

teurs et demandez-leur ce qu'ils préfèrent de leurs maux actuels ou de la perspective de les voir disparaître en même temps que leur droit lui-même ; ils n'hésiteront pas à répondre qu'ils préfèrent encore le système des brevets avec tous ses inconvénients, et la preuve en est dans cet accroissement même du nombre des brevets, dont M. Malapert ne peut se consoler.

Il suffit d'interroger, au surplus, l'industrie pour se convaincre que, s'il est des brevets qui ruinent, il en est aussi et plus d'un qui enrichissent. Enfin, si le sort des brevetés vous apitoie, il est un moyen bien simple de leur venir en aide; contre la routine et l'aveuglement, personne ne peut rien sans doute, mais contre les contrefacteurs la loi pourrait beaucoup ; et, même sans loi nouvelle, si nos tribunaux prenaient l'habitude d'être rigoureux, de prononcer des condamnations sévères, de proportionner le chiffre des dommages-intérêts au préjudice réellement souffert, si, par une indulgence fâcheuse, ils n'encourageaient pas les contrefacteurs en leur faisant trouver avantage à contrefaire, même au risque d'un procès qui ne leur enlève jamais qu'une part insignifiante des bénéfices indûment réalisés par eux, la contrefaçon serait moins en honneur, et les procès seraient moins nombreux.

Nous avons parcouru le cercle des arguments qu'on invoque en faveur de l'abolition des brevets, et nous n'en avons pas rencontré un seul qui nous saisisse et nous persuade. La raison, la logique, la justice nous paraissent, au contraire, combattre en faveur de la thèse opposée.

Il reste une considération qui nous a toujours frappé, que nous n'avons vue exprimée nulle part et qui nous semble pourtant de nature à plaider éloquemment en faveur du maintien des brevets (1). La voici : on réclame l'abolition des

---

(1) V. pourtant *le Droit des Inventeurs*, une brochure in-8°, par M. E. Barrault, qui soutient avec raison que « la liberté de l'industrie par la « suppression des brevets, c'est l'oppression de l'industrie par le mono- « pole de la richesse » (p. 9 et 53).

brevets au nom de la liberté de l'industrie, au nom des principes démocratiques ; eh bien ! nous pensons, nous, que cette abolition favoriserait au premier chef les principes contraires. Que voyons-nous de nos jours ? Partout de grandes sociétés se forment, qui, usant et abusant quelquefois de la puissance de leur capital, écrasent tous les concurrents qui se trouvent autour d'elles, qui leur font ombrage, et concentrent en elles-mêmes des industries tout entières. Que font pour cela ces souverains du capital ? Ils se résignent à perdre de l'argent pendant un temps plus ou moins long, avilissant les prix jusqu'à ce que leurs concurrents, moins riches, ne puissent plus lutter ; puis, la concurrence anéantie, ils relèvent les prix, et, désormais seuls sur le marché, règnent en despotes. Tel est le spectacle auquel nous assistons tous les jours ; c'est la loi fatale de la concurrence, de cette concurrence à outrance tant prônée, et qui tourne toujours, — pourquoi ne veut-on pas le voir ? — au profit du capital le plus gros. C'est ainsi qu'on est arrivé à créer une aristocratie toute-puissante de la finance et de l'industrie, aristocratie bien autrement gênante et nuisible que l'aristocratie du nom et de la naissance.

Les brevets sont, à notre sens, un des meilleurs palliatifs, sinon l'un des plus sûrs remèdes, à cet état de choses ; ils aident singulièrement à contrebalancer les effets fâcheux du capital. Ils permettent au petit fabricant de lutter heureusement avec les seules ressources de son intelligence contre les écus du gros fabricant. Trouve-t-il un nouvel engin, un nouveau produit, un nouveau procédé, il peut, grâce à cela, et par cela que seul il aura le droit d'user de son invention, défier la concurrence redoutable de son voisin. Il est assuré, en effet, d'avoir sur lui, pendant un temps déterminé, une supériorité qui déjouera la puissance du capital ; en dépit de son argent, le gros fabricant ne pourra pas se servir du nouvel engin, vendre ce produit nouveau, utiliser ce nouveau procédé ; il ne pourra donc pas, malgré son capital, faire, sur ce point, une guerre heureuse à son rival ; il ne pourra mettre en œuvre ses artifices ordinaires ; il devra se résigner à voir son concurrent développer sa fabrication à l'abri de ce palladium qui s'appelle un brevet. Et, de cette façon, l'intelligence de l'un luttera contre le capital de l'autre, et le brevet s'élèvera comme une barrière contre laquelle les imprudentes convoitises de l'accapareur viendront se briser (1).

Ce que nous disons du petit fabricant, nous le dirons avec plus de raison encore du simple ouvrier. Il lui suffit d'une idée heureuse et neuve, pour devenir, par la grâce du droit qui la protège à son profit exclusif, le rival et l'égal de son patron. Il n'est donc pas vrai de dire, comme M. Malapert : « L'ouvrier se voit esclave des brevetés ; il n'a pas intérêt à « bien faire ; les esclaves font des tâches et non des œuvres « d'art. » Ce sont là des mots à effet, mais qui expriment juste le contraire de ce qui est la vérité la mieux constatée. Le brevet fait de l'ouvrier un maître ; il l'arrache à cette servitude que M. Malapert déplore en l'exagérant du reste ; et, s'il faut à ce point de vue regretter quelque chose, c'est uniquement que les frais de prise d'un brevet soient trop élevés. Le législateur qui les diminuerait aurait bien mérité de la classe ouvrière.

Supprimez au contraire les brevets, remplacez-les même par un système de récompenses quel qu'il soit, ne voyez-vous pas que le gros fabricant, pouvant dès à présent jouir de l'invention, s'en emparera au plus vite, et, jouant son jeu ordinaire, écrasera ses concurrents ? Qu'arrivera-t-il alors ? C'est qu'au bout d'un temps plus ou moins long chaque industrie sera concentrée entre les mains d'un très petit nombre d'industriels, riches, tout-puissants, maîtres absolus du marché, et le résultat sera non-seulement que les petits industriels auront été écrasés dans la lutte, et qu'ainsi l'un des éléments de vitalité du pays aura disparu, mais encore que les progrès de l'industrie seront arrêtés. Où sera en effet l'intérêt de ces grands seigneurs à faire mieux ? Ils seront

(1) Comment M. Michel Chevalier a-t-il pu prêcher la liberté sans frein et sans limite de la concurrence, lui qui, dans une de ses leçons au Collège de France, en avait fait, à une autre époque, un si triste tableau ? Il disait alors : « Comme, dans cette arène, la force se mesure « à la puissance des capitaux, la possession d'un gros capital confère un « avantage semblable à celui du baron féodal, qui, du haut de son châ- « teau fort, dominait les paysans de la vallée. » Et c'est lui qui a parlé d'abolir les brevets d'invention, contrepoids naturel du monopole de la richesse !

seuls, et la consommation bon gré mal gré sera forcée de prendre leur produit puisqu'il n'y en aura pas d'autres; et l'ouvrier, le travailleur à la tâche, que pourra-t-il espérer avec un pareil système? Quel intérêt aura-t-il à s'instruire, à se perfectionner dans son métier, à rechercher des moyens nouveaux ou meilleurs, à sortir de ce qui lui a été strictement commandé, puisqu'il n'en profiterait pas lui-même, puisqu'il enrichirait son patron? quelle cause d'inimitié, de haine ajoutée aux autres! On reviendrait ainsi à un état de choses pire encore que les maîtrises et les jurandes, et nous aurions simplement passé de l'excès d'un mal à l'excès d'un autre. Que ceux qui se disent démocrates, qui s'intitulent pompeusement les amis du peuple, et qui en même temps réclament l'abolition des brevets, réfléchissent à cela!

Pour justifier notre thèse, ne suffit-il pas au surplus de jeter un coup d'œil sur l'histoire de l'industrie dans tous les pays? Ne la voit-on pas partout languissante, engourdie, aussi longtemps que la loi n'intervient pas pour reconnaître à l'inventeur la propriété de sa découverte et le protéger contre l'usurpation d'autrui? Aujourd'hui encore les pays qui n'ont pas le respect de la propriété industrielle ne sont-ils pas en retard de plusieurs siècles sur les autres? Ne sont-ils pas déshérités de toute industrie et penchant vers la ruine? Longtemps on a cité l'exemple de la Suisse qui, refusant d'imiter les autres nations, proclamait et mettait obstinément en pratique le principe de la liberté absolue, sans frein, du commerce et de l'industrie, c'est-à-dire la liberté du pillage. Elle est riche, disait-on, elle prospère, et pourtant elle n'accorde point de protection aux inventeurs! Cet argument auquel on pouvait faire plus d'une réponse échappe lui-même à nos adversaires. Les Expositions universelles en se renouvelant ont, en effet, ouvert les yeux à nos voisins. Dans les spécialités mêmes où ils se croyaient sans rivaux, ils se sont tout à coup aperçus qu'ils étaient égalés, sinon même dépassés. Leurs hommes d'État ont aussitôt recherché les causes de cet amoindrissement, et ils ont cru le trouver dans l'absence même de toute protection pour les inventeurs; ils se sont mis à l'œuvre et ils ont préparé une loi sur les brevets d'invention. Cette loi est en vigueur depuis le 15 novembre 1888.

Les travaux préparatoires de cette loi sont intéressants à consulter, car on y rencontre de précieux aveux, faits avec une sincérité et une compétence indiscutables.

En 1872, le Comité d'enquête, institué en Angleterre pour examiner cette question, émettait l'avis suivant : « La pro- « tection des inventions favorise le progrès de l'industrie, en « permettant aux auteurs de découvertes importantes d'ar- « river plus vite à les appliquer et à les développer que s'il « n'y avait pas de brevets. Les récompenses nationales en « argent ne remplaceraient pas avantageusement le privilège « garanti par le brevet d'invention (1) ».

Tenons donc pour certain que le progrès de l'industrie est toujours en raison de la protection que, dans une limite prudente et sage, la loi accorde à l'inventeur.

Nous pourrions à cet égard grouper ici bien des faits; nous pourrions tracer le tableau de l'avancement des sciences et de l'industrie depuis le jour où, sous l'inspiration de Bacon, l'Angleterre, la première, a reconnu le droit des inventeurs. Quelle merveilleuse peinture! quel triomphe facile! Mais à quoi bon! nous ne sommes point assez aveugle pour penser que c'est au brevet d'invention qu'il faut rapporter exclusivement le mérite de ces étonnantes découvertes,

---

(1) On lit dans l'exposé des motifs de la loi allemande : « Les brevets « sont-ils véritablement, pour le développement de l'industrie, d'une « aussi grande importance qu'on l'admet généralement aujourd'hui? « C'est là une question à laquelle on peut se dispenser de répondre, alors « même qu'on ne considérerait pas cette question comme résolue par « l'opinion publique; la nécessité de la réglementation de la matière « pour toute l'Allemagne doit paraître d'autant moins douteuse, que les « grands États industriels de l'Europe sont moins disposés à renoncer à « l'institution des brevets. » — V. *Bull. législ. comp.*, 1878, p. 103. — M. Geoffroy (*Des brevets d'invention en droit international*) rappelle à ce propos les lois récentes parues en divers pays sur les brevets : 1877, Allemagne; 1878, Espagne; 1880, Turquie et grand-duché de Luxembourg; 1882, Venezuela et Brésil; 1883, Angleterre; 1884, Suède; 1885, Japon. — Ajoutons les lois promulguées en 1885 en Norvège et dans l'Uruguay; en 1887, dans la République Sud-Africaine et au Congo; en 1888, en Suisse; en 1889, en Tunisie; et mentionnons le mouvement qui se fait à présent dans les Pays-Bas et qui, après avoir fait accéder ce pays à la Convention de 1883, tend à y rétablir les brevets d'invention abolis en 1869.

de ces véritables miracles que nous voyons chaque jour se produire sous nos yeux. L'esprit humain, en effet, progresse en dépit des obstacles et des barrières qu'on lui oppose; seulement il progresse plus ou moins vite. Or, il est évident que ce courant d'émulation, cette fièvre généreuse, née de l'espérance que tout inventeur puise dans la loi elle-même de recueillir seul les premiers bénéfices de sa découverte, entretient son ardeur et le pousse sans relâche à de nouvelles recherches.

En terminant cette étude, ajoutons qu'il peut exceptionnellement se présenter telle circonstance où l'utilité publique demandera qu'une invention ne reste pas, même pour un temps limité, entre les mains de son auteur, soit que sa nouveauté même et son importance exigent son rapide développement, soit qu'elle réponde à un besoin immédiat de l'industrie nationale, et qu'il y ait intérêt absolu à en faire profiter sur-le-champ le public. Ces cas seront nécessairement rares; mais, pour ces cas, il nous semble que le principe d'expropriation pour cause d'utilité publique, posé d'une manière générale dans notre Code civil, devrait recevoir son application. Ce serait le moyen de sauvegarder à la fois l'intérêt de tous et l'intérêt de l'inventeur.

Peu de personnes probablement liront cette introduction; celles qui se hasarderont à le faire y trouveront du moins, nous l'espérons, l'accent d'une conviction sincère, éclairée d'ailleurs par l'expérience et qu'affermit encore l'énervant spectacle de ces discussions où chaque jour de stériles idéologues essaient de remettre en question, sous une forme ou sous une autre, et le droit de propriété et tous les droits qui y ressemblent.

BIBLIOGRAPHIE

EN MATIÈRE DE BREVETS D'INVENTION (1).

ALLART, *des Brevets d'invention*, in-8°, 1885.

Annales de la Propriété industrielle, v° PATAILLE.

BÉDARRIDE, *Commentaires des lois sur les Brevets d'invention*, 1868, 3 vol. in-8°.

BLANC (Étienne), *L'inventeur breveté*, 3e édition, 1852, in-8°.

— *Traité de la Contrefaçon*, 4e édition, 1855, in-8°.

CALMELS, *de la Propriété et de la Contrefaçon des œuvres de l'intelligence*, 1856, in-8°.

DALLOZ, *Jurisprudence générale* et *Supplément*, v° *Brevets d'invention*.

DARRAS, *Des droits intellectuels*, 1887, in-8°.

Dictionnaire de la Propriété industrielle, artistique et littéraire. — NOTA : Cet ouvrage contient la table générale des *Annales de la Propriété industrielle*, de l'origine, en 1855, jusqu'en 1887.

DUVERGIER, *Collection des lois*, année 1844.

GOUJET et MERGER, *Dictionnaire de droit commercial*, v° *Contrefaçon*.

HUARD (Adrien), *Répertoire de législation, de doctrine et de jurisprudence en matière de Brevets d'invention*, 1863, gr. in-18 (2).

LE SENNE, *Brevets d'invention* et *Droits d'auteur*, 2e édition, 1849, in-8°.

LOISEAU et VERGÉ, *Loi sur les Brevets d'invention*, 1845, in-18.

---

(1) On trouvera dans la *Bibliographie raisonnée du Droit civil*, de M. Dramard, (1878, in-8°), une nomenclature assez complète.

Nous ne croyons pas nécessaire d'expliquer les abréviations que nous avons employées pour désigner les commentaires ou les recueils de jurisprudence auxquels nous renvoyons; ces abréviations sont usuelles; chacun les comprendra. Indiquons seulement : B. J. pour *Belgique judiciaire;* Pas. pour *Pasinomie*, ou collection complète des lois en Belgique; Teulet, pour *Journal des tribunaux de commerce*, etc.

(2) M. Huard, en collaboration avec M. Pelletier, a publié en 1885 une seconde édition qui, malheureusement, ne renferme plus comme la précédente les travaux préparatoires de la loi de 1844.

MALAPERT et FORNI, *Nouveau Commentaire des lois sur les Brevets d'invention*, 1879, in-8°.

NICOLAS et PELLETIER, *Manuel de la propriété industrielle*, 1888, in-12.

NOUGUIER, *des Brevets d'invention et de la Contrefaçon*, 2e édition, 1858, in-8°.

PATAILLE, *Annales de la Propriété industrielle*, 1855-1889. 33 vol. in-8°.

PELLETIER et DEFERT, *Procédure en matière de Contrefaçon*, 1879, in-12.

PICARD et OLIN-PICOT, *Traité des Brevets d'invention et de la Contrefaçon industrielle*, Bruxelles, 1869, in-8°.

Propriété industrielle (La). — NOTA : Ce journal, fondé par M. Ét. BLANC, a paru de 1857 à 1866; la collection complète en est très rare et ne se trouve pas dans le commerce.

RENDU et DELORME, *Traité pratique du droit industriel*, 1855, in-8°.

RENDU (Ambroise), *L'Exposition de 1878 et les inventeurs*, une brochure in-12.

— *Codes de la Propriété industrielle*, t. 1er, 1879, in-12.

RENOUARD, *Traité des Brevets d'invention, de perfectionnement et d'importation*, 3e édition, 1865, in-8°.

RUBEN DE COUDER, *Dictionnaire du droit commercial*, v° *Brevets d'invention*, 1878, in-8°.

SCHMOLL, *Traité pratique des Brevets d'invention, dessins, etc.*, 1867, in-8°.

TILLIÈRE, *Traité théorique et pratique des brevets d'invention*, 1858, in-8°.

BREVETS D'INVENTION

ET

CONTREFAÇON

LIVRE PREMIER.

DES BREVETS D'INVENTION

CHAPITRE Ier.

OBJET ET NATURE DU BREVET.

SOMMAIRE.

1. Historique. — 2. Ce que c'est qu'un brevet. — 3. Il n'y a qu'une sorte de brevets. — 4. Le brevet ne peut être remplacé par aucun autre acte. — 4 *bis*. Jurisprudence. — 5. *Quid* du dépôt sous pli cacheté?

1. Historique. — Le travail que nous présentons ici a une portée toute juridique et exclusivement juridique. Nous nous proposons uniquement d'étudier la loi du 5 juillet 1844 qui régit actuellement, en France, le droit des inventeurs, de rechercher et de fixer, s'il est possible, à l'aide de la doctrine et de la jurisprudence, le sens exact de ses dispositions. On comprendra donc que nous entrions de plain-pied dans notre sujet, sans nous perdre dans les détails d'un historique, qui nous emporterait fort loin et qui constitue d'ailleurs une étude d'un ordre tout à fait différent. Cette étude est encore à faire. On trouvera cependant quelques-uns de ses éléments d'abord dans l'ouvrage de M. Renouard, puis dans un travail plus récent, que M. Malapert a publié dans le *Journal des Économistes* (1).

On sait que, sous l'ancien régime, à côté des corporations privilégiées, le roi constituait parfois des privilèges spéciaux, en faveur de certains particuliers, auxquels il accordait le droit de faire seuls telle fabrication. Ces privilèges n'étaient même pas rares. M. Renouard a donné une liste de quelques-uns, en exposant que plusieurs n'étaient qu'une simple faveur, tel que celui qui fut accordé en 1674 à Françoise d'Aubigné, veuve du feu sieur Scarron, pour des âtres à fourneaux, fours et cheminées d'une nouvelle invention. Ce que M. Malapert nous fait connaître, c'est la forme dans laquelle ces privilèges étaient enregistrés au Parlement. Il y avait toute une procédure, suivie d'un examen à la suite duquel le Parlement enregistrait le privilège, souvent en modifiant profondément ses conditions. M. Malapert cite à cet égard d'assez curieux exemples.

Le 24 décembre 1762 parut enfin un édit, le premier qui ait statué sur cette matière d'une façon générale. « Son but, « dit M. Malapert, n'était pas seulement d'être favorable aux « inventions. Il est constaté par le préambule que le législateur a voulu récompenser l'industrie des inventeurs ou « exciter celle qui languissait. L'article premier maintenait « les anciens privilèges. L'article second limitait à quinze « années la durée de ceux qui seraient ultérieurement accordés. Le titulaire ne pouvait, pendant sa vie, céder ses droits « à ses enfants et petits-enfants qui, pour succéder aux « droits de l'inventeur, devaient obtenir des lettres patentes « portant confirmation en leur nom du privilège. Du reste, « l'impétrant était déchu, s'il négligeait d'user de son privilège pendant une année. » On sait comment, dans la nuit du 4 août 1789, tous les privilèges sans distinction furent emportés par la tourmente révolutionnaire, ceux dont nous nous occupons en ce moment comme les autres; mais le droit des inventeurs ne fut pas longtemps méconnu : en effet, en même temps qu'elle décrétait la liberté du négoce et des pro-

(1) V. *Journal des Économistes*, juillet 1878.

fessions, l'Assemblée nationale consacrait le droit des inventeurs. Le 7 janvier 1791 paraissait un décret relatif aux auteurs de découvertes utiles. Suivant la voie que l'Angleterre avait ouverte depuis plus d'un siècle et dont l'utilité était chaque jour démontrée par le progrès incessant de l'industrie et du commerce, le législateur français garantissait aux inventeurs la jouissance pleine et entière de leurs découvertes ou inventions dans tous les genres d'industrie, pour un temps déterminé et moyennant de certaines conditions. Le brevet d'invention, c'est-à-dire le titre qui constate le droit de l'inventeur à la protection de la loi, était créé. Cette loi, qui pèche peut-être par un manque de précision sur certains points, est cependant restée la base de notre droit en ces matières; elle a été appliquée jusqu'en 1844, époque où lui fut substituée une loi nouvelle, la nôtre, étudiée, celle-là, avec un soin auquel nous aurons plus d'une fois à rendre hommage, et laissant percer à tout moment le talent supérieur des hommes qui, dans nos assemblées publiques, ont pris part à sa rédaction ou à sa discussion. C'est de cette loi que nous allons nous occuper.

2. Ce que c'est qu'un brevet. — Les inventeurs se font en général une très fausse idée de ce que c'est qu'un brevet d'invention et des avantages qu'il procure. Le premier mot d'un traité sur cette matière doit donc être pour les éclairer, les désabuser et surtout les mettre en garde contre de dangereuses illusions.

Et d'abord l'invention confère-t-elle à celui qui la réalise un droit de propriété? C'est une question que le législateur de 1791 n'avait pas hésité à trancher dans le sens de l'affirmative, mais que le législateur de 1844, plus timoré, a eu soin de laisser dans l'ombre, évitant — c'est ce qu'on lit dans l'exposé des motifs de la loi — de se jeter dans une discussion métaphysique qui serait sans utilité. On doit regretter, à coup sûr, cette circonspection du législateur; car la meilleure manière de régler l'exercice d'un droit, c'est d'en rechercher et d'en déterminer l'origine.

Nous avons essayé plus haut (1) de préciser les caractères

(1) V. l'Introduction.

de l'invention industrielle et la nature des droits qui en résultent. Nous n'y revenons pas. Bornons-nous seulement à constater, avec le législateur de 1844, que, quelle que soit l'essence du droit de l'inventeur, ce droit existe et ne saurait être méconnu sans une criante injustice. La loi le fait consister dans la faculté qu'elle reconnaît à l'inventeur, pendant un temps qui ne peut excéder quinze années, à l'exclusion de tous autres, d'exploiter sa découverte et d'en retirer tous les bénéfices qu'elle comporte. Ce temps expiré, la découverte tombe dans le domaine de tous, et chacun demeure désormais libre de l'exploiter sans entrave.

Ce droit étant ainsi renfermé dans un espace de temps déterminé, il est nécessaire d'en fixer le point de départ. C'est à cela que sert le brevet d'invention. C'est donc tout simplement un titre officiel constatant que tel jour, à telle heure, tel individu s'est déclaré l'auteur de telle invention; c'est, comme on l'a dit avec esprit, l'*acte de naissance* de l'invention; rien de plus. L'administration, en délivrant le brevet, ne fait que donner acte à celui qui le demande de ses propres déclarations, le brevet n'a donc que la valeur que peuvent avoir ces déclarations.

Aussi verrons-nous bientôt que le brevet d'invention est délivré sans examen préalable, pour toute invention réelle ou chimérique, à tout individu qui en fait la demande dans la forme régulière.

Il n'y a, par conséquent, il ne peut y avoir aucune garantie attachée à la délivrance d'un brevet d'invention. Le brevet n'est pas la preuve que celui qui le demande a réellement fait une invention; c'est uniquement la preuve qu'il *prétend* être inventeur.

On comprend, dès lors, que c'est être naïf que de se laisser intimider, comme il arrive souvent, par l'annonce plus ou moins pompeuse qu'un concurrent fait de ses brevets d'invention. Il faut ne voir là qu'une prétention pure et simple, et, avant d'y céder, en examiner de près la valeur. Par la même raison, il ne faut pas se faire illusion et penser que, parce qu'on a obtenu un brevet d'invention, on a vraiment fait une découverte, et que nul ne peut la contester; le brevet ne sert à rien de semblable; il ne crée pas le droit de l'inventeur, il en découle. Si le droit n'existe pas, le brevet n'est qu'un chiffon de papier sans valeur.

Aussi nous ne saurions trop protester contre ce mot « brevet d'invention » si maladroitement employé par la loi ; c'est une expression mauvaise et de nature à induire les intéressés en erreur. Il eût mieux valu adopter l'expression « certificat de dépôt », qui ne laisse aucun doute sur la nature du titre et des droits qu'il confère. Elle aurait eu cet avantage de tuer les *brevets-réclames*, qui sont si nombreux à notre époque, et de ramener l'industrie à une bonne foi qui semble devenir plus rare chaque jour.

3. Il n'y a qu'une sorte de brevets.—Dans le public, c'est une croyance répandue qu'il y a plusieurs espèces de brevets : brevets d'invention proprement dits, brevets d'importation, brevets de perfectionnement. C'est une erreur. La loi n'admet qu'une seule espèce de brevets; seulement, le brevet, soit par le caractère de la personne à qui il est délivré, soit par la nature de l'objet auquel il s'applique, est soumis à des conditions particulières. Ainsi, le brevet pris en France par une personne qui s'est déjà fait breveter pour la même invention à l'étranger suit ici les vicissitudes et le sort du brevet pris là-bas; c'est-à-dire qu'il ne lui survit pas, et que si, par exemple, le brevet étranger a une durée moins longue que celle que la loi française assigne aux brevets qu'elle délivre, le brevet n'a pas plus de durée en France qu'à l'étranger ; nous examinerons, d'ailleurs, en détail, cette question, dont plusieurs points sont controversés. Ainsi encore, le brevet pris pour des perfectionnements apportés à une invention déjà brevetée par un autre, ne peut être exploité tant que le brevet originaire subsiste. Donc, sauf de certaines conditions qui, dans des cas déterminés, sont imposées aux brevetés, le brevet lui-même est d'une nature unique, invariable; il n'y a, en un mot, qu'une espèce de brevets (1). C'est uniquement pour la facilité des explications qu'on emploie les mots de : *brevets d'importation*, *brevets de perfectionnement*.

(1) V. Nouguier, n° 2.

4. Le brevet ne peut être remplacé par aucun autre acte. — Le droit de l'inventeur, avons-nous dit, naît de l'invention elle-même et non du brevet; néanmoins, le brevet est le seul moyen donné à l'inventeur pour s'assurer la protection de la loi. De même, en effet, que le législateur prescrit certaines formes pour la rédaction des actes de l'état civil et ne reconnaît de puissance probante qu'aux actes revêtus de ces formes, de même il ne permet pas de constater la naissance des inventions dans une forme autre que celle du brevet. Toute façon différente de procéder est radicalement nulle à ses yeux, et l'invention qui n'est pas consignée dans un brevet, quels que soient d'ailleurs son mérite, son importance ou sa nouveauté, n'a pas d'existence légale (1).

4 *bis*. **Jurisprudence** (2). — Il a été jugé d'après ces principes : 1° que, lorsqu'un produit industriel présente dans son application le caractère d'une invention ou d'une découverte, le dépôt, qui en est fait au conseil des prud'hommes, ne peut en assurer à l'auteur la possession exclusive, le droit de propriété ne pouvant se conserver en pareil cas que par l'obtention d'un brevet d'invention : spécialement, un système de *lanternes-phares*, dont la forme et les dispositians intérieures ont pour effet de produire un grossissement de la lumière, constitue un produit industriel dont la propriété privative ne peut être conservée que par un brevet (Cass., 10 mars 1858, Chrestien, Pataille, 58.133); 2° que le dépôt d'une machine au greffe du tribunal de commerce est absolument inefficace à en conserver la propriété à son inventeur et ne peut suppléer au brevet, seul capable de la lui assurer (Amiens, 21 décembre 1859, Bordier, *Prop. ind.*, n° 113); 3° qu'il n'y a pas dessin de fabrique, mais procédé mécanique et produit indus-

---

(1) V. Nouguier, n° 68.

(2) V. également Paris, 1er mars 1845, Delachaussée; Trib. civ. Seine, 4 fév. 1847, Mullot (*Le Droit*, n° 228); Paris, 15 fév. 1854, Bonneau-Desroches; Lyon, 15 juin 1859, Schulz (*Propr. ind.*, n° 91); Trib. corr. Seine, 7 fév. 1877, Girardin (Pataille, 77.183); Trib. corr. Seine, 23 mars 1877, Foret (Pataille, 77.181); Paris, 6 juill. 1878, Roudeau (Pataille, 78.284); Trib. civ. Seine, 18 avril 1879, Depoully (Pataille, 81.305); Trib. civ. Grenoble, 27 mai 1881, Thiervoz (Pataille, 83.237).

triel, essentiellement brevetables, dans un mode particulier de confection des rubans et galons qui, en introduisant dans leur tissage certains fils appelés *fils tirés*, permet, par le jeu mécanique de ces fils, de produire une plissure régulière dite *tuyautement*, de l'effacer et de la reproduire à volonté ; par suite, l'invention, en pareil cas, ne peut être protégée que par un brevet, et non par un simple dépôt au secrétariat du conseil des prud'hommes (Rej., 20 avril 1853, Fontaine, cité par Blanc, p. 448).

5. Quid du dépôt sous pli cacheté? — Il en serait de même du dépôt fait sous pli cacheté au secrétariat d'une société savante, dans l'étude d'un notaire ou ailleurs. Ces dépôts précisent bien la date de l'invention et peuvent même garantir leur auteur contre les effets d'un brevet pris postérieurement par un autre ; mais ils ne lui donnent aucun des droits qui dérivent du brevet (1).

CHAPITRE II.

DES INVENTIONS BREVETABLES.

(1) V. Nouguier, n° 39 ; Renouard, n° 90. — V. *infrà*, nos 425 et suiv.

SECTION Ire.

Caractères généraux.

SOMMAIRE.

§ 1. *Ce que la loi entend par invention.* — 6. Différence entre l'invention et la découverte. — 7. A quel genre d'invention s'applique le brevet? — 8. Énumération des objets brevetables. — § 2. *Du caractère industriel de l'invention.* — 9. L'invention doit être industrielle. — 10. Jurisprudence. — 11. La loi protège tous les genres d'industrie. — 12. Jurisprudence. — 13. Quand l'invention peut-elle être dite industrielle? — 13 *bis*. Jurisprudence. — 14. *Quid* d'un procédé de culture? — § 3. *Importance ou mérite de l'invention.* — 15. Son influence sur la brevetabilité. — 16. Jurisprudence. — 17. *Quid* au point de vue des dommages-intérêts? — 18. *Quid* si l'invention nuit à une classe d'industrie? — 19. Jurisprudence.

§ 1er. — *Ce que la loi entend par invention.*

6. Différence entre l'invention et la découverte. — La loi n'accorde le brevet qu'autant qu'il y a *découverte* ou *invention*. « L'invention, dit M. Nouguier (1), diffère de « la découverte; l'invention produit quelque chose de nou- « veau qui n'existait pas auparavant; la découverte met en « lumière quelque chose qui existait, mais qui, jusqu'alors, « avait échappé à l'observation. » Picard et Olin disent à leur tour : « La découverte suppose toujours une chose déjà « existante, tandis que l'invention suppose le plus souvent « une chose qui n'existe pas encore; nous disons le plus sou-

(1) Nouguier, n° 389.

« vent, parce qu'en effet, il y aurait invention quand même « la chose existerait, pourvu que l'inventeur l'ignorât. Dans « ce cas, l'invention différerait de la découverte par un autre « point : c'est que la première exige toujours que l'homme « participe à sa confection, à sa réalisation, tandis qu'il suffit « pour la seconde que l'homme mette en lumière, en évi- « dence, un objet, qui a été créé sans sa participation, par « exemple, au moyen des seules forces de la nature (1). » Ainsi, pour citer des exemples, Otto de Guéricke et Sanctorius ont *inventé* l'un la machine pneumatique, l'autre le thermomètre; Newton et Gregory ont *inventé* le télescope à réflexion; Pascal a *inventé* la brouette; Galilée a *découvert* les taches du soleil; Harvey a *découvert* le circulation du sang; Schœinbein a *découvert* l'ozone; Balard a *découvert* le brome. Montesquieu précise parfaitement le sens de l'un et de l'autre mot, lorsqu'il dit : « Que nous a servi la *découverte* de tant « de peuples et l'*invention* de la boussole? » Cette distinction, très juste au point de vue grammatical, est sans intérêt au point de vue juridique; en fait, les deux mots s'emploient indifféremment l'un pour l'autre.

7. A quel genre d'invention s'applique le brevet? — Ce serait se tromper que de croire que le brevet s'applique à toutes espèces d'inventions. Le mot *invention* a, dans la langue du droit, une signification tout à fait spéciale. On peut être inventeur, avoir fait une découverte remarquable, et pourtant n'avoir point le droit de prendre un brevet d'invention. La première condition, pour qu'une invention soit brevetable, c'est qu'elle puisse être industriellement utilisée; c'est qu'elle soit, en un mot, du domaine de l'industrie. Les découvertes faites dans la science, quelle qu'en soit l'importance, quelque effort de génie qu'elles aient coûté, ne peuvent devenir l'objet d'un brevet que si elles reçoivent, en même temps, une application dans l'industrie.

Le brevet d'invention, en effet, n'est autre chose qu'un contrat passé entre la société et l'inventeur : ce n'est pas que le droit d'invention ne soit antérieur à ce contrat; mais,

(1) Picard et Olin, n° 17.

comme le disait si bien l'exposé des motifs de la loi de 1791, l'inventeur ne peut exploiter sa découverte sans la société; la société, de son côté, ne peut en jouir sans la volonté de l'inventeur. De là, la nécessité d'un contrat : l'inventeur livre sa découverte à la connaissance de tous; il reçoit, en échange, la garantie d'un monopole temporaire, d'une jouissance exclusive, placée sous la protection de la loi. Seulement, la société n'accepte le contrat qu'autant qu'elle tire de la découverte un avantage effectif, palpable, immédiat; elle consent à protéger celui qui accroît ses richesses matérielles, non celui qui augmente la somme de ses connaissances théoriques. Tel est le contrat. Ainsi, la découverte de la circulation du sang, celle du mécanisme de la voix humaine ou de l'électricité sont assurément de grandes découvertes, mais ce sont des découvertes qui, n'étant point industrielles et pratiques, ne sont pas brevetables. Nous aurons, ailleurs, l'occasion d'examiner ce point en détail : il suffit que nous le mentionnions ici.

D'un autre côté, toutes les inventions relatives à l'industrie ne sont pas susceptibles d'être brevetées. Ainsi, les marques de commerce, les dessins et les modèles de fabrique qui peuvent être, chacun dans son genre, l'objet d'un droit privatif, ne peuvent pas légalement donner lieu à la prise d'un brevet. La loi, qui les protège au même titre, prescrit, à leur égard, des formalités spéciales.

8. Énumération des objets brevetables. — Aux termes de l'art. 2 de la loi, « sont considérées comme inven- « tions ou découvertes nouvelles : l'invention de nouveaux « produits industriels; ou l'invention de nouveaux moyens « l'application nouvelle de moyens connus pour l'obtention « d'un résultat ou d'un produit industriel. » Il faut bien comprendre ces dispositions et en mesurer la portée.

§ 2. — *Du caractère industriel de l'invention.*

9. L'invention doit être industrielle. — Nous avons dit que le premier caractère d'une invention, pour être brevetable, c'est qu'elle soit industrielle; il ne suffit pas cependant qu'elle se rattache, d'une façon plus ou moins directe, au domaine de l'industrie; il faut encore qu'elle produise un résultat industriel (1). « La loi, disait à ce propos « le rapport, est faite dans l'intérêt de l'industrie et non « dans l'intérêt de la science. Son domaine est dans la région « des faits, non dans celle des abstractions. Elle ne peut et « ne doit s'appliquer qu'à un objet matériel, saisissable, « transmissible, ou à un procédé applicable, déterminé, « conduisant à un résultat industriel quelconque (2). » Il s'ensuit que les conceptions purement théoriques, les systèmes purement abstraits et intellectuels, par exemple une méthode d'enseignement, une loi de physique ou de chimie, un mode de contrôle, de tenue de livres, ne sont pas susceptibles d'être brevetés. Ce genre de découverte est exclusivement du domaine de l'intelligence, point du tout de celui de l'industrie (3).

10. Jurisprudence (4). — Il a été jugé, en ce sens, qu'une méthode qui s'adresse uniquement à l'intelligence, telle qu'une méthode de lecture, et qui, par suite, n'entraîne aucune trace matérielle pouvant être communiquée par celui qui en a les éléments lui-même, ne confère aucun privilège efficace, puisque la contrefaçon en serait insaisissable, et que, dès lors, elle ne saurait être l'objet d'un brevet d'invention (Grenoble, 24 décembre 1842 et Rej., 22 août 1844, Laffore, Dall., v° *Brev. d'inv.*, n° 82).

11. La loi protège tous les genres d'industrie. — La loi prend soin d'ajouter, et cela est de toute évidence, que l'invention est brevetable, à quelque genre d'industrie qu'elle appartienne. Il est donc permis de se demander si le tribunal de la Seine a eu raison de déclarer non brevetable un procédé

---

(1) V. *infrà*, n° 13.

(2) V. Huard, 1re *édit.*, p. 239.

(3) V. Nouguier, nos 554 et 558; Calmels, n° 356; Picard et Olin, nos 106 et 109.

(4) V. également Grenoble, 27 mai 1831, Soubeyran (Dall., v° *Obligations*, n° 134); Nîmes, 21 déc. 1829, Roche (*eod. loc.*, n° 529); Grenoble, 12 juin 1830, Augier (Dall., v° *Brev. d'inv.*, n° 82); Rej., 21 fév. 1837, Alvier *eod. loc.*, n° 214); Trib. civ. Grenoble, 4 juill. 1831, Flourens (*eod. loc.*, n° 214); Paris, 15 fév. 1870, Donckèle (Dall., 70.2.120); Paris, 1er mars 1873, Vaquez-Fessard (Pataille, 75.207).

nouveau d'embaumement, sous le prétexte qu'il s'appliquait au corps humain, c'est-à-dire à une chose qui n'est pas dans le commerce (1). « Sans doute, comme le remarque avec rai- « son M. Blanc, un cadavre ne peut être réputé marchandise. « Mais c'est le procédé seul qu'il faut envisager, abstraction « faite de l'objet auquel il s'applique (2). » Ajoutons, d'ailleurs, que la Cour de Paris, en confirmant le jugement que nous rappelons, n'en a pas adopté les motifs et a fondé sa décision sur des raisons toutes différentes, ce qui laisse supposer qu'elle ne se ralliait pas à la même doctrine.

MM. Picard et Olin approuvent, au contraire, de tous points la décision du tribunal de la Seine, et les motifs qu'ils en donnent valent qu'on les pèse : « Dans la cause Gannal, « disent-ils, le tribunal correctionnel de Paris a donné entre « autres raisons pour invalider le brevet que le procédé qui « consistait à injecter un liquide dans le cadavre, par une « incision de la carotide, constituait une opération chirurgi- « cale. Nous pensons que c'est exagérer la portée de la dis- « position qui défend de breveter ce qui touche à la médecine. « Il résulte de l'esprit de la loi que cette défense ne porte que « sur l'art de guérir proprement dit, sur ce qui touche à la « santé; or, on ne guérit que les corps vivants. Mais le « même jugement ajoute : — Attendu que le procédé d'em- « baumement par injection ne peut faire l'objet d'un brevet, « à raison même du sujet, le corps humain ne pouvant soit « avant, soit après le décès, être réputé marchandise et « rangé dans la classe des objets d'industrie, quelque latitude « qu'on veuille donner aux mots : marchandise, industrie. — « Ce deuxième considérant est exact; mais il ne met peut- « être pas la vérité assez en relief. Nous avons vu que les « choses pouvaient être industrielles par elles-mêmes, quand « c'était l'industrie qui les avait fabriquées, ou par l'objet au- « quel elles s'appliquent quand elles étaient utilisées par l'in- « dustrie sans que celle-ci les eût fabriquées. Or, dans le cas

(1) V. Trib. corr. Seine, 14 mars 1844, Gannal (*Gaz. Trib.*, 15 mars).

(2) Blanc, p. 480; — Comp. Rendu et Delorme, n° 315; Dalloz, n° 83.

« du procédé Gannal, ce procédé n'était industriel ni par lui-« même, puisqu'il consistait dans une incision et dans l'in-« troduction d'un liquide, opération dont on ne peut dire que « l'industrie la fabrique, ni par l'objet auquel il s'applique, « lequel est également étranger à l'industrie, comme le dit « avec raison le jugement. Celui-ci, après avoir examiné cette « hypothèse, aurait dû, pour être complet, porter son atten-« tion sur l'autre (1). »

Le raisonnement de MM. Picard et Olin ne nous convainc pas. Ces auteurs admettent, en effet, comme incontestable que la mise en pratique du procédé Gannal est une opération dont on ne peut dire que l'industrie la fabrique. C'est, au contraire, cette prémisse qui nous semble fort contestable. D'abord, le liquide antiseptique est, au premier chef, un produit marchand que l'industrie fabrique et vend; quant au procédé en lui-même, c'est-à-dire l'emploi dans des conditions déterminées du liquide antiseptique, il est clair qu'on ne peut dire qu'il est fabriqué; mais de quel procédé pourrait-on dire que l'industrie le fabrique? Ce procédé procure-t-il un résultat utile, dont l'industrie puisse tirer parti? Voilà la question. Or, qui en doute? Ne conçoit-on pas qu'une industrie tout entière puisse se fonder sur la mise en œuvre d'un pareil procédé? N'y a-t-il point un résultat industriel à obtenir, d'une manière pratique et pendant un long temps, la conservation des cadavres de façon, si l'on veut, qu'on puisse les transporter sans inconvénient à de grandes distances, de façon encore qu'ils puissent servir aux recherches scientifiques, de façon enfin que les émanations putrides, qui s'en dégageraient sans cela, soient arrêtées? Et, pour ne parler que de ce dernier résultat, a-t-on jamais douté qu'un procédé de désinfection fût brevetable? Dans un cas comme dans l'autre, n'est-ce pas un but semblable, un résultat analogue?

M. Allart, qui partage notre avis, dit fort bien : « Si la « théorie que nous combattons était admise, il faudrait l'ap-« pliquer à toutes les inventions qui ont pour objet l'alimen-

(1) Picard et Olin, n° 118.

« tation du corps humain ; car les mêmes raisons pourraient « aussi bien être invoquées à leur égard (1) ».

Par les mêmes motifs, nous n'approuvons pas l'arrêt qui a déclaré que la coupe plus ou moins économique d'un pantalon dans une pièce de drap dénote plus ou moins d'intelligence et d'habileté dans le tailleur qui y procède, mais que cette opération, n'étant que le résultat de calculs qui ne peuvent être interdits à aucun tailleur pour faire le meilleur emploi possible d'une pièce d'étoffe, ne peut être considéré ni comme un procédé ni comme une invention susceptible d'être brevetée (2). M. Blanc (3), MM. Rendu et Delorme (4) critiquent également cette décision.

12. Jurisprudence. — Il a été jugé à cet égard : 1° qu'un système nouveau de coupe pour les gants est brevetable, dès qu'il y est adjoint par le breveté un outil propre à le réaliser (Trib. civ. Grenoble, 22 juin 1843, Jouvin, cité par Blanc, p. 491) ; 2° que l'application d'un nœud à chaque joint de la couture des gants constitue une invention brevetable (Paris, 16 juin 1846, Guillaume, cité par Blanc, p. 456) ; 3° que le seul fait d'avoir substitué l'emploi de la couture à celui des cercles en cuivre dans la fabrication des seaux à incendie est brevetable (Paris, 8 juillet 1846, Guérin, *J. Pal.* 47.1.295) ; 4° qu'il y a invention à fabriquer un nouveau genre de gants plus long que les gants ordinaires et à obtenir économiquement cette augmentation de longueur, non en découpant le gant d'un seul morceau de dimension suffisante, mais en le formant de deux parties réunies par une couture, laquelle est dissimulée sous un ornement, par exemple sous un ou plusieurs volants (5) (Paris, 26 janvier 1860, Boudier, *Prop. ind.*, n° 110).

13. Quand l'invention peut-elle être dite industrielle? — Suffit-il, pour que l'invention soit brevetable,

---

(1) Allart, *Traité des brev. d'inv.*, n° 7.

(2) Rej., 21 avril 1840, Heintz (Dall., 40.1.186).

(3) V. Blanc, p. 491.

(4) V. Rendu et Delorme, n° 321.

(5) V., *en sens contr.*, Trib. corr. Seine, 12 avril 1860, Boudier, *Propr. ind.*, n° 167.

que, par son objet, elle se rattache à l'industrie? Ou bien faut-il encore qu'elle produise effectivement un résultat industriel? Ainsi, pour prendre un exemple, doit-on reconnaître le caractère industriel à une invention qui consisterait dans un mode de contrôle, destiné à éviter des fraudes dans une exploitation commerciale ou industrielle. Ce sera, si l'on veut, l'idée d'établir un carnet avec des divisions déterminées, et de la combiner avec des fiches mobiles correspondant aux divisions du carnet, de telle sorte que la fiche mobile, envoyée à un bureau central, serve à contrôler les indications du carnet, resté entre les mains de l'employé et réciproquement? Ne peut-on pas dire que ce mode de contrôle, en permettant d'éviter ou de retrouver les erreurs, assure un résultat industriel puisque son emploi se traduit par une augmentation des bénéfices? Nous ne le pensons pas. Lorsque la loi exige un résultat industriel, elle entend un effet utile, tangible, palpable, se résumant soit dans la création d'un produit inconnu jusqu'alors, soit dans un moyen nouveau de fabrication, soit encore dans un emploi plus utile, dans une somme plus grande d'avantages tirés de produits ou de procédés connus. En un mot, le résultat industriel ne s'entend ici que de celui qui se rapporte à un effort de fabrication : voilà un premier côté de la question. En voici un second.

Supposons un brevet pris pour une machine à peigner la laine, c'est-à-dire pour un objet, pour un produit essentiellement industriel et par conséquent brevetable. Cela suffira-t-il pour la validité du brevet? Ou bien faudra-t-il, de plus, que cette machine puisse fonctionner, qu'elle soit de nature à donner un résultat utile? Disons d'abord qu'une machine, malgré ses imperfections, est susceptible d'être brevetée; s'il en était autrement, il n'y aurait pas de brevet possible; car il est rare qu'une invention naisse de toutes pièces et soit complète au moment où son auteur la conçoit. La loi ne recherche même pas si l'invention constitue un progrès sur ce que possédait auparavant l'industrie, ou si, au rebours, c'est, comme il arrive quelquefois, un pas fait en arrière; elle ne se préoccupe pas davantage de sa valeur ou de son mérite, nous le verrons. Toutefois, si la loi ne considère pas l'importance ou la perfection du résultat, elle exige du moins qu'il y ait un résultat, plus ou moins complet sans doute, plus ou moins utile, mais effectif, réel ; c'est ce qui nous paraît clairement ressortir des termes de l'art. 2, lorsqu'il parle de *produits industriels*, de *résultat industriel*. Si donc l'invention est impraticable, si elle n'est pas industriellement réalisable, elle ne saurait faire l'objet d'un brevet valable.

M. Blanc est du même avis : « Il importe encore, dit-il, « pour la validité du brevet, que l'application industrielle, in« diquée par le breveté, soit réalisable par les moyens qu'il « spécifie. Le caractère industriel manquera donc à l'inven« tion, et elle ne sera pas valablement brevetée si les procédés « décrits au brevet, quoique nouveaux, sont tels qu'on ne « puisse s'en servir. Il y aura bien nouveauté dans ce cas, « mais il n'y aura pas industrie possible. Ces procédés im« puissants seraient même les plus dangereux pour l'indus« trie, si les brevets, qui les protègent, étaient pris au sé« rieux. En effet, ils ne donnent rien d'utile à la société, « et, cependant, le monopole qu'ils engendrent, s'il était « maintenu, priverait l'industrie des conséquences qu'elle « peut tirer du principe mieux compris et mieux appli« qué (1). »

13 *bis*. **Jurisprudence.** — Il a été jugé : 1° que le caractère industriel appartient à toute invention pouvant donner lieu à une exploitation utile, si faible que soit relativement la production : spécialement, est brevetable un appareil à fabriquer la glace, encore que, dans le brevet, il soit qualifié d'appareil domestique (Paris, 13 avril 1863 et Rej., 30 nov. 1864, Carré, Dall., 65.1.163) ; 2° que l'imperfection d'un mécanisme, clairement décrit, ne fait pas obstacle à la brevetabilité, si, d'ailleurs, il réalise, dans une certaine mesure, l'effet annoncé (Paris, 28 mars 1865, Lefebvre, Pataille, 67.323) ; 3° que la loi n'accorde la protection du brevet qu'à l'invention qui a un caractère industriel ; ce caractère, du reste, ne résulte pas nécessairement de ce que la découverte

(1) Blanc, p. 479.

peut être mise en usage dans une exploitation commerciale pour la garantir contre des fraudes et tourner de la sorte au profit pécuniaire de l'établissement; il ne se trouve que dans les applications du travail manuel ou mécanique de l'homme, se rapportant à la création matérielle d'un produit destiné au commerce, soit qu'il s'agisse du produit envisagé en lui-même, soit qu'il s'agisse d'un résultat avantageux recherché dans la manière de l'obtenir : spécialement, n'est pas valable le brevet pris pour un simple procédé de vérification de l'identité des personnes au moyen d'une carte sur laquelle se colle l'image photographique de l'individu avec empreinte d'un timbre propre à empêcher la substitution d'une autre image à la première, un tel procédé étant une chose du pur domaine de l'intelligence et n'ayant trait ni à la création d'un produit matériel susceptible d'être mis dans le commerce, ni à un résultat réalisé dans la manière dont un produit de ce genre serait obtenu (Paris, 15 févr 1870, Donckèle, Dall. 70.2.120); 4° qu'on ne peut considérer comme brevetable le fait de dévider la soie sur un carton à compartiments, de façon à permettre la vente à la longueur (Paris, 1er mars 1873, Vaquez-Fessard, Pataille, 75.207).

14. *Quid* **d'un procédé de culture?** — Un procédé de culture est-il brevetable? Posée en ces termes généraux, la question ne nous paraît pas susceptible d'une réponse absolue. Il est évident que l'idée des assolements, par exemple, ne serait pas susceptible d'être brevetée, parce qu'elle ne se traduit pas par un procédé ayant un caractère industriel. C'est à cela, en effet, qu'il faut en revenir. Un procédé de culture serait donc brevetable si, étant nouveau bien entendu, il avait pour but et pour résultat, par exemple, d'améliorer les qualités marchandes d'un produit naturel. La question s'est présentée à propos de la culture des chênes-liège, et nous n'avons pas hésité à déclarer brevetable un procédé de revêtement des arbres, tel que l'encollage ou le calfeutrage, qui, appliqué à un moment déterminé, aux chênes-liège, avait pour effet, paraît-il, d'améliorer la qualité de l'écorce, en évitant la formation des croûtes et crevasses qui, commercialement, la déprécient. Nous avons eu la satisfaction de voir plusieurs de nos plus éminents confrères approuver sans réserve la solution que nous avions adoptée (1).

§ 3. — *Importance ou mérite de l'invention.*

15. Importance de l'invention; son influence sur la brevetabilité. — Ce que la loi envisage, c'est l'invention, quelle qu'elle soit; c'est le service rendu à l'industrie, si grand ou si petit qu'il puisse être. Elle s'attache uniquement au fait, sans se préoccuper de son origine ou de ses conséquences. Y a-t-il invention? Voilà tout ce que demande la loi. Si oui, elle ne considère ni la valeur de la découverte, ni l'importance de ses résultats, ni les efforts qu'elle a pu coûter. Tant mieux pour l'inventeur si sa découverte ne lui a demandé ni peine ni dépenses d'argent, et si, par-dessus le marché, elle est fructueuse pour lui; tant pis, au contraire, si sa découverte a exigé de grands sacrifices pécuniaires, si elle est le prix d'un incessant labeur, si même elle a abrégé sa vie, et que, par un triste retour, elle ne lui soit pas profitable. Si la loi entrait dans un pareil examen, où s'arrêterait-elle? Sur quels principes assoirait-elle ses jugements? Comment définirait-elle le degré de travail qui mériterait d'être récompensé? D'après quelles règles, enfin, apprécierait-elle la valeur et l'importance de l'invention? Les grandes découvertes ont été, le plus souvent, le résultat d'un hasard. C'est en voyant tomber une pomme que Newton devina la loi de l'attraction universelle; c'est en préparant un bouillon de grenouilles pour sa femme malade que Galvani trouva et détermina les premières lois de l'électricité. Sans doute le génie de ces grands hommes eut sa part dans leurs découvertes, et le hasard n'eût pas servi de même tout le monde; mais, parce qu'il fut la cause occasionnelle de ces admirables découvertes, qui oserait contester à ces savants la gloire de les avoir faites? Et, d'ailleurs, qui peut dire que telle invention est importante et que telle autre ne l'est pas? L'invention

(1) V. notre consultation et celles de MM. Pataille, Huard et Ch. Lyon-Caen (Pataille, 79.5).

qui paraît aujourd'hui la plus modeste puisera demain, dans les besoins nouveaux de l'industrie, une importance extraordinaire. Qui pourrait dire, à l'apparition d'une invention, quel sera son succès dans le monde? Jacquart lutta toute sa vie pour faire accepter son métier, et ne tira de son invention que de minces bénéfices; de nos jours, nous avons vu des fortunes se fonder sur l'exploitation de jouets d'enfants, tels que les spiralifères, les ballons gonflés au gaz hydrogène, les pistolets-canonnières, etc. Certes, ici, l'effort de l'intelligence n'était pas bien grand; la jurisprudence n'a pourtant pas hésité à consacrer les brevets pris pour ces inventions (1).

16. Jurisprudence (2). — Il a été jugé en ce sens : 1° que la validité d'un brevet ne peut légalement dépendre ni de l'effort plus ou moins grand que l'invention a coûté à son auteur, ni de son importance, ni de son mérite; il est de principe que, pour qu'une invention soit brevetable, il suffit qu'elle constitue une modification nouvelle et essentielle (Cass., 30 déc, 1845, Couleaux, Dall. 46.1.46); 2° que la validité du brevet ne saurait dépendre du mérite ou de l'importance de l'invention; il y aurait même contradiction à prétendre d'une part qu'on est gêné dans l'exercice de sa libre industrie par le privilège d'un brevet, et d'autre part que

(1) V. Blanc, p. 462; Nouguier, n° 386; Renouard, n° 66; Calmels, n° 80; Bédarride, n° 54; Huard, son article dans la *Propr. ind.*, n° 119; Tillière, n° 72; Picard et Olin, n° 52; Rendu et Delorme, n° 382.

(2) V. Paris, 8 juill. 1846, Guérin (*J. Pal.*, 47.1.295); Rej., 1er mai 1851, Thomas (Sir., 52.1.65); Cass., 24 avril 1856, Aubeux (Pataille, 56.135; Cass., 17 janv. 1852, Crespel-Delisle (*J. Pal.*, 52.2.482); Cass., 9 fév. 1853, Sax (*J. Pal.*, 53.1.343); Aix, 11 nov. 1865, Gobain (Pataille, 65.325); Paris, 30 mai 1857, Millet (Pataille, 57.187); Lyon, 23 juin 1860, Gantillon (Pataille, 60.418); Paris, 7 fév. 1862, Dumery (Pataille, 62.249); Colmar, 10 janv. 1866, Imbs (Pataille, 66.70); Douai, 17 août 1859, Mullié (Pataille, 61.9); Paris, 27 juill. 1867, Serrin (Pataille, 67.376); Rej., 24 déc. 1875, Mac-Nish (Pataille, 76.298); Cass., 25 nov. 1881, Pérille (Pataille, 82.133); Rouen, 13 fév. 1882, Tulpin (Pataille, 82.19); Angers, 8 juin 1886, Chollet (Pataille, 87.305).

l'invention, objet du brevet, n'a ni efficacité ni valeur (Paris, 15 juin 1861, Sagette, Pataille, 61.209) ; 3° que, lorsqu'un brevet porte sur l'invention de moyens nouveaux ou sur l'application nouvelle de moyens connus, pour l'obtention d'un résultat ou d'un produit industriel, il n'y a pas lieu de se préoccuper de l'importance de l'invention ni de rechercher si le produit ou le résultat sont nouveaux ; en conséquence, une simplification de rouages dans un mécanisme connu pouvant constituer une invention brevetable si elle est nouvelle, il y a violation de l'art. 2 de la loi du 5 juillet 1844, lorsque les juges, sans examiner si cette simplification de mécanisme n'offre pas les caractères d'un moyen nouveau ou d'une application nouvelle de moyens connus, déclarent nuls le brevet et la cession qui en a été faite, en se fondant uniquement sur ce que la modification peu importante, apportée à un mécanisme d'horlogerie, ne constitue pas un perfectionnement suffisant pour produire un résultat industriel nouveau (Cass., 24 mai 1881), Tuchet, Pataille, 81.170); 4° que toute invention est brevetable, abstraction faite de son importance, si elle consiste dans un produit ou résultat industriel et présente des avantages sur ceux analogues du domaine public : spécialement, peut être brevetée l'idée de recouvrir un ruban métrique, décimètre par décimètre, d'une couleur alternativement différente, de manière à en rendre plus apparente à l'œil chacune des divisions et de façon, par suite, à en rendre la lecture plus rapide (Paris, 19 janvier 1882, Fialont, Pataille, 82.197).

17. *Quid* **au point de vue des dommages-intérêts?** — S'il n'appartient pas aux tribunaux de faire dépendre le sort d'un brevet du degré d'importance ou d'utilité de l'invention, ils peuvent tenir compte de cette circonstance pour abaisser ou même supprimer les dommages-intérêts (1).

18. *Quid* **si l'invention nuit à une classe d'industrie?** — Il est des inventions qui, lorsqu'elles surgissent,

---

(1) V. Rej., 1er mai 1851, Thomas (Dall., 53.1.67). — V. également Nouguier, n° 386 ; Picard et Olin, n° 53; Dall., v° *Brev. d'inv.*, n° 51.

font révolution dans une industrie et en bouleversent les conditions : telles sont les machines qui parviennent à réaliser mécaniquement un travail qui auparavant ne se pouvait faire qu'à la main ; telle fut par exemple la mécanique de Jacquart. Le mal est, en définitive, plus apparent que réel ; surtout il est passager. Les ouvriers, dépossédés du travail auquel ils se livraient, portent ailleurs leur activité, et bientôt les choses reprennent leur niveau. Ces bouleversements sont inévitables ; ils sont presque la loi du progrès, qui malheureusement ne procède le plus souvent que par secousses. Lorsqu'un fait pareil se produit, quelle en est la conséquence pour l'inventeur, auteur involontaire de tant de maux ? Peut-on lui reprocher, en quelque sorte, sa découverte et, sous prétexte qu'elle nuit à un certain nombre d'individus, l'en dépouiller ? Evidemment non. Outre qu'il n'appartient pas aux tribunaux d'étendre le cercle des nullités édictées par la loi, et qu'elle n'en a prononcé aucune pour le cas qui nous occupe, il est clair qu'en protégeant une classe d'industriels contre une découverte qui leur nuit, on porterait en même temps une atteinte directe à l'intérêt public, aux droits de la société entière.

19. Jurisprudence. — Il a été jugé, conformément à ces principes, que toute invention, qui réalise des produits supérieurs à ceux qui existaient avant elle ou des produits semblables à un moindre prix, a généralement pour effet de nuire aux producteurs, qui sont obligés d'opérer sans le secours de cette invention ; mais, à côté de cet intérêt restreint, se trouve celui plus général de la société, qui profite de la découverte et qui, à ce titre, et aussi comme encouragement à l'esprit d'invention, devait garantir, comme elle l'a fait, le droit de l'inventeur ; ce droit est donc fondé sur l'intérêt de la société elle-même et doit être respecté, quel que soit d'ailleurs le préjudice qu'il puisse causer à une classe plus ou moins nombreuse d'industriels ou les bénéfices qu'il donne à l'inventeur ; et, quand il s'agit d'apprécier si le droit existe, on doit s'attacher au seul fait qui soit de décision : celui de savoir s'il y a ou s'il n'y a pas d'invention, sans préoccupation des intérêts matériels qui peuvent se trouver engagés dans la question, et en suivant uniquement les règles posées par la loi spéciale (Trib. civ. Rouen, 22 juillet 1859, de Montagnac, *Prop. ind.*, n° 93).

SECTION II.

Du produit nouveau.

SOMMAIRE.

20. Définition du produit.—21. Jurisprudence.—21 *bis*. Jurisprudence, *Suite*. —22. Jurisprudence, *Suite*.—23. Étendue du brevet pris pour un produit. — 24. Un produit de la nature est-il brevetable? — 25. Jurisprudence.

20. Définition du produit. — Chacun conçoit, presque sans explication, ce que c'est qu'un produit industriel. C'est un corps certain, déterminé, un objet matériel, ayant une forme, des caractères spéciaux qui le distinguent de tout autre objet. MM. Picard et Olin, ajoutant un élément à cette définition, définissent le produit « un corps certain et déterminé *qui a sa valeur en soi et non pas seulement comme moyen d'atteindre un but, de produire un effet* » (1). Ainsi, une nouvelle matière colorante, une tuile d'une forme particulière, un parapluie d'un système différent de ceux employés auparavant, sont des produits nouveaux susceptibles d'être consignés dans un brevet. Au contraire, une étoffe connue, par cela seul qu'elle serait ornée d'un dessin nouveau, ne constituerait pas un nouveau produit ; il y aurait là simplement création d'un dessin de fabrique; donc point de matière à brevet. Il se pourrait cependant que l'ornement fût de telle nature et changeât tellement les caractères de l'étoffe, que sa combinaison avec elle donnât véritablement naissance à un produit nouveau. Il faut, dans tous les cas, bien comprendre que, pour être nouveau, aux yeux de la loi, il n'est pas nécessaire que le produit n'ait jamais eu de similaires ; il suffit qu'il se distingue par des caractères nouveaux, certains, essentiels, des produits similaires qui existaient auparavant. C'est ce que la loi exprime en disant, non pas nouveaux

(1) Picard et Olin, n° 59.

produits, mais nouveaux produits industriels. Et, pour citer un exemple frappant, nous rappellerons que, bien que les cartes à jouer soient connues depuis un temps presque immémorial, la création des cartes à coins dorés et arrondis a été justement considérée, à raison des avantages spéciaux qu'elles offraient, comme l'invention d'un nouveau produit industriel.

21. Jurisprudence (1). — Il a été jugé : 1° qu'il y a création d'un produit nouveau ayant sa nature propre et particulière, et partant qu'il y a invention brevetable, dans le fait d'extraire de la farine le gluten et de le conserver en le desséchant à froid pour l'employer dans le commerce (Cass., 15 fév. 1851, Véron, Dall. 51.1.25) ; 2° qu'un jouet d'enfant (dans l'espèce, une toupie aérienne, dite *spiralifère*), lors d'ailleurs qu'il présente des dispositions différentes des jouets antérieurs et analogues, constitue un produit nouveau (Paris, 21 fév. 1856, Journet, Pataille, 56.140) ; 3° qu'il y a création d'un produit nouveau qui, dès lors, appartient à l'inventeur indépendamment de tout mode d'obtention, dans le fait de produire pour la première fois, sur les fleurs artificielles, la teinte bleu dégradée, résultat de la fixation, à l'aide de bains successifs, d'un mélange de couleurs non solubles, le cobalt, la cendre bleue et l'outremer, dans des proportions déterminées (Paris, 21 fév. 1856, Florimond (2), Pataille, 56.80) ; 4° qu'on doit considérer comme produit nouveau, susceptible d'être breveté (3), un appareil destiné à faire bouffer les robes (dit *carcasse indépendante*), encore bien que des appareils analogues fussent dans le domaine public, s'il diffère de ceux-ci par des caractères de flexibilité, d'extensibilité et d'indépendance qu'il réalise pour la première fois (Paris, 30 mai 1857, Milliet, Pataille, 57.187) ; 5° qu'il y a invention

---

(1) Comp. Rouen, 28 mars 1866, Drieu (Pataille, 67.370) ; Lyon, 4 fév. 1882, Fabre (Pataille, 83.22) ; Paris, 19 janv. 1882, Fialont (Pataille, 82.197).

(2) V. aussi Paris, 10 janv. 1857, Florimond (Pataille, 57.14).

(3) V. anal. Trib. corr. Seine, 1er juill. 1857, Canoy (Pataille, 57.192).

d'un produit industriel nouveau et brevetable dans le fait de produire, même par les procédés connus de l'art du tisserand, et en vue de servir à la confection des devants de chemise d'homme, un tissu qui offre la réunion de certains caractères déterminés, tels que plis doubles, toiles fermées des deux côtés, piqués en arrière, point d'un seul côté et bourré faisant corps avec le tissu (Paris, 6 déc. 1859, Duranton, Pataille, 61.404) ; 6° que le tissu fabriqué à l'aide d'un métier nouveau doit être considéré lui-même comme un produit industriel nouveau, du moment qu'il est constant qu'il se distingue des tissus analogues, antérieurement connus, par un broché moins épais, une légèreté plus grande, un aspect plus agréable, et que de plus il se prête à tous les caprices du dessinateur, tandis que ceux du domaine public étaient, au contraire, condamnés à l'uniformité (Paris, 29 déc. 1859, Joyeux, Pataille, 60.74) ; 7° qu'un apprêt applicable à toutes les étoffes foulées et drapées, pour leur donner le toucher et l'aspect du velours, constitue un produit industriel (Paris, 31 juill. 1856, De Montagnac (1), Sir., 56.2. 533).

21 *bis*. **Jurisprudence** (suite). — Il a encore été jugé : 1° qu'il y a invention d'un produit nouveau susceptible d'être breveté dans le fait de réunir, pour la première fois, en un seul, plusieurs appareils jusque-là isolés, et par exemple de construire un appareil qui présente la connexion concentrique du baromètre et du thermomètre (Paris, 21 juill. 1866, Richard, Pataille, 67.251); 2° qu'il faut voir un produit industriel nouveau dans le fait de combiner un *lit-cage*, formé d'un sommier élastique à ressort à boudins pouvant se replier sur lui-même avec la literie dont il est garni et renfermer cette literie comme dans une cage (Paris, 1er août 1874, Moisset-Foye, Pataille, 75.225) ; 3° qu'un produit peut être déclaré nouveau à raison des avantages incontestables qu'il présente sur les produits analogues du domaine public ; spécialement, il y a lieu de considérer comme produit nouveau un genre de

(1) V. aussi Paris, 4 avril 1864, De Montagnac (*Propr. ind.*, nos 294 et 336).

cartes à jouer à coins arrondis qui ont, suivant la déclaration des juges du fait, l'avantage d'offrir plus de solidité et plus de facilité pour le maniement, en même temps que plus de garanties contre la fraude (Rej., 27 déc. 1867, Chapellier, Dall., 68.1.416) ; 4° qu'il y a création d'un produit nouveau dans le fait d'obtenir des plumes artificiellement blanches par la décoloration, au moyen de certains agents chimiques, des plumes d'oiseaux naturellement grises ou noires (Paris, 13 avril 1868, Viol et Duflot (1), Pataille, 68.134) ; 5° que la bougie à trous longitudinaux, ménagés entre la mèche et la périphérie, à l'effet de recueillir et d'emmagasiner l'excédent de la matière fondue non utilisée par la combustion, constitue un produit industriel nouveau et brevetable ; il importe peu que, antérieurement, on ait eu l'idée de perforer la bougie longitudinalement ; la position nouvelle donnée à ces trous, et leur utilisation en vue d'un résultat différent, constitue tout au moins l'application nouvelle d'un moyen connu pour l'obtention d'un nouveau produit industriel (Agen, 13 mars 1883, Urbain (2), Pataille, 83.105) ; 6° qu'un corset, pour la confection duquel un tissu de canevas est substitué aux tissus serrés employés auparavant, disposition qui présente le double avantage d'offrir une élasticité plus grande et d'éviter le séjour de la transpiration dans le corset, constitue un produit industriel brevetable (Trib. civ. Lyon, 31 juill. 1883, Leget, Pataille, 86.183) ; 7° qu'il y a création d'un produit industriel nouveau dans le fait de couvrir des étoffes (dites *étoffes pluies de diamants*) d'une poussière de gomme, colorée ou non, dont chaque molécule conserve en se solidifiant la triple qualité de transparence, réfringence et sphéricité (Lyon, 24 juill. 1868, Agnellet, Pataille, 68.342) ; 8° mais que le fabricant qui se borne à approprier une étoffe au goût

---

(1) V. *Observ. crit.* de M. Pataille (*eod. loc.*). — V. aussi Paris, 12 fév. 1870, Cauchois (Pataille, 72.277) ; Rej., 27 janv. 1872, même aff. (Pataille, *loc. cit.*). — V. toutefois les observations de M. Pataille à la suite de ce dernier arrêt.

(2) V. aussi Trib. corr. de Saint-Quentin, 6 janv. 1876, Urbain (Pataille, 78.81).

du jour, en renouvelant cette étoffe par le dessin, la couleur ou la richesse du tissu, peut bien créer une *nouveauté*, dans le sens commercial du mot, mais ne crée pas pour cela un produit nouveau susceptible d'être breveté (Trib. civ. Lyon, 13 juin 1860, Chavant (1), *Prop. ind.*, n° 148).

22. Jurisprudence (Suite). — Jugé encore : 1° qu'il y a création d'un produit industriel nouveau dans le fait de faire adhérer à une plume métallique une matière colorante soluble, de telle sorte qu'il suffit de la tremper dans l'eau pour écrire ou dessiner (Paris, 12 avril 1878, Fargue (2), Pataille, 78.311) ; 2° qu'il y a création d'un produit industriel nouveau dans le fait d'enfermer une lamette d'acier dans un tube ou fourreau d'étoffe, arrêtée à ses deux extrémités, et présentant une lisière sur ses deux bords, qui permet de rattacher ladite lamette par un point de couture au corsage ou corset qu'il s'agit de baleiner (Paris, 6 mai 1885, Fouillet-Chevance, Pataille, 85.334) ; 3° qu'il y a lieu de considérer comme constituant un produit industriel nouveau, et par conséquent brevetable, des broderies qui sont d'un aspect plus agréable et d'un emploi plus facile que toutes celles jusque-là en usage, et qui, en outre, joignent à l'avantage d'une fabrication mécanique et, par conséquent, économique, celui d'une extrême solidité (Paris, 31 mai 1879, Ville, Pataille, 79.177) ; 4° qu'il y a création d'un produit industriel nouveau, et non simple résultat, dans le fait d'obtenir un corps certain, susceptible d'être mis dans le commerce, et se distinguant des produits similaires par son aspect, sa structure, ses qualités propres ; spécialement, le fait de transformer et convertir la chenille ordinaire à poils hérissés en chenille à poils couchés, et d'en faire ainsi une sorte de fil de soie spécial, constitue la création d'un produit industriel nouveau (Paris, 10 août 1882, Germain (3), Pataille, 82.336) ; 5° qu'il y a création d'un produit industriel nouveau dans le fait d'obtenir sur les papiers

(1) V. aussi Lyon, 3 juill. 1878, Moine.

(2) V. aussi Rej., 30 nov. 1878, même aff. (*eod. loc.*).

(3) V. aussi Rej., 11 mai 1883, même aff. (*eod. loc.*). — Comp. Trib. civ. Seine, 18 avril 1879, Depoully (Pataille, 81.305).

de tenture, au lieu du velouté, l'apparence exacte du velours, et cela en substituant à la poussière de laine, primitivement employée, des brins de laine de longueur égale et fixés sur le papier dans un parallélisme absolu ; mais il ne saurait y avoir contrefaçon d'un tel produit, encore qu'il serait fait emploi de brins de laine au lieu de poussière de laine, si les brins de laine hachés d'inégale longueur et irrégulièrement disposés sur le fond présentent par leur aspect bourru, frisé et rude, non l'imitation du velours, mais celle de l'étoffe dite *cheviotte* (Paris, 17 janv. 1883, Renard (1), Pataille, 86.228); 6° que le fait que le verre métallisé soit dans le domaine public n'empêche pas qu'il y ait création d'un produit industriel nouveau dans le fait d'obtenir du verre qui ait la double qualité d'être métallisé et craquelé (Paris, 20 mai 1882, Jean, Pataille, 87.85).

23. Étendue du brevet pris pour un produit. — Celui dont le brevet porte sur un produit en a l'exclusive propriété, et peut empêcher qu'on le fabrique, même par des moyens radicalement différents. Supposez, par exemple, qu'un chimiste obtienne, au moyen d'un appareil distillatoire connu, un produit chimique jusque-là ignoré, une nouvelle matière colorante : si un autre inventeur découvre le moyen d'obtenir le même produit, non plus par la distillation, mais à l'aide d'un appareil électrique particulier, il ne pourra se servir de cet appareil, si ingénieux, si nouveau qu'il soit. Son invention constituera un perfectionnement de la première ; il pourra bien, à ce titre, la faire breveter ; mais comme nous le montrerons plus loin, il ne pourra l'exploiter tant que durera le premier brevet (2), à moins — cela va sans dire — qu'il n'en ait obtenu la permission de l'inventeur du produit (3).

24. Un produit de la nature est-il brevetable ? — La loi ne distingue pas entre le produit fabriqué par la main de l'homme et le produit conquis par lui sur la nature. Faut-

---

(1) V. encore Paris, 13 juin 1879, Balin (Pataille, 79.272).
(2) V. *infrà*, n°s 163 et suiv.
(3) V. Nouguier, n° 396; Renouard, n° 62.

il en conclure que l'un et l'autre sont brevetables au même titre? Faut-il en conclure que celui qui découvre une substance, un corps que nul n'avait observé jusqu'alors et qui, cependant, existait, tel qu'il est, dans la nature, confondu seulement avec les corps innombrables dont elle se compose, a droit de le faire breveter comme produit industriel nouveau? Celui, par exemple, qui, le premier, aurait découvert le phosphate de chaux et signalé son application, comme engrais, à l'agriculture, aurait-il fait une invention susceptible d'être brevetée? Pour notre part, il nous répugne d'admettre qu'un produit naturel puisse être confisqué au profit de celui qui aura eu la chance de le rencontrer d'abord, quelque mérite qu'il ait eu, du reste, à en discerner le premier les caractères, à en reconnaître, avant tous, l'existence. Comment concevoir, en effet, qu'un homme, parce qu'il aurait trouvé le premier une mine de sel, pût monopoliser ce corps à son profit, pût en monopoliser tous les emplois, pût défendre qu'un autre s'en servît en le tirant d'une autre source, par exemple des eaux de la mer? Nous pensons donc qu'un produit naturel n'est pas susceptible d'être breveté (1). En est-il de même de ses applications? Et, pour reprendre notre exemple, y aurait-il invention, dans le sens de la loi, à découvrir les propriétés fertilisantes du phosphate de chaux, à l'utiliser, pour la première fois, comme engrais? Le doute vient de ce que cet emploi dérive de la nature même du corps et se produit spontanément; dès lors, en effet, ne peut-on pas dire que le corps appartient au domaine public avec toutes ses propriétés, toutes ses applications? Nous ne saurions aller jusque-là, et nous pensons que l'observation des propriétés d'un produit naturel, leur utilisation en vue d'un résultat industriel déterminé, sont de nature à constituer une découverte brevetable.

MM. Picard et Olin sont de notre avis : « Ce que la loi, « disent-ils, a voulu protéger et récompenser, ce sont les « combinaisons de l'activité humaine. Elle n'a pu vouloir

(1) V. Paris, 17 mai 1861, de Molon (Pataille, 61.235). — Comp. Tillière, nos 11 et 12. — V. toutefois Nouguier, n° 391; Renouard, n° 62.

« donner à l'homme une récompense pour ce que la nature « seule avait produit. On peut donc poser, en règle générale, « qu'il n'y a de choses brevetables que celles où l'activité « humaine entre comme élément. Si cela ne résulte pas d'un « texte précis, cela résulte du bon sens, et, si cela n'a pas été « dit, c'est que cela était évident. Les auteurs en concluent « que la découverte d'un sel nouveau, dans un certain sol, « et, généralement, la découverte de tout ce qui est matière « première, n'est pas brevetable (1) ».

25. Jurisprudence. — Il a été jugé d'après ces principes : 1° que, lorsqu'une substance est depuis longtemps employée pour la fabrication d'un produit (dans l'espèce, la marne pour la fabrication du ciment), il n'y a aucune invention à indiquer, même le premier, que tel gisement est supérieur à tous autres; une indication de cette nature ne saurait donner à son auteur le droit de faire seul usage du gisement qu'il indique et d'en interdire l'usage à autrui (Paris, 21 fév. 1861, Lingée, *Prop. ind.*, n° 172) ; 2° que le seul fait de découvrir et de signaler de nouveaux gisements d'un produit naturel antérieurement connu ne saurait être brevetable, non plus que le fait d'employer, pour la première fois, ce produit à l'état pur et sans mélange d'autre corps, alors que cet avantage résulte de la nature même du gisement (Rej., 2 fév. 1863, De Molon, Dall., 63.1.251).

SECTION III.

Du résultat nouveau.

SOMMAIRE.

26. Le résultat nouveau est-il brevetable? — 27. Jurisprudence.

26. Le résultat nouveau est-il brevetable? — A côté du produit et sur la même ligne se place le résultat. Le résultat ressemble au produit en ce qu'il est également

---

(1) Picard et Olin, n°s 94 et 99.

un *effet*, mais c'est un effet qui ne se présente pas sous l'apparence d'un corps déterminé, défini, tangible, pouvant être livré à la consommation; c'est un effet d'un tout autre ordre, qui représente, comme le mot lui-même l'indique, la somme des avantages auxquels on peut arriver dans tel ou tel genre de fabrication. « Il s'entend, dit M. Nouguier, de tout ce qui « concerne la qualité, la quantité, les frais de la produc- « tion (1). » MM. Picard et Olin, qui trouvent insuffisantes les définitions données avant eux, proposent celle-ci, qu'ils croient plus complète : « Le résultat, disent-ils, n'est ni un « produit ni un changement dans les éléments d'un produit. « Il y a résultat, quand on amène un simple état de choses « exclusif, dans son ensemble, de toute idée d'un corps cer- « tain, comme, par exemple, quand on rend un produit meil- « leur marché, quand on le multiplie, quand, tout en ne « modifiant en rien les éléments fondamentaux de sa nature, « on l'empêche de subir une altération, on y ajoute ou l'on y « retranche une propriété secondaire. C'est tout ce qui touche « au bon marché, à la durée, au nombre, à la diminution « des inconvénients (2). »

Quoi qu'il en soit de ces définitions, éclairons-les par des exemples. Ainsi, parvenir à la combustion inodore des huiles de schiste ou de pétrole, c'est obtenir un résultat; ce n'est pas créer un produit. De même augmenter la portée des armes à feu, développer le volume des sons dans les instruments de musique, sont autant de résultats; l'arme à feu, l'instrument de musique, avec lesquels on aura obtenu ce résultat, pourront constituer, par leur combinaison mécanique spéciale, un produit particulier; mais on voit clairement que le fait d'une portée plus grande dans l'une, d'un volume de son plus nourri dans l'autre, ne constitue pas, en dehors d'une disposition mécanique particulière, un produit nouveau.

Celui qui, le premier, obtient un résultat peut-il empêcher

---

(1) Nouguier, n° 392.

(2) Picard et Olin, n° 60. — V. Trib. civ. de Nantes, 10 août 1885, Vezac (Pataille, 87.140).

autrui d'atteindre ce même résultat par d'autres moyens? Par exemple, celui qui, au moyen d'un agent chimique, désinfecterait l'huile de pétrole sans lui enlever ses qualités d'inflammabilité, pourrait-il empêcher qu'un autre la fît brûler sans odeur au moyen d'un appareil mécanique de son invention? Par exemple encore, celui qui, par une disposition particulière du calibre, donnerait aux armes à feu une portée plus grande que celle qu'elles ont jamais eue, pourrait-il empêcher qu'un autre, utilisant la force d'expansion d'une combinaison gazeuse qu'il aurait découverte, obtînt avec les armes ordinaires le même résultat?

La question, éclairée par ces exemples, se résout d'elle-même. On ne peut admettre que le premier auteur d'un résultat puisse en interdire aux autres la recherche; le résultat n'est donc pas brevetable en lui-même, indépendamment du moyen qui le produit, ce qu'il faut bien se garder d'entendre en ce sens que le fait de découvrir du même coup un résultat et un moyen de l'obtenir, emporte un droit exclusif non seulement sur le moyen, mais encore, en ce cas, sur le résultat. Le résultat, c'est le problème dont chacun a le droit de chercher la solution; la solution seule appartient à celui qui l'a trouvée. Autant de solutions différentes, autant d'inventions, autant de brevets. Si, par hasard, le problème ne comporte qu'une solution, ou que la solution, trouvée d'abord, soit seule utile et pratique, en ce cas, et par la force des choses, le résultat sera confisqué au profit de celui qui a découvert la première solution. Mais c'est là une conséquence du fait, non du droit.

M. Bédarride est du même avis et le dit en très bons termes : « Il est évident que l'industrie eût été absolument « paralysée dans son essor, si l'obtention d'un résultat nou- « veau, par un moyen peut-être fort défectueux, eût empêché « de le réaliser par d'autres moyens infiniment supérieurs, « si un industriel, pour être arrivé le premier par une route, « et peut-être par la moins bonne, eût fermé toutes les avenues « qui y conduisent. On ne pouvait l'admettre ainsi ni équita- « blement, ni rationnellement. Au lieu d'être un progrès, « le brevet d'invention eût été un obstacle. L'intérêt général « engagé dans la multiplicité des découvertes qui dotent la

« société de nouveaux résultats industriels ne saurait être « indifférent à la multiplicité des moyens à l'aide desquels « ces résultats peuvent être atteints. Cette multiplicité, indé- « pendamment de ce qu'elle enrichit réellement le commerce « et l'industrie, a pour résultat immédiat une concurrence « de nature à modérer les prétentions souvent fort exagérées « de tel ou tel inventeur (1). »

27. **Jurisprudence** (2). — Il a été jugé en ce sens : 1° que l'idée de rendre un chapeau susceptible de s'ouvrir et de se fermer à volonté, prise en soi et indépendamment des moyens de réalisation, ne constitue qu'un résultat non brevetable (Rej., 26 mars 1846, Duchesne, Dall., 46.4.46); 2° que l'idée de confectionner plusieurs coulisses à couvercles par un seul morceau de papier constitue un résultat non brevetable (Rej., 4 fév. 1848, Roche, Dall., 48.5.35); 3° qu'on ne peut breveter d'une façon absolue et pour elle-même l'idée de préserver les intéressés des explosions et des émanations de gaz, non plus que celle d'abréger le travail des préposés des compagnies d'éclairage et celle d'empêcher les abonnés de prendre du gaz en dehors des heures déterminées par l'abonnement (Rej., 18 mai 1848, Parizot, Dall., 48.5.35); 4° qu'un résultat n'est pas brevetable en lui-même et indépendamment des moyens mis en œuvre pour l'obtenir; spécialement, le fait de disposer le fer, dans la fabrication des essieux coudés, de façon à maintenir la continuité et le parallélisme des fibres, conditions bien connues de la force de cohésion ou de la solidité du fer, ne constitue qu'un résultat qui ne peut être l'objet d'un brevet valable (Lyon, 8 mars 1859, Russery-Lacombe, Pataille, 59.137) ; 5° que le brevet obtenu pour une machine qui effectue à la fois le tondage et le lainage des étoffes, alors que jusque-là ces deux opérations se faisaient séparément, ne peut porter que sur la machine et non sur la simultanéité des opérations, qui n'est qu'un résultat (Liège, 18 avril 1860,

---

(1) Bédarride, n° 60. — V. aussi Nouguier, n° 307; Rendu et Delorme, n° 323; Loiseau et Vergé, p. 47; Picard et Olin, n° 80; Blanc, p. 443; Tillière, n° 12. — *Contrà*, Renouard, n°s 61 et 64; Duvergier, 44, p. 572, note 3.

(2) V. Trib. civ. Seine, 20 avril 1883, Marlette (Pataille, 84.196).

Biollet, Pas., 1862.381); 6° que le fait de rendre moins coûteuse la fabrication des fers à T, dès longtemps connus, n'est pas brevetable (Liège, 4 août 1862, Sclessin, Pas., 1863. 249); 7° que le but qu'un inventeur a en vue, en créant un produit ou un procédé, ne peut être l'objet du brevet; l'invention ne se constitue que par les moyens d'exécution et de réalisation du but recherché : spécialement, l'inventeur d'un mode de ferrure, dit *périplantaire*, qui obtient pour résultat le maintien de l'élasticité du pied du cheval laissé à nu, ne peut empêcher que cette élasticité ne soit obtenue dans un autre système, dit *sous-plantaire*, par l'emploi d'un fer différent (Rej., 17 avril 1868, de Brossard, Pataille, 70.280); 8° que la protection que procure le brevet doit être étroitement limitée au système que l'inventeur a trouvé et décrit, et ne saurait s'étendre à tout autre système donnant un résultat identique; quelque légère que soit la différence entre les combinaisons employées par chacune des parties en cause, elle suffit cependant pour profiter au défendeur en contrefaçon, alors que le demandeur n'avait lui-même fait breveter qu'un système différant déjà très peu de ce qui se faisait auparavant (Paris, 11 mars 1885, Rossignol, Pataille, 85.292); 9° que ni les idées abstraites qui inspirent un inventeur, ni les qualités techniques d'un mécanisme, telles que la mobilité, le parallélisme, la symétrie, ne peuvent se breveter de manière à devenir l'objet d'un droit privatif indépendamment d'un organisme mécanique qui en présente l'application; en conséquence, il appartient à toute personne de poursuivre la réalisation des mêmes idées, et de tendre à un mécanisme réunissant les mêmes qualités, sous la seule condition d'y parvenir par d'autres moyens : spécialement, l'idée de rendre mobile le tube adducteur dans les cafetières à circulation ne saurait être brevetable en elle-même; il s'ensuit que celui qui, le premier, a songé à cette mobilité et l'a réalisée par certains moyens, ne peut arguer de contrefaçon un mécanisme réalisant cette même mobilité du tube, mais par d'autres moyens (Paris, 30 décembre 1880, Malen (1), Pataille, 82.233).

---

(1) V. aussi Rej., 21 mars 1882, même aff. (*eod. loc.*).

SECTION IV.

Des moyens nouveaux.

SOMMAIRE.

28. Définition. — 29. Jurisprudence. — 30. Étendue du brevet pris pour des moyens nouveaux.

28. Définition. — On entend par *moyens* les agents, les organes ou les procédés qui mènent à l'obtention, soit d'un résultat, soit d'un produit. Les *agents* sont plus spécialement les moyens chimiques; les *organes* sont plus spécialement les moyens mécaniques ; les *procédés* sont les façons diverses de mettre en œuvre et de combiner les moyens, soit chimiques, soit mécaniques. M. Nouguier dit à ce propos : « Tandis que « l'invention de nouveaux produits ajoute des éléments aux « choses que l'industrie peut consommer ou employer, l'in- « vention de nouveaux moyens lui fournit d'autres agents de « production de ces mêmes produits. Il y a donc même avan- « tage pour la société, et, par conséquent, même raison d'ac- « corder un brevet. Ainsi, employer le premier du varech, « le brûler et en faire de la soude, c'est trouver un moyen « nouveau pour obtenir le même produit industriel. De « même, employer le premier le soufre pour faire aussi de « la soude, c'est également trouver un moyen nouveau « pour obtenir le même produit. De même, mettre le premier « des pommes de terre dans les chaudières pour dégager « leurs parois de ces résidus calcaires qui s'y attachent et « détruisent les chaudières, c'est trouver un moyen nouveau « pour obtenir un résultat industriel. De même, découvrir « l'hélice, c'est trouver un moyen nouveau de faire marcher « les bateaux et d'obtenir un résultat industriel (1). »

29. Jurisprudence. — Il a été jugé : 1° qu'il y a invention d'un moyen nouveau, dans le sens de la loi, de la part de

(1) Nouguier, n° 404. — V. également Blanc, p. 447 ; Calmels, n° 74 ; Renouard, n° 64 ; Tillière, n° 14.

celui qui, grâce au mélange de diverses substances, découvre le moyen de rendre la faïence ingerçable, quelle que soit d'ailleurs la terre employée à sa fabrication, alors qu'auparavant la faïence ingerçable ne pouvait être obtenue que par l'emploi de terres d'une provenance déterminée (Paris, 17 fév. 1844, Pichenot, Dall., v° *Brev. d'inv.*, n° 50); 2° que le fait d'employer pour la construction d'un appareil (un évaporateur destiné à l'évaporation dans le vide des acides citrique et tartrique) exclusivement le plomb, alors qu'auparavant on se bornait à doubler les appareils d'une mince feuille de plomb, constitue la création d'un moyen nouveau; il en est surtout ainsi quand l'emploi du métal spécial est combiné avec un ensemble de proportions destiné à obtenir une force de résistance suffisante et une forme spéciale, la forme sphéroïdale (Lyon, 24 déc. 1868, Bouvier (1), Dall., 70.1.164).

30. Étendue du brevet. — Quelle est l'étendue d'un brevet pris pour des moyens nouveaux? Il est évident, d'abord, que la découverte d'un moyen nouveau ne peut avoir pour effet de permettre à son auteur de confisquer le résultat : puisque c'est le moyen seul qui fait l'objet du brevet, il va de soi que chacun demeure libre d'obtenir le même résultat par des moyens différents. Mais le breveté peut-il interdire aux tiers l'emploi de son moyen, même pour les usages qu'il ne prévoyait pas lui-même, et d'ailleurs radicalement différents de ceux qu'il avait en vue? C'est une question que nous examinerons plus loin; disons toutefois, dès à présent, que le brevet comprend implicitement, et en dehors d'une revendication particulière, tous les usages, toutes les applications qui découlent naturellement de l'emploi du procédé (2).

---

(1) Il semble que l'arrêt eût dû reconnaître dans l'invention, non un moyen nouveau, puisque le plomb avait déjà été employé au même usage, mais une application nouvelle de moyens connus, ou la création d'un produit industriel nouveau. — V. aussi Rej., 22 nov. 1869, même aff. (Dall., *loc. cit.*).

(2) V. *infrà*, n° 724.

SECTION V.

De l'application nouvelle de moyens connus.

SOMMAIRE.

§ 1. *Ce qui constitue l'application nouvelle.* — 31. Définition. — 32. Jurisprudence. — 33. Jurisprudence, *Suite.* — 33 *bis.* Jurisprudence, *Suite.* — 34. Jurisprudence, *Suite.* — 34 *bis.* Jurisprudence, *Suite.* — 35. Jurisprudence, *Suite.* — 35 *bis.* Jurisprudence, *Suite.* — 36. Appréciation ; devoirs des tribubunaux. — § 2. *De l'emploi nouveau.* — 37. Est-il brevetable? — 38. Jurisprudence. — 38 *bis.* Jurisprudence, *Suite.* — 39. Jurisprudence, *Suite.* — 39 *bis.* Jurisprudence, *Suite.* — 40. Jurisprudence contraire. — 41. *Quid* si la mise en œuvre est plus intelligente? — 42. Jurisprudence. — 43. Jurisprudence, *Suite.* — § 3. *Du transport dans une industrie différente.* — 44. Est-il brevetable? — 45. Jurisprudence. — § 4. *De la combinaison nouvelle d'éléments connus.* — 46. Est-elle brevetable? — 47. Jurisprudence. — 48. Jurisprudence, *Suite.* — 48 *bis.* Jurisprudence, *Suite.* — 49. Jurisprudence, *Suite.* — 50. Jurisprudence, *Suite.* — 51. Jurisprudence, *Suite.* — 51 *bis.* Jurisprudence, *Suite.* — 52. Jurisprudence, *Suite.* — 53. *Quid* de la juxtaposition? — 54. Jurisprudence. — 55. Nécessité pour les tribunaux d'apprécier l'ensemble. — 56. Jurisprudence. — § 5. *De l'application nouvelle d'un produit connu.* — 57. Est-elle brevetable?

§ 1er. — *Ce qui constitue l'application nouvelle.*

31. Définition. — Nous avons vu précédemment ce qui constitue « les moyens » dont la loi protège l'invention. Nous supposions alors que les moyens étaient nouveaux ; à présent, nous supposons qu'ils sont connus, seulement ils sont appliqués d'une manière nouvelle.

Appliquer d'une manière nouvelle, c'est purement et simplement employer des moyens connus, tels qu'ils sont connus, sans même y rien changer, pour en tirer un résultat différent de celui qu'ils avaient produit jusque-là. Ainsi, pour que l'application nouvelle soit brevetable, il n'est pas nécessaire que le résultat qu'on leur demande soit nouveau ; il suffit que ces mêmes moyens n'aient jamais servi à obtenir le résultat que cette fois ils donnent.

Un exemple fera saisir notre pensée : le gaz d'éclairage est un produit connu, et, quelle que soit la méthode à l'aide de laquelle on le fabrique, on n'obtient pas, en le fabriquant, un résultat nouveau. De même, l'électricité est un moyen connu. Néanmoins, celui qui, le premier, appliquerait l'électricité à la production du gaz d'éclairage, ferait une application nouvelle, susceptible d'être brevetée. De même, l'emploi de la vis d'Archimède pour faire descendre les gaz au-dessous d'une profonde couche d'eau, alors qu'auparavant on ne l'avait employée que comme machine élévatoire, constitue au premier chef une application nouvelle.

On voit donc que, pour juger si une application est nouvelle, il faut se demander uniquement si les moyens employés l'ont été auparavant dans le même but, en vue du même résultat, pour la même fonction ; et, s'ils n'ont jamais eu la destination qu'on leur donne, on peut dire hardiment qu'il y a application nouvelle (1). Il faut pourtant se garder de croire qu'une différence absolue, radicale dans le résultat, est indispensable pour constituer l'application nouvelle. Les tribunaux ont au contraire à cet égard un très large pouvoir d'appréciation, comme on le verra plus loin (2).

M. Nouguier, définissant ce qui constitue, selon lui, l'application nouvelle de moyens connus, se résume ainsi : « Faire « une application nouvelle de moyens connus, c'est donc « prendre ces moyens, les appliquer à autre chose qu'aux « choses auxquelles ils servaient ; ou les appliquer autrement ; « ou en changer les combinaisons ; ou les simplifier par des « suppressions ; ou les compléter par des additions d'autres « moyens également connus ; ou les réunir lorsqu'ils sont « épars ; ou les séparer quand ils sont réunis et arriver ainsi « à l'obtention d'un résultat ou d'un produit industriel (3). »

32. **Jurisprudence.** — Il a été jugé, sous l'empire de la loi de 1791, conformément à ces principes : 1° que l'application d'un principe connu en vue d'un résultat nouveau constitue

---

(1) V. Blanc, p. 449 et s. ; Tillière, n°s 10 et suiv. ; Renouard, n° 65 ; Calmels, n° 74.

(2) V. *infrà*, n° 84.

(3) Nouguier, n° 414.

une invention dans le sens de la loi : spécialement, il y a application nouvelle dans le fait d'appliquer à un appareil propre à préparer le café une disposition destinée à produire la circulation du liquide, laquelle n'avait été employée jusque-là que pour les appareils à lessiver (Paris, 30 août 1822, Laurens (1), cité p. Regnault, *Jurispr.*, p. 340); — 2° que le droit de prendre un brevet d'invention dérive moins de la découverte de nouvelles propriétés dans certains corps ou substances que de l'application nouvelle, faite aux arts, à l'industrie et aux besoins de la société, de ces mêmes propriétés : spécialement, le fait que la double propriété de la gomme élastique ou caoutchouc de perdre son élasticité par une forte tension et par le refroidissement, et de la recouvrer par l'action de la chaleur, ait été connue et même indiquée dans les ouvrages des chimistes anglais et français, ne fait pas obstacle à ce qu'un brevet valable soit pris à l'effet d'utiliser cette double propriété en vue de fabriquer des tissus élastiques; en fait, l'inventeur faisait d'abord perdre au caoutchouc son élasticité par une tension prolongée et par le refroidissement, et donnait ensuite, par l'application d'un fer chaud, au tissu provenant de cet étirage et revêtu d'une matière filamenteuse, l'élasticité propre au caoutchouc, dont il l'avait d'abord privé pour l'assouplir et en rendre la fabrication plus facile (Trib. civ. Seine, 21 févr. 1834, Rattier, Dall., v° *Brev. d'inv.*, n° 154) ; — 3° qu'il y a invention susceptible d'être brevetée dans le fait d'avoir, le premier, appliqué à la fabrication du sucre de fécule ou glucose des procédés précédemment employés par les fabricants de sucre de betterave ou de canne et d'avoir, en déterminant un degré spécial de cuisson des sirops, obtenu le sucre de fécule à un état si différent de celui fabriqué jusqu'alors qu'on peut le considérer comme un produit nouveau (Trib. corr. Seine, 8 mars 1843, Touschard, Dall., v° *Brev. d'inv.*, n° 49) ; — 4° qu'il y a application nouvelle dans le sens de la loi à appliquer spécialement à la fabrication des faïences pour poêles, des procédés indiqués dans

(1) V. toutefois, *en sens contr.*, Trib. civ. Seine, 3 juin 1823, Laurens (*eod. loc.*).

un ouvrage encyclopédique uniquement en vue de la confection des vases culinaires et autres analogues ; surtout lorsque les procédés décrits dans cet ouvrage ne contiennent que des généralités théoriques ou pratiques qui ne peuvent être sérieusement considérées comme une description de découverte (Paris, 17 fév. 1844, Pichenot, Dall., v° *Brev. d'inv.*, n° 50).

33. Jurisprudence ; *suite* (1). — Il a été jugé de même, sous l'empire de la loi de 1844 : 1° qu'il y a application nouvelle dans le fait d'employer un procédé connu en vue d'obtenir un produit et un effet autres que ceux que ledit procédé avait jusque-là servi à obtenir : spécialement, étant donné qu'on avait déjà employé dans la fabrication des papiers veloutés un mordant, composé d'huiles sans mélange de céruse, il y a invention à employer le même mordant pour obtenir, non des veloutés ordinaires, mais des veloutés nuancés (Paris, 22 juin 1855, Marguerie, Pataille, 55.50); — 2° que se servir du caoutchouc pour adapter aux biberons ordinaires un tube flexible en tous sens et suivant ainsi tous les mouvements de l'enfant, alors qu'auparavant les biberons n'étaient pourvus que de tubes rigides en gomme élastique, c'est faire une application nouvelle d'un moyen connu (Cass., 10 nov. 1855, Thier (2), Pataille, 56.38) ; — 3° que, bien que le sulfate de chaux, le vieux plâtre et les plâtras aient été indiqués, soit dans les publications, soit dans des brevets antérieurs, comme

---

(1) V. encore Rouen, 28 août 1857, Delaunay frères (Pataille, 57.529) ; Paris, 4 janv. 1858, Crespel-Delisle (Pataille, 58.76) ; Paris, 11 nov. 1859, Cauzard (Pataille, 59.347) ; Aix, 21 fév. 1866, Deiss (Dall., 68. 1.104) ; Rouen, 28 mars 1866, Drieu (Pataille, 67.370) ; Trib. corr. Seine, 24 nov. 1868, Dauvois (Pataille, 68.389) ; Trib. civ. Sables d'Olonne, 8 juin 1870, Gentil (Pataille, 72.209) ; Caen, 4 juill. 1876, Lepainteur (Pataille, 82.27) ; Paris, 31 mai 1879, Ville (Pataille, 79. 177) ; Paris, 10 juill. 1880, Leroux (Pataille, 81.221) ; Cass., 22 janv. 1881, Delong (Pataille, 81.5) ; Paris, 22 nov. 1882, Kieffer (Pataille, 85. 39) ; Paris, 13 déc. 1882, Duhamel (Pataille, 84.88) ; Grenoble, 12 mai 1885, Repiton (Pataille, 86.10) ; Paris, 17 mars 1887, Saulnier (Pataille, 87.297).

(2) *Adde*, Paris, 6 avril 1854, Thier, cité par Blanc, p. 457. — V. aussi Paris, 17 fév. 1859, Alleaume, *Prop. ind.*, n° 64.

pouvant être utilement employés pour l'épuration du gaz, néanmoins un brevet peut être valablement pris pour le même emploi, lorsque, par l'indication d'une formule nouvelle, telle que la réduction en poudre de ces substances, leur arrosage avec de l'eau acidulée et l'adjonction de matières propres à les rendre plus perméables, le breveté a rendu efficaces et d'une application facile dans l'industrie les moyens décrits antérieurement et restés sans résultat (Paris, 15 avril 1856, Laming, Pataille, 56.184); — 4° qu'il y a application nouvelle dans le fait d'employer, pour la recherche des fuites de gaz, un procédé (air comprimé à l'aide d'une pompe foulante) qui avait été auparavant utilisé pour essayer et éprouver la solidité ou la bonne confection des tuyaux servant à la conduite du gaz (Paris, 20 déc. 1856, Maccaud, Pataille, 57.159); — 5° que l'application de la pile à papier au lessivage des draps constitue une application nouvelle dans le sens de la loi, alors d'ailleurs qu'il y a une appropriation spéciale (Liège, 13 mars 1858, Peltzer, Pataille, 59.389); — 6° que l'application, dans la même industrie, d'un agent connu, en vue d'un résultat similaire à celui qu'il avait déjà produit, mais néanmoins pour une opération tout à fait différente, constitue une application nouvelle : spécialement, l'application à la fermentation des jus bruts de betterave de l'acide sulfurique, déjà employé pour la fermentation des mélasses (résidu du traitement des jus bruts), constitue une application nouvelle (Douai, 28 avril 1858, Dubrunfaut, Pataille, 58.266); — 7° qu'il y a application nouvelle dans le fait d'appliquer à de nouvelles matières un procédé déjà connu pour une fabrication déterminée : spécialement, bien qu'on ait déjà préparé le noir animal au moyen de la vapeur surchauffée, il y a invention brevetable de la part de celui qui emploie le même procédé pour la préparation du charbon roux destiné à la confection des poudres de guerre (Paris, 18 juill. 1859, Thomas et Laurens, Pataille, 59.225).

33 *bis.* **Jurisprudence**; *suite.*— Il a été jugé, toujours dans le même sens : 1° que le fait que l'on ait déjà employé le poussier de charbon de bois dans la fabrication du charbon artificiel n'empêche pas que celui qui, à la différence de ses devanciers, l'emploie seul, à l'exclusion de toute autre matière

ligneuse ou minérale à laquelle il n'a garde de l'associer, ne fasse une invention brevetable ; et le produit qu'il obtient ainsi, présentant sur les autres charbons artificiels, outre une économie notable, l'avantage de brûler sans flamme, sans odeur, sans fumée et sans dégagement de gaz, doit être considéré comme un produit industriel nouveau (Paris, 23 juill. 1859 et Cass., 2 déc. 1859, Popelin-Ducarre, Pataille, 60. 120) ; — 2° qu'il y a application nouvelle dans le fait d'employer, pour régler l'écoulement d'un liquide, un organe connu (dans l'espèce, un régulateur) qui n'avait jamais été employé auparavant que pour l'écoulement des gaz (Paris, 1er août 1861, Gougy, Pataille, 63.263) ; — 3° que la préparation spéciale d'une substance en vue d'un résultat qu'on ne lui avait jamais demandé constitue une invention brevetable : spécialement, est brevetable l'application au filtrage des eaux de la laine tontisse préparée au tannate de fer qui la rend imputrescible, quoique auparavant on eût déjà traité la laine par le tannate de fer pour la teindre en noir, mais sans songer aux qualités d'imputrescibilité que lui donnait en même temps cette teinture (Paris, 31 janv. 1865, Vedel-Bernard, Pataille, 65.409) ; — 4° que l'application d'une substance connue en vue d'utiliser une de ses propriétés déjà connue, constitue une application nouvelle : spécialement, étant donné qu'on employait le bichromate de potasse mêlé à la gélatine en vue d'utiliser son insolubilité sous l'action du soleil pour produire des planches métalliques gravées ou pour obtenir des reliefs à recouvrir d'un dépôt métallique à l'aide de procédés galvanoplastiques, il y a application nouvelle dans le fait d'employer les mêmes substances et d'utiliser la même propriété pour le tirage direct d'épreuves photographiques sur papier (Paris, 9 fév. 1865, Poitevin, Pataille, 65.190) ; — 5° que, bien qu'on fût dans l'usage de garnir de liège la tête des poupées de porcelaine pour enfants, il y a application nouvelle dans le fait de garnir de liège les têtes des poupées en carton dont les modistes se servent pour apprêter les modes ; le liège est alors employé dans un autre but et en vue d'offrir une masse compacte et capable de résister à l'usure résultant de l'emploi continuel des épingles (Paris, 24 mai 1865, Nicolle, Pataille, 65.433) ; — 6° que l'emploi, dans la même industrie, d'une combinaison déjà connue de plusieurs organes constitue une application nouvelle et brevetable, s'il produit un résultat industriel qu'on n'avait jamais obtenu jusque-là : spécialement, bien que le casse-fil et les fournisseurs fussent antérieurement employés soit isolément, soit même combinés ensemble dans l'industrie des tissus à tricot, il y a application nouvelle de la part de celui qui les emploie le premier de façon à localiser la casse du fil dans un premier parcours et à en produire un second d'une longueur suffisante pour empêcher la rentrée du fil cassé dans le métier (Caen 21 juin 1866, Lemasson, Pataille, 67.290).

34. **Jurisprudence** ; *suite*. — Il a été jugé de même : 1° que, bien qu'on eût déjà employé un mélange de chaux et de sable pour la fabrication des carreaux, il y a invention de moyens nouveaux à employer le même mélange, en vue du même résultat, alors que l'on s'en sert à l'état de poudre à peine imprégnée d'eau et presque sèche au lieu de l'utiliser à l'état de pâte molle (Paris, 23 août 1866, Jolijon, Pataille, 68.91); — 2° que l'utilisation industrielle des propriétés physiques d'une substance connue constitue une invention brevetable : spécialement, bien que l'on connût la propriété que possède le *pyrophore* (1) de s'enflammer au contact de l'air humide, il y a une application nouvelle et brevetable dans le fait d'avoir pour la première fois utilisé cette propriété pour en faire un briquet à l'usage des fumeurs (Trib. corr. Seine, 11 déc. 1866, de Changy, Pataille, 67.31) ; — 3° que, bien que le soufre fût connu comme moyen préventif et curatif de l'oïdium, il y a néanmoins application nouvelle à l'employer en vue du même résultat en le mélangeant dans une certaine proportion avec du charbon de terre et en opérant le mélange par des procédés propres à lier les molécules de ces deux matières, de façon à fixer le soufre sur les plants et à rendre ainsi son action plus sûre et plus efficace (Bordeaux, 20 juin 1867, Dufour, Pataille, 68.348) ; — 4° qu'il y a application

(1) La substance dite *pyrophore* s'obtient en chauffant fortement l'alun calciné avec un tiers de son poids en charbon.

nouvelle à utiliser une disposition mécanique connue pour un genre de machines auquel elle n'avait jamais été appliquée ; ainsi jugé pour l'application d'une disposition connue de volant aux pompes à main (Rej., 15 juill. 1867, Letort (1), Pataille, 67.321) ; — 5° que le fait qu'un procédé ait déjà été employé dans certaines conditions et pour obtenir certains résultats industriels n'empêche pas qu'il y ait application nouvelle à l'employer dans la même industrie, mais dans d'autres conditions et pour un résultat différent : spécialement, le fait qu'on ait employé l'eau comme moyen d'épuisement des marcs après pressurage ou même de la vendange fraîche, mais seulement, dans ce dernier cas, pour la fabrication de certaines boissons spéciales, n'empêche pas qu'il y ait application nouvelle à l'employer d'une façon générale pour l'extraction des moûts et par substitution absolue à la méthode du pressurage (Cass., 25 mars 1868, Petit et Robert, Dall., 68.1.245) ; — 6° que, bien que la vinasse de betterave eût déjà été employée comme agent de macération pour l'amélioration des pulpes devant servir d'aliments aux bestiaux, il y a application nouvelle dans le fait de l'employer en vue des mêmes résultats, quand, au lieu de râper la betterave et de la presser comme on l'avait fait jusque-là, on la coupe en tranches de manière à conserver les cellules où doivent rentrer par voie d'endosmose tous les sels contenus dans la vinasse (Bourges, 25 avril 1868, Champonnois, Pataille, 69.266); — 7° que le fait que les sulfates de soude aient été employés à la décoloration des jus de canne et à empêcher la fermentation, n'empêche pas qu'un brevet ne puisse être valablement obtenu pour leur emploi à la défécation des jus : cet emploi, dans un but déterminé et distinct du premier, constitue une nouveauté brevetable (Cass., 8 janv. 1869, Périer et Possoz, Sir., 69.1.188).

34 *bis*. **Jurisprudence** ; *suite*. — Il a été jugé d'après les mêmes principes : 1° que le fait d'appliquer aux machines à

(1) Jugé de même pour l'application d'un levier connu (le levier de Lagarousse) aux pressoirs (Montpellier, 7 janv. 1874, Mabille, Pataille, 74.107).

laver la laine, pour agiter et faire avancer la laine dans le bac, un mécanisme antérieurement employé comme moyen de propulsion des bateaux à vapeur, constitue une application nouvelle dans le sens de la loi (Douai, 15 mars 1875, Chaudet, Pataille, 76,357); — 2° qu'il y a application nouvelle et brevetable dans le fait d'appliquer à l'épaillage des tissus de laine en pièces un procédé chimique qui jusque-là n'avait été employé que pour épailler la laine brute avant toute fabrication, ou pour désagréger des chiffons, alors qu'il est constaté que ce procédé, appliqué aux tissus fabriqués, donne des résultats industriels, tels que l'économie de main-d'œuvre et un degré plus considérable de souplesse et de fini dans les tissus (Nancy, 11 août 1873, Frezon (1), Pataille, 73.321) ; — 3° qu'il y a application nouvelle dans le fait d'utiliser les qualités naturelles et connues d'un produit pour l'obtention d'un résultat industriel : spécialement, bien que la propriété des silicates de se durcir à l'air soit connue, et que les chimistes aient indiqué, dans des ouvrages scientifiques, la possibilité d'utiliser cette propriété pour différents emplois et notamment pour le lutage d'un appareil de chimie, il y a application nouvelle brevetable dans le fait de composer une pâte à base de silicate destinée à boucher à froid les bouteilles, flacons et autres récipients, alors qu'il est établi que cet emploi spécial n'avait pas encore été fait (Dijon, 31 juillet 1878, Jacob, Pataille, 78.364) ; — 4° que bien que l'emploi d'un outil ou appareil tel qu'un laminoir ait déjà eu lieu dans la même industrie, il peut y avoir application nouvelle brevetable dans un mode nouveau d'emploi de ce même appareil : spécialement, étant donné que l'on avait eu antérieurement l'idée de fabriquer les bassins des pelles à feu par le laminage d'une barre de fer, il y a application nouvelle de moyens connus dans le fait de laisser une partie de la barre de fer en dehors de l'action du laminoir, à l'effet de ménager une queue ou appendice gardant l'épais-

(1) V. aussi Metz, 7 mars 1872, Frezon (Pataille, 73.321) ; Rouen, 16 mars 1874, Frezon (Pataille, 75.8) ; Nancy, 27 janv. 1875, Frezon (Pataille, 75.12) ; Rej., 24 mars 1875, Frezon (Pataille, 75.171).

seur primitive de la barre de fer et pouvant se souder facilement à la tige (Nancy, 25 mars 1879, Grandry, Pataille, 79.159); — 5° que toute invention consistant dans l'application nouvelle de moyens connus pour l'obtention d'un résultat industriel est brevetable, quelque peu considérable que soit son importance ou son utilité : spécialement, quoique les pènes surélevés et non emboutis, eussent déjà été employés dans certaines serrures, le fait de les appliquer à une serrure d'un type et d'un mécanisme différents constitue une application nouvelle dans le sens de la loi (Paris, 22 février 1882, Galmiche, Pataille, 82.46); — 6° que le fait qu'un outil soit dans le domaine public, n'empêche pas que celui qui, le premier, l'emploie pour obtenir un résultat non obtenu auparavant, ne fasse une application nouvelle et brevetable : spécialement, le fait de se servir d'une règle ou surface quelconque striée, objet depuis longtemps dans le domaine public, pour obtenir dans l'industrie des fleurs artificielles, le gaufrage et le panachage des boutons, constitue une application nouvelle au sens légal (Paris, 29 juillet 1882, Jouvencel, Pataille, 83.91).

35. **Jurisprudence**; *suite.* — Il a été jugé enfin : 1° que le fait d'appliquer aux lampes électriques, comme rhéophores, des charbons recouverts de métal, déjà employés auparavant, comme anodes, dans les piles, constitue une application nouvelle, susceptible d'être brevetée (Paris, 29 novembre 1882. Reynier, Pataille, 84.57); — 2° que le fait d'employer une matière, déjà appliquée à d'autres destinations, pour fabriquer un produit industriel qui ait des qualités qu'aucun produit similaire n'avait auparavant, constitue une application nouvelle dans le sens de la loi : spécialement, il y a application nouvelle dans le fait de faire servir le ciment à la fixation et à l'agrégation, aux pinceaux des peintres en bâtiments, des soies constituant lesdits pinceaux, et de fabriquer ainsi un produit qui est inaltérable à l'essence de térébenthine, qualité que ne présentait aucun des pinceaux fabriqués précédemment (Nancy, 26 mai 1883, Adam-Blaise, Pataille, 83.256); — 3° qu'il y a lieu de considérer comme une application nouvelle, aux termes de l'art. 2, § 3, de la loi du 5 juillet 1844, le mélange ou la combinaison d'éléments utilisés pour

la première fois et produisant un résultat industriel consistant dans l'économie et la perfection obtenues : spécialement, est brevetable l'utilisation, comme agent épurateur des eaux destinées à un usage industriel, de résidus (dans l'espèce, résidus de savonnerie), considérés jusqu'alors comme sans valeur (Amiens, 2 juin 1883, Barreau-Pinchon, Pataille, 85. 259) ; — 4° qu'il y a application nouvelle, au sens de la loi, dans le fait d'utiliser un appareil (dans l'espèce, le monte-jus), comme agent de pression, en l'associant à un filtre-presse, alors qu'auparavant il n'avait jamais été employé que comme machine élévatrice ; il est d'autant plus rationnel de le décider ainsi que, considéré comme agent de pression pour les filtres-presses, le monte-jus présente de nombreux avantages sur les instruments précédemment employés à cet usage (Paris, 17 février 1883, Lecointe, Pataille, 84.109) ; — 5° qu'il y a application nouvelle de la filière, dans le fait de l'employer pour coucher d'une manière régulière et stable les poils de la chenille ordinaire à poils hérissés, transformée ainsi en chenille à poils couchés, dite chenille peluche ; on ne saurait dire, en ce cas, qu'il y a simplement emploi nouveau, non brevetable, l'application nouvelle et légale étant caractérisée par l'obtention d'un résultat jusqu'alors inconnu, la chenille peluche (Paris, 10 août 1882, Germain frères (1), Pataille, 82.336) ; — 6° que l'idée de rendre le papier imperméable par l'application d'une matière hydrofuge étant connue, l'emploi de ce moyen pour rendre imperméable l'extrémité des feuilles de papier à cigarettes, constitue une application nouvelle de moyens connus, susceptible d'être brevetée (Tr. corr. Seine, 25 nov. 1882, d'Argy, Pataille, 85.68) ; — 7° qu'il y a application nouvelle dans le fait d'employer un produit connu pour un usage et en vue d'un résultat pour lesquels il n'avait pas encore été utilisé : spécialement, le fait que les tourteaux aient été précédemment utilisés dans l'industrie agricole n'empêche pas qu'il y ait application nouvelle brevetable dans le fait de les utiliser comme appât dans l'industrie de la pêche à la sardine (Rennes,

(1) V. aussi Rej., 11 mai 1883, même aff. (Pataille, 83.160).

1er juillet 1885, Pataille, 86.333) ; — 8° qu'il y a application nouvelle dans le fait d'employer un moyen connu pour en obtenir un résultat distinct de celui que ce même moyen produisait auparavant : spécialement, étant donné qu'on a poli ou gravé des surfaces métalliques ou du verre à l'aide de sable violemment projeté par la vapeur sur la surface à attaquer, il y a application nouvelle à employer pour l'affilage ou affutage des limes ou autres outils, un jet de sable projeté sous un angle déterminé et dans des conditions particulières ; le fait d'obtenir cet affilage constitue évidemment un résultat nouveau et distinct des résultats précédemment obtenus (Paris, 3 nov. 1886, Tilghmann, Pataille, 87.124) ; — 9° qu'il y a application nouvelle au sens légal dans le fait d'employer la glycérine comme agent réducteur dans un procédé de dorure dont tous les autres éléments sont du domaine public, alors qu'il est constaté, en fait, qne la glycérine a une grande valeur comme agent réducteur dans l'industrie de la dorure sur verre et que son emploi donne des résultats industriels nouveaux, à raison de la perfection des produits qu'il permet d'obtenir (Paris, 23 nov. 1885, Dodon, Pataille, 87.327).

36. Appréciation ; devoir des tribunaux. — Il suit de ce qui précède que les juges, saisis de l'examen d'un brevet, ne peuvent, sous peine de violer la loi, se borner à rechercher si l'objet breveté est nouveau en lui-même ; ils doivent encore rechercher s'il ne constitue pas une application nouvelle de moyens connus (1).

Il a d'ailleurs été jugé qu'il appartient au juge du fait de décider souverainement si l'invention constitue une application nouvelle ou un emploi nouveau (Rej., 11 mai 1883, Germain, Pataille, 83.160).

§ 2. — *De l'emploi nouveau.*

37. Est-il brevetable ? — Il faut se garder de confondre l'emploi nouveau avec l'application nouvelle. Par ce mot, nous entendons l'application qui, tout en changeant

(1) V. Cass., 6 juin 1856, Rouget de Lisle (Pataille, 56.208).

d'objet ou de matière, ne diffère cependant en rien par son résultat, par ses effets, des applications faites antérieurement, qui manque par conséquent du caractère essentiel de l'application, considérée par la loi comme une invention nouvelle, la différence dans le résultat obtenu. Cela n'est-il pas juste? Par exemple, si l'on se sert d'un appareil ou d'un procédé connu, de la façon dont on s'en est toujours servi, pour en obtenir le même résultat, en se bornant seulement à l'employer pour une autre matière ou pour un autre objet, où est l'invention? où est le service rendu à l'industrie? où est cette création, ce caractère de personnalité qui justifie le droit exclusif de l'inventeur? Partant, où peut être la brevetabilité (1)? Admettre le contraire, ce serait permettre que le même objet pût rester indéfiniment matière à brevet ou du moins qu'il pût donner lieu à autant de brevets qu'il y a de choses différentes auxquelles il peut s'appliquer, sans d'ailleurs que son emploi change de nature. Imaginez, si vous voulez, l'invention d'un nouvel outil, destiné, dans la pensée de l'inventeur, au travail de la serrurerie. Peut-on sérieusement concevoir qu'il y ait invention brevetable à l'appliquer ensuite, dans un but d'ailleurs similaire, aux travaux du menuisier, du charron, du maçon, etc.? On trouvera dans les nombreux arrêts que nous avons réunis l'explication plus claire encore de la règle que nous venons de rappeler.

38. **Jurisprudence.** — Il a été décidé en ce sens : 1° Que l'emploi de la presse à plateaux pour le tannage des cuirs n'est pas susceptible d'être breveté, lorsque le tannage par pression, la presse à plateaux étaient antérieurement connus, et que d'ailleurs, de l'aveu même du breveté, la presse à plateaux peut, dans le tannage par pression, être remplacée indifféremment par toute autre presse de disposition convenable (Rej., 4 juill. 1846, Dupuis (2), Dall., 46.1.325); — 2° que le découpoir étant déjà connu et appliqué à plusieurs des matières premières nécessaires à la fabrication des éventails, il n'y a pas d'invention brevetable à s'en servir pour le

---

(1) V. un article de M. Huard dans la *Propr. ind.*, n° 389.
(2) V. les critiques de M. Blanc, p. 452.

bois, qui est l'une de ces matières (Rej., 11 juill. 1846, Duvelleroy, Dall., 46.1.287); — 3° qu'il n'y a pas d'invention brevetable à fabriquer des enveloppes-annonces, c'est-à-dire à imprimer des annonces dans l'intérieur des enveloppes (Paris, 10 décembre 1846, Colson, le *Droit*, n° 288); — 4° qu'étant donné que, depuis longtemps, on a eu l'idée d'avoir des meubles à roulettes, il n'y a pas d'invention, susceptible d'être brevetée, de la part de celui qui imagine le premier de mettre des roulettes à un fourneau (Paris, 20 nov. 1850, Routin, cité par Blanc, p. 452); 5° que, le fait d'ajouter du schiste houiller stérile au fondant calcaire pour réduire en fonte le minerai de fer étant depuis longtemps connu, il n'y a pas d'application nouvelle à faire la même addition, en vue d'un résultat analogue, au minerai de fer oligiste et à d'autres minerais riches, isolés ou mélangés (Liège, 8 mars 1855, Cockerill, cité par Picard et Olin, n° 172); —6° que, l'application de l'émail à la tôle, comme moyen de préserver le métal de l'oxydation, étant générale et connue, il n'y a pas d'invention brevetable à appliquer cet émail à des formes à sucre en tôle, en vue du même résultat (Paris, 20 mars 1855, Rauch (1), Pataille, 55.101).

38 *bis*. **Jurisprudence**; *suite*. — Il a encore été jugé : 1° que, lorsqu'un système de fermeture à charnière est depuis longtemps employé dans la bijouterie pour les bracelets de toute dimension, il n'y a pas application nouvelle à l'employer pour des bagues; il en est ainsi alors même que ces bagues sont destinées à un usage déterminé, par exemple à maintenir en place les nœuds de cravate (Paris, 10 déc. 1857, Cavy, Pataille, 58.136); — 2° que l'emploi de la vis pour les pieds de piano ne peut être valablement breveté, lorsque cet emploi pour le pied des tabourets de piano et pour les pieds de billard appartient au domaine public (Trib. corr. Seine, 7 déc. 1858, Ostermann, *Prop. ind.*, n° 58); — 3° que l'idée d'obtenir à l'aide d'une machine connue un produit également connu, mais qui jusqu'alors se fabriquait à la main, ne constitue pas

---

(1) V. *Observ. critiques* de M. Huguet, avocat à la Cour de cassation Pataille, 55.101).

une application nouvelle dans le sens de la loi : spécialement, ne constitue pas une invention brevetable l'emploi du métier à velours à la fabrication des *tapis-mousse*, alors que la fabrication se fait d'une manière identique (Paris, 19 mai 1859, Payoud, Pataille, 59.387); — 4° que l'application nouvelle n'est brevetable qu'autant qu'elle est faite sur un objet qui diffère essentiellement de ceux auxquels le procédé avait été antérieurement appliqué : spécialement, l'idée de doubler les lames de métal formant l'échelle pliante, dans les lorgnettes-jumelles, avec de l'ivoire, de l'écaille, ou avec un métal précieux, afin de cacher les rivures et de donner à l'appareil plus de solidité et d'élégance est d'une application générale et ancienne dans la fabrication des lorgnettes ; et, en supposant qu'on n'eût pas encore eu l'idée de l'étendre aux rivures de l'échelle mobile, cette idée ne serait qu'un simple transport de moyens connus sans aucune modification essentielle, et dès lors ne saurait constituer une application nouvelle dans le sens de la loi (Paris, 18 nov. 1858, Margra, Pataille, 58.466); — 5° qu'il n'y a pas application nouvelle à employer, pour la première fois, sur les canaux un mécanisme ou un système qui n'aurait été employé précédemment que sur les rivières, si d'ailleurs rien d'essentiel n'est changé à ce système ou à ce mécanisme (Paris, 18 déc. 1857, Burnet, Pataille, 58. 350).

39. Jurisprudence ; *suite*. — Il a encore été jugé : 1° qu'il n'y a pas application nouvelle à appliquer aux jupes de robe un appareil destiné jusque-là à relever les jupons (Paris, 22 nov. 1859, Bienbar, *Prop. ind.*, n° 104) ;— 2° que, l'idée de faire des cartes-adresses ou annonces, qui portent les noms, demeure et indication d'un industriel ou d'un commerçant, étant connue, il ne peut y avoir une invention sérieuse dans l'idée d'employer ces cartes-annonces comme marques de jeu et de les introduire dans les jeux de cartes (Trib. corr. Seine, 8 mai 1860, Piault, *Prop. ind.*, n° 125) ; — 3° que la presse qui sert à calandrer ne peut être brevetée pour son application au moirage, alors qu'il est constant que le moirage s'obtient de la même manière que le calandrage, et en augmentant simplement la pression (Lyon, 23 juin 1860, Vignet, Dall. 61.2.63) ; — 4° que l'emploi d'un procédé connu, en vue d'un résultat analogue à celui qu'on lui a toujours demandé, ne saurait constituer une application nouvelle, alors même qu'on l'applique à un objet différent : spécialement, le sertissage par encoches et étranglement ayant déjà été employé pour réunir, dans les clous en cuivre, la tête à la pointe, il n'y a pas application nouvelle à fabriquer de la même façon les boutons de porte (Paris, 10 déc. 1864, Cattaert, Pataille, 65.398) ; — 5° qu'il n'y a point d'application nouvelle, susceptible d'être brevetée, dans le fait d'appliquer à la reproduction de la musique des procédés photographiques, depuis longtemps en usage pour la reproduction de tous dessins, gravures ou écritures (Trib. corr. Seine, 28 fév. 1865, Ben Tayoux, Pataille, 65.105) ; — 6° que le fait d'avoir utilisé, le premier, comme jouet pour les enfants, sous le nom de *serpents de Pharaon*, les propriétés d'un corps connu lui-même (le sulfocyanure de potassium) constitue non une application nouvelle, mais la vulgarisation d'un emploi déjà connu de ce produit, et dès lors n'est pas susceptible d'être breveté (Paris, 21 mars 1866, Barnett (1), Pataille, 66. 144) ; — 7° qu'étant donné que la charnière dite *briquet* est un moyen depuis longtemps employé pour l'ouverture des véhicules de tout genre, il n'y a point d'application nouvelle à s'en servir pour l'ouverture des portes de landaus et landaulets dans le but particulier de produire l'adhérence des montants de porte à la caisse, et obtenir ainsi de couper la porte du landau en deux parties égales (Paris, 27 déc. 1867, Binder, Pataille, 69.72).

39 *bis*. **Jurisprudence** ; *suite*. — Il a encore été jugé : 1° qu'il n'y a application nouvelle qu'autant que cette application porte sur des objets qui diffèrent essentiellement de ceux pour lesquels les mêmes moyens avaient été jusque-là employés ; spécialement, l'application aux pistolets-jouets d'une amorce, antérieurement employée pour les armes de guerre et de chasse, ne constitue pas une application nouvelle dans le sens de la loi (Paris, 14 mai 1868, Canouil (2), Pa-

(1) V. aussi Trib. civ. Seine, 6 avril 1867, Barnett (Pataille, 68.13).
(2) V. aussi Paris, 3 juill. 1869, Canouil (Pataille, 72.228). — V. tou-

taille, 68.210); — 2° que, la boîte à dévider étant connue, il n'y a pas d'application nouvelle à livrer aux consommateurs chaque pelote de fil dans une boîte à dévider en forme de capsule (Rej., 24 mars 1868, Crespel, Sir., 69.1.125); — 3° que l'application n'est nouvelle, et par conséquent brevetable, qu'autant que le résultat atteint diffère de celui obtenu par l'emploi primitif des mêmes moyens; spécialement, l'emploi de l'asphalte pulvérisé au moyen de la chaleur pour construire ou consolider des chaussées étant connu, il n'y a pas d'application nouvelle à l'employer dans le même but, encore qu'il y eût dans la façon d'opérer de légères différences (Paris, 12 fév. 1870, Chabrier, Pataille, 70.74); — 4° que, étant donné qu'on a depuis de longues années appliqué aux récipients de toute nature à l'usage des soldats, et notamment à la gamelle vide, deux anneaux rivés destinés à fixer ces ustensiles sur le sac du soldat, il n'y a pas d'application nouvelle à employer le même moyen pour les boîtes contenant des conserves alimentaires (Rennes, 8 mai 1872, Gentil, Pataille, 72.315); — 5° qu'il n'y a pas application nouvelle dans le fait d'employer à l'attache des gants un genre de fermoir déjà employé pour des jarretières (Grenoble, 3 août 1872, Train, Pataille, 73.297); — 6° qu'étant donné que la pression mobile (pression par leviers) était depuis longtemps employée dans diverses machines lithographiques, il n'y a pas d'application nouvelle à en pourvoir une machine lithographique connue, mais qui jusqu'alors n'avait été utilisée qu'avec la pression fixe (pression par vis); une substitution de ce genre, avec tous les précédents qui l'indiquaient, ne saurait à elle seule constituer une invention brevetable (Trib. corr. Seine, 16 janv. 1866, Dupuis).

40. Jurisprudence (1). — Il a été jugé de même : 1° qu'il

---

tefois, en sens contraire, quoique à l'occasion du même brevet : Paris, 23 août 1865, Canouil (Pataille, 67.122); Paris, 8 mars 1868, Canouil (Pataille, 68.206).

(1) V. encore Paris, 1er juin 1878, Meyer (Pataille, 78.173); Trib. civ. Seine, 20 juill. 1880, Weit et Nelson (Pataille, 81.16); Paris, 23 juill. 1880, Ville (Pataille, 81.10); Paris, 24 juill. 1884, Gérard-Manc (Pataille, 85.81); Trib. civ. Seine, 21 juill. 1885, Bannier (Pataille, 87.227).

n'y a pas invention brevetable dans l'idée d'appliquer à la coloration d'une spécialité de jouets, tels que des jouets en caoutchouc, certaines couleurs inoffensives connues, alors, d'une part, que l'emploi de couleurs non vénéneuses a déjà été décrit dans des brevets tombés dans le domaine public, et que celles spécialement indiquées par le nouveau brevet, sont elles-mêmes dans le commerce et ont été appliquées à d'autres jouets (Trib. civ. Seine, 24 mai 1878, Lejeune, Pataille, 78.265) ; — 2° que, l'emploi de coins d'acier pour obtenir des empreintes en relief, sur papier, et leur coloration ou rehaussage pour leur donner l'aspect d'un cachet en cire étant connus, il n'y a ni application nouvelle de moyens connus, ni obtention de produit nouveau dans l'idée d'appliquer ces procédés, soit pour orner les en-têtes de papier à lettres d'un cachet imitant parfaitement les cachets de cire, de couleur, soit pour obtenir des cachets mobiles et gommés pouvant servir à fermer les enveloppes de lettres (Paris, 5 juil. 1879, Chevalier, Pataille, 80.285) ; — 3° qu'il n'y a pas application nouvelle, au sens de la loi, dans le fait d'appliquer pour la première fois, à la fabrication d'un objet spécial, un procédé précédemment employé dans la même industrie ; spécialement, il n'y a pas invention brevetable à fabriquer les mains de ressorts de voiture par étampage d'un fer à section ovulaire, alors qu'il est établi que d'autres pièces de ferronnerie étaient faites auparavant par étampage de fer à section ronde, demi-ronde ou carrée (Nancy, 18 juin 1881, Liégeois, Pataille, 82.28) ; — 4° qu'il n'y a application nouvelle de moyens connus, au sens de la loi, qu'autant que le résultat obtenu par suite de l'application diffère de celui précédemment réalisé ; spécialement, le fait d'appliquer aux forges à foyer découvert la tuyère à entraînement d'air précédemment appliquée, dans le même but, aux forges à foyer couvert et hauts fourneaux, ne constitue pas une application nouvelle (Trib. civ. Seine, 6 août 1881, Enfer, Pataille, 83.326) ; — 5° que, pour qu'il y ait application nouvelle dans le sens de la loi, il faut que l'application change la valeur du résultat antérieurement atteint ou que ce résultat produise un effet différent de l'effet précédemment obtenu ; spécialement, les substances phosphorescentes ayant déjà été employées pour rendre des objets visibles dans l'obscurité, il n'y a pas application nouvelle à employer ces mêmes substances pour rendre visibles dans la nuit les cadrans de montre ou d'horloge (Paris, 29 nov. 1882, Nemitz (1), Pataille, 83.339); — 6° que, si le perfectionnement, apporté à un objet du domaine public, peut être susceptible d'être breveté, ce n'est qu'autant qu'à l'aide de ce perfectionnement on obtient un résultat industriel nouveau, et qu'il ne constitue pas un simple changement de forme : spécialement, le fait d'appliquer à des tuyaux de séchage un genre de support mobile, permettant de les diriger en tous sens, ne constitue pas une invention brevetable, alors qu'il est constant que ce genre de support existait auparavant dans le domaine public et y était employé en vue d'imprimer aux objets auxquels il était appliqué, toutes les directions possibles ; le changement d'objet, en ce cas, ne produit pas de changement dans le résultat (Paris, 20 déc. 1882, Poupardin, Pataille, 83.53); — 7° que le fait que la préparation d'un produit chimique ait été perfectionné, et qu'il soit ainsi devenu moins altérable à l'air qu'autrefois, ce qui garantit une durée plus grande aux objets dans la fabrication desquels il entre, ne peut autoriser un tiers à breveter ces objets, alors que la supériorité de leur qualité sur ce qui s'était fait antérieurement, proviendrait uniquement de la supériorité de qualité du produit chimique que l'on obtient aujourd'hui (Trib. civ. Seine, 2 août 1881, Peiffer, Pataille, 82.71).

40 *bis*. **Jurisprudence contraire.** — Il a été jugé toutefois : 1° que le lustrage de la fonte, au moyen d'un mélange de plombagine et d'huile de lin, bien que connu et usité, peut néanmoins être breveté pour son application à la fonte de chasse (Trib. civ. Valence, fév. 1854, David, cité par Blanc, p. 456) ; — 2° que, bien que le mode de faire les boîtes par un seul rouleau de carton soit connu, celui qui, le premier, a appliqué ce mode aux boîtes à allumettes chimiques, a fait une application nouvelle de moyens connus (Aix, 21 août 1846, Roche, cité par Blanc, p. 451).

(1) V. aussi Trib. civ. Seine, 2 août 1881, Peiffer (Pataille, 82.71).

41. *Quid*, **si la mise en œuvre était plus intelligente?** — La solution ne changerait pas, c'est-à-dire que l'emploi nouveau ne deviendrait pas davantage une application nouvelle et brevetable, parce qu'il exigerait une intelligence et des soins particuliers, parce qu'il aurait lieu sur une grande échelle ou sur des objets de plus grande dimension. Autre chose, en effet, est un procédé de fabrication, un appareil, une machine, autre chose la manière d'en user. Étant donné un procédé, un appareil qui est connu, chacun n'est-il pas libre de l'employer à sa guise, de lui faire produire tous les résultats qu'il peut produire, et, en l'employant plus habilement, d'obtenir avec lui un résultat plus complet? On ne peut refuser au domaine public le droit de se servir à son gré des choses qui lui appartiennent, et de la façon qui est la plus avantageuse, ni lui imposer l'obligation de s'en servir de telle ou telle manière seulement. S'il s'agit d'un procédé chimique, y aura-t-il donc invention à choisir avec soin les corps qu'il met en jeu, à veiller à ce qu'ils soient purs, sans mélange, de première qualité, et, si les substances réagissantes doivent être associées dans des proportions exactement déterminées, à s'assurer par des analyses répétées, que le but cherché est atteint? S'il s'agit d'un mécanisme, aura-t-on fait une découverte parce qu'en augmentant la force d'un ressort, le diamètre d'un volant ou la vitesse d'un rouage, on aura obtenu un résultat meilleur? Assurément non. « Est-il admissible, disent Picard et Olin, que la loi « ait voulu breveter comme procédés les qualités personnelles « des individus? Cela répugne évidemment, et il y aurait « quelque chose de contraire aux bonnes mœurs à défendre « à un homme d'être aussi habile, aussi intelligent que son « voisin dans la confection d'un produit (1). »

42. Jurisprudence (2). — Il a été décidé en ce sens : 1° qu'on ne saurait se faire breveter pour avoir réussi, grâce à un fonctionnement mieux compris, à obtenir d'une machine à battre les grains, qui était connue, un rendement plus con-

(1) Picard et Olin, n° 89.
(2) V. aussi Paris, 4 déc. 1873, Véron (Pataille, 75.255).

sidérable (Rej., 20 mars 1854, Auzet (1), Sir., 55.1.226); — 2° que l'usage, fait avec plus ou moins d'intelligence et d'à-propos, sur une échelle plus ou moins grande, d'une découverte dont l'honneur revient à d'autres et dont les publications scientifiques avaient offert depuis longtemps au public et à l'industrie tous les éléments d'exécution, ne saurait à aucun titre constituer une invention brevetable : spécialement, du moment que la science a signalé les eaux rouges, ou non acides, de la garance comme pouvant être converties en alcool par les procédés ordinaires de fermentation et de distillation, il n'y a aucune invention à fabriquer de l'alcool de garance dans ces conditions, alors même qu'on donne à cette fabrication, jusque-là négligée, une importance qui met pour la première fois en lumière ses avantages (Lyon, 29 avril 1857 et Rej., 3 août 1858, Buisson, Dall., 58.1.369); — 3° que le fait d'appliquer un procédé connu à des objets plus grands que ceux auxquels on l'appliquait jusque-là ne constitue pas une découverte susceptible d'être brevetée : spécialement, la teinture par compartiments, appliquée aux petites flottes de soie étant dans le domaine public, il n'y a aucune invention à l'appliquer à des flottes plus grandes (Lyon, 22 juillet 1859, Charmetton, Pataille, 59.286); — 4° que de simples modifications, qui ne sont qu'une habileté de main-d'œuvre ou de mise en pratique, ne constituent pas une invention, même lorsqu'elles produisent une meilleure fabrication ; on ferait à l'industrie une situation trop difficile si chaque modification dans la marche d'un procédé, et par exemple dans le dosage, la température, la répétition d'un lavage, pouvait devenir l'objet d'un brevet et par suite servir de base à des poursuites en contrefaçon : spécialement, est nul le brevet qui est pris pour l'emploi d'un certain nombre de bains alcalins, à dosages déterminés, à l'effet de donner plus de brillant à la bourre de soie en la dépouillant du duvet qui lui est inhérent, alors qu'il est constant que ce procédé était connu et que le breveté n'a fait qu'en améliorer l'emploi (Paris, 21 janv. 1860, Buer, Sir., 60.2.182); — 5° qu'il n'y a pas d'invention à fabriquer un

(1) V. *Observ. critiques* de Blanc, p. 456.

produit connu de façon à lui donner plus de solidité; il s'agissait, dans l'espèce, d'un genre de tissu, dit *épinglé-toile*, et caractérisé par l'obtention, sur un fond *toile*, de côtes qui donnent à ce tissu l'apparence de l'*épinglé* (Paris, 4 mai 1860, Bernard, *Prop. ind.*, nº 125); — 6º qu'il n'y a pas d''invention brevetable à appliquer aux pierres dures de grande dimension un burin déjà appliqué au rabotage des pierres dures de petite dimension (Paris, 21 juin 1860, Bigot, Pataille, 60.316).

43. **Jurisprudence;** *suite.* — Il a encore été jugé : 1º que le fait d'apporter des soins particuliers au triage de la matière première, à sa cuisson, à la pulvérisation et au blutage (il s'agissait de la fabrication du ciment), et à l'aide de ces soins d'obtenir des produits reconnus de très bonne qualité, ne constitue pas une invention brevetable (Paris, 21 fév. 1861, Lingée, *Prop. ind.*, nº 172); — 2º qu'il n'y a point d'invention brevetable dans le seul fait de fabriquer mieux et avec plus de soin un produit connu : spécialement, étant donné que l'industrie fabriquait déjà des tissus imitant la fourrure d'Astrakan, il n'y a point d'invention brevetable à fabriquer le même tissu, en employant des mèches plus fines et par suite en faisant les boucles des frisures moins grosses, alors même que, grâce à ce soin apporté à la fabrication, le tissu serait préféré dans l'industrie (Paris, 28 nov. 1862, Favre, Pataille, 64.90); — 3º qu'on ne saurait considérer comme brevetable l'idée d'analyser et de doser exactement des matières destinées à être mélangées dans des proportions déterminées, non plus que celle de répéter ces analyses et dosages, alors qu'aucun procédé spécial et nouveau, soit de fabrication, soit d'analyse, n'est indiqué dans le brevet, et que tout se réduit à une prescription de surveiller avec soin la fabrication pour en corriger au fur et à mesure les défectuosités et arriver ainsi à un produit aussi parfait que possible (Douai, 16 mars 1877, Lonquéty, Pataille, 77.310); — 4º qu'il importe peu qu'un produit (dans l'espèce, un harmoniflûte) obtienne beaucoup de succès dans le commerce, si sa supériorité résulte d'une habileté d'exécution et de fabrication; un tel perfectionnement est du domaine de l'ouvrier et du fabricant, mais non du domaine de l'inventeur (Paris,

23 mai 1863, Kasriel (1), Pataille, 64.276); — 5° qu'un produit n'est pas nouveau par cela seul qu'il est fabriqué avec plus de perfection : spécialement, étant donné que le domaine public était depuis longtemps en possession d'un genre de plume imitant artificiellement la plume d'autruche, il n'y a pas création d'un produit nouveau dans le fait d'obtenir cette imitation avec un degré plus grand de perfection (Paris, 9 juin 1864, Aubert, Pataille, 64.244); — 6° que les juges du fait ne peuvent pas légalement déclarer un brevet valable par ce motif général qu'il décrirait un emploi mieux entendu ou plus utile d'un procédé connu (Cass., 27 avril 1867, Rainot, Pataille, 67.279); — 7° que la simple interversion dans l'ordre des opérations nécessaires pour obtenir un produit connu n'est pas brevetable, lorsqu'elle ne nécessite aucun procédé nouveau ni aucun changement dans les matières ou machines employées (2) : spécialement, n'est pas brevetable, en admettant même qu'elle soit nouvelle, l'idée de blanchir, préalablement à tout filage et tissage, les cotons bruts destinés à la fabrication des tissus (Caen, 15 fév. 1865, Robillard, Pataille, 66.36); — 8° que le tour de main n'est pas brevetable : spécialement, quand il s'agit d'un procédé connu d'application de gouttes d'un liquide visqueux sur les tulles ou autres tissus, en vue d'y former des perles factices, celui-là ne fait pas une invention susceptible d'être brevetée qui, sans indiquer le moyen de régulariser ces gouttes ou perles, en les limitant au réseau des mailles, se borne à faire appel à

---

(1) V. aussi Rej., 29 janv. 1864, même aff. (Pataille, 64.283).

(2) L'arrêt que nous rapportons pèche sans doute par une rédaction trop générale; nous admettons volontiers, dans l'espèce, qu'il n'y avait rien de brevetable dans le fait d'opérer le blanchiment du coton à une phase de la fabrication plutôt qu'à une autre. Mais il y a telle autre espèce dans laquelle une simple interversion dans l'ordre des opérations pourrait constituer une invention certainement brevetable, à raison même de la nouveauté du résultat obtenu. MM. Picard et Olin (n° 173) disent à ce sujet : « Quelqu'un, dans un procédé de teinture, se borne à « intervertir l'ordre des opérations auxquelles sont soumises les étoffes; « par ce simple changement, il obtient une teinture moins altérable et « plus belle; il atténue l'action corrosive de telle matière employée; il « y aura procédé nouveau. »

l'habileté de l'ouvrier pour garder les proportions convenables et non déterminées *à priori* (Lyon, 17 fév. 1883, Munier, Pataille, 85.267); — 9° mais qu'on ne saurait assimiler à un simple tour de main, qui est le fait de l'habileté manuelle de l'ouvrier, une indication théorique, précise, fruit de l'étude et de l'observation de l'inventeur, pour l'application de laquelle le jeu d'un appareil est mis en rapport dans toutes ses parties (Cass., 25 fév. 1854, Villard, Pataille, 57.400).

§ 3. — *Du transport dans une industrie différente.*

44. Est-il brevetable? — M. Blanc pose en thèse (1) « qu'il y a application brevetable d'un moyen, quand il est « transporté d'une industrie dans une autre », et, précisant son opinion, il ajoute que, « s'il n'est transporté que dans une « industrie analogue, il peut encore être breveté s'il y donne « des résultats nouveaux ». De ces deux propositions, la seconde seule nous semble vraie.

Suivant nous, en effet, il importe peu, pour qu'il y ait application nouvelle, que les moyens aient été antérieurement employés dans la même industrie ou dans une industrie différente. Si, en général, le transport d'une industrie à une autre implique une application nouvelle, cette règle est loin d'être absolue; et, réciproquement, il peut y avoir application nouvelle, alors même que les moyens dont il s'agit auraient été déjà employés dans la même industrie. Il faut et il suffit, dans un cas comme dans l'autre, que le résultat obtenu soit, non pas nouveau en lui-même, cela est inutile, mais du moins différent de celui qu'on obtenait auparavant par l'emploi des mêmes moyens. Picard et Olin sont du même avis : « Il ne « faut pas considérer, disent-ils, la différence des deux indus- « tries, ni rechercher si elles sont analogues ou éloignées, « mais uniquement s'il y a oui ou non un effet nouveau (2). »

45. Jurisprudence. — Espèces où le brevet a été déclaré valable. — Il a été jugé : 1° que, bien que l'es-

(1) Blanc, p. 453.
(2) Picard et Olin, n° 169.

tampage ait été déjà mis en usage pour certains métaux, celui qui en fait le premier l'application à l'industrie du zinc, et obtient ainsi un résultat nouveau, fait une application nouvelle et brevetable (Paris, 31 mars 1855, d'Arlincourt (1), Pataille, 55.156); — 2° que le fait d'avoir appliqué le premier la chromolitographie à la décoration des porcelaines est une invention essentiellement brevetable, aux termes de l'art. 2 de la loi de 1844; il est en effet de jurisprudence constante que l'application à une industrie nouvelle est brevetable, quand elle produit un résultat industriel nouveau; il en est, à plus forte raison, ainsi, lorsque l'inventeur a assuré le résultat pratique de cette application par des procédés également nouveaux (Paris, 23 mars 1860, Mangin, *Prop. ind.*, n° 119); — 3° qu'il y a invention brevetable dans le fait d'appliquer aux portières de voitures un système de fermeture (remplacement de la bascule par un chasse-pêne ou tire-pêne) employé jusque-là pour les portes d'entrée des maisons (Paris, 15 fév. 1866, Desouches, Pataille, 66.81); — 4° que le transport dans une industrie de moyens connus et employés dans une industrie différente, constitue l'application nouvelle de moyens connus (Amiens, 28 août 1879, Cordier frères, Pataille, 81.283); — 5° que celui-là fait une application nouvelle susceptible d'être brevetée, qui, trouvant réunis dans une industrie les divers éléments d'un appareil, les transporte dans une autre industrie pour en tirer des résultats différents de ceux obtenus avant lui; il en est spécialement ainsi de l'appareil chirurgical, dit *thermo-cautère* (Paris, 9 mai 1883, Paquelin, Pataille, 83.33); — 6° que le fait qu'une combinaison mécanique ait été précédemment employée dans une industrie, n'empêche pas qu'il y ait une application nouvelle et brevetable dans le fait de l'employer dans une autre industrie, en vue d'obtenir un résultat différent : spécialement, bien que des cylindres à rainures soient depuis longtemps en usage dans l'industrie, notamment dans les appareils à imprimer de Marinoni, il y a application nouvelle dans le fait d'employer un cylindre à rainure dans un appareil à chagriner les peaux en vue d'isoler

(1) V. aussi Rej., 26 juill. 1855, même affaire (Pataille, *loc. cit.*).

à un moment donné la peau de l'action du cylindre et de former un point de repère pour le placement des peaux; il en est de même d'un tendeur mobile, appliqué à ladite machine à chagriner et précédemment usité dans une industrie différente, et pour un appareil n'ayant aucune relation avec la machine à chagriner (Paris, 9 mai 1883, Burc, Pataille, 84.93).

45 *bis*. **Jurisprudence. — Espèces où le brevet a été déclaré nul.** — Il a été jugé: 1° que les moyens connus et employés dans une industrie ne sont susceptibles d'être brevetés dans leur application à une autre industrie qu'autant que le résultat produit diffère de celui obtenu dans l'industrie primitive (Lyon, 23 juin 1860, Vignet, Dall., 61.2.63) ; — 2° qu'on ne saurait considérer comme application nouvelle et brevetable l'usage, dans une branche d'industrie, de moyens déjà employés dans une branche similaire de la même industrie, lorsque ces moyens y sont employés avec les mêmes ustensiles, sur des matières semblables et pour l'obtention du même résultat; spécialement, l'idée de supprimer le fil de verre ou cordon jeté sur le col de la bouteille pour obtenir la bague, et d'obtenir cette bague au moyen de fers ciselés, à l'aide desquels on refoule le verre, après avoir fait réchauffer la bouteille dans un ouvreau, pratiqué, à cet effet, dans le four, n'est pas susceptible d'être brevetée, dès qu'il est établi que cette idée était pratiquée avant le brevet, dans une des branches de l'industrie verrière, notamment dans la *topetterie* et qu'elle était employée à obtenir le même résultat (Lyon, 6 déc. 1865, Raab, Pataille, 66.234); — 3° que, de même, l'emploi, dans les opérations d'apprêt et de fixage des étoffes, d'un instrument (le faudeur) destiné à opérer le pliage, n'est pas brevetable, alors qu'il est employé en vue du même résultat dans une industrie similaire, celle de la teinture (Paris, 12 mars 1871, Boulogne, Pataille, 72.215).

§ 4. — *De la combinaison nouvelle d'éléments connus.*

46. Est-elle brevetable? — Il peut arriver que l'invention se présente sous la forme soit d'une machine ou d'un appareil, soit d'un procédé, dont les éléments ou les organes, pris en eux-mêmes et isolément, sont connus. Il n'est pas rare de voir un inventeur, combinant ensemble deux procédés connus et les employant concurremment, en quelque sorte fondus l'un dans l'autre, obtenir le résultat que vainement on avait cherché avant lui à atteindre par l'emploi de chacun de ces procédés séparément ; il n'est pas rare non plus de voir une machine, qui n'est que la résultante de deux ou trois machines employées auparavant, produire d'une façon complète et parfaite ce que chacune des machines précédentes n'obtenait que dans des conditions d'absolue imperfection. Cette association d'éléments connus, dans un ensemble nouveau, est même l'une des formes les plus fréquentes des découvertes modernes. Il n'a pu entrer dans la pensée du législateur de la priver de la protection de la loi ; au contraire, il protège la combinaison d'éléments connus, qui n'est qu'une variété de ce qu'il appelle l'*application nouvelle de moyens connus*. Associer pour la première fois des éléments qui étaient jusqu'alors restés séparés, c'est, en effet, les appliquer d'une façon nouvelle. Il importe donc peu que tous les organes d'une machine, que tous les éléments d'un procédé soient, même de temps immémorial, dans le domaine public, si la réunion en est nouvelle ; ce n'est point alors chaque élément individuellement qu'il faut considérer, c'est l'ensemble, c'est le tout, c'est le groupement.

Il faut noter ici un point sur lequel on est porté parfois à se méprendre. Nous avons dit plus haut (1) que l'application d'un moyen connu est nouvelle et brevetable, lorsque ce moyen, tout connu qu'il est et sans y rien changer, est employé pour obtenir un résultat, non pas nouveau en lui-même, mais différent de celui qu'on demandait à ce même moyen auparavant. De ce que nous disons à présent que la combinaison nouvelle de moyens connus est une variété de ce qu'on entend par *application nouvelle de moyens connus*, il ne faudrait pas conclure que, dans un cas comme dans l'autre, la combinaison nouvelle ne doit être considérée

---

(1) V. *suprà*, n° 31.

comme brevetable qu'à la condition qu'elle permette d'obtenir un résultat que les combinaisons antérieures, plus ou moins analogues, ne permettaient pas d'obtenir. Cette règle n'est pas vraie dans le cas qui nous occupe. Quand on prend un moyen connu sans y rien changer, la brevetabilité ne peut résider que dans la nouveauté de l'application au point de vue du résultat cherché ; quand on prend des éléments, isolément connus, et qu'on les réunit dans un ensemble qui n'existait pas encore, la brevetabilité réside dans la nouveauté de l'application au point de vue des éléments eux-mêmes. Il n'y a plus lieu de considérer le résultat, pourvu qu'il y en ait un. C'est alors l'objet lui-même, consistant dans le rapprochement d'éléments auparavant épars, qui est nouveau ; et sa nouveauté vient de ce que les éléments dont il se compose n'avaient pas encore été réunis. Sans doute, dans la plupart des cas, la machine, si c'est une machine qui est constituée par cette combinaison nouvelle d'éléments connus, présentera sur les machines similaires déjà existantes un réel avantage, soit à raison du résultat obtenu qui sera plus complet ou plus rapide, soit à raison de sa construction qui sera plus économique, ou exigera moins de force motrice; mais cela n'est pas nécessaire. La machine, lors même, par impossible, qu'elle ne présenterait aucun avantage sur ses devancières, devrait encore être considérée comme brevetable si la combinaison qui la compose était vraiment nouvelle. L'article 2 de la loi de 1844 n'impose, en effet, que deux conditions pour la brevetabilité de l'application de moyens connus : d'abord la nouveauté de l'application, ensuite l'obtention d'un produit ou d'un résultat industriel, quel que soit ce produit ou ce résultat. Il est clair que, si la combinaison d'éléments connus permet d'obtenir un produit ou un résultat qu'on n'avait pas obtenu auparavant ou qu'on n'avait pas obtenu d'une façon aussi complète, dans d'aussi bonnes conditions, sa nouveauté, partant sa brevetabilité, est par cela même démontrée. C'est ainsi que s'explique la constatation, souvent faite dans les arrêts, de la nouveauté ou de la perfection du résultat obtenu.

Nous verrons pourtant que, si favorable qu'on doive être, avec le législateur, au principe de la brevetabilité des applications nouvelles résultant de la combinaison d'éléments connus, il y a certaines limites qu'on ne peut franchir (1).

Remarquons aussi, en passant, sauf à y revenir, que, si la loi considère comme invention brevetable la combinaison nouvelle d'éléments connus, il faut que le breveté ait revendiqué et décrit cette combinaison. Il ne pourrait pas, par exemple, mêlant entre eux différents brevets ou certificats d'addition qu'il aurait pris à diverses époques, puiser dans chacun d'eux un élément différent pour prétendre après coup à une invention qu'il n'avait pas d'abord conçue (2).

47. **Jurisprudence** (3).—Il a été jugé à cet égard : 1° qu'un appareil industriel (appareil à force centrifuge pour le clairçage du sucre) ne peut être déclaré non brevetable sous prétexte que chacun des organes qui le composent était antérieurement connu et appliqué, la combinaison de ces organes pouvant constituer un procédé nouveau susceptible d'être breveté (Cass., 17 janv. 1852, Crespel-Dellisse, Dall., 53. 1.67); — 2° qu'il y a invention brevetable à obtenir directement, et dans une opération unique, des produits qu'on n'obtenait auparavant que par deux opérations successives : spécialement, celui qui obtient l'alcali volatil directement, à l'aide de la distillation des eaux ammoniacales, fait une invention brevetable, alors qu'il est constant qu'auparavant on

(1) V. *infrà*, n° 53.

(2) V. *infrà*, n° 159 *bis*.

(3) V. aussi Paris, 19 janv. 1872, Chassepot (Pataille, 72.198) ; Trib. corr. Seine, 28 mai 1875, Leduc (Pataille, 76.44) ; Paris, 25 fév. 1876, Caton (Pataille, 78.23) ; Trib. civ. Seine, 14 janv. 1870, Brechton (Pataille, 73.36) ; Paris, 1er mars 1873, Carré (Pataille, 73.123) ; Bordeaux, 6 juin 1877 et Cass., 5 janv. 1878, Meunier (Pataille, 78.33) ; Paris, 14 déc. 1877, Lauronce (Pataille, 79.241) ; Paris, 13 avril 1878, Petit (Pataille, 78.102) ; Amiens, 18 juill. 1879, Boitel (Pataille, 80.333) ; Dijon, 2 déc. 1885, Alain-Chartier (Pataille, 85.24) ; Aix, 24 nov. 1885, Billion (Pataille, 87.183). — V. encore, sous l'empire de la loi de 1791, Trib. civ. Seine, 24 déc. 1829, Windsor (Dalloz, v° *Brev. d'inv.*, n° 47) ; Paris, 13 août 1838, Lanet de Sornay (Dall., v° *Brev. d'inv.*, n° 49) ; Paris, 13 nov. 1841, Deslandes (Dall., v° *Brev. d'inv.*, n° 53) ; Paris, 19 mars 1842, Parilhat (Dall., v° *Brev. d'inv.*, n° 54) ; Douai, 30 mars 1846, Descat (Dall., 47.2.205).

n'obtenait ce produit que par le traitement des sels ammoniacaux, obtenus eux-mêmes, dans une précédente opération, par la distillation des eaux ammoniacales (Rej., 11 juin 1853, Cavaillon, *Bull. crim.*, 53.320) ; — 3° qu'il ne suffit pas que chacun des éléments d'un procédé ou d'un appareil soit isolément dans le domaine public pour dénier au procédé ou à l'appareil tout caractère de brevetabilité : spécialement, quand un brevet est pris pour un appareil, au moyen duquel l'inventeur prétend obtenir de l'eau-de-vie marchande, d'un seul jet, sans colonne de rectification, en faisant servir le marc de raisin comme condensateur, le juge doit rechercher, non seulement si les organes (forme conique des vases ; ouverture du diamètre entier des vases ; usage de paniers en métal pour charger et décharger le marc ; suppression de la colonne de rectification) sont isolément connus et ont été séparément employés, mais encore et surtout si l'appareil, dans son ensemble, et par la réunion des éléments qui le composent, est nouveau (Cass., 25 fév. 1854, Villard (1), Pataille, 57.392) ; — 4° qu'il importe peu que tous les moyens employés par l'inventeur soient depuis longtemps connus, s'il les réunit dans une combinaison non encore obtenue avant lui ; il y aura alors application nouvelle de moyens connus, susceptible d'être brevetée : spécialement, celui qui le premier combine ensemble des procédés connus de dessiccation et de compression, en vue de conserver les légumes à l'état frais et en tablettes d'une très faible dimension, fai une invention brevetable (Rej., 6 nov. 1854, Chollet, Dall. 55.1.347).

48. Jurisprudence ; *suite*. — Il a encore été jugé : 1° que, bien que certaines substances aient été déjà employées pour faire des boules inflammables, propres à allumer promptement le feu, il y a application nouvelle à employer les mêmes substances et à les combiner dans des proportions et condi-

---

(1) V. encore à l'occasion du même brevet, Cass., 15 juill. 1854 (Pataille, 57.402) ; Colmar, 13 septembre et 26 oct. 1854 (Pataille, 57.406) ; Dijon, 18 juill. 1856 (Pataille, 57.414) ; Rouen, 8 août 1857 (Pataill 57.439) ; Paris, 19 juin 1858 (Pataille, 58.305).

tions nouvelles (Paris, 26 mai 1855, Blondel, Pataille, 55. 193); — 2° qu'étant donné que le bouchage hermétique et permanent des bouteilles à liquide gazeux était connu, et que, de plus, on l'obtenait au moyen d'un appareil composé d'une seule pièce solidaire en toutes ses parties, il y a invention à obtenir le même bouchage au moyen de la division de l'appareil, employé jusque-là, en deux pièces distinctes et indépendantes l'une de l'autre, qui présentent plus d'économie dans le prix de revient, plus de facilité et moins de frais pour les réparations (Paris, 26 mai 1855, et Rej., 1er déc. 1855, Ozouf (1), Pataille, 56.42); — 3° qu'étant donné que le système des plateaux-coussinets métalliques, destinés à supporter les rails des chemins de fer, était connu, il y a néanmoins invention brevetable dans le fait de combiner des plateaux-coussinets analogues, avec un système spécial d'entretoise destiné à les réunir et en assurer le fonctionnement dans des conditions déterminées; et, dans ce cas, le brevet porte, non seulement sur ce système d'entretoise pris isolément, mais sur l'ensemble, résultant de la combinaison du plateau-coussinet avec l'entretoise (Cass., 22 déc. 1855, Bessas-Lamégie, Pataille, 56.10); — 4° qu'alors même que toutes les parties d'un appareil, prises isolément, sont dans le domaine public, néanmoins leur réunion et leur agencement dans des conditions déterminées peuvent constituer une invention brevetable : spécialement, peut être breveté, à ce titre, un système de chaudière à bain-marie concentré, destiné à la préparation et à la conservation des substances alimentaires, ledit système résultant de la combinaison de tous les accessoires, parmi lesquels figure un manomètre servant à la fois d'indicateur de la tension de la vapeur dans la chaudière, et du degré de chaleur intime auxquels sont soumises les matières expérimentées (Paris, 10 mai 1856, Chevallier-Appert (2), Pataille, 56.217).

49. **Jurisprudence**; *suite*. — Il a été décidé aussi : 1° qu'a-

---

(1) V. anal. Rouen, 5 fév. 1859, Ozouf (Pataille, 59.80).

(2) V. aussi Angers, 6 juill. 1857 et Cass., 11 fév. 1858, Chevallier-Appert (Pataille, 58.344).

lors même que chacun des éléments d'un procédé peut, pris isolément, être considéré comme tombé dans le domaine public, leur ensemble, la série des opérations qui constituent le mode de fabrication sont de nature à constituer une application nouvelle de moyens connus : spécialement, l'application, entre autres opérations connues (dans l'industrie des charbons artificiels), de la carbonisation en vase clos, avec utilisation des gaz qui se dégagent des matières carbonisées, constitue une application nouvelle dans le sens de la loi, surtout quand il est constant que le produit ainsi obtenu se distingue de tous les produits analogues par son bon marché (Paris, 10 juill. 1856, Popelin-Ducarre (1), Pataille, 57.105); — 2° qu'une combinaison d'éléments connus (dans l'espèce, une pompe foulante, une soupape, un manomètre, un raccord à demeure) et leur emploi en vue d'un résultat nouveau (recherche des fuites de gaz) constituent une application nouvelle de moyens connus, essentiellement brevetable (Paris, 20 déc. 1856, Maccaud, Pataille, 57.159); — 3° qu'il importe peu que les éléments de l'invention (dans l'espèce, une disposition nouvelle de bateaux à vapeur, particulièrement applicable à la navigation sur canaux et rivières étroites) n'offrent par eux-mêmes rien de nouveau; il suffit que leur combinaison soit nouvelle et qu'elle produise un résultat ou un produit industriel non encore obtenu (Paris, 29 mars 1856, Gâche (2), Pataille, 57.70); — 4° qu'étant donné que l'idée du dégagement de l'air, pendant l'embouteillage des eaux gazeuses, était depuis longtemps connue, il n'y en a pas moins invention de la part de celui qui, au moyen d'organes spéciaux, réalise un mode d'embouteillage propre à mettre cette idée en œuvre (Paris, 30 mai 1857, Lanoa, Pataille, 57.314); —4° qu'alors même que chacun des organes dont se compose un appareil est tombé dans le domaine public, leur réunion n'en constitue pas moins un ensemble brevetable : spécialement, celui qui le premier réunit dans un fermoir pour gants

(1) V. aussi Paris, 23 juill. 1859, Popelin-Ducarre (Pataille, 60.120).

(2) V. encore, à l'occasion du même brevet, Lyon, 31 déc. 1856 (Pataille, 57.73); Rouen, 30 janv. 1857 (Pataille, 57.81).

deux organes, employés séparément jusque-là (l'un était une plaque garnie de deux boutons ou crochets; l'autre, une calotte obtenue par emboutissage, avec rebord intérieur), fait une application nouvelle de moyens connus (Paris, 21 nov. 1857, Doyon, Pataille, 58.207); — 6° que, dans l'esprit de la loi et dans un but tout à la fois d'encouragement et d'utilité générale, la part la plus large a été faite à l'invention, et toute personne autorisée à mettre à profit et à s'approprier les procédés même les plus vulgaires, pourvu que de leur combinaison résulte un perfectionnement ou une découverte; il importe donc peu que chacun des éléments, dont se compose un procédé, ait déjà été employé, si le système tout entier n'a pas été mis en œuvre : spécialement, le fait que plusieurs fabricants aient déjà traité la pulpe (de pommes de terre) par un deuxième repassage, et ainsi utilisé les résidus des féculeries, n'empêche pas qu'il y ait invention de la part de celui qui perfectionne l'opération par l'emploi raisonné des meules, du chlore, des chlorures et du kaolin (Amiens, 26 nov. 1857, Planque, Pataille, 58.284).

50. **Jurisprudence**; *suite*.—Il a de même été décidé : 1° qu'il y a application nouvelle de moyens connus dans l'invention d'un système de scie à ruban composée en partie d'organes connus et en partie d'organes nouveaux, et le brevet, pris en ce cas, protège l'ensemble du système, et non pas seulement les parties nouvelles, de telle sorte qne la contrefaçon des organes essentiels entraîne la confiscation de l'appareil contrefait tout entier (Paris, 13 juin 1857, Périn (1), Pataille, 58.312) ; — 2° qu'il importe peu que les éléments dont se compose dans son ensemble un appareil (dans l'espèce, un stéréoscope) soient isolément connus, si la réunion et la combinaison de ces éléments en est nouvelle (Paris, 10 avril 1858, Duboscq (2), Dall., 61.1.251); — 3° que, lorsqu'un brevet porte sur un procédé consistant dans une série d'opérations, il importe peu que certains des appareils employés aient été antérieurement connus : spécialement, quand un mode bre-

(1) V. aussi Rej., 17 sept. 1858, même affaire (Pataille, 58.312).
(2) V. aussi Rej., 15 fév. 1859, même affaire (Dall. 61.1.251).

veté d'apprêt des soieries consiste essentiellement dans l'application de l'étoffe sur une surface chauffée, ladite application accompagnée d'un brossage qnelconque de l'étoffe jusqu'à complète dessiccation, il importe peu qu'il soit établi qu'antérieurement au brevet on faisait usage de cylindres chauffés pour sécher les étoffes, si l'usage de ces cylindres n'était pas en même temps accompagné du brossage (Amiens, 2 juill. 1859, Périnaud, Pataille, 59.265) : — 4° que le fait que la combinaison de deux métiers soit depuis longtemps dans le domaine public ne fait pas obstacle à ce qu'un brevet puisse être valablement pris pour une façon nouvelle d'utiliser cette combinaison : spécialement, le fait que depuis longtemps on se serve du métier à mailles fixes réuni au métier à la Jacquard n'empêche pas qu'on ne puisse valablement breveter l'interversion, non encore pratiquée sur ces métiers, de l'action des fils tisseurs et brodeurs, ainsi que des deux machines motrices ; et, dans ce cas, le brevet comprend non seulement le procédé tel qu'il vient d'être défini, mais encore le tissu qui en résulte, lequel doit être considéré comme un produit industriel nouveau (Paris, 29 déc. 1859, Joyeux (1), Pataille, 60.74) ; — 5° que le fait de réunir dans un même objet (une tuile) deux dispositions qui, prises séparément, étaient déjà connues et appliquées, constitue une application nouvelle de moyens connus et, à ce titre, brevetable (Lyon, 5 juin 1861, Franon, Pataille, 61.378) ; — 6° qu'il y a application nouvelle de moyens connus dans le fait de grouper dans un même appareil (une pompe à élever les liquides) des organes qui n'avaient pas encore été groupés de la même façon, et de lui imprimer par cela même une physionomie propre et un caractère pratique tel qu'aucun des appareils analogues du domaine public ne saurait rendre les mêmes services (Paris, 1er août 1861, Gougy, Pataille, 63.263).

51. Jurisprudence ; *suite.* — Il a été décidé dans le même sens : 1° que la réunion d'agents chimiques antérieurement employés et l'ordre systématique et solidaire suivi pour leur mise en œuvre constituent une application nouvelle et breve-

(1) V. *suprà*, n° 21, 6°.

table : spécialement, il y a application nouvelle de moyens connus dans la réunion, en vue de fabriquer le vermillon, des moyens suivants : 1° emploi de l'acide nitrique pour dépouiller le vermillon de tout excès de soufre ; — 2° mélange de sulfure de potasse et de potasse caustique, employé à chaud comme agent d'avivage ; 3° mise en digestion du vermillon dans l'acide hydrochlorique ; 4° lessivage de la pâte, opéré à chaud avec de la potasse caustique, pour donner au vermillon un ton plus ou moins violacé (Paris, 5 déc. 1861, Ringaud, Pataille, 62.370) ; 2° que l'emploi, dans les appareils fumivores, d'un principe déjà indiqué par certaines patentes, mais resté jusqu'alors sans résultat (introduction de l'air par les parties latérales et verticales pour opérer le premier degré de combustion de la fumée) et la mise en œuvre de ce principe au moyen de certains organes (forme évasée de la corbeille, coffre distillateur, peigne à deux dents, peignes propulseurs, leviers ou crics pour élever le coffre chargeur, chariot avec chemin de fer, etc.), les uns nouveaux, les autres connus, constitue un ensemble, un système entier présentant toutes les conditions requises pour être brevetable (Paris, 7 fév. 1862, Dumery, Pataille, 62.249) ; — 3° qu'encore que chacun des organes, dont se compose un appareil, soit isolément dans le domaine public, il y a invention à les grouper dans une combinaison nouvelle en vue d'obtenir un produit industriel nouveau offrant l'avantage d'une fabrication facile et peu coûteuse : spécialement, il y a création d'un mouvement d'horlogerie dans la réunion combinée des moyens ci-après : 1° établissement de côté de rouages aboutissant à l'échappement et indépendance de l'axe des heures, système permettant l'emploi des roues à grosses dentures ; — 2° remontage par derrière de l'axe du barillet ; — 3° mise à l'heure au centre et par derrière fonctionnant à l'aide d'un renvoi, ces deux derniers mécanismes permettant l'usage de lunettes fixes sur le cadran ; — 4° minuterie placée à l'extérieur de la boîte (Paris, 13 mars 1862, Redier, Pataille, 62.101 ; — 4° qu'il y a application nouvelle de moyens connus dans le fait de fabriquer des poupées qui soient tout à la fois articulées et moulées, ce qui permet de reproduire chaque pièce indéfiniment avec une similitude parfaite et de donner aux articulations l'exactitude nécessaire à leur ajustement (Paris, 14 mars 1862, demoiselle Huret, Pataille, 62.385).

51 *bis*. Jurisprudence; *suite*. — Il a été décidé, toujours d'après les mêmes principes : 1° qu'il y a invention brevetable dans le fait d'une combinaison nouvelle de moyens connus permettant l'emploi d'un métier également connu, pour la fabrication plus rapide d'un tissu qui, antérieurement, ne s'obtenait qu'à l'aide d'un métier spécial et à la main : spécialement, est valable le brevet pris pour l'application du métier à la barre à la fabrication des galons à coquille et à colonne, à l'aide d'une combinaison de procédés consistant notamment dans l'emploi d'un battant à quatre navettes, dont deux à double canette et à pointisselles rétrogrades (Lyon, 25 juill. 1862, Roche, Pataille, 63.215) ; — 2° que la réunion d'éléments ou moyens connus dans le but d'obtenir, par leur agencement, un produit industriel nouveau, constitue une invention susceptible d'être brevetée : spécialement, celui qui pour remédier aux inconvénients du bouchage des appareils syphoïdes, façonne sur le goulot des vases, calibré au moyen d'un outil de son invention, des mortaises circulaires et formant une gorge destinée à retenir et à fixer mécaniquement un collier fileté sur lequel on visse ensuite le bouchon ou chapeau du vase, et qui, par la combinaison de ces moyens, tous plus ou moins connus, mais ingénieusement agencés, dote l'industrie d'un mode de bouchage d'une incontestable valeur, celui-là est inventeur dans le sens de la loi et a droit à sa protection (Rouen, 8 mai 1863, Rouget de Lisle (1), Pataille, 65.172 ; — 3° qu'étant donné, d'une part, que des tonneaux et un bateau n'ont rien de nouveau en eux-mêmes, et, d'autre part, que la combustion des gaz est un phénomène connu, néanmoins celui qui, réunissant ces éléments du domaine public, les combine dans un appareil qu'il rend propre au transport inodore des matières fécales, fait une application nouvelle de moyens connus dans le sens de l'art. 2 (Colmar, 17 déc. 1863, Lesage, Pataille, 65.434).

(1) V. aussi Cass., 26 juill. 1862, Rouget de Lisle (Pataille, 62.351).

52. **Jurisprudence**; *suite.* — Il a été jugé d'après la même règle : 1° que la loi protège, à l'égal d'une invention complète, les rapprochements, les combinaisons d'organes connus, mais disséminés, perdus pour l'industrie et qui, habilement réunis, augmentent la richesse publique en la dotant d'un produit industriel nouveau : spécialement, un revolver, alors même qu'il se compose d'organes tous employés auparavant dans des armes diverses, n'en constitue pas moins une arme nouvelle, alors que chacun de ses organes, par les modifications qu'il a reçues, par la fonction qu'il remplit, a été appliqué d'une manière nouvelle et est associé à des organes avec lesquels il n'avait pas encore été réuni (Paris, 28 janv. 1864, Lefaucheux, Pataille, 64.7) ; — 2° qu'il y a application nouvelle de moyens connus dans le fait de combiner, en vue d'obtenir la fermeture hermétique des vases syphoïdes, divers éléments qui, bien que séparément employés, n'avaient jamais été auparavant réunis et combinés de façon à se prêter un mutuel appui (Rouen, 15 avril 1864, Tavernier, Pataille, 64.223) ; — 3° qu'un procédé industriel est susceptible d'être breveté, alors même qu'il se compose d'éléments connus, si jamais auparavant les mêmes éléments n'avaient été réunis : spécialement, celui qui le premier a réalisé, pour la trempe des ressorts d'acier, un mode d'enroulement tout à la fois longitudinal et simultané, a fait une invention brevetable, alors même qu'il serait établi qu'avant le brevet on avait séparément pratiqué soit l'enroulement longitudinal, soit l'enroulement simultané (Cass., 31 juill. 1867, Lefebvre, Pataille, 67.323) ; — 4° qu'il y a invention brevetable dans le fait de réunir des dispositions connues et employées depuis longtemps, pour en composer une combinaison nouvelle (lampe-réflecteur) présentant un perfectionnement notable (Trib. civ. de Lyon, 19 avril 1871, Pochet, Dall., 71.3.8) ; — 5° que le fait de réunir deux appareils et, par suite, de faire simultanément, et dans de meilleures conditions pratiques, deux opérations qui auparavant étaient séparées, constitue une invention susceptible d'être brevetée : spécialement, le fait de réunir les deux opérations du décatissage et du ramage, en adaptant par superposition à l'appareil ordinaire du décatissage

l'organe servant au ramage mécanique, de façon que le second de ces apprêts s'accomplisse au moment où l'étoffe se trouve sous l'action de la vapeur du décatissage, constitue une invention brevetable (Rouen, 18 mai 1872, Descoubet, Pataille, 73.192).

52 *bis*. **Jurisprudence**; (*suite*). — Jugé encore : 1° qu'il y a lieu de déclarer brevetable, comme constituant un moyen nouveau d'imperméabilisation des tissus, la combinaison du procédé de l'immersion avec l'emploi de l'hydrocarbure volatil ayant pour but et pour effet d'introduire la matière imperméabilisante jusqu'au cœur des tissus qu'elle pénètre, tandis que l'hydrocarbure volatil, qui lui a servi de véhicule, s'évapore à l'air libre sans laisser de résidu (Paris, 24 mai 1878 et Rej., 22 nov. 1879, Bouziat, Pataille, 80.150); — 2° qu'il y a application nouvelle de moyens connus, au sens légal, dans la combinaison de plusieurs éléments qui, pris isolément, étaient tombés dans le domaine public, mais qui n'avaient pas encore été réunis en vue de l'obtention du résultat industriel produit par cette combinaison : il en est ainsi spécialement d'un système de monture permettant aux parapluies de se maintenir ouverts automatiquement, c'est-à-dire sans le secours d'aucun ressort sur le manche, et consistant essentiellement dans la dimension des fourchettes par rapport aux branches et dans leur entraînement au delà de la position horizontale lors du mouvement d'ouverture, quand le breveté a, le premier, combiné cette dimension et cette position particulière en vue de l'ouverture automatique des parapluies qu'il a le premier réalisée (Paris, 24 janv. 1879, Charageat, Pataille, 80.132); — 3° que l'agrégation et la combinaison, dans un même appareil, d'organes jusque-là séparément employés constituent une invention brevetable : spécialement, l'idée d'adapter à un moule à bouteilles rotatif du domaine public un système de piqûre mobile également connu, constitue une invention dans le sens de la loi de 1844 (Toulouse, 28 juin 1882, Alain Chartier, Pataille, 82.279); — 4° qu'il y a invention brevetable dans le fait de réunir et d'appliquer, pour la première fois, un certain nombre d'éléments connus, de façon à obtenir, par cette combinaison, un perfectionnement notable dans la construction d'un genre

d'instrument (dans l'espèce, un ébullioscope) ; cette invention contient l'application nouvelle de moyens connus, pour l'obtention d'un produit ou d'un résultat industriel, susceptible d'être breveté aux termes de l'art. 2 de la loi du 5 juillet 1844 (Cass., 10 fév. 1883, Malligand, Pataille, 84.74) ; 5° que la conjugaison mécanique de deux organes (dans l'espèce, une tondeuse et un appareil porte-brosse) en vue d'un résultat industriel défini, et qui jusque-là n'avait été obtenu qu'à la main (section des soies de brosse suivant une forme arrondie et bombée), constitue un ensemble essentiellement brevetable ; il en est d'autant plus ainsi que l'invention réalise un progrès considérable au point de vue de la rapidité et de la perfection du travail (Amiens, 19 juin 1884, Dupont, Pataille, 87.118).

53. *Quid* **de la juxtaposition ?** — Nous avons entendu nombre de fois faire une distinction entre la combinaison et la juxtaposition. Cette distinction consiste à dire que la combinaison d'éléments connus est seule brevetable, tandis que la simple juxtaposition ne l'est pas. Nous ne comprenons pas plus la théorie que la distinction sur laquelle elle repose. Si l'on veut dire que la brevetabilité est d'autant moins douteuse que la réunion des éléments est plus intime, qu'ils sont plus étroitement associés les uns aux autres, cela est de toute évidence, et c'est presque une naïveté. Si l'on veut dire qu'il n'y a de brevet valable qu'à la condition que les éléments connus, dont il est fait usage par le breveté, ont perdu le caractère ou la forme qu'ils avaient lorsqu'ils étaient isolés, et se sont réellement, matériellement, fondus les uns dans les autres, cela nous paraît une hérésie. Nulle part la loi ne parle de combinaison, de réunion ou de juxtaposition ; elle ne parle que des moyens nouveaux ou de l'application nouvelle de moyens connus. S'il s'agit de moyens chimiques, leur association produira généralement ce que la chimie appelle une *combinaison*, c'est-à-dire que chacun des corps employés cessera d'avoir une existence particulière et reconnaissable pour donner naissance à un composé nouveau. Prenez, par exemple, de l'acide sulfurique et de l'aniline, et faites-les réagir l'un sur l'autre ; après la réaction, vous n'aurez plus ni acide sulfurique, ni aniline : vous aurez du sulfate d'aniline, c'est-à-dire un corps nouveau, différent par ses caractères et ses propriétés des deux corps dont il est la combinaison. Au contraire, s'il s'agit d'éléments mécaniques, comment les combiner entre eux, sinon par une simple réunion, par *juxtaposition?* Un élément mécanique conserve une existence propre, même dans le mécanisme dans lequel il joue un rôle principal ou accessoire ; un ressort, de quelque façon qu'on l'utilise, reste un ressort, et rien qu'un ressort.

Est-il, du moins, exigé par la loi que, dans cette juxtaposition, chaque élément soit uni aux autres par un lien matériel, et n'y a-t-il brevetabilité qu'à cette condition? Supposez, par exemple, trois appareils isolément connus et n'ayant jamais été employés que séparément. Y a-t-il application nouvelle de la part de celui qui, le premier, songe à les employer simultanément et à les faire concourir tous les trois, dans un ordre défini, à un résultat déterminé? Nous n'hésitons pas à le penser; dans ce cas, il y a invention, non pas dans la construction des appareils eux-mêmes, mais dans la façon nouvelle de les employer, dans le fait de les faire fonctionner concurremment, de manière que les services qu'ils peuvent rendre s'ajoutent les uns aux autres et se complètent. Il y a là une application nouvelle ou il n'y en aura jamais. Qu'importe, après cela, que chacun de ces appareils marche séparément et ne soit pas uni aux deux autres par des vis ou autrement, puisque l'invention consiste, non à avoir combiné trois machines en une seule, mais à employer ces trois machines d'après un système et dans un ordre particulier (1).

Il est évident, toutefois, que si, prenant une machine connue, on y ajoute un organe également connu, et qui, employé là comme il l'a toujours été ailleurs, ne donne à l'appareil, par son adjonction, aucun caractère nouveau, ni dans sa construction, ni dans son résultat, on n'aura fait aucune invention brevetable; mais c'est qu'alors il n'y a ni combinaison, ni juxtaposition; il n'y a qu'une de ces mille

(1) Comp. Paris, 29 déc. 1859, Joyeux (Pataille, 60.74).

modifications de forme qu'introduit soit la pratique journalière, soit la fantaisie de chaque fabricant et qui, dès lors, ne peut devenir la base d'aucun droit privatif.

54. Jurisprudence. — Il a été jugé : 1° que la juxtaposition de deux organes qui sont tous deux dans le domaine public, et qui n'ont d'ailleurs aucune liaison obligée, aucune action réciproque utile et nouvelle, n'est pas susceptible d'être brevetée efficacement : spécialement, le fait, dans une turbine d'une construction déjà connue, de disposer pour la première fois, entre les aubes, des semi-aubes, organe déjà connu et employé dans un autre genre de turbine, ne saurait constituer une invention brevetable, alors qu'il est constant que la semi-aube, quel que soit le genre de la turbine, agit toujours de la même façon, d'une manière qui lui est propre et qui est indépendante du reste du système (Colmar, 6 août 1861, veuve André (1), Pataille, 62.215); — 2° qu'il n'y a pas de combinaison brevetable dans le fait d'employer trois machines connues dans un ordre déterminé, pour obtenir un résultat déterminé, si, d'une part, le brevet ne revendique par leur indivisibilité, et si, d'autre part, elles sont destinées à agir isolément les unes des autres (Rej., 2 janv. 1864, Dumont (2), Pataille, 64.249) ; — 3° qu'un organe, simplement juxtaposé et sans combinaison aucune avec le reste de l'appareil dont il est indépendant, ne peut donner à l'appareil un caractère de brevetabilité : spécialement, dans un système de fermeture pour cols-cravates, le petit organe accessoire destiné à indiquer le point exact sur lequel il faut poser le doigt pour opérer la pression, ne peut donner au système le caractère d'une combinaison nouvelle, alors qu'il est lui-même sans relation avec les anciens organes et sans influence sur le mécanisme (Paris, 12 juin 1869, Hayem (3),

---

(1) V. aussi Rej., 1er mars 1862, même affaire (*eod. loc.*).

(2) V. encore Douai, 10 juin 1872 et Rej., 20 fév. 1874, Dumont (Pataille, 74.148). — V. cependant Douai, 16 fév. 1870 (Pataille, 71.48). — *Nota :* Il est à remarquer qu'à l'occasion du même brevet Dumont, la Cour de Douai a rendu des arrêts opposés; tandis que la chambre correctionnelle déclarait le brevet sans valeur, la chambre civile le validait.

(3) V. aussi Rej., 1er avril 1870, même affaire (*eod. loc.*). — V. encore Trib. civ. Seine, 21 juill. 1885, Bannier (Pataille, 87.227).

Pataille, 70.110) ; — 4° que la simple réunion, dans l'agencement d'un produit complexe, tel qu'un sac d'officier, de divers éléments connus et déjà employés ensemble ou séparément dans la même industrie ne saurait constituer une combinaison ou application nouvelle, qui soit susceptible d'etre brevetée (Trib. corr. Seine, 8 janv. 1878, Dubois, Pataille, 78.90); — 5° que, pour qu'une combinaison d'éléments connus soit brevetable, il faut que ces éléments soient tellement joints ensemble qu'ils ne puissent être séparés sans changer le caractère de l'invention et son résultat industriel; quand l'un des éléments, d'après le brevet lui-même, peut être remplacé indifféremment par tout autre susceptible de remplir le même but, et qu'il est en conséquence variable à l'infini, on ne saurait y voir un élément essentiel de la combinaison ; une légère différence entre le système breveté et les systèmes du domaine public ne peut devenir la base d'un droit privatif quand elle ne modifie pas le résultat obtenu et et que d'ailleurs elle n'est même pas visée dans la description du brevet (Trib. civ. Bordeaux, 30 juin 1885, Teyssonneau, Pataille, 86.49); — 6° qu'il n'y a pas combinaison ou application d'éléments connus donnant droit à un brevet d'invention, lorsque l'unique conception du prétendu inventeur s'est bornée à lier ensemble deux choses déjà existantes dans le domaine public, et alors surtout que le lien qui les soude n'établit entre elles aucune communauté d'action, nul rapport de nature à réaliser par le fait de leur connexion un résultat nouveau et une utilité appréciable, puisqu'il les laisse, au contraire, quant à leur fonctionnement, dans un état complet d'indépendance : spécialement, il n'y a ni création d'un produit industriel nouveau, ni application nouvelle de moyens connus pour l'obtention d'un produit ou d'un résultat industriel dans le fait d'adapter, à l'extrémité du manche d'un couteau, une petite boîte cylindrique dans laquelle se déroule et s'enroule à volonté un ruban métrique (Riom, 16 mars 1885, Bizet, Pataille, 87.168).

55. Nécessité pour les tribunaux d'apprécier l'ensemble. — De ce que nous venons de dire nous déduisons naturellement deux règles : d'abord, lorsqu'il s'agit de décider si le breveté a fait ou non une application nouvelle de moyens connus, le juge doit prendre la machine dans son ensemble et non la désarticuler. « Un brevet forme, en effet, « un tout indivisible, et le plus souvent l'application consiste « dans la juxtaposition d'éléments qui n'avaient pas été sou- « dés l'un à l'autre, et qui, par conséquent, ne procuraient « pas les mêmes résultats ou les procuraient à un degré « inférieur (1). » En second lieu, le brevet qui repose sur une combinaison d'éléments connus ne saurait mettre obstacle à ce que d'autres fabricants emploient les mêmes éléments que le breveté, pourvu, d'ailleurs, qu'ils aient recours à une combinaison différente (2).

56. **Jurisprudence** (3). — Il a été jugé en ce sens : 1° que l'arrêt qui se livre à l'appréciation des diverses parties de l'invention sans rechercher en outre si le système, en lui-même et dans son ensemble, ne constitue pas un procédé industriel nouveau, commet une infraction aux lois sur la matière, lesquelles lois imposent au juge cette obligation (Cass., 25 fév. 1854, Villard (4), Pataille, 56.392) ; — 2° qu'un arrêt est nul pour défaut de motifs quand il rejette les conclusions du demandeur en faisant résulter la vulgarité du procédé de l'examen d'une partie seulement des différents organes et sans avoir examiné l'ensemble de la combinaison revendiquée (Cass., 24 avril 1857, Delaunay, Dall. 57.1.268) ; — 3° que, pour dénier la brevetabilité d'une combinaison décrite dans un brevet, il ne suffit pas au juge de constater que les éléments dont elle se compose étaient déjà connus ; il lui faut de plus établir que la combinaison elle-même n'est pas nouvelle en soi (Cass., 6 avril 1861, Franon, Dall., 61. 1.236) ; — 4° que, lorsqu'une invention se compose d'éléments multiples, il ne suffit pas, pour lui refuser le caractère

---

(1) Nouguier, n° 412.

(2) V., *infrà*, n°s 727 et suiv.

(3) V. également Cass., 22 déc. 1855, Bessas-Lamégie (Dall. 56.1. 178) ; Amiens, 17 juill. 1858, Duvoir (*Propr. ind.*, n° 63) ; Paris, 28 janv. 1864, Lefaucheux (Pataille, 64.7) ; Cass., 31 juill. 1867, Lefebvre (Pataille, 67.323) ; Cass., 26 juill. 1862, Rouget de Lisle (Pataille, 62.351) ; Amiens, 22 juill. 1880, Cordier frères (Pataille, 81.283).

(4) V. encore Cass., 20 mars 1857, Villard (Pataille, 57.430).

de la nouveauté, que les juges du fait constatent que quelques-uns ou même tous les éléments de l'invention étaient isolément dans le domaine public avant la date du brevet; il faut encore qu'ils examinent si la réunion de ces éléments était antérieurement connue (Cass., 25 mars 1868, Petit et Robert, Dall., 68.1.245); — 5° que, lorsqu'il résulte du mémoire descriptif joint au brevet que l'invention consiste dans la combinaison de divers éléments qui n'avaient jamais été réunis auparavant pour être affectés à l'usage auquel le brevet les destine, il y a violation de la loi du brevet par l'arrêt qui apprécie isolément ces éléments et les scinde pour en rechercher la nouveauté (Cass., 10 fév. 1883, Malligand, Pataille, 84.74);—6° mais que, si le juge est tenu d'examiner l'ensemble d'un procédé pour rechercher si cet ensemble constitue une nouveauté brevetable, il ne lui est pas défendu toutefois de prendre d'abord les éléments séparément et d'apprécier le mérite et la nouveauté de chacun d'eux, ainsi que son importance dans l'obtention du résultat général; cette marche, dans l'examen du procédé, ne nuit pas à l'inventeur, puisque le mérite général de l'invention reste toujours le même et que le mérite spécial des divers actes successifs, dont l'ensemble constitue le procédé, n'empêche pas l'utilité du résultat, lequel devra se mesurer par la difficulté de création de chacun d'eux ou de la combinaison qui les a réunis à d'autres pour arriver à constituer le procédé d'ensemble dont il s'agit; au surplus, aucune loi n'interdit au juge de décomposer les procédés qui présentent une combinaison de plusieurs opérations distinctes et successives, et d'examiner séparément chacune des opérations (Rej., 11 juill. 1846, Duvelleroy, Dall., 46.1.287).

§ 5. — *De l'application nouvelle d'un produit connu.*

57. Est-elle brevetable? — La loi ne parle que de l'application nouvelle de moyens connus. Mais ne peut-il y avoir également application nouvelle d'un produit connu? Évidemment oui; le législateur n'a raisonné que pour le cas le plus ordinaire; mais on peut concevoir un produit qui, employé d'abord à un usage, soit ensuite appliqué à un usage différent du premier. En ce cas, le produit devient réellement nouveau dans son application et, par suite, brevetable.

57 *bis*. **Jurisprudence.** — Il a été jugé en ce sens : 1° qu'un produit connu peut devenir nouveau par sa forme, ses dimensions, sa longueur, par exemple, les paillassons destinés à servir d'abris pour la grande culture (Paris, 26 juill. 1861, Guyot, *Prop. ind.*, n° 196) ; — 2° qu'on peut valablement breveter, comme constituant un produit industriel nouveau, l'application à un usage nouveau de tout ou partie d'un produit naturel connu : spécialement, bien que, dans la préparation des plumes destinées à la toilette des dames ou à certains ornements, on ait eu depuis longtemps l'idée d'en amincir les nervures, en enlevant tout ou partie de l'épiderme, il y a invention brevetable dans l'idée d'enlever cet épiderme à toute espèce de plumes et à l'utiliser pour la confection ou l'ornement des coiffures, fleurs, broderies ou tissus (Paris, 16 juin 1866, Bardin (1), Pataille, 66.380).

SECTION VI.

Questions diverses.

SOMMAIRE.

§ 1. *Phénomène naturel.* — 58. Est-il brevetable? — 59. Jurisprudence. — 60. Brevets de principe; opinion de M. Blanc. — § 2. *Découverte d'une propriété nouvelle d'un corps connu.* — 61. Est-elle brevetable? — § 3. *Changement de forme ou de dimensions.* — 62. *Quid* du changement de forme? — 63. Jurisprudence ; espèces jugées brevetables. — 64. Jurisprudence; espèces jugées non brevetables. — 65. Jurisprudence; espèces jugées non brevetables, *Suite.* — 66. *Quid* du changement de dimensions ou de proportions? — 67. Jurisprudence; espèces jugées brevetables. — 68. Jurisprudence; espèces jugées non brevetables. — § 4. *Changement de matière.* — 69. Constitue-t-il une invention brevetable? — 70. Jurisprudence; espèces reconnues brevetables. — 71. Jurisprudence; espèces reconnues non brevetables. — 71 *bis*. Jurisprudence; espèces reconnues non brevetables, *Suite.* — 72. Appréciation des tribunaux.

§ 1er. — *Phénomène naturel.*

58. Est-il brevetable? — Nous pensons, quant à nous, que la découverte d'un phénomène naturel (ou d'une

(1) V. aussi Trib. civ. Lyon, 21 mai 1859, Bardin (*Prop. ind.*, n° 84).

force première nouvelle) n'est pas susceptible d'être brevetée et que l'observation qui en est faite pour la première fois ne peut avoir pour résultat de le confisquer et d'en confisquer toutes les applications possibles au profit exclusif de l'observateur. « D'une part, disent MM. Rendu et Delorme, c'est « un présent gratuit de la Providence, offert directement par « elle à l'humanité, et il ne serait pas juste que celui qui l'a « aperçu le premier pût le confisquer à son profit pour vendre « ce que Dieu a donné. D'autre part, au point de vue de la « loi spéciale, c'est un résultat pur et simple, indépendant « de tous moyens particuliers, et qui ne deviendrait breve- « table qu'en raison des procédés par lesquels un industriel « trouverait moyen de l'accélérer ou de le développer (1) ». Sans qu'il soit besoin de faire intervenir ici la Providence, on comprend tout ce qu'aurait d'exorbitant un système qui permettrait de monopoliser la découverte d'un phénomène naturel, tel que celui de la force élastique des vapeurs, ou celui de la réfraction, base fondamentale de toute l'optique, ou celui de l'électricité. Nous renvoyons, au surplus, sur ce point, aux réflexions que nous avons faites plus haut sur la brevetabilité des produits naturels ; elles trouvent ici leur place.

Toutefois, si le phénomène, en lui-même, ne peut faire l'objet d'un brevet, il en est autrement des applications qui en sont faites par l'industrie. Par exemple, qui songerait à contester que l'utilisation, faite par Watt le premier, de la force élastique de la vapeur d'eau, c'est-à-dire la création de la machine à vapeur, constitue une invention au premier chef? Et, de même, qui voudrait refuser ce caractère à toutes ces merveilleuses applications de l'électricité que nous voyons chaque jour se produire sous nos yeux? Le brevet, dans ces différents cas, ne porte pas sur la loi scientifique, sur le principe en lui-même, qui reste à la libre disposition de tous ; il porte uniquement sur l'application spéciale qui en est faite.

59. Jurisprudence.—Espèces jugées brevetables.

---

(1) Rendu et Delorme, n° 325. — V. aussi Picard et Olin, n° 99.

— Il a été jugé : 1° que, si l'idée théorique de la déviation verticale des gaz des hauts fourneaux n'est pas susceptible d'être brevetée en elle-même, il ne s'ensuit pas que les procédés divers qui auraient pour effet d'opérer cette déviation verticale ne soient pas légalement brevetables (Cass., 1er mai 1851, Thomas Laurens, Sir. 52.1.65); — 2° que, quoiqu'on sache depuis longtemps que les angles sont un obstacle au développement du son, et quoique plusieurs tentatives aient été faites sans succès pour appliquer cette théorie aux instruments de musique en cuivre, il est permis de breveter une application nouvelle de cette théorie et un mode pratique de réalisation de ses avantages (Cass., 9 fév. 1853, Sax (1), Dall., 53.1.94); — 3° que, si l'on ne peut, en général, faire breveter un phénomène se produisant spontanément et nécessairement, suivant les lois de la nature, il n'en est pas ainsi de l'application nouvelle d'une loi de la nature à l'industrie, alors que cette application a été rendue possible et industriellement pratique par des procédés non antérieurement connus : spécialement, le fait que la science ait déjà indiqué le moyen de revivifier, par l'absorption de l'oxygène de l'air, le peroxyde de fer passé à l'état de sulfure, ne fait pas obstacle à ce qu'un brevet soit pris pour l'utilisation industrielle de cette loi naturelle en vue d'obtenir l'épuration du gaz éclairant (Paris, 20 janv. 1855, Laming (2), le *Droit*, 1855, n° 23); 4° que, bien que ce soit une loi connue en mécanique, à savoir que les corps enfoncent d'autant moins dans un sol mou que leur surface de contact avec le sol est plus grande, il y a néanmoins invention brevetable à appliquer cette loi à un système de construction des voies ferrées (Paris, 5 juill. 1859, Pouillet, *Propr. ind.*, n° 95).

59 *bis*. **Jurisprudence**; *suite*. — Il a encore été jugé : 1° que la pression de l'air atmosphérique, et par suite la possibilité d'en faire un agent de résistance, étant depuis longtemps connues, l'idée d'employer cette pression à ralentir le mouvement donné par le ressort à la tablette, dans les

(1) V. aussi Rouen, 28 juin 1854, Sax (Dall., 55.5.55).
(2) V. aussi Rej., 4 mai 1855, même affaire (*Bull. crim.*, 55.266).

meubles dits *autonoix*, ne pouvait pas être brevetable indépendamment des moyens d'application ; c'est uniquement à la recherche de ces moyens que l'esprit d'invention s'exerce, et c'est leur découverte qui seule peut constituer une nouveauté industrielle (Trib. civ. Lyon, ... 1858, Montagnat (1), Dall., 59.2.161) ; — 2° que l'application d'une loi de la nature, au moyen de combinaisons nouvelles pouvant produire des résultats industriellement utiles, constitue une invention brevetable : spécialement, l'épuisement de la vendange au moyen de l'eau, sans pressurage, par application des phénomènes d'endosmose et d'exosmose, constitue une invention brevetable (Cass., 25 mars 1868, Petit et Robert (2), Dall., 68.1.245); — 3° que l'emploi d'un corps chimique (dans l'espèce, les sulfites de soude), en vue d'un résultat déterminé (la défécation des jus de canne), quoique constituant un phénomène naturel, ne saurait être assimilé à une conception théorique ou purement scientifique, lorsque la spécification indique un dosage précis et donne d'ailleurs des détails suffisants pour diriger le manufacturier ou l'ouvrier dans le cours de l'opération industrielle (Cass., 8 janv. 1869, Périer et Possoz, Sir.69.1.188) ; 4° que c'est à tort qu'un arrêt refuse de voir une invention brevetable dans l'application à la télégraphie électrique d'une loi géométrique, telle qu'une progression, dont le résultat est d'obtenir un nombre déterminé de signaux, en combinant entre eux, d'après les règles de ladite progression, un certain nombre de signes élémentaires ; une application de cette nature, même en dehors de tout organe mécanique, est susceptible d'être brevetée (Cass., 18 déc. 1883, Baudot (3), Pataille, 85, 321).

59 *ter*. **Jurisprudence. — Espèces jugées non brevetables.** — Il a été jugé : 1° qu'un phénomène naturel n'est

---

(1) La Cour, en infirmant, a cru pourtant devoir réserver la question si nettement tranchée par le jugement.

(2) V. aussi Bordeaux, 27 avril 1869, même affaire (*Propr. ind.*, n° 499).

(3) Comp. Amiens, 29 mai 1884 et Rej., 4 mai 1885, même affaire (Pataille, 85.324).

pas susceptible d'être breveté, quand il est constant qu'il se produisait, avant le brevet, par la force même des choses et bien que personne ne s'en doutât; celui qui le premier le signale et en décrit les avantages fait une observation d'un mérite incontestable, mais ne saurait prétendre aux droits d'inventeur : spécialement, du moment qu'on a toujours employé les sels métalliques comme agents de désinfection des fosses d'aisances, il n'y a pas invention dans le fait d'observer le premier que ces agents non seulement servent à désinfecter, mais opèrent en même temps et nécessairement la séparation des matières solides et liquides, de façon à créer un mode de vidange par décantation (Rej. 20 déc. 1851, Richer, Sir.52.1.595); — 2° que, si l'application d'une loi de la nature rentre dans les objets légalement brevetables, c'est à la condition que cette application résulte de procédés nouveaux ou de combinaisons nouvelles pouvant produire des résultats industriellement utiles : il s'ensuit qu'il n'y a point d'invention à utiliser la propriété d'adhérence, que possède le caoutchouc au moment où il vient d'être coupé, pour unir ainsi deux surfaces de caoutchouc découpées et, en les gonflant, imiter les plantes grasses ou marines, alors qu'il est certain que le caoutchouc sert depuis longtemps à la fabrication des fleurs artificielles et qu'on était dans l'habitude de le découper (Paris, 11 août 1877, aff. Bréviaire, Pataille, 78, 87); 3° qu'en tous cas, n'est pas brevetable, par elle-même et en dehors de l'appareil destiné à la réaliser, l'idée d'utiliser industriellement un phénomène naturel connu dans la même industrie, bien qu'il ne s'y produise qu'accidentellement : spécialement, la carbonisation des varechs étant connue, l'introduction continue de l'air dans un four destiné à cette carbonisation n'est pas brevetable par elle-même, et l'arrêt qui le décide ainsi fait une juste application de la loi (Poitiers, 3 déc. 1875, Moride (1), Pataille, 77, 350).

60. Brevets de principe; opinion de M. Blanc. — M. Blanc semble admettre, au contraire, que celui qui découvre un principe nouveau, une loi de la nature inaperçue

---

(1) V. aussi Rej., 16 juin 1876, même affaire (*eod. loc.*).

jusque-là, et qui, du même coup, en découvre une application pratique, acquiert par ce fait seul un droit exclusif, non seulement sur l'application, mais encore sur le principe lui-même : « Une idée, dit-il, ou un système ne peuvent être « valablement brevetés qu'autant que le brevet contient « l'indication des moyens à l'aide desquels on peut appliquer « à l'industrie l'idée ou le système. Si l'idée ou le système « sont nouveaux, le brevet pris avec les indications ci-dessus « constitue ce qu'on appelle dans la pratique un brevet de « principe, dont l'effet est de protéger efficacement l'idée ou « le système que nul ne peut plus appliquer, même avec des « moyens différents. L'art. 30 suppose la validité des brevets « de principe, puisqu'il n'en prononce la nullité qu'autant « qu'ils ne contiennent pas l'indication d'une application in-« dustrielle (1). » Nous n'acceptons pas, quant à nous, cette thèse, qui aurait eu pour résultat de monopoliser le principe même de l'électro-magnétisme au profit de celui qui, le premier, a eu l'idée de l'employer comme agent moteur. Supposez, par exemple, qu'Oersted, en même temps qu'il découvrait l'action des courants électriques sur l'aiguille aimantée, eût eu l'idée d'en breveter l'application aux sonnettes d'appartement, il eût pu du même coup s'opposer à l'établissement de tous les genres de télégraphes électriques, comme aussi des diverses machines fonctionnant à l'aide de l'électricité ; car, dans les uns et dans les autres, c'est le même principe qui agit. Nous expliquerons ailleurs que telle n'a jamais été la pensée de l'art. 30 et que M. Blanc la lui prête gratuitement ; il nous suffit ici d'indiquer ce point (2).

§ 2. — *Découverte d'une propriété nouvelle d'un corps connu.*

61. Est-elle brevetable ? — Arago insistait énergiquement dans la discussion pour qu'il en fût ainsi, et voici les deux exemples en vue desquels il demandait spécialement la protection de la loi : « Il existe, disait-il, de toute éternité,

(1) Blanc, p. 459.
(2) V. *infrà*, n° 449.

« dans les pays pauvres, de petites lanternes dans lesquelles la « flamme est entourée d'une toile métallique. Ces lanternes « n'étaient employées, en général, que dans les écuries ou « dans les chaumières des indigents. Elles sont devenues au- « jourd'hui la lampe de sûreté des mineurs, grâce à une idée « de l'illustre Davy. Vous savez tous, messieurs, que certains « mélanges gazeux sont explosifs. Si vous introduisez dans ces « mélanges une flamme ayant une température suffisamment « élevée, il se produit à l'instant une détonation épouvan- « table qui se propage avec la rapidité de l'éclair. Ces explo- « sions donnaient lieu à des malheurs déplorables et nom- « breux. Qu'a fait Davy? Il a reconnu, à la suite d'un travail « plein de génie, que la flamme engendrée à l'intérieur de la « toile métallique se refroidit en passant à travers les mailles, « de façon à ne plus pouvoir engendrer d'explosion à l'exté- « rieur. L'ancienne lampe n'a pas été modifiée; on a seule- « ment démontré qu'elle possède des propriétés dont per- « sonne ne s'était douté jusqu'alors. Depuis ce moment, elle « s'est répandue, elle a préservé la vie des mineurs, elle a « rendu ce travail possible dans des localités qu'il avait fallu « abandonner. Dira-t-on qu'il n'y avait là qu'une idée? Je ré- « pondrai que tout le monde, en Angleterre, reconnut quelle « pouvait être brevetée. Davy, dans sa haute position sociale, « dans sa situation de fortune, ne crut pas convenable de se « faire accorder un privilège; mais on reconnaissait si bien « qu'il avait le droit de prendre un brevet que, lorsqu'il eut « mis sa lampe dans le domaine public, il y eut dans le York- « shire et dans le Straffordshire des fêtes magnifiques, des ban- « quets, et qu'en dernière analyse, les propriétaires de mines « de charbon de terre firent à Davy un magnifique cadeau. » Puis, s'expliquant sur son second exemple, Arago ajoute : « L'idée de revêtir le fer de zinc pour le soustraire à la « rouille, Malouin l'a publiée il y a une centaine d'années. » Mais les industriels disaient à Malouin : « Il y aura toujours quelques portions de fer dénudées, et la rouille les attaquera. Il y a plus : vous aviez revêtu l'extérieur des tuyaux destinés à la conduite des eaux, mais l'intérieur se rouillera comme précédemment. » Le zincage était abandonné. Cent ans s'écoulent. Un ingénieur français, Sorel, se présente et dit : « Vous vous trompez quand vous croyez que le zinc ne garantit les tuyaux que dans la partie qu'il recouvre. J'affirme, moi, éclairé par la grande découverte de Volta, que le zinc place le fer dans des conditions électriques tout à fait différentes des conditions ordinaires; j'affirme que le zinc rendra le fer *négatif*, que le fer ne s'oxydera pas, même dans l'intérieur du tuyau, même là où pas une molécule de zinc n'existe... » Et Arago conclut : « Je « demande que l'idée de Davy, qui a répandu la lampe de « sûreté, puisse être brevetée ; je demande la même faveur « pour l'idée de Sorel. »

Le rapporteur de la loi, Philippe Dupin, répondait par une distinction ; il admettait que la découverte de Davy pût être brevetée comme constituant une application nouvelle de moyens connus; mais voici les réflexions qu'il faisait sur la découverte de Sorel : « Quant à l'exemple sur lequel insiste « l'honorable M. Arago, vous avez tous entendu que l'hono- « rable M. Arago lui-même a dit que ce serait un brevet de « résurrection. Eh bien ! messieurs, découvrir que telle pro- « priété est inhérente à cette chose, ressusciter le passé, l'ac- « créditer, le propager, ce n'est pas inventer, c'est rendre au « passé sa valeur, c'est le mettre en lumière. Or, ce n'est pas « là ce qui peut motiver un brevet. On ne doit être breveté « que lorsqu'on crée, lorsqu'on invente, et l'on n'invente que « lorsqu'on ajoute un moyen ou un produit nouveau aux « moyens et aux produits déjà connus, et c'est ce qui ne se « trouve pas dans l'exemple que l'on a cité (1). »

M. Ét. Blanc pose à son tour en principe et sans réserve que « la découverte des propriétés, jusqu'alors ignorées d'un « objet connu, constitue une invention, si ces propriétés sont « appliquées à un usage industriel ». Puis, reprenant les deux exemples cités dans la discussion, il admet dans son entier la thèse d'Arago. Toutefois, à l'occasion de la lampe de Davy, il ajoute : « Il aurait eu le droit incontestable de se « faire breveter ; le brevet n'aurait pas eu pour résultat de « faire rentrer dans le domaine privé ce qui était depuis

(1) V. Huard, p. 355 et suiv.

« longtemps acquis au domaine public, c'est-à-dire la fabri-
« cation et l'usage ordinaire de cet objet ; par conséquent,
« chacun aurait pu fabriquer et vendre ces sortes de lampes,
« formées d'une toile métallique, mais le breveté aurait eu
« seul le droit de les appliquer à éclairer les travaux des
« mines (1). »

A quelle opinion faut-il nous ranger? A celle d'Arago et de M. Blanc, ou bien à celle de Philippe Dupin ? La question est assurément grave et délicate. Pour notre part, nous n'hésitons pas à penser que le choix malheureux des exemples, proposés par Arago dans la discussion, est pour beaucoup dans la difficulté de la question. Discutons-les donc d'abord. De ces deux exemples, il en est un que nous écartons tout de suite; c'est celui du zincage du fer. Nous l'écartons par les raisons que donne M. Blanc lui-même en motivant son opinion sur la lampe Davy. Il reconnaît, en effet, que Davy n'aurait eu que le droit d'appliquer au service des mines la lampe à toile métallique; mais que la lampe en elle-même, sa fabrication, sa vente fussent restées dans le domaine public. Et, de fait, c'est le moins qu'on puisse faire : ne pas reprendre au domaine public ce qui lui appartient. On comprend donc, dans une certaine mesure, cette distinction, à savoir la lampe à toile métallique librement fabriquée et librement vendue pour tous les usages qu'elle avait comportés jusque-là, et monopolisée seulement dans cette application, particulière et nouvelle, à l'éclairage des mineurs. Mais cette distinction, comment en appliquer le principe dans l'exemple de Sorel? Qu'est-ce que possédait avant lui le domaine public? Des tuyaux en fer, revêtus de zinc. Sur quoi Arago voulait-il faire porter le droit de Sorel? Sur les tuyaux en fer, revêtus de zinc. C'est-à-dire qu'à la différence de Davy, dont le droit pouvait se comprendre, étroitement limité à l'application spéciale qu'il avait découverte, et debout à côté des droits imprescriptibles du domaine public, le droit de Sorel ne pouvait porter que sur la propriété même du domaine public, et il fallait sacrifier néces-

(1) Ét. Blanc, p. 455.

sairement l'un ou l'autre; c'est ce qu'Arago lui-même était obligé d'avouer lorsqu'il disait qu'en définitive Sorel avait eu le mérite de *ressusciter* une grande découverte méconnue, abandonnée. Tenons donc pour certain avec Philippe Dupin que Sorel n'avait pas fait une découverte brevetable, quelque mérite qu'il eût à la faire.

Si nous examinons de même, au point de vue légal, la brevetabilité de la découverte de Davy, nous ferons observer, en rappelant les principes que nous avons établis plus haut, que sa découverte, si ingénieuse qu'elle fût, manquait peut-être de l'élément essentiel de toute application nouvelle : la différence dans le résultat. La lampe à toile métallique, en effet, était connue; son but était de donner de la lumière, quel que fût, bien entendu, l'endroit où l'on s'en servît, en plein air, comme dans une cave ou dans une écurie. Qui pourrait même affirmer qu'on ne s'en fût jamais servi dans une mine, et que jamais un ouvrier mineur n'eût emporté avec lui celle qui l'éclairait à la maison? Employer cette même lampe sans y rien changer, pour produire ce même résultat, mais l'employer plus spécialement dans les mines, où est, quand on y réfléchit bien, cette différence dans le résultat qui seule fait l'application nouvelle? Il est vrai de dire pourtant que la lampe de Davy, employée dans une mine, non seulement éclaire le mineur, mais encore lui indique la nature de l'atmosphère qui l'environne et dénonce la présence du grisou. On sait, en effet, que, dès que le gaz délétère se mêle à l'air, même en petite proportion, le mineur en est averti par l'augmentation du volume de la flamme; si le gaz forme le quinzième du volume de l'air, tout le cylindre se remplit d'une flamme d'un bleu pâle; cette flamme devient éclatante, quand le gaz atteint le douzième de l'air; enfin, il y a explosion et la flamme s'éteint, sans que la combustion se soit communiquée au dehors, quand le gaz forme le neuvième de l'atmosphère (1). Ne peut-on pas dire, en se fondant sur l'observation de ces phénomènes, que la lampe est un avertisseur autant qu'un moyen d'éclairage, que,

(1) V. Troost, *Traité de chimie*, n° 473.

par suite, il y a différence dans le résultat, et finalement brevetabilité? Nous ne le pensons pas; la lampe n'a pas changé; elle est restée ce qu'elle était; elle continue à remplir son office, qui consiste avant tout à donner de la lumière; seulement, plongée dans un certain milieu, elle a la propriété d'éclairer en donnant naissance à des phénomènes déterminés; elle produit deux effets au lieu d'un seul. Cela pourra-t-il faire que le possesseur de la lampe, qui avait le droit la veille de s'en servir partout où bon lui semblait, s'en voie interdire l'usage dans les mines? Peut-on admettre qu'on restreigne ainsi son droit de propriété? C'est M. Blanc qui, sans songer à la contradiction, et se condamnant lui-même, dit dans un passage : « Un exemple rendra notre pensée plus sensible : « le fer est préservé de l'oxydation par une couche de bitume. « Ce procédé est banal et depuis longtemps employé. Si un « industriel découvre que la couche de bitume consolide le « fer en même temps qu'elle le préserve de la rouille, il « devra se contenter de l'honneur attaché à cette découverte; « car la loi ne pourra lui en réserver le monopole. En effet, « ce n'est pas là un moyen nouveau; ce n'est pas davantage « une application nouvelle; c'est tout simplement la con- « séquence nouvellement découverte d'un moyen connu. « Découvrir qu'un procédé connu produit nécessairement et « simultanément deux effets au lieu d'un, ce n'est ni inventer « ni modifier ce procédé (1). » On ne peut pas dire mieux, et chaque mot s'applique à Davy et à Sorel.

Pour conclure, nous dirons qu'à nos yeux la question ne comporte pas une solution absolue, soit dans un sens, soit dans l'autre. Découvrir une propriété nouvelle dans un objet connu, ce peut être une invention brevetable, si la propriété découverte est de nature à constituer, d'après les principes que nous avons posés, une application nouvelle de moyens connus. Ainsi, découvrir qu'une plante, déjà employée par l'industrie, a naturellement des propriétés colorantes, et l'utiliser pour la teinture alors qu'auparavant elle n'avait jamais servi à cet usage; ainsi encore découvrir qu'un corps

(1) Blanc, p. 446.

connu a la propriété de rendre le cuir plus souple et plus résistant, quand, jusque-là, on ne l'avait utilisé que pour des emplois absolument différents; par exemple, découvrir que telle substance, qu'on n'avait employée que pour le tannage des cuirs, donne à l'acier des qualités spéciales, c'est faire autant d'inventions susceptibles d'être brevetées, parce que, dans tous ces cas, on tire d'un objet connu un service radicalement différent de celui qu'il rendait précédemment; la solution, du moins pour nous, est là, et non ailleurs.

§ 3. — *Changement de forme ou de dimensions.*

62. *Quid* **du changement de forme?** — La loi de 1791, qui a régi, en France, la matière des brevets jusqu'en 1844, disait expressément que les simples changements de forme ou de dimensions, non plus que les ornements, de quelque genre qu'ils puissent être, ne constituent pas des perfectionnements de nature à être brevetés. En est-il de même sous l'empire de la législation actuelle? Quoique le législateur de 1844 ait gardé le silence à cet égard, il est hors de doute que, dans sa pensée, d'ailleurs formellement exprimée dans la discussion de la loi, les changements de forme ou de dimensions ne sont pas susceptibles d'être brevetés. C'est parce que cela lui a semblé d'une évidence indiscutable, qu'il ne l'a pas énoncé dans les dispositions de la loi. Ce principe souffre pourtant des exceptions. Ce que le législateur a voulu proscrire, c'est le brevet qui serait accordé à un simple changement de forme ou de dimensions, ou à un simple ornement, effet du caprice ou de la fantaisie, ne produisant aucun résultat industriel. Il est clair qu'il serait trop facile de devenir inventeur, trop facile d'obtenir un privilège, s'il suffisait de diminuer ou d'augmenter les dimensions d'un objet, de varier ses formes ou son ornementation; à ce compte, tout le monde serait inventeur, tout le monde serait breveté. Mais, si le changement de forme ou de dimensions produit un résultat nouveau, si l'ornementation est de nature à créer un nouveau produit industriel, il y a invention dans le sens de la loi, et le brevet en est la récompense. Voici, en effet, les termes du rapport de M. de Barthélemy à la Chambre des pairs : « Les changements de forme ou de « proportions, non plus que les ornements, ne constituent « pas des inventions, à moins toutefois que ces changements « de forme ne produisent des effets nouveaux, ainsi qu'il « peut arriver pour certains produits d'optique, la loi n'ayant « voulu breveter que les inventeurs (1). »

63. Jurisprudence. — **Espèces jugées brevetables.** — Il a été décidé, d'après ces principes : 1° que la forme nouvelle d'un objet (la forme d'un verre de lorgnette) constitue une invention brevetable, dès qu'il est constaté en fait que cette forme spéciale constitue, par ses résultats, un produit industriel nouveau (Rej., 10 mars 1853, Jamin, *Bull. crim.*, 53.136); 2° qu'une lanterne-phare, dont la forme et les dispositions intérieures ont pour effet de produire un grossissement de la lumière, constitue un produit industriel brevetable (Cass., 10 mars 1858, Chrestien, Sir. 58.1.353); — 3° qu'un changement de forme (la forme sphérique d'un appareil à torréfier le café, au lieu de la forme elliptique) est susceptible d'être breveté, s'il en résulte des avantages particuliers (Paris, 9 avril 1861, Voisin (2), Pataille, 61.276); — 4° qu'une modification de forme (la courbure d'un étançon dans une charrue) constitue une invention brevetable, lorsqu'il est constant qu'elle produit un résultat utile et sérieux, tel, dans l'espèce, que de dispenser, dans les terrains argileux, d'enlever avec une palette la terre qui engorge la charrue en se plaçant entre le versoir, le sep et l'étançon (Paris, 15 juin 1861, Sagette, Pataille, 61.209); — 5° que l'application à des bourrelets d'enfants, d'une forme (la forme elliptique) déjà connue en chapellerie, constitue une application nouvelle dans le sens de la loi, surtout lorsqu'il est constaté que l'application de cette forme aux bourrelets d'enfants produit un résultat industriel, c'est-à-dire un avantage sensiblement appréciable (Aix, 11 nov. 1863, Gobin (3), Pataille,

(1) V. Huard, p. 48. — Conf., Nouguier, n° 465 ; Renouard, n° 67 ; Calmels, n° 79 ; Tillière, n° 73.

(2) V. anal. Lyon, 24 déc. 1868, Bouvier (Dall., 70.1.164).

(3) V. toutefois, en sens contraire, Paris, 15 juin 1865, Gobin (Pataille, 65.330).

65.325); — 6° que, si un simple changement de forme, apporté à un produit industriel connu et qui ne serait qu'un objet de mode ou de fantaisie n'ajoutant aucun avantage à l'emploi spécial auquel ce produit est destiné, n'est pas susceptible d'être breveté, il en est autrement lorsque ce changement de forme augmente la durée du produit ou le garantit contre certaines fraudes : spécialement, le fait d'arrondir les coins des cartes à jouer constitue un changement de forme brevetable (Paris, 13 mai 1865, Chapellier (1), Pataille, 66.88).

64. Jurisprudence (2). — **Espèces jugées non brevetables.** — Il a été décidé à l'inverse : 1° qu'une modification de forme qui donne, non des produits nouveaux, mais des produits plus élégants, n'est pas susceptible d'être brevetée ; ainsi jugé pour une nouvelle forme d'étampe (Metz, 5 mai 1858, Thonus-Lejay, Dall., 58.2.174); — 2° que des modifications, qui ne changent en rien le jeu ou le rôle des organes d'une machine connue, ne peuvent constituer une invention susceptible d'être brevetée : spécialement, étant donné qu'on connaît depuis longtemps le tonneau à lessiver les tissus, avec une disposition de barres coniques à l'intérieur sur lesquelles le mouvement rotatif vient appliquer et retenir les étoffes en cours de travail, il n'y a aucune invention brevetable à ajouter à ces barres coniques, en vue du même résultat, des chevilles ou des champignons, alors surtout que le breveté déclare que l'on peut à volonté mettre à l'intérieur du tonneau « ou toutes barres, ou toutes chevilles, ou tous champignons, ou mélanger les uns et les autres » (Paris, 14 mai 1859, Choureaux, Pataille, 59.174) ; — 3° que le fait d'adapter aux jardinières en bois sculpté ou autres meubles analogues de petits cadres, également en bois sculpté et destinés à recevoir des portraits photographiques, constitue une variété dans l'ornementation, mais non un résultat ou un produit industriel, qui puisse, si minime qu'il soit, être breveté (Paris,

---

(1) Rej., 26 janv. 1866, même affaire (*eod. loc.*).

(2) V. aussi Rej., 5 nov. 1878, Gourdiat (Pataille, 80.145) ; Rouen, 22 mars 1878, Lepainteur (Pataille, 82.24).

8 mars 1861, Buchard, *Prop. ind.*, n° 174); — 4° qu'il n'y a point d'invention susceptible d'être brevetée dans le fait d'employer des barres rivées, pour maintenir les montants d'un appareil, au lieu de les serrer avec des écrous (Trib. civ. Lyon, 28 mai 1862, Pinay, *Prop. ind.*, n° 235; — 5° qu'une simple modification de forme dans un bandage herniaire ne suffit pas à lui donner le caractère de produit nouveau susceptible d'être breveté (Paris, 17 nov. 1859, Drapier, *Prop. ind.*, n° 104; — 6° qu'il en est de même des modifications de forme, sans importance, apportées à de petits appareils, propres à relever les jupes de robes (Paris, 22 nov. 1859, Bienbar, Pataille, 60.158); — 7° que des modifications sans importance ne constituent pas une invention brevetable, surtout quand elles ne constituent qu'un mode d'exécution et qu'un mécanicien y eût été conduit par la force même des choses (Paris, 23 fév. 1861, Botta, Pataille, 61.401); — 8° qu'un simple changement de forme (dans l'espèce, une bouteille à injection) n'est pas brevetable, quand d'ailleurs il n'y a changement ni dans la destination ni dans le résultat (Paris, 15 mai 1861, Gariel, Pataille, 62.15).

65. Jurisprudence. — **Espèces jugées non brevetables**; *suite*. — Il a encore été décidé : 1° qu'une simple modification de détail n'est pas capable de constituer une invention brevetable : spécialement l'idée de faciliter, à l'aide d'un biseau, le glissement des cartes photographiques dans le passe-partout qui doit les contenir, ne saurait faire du passe-partout, dès longtemps connu, un produit nouveau (Paris, 13 mars 1862, Grumel, Pataille, 62.446); — 2° qu'un simple changement dans la forme d'un appareil connu ne suffit pas à constituer une invention brevetable, lorsque la fonction reste la même : spécialement, le fait que, dans un appareil électrique connu, on change la position du ressort qui fait agir le marteau sur le timbre, ne saurait, en lui-même et en dehors de tout résultat industriel, être susceptible d'être breveté (Paris, 14 juillet 1862, Prud'homme, Pataille, 64.88); — 3° qu'un changement de forme, apporté à un appareil connu (dans l'espèce, un appareil fumivore pour lampes), lorsqu'il n'affecte pas l'idée fondamentale du système, ne peut être valablement breveté (Paris, 20 juill. 1867, Ranvier,

Pataille, 67.387); — 4° qu'une simple modification dans la coupe d'un objet de toilette (un voile destiné à garnir les chapeaux) ne constitue pas une invention brevetable (Paris, 18 déc. 1866, Bongers, Pataille, 67.45); — 5° que des changements de forme, apportés à la fabrication d'un objet connu (le jouet désigné sous le nom de *phénakisticope*), et n'ayant aucune importance sérieuse, ne sauraient constituer une invention brevetable (Trib. corr. Seine, 29 avril 1869, May (1), Pataille, 70.161); — 6° qu'un simple changement dans les dispositions d'un appareil connu (dans l'espèce, un *sertisseur* pour sertir l'extrémité de la douille des cartouches), lorsqu'il ne produit pas un résultat industriel nouveau, ne constitue pas une invention brevetable (Paris, 12 fév. 1870, Schneider, Pataille, 70.165).

66. *Quid* **du changement de dimensions ou de proportions ?** — Ce que nous avons dit du changement de forme s'applique exactement aux changements de proportions ou de dimensions, qui sont ou non brevetables, suivant la distinction que nous venons d'établir. M. Bédarride enseigne pourtant, dans son traité sur les brevets, que les changements de proportions, de quelque nature qu'ils puissent être, ne sont jamais susceptibles d'être brevetés (2). Cette opinion, tout à fait isolée, ne rencontre aucun appui, ni dans la doctrine, ni dans la jurisprudence. Il est certain que les tribunaux ne doivent accueillir qu'avec réserve les brevets pris pour de simples changements dans les proportions ou dans les dimensions ; mais, dès qu'il leur est démontré que ce changement, insignifiant en apparence, produit en réalité des effets nouveaux et différents, il est de leur devoir de reconnaître l'invention et de valider le brevet.

67. Jurisprudence. — Espèces jugées brevetables. — Il a été décidé : 1° qu'un simple changement dans les formes et les proportions d'un instrument de musique, un rapport déterminé dans ses dimensions respectives, constitue une invention brevetable, dès qu'il produit un résultat nou-

---

(1) Cette décision est critiquée par M. Pataille (*eod. loc.*).

(2) V. Bédarride, n° 223.

veau (1) (Cass., 9 fév. 1853, Sax (2), *J. Pal.*, 53.1.343); — 2° qu'une nouvelle combinaison d'agents chimiques déjà connus, qui produit un résultat industriel, peut être brevetée, alors même qu'elle ne se manifeste par aucun organe extérieur : spécialement, il y a invention susceptible d'être brevetée de la part de celui qui, dans la fabrication du sucre, fait entrer une quantité de chaux et un degré de calorique autres que ceux employés jusque-là, et obtient, au moyen de cette combinaison nouvelle des mêmes agents, un sucre meilleur, plus blanc, et fabriqué en moins de temps et à moins de frais (Cass., 19 fév. 1853, Rousseau, Dall., 53.1.53); — 3° que, s'il est vrai qu'une proportion ou une figure géométrique ne sont pas susceptibles d'être brevetées en dehors de toute application industrielle, il n'en est pas de même de leur emploi en vue d'un résultat déterminé : spécialement, l'emploi, dans la fabrication des châles, de planches représentant une figure géométrique, qu'on n'avait pas songé à utiliser auparavant, constitue une invention brevetable (Rej., 21 avril 1854, Revel, *Bull. crim.*, 54.197); — 4° que l'emploi de dimensions déterminées, et différentes de celles adoptées jusque-là, constitue une invention brevetable, quand il y a résultat nouveau (3) (Paris, 14 août 1865, Manceaux, Pataille, 65.368) ; — 5° que, bien que, dans la multiplicité des ouvrages qui ont trait à la construction des voies ferrées, on puisse trouver en quelque sorte toutes les dimensions données aux pièces de bois, ces dimensions, présentées sans motifs et pour les nécessités de l'exécution, n'empêchent pas que celui qui, plus tard, imagine un système nouveau, dans lequel les

(1) Dans l'espèce, l'inventeur, M. Sax, avait eu l'idée de supprimer les angles dans les instruments de cuivre et d'agrandir dans une proportion définie les rayons des courbes; il obtenait ainsi, paraît-il, une modification notable dans la production des sons.

(2) V. également Rouen, 28 juin 1854, même affaire (Pataille, 57.216); Paris, 15 juin 1860, Sax (Pataille, 60.241); Rej., 16 août 1860, mêmes parties (Pataille, 60.358). — Comp. Paris, 9 avril 1861, Voisin (Pataille, 61.276).

(3) Il s'agissait, dans l'espèce, de dimensions et proportions spéciales à donner à la chambre dans les fusils à aiguille se chargeant par la culasse.

mêmes mesures se retrouvent, en tout ou en partie, ne fasse une invention nouvelle (Paris, 5 juill. 1859, Pouillet, *Prop. ind.*, n° 95).

68. Jurisprudence. — **Espèces jugées non brevetables**. — Il a été décidé : 1° qu'il n'y a point d'invention à fabriquer des bagues à charnière, lorsqu'il est constant qu'on fabriquait auparavant des bracelets du même système, et qu'il n'y a entre les deux objets qu'une différence de dimensions (Paris 10 déc. 1857, Cavy, Pataille, 58.136); 2° qu'un objet, non susceptible par lui-même d'être breveté, ne saurait le devenir par cela qu'il aurait été exécuté dans des proportions moindres ou plus grandes que par le passé, tel par exemple qu'une montre qu'on ferait assez petite pour entrer dans le fermoir d'un bracelet ou le chaton d'une bague : spécialement, les petites lorgnettes à photographies microscopiques étant connues, il n'y a point d'invention à en réduire encore la dimension de façon à les loger dans toute espèce de bijoux, tels que bagues et épingles (Paris, 31 mai 1862, Dagron, Pataille, 62.440) ; — 3° que la seule différence dans les dimensions d'un objet connu n'est pas brevetable, alors surtout que la même proportion est conservée dans les parties qui le composaient et que les effets et résultats ne sont pas changés (Paris, 31 mai 1864, Ombry, Pataille, 65.277) ; — 4° que l'application de moyens, qui depuis longtemps étaient connus pour des objets de petite dimension, à des objets de dimension considérable ou réciproquement, alors du reste que le système ou le mécanisme est le même, ne constitue pas une invention brevetable : spécialement, étant donné que l'industrie possédait des ponts à bascule où la maçonnerie était remplacée par un bâti métallique, il n'y a pas d'invention brevetable à appliquer le même système à des ponts à bascule de grande dimension ; il en est surtout ainsi quand le brevet revendique indistinctement le système pour les ponts de toute dimension (Lyon, 11 nov. 1869, Mairet (1), Pataille, 71.85).

(1) V. aussi Rej., 31 juill. 1871, aff. Mairet (Pataille, 71.85).

§ 4. — *Changement de matière.*

69. Constitue-t-il une invention brevetable ? — Le changement de matière est soumis à l'application des mêmes règles. En principe, la simple substitution d'une matière à une autre n'est pas brevetable, et cela est juste. Où est, en effet, l'invention en ce cas? Par exemple, substituez le fer au bois dans un appareil connu : que faites-vous, sinon donner à cet appareil les avantages de résistance et de solidité qui résultent de l'emploi du fer? Ces avantages sont inhérents à la matière que vous employez, et vous ne les avez pas découverts ; de quel droit, seul, en profiteriez-vous? Néanmoins, les réserves que nous faisions plus haut (1) trouvent également ici leur place ; il se peut que le changement de matière produise un résultat nouveau ; dans ce cas, il devient brevetable. Un exemple célèbre entre tous est celui de l'invention de MM. Alcan et Péligot, qui avaient eu l'idée de substituer l'oléine à l'huile dans le graissage des laines destinées à être filées. Cette substitution donnait à la laine des qualités particulières et constituait ainsi un procédé ayant des avantages spéciaux. La jurisprudence a d'autant moins hésité à valider leur brevet qu'il était établi que leur découverte était le résultat de patientes recherches et d'expériences scientifiques, et que l'importance des avantages qu'ils avaient procurés à l'industrie était reconnue par les hommes compétents (2).

Du reste, en général, il faut dire que, en matière de procédés chimiques, l'emploi de tel agent à la place de tel autre constitue une invention, parce que les effets varient beaucoup suivant les agents que l'on emploie. Ainsi, l'emploi d'un acide végétal au lieu et place d'un acide minéral peut constituer, suivant les cas, un procédé radicalement différent (3).

---

(1) V. *suprà*, n° 66.

(2) V. Metz, 14 août 1850, Alcan et Péligot (Sir., 50.2.604).

(3) V. Nouguier, n° 468 ; Blanc, p. 483 ; Calmels, n° 80. — V. aussi Rej., 4 juill. 1870, Coupier (Dall., 71.1.25).

70. Jurisprudence (1). — Espèces reconnues brevetables. — Il a été décidé : 1° qu'il y a invention à avoir substitué aux bourrelets matelassés et dangereux pour les enfants, dont ils excitaient continuellement la transpiration, des bourrelets légers et à jour qui, en facilitant la circulation de l'air autour de la tête, préservent aussi les enfants du danger des chutes et des chocs (Trib. corr. Seine, 10 avril 1829, Fournier, Huard, sur l'art. 2, n° 96); — 2° que la substitution, dans la confection des cordages, de la filasse d'aloès et d'agave aux matières employées jusqu'alors peut être brevetée (Bruxelles, 21 nov. 1837, Pass. 247); — 3° que celui qui, dans les seaux à incendie, substitue à la corde dont on les avait toujours garnis jusque-là, à leurs deux extrémités, deux cercles de rotin fixés à la toile à l'aide de clous en cuivre, fait une invention brevetable, dès qu'il est constant que cette substitution a pour résultat de maintenir la capacité du seau en assurant sa forme cylindrique et de le garantir contre les effets très rapides de la pourriture de la corde (Paris, 8 juillet 1846, Guérin, *J. Pal.*, 47.1.295); — 4° qu'un simple changement de matière est brevetable, lorsqu'il donne un produit nouveau : spécialement, est brevetable le produit nouveau (tissu velours épinglé) obtenu à l'aide de la laine combinée avec la bourre de soie, qui, antérieurement, avait été seule employée dans la fabrication des tissus analogues (Paris, 18 nov. 1857, Millet, Pataille, 57.368); — 5° qu'il y a invention brevetable dans le fait de construire un porte-bouteilles, dont toutes les pièces sont en fer et offrent d'ailleurs par leurs dispositions des avantages spéciaux, tels qu'un démontage facile et, par suite, la possibilité de pouvoir être transporté sans inconvénient d'un lieu à un autre (Bordeaux, 11 mars 1861, Barbou, *Propr. ind.*, n° 181); — 6° que la substitution des cheveux à la soie, dans la confection des résilles pour dames, constitue un produit nouveau et, par suite, une invention brevetable; en effet, le filet de cheveux offre une élasticité particulière que n'a pas le filet de soie, qui lui permet de suivre, en se dissimulant, tous les contours

(1) V. encore Paris, 29 janv. 1857, Leclerc (Pataille, 57.60).

de la coiffure, et dispense d'employer un lien en caoutchouc ou en toute autre matière; sa nature étant exactement la même que celle de la chevelure qu'il est destiné à envelopper, les corps gras agissent sur lui de la même manière, avantage que ne présente pas le filet en soie; enfin, il est plus complètement et plus constamment invisible que ce dernier (Paris, 10 juin 1865, Gillot, Pataille, 65.311); — 7° que la substitution d'une glace en verre aux tables en bois, aux dalles en pierre et en ardoise, pour la fabrication des billards, constitue une invention brevetable, eu égard aux résultats particuliers qu'elle donne (Paris, 13 nov. 1866, Bacus, Pataille, 67.390); — 8° qu'il y a lieu de déclarer brevetable la substitution d'une matière à une autre, lorsque cette substitution a un résultat industriel, et, si elle a lieu dans la fabrication de moules spéciaux destinés à un produit déterminé, mais connu, le brevet doit être considéré comme portant sur un procédé : spécialement, étant donné, d'une part, que l'idée de fabriquer des boutons de porte en fonte creux était connue et avait été réalisée industriellement; d'autre part, que ce résultat avait été obtenu par la disposition particulière d'une portée en sable dans le moule, il y a invention brevetable dans la substitution d'une portée métallique à cette portée de sable, alors que cette substitution, qui nécessite une disposition spéciale des éléments du moule, a un résultat industriel, notamment une simplification de travail dans les opérations de moulage (Cass., 30 mars 1881, Boucher, Pataille, 81.115).

71. Jurisprudence. — **Espèces reconnues non brevetables.** — Il a été jugé : 1° que la simple substitution du fer au bois, dans les châssis de couche, ne constitue pas une invention brevetable (Paris, 20 mars 1847, Tronchon (1), Dall. 47.2.109); — 2° qu'on ne peut considérer comme une invention brevetable la substitution de la fonte à la pierre dans les machines à calandrer (Lyon, 23 juin 1860, Vignet, Dall., 61.2.63); — 3° qu'il n'y a pas d'invention brevetable à substituer le caoutchouc vulcanisé au caoutchouc naturel :

(1) V. aussi Douai, 14 janv. 1886, Dujardin (Pataille, 87.97) ; Paris, 27 nov. 1865, Laperche (Pataille, 65.378).

du moment où Hancock a inventé la vulcanisatisn du caoutchouc, c'est-à-dire le moyen de le rendre plus résistant au froid et à la chaleur, il a été loisible à chacun de substituer le nouveau caoutchouc à l'ancien dans toutes les industries qui employaient précédemment le caoutchouc ordinaire, seul connu jusque-là (Paris, 13 fév. 1862, Rouget de Lisle (1), Pataille, 62.358); — 4° que, si la substitution d'une matière à une autre peut, en certaines circonstances, être l'objet d'un brevet d'invention, ce n'est que lorsqu'il en résulte pour l'industrie des avantages réels : spécialement, la substitution du fil de jute (chanvre indien) au fil de chanvre européen dans la fabrication des sacs à pulpes ne saurait être brevetable, alors qu'elle ne produit, pour l'industrie sucrière, aucun résultat utile ou économique (Douai, 23 mai 1865, Delvigne, *Jurisp. Douai*, 65.241); — 5° que, lorsqu'une invention porte sur une combinaison de moyens et procédés connus pour obtenir un résultat industriel également connu, la simple substitution d'une matière à une autre dans l'un des éléments de cette combinaison ne suffit pas pour donner lieu à un brevet, s'il n'y a pas changement dans le résultat obtenu : spécialement, étant donné qu'on a fait depuis longtemps usage, dans la préparation des bois, de cuves cylindriques en métal garnies intérieurement d'un fourreau de feutre doublé lui-même de madriers de pins, pour protéger le métal de l'appareil contre l'action des acides employés, il n'y a aucune invention à obtenir le même résultat par la simple substitution au feutre d'un revêtement en plomb, en caoutchouc, en gutta-percha, ou en toute autre matière imperméable (Paris, 1er fév. 1866, Bethell (2), Pataille, 66.241).

71 *bis*. Jurisprudence. — **Espèces reconnues non brevetables** ; *suite*. — Il a encore été décidé : 1° qu'étant donné qu'on sait depuis longtemps que le frottement des allumettes chimiques sur un corps solide, sec et plus ou moins rugueux, détermine leur inflammation, il n'y a aucune in-

---

(1) V. également Paris, 27 nov. 1852, Kœpplin-Solier, cité par Blanc, p. 457.

(2) Comp. Aix, 18 mai 1867, Pélissier (Le Hir, 68.2.30).

vention à employer à cet usage des plaques en pâte de porcelaine cannelée, ces plaques ayant les mêmes qualités et produisant les mêmes résultats, sans avantage nouveau réel et appréciable (Trib. corr. Seine, 10 juill. 1860, Manchon, *Prop. ind.*, n° 152) ; — 2° que la simple substitution du papier-goudron au bougran dans la confection des carcasses pour casquettes de fantaisie ne constitue pas une invention brevetable, alors du moins que les moyens de fabrication n'ont rien de particulier (Paris, 19 mai 1866, Lavigne (1), Pataille, 66. 228) ; — 3° que, lorsque la substitution porte sur une matière analogue à celle qu'on avait employée jusque-là, il n'y a pas lieu à brevet, même s'il y a amélioration dans le produit : spécialement, étant donné qu'on a fait de tout temps des fleurs artificielles avec des tissus cirés, vernis ou amidonnés, l'emploi au même usage de la toile à calquer, laquelle est un tissu de même espèce, ne saurait constituer une invention brevetable, encore bien que les fleurs fabriquées de cette façon soient plus transparentes, plus légères, plus vraies (Paris, 31 juill. 1866, Kanuna, Pataille, 67.88) ; — 3° que la simple substitution d'une matière à une autre n'est pas brevetable, lorsqu'elle ne donne ni résultat ni produit nouveau ; spécialement, il n'y a pas d'invention à employer le cuivre, au lieu du fer, dans la fabrication des baguettes métalliques servant à recouvrir les joints des portières de voitures (Paris, 20 mars 1867, Peussot, Pataille, 67.333).

72. Appréciation des tribunaux. — Ajoutons que l'arrêt qui décide que la substitution d'une matière à une autre (et cela serait vrai du changement de forme ou de dimensions) n'est pas brevetable, tranche, non une question de droit, mais une question de fait et, en conséquence, échappe à la censure de la Cour de cassation, qui ne peut reviser son appréciation (2).

---

(1) V. *Observ. critiques* de Pataille (*cod. loc., la note*) auxquelles nous nous associons volontiers.

(2) V. Rej., 10 août 1867, Peussot (Pataille, 67.333).

SECTION VII.

Des compositions pharmaceutiques.

SOMMAIRE.

73. Sont-elles brevetables ? — 74. Jurisprudence ; espèces reconnues brevetables. — 74 *bis*. Jurisprudence ; espèces reconnues non brevetables. — 75. *Quid* de l'art vétérinaire ? — 76. *Quid* des cosmétiques et des substances alimentaires ? — 77. *Quid* du procédé de fabrication ou de l'instrument de chirurgie ? — 78. Jurisprudence. — 79. Le nom de l'inventeur du médicament le protège.

73. Sont-elles brevetables ? — L'art. 3 déclare expressément que les compositions pharmaceutiques ou remèdes de toute espèce ne sont pas susceptibles d'être brevetés. Le législateur a craint que le brevet d'invention, quoique délivré sans garantie, ne devînt une arme puissante et funeste aux mains des charlatans. Il a craint surtout qu'un inventeur ne pût accaparer un remède nécessaire à la santé publique et spéculer sur cette nécessité même.

Ces raisons sont-elles décisives? On en peut douter, et, dans tous les cas, le législateur avait un moyen bien simple de protéger la santé publique : c'était de se réserver le droit d'acheter les remèdes qu'il jugeait utiles, et d'appliquer ici (rien ne s'y oppose, on le verra), le principe de l'expropriation publique. Cela eût été plus juste que de dépouiller toute une classe d'inventeurs, et justement ceux qui, lorsqu'ils sont sérieux, ont le plus mérité de la reconnaissance publique (1). Toujours est-il que les compositions pharmaceutiques ne sont pas brevetables, quelles qu'elles soient ; peu importe qu'elles soient employées pour un usage externe ou interne ; peu importe encore qu'elles rentrent dans la thérapeutique, c'est-à-dire dans cette partie de la médecine qui s'occupe du traitement des maladies ; ou dans la prophylaxie, c'est-à-dire dans cette partie de la médecine qui prescrit les précautions nécessaires pour prévenir les maladies ; la loi prend soin de dire, d'une façon générale et pour embrasser toutes les hypothèses : « *compositions pharmaceutiques ou remèdes de toute*

---

(1) V., en sens opposé, Picard et Olin, nº 126.

espèce. » Du moment que le produit doit servir de remède, il n'est pas susceptible d'être breveté.

Distinguons pourtant entre le produit qui est et ne peut être qu'un remède, et le produit qui peut avoir d'autres usages. S'agit-il, par exemple, d'un produit pouvant être employé en médecine, et pouvant en même temps être utilisé dans l'industrie, il sera brevetable relativement à ce dernier emploi. Ainsi, l'acétate de plomb peut être tout à la fois considéré comme remède et comme produit nécessaire à la teinture; de même, l'acide salicylique est un agent conservateur, un antiseptique puissant en même temps qu'un remède énergique; si la découverte de ces corps et leur application n'étaient pas brevetables dans un cas, elles l'étaient certainement dans l'autre (1).

74. Jurisprudence. — **Espèces reconnues brevetables.** — Il a été décidé à cet égard : 1° que la combinaison de deux substances alimentaires, par exemple du chocolat et du gluten, ne donne au breveté un droit privatif qu'autant que ce produit est un aliment; par suite, il n'y a pas de contrefaçon punissable de la part du pharmacien qui utilise la même combinaison en y ajoutant une autre substance médicamenteuse, telle que le sel de Vichy (Rej., 14 déc. 1855, Durand (2), *Le Droit*, n° 315) ; — 2° qu'un mastic dentaire, par cela même qu'il n'est pas appliqué à la guérison de la carie comme remède, mais est employé comme moyen d'obturer la dent malade, ne rentre pas dans la catégorie des compositions pharmaceutiques ou remèdes de toute espèce prescrits par l'art. 3 (Paris, 6 mai 1857, Sorel, Pataille, 57.268) ; — 3° que le fait qu'une liqueur hygiénique (l'eau des Carmes) soit, dans certaines circonstances, administrée comme médicament, ne peut avoir pour résultat d'en changer le caractère et d'en faire un produit pharmaceutique (Rej., 8 mai 1868, Boyer, Dall., 68.1.507) ; — 4° qu'un corset hygiénique ne saurait être assimilé à une substance pharmaceutique

(1) V. Nouguier, n°s 540 et suiv.; Blanc, p. 488; Rendu et Delorme, n° 456; Calmels, n° 75; Renouard, n°s 79 et 80.

(2) V. Bédarride, n° 84.

non brevetable (Trib. civ. Lyon, 31 juill. 1883, Pataille, 86. 183).

74 *bis*. Jurisprudence.—**Espèces déclarées non brevetables.** — Il a été décidé : 1° que le pain ferrugineux (mélange de sels de fer avec le pain) constitue un produit pharmaceutique, et, par cela même, n'est pas brevetable (Trib. civ. Seine, 5 mars 1847, *Le Droit*, n° 60) ; — 2° que la moutarde en feuille (sinapisme Rigollot) constitue une composition pharmaceutique (Lyon, 28 juin 1870, Rigollot (1), Pataille, 70.321).

75. *Quid* **de l'art vétérinaire?** — Il résulte de l'exposé des motifs et de la discussion dans les deux Chambres qu'on doit entendre par compositions pharmaceutiques même les remèdes destinés à l'art vétérinaire (2), « les hommes et les animaux étant égaux devant la pharmacie (3). »

Jugé, en ce sens, que les compositions pharmaceutiques ou remèdes de toute espèce, destinés aux animaux comme aux hommes, ne sont pas susceptibles d'être brevetés : spécialement, un liquide, destiné à être administré aux animaux ruminants qui sont atteints de l'affection dite *météorisation*, doit être considéré comme un remède et, à ce titre, ne saurait faire l'objet d'un brevet valable (Poitiers, 28 déc. 1882, Ménard, Pataille, 83.167).

76. *Quid* **des cosmétiques et des substances alimentaires?** — Les cosmétiques et les eaux dentifrices ne sont pas considérés comme produits pharmaceutiques. Il en est de même des substances alimentaires. Un amendement qui tendait à les proscrire a été repoussé par la Chambre des députés (4). MM. Picard et Olin font une réserve pour le cas où le cosmétique serait un véritable remède (5); cela est de toute évidence.

77. *Quid* **du procédé de fabrication ou de l'instru-**

---

(1) V. aussi Rej., 29 janv. 1872, même affaire (Pataille, 72.286).
(2) V. Blanc, p. 488; Nouguier, n° 546; Calmels, n° 75.
(3) V. Dall., v° *Brev. d'inv.*, n° 89.
(4) V. Nouguier, n° 545.
(5) V. Picard et Olin, n° 117.

ment de chirurgie? — Si le médicament en lui-même n'est pas brevetable, il en est autrement du procédé de fabrication de l'appareil propre à le fabriquer. Ainsi, il n'est pas douteux qu'on ne puisse breveter un procédé nouveau de préparation, de la quinine ou de tel autre alcaloïde végétal, utilisé en médecine. De même, on peut valablement prendre un brevet pour un instrument chirurgical ; par exemple, pour un appareil propre à mettre en usage un traitement thérapeutique, ou pour un appareil propre à produire l'insensibilité locale, ou encore pour ces appareils ingénieux, récemment imaginés pour l'étude de la *laryngoscopie* et de la *rhinoscopie* ou pour tous les appareils du même genre (1). Le thermocautère a fait l'objet de brevets, à l'occasion desquels se sont élevés des procès, sans que jamais on ait songé à contester la brevetabilité de l'instrument. C'est d'ailleurs un point sur lequel les jurisconsultes sont unanimement d'accord (2).

Dans une consultation délibérée à l'occasion du *papier sinapisé de Rigollot*, M. Champetier de Ribes disait, avec pleine raison : « L'art. 3 de la loi du 5 juillet 1844, qui défend de « breveter les compositions pharmaceutiques, contient une « disposition restrictive du droit commun, et, par cela même, « il ne doit pas être appliqué au delà de ces termes précis et « formels. Or, il n'est pas permis de confondre, dans la langue du droit, non plus que dans le langage vulgaire, la « *composition pharmaceutique*, qui est nécessairement un « produit, avec le procédé industriel au moyen duquel la « préparation de ce produit peut être facilitée, et, de ce que « le produit pharmaceutique n'est pas brevetable, il ne s'en- « suit nullement qu'un procédé pharmaceutique ne puisse « être valablement breveté (3). »

M. Pataille, consulté dans la même affaire, disait également : « En supposant, ce qui est très contestable, que le « paragraphe premier de l'art. 3 de la loi de 1844, qui ne « parle que des compositions pharmaceutiques ou remèdes,

---

(1) V. anal., Picard et Olin, n° 110.
(2) V. Bédarride, n°s 85 et 89.
(3) Imprimé chez Renou et Maulde, 1870, n° 5414.

« puisse être étendu à toute préparation ayant une vertu « curative et spécialement à une simple manipulation d'une « matière première, telle que la farine de moutarde, cette « disposition restrictive et de droit étroit ne saurait, en tous « les cas, invalider un brevet qui ne porte que sur les moyens « et procédés de fabrication. Cette distinction entre les « inventions portant sur les produits pharmaceutiques et sur « les procédés de fabrication a été consacrée par de nom- « breuses décisions judiciaires, tant au point de vue de la « loi de 1810, qui réglemente les remèdes secrets, que de la « loi sur les brevets d'invention. »

M. Demorlaine s'exprimait dans le même sens : « La pro- « hibition indiquée dans la loi frappe exclusivement les « brevets pris pour des remèdes et compositions pharmaceu- « tiques. Les dispositions restrictives de la législation de « 1844 n'atteignent ni les moyens, ni les procédés à l'aide « desquels les produits s'obtiennent. La distinction à faire « entre la brevetabilité des produits et les moyens servant à « les créer est d'autant mieux fondée à l'égard de l'art. 3, « que le législateur venait de l'établir d'une manière expresse « dans l'article précédent. D'ailleurs, les dispositions de « l'art. 3 doivent être d'autant plus strictement interprétées, « que ce sont des dispositions exceptionelles apportant des « restrictions aux privilèges de la propriété industrielle que « la loi de 1844 a pour but de consacrer. Il résulte donc, du « texte même, que la loi de 1844 n'a entendu s'opposer ni à « la délivrance, ni à la validité des brevets qui n'ont d'autre « objet que les moyens ou procédés nouveaux pour la pré- « paration des produits pharmaceutiques. Cela est également « conforme à l'esprit du même article. Les dispositions de « l'art. 3, introduites dans la loi par la commission de la « Chambre des pairs, pour ne pas permettre au charlata- « nisme de se recommander au public par la possession d'un « brevet, concernent exclusivement l'art de guérir. Si, en « dehors des remèdes eux-mêmes, la prohibition de la loi « s'appliquait à leur disposition ou à leur préparation, elle « s'étendrait par là même, contrairement aux intentions du « législateur, à des moyens ou procédés qui appartiennent au « domaine de la chimie ou des sciences physiques dont toutes

« les applications industrielles sont susceptibles d'être breve-
« tées. Lors donc qu'un brevet est pris pour un procédé de
« préparation ou de fabrication d'un produit, ce serait à tort
« qu'on rejetterait la demande ou qu'on en prononcerait la
« nullité après la délivrance, par le motif que le produit,
« obtenu à l'aide du procédé breveté, ne pourrait recevoir
« d'autre application industrielle qu'une application théra-
« peutique. Aussi, est-ce à juste titre que l'administration a
« octroyé la délivrance de brevets pour la désinfection du
« copahu, l'extraction de la quinine, de la pepsine, etc., et
« que les tribunaux ont validé des brevets pris pour des cap-
« sules gélatineuses de Mothes et le papier épispastique
« d'Albespeyres. »

Nous avons entendu demander si la règle, que nous rappelons ici, serait applicable même au cas où un procédé breveté, et permettant d'obtenir un nouveau produit pharmaceutique, serait le seul capable de produire ce résultat. La raison de douter viendrait, en ce cas, de ce que le monopole du procédé emporterait par la force des choses, et contrairement au vœu de la loi, le monopole du produit. Qu'importe! c'est là une conséquence du fait, indépendante du droit. Le produit appartient au domaine public ; et chacun, étant libre de le fabriquer, est libre de chercher et d'imaginer d'autres procédés que celui qui est breveté. Le monopole du produit ne durera que le temps que durera l'impuissance du domaine public à découvrir un autre procédé. En fait, et à l'époque de progrès où nous vivons, croit-on que cette impuissance se prolongera longtemps? Que si, par impossible et contrairement au cours ordinaire des choses, cette impuissance se maintient et persiste, ce sera au Gouvernement, s'il juge qu'il y a une raison d'utilité publique, à acquérir le brevet de gré à gré ou à prendre les mesures nécessaires pour en assurer l'expropriation (1).

78. Jurisprudence. — Il a été jugé : 1° que l'idée de faire des capsules gélatineuses pour servir d'enveloppe aux médicaments constitue une invention brevetable (Cass. 12 nov.

(1) *Infrà*, n° 331.

1839, Mothes, Sir., 39.1.932) ; — 2° qu'un appareil orthopédique, destiné à redresser les déviations de la taille, est susceptible d'être breveté (Rej., 30 mars 1853, Guérin, Dall., 53.1.198) ; — 3° qu'un tissu électrique, destiné à être employé comme moyen de soulagement de douleurs locales, ne constitue pas la composition pharmaceutique ou le remède quelconque qui, d'après la loi de 1844, ne peut être breveté (Paris, 23 août 1866, Courant, Pataille, 67.337) ; — 4° qu'il en est de même d'un injecteur destiné à administrer les remèdes à l'état pâteux (Rej., 29 juin 1875, Paillasson, Pataille, 54.413).

79. Le nom de l'inventeur du médicament le protège. — Il ne faudrait pas croire pourtant que les inventeurs de remèdes restent absolument sans défense contre ceux qui s'emparent de leur invention. Ils ont un moyen tout naturel de conserver leur droit, comme le fait remarquer, avec beaucoup de sens, M. Bédarride : « L'auteur (d'un « remède), dit-il, n'a jamais manqué d'attacher son nom à « sa découverte et de s'en assurer ainsi, en quelque sorte, la « propriété. C'est ce nom, en effet, qui fait la célébrité du « remède, et il est à l'abri de toute usurpation. Si les autres « pharmaciens peuvent composer et débiter le remède, il « ne leur est pas permis de s'emparer du nom. L'emploi de « celui-ci constitue, non une contrefaçon, mais un acte de « concurrence déloyale, que les tribunaux n'ont jamais « manqué de réprimer (1). »

(1) V. Bédarride, n° 78.

SECTION VIII.

Des plans de finance.

SOMMAIRE.

80. Sont-ils brevetables?

80. Sont-ils brevetables? — L'art. 3 proscrit les plans de finance au même titre que les compositions pharmaceutiques. On a pensé qu'il y aurait danger à accorder un monopole à celui qui, le premier, découvrirait un mode d'organiser et de diriger les finances. Le législateur n'a pas voulu que l'État pût être, à un moment donné, à la discrétion d'un financier. On peut se demander si cette disposition était bien nécessaire : la loi, en effet, ne protège que les inventions industrielles (1). Est-ce qu'un plan de finance peut être considéré comme un objet industriel? N'est-ce pas, au contraire, une matière d'économie politique? Quoi qu'il en soit, cette disposition existe; il faut la mentionner, tout en constatant son peu d'intérêt (2). Ajoutons qu'elle s'explique par l'historique même de la loi; notre première loi sur les brevets d'invention date de 1791, c'est-à-dire d'une époque où nos finances étaient dans un état déplorable et où chacun avait son plan pour les rétablir. C'était un déluge d'utopies, contre lesquelles le législateur a voulu, à tout hasard, prendre ses précautions, pour le cas où, par impossible, il se serait trouvé une réalité parmi tous ces rêves.

M. Renouard, dans la partie historique de son ouvrage, dit à ce sujet : « Après la promulgation des lois de 1791, les « hommes à projet imaginèrent de faire breveter des plans « financiers de toutes sortes. Le premier de ce genre fut pris « le 22 août 1791 par Lafarge et Mitouflet pour leur célèbre « tontine. On fit breveter des tarifs pour le remboursement « des droits féodaux, des caisses de crédit, des caisses hypo-

(1) V. *suprà*, nos 9 et suiv.
(2) V. Picard et Olin, no 108; Tillière, no 33.

« thécaires, des banques, des bureaux d'échange, de con-
« trôle de garantie pour les assignats. Quatorze brevets de « ce genre avaient été délivrés, lorsque le législateur jugea, « qu'au milieu des angoisses publiques, causées par le désor- « dre des finances et les convulsions du papier-monnaie, son « intervention était nécessaire pour prévenir le débordement « des plans financiers brevetés. Le 20 septembre 1792, « l'Assemblée législative, qui devait le lendemain, tenir sa « dernière séance, décréta, sur la proposition de Baignoux, « l'abolition de ces brevets et les interdit pour l'avenir. C'est « au *Bulletin des lois* le dernier acte de cette Assemblée (1). »

Jugé en ce sens qu'une combinaison tendant à établir une mutualité de paris, à l'occasion des courses de chevaux, constitue une combinaison financière non susceptible d'être brevetée (Paris, 3 mars 1870, Labrousse, Pataille, 72.312).

SECTION IX.

Des inventions contraires à la loi.

SOMMAIRE.

81. Caractères généraux.

81. Caractères généraux. — La loi de 1844 (art. 30, § 4) ne permet pas non plus de breveter les découvertes qui seraient reconnues contraires à l'ordre ou à la sûreté publique, aux bonnes mœurs ou aux lois du royaume. « Une invention, « disent Picard et Olin, sera contraire à l'ordre public quand, « sans violer une disposition de la loi, sans contrarier la « morale publique, elle sera de nature à porter atteinte à la « paix et à la sécurité des citoyens : elle sera contraire aux « bonnes mœurs, lorsque, sans contrarier aucune règle lé-

(1) Renouard, 1re part., chap. II, sect. IV, § 3. — « L'administration, « disent MM. Nicolas et Pelletier (*Manuel de la Propr. ind.*, n° 12), « paraît appliquer cette interdiction dans un sens assez rigoureux ; nous « avons vu rejeter un brevet demandé pour un système de publicité qui « consistait en des annonces remises au public et dont chacune consti- « tuait un billet de tombola. »

« gale, elle sera en opposition avec les principes de morale et « d'honnêteté du temps et du peuple au sein duquel elle se « sera produite; elle sera enfin prohibée par la loi, lorsqu'on « découvrira dans celle-ci une disposition qui la défend expres- « sément ou tacitement; telle est, par exemple, la défense de « breveter les compositions pharmaceutiques; ou bien lors- « qu'elle contrariera une disposition légale, comme si, par « exemple, il s'agissait d'un appareil destiné à procurer l'a- « vortement (1). »

Mais, à cet égard, il faut bien se garder de confondre l'objet du brevet lui-même avec son exploitation. Il se peut que l'exploitation du brevet constitue un fait illicite, sans pour cela que l'objet du brevet lui-même soit contraire à la loi. « Ainsi, dit M. Bédarride, il est des industries qui sont mo- « nopolisées au profit de l'État, par exemple, la manutention, « la préparation et la vente du tabac. Qu'un industriel quel- « conque invente une machine pour triturer le tabac ou pour « confectionner les cigares, le brevet qu'il prendra sera d'une « légalité incontestable; mais il n'a pas capacité pour l'ex- « ploiter, et, s'il le fait, il sera passible des peines prononcées « par la loi spéciale. Qu'un autre invente ou perfectionne un « instrument de chirurgie; s'il l'applique lui-même, il usurpe « illégalement l'exercice de la chirurgie; on lui appliquera « donc la loi qui réprime cette usurpation; mais, après comme « avant, son brevet continuera de produire son effet, et nul « autre que lui ne pourra, pendant sa durée, fabriquer et « vendre l'instrument breveté (2). »

Nous ne connaissons pas du reste un seul exemple de brevet pris pour un des objets dont il s'agit ici; nous n'imaginons même pas une découverte industrielle qui soit contraire à l'ordre ou à la sûreté publique. Quel objet, en effet, peut être par lui-même, et indépendamment de son emploi, contraire à l'ordre ou à la sûreté publique ? Même une machine infernale n'est pas nécessairement contraire à la sûreté publique, car

(1) Picard et Olin, nos 120 et suiv.
(2) Bédarride, no 406.

elle peut constituer, à l'occasion, un engin de guerre d'une haute importance.

On trouverait peut-être moins difficilement un exemple d'une invention contraire aux bonnes mœurs ; ne s'est-il pas, en effet, rencontré, en 1868, un inventeur qui n'a pas craint de demander un brevet pour un appareil métallique à serrure qu'il nommait « *Gardien de la fidélité des femmes* », et qui rappelait, il faut bien le dire, les plus singulières traditions du moyen âge? Encore est-il permis de se demander si un appareil semblable est nécessairement contraire aux bonnes mœurs et si, dans un cas donné, par exemple contre certains vices de l'enfance, il n'est pas de nature à rendre d'utiles et salutaires services. En tout cas, c'est à ce point de vue d'utilité publique que l'inventeur envisageait sa découverte; car il terminait ainsi les prospectus dont il a inondé la France : « Dans un temps de désordres comme celui où nous vivons, « où il y a tant d'époux dupes, tant de mères trompées, j'ai « cru faire une bonne action et rendre service à la société en « lui offrant une invention destinée à protéger les bonnes « mœurs, et il a fallu être bien sûr de son utilité pour oser « l'annoncer et braver les plaisanteries qui l'entoureront. On « dira que l'entreprise est folle; mais quel est le plus fou, « l'inventeur de la camisole de force ou ceux qui en ont be- « soin? »

Ajoutons qu'en cette matière les juges ont une grande latitude d'appréciation ; car, ainsi que le remarquent MM. Picard et Olin, « le législateur n'a pas défini les bonnes mœurs, com- « prenant qu'elles varient avec les progrès ou la décadence « d'un peuple » (1).

Il a été jugé, dans l'ordre d'idées où nous sommes, que le brevet ne couvre pas le délit résultant de la fabrication ou de l'usage de l'objet breveté : spécialement, le délit, résultant de la fabrication ou de la vente d'une arme prohibée, peut et doit être poursuivi contre celui-là même qui aurait obtenu pour cette arme un brevet d'invention (Trib. corr. Seine, 20 mars 1840, cité par Renouard, p. 297).

(1) Picard et Olin, n° 130.

SECTION X.

Du pouvoir d'appréciation des tribunaux.

SOMMAIRE.

82. Brevetabilité; appréciation des tribunaux. — 83. Jurisprudence. — 84. *Quid* de l'appréciation du résultat? — 85. Jurisprudence. — 86. *Quid* du brevet pris à l'étranger?

82. Brevetabilité; appréciation des tribunaux. — Nous avons parcouru le cercle des inventions reconnues brevetables par la loi. Il nous reste à préciser l'étendue du pouvoir d'appréciation qu'ont à cet égard les tribunaux. Avant tout, il ne faut pas perdre de vue que le brevet constitue un véritable contrat entre l'inventeur et la société, et que, comme tout contrat, il fait loi entre eux. Il appartient naturellement aux juges du fait de déterminer l'objet de l'invention, de le définir, de le dégager des éléments accessoires qui l'enveloppent et peut-être le voilent, mais ils n'exercent ce droit que sous le contrôle supérieur de la Cour de cassation; gardienne et souveraine interprétatrice des lois, elle garde et interprète la loi du brevet comme toute autre; elle revise l'appréciation des tribunaux; elle recherche si cette appréciation est conforme au texte et à la pensée du brevet ou lui est contraire. Voilà ce dont il faut bien se pénétrer. Si donc le juge du fait s'est trompé, s'il a vu l'invention là où il ne paraît pas à la Cour supérieure qu'elle réside, elle casse la décision comme elle casserait une autre décision qui aurait faussement appliqué une disposition quelconque de nos lois.

83. Jurisprudence. — Jugé à cet égard (1) : 1° que l'appréciation, par les juges, du sens et de la portée d'un brevet d'invention, tombe sous la censure de la Cour de cassation quand cette appréciation méconnaît les termes formels du brevet et en dénature par là l'objet véritable (Cass., 22 dé-

(1) V. aussi Rej., 1er juin 1865, Joly (Pataille, 65.239); Cass., 8 janv. 1869, Périer et Possoz (Sir. 69.1.188); Rej., 21 juin 1879, Ben-Tayoux (Pataille, 70.360).

cembre 1855, Bessas-Lamégie, Dall., 56.1.178); 2° mais qu'un brevet pris par le prévenu de contrefaçon peut être apprécié par le juge du fait comme tout autre élément de preuve; cette appréciation échappe au contrôle de la Cour suprême, et le prévenu ne saurait exciper pour sa défense d'une violation de la loi de son brevet (Cass., 2 juin 1883, Massignon, Pataille, 83.260).

84. *Quid* **de l'appréciation du résultat?** — Nous avons fait observer à plusieurs reprises qu'il n'y a application nouvelle que si le moyen est employé d'une façon nouvelle, c'est-à-dire en vue d'un résultat différent de celui qu'il avait donné jusque-là. C'est, bien entendu, au juge du fait qu'il appartient souverainement de décider si le résultat est ou non différent; ajoutons seulement qu'il n'est pas nécessaire que le résultat obtenu soit juste le contre-pied de celui qu'on obtenait auparavant; le résultat peut être de même nature, mais supérieur à celui qu'on obtenait auparavant, plus rapide, plus économique, plus complet enfin, de telle sorte qu'en réalité on le puisse considérer comme différent (1). Ainsi, dans l'affaire Rousseau (2), le breveté employait des agents connus et les employait, comme on l'avait fait avant lui, en vue d'obtenir du sucre; seulement il les employait dans des conditions telles qu'il obtenait, en moins de temps et à moins de frais, un sucre plus blanc et de meilleure saveur. L'arrêt a donc pu légalement reconnaître une différence dans le résultat obtenu et, par suite, déclarer qu'il y avait application nouvelle.

85. Jurisprudence. — Il a été décidé à cet égard : 1° que c'est obtenir un résultat industriel que de rendre moins fréquentes dans les métiers à filer (dans l'espèce, un métier Mull-Jenny) les ruptures de fil, diminuer les déchets et produire par cela même une économie de temps et d'argent (Rouen, 28 août 1857, Delaunay frères, Pataille, 57.329); — 2° qu'il y a résultat industriel dans le fait de réduire la dépense sans diminuer le résultat (Paris, 5 juill. 1859, Pouillet, *Prop. ind.*, n° 95); — 3° jugé de même quand l'in-

---

(1) V. Orléans, 9 août 1876, Ganne (Pataille, 78.27).

(2) V. *suprà*, n° 67, 2°.

vention procure une plus grande économie et une plus grande rapidité dans la fabrication (Douai, 16 août 1868, Pearson, *Prop. ind.*, n° 103) ; — 4° jugé de même quand l'invention procure une économie de matière, de temps et de force, et offre une garantie de plus longue durée (Rennes, 19 mai 1864, Letort, Pataille, 65.279) ; — 5° qu'il y a résultat industriel nouveau dans le fait d'obtenir un produit industriel connu avec plus de rapidité et, par conséquent, à moins de frais en même temps qu'avec plus de perfection (Paris, 29 juill. 1882, Jouvencel, *Ann.*, 83.91) ; — 6° que, pour qu'un brevet reposant sur une combinaison de moyens et organes connus soit valable, il n'est pas nécessaire que le résultat soit nouveau, il suffit que la combinaison soit nouvelle et qu'elle produise un résultat meilleur et plus complet (Orléans, 9 août 1876, Ganne, Pataille, 78.27) ; — 7° que le résultat industriel, dont l'obtention est nécessaire pour qu'une application nouvelle de moyens connus soit brevetable, est suffisamment établi par la constatation qu'un outil est le plus perfectionné pour un genre de fabrication et que, par son emploi, on peut obtenir, avec une économie de temps et de travail, une plus grande quantité de produits qu'en se servant des autres appareils connus (Rej., 9 juill. 1884, Alain-Chartier, Pataille, 85.58) ; — 8° jugé, dans tous les cas, que la déclaration par laquelle un arrêt refuse de voir dans un brevet une application nouvelle, par le motif que l'invention ne serait susceptible de produire aucun résultat industriel, est souveraine et ne saurait, par suite, être critiquée devant la Cour de cassation (Rej., 26 mars 1873, Leblanc, Pataille, 73.177).

86. *Quid* **du brevet pris à l'étranger?** — La règle qui précède ne peut s'appliquer, bien évidemment, qu'aux brevets qui sont pris en France, et dont la validité même fait l'objet du débat. Le brevet, pris à l'étranger, de même que le brevet qui, quoique pris en France, est invoqué à titre d'antériorité, ne constitue jamais qu'un document livré à la souveraine appréciation des juges du fait. Leur décision, à cet égard, échappe donc à tout contrôle, et, lorsqu'ils ont déclaré qu'un tel brevet comprend telle ou telle invention, la partie qui a vu ses prétentions à cet égard repoussées, ne peut espérer de les faire admettre par la Cour suprême. Il n'y a point là, en effet, de question de droit ; il n'y a point de loi du brevet ; il y a là purement et simplement un fait, apprécié plus ou moins sainement, mais, en tout cas, souverainement apprécié. Ce que nous disons du contenu du brevet, nous devons le dire de sa date. Il appartient au juge du fond de décider, comme question de fait, l'époque à laquelle un brevet étranger a commencé à courir. Il statue, en ce point, comme il statuerait à l'égard de tout autre document jeté dans le débat, dont il détermine la valeur, la portée, la date.

Il a été jugé, en ce sens (1) : 1° que les juges du fond ont un pouvoir souverain pour apprécier la nature et la valeur d'un brevet pris à l'étranger, ce brevet ne constituant qu'un simple fait au regard de la loi française (Rej., 1er juin 1865, Joly, Pataille, 65.239) ; — 2° que les tribunaux français ont qualité pour interpréter souverainement la loi étrangère, et la revision de leur interprétation n'appartient à la Cour de Cassation que lorsque la violation de cette loi entraînerait la violation directe de la loi française, ce qui n'a lieu que lorsque la loi française s'est approprié la loi étrangère pour le règlement de la question qui est soumise aux juges français ; en conséquence, on doit considérer comme souveraine l'interprétation, donnée par les juges du fait, de la loi anglaise de 1852 sur les brevets, et qui considère comme un véritable brevet, d'après cette loi, le dépôt, par l'inventeur, de la spécification provisoire prévue par cette loi (Rej., 28 juin 1881, Paterson, Pataille, 81.209).

(1) V. aussi Rej., 11 mai 1870, Joly (Pataille, 70.242). — V. Anal. Rej., 8 juill. 1865, Masse (Pataille, 66.273).

CHAPITRE III.

DE LA DEMANDE DES BREVETS.

SECTION Ire.

Du droit de demander un brevet.

SOMMAIRE.

87. Le brevet est délivré à quiconque le demande. — 88. *Quid* des incapables? — 89. *Quid* du failli? — 90. *Quid* du brevet collectif? — 91. *Quid* des sociétés? — 92. *Quid* de l'État? — 93. *Quid* si l'impétrant n'est pas l'inventeur? — 94. *Quid* si l'inventeur meurt sans avoir pris de brevet? — 95. *Quid* du droit des créanciers pendant la vie de l'inventeur? — 95 *bis*. *Quid* après le décès de l'inventeur?

87. Le brevet est délivré à quiconque le demande. — Cela résulte expressément du texte de la loi; l'art. 5 dit, en effet : « *Quiconque* voudra prendre un brevet d'invention « devra déposer sous cachet, etc. » Ce mot *quiconque*, on va le voir, doit être pris dans le sens le plus étendu et le plus général.

88. *Quid* **des incapables?** — La loi appelle *incapables* ceux que leur état social, leur faiblesse d'esprit ou la présomption de cette faiblesse empêche, en principe, de gérer eux-mêmes leurs affaires et, par conséquent, de contracter. Sont incapables : la femme mariée, le mineur, l'interdit, celui qui est pourvu d'un conseil judiciaire, le failli. L'incapacité est seulement plus ou moins étendue, suivant les cas; le droit civil ou commercial nous éclaire à cet égard.

Ici, l'incapacité, de quelque cause qu'elle résulte, est sans influence. La loi ayant admis comme principe souverain et immuable que les brevets sont délivrés sans examen préalable, l'administration n'a point à s'enquérir de la qualité et de la capacité de celui qui demande un brevet. Si la demande est matériellement régulière, le brevet est délivré, sauf, ensuite, aux tiers intéressés à faire valoir contre l'incapable breveté le droit qu'ils croient avoir d'attaquer son brevet ou à ne traiter avec lui de cet objet qu'autant qu'il est assisté de la personne dont la présence complète sa capacité (1).

89. *Quid* **du failli?** — En ce qui concerne le failli, nous ne voyons aucune nécessité d'exiger, comme le propose M. Nouguier (2), le concours de ses syndics pour qu'il obtienne un brevet valable. Les syndics ont seulement le droit de revendiquer, au profit de la masse, la propriété du brevet, lorsqu'il est délivré. Encore faut-il remarquer que ce principe, vrai en thèse générale, n'est pas absolu. En effet, si c'est avec des fonds étrangers à la faillite que le failli a pris son brevet et qu'il l'exploite, les syndics ne pourront critiquer les actes qu'il aura faits ainsi sans leur concours, mais sans fraude, ni en attaquer la validité, sauf toutefois à eux à surveiller l'exploitation, à prendre au besoin des mesures conservatoires et à faire attribuer à la masse les bénéfices qui peuvent résulter de l'exploitation. C'est au moins ce qu'il est permis d'inférer d'un arrêt de la Cour de cassation, qui décide que la faillite « ne place pas le failli dans un état d'interdic-« tion; que le failli reste en pleine possession des droits et « actions attachés à sa personne, et spécialement de la faculté « d'exercer son activité personnelle et de chercher dans son « travail ou dans son industrie des ressources, non seule-« ment pour assurer son existence et celle de sa famille, « mais aussi pour préparer sa réhabilitation, en se créant et « mettant à la disposition de ses créanciers un complément « d'actif qui suffise à les désintéresser; qu'une telle faculté « implique nécessairement pour lui, dans cet ordre de faits « et dans ces limites, le droit d'administrer les ressources « qu'il se crée ou qu'il se procure ainsi par son travail ou « par un nouveau crédit avec des valeurs étrangères à la « faillite, et par suite capacité pour stipuler, et s'obliger, de

---

(1) V. Renouard, nos 84 et 99; Blanc, p. 487; Nouguier, n° 28; Bédarride, n° 170; Picard et Olin, n° 267.

(2) V. Nouguier, n° 46.

« même que pour agir et défendre en justice à raison des « actes ou des faits de cette industrie nouvelle (1). »

90. *Quid* **du brevet collectif?** — Nous pensons — et nul, au surplus, ne le conteste — que plusieurs personnes peuvent se réunir pour demander et obtenir un brevet commun; si la découverte est commune, pourquoi le brevet qui la constate serait-il la propriété d'un seul?

91. *Quid* **des sociétés?** — Les sociétés, constituant, en général, des personnes juridiques capables au même titre que les individus, peuvent comme eux demander et obtenir un brevet d'invention; nous croyons d'ailleurs qu'il n'y a point à distinguer entre les sociétés civiles ou commerciales; les unes comme les autres sont susceptibles d'avoir des droits en tant que sociétés, et de les exercer en cette qualité (2).

M. Allart pense qu'une congrégation religieuse, même non reconnue, pourrait demander en son nom un brevet, sans que l'administration, qui n'a pas à s'inquiéter de la capacité civile des impétrants, pût le lui refuser. Mais il ajoute que, « le brevet une fois délivré, toute personne intéressée aura « le droit de se prévaloir de l'incapacité dont se trouve frappé « le titulaire, soit pour repousser une action en contrefaçon, « soit même pour demander la nullité du brevet qui, ne « reposant sur aucune tête, tombe nécessairement dans le « domaine public (3). » Que l'action introduite au nom d'une communauté, qui n'est pas apte à ester en justice, puisse être déclarée non recevable, nous n'y contredirons pas, quoique la jurisprudence ait presque toujours trouvé un moyen de l'accueillir (4); mais que la nullité du brevet doive et puisse être prononcée, c'est ce que nous ne comprenons pas bien, aucun texte de loi n'autorisant le juge à le faire. C'est au surplus une question purement théorique; car les corporations non autorisées ne sont pas d'ordinaire les moins habiles à s'assurer l'exercice d'un droit qu'elles ont résolu de posséder.

---

(1) Cass., 12 janv. 1864, Roche (Dall., 64.1.130).
(2) V. Renouard, n° 86.
(3) Allart, n° 73.
(4) V. Trib. corr. Seine, 29 janv. 1879, Grézier, Pataille, 79.313; Trib. civ. Marseille, 12 août 1879, Grézier, Pataille, 79.379.

92. *Quid* **de l'État?** — Peut-il être demandé un brevet d'invention au nom de l'État? Un arrêt de la Cour de cassation, rendu dans une espèce où un fonctionnaire avait cru pouvoir prendre un brevet en son nom personnel, l'admet implicitement : on lit en effet dans les motifs « qu'en consi- « dérant comme souverainement établis les faits retenus par « l'arrêt, il ne saurait être donné qu'à l'État seul d'apprécier « s'il lui convient ou de laisser jouir Minié de l'invention, ou « de la revendiquer, afin, soit de la posséder à titre privatif, « soit d'en doter le domaine public... (1). » La Cour admet donc que l'État peut posséder une invention à titre privatif, ce qui revient à dire que l'État peut obtenir un brevet d'invention, puisque le brevet est le seul moyen d'assurer le droit privatif. Mais alors dans quelle forme sera demandé ce brevet? Au nom de qui sera-t-il délivré ? Il est difficile d'imaginer que le chef de l'État, quel qu'il soit, puisse être titulaire du brevet, et que sa personne, devenant ainsi tout à fait privée, soit livrée à toutes les incertitudes des débats judiciaires auxquels un brevet peut donner lieu. Sera-ce le chef du service dans le ressort duquel sera placé le fonctionnaire, auteur de l'invention, qui prendra le brevet sous son nom? Mais ce chef de service peut mourir, prendre sa retraite, passer dans une autre branche de l'administration, et alors que deviendra le brevet? Sur quelle tête passera-t-il? Le brevet sera-t-il pris au nom de l'État, considéré comme société? Mais les sociétés constituent des personnes juridiques, capables d'avoir des droits et de les exercer, tandis que l'État n'est admis à défendre en justice que sous le couvert d'un de ses représentants dans l'ordre hiérarchique et légal? Et puis admettra-t-on que l'État se fasse industriel, qu'il soit tenu de se livrer à une exploitation commerciale sous peine de déchéance? Quoi ! il fabriquera, il vendra, il trafiquera, et, ce qui est plus grave, il y sera contraint! Est-ce possible ? La raison ne se refuse-t-elle pas à accepter de pareilles conséquences, et, en l'absence d'un texte formel, ne doit-on pas penser que, si l'État, par une circonstance quelconque, devient propriétaire d'une invention, elle tombe par cela même sur-le-champ dans le domaine public.

(1) Cass., 25 janv. 1856, Manceaux (Pataille, 56.1).

M. Renouard n'est pas de cet avis, et, sans hésiter, il se range à la doctrine de la Cour de Paris; c'est dans le paragraphe même où il rappelle qu'un brevet peut être demandé par une société, par *un être moral*, comme il le dit très bien qu'il ajoute que « l'État peut, avec les mêmes droits et sous « les mêmes charges et conditions que toute autre per- « sonne individuelle ou collective, obtenir, posséder, ac- « quérir un brevet, l'exploiter directement par ses agents, le « céder à certaines personnes en totalité ou en partie, à titre « gratuit ou onéreux, de même qu'il peut, si bon lui semble, « gratifier de sa jouissance tout le public (1). » Et son argument, c'est que « c'est dans le domaine privé et non dans « le domaine public que se trouvent les choses appartenant « au domaine de l'État, lorsque l'État, au lieu de les « livrer à la jouissance de tous, les détient et les exploite en « sa qualité de personne collective comme le ferait une per- « sonne particulière (2). » Cette argumentation, qu'à deux reprises, dans nos éditions précédentes, nous avions repoussée, presque avec dédain, nous touche aujourd'hui et nous fait douter de la justesse de notre première solution. Après tout, l'État est bien une personne collective, un être moral, tout comme une société. L'État possède et acquiert. Pourquoi ne pourrait-il pas posséder un brevet? La loi dit : *Quiconque voudra prendre un brevet*, etc. Pourquoi *quiconque* ne comprendrait-il pas l'État? L'État n'a-t-il pas un intérêt direct à prendre des brevets pour les découvertes qui se font soit dans ses arsenaux, soit dans quelque autre de ses services? Pourquoi serait-il moins protégé qu'un particulier? Reste la question de forme; à cet égard, M. Ruben de Couder nous a répondu : la demande du brevet sera faite par le chef du service dans le ressort duquel la découverte aura été faite, et le brevet sera délivré au nom de l'État (3). Et, de fait, pourquoi pas?

Ajoutons, d'ailleurs, que la question est plus théorique que

(1) Renouard, n° 86.
(2) Renouard, n° 4.
(3) V. Ruben de Couder, v° *Brev. d'inv.*, n° 157.

pratique ; car jamais, que nous sachions, brevet n'a été pris dans l'intérêt de l'Etat, et si par hasard, dans une succession vacante, il s'est trouvé parfois un brevet, nous ne croyons pas que jamais l'administration se soit préoccupée d'en payer les annuités et d'en continuer l'exploitation.

93. *Quid* **si l'impétrant n'est pas l'inventeur?** — De même que le ministre n'a point à examiner la capacité civile des personnes qui font la demande d'un brevet, de même il n'a pas à s'enquérir de la question de savoir si l'impétrant est ou non lui-même l'auteur de l'invention pour laquelle il sollicite la protection de la loi. Le législateur n'exige pas, en effet, que celui qui demande un brevet justifie de sa qualité d'inventeur. Ce que la loi protège, c'est la découverte, quel qu'en soit l'auteur. Que lui importe la personne? C'est l'œuvre qu'elle envisage, c'est le résultat qu'elle constate et qu'elle récompense. Et cela est juste. Le droit de prendre un brevet n'est pas un droit exclusivement attaché à la personne ; l'auteur d'une invention est donc libre de la céder, même avant de l'avoir fait breveter, et celui à qui il la cède en devient légitime propriétaire. Il est au lieu et place de l'inventeur ; il est subrogé dans tous ses droits ; il les exerce comme l'inventeur les exercerait lui-même ; nul ne peut lui reprocher de n'être pas l'inventeur pour s'en faire un grief contre lui (1).

94. *Quid* **si l'inventeur meurt sans avoir pris son brevet?** — Une conséquence nécessaire des principes qui précèdent, c'est que, si l'inventeur vient à mourir avant d'avoir pris son brevet, le droit de le prendre appartient à ses héritiers (2). Seulement, en ce cas, au nom de qui le brevet doit-il être demandé? Il est évident qu'il peut être demandé au nom des héritiers ; mais peut-il être également demandé au nom du défunt, si les héritiers le jugent convenable? Un double intérêt peut justifier cette mesure : un intérêt d'honneur pour la mémoire de l'inventeur ; un intérêt plus positif, celui des héritiers eux-mêmes qui, pour le succès de l'invention,

---

(1) V. Renouard, n° 83.

(2) V. Picard et Olin, n° 27; Nouguier, n° 44 ; Allart, n° 72.

peuvent désirer de la laisser sous le nom connu, peut-être célèbre, de celui qui l'a faite. Nous avons dit, dans les précédentes éditions de ce livre, que rien, dans la loi, ne semblait s'opposer à cette mesure ; nous avons peut-être été plus affirmatif qu'il ne convenait : car l'art. 6 de la loi, qui règle les formalités de la demande, dit expressément : « *Toutes les pièces seront signées par le demandeur ou par un mandataire, dont le pouvoir restera annexé à la demande.* » Or, d'une part, l'inventeur défunt ne peut signer les pièces, et, d'autre part, les héritiers ne peuvent, ni être considérés comme mandataires de leur auteur, ni justifier d'un pouvoir qui leur ait été régulièrement donné. L'administration serait strictement dans son droit en rejetant une demande faite au nom d'un inventeur mort et signée de ses héritiers, et ceux-ci feront sagement de faire la demande en leur nom.

95. *Quid* **du droit des créanciers pendant la vie de l'inventeur?** — Un point qui est hors de doute, c'est que l'inventeur, pendant sa vie, ne peut jamais être contraint par ses créanciers de prendre un brevet. Il ne leur doit aucun compte de ses inventions, qui, tant qu'elles restent à l'état d'idées, de conceptions, dans son cerveau, sont sa propriété absolue, et font en quelque sorte partie de son être. Il est donc absolument libre, à ce moment, soit de se réserver le monopole de sa découverte en demandant un brevet, soit de la garder pour lui-même comme un avare garde son trésor, soit enfin de la publier et de la jeter dans le domaine public. Ses créanciers, dans tous ces cas, sont sans action contre lui, parce que son intelligence, sa liberté sont en dehors de toute atteinte. De quoi d'ailleurs peuvent-ils se plaindre? Leur débiteur n'était pas tenu d'inventer ; il ne s'était pas engagé envers eux à le faire ; il ne le pouvait pas ; ils n'ont donc jamais dû compter, pour assurer leur gage, sur ses découvertes ; ils ne peuvent se prévaloir d'un préjudice.

Mais que décider en cas de faillite? Même en ce cas, l'inventeur garde-t-il sa liberté? A-t-il le droit de céder son invention avant de l'avoir fait breveter? Et si, par exemple, il la cède à l'un de ses créanciers, les autres créanciers pourront-ils voir là une fraude faite à la masse, et revendiquer pour elle le bénéfice de l'invention? Nous pensons que les règles que nous avons exposées plus haut doivent également ici recevoir leur application. En principe, l'invention, tant qu'elle n'est pas matérialisée en quelque sorte dans un brevet, est une propriété personnelle, intime, insaisissable, et, par cela même, l'inventeur reste maître d'en disposer comme bon lui semble. D'abord, au nom de qui le brevet pourrait-il être demandé? M. Allart fait justement remarquer qu'il ne peut l'être au nom de l'inventeur, que nul ne peut contraindre à signer une demande de brevet. Mais cet auteur ajoute : « Le syndic, qui représente le failli et administre ses « biens, peut, en cette qualité, faire la demande, qui portera « le nom de l'inventeur et sera signée par le syndic, comme « elle le serait par un mandataire spécial. » Cette opinion ne nous semble pas juste. Le syndic représente bien le failli en même temps que la masse des créanciers, mais cela ne fait pas qu'il ait un mandat spécial signé de celui au nom de qui le brevet est demandé, et c'est précisément ce pouvoir spécial qui lui est nécessaire; sans ce pouvoir, la demande est irrégulière, puisqu'il doit même y rester annexé (1).

Il est clair pourtant que, si l'inventeur, qui ne peut être forcé de prendre un brevet, en fait prendre un par un tiers, par exemble, par un de ses créanciers, à la suite d'une véritable collusion, par un prête-nom complaisant, le syndic aura le droit d'en revendiquer la propriété au nom de la masse. Le principe cède naturellement devant la fraude. C'est aux tribunaux à examiner les circonstances et à se prononcer d'après elles, en ne perdant jamais de vue cette règle : que la découverte, tant qu'elle n'est pas brevetée, ne peut être considérée comme un bien formant le gage des créanciers (2).

95 *bis*. *Quid* **après le décès de l'inventeur? —** Si l'inventeur meurt avant d'avoir pris son brevet, le droit des créanciers est-il plus étendu? Nous ne le pensons pas. Et, de fait, pourquoi le serait-il? Le droit que l'inventeur avait sur sa conception passe tout entier à ses héritiers : ils jugent, comme il le pouvait juger lui-même, s'il convient ou non de

---

(1) V. Allart, n° 70.
(2) V. Paris, 27 avril 1872, Boilletôt (Pataille, 72.323).

prendre un brevet, et il nous paraît difficile d'admettre les créanciers, en ce cas, contrairement à la volonté des héritiers, à prendre un brevet au nom de l'inventeur défunt. Qui sait, en effet, s'il n'a pas, en mourant, recommandé que son invention mourût avec lui ou qu'elle fût publiée et, par conséquent, livrée à tous ? Il nous semble qu'il en doit être ici comme dans le cas où il s'agit du manuscrit d'une œuvre littéraire. Ce manuscrit n'entre pas dans le gage des créanciers ; ils ne peuvent s'en emparer et le faire publier à leur profit, si l'auteur, pendant sa vie, si ses héritiers, après lui, s'opposent à cette publication. Sans doute, autre chose est une œuvre littéraire, autre chose une découverte industrielle. L'une entraîne une responsabilité plus étendue que l'autre, et l'on conçoit plus facilement l'intérêt qui s'oppose à la publication d'une œuvre littéraire que l'intérêt qui s'oppose à la prise d'un brevet. Toutefois, le principe, dans les deux cas, est le même : ce qui n'est pas encore sorti du domaine de la conception, du domaine de l'intelligence, ne saurait appartenir de plein droit aux créanciers.

En revanche, nous pensons que si, en fait, avant de mourir, l'inventeur avait manifesté la volonté de prendre un brevet en son nom, ses héritiers ne pourraient, pour faire pièce à ses créanciers et soustraire le brevet à leur action légitime, soit refuser de le prendre, soit le prendre au nom de l'un d'entre eux, soit l'invalider à l'avance en publiant l'invention. Il y aurait en ce cas mauvaise foi, préjudice volontaire, obligation de le réparer. Nous admettons même que les créanciers pourraient être autorisés à prendre eux-mêmes le brevet, non pas, sans doute, au nom du défunt (nous croyons avoir établi plus haut que cela n'était pas possible), mais au nom de l'un ou de plusieurs d'entre eux, agissant dans l'intérêt de tous, ou, bien entendu, au nom du syndic, comme représentant la masse, s'il y a faillite.

Il faudrait, selon nous, suivre les mêmes règles dans le cas où l'inventeur mourrait sans laisser d'héritiers. Le droit de prendre un brevet ne serait ouvert aux créanciers qu'autant qu'avant de mourir l'inventeur n'aurait pas manifesté la volonté contraire (1).

(1) Comp. Allart, n° 72.

SECTION II.

Formes de la demande.

SOMMAIRE.

96. Demande de brevet; formalités. — 97. Demande et description; actes séparés. — 98. Restrictions et réserves; leur effet. — 99. Nécessité d'un seul objet principal. — 100. *Quid* des applications non indiquées au brevet? — 101. *Quid* si le brevet porte sur un produit? — 102. *Quid* s'il est pris pour un procédé? — 103. Jurisprudence. — 104. Importance de la demande. — 105. Opinion conforme de MM. Picard et Olin. — 106. Réserve. — 107. Jurisprudence. — 108. Titre du brevet. — 109. Jurisprudence. — 110. Durée variable des brevets. — 111. Description; conditions et caractères. — 112. Un dessin supplée-t-il à la description? — 113. Jurisprudence. — 114. *Quid* de l'absence de revendication? — 115. Jurisprudence. — 116. Description en duplicata; pourquoi? — 117. Dessins; ils doivent être tracés à l'encre. —118. Échantillons; *quid* en cas de perte?—119. Bordereau joint aux pièces. — 120. Signature des pièces; *quid* en cas de mandataire? — 121. Nécessité d'un pli cacheté. — 122. Où s'effectue le dépôt de la demande? — 123. — Taxe et mode de payement. — 124. Procès-verbal de dépôt. — 125. Les préfets peuvent-ils refuser le dépôt des pièces? — 126. Expédition des brevets au ministère.

96. Demande de brevet; formalités. — L'art. 5 de la loi de 1844 résume ainsi les formalités dont l'accomplissement est nécessaire pour obtenir un brevet d'invention : « Quiconque voudra prendre un brevet d'invention devra « déposer, sous cachet, au secrétariat de la préfecture, dans « le département où il est domicilié ou dans tout autre département, en y élisant domicile : 1° sa demande au ministre « de l'agriculture et du commerce; 2° une description de la « découverte, invention ou application faisant l'objet du « brevet demandé ; 3° les dessins ou échantillons qui seraient « nécessaires pour l'intelligence de la description; et 4° un « bordereau des pièces déposées. »

Cet article exige quelques explications.

97. Demande et description; actes séparés. — On ne conçoit pas bien la nécessité de deux actes séparés, l'un contenant la demande adressée au ministre de l'agriculture et du commerce, l'autre comprenant la description de l'invention ; cependant, comme la loi exige clairement ces deux actes, il faut les faire tous les deux séparément, sous peine de s'exposer à voir la demande rejetée par le ministre. C'est du reste la seule pénalité qui frappe l'oubli de cette prescription. Le brevet, une fois qu'il aurait été délivré par le ministre, ne pourrait être annulé sous prétexte que la description ne serait pas faite par un acte séparé de la demande.

La loi ne prescrit aucune forme sacramentelle pour la rédaction de la demande, qui est le plus souvent en forme de lettre.

98. Restrictions ou réserves ; leur effet. — La demande ne doit contenir ni restrictions, ni conditions, ni réserves, c'est-à-dire ne pas stipuler, par exemple, que le brevet ne sera délivré que dans tel délai, ou qu'il ne sera pas communiqué aux tiers, ou qu'il sera prolongé au delà de sa durée légale ; si elle en contient, il appartient au ministre de refuser la délivrance du brevet. Supposez pourtant que le ministre ait, par inadvertance, délivré le brevet demandé dans ces conditions, quelle en sera la valeur? Le breveté pourra-t-il se prévaloir de ses réserves et de ses restrictions? Évidemment non ; elles seront considérées comme nulles et non avenues. Mais faut-il aller jusqu'à dire que, dans ce cas, le brevet lui-même sera nul? M. Bédarride l'enseigne (1). Cette opinion n'est assurément pas fondée ; il n'appartient pas, en effet, aux tribunaux de créer des nullités en dehors de celles édictées par la loi : ils devront donc, en pareil cas, se borner à réputer purement et simplement non écrites les réserves et restrictions, et apprécier le brevet comme s'il ne les contenait pas (2). Nous verrons toutefois que, si les réserves avaient pour objet de dissimuler les vrais moyens de l'inventeur, le brevet en ce cas pourrait être annulé.

Jugé qu'une réserve générale, insérée dans un brevet, ne saurait donner aucun droit au breveté, alors qu'elle ne fait qu'énoncer un problème sans le résoudre, et ne décrit aucun

---

(1) V. Bédarride, n° 120.
(2) V. Nouguier, n° 90.

moyen à l'aide duquel le résultat puisse être atteint : spécialement, le breveté qui, après avoir décrit un appareil télégraphique à cinq fils de ligne, ajoute qu'il se réserve de l'appliquer avec un seul fil de ligne, ne peut prétendre aucun droit sur ce second point, alors qu'il ne fait connaître aucun moyen pour rendre possible cette application (Amiens, 29 mai 1884, Mimault (1), Pataille, 85.324).

99. Nécessité d'un seul objet principal. — La demande doit être limitée à un seul objet principal, sans préjudice — cela va de soi — des dispositions accessoires que comporte l'invention. Ainsi, une machine à battre le blé est composée de deux éléments distincts et qui pourraient être séparés : la machine proprement dite, et le manège qui la met en mouvement ; il est évident que l'on peut très légitimement ne prendre qu'un brevet tout à la fois pour le manège et pour la machine, l'un étant l'accessoire presque indispensable de l'autre. Ainsi encore, on peut dans un brevet, pris pour un procédé d'épuration du gaz, comprendre l'extraction des produits accessoires, tels que la soude et l'alun qui dérivent de l'emploi du procédé (2). Le but de la loi est d'ailleurs facile à concevoir. Si elle eût permis que l'on pût comprendre dans une même demande plusieurs inventions différentes, d'une part, le Trésor eût été fraudé, car on n'eût payé qu'une taxe alors que, d'après le système actuel, on en doit plusieurs ; et, d'autre part, la recherche des inventions déjà brevetées fût devenue presque impossible, puisqu'il eût fallu lire les brevets d'un bout à l'autre, pour être certain de connaître tout leur contenu.

Jugé qu'on ne saurait considérer, comme ayant en vue un seul objet principal et, par suite, comme pouvant être l'objet d'un brevet unique, une invention comprenant des appareils fonctionnant séparément, tels qu'une machine à décortiquer le blé, un moulin à moudre, des pétrins mécaniques et des fours, bien qu'ils concourent tous à la transformation d'un produit naturel en produit fabriqué (Conseil d'État, 12 août 1879, Giroud-Dargoud, Pataille, 81.203).

---

(1) V. Rej., 1er mai 1885, même affaire (*eod. loc.*).

(2) V. Paris, 20 janv. 1855, Laming, cité par Blanc, p. 458.

100. *Quid* **des applications non indiquées au brevet?** — L'art. 6 porte que la demande sera limitée à un seul objet principal et aux applications *qui auront été indiquées*. Quel est le sens de ces derniers mots? Le breveté est-il tenu d'énumérer dans sa demande, à peine de ne pouvoir les revendiquer, même les applications naturelles, nécessaires ou analogues de son invention? N'aura-t-il droit qu'aux applications qu'il aura strictement indiquées? Si un tiers découvre une application plus ou moins différente de celle que le brevet indique, pourra-t-il s'en prévaloir? Pourra-t-il la mettre en pratique sans avoir à redouter la poursuite du breveté? Il faut distinguer si le brevet porte sur un produit, sur un procédé ou sur une application nouvelle d'un moyen connu.

101. *Quid* **si le brevet porte sur un produit?** — Si le brevet porte sur un produit, nul doute qu'il ne réserve au breveté même les applications qu'il n'aurait pas prévues; il suffit de se reporter à ce que nous avons dit plus haut à ce sujet. Par exemple, un brevet est pris pour une machine nouvelle : ce sera, je suppose, une machine à boucher les bouteilles. Un autre individu imagine, pendant la durée du brevet, de se servir de la même machine pour apprêter les chapeaux et reconnaît ainsi qu'elle est propre à un usage que le breveté n'avait pas le moins du monde prévu. Il est clair qu'il ne pourra l'exploiter sans se mettre en état de contrefaçon. Une machine est, en effet, un produit, et, lorsqu'elle est nouvelle, elle appartient exclusivement à celui qui l'a fait breveter, pendant toute la durée du brevet. Nul ne peut donc l'employer, soit pour l'usage auquel le breveté la destine, soit pour un usage différent, sans porter atteinte au droit privatif résultant du brevet. Seulement, il peut acheter la machine à celui qui l'a brevetée et s'en servir ensuite pour le nouvel usage qu'il a découvert; il peut même revendre cette machine, ainsi acquise de l'inventeur, et concéder à son acquéreur le droit d'user de sa propre découverte. Ce trafic ne serait que l'exercice légitime de son droit (1).

(1) V. Blanc, son article dans la *Prop. ind.*, n° 116.

102. ***Quid* s'il est pris pour un procédé?** — Si le brevet porte sur un procédé, le breveté ne peut réclamer que les applications qu'il a indiquées; on ne conçoit pas, en effet, l'existence d'un procédé indépendamment du but en vue duquel on l'emploie; qu'est-ce qu'un procédé isolé de tout résultat, considéré en lui-même, en dehors de toute destination? que signifie-t-il? que vaut-il? quel avantage procure-t-il à l'industrie? Un procédé n'a de valeur que par les effets qu'il produit. Le brevet pris pour un procédé nouveau n'en garantit donc la propriété à son auteur qu'en vue de l'application qu'il en fait; il ne saurait empêcher que d'autres, utilisant les mêmes moyens, mais leur demandant des effets nouveaux, réellement différents de ceux auxquels il avait songé, exploitent une invention qui leur est propre et en tirent profit sans avoir rien à lui demander. Il en est à plus forte raison de même, lorsque le brevet n'a été pris que pour une application nouvelle; ce droit du breveté est restreint à cette application, cela tombe sous le sens.

Il faut toutefois se garder d'une interprétation judaïque. Si le breveté n'a droit qu'aux applications qu'il a indiquées, on doit du moins comprendre dans cette expression les applications analogues à celles qu'il a prévues, comme aussi les applications naturelles et nécessaires de l'invention ; cela est de toute justice (1).

103. Jurisprudence. — Il a été jugé à ce sujet : 1° qu'une invention resterait inerte et stérile, tant pour son auteur que pour la société, si elle demeurait dans les termes d'une simple théorie, sans passer à l'état d'application ; si cette application ne peut se faire qu'à l'aide de procédés déjà connus et qui, par conséquent, appartiendraient, en thèse générale, au domaine commun de l'industrie, l'emploi de ces procédés, en tant qu'appliqués à l'objet de la découverte, peut être justement frappé du même droit que la découverte elle-même et peut devenir, comme celle-ci, et en considération de l'utilité qui s'y rattache, la matière d'un brevet d'invention : spécialement, celui qui a fait breveter le moyen de réduire le

(1) V. Nouguier, n°s 10 et 11.

caoutchouc en fil comprend dans son droit privatif le tissu élastique formé avec le fil de caoutchouc, et, s'il est vrai de dire que l'acte de tisser n'est pas une invention nouvelle, cette proposition, vraie à l'égard d'un fil quelconque, ne l'est pas à l'égard du fil de caoutchouc, puisque, du fait que l'art de réduire le caoutchouc en fil constitue une invention brevetable, il s'ensuit nécessairement que le fil de caoutchouc n'a jamais été tissé (Cass., 27 déc. 1837, Rattier, Dalloz, v° *Brev. d'inv.*, n° 48); — 2° que, bien qu'un brevet soit pris pour un procédé, il n'en protège pas moins le produit qui en résulte, quand il est constant que le produit est inséparable du procédé comme l'effet l'est de la cause; autrement, le brevet deviendrait sans objet et serait frappé de stérilité : spécialement, le brevet pris pour un procédé d'application de certaines couleurs à la coloration des fleurs artificielles protège à la fois le procédé et le produit (les fleurs teintes) qui en résulte (Paris, 21 fév. 1856, Florimond (1), Pataille, 56.80) ; — 3° que le privilège des inventeurs s'étend même aux résultats non prévus par le breveté, mais qui sont un effet nécessaire du procédé breveté (Paris, 24 juin 1858, Mutel, Pataille, 59.257); — 4° que l'inventeur breveté pour un procédé nouveau de fabrication n'a point à prévoir et à énumérer dans son brevet toutes les applications naturelles, analogues ou éventuelles, du produit préparé à l'aide du procédé dont il a revendiqué le privilège; en conséquence, il y a contrefaçon dès que le procédé est employé, de quelque manière d'ailleurs que le produit vienne à être utilisé, pour une même ou pour une autre industrie : spécialement, bien qu'un brevet soit pris pour la préparation des ressorts d'horlogerie, il y a contrefaçon à appliquer les procédés brevetés à la préparation des ressorts pour jupons, cette application ne changeant pas la nature du produit (Paris, 28 mars 1865, Lefebvre, Pataille, 67.323).

104. Importance de la demande. — Nous ne sau-

(1) V. aussi Paris, 13 mai 1865, Chapellier (Pataille, 66.88); Lyon, 19 juill. 1872, Œhler (Pataille, 72.330); Rej., 17 déc. 1873, même affaire (Pataille, 74.35).

rions trop insister sur la rédaction de la demande ; car c'est elle, en définitive, qui, dans la rigueur du droit, détermine l'objet du brevet ; et, par suite, il a pu être jugé (toutefois avec bien de la sévérité) que le breveté ne pouvait revendiquer de droit exclusif que sur l'objet réclamé et précisé par la demande. Si donc la spécification, outre l'objet visé dans la demande, en mentionne un autre que celle-ci n'a point indiqué, cet objet peut être considéré comme n'étant pas breveté. La jurisprudence, on va le voir, est allée jusque-là.

« Le brevet, dit un arrêt, ne donne de droit privatif que « relativement à l'objet pour lequel il a été demandé et « obtenu ; sans doute, ce droit s'étend à tous les moyens et « procédés mentionnés dans le mémoire descriptif, qui con- « courent au même but que l'invention principale et se con- « fondent avec elle, encore bien qu'ils ne soient pas énoncés « dans la demande elle-même, ni par suite dans le brevet « qui ne fait que reproduire les termes de la demande ; mais « il en est autrement des moyens et procédés étrangers à « cette invention principale, que l'inventeur a cependant « indiqués dans sa spécification sans les mentionner dans la « demande ; le brevet ne les protège pas. On ne pourrait les « faire profiter du privilège résultant du brevet sans compro- « mettre les droits des tiers, qui ne peuvent être astreints à « consulter les spécifications déposées au ministère du com- « merce, s'ils ne sont avertis par l'examen des brevets « publiés au *Bulletin des lois*, qu'il en a délivré pour le pro- « cédé qu'ils veulent eux-mêmes exploiter. »

Il a été jugé, d'après cette règle : 1° que, quand un brevet a été demandé et obtenu pour un appareil à opérer la condensation des vapeurs, les juges peuvent, d'après les circonstances de la cause, décider que l'apposition, dans le haut de la chaudière, de lentilles en verre, permettant d'observer l'ébullition des liquides, est une invention particulière, complètement étrangère aux procédés de condensation, seul objet de la demande du brevet, et repousser sur ce point l'action en contrefaçon (Rouen, 22 mai 1846, Degrand (1), *J. Pal.*,

(1) V. aussi Rej., 21 août 1846, même affaire (*J. Pal.*, 47.1.25).

46.2.179); — 2° que le bénéfice des brevets ne s'étend pas au delà des procédés prévus et expressément spécifiés dans les mémoires descriptifs : en conséquence, le breveté qui a décrit un organe (dans l'espèce, un *clapet* dit *de plissement*, servant d'organe préparateur dans les machines à fouler le drap) en lui assignant une fonction spéciale, ne peut se plaindre de contrefaçon, sous le prétexte que cet organe aurait été employé par un autre fabricant dans un but absolument différent de celui que prévoit le brevet; et cela est vrai alors même qu'il serait démontré, en fait, que ledit organe, avec une très légère modification, pouvait remplir cette fonction nouvelle (Montpellier, 17 juin 1844 (1), Dall., 45.1.117).

105. Opinion de Picard et Olin. — « La demande, « disent-ils, doit contenir l'objet principal avec les détails qui « le constituent et ses applications. Omettre l'un ou l'autre de « ces termes dans la demande, c'est s'exposer à ne pas les voir « protéger par le brevet. En vain la description et les dessins « en feraient-ils mention; s'ils ne sont pas sommairement « reproduits dans la requête, on pourrait répondre à l'inven- « teur : Vous avez décrit cela, il est vrai, mais vous n'avez « pas demandé de brevet; il en est de cela comme de beau- « coup d'autres détails que l'on insère forcément dans toutes « les descriptions et sur lesquels le brevet ne porte pas. » Et, parlant ensuite de l'arrêt de la Cour de cassation cité plus haut (2), ils ajoutent : « Cette décision est exacte. En effet, « la lentille était un détail de l'invention; on ne pouvait la « considérer comme comprise dans cette énonciation géné- « rale : appareil pour opérer la condensation, car elle ne « contribuait pas à cette condensation. Il eût fallu le men- « tionner spécialement dans la demande après l'avoir indi- « qué dans la description (3). »

106. Réserve. — A notre sens, les dispositions de cet arrêt ne doivent pas être étendues, et, s'il est vrai qu'en prin-

(1) V. aussi Rej., 18 janv. 1845, même affaire (Dall., *loc. cit.*). — Comp., Paris, 5 avril 1876, aff. Ognard (Pataille, 76.90).

(2) V. *suprà*, p. 133, la note.

(3) Picard et Olin, n° 286.

cipe il n'y a de breveté que ce qui est compris expressément dans la demande, il est rare pourtant que la jurisprudence applique la règle rigoureusement. On considère au contraire, en général, la description comme se confondant avec la demande ou du moins comme la complétant en la développant, et l'on admet que le droit privatif porte au même titre sur ce que renferment l'un et l'autre. Il faut bien reconnaître que, s'il en était autrement, la demande devrait, pour la sécurité des inventeurs, reproduire la description dans tous ses détails, ce qui ferait assurément double emploi. Comment savoir d'ailleurs ce que contient la demande? Elle n'est pas communiquée au public, aux termes de l'art. 11; le duplicata de la description est seul joint à l'arrêté ministériel. La demande reste enfouie dans les archives du ministère, et même aucune disposition légale n'oblige l'administration à la conserver. Bien mieux, la loi ne prescrit pas de la rédiger en double expédition, et le breveté, par conséquent, ne peut être tenu de la représenter. Quant à l'arrêté ministériel, qui est le brevet proprement dit, il ne reproduit de la demande que le titre sommaire qu'elle doit indiquer. Toutes ces raisons nous portent donc à penser que c'est la description, non la demande, qui détermine l'étendue du droit exclusif. Les brevetés toutefois feront bien de se tenir sur leurs gardes, et, avertis de la rigueur du droit, ils mentionneront dans leur demande les points qui ne se rattacheraient que d'une façon indirecte ou accessoire à l'objet même de l'invention.

107. Jurisprudence (1). — Il a été décidé, d'après cette règle : 1° qu'en principe général, il n'y a lieu d'accorder la garantie du brevet qu'à ce qui a été décrit lors de sa demande en délivrance comme constituant l'invention ou s'y rattachant (Rej., 9 août 1867, Avril, Pataille, 67.340); — 2° que la description des objets brevetés est la loi de l'inventeur et du public; on ne peut ni la modifier ni l'étendre (Rej., 28 févr. 1884, Renard, Pataille, 86.228); — 3° mais que le breveté toutefois peut revendiquer le bénéfice de l'invention qui se

---

(1) V. aussi Lyon, 19 juill. 1872, aff. Œhler (Pataille, 72.330). — V. encore Paris, 12 juin 1869, Hayem (Pataille, 70.111).

trouve indiquée dans la description et les plans annexés au brevet, alors même que, dans le préambule et dans certaines parties du mémoire descriptif, il ne ferait pas expressément porter sa demande sur ce point (Paris, 13 mai 1865, Chapellier, Pataille, 66.88).

108. Titre du brevet. — La demande doit indiquer un titre renfermant la désignation sommaire et précise de l'invention , afin de faciliter le classement du brevet dans les catalogues et en même temps les recherches des intéressés. Comme le remarque justement M. Nouguier, le titre est au brevet ce qu'est le sommaire ou la table à un ouvrage de littérature (1); on ne peut donc pas opposer à l'inventeur le titre qu'il a donné à son brevet pour l'enfermer strictement dans ses termes, et lui interdire toute revendication en dehors. Le titre sert à désigner le brevet plus qu'à en préciser la portée. « Il est généralement admis que les brevetés peuvent reven- « diquer un droit privatif, non seulement sur les choses qui « sont indiquées dans l'intitulé même du brevet, mais encore « sur celles qui sont simplement idiquées dans les annexes; « il est généralement admis qu'on peut compléter le titre « à l'aide de la description et qu'on peut aussi compléter « la description à l'aide des dessins et des plans (2). »

109. Jurisprudence. — Il a été décidé en ce sens : 1° que le titre ou préambule d'un brevet doit énoncer aussi clairement que possible l'objet de l'invention, mais qu'il n'est pas défendu d'expliquer et de compléter ce titre par les autres documents qui y sont joints, notamment par le mémoire descriptif, les plans et les dessins : en conséquence, l'incertitude que le titre du brevet laisserait sur l'étendue du droit privatif peut être dissipée par les détails que l'inventeur donne dans son mémoire descriptif (Rej., 26 janv. 1866, Chapellier, Pataille, 66.88); — 2° qu'il importe peu que le breveté n'ait pas expressément mentionné, dans l'intitulé de son brevet, que ce brevet s'appliquait à un produit en même temps qu'à un procédé de fabrication; pour déterminer l'objet précis et

(1) V. Nouguier, n° 92.

(2) V. article de Bozérian dans la *Propr. ind.*, n° 431.

l'étendue d'un brevet, c'est, en effet, moins à son titre qu'à sa description qu'il faut s'attacher, et il est valablement suppléé à l'insuffisance du premier par les détails de la seconde : spécialement, lorsqu'un breveté déclare dans la description qu'il entend breveter « l'emploi de toute substance ayant la « propriété de passer promptement de l'état liquide ou vis- « queux à l'état solide, pour en former des perles sphériques, « en la laissant former goutte à l'extrémité de tiges effilées, « puis les déposant sur papier, ou sur tissu, ou sur toutes « autres surfaces auxquelles elles viennent adhérer en se so- « lidifiant », il manifeste clairement par cette déclaration son intention de se réserver un droit exclusif, non seulement aux appareils de fabrication par lui décrits, mais encore au produit industriel fabriqué à l'aide de ces appareils (Paris, 1er juill. 1870, Agnellet, Sir., 70.266).

110. Durée variable des brevets. — La demande doit mentionner la durée que le demandeur entend assigner à son brevet; toutefois, il ne le peut faire que dans les limites prescrites par l'art. 4, qui dispose que « la durée des brevets est de cinq, dix ou quinze années ». La demande ne peut donc mentionner que l'un de ces trois termes.

Dans la pratique, on demande le plus souvent, et on a raison, un brevet de quinze années. Comme le brevet, ainsi que nous le verrons plus tard, est soumis à une taxe annuelle de 100 francs, et que, à défaut de payement de l'une des annuités, le brevet est frappé de déchéance, on demeure toujours libre d'y renoncer quand on veut. De cette façon, si le brevet devient l'objet d'une exploitation fructueuse, on le garde jusqu'à son expiration légale; si l'on reconnaît, au contraire, qu'il est sans intérêt, on le laisse tomber dans le domaine public.

Il y a pourtant un cas où il peut y avoir un intérêt réel à ne demander le brevet que pour cinq ou dix années : c'est le cas où l'on veut le céder; nous verrons, en effet, qu'en cas de cession la loi exige certaines formalités, et notamment le payement par anticipation de toutes les annuités restant à courir. Si donc le brevet n'est que de cinq ou dix ans, on n'a que cinq ou dix annuités à payer au lieu de quinze. Cet intérêt, on le conçoit, est minime, et l'économie de frais qu'on réalise ne compense en aucun cas le temps perdu pour le privilège.

111. Description; conditions et caractères. — Outre la demande, nous avons dit qu'il devait y avoir une description de l'invention; il ne suffit pas, en effet, d'énoncer l'invention, il faut l'expliquer, la détailler, la faire comprendre; une simple énonciation ne permettrait pas l'exécution de la découverte après l'expiration du brevet, de même que, pendant sa durée, elle ne révélerait pas au public ce qu'il doit, à peine de contrefaçon, s'abstenir de fabriquer. Tel est le but de la description; elle doit donc être claire et loyale : claire, c'est-à-dire de nature à faire comprendre les moyens du breveté sinon par le premier venu, du moins par un homme du métier; loyale, c'est-à-dire qu'elle doit donner les vrais moyens de l'inventeur. Il ne faut pas que, soit par l'obscurité de sa rédaction, soit par une réticence calculée, le breveté prive la société d'une partie des avantages qu'il lui a promis par son brevet, et dont elle doit jouir librement à l'expiration du privilège. Il va, du reste, sans dire que cette obligation ne s'applique pas aux moyens qu'il a découverts depuis la prise de son brevet et dont il n'est pas tenu de rendre compte. Le breveté ne saurait apporter trop de soin à la rédaction de la description, car c'est elle, en définitive, qui constitue son contrat avec la société; c'est elle qui en détermine l'étendue, et, comme il la rédige de la façon qui lui plaît, comme il se fait son titre à lui-même, il est tout naturel qu'elle s'interprète contre lui. C'est ce que nous aurons ailleurs l'occasion de dire en le précisant. La description peut être rédigée sur papier non timbré (1); aucune forme particulière n'est d'ailleurs imposée au breveté; il faut seulement qu'elle soit écrite, sans surcharges, ni ratures, en français, sauf les mots techniques qui n'auraient pas d'équivalents dans notre langue. Il est à peine utile d'ajouter que des mots rayés ou des renvois ne vicient pas la description; ils doivent seulement être parafés dans la manière ordinaire. Enfin, le système métrique est obligatoire.

---

(1) V. Duvergier, 44, p. 583; Nouguier, nº 105.

112. Un dessin supplée-t-il à la description? — Nous venons de dire que la loi n'imposait aucune forme particulière pour la description. Si donc l'inventeur pense qu'un dessin tout seul suffit à faire comprendre son invention, peut-il s'en tenir uniquement à ce dessin, et ne pas faire d'autre description? Nous ne le croyons pas (1). L'art. 5 exige une description, si brève, si laconique qu'elle soit. Ce sera, si l'on veut, une simple légende destinée à expliquer le dessin et les différentes vues dont il se compose; mais il faut de toute nécessité une description : le dessin peut servir à compléter la description ; il n'y supplée pas. A plus forte raison, le breveté ne pourrait se borner à joindre à sa demande seulement un modèle ou un échantillon et se dispenser de toute autre explication. Le modèle ou l'échantillon peuvent en effet se perdre, — cela s'est vu, — et leur perte anéantirait toute trace du brevet, ou du moins de l'invention. Les modèles et échantillons, plus encore que les dessins, ne doivent donc être considérés que comme des accessoires aidant à l'intelligence de la description sans pouvoir y suppléer.

113. Jurisprudence (2). — Il a été jugé, conformément à cette règle : 1° que le dessin ne peut servir qu'à expliquer le texte de la description, mais ne peut en modifier ou en étendre le sens ; le breveté ne saurait, en conséquence, revendiquer, comme sa propriété privative, un organe ou un appareil figuré au dessin, si le mémoire descriptif ne les revendique pas : spécialement, quand un brevet est demandé pour un appareil propre à fabriquer des enveloppes de bouteille, le breveté ne peut, en dehors de toute mention dans son mémoire descriptif, revendiquer l'enveloppe de la bouteille elle-même, en tant que produit industriel, par cela seul que le dessin en représenterait la figure (Rej., 15 juin 1865, Dubrusle, Pataille, 65.365); — 2° que, si l'on peut aller jusqu'à considérer un plan ou dessin joint à la demande comme suppléant, en quelque point, au silence de la description, élément principal et nécessaire, c'est à la condition que l'in-

---

(1) V. Picard et Olin, n° 305; Nouguier, n° 130.
(2) V. *infrà*, n°s 468 et 469.

tention par le breveté de comprendre dans son invention ce qui fait l'objet de ces plans ou dessins soit claire et manifeste : en conséquence, bien qu'un organe figure dans le plan annexé au brevet, il peut résulter du silence de la description, soit dans son contexte, soit dans le résumé final, et de l'ensemble des faits, que le breveté n'a jamais entendu revendiquer l'invention de cet organe (Dijon, 12 déc. 1866 et Rej., 9 août 1867, Avril (1), Pataille, 67.340); — 3° il a été jugé toutefois, en sens opposé, qu'il n'est pas indispensable, pour qu'un objet soit brevetable, que le brevet en parle, s'il est suffisamment indiqué dans les dessins pour que les gens du métier s'en fassent une idée exacte et puissent le reproduire (Rej., 6 janv. 1867, Sax, *J. Pal.*, 67.893).

114. *Quid* **de l'absence de revendication?** — Dans certains pays, par exemple en Angleterre et en Belgique, l'usage, sinon le texte même de la loi, exige que la description se termine par une revendication claire et précise des points sur lesquels le breveté entend faire porter son invention. La loi française n'a pas cette exigence, et, au rebours de M. Nouguier (2), nous approuvons notre loi. Il faut bien mal connaître les inventeurs pour ne pas savoir combien, en général, ils s'abusent sur les vrais caractères de leur découverte; comment, éblouis souvent par le résultat qu'ils poursuivent, ils placent leur invention où elle n'est pas, et ne la voient pas où elle est. Une obligation de la nature de celle que réclame M. Nouguier exposerait les brevetés à compromettre journellement leurs droits; ce serait un piège tendu à la naïveté proverbiale des inventeurs. Si la disposition dont nous parlons existe en Angleterre, elle y est du moins combinée avec le secret temporaire du brevet et la faculté pour le breveté, pendant cette période, de modifier le résumé de son brevet et de corriger sa revendication. On doit donc admettre, en principe, que, sans qu'il soit besoin d'une revendication spéciale, le breveté a droit à tout ce qu'il a décrit. Toutefois, cela n'est vrai que pour les points sur lesquels il est manifeste

(1) V. aussi Paris, 12 juin 1869, Hayem (Pataille, 70.111).
(2) V. Nouguier, n° 109.

que le breveté a entendu faire porter son droit exclusif. S'il ressort de l'ensemble de la description, de ses termes, que tel détail, tel organe, quoique figurant au mémoire descriptif, n'a pas été considéré par le breveté comme faisant partie de l'invention, les tribunaux peuvent lui refuser la garantie du brevet.

115. Jurisprudence (1). — Il a été jugé à ce sujet : 1° que l'inventeur d'un produit nouveau, qui n'a revendiqué dans son brevet que le procédé de fabrication, ne peut se plaindre de ce que l'on fabrique ce produit par des moyens différents des siens (Rej., 12 déc. 1856, Popelin-Ducarre, Pataille, 57.101); — 2° que la simple énonciation d'un agent dans un brevet ne suffit pas pour en attribuer la propriété exclusive au breveté, si rien, d'ailleurs, n'indique que l'inventeur ait entendu la revendiquer (Paris, 13 fév. 1862, Rouget de Lisle, Pataille, 62.358); — 3° mais que, si le résumé du mémoire descriptif met principalement en évidence l'une des parties de l'invention, le breveté n'en peut pas moins revendiquer un autre point visé dans ce mémoire et auquel se réfèrent d'ailleurs tant le résumé lui-même qu'un dessin accompagnant le brevet (Paris, 24 janvier 1879, Charageat, Pataille, 80.133).

116. Description en duplicata; pourquoi? — La description (et les dessins s'il y a lieu) doivent être en double exemplaire, à la façon des contrats synallagmatiques, l'un destiné à être renvoyé au breveté lui-même et à former son titre, l'autre destiné à demeurer dans les archives de l'État et formant le titre de la société.

117. Dessins; ils doivent être tracés à l'encre. — Les dessins, si le breveté juge utile d'en joindre à la description, doivent être tracés à l'encre, pour qu'ils ne s'effacent pas; peu importe, d'ailleurs, qu'ils soient tracés à la main ou reproduits par la gravure, la lithographie, l'autographie ou tout autre moyen analogue. Dans la discussion de la loi, le commissaire du Gouvernement émettait l'avis qu'ils devaient, de toute nécessité et à peine du rejet de la demande, être tracés à la main; à quoi il lui fut répondu avec raison que la loi

(1) V. Paris, 26 déc. 1883, Dullier (Pataille. 84.184).

prescrivait le tracé à l'encre, rien de plus, et que les dessins gravés ou lithographiés étaient tracés à l'encre. Cela est, en effet, de toute évidence. Le breveté devra seulement, s'il ne grave pas ou ne lithographie pas lui-même ses dessins, veiller à ce que le graveur ou le lithographe n'abuse pas de sa confiance en livrant, par exemple, à la publicité, avant la prise du brevet, l'objet de l'invention. Les dessins pourraient également être photographiés; ils ne seraient pas alors, à proprement parler, tracés à l'encre; mais, avec les progrès qu'a faits cet art merveilleux, il faut avouer que ce serait tout comme, et que le vœu de la loi serait rempli. Les dessins doivent de plus, cela est presque inutile à dire, être tracés d'après une échelle métrique (1).

118. Échantillons ; *quid* en cas de perte? — Nous avons vu que la loi permet à l'inventeur, pour rendre plus intelligible la description de son invention, de joindre à sa demande des échantillons ou des modèles. L'administration ne peut en refuser le dépôt, et c'est à elle de veiller à leur conservation. Dans la pratique, les inventeurs usent rarement de ce droit que la loi leur accorde. Il en résulte que l'administration se préoccupe peu du soin de conserver les modèles ou échantillons qui lui sont confiés; il est même arrivé que des modèles, déposés avec la demande du brevet, ne se sont pas retrouvés. Les tribunaux, en ce cas, ont décidé que le breveté devait porter la faute de leur perte quel qu'en fût l'auteur (2) et n'ont pas hésité à déclarer la description insuffisante en leur absence. L'iniquité d'une pareille solution est manifeste : il semble que le breveté eût dû en ce cas être admis à produire un nouvel échantillon et à prouver son identité avec l'échantillon perdu; il semble au moins qu'il eût dû pouvoir exercer son recours contre l'administration, qui était évidemment en faute (3). Pour éviter qu'un pareil fait se renouvelle, voici ce que nous proposons, con-

(1) V. Bédarride, n° 133.
(2) V. Rej., 30 nov. 1859, Delaunay (J. Douai, 59.427).
(3) V. Allart, n° 94. — *Contrà*, Ruben de Couder, v° *Brev. d'inv.*, n° 223.

formément à l'esprit de la loi : elle exige que la description et les dessins soient déposés en double exemplaire, dont l'un, remis aux mains du breveté, forme son titre ; cette disposition nous semble très facilement applicable aux modèles et échantillons ; on peut les déposer en double exemplaire, et, sur chacun d'eux, l'administration peut, par exemple au moyen d'une étiquette scellée, apposer un cachet d'authenticité indélébile. L'un des modèles ou échantillons, remis avec ce cachet au breveté, formera son titre de la même façon que les autres éléments du brevet, et le mettra à l'abri de toute négligence. La perte des modèles ou échantillons déposés au ministère, si elle survient, ne lui ôtera pas les moyens de compléter sa description.

119. Bordereau joint aux pièces. — A toutes ces pièces doit enfin être joint un bordereau qui en contienne l'indication détaillée.

120. Signature des pièces ; *Quid* en cas de mandataire ? — Il est à peine besoin d'ajouter que toutes les pièces (demande, description, dessins, bordereau) doivent être signées de l'impétrant ou d'un mandataire dont le pouvoir, sous seing privé, restera annexé la demande ; la signature du mandataire doit être légalisée en la forme ordinaire. Quelques auteurs ont émis l'avis que, au cas où l'impétrant ne sait pas ou ne peut pas signer, il lui suffit de faire mentionner le fait sur les pièces jointes à la demande et sur la demande elle-même ; cela nous paraît être une erreur : les pièces doivent être signées de toute nécessité par l'impétrant, ou, à son défaut, par un mandataire dûment autorisé. Le pouvoir, en ce cas particulier, doit nécessairement être en la forme authentique.

121. Nécessité d'un pli cacheté. — La demande, avec les pièces qui l'accompagnent, doit être mise sous cachet, ce qui s'entend d'un cachet à la cire ou de tout autre, qui ne permette pas que les pièces réunies puissent s'égarer.

122. Où s'effectue le dépôt de la demande ? — Le dépôt ne peut être utilement effectué qu'au secrétariat d'une préfecture ; peu importe d'ailleurs la préfecture, celle du département qu'habite l'impétrant ou toute autre, à condition seulement que l'impétrant fasse élection de domicile dans le département à la préfecture duquel il dépose sa demande; il faut, en effet, lorsque le brevet est délivré, comme au cas où il est refusé par le ministre, que celui qui l'a demandé puisse être prévenu. De ce que la loi indique le secrétariat de la préfecture comme l'endroit où doit avoir lieu le dépôt de la demande, concluons sans y insister, tant cela est manifeste, que le dépôt ne pourrait se faire utilement dans aucun autre endroit, ni au greffe du tribunal de commerce ou de la justice de paix, ni à la mairie, ni chez les agents diplomatiques à l'étranger. Toutefois, les agents diplomatiques pourraient, comme tout autre mandataire, se charger de faire opérer le dépôt en France au lieu voulu par la loi, en remplissant d'ailleurs les conditions et formalités prescrites.

123. Taxe et mode de payement. — Le dépôt n'est reçu que sur la production d'un récépissé constatant le versement d'une somme de cent francs à valoir sur le montant de la taxe.

Notons, en effet, que les brevets, en France, sont soumis au payement d'une redevance ou plutôt d'un véritable impôt, appelé *taxe*. Il y aurait beaucoup à dire, sur le payement de la taxe, au point de vue législatif. Doit-elle être élevée ou minime, uniforme ou progressive, se payer en une fois ou par annuités? Ces questions se résolvent d'une manière différente suivant le point de vue auquel on se place. Ceux qui croient qu'on encourage l'industrie en encourageant les brevetés tiennent pour la nécessité d'une taxe peu élevée, à supposer même qu'ils admettent la nécessité d'une taxe; ceux qui pensent, au contraire, — il s'en trouve, — que le progrès de l'industrie est entravé par les brevets, veulent que l'élévation de la taxe rende les brevetés plus circonspects et plus rares. Cette question, dans laquelle nous prendrions certainement parti pour la première opinion, est en dehors du cadre de notre travail.

Il nous suffira de rappeler les prescriptions de notre loi : toute demande de brevet est subordonnée au payement préalable d'une taxe de cent francs qu'on acquitte, à Paris, à la Recette générale; dans les départements, à la Caisse du receveur central (1). Chaque année, aussi longtemps que dure le brevet, ramène la nécessité de payer la même somme. Il est même nécessaire, sous peine de déchéance, de payer l'annuité avant le jour ou au plus tard le jour anniversaire de la prise du brevet. C'est un point que nous étudierons en son temps (2).

La taxe du brevet est donc de cinq cents, de mille ou de quinze cents francs, suivant que le brevet a été demandé pour cinq, dix ou quinze ans. Seulement, par une faveur de la loi, le breveté est admis à payer la taxe par annuités égales.

124. Procès-verbal de dépôt. — Le dépôt des pièces est constaté par un procès-verbal qui est dressé sans frais sur un registre à ce destiné et signé par l'impétrant; une expédition est remise au déposant moyennant le remboursement des frais de timbre. C'est le dépôt qui est le point de départ de la durée du brevet. Le procès-verbal doit donc indiquer l'heure exacte à laquelle il est opéré; et, quand nous disons l'heure, c'est l'heure et la minute qu'il faut entendre. Cette indication peut servir, en effet, dans un cas donné, à trancher souverainement la question de priorité entre deux brevets; cela est arrivé plusieurs fois déjà, notamment pour deux brevets pris à cinq minutes d'intervalle pour le même objet par MM. Calla et Liébert, le 3 septembre 1824. La demande de M. Calla précédait celle de M. Liébert de quinze minutes à peine; elle fut déclarée seule valable; l'autre dut être annulée (3).

125. Les préfets peuvent-ils refuser le dépôt des pièces? — Quand une demande de brevet est présentée à la préfecture pour en opérer le dépôt, le préfet ne peut, sous aucun prétexte, refuser de la recevoir, à la condition qu'elle soit accompagnée, comme nous l'avons dit, du récé-

---

(1) Un arrêt de la Cour de Nîmes du 5 mars 1887 (*Gaz. Pal.*, 88. 2.206) a décidé que, dans le silence de la loi de 1844, le payement fait aux mains du percepteur était régulier.

(2) V. *infrà*, n° 492.

(3) V. Perpigna, p. 211.

pissé constatant le versement de la première annuité de la taxe (1).

Le préfet est uniquement l'intermédiaire entre celui qui demande un brevet et le ministre ; il ne peut ni examiner la demande, ni en contrôler la régularité, ni même décacheter le pli qui la renferme ; il est tenu de recevoir le dépôt tel qu'il est fait et d'en dresser procès-verbal ; rien de plus. La demande, une fois déposée, est transmise par le préfet au ministre, qui, seul, a mission d'examiner si la demande est régulière et de délivrer le brevet.

L'envoi des pièces au ministre doit avoir lieu dans les cinq jours de la date du dépôt ; le préfet y joint naturellement une copie certifiée du procès-verbal de dépôt, le récépissé constatant le versement de la taxe, et, s'il y a lieu, le pouvoir du mandataire.

126. Expédition des brevets au ministère. — A l'arrivée des pièces au ministère, il est procédé à l'ouverture des plis cachetés, à l'enregistrement des demandes et à l'expédition des brevets dans l'ordre de la réception des demandes. Il va sans dire que ce sont là des mesures intérieures, qui se font en dehors du breveté et sur lesquelles il est sans action ; ajoutons que, si l'ordre de la réception des demandes détermine naturellement l'ordre de l'expédition des brevets, cet ordre est sans influence sur la date même du brevet, dont les effets commencent à courir du jour et de l'heure du dépôt de la demande.

(1) V. Nouguier, n° 159.

CHAPITRE IV.

DE LA DÉLIVRANCE DES BREVETS.

SECTION Ire.

Absence d'examen préalable.

SOMMAIRE.

127. Utilité et raisons de cette mesure. — Le ministre délivre le brevet sans examen préalable, ce qui ne veut pas dire qu'il ne doive pas examiner la demande; ce point doit être bien compris.

L'examen de la demande est non seulement un droit, mais même un devoir pour le ministre. Il doit, en effet, contrôler la régularité de la demande; il doit voir si toutes les pièces voulues par la loi ont été fournies, si la demande ne contient pas plusieurs objets principaux, si elle renferme un titre donnant la désignation sommaire de l'invention, si la description est faite en langue française; il doit encore examiner si le brevet est demandé pour un produit pharmaceutique ou pour un plan de finance; car, dans tous ces cas, il doit rejeter la demande. En un mot, il est juge des formalités matérielles de la demande, des formalités *extérieures* (c'est le mot employé dans la discussion), mais non du caractère ou de la nouveauté de l'invention. Il ne doit rechercher qu'une chose;

le brevet est-il régulièrement demandé? Si le brevet est régulièrement demandé, le ministre est tenu de le délivrer aux risques et périls de l'impétrant. Peu importe que l'invention ne soit pas nouvelle, ou soit illusoire, ou soit insuffisamment décrite, ou même soit contraire aux bonnes mœurs, à la loi, à l'ordre public, etc., il n'en est pas moins obligé de délivrer le titre qui est régulièrement demandé, sauf ensuite aux parties intéressées à en poursuivre judiciairement la nullité.

On comprend donc bien l'économie de la loi : d'une part, elle prescrit certaines formalités pour la demande d'un brevet et elle commande au ministre de veiller à ce qu'elles soient exactement remplies; d'une autre part, elle précise les caractères de l'invention brevetable, et elle confère aux tribunaux, mais aux tribunaux seuls, le droit d'apprécier ces caractères, et conséquemment, d'annuler ou de valider les brevets. Ainsi, le ministre est juge de la demande, et de la demande seulement; s'il la rejette, l'inventeur ne perdra pas pour cela son droit au brevet; il pourra présenter une nouvelle demande et il devra s'attacher à ce que la forme en soit régulière. Les tribunaux, au contraire, n'ont pas à se préoccuper de la régularité de la demande : ils jugent l'invention, ils jugent le brevet. De là cette conséquence toute naturelle et que nous avons indiquée déjà : c'est que le brevet n'est jamais une garantie de la valeur, de la nouveauté de l'invention. C'est un titre constatant une prétention, et que, par suite, chacun a le droit d'attaquer s'il lui fait grief. De là encore cette prescription très sage de la loi, qui impose au breveté l'obligation de ne jamais indiquer sa qualité de breveté ou son brevet, sans y ajouter ces mots, destinés à éclairer le public : *Sans garantie du gouvernement.*

La théorie de l'examen préalable, encore en vigueur dans certains pays, est, Dieu merci! définitivement jugée chez nous. Examinée une première fois en 1791, elle a été repoussée sur la proposition du rapporteur de la loi, M. de Boufflers. Remise en question un peu plus tard devant le conseil des Cinq-Cents, elle fut un moment appuyée par la commission à laquelle on avait renvoyé l'examen. Mais bientôt cette même commission, après de nouvelles études, se prononça pour le principe contraire. « Cette rétractation, si honorable pour « ceux qui la proclament, est le témoignage le plus éclatant, « le plus péremptoire de l'utilité et par conséquent de la né- « cessité du principe de non-examen (1). »

Les inconvénients d'un système qui fait l'administration juge suprême des inventions, juge responsable des brevets délivrés, ont été admirablement mis en lumière par M. Renouard : « Naturel et logique, dans un pays de censure et de « régime absolu, l'examen préventif s'encadre difficilement « dans la législation d'un pays de discussion. Il fait, comme « toute censure, un peu de bien pour beaucoup de mal. I « peut, dans une certaine mesure, préserver le public contre « des brevets ridicules ou inutiles, il peut garantir contre leurs « propres erreurs des requérants de bonne foi et leur épargner « des déceptions et des frais : voilà son bon côté. Mais com- « bien le revers de la médaille est chargé ! Les inventeurs « doivent le redouter; il compromet la propriété de leur dé- « couverte par la nécessité d'en livrer préalablement le secret; « il les expose aux chances d'un refus immérité et à la ruine « de justes espérances; il convertit leur droit en une sollici- « tation de faveur administrative. Pour l'administration, ce « serait le plus périlleux des présents : plein de tâtonnements, « d'incertitudes, d'erreurs, de tentations, d'obsessions, d'at- « taques, la responsabilité en serait écrasante; les longs et « minutieux travaux qu'il imposerait n'aboutiraient qu'à des « conjectures... Quelques soins que l'on prît, il y aurait « toujours des erreurs; le Gouvernement n'est pas infaillible; « les juges les plus doctes et les plus justes se trompent dans « leurs prévisions. Abstraction faite de tous les abus pouvant « résulter de la corruption, de la faveur, de la compassion, « de la jalousie, de l'inimitié, de l'étourderie, de la négligence, « il y aurait un grand nombre de brevets accordés pour des « inventions sans mérite, comme des brevets refusés pour des « inventions profitables... (2). » Il faudrait citer tout le passage; nous y renvoyons nos lecteurs. Je ne sache pas du reste

(1) Bédarride, n° 159.
(2) Renouard, n° 190.

un seul auteur qui ne partage le sentiment de M. Renouard (1).

SECTION II.

Délivrance de l'arrêté ministériel.

SOMMAIRE.

128. L'arrêté ministériel est le titre du breveté. — 129. La première expédition est délivrée sans frais. — 130. Les tiers peuvent obtenir expédition du brevet. — 131. Opposition à la délivrance du brevet. — 132. *Quid* si le ministre admet une demande irrégulière?

128. L'arrêté ministériel est le titre du breveté. — Lorsque, la demande étant jugée régulière par le ministre, celui-ci délivre le brevet, il est remis à l'inventeur d'abord l'une des expéditions de la description et des dessins qu'il a dû joindre à sa demande : cette expédition est visée par le ministre et certifiée par lui conforme à l'original déposé au ministère; l'inventeur reçoit, en second lieu, une expédition de l'arrêté ministériel, constatant la délivrance du brevet. C'est cet arrêté qui forme, à proprement parler, son titre. Il lui importe de ne pas l'égarer. Nous avons vu des magistrats en exiger la production dans les instances en contrefaçon, à peine du refus d'autorisation de la saisie ou du rejet de l'action. Nous pensons que c'est attacher trop d'importance à cette pièce. S'il est vrai qu'elle sert à constater le droit du breveté, elle ne sert absolument qu'à cela; ne donnant de l'invention que le titre sommaire, elle est d'une mince utilité pour déterminer l'étendue du droit. Or la description

(1) Certaines législations, entre autres celles des États-Unis et de l'Allemagne, sont, au contraire, revenues au principe de l'examen préalable. Elles l'entourent, il est vrai, d'une apparence de garanties judiciaires qui en dissimulent, en pallient les inconvénients, sans le moins du monde les supprimer. Cette grave question, discutée au congrès de la propriété industrielle, tenu à Paris en septembre 1878, a été tranchée, après de vifs débats, dans le sens du non-examen.

visée par le ministre fait forcément aussi preuve du droit, puisqu'elle n'est remise que s'il y a délivrance du brevet. La délivrance des brevets est d'ailleurs officiellement constatée au *Bulletin des lois*. Nous croyons donc que c'est une rigueur vraiment sans raison que d'exiger du breveté, à peine de ne pas recevoir son action, la représentation de l'arrêté du ministre.

Notons que, tant que l'arrêté du ministre n'a pas été délivré, l'impétrant est en droit de retirer sa demande, soit, par exemple, parce qu'il juge que son invention n'est pas nouvelle, soit parce qu'il la croit incomplète, soit même parce qu'il préfère l'exploiter secrètement. Ce droit, qui n'est pas inscrit dans la loi, dérive de la nature même des choses; et, pour appliquer ici un vieil adage, en le transformant, nous dirons : nul n'est breveté qui ne veut. Il importerait peu, comme le remarque M. Nouguier, que la demande fût encore à la préfecture où le dépôt en a été opéré, ou bien fût déjà parvenue dans les bureaux du ministère (1).

129. La première expédition est délivrée sans frais. — La première expédition de la description et des dessins est remise sans frais au breveté. Toute expédition ultérieure coûte 25 francs, non compris le prix des dessins, qui restent à la charge de celui qui en demande l'expédition.

130. Les tiers peuvent obtenir expédition du brevet. — Quoique l'art. 11 ne parle que de l'expédition qui est ultérieurement demandée par le breveté ou ses ayants cause, il va sans dire que toute personne, sans avoir même besoin de justifier d'un intérêt quelconque, peut se faire délivrer une expédition moyennant le payement d'une taxe de 25 francs.

131. Opposition à la délivrance du brevet. — Peut-on former entre les mains du ministre opposition à la délivrance d'un brevet? Il est hors de doute que certaines personnes peuvent avoir intérêt à le faire; par exemple, des associés apprennent que leur coassocié demande, en son nom

(1) Comp. Nouguier, n° 71.

personnel, un brevet pour l'invention commune; ou bien c'est l'inventeur qui apprend qu'un tiers a surpris sa découverte et prétend la faire breveter à son profit. Dans tous ces cas, et dans bien d'autres, on conçoit que le véritable inventeur ait intérêt à empêcher que le brevet soit délivré à un autre. Sans doute, même lorsque le brevet aura été délivré, il aura le droit incontestable d'en revendiquer la propriété et de se le faire attribuer; mais, sans compter les ennuis et les lenteurs du procès, il peut arriver, et en fait il arrive souvent, que l'usurpateur de l'invention, pressé de prendre les devants, dépose une demande incomplète, à laquelle est jointe une description insuffisante, qui ne donne pas les vrais moyens de l'inventeur; de sorte que celui-ci, même quand il se sera fait mettre en possession du brevet, aura un titre sujet à critique, attaquable, et qu'il ne rendra guère meilleur en prenant lui-même postérieurement un brevet en son nom. Il est donc évident qu'il y aurait intérêt pour l'inventeur à pouvoir faire opposition à la délivrance du brevet. Reste à savoir seulement si cette voie de recours est autorisée par la loi. A cet égard, elle ne dit mot, et la plupart des auteurs arguent de son silence pour refuser à l'inventeur le droit de faire opposition à la délivrance du brevet. Cette raison est assurément de nature à toucher; cependant ces mêmes auteurs n'hésitent pas à admettre, malgré le silence de la loi, qu'un brevet est un objet mobilier qui peut être saisi par le créancier. Puisqu'on applique les principes généraux en ce cas et qu'on les adapte, tant bien que mal, à la saisie des brevets, pourquoi n'en pas faire également ici l'application? On objecte que, lorsque le brevet est délivré, la saisie a un objet auquel elle peut se prendre; tandis que, avant la délivrance du brevet, elle serait sans objet, et qu'on ne saurait de quelle façon procéder. Ne peut-on pas répondre que ce qu'on saisit, lorsque le brevet est délivré, ce n'est pas le brevet, l'arrêté du ministre, mais la propriété privative qu'il constate, mais l'invention elle-même? Or, cette invention, elle préexiste au brevet, qui n'en est que la conséquence, et c'est elle, avec tous les droits qui en naissent, que le véritable propriétaire demande à saisir. Quant à la procédure à suivre, ce serait naturellement celle de la *saisie-re-*

vendication, dont les formes se plient d'elles-mêmes à l'application que nous en voulons faire (1).

Cette théorie est juste; elle répond à un besoin véritable; elle coupe court à des abus. Néanmoins, on ne peut méconnaître que le silence de la loi ne rende douteuse la solution que nous proposons ; on peut dire, d'ailleurs, que jusqu'à la délivrance du brevet, l'invention reste en dehors de toute appropriation, comme le manuscrit avant qu'il soit publié, et que le seul fait de la demande du brevet ne la fait pas encore sortir du domaine de l'abstraction, puisque, tant que le brevet n'est pas délivré, la demande peut être retirée. Il faut ajouter enfin qu'une commission, nommée en 1828 pour la revision de la loi sur les brevets, s'était prononcée dans un sens contraire au nôtre, ce qui pourrait expliquer jusqu'à un certain point que la loi de 1844 soit restée muette à cet égard. En fait, le ministre ne tient aucun compte des oppositions qui sont formées entre ses mains à la délivrance des brevets, et les délivre aux risques et périls de qui de droit.

132. *Quid* **si le ministre admet une demande irrégulière?** — De ce que l'administration est juge de la régularité de la demande, faut-il en conclure qu'elle peut à son gré accueillir ou rejeter une demande qui est irrégulière? Il semble difficile de l'admettre; autrement, l'obtention d'un brevet deviendrait une affaire d'influence, de relations, pis encore peut-être. Il ne faut pas croire, en effet, que le ministre ait seulement le droit, la faculté de rejeter une demande irrégulière; répétons que pour lui c'est un devoir (2).

Dès lors, peut-il y manquer impunément? Nous ne le pensons pas, et nous admettons volontiers la thèse de M. Bozérian lorsqu'il dit : « Toute violation de la loi, de la part d'un « fonctionnaire de l'ordre administratif, constitue un excès

(1) V. Blanc, p. 546, et son article dans la *Propr. ind.*, n° 329. — *Contrà*, V. Renouard, n° 85; Nouguier, n° 185; Rendu et Delorme, n° 376; Calmels, n° 703; Picard et Olin, n° 375; Bédarride, n° 172; Ruben de Couder, v° *Brev. d'inv.*, n° 272.

(2) V. Nouguier, n° 171.

« de pouvoir. A cet égard, quelle sera la sanction? Il en faut « une. J'estime, pour ma part, que toute personne, y ayant « intérêt, pourrait recourir auprès de l'autorité compétente « pour obtenir l'annulation de l'arrêté ministériel, qui, aux « termes de l'art. 11, constitue le brevet, et que l'autorité « compétente, en pareil cas, serait le Conseil d'État, à qui il « appartient d'annuler tous les actes administratifs qu'on lui « défère comme entachés d'*excès de pouvoir* (1). »

MM. Renouard, Rendu et Delorme pensent, au contraire, que les irrégularités de forme sont couvertes par la délivrance du brevet; toutefois, ces auteurs ne paraissent pas s'être préoccupés de la voie de recours que nous indiquons ici (2).

SECTION III.

Rejet de la demande; recours.

SOMMAIRE.

133. Irrégularité de la demande; rejet. — 134. *Quid* de l'irrégularité du titre? — 135. *Quid* à l'égard des dessins et échantillons? — 136. *Quid* en cas de contravention à l'article 3? — 137. *Quid* en cas de complexité? Controverse. — 138. Jurisprudence. — 139. Rejet de la demande; mode de recours.

133. Irrégularité de la demande; rejet. — Le droit d'examiner la régularité de la demande emporte forcément pour le ministre, nous venons de le dire, le droit de la rejeter si elle n'est pas régulière. Les brevetés doivent donc veiller à ce qu'elle soit faite dans la forme légale. Une circulaire du ministre, en date du 1er octobre 1844, invite d'ailleurs les employés, chargés dans les préfectures de recevoir le dépôt des demandes de brevet, à rappeler aux inventeurs, avant de les admettre à déposer leurs pièces, les prescriptions de l'art. 6, relatives à la régularité des demandes. Nous n'oserions affirmer toutefois que cette circulaire, dont la dis-

(1) V. *Propr. ind.*, n° 387.
(2) V. Renouard, n° 154; Rendu et Delorme, n° 381.

position est si sage, soit régulièrement obéie ; c'est aux préfets à y tenir la main.

L'application du principe est, en général, fort simple ; il est, en effet, facile de voir si les formes prescrites par l'art. 6 ont été suivies ; par exemple, en cas de ratures, de surcharges, de rédaction dans une langue étrangère, etc., l'irrégularité saute d'abord aux yeux.

134. *Quid* **de l'irrégularité du titre?** — Il est d'autres cas où l'application du principe est moins facile. C'est d'abord à l'égard du titre. L'art. 6 veut que la demande indique un titre *renfermant la désignation sommaire et précise de l'objet de l'invention.* Pas de difficulté, si la demande n'indique aucun titre ; cette omission est tout de suite constatée et entraîne fatalement le rejet. Mais que décider, si la demande indique un titre, et si, en même temps, ce titre ne renferme pas la désignation sommaire et précise de l'objet de l'invention, si même il ne concorde pas avec cet objet? Le ministre a-t-il le droit d'exiger, non seulement un titre quel qu'il soit, mais encore un titre répondant au vœu de la loi? Les auteurs ne sont pas d'accord sur la question. Quant à nous, nous pensons, contrairement à l'opinion exprimée par MM. Rendu et Delorme (1), que, à l'égard du titre, l'administration n'a qu'un droit : celui de rejeter la demande qui n'en contient pas ; mais, dès que la demande en contient un, quel qu'il soit, l'administration ne peut se constituer juge de la question de savoir si ce titre est ou non exact et suffisant. « Pour décider cette question, il faudrait un examen, et c'est « précisément ce que la loi n'a entendu ni voulu autoriser (2). »

135. *Quid* **à l'égard des dessins et échantillons?** — On s'est demandé si l'administration pouvait se faire juge de la question de savoir s'il y a, ou non, nécessité de compléter la description par des dessins ou des échantillons. Tout le monde convient que le droit de l'administration ne

---

(1) V. Rendu et Delorme, n° 369 ; Blanc, *Inv. brev.*, p. 271

(2) Bédarride, n° 124. — V. Nouguier, n° 96 ; Renouard, n° 124 ; Dalloz, n° 121.

saurait aller jusque-là. Les dessins ou échantillons ne sont pas au nombre des pièces qui doivent de toute nécessité être jointes à la demande. C'est au breveté seul à décider la question à ses risques et périls, sauf aux tribunaux, en l'absence de dessins ou d'échantillons, à prononcer, s'il y a lieu, la nullité du brevet pour insuffisance de description.

Il est pourtant un cas où l'absence de dessins ou d'échantillons entraînerait le rejet de la demande : c'est le cas où la description se référerait à des dessins ou à des échantillons que le demandeur aurait négligé de joindre à sa demande ; dans cette hypothèse, leur absence constitue une lacune matérielle que l'administration a le devoir de constater (1). De même, si les dessins que le breveté a cru utile d'annexer à sa description ne sont pas conformes aux prescriptions de la loi, c'est-à-dire sont tracés au crayon au lieu de l'être à l'encre, s'ils sont tracés à une échelle autre que l'échelle métrique, l'administration a le droit, le devoir même, de rejeter la demande.

136. *Quid* **en cas de contravention à l'art. 3 ? —** — On reconnaît également à l'administration le droit, écrit d'ailleurs dans l'art. 12, de rejeter la demande de brevet qui est faite pour des produits pharmaceutiques ou des plans de finance. Seulement, comment concilier le principe de la délivrance des brevets, sans examen préalable, avec le droit, accordé au ministre, de rejeter toute demande ayant pour objet des produits pharmaceutiques, des remèdes ou des plans de finance ou de crédit ? Voici la règle, telle que l'a posée la discussion, telle que l'ont consacrée les auteurs et la jurisprudence. Le ministre ne peut examiner le brevet en lui-même ni rechercher si, en réalité, son objet est de ceux que l'art. 3 ne permet pas de breveter ; il le juge sur le titre, et seulement sur le titre ; il juge, comme on dit, le sac sur l'étiquette. Le titre s'applique-t-il à l'un des objets que nous venons d'énumérer, le ministre doit rejeter la demande ; dans le cas contraire, il doit délivrer le brevet, quand même il serait évident que le titre est faux, sauf, bien entendu,

---

(1) V. Renouard, n° 152 ; Rendu et Delorme, n° 379.

aux tribunaux à prononcer ensuite la nullité du brevet qui aura été délivré (1).

« S'il en était autrement, remarque fort judicieusement « M. Allart, le législateur n'aurait pas pris soin de dire dans « l'art. 30 que les brevets pris pour des compositions phar- « maceutiques sont nuls et de nul effet; cette disposition « serait effectivement inutile si le ministre pouvait, dans « tous les cas, refuser la délivrance du brevet, et, pour « qu'elle trouve son application, il faut bien supposer que « l'administration est quelquefois désarmée en présence « d'une demande de brevet dont l'objet véritable est dissi- « mulé sous un titre inexact (2). »

Me de La Chèze, avocat à la Cour de cassation, a développé la même théorie dans un article consacré par lui à l'examen de cette question; il termine ainsi : « Il (le ministre) ne peut « rejeter la demande que s'il s'agit d'une invention qui s'in- « titule elle-même *composition pharmaceutique*. S'il en était « autrement, le ministre rendrait une décision, un véritable « jugement en matière de concession de brevet, et son juge- « ment, en cas de concession de brevet, pourrait, en vertu « de l'art. 30 de la loi, être infirmé par les tribunaux. Il y a « plus : une décision du Conseil d'État déclarant brevetable « telle ou telle invention, contre l'opinion du ministre, pour- « rait aussi être annulée par les tribunaux. Un tel système « serait-il admissible? Ne serait-il pas la violation la plus « flagrante de la règle constitutionnelle de la séparation des « pouvoirs administratif et judiciaire? N'aurait-il pas pour « résultat la subordination complète, en cette matière, du « pouvoir administratif au pouvoir judiciaire? (3) »

Il a été jugé, toutefois, dans le sens du droit d'examen de l'administration, que le ministre ne doit pas délivrer de brevet lorsque la demande se rapporte à l'un des objets désignés dans l'art. 3, et spécialement lorsqu'il est demandé pour un

---

(1) V. Bozérian, *Propr. ind.*, n° 388; Nouguier, n° 170; Rendu et Delorme, n° 375; Ruben de Couder, n° 255.

(2) Allart, n° 115.

(3) V. Pataille, 64.437.

produit pharmaceutique; mais il appartient au Conseil d'État, sur le recours de l'impétrant, d'annuler, comme constituant un excès de pouvoir, l'arrêté de rejet du ministre, alors qu'il résulte de l'instruction qu'en réalité la demande ne se rapportait pas à l'un desdits objets; il s'agissait, dans l'espèce, d'une demande de brevet pour la fabrication du chocolat à l'huile de foie de morue (Conseil d'État, 14 avril 1864, Laville (1), Pataille, 64.435).

137. *Quid* **en cas de complexité? Controverse.** — On ne conteste pas davantage à l'administration le droit de rejeter la demande qui est complexe, c'est-à-dire qui s'applique à plusieurs objets principaux, différents les uns des autres. Mais on cesse d'être d'accord, lorsqu'en fait l'administration a, par mégarde, délivré le brevet. Peut-elle alors réclamer au breveté un supplément de taxe? Le brevet est-il entaché de déchéance ou de nullité? Est-il, au contraire, valable? De ces hypothèses, disons bien vite que la première est inacceptable; nous ne croyons pas qu'un seul auteur ait sérieusement songé à la défendre. Tant pis pour le fisc, si l'administration n'a point usé de la faculté que lui donnait l'art. 6. Elle a épuisé son droit; le contrat s'est formé, il est irrévocable. Certains auteurs, au contraire, soutiennent, qu'après le ministre, les tribunaux sont juges, à leur tour, de la question de savoir s'il y a ou non complexité et qu'ils peuvent annuler le brevet qui est entaché de ce vice. Nous ne le pensons pas, et c'est pour ce motif que nous croyons préférable d'examiner ici la question sans la renvoyer au chapitre *Des nullités et déchéances*, où, selon nous, elle n'a que faire. M. Blanc pense que la complexité constitue plus particulièrement une déchéance, et voici comme il raisonne : « Tout brevet est astreint au payement d'une taxe; à défaut de payement, il est frappé de déchéance. D'un autre côté, un brevet ne doit contenir qu'un objet principal. Donc, un brevet qui contient plusieurs objets principaux forme en réalité plusieurs brevets, qui sont frappés de déchéance pour défaut de

---

(1) V. les observ. critiques de M. de La Chèze (Pataille, 64.437).

payement d'une taxe (1) ». Le raisonnement de M. Blanc est trop subtil pour être admis, sans compter qu'il est faux par un point. Si le brevet contient, par exemple, trois objets principaux, et qu'il doive être assimilé à trois brevets, il devrait, dans tous les cas, — même en prenant au pied de la lettre le raisonnement de l'auteur, — il devrait n'être frappé de déchéance que partiellement, et rester valable au moins pour un des objets; mais, alors, pour lequel des trois objets sera-t-il valable? Qui décidera ce point? Est-ce le breveté qui choisira? Est-ce le tribunal? On comprend donc que l'opinion de M. Blanc ait trouvé peu de partisans.

M. Bédarride est pourtant du même avis que M. Blanc, mais par d'autres motifs. Il puise la raison de décider dans ce principe *que les brevets constituent un privilège, et que les privilèges ne sont acquis que dans les cas et aux conditions expressément prévus*. Puis, reprenant le raisonnement que nous opposions plus haut à M. Blanc, il en tire une solution contraire : « Dans notre hypothèse, ajoute-t-il, on pourrait « dire qu'il n'existe pas en réalité de brevet. En effet, puisque « celui-ci ne peut avoir qu'un objet, auquel s'appliquera-t-il « s'il existe plusieurs objets principaux? Pourquoi à celui-ci « plutôt qu'à celui-là? Dans le doute, la liberté du travail doit « triompher; n'est-ce pas là aussi un droit commun (2)? »

A ces divers systèmes nous répondons, avec la jurisprudence, que les art. 30 et 32, qui, de l'avis de tous, spécifient restrictivement les causes de nullité et de déchéance qui peuvent frapper un brevet, ne mentionnent pas la complexité; qu'il ne saurait donc appartenir à l'autorité judiciaire, quand ces articles et aucun autre article de loi ne lui en ont attribué le pouvoir, de constater et de déclarer un pareil vice; que les tribunaux, au surplus, ne pourraient se livrer à cet examen et en faire résulter la nullité du brevet qu'en empiétant sur les attributions exclusives de l'administration, attributions qui résultent expressément des art. 6 et 12 (3).

---

(1) Blanc, p. 551.

(2) Bédarride, n° 147.

(3) V. Rendu et Delorme, n° 465; Nouguier, n°s 82 et 83; Bozérian, son article dans la *Propr. ind.*, n° 387; Allart, n° 114.

138. Jurisprudence (1). — Il a été jugé, conformément au système que nous adoptons : 1° que le brevet, par cela seul qu'il a été délivré par l'administration, est légalement réputé l'avoir été conformément aux dispositions de l'art. 6 ; la nullité n'en saurait donc être ultérieurement prononcée par les tribunaux, sous le prétexte que la demande n'aurait pas été limitée à un seul objet principal (Rej., 4 mars 1855, Laming, *Bull. crim.*, 55.266) ; — 2° que l'art. 30, qui énumère les causes de nullité des brevets, est limitatif ; en conséquence, il n'y a pas lieu de prononcer la nullité d'un brevet pour vice de complexité, ce vice n'étant point prévu par ledit article (Rouen, 8 mai 1863, Rouget de Lisle, Pataille, 65.172) ; — 3° qu'il est de doctrine et de jurisprudence que, si le ministre a incontestablement le droit de rejeter une demande qu'il juge complexe, le vice de complexité est couvert par le fait seul de la délivrance du brevet, et ne peut plus, dès lors, être invoqué comme constituant une cause de nullité qui n'est, d'ailleurs, formulée ni dans l'art. 6, ni dans l'art. 30 de la loi de 1844 (Paris, 25 fév. 1864, Besson, Pataille, 65.402) ; — 4° que, si la complexité autorise le Gouvernement à refuser le brevet, elle n'est point rangée par la loi, une fois le brevet admis, au nombre des causes qui en entraînent la nullité (Paris, 28 fév. 1867, Logette, Pataille, 67.258) ; — 5° il a été jugé, toutefois, qu'aux termes de l'art. 6, la demande de tout brevet doit être limitée à un seul objet principal avec les détails qui le constituent et les applications qui seront indiquées ; cette condition a pour but de faire connaître au public, d'une manière claire et précise, l'invention dont le breveté a entendu se réserver le privilège : il s'ensuit que, lorsqu'un brevet est pris, par exemple, pour la production du gaz hydrogène, il n'y a pas lieu de réserver au breveté la fabrication de l'acier fondu qu'il y aurait décrite accessoirement ; il est, en effet, inadmissible que le même brevet puisse, à la fois, protéger la fabrication du gaz d'éclairage et la fabrication

(1) V. également Rej., 4 mars 1856, Cavaillon (*Gaz. des trib.*, 6 mars) ; Paris, 9 août 1861, Quinet (*Propr. ind.*, n° 197) ; Amiens, 16 mars 1882, Abriany (Pataille, 83.182).

de l'acier (Paris, 30 juin 1868, Galy-Cazalat, Pataille, 69. 273).

139. Rejet de la demande; mode de recours. — Le rejet de la demande, aussi bien que la délivrance du brevet, est constaté par un arrêté du ministre, lequel est notifié à l'impétrant, soit par acte extrajudiciaire, soit par lettre. L'arrêté ministériel est adressé à l'inventeur, au domicile par lui indiqué dans sa demande. Il n'est imposé, pour la notification, aucun délai à l'administration, qui, parfois, abuse de la latitude que lui laisse la loi. Nous pourrions citer l'exemple d'un rejet qui n'a été notifié que plus d'une année après le dépôt de la demande. La décision du ministre, du reste, n'est pas définitive, et l'impétrant peut se pourvoir devant le Conseil d'État pour la faire reviser. Il ne peut, en effet, dépendre du caprice ou de l'erreur du ministre, de rejeter une demande qui est de tous points régulière; le rejet de la demande, dans ces conditions, constituerait un excès de pouvoir (1). Bien qu'aucun délai ne soit imposé par la loi spéciale pour introduire le pourvoi, M. Renouard explique qu'il doit être formé dans les trois mois de la notification (2). C'est avec raison, puisqu'il existe un avis du Conseil d'État, en date du 22 juillet 1806, portant (art. 11) : « Le recours « au Conseil d'État contre la décision d'une autorité qui y « ressortit ne sera pas recevable après trois mois du jour où « cette décision aura été notifiée (3). » Au surplus, l'intérêt du breveté lui commande d'agir le plus vite possible, afin d'éviter qu'un autre, par hasard, ne vienne à se faire breveter, dans l'intervalle, pour la même invention.

Jugé que, lorsque le ministre du commerce refuse de délivrer un brevet d'invention à raison de ce que la demande qui lui a été soumise comprend plusieurs objets distincts, contrairement aux prescriptions de l'art. 6 de la loi du 5 juill. 1844, l'inventeur est en droit de déférer cette décision au Conseil

---

(1) V. Nouguier, n° 176; Dalloz, n° 155. — *Contrà*, Bédarride, n° 182.

(2) Renouard, n° 157.

(3) V. Dalloz, v° *Conseil d'État*, p. 181.

d'État (Conseil d'État, 12 août 1879, Girond-Dargoud, Pataille, 81.203).

SECTION IV.

Du droit de reproduire la demande.

SOMMAIRE.

140. Rejet de la demande; ses conséquences. — 141. Demande reproduite; d'où partent ses effets?

140. Rejet de la demande; ses conséquences. — Le rejet de la demande ne prive pas l'inventeur du bénéfice de son invention. Il est libre de faire une nouvelle demande, et, si cette demande nouvelle est régulière, le ministre est tenu de délivrer le brevet; seulement, les effets de cette nouvelle demande sont différents, suivant qu'elle est faite dans les trois mois du rejet de la première ou après. Si la demande est renouvelée dans les trois mois, l'impétrant n'a point à faire un nouveau versement de la taxe; il lui est tenu compte de la somme intégrale qu'il a versée lors de sa première demande. Si, au contraire, il forme sa nouvelle demande plus de trois mois après le rejet de la première, il ne lui est tenu compte que de la moitié de la somme par lui versée; il est donc obligé de faire un nouveau versement complémentaire. S'il ne renouvelle jamais sa demande, il a droit à se faire restituer la moitié de son versement, l'autre moitié restant acquise au Trésor. Cependant, au cas où la demande est rejetée, parce qu'elle s'applique à un produit pharmaceutique ou à un plan de finance, c'est-à-dire à un objet qui, de sa nature, n'est pas brevetable, la somme entière est restituée à l'inventeur.

141. Demande reproduite; d'où partent ses effets? — Une question intéressante est celle-ci : Lorsque la demande, après avoir été rejetée, est reproduite dans les trois mois, de quel jour date le brevet? Est-ce du jour de la première demande? Est-ce du jour de la seconde? On conçoit l'intérêt de cette question : si, depuis la première demande, et avant que la seconde ait été formée, un autre brevet a été pris pour la même invention, la priorité appartiendra-t-elle néanmoins à l'inventeur dont la première demande a été rejetée? Si, dans l'intervalle des deux demandes, l'inventeur a divulgué son invention, cette divulgation pourra-t-elle lui être opposée comme destructive de la nouveauté de l'invention, parce que celle-ci ne prendra date que du jour où la nouvelle demande de brevet a été formée? La loi est muette sur ce point, et les auteurs sont divisés. Il semble pourtant résulter des termes de la loi (et il faut dire que cela est juste) que la seconde demande doit être datée du jour de la première. A vrai dire, il n'y a pas eu deux demandes; il n'y en a eu qu'une qui, d'abord irrégulière, a été ensuite régularisée. S'il en était autrement, quel serait le motif de ce délai de trois mois accordé à l'inventeur pour *reproduire* sa demande? Ce sont les expressions du législateur. La loi n'a-t-elle eu d'autre but que de procurer à l'inventeur une économie de cinquante francs? N'a-t-elle pas voulu plutôt lui donner le moyen de couvrir l'irrégularité de sa demande, en lui permettant de la reproduire dans un bref délai? Cette seconde opinion nous paraît conforme à l'esprit de la loi et à l'équité (1). M. Blanc dit dans le même sens : « Il semblerait, à ne consulter que la « rigueur du droit, que la seconde demande (celle faite par « un second inventeur) devrait être préférée. Mais, bien qu'ir- « régulière, la première demande n'en a pas moins été faite, « et il en résulte qu'à sa date, l'individu qui, depuis, l'a régu- « larisée, avait déclaré qu'il était l'inventeur; or le brevet « n'est pas autre chose, comme nous l'avons dit, qu'une prise « de date, un certificat de déclaration. Nous ajouterons que, « puisqu'on accorde au premier inventeur trois mois pour « régulariser sa demande, il nous paraît évident qu'on n'a « pas voulu le priver du bénéfice de la priorité (2) ». Les travaux législatifs sont ici de peu de ressource pour résoudre la question, car la négative et l'affirmative ont tour à tour été soutenues dans les deux Chambres. Toutefois, à la Chambre

---

(1) V., en ce sens, Rej., 30 juill. 1857, Christofle (Pataille, 58.102).

(2) Blanc, p. 437. — V. Rendu et Delorme, n° 384; Nouguier, n°s 42 et 180.

des pairs, où la question a été nettement posée par M. Gay-Lussac, le ministre a répondu : « D'ailleurs, abandonne-t-on « l'inventeur? Non, car dans le délai de trois mois, s'il renou- « velle correctement sa demande, son droit est conservé (1) ». MM. Renouard et Duvergier émettent pourtant l'avis contraire, mais sans donner aucun motif à l'appui (2).

Jugé, en sens opposé au nôtre, que l'art. 12 de la loi de 1844 qui, tout en n'entendant faire qu'une faveur pécuniaire aux inventeurs, a, en réalité, cette conséquence juridique considérable de leur permettre, pendant trois mois, de reproduire une demande irrégulière sans que le premier dépôt de cette demande puisse être considéré en lui-même comme un acte de publicité, ne peut avoir pour effet de soustraire cette dernière demande aux principes généraux en matière de brevets ; il s'ensuit que la protection ne court que du jour de cette nouvelle demande et que les faits de publicité qui pourraient s'être produits dans l'intervalle, réagissent nécessairement sur elle (Paris, 17 fév. 1883, Lecointe, Pataille, 84. 189).

SECTION V.

Publication et communication des brevets.

SOMMAIRE.

142. Formes de la publication et de la communication.

142. Formes de la publication et de la communication. — Les brevets d'invention, soit après, soit avant leur expiration, sont utiles à consulter, et tout inventeur qui songe lui-même à prendre un brevet doit commencer par là. Qui sait, en effet, s'il ne découvrira pas qu'avant lui un autre avait déjà réalisé la même invention? La loi permet donc à toute personne de prendre communication des brevets délivrés antérieurement; elle permet même qu'on prenne copie des descriptions et des dessins, qui, d'ailleurs, sont publiés

(1) V. Huard, p. 166.
(2) V. Renouard, n° 153 ; Duvergier, p. 190.

par les soins de l'administration. Expliquons en quelques mots ces dispositions.

La loi distingue entre les brevets expirés et ceux qui ne le sont pas. Les premiers sont déposés au Conservatoire des Arts et Métiers; la communication en est gratuite, et chacun peut, sans frais, en lever autant de copies qu'il juge convenable. Les seconds restent, jusqu'à leur expiration légale, au ministère de l'agriculture et du commerce. La communication en est également gratuite; mais on n'en peut obtenir copie, ainsi que nous l'avons dit (1), que moyennant un droit fixe payé à l'administration; cette copie a, d'ailleurs, tous les signes de l'authenticité. Nous avons dit que les brevets, *jusqu'à leur expiration légale*, restent au ministère; c'est que, en effet, on ne transfère au Conservatoire que les brevets qui sont arrivés au terme pour lequel ils avaient été demandés, alors même que, durant cette période, ils auraient été frappés de déchéance et de nullité.

Le droit de communication et de copie est, du reste, aussi large que possible; répétons qu'il appartient à *toute personne*, sans distinction entre celles qui ont un intérêt et celles qui n'en ont pas. Cela est juste; la seule curiosité qui pousse à connaître tous les progrès de l'esprit humain est légitime.

Insistons, toutefois, sur la façon différente dont l'administration comprend le droit de copie, suivant qu'il s'agit d'un brevet expiré ou d'un brevet encore debout. Au Conservatoire des Arts et Métiers, il est permis de copier soi-même tout ou partie des brevets que l'on consulte; au ministère, l'administration délivre les copies qu'on lui demande, mais elle interdit qu'on les fasse soi-même. On dit à cela que la copie, par les intéressés, peut donner lieu à des inconvénients et à des détériorations. Quels inconvénients? Quelles détériorations? Craint-on que les copies ne soient pas fidèles? Évidemment non; car l'administration n'apposera son visa d'authenticité qu'après que la copie aura été collationnée sur l'original. Craint-on que les intéressés ne suppriment les brevets eux-mêmes? Mais, outre que la suppression d'un

---

(1) V. *suprà*, n° 130.

acte public constituerait un crime, la surveillance ne peut-elle être assez active pour le prévenir ? Du reste, ce danger de suppression existe au même degré dès l'instant que les brevets sont confiés aux personnes qui les consultent, et ce n'est pas le droit de les copier qui aggraverait ce danger ; enfin, à supposer que le droit de copier emporte avec lui un danger particulier, pourquoi ne le redoute-t-on qu'au ministère ? Pourquoi s'en croit-on à l'abri au Conservatoire ? Nous ne voyons donc rien qui justifie cette mesure d'ordre intérieur, et la lenteur de l'administration à délivrer les copies nous fait désirer qu'elle renonce à faire ce travail elle-même.

Suivant M. Allart, le ministère, en s'attribuant le droit exclusif de délivrer des copies, serait strictement dans son droit ; les termes de l'art. 23, qui dispose que « *toute personne pourra obtenir* à ses frais, etc. », impliquent, selon lui, la nécessité, pour celui qui veut obtenir une copie, de s'adresser à l'administration ; si le législateur avait entendu permettre à chacun de copier les brevets, il n'aurait pas manqué de dire : « toute personne *pourra prendre* copie, etc. » (1). Cette remarque a sa valeur, et nous admettons volontiers qu'on soit tenu de s'adresser à l'administration pour obtenir une *copie officielle* ; mais pourquoi chacun n'est-il pas libre de prendre une copie qui, dépourvue du visa administratif, n'aurait aucun caractère officiel ?

Actuellement, en vertu d'un ordre de service affiché dans la salle ouverte au public, il est permis à toute personne, à qui sont communiqués des descriptions et dessins annexés aux brevets d'invention, de prendre des *notes sommaires et des croquis*. Le calque des dessins est interdit. On ne peut, d'ailleurs, faire usage de plumes ni d'encre pour les notes et croquis. Cette mesure aurait pour objet, disent MM. Nicolas et Pelletier, d'empêcher que des mains malintentionnées altèrent les dessins et descriptions, comme cela est arrivé, paraît-il, plusieurs fois (2).

En tout cas, ce qu'on ne peut s'empêcher de regretter,

---

(1) V. Allart, n° 125.
(2) V. Nicolas et Pelletier, n° 69.

c'est que le règlement qui, d'après l'art. 23, devait déterminer les formes dans lesquelles seraient délivrées les copies de brevets n'ait jamais été fait, et que le tarif des frais soit tout à fait arbitraire, établi qu'il est, par analogie, d'après l'art. 11, qui se réfère à un cas différent (1).

Quant à la publication des brevets, elle devrait avoir lieu, aux termes de la loi, après le payement de la deuxième annuité, sauf à l'administration à décider si la publication aura lieu textuellement ou par extraits. Dans la pratique, cette publication n'a lieu que fort longtemps après l'époque prescrite, et elle n'est, on peut le dire, à peu près d'aucune utilité. La publication se fait, d'ailleurs, par volumes in-4° d'un prix généralement peu accessible à la bourse des inventeurs, principalement intéressés à la connaître (2). Quand donc l'administration suivra-t-elle l'exemple donné par l'Angleterre et les États-Unis? Là-bas, toutes les descriptions, sans exception, sont textuellement publiées, et forment chacune une brochure séparée. De cette façon, chaque brochure isolément est vendue à bas prix, et l'on n'est pas forcé, pour avoir le brevet dont on a besoin, d'en acheter d'autres dont on n'a que faire.

Ajoutons que l'administration publie couramment un catalogue contenant les titres des brevets délivrés. Le recueil des descriptions et dessins, ainsi que le catalogue, sont déposés au ministère de l'agriculture et du commerce, ainsi qu'au secrétariat de la préfecture de chaque département, où chacun peut les consulter sans frais (3).

Outre les mesures dont nous venons de parler, et qui ont pour but de mettre les tiers à même de connaître le contenu

---

(1) V. A. Cahen, *Bulletin du syndicat des ingénieurs-conseils*, n° 1, p. 31.

(2) Aujourd'hui, cependant, l'Imprimerie nationale est autorisée à vendre cette publication par fascicules au prix de 40 centimes la feuille de texte et 40 centimes la planche de dessins, prix de revient, affirme-t-on.

(3) Depuis 1883, le catalogue se trouve compris dans le *Bulletin officiel de la Propriété industrielle*, journal hebdomadaire, publié par les soins de l'administration.

des brevets, il est à peine besoin d'ajouter que le législateur exige, de plus, la proclamation, au *Bulletin des lois*, de tous les brevets délivrés. Cette mention ne comprend que le nom de l'inventeur, la date de la demande et de la délivrance du brevet, et le titre qui doit résumer l'invention. Chaque brevet devenant une véritable loi entre l'inventeur et le public, et nul n'étant censé ignorer la loi, il fallait bien porter la délivrance des brevets à la connaissance de tous. Pourtant, il ne faudrait pas pousser trop loin l'assimilation. Tandis qu'une loi, qui n'a pas été publiée au *Bulletin des lois*, n'est pas obligatoire, le défaut de publication des brevets n'en paralyserait pas l'exécution. Les brevetés, qui n'ont point à s'immiscer dans les fonctions administratives, ne pourraient, sans injustice, souffrir d'une négligence qu'ils ne peuvent empêcher.

Il a été jugé en ce sens que c'est à l'autorité, et non aux parties qu'incombe l'obligation de proclamer, tous les trois mois, par une insertion au *Bulletin des lois*, les brevets délivrés ; par suite, le défaut d'accomplissement de cette formalité ne saurait être opposé au breveté (Rej., 25 fév. 1861, Rohlfs-Seyrig, Pataille, 61.110).

CHAPITRE V.

DE LA DEMANDE D'UN BREVET AUX COLONIES.

SOMMAIRE.

143. Formes de la demande. — L'art. 51 de la loi de 1844 réservait à l'administration le droit d'en régler l'application dans les colonies, avec les modifications qui seraient jugées nécessaires. Un arrêté du 21 octobre 1848 a fait cette réglementation (1); aux termes de cet arrêté (art. 2), qui-

(1) Un décret du 5 juin 1850 étend cette réglementation à l'Algérie; s dispositions sont identiques à celles de l'arrêté que nous analysons

conque voudra prendre, dans les colonies, un brevet d'invention, devra déposer, en *triple* expédition, les pièces exigées par l'art. 5 de la loi de 1844 dans les bureaux du directeur de l'intérieur. Le procès-verbal constatant ce dépôt est dressé sur un registre à ce destiné et signé par ce fonctionnaire et par le demandeur, conformément à l'art. 7 de la même loi. — (Art. 3). Avant de procéder à la rédaction du procès-verbal de dépôt, le directeur de l'intérieur doit se faire représenter : 1° le récépissé délivré par le trésorier de la colonie, constatant le versement de la somme de cent francs pour la première annuité de la taxe; 2° chacune des pièces, en *triple* expédition, énoncées aux paragraphes 1, 2, 3 et 4 de l'art. 5 de la loi de 1844. Une expédition de chacune de ces pièces restera déposée sous cachet dans les bureaux de la direction, pour y recourir au besoin. Les deux autres expéditions seront enfermées dans une seule enveloppe scellée et cachetée par le déposant. — (Art. 4). Le gouverneur de chaque colonie devra, dans le plus bref délai, après l'enregistrement des demandes, transmettre au ministre de l'agriculture et du commerce, par l'entremise du ministre de la marine et des colonies, l'enveloppe cachetée contenant les deux expéditions dont il s'agit, en y joignant une copie certifiée du procès-verbal, le récépissé du versement de la première annuité de la taxe et, le cas échéant, le pouvoir du mandataire. — (Art. 5.). Les brevets délivrés seront transmis, dans le plus bref délai, aux titulaires, par l'entremise du ministre de la marine et des colonies. — (Art. 7). Les taxes prescrites par les art. 4, 7, 11 et 22 de la loi de 1844, seront versées entre les mains du trésorier de chaque colonie, qui devra faire opérer le versement au Trésor public et transmettre au ministre de l'agriculture et du commerce, par la même voie, l'état des recouvrements des taxes.

On voit, par les citations qui précèdent, que la demande des brevets se fait aux colonies de la même façon et dans les

---

ici, sauf que les pouvoirs attribués par l'arrêté aux gouverneurs des colonies sont naturellement confiés aux préfets d'Oran, de Constantine et d'Alger.

mêmes formes qu'en France. Il n'y a de modification que celle qui consiste à exiger que les pièces soient rédigées en triple expédition. On a voulu, par cette précaution, remédier à la perte possible des pièces dans un naufrage lors de leur envoi en France.

Il résulte du texte même de l'arrêté que cette formalité n'est exigée que pour les brevets dont la demande est faite aux colonies. Il va d'ailleurs sans dire que les brevets pris en France sont de plein droit, et par le fait même de leur délivrance, exécutoires aux colonies, sans qu'il soit nécessaire, pour celui qui veut y être légalement breveté, de faire une nouvelle demande de brevet, conformément à l'arrêté. Et, réciproquement, le brevet demandé et obtenu dans une colonie est, sans autre formalité, exécutoire, soit en France, soit dans une autre colonie. C'est ce qui est parfaitement mis en lumière dans une savante consultation de M. Ambroise Rendu (1).

Il a été jugé, conformément à ces principes, que les formalités édictées par les art. 2 et suivants de l'arrêté du 21 octobre 1848, qui a déclaré la loi du 5 juillet 1844 applicable aux colonies, sont relatives seulement aux brevets à prendre aux colonies, et non aux brevets qui ont été pris sur le continent et dont la contrefaçon est poursuivie aux colonies; le brevet, valable en France, est naturellement valable aux colonies, sans nécessité d'aucune formalité spéciale (La Réunion, 2 août 1858, Rohlfs-Seyrig (2), Pataille, 58.376).

---

(1) V. Pataille, 58.202.

(2) V. aussi Rej., 25 fév. 1861, même affaire (Pataille, 61.110).

CHAPITRE VI.

PERFECTIONNEMENTS. — MOYENS DE LES PROTÉGER.

SECTION Ire.

Généralités.

SOMMAIRE.

144. Perfectionner, est-ce inventer? — 145. Perfectionnement; distinction.

144. Perfectionner, est-ce inventer? — Certaines personnes, peu familiarisées avec la loi de 1844, traitent avec dédain celui qui perfectionne une invention déjà connue, comme si perfectionner n'était pas inventer. C'est là une erreur contre laquelle nous ne saurions trop nous élever. Le législateur de 1844 n'a eu garde de la commettre; il suffira, pour s'en convaincre, de relire les travaux préparatoires : « Un perfectionnement, disait M. de Barthélemy dans son « rapport à la Chambre des pairs, lorsqu'il ne se borne pas à « un simple changement de forme, est une véritable inven- « tion (1). » A la Chambre des députés, le rapporteur Philippe Dupin disait presque dans les mêmes termes : « Un « perfectionnement, quand il ne se borne pas à un simple « changement de forme ou à une insignifiante modification, « peut avoir le caractère et souvent l'importance d'une créa- « tion nouvelle (2). » Il ne faudrait pas chercher beaucoup,

(1) V. Huard, p. 48.
(2) V. Huard, p. 246.

pour prouver par des exemples, que souvent, sans le perfectionnement, l'invention serait restée lettre morte. Qu'est-ce que la peigneuse Heilman, par exemple, si on la compare aux peigneuses Hubner et Noble, qui en sont issues ? L'industrie du peignage serait-elle ce qu'elle est aujourd'hui, si nul n'avait développé et perfectionné ce qui n'était, en réalité, dans Heilman, qu'un principe ? « Si le législateur, dit avec raison « M. Blanc, avait exclu du bénéfice de la loi tout ce qui n'est « pas primordial, tout ce qui n'est que le progrès réalisé sur « une idée connue, il eût, d'une part, découragé l'esprit in« ventif, et, d'autre part, il aurait refusé la *brevetabilité* aux « plus glorieuses et aux plus utiles inventions. On aurait pu, « dès lors, et avec certitude, contester le caractère légal, par « exemple, de tous ces perfectionnements qui, partant de la « machine à vapeur, si compliquée, si lourde, si volumineuse « de Papin (1), ont abouti au mécanisme actuel, chef-d'œuvre « de précision et de puissance ; le daguerréotype lui-même « eût été qualifié de perfectionnement de la chambre noire. « Ainsi comprise, la loi serait manifestement restée stérile, « car nous nous demandons si, depuis qu'elle protège les in« venteurs, il s'est produit une seule invention qui eût pu « justifier cette qualification dans le sens absolu du mot (2). »

Jugé, conformément à ces principes, que les perfectionnements apportés à un produit tombé dans le domaine public, soit qu'ils consistent dans la combinaison des organes, soit qu'ils portent sur la simplification du mécanisme, peuvent être brevetés, à la seule condition d'être nouveaux et sans qu'il soit indispensable qu'ils aient abouti à un résultat industriel nouveau (Cass., 25 nov. 1881, Pérille, Pataille, 82.133).

145. Perfectionnement; distinction. — Il faut toutefois distinguer si le perfectionnement se rattache à une invention déjà tombée dans le domaine public ou si, au contraire, il a trait à une découverte qui est encore actuellement

---

(1) M. Blanc parle ici par erreur de la machine à vapeur de Papin. Ce physicien découvrit seulement la force expansive de la vapeur qu'il démontra au moyen d'un vase autoclave, dit *marmite de Papin*.

(2) Blanc, *Propr. ind.*, n° 245.

protégée par un brevet. Dans le premier cas, le droit du perfectionneur est absolu; il est maître de prendre un brevet et de l'exploiter à son gré; il ne peut, bien entendu, sous prétexte de perfectionnement, reprendre au domaine public ce que celui-ci possède; mais, d'un autre côté, nul ne peut lui emprunter, sans se rendre coupable de contrefaçon, les éléments nouveaux qui font l'objet de sa propriété. Son domaine est restreint, mais bien défini. Dans le second cas, il n'en est plus de même; l'invention primitive domine le perfectionnement; le droit du perfectionneur se trouve subordonné à celui de l'inventeur originaire, à moins, cela va de soi, que le perfectionnement ne soit précisément l'œuvre de l'inventeur primitif. Nous sommes donc amené à envisager deux hypothèses bien distinctes, celle où le perfectionnement est réalisé par l'auteur de l'invention première, et celle où le perfectionneur est un tiers.

SECTION II.

Du perfectionnement réalisé par le breveté ou ses ayants droit.

SOMMAIRE.

146. *Quid* si le perfectionnement est réalisé par le breveté? — 147. Certificat d'addition. — 148. A qui profite-t-il? — 149. Certificat d'addition; qui peut en demander? — 150. Motif de la disposition précédente. — 151. Dérogation; elle est facultative. — 152. *Quid* si le certificat d'addition appartient à un cessionnaire? — 153. Le certificat d'addition doit se rattacher au brevet. — 154. Le certificat d'addition prend fin avec le brevet. — 155. Jurisprudence. — 156. Certificat d'addition; *quid* en cas de cession? — 157. Certificat d'addition; *quid* s'il est complexe? — 158. Brevet de perfectionnement; sa nature. — 159. Parallèle entre le brevet de perfectionnement et le certificat d'addition. — 159 *bis*. Règle commune au brevet de perfectionnement et au certificat d'addition. — 160. Le brevet de perfectionnement profite-t-il aux ayants droit? — 161. *Quid* en cas de fraude? Correctifs. — 162. Perfectionnement; ce qui le constitue.

146. *Quid* **si le perfectionnement est réalisé par le breveté?** — C'est un cas qui se présente souvent. Il est rare, en effet, que, son brevet une fois obtenu, l'inventeur ne s'aperçoive pas de certaines imperfections dans le procédé qu'il a décrit, dans la fabrication du produit qu'il a découvert. A mesure qu'il exploite, il reconnaît qu'il est facile de simplifier ce qu'il avait d'abord cru très compliqué, de perfectionner le jeu d'organes qui laissent à désirer. Bref, chaque jour, les nécessités d'une pratique plus éclairée le conduisent à modifier son brevet, à ajouter, à supprimer. La loi l'autorise à constater cette invention nouvelle, soit au moyen d'un nouveau brevet, soit au moyen d'un certificat d'addition.

147. Certificat d'addition; ses formes. — Si, chaque fois que le breveté apporte à son invention une modification, un changement, il lui fallait, de toute nécessité, prendre un nouveau brevet, la charge, résultant pour lui du payement d'une nouvelle taxe, deviendrait intolérable. Le législateur a imaginé un système plus favorable aux intérêts du breveté et au développement de son invention. Il permet de délivrer au breveté, sous le nom de *certificat d'addition*, une espèce particulière de titre, qui est demandé et délivré dans la même forme que les brevets principaux, mais qui n'exige que le payement d'une taxe fixe de 20 francs, une fois payés. Les certificats d'addition font corps avec le brevet auquel ils se rattachent, et participent à son existence; ils en sont essentiellement dépendants, et, nous le verrons tout à l'heure, ne vivent que s'il vit et meurent avec lui.

148. Certificat d'addition; à qui profite-t-il? — Par cela même que le certificat d'addition fait corps avec le brevet et participe à son existence, il profite à tous les ayants droit. Ainsi, un inventeur prend un brevet, puis un certificat d'addition; s'il vient à céder son brevet, le cessionnaire profite et du brevet et du certificat d'addition; il en est de même du simple licencié. A plus forte raison, le certificat d'addition pris par un des copropriétaires profite aux autres.

149. Certificat d'addition; qui peut en demander? — La faculté de prendre un certificat d'addition appartient également aux ayants droit du breveté, sans distinction entre les cessionnaires et les simples licenciés; mais, par une juste réciprocité, les certificats d'addition pris par un des ayants droit profitent à tous les autres, et, bien entendu, au breveté lui-même, à moins qu'il n'ait cédé la totalité de son brevet, auquel cas il est devenu un tiers dans le sens absolu du mot.

150. Motif de la disposition précédente. — La raison de cette disposition est facile à concevoir : si le certificat d'addition pris par l'un des ayants droit ne profitait pas à tous les autres, il arriverait que celui qui aurait découvert le perfectionnement ferait sa situation meilleure, et par cela même arriverait forcément à concentrer dans ses mains l'exploitation du brevet. Si, par exemple, c'était un licencié qui découvrait le changement et s'il pouvait l'exploiter seul, exclusivement à tout autre, il s'ensuivrait naturellement que la supériorité de sa fabrication attirerait à lui tous les consommateurs ; les autres licenciés ne pourraient lutter avec lui, et le breveté lui-même verrait son brevet anéanti entre ses mains. C'est à cet inconvénient que remédie la disposition écrite dans l'art. 16 ; elle est essentiellement protectrice du droit de l'inventeur.

151. Dérogation ; elle est facultative. — Toutefois, la disposition dont nous venons de parler n'est pas tellement abolue que les parties ne puissent y déroger, si bon leur semble. Le breveté, en concédant des droits sur son brevet, peut exclure du bénéfice de la cession les certificats d'addition qu'il pourra prendre, ou stipuler qu'une prime particulière lui sera versée à chaque certificat d'addition qu'il prendra et dont le cessionnaire voudra user. A cet égard, les stipulations n'ont de limites que celles que leur apporte la volonté des parties. La loi pose la règle ; les conventions particulières déterminent les exceptions (1).

152. *Quid* si le certificat appartient à un cessionnaire ? — Le breveté pourrait-il également stipuler avec un cessionnaire partiel ou un licencié que les autres ayants droit au brevet ne profiteront pas du certificat d'addition que ce cessionnaire ou ce licencié pourra prendre ? Nous le pensons ; seulement, il est clair qu'il devra prévenir de cette stipulation ceux à qui désormais il concédera des cessions ou des licences, sous peine de s'exposer, de leur part, à une action en dommages-intérêts ou même en résiliation ; de même,

---

(1) V. Trib. civ. Seine, 4 déc. 1846, Petit-Huguenin (*Le Droit*, 9 décembre).

il est clair que si, antérieurement à cette stipulation, il avait consenti des cessions ou des licences sans réserve et dans les termes généraux de la loi, il ne pourrait porter atteinte aux droits acquis à ces cessionnaires ou licenciés et les priver, après coup, du droit que la loi leur reconnaît de profiter des certificats d'addition pris par un ayant droit quelconque au brevet.

153. Le certificat doit se rattacher au brevet. — Nous verrons ailleurs que l'une des conditions essentielles de la validité d'un certificat d'addition, c'est qu'il se rattache à l'objet du brevet; nous définirons alors ce qu'il faut entendre par ces mots (1). Mais, auparavant, mettons les brevetés en garde contre l'entraînement irréfléchi d'une économie mal calculée. Qu'ils se renseignent bien, qu'ils consultent avant de prendre à la légère un certificat d'addition; car le certificat peut être déclaré nul, faute d'un lien suffisant qui le rattache au brevet, et tout le bénéfice de l'invention qu'ils y ont consignée peut leur échapper.

154. Le certificat prend fin avec le brevet. — La loi dit simplement que le certificat d'addition prend fin avec le brevet principal; ce qui a conduit quelques personnes à distinguer entre le cas où le brevet arrive à son terme légal et le cas où, avant d'être arrivé à son terme, il est frappé, soit de nullité, soit de déchéance. Dans ce système, on admet que la nullité ou la déchéance qui, pendant le cours du brevet, vient à le frapper, ne réagit pas sur le certificat d'addition qui lui survit jusqu'au terme pour lequel le brevet a été demandé. Nous ne citons cette opinion que pour mémoire; il est aujourd'hui unanimement reconnu que le certificat d'addition prend fin dans tous les cas avec le brevet, par quelque cause qu'il périsse; peu importe que, considéré en lui-même, il réunisse toutes les conditions possibles de validité; dès que le brevet est atteint d'un vice, ce vice, quel qu'il soit, frappe du même coup le certificat d'addition. Le brevet, c'est l'arbre; le certificat d'addition, c'est la branche; mort l'arbre, morte la branche. Ajoutons, comme conséquence de ce qui précède,

---

(1) V. *infrà*, nos 482 et suiv.

que, si le brevet vient à être partiellement frappé de nullité, le certificat d'addition se trouve atteint de la même nullité, s'il ne se rattachait au brevet principal que par la partie dans laquelle celui-ci est annulé.

155. Jurisprudence (1). — Il a été jugé en ce sens : 1° que l'art. 16, aux termes duquel les certificats d'addition prennent fin avec le brevet principal, ne fait aucune distinction entre le cas où le brevet principal finit par l'expiration du temps pour lequel il a été pris ou par la déchéance qui peut être encourue aux termes de l'art. 32, et le cas où il ne peut produire d'effet, faute de nouveauté de l'invention (Rej., 5 fév. 1852, Brossard-Vidal, Dall., 52.559) ; — 2° que, lorsqu'un brevet est pris tout à la fois pour des procédés d'*étamage* et de *zincage* des fils de fer et qu'il est déclaré nul pour défaut de nouveauté en ce qui touche les opérations du zincage, les certificats d'addition ne peuvent être valables que pour les objets qui se rattachent à l'étamage et se trouvent au contraire sans valeur pour les perfectionnements apportés à l'autre partie du brevet (Paris, 7 janv. 1863, Muller (2), Pataille, 63. 318) ; — 3° que, lorsqu'un brevet est pris pour deux objets distincts et qu'il est ensuite reconnu être nul pour l'un d'eux, il y a lieu de déclarer nul en même temps le certificat d'addition qui se rattache à la partie pour laquelle le brevet est annulé : spécialement, lorsqu'un brevet est pris tout à la fois pour des armes à feu et pour des cartouches, et qu'il est ensuite établi que les cartouches décrites n'ont rien de nouveau ni de brevetable, il y a lieu de déclarer nul en même temps le certificat d'addition pris pour des perfectionnements apportés à la cartouche ; il est vrai de dire, en ce cas, que le certificat d'addition ne se rattache plus au brevet (Paris, 13 juill. 1864, Pottet, Pataille, 64.292) ; — 4° que le certificat d'addition fait corps avec le brevet auquel il se rattache et

(1) V. également Trib. civ. Seine, 7 juill. 1854, Lefranc (*Propr. ind.*, n° 118) ; Rej., 15 juin 1858, Mortera (Pataille, 60.371) ; Paris, 21 avril 1860, Parent (*Propr. ind.*, n° 126); Trib. corr. Seine, 23 fév. 1864 (Pataille, 65.158) ; Lyon, 19 juill. 1872, Œhler (Pataille, 72.330).

(2) V. aussi Rej., 16 juill. 1863 (Muller (Pataille, 63.318).

périt avec lui, sans que le juge ait à rechercher s'il contient quelque chose de plus ou d'autre que le brevet lui-même (Amiens, 30 mars 1865, Joly (1), Pataille, 65.233); — 5° que le certificat d'addition n'a pas d'existence propre et suit, dans toutes ses vicissitudes, le sort du brevet principal; si donc celui-ci vient à être frappé de déchéance, le certificat d'addition tombe avec lui de plein droit, lors même que l'objet de ce certificat serait en lui-même nouveau et brevetable (Rej., 5 nov. 1867, Neuvezel, Pataille, 68.5); — 6° que le certificat d'addition n'est qu'un accessoire qui ne peut exister indépendamment du brevet principal; en conséquence, lorsqu'un brevet, relatif tout à la fois à un produit et à la machine destinée à la fabrication de ce produit, est annulé en ce qui concerne la machine, les certificats d'addition relatifs à la machine cessent d'avoir aucune valeur (Rej., 14 déc. 1868, Logette, Pataille, 69.76).

156. Certificat d'addition ; *Quid* en cas de cession ? — On s'est demandé si le titulaire du brevet peut, après l'avoir cédé, prendre un certificat d'addition ; il n'est pas douteux qu'il le peut si la cession est seulement partielle, et, par suite, s'il s'est réservé quelque droit au brevet. Mais, si la cession est totale, nul doute que le breveté, dessaisi de tous ses droits, soit sans qualité pour demander un certificat d'addition. Il est devenu étranger au brevet ; il n'est plus qu'un tiers et ne saurait avoir plus de droit qu'un tiers n'en aurait (2).

157. Certificat d'addition ; *Quid* s'il est complexe ? — Suivant M. Bédarride, le certificat d'addition, à la différence du brevet, peut contenir plusieurs objets ; la loi n'exige qu'une chose, c'est que le certificat d'addition se rattache au brevet ; peu importe donc le nombre des objets qu'il protège (3). Il faut que cet auteur ait mal lu l'article 16, qui s'exprime ainsi : « Le breveté..... aura le droit d'apporter à « l'invention des changements, etc., *en remplissant, pour le*

---

(1) V. aussi Rej., 1er juin 1865, même affaire (Pataille, 65.239).
(2) V. Bédarride, n° 218. — Comp. *infrà*, n° 754.
(3) V. Bédarride, n° 227.

« *dépôt de la demande, les formalités déterminées par les* « *articles* 5, 6 *et* 7. Ces changements, perfectionnements, « additions seront constatés par des certificats délivrés *dans* « *la même forme que le brevet principal.....* » Il ne nous paraît pas que la discussion soit possible en face d'un texte aussi précis. Le certificat d'addition est soumis, pour la demande et la délivrance, aux mêmes formalités que les brevets eux-mêmes. Tout ce que nous avons dit de ceux-ci s'applique donc à ceux-là.

158. Brevet de perfectionnement ; sa nature. — Le certificat d'addition n'est pas le seul mode autorisé par la loi pour constater les perfectionnements que le breveté apporte à son brevet primitif. Il constitue une faveur pour le breveté, et celui-ci est libre d'en user ou d'y renoncer. La loi l'autorise également à constater son perfectionnement par un brevet ; ce brevet doit alors être demandé et est délivré exactement dans les mêmes formes que tout autre brevet. Le brevet est, du reste, dans les deux cas, de la même nature, et produit les mêmes effets. Ce serait une erreur de croire, comme quelques personnes se l'imaginent, qu'il y a, dans notre loi, des brevets de perfectionnement distincts des brevets d'invention proprement dits. Nous ne saurions trop le redire : il n'y a qu'une espèce de brevet, une seule espèce ; seulement, lorsque le brevet est pris pour un perfectionnement à une invention déjà brevetée, il est assujetti à certaines dispositions qui lui sont propres.

159. Parallèle entre le brevet et le certificat. — Le breveté a le choix : il peut prendre soit un certificat d'addition, soit un nouveau brevet. Les avantages du certificat d'addition sont, comme nous l'avons vu, de coûter peu ; mais un de ses inconvénients, entre plusieurs autres, est de s'éteindre avec le brevet principal. Si le breveté ne trouve son perfectionnement que dans la quinzième année de son brevet, c'est-à-dire au moment où ce brevet va expirer, on voit qu'en prenant un certificat d'addition, il ne pourra s'en réserver la jouissance que pour une année à peine. Au contraire, s'il prend un brevet, ce brevet lui coûtera 100 fr. par année, mais lui conservera la jouissance exclusive de son perfectionnement pendant quinze années, c'est-à-dire pendant quatorze ans après l'expiration du brevet principal. Il est facile, après cela, de se rendre compte des cas où il convient de préférer le brevet au certificat d'addition ou réciproquement. Toutes les fois qu'il s'agira d'un perfectionnement important, le breveté agira prudemment en prenant un nouveau brevet.

159 *bis*. **Règle commune au brevet de perfectionnement et au certificat.** — Notons ici une règle que les brevetés sont trop enclins à oublier ; ils s'imaginent le plus souvent que, lorsqu'ils possèdent soit plusieurs brevets se développant l'un l'autre, soit un brevet suivi de certificats d'addition, ils peuvent les combiner entre eux et, puisant ici et là, faire sortir de ce mélange une invention. C'est une erreur ; s'il est vrai que la combinaison nouvelle de moyens connus constitue une invention brevetable, c'est à la condition que le breveté l'ait décrite, revendiquée comme telle ; mais, s'il n'a décrit dans ses différents titres que des éléments séparés, il ne peut après coup les réunir, les associer pour se créer un droit exclusif à une invention qu'il n'a jamais conçue. Rien n'empêche pourtant le breveté d'arriver, par des efforts successifs, à la conception de son invention dans la forme la plus achevée, et le certificat d'addition, pris par lui pour l'ensemble perfectionné, serait valable pour cet ensemble, encore qu'il rappellerait les diverses transformations imaginées par lui auparavant et incomplètes (1). Ce que nous voulons dire, c'est que le juge doit apprécier séparément les divers titres dont se prévaut l'inventeur et non puiser quelque chose dans tous pour en tirer après coup un ensemble qui n'aurait été prévu et décrit dans aucun (2).

160. Brevet de perfectionnement ; profite-t-il aux ayants droit ? — Signalons encore une différence importante entre le brevet pris pour un perfectionnement et le certificat d'addition : tandis que le certificat d'addition profite à tous les ayants droit, cessionnaires ou licenciés, le brevet reste la propriété particulière du breveté, qui n'est pas

(1) Paris, 12 déc. 1885, Berthelot (Pataille, 86.105).

(2) V. Trib. civ. Seine, 5 juill. 1870, Martin. — Comp. Rej., 30 déc. 1876, Leboyer (*le Droit*, 31 décembre). — V. aussi *suprà*, n° 46.

tenu d'en faire jouir ses cessionnaires, s'il ne s'y est pas obligé, et garde ainsi sur eux un avantage considérable. Cela résulte expressément de la discussion. M. Delespaul proposait un amendement en sens contraire ; mais son amendement fut repoussé, et il devait l'être. « Si le certificat d'addition « profite à tous les ayants droit, dit M. Bédarride, c'est qu'il « s'unit et s'incorpore au brevet, avec lequel il ne fait plus « qu'un. Il ne pouvait dès lors pas être que celui qui avait « acquis le droit d'exploiter celui-ci fût privé de la faculté « d'user de celui-là. Mais le brevet de perfectionnement ne « se confond jamais avec le brevet principal. Il en reste « distinct et séparé ; il a une durée à part. Conséquemment, « le droit à ce dernier n'en a jamais conféré ni pu conférer « aucun au premier, qui reste exclusivement acquis à celui « qui l'a obtenu... (1). »

Il a été jugé toutefois que les cessionnaires de brevets devant, aux termes de l'art. 22, profiter des brevets de perfectionnement pris par l'inventeur, ce dernier doit, s'il a cédé le brevet principal, délivrer le brevet de perfectionnement à son cessionnaire ; en conséquence, s'il ne fait cette remise que tardivement, il peut être tenu à des dommages-intérêts ; mais le cessionnaire ne saurait refuser cette remise sous le prétexte que, depuis, les procédés de fabrication auraient été dépassés (Paris, 5 mai 1862, Buxtorf (2), Pataille 62.219).

161. *Quid* **en cas de fraude ? Correctifs.** — Cette disposition est assurément peu équitable, et les auteurs y ont cherché des correctifs. Quelques-uns admettent que, si, au lendemain d'une cession, le breveté dépossède ses cessionnaires en prenant un brevet de perfectionnement, et si, d'ailleurs, il apparaît qu'il y a eu fraude de sa part et intention de rançonner ceux auxquels il a cédé son brevet, les cessionnaires auront le droit de demander la nullité de la cession, et les tribunaux celui de la prononcer. « Il est évident, dit à ce

---

(1) Bédarride, n° 220.

(2) Cette décision constate, en fait, que la convention des parties obligeait le breveté à céder son brevet de perfectionnement, et, par cela même, elle présente peu d'intérêt.

« propos M. Bédarride, que le cédant ne peut par son fait « annuler en quelque sorte la cession en faisant perdre tout « son prix à ce qui en a fait l'objet. N'est-ce pas, cependant, ce « qui arriverait si l'on résolvait affirmativement notre ques- « tion ? Le public, en effet, ne manquerait pas de donner la « préférence aux produits perfectionnés, et les cessionnaires, « qui ne pourraient offrir qu'une chose inférieure, verraient « périr dans leurs mains le privilège qu'ils ont acheté et payé « fort cher. Je crois donc que, dans ce cas, le cédant doit « s'entendre avec les cessionnaires. A défaut, l'exploitation « qu'il ferait de l'invention première et du perfectionnement « qu'il lui aurait donné, serait illégale et motiverait la rési- « liation, avec dommages-intérêts, des cessions précédemment « consenties (1). » Il est vrai que la fraude ou du moins le dol est une cause de nullité des contrats ; si donc ce dol est constaté, la nullité doit être prononcée ; les principes généraux le veulent ainsi. Mais, d'une part, la fraude ne se présume pas, et, d'autre part, le dol comporte des manœuvres qui, dans notre espèce, seront bien difficiles à définir, et par conséquent à prouver, puisqu'ici le dol, comme le remarquent très bien MM. Picard et Olin, consiste dans une réticence et est purement négatif. Le mieux, à notre avis, est que le cessionnaire, pénétré de la situation dangereuse que lui fait la loi, stipule dans son contrat qu'il profitera des perfectionnements que le breveté pourra apporter à son invention, sous quelque forme qu'il constate ces perfectionnements, par voie de certificat d'addition ou par voie de brevet nouveau. Pour nous, le remède est là, et là seulement.

Remarquons, du reste, que la question ne peut naître qu'en cas de cession partielle ; car le breveté, qui a consenti une cession totale de son invention, devient un tiers dans le sens légal, et dès lors ne peut prendre un brevet de perfectionnement que dans les termes du droit commun, c'est-à-dire qu'il ne peut l'exploiter pendant la durée du brevet principal (2).

---

(1) Bédarride, n° 221. — Comp. Renouard, n° 166 ; Nouguier, n° 328 ; Picard et Olin, n° 505 ; Ruben de Couder, v° *Brev. d'inv.*, n° 296.

(2) V. *infrà*, n° 164.

162. Perfectionnement ; ce qui le constitue ? — Notons encore un point : c'est que le perfectionnement, qui peut ainsi être breveté à côté de l'invention principale, n'a pas besoin d'être un perfectionnement d'une importance considérable. Le législateur a même pris soin de dire que l'on pouvait, dans le cas qui nous occupe, protéger tout *changement*, *perfectionnement* ou *addition*. Ces expressions générales ont leur sens : si simple que soit le changement, si naturelle que soit l'addition, le breveté peut se faire protéger ; n'eût-il réalisé qu'un changement de forme, il est en droit de le revendiquer. Le législateur s'est montré moins difficile ici sur la brevetabilité, parce qu'il s'agit du perfectionnement apporté à une invention déjà brevetée ; le bénéfice du premier brevet est acquis au second et le protège. Cette remarque n'est point une vaine subtilité ; elle a son importance pratique. Lorsque le brevet principal est expiré, on ne peut, pas plus que lorsqu'il était debout, s'en servir comme d'une antériorité vis-à-vis du brevet pris pour le perfectionnement ; celui-ci survit pour tous les détails qu'il contient et par lesquels il diffère du premier ; les règles ordinaires perdent ici de leur rigueur ; là où un brevet, pris dans les circonstances ordinaires, devrait périr, faute d'un caractère d'originalité suffisant, lui subsiste. Telle est, nous le pensons, la théorie de la loi, qu'il faudrait toutefois se garder d'exagérer jusqu'à l'absurde, en reconnaissant au breveté le droit de protéger, comme changement, perfectionnement ou addition, d'insignifiantes différences, ou d'imperceptibles modifications.

Il a été jugé à cet égard que le breveté a le droit, aux termes de l'art. 67, de prendre un brevet principal même pour un simple changement apporté à son invention primitive ; on ne peut, en conséquence, lui reprocher que le second brevet pris par lui dans ces conditions se confonde avec le premier, si, en fait, il existe entre les deux une différence, fût-elle légère : spécialement, celui qui est breveté pour un genre d'apprêt des étoffes, lequel consiste à déposer sur le tissu des perles artificielles en gomme ou en gélatine, prend légitimement un second brevet pour un apprêt qui consiste, non plus à déposer des perles régulièrement disposées, mais à répandre sur l'étoffe un semis irrégulier, qui donne l'effet d'une véritable pluie, d'une vraie poussière de diamant ; le second brevet, en ce cas, est une émanation naturelle et légale du premier (Lyon, 24 juill. 1868, Agnellet (1), Pataille, 68.342).

SECTION III.

Du perfectionnement réalisé par un tiers.

SOMMAIRE.

163. *Quid* si le perfectionnement est d'un tiers ? — 164. Brevet de perfectionnement ; défense de l'exploiter. — 165. *Quid* en cas de copropriété ?

163. *Quid* **si le perfectionnement est d'un tiers ?** — De ce qu'une invention est brevetée, il ne s'ensuit pas que son objet soit pour cela hors du commerce et que, pendant quinze années, son propriétaire en ait la possession tellement exclusive que nul n'y puisse plus appliquer son activité. Au contraire, chacun est libre de la perfectionner et peut ainsi ajouter aux travaux de l'inventeur ses propres travaux, ses observations particulières. Si donc, un brevet étant pris et demeurant encore debout, un tiers découvre un perfectionnement à ce brevet, il peut à son tour solliciter, non pas un certificat d'addition (le droit d'en demander est exclusivement réservé au breveté et à ses ayants droit), mais un brevet d'invention, et son perfectionnement reste sa propriété tout comme l'invention principale reste la propriété du premier inventeur.

164. Brevet de perfectionnement ; défense d'exploiter. — La loi prend seulement une précaution nécessaire pour empêcher que l'auteur du perfectionnement ne fasse une concurrence désastreuse à l'auteur de l'invention originaire. Il ne serait pas juste, en effet, que celui qui s'est inspiré de la découverte pût l'absorber complètement à son profit et que l'inventeur du lendemain paralysât l'industrie du premier inventeur, de celui auquel, en définitive, revient

---

(1) V. aussi Paris, 28 avril 1876, Bessemer (Pataille, 78.355) ; Trib. civ. Lyon, 25 juill. 1877, Roux.

l'honneur de la découverte. Pour cela, la loi dispose que, pendant toute la durée du brevet principal, l'auteur du perfectionnement ne pourra l'exploiter ; il aura seulement pris date et ne recouvrera sa liberté d'action que le jour où, le premier brevet étant expiré, il n'y pourra plus porter atteinte. Mais, en même temps, par une juste réciprocité, l'auteur de l'invention principale ne peut non plus prétendre aucun droit sur le perfectionnement; il doit s'en tenir à ce qu'il a inventé et respecter ce qu'un autre a découvert. Le législateur a espéré que de cette situation, également fausse pour le premier breveté et pour l'auteur du perfectionnement, naîtra, la plupart du temps, un accord, qu'ils se rapprocheront et s'entendront pour réunir leurs brevets et les exploiter concurremment (1).

Il a été jugé en ce sens (2) que, si l'auteur d'un perfectionnement ne peut pas exploiter l'objet du brevet principal, au mépris du droit de l'inventeur, il n'en est pas moins certain que l'auteur du perfectionnement a le droit, en vertu de son propre brevet, de défendre l'exploitation de ce perfectionnement à toute personne, même à l'inventeur du procédé principal (Lyon, 5 juin 1861, Franon, Pataille, 61.378).

165. *Quid* **en cas de copropriété ?** — La règle que nous venons d'énoncer, et qui interdit l'exploitation du brevet de perfectionnement pendant la durée du brevet principal, s'applique même au cas où le brevet principal est la propriété indivise de plusieurs personnes et où c'est l'un des copropriétaires qui prend le brevet de perfectionnement. Il n'y a aucune raison de favoriser l'un des copropriétaires aux dépens des autres.

Il a été jugé, à cet égard, que, dans le cas où un brevet est la propriété de deux individus qui l'exploitent séparément, chacun d'eux peut, sans doute, s'il découvre un perfectionnement, prendre un brevet pour s'en assurer la jouissance exclusive ; mais l'exercice de son droit n'en doit pas moins être différé jusqu'à l'expiration du brevet principal, commun

---

(1) V. Nouguier, nos 217 et 218.
(2) V. aussi Paris, 25 nov. 1885, Samain (Pataille, 88.215).

entre lui et son copropriétaire ; il ne peut, à cet égard, avoir plus de droit que n'en aurait un étranger : autrement il porterait une atteinte illégale aux droits de son copropriétaire en rendant inutile ou moins profitable entre ses mains l'exercice du droit primitif et commun pendant la durée légale (Trib. corr. Seine, 4 déc. 1845, Pellerin (1), *le Droit*, n° 290).

SECTION IV.

Du droit de préférence accordé pendant un an au breveté.

SOMMAIRE.

166. Droit de préférence accordé au breveté. — 167. Brevet sous pli cacheté ; droit des tiers. — 168. Inconvénients de cette préférence accordée au breveté. — 169. Caractères des perfectionnements assurant ce droit de préférence. — 170. Pli cacheté ; conseils au tiers. — 171. *Quid* si le brevet est pris à découvert ? — 172. Jurisprudence. — 172 *bis*. Jurisprudence contraire. — 173. Droit de préférence ; compétence. — 174. Point de départ du délai. — 175. — Perfectionnement d'un perfectionnement ; *quid* ?

166. Droit de préférence accordé au breveté.— La loi réserve une faveur nouvelle à l'inventeur : au moment où il prend son brevet, il arrive le plus souvent que son invention est encore à l'état d'ébauche, à l'état rudimentaire. Ouvrir, dès le lendemain du jour où le brevet est pris, la lice à tous les perfectionnements, ce serait, dans bien des cas, étouffer l'invention, pour ainsi dire, dans l'œuf. On a pensé qu'il valait mieux réserver à l'inventeur un certain temps pendant lequel il serait privilégié pour les perfectionnements, changements ou additions qu'il apporte à son idée première. Ce délai est celui d'une année. Pendant un an, le breveté a donc le champ libre pour perfectionner son invention ; non pas que nul, dans cet intervalle, ne puisse demander un brevet pour un perfectionnement apporté à l'invention ; le droit subsiste au contraire pour tous ; seulement

(1) Ce jugement a été infirmé par la Cour, mais par des motifs qui ne touchent en rien à la solution que nous rapportons.

c'est un droit conditionnel. Le perfectionnement qu'un tiers découvre dans l'année qui suit la prise du brevet principal ne lui appartient que si, pendant ce laps de temps, le même perfectionnement n'a pas été découvert par le breveté originaire.

167. Brevet sous pli cacheté ; droit des tiers. — Pour que le perfectionneur soit à l'abri de toute poursuite, pour qu'il n'ait point à craindre que l'inventeur primitif, dès qu'il connaîtra le perfectionnement, ne s'en empare et ne se l'approprie, le législateur lui prescrit de prendre son brevet sous pli cacheté. A l'expiration de l'année, le pli est rompu ; si le breveté principal n'a pas de son côté réalisé le même perfectionnement, le brevet est délivré et le perfectionneur est mis en possession de ce qu'il a inventé, sans toutefois qu'il puisse exploiter son brevet, ainsi que nous l'avons expliqué plus haut.

168. Inconvénients de cette préférence accordée au breveté. — Cette disposition, favorable au breveté, a des inconvénients qui compensent, et au delà peut-être, ses avantages. Voici ce qu'en disait le ministre dans une circulaire du 28 décembre 1854 : « La combinaison de l'art. 18 « est assez compliquée, et malheureusement elle n'a pas été « bien saisie du public. On s'est généralement persuadé que « les brevetés avaient désormais le droit exclusif, pendant « une année, non seulement de perfectionner leur œuvre, « mais de s'approprier tous les brevets obtenus pour un objet « ayant quelque rapport avec leur découverte. Ainsi dénaturé « par cette fausse interprétation, l'art. 18 n'a plus servi qu'à « faire naître des prétentions exagérées chez les uns et à « décourager les autres. Si l'application en était plus fré- « quente, on peut affirmer qu'il serait une cause d'embarras « multipliés et de contestations sans cesse renaissantes (1). » Il est certain que, dans la pratique, cette disposition a permis plus d'une fois à un breveté d'élever des prétentions exorbitantes sur des inventions brevetées après la sienne et qu'il essayait de revendiquer comme des perfectionnements de son

(1) V. Nouguier, p. 522.

brevet. C'est aux magistrats qu'il appartient de sauvegarder les droits du véritable inventeur, en les protégeant contre une interprétation abusive de l'art. 18.

169. Caractères de perfectionnements assurant ce droit de préférence. — « Pour arriver sûre-« ment à ce résultat, dit M. Blanc, c'est-à-dire en se confor-« mant à l'esprit de la loi, il faut décider que, pour jouir du « bénéfice de l'art. 18, il ne suffit pas que ce qui est consi-« gné au certificat d'addition puisse s'appliquer à l'*objet* du « brevet ; il faut encore que ce soit un changement, une « addition ou un perfectionnement de l'*idée mère* du brevet « principal (1). »

Voici comment M. Bédarride formule à son tour les conditions qui légitiment, suivant lui, la préférence accordée au breveté : « Il faut, dit-il, 1° que l'inventeur primitif ait lui-« même, dans le courant de l'année, pris ou demandé un « certificat d'addition ou de perfectionnement ; 2° que l'idée « qui en est le fondement soit identique à celle que le tiers « veut faire breveter ; 3° que le perfectionnement qui en « résulte se rattache intimement à l'invention principale et « en soit le développement. Faute de ces conditions ou à « défaut de l'une d'elles, le brevet réclamé par le tiers doit « lui être délivré nonobstant le certificat d'addition ou le « brevet de perfectionnement demandé ou pris par le breveté « principal (2). »

169 *bis*. Jurisprudence (3). — Il a été jugé : 1° que, lorsqu'un brevet est pris pour un objet analogue à celui protégé par un brevet précédent, tel qu'une fenêtre ou lucarne en fonte, mais que le but des deux brevets est différent, on n'est pas obligé de s'astreindre aux formalités édictées par l'art. 18 de la loi du 5 juillet 1844, qui ne concernent que les brevets pris par des tiers pour des perfectionnements apportés à l'ob-

(1) V. Paris, 4 mai 1855, Damiens, cité par Blanc, p. 484 ; Paris, 3 mars 1870, Labrousse (Pataille, 72.312) ; Orléans, 9 août 1876, Ganne (Pataille, 78.27).

(2) Bédarride, n° 246.

(3) V. Paris, 30 janv. 1888, Samain (Pataille, 88.228).

jet même breveté par le premier inventeur : spécialement, malgré l'existence d'un brevet pris pour un système de châssis de fenêtres et lucarnes en fonte, reposant sur un mode particulier d'attache, un autre fabricant a pu faire breveter valablement, dans l'année de ce brevet, un système de fenêtre ou lucarne reposant sur une combinaison nouvelle de rigoles et déversoirs destinés à empêcher l'introduction de l'eau dans l'intérieur (Orléans, 9 août 1876, Ganne (1), Pataille 78.27); 2° qu'en déclarant nul le brevet pris dans l'année par un autre que l'inventeur, pour un perfectionnement à l'objet d'un brevet antérieur, la loi, dans son art. 18, n'a eu en vue que des brevets se rattachant directement et uniquement au brevet principal, indépendamment duquel ils ne peuvent s'exploiter, et non des brevets concernant des combinaisons différentes, bien qu'ayant pour objet un résultat industriel analogue, encore que ces brevets comprendraient certaines dispositions, pouvant être appliquées comme améliorations à la première innovation (Trib. civ. Seine, 30 janv. 1879, Lecointe, Pataille, 84.109) ; — 3° qu'un résultat industriel, abstraction faite de ses moyens d'application, n'est pas susceptible d'être breveté ; si donc deux inventeurs arrivent au même but par des procédés essentiellement dissemblables, le brevet postérieur en date ne peut être considéré comme un brevet de perfectionnement, régi par l'art. 18 de la loi du 5 juill. 1844 (Paris, 12 déc. 1885, Berthelot, Pataille, 86.105) ; — 4° qu'en tous cas, un arrêt est motivé d'une façon suffisante quand, sans répondre formellement à une exception de nullité déduite, pour la première fois en appel, de ce que le dépôt du brevet n'aurait pas été effectué sous pli cacheté, il se contente d'adopter les motifs des premiers juges dont la déclaration implique que ledit brevet n'est pas le perfectionnement d'un brevet pris moins d'un an auparavant par un autre inventeur (Paris, 25 nov. 1885, Samain, Pataille, 88.215).

170. Pli cacheté; conseils aux tiers. — Pour se défendre contre les excès que nous venons de signaler, nous

---

(1) V. aussi Rej., 4 juin 1877, même affaire (*eod. loc.*).

ne saurions trop recommander à ceux qui apportent des perfectionnements à une invention actuellement brevetée, de suivre à la lettre les prescriptions de la loi et de profiter du secret dont elle leur offre la commodité. Outre qu'ils y trouveront cet avantage de déjouer toute surprise, ils ne doivent pas perdre de vue, quoiqu'on soit porté à l'oublier, qu'ils y sont *tenus*. La loi ne leur laisse pas le choix, elle ne leur confère pas une faculté, elle leur impose un devoir, à peine de nullité. Nous verrons, en effet, que l'art. 30 déclare expressément nul le brevet qui, pris pour un perfectionnement à une invention brevetée moins d'un an auparavant, ne l'a pas été sous cachet (1).

171. *Quid* **si le brevet est pris à découvert?** — On s'est souvent demandé quel est le droit du breveté principal à l'égard des perfectionnements qu'un tiers aurait consignés dans un brevet pris à découvert au lieu de l'être sous pli cacheté. Peut-il revendiquer le perfectionnement pour son propre compte? Peut-il se faire subroger dans la propriété du brevet que ce tiers s'est fait délivrer? Peut-il du moins prendre lui-même, pour ce perfectionnement, un certificat d'addition ou un nouveau brevet, et ce brevet ou ce certificat d'addition seront-ils valables malgré le brevet pris antérieurement par le tiers? Et si, sans prendre de brevet, un tiers découvre et exploite publiquement un perfectionnement, est-ce que le breveté principal pourra, même en ce cas, se prévaloir de l'art. 18, pour s'approprier ce perfectionnement? Nous pensons que la règle est celle-ci : le brevet pris par un tiers autrement que sous pli cacheté est nul; voilà sa peine pour avoir enfreint la loi. Mais, précisément parce que le législateur prononce la nullité du brevet pris dans ces conditions, il ne nous paraît pas possible d'admettre que le breveté principal puisse le revendiquer pour lui. Comment d'ailleurs revendiquerait-il ce perfectionnement qui n'est pas son œuvre? Est-ce qu'il est possible de le lui attribuer sous le seul prétexte que *peut-être* il l'aurait découvert? A plus forte raison en est-il ainsi, quand il s'agit d'un perfectionnement

(1) V. *infrà*, n° 481.

qu'un tiers a découvert et exploité, sans le breveter. Il est vrai que cette opinion est plus théorique que pratique ; car, le plus souvent, le breveté principal jouira seul du perfectionnement, nul n'y pouvant toucher, sous peine d'être contrefacteur du brevet principal. Pourtant notre thèse a cet avantage que, si le brevet principal vient, par une circonstance quelconque, à s'éteindre avant le terme légal, le perfectionnement tombe également dans le domaine public, tandis que, dans le système contraire, il pourrait lui survivre (1).

172. Jurisprudence. — Il a été jugé en ce sens : 1° qu'un inventeur ne peut revendiquer le bénéfice de l'art. 18 qu'autant qu'il est l'auteur du perfectionnement à raison duquel il a pris un certificat : en conséquence, il ne peut se prévaloir du certificat d'addition qu'il n'a pris qu'après avoir eu connaissance d'un brevet pris par un autre inventeur (Paris, 16 avril 1858, Diguey, *Prop. ind.*, n° 19) ; — 2° que si, aux termes de l'art. 18, le breveté peut, pendant une année, en vertu de son droit de préférence, évincer les tiers qui auraient découvert avant lui le perfectionnement qu'il a trouvé lui-même, il ne s'ensuit pas qu'il puisse, dans cet intervalle, breveter un perfectionnement qu'il aurait divulgué ; il est, en effet, de l'essence du brevet d'invention, soit qu'il s'applique à une invention principale, soit qu'il s'applique à un perfectionnement, que celui auquel on l'octroie apporte, en échange du monopole qu'il revendique, une nouveauté dont il ait conservé la propriété (Toulouse, 28 juin 1882, Alain Chartier (2), Pataille, 82.279).

172 *bis*. Jurisprudence contraire. — 1° Il a été jugé, en sens contraire, que, lorsqu'un certificat d'addition est pris par le breveté dans l'année de son brevet conformément à l'art. 18, il est valable encore même que le perfectionnement pour lequel il est pris aurait été employé publiquement par d'autres que le breveté avant la date du certificat d'addition ; le seul droit de celui qui trouve un perfectionnement à l'invention, dans l'année du brevet, est de prendre lui-même un brevet

(1) V. *en sens contr.* Ruben de Couder, *Brev. d'inv.*, n° 301.
(2) V. encore Besançon, 25 mai 1881, Schaffhauser (Pataille, 82.265).

sous pli cacheté, lequel brevet est ou non valable suivant que le breveté a ou n'a pas breveté lui-même, avant l'expiration de l'année, ledit perfectionnement (Douai, 10 déc. 1864, Storm, Pataille, 67.368); — 2° qu'aux termes de l'art. 18 le breveté principal a sur tous les autres la préférence pour les perfectionnements pour lesquels il a, dans l'année, demandé un certificat d'addition : en conséquence, en admettant même que, dans l'intervalle écoulé entre le brevet et le certificat d'addition, l'inventeur vende des appareils perfectionnés, cette circonstance ne le prive pas du bénéfice de la disposition susvisée (Trib. corr. Seine, 7 déc. 1859, Letestu, *Propr. ind.*, n° 107).

173. Droit de préférence; compétence. — M. Bédarride semble admettre que l'administration a pouvoir pour trancher la question de préférence entre le brevet de perfectionnement pris par le tiers et le certificat d'addition ou le brevet demandé par le breveté quand l'identité n'est pas discutable. Sauf ce cas, il reconnaît que c'est aux tribunaux ordinaires, et à eux seuls, qu'il appartient de statuer. Mais où commencera l'identité? Quels en seront les caractères? Nous ne comprenons pas bien la distinction, et nous croyons, pour notre part, que la règle est celle-ci : ou bien le tiers, lors de l'ouverture de son pli cacheté, se rendra à l'évidence et reconnaîtra le droit de préférence du breveté, ou il le contestera; dans le premier cas, et en présence de l'accord des parties, le ministre n'aura point à délivrer de brevet au tiers dont la demande sera considérée comme nulle et non avenue; dans le second, l'administration devra délivrer le brevet, sauf aux parties à se pourvoir judiciairement, pour faire régler leurs droits. Si c'est là ce qu'a voulu dire M. Bédarride, nous nous rangerons à son avis (1).

174. Point de départ du délai. — Le délai d'un an, pendant lequel le breveté a un droit de préférence pour les perfectionnements qu'il apporte à son invention, commence à courir du jour du dépôt de la demande. C'est au moins ce qu'admettent la plupart des auteurs (2). La raison de douter

(1) V. Bédarride, n° 246.
(2) V. Bédarride, n° 236; Blanc, p. 422.

vient de ce que, dans la discussion de la loi, il a été dit à plusieurs reprises que le délai courrait du jour de la délivrance du brevet; mais cette erreur, commise dans la discussion, s'explique par cette circonstance que, dans le principe, le projet de loi ne faisait partir les effets du brevet que du jour de la délivrance. Un système contraire ayant été adopté, et la loi n'ayant point fait ici de distinction, il semble naturel d'admettre que c'est le jour du dépôt de la demande qui fixe le point de départ, tout à la fois, et du brevet et du délai d'un an accordé au breveté pour perfectionner son invention.

175. Perfectionnement d'un perfectionnement; *Quid?* — M. Blanc enseigne, dans l'un de ses ouvrages, que le droit de préférence, accordé pendant un an au breveté pour les perfectionnements qu'il apporte à son invention, s'étend également à ces perfectionnements. En d'autres termes, chaque fois qu'il fait breveter un perfectionnement à son invention primitive, il a devant lui un délai d'une année pour perfectionner ce perfectionnement (1). Ce système n'a pas rencontré d'adhérents, et nous le comprenons sans peine. M. Bédarride fait observer très justement qu'il suffirait au breveté de prendre, à l'expiration de chacune des années de son privilège, un certificat d'addition qu'il présenterait comme le complément du précédent pour absorber ainsi pendant toute la durée de son brevet le droit des tiers (2); ajoutons, du reste, que, dans un autre ouvrage écrit un peu plus tard, M. Blanc a passé la question sous silence, ce qui permet de croire qu'il abandonnait sa première solution.

---

(1) V. Blanc, *Inv. brev.*, p. 404.
(2) V. Bédarride, n° 239.

CHAPITRE VII.

DURÉE ET PROLONGATION DES BREVETS.

SECTION Ire.

Durée variable des brevets.

SOMMAIRE.

176. Le breveté fixe la durée du brevet. — 177. *Quid* en cas de contradiction entre la demande et le procès-verbal? — 178. Le breveté peut-il réduire la durée de son brevet?

176. Le breveté fixe la durée du brevet. — En énumérant les diverses formalités que comporte la demande, nous avons dit, d'une part, que la durée des brevets était variable, sans toutefois pouvoir dépasser cellede quinze ans au maximum, et, d'autre part, que le breveté, dans sa demande, fixait lui-même le terme qu'il entendait assigner à son droit privatif.

177. *Quid* en cas de contradiction entre la demande et le procès-verbal? — La question suivante s'est présentée : un inventeur avait déposé au secrétariat de la préfecture de la Seine une demande de brevet ; le procès-verbal énonçait que le déposant avait déclaré demander un brevet d'invention de quinze années, et le ministre délivra, en effet, un brevet de quinze ans. Cependant, dans sa demande, l'inventeur ne sollicitait qu'un brevet de cinq années. Plus tard, et à l'occasion d'une poursuite en contrefaçon, s'éleva la question de savoir si l'arrêté du ministre délivrant un brevet de quinze années, quoiqu'il n'eût reçu que la demande d'un brevet de cinq années, était ou n'était pas légal, et, par conséquent si le brevet devait lui-même durer cinq ou quinze ans. Après bien des vicissitudes, après plusieurs arrêts de la Cour de Paris et du Conseil d'État, se renvoyant mutuellement le jugement de cette question, force fut, en définitive, maintenue au brevet pour quinze années (1); d'où la conséquence directe qu'un inventeur pourrait, au moment du procès-verbal, rectifier sa demande, au moins quant à la durée qu'il prétend assigner au brevet qu'il sollicite.

Nous ne saurions accepter cette doctrine. Elle est évidemment contraire à l'esprit comme au texte de la loi. Le brevet est une sorte de contrat passé entre l'inventeur et la société, et c'est la demande écrite, seulement la demande, qui en détermine les bases. Le procès-verbal ne peut en aucune façon modifier la demande. Si l'inventeur, après qu'il a déposé sa demande, veut la modifier en quelques points, il est libre de la retirer ; c'est un droit qu'on ne lui a jamais contesté. Il est donc évident à nos yeux que l'arrêté du ministre, cité plus haut, était entaché d'un excès de pouvoir et qu'il n'avait pu, en se conformant au procès-verbal de dépôt, accorder à l'inventeur plus que ne sollicitait la demande. Ajoutons pourtant que, si la Cour de Paris, dans l'espèce que nous avons rappelée, a paru adopter une solution différente de la nôtre, c'est qu'elle a été réellement égarée par la procédure suivie devant elle. Au début, on lui demandait de décider *de plano* la question et de prononcer la nullité du brevet, comme étant expiré. Sur cette demande, la Cour se déclara d'office incompétente et renvoya les parties à se pourvoir devant l'autorité administrative, ce qui était bien jugé. « Il s'agissait, en effet, comme le disait l'arrêt, d'apprécier « la régularité du brevet, c'est-à-dire d'un acte émané de « l'administration ; or, aux termes des lois du 24 août 1790, « 16 fructidor an V et autres relatives à la séparation des « pouvoirs administratif et judiciaire, l'autorité administra- « tive est seule compétente pour résoudre les questions « d'interprétation qui peuvent s'élever sur les actes émanés « d'elle (2). »

---

(1) V. Paris, 3 déc. 1863, Guérineau-Aubry.

(2) Paris, 13 mars 1862, Guérineau-Aubry (Pataille, 62.104).

Devant cette juridiction, il n'y avait qu'une voie à suivre : demander purement et simplement l'annulation de l'arrêté ministériel, comme entaché d'excès de pouvoir. Tel était le moyen légal (1). Au lieu de cela, on s'adressa d'abord au ministre, qui avait épuisé sa juridiction en délivrant le brevet; puis on se pourvut devant le Conseil d'État en interprétation de l'arrêté ministériel dont le sens pourtant n'était pas douteux (2) ; on fit donc fausse route, et, par suite, les décisions, nées de cette procédure vicieuse, nous paraissent sans autorité. M. Bozérian a écrit sur la question un excellent article que l'on consultera utilement (3).

178. Le breveté peut-il réduire la durée de son brevet? — Une question, qui n'est guère que le corollaire de celle qui précède, est celle de savoir si le breveté peut ultérieurement réduire la durée qu'il a, primitivement, dans la demande, assignée à son brevet. Disons tout de suite que cette question n'a d'intérêt qu'en cas de cession ; alors, en effet, la loi exige le payement par anticipation de toutes les annuités restant à échoir, et le breveté ou son cessionnaire a d'autant moins à débourser que le brevet a moins de temps à courir. Dans tout autre cas, le breveté n'a qu'à ne pas payer les annuités de son brevet, pour le laisser tomber en déchéance. Il suit naturellement de ce que nous avons dit sous le numéro précédent que le breveté ne peut réduire la durée de son brevet. Puisque c'est la demande qui forme le contrat, une seule des parties n'y peut rien changer; telle a été faite la demande à l'origine, telle elle reste. M. Nouguier dit à ce propos : « Quand le brevet est délivré, le contrat qui se forme « entre l'inventeur et la société est définitif et irrévocable; « sans doute, l'inventeur peut, par son inexécution, se délivrer du brevet qui le gêne et par conséquent du contrat qui « s'éteint; mais il ne peut, à lui seul et sans le concours « de l'autre partie contractante, modifier les termes du con- « trat et se faire une condition autre que celle qui est expres-

(1) V. *suprà*, n° 132.
(2) Décret du 27 mai 1863.
(3) V. *Propr. ind.*, n° 388.

« sément convenue (1). » M. Renouard enseigne pourtant la doctrine contraire, et, partant de ce principe que la société a intérêt à ce que le brevet tombe le plus tôt possible dans le domaine public, il pense que le breveté peut réduire, en cas de cession, la durée de son brevet; seulement il pense que la durée ne peut être réduite que dans les termes de l'art. 4, c'est-à-dire à cinq ou à dix ans (2). M. Bédarride est du même avis; et, comme pour lui l'intérêt public est la loi suprême, il admet que la durée peut être réduite à n'importe quel terme, même en dehors de ceux déterminés par l'art. 4 (3).

En tout cas, même pour ceux qui accordent au breveté la faculté de réduire la durée de son brevet, il est certain que le breveté ne peut pas ensuite revenir sur cette réduction et proroger son brevet jusqu'au terme qu'il lui avait primitivement assigné.

SECTION II.

Prolongation de la durée des brevets.

SOMMAIRE.

179. Prolongation du brevet; nécessité d'une loi. — 180. Rareté des prolongations. — 181. Durée de la prolongation; pouvoir du Corps législatif. — 182. Brevet de perfectionnement; effet de la prolongation; controverse. — 183. Opinion intermédiaire. — 184. *Quid* si le brevet de perfectionnement a été exploité? — 185. *Quid* si la loi n'a pas été promulguée?

179. Prolongation du brevet; nécessité d'une loi. — Le brevet dont la durée est fixée par le breveté lui-même dans sa demande peut être prolongé; mais il ne peut l'être que par une loi. Il n'appartient donc ni à l'autorité administrative ni à l'autorité judiciaire de proroger un brevet au delà de son terme légal. C'est la Chambre des députés, et la Chambre des députés seule, qui, suivant l'importance du brevet, suivant sa nature, suivant les services qu'il a rendus

---

(1) V. Nouguier, n° 260. — V. Blanc, p. 420.
(2) V. Renouard, n° 190.
(3) V. Bédarride, n° 203.

à la société, décide, et décide souverainement, s'il y a lieu ou non d'accorder la prolongation. Il paraît que les demandes de prolongation, avant d'être portées à la Chambre des députés, sont toujours soumises par le ministre à l'examen du Comité consultatif des arts et manufactures.

180. Rareté des prolongations. — La Chambre des députés n'a d'ailleurs usé jusqu'ici qu'avec une extrême réserve de la faculté que lui reconnaît la loi de 1844. Les lois qui ont accordé des prolongations sont fort rares, et nous ne croyons pas qu'on en puisse, depuis 1844, citer d'autres exemples que celui de la prolongation du brevet du docteur Boucherie, pour son procédé d'injection des bois, et celui de la prolongation des brevets Sax, pour la fabrication des instruments de musique en cuivre.

Les inventeurs ne doivent donc pas se faire illusion et croire facilement à une prolongation. Deux brevets prolongés sur près de 200,000 brevets pris depuis 1844 : voilà la proportion.

181. Durée de la prolongation; pouvoir de la Chambre des députés. — La loi laisse, au surplus, toute liberté d'appréciation à la Chambre des députés; elle est juge suprême non seulement de l'utilité de la prolongation, mais encore de la mesure dans laquelle elle la peut accorder. Aucune limite ne lui est fixée. Il dépendrait donc de sa volonté de concéder même une prolongation indéfinie, c'est-à-dire quelque chose d'analogue aux privilèges à perpétuité, que le roi, sous l'ancien régime, se croyait en droit d'accorder. Du reste, la Chambre des députés ne fait, en cette matière, qu'user du pouvoir qu'elle a de modifier la législation existante dans les bornes de la Constitution. En fait, la prolongation n'a jamais été accordée pour plus de cinq ans.

182. Brevet de perfectionnement; effet de la prolongation; controverse. — Cette faculté de prolongation, inscrite dans la loi, soulève dans l'application bien des difficultés graves dont le législateur ne paraît pas s'être rendu compte et sur lesquelles il ne s'est pas expliqué, ce qui est fâcheux.

Ainsi, quel est le sort du brevet de perfectionnement? On se rappelle que tout individu a le droit de perfectionner une invention déjà brevetée, et de prendre un brevet pour son perfectionnement. Seulement, en même temps qu'il obtient ce brevet, il lui est interdit de l'exploiter tant que dure le brevet principal. Il ne faut pas, en effet, que le perfectionneur puisse, avec un perfectionnement dont l'idée première ne lui appartient pas, ruiner l'inventeur originaire. En revanche, dès que le brevet principal expire, le brevet de perfectionnement devient susceptible d'exploitation.

Or, on conçoit que, dans le cas d'une prolongation accordée au brevet principal, il peut arriver que le brevet de perfectionnement soit complètement absorbé par le brevet prolongé, et que celui-ci, y compris la prolongation, ait une durée plus longue que le brevet de perfectionnement. Supposez, en effet, un brevet de perfectionnement pris dans la troisième année du brevet principal ; supposez, c'est le cas le plus habituel, les deux brevets pris pour quinze ans. Si les choses suivaient leur cours ordinaire, le brevet de perfectionnement, paralysé pendant la durée du brevet principal, c'est-à-dire pendant douze ans, aurait trois ans à lui survivre, trois ans d'exploitation. Admettez que le brevet principal soit prolongé de cinq ans, le brevet de perfectionnement atteindra son terme légal deux ans avant que le brevet principal soit éteint, c'est-à-dire qu'à aucune époque il n'aura pu être exploité.

Dans cette situation, se peut-il que le brevet de perfectionnement soit complètement et à jamais paralysé entre les mains de son possesseur? Se peut-il que celui-ci soit privé même de la très courte exploitation sur laquelle il avait droit de compter?

Les uns disent oui, d'une façon absolue ; le perfectionneur, suivant ceux-là, savait bien que le brevet principal pouvait être prolongé, et il ne s'est fait breveter qu'à ses risques et périls. « A quoi servirait la prolongation, dit M. Calmels, si, « malgré elle, l'invention tombait dans le domaine public à « l'égard même d'une seule personne, puisque celle-ci pour- « rait établir une concurrence au breveté? Au surplus, on ne « porte pas atteinte au droit du breveté pour perfectionne- « ment, car il a connu cette possibilité de prolongation en « prenant son brevet. La réalisation de cette prolongation

« pouvait être prévue; car elle n'avait rien d'illicite ni d'illé-« gal. Enfin, au fond, n'est-il pas plus juste, s'il y a une « faveur à accorder, qu'elle le soit à celui qui invente et non « à celui qui n'a que le mérite de modifier, de perfectionner « une invention toute faite (1). »

Les autres disent non, d'une façon tout aussi absolue, et, suivant eux, la prolongation ne peut en aucun cas préjudicier au brevet de perfectionnement. « Comme la loi n'a point « d'effet rétroactif, dit M. Nouguier, la prorogation, qui est « un acte de faveur, ne saurait avoir pour conséquence de « ravir aux tiers les droits qu'ils ont régulièrement acquis. « Si, avant la loi qui prolonge la durée, il a été pris un bre-« vet pour un perfectionnement, ce perfectionnement pourra « être mis en exploitation à l'expiration du terme primitive-« ment fixé pour la durée du brevet principal. Interpréter « autrement la loi, ce serait ruiner ceux qui, sur la foi d'un « brevet de perfectionnement, auraient préparé leurs moyens « industriels, formé des établissements commerciaux, con-« tracté des engagements et engagé dans ces opérations une « partie de leur fortune (2). »

MM. Picard et Olin se rangent à l'avis de M. Nouguier. La raison qu'ils en donnent c'est que, dès qu'un brevet de perfectionnement est obtenu, sa durée se trouve fixée et que cette durée se compose de deux périodes bien distinctes, l'une d'asservissement pendant la durée du brevet principal, l'autre d'indépendance à son expiration. « Ces deux éléments, « ajoutent-ils, existent dès le principe dans le droit conféré « au perfectionneur; ils lui sont *acquis*. Dès lors, la proroga-« tion ne pourrait, *sans effet rétroactif*, les lui enlever (3). »

183. Opinion intermédiaire. — Nous pensons que la vérité est dans un juste milieu. Il nous paraît évident que la prolongation du brevet principal ne peut préjudicier au brevet de perfectionnement ; mais, d'un autre côté, à quoi

---

(1) V. Calmels, n° 457.

(2) Nouguier, n° 257. — V. aussi Dalloz, v° *Brev. d'inv.*, n° 106 ; Blanc, *Inv. brevet.*, p. 426.

(3) Picard et Olin, n° 420.

bon la prolongation, si l'auteur du perfectionnement peut faire concurrence, et une concurrence qui ne peut manquer d'être heureuse, au breveté principal. Le mieux, à notre sens, est de décider que le brevet de perfectionnement survivra à la prolongation du brevet principal autant de temps qu'il lui devait survivre, s'il n'eût pas été prolongé (1). Le système que nous proposons nous paraît d'accord avec l'équité et avec les principes. Comme le remarquent très bien MM. Picard et Olin, celui qui prend un brevet de perfectionnement acquiert instantanément un droit, celui d'exploiter son invention, pendant un temps déterminé, à l'expiration du brevet principal. Voilà sur quoi il a dû compter ; voilà ce qui lui est dû ; voilà seulement ce qu'il peut réclamer. Autrement, à quelle singulière conséquence n'est-on pas conduit? Si le perfectionneur peut, à dater du jour où la prolongation commence, exploiter, concurremment avec le breveté principal, il arrivera que c'est lui, en définitive, lui seul, qui profitera de la prolongation. Supposez, en effet, que le brevet principal ne soit pas prolongé : l'invention tombe aussitôt dans le domaine de tous ; chacun s'en empare. Le perfectionneur est bien privilégié pour son perfectionnement ; mais il n'a de privilège que pour ce perfectionnement ; il ne peut empêcher que l'industrie entière, désormais libre d'user du brevet principal, ne cherche d'autres perfectionnements, ne les exploite et n'utilise, sans avoir recours à lui, l'invention primitive. Bien mieux, si son brevet, par exemple, n'a que trois ans à courir au delà de l'expiration du brevet principal, il ne pourra jouir privativement de son perfectionnement que pendant ces trois années. Après ce temps, le perfectionnement, comme l'invention principale, appartiendra sans réserve à tous. Raisonnons, à présent, dans l'hypothèse d'une prolongation de cinq années accordée au brevet principal, et admettons que la prolongation n'en laisse pas moins l'auteur du perfectionnement libre de l'exploiter à sa guise. Il est clair que le public s'adressera, de préférence, à celui-ci, puisqu'il trouvera chez lui quelque chose de plus complet,

(1) Bédarride, n° 199.

de meilleur que chez l'inventeur. Voilà donc l'inventeur dépouillé, en grande partie, des avantages que lui promettait la prolongation de son brevet; voilà son brevet entamé. Il est vrai que, trois ans après, le brevet de perfectionnement venant à expirer, le breveté principal pourra en jouir à son tour. Le perfectionneur aura alors un concurrent, mais il n'aura qu'un concurrent; tandis que, si les choses avaient suivi leur cours ordinaire, il aurait vu, au bout de trois années, son perfectionnement tomber dans le domaine public, et profiter à tous; il arrivera, grâce à la prolongation accordée au brevet principal, que pendant deux années encore il profitera de son perfectionnement, n'ayant en face de lui qu'un concurrent, et un concurrent dont il aura eu le temps d'attirer, d'absorber la clientèle, pendant les trois ans où il aura exploité exclusivement un objet plus parfait ou plus économique, meilleur enfin. N'avons-nous pas raison de dire que, dans cette hypothèse, la prolongation n'aura, en définitive, profité qu'au perfectionneur? Nous préférons donc notre solution.

M. Allart est d'avis, tout comme M. Calmels, que les droits résultant du brevet de perfectionnement sont paralysés par la prolongation du brevet principal; en revanche, il n'admet pas avec nous que le brevet de perfectionnement puisse être prolongé comme le brevet principal, de façon à lui survivre pendant tout le temps qu'il lui aurait appartenu s'il n'y avait pas eu de prolongation; il ne lui paraît pas juridique, en effet, d'étendre le bénéfice de la prolongation à des brevets pour lesquels aucune loi n'est intervenue. « Toutefois, « ajoute-t-il, le remède est indiqué, et, si les tribunaux qui « sont juges des effets de la prolongation ne peuvent pas « l'appliquer, il en est autrement du législateur qui, prolon- « geant la durée d'un brevet, a le droit d'étendre cette dis- « position aux brevets de perfectionnement (1). » Ce système est certainement juridique et simple, et le conseil, ainsi donné au législateur, de prévoir et de résoudre les difficultés dans la loi même qui prolonge le brevet principal est le plus

(1) Allart, n° 133.

sage du monde ; mais, si le législateur n'a prolongé que le brevet principal, s'il a oublié les brevets de perfectionnement, que fera-t-on ? Malgré tout, il nous semble bien rigoureux de sacrifier absolument le droit du perfectionneur.

Il a été jugé, en tous cas, que, s'il n'appartient pas aux tribunaux de critiquer la légalité des prolongations de brevets accordées par le pouvoir compétent, ils sont compétents pour régler l'effet de ces prolongations, dans les cas particuliers qui leur sont déférés (Paris, 10 oct. 1832, Bolen, Dall. 32.2.159).

184. *Quid* **si le brevet de perfectionnement a été exploité ?** — Faut-il, toutefois, faire une réserve pour le cas où le perfectionnement aura pu être exploité pendant la durée du brevet principal, soit par suite d'un accord entre le perfectionneur et l'inventeur, soit parce que le brevet de perfectionnement sera dans la même main que le brevet principal ? Dans ce cas, en effet, il n'y a plus l'iniquité que nous signalions tout à l'heure ; nous n'avons plus à remédier à cette anomalie d'un brevet qui meurt avant qu'il ait produit aucun effet utile. Il nous paraît cependant impossible de distinguer. Peu importe en quelles mains est le brevet de perfectionnement ; peu importe que ce brevet ait été ou non exploité pendant la durée du brevet principal ; le droit de celui qui se fait breveter pour un perfectionnement, quel qu'il soit, est, à l'expiration du brevet principal, de continuer d'exploiter ce perfectionnement pendant un temps plus ou moins long. Ce droit lui est acquis dès l'instant qu'il obtient son brevet ; rien ne peut ensuite le lui enlever. Tant mieux seulement pour lui si, avant le temps de sa jouissance légale, il a déjà pu, par une circonstance ou par une autre, tirer profit de son brevet.

185. *Quid* **si la loi n'a pas été promulguée ?** — La question s'est élevée de savoir si la loi qui accorde la prorogation du brevet devait être, non seulement votée, mais encore promulguée avant la date à laquelle le brevet devait primitivement prendre fin, à peine, pour le breveté, d'être déchu du bénéfice de la prorogation. Suivant M. Bédarride, la promulgation de la loi de prorogation doit avoir lieu avant l'époque où expire légalement le brevet. Sinon, il pense, non pas que la prorogation est absolument nulle et non avenue, mais qu'elle ne produit d'effet que du jour où la loi est promulguée ; selon lui, il y a alors *interruption* dans le droit du breveté ; sa possession ne cesse que pour reprendre. Comme conséquence de son système, l'auteur admet que, dans cet intervalle où le brevet est momentanément expiré, le droit des tiers peut prendre naissance et que, s'il prend naissance, rien ne peut ensuite faire obstacle à son exercice (1). Il s'ensuit, dans ce système, que les brevets, pris pendant le cours du brevet principal pour des perfectionnements, produisent effet, et sont exploitables, malgré la prorogation, si la loi qui la prononce n'a été promulguée qu'après l'expiration du brevet. L'opinion de M. Bédarride nous semble conforme à la rigueur du droit ; ajoutons-y seulement cette observation, à savoir que, s'il s'agit d'une contrefaçon poursuivie en vertu du brevet ainsi prorogé, il y aura lieu, pour les tribunaux, de rechercher si la contrefaçon a pris réellement place dans l'intervalle du temps qui s'est écoulé entre l'expiration du brevet et la promulgation de la loi qui le déclare prorogé, ou, au contraire, si elle ne s'est manifestée que postérieurement à la loi de promulgation. Si, dans le premier cas, en effet, on peut déduire de la logique des principes que la contrefaçon n'est pas punissable, il est hors de doute, dans le second, qu'elle tombe sous l'application de la loi.

Il a été jugé, toutefois, qu'il suffit que la loi qui accorde la prorogation ait été votée avant l'expiration du brevet et que, dans tous les cas, le contrefacteur, poursuivi en vertu du brevet ainsi prorogé, est sans droit à se plaindre du retard de la promulgation, quand, en fait, la poursuite a été postérieure (Rej. 28 janv. 1858, Boucherie, Pataille, 58.225).

---

(1) V. Bédarride, n° 199.

CHAPITRE VIII.

DE LA PROPRIETÉ DU BREVET.

SECTION Ire.

Du droit à la propriété de l'invention.

SOMMAIRE.

186. Le droit de prendre un brevet est-il personnel à l'inventeur? — 187. *Quid* si l'inventeur est employé à gages? — 188. *Quid* en l'absence de convention? — Distinction. — 189. Jurisprudence. — 190. *Quid* s'il y a travail personnel de l'employé? — 191. Opinion de M. Bozérian. — 192. Opinion de MM. Picard et Olin. — 193. Fonctionnaire public; mêmes principes. — 194. Jurisprudence. — 195. Invention par un associé; mêmes principes. — 196. Du brevet pris en fraude de l'inventeur.

186. Le droit de prendre un brevet est-il personnel à l'inventeur? — En principe, on invente pour soi, et, par suite, l'inventeur seul peut réclamer un brevet. Toutefois, rien ne s'oppose à ce que l'inventeur fasse part de sa découverte à un tiers et ne lui cède le droit de la faire breveter. Et, de même, rien ne s'oppose à ce que, avant d'avoir rien découvert, et seulement en prévision de ce qu'il pourra découvrir, un individu s'engage, envers un tiers, à lui abandonner la propriété des inventions qu'il fera, et, par conséquent, le droit de prendre un brevet.

Il a été jugé, en ce sens, qu'il importe peu que le breveté soit lui-même l'inventeur des procédés qui font l'objet du brevet ou qu'il en ait acquis le secret d'un tiers ; la loi n'exige qu'une chose : c'est que l'invention n'ait pas été pratiquée ou connue avant l'obtention du brevet (Trib. civ. Seine, 21 fév. 1834, Barbier, Dall. v. *Brev. d'inv.*, n° 154).

187. *Quid* **si l'inventeur est employé à gages ?** — De là découle, tout naturellement, la question de savoir à qui appartient la découverte faite par un individu qui est au service, aux gages d'un patron. Invente-t-il pour ce dernier ? Invente-t-il, au contraire, pour lui-même ? Garde-t-il la propriété de sa découverte ? La doit-il à son patron ?

Cette question ne comporte pas une réponse absolue ; c'est, avant tout, une question de fait, dont la solution dépend, le plus souvent, des circonstances ou de conventions particulières. De quelle nature sont les rapports de l'employé ou de l'ouvrier avec son patron ? Quelle est la portée de son engagement ? S'est-il obligé, expressément ou tacitement, à transmettre à son patron la propriété de ses découvertes ? Voilà autant de points à examiner avant de répondre. S'il a été stipulé formellement, entre le patron et son employé (ce sera, en général, un contremaître ou un directeur de fabrication, ce sera quelquefois un ouvrier), que les inventions, que ce dernier pourra faire au cours de son engagement, deviendront la propriété du chef de la maison, pas de difficulté possible ; cette stipulation, qui est parfaitement licite, fait la loi des parties et doit être exécutée, quelque dures qu'en puissent être, dans la suite, les conséquences pour l'inventeur. Il peut arriver, en effet, que l'invention réalisée ait une valeur considérable, qui ne sera pas en rapport avec les maigres émoluments de l'employé. N'importe ; force est due à la convention. Il est vrai de dire que, en pareil cas, les patrons vont, le plus souvent, d'eux-mêmes, au-devant des prétentions de l'employé, et comprennent qu'ils sont moralement, sinon légalement obligés de rémunérer l'inventeur et de le faire participer aux bénéfices que sa découverte produit. Nous pourrions, à cet égard, citer bien des exemples. Rappelons, entre mille, celui de Verguin, le chimiste de la maison Renard, à Lyon, qui, par l'emploi du bichlorure d'étain, simplement substitué au bichlorure de mercure, permit de fabriquer, sur une grande échelle, le rouge d'aniline, et fit, avec cette industrie nouvelle, la fortune de ses patrons; ceux-ci lui remirent, à titre de récompense, une somme de trois cent mille francs. Mais qu'on le sache bien, dans l'hypothèse où nous nous plaçons, la rémunération n'est jamais un droit pour l'employé.

188. *Quid* **en l'absence de conventions? Distinction.** — Que décider dans le silence des parties, en l'absence de toutes conventions? La question est délicate. Il est pourtant une première distinction à faire. L'invention est-elle le résultat du travail auquel l'employé était préposé? En est-elle la conséquence directe? L'inventeur n'y a-t-il été amené que par les instructions qu'il a reçues pour l'exécution même de sa mission? En ce cas, on conçoit que les tribunaux décident que l'invention appartient au patron; c'est lui qui, à dire le vrai, est l'inventeur, puisque c'est en suivant ses inspirations, en exécutant les ordres qu'il en a reçus, que l'employé a été conduit à sa découverte. Dans ce cas, l'employé n'est que l'instrument du patron. Sa situation nous paraît tout à fait analogue à celle de l'individu qu'un propriétaire emploie à faire des fouilles sur son domaine, en vue de découvrir un trésor. Le trésor, en ce cas, appartient exclusivement à celui qui a ordonné les fouilles; l'autre n'y a aucun droit.

189. Jurisprudence. — Il a été jugé à cet égard : 1° que, lorsqu'un ouvrier n'a fait qu'exécuter les ordres qui lui étaient donnés par un tiers, avec les indications et dans l'intérêt de ce tiers, il ne peut être réputé le créateur, l'inventeur : il n'a réellement été qu'un agent qui a marché, avec plus ou moins d'intelligence, dans la voie qui lui était tracée; le résultat de son travail ne peut avoir le caractère d'une invention qu'il puisse faire breveter (Paris, 11 août 1841, Longchamps, *Gaz. des trib.*, 12 août); — 2° qu'il en est de même à l'égard des dessinateurs employés par un chef d'établissement industriel;

ils ne pourraient pas non plus s'attribuer la propriété des dessins qu'ils ont conçus et exécutés, soit isolément, soit en commun avec d'autres dessinateurs, attachés au même titre à cet établissement (Amiens, 25 avril 1856, Manceaux, Sir., 56.2.535); — 3° que l'individu employé par un manufacturier à chercher des combinaisons de tissus ne peut valablement prendre un brevet pour les découvertes qu'il peut faire dans cet ordre d'idées, ni surtout l'opposer à son patron (Trib. corr. Rouen, 22 août 1859, Richard, *Prop. ind.*, n° 94); — 4° que, lorsqu'une invention est la conséquence directe du travail auquel l'employé est préposé, et que le patron a donné des instructions pour la faire, elle appartient au patron qui, seul, a le droit de prendre le brevet (Lyon, 19 mai 1886, Bobard, Pataille, 87.181); — 5° mais qu'un employé, par exemple le secrétaire général d'une compagnie industrielle, qui n'a que des fonctions administratives et commerciales, et qui est étranger aux opérations de la fabrication, conserve seul le droit de faire breveter son invention; et, si la compagnie à laquelle il était attaché a profité de ses confidences ou des essais qu'il a pu faire dans ses usines, pour prendre un brevet avant lui, il a le droit de revendiquer la propriété de son invention et de se faire subroger dans l'effet du brevet pris par la compagnie (Paris, 21 juill. 1874, Aubé, Pataille, 77.283).

190. ***Quid* s'il y a travail personnel de l'employé?** — Au contraire, l'invention est-elle en dehors des travaux ordinaires de l'employé, ou seulement en dehors de ses instructions? N'y a-t-il été conduit que par ses seules inspirations? N'a-t-il rien emprunté qu'à sa propre intelligence? N'est-il redevable du résultat qu'à lui-même? En ce cas, il garde la propriété de son invention; il a seul droit au brevet, alors même que ce serait pendant le temps qu'il devait consacrer à son travail, grâce aux instruments et aux facilités que lui donnaient ses fonctions, qu'il a réalisé sa découverte, alors même qu'elle serait relative aux travaux dont il est chargé et qu'elle aurait pour but d'en faciliter l'exécution. Seulement, il peut y avoir lieu de le condamner à payer à son patron des dommages-intérêts pour le tort qu'il lui a causé en négligeant ses fonctions, en consacrant à ses propres affaires un temps qui ne lui appartenait pas, en se servant, pour son propre usage, des outils ou des instruments qui lui avaient été confiés pour l'exécution de son travail.

Il a été jugé, en ce sens, que, lorsque la réalisation de la découverte a été le résultat des efforts et des moyens réunis de l'ouvrier et du patron pour arriver à un but commun, l'invention devient pour eux une propriété commune ; et le fait que le patron, obligé, pour l'exploitation de cette invention, d'engager des capitaux considérables, ait exigé, comme indispensable garantie, la mise du brevet en son nom, n'entraîne pas, de la part de l'ouvrier, qui ne s'est pas opposé à cette précaution, une renonciation à son titre d'inventeur, non plus qu'à ses droits sur la chose cédée (Lyon, 26 déc. 1857, Coquerel (1), Sir. 59.1.763).

191. Opinion de M. Bozérian. — M. Bozérian pense qu'il faut appliquer, en cette matière, les principes du contrat de louage d'ouvrage, et voici la règle qu'il pose à cet égard : « Il est certain, dit-il, que le maître, c'est-à-dire celui qui « paye le prix du louage, ne peut prétendre à la propriété « des découvertes faites par le locateur pendant la durée du « contrat, lors même que ces découvertes se rattacheraient « aux services que celui-ci doit rendre ; le locateur, en effet, « ne s'est pas engagé à faire des découvertes ; à lui donc la « propriété de celles qu'il a faites ; à lui, et à lui seul la pro- « priété de ses brevets ; à lui tous les produits qu'il en peut « tirer, à l'encontre des tiers. Mais ne doit-il pas, du moins, « faire profiter le maître de ses inventions, sans indemnité? « En principe, je ne le crois pas, et cela pour le même motif, « c'est que le locateur ne s'est pas engagé en qualité d'in- « venteur, mais en une tout autre qualité. Sans doute, aux « termes de l'art. 1135, les conventions obligent à toutes « les suites que l'équité, l'usage ou la loi donnent à l'obli- « gation, d'après sa nature. Mais, peut-on considérer une « invention comme une suite naturelle d'un louage d'in- « dustrie ? (2) »

(1) V. aussi Rej., 1er déc. 1858, même affaire (*eod. loc.*).
(2) V. *Propr. ind.*, n° 160.

192. Opinion de MM. Picard et Olin. — MM. Picard et Olin ont écrit, sur la question, un excellent article, que nous croyons utile de citer ici tout au long : « Peut-on, « disent-ils, être valablement breveté pour ce que l'on « invente pendant qu'on est au service d'autrui ? La loi ne « tranche pas la question. Nous ne pouvons la résoudre que « par les principes généraux, et nous croyons que ceux-ci « commandent une distinction. Ou bien, l'invention ou la « découverte rentre dans la mission qui a été confiée à « l'agent, et, dans ce cas, il ne peut valablement la faire bre- « veter en son nom. Ou bien, elle n'en fait point partie et « s'est produite, soit tout à fait en dehors de cette mission, « soit à l'occasion de celle-ci, et, dans ce cas, un brevet peut « être valablement pris, par l'inventeur, à son profit per- « sonnel.

« Expliquons-nous.

« Un fabricant confie, par exemple, à un employé le soin « de perfectionner, ou, ce qui diminue encore la part de « l'employé dans la découverte, lui donne lui-même des « ordres ou des instructions pour arriver à une invention. En « travaillant dans ce but, l'employé fait une découverte qui « a précisément pour résultat le perfectionnement cherché. « Cette découverte appartiendra au fabricant, et l'employé ne « pourra la faire valablement breveter à son profit. Il résulte, « en effet, de l'esprit, sinon des termes du contrat qu'il a « passé avec son patron, que toute découverte qu'il pourrait « faire appartiendrait à celui-ci ; en la perdant, il subit une « chance qu'il a consenti à courir, moyennant le salaire qu'on « lui payait, et dans la fixation duquel il n'avait qu'à tenir « compte de cette éventualité, s'il n'aimait mieux exclure, « par une clause expresse, le droit du patron aux inventions « possibles.

« Cette solution peut être appuyée par les principes reçus « en matière de mandat, soit seulement par voie d'analogie « comme dans le cas que nous venons de citer et où il s'agit « d'un louage de service et non d'un mandat, soit directement « dans le cas où il s'agit d'un mandat véritable. En effet, « d'après les principes, le mandataire est tenu de rendre « compte au mandant de tous les profits qu'il fait, même

« indirectement, par suite des fonctions qu'il a acceptées « (art. 1993, Code civ.). Or, la découverte ou l'invention « peut être à bon droit considérée comme un de ces profits « indirects.

« Mais il n'en est pas de même quand un employé d'un « ordre quelconque ayant accepté d'accomplir une tâche bien « déterminée, comme, par exemple, de tisser une pièce de « toile ou de fabriquer des clous, découvre un procédé nou- « veau, relatif ou non, à la tâche qu'on lui a confiée, soit « pendant les heures de son travail, soit à un autre moment. « Nulle part alors on ne découvre le consentement exprès ou « tacite d'abandonner au patron les découvertes dues aux « recherches de l'ouvrier ou même au hasard. Il a promis de « tisser une pièce de toile ou de fabriquer des clous, mais « non de livrer les inventions qui lui viendront à l'esprit. S'il « avait négligé sa besogne pour s'adonner à la recherche de « celles-ci, son maître aurait contre lui, selon les circon- « stances, une action en réparation de dommage; mais nul « principe juridique ne pourrait justifier sa prétention à « s'approprier les découvertes. Il y aurait quelque chose de « choquant à admettre qu'un chef d'industrie pourrait ainsi, « en vertu du maigre salaire qu'il paye à ses artisans, « dépouiller ceux-ci de conceptions, filles de leur intelligence « et de leur habileté, et qui sont parfois une source de « richesses (1). »

193. Fonctionnaire public; mêmes principes. — Ce que nous venons de dire s'applique également au fonctionnaire public, qui est un employé comme un autre ; il reste propriétaire des inventions qu'il peut faire, sous les réserves et suivant les distinctions que nous avons mentionnées plus haut.

194. Jurisprudence. — Il a été jugé : 1° Que la découverte, faite par un officier à la suite d'expériences ordonnées par le ministre de la guerre (un système de fourneau à l'usage de l'armée), et en récompense de laquelle cet officier a obtenu un grade supérieur, doit être considérée comme

---

(1) Picard et Olin, n° 24.

rentrant dans les attributions de son service et, à ce titre, ne peut l'autoriser à s'en réserver la propriété privative par la prise d'un brevet (Paris, 27 déc. 1833, Choumara, Blanc, p. 496); — 2° que, si en principe, les militaires en activité de service ont, comme tous les citoyens, la faculté de prendre des brevets d'invention pour les découvertes dont ils sont personnellement les auteurs, ce droit ne saurait leur être reconnu lorsque les résultats qu'ils prétendent brevetables sont obtenus par eux dans leur service, et comme membres d'une commission instituée spécialement par l'autorité supérieure; en ce cas, les perfectionnements qu'ils obtiennent à l'aide d'un travail en commun ne peuvent devenir, à leur profit, l'objet d'un droit privatif; l'Etat qui a commandé, dirigé, surveillé et facilité les travaux, a, par cela même, seul et incontestablement droit à leur propriété; il en est spécialement ainsi pour les militaires appartenant à l'école de tir de Vincennes, laquelle constitue une commission permanente à l'effet d'expertiser toutes les inventions qui lui sont soumises et d'étudier tous les perfectionements dont cette matière est susceptible (Paris, 11 juillet 1855, Manceaux, Sir., 55.2.578); — 3° que les employés et agents du Gouvernement ne peuvent s'attribuer privativement les découvertes qui sont le résultat de travaux faits en commun avec d'autres employés, dans leur service même, et pour des objets qui s'y rattachent, d'après les ordres, sous la direction et aux frais du Gouvernement; ils sont, en ce cas, les mandataires de l'État et tenus, aux termes de l'art. 1993, de faire raison à leur mandant de tout ce qu'ils ont réalisé dans l'exercice de leur mandat; c'est par suite de ce même principe que l'ouvrier, spécialement employé par le maître à la recherche d'un trésor, ne peut réclamer contre celui-ci la part attribuée par la loi à l'inventeur (Amiens, 25 avril 1856, Manceaux, Sir., 56.2.535); — 4° mais que, si les employés ou agents, soit du Gouvernement, soit d'une administration particulière, peuvent être privés du droit de faire breveter à leur profit les découvertes dont ils sont les auteurs, ce n'est que lorsque ces découvertes sont le résultat des travaux exécutés par eux dans leur service, pour des objets qui s'y rattachent directement, d'après les ordres et sous la direction de leurs chefs, et surtout lorsqu'ils ont reçu la mission spéciale de rechercher, d'étudier et d'appliquer certains perfectionnements (Paris, 21 juillet 1874, Aubé (1), Pataille, 77.283).

195. Invention par un associé ; mêmes principes. — Le principe est encore le même quand il s'agit d'un associé. Celui qui est associé dans une entreprise, et qui lui doit tout son temps, n'en reste pas moins libre de prendre en son nom des brevets d'invention, à moins que son acte d'association ne l'oblige à faire participer la société aux bénéfices de ses découvertes, ou bien, dans le silence de l'acte, que sa découverte ne soit le résultat direct et immédiat de ses fonctions dans la société. En dehors de ces deux hypothèses, son invention lui demeure personnelle ; il en garde la propriété, sauf les dommages-intérêts dont il peut être passible envers ses associés, pour avoir négligé les affaires sociales.

M. Blanc dit à ce sujet : « Engager toute son industrie, « c'est dire seulement qu'on ne pourra pas s'occuper d'af- « faires autres que celles qui intéressent l'établissement, « qu'on doit tous ses soins à l'objet même de la société, « mais à cet objet seul. Engager tout son temps, ce n'est « pas aliéner sa vie, ses loisirs, son repos ; c'est aliéner seu- « lement les heures qui, d'après les usages, sont consa- « crées au travail. Le surplus peut être employé à des tra- « vaux personnels, cela n'est pas douteux. Engager toute « son intelligence, c'est promettre de la consacrer exclusi- « vement aux intérêts de l'établissement, mais toujours « pendant le temps qu'on doit aux affaires et pour l'objet « même de l'exploitation. En dehors de cette limite natu- « relle, l'associé ou l'employé rentre en possession de son « intelligence. Il est si vrai et si naturel de dire qu'il reste « maître de son intelligence, en dehors de l'objet spécial de « l'établissement, que, s'il lui arrivait de composer un ou- « vrage sur les travaux mêmes de son industrie et sur les « expériences qu'il y aura faites, nul n'aura la pensée de lui

(1) V. aussi Paris, 19 janv. 1872, Chassepot (Pataille, 72.198).

« contester la propriété exclusive de son travail. Et cepen-
« dant, la découverte aura certainement moins absorbé son
« temps et son intelligence, puisqu'elle aura pu facilement
« se produire par la simple réflexion et aux heures de loisir.
« La solution doit-elle changer s'il est prouvé que le gérant
« ou l'employé a consacré à faire des essais le temps dû aux
« affaires sociales, et qu'il s'est servi des ouvriers, des outils
« et des matériaux de l'établissement ? Nous ne le pensons
« pas (1). »

Il a été jugé en ce sens que l'associé, qui s'est soumis à apporter toute son industrie à une société, n'est soumis à rendre compte que des gains qu'il a faits par l'espèce d'industrie qui est l'objet de la société; en conséquence, l'associé n'est pas tenu de faire participer la société à la propriété du brevet d'invention qu'il a pris pour un objet différent de l'objet social (Lyon, 18 juin 1856, Verdié, Pataille, 56. 240).

196. Du brevet pris en fraude de l'inventeur. — Il se peut que le véritable inventeur ait laissé surprendre le secret de sa découverte avant de l'avoir brevetée, et qu'un tiers, le devançant, ait pris lui-même un brevet en son propre nom.

L'inventeur est en droit de poursuivre cette fraude, et de se faire judiciairement subroger dans la propriété du brevet; cela ne fait aucun doute. Nous n'examinerons pas ici les questions qu'une semblable situation fait naître ; nous préférons en renvoyer l'examen au chapitre où nous traiterons de l'action en revendication (2).

---

(1) V. *Propr. ind.*, n° 211.
(2) V. *infrà*, n°s 619 et suiv.

SECTION II.

Des droits dont un brevet peut être l'objet.

SOMMAIRE.

197. Caractère mobilier du brevet. — 198. Le brevet tombe-t-il dans la communauté? — 199. *Quid* du secret de fabrique? — 200. Usufruit d'un brevet ; exercice de ce droit. — 201. Un brevet peut-il être donné en nantissement? — 202. Saisie du brevet ; sa forme. — 203. Un brevet peut-il être vendu par notaire? — 204. *Quid* du privilége du propriétaire? — 205. Succession vacante ; sort du brevet.

197. Caractère mobilier du brevet. — Le brevet est un objet mobilier ; cela est de toute évidence et n'a même pas besoin de démonstration. Déjà la loi de 1791 disposait, dans son art. 14, que le propriétaire d'une patente en pouvait disposer « comme d'une propriété mobilière ». Il s'ensuit que le brevet peut devenir l'objet de tous les droits qui naissent de la propriété d'un meuble. Le breveté, tant qu'il vit, et, après lui, ses héritiers en disposent comme il leur plaît, sauf à se conformer aux prescriptions de la loi. Notons toutefois, avec MM. Picard et Olin, que, si le brevet est certainement un objet mobilier, il constitue en même temps un droit incorporel et que l'arrêté du ministre n'est que le titre établissant ce droit, la preuve matérielle de son existence, et, comme nous l'avons dit, en quelque sorte l'acte de son état civil (1).

198. Le brevet tombe-t-il dans la communauté? — Nous avons dit que le brevet est un objet mobilier ; il en résulte qu'il constitue un bien de communauté et qu'il doit être compris dans l'actif commun lors du décès d'un des époux, sans que le titulaire ou ses héritiers jouissent personnellement du droit de le prélever. Tel est du moins le sentiment de la généralité des auteurs (2). Sans dissimuler ses

---

(1) Comp. Picard et Olin, n° 439. — V. Aubry et Rau, t. 2, p. 30 ; Demolombe, t. 9, p. 437.

(2) V. Blanc, p. 514 ; Picard et Olin, n° 445 ; Nouguier, n° 346 ; Cal-

doutes, M. Renouard émet toutefois nn avis contraire : « C'est à la personne qui lui a livré l'invention, dit-il, que la « société a entendu conférer un privilège. Effacer la moitié « du privilège de l'inventeur par sa qualité d'époux, ouvrir, « de son vivant, la succession d'une partie des droits acquis « par son génie, le forcer à laisser exploiter par d'autres sa « création qu'il peut vouloir exploiter seul et mener seul à « perfection, ce n'est pas se montrer juste envers lui. Son « droit n'est pas tellement personnel qu'il ne puisse le céder, « le transmettre, en être exproprié par des créanciers; mais, « dans ces divers cas, c'est par sa volonté, par son fait, par « l'usage même de son droit qu'il s'en trouve dessaisi. Le « dessaisir en vertu d'un droit provenant du chef d'autrui, ce « serait infirmer le contrat que la société n'a passé qu'avec « lui seul (1). »

199. *Quid* **du secret de fabrique ?** — La règle que nous venons d'énoncer n'est pas applicable au cas où l'invention n'a pas été brevetée et où son exploitation seule, à titre de secret de fabrique, a été mise en communauté. Ce secret de fabrication ne saurait constituer un objet mobilier ; il ne peut dès lors faire partie de l'actif commun et reste la propriété de celui qui le possède ou de ses héritiers (2).

200. Usufruit d'un brevet; exercice de ce droit. — La propriété d'un brevet, comme celle de tout autre objet mobilier, est susceptible de se démembrer en nue propriété et en usufruit ; c'est ce qui arrive notamment lorsque le breveté vient à mourir en laissant une veuve et des enfants mineurs ; son brevet devient la propriété de ses enfants, et se trouve en même temps grevé de l'usufruit légal au profit de leur mère. Comment, en ce cas, les droits de l'usufruitier et du nu propriétaire se règlent-ils ? La loi est muette, et les analogies qu'elle peut offrir ne sont pas assez frappantes pour

---

mols, n° 443 ; Troplong, *Contr. de mar.*, n° 433. — V. également Trib. civ. Seine, 1er mars 1853, Baudry (*Gaz. Trib.*, 2 mars).

(1) Renouard, n° 107. — V., dans le même sens, Massé, *Droit comm.*, nos 1278 et 1279 ; Toullier, t. 12, n° 116.

(2) V. Bruxelles, 16 fév. 1856 (B., J., 14, p. 277).

que nous en puissions déduire une règle facilement applicable à notre matière. Comment en effet assimiler l'usufruit d'un brevet à l'usufruit d'un troupeau, d'une forêt, d'une mine, d'objets de consommation, etc. ? Il faut donc, tant bien que mal, adapter les principes généraux à notre espèce.

Deux cas peuvent se présenter : ou bien l'usufruitier exploitera lui-même le brevet, ou bien, l'usufruitier ne pouvant ou ne voulant pas exploiter par lui-même, le brevet sera aliéné par voie de cession ou de licence. Dans le second cas, la solution est facile ; le prix des cessions ou des licences constituera un capital dont l'usufruitier aura la jouissance, mais la jouissance seulement. Le premier cas, au contraire, n'est pas sans difficulté : d'une part, il ne serait pas juste que l'usufruitier tînt compte aux nus propriétaires de tous les bénéfices que lui procure l'exploitation du brevet : car il engage lui-même, dans cette exploitation, d'abord des capitaux qui lui sont personnels et de plus son activité, son intelligence, son industrie. D'une autre part, il serait inique qu'il pût jouir purement et simplement du brevet et garder pour lui tous les bénéfices de l'exploitation ; car le brevet n'est pas un meuble ordinaire, dont la durée est en quelque sorte indéfinie et qui ne périt que par vétusté ; c'est un objet mobilier d'une nature spéciale dont l'existence est enfermée dans des limites restreintes : si l'usufruitier en pouvait jouir comme d'un meuble ordinaire, il arriverait que sa jouissance absorberait la propriété tout entière et que le brevet tomberait dans le domaine public avant l'extinction de l'usufruit. Ces raisons amènent les commentateurs à décider qu'il faut opérer une ventilation dans les bénéfices de l'exploitation, apprécier selon les circonstances et distinguer d'un côté ce qui, dans cette exploitation, appartient au travail de l'usufruitier ou aux capitaux qu'il a engagés, et, de l'autre, ce qui revient à l'invention brevetée. La part attribuée à celle-ci dans les bénéfices sera celle du nu propriétaire, et constituera à son profit un capital dont l'usufruitier lui devra compte (1). Dans une espèce semblable, le tribunal de Grenoble a attribué les deux tiers des produits de

(1) V. Picard et Olin, n° 459.

l'exploitation aux mineurs et le surplus à leur mère usufruitière (1).

Notons que, précisément parce que l'usufruit constitue un démembrement de la propriété, l'usufruitier a, comme l'aurait le cessionnaire partiel, l'action en contrefaçon, sauf à remplir, suivant les cas, les formalités exigées par la loi pour que la constitution de l'usufruit soit régulière au regard des tiers (2).

201. Un brevet peut-il être donné en nantissement? — Par cela même qu'un brevet est un objet mobilier, il peut être donné en nantissement. Il suffit, pour cela, de remplir les formalités prescrites par le Code civil; dans tous les cas, il n'y a point à se conformer aux prescriptions de l'art. 20 de la loi de 1844; cet article régit uniquement, nous l'avons déjà dit, les cessions, et par cela même il est absolument inapplicable au nantissement, qui, loin d'être une cession, en est la négation, puisqu'il n'entraîne aucun changement dans la propriété de l'objet donné en gage (3). M. Le Senne est pourtant d'un avis contraire, ou du moins il pense que les formalités de l'art. 20 doivent être remplies (4).

Il a été jugé, conformément à notre opinion, qu'un brevet peut être donné en nantissement; un tel nantissement est valable sous la seule condition d'observer les formes réglées par l'art. 2074 du Code civ., avec remise du titre au créancier; il n'est besoin ni d'une signification en exécution de l'art. 2075 du même Code, un brevet d'invention ne pouvant être assimilé à une créance, ni de l'enregistrement à la préfecture, en conformité de l'art. 20 de la loi du 5 juillet 1844, le nantissement n'opérant aucune mutation de la propriété du brevet et ne pouvant en conséquence être assimilé à une cession totale ou partielle (Paris, 29 août 1865, Syndic Loiseau, Pataille, 66.94).

---

(1) V. Trib. civ. Grenoble, 29 janv. 1851, Jouvin (Blanc, p. 505).

(2) V. *infrà*, n°s 213 et 287. — Comp. Rouen, 2 janv. 1869, Darras (Sir. 69.2.300).

(3) V. notre article dans la *Propr. ind.*, n° 417; Picard et Olin, n° 440; Nouguier, n° 311.

(4) V. Le Senne, n° 271.

202. Saisie du brevet; sa forme. — Le brevet, comme les autres biens du débiteur, est le gage des créanciers; ils peuvent donc le saisir et le faire vendre judiciairement pour s'en partager le prix. Personne ne doute du principe; on discute seulement sur la façon de le mettre en pratique, la loi étant muette à cet égard. Toutefois, si l'on considère que le titre, constatant les droits du breveté, reste dans les archives de l'État, on est assez facilement conduit à appliquer les règles de la saisie-arrêt. « Le brevet, disent Pi-« card et Olin, se présente en réalité comme un objet appar-« tenant à un débiteur, l'inventeur, et se trouvant entre les « mains d'un tiers, le Gouvernement; or, aux termes de « l'art. 557 du Code de procédure, cette situation doit donner « lieu à une saisie-arrêt, non à une saisie-exécution. » Seulement, comme le tiers saisi est le Gouvernement, représenté par le ministre de l'agriculture et du commerce, c'est-à-dire, pour employer les termes du Code de procédure, par un dépositaire public, il n'y a pas lieu, conformément aux articles 561 et 569 du Code de proc. civ., de l'assigner en déclaration affirmative. Ces articles, en effet, loin de prescrire l'appel en cause du fonctionnaire, tiers saisi, le prohibent formellement (1).

M. Allart se prononce contre ce système; il propose la saisie, dans la forme de la saisie-exécution, de l'arrêté ministériel, soit en original entre les mains du débiteur si on le découvre, soit en duplicata dans les bureaux du ministère. « Le brevet, dit-il, sera ensuite mis en vente à la requête « du créancier, et l'adjudicataire, si le débiteur refuse de « lui remettre son titre, pourra obtenir une expédition, con-« formément à l'article 11 de la loi. Cette façon de procéder « ne nous paraît offrir aucun inconvénient et cela donne au « créancier toute la satisfaction à laquelle il a droit. Si, « postérieurement à la saisie, le débiteur venait à céder son « brevet, le créancier, en vertu de l'article 1167 du code « civil, ferait sans peine tomber cette vente frauduleuse (2). »

(1) V. Trib. civ. Lyon, 20 juin 1857, Villard (Sir., 58.2.24); Trib. civ. Seine, 28 avril 1859, Pinguet (*Propr. ind.*, n° 83).

(2) Allart, n° 168.

203. Un brevet peut-il être vendu par notaire? — La question revient à celle de savoir si la vente publique aux enchères de la propriété d'un brevet peut être rangée parmi les ventes d'effets mobiliers réservées exclusivement aux commissaires-priseurs par l'art. 1er de la loi du 27 ventôse an IX. Un arrêt a jugé que le brevet était, non un objet mobilier dans le sens de la loi de l'an IX, mais un objet incorporel qui peut être vendu par un notaire (1). M. Renouard nous apprend toutefois que M. le procureur général Mourre avait, sur le pourvoi formé contre cet arrêt, conclu à la cassation (2), et que la Cour suprême ne rejeta le pourvoi qu'en se fondant sur une fin de non-recevoir tirée de ce que les commissaires-priseurs eux-mêmes avaient reconnu que la vente était de la compétence des notaires (3). Ajoutons que, dans la pratique, les brevets se vendent toujours par le ministère des notaires sans qu'aucune opposition leur ait jamais été faite, et que nous ne connaissons pas un exemple d'une vente opérée par un commissaire-priseur.

204. *Quid* **du privilège du propriétaire?** — Le fait que des objets sont brevetés ne peut avoir pour conséquence de les soustraire au privilège du propriétaire; néanmoins, le propriétaire ne peut exercer son droit sur eux qu'en tant qu'ils sont des objets matériels; il ne peut saisir à son profit et vendre en même temps le droit d'en faire usage. L'acquéreur de ces objets devra donc se tenir sur ses gardes et ne pas se faire illusion sur l'étendue des droits qu'il acquiert. « Quant au brevet, disent Picard et Olin, il échappe

---

(1) V. Paris, 4 déc. 1823 (Sir., 7.2.273).

(2) V. Renouard, n° 109.

(3) V. Rej., 15 fév. 1826 (Sir., 26.1.271). — Dalloz (v° *Vente publ. de meubles*, n° 35) explique que le brevet dépendait d'un fonds de commerce avec lequel il avait été vendu en même temps que les ustensiles, meubles et autres accessoires. Or, c'est la vente de ces meubles et non celle du brevet pris isolément que les commissaires-priseurs revendiquaient. L'arrêt juge que les notaires ont pu vendre les meubles et ustensiles, parce que, avec le fonds de commerce, ils ne sont que l'accessoire du brevet d'invention et du droit au bail, objets incorporels dont les notaires étaient habiles à opérer la vente.

« au privilège du propriétaire, bien que le titre soit déposé « dans les lieux loués ; car ce privilège ne frappe que les « meubles qui garnissent la maison, et la doctrine refuse « avec raison ce caractère aux titres des droits incorpo- « rels (1). » M. Dalloz dit dans le même sens : « On enseigne « généralement que le privilège du bailleur ne s'applique ni « au numéraire qui peut se trouver dans les lieux loués, ni « aux créances actives dont les titres existeraient dans ces « mêmes lieux, parce que ni l'un ni les autres ne peuvent « être considérés comme garnissant la maison ou la ferme. « A plus forte raison, le même privilège ne peut-il s'appli- « quer au droit résultant d'un brevet d'invention, qui non « seulement est un objet incorporel, mais dont, en outre, la « transmission est soumise à des règles particulières (2). »

Il a été jugé, conformément à ces principes, que le privilége du bailleur ne porte que sur les objets matériels garnissant les lieux loués et non sur les droits incorporels qui peuvent se rattacher à ces objets : en conséquence, lorsqu'un inventeur qui a cédé son brevet à autrui est resté détenteur d'un certain nombre de métiers brevetés, mais sous la condition qu'il n'y aurait que lui et sa famille qui pourraient en faire usage, la saisie-gagerie du bailleur non payé ne peut porter que sur les métiers considérés comme objets matériels, mais non sur le droit d'en faire usage (Lyon, 24 déc. 1863, Chaponay, Dall., 64.2.234).

205. Succession vacante ; sort du brevet. — Le breveté peut mourir sans héritier. Sa succession est alors soit *vacante*, soit en *déshérence*, et l'État la recueille. Dans le premier cas, c'est en vertu du principe qui attribue à l'État les biens restés sans maître ; dans le second, c'est à titre d'héritier. Quel est, en ce cas, le sort du brevet ? Tombe-t-il, de plein droit, dans le domaine public ? La question revient à celle de savoir si l'État peut prendre un brevet d'invention ;

---

(1) Picard et Olin, n° 442. — V. Duranton, t. 19, n° 79.

(2) Dalloz, 64.2.234, notes 1 et 2. — V. Grenier, *Priv. et hyp.*, t. 2, n° 312 ; Delvincourt, t. 3, note 12 sur la p. 150 ; Pont, *Priv. et hyp.*, n° 121 ; Dalloz, v° *Priv. et hyp.*, n° 246.

car, si l'on est d'avis que l'État ne peut prendre de brevet parce qu'il ne peut privativement posséder une invention, peu importe que le brevet ait été pris par lui ou qu'il en soit devenu propriétaire, la raison de décider est la même. Nous ne pouvons que renvoyer à ce que nous avons dit plus haut (1).

SECTION III.

De la transmission des brevets.

ARTICLE Ier.

CESSION PROPREMENT DITE.

§ 1er. — *Formes de la cession.*

SOMMAIRE.

206. Un brevet peut être cédé. — 207. Cession totale; ses caractères. — 208. Cession partielle; caractères et exemples. — 209. Clause potestative. — 210. Cession de l'invention. — 211. Obscurité du contrat. — 212. Formes de la cession. — 213. Enregistrement; nullité à l'égard des tiers. — 214. Jurisprudence. — 215. La nullité n'est pas d'ordre public. — 216. Les tiers seuls peuvent l'invoquer. — 217. Les parties ne peuvent se l'opposer. 218. Jurisprudence. — 219. Cessions successives; irrégularité d'une d'elles. — 220. Jurisprudence. — 221. Cession irrégulière; les tiers peuvent-ils s'en prévaloir? — 222. Enregistrement: peut-on y suppléer? — 223. Enregistrement; délai. — 224. Où a lieu l'enregistrement? — 225. Pièces exigées pour l'enregistrement. — 226. Il est dressé un procès-verbal. — 226 *bis*. Les parties ont droit à une expédition. — 227. Expédition adressée au ministère. — 228. Transcription du procès-verbal. — 229. Le préfet ne peut refuser l'enregistrement. — 230. Peut-on faire opposition à l'enregistrement? — 231. Enregistrement fiscal. — 232. Authenticité de l'acte de cession. — 233. Payement intégral de la taxe; retard ou refus. — 234. Jurisprudence. — 235. Payement intégral de la taxe; qui doit l'effectuer? 236. Cession à titre gratuit; formalités. — 237. Cession faite en pays étranger. — 238. Cession d'un brevet étranger.

206. Un brevet peut être cédé. — Le brevet constitue une propriété au profit du titulaire, propriété mobilière dont il peut disposer de la même façon que de ses autres

---

(1) V. *suprà*, n° 92.

biens et sous les mêmes conditions de capacité. Il peut le céder, soit à titre onéreux, soit à titre gratuit; il peut le céder soit en totalité, soit en partie.

207. Cession totale; ses caractères. — La cession est totale lorsque le breveté, mettant le cessionnaire complètement en son lieu et place, ne garde lui-même aucune espèce de droits sur le brevet; en ce cas, il devient un étranger, un tiers, sauf toutefois pour les récompenses honorifiques qu'il conserve, à moins de clause spéciale, le droit de se faire attribuer.

208. Cession partielle; caractères et exemples. — La cession est partielle, lorsque le breveté n'abandonne qu'une part plus ou moins considérable de sa propriété et fait par conséquent réserve à son profit pour une partie. On peut citer un grand nombre d'exemples de cessions partielles; ainsi, la cession est partielle, lorsque le breveté cède à un individu le droit exclusif de fabriquer, se réservant, à lui-même, celui de vendre, ou réciproquement. La cession est encore partielle, quand elle est faite pour un temps ou pour un périmètre déterminé. Dans tous ces cas, qui ne sont pas les seuls et dont on pourrait multiplier les exemples, la cession est partielle, puisqu'une partie plus ou moins importante de la propriété du brevet reste entre les mains du breveté. Au surplus, la loi laisse aux parties, à cet égard, la plus entière liberté; elles peuvent faire toutes les conventions qu'il leur plaît, s'imposer réciproquement toutes les conditions qui leur conviennent, se tracer, en un mot, un cercle plus ou moins limité d'obligations.

209. Clause potestative. — Pas plus en cette matière qu'en toute autre, les parties ne peuvent stipuler à leur profit des clauses potestatives; la loi générale s'applique ici comme ailleurs. Il appartient, du reste, aux tribunaux de décider, en fait, si la clause est potestative ou ne l'est pas.

Il a été jugé, par exemple, que la clause par laquelle un breveté se réserve, en même temps qu'il cède une part dans les bénéfices devant résulter de son brevet, d'être seul juge de l'opportunité du moment pour la mise en œuvre du procédé breveté n'est pas une clause potestative dans le sens de l'art. 1174 du Code civil ; il en résulte seulement la réserve d'un délai qui a nécessairement pour limite extrême celle de la durée du brevet et pouvant toujours recevoir un terme par la mise en demeure demandée pour juste cause et prononcée en justice (Cass., 21 août 1850, Delagarde, *Bull. civ.* 50.252).

210. Cession de l'invention. — Il ne faut pas, bien entendu, confondre la cession du brevet avec la cession de l'invention. La loi ne régit que les cessions de brevet ; la cession d'une invention, avant qu'elle ait été constatée par un brevet, échappe à toute réglementation. Elle ne constitue à ce moment qu'une idée dont la possession est tellement intime, tellement liée à l'individu qui l'a conçue, que le législateur ne peut y porter ses regards et en réglementer la transmission. Toutefois, aucune disposition légale n'empêche l'inventeur de livrer son secret à autrui et de céder à qui bon lui semble le droit de faire breveter sa découverte et d'en tirer tous les profits qu'elle comporte.

211. Obscurité du contrat. — Si les termes du contrat de cession sont obscurs, il paraît naturel qu'on les interprète contre le cédant ; car il est un véritable vendeur, et dans le doute (art. 1162 et 1602 Cod. civ.) la convention s'interprète contre le vendeur (1).

212. Formes de la cession. — L'article 20 exige pour les cessions (peu importe qu'elles soient totales ou partielles) trois formalités : 1° nécessité d'un acte notarié ; 2° payement intégral des annuités restant à courir ; 3° enregistrement de la cession au secrétariat de la préfecture du département dans lequel l'acte a été passé. Ces formalités ont pour but d'abord de donner une date certaine à la cession ; ensuite d'assurer le cessionnaire contre l'éventualité d'un oubli de la part du breveté pour le payement de la taxe ; enfin de faire connaître à tous les intéressés que le brevet a changé de propriétaire.

En ce qui concerne l'acte notarié exigé par l'art. 20, M. Blanc fait l'observation suivante qui est juste : « Il est

(1) V. Nouguier, n° 272.

« bien entendu, dit-il, que le législateur n'a prévu ici que « le cas d'une cession volontaire ; car, si la vente du brevet « est faite par autorité de justice, ou si, par suite d'une con- « testation, il est intervenu un jugement qui attribue la « propriété du brevet à un autre que le titulaire, l'acte « notarié est, dans ce cas, remplacé soit par le jugement « d'adjudication, soit par la décision attributive de la pro- « priété du brevet (1). »

213. Enregistrement ; nullité à l'égard des tiers. — Des trois formalités que nous venons de mentionner, il en est une dont l'inobservation emporte la nullité de la cession à l'égard des tiers : c'est l'enregistrement à la préfecture. Rien ne semble plus clair que cette disposition. M. Blanc soulève pourtant une difficulté : il soutient que le mot « *les tiers* » doit être entendu dans un sens restrictif (2) ; selon lui, la loi, dans le cas qui nous occupe, n'a envisagé qu'une hypothèse, celle où le breveté, après avoir fait une première occasion de son brevet, en ferait une seconde ; en ce cas, si le second cessionnaire fait le premier enregistrer son titre, sa cession seule est valable ; l'autre est nulle. « L'ana- « logie, dit-il quelque part, est parfaite entre l'art. 20 de la « loi de 1844 et l'art. 1690 du Code civil. Or, il n'est venu, « que nous sachions, à la pensée de personne de soutenir que « celui qui aurait dérobé le titre d'une créance transportée « pourrait se défendre en soutenant la nullité du transport « faute de signification par le plaignant (3). » Bref, dans ce système, on n'admet à critiquer l'irrégularité de la cession que ceux qui, postérieurement à cette cession irrégulière, ont obtenu du breveté un titre remplissant les conditions voulues par la loi. Suivant M. Blanc, l'opinion contraire aurait pour effet de suspendre un moment la propriété du brevet, puisqu'elle ne serait déjà plus sur la tête du cédant et qu'elle ne serait pas encore sur la tête du cessionnaire. M. Bédarride critique avec vivacité ce raisonnement (4). Il est certain, en

(1) V. la *Propr. ind.*, n° 322.
(2) V. Blanc, p. 513 et 640.
(3) V. *Propr. ind.*, n° 322.
(4) V. Bédarride, n° 281.

effet, que l'argument dont se sert M. Blanc est une pure erreur. La propriété n'est pas le moins du monde suspendue, puisque, au contraire, la volonté de la loi est de la maintenir sur la tête du cédant, du moins au regard des tiers. Le système de M. Blanc a d'ailleurs le grave inconvénient de distinguer là où la loi ne distingue pas; rien, au surplus, ni dans l'exposé des motifs, ni dans la discussion, n'autorise à penser que le législateur ait voulu distinguer. Il paraît donc naturel de comprendre dans ce mot « *les tiers* » toute personne qui, intéressée, pour quelque cause que ce soit, à critiquer la cession, n'est pas l'une des parties contractantes. Les contrefacteurs, par exemple, sont au premier chef des tiers dans le sens de la loi et peuvent opposer une fin de non-recevoir au cessionnaire qui les poursuit en son nom, en vertu d'une cession non enregistrée. Si, pour éclairer la question, nous recherchions des analogies, nous ne serions point embarrassé d'en trouver dans nos lois; témoin, entre autres, la disposition du Code de commerce qui prononce la nullité des sociétés à l'égard des tiers pour défaut de publicité: elle est formulée presque dans les mêmes termes que celle qui nous occupe, et elle a toujours été comprise de la façon que nous proposons (1).

214. Jurisprudence (2). — Il a été jugé notamment : 1° que l'art. 20 de la loi du 5 juill. 1844 portant que « aucune cession ne sera valable à l'égard des tiers qu'après enregistrement à la préfecture » ne distingue pas entre les

---

(1) V. Pardessus, *Droit comm.*, n° 110; Dalloz, v° *Brev. d'inv.*, n°s 211 et 220; Renouard, n° 172; Rendu et Delorme, n°s 418 et 510; Bédarride, n° 281; Bozérian (*Propr. ind.*, n° 331).

(2) Il a été jugé dans le même sens par un jugement du tribunal civil de la Seine, dont nous n'avons pu retrouver la date, que le syndic de la faillite du breveté est lui-même un tiers dans le sens de l'art. 20 : si donc le breveté, avant sa déclaration de faillite, a fait une cession irrégulière, le syndic, représentant de la masse, peut se prévaloir de cette irrégularité, faire annuler la cession, et rétablir le brevet dans la masse. — V. encore Trib. corr. Seine, 8 mai 1845, Lays-Hadrot; Cass., 7 mai 1857, Fontaine (Dall., 57.1.318) ; Paris, 23 déc. 1859, Masbon (Pataille, 60.72). — V., en sens contraire, Paris, 4 janv. 1848, Hazard, et Paris, 2 mars 1849, Mothes.

prévenus de contrefaçon et les individus qui pourraient prétendre des droits contre la cession : en conséquence, le prévenu de contrefaçon peut se prévaloir de l'inaccomplissement des formalités pour repousser les poursuites (Cass., 12 mai 1849, Laval (1), Dall. 50.1.32); — 2° que, lorsqu'un acte de cession n'a pas été enregistré à la préfecture, conformément à l'art. 20, le cessionnaire est non recevable à poursuivre les contrefacteurs; il ne saurait soutenir, en ce cas, qu'il a agi comme fondé de pouvoir du breveté; c'est, en effet, une maxime de droit public que nul ne plaide par procureur, et, d'ailleurs, l'art. 61 du Code de procédure civile exigeant, à peine de nullité, que l'exploit d'assignation contienne les nom, prénoms, profession et domicile du demandeur, il s'ensuit que l'on ne saurait intenter, sous son propre nom, une action quelconque en qualité de fondé de pouvoir (Paris, 1er mars 1855, Blétry, cité par Blanc, p. 641); — 3° que les prévenus de contrefaçon sont compris dans cette expression « *les tiers* » employée dans l'art. 20; vouloir la réduire à la désignation de ceux qui prétendraient avoir des titres ou des droits à faire valoir contre la cession même, c'est créer une distinction arbitraire, condamnée par la généralité des termes aussi bien que par l'esprit de la loi (Rej., 24 nov. 1866, Carbonnier, Pataille, 66.421).

215. La nullité n'est pas d'ordre public. — La nullité, résultant à l'égard des tiers de l'irrégularité d'une cession, n'est cependant pas d'ordre public. Si donc les tiers ne l'invoquent pas, il n'appartient pas aux tribunaux de la prononcer d'office; et, par exemple, si un contrefacteur, poursuivi en vertu d'une cession irrégulière, ne se prévaut pas de cette irrégularité, les tribunaux doivent juger le fond du procès et ne peuvent soulever d'eux-mêmes une fin de non-recevoir qui ne leur est pas présentée. De même, l'individu qui aurait, en connaissance de cause, contracté avec un cessionnaire pourvu d'une cession irrégulière, ne pourrait ensuite se prévaloir de cette irrégularité pour faire annuler une convention librement acceptée. Seulement, les tiers, dans ces

---

(1) V. aussi Rej., 6 avril 1850, même affaire (Dall., 52.5.59).

divers cas, suivent la fortune de la cession qu'ils ont reconnue. Par suite, si cette cession vient à être annulée au profit d'une autre cession régulièrement consentie, ceux qui ont eu l'imprudence de la reconnaître se trouvent sans titre vis-à-vis de la seconde et obligés de compter avec elle, sans pouvoir tirer aucun avantage des engagements pris envers eux par le premier cessionnaire.

Jugé, en ce sens, que le moyen tiré du défaut d'observation des formalités prescrites par l'article 20 de la loi du 5 juillet 1844, pour la cession des brevets, n'est pas d'ordre public et ne peut être présenté pour la première fois en appel (Cass., 14 mars 1884, Pradon, Pataille, 85.73).

216. Les tiers seuls peuvent l'invoquer. — Le droit de se prévaloir de l'irrégularité de la cession, et partant, d'invoquer la nullité qui en est la conséquence, appartient aux tiers, et n'appartient qu'à eux. Ni le cédant ni le cessionnaire ne peuvent l'opposer aux tiers. Si donc un tiers, ayant eu connaissance de la cession, forme contre le cessionnaire une demande en nullité ou en revendication du brevet, le cessionnaire ne serait pas recevable, pour obtenir sa mise hors de cause, à se prévaloir de l'irrégularité de son titre; nul ne saurait être admis à argumenter de son propre fait, de sa faute personnelle (1).

217. Les parties ne peuvent se l'opposer. — A plus forte raison, faut-il admettre que les parties contractantes, cédant et cessionnaire, ne peuvent, l'un vis-à-vis de l'autre, se prévaloir de l'irrégularité du contrat. Peu importe donc qu'aucune des formalités prescrites par l'art. 20 n'ait pas été remplie; un simple acte sous seing privé suffit pour lier les parties entre elles irrévocablement (2). M. Nouguier, seul, n'est pas complètement de cet avis; il admet bien que l'enregistrement de la cession au secrétariat de la préfecture n'est exigé, à peine de nullité, qu'au regard des tiers; mais il pense que la cession doit dans tous les cas être rédigée dans la forme authentique. Pourtant, comprenant lui-même

---

(1) V. Nouguier, n° 286.

(2) V. Renouard, n° 172; Blanc, p. 511; Rendu et Delorme, n° 417; Dalloz, v° *Brev. d'inv.*, n° 212.

la rigueur de ce principe, il ajoute aussitôt le correctif suivant : « Si les parties contractantes ont été parfaitement « d'accord sur l'étendue, sur la durée et sur le prix de la « cession, leurs conventions sous seing privé ne sauraient, « sans iniquité, être complètement mises à néant ; sans « aucun doute elles ne vaudront pas comme cession pro- « prement dite ; mais, comme la promesse de vente vaut « vente lorsqu'il y a consentement réciproque (art. 1589 « Cod. civ.), le cessionnaire aurait le droit de demander « et les tribunaux pourraient, selon les circonstances, or- « donner que le contrat sera régularisé devant notaire, ou « qu'à défaut le jugement tiendra lieu de cette régulari- « sation (1). » La jurisprudence n'a point accepté cette sorte de compromis et a consacré l'opinion générale.

218. Jurisprudence. (2). — Il a été décidé, conformément à l'opinion que nous avons émise : 1° que la cession d'un brevet consentie par acte sous seing privé est valable entre les parties contractantes, même si les formalités prescrites par l'art. 20 n'ont pas été remplies ; l'accomplissement de ces formalités n'est exigé qu'à l'égard des tiers (Trib. comm. Seine, 14 déc. 1854, Bellezanne, Teul., 55.142 ; — 2° que les cessions, même faites sous seing privé, sont, d'après les règles du droit commun auxquelles la loi n'a pas dérogé, valables entre les parties contractantes ; c'est seulement à l'égard des tiers que les formalités de l'art. 20 sont prescrites à peine de nullité ; les parties contractantes ne peuvent donc se prévaloir, à l'égard l'une de l'autre, de l'omission de ces formalités (Rej., 1er sept. 1855, Blondel, Pataille, 55.193) ; — 3° que le cessionnaire d'un brevet ne peut se prévaloir de l'inobservation des formalités prescrites par la loi pour se refuser à payer son prix ; l'accomplissement de ces formalités, exigées dans l'intérêt des tiers, incombe au cessionnaire plus encore qu'au cédant (Trib. civ. Seine, 19 mars 1861, Dalifol, *Prop. ind.*, n° 192).

219. Cessions successives ; irrégularité de l'une

(1) V. Nouguier, n° 289.

(2) V. encore Rej., 20 nov. 1822, Bérard (Dall., v° *Brev. d'inv.*, n° 212) ; Paris, 19 fév. 1876, Mercié (Pataille, 77.210).

d'elles. — Il peut arriver qu'un cessionnaire, pourvu lui-même d'une cession irrégulière, cède à son tour ses droits et que cette seconde cession soit consentie dans les formes voulues par la loi. On peut même supposer que cette seconde cession, régulièrement faite, soit suivie d'une ou plusieurs cessions également régulières, et que le brevet, après avoir été ainsi irrégulièrement transféré au premier degré, ait ensuite été transmis d'une manière toujours régulière. Quel sera l'effet de cette irrégularité ? Aura-t-elle vicié toutes les transmissions dont elle a été l'origine? ou bien, au contraire, aura-t-elle été couverte par cette série d'actes réguliers ? Si le dernier cessionnaire, qui pour son compte a accompli toutes les prescriptions de la loi, vient à poursuivre un contrefacteur, celui-ci pourra-t-il se prévaloir de l'irrégularité de la cession originaire pour repousser l'action dont il est l'objet ? M. Bédarride pense que, dès que l'une des cessions est irrégulière, toutes celles qui l'ont suivie participent au même vice ; c'est l'application de ce principe, à savoir que ce qui est nul en soi ne peut d'aucune façon devenir valable et qu'un acte nul ne peut engendrer aucun droit (1). Ne peut-on pas répondre à M. Bédarride qu'il y a des nullités qui peuvent être couvertes, et celles-là peuvent être couvertes qui ne sont pas des nullités d'ordre public? Or, il n'est pas douteux que la nullité dont il s'agit ici n'a pas ce dernier caractère (2). Nous savons, d'ailleurs, que l'inaccomplissement des formalités de l'art. 20 n'a pas pour effet d'enlever au cessionnaire toute espèce de droits, d'anéantir absolument la cession (3). Le cessionnaire est, au contraire, au regard du cédant, saisi de l'entière propriété du brevet : il est seulement privé de son exercice au regard des tiers. Ce n'est donc pas le cas de dire qu'étant sans droit, il n'a pu en transmettre aucun. Des droits, il en a ; dès lors, pourquoi ne pourrait-il pas les transmettre ? Et pourquoi celui à qui il les transmet serait-il empêché de les exercer, si, lui, s'est conformé à la loi (4)?

(1) V. Bédarride, n° 269.
(2) V. *suprà*, n° 215.
(3) V. *suprà*, n°s 217 et 218.
(4) V. Allart, n° 188.

220. Jurisprudence. — Il a été jugé en ce sens : 1° que, lorsqu'il y a eu plusieurs cessions successives, il suffit que la dernière seule ait été enregistrée ; les tiers ne peuvent opposer au cessionnaire, qui est actuellement en possession du brevet et qui a rempli les formalités de l'art. 20, le défaut d'enregistrement des cessions antérieures (Rej., 1er sept. 1855, Blondel, Pataille, 55.193) ; — 2° que le prévenu de contrefaçon n'a pas qualité pour contester la régularité d'une cession antérieure à celle qu'on lui oppose ; il suffit que cette dernière soit conforme aux prescriptions de la loi ; en tout cas, il importerait peu que la première cession n'eût été enregistrée qu'après la seconde, dès qu'il est établi que l'enregistrement a eu lieu avant la poursuite (Paris, 14 déc. 1860, Vallas, *Prop. ind.*, n° 162).

221. Cession irrégulière ; les tiers peuvent-ils s'en prévaloir ? — Nous venons de voir comment les tiers peuvent invoquer la nullité de la cession, lorsqu'elle est irrégulière. Peuvent-ils, par contre, se prévaloir de cette cession, tout irrégulière qu'elle est, et, par exemple, si le breveté les poursuit en son nom, repousser cette poursuite par le motif qu'il aurait cédé son brevet et n'en serait plus propriétaire ? Un arrêt de la Cour de Paris, suivi d'un arrêt de rejet (1), s'est prononcé pour l'affirmative. Il faut convenir qu'avec ce système les contrefacteurs auraient beau jeu : ils pourraient, en effet, répondre au titulaire du brevet : « Vous avez cédé vos droits et vous n'êtes plus apte à les exercer » et, d'un autre côté, répondre au cessionnaire : « Votre titre est irrégulier et vous ne pouvez vous en prévaloir ; » de sorte que, en définitive, la propriété resterait indécise et flottante entre le titulaire du brevet et son cessionnaire. M. Bozérian critique avec raison la solution donnée par cet arrêt et pense que, la cession irrégulière étant déclarée par la loi nulle à l'égard des tiers, ceux-ci ne peuvent à aucun titre en tirer avantage ; elle est à leur égard comme si elle n'existait pas (2).

---

(1) V. Paris, 30 juill. 1863, et Rej., 24 mars 1864, Guerrier (Pataille, 64.176).

(2) V. *Propr. ind.*, n° 331.

Jugé en ce sens : 1° que, lorsque la cession d'un brevet n'a pas été faite dans les formes prescrites par l'article 20 de la loi du 5 juillet 1844, elle ne produit pas effet vis-à-vis des tiers, et le breveté, conservant son droit de propriété au regard de ceux-ci, garde le droit de poursuivre la contrefaçon (Agen, 13 mars 1883, Urbain (1), Pataille, 83.105) ; — 2° que le breveté, qui a traité avec un tiers pour l'exploitation du produit breveté sans lui avoir d'ailleurs cédé son brevet lui-même, a qualité pour poursuivre les contrefacteurs, et ceux-ci ne sont nullement fondés à se prévaloir d'un acte qui est pour eux *res inter alios acta* (Douai, 15 mai 1885, Dupont-Buisine, Pataille, 86.303).

222. Enregistrement ; peut-on y suppléer ? — Aucun acte ne peut remplacer l'enregistrement à la préfecture, qui est de rigueur ; spécialement, la notification de la cession au préfet et la sommation qui lui serait faite d'en opérer l'enregistrement ne pourraient équivaloir à l'enregistrement lui-même (2). De même, l'enregistrement de la cession ne saurait être remplacé par l'enregistrement au secrétariat de la préfecture d'un extrait authentique d'une décision judiciaire dans laquelle les conventions sont bien énoncées, mais qui n'avait pas pour objet de constater l'existence desdites conventions et encore moins de leur conférer le caractère de l'authenticité (3). Mais la cession est opposable aux tiers, encore qu'elle ait été faite par acte sous seing privé, si cet acte a été ultérieurement reconnu devant notaire et si l'enregistrement au secrétariat de la préfecture a eu lieu sur le dépôt d'un extrait authentique de l'acte notarié (4).

Jugé, par exemple, que le dépôt de l'acte de société contenant l'apport du brevet et fait aux greffes du tribunal de commerce et de la justice de paix, conformément à l'article 55 de la loi du 24 juillet 1867, n'est pas une formalité de publicité pouvant équivaloir légalement aux formalités de l'ar-

(1) Comp. Trib. civ. Seine, 21 août 1879, Tellier (Pataille, 83.5).

(2) V. Cass., 12 mai 1849, Laval (Dall., 50.1.32).

(3) V. Rouen, 27 avril 1866, et Rej., 24 nov. 1866, Carbonnier (Pataille, 66.421).

(4) V. Rouen, 26 nov. 1866, Carbonnier (Pataille, 68.260).

ticle 20 de la loi du 5 juillet 1844 (Trib. civ. Seine, 21 août 1879, Tellier, Pataille, 83.5).

223. Enregistrement; délai. — Aucun délai n'est imposé pour l'enregistrement à la préfecture; la loi s'en remet, sur ce point, à l'intérêt du cessionnaire qui peut toujours craindre qu'une seconde cession ne soit frauduleusement consentie à son détriment par le breveté et que cette cession, enregistrée avant la sienne, ne la prime. Observons, cependant, que, si le cessionnaire est toujours à temps pour faire enregistrer son contrat de cession, il ne pourrait, tant que l'enregistrement n'a pas eu lieu, s'en prévaloir à l'encontre d'un contrefacteur. Cela ressort avec évidence de ce que nous avons dit précédemment. — Il a été jugé en ce sens : 1° que l'enregistrement, accompli postérieurement aux poursuites commencées par le cessionnaire, est tardif et ne peut servir de base légale à ces poursuites (Cass., 6 avril 1850, Mothes, Dall., 52.5.59); — 2° que la loi ne prononce pas de délai fatal pour l'enregistrement des cessions et qu'il suffit que cette formalité soit accomplie avant la poursuite en contrefaçon pour qu'elle puisse servir de base à l'action (Paris, 14 déc. 1860, Vallas, *Propr. ind.*, n° 162).

224. Où a lieu l'enregistrement ? — L'enregistrement doit être fait à la préfecture du département dans lequel l'acte de cession a été passé. La loi le dit expressément : si l'acte de cession est passé à Paris, c'est à la préfecture de la Seine que l'enregistrement doit avoir lieu. Toute autre préfecture ne serait pas compétente.

225. Pièces exigées pour l'enregistrement. — La loi dit simplement que « l'enregistrement sera fait sur la « production et le dépôt d'un extrait authentique de l'acte de « cession ». Dans la pratique, les préfets sont plus exigeants et s'en tiennent aux termes de l'instruction ministérielle du 31 octobre 1844, qui règle de la façon suivante l'exécution de la loi : « Aucun dépôt d'acte de cession ne doit être admis « que sur la production et le dépôt : 1° du récépissé établis- « sant en temps utile le payement de la dernière annuité échue « autre que la première; 2° d'un récépissé du receveur géné- « ral, dans les départements; du receveur central, à Paris, « constatant le versement intégral du complément de la

« taxe du brevet; et 3° d'un extrait authentique de l'acte nota-
« rié, passé devant un notaire du département, et con-
« statant la cession totale ou partielle du brevet, soit à titre
« onéreux, soit à titre gratuit. Toutefois, si le brevet avait
« déjà été l'objet d'une cession antérieure, l'expédition du
« procès-verbal d'enregistrement de ladite cession et l'extrait
« authentique de l'acte notarié dont il vient d'être parlé suffi-
« raient pour l'enregistrement. Cette dernière pièce seule
« devrait rester annexée au procès-verbal (1). »

226. Il est dressé un procès-verbal. — « Un pro-
« cès-verbal, dressé en présence du déposant et signé par
« lui, constatera le dépôt des pièces ci-dessus mentionnées et
« énoncera les noms, qualités et domicile du déposant, s'il
« est autre que le breveté, du cédant et du cessionnaire, la
« désignation précise du brevet, la nature des droits conférés
« au cessionnaire et les conditions de ladite cession, qui
« pourraient affecter la propriété du brevet. Les procès-ver-
« baux de l'espèce, comme les procès-verbaux relatifs aux
« demandes de brevets, seront dressés de suite et sans aucun
« blanc, sur un registre spécial à ce destiné, coté et paraphé.
« Ils porteront un numéro d'ordre (2). » Il serait à désirer, quoique l'instruction ministérielle soit muette à cet égard, que le procès-verbal mentionnât l'heure exacte à laquelle on le dresse; cette mention peut être, en effet, nécessaire dans le cas où le breveté aurait successivement cédé son brevet à deux individus, puisqu'alors c'est la cession, enregistrée la première, qui prime l'autre (3).

226 *bis*. Les parties ont droit à une expédition. — « La loi n'a pas ordonné qu'il soit délivré expé-
« dition du procès-verbal, mais cette mesure d'ordre peut
« être adoptée dans l'intérêt des parties; elle ne doit entraîner
« d'autres frais que le remboursement du prix du timbre (4). »
Ajoutons que l'enregistrement, lui-même, comme la délivrance de l'expédition du procès-verbal, a lieu sans frais.

227. Expédition adressée au ministère. — Une

(1) V. Nouguier, p. 516.

(2) *Instr. minist.* (V. Nouguier, p. 516).

(3) V. Bédarride, n° 272.

(4) *Instr. minist.* (V. Nouguier, p. 516).

expédition du procès-verbal est adressée au ministère de l'agriculture et du commerce, où il est tenu un registre des mutations; les mentions portées sur ce registre sont publiées au *Bulletin des lois* tous les trois mois et sont ainsi portées à la connaissance des tiers. Le registre lui-même est tenu à la disposition du public, qui peut de cette façon suivre pas à pas les vicissitudes du brevet. Il est vrai que la lenteur que mettent, en général, les préfets à transmettre les procès-verbaux dressés dans leurs préfectures paralyse singulièrement les bonnes dispositions du législateur.

228. Transcription du procès-verbal. — Le cessionnaire n'a point à se préoccuper de la transcription du procès-verbal sur le registre du ministère. C'est là une pure affaire d'administration. Le droit du cessionnaire n'est, du reste, pas le moins du monde subordonné à cette transcription. Dès que l'enregistrement a eu lieu, il est pleinement saisi à l'égard des tiers et peut agir contre eux. Il ne saurait, en effet, dépendre de la lenteur de l'administration de paralyser les droits qui dérivent du brevet (1).

229. Le préfet ne peut refuser l'enregistrement. — C'est ce que rappelle avec soin l'instruction ministérielle que nous avons déjà citée : « J'ai fait remarquer, dit le « ministre, que l'autorité n'était pas juge des conventions « particulières intervenues entre les parties. J'insiste sur « cette observation, afin que vous vous pénétriez bien de l'o- « bligation de faire procéder, sans délai, à l'enregistrement « des actes de cession présentés, sans s'arrêter à l'examen des « questions de fond qui pourraient surgir. L'administration « ne manque pas, sans doute, à ce devoir, et se montre pater- « nelle en donnant officieusement aux parties les avis qui « peuvent les éclairer; mais, si le requérant persiste, l'enre- « gistrement doit être effectué sur-le-champ. Il importe, en « effet, que cet acte, auquel la loi a subordonné la validité « des cessions envers les tiers, ne soit jamais retardé par la « faute de l'administration (2). »

---

(1) V. Trib. civ. Seine, 14 janv. 1840, Devilaine (Dall., v° *Brev. d'inv.*, n° 211).

(2) *Instr. minist.* (Nouguier, p. 516).

230. Peut-on faire opposition à l'enregistrement? — En fait, l'administration ne reçoit aucune opposition et passe outre à l'enregistrement. En droit, la plupart des auteurs approuvent la conduite de l'administration; ils se fondent sur ce fait que l'enregistrement, ne produisant d'effet que si la cession est valable, ne peut porter atteinte à aucun droit ni à aucun intérêt, tandis que son omission pourrait causer le préjudice le plus grave et le moins justifié (1). M. Blanc est pourtant d'un avis contraire (2). Il ne voit rien dans la loi qui interdise cette mesure à ceux qui élèvent des prétentions sur un brevet, et il pense que des avantages sérieux seraient attachés à son accomplissement; d'un côté, le cessionnaire ne serait pas exposé à acquérir un brevet qui n'est peut-être pas la propriété du titulaire, et, d'un autre côté, le breveté trouverait d'autant plus facilement un cessionnaire qu'on saurait que, si nul n'a usé du droit d'opposition, c'est que nul ne se croit intéressé à critiquer la cession. Constatons encore ici, comme nous l'avons fait ailleurs (3), que cette opinion, si justes qu'en puissent paraître les motifs, a contre elle le silence absolu de la loi et, par suite, la nécessité, toujours fâcheuse, d'organiser une procédure qui n'est écrite nulle part.

231. Enregistrement fiscal. — L'enregistrement au secrétariat de la préfecture ne fait pas double emploi avec l'enregistrement fiscal, qui demeure exigible comme pour tout autre acte de mutation, et comporte un droit de 2 p. 100 (4). Rappelons qu'il appartient aux tribunaux d'apprécier les termes du contrat et d'en déterminer la nature et le caractère.

Il a été jugé, par exemple : 1° que la cession par un breveté à un tiers d'une portion de ses droits à la propriété du brevet est passible du droit de vente mobilière, encore bien

---

(1) V. Nouguier, n° 305; Renouard, n° 175; Calmels, n° 703; Rendu et Delorme, n° 423; Bédarride, n° 287.

(2) V. Blanc, p. 510 et 517.

(3) V. *suprà*, n° 131.

(4) V. Nouguier, n° 298.

que l'acte contenant ladite vente contienne en même temps formation entre les mêmes parties d'une société pour l'exploitation dudit brevet ; le fait que la stipulation de vente précède la stipulation de société entraîne payement du droit (Trib. civ. Seine, 21 juill. 1848, Dall., 48.5.164) ; — 2° qu'il y a lieu de considérer comme une vente, et non comme un contrat de louage, l'acte par lequel un breveté cède à un tiers le droit d'exploiter son invention dans une localité déterminée, avec faculté de résiliation, mais pour le tiers seulement ; c'est donc avec raison qu'en pareil cas l'administration de l'enregistrement perçoit le droit proportionnel de 2 p. 100 sur toutes les années de jouissance à courir jusqu'à l'expiration du brevet (Trib. civ. de Bazas, 5 juill. 1859, Dall., 60.3.62).

231 *bis*. **Enregistrement fiscal** (*Suite*). — En cette matière, d'ailleurs, comme en toute autre, l'administration est toujours recevable à critiquer le chiffre que les parties ont porté dans l'acte comme prix de la cession.

Il a été jugé, conformément au droit commun, que des présomptions graves, précises et concordantes suffisent pour établir qu'une cession d'objets mobiliers, spécialement d'un brevet d'invention, a été faite moyennant un prix supérieur à celui porté dans l'acte, et, par suite, pour motiver un supplément de droit (Trib. civ. Seine, 7 fév. 1857, Goodyear, Pataille, 62.307).

232. Authenticité de l'acte de cession. — Le défaut d'authenticité de l'acte de cession est-il, par lui-même, une cause de nullité de la cession ? Notons d'abord que l'administration, aux termes de la loi, est tenue d'exiger et exige la production et le dépôt d'un extrait authentique de l'acte de cession pour procéder à l'enregistrement, c'est-à-dire que le défaut d'authenticité rend, en définitive, l'enregistrement impossible. Il semble donc que la question que nous venons de poser ne puisse se présenter isolément et dégagée de la question d'enregistrement. Voici cependant un cas à signaler : un acte de cession est dressé dans la forme authentique ; seulement le cédant, absent ou malade, se fait représenter par un mandataire auquel il donne pouvoir sous seing privé ; l'acte, ainsi fait, est ensuite enregistré et l'enregistrement est régulier. De là, deux questions : 1° l'acte de cession doit-il être considéré comme authentique, quoique le pouvoir du mandataire soit sous seing privé ? 2° à supposer que l'acte ne puisse pas être considéré comme authentique, la cession est-elle nulle ? Sur la première question, nous sommes disposé à répondre négativement ; il nous semble conforme aux principes généraux de n'admettre comme authentique qu'un acte qui l'est dans toutes ses parties. Voici du reste une note que nous recueillons dans le *Journal du Palais* et qui apprécie très justement la question : « La loi « de 1844, art. 20, dit l'arrêtiste, dispose que la cession « totale ou partielle d'un brevet, soit à titre gratuit, soit à « titre onéreux, ne pourra être faite que *par acte notarié*. « Mais que décider au cas où, l'acte de cession lui-même « remplissant les conditions d'authenticité exigée par cette « loi, cet acte aurait été consenti par un mandataire muni « seulement d'un mandat sous seing privé ? Lorsque la cession d'un brevet est consentie par un mandataire, c'est « dans le mandat, dans la procuration donnée pour la consentir, qu'existe réellement le consentement du constituant, « consentement qui devra ensuite être reporté dans l'acte « constitutif de la cession. Cet acte primitif, élément essentiel « de l'acte authentique passé plus tard, qui ne fera qu'un « avec lui, et sans lequel celui-ci serait insuffisant à prouver « le consentement du mandant, doit donc être, comme lui, « en la forme authentique ; sans cela, on ne pourrait dire « avec vérité que le consentement à la cession du brevet ait « été donné et soit constaté par un acte authentique. Du « reste, la même question s'est produite pour les donations « et les constitutions d'hypothèques ; on s'est demandé si la « donation et l'hypothèque, qui ne peuvent être consenties « que par acte authentique, pourraient être valablement « faites en vertu d'une procuration sous seing privé. La « jurisprudence paraît être aujourd'hui fixée dans le sens de « la négative (1). »

(1) V., en ce qui concerne la donation : Cass., 19 avril 1843 (J. P., 43.2.62) et 1er déc. 1846 (J. P., 47.1.16) ; et en ce qui concerne la constitution d'hypothèque : Cass., 19 janv. 1864 (Sirey, 64.1.221) et Bordeaux, 26 avril 1864 (Sirey, 64.2.268).

Quelque opinion qu'on se forme sur cette question, nous n'hésitons pas, dans tous les cas, à penser que le défaut d'authenticité de l'acte n'est pas, par lui-même, une cause de nullité ; cela nous paraît ressortir avec évidenee du texte de l'article 20 ainsi conçu : « La cession totale ou partielle d'un « brevet, soit à titre gratuit, soit à titre onéreux, ne pourra « être faite que par acte notarié et après le payement de la « totalité de la taxe déterminée par l'article 4. *Aucune cession « ne sera valable, à l'égard des tiers, qu'après avoir été en-« registrée au secrétariat de la préfecture.* » Le texte est donc formel ; la cession n'est nulle qu'à défaut d'enregistrement ; dès lors, comment étendre à un cas qu'elle n'a pas expressément prévu une disposition aussi nettement restrictive ? N'est-il pas de principe que les nullités sont toujours de droit étroit et ne se peuvent suppléer (1) ?

Il a été jugé pourtant, d'abord, qu'un acte de cession n'est véritablement authentique que s'il l'est dans toutes ses parties ; ensuite, que, si le cédant se fait représenter par un mandataire, il faut, à peine de nullité pour défaut d'authenticité de l'acte, que ce mandataire soit porteur d'une procuration authentique (Trib. civ. Rouen, 15 juin 1867, de Montagnac (2), Pataille, 69.2.225).

233. Payement intégral de la taxe ; retard ou refus. — Le payement intégral de la taxe doit naturellement précéder la rédaction du contrat, la loi le dit même expressément ; toutefois, le retard mis à ce payement ne constitue pas une cause de nullité de la cession. Dans la pratique, les notaires ne consentent à passer le contrat qu'autant que les parties leur représentent la quittance de la recette générale ; souvent même ils manifestent la crainte d'engager leur responsabilité s'ils agissaient autrement. D'un autre côté, les préfets, se conformant à l'instruction ministérielle que nous avons déjà citée, exigent la production d'un récépissé du

---

(1) *Contrà*, Allart, n° 174.

(2) La Cour, tout en confirmant le jugement, a jugé inutile l'examen de cette question, ce qui permet de supposer que la solution adoptée par le tribunal lui paraissait au moins douteuse.

receveur général ou central, constatant que la totalité des annuités a été payée. Le refus des notaires de passer l'acte, le refus des préfets de l'enregistrer, sont au surplus la seule sanction de cette disposition, dont, à vrai dire, les motifs sont assez futiles. Il suit de là que les tiers, et particulièrement les contrefacteurs, ne peuvent se prévaloir contre le cessionnaire de ce que, la taxe n'ayant pas été acquittée, la cession ne leur serait pas opposable. Cela ressort avec évidence des termes de l'art. 20, qui n'exige, pour la validité de l'acte à l'égard des tiers, que l'enregistrement à la préfecture. A plus forte raison, ne pourrait-on prétendre que le défaut du payement intégral de la taxe, en cas de cession, a pour effet d'entraîner la nullité du brevet lui-même. L'oubli de cette formalité, sans effet sur la cession, ne saurait exercer aucune influence sur le sort du brevet.

234. **Jurisprudence.** — Il a été jugé en ce sens que, bien que l'art. 20 prescrive, en cas de cession, le payement intégral des annuités à échoir jusqu'à l'expiration du brevet, cette formalité n'est néanmoins pas prescrite à peine de nullité (Rej., 1er sept. 1855, Blondel, Pataille, 55.193).

Il a été jugé pourtant, en sens contraire, que le cessionnaire est non recevable à poursuivre les contrefacteurs, c'est-à-dire à se prévaloir de la cession à l'égard des tiers, tant qu'il ne justifie pas du payement intégral de la taxe, conformément à l'art. 20 ; on objecterait vainement que le payement n'a été prescrit que pour assurer la sécurité des cessionnaires ; en effet, il n'y a pas à distinguer, lorsque la formule employée par la loi est impérative, et, d'ailleurs, il est évident que l'intérêt du fisc se place à côté de la sécurité des cessionnaires (Rouen, 2 janv. 1869, Darras, Sir., 69.2.300).

235. **Payement intégral de la taxe ; qui doit l'effectuer ?** — A qui, du cessionnaire ou du cédant, incombe le soin d'opérer le payement anticipé de la totalité de la taxe ? A défaut de stipulations précises sur ce point, il nous paraît conforme aux principes généraux d'imposer ce payement au cessionnaire. C'est lui, en effet, qui désormais tirera profit de l'exploitation du brevet ; à lui donc la charge qui en est la conséquence. Aussi bien la taxe constitue-t-elle un véritable impôt, prélevé par le Gouvernement sur les bénéfices résul-

tant, pour le propriétaire du brevet, du monopole que la loi lui reconnaît. On peut ajouter, d'ailleurs, que les frais de vente sont en principe à la charge de l'acheteur. Cependant, en cas de cession partielle, nous trouverions peu équitable que la somme à payer fût mise tout entière à la charge du cessionnaire. Nous pensons qu'elle devrait être supportée par les parties dans la proportion de leurs droits, c'est-à-dire qu'on tiendrait compte de la durée, de l'étendue de la cession, de son importance, en un mot, pour apprécier la part qui doit être à la charge de chacune d'elles (1).

236. Cession à titre gratuit; formalités. — Ce que nous avons dit, jusqu'ici, s'applique à toute cession, sans distinction entre celle qui est faite à titre onéreux et celle qui le serait à titre gratuit. Seulement, à peine est-il besoin de l'ajouter, si la cession est faite à titre gratuit, elle constitue une donation, et, comme telle, reste en outre soumise aux principes généraux. Il faudrait donc, dans un cas pareil, appliquer concurremment les règles que nous avons rappelées plus haut et les prescriptions du Code civil.

237. Cession faite en pays étranger. — On peut supposer que le propriétaire d'un brevet pris en France trouve, tandis qu'il est à l'étranger, l'occasion de le vendre. Dans quelles formes devra-t-il consentir la cession? N'aura-t-il d'autre moyen que de revenir, au plus vite, en France avec son acquéreur pour remplir toutes les formalités voulues par la loi ? On est d'accord qu'il y a lieu en ce cas d'appliquer la maxime : *locus regit actum*, et que l'acte est de tous points valable dès qu'il est rédigé dans les formes du pays où il est passé. Toutefois, le cessionnaire, de retour en France, devra se mettre en règle avec la loi française, c'est-à-dire, le faire enregistrer au secrétariat d'une préfecture (2).

Jugé, à cet égard, que le possesseur d'un brevet français, qui prétend exercer ses droits en qualité de *trustee*, suivant

---

(1) V. Nouguier, n° 285.

(2) V. Nouguier, n° 306; Dall., v° *Brev. d'inv.*, n° 209; Rendu et Delorme, n° 416; Allart, n° 191.

la législation anglaise, n'est recevable dans une action en contrefaçon en France qu'autant qu'il a accompli les conditions prescrites par l'art. 20 de la loi du 5 juillet 1844 (Paris, 28 janv. 1879, Snider, Pataille, 79.49).

238. Cession d'un brevet étranger. — La loi ne régit, bien entendu, que les cessions de brevets pris en France; quant aux brevets étrangers, ils restent soumis au droit commun, et peuvent être cédés dans la même forme que toute autre propriété mobilière. Leur cession est donc parfaitement valable, même à l'égard des tiers, bien qu'elle n'ait pas été enregistrée au secrétariat d'une préfecture.

§ 2. — *Effets de la cession.* — *Résolution.*

SOMMAIRE.

239. Cession totale; ses effets. — L'effet de la cession, si elle est totale, est de transférer au cessionnaire tous les droits qui auparavant appartenaient au titulaire du brevet.

Ces droits sont ceux qui découlent de toute propriété : droit d'user et d'abuser de sa chose, dans le sens juridique de ces deux mots, et droit de poursuivre les empiétements des tiers, c'est-à-dire les contrefaçons.

240. Récompenses honorifiques. — Toutefois, la cession même totale laisse au titulaire du brevet le droit de réclamer pour lui le mérite de l'invention et par conséquent les récompenses honorifiques qui y peuvent être attachées. Il en est d'une invention comme d'un tableau qui, en quelque main qu'il soit, ne saurait jamais donner à son possesseur le droit d'effacer le nom du peintre pour le remplacer par le sien.

C'est ainsi qu'il a été jugé que le fait d'avoir acheté un brevet ne donne pas à l'acquéreur le droit de se dire l'inventeur : même après l'expiration du brevet, ce fait constitue un acte de concurrence déloyale (Trib. civ. Seine, 3 juill. 1858, Debain, *Prop. ind.*, n° 29).

240 *bis*. *Quid* du nom de l'inventeur ? — Il a été jugé (et cela n'est pas une contradiction avec ce qui précède) que la cession n'emporte pas nécessairement pour le cessionnaire le droit d'annoncer au public qu'il exploite le brevet; les parties ont pu convenir qu'il ne serait pas fait usage du nom de l'inventeur, alors surtout que celui-ci s'est réservé le droit de construire pour son usage personnel les machines brevetées et d'y apposer sa signature (Paris, 7 janv. 1876, Alauzet, Pataille, 77.189).

241. Cession partielle; ses effets. — Les droits résultant de la cession partielle sont, en principe, les mêmes que ceux résultant de la cession totale, seulement avec moins d'étendue; ils sont alors limités par l'acte de cession lui-même qui les définit et qui les explique (1).

Jugé, par exemple, que le cessionnaire d'un brevet d'invention, dont la cession est limitée à un périmètre déterminé, est sans droit et sans action pour poursuivre la contrefaçon au dehors de ce périmètre (Trib. corr. Marseille, 26 mars 1861, Fox, Pataille, 62.120).

---

(1) V. Nancy, 27 janv. 1875, Frezon (Pataille, 75.31).

242. Le cessionnaire est l'ayant cause du breveté. — Sur la poursuite en contrefaçon introduite par le cessionnaire, il peut arriver que le brevet soit annulé. Le breveté aura-t-il un recours contre cette décision? Il a été jugé que le cessionnaire, en ce cas, est l'ayant cause du breveté, et que, par conséquent, celui-ci ne peut se pourvoir par la voie de la tierce opposition (Lyon, 22 mai 1858, Fournel, *Propr. ind.*, n° 23).

243. Réserve du breveté en cas de procès. — Le breveté, pour éviter l'inconvénient pouvant résulter pour lui d'une décision qui serait rendue contre le cessionnaire, et rendue peut-être par suite d'une collision, doit se réserver le droit d'intervenir dans toute instance engagée par un cessionnaire afin d'assister aux débats et de les surveiller.

244. Vente hors du périmètre cédé; responsabilité. — Un des modes de cession partielle les plus usités est de céder pour une localité déterminée. Dans ce cas, cette localité est en quelque sorte l'apanage du cessionnaire; lui seul a le droit d'y exploiter le brevet, à l'exclusion de tout autre, même à l'exclusion du breveté. En revanche, le cessionnaire ne peut sortir des limites du périmètre qui lui appartient; il ne peut pas plus empiéter sur le territoire réservé au breveté que le breveté ne peut, lui-même, empiéter sur le territoire qu'il a abandonné au cessionnaire. On conçoit toutefois, que, malgré la plus grande loyauté apportée des deux parts à l'exécution du contrat, il peut arriver qu'un objet vendu par le breveté pénètre, à la suite de ventes successives, dans le périmètre cédé, et, réciproquement, qu'un objet vendu par le cessionnaire dans son périmètre pénètre à son tour sur le territoire que s'est réservé le breveté. Que décider en ce cas? Le bon sens dit que chacun ne répond que de ses fautes personnelles; si l'infraction constatée est indépendante de la volonté de celui à qui elle peut être reprochée, s'il est certain qu'il n'y a pas pris part, s'il est prouvé qu'il s'était tenu dans les limites de son droit, comment cette infraction qu'il n'a pas pu prévoir, qu'il n'a pas pu empêcher, deviendrait-elle pour lui une cause de responsabilité? Au contraire, s'il est établi qu'il y a eu participation à la fraude, que du moins il y a eu imprudence grave, que, par exemple, l'acheteur n'a pas été averti des conditions spéciales dans lesquelles on lui vendait, il y a violation de la convention et responsabilité engagée (1).

Il a été jugé, à cet égard, que, lorsqu'un breveté s'est interdit de vendre sa machine, dans un département, à tout autre qu'une personne déterminée, et que pourtant des machines, provenant de sa maison, entrent dans ce département, il n'est pas responsable de ce fait s'il n'est pas prouvé qu'il ait vendu ces machines directement et en connaissance de cause (Paris, 6 avril 1861, Mayer, *Prop. ind.*, n° 175).

245. Certificats d'addition ; les cessionnaires en profitent. — L'effet de la cession, comme de la licence, est de faire profiter de plein droit le cessionnaire ou le licencié des certificats d'addition qui sont pris soit par le breveté, soit par tout autre ayant droit au brevet. Nous renvoyons sur ce point aux développements que nous donnons plus haut (2). Notons, seulement, ici cette conséquence du principe que nous rappelons, c'est que le cessionnaire peut poursuivre la contrefaçon du certificat d'addition qui s'y rattache, alors même qu'il ne lui aurait pas été spécialement cédé ou que sa cession à cet égard n'aurait pas été enregistrée (3).

246. Nature du contrat de cession. — La cession d'un brevet est un contrat d'une nature spéciale, que nous allons essayer de définir. Il constitue essentiellement une vente ; nous y rencontrons, en effet, un vendeur, un acheteur, un prix, une chose. La chose est évidemment le brevet ; seulement cette chose, et c'est là, selon nous, ce qu'on n'a point assez remarqué jusqu'ici, est d'une espèce particulière. Le brevet est un titre qui engendre des droits ; mais le caractère singulier de ce titre est d'être soumis à d'incessantes éventualités, d'être toujours sujet à critique. Nous verrons que, s'il peut être frappé d'une nullité absolue,

---

(1) V. Picard et Olin, n° 513 ; Bédarride, n° 295.

(2) V. *suprà*, n° 148.

(3) V. Trib. civ. Seine, 4 déc. 1846, Petit-Huguenin (*Le Droit*, 9 décembre).

en revanche sa validation n'est jamais que relative. Il comporte un caractère aléatoire tout à fait remarquable; non seulement il est impossible *à priori* de décider s'il est ou non valable, mais encore il n'est pas sans exemple de voir le même brevet validé à l'égard de l'un, annulé à l'égard de l'autre; et l'on ne peut ici s'en prendre à l'instabilité de la justice. Il est dans la nature du brevet d'être soumis à ces vicissitudes. N'avons-nous pas vu plus d'une fois les antériorités ne se révéler qu'après une ou même plusieurs poursuites dans lesquelles le brevet avait triomphé et devait triompher ? L'appréciation d'un brevet n'entraîne-t-elle pas toujours la comparaison d'éléments le plus souvent difficiles à saisir, et n'est-il pas naturel que cette comparaison conduise des esprits différents à des jugements opposés ? Faut-il rappeler, notamment, une affaire Viol et Duflot, relative à la décoloration des plumes d'oiseaux, dans laquelle la Cour de Paris, à plusieurs reprises, a validé le brevet, tandis que le tribunal persistait à en prononcer la nullité? Il est évident que les éléments du domaine public impressionnaient différemment les magistrats. Or, comment éviter cette diversité d'opinions? Peut-on empêcher la diversité des esprits ? C'est de ce caractère aléatoire, assurément indéniable, qu'il faut, à notre sens, tenir compte.

M. Pataille se rapproche singulièrement de notre avis dans les observations suivantes : Sans aller, écrit-il, jusqu'à dire « que la cession d'un brevet d'invention est un contrat aléa- « toire, nous n'hésitons pas à penser que, sauf le cas où il « aurait été employé des manœuvres pour tromper le ces- « sionnaire, le cédant n'est responsable que des nullités « intrinsèques du brevet qu'il cède. Quant à l'invention, en « elle-même, c'est à l'acquéreur à l'examiner avant de s'en « rendre cessionnaire, et nous n'admettons pas qu'il soit « recevable à venir, soit directement, soit même par voie de « garantie, critiquer le mérite ou l'importance de l'invention « faisant l'objet du brevet et à demander ainsi la nullité de « la cession pour défaut de cause. Non ! l'objet du contrat « était parfaitement connu et déterminé par le brevet. Si « donc le cessionnaire s'est trompé sur sa valeur réelle, il « ne peut s'en prendre qu'à lui-même et ne saurait s'en faire

« un moyen d'annulation d'une cession faite de bonne foi « et devenue définitive, entre les parties, par leur consente- « ment sur la chose et sur le prix. » Puis, après avoir rappelé plusieurs décisions rendues en sens contraire, notamment celles qui ont rapport à des brevets pris pour des méthodes de calligraphie ou de lecture, M. Pataille ajoute : « Il est à « remarquer, d'une part, qu'en fait, dans les arrêts relatifs « à la méthode calligraphique, les juges se sont fondés sur « ce que les cessionnaires n'avaient pas été mis à même de « l'apprécier et avaient même été trompés par les prospectus « et les promesses du cédant ; d'autre part, qu'en droit « toutes ces solutions sont basées sur ce que des méthodes, « appartenant exclusivement au domaine de l'intelligence, « ne peuvent ni faire l'objet d'un brevet, ni constituer un « droit privatif susceptible de cession. Or, l'on pourrait « encore, même en admettant le principe de la garantie « dans le cas de nullité absolue, à raison de la matière, se « demander s'il n'y aurait pas une distinction à faire pour le « cas où la contestation porterait sur le plus ou le moins « d'importance, d'efficacité et même de nouveauté de l'inven- « tion brevetée (1). »

247. Conséquence du principe précédent. — De ce que la cession est une vente, tirons d'abord cette conséquence que le vendeur n'est garant que des vices cachés, qu'il ne l'est pas des vices apparents. Ceux-ci, l'acheteur a pu les apercevoir ; il s'en est rendu compte ; il les a pris à sa charge, s'ils existent. De ce que la cession comporte un élément aléatoire, concluons que les accidents qui peuvent atteindre le brevet sont entrés, dans une certaine mesure, dans les prévisions du contrat et que, par suite, ils ne peuvent devenir la cause nécessaire de sa résiliation.

248. Vices apparents ; exemples. — Par exemple, comment admettre que le cessionnaire qui aura vu, sur sa poursuite, le brevet annulé pour insuffisance de description, ait un recours contre son cédant ? Cette description, ne l'avait-il pas entre les mains, sous les yeux ? N'a-t-il pas pu

(1) V. Pataille, 50.375.

s'en rendre un compte exact, même en expérimenter les données? N'est-ce pas là un vice apparent entre tous? De même, n'a-t-il pu juger par lui-même si le brevet constituait un plan de finance, un produit pharmaceutique, une simple théorie, s'il contenait une invention contraire à l'ordre public ou aux bonnes mœurs? La cession d'un brevet pris pour une chose contraire à la loi pourrait-elle donner ouverture à une action? Le breveté, en communiquant son titre au cessionnaire, ne l'a-t-il pas mis à même de former sa conviction, d'asseoir son opinion? Lui a-t-il rien caché? Le pouvait-il? Dès lors, n'est-il pas certain que le cessionnaire a agi en pleine et entière connaissance de cause, et que, s'il a couru des périls, c'est parce qu'il les a voulu courir? Et, si du brevet nous portons nos regards sur le certificat d'addition, si nous envisageons le cas où la nullité en serait prononcée faute d'un lien qui le rattache au brevet, comment comprendre, dans un cas pareil, le recours du cessionnaire contre le cédant? N'a-t-il pas été lui-même juge de cette condition? En acceptant la cession, n'a-t-il pas, par cela même, reconnu qu'à ses yeux la relation du certificat d'addition avec le brevet était suffisante? N'a-t-il pas déchargé son cédant de toute responsabilité à cet égard? Comment concevoir une garantie de la part du cédant, lorsque le cessionnaire a agi sciemment et librement?

249. Vices cachés; exemples. — Un vice caché, au contraire, c'est, par exemple, l'introduction en France par le breveté, avant la cession, d'objets semblables à ceux de son brevet; c'est son défaut d'exploitation pendant deux années consécutives; c'est sa dissimulation, dans le brevet, de ses moyens véritables. Ce peut être encore l'impossibilité, ou seulement l'extrême difficulté d'une application industrielle. Combien d'inventions, admirables dans la description, sont inexécutables dans l'atelier! Combien de découvertes magnifiques si l'on ne considère que le modèle ou l'essai en petit, apparaissent absolument impraticables en grand! Il y aurait de même un vice caché dans ce fait que le breveté ne serait pas le propriétaire de l'invention et qu'il aurait usurpé les droits du véritable inventeur. Dans tous ces cas, le cessionnaire ignorait le vice dont le brevet était atteint, et rien ne pouvait le lui révéler. Il est évident que, s'il l'eût connu, il n'eût pas acheté le brevet, puisque ce vice le rendait impropre à toute exploitation, le rendait sans valeur (1).

Il a été jugé à cet égard que, soit que le brevet ait été vendu, soit qu'il ait été apporté dans une société commerciale, le breveté n'en est pas moins tenu, dans tous les cas, de garantir à ses acheteurs ou à ses associés les vices de son brevet, et l'impossibilité de le faire fonctionner comme il l'avait annoncé; l'arrêt, qui le décide ainsi, fait une juste application des dispositions de l'art. 1681 du Code civil sur les défauts cachés de la chose vendue: les juges du fait usent, d'ailleurs, de leur droit d'appréciation souveraine, lorsque, annulant une vente de brevet à raison des défauts cachés, ils se fondent non seulement sur ce que les produits étaient notablement inférieurs en qualité à ceux qui avaient été expréssement promis par les vendeurs, mais en outre déclarent que les procédés et appareils cédés présentent des dangers continuels d'incendie et qu'un sinistre de cette nature a détruit la plus grande partie de l'usine où il en était fait usage (Rej., 13 juin 1864, Aublay-Rivière, Pataille, 64.305).

250. *Quid* **du défaut de nouveauté. ?** — Que faut-il penser du défaut de nouveauté? Est-ce un vice caché? Est-ce un vice apparent? Nous serions disposé à admettre que c'est un vice apparent; le cessionnaire, est, à cet égard, dans la même situation que le breveté lui-même; celui-ci n'a pas plus d'éléments que le premier; le domaine public appartient à tous, et chacun est censé le connaître. C'est donc au cessionnaire à le fouiller, à l'interroger, à s'assurer de la nouveauté de l'invention, avant de s'en rendre acquéreur. Il est trop commode, en vérité, de faire, comme font de certains spéculateurs en brevets : ils traitent d'abord avec le breveté, exploitent bien vite le brevet et commencent par en tirer de gros bénéfices; cela fait, ils s'épuisent en recherches, et, quand ils ont eu la chance de mettre la main sur une antériorité, ils la jettent à la face du breveté et demandent non-

(1) Comp. Allart, n° 232.

seulement la résiliation de la cession et la répétition des sommes qu'ils ont payées, mais encore une indemnité pour le prétendu préjudice qui résulte, disent-ils, pour eux, d'une résiliation dont ils ont, eux-mêmes, soigneusement préparé et combiné les éléments. Que de fois n'avons-nous pas vu les tribunaux dupes de cette comédie (1) !

M. Allart assimile la cession d'un brevet au transport d'une créance, et, rappelant que, aux termes des articles 1693 et 1694 du Code civil, celui qui vend une créance ou autre droit incorporel, doit en garantir l'existence au temps du transport et ne répond de la solvabilité du débiteur que s'il s'y est engagé, cet auteur ajoute : « Celui qui cède un « brevet ne répond pas de la nouveauté de l'invention à « moins d'avoir pris à cet égard un engagement formel ; il « ne garantit que l'existence du brevet, c'est-à-dire la régu- « larité matérielle du titre dont le législateur lui-même « proclame la nature précaire et le caractère aléatoire, en « déclarant qu'il est délivré sans garantie du gouverne- « ment (2). »

251. Intention des parties ; exception. — Nous venons de poser les principes qui nous paraissent les vrais ; mais ces principes, — est-il besoin de l'ajouter ? — ne vont pas sans exception. S'il est constant que les parties n'ont pas voulu faire un contrat aléatoire, s'il est établi que le breveté a entendu garantir la nouveauté du brevet, ou, d'une manière plus générale, sa validité, il faut alors s'en tenir à l'intention des parties ; la convention librement consentie vaut, en effet, loi entre les contractants. L'intention des parties peut, du reste, résulter, non seulement des termes de l'acte, mais encore de tous les faits extérieurs, et, entre autres, du chiffre fixé pour prix de la cession ; en résumé, la nullité du brevet n'est pas à nos yeux une raison nécessaire et sans réplique de nullité de la cession ; ce qu'il faut consulter d'abord, c'est l'intention des parties, étant entendu en principe que la cession est un contrat aléatoire et

(1) Comp. observ. Pataille, 50.375.
(2) Allart, n° 234.

que par suite, à moins de clauses contraires, elle est faite aux risques et périls du cessionnaire (1).

Nous devons reconnaître pourtant que l'opinion que nous venons d'exprimer est contredite par la plupart des auteurs et par la jurisprudence. Faute de s'être pénétrés de cet aléa qui est, assurément, au fond de toute cession de brevet, les auteurs et, à leur suite, la jurisprudence ont fait fausse route. Ils se bornent, en effet, à dire que tout contrat n'est valable que s'il a un objet certain, et que, par conséquent, la nullité du brevet faisant disparaître l'objet du contrat, emporte en même temps la nullité de la cession. Nous ne pouvons voir là qu'une pétition de principe ; car la question est précisément de savoir quel est le caractère du contrat de cession (2). Signalons pourtant la tendance de la jurisprudence à se rapprocher de notre système, et à tenir compte aux parties de l'intention qui les a guidées et leur a dicté le contrat.

252. Jurisprudence. — Il a été jugé en ce sens : 1° que la nullité d'un brevet n'entraîne pas nécessairement la nullité de la cession qui en a été faite par le breveté, si le cessionnaire a traité en connaissance de cause et si, d'ailleurs, il a retiré des bénéfices importants de l'exploitation du brevet pendant la période où la validité n'était pas contestée (Paris, 6 novembre 1855, Gaillard, Teul., 56.58) ; — 2° que, lorsque la cession d'un brevet a eu lieu à la suite d'expérimentations et d'essais et qu'il est établi que les cessionnaires, hommes d'expérience et de pratique, ne se sont décidés à traiter avec l'inventeur qu'après s'être rendu compte de son procédé, ils ne peuvent ensuite soutenir que ledit procédé est absolument sans valeur et ne pouvait faire la matière d'une vente sérieuse (Paris, 17 avril 1863, Boutin, Pataille, 63.242) ; — 3° que celui qui s'est rendu acquéreur d'un brevet, après en avoir pu apprécier la valeur au point de vue industriel, n'est pas recevable à demander la résiliation de la vente et la restitution du prix, en se fondant sur ce que le procédé décrit au brevet ne donne aucun résultat industriel (Trib. civ. Seine,

---

(1) V. en ce sens Bozérian, *Propr. ind.*, nos 200 et 204.

(2) V. Nouguier, n° 337 ; Picard et Olin, n° 508.

20 août 1873, Lesur, Pataille, 76.336); — 4° que, s'il y a lieu de prononcer la résolution du contrat de cession, lorsque le brevet qui fait l'objet de ce contrat se trouve frappé de déchéance par suite d'un fait antérieur à la cession elle-même et personnel aux cédants (dans l'espèce, introduction par le breveté en France d'objets semblables à ceux du brevet), toutefois, il n'y a pas lieu de déclarer le contrat sans objet et sans cause, dès qu'en fait il a été exécuté pendant un certain temps et a procuré des avantages réels au cessionnaire (Paris, 24 juill. 1868, Godart (1), Dall., 69.1.367); — 5° qu'il n'y a pas lieu de déclarer nulle comme manquant de cause la concession faite de bonne foi de l'exploitation d'un brevet tombé cependant en déchéance pour défaut de payement d'une annuité dès l'époque du contrat; en conséquence, le cessionnaire n'est pas recevable à réclamer de son cédant la restitution des redevances par lui payées, pendant le temps où le brevet passait pour valable, la déchéance devant être judiciairement déclarée et n'ayant d'effet qu'à partir de cette époque, alors surtout que la convention contient une stipulation formelle dans ce sens (Paris, 2 mars 1876, Boigues, Pataille, 76.246).

253. Jurisprudence contraire (2). — Il a été jugé cependant : 1° qu'une cession n'est valable qu'autant qu'elle a une cause sérieuse et légitime; un brevet d'invention, sans importance et sans valeur, parce qu'il ne contient que des procédés déjà connus, décrits et essayés, ne peut faire la matière d'un contrat obligatoire : en conséquence, la cession d'un pareil brevet est nulle, comme n'ayant pas de cause réelle (Rej., 15 juin 1858, Mortera, Pataille, 60.371 ; — 2° que la vente d'un brevet d'invention comporte avant tout, de la part du cédant, la garantie de l'existence de l'invention; en conséquence, si le brevet est nul pour défaut de nouveauté, il y a lieu de prononcer la nullité de la vente (Paris, 3 déc. 1860, Rey, *Propr. ind.*, n° 159); — 3° qu'un brevet sans valeur ne

(1) V. Paris, 14 fév. 1876, aff. Ville. — Comp. Paris, 11 janv. 1876, aff. Boxer (Pataille, 76.81); Paris, 11 mai 1874, et Rej., 1er juin 1875, aff. Tessié du Motey (Pataille, 76.52).

(2) V. aussi Bordeaux, 17 mai 1884, Gounouilhon (Pataille, 81.310).

peut être la base d'une cession sérieuse; en pareil cas, la cession doit être annulée (Trib. civ. Seine, 19 déc. 1860, Piault, *Propr. ind.*, n° 162); — 4° que la cession d'un brevet est nulle comme n'ayant ni objet ni cause, quand il est constant que les procédés décrits ne sont pas susceptibles d'une application industrielle et ne répondent pas aux promesses que le brevet renfermait et sur l'accomplissement desquelles le cessionnaire avait dû compter (Paris, 2 fév. 1861, Landois, Pataille, 61.77); — 5° que la vente d'un brevet nul est nulle elle-même, comme s'appliquant à un objet qui ne pouvait produire aucun effet; l'élément aléatoire, que renferme toujours en soi la cession d'un brevet d'invention, ne lui enlève pas le caractère de vente pure et simple, nulle à défaut d'un objet certain, alors, d'ailleurs, qu'il n'apparaît pas que les parties aient entendu consentir un contrat aléatoire (Rej., 22 avril 1861, Landois (1), Pataille, 61.227); — 6° qu'un brevet, pris pour une invention qui n'est pas nouvelle, ne peut être l'objet d'une vente sérieuse; il y a lieu, en conséquence, d'annuler les conventions qui y sont relatives et d'ordonner la restitution des sommes qui ont été payées par l'acquéreur (Trib. civ. Seine, 6 août 1861, Renaudot, *Prop. ind.*, n° 197); — 7° que la cession d'un brevet, nul pour défaut de nouveauté, est nulle elle-même comme n'ayant pas d'objet ou de cause, conformément aux articles 1126 et 1131 du Code civil; il n'y a pas lieu d'appliquer les articles 1641 et suivants et de rechercher si l'absence de nouveauté du brevet est un vice apparent ou caché; le caractère aléatoire que présente la cession du brevet est relatif au rendement plus ou moins considérable de l'invention, et non à l'existence même du brevet qui constitue une condition essentielle du contrat; il en est surtout ainsi lorsque la réalité et la nouveauté de l'invention est garantie par une clause expresse de la cession (Toulouse, 2 juill. 1884, Geoffroy-Gomez, Pataille, 86.177); — 8° que la cession d'un brevet doit être annulée, aux ter-

---

(1) On remarquera que, pour la première fois, la Cour de cassation reconnaît expressément le caractère aléatoire de toute cession de brevet.

termes des art. 1131 et 1285 du Code civ., s'il est établi qu'il n'est pas susceptible d'application industrielle (Paris, 3 déc. 1863, Levasseur, *Gaz. trib.*, 26 décembre).

254. Clause de non-garantie. — Pour couper court à toute difficulté, le breveté agira sagement en déclarant, dans l'acte, qu'il cède sans garantie ; cette clause a pour effet d'exprimer nettement ce qui, selon nous, est sous-entendu dans tout contrat de cession. La cession est alors, sans conteste possible, aux risques et périls de l'acheteur. Il faut, toutefois, mesurer la portée de cette stipulation : elle ne saurait avoir pour résultat d'autoriser les réticences frauduleuses du breveté, qui reste, dans tous les cas, garant de ses faits personnels ; c'est le principe général qui s'applique ici comme ailleurs.

255. Jurisprudence. — Il a été jugé en ce sens : 1° que celui qui cède un brevet, même sans garantie, n'en est pas moins tenu, à peine de nullité, aux termes de l'art. 1621 du Code civ., à la garantie de ses faits personnels : en conséquence, s'il résulte des documents de la cause que jamais il n'a mis son cessionnaire à même de mettre en activité et d'exploiter l'invention cédée, la cession doit être déclarée nulle et la restitution des sommes payées doit être ordonnée (Paris, 22 fév. 1845, Marchand, *Le Droit*, n° 46) ; — 2° qu'en principe le vendeur doit garantie à l'acquéreur de l'éviction soufferte par ce dernier dans la totalité ou partie de l'objet vendu ; s'il peut être dérogé à cette règle de droit et d'équité, c'est à la condition que la dérogation soit formellement stipulée dans la mesure où elle est autorisée par la loi : en conséquence, lorsqu'il résulte des termes d'un contrat de cession que les parties ont entendu restreindre la clause de non-garantie au cas spécialement prévu de nullité du brevet, cette clause ne peut être étendue au cas de déchéance encourue pour un fait personnel et directement reprochable au cédant (Paris, 24 juill. 1868, Godard, Dall., 69.1.367).

256. Garantie limitée. — De même que le breveté peut insérer dans le contrat une clause de non-garantie en sa faveur, il peut également stipuler que sa garantie ne portera que sur tel ou tel point, qu'elle s'étendra à ceci, point à cela.

Les parties ont, à cet égard, la plus entière liberté,

sauf aux tribunaux à interpréter leur intention en cas de difficulté.

257. Jurisprudence. — Il a été jugé à cet égard : 1° que l'engagement pris par le cédant de garantir son cessionnaire de tous troubles et de lui rembourser les frais de procès auxquels il serait exposé, étant expliqué toutefois que cette garantie ne l'obligera à aucun dommage-intérêt, comprend les frais de toute nature, même les indemnités pécuniaires, que le cessionnaire pourrait avoir à supporter à l'occasion de l'exercice de son droit ; la restriction relative aux dommages-intérêts ne s'applique qu'à ceux que le cessionnaire pourrait directement et pour son compte réclamer au cédant, non à ceux auxquels il peut être condamné envers des tiers (Trib. civ. de Clermont-sur-Oise, 23 avril 1858, Brillet-Vallet, *Prop. ind.*, n° 39) ; — 2° que la clause, par laquelle le breveté, en cédant son brevet, déclare « qu'il met le cessionnaire en son lieu et place, sans aucun recours contre lui pour la restitution du prix de vente ou de cession, *laquelle est faite aux risques et périls du cessionnaire* », doit s'entendre seulement du plus ou moins de bénéfice que pourrait apporter l'invention, mais non de la validité de la cession elle-même : en conséquence, malgré cette clause, le cédant reste garant du titre lui-même, et, dès l'instant qu'il est établi que le brevet n'est pas une cause vraie, un titre valide, il y a lieu d'annuler la cession et d'ordonner la restitution des sommes payées (Grenoble, 24 déc. 1842, Lafforre, Sir., 44.1.831).

258. Efficacité de l'invention ; obligation du cédant. — Un point sur lequel, à quelque opinion qu'on s'arrête, on ne peut manquer d'être d'accord, c'est que le breveté n'est pas garant de l'efficacité de l'invention, de ses résultats plus ou moins fructueux ; le succès dépend de trop de circonstances pour qu'il en réponde. L'inintelligence du cessionnaire, les événements politiques, une crise commerciale, une découverte nouvelle et plus ingénieuse, peuvent empêcher que l'invention cédée ne produise les résultats qu'on en attendait. Tant pis pour le cessionnaire, s'il a été trompé dans ses espérances, s'il a fait une moins bonne affaire qu'il n'espérait. Pourquoi a-t-il mal calculé ? Mais ici encore le principe cède devant l'intention clairement manifestée des parties. Si le breveté a annoncé certains résultats déterminés, s'il s'est rendu garant de l'efficacité de l'invention, l'absence de ces résultats, le défaut d'efficacité deviennent une cause de nullité de la cession. C'est, en effet, l'objet même du contrat, ce que le breveté s'était obligé à procurer à son cessionnaire, qui s'évanouit. Comment le contrat subsisterait-il (1)?

Il a été jugé, en ce sens, que, si les résultats, qui ont été formellement promis par le breveté et qui forment la base du contrat, sont ensuite reconnus matériellement impossibles, la non-existence de la chose cédée rend la cession sans cause et par conséquent nulle; il s'agissait, dans les espèces que nous rapportons, tantôt d'une méthode de lecture et tantôt d'une méthode de calligraphie, qui bornaient l'enseignement à quelques leçons seulement (Nîmes, 21 déc. 1829, Roche (2), Sir., 30.2.135).

259. Cession moyennant partage des bénéfices. — Il arrive souvent qu'un inventeur cède son brevet à un tiers moyennant une part à prendre dans les bénéfices, sans d'ailleurs s'associer avec lui; quel est son droit, si le tiers vient à ne pas faire de bénéfices et si, par suite, le breveté ne reçoit pas le prix de son brevet? Doit-il supporter cette situation sans se plaindre? Peut-il, au contraire, demander la résolution de la cession? Est-il, en un mot, à la merci de son cessionnaire et du plus ou moins d'intelligence et de bonheur avec lequel celui-ci dirige ses affaires? Nous pensons, avec un arrêt, que, lorsqu'il résulte d'une convention qu'un inventeur a cédé son brevet et que le prix de la cession est un partage des bénéfices provenant de l'exploitation dudit brevet, en dehors, d'ailleurs, de toute association, l'inventeur peut, s'il n'existe pas de bénéfices, obtenir une indem-

(1) V. Picard et Olin, n° 509. — *Contrà*, Bédarride, n° 256.

(2) V. également Grenoble, 12 juin 1830, Augier (Sir., 32.2.11); Grenoble, 27 mai 1831, Soubiran (Sir., 32.2.36); Rej., 21 fév. 1837, Alvier (Sir., 37.1.186); Rej., 15 juin 1842, Flourens (Sir., 42.1.699); Grenoble, 24 déc. 1842, et Rej., 22 août 1844, Laffore (Sir., 44.1.831); Rej., 1er juin 1875, Tessié du Motay (Pataille, 76.52); Toulouse, 2 juill. 1884, Geoffroy-Gomez (Pataille, 86.177).

nité pour la valeur de son brevet, dans la propriété duquel il ne peut, en tout cas, demander à être réintégré (1).

260. Garantie; délai pour l'exercer. — En général, la loi n'accorde qu'un court délai à l'acheteur qui prétend exercer une action en garantie contre son vendeur ; il ne faut pas, en effet, que le sort des conventions reste indéfiniment en suspens, et, d'ailleurs, si l'acheteur a laissé un long temps s'écouler sans se plaindre, il y a lieu de penser qu'il n'avait aucun motif sérieux de le faire. Cette règle s'applique à notre matière comme à toute autre, avec moins de rigueur pourtant; car on conçoit que le cessionnaire, auquel le breveté aura, par exemple, promis des résultats merveilleux, tentera de nombreuses expériences, et ne se convaincra de l'inanité des promesses qui lui auront été faites qu'après bien des essais infructueux. C'est donc avec raison qu'un arrêt a décidé que, si, aux termes de l'art. 1648 du Code civil, l'action résultant des vices rédhibitoires doit être intentée dans un bref délai par l'acquéreur suivant la nature des vices rédhibitoires et l'usage du lieu où la vente a été faite, néanmoins, cet article ne fixe aucun délai, passé lequel la nullité ne pourra plus être prononcée; on ne saurait donc repousser une demande en nullité de la cession d'un brevet, fondée sur ce qu'il contiendrait des vices cachés, sous prétexte que l'acheteur aurait tardé à l'introduire. Il appartient, d'ailleurs, aux juges du fait d'apprécier les circonstances qui peuvent avoir motivé ce retard (2).

261. Inexécution des conditions. — L'inexécution des conditions que les parties contractantes s'imposent réciproquement est, au premier chef, une cause de résolution de tous contrats en général, et, par conséquent, des cessions de brevet. Les tribunaux ont cependant un pouvoir d'appréciation assez étendu et la jurisprudence tend à leur accorder le droit de distinguer entre les clauses essentielles ou accessoires du contrat : l'inexécution des unes entraînant la résiliation, l'inexécution des autres ne l'entraînant pas, mais

---

(1) V. Nancy, 23 mai 1866, Frison (Pataille, 66.248).
(2) Rej., 13 juin 1864, Aublay-Rivière (Pataille, 64.305).

pouvant donner lieu, en certains cas, à des dommages-intérêts.

261 *bis*. **Jurisprudence.** — Il a été jugé : 1° que le défaut de payement, à l'échéance, du prix stipulé pour la cession en entraîne l'annulation ; de telle sorte que le breveté, délié de son contrat, peut faire valablement une seconde cession, même avant que la résolution de la première cession ait été prononcée ; c'est le cas d'appliquer l'art. 1184 du Code civil ; l'annulation du contrat remonte d'ailleurs au jour où il a été formé, et le breveté, en faisant un second transport, n'a pas cédé la chose d'autrui (Paris, 11 mars 1854, Beckaert, cité par Calmels, p. 458) ; — 2° que le titulaire d'un brevet d'invention qui, après avoir cédé à un tiers une licence d'exploitation, néglige de payer les annuités et laisse ainsi périr son brevet, est, pour ce fait, passible de dommages-intérêts envers le licencié ; mais il n'y a pas lieu de prononcer la nullité du contrat, s'il résulte des circonstances de la cause que la licence d'exploiter n'en était que l'accessoire (Paris, 13 fév. 1864, Laville, *Bull. de la Cour de Paris*, 64.54) ; — 3° que, s'il est vrai que la condition résolutoire est toujours sous-entendue dans les contrats synallagmatiques, pour le cas où l'une des parties n'exécute pas son engagement, néanmoins, il appartient aux tribunaux d'apprécier l'étendue de l'engagement auquel la partie a manqué ; ils peuvent, en conséquence, repousser l'application de la clause résolutoire, si, en fait, il est établi qu'il n'y a eu violation que d'une stipulation accessoire : spécialement, le défaut de payement des annuités et, par suite, la déchéance du brevet n'entraîne pas la résolution du contrat qui contenait une licence d'exploiter ledit brevet, si, en fait, cette licence n'était qu'une clause accessoire et peu importante du contrat ; il y a lieu seulement d'allouer au licencié une indemnité proportionnée à l'importance du préjudice que lui cause la déchéance du brevet (Rej., 29 nov. 1865. Laville, Pataille, 66.24).

262. ***Quid* de la clause limitant la cession à la France ?** — Il a été jugé (et c'est là une interprétation d'un contrat particulier) que la clause, aux termes de laquelle la cession d'un brevet ne doit avoir effet qu'en France, doit être entendue en ce sens qu'il est interdit au cessionnaire de se prévaloir des brevets étrangers obtenus par l'inventeur, et de se livrer hors de France à la fabrication des appareils brevetés ; mais elle ne met pas obstacle à l'exportation des appareils par lui fabriqués (Paris, 7 janv. 1876, Alauzet (1), Pataille, 77.189).

263. Inexécution des conditions ; contrefaçon. — L'inexécution des conditions peut devenir une cause de résolution, nous l'avons dit. Constitue-t-elle également une contrefaçon, quand c'est le cessionnaire qui manque aux conditions de son contrat ? C'est une question que nous examinerons quand nous traiterons de la contrefaçon (2). Constatons, en tous cas, que le cessionnaire ne peut se prévaloir de modifications accessoires qu'il aurait apportées au procédé à lui cédé, pour se soustraire à l'exécution de ses engagements, et, notamment, pour ne plus payer la redevance.

Il a été jugé que, lorsqu'un breveté a cédé à un industriel le droit d'employer ses procédés moyennant une redevance déterminée, le cessionnaire ne peut se soustraire au payement de cette redevance sous prétexte qu'il n'emploie pas les procédés brevetés, s'il est constant que, malgré certaines différences de détail, il a conservé les conditions essentielles du système breveté (Paris, 20 mars 1862, Brunfaut, Pataille, 62.394).

264. Inexécution des conditions ; droits des tiers. — Les tiers peuvent-ils se prévaloir de l'inexécution des conditions de la cession ? Et, par exemple, si le cessionnaire, qui a manqué aux conditions de son contrat, vient à poursuivre un contrefacteur, celui-ci pourra-t-il repousser la poursuite en disant au cessionnaire : « N'invoquez plus votre contrat ; vous l'avez méconnu ; il n'existe plus ; vous êtes sans

---

(1) M. Pataille, *loc. cit.*) fait observer que c'est là une interprétation de contrat « qui rentre évidemment dans le pouvoir souverain du juge ; « toutefois, il ne faut pas oublier que certaines législations, comme celle « de la France, interdisent au breveté d'introduire des objets fabriqués « en pays étranger, ce qui permet de supposer qu'en limitant l'exploita- « tion à un pays, il a eu l'intention d'interdire également l'exportation « directe. »

(2) V. *infrà*, n° 740.

titre et sans droit. » M. Nouguier, dont nous empruntons les expressions elles-mêmes, semble l'admettre d'une façon absolue (1). Nous pensons qu'il fait erreur ; le contrat existe au regard des tiers, tant que le cédant ne l'a pas fait annuler ; lui seul peut se prévaloir de l'inexécution des conditions, et, tant qu'il n'a point usé de son droit, nul ne le peut faire à sa place. Qui sait s'il n'a pas consenti à modifier les conditions premières? Qui sait si cette inexécution n'est pas le résultat d'un accord nouveau? A lui donc de se plaindre, s'il le juge à propos.

265. Nullité du brevet ; le cessionnaire peut-il la demander ? — Même en admettant le système, généralement suivi sur la garantie en matière de cession du brevet, on peut se demander si le cessionnaire est recevable à provoquer la nullité du brevet dont il est propriétaire. Que le cessionnaire qui a vu périr entre ses mains le brevet qu'il avait acheté, et qui, par suite, a vu lui échapper le monopole sur lequel il avait compté, ait droit à une garantie : à la rigueur cela se conçoit. On peut dire, en laissant de côté le caractère aléatoire du brevet, que ce que le cessionnaire avait entendu acquérir, c'est précisément un monopole, et que, ce monopole disparaissant, il ne lui reste rien de ce qu'il avait acquis ; on peut plaider pour lui l'éviction ; mais, si nul ne trouble ce monopole, si le monopole est entier, si le cessionnaire en jouit pleinement, sans que personne y prétende, où sera pour lui la raison de se plaindre ? Où sera l'éviction ? Ce qu'il a acquis, il le conserve, il le possède ; que lui faut-il de plus? Par suite, ne doit-on pas distinguer entre le cas où un tiers, s'attaquant au brevet, l'a fait annuler et a ainsi entamé le droit privatif, et le cas où nul ne le bat en brèche? Ne serait-il pas équitable, par suite, de décider que le cessionnaire ne doit pas être admis (sauf le cas de fraude ou d'erreur, cela va de soi) à demander lui-même la nullité du brevet (2) ?

A cela on répond d'abord que, aux termes de l'article 34

(1) V. Nouguier, n° 335.

(2) V. l'article de M. Bozérian dans la *Propr. ind.*, n° 369.

de la loi, toute personne intéressée a le droit de demander la nullité d'un brevet et qu'il semble impossible de dénier cette faculté au cessionnaire. Celui-ci d'ailleurs peut avoir, pour agir de la sorte, des raisons sérieuses et très avouables. « Supposons, par exemple, dit M. Allart, que, postérieure-« ment à la cession du brevet, il surgisse une antériorité « tellement topique et tellement notoire que personne ne « juge à propos d'attaquer un brevet que chacun désormais « considère comme étant sans valeur et le copie ouverte-« ment. Le cessionnaire, on le conçoit, se soucie peu « d'exercer, dans ces circonstances, une poursuite en con-« trefaçon qui n'aurait aucune chance de succès et l'expo-« serait à une condamnation à des dommages-intérêts. « N'est-il pas, dès lors, naturel et légitime qu'il cherche à « mettre fin à cette situation en exerçant un recours en « garantie que la jurisprudence lui accorde et en deman-« dant lui-même la nullité du brevet? S'il n'a pas encore « payé le prix de la cession et que le cédant le lui réclame « en justice, n'est-il pas juste qu'il puisse répondre : je « refuse de vous payer parce que votre brevet est nul (1)? » On ne peut méconnaître que ce raisonnement n'ait sa valeur et que, dans bien des cas, le cessionnaire ne soit recevable à soutenir qu'ayant entendu acquérir un droit exclusif et ce droit exclusif ne pouvant exister qu'à la condition que le brevet soit valable, il lui appartient de faire juger si le brevet est effectivement valable ou nul.

265 *bis*. Jurisprudence. — Il a été jugé en ce sens : 1° que la nullité du brevet peut être invoquée, même pour la première fois en appel, par le cessionnaire qui, actionné en payement du prix de la cession, y résiste en soutenant que la cession est nulle ; en ce cas, la nullité du brevet n'est qu'un moyen de défense à l'action principale en payement du prix (Paris, 2 fév. 1861, Landois, Pataille, 61.77) ; 2° qu'il est de principe que le cessionnaire d'un brevet d'invention n'est pas tenu de provoquer au préalable l'annulation de ce brevet, lorsqu'il soutient que l'invention n'était pas suscep-

(1) Allart, n° 240.

tible d'être brevetée ; il lui suffira d'établir, conformément aux principes généraux, que le contrat était sans objet par cela seul qu'il ne transmettait à l'acquéreur aucun droit utile en échange du prix qu'il s'était engagé à payer (Bordeaux, 17 mai 1881, Gounouilhou, Pataille, 81.310).

266. Résolution du contrat ; ses effets. — Lorsque le contrat, pour une cause ou pour une autre, est résolu, quels sont les effets de cette résolution ? Il est évident d'abord que, pour l'avenir, les parties sont absolument déliées, l'une vis-à-vis de l'autre. Mais comment régler le passé ? Il faut distinguer ; si la cession est résolue pour inexécution des conditions, elle n'en a pas moins produit des effets valables, tant que les conditions ont été exécutées. La résolution ne peut donc pas avoir d'effet rétroactif. Il en est de même au cas où la résolution est prononcée pour cause de déchéance ; car il est précisément dans la nature de la déchéance de ne frapper le brevet qu'à dater du jour où elle est encourue. Mais que faut-il décider dans le cas où la résolution est prononcée comme conséquence de la nullité du brevet ? Est-ce que le cessionnaire, entre les mains duquel le brevet aura péri, pourra, dans tous les cas, réclamer à son cédant les sommes qu'il lui aura versées ? Pourra-t-il, appliquant à la lettre le système que nous avons combattu plus haut, dire au cédant : « La cession est sans cause, car vous m'avez cédé le néant. « Je ne vous devais rien ; rendez-moi tout ce que vous avez « reçu. » Et les tribunaux devront-il accueillir sa demande sans réserve, même si le brevet a été annulé longtemps après la date de la cession, même s'il est établi que le cessionnaire en a joui longtemps sans trouble, même si, pendant cette période, il en a tiré d'importants bénéfices ? Il y a là, selon nous, — et indépendamment du système qu'on adopte sur la question de droit, — une question de fait.

Les magistrats devront tenir compte de toutes les circonstances de la cause, de la situation respective des parties, du temps pendant lequel le cessionnaire a joui du brevet sans trouble ; ils devront peser le préjudice réellement éprouvé et s'attacher à ne rien accorder au delà de la réparation de ce préjudice. S'il leur est démontré que le cessionnaire n'a rien perdu à exploiter le brevet, s'il est démontré qu'au contraire il a fait des bénéfices plus ou moins importants, les tribunaux repousseront sa demande en répétition des sommes par lui payées, ou ne l'admettront qu'en partie. Il serait assurément injuste que le cessionnaire, qui doit au breveté la source de ses bénéfices, les gardât pour lui seul, au détriment de celui sans lequel il ne les aurait jamais réalisés. Il ne faut pas perdre de vue que le breveté, s'il n'avait pas cédé son brevet, s'il l'avait exploité lui-même, eût fait tous les bénéfices dont a profité son cessionnaire. Comment, dès lors, celui-ci pourrait-il avoir contre le breveté d'autant plus d'exigence qu'il lui est plus redevable? Comment pourrait-on admettre qu'ayant bénéficié, par le fait du breveté, ayant tiré un avantage réel du contrat, il n'indemnisât en aucune façon celui qui le lui a procuré (1).

M. Bédarride est d'un avis diamétralement opposé; il n'admet pas que la cession ait pu produire un effet quelconque ni que le cédant puisse en aucune façon se prévaloir des avantages que l'exploitation du brevet aura procurés au cessionnaire. Voici, au surplus, comme il s'exprime : « Les cessionnaires du brevet seront recevables et fondés, non seulement à refuser de payer la partie du prix qu'ils pourraient « devoir encore, mais, en outre, à répéter tout ce qu'ils ont « payé. Vainement, le cédant arguerait-il de ce que, dans « l'intervalle de la cession à l'annulation du brevet, les cessionnaires ont bénéficié de son exploitation. Il résulte de « la nullité du brevet que son bénéficiaire a usurpé une « chose qui était dans le domaine public. Dès lors, l'exploitation qu'en ont faite des tiers, fussent-ils ses cessionnaires, a puisé son fondement légal non dans un brevet « qui n'a jamais existé, mais dans le droit que tous les « citoyens avaient d'user d'un procédé, d'une méthode, d'un « résultat tombé dans le domaine public. La prise du brevet, « dans ces circonstances, n'a été qu'une véritable usurpation « insusceptible de créer le moindre profit en faveur de celui « qui a osé l'accomplir (2). » M. Bédarride est logique; il

(1) Comp. Renouard, n° 167; Blanc, p. 525; Massé, *Droit comm.*, t. 4, n°s 148 et 341; Allart, n° 242.

(2) Bédarride, n° 353.

pousse à l'excès le principe admis par la jurisprudence en matière de cession de brevet ; mais l'excès même de principe, quand on le conduit à ses dernières conséquences, n'en démontre-t-il pas l'erreur ?

267. **Jurisprudence.** — Il a été jugé dans notre sens : 1° que, lorsque le droit d'exploiter un brevet est concédé moyennant une redevance annuelle, la nullité du brevet, qui vient à être prononcée après un certain laps de temps, ne donne pas au cessionnaire le droit de se faire rendre le montant des annuités qu'il a acquittées ; le cessionnaire, en effet, a retiré ou pu retirer de l'exploitation les avantages qu'il s'en était promis et qui sont l'équivalent du prix qu'il a payé ; s'il en était autrement, l'un des contractants obtiendrait tout sans rien donner, tandis que l'autre donnerait beaucoup sans rien obtenir (Rej., 27 mai 1839, Taylor (1), Sir., 39.1.677) ; — 2° que, lorsqu'un brevet d'invention est déclaré s'appliquer à un objet tombé dans le domaine public, la cession, qui en a été faite, ne doit pas être nécessairement annulée, si le cessionnaire connaissait la valeur du brevet et s'il a, par suite, traité en pleine connaissance de cause ; il en est surtout ainsi si le cessionnaire a retiré des bénéfices de l'application du brevet ; il y a lieu seulement d'apprécier le préjudice que lui fait éprouver pour l'avenir l'annulation du brevet ; en tout cas, si le prix de la cession a été réglé en billets à ordre, le cessionnaire ne peut réclamer la restitution de ceux qui, n'étant pas arrivés à échéance, se trouvent en circulation, sauf au tribunal à lui accorder une indemnité (Paris, 6 nov. 1855, Gaillard, Teul., 56.58) ; — 3° que, lorsqu'une transaction, aux termes de laquelle le breveté concédait une licence d'exploitation moyennant une redevance annuelle, vient à être résolue pour inexécution des conditions, la résolution n'a d'effet que pour l'avenir (Paris, 15 juill. 1858, Goodyear,

(1) L'arrêtiste fait observer que l'arrêt a été rendu sans contradiction ; qu'importe ! Cette circonstance n'enlève rien à son autorité ; car, d'une part, on ne peut supposer que la Cour de cassation rende légèrement ses arrêts, et, d'autre part, il suffit de lire celui-ci pour se convaincre du soin avec lequel il a été rédigé.

Teul., 58.431) ; — 4° que la résolution d'une cession de brevet pour cause de déchéance, encourue même antérieurement à la cession (dans l'espèce, le breveté, avant la cession, avait introduit en France des objets fabriqués à l'étranger et semblables à ceux de son brevet), ne donne lieu à la restitution des annuités payées, comme prix de la cession, que sous la réduction des avantages que l'exploitation paisible du procédé breveté a procurés au cessionnaire jusqu'à la résolution ; la règle, en ce cas, est que le cessionnaire ne peut avoir droit à restitution ou indemnité que jusqu'à concurrence de ce qu'il aurait payé en vertu du contrat, sans en trouver l'équivalent dans les avantages du contrat lui-même, ou jusqu'à concurrence du préjudice à lui causé par la résiliation (Paris, 24 juill. 1868, Godard (1), Dall., 69.1.367) ; — 5° que bien qu'il y ait lieu à annulation d'un traité de cession de droit exclusif d'exploitation d'un brevet, lorsqu'il est établi qu'il existait une cause de déchéance, néanmoins les tribunaux peuvent, en pareil cas, refuser la restitution intégrale des redevances payées, s'il est établi que le cédant qui les a perçues ignorait la cause de déchéance et que jusqu'à sa constatation judiciaire le cessionnaire a retiré de l'exécution du contrat des avantages réels formant l'équivalent des redevances payées (Cass., 25 mai 1869, Mazeline et autres, *Ann.*, 69,393.) ; — 6° que, quand le cessionnaire s'est réservé le droit de résilier jusqu'à une époque déterminée, il peut, au lieu d'exercer son droit de résiliation conventionnelle, demander la nullité du contrat pour défaut d'objet ou de cause ; dans ce cas, il a le droit de demander le remboursement des dépenses qu'il a faites pour vérifier la valeur industrielle d'un brevet dont le cédant lui avait garanti l'existence ; mais il ne saurait obtenir des dommages-intérêts en raison des bénéfices que l'exploitation du brevet valable aurait pu lui procurer. (Toulouse, 2 juill. 1884, Geoffroy, Pataille, 86.179).

267 *bis*. Jurisprudence contraire. — Jugé, toutefois, en sens opposé : 1° que, lorsque la cession est annulée, en suite

---

(1) V. aussi Rej., 25 mai 1869, même affaire (Dalloz, *loc. cit.*).

de la nullité du brevet, il y a lieu d'ordonner la restitution du prix ; mais le vendeur originaire n'est pas tenu de garantir son cessionnaire des conséquences des sous-cessions que ce dernier a pu faire à son tour et, notamment, du remboursement des sommes qu'il n'a pas encaissées (Trib. civ. Seine, 19 décembre 1860, Piault, *Prop. ind.*, n° 162) ; — 2° qu'en tout cas l'arrêt qui juge que le breveté qui a promis à son licencié « la libre et complète exploitation du brevet » et qui s'est engagé à le mettre « à l'abri de toute action ou réclamation pouvant porter atteinte à cette liberté d'exploitation » n'a pas exécuté son contrat en ne poursuivant pas les contrefacteurs et prononce la résolution du contrat avec restitution des redevances reçues et dommages-intérêts, ne fait qu'appliquer exactement l'article 1184 du Code civil, et tire de l'inexécution par lui constatée une conséquence irréprochable en remettant les choses au même état que si la convention n'avait pas existé (Rej., 5 déc. 1881, Rouquette, Dall., 82.1.360).

268. Nullité de la cession ; certificat d'addition. — Il se peut que l'inventeur ait joint à son brevet un certificat d'addition ; il se peut aussi que l'invention décrite au brevet manque absolument de nouveauté, tandis que le certificat d'addition contient un perfectionnement ingénieux et nouveau ; il se peut aussi, — c'est même le cas le plus ordinaire, — que le breveté ait cédé à la fois et le brevet principal et les certificats d'addition qu'il a greffés dessus. Quel sera le sort de la cession, en ce qui touche les certificats, si le brevet vient à être annulé ? La question se résout de soi : nous savons, en effet, que le certificat d'addition n'a point de vie par lui-même et qu'il meurt nécessairement avec le brevet. Si donc le brevet est annulé, le certificat le sera du même coup, et la cession n'aura pas plus de raison d'être à l'égard de l'un qu'à l'égard de l'autre (1).

269. Nullité partielle du brevet ; droit du cessionnaire. — Ceux mêmes qui sont d'avis que la nullité du brevet rend la cession nulle à défaut d'objet distinguent

(1) Comp. Rej., 15 juin 1858, Mortera (Pataille, 60.371).

entre la nullité totale et la nullité partielle. La nullité partielle ne saurait, en effet, rendre nécessairement la cession nulle dans tous les cas ; il est naturel et juste d'apprécier si la partie annulée est accessoire ou principale ; il se peut, en effet, que ce qui reste du brevet soit en réalité ce qui a fait l'objet du contrat ; il se peut du moins que cela suffise à en justifier l'exécution. Nous admettons volontiers, dans ce cas, que les tribunaux aient un large pouvoir d'appréciation et qu'ils puissent, même après l'annulation partielle du brevet, ordonner l'exécution intégrale du contrat de cession, sans réduction de prix, s'il est établi pour eux que c'est la partie principale qui subsiste.

Il a été jugé en ce sens : 1° que le fait, par le breveté, d'avoir compris dans sa description des objets qui manquent de nouveauté, n'empêche pas que le brevet ne soit valable pour la partie contre laquelle il n'est relevé aucune antériorité : en conséquence, le cessionnaire d'un brevet ne peut arguer de sa nullité partiellé pour faire résilier la cession, surtout quand il est constaté que c'est la partie valable du brevet qui a été l'objet principal du contrat (Douai, 13 août 1866, Depléchin, Jurispr. Douai, 66.315);—2° que, lorsqu'une cession comprend, non seulement les brevets délivrés avant la date du contrat, mais encore tous ceux que l'inventeur pourra obtenir par la suite, il n'est pas loisible au cessionnaire, dans le but de se soustraire à l'exécution de ses engagements, de renoncer arbitrairement au bénéfice de ces nouvelles inventions qui peuvent à elles seules, selon leur mérite, entraîner le maintien total ou partiel de la convention (Douai, 16 avril 1867 (1), Dumont).

270. Nullité du certificat d'addition ; droit du cessionnaire. — Ce que nous avons dit de la nullité partielle du brevet s'applique évidemment à la nullité du certificat d'addition. Puisque le certificat d'addition constitue une partie intégrante du brevet, il est logique de voir une nullité partielle du brevet dans la nullité du certificat.

271. Faute personnelle au cessionnaire. —

(1) Cet arrêt n'a pas été publié.

Notons pour mémoire, tant cela est évident, que, si le brevet vient à périr par une faute personnelle au cessionnaire, par exemple, parce qu'il aurait fait fabriquer à l'étranger et introduit en France des objets semblables à ceux du brevet, le cessionnaire ne saurait arguer de sa faute pour faire résilier la cession.

272. Convention à l'occasion d'un brevet. — Si l'on peut admettre que la nullité du brevet ait une influence directe sur la validité de la cession, il est clair qu'elle n'en exercerait aucune sur une convention qui, pour être faite à l'occasion du brevet, n'aurait pourtant pas le brevet lui-même pour objet.

Il a été jugé en ce sens : 1° que la convention, par laquelle un breveté s'assure, moyennant une prime annuelle, la livraison exclusive d'un produit déterminé en vue de l'appliquer à l'exploitation de son brevet, ne peut être résolue sur le motif que le brevet aurait été lui-même annulé, si, d'une part, rien ne justifie que l'exécution de la convention fût subordonnée à la validité du brevet, et si, d'autre part, malgré la nullité de son brevet, le breveté peut employer ledit produit dans son exploitation (Paris, 14 mai 1852, Quesnay, Teul., 52.231) ; — 2° que celui qui a fait une commande d'un objet breveté ne peut refuser de prendre livraison de l'objet qu'il a commandé, sous le prétexte qu'il redoute d'être poursuivi en contrefaçon par un breveté antérieur, alors surtout que le brevet, qui garantit l'objet de la commande, n'est pas attaqué et que toutes les circonstances tendent à établir qu'il est valable (Trib. comm. Seine, 2 avril 1862, Lamy, Pataille, 62.134).

272 *bis*. Droit exclusif de représenter le breveté. — Il a été jugé, — mais cela ne touche pas à la législation spéciale, — que la convention, par laquelle un breveté cède à un tiers le droit exclusif de le représenter pour exploiter son invention en France et à l'étranger, pendant la durée du brevet, avec partage des bénéfices, constitue un contrat d'une nature spéciale et ne saurait en tout cas être assimilée au mandat ordinaire, révocable au gré du mandant ; le contrat doit donc recevoir son exécution, nonobstant un acte de révocation signifié par le breveté, alors du moins qu'il n'est pas établi que le tiers, avec lequel il a traité, ait négligé de remplir ses engagements (Trib. civ. Seine, 25 avril 1861, Ménard, *Prop. ind.*, nº 200).

273. Cession d'une invention usurpée. — Si un individu parvient à surprendre la connaissance d'une invention et que, se donnant lui-même pour l'inventeur, il cède cette invention à un tiers, de quelle nature sera le recours ouvert à ce tiers contre lui, s'il vient à être évincé? Il aura d'abord une action civile en restitution des sommes payées et en dommages-intérêts. Mais aura-t-il également une action correctionnelle? Ne peut-on pas dire, en effet, qu'il a été victime d'une escroquerie? Ne retrouve-t-on pas là tous les éléments de ce délit: manœuvre, emploi d'une fausse qualité, préjudice? La question nous paraît au moins délicate (1).

Il a été jugé, toutefois, dans un sens opposé, qu'il n'y a pas escroquerie dans le seul fait de se présenter à un tiers comme inventeur d'un procédé nouveau et de lui vendre ce procédé, lorsque, en réalité, il appartient à une autre personne à qui le vendeur en a dérobé la connaissance (Paris, 5 juillet 1845, Croisat, *J. Pal.*, 45.2.154).

ARTICLE II.

LICENCE D'EXPLOITER.

SOMMAIRE.

§ 1er. *Formes de la licence.* — 274. Licence; ses caractères. — 275. Licence; fausse qualification. — 276. Jurisprudence. — 277. Appréciation souveraine des tribunaux. — 278. Licence; formalités. — 279. Licences antérieures à la cession. — § 2. *Effets de la licence.* — 280. Licence; ses effets. — 281. Jurisprudence. — 282. Opinion contraire de M. Bozérian. — 283. *Quid* si le breveté accorde au licencié le droit de poursuite? — 284. Jurisprudence. — 285. La licence est personnelle. — 286. Nature de la licence; garantie. — 286 *bis.* Jurisprudence.

§ 1er. — *Formes de la licence.*

274. Licence; ses caractères. — A côté de la cession partielle, il faut placer la *licence*. La licence est le droit

(1) V. *infrà*, nº 619.

accordé par le breveté à un tiers d'exploiter le brevet, sans que ce droit entraîne cession d'une part quelconque de la propriété du brevet, et en général sans que cette cession empêche le breveté d'accorder le même droit à d'autres personnes. Cette distinction, qui n'est mentionnée qu'accessoirement dans l'art. 22, avait été nettement formulée dans la discussion (1); elle résulte, d'ailleurs, de la force même des choses et est consacrée par la doctrine et par la jurisprudence. Les caractères les plus saillants de la licence sont de ne pas donner au porteur de licence le droit de poursuivre les contrefacteurs, de lui être personnelle et de pas exiger les formalités nécessaires en cas de cession (2).

275. Licence ; fausse qualification. — Les conditions auxquelles est concédée la licence en font quelquefois une véritable cession ; ce n'est pas, en effet, au mot lui-même qu'il faut s'arrêter pour définir l'étendue du contrat, ce sont les conditions qu'il faut examiner.

276. Jurisprudence (3). — Il a été jugé à cet égard : 1° que l'acte portant cession du droit de fabriquer et de vendre des machines ou instruments, qui font l'objet d'un brevet, comme le breveté lui-même, a pu être considéré, par interprétation souveraine des termes de cet acte, comme renfermant la concession d'une simple faculté d'exploitation et non comme une cession partielle de la propriété du brevet (Rej., 8 mars 1852, Pecquiriaux, Dall., 52.1.80 ; — 2° que la cession du droit d'exploiter exclusivement, dans une localité déterminée, un procédé breveté, constitue non un simple droit de licence, mais une cession véritable qui associe celui à qui elle est faite au monopole du breveté (Metz, 6 juill. 1865, Carbonnier (4) Pataille, 66.416) ; — 3° que la licence du droit d'exploitation, à titre *exclusif*, pour une localité ou pour un nombre de pays déterminé, entraîne, de la part du breveté, renonciation à exploiter, par lui-même,

(1) V. Huard, p. 334.
(2) V. Allart, n° 245.
(3) V. encore Paris, 5 mars 1884, Denans (Pataille, 85.42).
(4) V. aussi Rej., 24 nov. 1866, même affaire (Pataille, 66.421).

dans ces localités, les procédés qui lui appartiennent, et à faire, dans ces mêmes lieux, de pareilles concessions ; une semblable licence renferme donc un démembrement de la propriété du brevet et constitue une cession partielle des droits qui en dérivent (Trib. corr. Rouen... 1866, Carbonnier (1), Pataille, 66.421 ; — 4° que la concession du droit exclusif d'exploiter un brevet pendant un temps déterminé, avec réserve expresse de la propriété au profit du cédant, peut être considérée comme une cession de l'usufruit du brevet ; l'usufruit étant un démembrement de la propriété, l'usufruitier a tous les droits d'un cessionnaire, et, par conséquent, celui de poursuivre les contrefacteurs (Rouen, 2 janv. 1869, Darras, Sir., 69.2.300) ; — 5° que la cession à une société du droit d'exploitation absolu, exclusif, sans réserves, d'un brevet, lui confère, pendant sa durée, tous les droits utiles et, par conséquent, celui de poursuivre les contrefacteurs. (Rej., 14 mars 1884, Pradon (2), Pataille, 84.73) ; — 6° jugé pourtant, en sens contraire, que le droit d'exploiter seul, dans une localité, une invention brevetée, avec stipulation, d'une part, que cette concession sera incessible et personnelle au concessionnaire, et, d'autre part, que les poursuites en contrefaçon ne pourront être exercées que par le breveté, a pu être considéré comme exclusif de toute idée de cession et comme constituant un simple droit de licence (Rouen, 10 juin 1868, Carbonnier (3), Pataille, 69.225).

277. Appréciation souveraine. — C'est, au surplus, aux tribunaux qu'il appartient souverainement d'apprécier si le droit concédé constitue une cession proprement dite ou une simple licence (4).

278. Licence ; formalités. — La licence n'est soumise à aucune des formalités spéciales que nous avons énu-

(1) La Cour a confirmé le jugement, mais par des motifs qui la dispensaient d'apprécier le caractère de la licence ; les motifs du jugement conservent donc toute leur valeur.

(2) V. Allart, n° 256, qui critique la doctrine de cet arrêt.

(3) V. Rej., 27 avril 1866, même affaire (Pataille, *loc. cit.*).

(4) V. Rej., 8 mars 1852, Pecquiriaux (Dall., 52.1.80). — V. également Rej., 27 avril 1869, Carbonnier (Pataille, 69.225).

mérées : elle suit les règles qui régissent les autres contrats ; elle peut résulter d'une correspondance, d'un acte sous seing privé, et même d'une convention verbale (1). Le porteur de licence n'a donc pas à faire enregistrer son titre, quoiqu'il y ait quelquefois utilité pour lui à le faire. Par exemple, si le brevet vient à être cédé, le cessionnaire peut contester la licence qui ne lui aurait pas été dénoncée et soutenir que cette licence, sans date certaine, est postérieure à la cession. De là peut naître un procès long, difficile, et que le licencié fera toujours bien d'éviter en faisant enregistrer son titre au secrétariat de la préfecture (2). En ce cas, le préfet pourra-t-il exiger qu'il soit justifié du payement de la totalité de la taxe? Nous avons déjà vu que cette exigence serait contraire au texte même de la loi, lorsqu'il s'agit d'une cession véritable. Ici, elle serait exorbitante ; elle serait même en contradiction avec l'instruction ministérielle précitée, qui déclare explicitement que le payement intégral de la taxe n'est prescrit que lorsqu'il y a transmission de la propriété du brevet par voie de cession (3).

279. Licences antérieures à la cession. — Il suit de ce qui précède que la cession qui serait faite du brevet après que le breveté a déjà concédé un plus ou moins grand nombre de licences ne saurait leur porter aucune atteinte. Du moment que les licences sont parfaites sans aucune formalité, le concessionnaire est tenu de les respecter, qu'il les ait ou non connues ; il faut seulement, mais il suffit qu'il soit établi que les licences sont réellement antérieures à la cession. Suivant M. Bédarride, la preuve de l'antériorité de la licence doit résulter du titre lui-même ; il faudrait, dans cette opinion, que l'acte fût authentique, ou, du moins, qu'il eût acquis date certaine par l'un des moyens indiqués par la loi (4). N'est-ce pas aller bien loin, et n'est-il pas sage de s'en remettre à l'appréciation des tribunaux ? Est-il possible

(1) V. Nouguier, n° 308 ; Renouard, n° 178.
(2) V. Bédarride, n° 276 ; Nouguier, n°s 274 et 308.
(3) V. Nouguier, n° 310.
(4) V. Bédarride, n° 300 ; Allart, n° 279.

d'admettre, par exemple, qu'un cessionnaire puisse refuser d'exécuter un contrat de licence qu'il aurait connu, que son cédant lui aurait dénoncé, sous prétexte que l'acte n'aurait pas date certaine dans les termes mêmes de l'article 1328 ?

Il va de soi, du reste, que le cessionnaire qui aurait été trompé par les fausses déclarations de son cédant, aurait un recours contre lui. Les tribunaux, dans un cas pareil, pourraient, soit prononcer la résiliation de la cession, soit en réduire le prix, sans préjudice, le cas échéant, de plus amples dommages-intérêts pour le cessionnaire.

§ 2. — *Effets de la licence.*

280. Licence ; ses effets. — Les effets de la licence sont radicalement différents de ceux de la cession ; la licence ne donne aucun droit à la propriété du brevet ; c'est un point sur lequel tout le monde est d'accord ; en revanche, on a, à plusieurs reprises, discuté la question de savoir si la licence donne le droit de poursuivre les contrefacteurs. Nous adoptons, pour notre part, la négative ; voici les motifs qui nous déterminent : le caractère de la licence est de ne conférer au concessionnaire que le droit d'exploiter le brevet personnellement, sans préjudice du même droit que le breveté peut accorder à d'autres. Dès lors, quel tort le contrefacteur fait-il au porteur de licence ? N'est-il pas, vis-à-vis du contrefacteur, dans la situation où il serait vis-à-vis d'un autre porteur, de licence ? Qui sait, d'ailleurs, si ce prétendu contrefacteur n'est pas lui-même un licencié ? Qui sait, si le breveté n'a pas ses raisons, dont il ne doit compte à personne, pour tolérer cette contrefaçon ? N'est-il pas maître, au surplus, d'accorder indirectement, et par voie de simple tolérance, le droit qu'il pourrait accorder directement, par voie de concession ostensible et régulière ? Comment donc admettre que le licencié puisse poursuivre, de son chef, la contrefaçon, quand d'un mot le breveté peut anéantir la poursuite, la rendre vaine et sans objet, et exonérer, s'il lui plaît, ce prétendu contrefacteur de toute responsabilité ? Il semble, du reste, que la loi elle-même nous fournit un argument de texte suffisant, même décisif ; l'art. 47, qui détermine les moyens de constater judiciairement la contrefaçon, ne parle que des *propriétaires* du brevet ; par cela même, il exclut du droit de pratiquer une saisie et d'exercer la poursuite en contrefaçon le simple porteur de licence qui n'est, à aucun degré, propriétaire du brevet (1).

Notons pourtant un point par lequel les effets de la licence se rapprochent de ceux de la cession ; c'est qu'elle fait profiter de plein droit le licencié des certificats d'addition qui seraient pris par le breveté ou ses ayants cause. L'art. 22 le dit en termes formels.

281. Jurisprudence (2). — Il a été jugé à cet égard : 1° que celui qui n'a obtenu de l'inventeur qu'un simple droit d'exploitation du brevet n'est pas saisi d'un droit de copropriété et n'a pas qualité pour poursuivre les contrefacteurs (Rej., 8 mars 1852, Pecquiriaux, Dall., 52.1.80) ; — 2° que le cessionnaire du droit d'exploiter un brevet d'invention ne peut ni intenter une action en contrefaçon ni intervenir dans cette action, surtout quand son titre n'a pas été enregistré à la préfecture, conformément à l'art. 20 de la loi du 5 juillet 1844 (Cass., 25 fév. 1860, Drouin (3), Pataille, 60.213) ; — 3° que le droit de poursuivre les contrefacteurs n'appartient qu'aux propriétaires du brevet, c'est-à-dire au breveté et à ceux à qui il aurait consenti cession totale ou partielle dans les conditions et les formes des art. 20 et suivants ; il ne saurait donc être reconnu au porteur d'une simple licence, laquelle, à la différence de la cession, laisse subsister sur la tête du breveté la propriété du brevet (Rouen, 10 juin 1868, Carbonnier (4), Pataille, 69.225) ; — 4° mais que la cession même totale du droit d'exploiter un brevet n'en enlève pas la propriété au cédant, qui, par suite, a seul qualité pour poursuivre les contrefacteurs. (Agen, 13 mars 1883, Urbain, Pataille, 83.104).

282. Opinion contraire de M. Bozérian. — « Deux

---

(1) V. Allart, n° 234.

(2) V. également Trib. corr. Marseille, 26 mars 1861, Roux (Pataille, 62.120) ; Paris, 1er mars 1855, Blétry, cité par Blanc, p. 641.

(3) V. encore Rej., 24 nov. 1866, Carbonnier (Pataille, 66.421).

(4) V. aussi Rej., 27 avril 1869, même affaire (Pataille, 69.225).

« dispositions de loi, dit-il, l'une civile, l'autre criminelle, « nous semblent justifier ce droit (de poursuite), dont l'ori- « gine et l'exercice découlent des mêmes principes. Aux ter- « mes de l'art. 1382 du Code civil, tout fait quelconque de « l'homme qui cause à autrui un dommage oblige celui, « par la faute duquel il est arrivé, à le réparer. Sans doute, « pour devenir la cause légitime d'une demande en dom- « mages-intérêts, le fait qui a causé le dommage doit « être illicite ; mais, si la contrefaçon est illicite vis-à-vis du « breveté, comment ne le serait-elle pas vis-à-vis de ses ayants « cause, c'est-à-dire vis-à-vis du porteur de licence comme « du cessionnaire ? Si elle est illicite et qu'il résulte un dom- « mage, pourquoi l'auteur de ce dommage, tenu par la loi « de le réparer vis-à-vis du breveté et du cessionnaire qui en « souffrent, ne serait-il pas tenu aussi de le réparer vis-à-vis « du porteur de licence qui en souffre également ? Pourquoi « ce dernier serait-il enchaîné par l'inaction involontaire ou « calculée du breveté ? Voilà pour l'action civile ; pour l'ac- « tion pénale, les principes sont les mêmes. Aux termes de « l'art. 1 du Code d'instr. crim., l'action en réparation du « dommage causé par un délit peut être exercée par *tous* « *ceux* qui ont souffert de ce dommage. Or, la contrefaçon « est un délit prévu et puni par la loi ; le porteur de « licence n'en souffre pas moins que le cessionnaire ou le « breveté lui-même. Pourquoi donc la loi ne serait-elle pas « faite pour celui-là aussi bien que pour ceux-ci ? On ne « peut pas dire que le droit de poursuite est essentiellement « personnel au breveté, puisqu'on l'admet sans difficulté en « faveur du cessionnaire partiel du brevet, lorsque sa ces- « sion est régulière. Si ce droit n'est pas personnel au « breveté, le porteur de licence ne peut-il pas se prévaloir « encore de l'art. 1166 du Code civil, d'après lequel les « créanciers peuvent exercer tous les droits et actions de « leur débiteur, à l'exception de ceux qui sont exclusive- « ment attachés à sa personne ? (1). »

283. *Quid* **si le breveté accorde au licencié le**

(1) V. *Propr. ind.*, n° 139.

droit de poursuite ? — Rien n'empêcherait le breveté d'accorder au simple porteur de licence le droit de poursuivre les contrefacteurs. Une pareille convention n'aurait évidemment rien de contraire à la loi. Seulement — est-il besoin de l'ajouter? — le porteur de licence ne pourrait agir qu'autant qu'il aurait fait enregistrer son titre. Car, si la cession non enregistrée n'est pas opposable aux tiers, à plus forte raison en est-il de même de la licence, dont en principe les tiers, surtout les contrefacteurs, n'ont point à se préoccuper. Remarquons, d'ailleurs, que le droit de poursuite, accordé à celui que la convention qualifie porteur de licence, est un élément qui, joint à d'autres, est de nature à faire reviser par le juge la qualification de l'acte et à lui faire qualifier de cession véritable ce que le contrat a qualifié de simple licence. On trouvera pourtant ci-dessous une décision qui semble contester ce droit au licencié d'une façon absolue.

284. Jurisprudence (1). — Il a été jugé, à cet égard : 1° que, si le cessionnaire de la propriété même du brevet reste sans titre et sans action contre les contrefacteurs, quand il n'a pas accompli les formalités prescrites par l'art. 20, à plus forte raison celui qui a seulement acquis du breveté la faculté d'exploiter son invention, aux termes de l'art. 20, et qui n'a pas, d'ailleurs, rempli les mêmes conditions, ne peut avoir plus de droits (Cass., 25 fév. 1860, Drouin, Pataille, 60.213); — 2° que, quel que soit le caractère de la cession et sous quelque dénomination qu'elle soit faite, le cessionnaire ne peut prétendre exercer personnellement l'action en contrefaçon qu'à la condition d'avoir, préalablement à tous actes de poursuite, satisfait aux prescriptions de l'art. 20; il s'ensuit que l'inaccomplissement de ces formalités rend inutile l'examen de la question de savoir si les conventions intervenues entre deux parties comportent une véritable cession ou un simple droit de licence, la solution étant la même dans les deux cas (Rouen, 26 avril 1866 (2), Carbonnier, Pataille, 66.421) ; — 3° que

(1) V. aussi Paris, 11 janv. 1876, aff. Boxer (Pataille, 76.85).
(2) V. aussi Rej., 24 nov. 1866, même affaire (Pataille, *loc. cit.*).

la cession totale ou partielle d'un brevet n'est valable, à l'égard des tiers, qu'après avoir été enregistrée au secrétariat de la préfecture du département dans lequel l'acte de cession a été passé, et, suivant une jurisprudence constante, cette disposition est applicable, à plus forte raison, à celui qui a seulement acquis du breveté la faculté d'exploiter son invention (Trib. civ. Troyes, 16 févr. 1870, Tarin, Pataille, 70.197) ; — 4° jugé cependant que le porteur de licence n'a pas le droit de poursuivre les contrefacteurs, encore bien que son titre, régulier d'ailleurs, lui confère un mandat irrévocable, à l'effet d'exercer ses poursuites à ses risques et périls ; un tel mandat n'est pas valable, car il conduit le licencié à intenter l'action en son propre nom, abstraction faite de celui de son vendeur, à s'assimiler, par rapport à celui-ci, en quelque sorte à un tuteur, ce que la loi n'autorise pas et ce qui est une violation de la maxime qu'en France *nul ne plaide par procureur* (Rouen, 2 janv. 1869, Darras, Sir. 69.2.300).

285. La licence est personnelle. — Nous avons dit plus haut que le droit du porteur de licence lui est personnel ; il en faut conclure qu'à moins de stipulations contraires le licencié ne peut qu'en jouir par lui-même, sans pouvoir le céder à d'autres (1). Toutefois, il nous semblerait bien rigoureux que le manufacturier, qui a acquis une licence, ne pût en transmettre la jouissance dans les mêmes conditions à son successeur, nous ne disons pas à son héritier, ce qui nous paraît évident.

Jugé que la licence ou cession partielle du droit d'exploiter un brevet d'invention est essentiellement personnelle ; elle a, en effet, pour motifs déterminants, la capacité et la solvabilité du porteur de licence, et ne peut être transmise par ce dernier à un tiers chez lequel le breveté peut ne pas rencontrer les garanties de bonne exploitation nécessaires pour accréditer l'invention ; il en est ainsi, à plus forte raison, lorsque la licence a été concédée sous condition résolutoire et que cette condition est accomplie, spécialement, lorsqu'aux termes du traité concédant la licence à une société, il a été

(1) V. Trib. civ. Lyon, 23 nov. 1854, Lesobre (Blanc, p. 522).

stipulé que les conventions y contenues devaient être résiliées de plein droit en cas de dissolution de cette société, et que cette dissolution est intervenue : il importerait peu que le tiers, prévenu de contrefaçon, fût le liquidateur de la société concessionnaire de la licence, sa personnalité n'en étant pas moins distincte de celle de cette société (Paris, 13 décembre 1882, Duhamel, Pataille, 84.89) (1).

286. Nature de la licence ; garantie. — Nous avons déjà distingué ailleurs la cession proprement dite de la simple licence. En matière de garantie, cette distinction a son utilité. Car, si les principes qui régissent la vente sont plus particulièrement applicables à la cession, il nous paraît qu'il faut appliquer ceux du contrat de louage à la simple licence. En ce cas, en effet, le cédant est un véritable bailleur ; le cessionnaire, un véritable preneur. Le premier ne confère au second aucun droit de propriété sur la chose même ; il lui assure, moyennant un prix déterminé, la jouissance paisible de la chose. Le porteur de licence ne peut donc, à notre avis, exiger de son cédant autre chose que la garantie de cette jouissance paisible. Aussi longtemps que nul ne trouble sa jouissance, il n'a aucun droit à faire valoir contre son cédant ; si, au contraire, une contrefaçon vient à se produire, qui porte atteinte à sa licence, son droit à la garantie naît aussitôt ; il peut exiger la cessation de ce trouble ; si le contrefacteur poursuivi triomphe et fait prononcer la nullité du brevet en tout ou en partie, le porteur de licence est dans le cas du preneur lorsque la chose louée vient à périr en totalité ou en partie ; il peut, suivant les circonstances et sous les réserves que nous avons faites plus haut (2), demander la résiliation du contrat ou une diminution de son prix. Enfin, comme le preneur, il a contre son cédant un droit de garantie, en raison des vices de la chose, qui en empêcheraient l'usage, et, par exemple à raison de l'impossibilité de la réalisation industrielle de l'invention (3).

---

(1) Comp. Paris, 5 mars 1884, Denans (Pataille, 85.42).
(2) V. *suprà*, n° 266.
(3) V. l'article de Bozérian dans la *Propr. ind.*, n° 369.

286 *bis*. Jurisprudence. — Il a été jugé : 1° que, lorsqu'un breveté a concédé à un tiers une licence, le licencié ne saurait s'autoriser de ce que, antérieurement au contrat, le brevet aurait été annulé dans une instance correctionnelle à raison d'une application d'ailleurs différente de l'invention, alors que, d'une part, il est constant en droit que la chose jugée par cette juridiction ne s'étend pas au delà du fait incriminé, et que, d'autre part, il est certain, en fait, que le breveté ne garantissant au licencié qu'une paisible jouissance, celui-ci ne prouve pas qu'il ait été victime d'un fait d'agression soit de la part du breveté, soit de la part des tiers, le troublant dans sa jouissance et dans la possession de sa licence (Grenoble, 20 juill. 1877, Porion, Pataille, 78.83) ; — 2° que, de même, le seul fait qu'une décision correctionnelle ait renvoyé un prévenu de contrefaçon des fins de la plainte, dirigée contre lui par le breveté, ne suffit pas pour que ceux qui, avant cette décision, ont contracté avec ce dernier une transaction sur procès, aux termes de laquelle ils étaient autorisés à se servir du brevet, moyennant une redevance annuelle, soient recevables à demander la nullité de leur transaction ; néanmoins, si, à partir de cette décision, le breveté a cessé de poursuivre ceux qui usaient publiquement de son procédé, sa négligence équivaut à une inexécution du contrat et en entraîne la résolution (Paris, 15 juillet 1858, Goodyear, Teul., 58.431).

ARTICLE III.

DE DIVERS MODES DE MUTATION.

SOMMAIRE.

287. L'enregistrement est-il obligatoire pour toutes mutations? — 288. *Quid* de l'apport du brevet dans une société? — 289. *Quid* du partage? — 290. *Quid* en cas de subrogation judiciaire? — 291. *Quid* en cas de résiliation et de rétrocession? — 292. *Quid* en cas de nantissement? — 293. *Quid* en cas de vente judiciaire? — 294. Vente d'un objet breveté ; ses effets. — 295. Réparations à l'objet breveté ; droit de l'acheteur.

287. L'enregistrement est-il obligatoire pour toutes mutations ? — Les formalités, dans le détail desquelles nous venons d'entrer, s'appliquent uniquement aux cessions ; c'est ce que décide aujourd'hui une jurisprudence constante. Tout acte qui n'est pas une cession est donc exempt des formalités prescrites par l'article 20, ou du moins n'est pas soumis à leur accomplissement à peine de nullité à l'égard des tiers. Ainsi, nul doute que le fils qui trouve un brevet dans la succession de son père ne soit investi, à l'égard de tous, des droits qui en résultent, sans qu'il soit tenu de faire enregistrer la mutation qui vient de s'opérer dans sa personne. Il en serait de même pour celui qui deviendrait propriétaire du brevet par testament. Cela résulte expressément du texte de la loi, et l'instruction ministérielle, que nous avons déjà citée, le constate à son tour (1). L'enregistrement, tout facultatif qu'il est dans ces divers cas, n'en a pas moins son utilité ; d'abord il fait connaître aux tiers le nom du nouveau propriétaire et prévient tout malentendu ; de plus, au cas où le ministère public croit devoir demander la nullité absolue du brevet (2), comme l'article 37 lui en donne le droit, il n'est pas tenu d'appeler en cause et par conséquent de mettre à même de défendre le brevet ceux des ayants droit qui n'ont pas fait enregistrer leur titre.

288. *Quid* **de l'apport du brevet dans une société ?** — Nous examinerons ailleurs si l'apport d'un brevet dans une société constitue une cession ; rappelons seulement que la jurisprudence consacre aujourd'hui la négative (3).

289. *Quid* **du partage ?** — Le partage, dans notre droit, est déclaratif, non translatif de propriété. Il s'ensuit que celui qui devient propriétaire d'un objet par suite d'un partage est réputé en avoir été toujours propriétaire ; cette règle s'applique également en matière de brevet. Peu importe, d'ailleurs, que le partage soit la conséquence d'un arrangement entre copropriétaires ou d'une liquidation de société (4).

---

(1) V. Nouguier, p. 517.
(2) V. *infrà*, n° 609.
(3) V. *infrà*, n° 306.
(4) V. *infrà*, n° 318.

290. *Quid* **en cas de subrogation judiciaire ?** — La subrogation judiciaire a pour effet de réintégrer le véritable inventeur dans la propriété de son brevet, qu'un tiers avait usurpée. Comment, dès lors, pourrait-on le considérer comme le cessionnaire de son spoliateur ? Le jugement qui accueille sa demande en revendication a précisément pour résultat de constater que le spoliateur n'a jamais eu aucun droit sur le brevet qu'il avait obtenu par fraude. Rien n'est plus loin d'une cession (1). M. Bédarride émet pourtant des doutes sur la solution que nous proposons (2).

291. *Quid* **en cas de résiliation et de rétrocession ?** — Lorsque, sur la demande du breveté ou du cessionnaire, ou même par suite d'un accord entre eux, la cession vient à être résiliée, on ne peut nier qu'il n'y ait vraiment alors mutation dans la propriété du brevet, qui sort des mains du cessionnaire pour rentrer dans celle du breveté. Faut-il en conclure qu'il y ait lieu d'accomplir les formalités de l'art. 20 ? Le doute, pour nous, vient de ce que, si l'art. 20 prescrit ces formalités pour tous actes emportant mutation, il est certain qu'il ne les exige à peine de nullité qu'en cas de cession proprement dite, de cession volontaire, et qu'il semble difficile d'assimiler la résiliation d'une cession à une cession. C'est même tout l'opposé, lorsque, par exemple, la résiliation est prononcée par justice, puisque dans ce cas, l'une des parties, au moins, loin de consentir à l'acte qu'on lui demande, y résiste de toutes ses forces (3). Au moins, faudrait-il distinguer entre les résiliations volontaires et les autres, et n'admettre l'application de l'article 20 que pour les premières, lorsqu'elles entraînent, comme conséquence, rétrocession pure et simple du brevet par le cessionnaire au cédant (4).

292. *Quid* **en cas de nantissement ?** — Nous ne

---

(1) V. Nouguier, n° 697.
(2) V. Bédarride, n° 275.
(3) V. Nouguier, n° 342. — V. *Contrà*, Bédarride, n° 297.
(4) Comp. Paris, 14 avril 1849, et Cass., 10 août 1849, Caron (Sir., 49. 1.783).

pouvons que renvoyer aux observations que nous faisons à ce sujet en traitant du nantissement (1).

293. *Quid* **en cas de vente judiciaire?** — Il se peut que, par suite soit de décès, soit de faillite, soit de saisie, soit de liquidation de société ou encore en exécution d'un contrat de nantissement, le brevet soit vendu aux enchères publiques. Y a-t-il lieu, dans ces différents cas, d'accomplir les formalités de l'article 20 ? Nous sommes porté à le croire : car, alors, il y a véritablement cession et, quel que soit celui qui poursuit la vente, syndic, liquidateur ou créancier, il n'agit qu'au nom du breveté, dont, en réalité, il exerce les droits. On peut, toutefois, ici encore, faire observer que le mot « cession », employé dans la loi de 1844, suppose ordinairement une transmission volontaire et non une transmission forcée, et que, dès lors, s'agissant d'une nullité qui ne peut être étendue hors des cas taxativement prévus, il ne faut exiger l'accomplissement des formalités de l'article 20 que pour les cessions volontaires. C'est en ce sens que se prononce M. Nouguier (2).

294. Vente d'un objet breveté ; ses effets. — La vente d'un objet breveté ne constitue ni une cession de brevet ni même une licence. L'acheteur n'acquiert d'autre droit que celui d'user dudit objet, et, lors même que la vente serait faite à des conditions particulières, la violation de ces conditions par le breveté ne donne à l'acquéreur d'action que contre ce dernier.

Il a été jugé, par exemple, que le traité par lequel l'inventeur d'un nouveau système de bateaux vend un ou plusieurs de ces bateaux, avec engagement de n'en vendre à personne pour la même navigation, ne confère à l'acquéreur aucun droit direct et personnel contre les personnes qui pourraient, avec des bateaux du système breveté, entreprendre la même navigation ; il n'a d'autre droit que celui de s'adresser à son vendeur à l'effet d'obtenir l'exécution de son obligation ou sinon des dommages-intérêts (Paris, 21 fév. 1861, Gache, Pataille, 61.237).

---

(1) V. *suprà*, n° 201.
(2) V. Nouguier, n° 350.

295. Réparations à l'objet breveté; droits de l'acheteur. — L'acquéreur d'un objet breveté est-il libre de le réparer, de le modifier comme bon lui semble ? Ou bien, au contraire, le breveté peut-il s'opposer à ces réparations, à ces modifications ? Voici d'où vient la raison de douter : d'une part, en principe, l'acquéreur d'un objet, quel qu'il soit, en devient propriétaire absolu et son droit de propriété ne comporte ni contrôle ni réserve de la part de son vendeur ; d'une autre part, on conçoit que la réputation du breveté peut être compromise par des modifications qui sont de nature à changer le caractère de son invention ou à en affaiblir le résultat ; on conçoit également que de réparation en réparation l'acquéreur peut en arriver à construire un appareil véritablement neuf, et à priver ainsi le breveté d'un bénéfice sur lequel il devait compter. La jurisprudence hésite entre les deux opinions. Nous pensons, pour nous, que la vérité est dans un juste milieu. Si la modification ou la réparation ne change pas le caractère de l'objet breveté, n'est pas de nature à le perpétuer, si elle n'a pas pour but de substituer un appareil neuf à un appareil déjà usé et de faire fraude aux droits du breveté, la modification ou la réparation est légitime. Dans le cas contraire, il y a atteinte au brevet. Nous rapporterons plusieurs décisions rendues en ce sens, lorsque nous traiterons de la contrefaçon (1).

ARTICLE IV.

TRIBUNAUX COMPÉTENTS.

SOMMAIRE.

296. Cession de brevet; contrat civil. — En principe, la cession d'un brevet est un contrat civil, qui rend les contractants justiciables des tribunaux civils. Toutefois, il est

---

(1) V. *infrà*, n° 669.

possible que le contrat devienne commercial, soit à raison des opérations qui en sont la conséquence, soit à raison de la profession des contractants et des conditions d'exploitation qu'ils se sont imposées.

296 *bis*. **Jurisprudence.** — Il a été jugé à cet égard : 1° qu'un brevet d'invention étant une chose civile de sa nature, la cession du brevet pris par un non-négociant, alors qu'elle est faite avant toute exploitation, ne constitue pas un acte de commerce : en conséquence, l'acheteur, quoiqu'il soit lui-même négociant, et qu'il ait exploité commercialement le brevet, ne peut assigner son vendeur devant le tribunal de commerce (Paris, 16 nov. 1852, Martin (1), *J. Pal.*, 53.1.58) ; — 2° que la licence d'exploiter, concédée par le breveté moyennant une redevance proportionnelle sur les bénéfices, ou à raison d'une prime fixe par quantité vendue, constitue une location de procédé, c'est-à-dire une convention qui n'a rien de commercial et qui, par conséquent, est de la compétence des tribunaux civils (Douai, 31 janv. 1860, Dubrunfaut, Jurispr. Douai, 60.79) ; — 3° que pourtant la cession d'un brevet peut être réputée un acte commercial, relevant comme tel des tribunaux de commerce, si elle est faite par un négociant à un autre négociant et qu'elle se lie à des opérations commerciales antérieures (Lyon, 4 janv. 1839, Rusand (2), *J. Pal.*, 39.1.638) ; — 4° qu'il en est de même dans le cas où le cessionnaire est un négociant qui achète le brevet dans un but de spéculation et pour l'exploiter (Bourges, 5 fév. 1853, Gendarme, *J. Pal.*, 53.1.357) ; — 5° que le tribunal de commerce est compétent pour statuer sur une contestation relative à l'exécution d'une cession de brevet (Trib. comm. Seine, 31 juillet 1862, Bouquié, Teul., 63.166) ; — 6° que le tribunal de commerce est compétent pour connaître des contestations élevées sur l'exécution d'un traité qui comprend non seulement la cession de brevets d'invention, mais encore l'exploitation de ces brevets, qui est nécessairement commerciale

(1) V. encore Trib. comm. Seine, 15 nov. 1872, Loubereau (Pataille, 74.106).

(2) V. aussi Paris, 4 déc. 1872, Brandon (Pataille, 74.102).

(Paris, 22 août 1859, Dieu-Garcia (1), Teul., 60.45); — 7° que si, en règle générale, la cession d'un privilège obtenu par brevet d'invention pour l'exploitation d'une découverte ou même la cession d'une participation à ce privilège, ne sont pas considérées comme une opération de commerce, ce principe n'est pas tellement absolu qu'il ne puisse fléchir dans certaines circonstances où il serait démontré que les parties ont entendu faire et ont réellement fait une opération de commerce : spécialement, la cession d'une fabrication brevetée, lorsque le breveté l'exploite lui-même, et qu'il a fait de cette exploitation sa profession habituelle, doit être considérée comme un acte de commerce et est soumise, à raison des contestations qui peuvent en naître, à la juridiction commerciale (Trib. comm. Marseille, 7 sept. 1851, Gauloffret, cité par Girod et Clarion, 12.1.288).

297. Compétence en cas de mandat. — Il a été jugé que le commettant est valablement assigné devant le domicile du commissionnaire ; il s'ensuit que le breveté, qui charge un tiers de placer et de vendre ses appareils, est assigné valablement au domicile de ce dernier, et ne peut demander son renvoi devant les juges de son domicile (2).

SECTION IV.

De la copropriété des brevets.

SOMMAIRE.

298. Ce qui la constitue ; droits qui naissent de la copropriété. — 299. *Quid* s'il y a en même temps communauté? — 300. Cession par un copropriétaire. — 301. Indivision ; la licitation est-elle de droit? — 302. Jurisprudence. — 303. Droits réglés par convention ; appréciation des tribunaux.

298. Ce qui la constitue. — Un brevet est susceptible de copropriété, soit que l'invention elle-même résulte d'efforts communs, soit que le breveté ait cédé son brevet à

---

(1) V. Paris, 14 oct. 1858, Renault (Teul., 59.37).

(2) V. Aix, 16 fév. 1857, Flory (Girod et Clarion, 16.1.146).

plusieurs individus collectivement ou qu'il se soit entendu avec eux pour l'exploiter dans un intérêt commun, soit enfin que, le breveté étant mort, ses héritiers aient trouvé le brevet dans les biens de la succession.

Jugé, à cet égard, que les juges du fond peuvent, après avoir constaté l'existence d'une société en participation, ayant pour objet l'exploitation d'une invention brevetée et de ses perfectionnements, décider, par une appréciation souveraine de l'intention des parties, que chaque associé est devenu copropriétaire de cette invention et de ses perfectionnements (Paris, 1er décembre 1877, et Rej., 1er mars 1878, Testacuzzi, Pataille, 79.137).

298 *bis*. **Droits qui naissent de la copropriété.** —Quels sont les droits qui naissent de cette copropriété, et par quelles règles sont-ils régis? Avant tout, il ne faut pas confondre la copropriété avec la communauté; en principe, la copropriété emporte la communauté; l'une pourtant peut exister sans l'autre; plusieurs personnes copropriétaires d'un brevet peuvent, en effet, convenir, expressément ou tacitement, qu'elles ne le posséderont pas en communauté. En ce cas, chacun des copropriétaires a sur le brevet les mêmes droits que s'il en était seul propriétaire : chacun d'eux peut de son côté l'exploiter, le céder ou du moins céder son droit en tout ou en partie, poursuivre les contrefaçons sans avoir à consulter les autres copropriétaires, mais en même temps sans pouvoir porter la moindre atteinte à leurs droits; c'est-à-dire qu'ils seront plusieurs, ayant, vis-à-vis les uns des autres, exactement la même position; tant mieux pour celui qui par son intelligence ou son activité arriveva au meilleur résultat; tant pis pour les autres, s'ils ne peuvent soutenir la concurrence. C'était à eux à mesurer leurs forces et à ne pas accepter une situation qui devait si mal tourner pour eux; ils n'avaient à l'avance qu'à poser leurs conditions et à déterminer les bases sur lesquelles se ferait l'exploitation du brevet commun. « Les titulaires, disent Picard et Olin, ont « chacun la jouissance pleine et entière de l'invention; ils « sont maîtres d'en retirer tous les profits qui leur convien- « nent; ils ont des droits égaux et parallèles et non pas subor- « donnés à leur consentement réciproque. Telle est, en

« effet, la nature du droit de l'inventeur sur sa découverte, « que plusieurs personnes peuvent ensemble exercer ce droit « dans sa plénitude sans que l'action de l'une limite l'action « de l'autre (1).

Il a été jugé à cet égard que, lorsque deux inventions ont été de fait mises en commun et confondues pour produire l'appareil breveté, elles créent entre les inventeurs une copropriété; en conséquence, chacun des inventeurs doit avoir une part égale dans le brevet, sauf à contribuer de même par égale part aux charges pouvant en résulter (Paris, 6 fév. 1858, Garnier, *Propr. ind.*, n° 51).

299. *Quid* **s'il y a en même temps communauté?** — Il n'en est pas de même s'il y a, en même temps, communauté; la communauté crée l'indivision. Chacun des copropriétaires, ou, pour mieux dire, des propriétaires indivis, ne peut alors agir pour son propre compte et sans le concours des autres. Ce n'est pas, toutefois, que les tiers puissent jamais se prévaloir du défaut de ce concours et que, par exemple, un contrefacteur, poursuivi par un seul des copropriétaires, puisse se soustraire à la poursuite sous le prétexte que tous les copropriétaires ne figurent pas dans l'instance. Chacun des copropriétaires agit valablement au regard des tiers, même lorsqu'il agit isolément : seulement, il est réputé agir dans l'intérêt commun; il doit, en conséquence, compte de ses actes aux autres copropriétaires et en demeure responsable vis-à-vis d'eux. Si donc, il a fait condamner le contrefacteur à des dommages-intérêts, il les doit à la communauté, de même que, s'il a compromis imprudemment, dans un procès téméraire, le sort du brevet, il s'expose au juste recours de ses coïntéressés. De même la licence (nous ne disons pas la cession) consentie par un seul des copropriétaires est valable, sauf aux autres à exercer leur recours contre lui, si, pour une raison ou pour une autre, cette licence leur porte préjudice. Nous exceptons, bien entendu, le cas de fraude; s'il y avait eu collusion entre le licencié et celui des copropriétaires qui a consenti la

(1) V. Picard et Olin, n° 462. — Comp. Blanc, p. 503.

licence, en vue de préjudicier aux autres, la licence elle-même pourrait être attaquée par eux et déclarée nulle par les tribunaux.

300. Cession par un copropriétaire. — L'un des copropriétaires peut-il, sans le consentement des autres, céder les droits qui lui appartiennent, c'est-à-dire céder son lieu et place? A moins d'une convention contraire, nous pensons qu'il le peut. Chacun n'est-il pas libre d'user de sa propriété comme il l'entend? Pour être indivis, les droits que plusieurs personnes ont sur une même propriété n'en sont pas moins séparés et distincts. Lorsqu'un immeuble, par exemple une maison, est indivis entre plusieurs propriétaires, chacun est libre de garder sa part ou de la céder sans avoir à consulter les autres copropriétaires; pourquoi en serait-il autrement d'un brevet? Nous ne comprenons pas comment M. Bédarride a pu être amené à admettre l'opinion contraire (1).

301. Indivision; la licitation est-elle de droit? Puisqu'il y a indivision, il suffit qu'un seul des copropriétaires en soit las pour qu'il y puisse mettre un terme. Nul, en effet, n'est tenu de rester dans l'indivision; cette règle s'applique en matière de brevet comme en toute autre matière. Mais de quelle façon, dans quels cas doit-on l'appliquer? Dans la pratique, les tribunaux n'hésitent guère à ordonner la licitation, lorsqu'un des copropriétaires la demande. C'est là, cependant, une mesure très dangereuse pour l'inventeur pauvre et il ne saurait trop se mettre en garde contre son application. Il arrive, en effet, fréquemment que l'inventeur, pour achever son œuvre, est obligé de s'adresser à un tiers, bailleur de fonds. Celui-ci, très complaisant et très doux, d'abord, donne les fonds nécessaires aux dernières expériences; il ne demande en retour que d'être, au même titre que l'inventeur, titulaire du brevet. Le brevet est donc pris en commun, puis exploité en commun; cela fait, et pour peu que l'invention obtienne

(1) V. Bédarride, n° 291.

quelque succès, le bailleur de fonds suscite des difficultés avec l'inventeur, son copropriétaire, et bientôt il invoque le grand principe que nul « n'est tenu de rester dans l'indivision ». Le brevet est licité sur sa demande ; comme il n'a pas encore fait toutes ses preuves, il est vendu pour presque rien. Le bailleur de fonds l'achète, et, comme il est toujours créancier de l'inventeur, celui-ci n'a rien à recevoir, bien heureux s'il n'a rien à payer. C'est là une comédie qui se oue souvent aux dépens des inventeurs ; nous ne saurions donc trop les engager à rester sur leurs gardes et à résister aux séductions d'une avance de fonds qui, la plupart du temps, n'est qu'un piège.

MM. Rendu et Delorme prévoient également le danger que nous signalons et proposent le palliatif suivant : « Ce « principe, appliqué à la rigueur, pourrait devenir, de la part « d'un copropriétaire bailleur de fonds, un moyen déloyal « d'exproprier le véritable inventeur, dénué, comme il arrive « fréquemment, des moyens d'exploiter par lui seul sa « découverte. Les tribunaux rejetteront sans doute comme « frauduleuse une demande en licitation formée dans de « telles circonstances (1). »

Pour nous, nous voyons le remède ailleurs ; d'une part, nous pensons que les tribunaux ne peuvent, sous aucun prétexte, repousser une demande qui tend à faire cesser l'indivision ; mais nous pensons, d'autre part, qu'ils ne sont pas tenus d'ordonner invariablement, et dans tous les cas, la licitation du brevet ; ils peuvent, au contraire, suivant les circonstances, soit ordonner la licitation, soit autoriser chacun des copropriétaires du brevet à l'exploiter séparément et pour son compte. Ce que nous réclamons n'est d'ailleurs que l'application du principe général posé dans l'art. 1686 du Code civil : « Si une chose commune à plusieurs ne peut « être partagée commodément et sans perte... la vente s'en « fait aux enchères. » Il n'y a donc lieu de procéder à la licitation qu'autant qu'il est d'abord établi que le partage est impossible.

---

(1) Rendu et Delorme, n° 344.

M. Renouard est de cet avis : car, après avoir déclaré que le principe que « nul n'est tenu de demeurer dans l'indivision » est applicable à notre matière, il ajoute « qu'il sera procédé, « conformément au droit commun, soit au partage, soit à « une licitation, si le partage est reconnu impossible (1). » Il reconnaît donc qu'un brevet est un objet susceptible, à l'occasion, comme tout autre, d'être partagé en nature.

M. Tillière se prononce dans le même sens ; voici comme il s'exprime : « En vertu du principe que « nul n'est tenu « de rester dans l'indivision », chacun des propriétaires indi-« vis peut demander le partage des biens communs. Ainsi, « lorsque, par la mort du titulaire, la propriété indivise d'un « brevet échoit à ses héritiers, ceux-ci ne sont pas forcés de « rester en communauté pour l'exercice du droit de leur « auteur sur l'invention. Il sera procédé au partage entre « eux ; la propriété deviendra divise, chacun pourra l'exploi-« ter séparément, en son nom personnel, pour son propre « compte. Si le partage est impossible, on opérera la lici-« tation (2). »

302. Jurisprudence. — Il a été jugé en ce sens : 1° que, lorsque deux associés offrent d'exploiter séparément le brevet qui faisait l'objet d'une société dissoute aujourd'hui, l'indivision cesse et il n'y a pas lieu d'ordonner la vente par licitation du brevet (Lyon, 3 juill. 1855, Vicat, cité par Huard, sur l'art. 20, n° 31) ; — 2° qu'aucune disposition de la loi de 1844 ne s'oppose à ce que deux ou plusieurs personnes jouissent en commun d'un brevet d'invention et partagent le privilège de l'exploiter à leur profit ; dès lors, quand il est établi que l'invention a été commune, les tribunaux peuvent reconnaître à chacun des co-inventeurs le droit d'exploiter le brevet concurremment, selon ses besoins ou ses moyens, et sans aucune restriction (Lyon, 26 déc. 1857, et Rej., 1er déc. 1858, Coquerel, Sir., 59.763) ; — 3° que, au cas où la société que les copropriétaires du brevet avaient formée entre eux

(1) Renouard, n° 105. — V. également Blanc, p. 529. — V. aussi Allart, n° 270.

(2) Tillière, n° 100.

pour son exploitation vient à se dissoudre, il appartient à chacun d'eux de reprendre concurremment l'usage de l'invention brevetée selon ses droits et ses facultés (Dijon, 1er mars 1865, Calais, Pataille, 65.411); — 4° que, lorsqu'un inventeur a cédé la moitié de ses droits sur un brevet, de telle sorte que chacun des copropriétaires soit libre de l'exploiter séparément, on ne saurait dire que le brevet est indivis entre eux, et la demande en licitation formée par le cessionnaire ne saurait être admise (Trib. civ. Lyon, 8 juil. 1881, Valton, Pataille, 81.304);—Jugé, toutefois, d'une façon absolue, que chacun des copropriétaires d'un brevet est recevable à en provoquer la licitation, à l'effet de mettre fin à l'indivision (Paris, 5 mars 1858, Brocard, Pataille, 58.181).

303. Droits réglés par convention ; appréciation des tribunaux. — En cas de copropriété d'une invention, il arrive d'ordinaire que les parties déterminent leurs droits respectifs par convention expresse. Cela est prudent; mais quelle est la valeur de cette convention, si elle vient, pour un motif ou pour un autre, à être annulée ? Conserve-t-elle quelque force au point de vue des faits qu'elle constate ? Ce sont les principes généraux qui répondent : Tant qu'une convention existe, elle est la loi des parties qui l'ont faite et elle les oblige. En revanche, si elle vient à être annulée, elle est réputée n'avoir jamais eu d'existence ; sans doute, elle peut servir de document, et, à ce titre, être consultée ; mais elle ne lie pas le juge qui, chargé d'apprécier les droits que cette convention avait précisément pour but de déterminer, est libre de s'écarter des bases qu'elle avait admises et peut en fixer de différentes.

Il a été jugé, en ce sens, que, lorsque l'acte qui réglait les droits de plusieurs personnes à l'exploitation d'un brevet est annulé, cet acte ne peut faire obstacle à une nouvelle appréciation des droits des parties (Paris, 5 mars 1858, Brocard, Pataille, 58.181).

SECTION V.

Du brevet qui appartient à une société.

SOMMAIRE.

304. Du brevet pris par une société. — 305. Du brevet cédé à une société.— 306. Du brevet apporté dans une. société. — 307. Jurisprudence. — 308. Opinion de M. Nouguier. — 309. *Quid* en cas de simple transformation de la société ? — 310. A qui appartient l'action en contrefaçon dans une société? — 311. *Quid* en cas d'apport de la jouissance du brevet? — 312. Nullité du brevet mis en société; ses effets. — 313. Jurisprudence. — 313 *bis*. Jurisprudence. — 314. Nullité de la société; sort du brevet. — 314 *bis*. Jurisprudence. — 315. Liquidation de la société; sort du brevet. — 316. Jurisprudence. — 317. Liquidation; droit du breveté. — 318. Partage de l'actif social; attribution du brevet. — 319. Jurisprudence. — 320. Dissolution; poursuite par un ancien associé. — 321. Caractère de la société; compétence. — 322. Jurisprudence. — 323. *Quid* de la vente du brevet moyennant une part dans les bénéfices ? — 324. Jurisprudence. — 325. Société; licitation entre les associés. — 326. Expériences ; promesse de société.

304. Du brevet pris par une société. — Nous avons dit qu'une société peut, comme un simple particulier, obtenir un brevet d'invention ; il est presque superflu d'ajouter qu'elle exerce de la même manière les droits qui en résultent pour elle. Le brevet constitue, en effet, comme tout autre objet mobilier, une propriété de la société; nous n'avons, à cet égard, rien de particulier à signaler. Toutes les règles qui s'appliquent aux individus lui sont également applicables.

305. Du brevet cédé à une société. — Une société peut encore devenir propriétaire d'un brevet par voie de cession totale ou partielle ; nous renvoyons, à cet égard, au chapitre où nous traitons des règles qui régissent la cession des brevets. Ces règles s'appliquent de la même façon, que l'acquéreur soit un individu ou une société.

306. Du brevet apporté dans une société. — Il est, pour une société, une troisième façon d'acquérir des droits sur un brevet : c'est quand ce brevet forme l'apport de l'un des associés. La jurisprudence tend aujourd'hui à distinguer l'apport d'un brevet dans une société de la cession proprement dite ; on peut même dire que, après quelque hésitation, elle est à présent fixée en ce sens que la mise en société du brevet n'équivaut point à une cession, et, dès lors, n'est pas soumise à l'accomplissement des formalités édictées par la loi (art. 20) pour ce cas. Le motif sur lequel se fondent les arrêts, c'est que le breveté, qui fait apport de son brevet, en reste copropriétaire en sa qualité d'associé (1). M. Bozérian critique cette jurisprudence ; il fait remarquer, non sans quelque raison, que l'apport d'un objet dans une société a pour effet, en général, de dessaisir celui qui fait cet apport de tous ses droits de propriété et de constituer, au contraire, la société propriétaire en son lieu et place. La loi générale n'est aucunement, en ce point, modifiée par la loi spéciale. Comment, par suite, admettre, au cas de l'apport d'un brevet dans une société, qu'il n'y ait pas cession ? Notre savant confrère propose, au moins, une distinction, qui nous paraît indiscutable. L'apport comprend-il la propriété du brevet, il y a cession véritable et obligation de remplir les formalités de l'art. 20 ; il en est autrement, si l'apport comprend seulement la jouissance du brevet, parce qu'alors la propriété ne subit pas de mutation et continue de résider sur la même tête. Il est, d'ailleurs, sage, comme le conseille M. Bozérian, de se conformer, dans tous les cas, aux prescriptions de la loi ; on pourra ainsi défier un revirement, toujours possible, dans la jurisprudence (2).

307. Jurisprudence. — Il a été jugé à cet égard : 1° que l'apport par le breveté de son brevet dans une société ne constitue pas une cession, puisque le breveté continue d'en rester propriétaire, sauf le droit de communauté étendu à la société (Paris, 27 mai 1856, Langlois, Pataille, 56.182) ; — 2° que la mise en société d'un brevet ne saurait être assimilée à une cession, ni, par conséquent, être assujettie aux formalités prescrites par l'art. 20 (Rej., 24 mars 1864,

(1) V. Bédarride, nos 254 et 278.
(2) V. Bozérian, *Propr. ind.*, n° 393 ; Allart, n° 204.

Guerrier, Pataille, 64.176); — 3° que les dispositions de l'art. 20 de la loi du 5 juillet 1844, relatives aux formalités nécessaires pour la cession totale ou partielle d'un brevet, sont de droit étroit et ne peuvent pas être étendues par assimilation; spécialement, l'apport en société d'un brevet ne constitue pas une cession dans le sens de l'art. 20 de la loi de 1844, et le prévenu de contrefaçon ne saurait tirer une fin de non-recevoir, contre l'action de la société, de ce qu'elle n'aurait pas accompli les formalités d'enregistrement ou autres prescrites par cet article (Trib. corr. Seine, 10 janvier 1878, Bouziat et Ce, Pataille, 78.106); — 4° que l'art. 20 de la loi du 5 juillet 1844 ne s'applique qu'aux cessions; les formalités qu'il prescrit n'ont pas à être remplies dans le cas de l'apport du brevet en société, l'apport même de la propriété du brevet ne pouvant être assimilé à une cession; du reste, la disposition de cet article ne peut s'étendre aux rapports des associés entre eux (Rej., 19 juin 1882, Hock frères, Pataille, 82.245); — 5° que l'apport d'un brevet dans une société ne saurait être assimilé à une cession pure et simple dudit brevet, cet apport ayant pour effet non de dessaisir celui qui fait l'apport, mais de mettre en commun avec ses associés l'exploitation de son brevet; il s'ensuit que l'art. 20 de la loi du 5 juillet 1844 n'est pas applicable en pareil cas (Paris, 20 décembre 1882, Poupardin, Pataille, 83.52).

307 *bis*. Jurisprudence contraire (1). — Il a été pourtant jugé en sens opposé : 1° que, lorsqu'une société, propriétaire de brevets, se dissout pour faire place à une société nouvelle, différente de la première, l'apport, que les membres de l'ancienne société font à la nouvelle des brevets qui leur appartenaient, constitue une cession dans le sens de l'art. 20 et nécessite l'accomplissement des formalités édictées par cet article (Cass., 7 mai 1857, Fontaine, Pataille, 57.135); — 2° qu'alors même qu'un associé fait l'apport de la propriété de son brevet, les poursuites en contrefaçon de la société sont non recevables, si les formalités de l'art. 20 de la loi du 5 juillet 1844

(1) V. Trib. civ. Seine, 11 mars 1884, Lesaché, 88.9.

n'ont pas été observées (Trib. civ. Seine, 21 août 1879, Tellier, Pataille, 83.5).

308. Opinion de M. Nouguier. — M. Nouguier n'a point envisagé directement la question ; mais il ressort néanmoins du passage suivant qu'il ne partage pas le sentiment de la Cour de cassation : « La cession est également partielle, « dit-il, quand l'inventeur apporte dans une société, dont il « fait partie, même la totalité de son brevet. Membre de « l'être moral, le breveté est copropriétaire indivis de toutes « les valeurs qui composent l'actif social, et, à ce titre, il n'a « pas complètement abdiqué les droits que lui conférait son « titre (1). » Ainsi, tout en admettant que le breveté conserve des droits sur le brevet qu'il a mis en société, M. Nouguier n'en déclare pas moins qu'un pareil acte équivaut, dans tous les cas, à une cession partielle ; or, nous savons que la loi exige l'accomplissement des formalités, aussi bien pour les cessions partielles que pour les cessions totales.

309 *Quid* **en cas de simple transformation de la société ?** — Il en serait, bien entendu, différemment, et nul ne le conteste, si la société ne faisait que se transformer, sans cesser d'exister. Il serait absurde d'admettre qu'à chaque modification de la société, il y aura nécessité d'un enregistrement nouveau ; du moment où la modification apportée à la société laisse l'être moral intact, c'est la même société qui continue de subsister, qui, par suite, continue de posséder le brevet, sans qu'il se soit opéré aucune mutation dans la propriété.

Il a été jugé : 1° que, lorsqu'un brevet a été cédé à une société et que cette cession a été régulièrement enregistrée, il n'y a pas lieu à un nouvel enregistrement à chaque modification apportée à la société, si, d'ailleurs, ces modifications n'entraînent aucune mutation dans la propriété du brevet (Rej., 6 nov. 1854, Loiseau, Dall., 55.1.347) ; — 2° mais que, lorsque, au cours d'une instance, la société demanderesse en contrefaçon se dissout et cède à une société nouvelle tous les droits qu'elle tient d'un brevet dont elle est elle-même ces-

---

(1) V. Nouguier, n° 269.

sionnaire, en vertu d'actes réguliers, la nouvelle société ne peut poursuivre l'instance en son nom personnel qu'autant qu'elle remplit les formalités prescrites par l'art. 20 (Cass., 7 mai 1857, Fontaine, Pataille, 57.135 (1).

310. A qui appartient l'action en contrefaçon dans une société ? — Le sort du brevet suit celui de la société, et son exploitation est régie, soit par les principes généraux en matière d'administration de société, soit par les statuts particuliers de la société dans laquelle le brevet a été apporté; c'est-à-dire que l'exploitation du brevet est, comme le reste de l'administration, confiée aux gérants, tant que dure la société, et aux liquidateurs, après sa dissolution (2). Faut-il en conclure que l'action en contrefaçon est exclusivement concentrée dans leurs mains, et que leur négligence ou leur incurie, parfois même leur collusion ou leur fraude, paralysent absolument le droit du breveté, simple associé non gérant? On verra ci-dessous que la Cour de casssation l'a souverainement décidé ainsi. Cette théoric ne paraît guère conciliable avec les principes qui régissent les sociétés et font considérer le gérant ou le liquidateur comme de simples mandataires dont les associés sont légalement recevables à réparer les erreurs ou les fautes. « Si l'administration fonc-« tionnait mal, dit M. Troplong (3), l'esprit n'aurait pas de « peine à prévoir certains cas où l'intervention d'un associé « serait dictée par le dévouement aux intérêts sociaux, et « trouverait sa protection dans les principes du quasi-contrat « *negotiorum gestor*. L'art. 1856 ne fait pas obstacle à « cette solution. En décidant que l'administrateur peut agir, « dans le cercle du mandat dont il est revêtu, malgré l'oppo-« sition de ses associés, il ne préjuge rien sur le cas où il « n'agit pas quand il devrait agir, et où les associés font, à sa « place, ce que les notions élémentaires de bonne gestion et « de conservation économique lui commandaient de faire. » M. Dalloz dit à son tour : « S'il arrivait que le gérant élu

(1) V. aussi Rouen, 27 août 1857, même affaire (Pataille, 57.334).
(2) V. Nouguier, nos 827 et 828.
(3) V. Troplong, *Traité des sociétés*, n° 471.

« négligeât de faire un acte qui paraît commandé par l'intérêt « de la société, nous admettons sans peine, avec M. Troplong, « que l'intervention d'un associé non administrateur trouve« rait sa justification dans les principes du quasi-contrat de « gestion d'affaires (1). » Ainsi, même pour nous, qui pensons que l'apport du brevet dans la société constitue une cession véritable et opère transmission de la propriété à l'être moral, il paraît conforme aux principes qui régissent les sociétés d'accorder, dans certains cas, l'action en contrefaçon au breveté membre de la société ; mais combien cette opinion est-elle encore plus justifiée, si l'on est d'avis, avec la Cour suprême, que la mise en société du brevet n'enlève point au breveté tous ses droits de propriété ! Il faut au moins admettre alors, pour être conséquent avec soi-même, que le breveté demeure, en vertu des droits qu'il conserve, recevable et fondé à se plaindre de la contrefaçon. Il est exactement dans la position de celui qui a fait une cession partielle et qui, suivant la généralité des auteurs, garde qualité pour poursuivre les contrefacteurs.

M. Bozérian va même plus loin : « On pourrait se deman« der, dit-il, si, lorsque la contrefaçon n'est née que posté« rieurement à la dissolution de la société, le liquidateur a « qualité pour la poursuivre. Le rôle du liquidateur est, en « effet celui d'un simple mandataire qui est chargé de mener « à fin les opérations commencées, mais qui ne peut en « entreprendre de nouvelles (2) et qui est chargé, dit Trop« long (3), de régler ce qui est incertain, de débrouiller ce « qui est obscur, de conclure ce qui n'est pas fini, en un « mot, de dégager l'actif du passif ; son mandat est celui « d'un mandataire général pour une certaine affaire ; il ne « peut le dépasser, à moins que des clauses expresses et des « devoirs particuliers n'en étendent le cercle (4). »

---

(1) Dalloz, v° *Société*, n° 460.

(2) Dalloz, v° *Société*, n° 1018.

(3) V. Troplong, *Traité des sociétés*, n° 1009.

(4) Bozérian, *Propr. ind.*, n° 327. — V. en sens contraire, Allart, n° 273.

Il a été jugé, cependant, que celui qui a mis en société la propriété de son brevet devient sans qualité pour poursuivre les contrefacteurs en son nom personnel, soit pendant la durée de la société, soit pendant la période de sa liquidation (Rej., 24 mars 1864, Guerrier (1), Pataille, 64.176).

311 *Quid* **en cas d'apport de la jouissance du brevet ?** — La distinction que nous empruntons plus haut à M. Bozérian produit ici une conséquence que nous devons mentionner. Du moment que nous admettons que le simple apport, dans la société, de la jouissance du brevet, n'équivaut pas à une cession complète, totale, et que la propriété continue de résider, au moins en partie, sur la tête du breveté, il est clair que nous en devons conclure que le breveté conserve le droit de poursuivre les contrefacteurs. Il est alors dans la situation de celui qui a consenti, soit une licence, soit une cession partielle (2).

Il a été jugé que, si le titulaire d'un brevet, au lieu d'en apporter la propriété à la société, n'a mis en commun que le droit d'exploiter l'invention, c'est à lui seul et non à la société, qui n'a pas qualité de propriétaire, qu'il appartient de poursuivre les contrefacteurs (Paris, 29 janv. 1842, Carville, *J. Pal.*, 44.1.70).

312. Nullité du brevet mis en société ; ses effets. — La condition de toute association, c'est l'égalité de situation des associés, et il n'y a de société qu'autant que chacun des associés apporte quelque chose dans la société, soit de l'argent, soit d'autres biens, soit son industrie (art. 1833 C. civ.). Il s'ensuit que, si le brevet, mis en société, n'appartient pas à celui qui en fait l'apport, la société n'a plus de raison d'être. Il en est de même si le brevet est entaché de nullité ou frappé de déchéance ; dès qu'il est établi que c'est la condition d'une exploitation privilégiée pendant toute la durée du brevet qui a fait l'objet du contrat, il est clair que, cette condition venant à s'évanouir par suite de la nullité ou de la déchéance du brevet, le contrat est lui-même vicié dans

(1) V. également Paris, 22 avril 1853 (*Le Droit*, 24 avril).
(2) V. Nouguier, n° 829 ; Dalloz, n° 184.

son essence; il appartient aux autres associés de faire judiciairement constater le vice du brevet, et de demander, par voie de conséquence, la nullité de la société (1). Toutefois, nous renvoyons aux observations que nous avons présentées précédemment à l'occasion des cessions, et qui trouvent ici leur application. Nous disions, on se le rappelle, qu'il faut, avant tout, rechercher si le contrat a été ou non consenti en connaissance de cause, et refuser l'action en nullité au cessionnaire qui a acheté (disons ici : qui s'est associé), après s'être renseigné sur la valeur du brevet. MM. Picard et Olin proposent une distinction d'une autre sorte et tirée de l'époque à laquelle les associés introduisent leur demande en nullité du brevet: « Quand un brevet, disent-ils, a été mis en « société, les associés ne se rendent pas par là non recevables « à attaquer le brevet après sa dissolution. Pendant la durée « de la société, ils pourraient être repoussés par l'*exceptio* « *doli*, aucun d'eux ne pouvant accomplir un acte qui ferait « tort à la société. Mais, après la dissolution, ils ne sont plus « tenus à la même réserve, à moins qu'il ne soient tenus à « la garantie, en vertu d'un partage (2). » Il est évident que, lorsque la société est dissoute, les anciens associés redeviennent, à l'égard les uns des autres, de véritables tiers; il s'ensuit que, à ce moment, chacun d'eux peut licitement former une demande en nullité du brevet contre celui à qui, dans le partage, il est échu; et, s'il gagne son procès, il doit être déchargé de l'obligation, qu'il aurait pu contracter, de ne point exploiter le brevet après la dissolution de la société.

Il va de soi que, en cas de nullité partielle du brevet, il y aurait lieu d'apprécier si la partie qui subsiste est, par son importance, par sa nature, suffisante pour maintenir la société.

313. **Jurisprudence ; espèces où la société n'a pas été déclarée nulle.** — Il a été décidé: 1° que la déchéance d'un brevet d'invention qui a été apporté dans une société n'en entraîne pas forcément la nullité, s'il résulte, en fait, des

---

(1) V. Trib. civ. Seine, 25 avril 1866, Lambert Thiboust jeune (*Propr. ind.*, n° 452).

(2) Picard et Olin, n° 858.

statuts sociaux que la société avait pour but non seulement la fabrication suivant le système breveté, mais encore la fabrication suivant le système ordinaire ; il en est surtout ainsi, lorsque la déchéance, quoique réellement encourue, n'a été ni demandée, ni prononcée et que d'ailleurs il a été pris postérieurement au premier brevet, d'autres brevets s'y rattachant et non frappés de déchéance (Trib. comm. Seine, 17 fév. 1858, Giroud, Teul., 58.7) ; — 2° que, lorsqu'une société a été formée pour l'exploitation de plusieurs brevets, la déchéance de l'un d'eux, alors même qu'elle remonterait à une époque antérieure à la formation de la société, n'entraîne pas sa nullité, si d'ailleurs les autres brevets fournissent à la société les éléments d'une exploitation privative sérieuse; il en est surtout ainsi, quand l'assemblée des actionnaires, consultée sur l'utilité de la continuation de la société, l'a décidée à l'unanimité moins une voix (Paris, 5 juin 1861, Saint-Priest, Teul., 62.351) ; — 3° que, lorsqu'un inventeur a apporté dans une société, non la propriété, mais seulement l'usage de son brevet, et que, pendant le cours de la société, nul n'a contesté son invention, ses associés ne peuvent être admis, lors de la dissolution, à lui refuser sa part de bénéfice sous le prétexte que le brevet était nul ; il en est surtout ainsi, si l'application dudit procédé a procuré à la société des bénéfices considérables (Rej., 3 mai 1865, Ballard, Pataille, 65.363) ; — 4° qu'au surplus, lorsqu'un brevet a été pris sur l'initiative et les instances d'une partie, que cette partie a stipulé avec le breveté que, au cas de contestation de la validité du brevet ainsi pris, le procès serait soutenu à frais et à bénéfice communs et qu'il a été, en outre, convenu qu'en cas de perte du procès, le procédé venant à tomber dans le domaine public, les sommes à payer au breveté seraient diminuées, sans qu'il eût rien à restituer de celles par lui reçues jusque-là, il y a lieu de voir dans ces stipulations une sorte d'association en participation, formant une convention aléatoire, non prohibée par la loi, et qui rend la partie qui l'a acceptée non recevable à formuler elle-même contre le breveté une demande en nullité de son brevet (Rennes, 24 août 1883, Marquet, Pataille, 87.163).

313 *bis*. Jurisprudence ; **espèces où la société a été**

déclarée nulle. — Il a été jugé : 1° que la nullité d'un brevet, pour cause de divulgation antérieure de l'invention, entraîne la nullité de la clause par laquelle l'auteur de l'invention, en la mettant en société, s'en est réservé la propriété exclusive à l'égard de son coassocié après la dissolution de la société (Cass., 19 juin 1866, Bastiat, Dall., 66.1.320) ; — 2° qu'une société, dont l'objet principal consiste dans l'exploitation d'un brevet, doit être considérée comme infectée dès son origine d'un vice radical et par suite nulle, lorsqu'il est reconnu que le brevet était, dès avant son apport en société, périmé, et par conséquent, tombé dans le domaine public ; il appartient aux tribunaux de déclarer, d'une part, qu'il y a faute lourde et partant responsabilité de la part du breveté qui a fait apport d'un brevet sans valeur et, d'autre part, qu'une indemnité est due à son associé, qui n'a contracté que sous l'empire d'une erreur et a fourni à l'entreprise des capitaux absorbés en tentatives sans succès ; les tribunaux usent d'ailleurs de leur droit d'appréciation en décidant que l'indemnité consiste simplement dans l'allocation des dépens et dans la propriété des machines fabriquées au cours de l'association (Orléans, 11 juin 1884, Renard, Pataille, 85.144) ; — 3° que, du reste, au cas d'apport d'un brevet dans une société, l'associé du breveté n'est pas tenu de provoquer au préalable l'annulation de ce brevet, lorsqu'il soutient que l'invention n'était pas susceptible d'être brevetée ; il lui suffit d'établir que l'apport du brevet n'a rien de sérieux, parce que la prétendue invention n'est qu'une contrefaçon d'un précédent brevet encore existant ou qu'elle est déjà tombée dans le domaine public, pour faire prononcer la résiliation de la société (Bordeaux, 19 mai 1881, Gounouilhou, Pataille, 81.310) ; 4° qu'en principe le défaut de payement de la taxe et, par suite, la déchéance qui en résulte sont un motif suffisant de dissolution de la société formée pour l'exploitation d'un brevet (Douai, 19 juin 1847, Fabvier, *J. Pal.*, 48.1.303).

314. Nullité de la société ; sort du brevet. — Nous venons de voir quelle influence la nullité du brevet exerce sur le sort de la société ; demandons-nous à présent quelle influence la nullité de la société peut exercer sur le sort du brevet. Si la société est déclarée nulle, il s'ensuit qu'il ne s'est pas formé d'être moral en dehors de la personne de chacun des associés, et que chacun d'eux est demeuré propriétaire de son apport, qu'il peut dès lors reprendre en nature (1).

314 *bis*. **Jurisprudence.** — Il a été jugé : 1° que, dans le cas où la société, dans laquelle le brevet a été apporté, vient à être déclarée nulle, le brevet ne saurait être considéré comme valeur sociale ; il n'y a pas eu, en effet, de véritable société, mais seulement des opérations faites en commun (Paris, 17 fév. 1837, Guibout, Dall., v° *Brev. d'inv.*, n° 183) ; — 2° que l'apport de la jouissance d'un brevet dans une société ne peut être considéré comme une valeur sociale qu'à raison et sous la condition de la validité et de l'existence de la société ; d'où il suit que, si la société est déclarée nulle, il faut décider dans la rigueur du droit que la jouissance du brevet n'a jamais constitué un apport social, et qu'il n'y a lieu dès lors de la comprendre dans la liquidation (Paris, 29 janv. 1842, Carville, Dall., v° *Brev. d'inv.*, n° 184) ; — 3° que, si l'inventeur, qui a mis ses brevets dans une société, a qualité pour demander la nullité de la société, à raison, par exemple, du défaut de publication, afin de se faire restituer ses brevets, il appartient du moins aux juges de décider, suivant les circonstances de la cause, quelles obligations doivent être mises à sa charge par suite de la liquidation de la société de fait qui a existé entre les parties, et que, dans tous les cas, l'accomplissement des obligations qui lui incombent doit avoir lieu avant qu'il se remette en possession de ses brevets (Lyon, 4 mars 1863, Bigard) ; — 4° jugé pourtant, en sens contraire, que, lorsqu'une société est déclarée nulle pour inobservation des formalités légales, la société de fait qui a existé entre les parties doit être liquidée conformément aux conventions faites en vue de la société : spécialement, si l'un des associés déclarait apporter dans la société non seulement la jouissance, mais encore la propriété d'un brevet à lui appartenant, il ne saurait en réclamer la restitution ; le brevet, devenu propriété com-

(1) V. Blanc, p. 500.

mune, fait partie de l'actif de la liquidation (Paris, 5 déc. 1872, Nivert (1), Pataille, 73.120).

315. Liquidation de la société ; sort du brevet. — Il n'est pas sans intérêt de distinguer si l'apport comprend la propriété du brevet lui-même ou sa jouissance seulement. Outre l'application que nous en avons faite plus haut d'après M. Bozérian, cette distinction a son utilité au point de vue de la liquidation de la société. Si c'est la propriété même qui a été mise en société, nul doute que la liquidation ne doive comprendre le brevet lui-même dans l'actif et qu'il ne lui appartienne d'en disposer. Mais, si c'est la jouissance seulement qui constitue l'apport, ne faut-il pas décider que, la société venant prématurément à se dissoudre et à se liquider, elle perd ses droits à la jouissance du brevet qui rentre dans les mains de son propriétaire ? Ne faut-il pas, au contraire, considérer que le droit à la jouissance fait partie de l'actif et que la liquidation peut en disposer pendant le temps que la société avait encore à courir ? En principe et à moins de stipulation contraire, nous pensons que la dissolution anticipée de la société ne peut avoir pour effet de faire rentrer la pleine et absolue propriété du brevet dans la main de son propriétaire ; ce qui constitue l'apport, c'est le droit accordé à la société de jouir du brevet pendant tout le temps pour lequel elle est formée : si la société se dissout avant son terme légal, l'apport est incomplet ; la société n'a pas reçu tout ce qu'elle devait recevoir ; elle a donc droit au surplus, et elle en peut disposer, en le réalisant comme le reste de l'actif (2). Toutefois, nous croyons qu'un breveté pourrait valablement stipuler qu'il n'apporte dans la société la jouissance de son brevet que pour le temps qu'elle durera effectivement, si long ou si court que soit ce terme ; il pourrait stipuler que, la société venant à finir pour quelque cause que ce soit, son droit à la jouissance du brevet prendra fin en même temps, sauf sans doute, au cas où cette prévision se réaliserait, à ce que ses droits dans la société fussent calculés sur la durée réelle de la jouissance dont ses associés auraient profité. Mais, nous

---

(1) V. *Observ. crit.* de M. Pataille, *loc. cit.*

(2) V. pourtant *suprà*, nos 274 et suiv.

le répétons, une pareille stipulation doit être expresse, et ne saurait s'induire de réserves générales et vagues.

Notons d'ailleurs ce point, qui ne saurait être douteux, c'est que, lorsqu'une société formée entre un capitaliste qui apporte une somme déterminée et un inventeur qui fait l'apport de son brevet, sans évaluation de prix pour cet objet, vient à se dissoudre, il appartient aux juges du fait de fixer la valeur pour laquelle le brevet doit être compris dans les apports sociaux (1).

316. Jurisprudence. — Il a été jugé : 1° que, lorsqu'un breveté apporte dans une société le droit exclusif d'exploiter son brevet, en stipulant à son profit qu'il s'en réserve, quoi qu'il puisse arriver, la propriété, cette clause ne lui donne pas le droit de reprendre la libre et entière jouissance de son invention, au cas d'une liquidation anticipée; le droit d'exploitation qui forme son apport, fait partie de l'actif social et doit être vendu comme tel, sauf au breveté à empêcher cette vente par le versement d'une somme égale à celle fournie par son coassocié (Aix, 7 avril 1865, Charavel (2), Pataille, 66.246); — 2° que le breveté qui entre dans une société en qualité de commanditaire et y apporte, pour remplir sa commandite, le droit d'exploiter son brevet ne peut, en cas de faillite de la société, reprendre la libre disposition de son invention, qui reste le gage des créanciers : la stipulation, par la laquelle il se serait réservé le droit de reprendre son brevet, en cas de dissolution volontaire de la société, ne peut en aucune façon s'étendre au cas de faillite (Bordeaux, 22 janv. 1862, David, Pataille, 62.392) ; — 3° que la mise en société du droit d'exploiter un brevet d'invention dans un certain périmètre et pendant un certain temps ne peut être assimilée à l'apport de choses fongibles dont l'associé, aux termes de l'art. 1851 du Code civil, peut répéter l'estimation ; si le pacte social n'a pas déterminé la valeur de l'apport, l'associé qui l'a fait ne peut prétendre qu'à une participation dans les bénéfices, en échange de la jouissance du brevet qu'il a conféré à la société ;

---

(1) V. Rej., 10 juill. 1866, Monier (Pataille, 66.360).

(2) V. les *Observ. crit.* de M. Pataille (*eod. loc.*, la note).

le droit d'exploiter le brevet pendant le temps qui reste à courir jusqu'au terme fixé par la convention étant vendu comme actif social, l'associé qui a fait l'apport ne peut réclamer pour lui le prix de cette vente, qui augmente seulement sa part dans les bénéfices ou diminue sa part dans les pertes (Bordeaux, 12 mars 1885, Pozzi, Pataille, 86.69).

317. Liquidation; droit du breveté. — Il va sans dire qu'à moins d'une clause qui réserve au breveté le droit, lors de la dissolution, de reprendre son brevet en nature, il n'y a point d'obstacle légal à ce que, dans la liquidation, le brevet soit attribué à un autre des associés. « Ce breveté, dit « Nouguier, s'était démis de son droit et avait constitué la « société propriétaire à son lieu et place; dès lors, celle-ci « peut à son tour se substituer celui qui, suivant le contrat « ou les intérêts communs, est le mieux en mesure de lui « succéder (1). » M. Renouard dit également : « Des motifs « de convenance conseilleront, dans les cas les plus ordi- « naires, de conserver à l'inventeur, préférablement aux « autres associés, le brevet qui lui aura été personnelle- « ment délivré; mais aucune obligation légale ne com- « mande cette attribution de part, et il est facile de prévoir « des cas où l'équité et la prudence voudront qu'on agisse « autrement (2). »

318. Partage de l'actif social; attribution du brevet. — Lors du partage de l'actif social, trois cas peuvent se présenter : ou bien le brevet échoit à celui qui en a fait l'apport; ou bien au contraire il échoit à un autre; ou bien enfin le droit n'est attribué à aucun des associés, mais chacun d'eux continue d'en jouir séparément et pour son compte propre. Quel est le caractère du partage dans chacun de ces cas? Quel est son effet? A-t-il pour résultat d'opérer une mutation dans la propriété du brevet? Par suite, y a-t-il lieu d'accomplir les formalités de l'art. 20? Et, si les formalités n'ont pas été remplies, celui des associés à qui est échu le bre-

(1) V. Nouguier, n° 54. — V. également Dalloz, v° *Brev. d'inv.*, n° 185.

(2) V. Renouard, n° 104.

vet a-t-il qualité pour poursuivre les contrefacteurs? Quelle que soit l'hypothèse, il semblerait juridique d'admettre qu'il n'y a, dans aucun cas, mutation proprement dite de la propriété; c'est, en effet, un principe de notre droit que le partage est déclaratif, non translatif de propriété, c'est-à-dire que celui à qui un objet échoit par l'effet d'un partage est réputé en avoir toujours été propriétaire. Cependant la jurisprudence, après avoir pendant longtemps appliqué ce principe, d'ailleurs si net et si simple, a tout à coup rebroussé chemin. Elle distingue aujourd'hui le cas où l'objet échoit à celui qui en avait fait l'apport et le cas où il échoit à un autre des associés; elle admet dans le premier cas l'effet déclaratif du partage; elle décide, au contraire, qu'il y a mutation de propriété dans le second (1). Cette jurisprudence, qui, en matière ordinaire, fait la fortune de l'administration de l'Enregistrement, trouve-t-elle également ici son application? N'est-ce pas en réalité s'y conformer que de décider, comme le fait M. Bozérian (2), qu'il y a lieu de remplir les formalités de l'art. 20, lorsque, par l'effet du partage, le brevet échoit à un autre que celui qui a fait l'apport, et, au contraire, que ces formalités sont inutiles si c'est le breveté, c'est-à-dire l'auteur de l'apport, qui reprend son brevet? Il est certain que cette dernière solution découle naturellement du principe admis par la Cour de cassation, à savoir que l'apport du brevet dans la société ne dessaisit pas le breveté de sa propriété; comment déciderait-on, en effet, qu'il y a rétrocession quand on décide qu'il n'y a pas même eu cession? De même, pas de difficulté dans le cas où le brevet, sans être nommément attribué à personne, continue d'être exploité par les associés, chacun agissant dans son intérêt privé; on est d'accord pour décider que, la propriété restant commune, il n'y a pas lieu de remplir les prescriptions de l'art. 20 (3). Reste donc la troisième hypothèse; il nous paraît, quant à nous, conforme tout à la fois, et à la loi spéciale, et aux principes généraux, de

(1) Dalloz, v° *Enregistr.*, n° 3591 et suiv.
(2) V. la *Propr. ind.*, n° 393.
(3) V. Dijon, 1er mars 1865, Calais (Pataille, 65.411).

repousser également dans ce cas l'application de l'art. 20; il nous semble, en effet, que la jurisprudence établie pour la matière d'enregistrement ordinaire n'a rien à voir ici; car, si l'art. 20 prescrit l'enregistrement à la préfecture pour toutes espèces de mutation, il ne le prescrit à peine de nullité qu'en cas de *cession*. Il ne s'agit donc pas de savoir si, dans tel ou tel cas de partage, on peut admettre, en poussant les choses à la rigueur, qu'il y a mutation dans la propriété; il s'agit uniquement de rechercher si un partage est ou n'est pas une cession. Ramenée à ces termes, la question ne nous paraît pas douteuse, et nous n'hésitons pas à penser que l'acte constitutif du partage n'est pas soumis aux prescriptions de l'art. 20 pour être valable, même à l'égard des tiers; ce qui ne veut pas dire, cela est élémentaire, qu'il ne soit pas plus sage, plus prudent de procéder à l'enregistrement; on s'évitera ainsi jusqu'à l'apparence d'une difficulté (1).

319. **Jurisprudence** (2). — Il a été jugé à cet égard : 1° que l'art. 20 de la loi de 1844, comme l'art. 15 de la loi de 1791, ne s'applique qu'au cas où, le propriétaire du brevet ayant cédé son privilège, les deux parties contractantes n'ont pas fait enregistrer ce transport dans les formes spéciales déterminées par ces deux lois; cette disposition est de droit étroit et ne saurait être étendue à tous les autres modes de transmission que celui qui a été taxativement prévu par lesdits articles ; il s'ensuit qu'elle ne s'applique pas à l'acte qui constate un partage entre associés des valeurs composant le fonds commun, aux termes des articles combinés 883 et 1872 du Code civ.; le règlement qui assigne à chaque associé sa part individuelle dans la chose commune n'est que déclaratif et non translatif de propriété (Paris, 14 avril 1849 et Rej., 10 août 1849, Caron, Dall., 49.1.211); — 2° que les dispositions de l'art. 20 de la loi du 5 juillet 1844, qui exige un acte authentique pour les cessions de brevet, ne

---

(1) V. Renouard, n° 162; Calmels, n° 364; Rendu et Delorme, n° 419; Bédarride, n° 277. — *Contrà*, Blanc, p. 510.

(2) V. pourtant Trib. civ. Seine, 11 mars 1884, Lesaché (Pataille, 88.10).

s'appliquent pas au cas où l'un des titulaires du brevet en abandonne la propriété tout entière à son cotitulaire ; en ce cas, il n'y a pas mutation de la propriété, mais simple partage, la propriété continuant de résider sur la même tête (Paris, 27 mai 1856, Langlois, Pataille, 56.182) ; — 3° que celui qui, étant copropriétaire d'un brevet, se rend ensuite adjudicataire de la portion qu'il ne possédait pas, n'est pas tenu au payement intégral de la taxe ; en ce cas, il n'y a pas cession, mais partage, et dès lors l'adjudicataire est réputé avoir toujours été propriétaire du brevet (Paris, 21 juin 1866, Pascal, Pataille, 67.27).

320. Dissolution ; poursuites par un ancien associé. — Le fait qu'une société ait existé entre deux individus ne crée entre eux d'autres liens que ceux qui résultent de la société même, tant qu'elle dure. Dès que la société, qui les réunissait, se dissout, chacun reprend sa liberté d'action entière. Il s'ensuit, par exemple, que celui qui s'est associé avec un breveté et a concouru, tant qu'a duré la société, à l'exploitation du brevet, qui, même, en sa qualité d'associé, a participé à des instances engagées en vertu de ce brevet, n'en demeure pas moins absolument libre, après l'expiration de la société, de contester le brevet et d'en demander, s'il le juge utile, la nullité. Il ne résultera de ses agissements comme associé qu'une simple présomption, qui ne saurait être assimilée, de près ni de loin, à une reconnaissance judiciaire du brevet de son ancien associé.

Il a été jugé en ce sens que le breveté, qui, n'ayant pas les ressources nécessaires pour exploiter son brevet, s'est associé seulement quelque temps avec un autre breveté pour une exploitation commune, n'a pas, par le seul fait de cette association qui n'était que transactionnelle et qui n'était que la conséquence de sa position, renoncé au droit de contester, après la dissolution de la société, le brevet de son ancien associé ; on ne saurait soutenir que, par le fait de cette association, il aurait reconnu la validité du brevet (Paris, 13 juin 1850, Brossard-Vidal, Dall., 52.2.285).

321. Caractère de la société ; compétence. — Il importe de préciser le caractère de la société, puisque, suivant qu'elle est commerciale ou civile, la compétence de la juridiction qui doit en connaître varie, puisque, selon qu'elle constitue une société en participation, en nom collectif ou une société anonyme, les règles qui la régissent sont différentes. Nous ne pouvons toutefois ici que renvoyer aux principes généraux ; ce sont eux qui dominent notre matière ; les sociétés, qu'elles aient trait à l'exploitation des brevets d'invention ou à toute autre, n'en restent pas moins soumises aux prescriptions de la loi commune. Nous avons tâché seulement de réunir quelques espèces qui serviront à fixer les idées.

322. Jurisprudence. — Il a été jugé : 1° que, puisque les inventions ne sont brevetables qu'à la condition d'être empreintes d'un caractère industriel, la société, qui a pour objet d'exploiter l'invention elle-même, est nécessairement commerciale (Paris, 8 janvier 1845, Giudicelli, *Gaz. des trib.*, 9 janv.) ; — 2° que l'acte par lequel un breveté consent à s'associer avec un tiers et stipule pour ce fait une prime proportionnelle aux résultats qui seront obtenus est un acte de commerce, relevant des tribunaux consulaires (Colmar, 31 juillet 1848, Broquette, *J. Pal.*, 50.1.353); — 3° que la société, formée entre un breveté et un capitaliste, pour l'exploitation d'un brevet, constitue non une société en participation, mais une société en nom collectif, assujettie, à peine de nullité, à toutes les formalités prescrites par le Code de commerce pour ce genre de société (Trib. comm. Seine, 20 juin 1856, Garand (1), Teulet, 56.471) ; — 4° que cependant la société formée pour la dessiccation des grains au moyen d'un appareil breveté doit être considérée comme constituant une société en participation ; qu'en effet, cette société n'ayant pas pour but d'opérer la dessiccation en général par toute espèce de moyens et à la fin de chaque récolte, mais seulement à l'aide de procédés définis et dans le cas où les récoltes seraient de telle nature qu'il y aurait un bénéfice probable dans l'emploi de l'appareil, manque du caractère de généralité et de continuité, qui forme la base des sociétés en nom collectif (Amiens, 18 janv. 1843, de Mau-

(1) V. Paris, 19 mars 1863, Duchanois (Pataille, 63.217).

peau, Sir., 45.2.362) ; — 5° que de même la société, formée pour l'exploitation, pendant un temps déterminé, d'un brevet d'invention et l'achat des matières nécessaires à cette exploitation (trituration des bois de teinture), constitue une simple association en participation et non une société en nom collectif (Rouen, 19 janvier 1844, syndics Urruty, Sir., 44.2.393) ; — 6° que la convention par laquelle un inventeur s'entend avec un tiers pour exploiter commercialement sa découverte en tous pays, moyennant un certain partage entre eux dans les bénéfices, constitue une simple association en participation, alors du moins que l'absence de raison commerciale, la non-constitution d'un siège commun et d'un fonds social, la continuation par chacune des parties de son industrie particulière se joignent à la spécialité de l'opération, pour démontrer que les parties ont voulu conserver leur individualité, ne pas former un être moral, et ne pas constituer une société en nom collectif (Douai, 2 mai 1863, Guffroy, Pataille, 81.314) ; — 7° que, du reste, la société formée soit pour la vente de licences du brevet, soit pour la création d'un outil mécanique et la prise de brevets destinés à protéger cet outil, mais en dehors de toute exploitation du brevet lui-même, est une société civile ; en conséquence, le tribunal de commerce est incompétent pour connaître d'une contestation élevée à l'occasion de cette société (Trib. comm. Seine, Isoard, 13 mars 1862, Matile (1), Teulet, 62.284).

323. *Quid* **de la vente d'un brevet moyennant une part dans les bénéfices ?** — Il arrive quelquefois que la convention, par laquelle le breveté se lie avec un tiers, est de telle nature qu'il est difficile de reconnaître à première vue si elle constitue ou non une association ; la difficulté se rencontre surtout lorsque le breveté stipule à son profit une certaine part dans les bénéfices de l'exploitation. Les inventeurs, qui ont rarement la bonne fortune qu'on leur offre de l'argent comptant, sont le plus souvent forcés de traiter à cette condition ; s'ensuit-il nécessairement qu'ils soient engagés dans une société ? Il faut se garder de le croire ; l'association ne

(1) V. Trib. comm. Seine, 21 juill. 1858, Isoard (Teulet, *loc. cit.*).

résulte, en effet, que d'une convention explicite et clairement exprimée, et le seul fait d'un partage de bénéfices n'y saurait équivaloir.

324. Jurisprudence. — Il a été jugé : 1° que la convention par laquelle un breveté cède à un tiers le droit d'exploiter exclusivement les procédés pour lesquels il a pris un brevet d'invention, moyennant la moitié des bénéfices nets de l'exploitation et sans aucune contribution aux pertes, est parfaitement valable ; mais, néanmoins, que cette communauté d'intérêt ne crée pas entre les parties une société en participation (Paris, 14 mars 1857, Pommier, Teulet, 57.52) ; — 2° qu'on ne saurait voir un contrat de société dans la convention par laquelle un individu s'engage envers un inventeur à créer le matériel d'exploitation nécessaire et à pourvoir à l'écoulement des produits, lors même qu'il s'oblige à payer à ce dernier, outre des appointements fixes, un intérêt annuel de 5 0/0 ; cette part des bénéfices ne saurait être considérée que comme la rémunération des services rendus par l'inventeur à l'entreprise ; il y a donc, dans cette espèce, louage de service et non société (Paris, 21 mars 1862, Douard, Teulet, 63.473) ; — 3° que le traité par lequel un inventeur s'engage, moyennant une rémunération déterminée et une part dans les bénéfices, à fournir les dessins et à surveiller la construction de machines nouvelles, et à diriger la fabrication d'un certain produit sous le contrôle et la direction du propriétaire de l'usine, qui doit fournir tous les fonds, constitue, non une association, mais un simple louage de services ; en conséquence, il y a lieu, en cas de résiliation, de maintenir le propriétaire de l'usine en possession de tout l'actif et spécialement des brevets pris en son nom, conformément au traité, sauf à attribuer une indemnité à l'inventeur, si c'est par le fait de l'usinier que la résiliation est prononcée (Nancy, 23 mai 1866, Frison, Pataille, 66.248).

325. Société ; licitation entre les associés. — Aux termes de l'art. 1687 du Code civ., la licitation peut avoir lieu de deux façons : elle peut être restreinte aux ayants droit seulement ; elle peut être générale et les étrangers être admis à y participer. S'il s'agit d'un brevet à liciter et si, par suite d'une obligation conventionnelle ou légale, la licitation doit être faite seulement entre les associés et hors la participation des étrangers, y a-t-il faute de la part de celui des ayants droit qui, en vue de s'assurer l'aide d'un commanditaire, donne connaissance à un tiers, sous sa responsabilité personnelle, des appareils qui font l'objet du brevet ? Cette question n'en est pas une, et nous ne la citons que pour mémoire, parce qu'elle s'est présentée déjà dans la pratique. Il est évident que, de ce que la licitation est restreinte aux associés, il ne s'ensuit pas que ceux-ci soient tenus de se rendre adjudicataires avec leurs ressources personnelles ; ils sont donc libres de s'assurer le concours de qui bon leur semble pour obtenir, si possible, l'adjudication. Autrement, le droit de licitation ne serait qu'un vain mot, et l'associé, qui serait le plus riche, pourrait s'emparer à sa guise, et pour le prix qui lui conviendrait, de la propriété commune.

Il a été jugé en ce sens que, encore bien que l'acte de société déclare qu'en cas de dissolution de la société avant le terme désigné pour sa durée, la licitation du fonds social, qui comprend l'exploitation d'un brevet d'invention, sera faite entre les associés sans y admettre les étrangers, on ne peut néanmoins interdire à un associé de montrer les machines brevetées à des capitalistes dont le concours lui serait utile (Paris, 24 mars 1860, Aublay-Rivière, Teul., 60.291).

326. Expériences ; promesse de société. — Les inventeurs trouvent fréquemment des gens qui ont l'air de s'intéresser à leurs découvertes, qui les encouragent, leur promettent des capitaux, font miroiter à leurs yeux l'espérance d'une grande société d'exploitation et qui, lorsqu'ils ont fait procéder sous leurs yeux à des expériences très complètes, se hâtent de rétracter leurs promesses, et prennent des brevets en leur nom. Les inventeurs doivent se tenir sur leurs gardes, quoique la jurisprudence d'ailleurs ne les laisse pas désarmés.

Il a été jugé, en effet, que celui qui expérimente un procédé breveté et promet à l'inventeur, au cas où les essais réussiront, de former avec lui une société pour l'exploitation du brevet, ne peut ensuite, sous prétexte qu'il a lui-même fait des découvertes et obtenu des brevets, refuser toute indemnité à l'inventeur dont les travaux lui ont profité : il doit en ce cas être tenu de réaliser la société qui avait été projetée, ou, à défaut, être condamné à payer des dommages-intérêts à l'inventeur ; mais il ne peut lui être interdit de continuer sa fabrication, sauf à l'inventeur à exercer une action directe en contrefaçon, s'il le juge convenable (Paris, 8 mars 1862, Ruolz, Pataille, 62.199).

SECTION VI.

Du nom du breveté.

SOMMAIRE.

327. Expiration du brevet ; nom du breveté. — 328. Jurisprudence. — 329. Produit breveté ; vente ; nom de l'inventeur. — 330. *Quid* de la qualité d'inventeur ?

327. Expiration du brevet ; nom du breveté. — L'expiration du brevet a pour effet naturel de permettre à tous de fabriquer et de vendre l'objet breveté ; il a également pour effet d'en autoriser la vente sous la dénomination que lui avait donnée l'inventeur, si cette dénomination pourtant n'est pas employée à titre de marque de fabrique (1) et sous la condition, dans tous les cas, de ne pas en faire un moyen de concurrence déloyal (2). « Sans cela, disent Picard et Olin, le « monopole serait indéfiniment prolongé, « puisqu'on ne pourrait dans le commerce reconnaître les « choses produites par l'invention sous une autre désigna- « tion que celle qui était donnée dans le cours du brevet (3). » Toutefois, la question devient fort délicate, lorsque le nom de l'inventeur entre lui-même dans la dénomination du

(1) V. notre *Traité des marques*, n° 54.
(2) V. Bédarride, n° 81.
(3) V. Picard et Olin, n° 746. — V. également Blanc, p. 423.

produit, comme il est arrivé, par exemple pour les lampes *Carcel*, pour les appareils de chauffage *Fondet ;* en ce cas, les tribunaux ne doivent permettre aux tiers l'emploi du nom de l'inventeur qu'avec une extrême réserve et en prenant les mesures les plus rigoureuses pour empêcher une confusion dont il serait trop facile d'abuser.

328. Jurisprudence (1). — Il a été jugé conformément à ces principes : 1° que la dénomination, sous laquelle un produit breveté est désignée par l'inventeur, tombe dans le domaine public en même temps que l'invention, au moins lorsque cette dénomination est tirée du langage vulgaire et ne reproduit pas le nom de l'inventeur lui-même ; néanmoins le droit d'annoncer le produit, sous la même dénomination que l'inventeur, ne va pas jusqu'à le vendre avec des plaques ou cachets de papier métalliques, des étiquettes, des ligatures et des enveloppes de forme et de couleur analogues, de manière à faire illusion à la première apparence (Nancy, 7 juillet 1854, Verly, Sir., 55.2.581) ; — 2° que, quand une invention tombe dans le domaine public, elle y tombe avec le nom que l'inventeur lui a donné, et que celui-ci ne peut interdire à personne d'employer cette désignation ; spécialement, l'inventeur de l'*harmonium* n'a pu, après l'expiration de son brevet, interdire à personne de fabriquer cet instrument et de le vendre sous le nom qu'il lui avait donné (Paris, 3 déc. 1859, Debain, Pataille, 59.411) ; — 3° que l'objet d'une invention, tombée dans le domaine public, peut être annoncé et vendu sous la dénomination qui lui a été donnée par l'inventeur, même quand le nom de ce dernier y figure, si, dans l'usage et par le fait même de l'inventeur, son nom est devenu l'élément nécessaire de la désignation du produit ; il faut toutefois que les concurrents de l'inventeur évitent toute confusion qui pourrait induire le public en erreur sur la provenance des produits (Cass., 31 janv. 1860, Charpentier, *Bull. civ.*, 60.3) ; — 4° que, sans qu'il soit besoin de recher-

(1) V. également Paris, 20 janv. 1844, Hochstetter (Blanc, p. 440) ; Trib. comm. Seine, 22 déc. 1853, Frère (Teulet, 54.52) ; Trib. comm. Seine, 28 juill. 1853, Théron (Teulet, 53.321).

cher si, par le fait de l'inventeur, son nom est devenu la désignation nécessaire de l'appareil ayant fait l'objet du brevet, il y a usurpation de nom, tombant même sous le coup de la loi de 1824, dans le fait d'apposer le nom de cet inventeur sur des appareils qui ne sortent pas de ses ateliers, encore qu'on le fasse précéder du mot *dit*, si cette apposition est faite de manière à entraîner une confusion sur l'origine des produits (Paris, 10 mars 1876, Mothes, Pataille, 76.65); — 5° il a été jugé, toutefois, d'une manière absolue, que l'expiration du brevet ne donne pas aux tiers le droit de désigner le produit breveté sous le nom de l'inventeur; le nom, sauf en des cas très rares, constitue une propriété imprescriptible et que la personne qui le porte a seule le droit de joindre aux produits de sa fabrication; il en est ainsi alors même que l'inventeur, pendant la durée de son brevet, les aurait laissé désigner ou les aurait désignés lui-même sous son nom; les tiers ont seulement le droit de faire suivre la désignation des produits, par eux fabriqués des mots: *suivant le système de...* ou de toute autre expression analogue (Trib. civ. Seine, 24 nov. 1865, Fondet, Pataille, 69.237).

329. Produit breveté; vente; nom de l'inventeur. — En principe, le nom est inaliénable, et chacun en conserve la propriété imprescriptible. Nous savons pourtant que, lorsque le nom de l'inventeur est devenu la dénomination même de la chose brevetée, il appartient à tous, à l'expiration du brevet, de se servir de cette dénomination. Il y a là une question de fait qui tombe sous l'appréciation souveraine du juge. Même pendant la durée du brevet, l'inventeur ne pourrait interdire à son cessionnaire de se servir de son nom pour désigner le produit breveté, si, d'une part, le produit était connu sous cette dénomination, et si, d'autre part, la cession n'avait fait aucune restriction à cet égard. Il s'agit là, au surplus, d'une interprétation de convention susceptible de varier suivant les circonstances de chaque espèce.

Il a été jugé à cet égard: 1° que l'acquéreur d'une usine destinée à la fabrication d'un produit spécial, d'après des procédés brevetés, a le droit de conserver à ce produit le nom de l'inventeur, quoique l'acte de vente ne contienne aucune stipulation à cet égard (Paris, 26 mai 1865, Laîné, Pataille, 65.346); — 2° mais qu'il y a lieu de considérer comme valable et absolue la convention par laquelle un breveté autorise un fabricant à exécuter l'appareil faisant l'objet de son brevet, à la condition de ne pas faire usage de son nom (Paris, 7 janvier 1876, Normand, Pataille, 77.189).

330. *Quid* **de la qualité d'inventeur ?** — Au contraire, l'expiration du brevet n'autorise pas les tiers à prendre la qualité d'inventeur ; elle reste au breveté, qui a le droit de poursuivre ceux qui l'usurpent, même après que son brevet a pris fin (1).

Il a été jugé en ce sens : 1° que l'expiration du brevet ne fait pas perdre au breveté le titre d'inventeur ; le genre d'honneur qui s'attache à la personne, auteur d'une découverte utile à la société, n'est pas soumis aux mêmes conditions de durée que l'exercice du brevet ; loin de là, il demeure pour elle une sorte de propriété industrielle impérissable : spécialement, le cessionnaire d'un brevet, encore bien qu'il serait seul parvenu à réaliser les conditions d'économie et de sûreté nécessaires pour rendre l'invention d'une utilité publique, n'est pas autorisé pour cela à prendre le titre et la qualité d'inventeur (Rennes, 12 mars 1855, Peyre, Pataille, 55.183) ; — 2° qu'il y a concurrence déloyale dans le fait par un industriel d'usurper le titre d'inventeur au préjudice d'un industriel rival (Paris, 10 nov. 1887, Truffault, *Gaz. Pal.*).

SECTION VII.

Expropriation pour cause d'utilité publique.

SOMMAIRE.

331. Est-elle admise en matière de brevet d'invention?

331. Est-elle admise en matière de brevet d'invention ? — L'art. 545 du Code civil est ainsi conçu : « Nul

(1) V. Picard et Olin, n° 745. — Comp. Paris, 3 déc. 1859, Gourbeyre (*eod. loc.*).

« ne peut être contraint de céder sa propriété, si ce n'est « pour cause d'utilité publique et moyennant une juste et « préalable indemnité. » Ce principe est général et s'applique évidemment à la propriété des brevets d'invention comme à toute autre. Reste à résoudre seulement la question de savoir si le brevet constitue au profit de l'inventeur une propriété ou simplement un privilège. L'examen de cette question nous entraînerait hors du cadre de cet ouvrage : il nous suffit de la poser. Pour nous, qui n'hésitons pas à penser que le brevet est une propriété dont l'exercice est restreint et limité par la loi dans un but d'intérêt public, nous n'hésitons pas davantage à admettre que le principe de l'expropriation lui est applicable (1). Il est vrai que la loi ne prescrit aucune forme spéciale pour l'expropriation de cette propriété ; mais qu'importe : avant la loi de 1810 qui, la première, a réglé les formes de l'expropriation des immeubles, n'appliquait-on pas déjà le principe de l'article 545? N'est-il pas prouvé par cela même que le silence de la loi sur les formes à observer ne touche en rien au principe? Cela nous suffit. Au surplus, la question a été nettement posée dans la discussion, et tranchée dans le sens que nous indiquons (2).

(1) V. Picard et Olin, n° 496.
(2) V. la discussion de la loi, Huard, p. 366.

CHAPITRE IX.

BREVETS D'IMPORTATION. — DROITS DES ÉTRANGERS.

SOMMAIRE.

332. Étranger; ses droits. — 333. L'étranger peut-il demander la caution *judicatum solvi?* — 334. *Quid* en cas de saisie ? — 335. Brevets d'importation: la loi les admet-elle ? — 336. *Quid* si l'importateur est Français? — 337. Formes du brevet d'importation. — 338. Publicité antérieure à l'importation. — 339. Opinion contraire; réfutation. — 340. Jurisprudence. — 340 *bis*. Jurisprudence, *suite*. — 341. Jurisprudence contraire. — 342. Convention d'union de 1883; délai de priorité. — 343. Durée du brevet d'importation. — 343 *bis*. *Quid* des divers accidents qui frappent le brevet étranger ? — 344. Que faut-il entendre par brevet étranger ? — 345. Brevet demandé à l'étranger, mais non délivré. — 346. Brevet d'importation; droit personnel. — 347. Jurisprudence. — 348. Brevet étranger; point de départ; appréciation. — 349. Droit du breveté français de prendre des brevets à l'étranger.

332. Étranger; ses droits. — L'étranger peut obtenir un brevet en France ; il a, à cet égard, les mêmes droits qu'un Français ; la loi ne lui impose aucune condition de réciprocité et ne fait non plus aucune distinction entre l'étranger qui réside en France, qui y a un établissement de commerce, qui y est admis à y jouir des droits civils et l'étranger qui en vit éloigné. « La France, disait le rapport, s'est tou« jours montrée hospitalière et généreuse envers les autres « nations. La première, elle a aboli le droit d'aubaine et « admis les étrangers à jouir du bénéfice de ses lois. A plus « forte raison, devait-elle ouvrir les portes à celui qui vient « lui apporter un tribut de découvertes nouvelles. Il était « digne d'elle de donner l'exemple du respect pour le droit « des inventeurs sans distinction de nationalité, et d'élever « la garantie pour les œuvres du génie industriel à la hau« teur d'un principe de droit public international. L'exer« cice du commerce et de l'industrie, en effet, n'appartient-il

« pas essentiellement au droit des gens ? (1). » On ne peut qu'applaudir à de telles paroles. L'étranger qui veut obtenir un brevet en France n'a donc qu'à se conformer aux lois sur la matière ; si ses droits sont ceux d'un Français, ses devoirs sont les mêmes : cela est juste.

333. L'étranger peut-il demander la caution *judicatum solvi ?* — En principe, l'étranger, demandeur dans un procès, est astreint par la loi française à fournir une caution ; elle est destinée à assurer le remboursement des frais, au cas où l'étranger viendrait à perdre son procès ; aussi la nomme-t-on caution *judicatum solvi*. La loi des brevets ne l'en dispense pas ; il la doit donc en cette matière comme en toute autre (2). Toutefois, ici comme en tout autre cas, il ne la doit que si le défendeur est Français. Il n'y a pas lieu au payement de la caution quand le débat s'agite entre deux étrangers (3).

Il a été jugé en ce sens : 1° que le droit d'exiger de l'étranger demandeur la caution *judicatum solvi* constitue un privilège attaché à la qualité de Français et une protection que le législateur n'a entendu accorder qu'aux nationaux ; il n'appartient que par exception aux étrangers qui se trouvent dans les conditions prévues par les art. 11 et 13 du Code civil (Paris, 2 juillet 1861, Bossi, Pataille, 61.351) ; — 2° que la caution *judicatum solvi* est un privilège de nationalité qui ne peut être invoqué que par le Français ou par l'étranger auquel une situation particulière assure la jouissance des droits civils en France ; mais l'autorisation, accordée à un étranger d'établir en France une fabrique d'armes de guerre, ne saurait être assimilée à l'autorisation d'établir son domicile dans les termes de l'art. 13 du Code civil (Trib. corr. Seine, 3 mai 1884, Hotchkiss, Pataille, 86.287).

334. *Quid* **en cas de saisie ?** — L'étranger qui, en vertu de son brevet, fait pratiquer une saisie chez un contrefacteur, est tenu par la loi de 1844 de déposer un cautionne-

---

(1) V. le rapport à la Chambre des députés, Huard, p. 248.
(2) V. Nouguier, n° 370 ; Blanc, p. 669.
(3) V. Trib. civ. Seine, 31 mars 1875, Liébert (Pataille, 75.182).

ment. Ce cautionnement se confond-il avec la caution *judicatum solvi*, ou en est-il indépendant? C'est là une question que nous examinerons au livre *de la contrefaçon* (1).

335. Brevets d'importation ; la loi les admet-elle ? — La loi de 1791 admettait les brevets d'importation d'une façon absolue : c'est-à-dire qu'elle permettait de prendre des brevets pour des inventions déjà divulguées ou brevetées à l'étranger, mais encore inconnues en France. Elle récompensait ainsi le seul fait de l'importation. Ce système avait ses avantages et ses inconvénients : ses avantages, car il favorisait l'introduction en France de méthodes et de procédés connus à l'étranger et que l'ignorance empêchait d'utiliser dans notre pays ; ses inconvénients, car le brevet d'importation était devenu le prix de la course et certains individus n'avaient d'autre industrie que de se tenir à l'affût des découvertes qui surgissaient à l'étranger et de les breveter aussitôt en France, à leur profit, au détriment du véritable inventeur qu'ils devançaient.

La loi de 1844 a rejeté ce système : elle a pensé que ses avantages ne compensaient pas ses inconvénients, et, en conséquence, elle a supprimé les brevets d'importation ; ou, du moins, elle ne les a maintenus que dans un cas, celui où la découverte est déjà brevetée à l'étranger ; elle permet alors au titulaire du brevet étranger de prendre un brevet en France pour la même invention.

336. *Quid* **si l'importateur est Français ?** — La loi accorde le droit de prendre un brevet d'importation *à l'auteur d'une invention déjà brevetée à l'étranger*. Nous insistons sur la généralité de ces expressions ; il importe peu, en effet, que celui qui est breveté à l'étranger soit étranger lui-même ou Français. Dès qu'un individu a pris un brevet à l'étranger, il peut ensuite, sans distinction de nationalité, venir en France et y obtenir un brevet, sauf à se soumettre aux conditions que nous dirons tout à l'heure. M. Bédarride dit à ce propos : « On ne voit pas ce qui aurait pu faire adop-« ter le contraire. Sans doute, il n'est pas à présumer que le

---

(1) V. *infrà*, n° 939.

« Français, habitant en France, aille d'abord porter à l'étran-« ger la découverte qu'il vient de faire. Mais combien de « Français qui résident à l'étranger et y exploitent d'établis-« sements importants! Et, pour ceux-là, l'intérêt de protéger « d'abord sur les lieux l'industrie nouvelle qu'ils viennent « de créer est évident. Or, pouvait-il être qu'en obéissant à « cet intérêt ils se fussent interdit le droit de se faire « breveter en France et que la loi française leur refusât « une faculté qu'elle accorde si bénévolement à l'étran-« ger (1) ? » Voici, de son côté, comment s'exprimait le rapporteur lors de la discussion de la loi : « M. Bethmont, « disait-il, paraît croire que le droit de prendre un brevet en « France n'existe pas en faveur du Français déjà breveté « ailleurs. C'est une erreur. Le principe général posé au « commencement de la loi veut que tout Français puisse « être breveté pour toutes inventions ou découvertes nou-« velles dont il est l'auteur, en quoi qu'elles consistent. Le « Français est sous la tutelle de ce principe général, qu'il « soit breveté ou non en pays étranger; pour qu'il en fût « autrement, il faudrait une prohibition (2). » Il n'est donc pas douteux que le Français puisse se faire breveter en France, après s'être préalablement fait breveter à l'étranger; le principe en lui-même est certain. Seulement le brevet qu'il prend en ce cas est-il considéré comme brevet d'importation? On comprendra l'intérêt de cette question quand on verra plus loin les restrictions que la loi impose aux brevets d'importation. Il semblerait résulter des paroles du rapporteur que le droit qu'a le Français de prendre un brevet en France, après être déjà breveté à l'étranger, découle non de la disposition spéciale écrite dans l'art. 29, mais du principe général qui permet de breveter une invention nouvelle. C'est aussi l'avis de M. Bozérian, qui pense que l'art. 29 ne s'applique qu'à l'étranger et fait remarquer à l'appui, ce qui, du reste est vrai, que cet article est placé sous cette rubrique : *Des droits des étrangers* (3). Toutefois, l'opinion contraire paraît préfé-

(1) V. Bédarride, n° 349.
(2) V. la discussion de la loi, Huard, p. 350.
(3) V. la *Propr. ind.*, n° 321.

rable et la généralité des termes de l'art. 29 nous paraît s'appliquer aux Français comme aux étrangers. Pourquoi d'ailleurs, dans un cas identique, distinguerait-on entre eux ? Pourquoi supposer au législateur un semblable besoin de compliquer la loi sans nécessité (1) ?

Il a été jugé que l'art. 29 de la loi de 1844, aux termes duquel l'auteur d'une découverte ou invention déjà brevetée à l'étranger pourra obtenir un brevet en France, s'applique aussi bien au cas où l'inventeur breveté est Français, qu'à celui où il est étranger (Cass., 14 janv. 1864, Rebours, Pataille, 64.81).

337. Formes du brevet d'importation. — Le brevet d'importation (que nous n'appelons ainsi que pour exprimer d'un seul mot le cas dans lequel il est pris) est un brevet de la même espèce que les autres. Il est subordonné aux mêmes formalités et doit être demandé dans les mêmes formes. Nous n'avons donc rien à ajouter aux développements que nous avons donnés plus haut.

338. Publicité antérieure à l'importation. — De ce que le brevet d'importation est un brevet ordinaire et soumis aux mêmes règles, il s'ensuit que l'invention qu'il protège doit être nouvelle au moment du dépôt de la demande. C'est la condition essentielle et primordiale de tout brevet. Or, aux termes de l'art. 31, une invention n'est nouvelle qu'autant qu'elle n'a pas reçu, avant la date du dépôt, une publicité suffisante pour pouvoir être exécutée (2). Nous expliquerons en son lieu le sens de cette disposition. Rappelons seulement ici que la doctrine et la jurisprudence, d'accord avec la discussion de la loi, y voient la nécessité d'une nouveauté absolue : ce qui fait la nouveauté, ce n'est pas que nul n'ait exploité l'objet du brevet avant sa date, c'est que nul n'ait été mis à même de l'exploiter. Une découverte oubliée de tous, enfouie dans la poussière des bibliothèques, n'en a pas moins perdu son caractère de nouveauté. Fût-il prouvé qu'elle est tombée dans l'oubli dès sa première heure, fût-il certain que nul ne l'a mise en pratique, elle

(1) V. Nouguier, n° 377.

(2) Comp. Nouguier, n° 379.

n'en reste pas moins le bien du domaine public, la propriété de tous. Voilà la règle générale ; elle s'applique au brevet d'importation comme aux autres. Il est facile d'en tirer les conséquences : celui qui, breveté à l'étranger, exploiterait son brevet avant de former sa demande en France, ou qui, sans l'exploiter, en publierait la spécification, celui-là ne pourrait obtenir un brevet valable. Le brevet d'importation doit donc être demandé en France à une date aussi rapprochée que possible de celle où le brevet étranger a été obtenu. Tout retard est un danger.

339. Opinion contraire ; réfutation. — On trouve pourtant un certain nombre de décisions judiciaires qui apportent une sorte de tempérament à la doctrine que nous venons d'exposer. Dans le système de ces arrêts, il faudrait distinguer entre deux sortes de publicités : l'une consisterait dans ce simple fait, que l'innovation, brevetée à l'étranger, a été mise à la disposition du public ; l'autre consisterait dans ce fait que le public, c'est-à-dire un plus ou moins grand nombre de personnes, a réellement eu connaissance de l'invention. Cette dernière publicité seule, la publicité *effective*, comme on dit, entraînerait la nullité du brevet d'importation (1).

---

(1) M. Pataille (*Observ.*, 56.209) dit à l'appui de ce système : « On « comprend parfaitement qu'il y ait une présomption fâcheuse contre « l'industriel qui prend un brevet en France pour un objet déjà breveté « par un autre en pays étranger et que les tribunaux se montrent sévères « à son égard, en recherchant non seulement si l'invention n'a pas reçu « une publicité suffisante pour être exécutée, mais même si personnelle- « ment il n'a pas connu le brevet étranger, puisque le fait seul de cette « connaissance transformerait son brevet français en brevet d'importa- « tion. Mais cette présomption n'existe pas contre l'inventeur originaire « qui use d'un droit écrit dans la loi en demandant un brevet en France « pour l'invention qu'il a déjà fait breveter en pays étranger. Qu'on lui « conteste l'exercice de ce droit, lorsqu'on prouve, en fait, que son « invention a reçu, par quelque moyen que ce soit, une publicité suffi- « sante pour être exécutée, rien de mieux : ce sont les termes de la loi. « Mais qu'on ajoute à sa rigueur en décidant que la préexistence du « brevet étranger constitue une présomption légale de publicité, dès « l'instant que la communication a été possible, c'est ce que nous avons « de la peine à admettre. »

Rendons nos explications plus saisissantes par un exemple. Un brevet est pris à l'étranger; ce brevet est, dans les bureaux de l'administration ou ailleurs, mis à la disposition de ceux qui veulent le consulter; en fait, pourtant, personne ne le consulte; dans ce cas, dit-on, il n'y a pas publicité, ou du moins il n'y a pas publicité suffisante pour que l'invention puisse être exécutée : le droit de demander un brevet en France subsiste. Au contraire, est-il prouvé qu'une seule personne a usé du droit de communication et pris connaissance du brevet, la publicité est réelle, et le droit de prendre un brevet d'importation en France s'évanouit. La question se pose donc ainsi : la publicité, qui exclut la nouveauté, résulte-t-elle de ce que le public *sait*, ou seulement de ce que le public *peut* savoir? Dès que le public a été mis à même de savoir, n'y a-t-il pas présomption légale qu'il sait? Pour nous, nous n'hésitons pas à nous ranger à cette dernière opinion. S'il en était autrement, où n'irait-on pas? Tout fait de publicité serait sujet à discussion; on pourrait soutenir qu'il n'y a pas de publicité, alors même qu'un individu aurait pris connaissance du brevet en arguant, par exemple, de ce qu'il est mort peu de temps après en avoir pris connaissance, ou de ce qu'il n'avait pas l'instruction nécessaire pour comprendre l'objet compliqué du brevet. A ce compte, la théorie de la loi serait renversée, et la règle, pourtant très claire, qu'elle a voulu établir, deviendrait sans objet. Comment, d'ailleurs, comprendre qu'il puisse y avoir discussion sur ce point quand, se reportant aux travaux législatifs, on trouve des déclarations du genre de celles-ci : « Dans notre rapport, disait Philippe Dupin, rapporteur de « la loi, nous avons averti les étrangers et dit : on ne peut « dissimuler, et la loyauté fait un devoir d'en donner hau« tement avis, que cette règle paralyse le bienfait de la loi « nouvelle à l'égard des industriels qui auraient été brevetés « dans les pays où, comme en Russie, les descriptions « jointes aux demandes de brevets sont publiées (1). » Et ailleurs : « Il y a des nations chez lesquelles les spécifica« tions sont publiées, il y en a chez lesquelles elles restent

(1) V. la discussion de la loi. — V. Huard, p. 317.

« secrètes. Pour les nations chez lesquelles elles sont pu-
« bliées, il est évident que les brevetés étrangers ne peu-
« vent venir demander chez nous un brevet utile; à l'égard
« des nations chez lesquelles les descriptions restent se-
« crètes, l'invention peut demeurer secrète et par consé-
« quent il peut être obtenu un brevet en France (1). »

340. Jurisprudence (2). — Il a été jugé, conformément à notre opinion : 1° que la publication du brevet qu'il a pris à l'étranger rend l'inventeur incapable de se faire ensuite breveter en France (Douai, 20 juillet 1859, Lister, Pataille, 61. 44); — 2° que l'art. 31 de la loi du 5 juillet 1844, qui ne reconnaît d'inventions nouvelles que celles qui n'ont pas, antérieurement à la demande du brevet en France, reçu une publicité suffisante pour pouvoir être exécutées, ne distingue pas entre la publicité provenant du fait de l'inventeur lui-même et celle qui serait le fait d'un tiers ; en conséquence, s'il est établi que l'inventeur a pris, antérieurement à sa demande en France, un brevet à l'étranger, et que ce brevet étranger a été publié et exploité avant la même époque, le brevet français est frappé de nullité : cette conséquence ne nuit en rien à la faculté accordée par l'art. 29 de ladite loi à l'auteur d'une invention déjà brevetée à l'étranger d'obtenir pour la même invention un brevet en France; c'est à l'inventeur seulement à sauvegarder ses droits et à prendre son brevet en France avant que son invention soit devenue publique (Rennes, 9 janv. 1865, Joly, Pataille, 65.226); — 3° que la publication à l'étranger d'un brevet que l'inventeur y a demandé constitue la publicité telle que l'entend l'art. 31, sans qu'il y ait à distinguer entre la publicité légale et la publicité effective, et, conséquemment, lui fait perdre le droit de prendre un brevet en France : spécialement, le seul fait qu'à l'expiration des six mois qui suivent le dépôt de la

---

(1) V. la discussion de la loi, *eod. loc.* — V. également notre article dans la *Propr. ind.*, n° 379. — V. Martin Saint-Léon, *De la validité des brevets*, n° 28.

(2) V. aussi Trib. civ. de Lille, 15 juill. 1861, Normand (*Jurisp.*, Douai, 62.93).

demande d'une patente en Angleterre, la description et les plans annexés à cette demande sont placés dans un bureau public où chacun peut en prendre communication, constitue une publicité qui enlève à l'inventeur tout droit de se faire breveter en France (Rej., 7 juill. 1860, Lister, Pataille, 61.44).

340 *bis*. **Jurisprudence**; *suite*. — Il a été jugé, conformément au même principe : 1° que l'inventeur, déjà breveté à l'étranger, ne peut obtenir de brevet d'importation en France qu'autant que son brevet n'a pas reçu à l'étranger, avant la date du dépôt de sa demande en France, une publicité suffisante pour pouvoir être exécuté; l'art. 31 s'applique ici comme en tout autre cas : spécialement, est nul le brevet pris en France cinquante-cinq jours après qu'un brevet a été pris aux États-Unis pour la même invention; c'était à l'inventeur à user du bénéfice de la législation américaine qui lui permettait de tenir son invention secrète pendant un délai de six mois (Paris, 20 mai 1857, Journaux-Leblond, Pataille, 59.103); — 2° que, dès qu'il est établi qu'il était loisible à toute personne de prendre lecture du brevet étranger et même de s'en faire délivrer des copies sans qu'il restât trace de cette communication, il faut dire qu'il y a publicité, dans le sens de l'art. 31 ; car une semblable faculté constituerait un mode de publicité suffisant pour que chacune des découvertes, mentionnées dans la patente, pût être exécutée : il s'ensuit que l'auteur de l'invention déjà brevetée, dans ces conditions, à l'étranger, ne peut plus prendre utilement un brevet en France (Paris, 1er août 1861, Gougy, Pataille, 63.263); — 3° que la loi subordonne la validité de tout brevet, qu'il soit pris pour la première fois en France ou qu'il ait déjà été pris à l'étranger, à la nouveauté de l'invention pour laquelle il est demandé ; toutefois, l'obtention d'un brevet à l'étranger et l'insertion dans une feuille publique de l'acte du Gouvernement qui le concède ne sont pas, à eux seuls, constitutifs de la publicité exigée par la loi, puisque, s'ils indiquent l'objet du brevet, ils n'en divulguent pas les éléments; il en peut être ainsi de la publication des descriptions, si, d'une part, la description n'a été insérée que par extrait, et si, d'autre part, en fait, l'analyse ainsi publiée est insuf-

fisante pour permettre l'exécution de l'invention ; au contraire, le seul fait que la description et les dessins annexés au brevet aient été mis à la disposition de tous dans des archives ou des dépôts publics, où ils pouvaient être incessamment consultés, constitue la publicité légale (Cass. 12 janv. 1865, Joly (1), Pataille, 65.231) ; — 4° que la loi n'a pas défini les caractères légaux de la publicité antérieure à laquelle les art. 30 et 31 de la loi du 5 juillet 1844 attachent la nullité du brevet; elle admet, par cela même, tous les modes de divulgation, sans excepter celui qui résulterait de l'accomplissement des formalités prescrites pour l'obtention d'un brevet en pays étranger, sous la condition que cette publicité sera suffisante pour que l'invention puisse être exécutée : spécialement, le fait par l'inventeur, avant de prendre son brevet en France, d'en avoir sollicité un en Allemagne et d'avoir subi en ce pays, suivant les formes de la loi allemande, l'examen préalable qui exige la mise à la disposition du public, dans les bureaux du ministère, de la demande et de la description complète du brevet, constitue la publicité légale (Rej., 9 mars 1883, Seltsam, Pataille, 83.11).

341. Jurisprudence contraire. — Il a été jugé en sens opposé : 1° que le dépôt de la spécification d'une patente à l'*Enrolment-office*, où le public est admis à prendre connaissance des patentes déposées, ne constitue pas néanmoins la publicité légale, alors qu'en fait ce dépôt n'a eu lieu à Londres que cinq jours avant le dépôt de la demande de brevet en France ; à raison du temps nécessaire (surtout à l'époque où le brevet était pris, sept. 1840) pour les communications entre l'Angleterre et la France, cet intervalle de cinq jours doit être considéré comme insuffisant à constituer une véritable publicité : en conséquence, le brevet pris en France ne peut être annulé pour cause de divulgation (Paris, 6 mars 1857, et Rej. 30 juill. 1857, Chaudron-Junot, Pataille, 58.102) ; — 2° que la demande d'une patente en Angleterre et le dépôt des pièces qui l'a accompagnée, quoique opéré

---

(1) V. également Amiens, 30 mars 1865, Joly (Pataille, 65.233) ; Rej., 9 déc. 1867, Joly (Pataille, 68.86).

cinq jours avant la demande du brevet en France, ne font pas perdre à l'invention son caractère de nouveauté ; il en est ainsi surtout s'il n'est pas établi que, pendant les cinq jours qui se sont écoulés entre la prise du brevet anglais et la prise du brevet français, une communication quelconque du brevet ait été donnée à qui que ce soit (Paris, 1er déc. 1863 et Rej. 8 mars 1865, Bertrand, Pataille, 65.241) ; — 3° qu'en admettant que la publicité d'une invention brevetée en France puisse résulter de ce que, l'inventeur ayant pris sept mois auparavant un brevet en Angleterre, on aurait pu, dans l'intervalle, prendre communication de l'invention au bureau des brevets à Londres, il faudrait du moins établir que cette communication a été demandée et obtenue et qu'elle a eu pour résultat d'amener une publicité telle du procédé de l'inventeur qu'après cette communication chacun aurait pu exécuter ce procédé (Colmar, 7 déc. 1864, Klotz, Pataille, 65.215) ; — 4° que le brevet pris en France, en suite d'un brevet pris à l'étranger, ne peut être déclaré nul que si le brevet pris à l'étranger a reçu une publicité complète et avérée : conséquemment, le seul fait que le brevet est demandé en France postérieurement à un brevet déjà pris en Angleterre et après l'expiration du délai de six mois pendant lequel la demande reste secrète aux termes de la loi anglaise, ne suffit pas à lui seul, en dehors de toute preuve d'une publicité directe, à invalider le brevet (Amiens, 22 juin 1861, Normand, Pataille, 61.353) ; — 5° qu'en tout cas le fait que la description et pièces définitives d'un brevet demandé en Angleterre sont devenues communicables au public deux jours avant la prise du brevet en France ne saurait être invoqué comme constituant une divulgation légale et entraînant la nullité du brevet français, s'il est justifié en fait que, ces deux jours ayant été fériés en Angleterre, les bureaux des patentes n'ont pas été ouverts et qu'aucune communication n'a pu être faite au public (Paris, 28 janvier 1879, Snider (1), Pataille, 79.49.)

342. Convention d'union de 1883 ; délai de

(1) Comp. Trib. civ. Seine, 13 août 1879, Bell (Pataille, 87.136).

priorité. — L'art. 4 de la convention d'union du 20 mars 1883 est ainsi conçu : « Celui qui aura régulièrement fait « le dépôt d'une demande de brevet d'invention dans l'un « des États contractants jouira, pour effectuer le dépôt dans « les autres États, et sous réserve des droits des tiers, d'un « droit de priorité pendant les délais déterminés ci-après. « — En conséquence, le dépôt ultérieurement opéré, dans « l'un des autres États de l'union avant l'expiration de ces « délais, ne pourra être invalidé par des faits accomplis « dans l'intervalle, soit, notamment, par un autre dépôt, « par la publication de l'invention ou son exploitation par « un tiers. — Les délais de priorité, mentionnés ci-dessus « seront de six mois ; ils seront augmentés d'un mois pour « les pays d'outre-mer. » Cet article, on le voit, supprime la difficulté que nous venons d'examiner, dès qu'il s'agit de personnes pouvant invoquer le bénéfice de la convention. Or, ces personnes sont les sujets ou citoyens de chacun des États contractants (art. 2) ou les sujets et citoyens des États ne faisant pas partie de l'union, lorsqu'ils sont domiciliés ou ont des établissements industriels ou commerciaux sur le territoire de l'un des États de l'union (art. 3). L'inventeur qui rentre dans l'une de ces deux catégories a donc un délai de six mois, à partir du jour du dépôt régulier de sa demande dans l'un des États de l'union, pour l'effectuer dans les autres États. Dans cet intervalle, il n'a à redouter ni la publication qui pourrait être faite de son brevet étranger et de la description annexée, ni les faits de publication venant d'autrui, sous forme d'exploitation de l'invention ou de dépôt de brevet. En d'autres termes, à la condition que l'inventeur régularise sa demande de brevet dans les autres États de l'union dans un délai de six mois, il n'a pas à craindre qu'on lui oppose la publicité qui se serait produite dans l'intervalle d'où qu'elle vienne. Cette disposition est quelque chose d'analogue au droit de préférence, organisé par l'art. 18 de notre loi au profit de l'inventeur. Toutefois, faudrait-il aller jusqu'à admettre que, parce qu'il a pris un brevet dans l'un des États de l'union, l'inventeur aurait le droit d'exploiter publiquement son invention avant de prendre son brevet en France ? Nous n'oserions conseiller à l'inventeur de le tenter. On peut dire, en effet, que, si la convention fait exception au principe de l'art. 31, c'est à la condition que la publicité ne soit pas le fait personnel et direct du breveté. L'exception le garantit contre les faits provenant des tiers, contre les faits qu'il n'a pu empêcher, non contre les siens. La question pourtant, en présence des termes généraux de la convention, reste délicate.

L'art. 4 de la convention n'est que la mise en pratique d'un vœu émis en 1878 par le Congrès de la propriété industrielle. Il est difficile de comprendre qu'elle ait pu être l'objet de critiques. Ceux qui les ont faites avaient sans doute mal compris la convention. MM. Assi et Genès ont très bien répondu à ces critiques, lorsqu'ils ont dit : « On ne saurait apprécier trop haut le progrès qu'il réalise « sur l'état de choses antérieur. En matière de brevets, par « exemple, presque toujours il était pratiquement impos- « sible à l'inventeur, pour beaucoup de raisons, de se faire « breveter simultanément dans tous les pays ; il en résultait « que les derniers brevets demandés lui étaient souvent « refusés ou se trouvaient entachés de nullité, à raison de « la publicité reçue par l'invention depuis la première « demande. Cette nouveauté absolue de la découverte, qui « semble pouvoir être exigée sans inconvénient et même avec « avantage, quand on ne considère qu'un seul pays, est au « contraire une condition impossible à satisfaire en pratique « lorsqu'une invention doit être brevetée dans un certain « nombre de pays ; en la supprimant, l'art. 4, a donc, pour « la première fois, rendu possible la protection internationale « des inventions. Il est d'ailleurs à peine utile de faire « remarquer que, si cet article constitue une concession de « la part de la France, la même concession est faite aux « Français par les pays étrangers (1). »

Seulement MM. Assi et Genès se demandent si la convention est applicable aux nationaux et si un Français pourrait prendre d'abord son brevet en Belgique, puis, malgré la publicité donnée à ce brevet, obtenir néanmoins

(1) V. *Revue de droit commercial, industriel et maritime*, mars 1886.

un brevet valable en France, pourvu qu'il le demandât dans le délai de six mois. Nous ne comprenons guère leur hésitation. L'art. 2 de la convention est formel. Il suffit d'être citoyen de l'un des États contractants pour bénéficier de la convention, et, quand on est citoyen de l'un de ces États, il suffit de déposer sa demande de brevet dans l'un quelconque des États, pour profiter ensuite, dans les autres, du droit de priorité établi par l'art. 4. Il est vrai que MM. Assi et Genès disent qu'entendre ainsi la convention, c'est modifier la législation intérieure ; la remarque est juste ; mais il ne faut pas oublier que la convention, votée par la Chambre des députés, constitue une véritable loi et qu'il n'y a rien que de naturel à ce qu'une loi en modifie une autre. De plus, on doit remarquer que la loi de 1844 n'est pas, à dire le vrai, modifiée, puisqu'elle subsiste vis-à-vis des pays non signataires de la convention ; il y est dérogé seulement au profit des nations contractantes.

MM. Assi et Genès se demandent encore à quels pays la qualification de « *pays d'outre-mer* » doit s'appliquer, et par exemple si les colonies, en supposant qu'elles fassent partie de l'union, doivent être considérées comme pays d'outre-mer. Nous pensons d'abord que les colonies sont comprises dans la convention, chaque nation ayant contracté pour toutes les parties de son empire en contractant pour elle ; nous croyons en second lieu que tout pays, métropole ou colonie, doit être réputé pays d'outre-mer par rapport au pays dans lequel l'inventeur a déposé sa première demande de brevet.

M. Allart remarque que l'art. 4 de la convention, en établissant le droit de priorité dont nous venons de parler, réserve les droits des tiers, ce qui doit s'entendre naturellement du droit qu'ont les tiers de contester la valeur de l'invention, de s'opposer à la délivrance du brevet dans les pays d'examen préalable, de revendiquer la propriété d'une découverte qui leur aurait été dérobée. M. Allart va plus loin et, d'accord avec M. Martin Saint-Léon (1), il émet

(1) V. Martin Saint-Léon, *Des conditions de validité des brevets d'invention*, n° 28.

l'avis que le tiers qui, postérieurement à la prise du brevet étranger, mais antérieurement à la demande du brevet français, aurait exploité l'invention en France, ne pourrait y être l'objet d'aucune poursuite en contrefaçon (1). L'avis de ces auteurs semble au premier abord dicté par l'équité; on peut cependant leur objecter que le tiers dont ils parlent est peut-être, après tout, peu digne d'intérêt; qui sait, en effet, s'il n'a pas tout simplement copié une invention qu'il savait être déjà brevetée dans un des pays de l'Union et qui par suite était susceptible d'être légalement brevetée en France ; d'ailleurs, s'il l'a ignoré, ne devait-il pas se renseigner, en présence des dispositions de la convention d'union? En tout cas, en admettant que l'exploitation de ce tiers, antérieurement à la prise du brevet en France, ne puisse pas être taxée de contrefaçon, il ne pourrait la continuer au delà sans devenir certainement contrefacteur.

343. Durée du brevet d'importation. — Aux termes de l'art. 29, la durée du brevet d'importation ne peut excéder celle du brevet antérieurement pris à l'étranger. « Il ne faut pas, disait le rapport, que la protection accordée « par la France devienne pour elle une cause d'infériorité, et « que, dans son sein, on enchaîne par le monopole ce qui, par- « tout ailleurs, serait libre de cette entrave. » On peut douter que la raison de cette disposition soit bonne; car, si l'on craignait sérieusement d'enchaîner par le monopole en France des industries qui resteraient libres à l'étranger, il faudrait tout simplement supprimer les brevets. Il y a, en effet, des nations (le nombre, il est vrai, en diminue chaque jour) qui n'admettent pas de brevets. Dès lors, l'industrie reste toujours libre chez elles, tandis que le monopole l'enchaîne chez nous. Laissons le motif et voyons la loi. Il est un premier point qui ne fait pas difficulté, c'est que, lorsque le brevet est arrivé à son terme légal, le brevet d'importation pris en France ne peut lui survivre. Si donc le brevet primitif a été pris en Angleterre, où la durée des patentes est de quatorze ans, le brevet d'importation expirera le jour même où s'accomplira la

(1) V. Allart, n° 288.

quatorzième année du brevet anglais. Cela est écrit en toutes lettres dans l'art. 29.

Jugé, dans le même ordre d'idées, que l'art. 29 de la loi de 1844 a entendu mesurer la durée du brevet pris en France pour une invention déjà brevetée à l'étranger sur la durée totale normale du brevet étranger, et non sur la durée réduite que le breveté, dans un intérêt purement pécuniaire, lui a d'abord assignée, sauf à la proroger dans les termes de la loi étrangère : spécialement, la loi autrichienne permettant au breveté de demander son brevet pour une durée moindre que quinze ans, terme extrême de la durée des brevets, et de la proroger ensuite d'année en année jusqu'à ce terme, on ne saurait prétendre que la durée du brevet français doit se mesurer à celle que la demande primitive du brevet étranger avait fixée ; c'est à la durée réelle, effective du brevet étranger que doit être subordonnée celle du brevet français, et non à une indication provisoire, sur laquelle le breveté peut toujours revenir et qui, impuissante à entraîner à la date fixée l'expiration du brevet étranger contre le gré du breveté, ne doit pas pouvoir davantage entraîner celle du brevet français qui en suit le sort (Paris, 17 fév. 1883, Lecointe, Pataille, 84, 109). — Jugé d'ailleurs que, lorsqu'un inventeur, avant de se faire breveter en France, a pris un brevet à l'étranger, le fait par lui d'avoir dissimulé l'existence de ce brevet, dont l'expiration entraînait la péremption concomitante du brevet français, et d'avoir ainsi donné à son brevet l'apparence de la validité, donne ouverture à une action en dommages-intérêts au profit des fabricants d'objets semblables à ceux du brevet (Trib. civ. Seine, 27 janv. 1881, Galante, Pataille, 83, 253).

343 *bis*. *Quid* **des divers accidents qui frappent le brevet étranger ?** — Faut-il aller plus loin? Faut-il, des expressions générales de l'art. 29, conclure que le brevet d'importation reste entièrement lié au brevet étranger, qu'il le suit dans toutes ses vicissitudes et que si, pour une cause

(1) V. Paris, 30 mai 1879, et Rej., 28 juin 1881, Paterson (Pataille, 81.209).

quelconque, le brevet vient à périr, même avant d'être arrivé à son terme légal, ce brevet d'importation s'éteint avec lui? Faut-il admettre, en un mot, que tous les accidents qui, d'après la loi étrangère, peuvent atteindre le brevet étranger, réagissent, par contre-coup, sur le sort du brevet français et que le brevet d'importation périt en même temps que le brevet étranger par quelque cause que celui-ci périsse? Nous croyons, quant à nous, que le législateur n'a voulu qu'une chose : mesurer la durée *normale* du brevet d'importation sur la durée *normale* du brevet étranger, c'est-à-dire qu'il a voulu que le brevet d'importation ne pût pas être demandé pour un temps plus long en France qu'à l'étranger ; mais il n'a en aucune façon entendu rendre les deux brevets solidaires l'un de l'autre, ni, par conséquent, soumettre le brevet français à toutes les vicissitudes que peut subir le brevet étranger. Il suffit, pour s'en convaincre, de songer aux dangers du système contraire. Il oblige, en effet, le juge français à apprécier le brevet étranger, et, pour cela, à interpréter la loi étrangère qu'il n'a pas mission de connaître et qu'il ne connaît pas. Qu'on ne nous taxe pas d'exagération. Ne faudra-t-il pas, quand un plaideur attaquera la validité du brevet d'importation en se fondant sur la prétendue nullité qu'aurait encourue le brevet étranger, ne faudra-t-il pas que le juge, prenant en main la loi étrangère, qu'il sait à peine épeler, la commente et l'applique? N'y a-t-il pas là un péril évident, une tâche hérissée de difficultés? Il est vrai que, dans d'autres matières, par exemple en matière de mariage, le même effort est imposé à nos magistrats qui, plus d'une fois, s'en sont tirés à leur honneur ; mais, du moins, dans ces cas la loi a parlé, et, à son défaut, la nécessité commande, tandis qu'ici la loi est muette et il n'y a aucune nécessité de suppléer à son silence. N'est-il pas logique, au contraire, après avoir mesuré la durée du brevet d'importation sur la durée du brevet étranger, de laisser les deux brevets parfaitement indépendants, soumis chacun à la législation du pays dans lequel il a été obtenu (1)? M. Bédarride est d'un avis opposé qu'il formule

(1) V. en ce sens un excellent article de M. Bozérian dans la *Propr. ind.*, n° 321. — V. également Blanc, *Propr. ind.*, n° 111. — V. encore

ainsi : « L'art. 29 n'est à ce sujet ni limitatif, ni restrictif. Le « motif qui l'a fait consacrer conduit à cette conséquence que, « *par quelque cause qu'elle soit amenée*, l'expiration du re- « vet étranger détermine celle du brevet français (1). »

Il a été cependant jugé, dans un sens opposé au nôtre (et nous devons reconnaître que, depuis cet arrêt, la question n'est plus discutée), que l'existence du brevet français est, d'une façon absolue, subordonnée à l'existence du brevet étranger, et que, par suite, l'extinction du second, par quelque cause qu'elle arrive, fait périr le premier (Cass., 14 janv. 1864, Rebours (2), Pataille, 64.81).

344. Que faut-il entendre par brevet pris à l'étranger? — Pour que l'art. 29 s'applique, il faut nécessairement que le brevet pris en France ait été précédé d'un brevet pris à l'étranger. Mais que faut-il entendre par brevet pris à l'étranger? Aux termes de notre loi, le brevet est le titre qui constate le droit privatif, le monopole qu'elle assure et garantit à l'inventeur. Il faut donc que le brevet étranger soit un titre analogue, c'est-à-dire qu'il constitue, au profit de l'inventeur à l'étranger, un droit privatif, en quelque sorte un privilège. Il semble qu'aucune difficulté ne puisse s'élever à cet égard et qu'il soit facile d'apprécier si, à l'étranger, il y a ou il n'y a pas brevet. L'espèce suivante s'est pourtant présentée : un inventeur dépose en Angleterre une spécification provisoire et, pendant la période où cette spécification, comme on sait, demeure secrète, il demande un brevet en France. Mais, par mégarde ou autrement, il laisse s'accomplir, en Angleterre, le temps de la protection provisoire sans déposer de spécification définitive et sans demander de patente. Par suite, la spécification est livrée à la publicité, et, la protection provisoire cessant, l'invention, non brevetée en Angleterre, y tombe dans le domaine public. La question

---

Journ. de droit intern., 1877, p. 217. — *Contrà*, V. Nouguier, n° 380; Dalloz, v° *Brev. d'inv.*, n° 241.

(1) V. Bédarride, n° 348. — V. aussi Allart, n° 290.

(2) V. toutefois Paris, 10 mai 1863, Rebours (*eod. loc.*). — *Nota :* quoiqu'il ait été cassé, cet arrêt, grâce au soin avec lequel il est rédigé, garde toute son autorité.

s'élève alors de savoir si le brevet français est valable. Un contrefacteur, poursuivi devant les tribunaux, soutient que la protection provisoire, assurée par la loi anglaise à l'inventeur pendant la période de secret de la spécification, doit être assimilée à un brevet, et que, dès lors, le brevet français n'a pu durer plus que la protection provisoire. L'inventeur répondait que la protection provisoire n'a aucun des caractères du brevet; qu'elle ne crée pas de monopole; qu'elle ne permet pas de poursuivre ceux qui exploiteraient la même invention; qu'elle protège seulement l'inventeur contre la publicité qu'il pourrait donner à son invention en se livrant à des essais et en l'exploitant; il en tirait la conclusion que le brevet, pris par lui pendant la période de secret de la spécification provisoire, ne devait pas être considéré comme un brevet d'importation et, par suite, ne pouvait avoir pris fin avec la spécification provisoire. De ces deux systèmes, le second nous paraît le plus juridique; la protection provisoire n'est certainement pas un brevet : c'est une simple mesure de précaution, de préservation, organisée par la loi anglaise, pour permettre à l'inventeur d'attendre le moment où, s'étant rendu compte de la valeur de sa découverte, il croit devoir demander un brevet. La Cour de Paris a cependant jugé le contraire, et décidé que le brevet, pris en France pendant la période de protection provisoire, finissait avec elle (1).

345. Brevet demandé à l'étranger, mais non délivré. — Il importe de savoir si un brevet est ou non un brevet d'importation, surtout en face de cette jurisprudence qui expose ce genre de brevets à tant de périls. Or, la loi considère comme brevet d'importation le brevet demandé en France par l'auteur d'une invention déjà brevetée à l'étranger. Que faut-il entendre par ces mots : *déjà brevetée à l'étranger?* Suffit-il qu'un brevet ait été demandé à l'étranger, et si, dès que la demande de ce brevet a été formée, il en est sollicité un autre en France pour la même invention et par le même inventeur, le second brevet ne devra-t-il

(1) V. Paris, 30 mai 1879, et Rej., 28 juin 1881, Paterson (Pataille, 81.209). — V. le jugement infirmé (Trib. civ. Seine, 11 août 1877) dont les motifs sont intéressants à consulter. — Comp. *suprà*, n° 86.

pas nécessairement être considéré comme brevet d'importation? Il semble que la réponse doive être affirmative. Un arrêt, que nous rapportons ci-dessous, fait pourtant une distinction, dans une espèce où le brevet originaire avait été pris en Autriche. L'arrêt commence par poser en fait qu'en Autriche les brevets ne prennent date et n'ont d'existence légale qu'à partir du jour de leur délivrance par le ministre ; il en conclut, en droit, que le brevet demandé en France par l'inventeur, après qu'il a déposé sa demande en Autriche, mais avant qu'il y ait obtenu la délivrance de son brevet, ne peut être considéré comme un brevet d'importation, et, dès lors, n'est pas, en vertu de l'art. 29, soumis aux vicissitudes du brevet autrichien (1). Cet arrêt semble mener tout droit à cette conséquence qu'on ne peut obtenir en France un brevet d'importation pour une invention déjà brevetée en Autriche; en d'autres termes, que l'art. 29 est sans exécution possible à l'égard de ce pays En effet, peut-on dire, d'une part, l'arrêt décide que le brevet pris en France antérieurement à la délivrance du brevet autrichien n'est pas un brevet d'importation; et, d'autre part, la délivrance du brevet en Autriche constitue cette publicité dont l'effet est d'empêcher qu'on ne puisse prendre valablement un brevet d'importation en France.

Ce raisonnement, nous l'acceptions pleinement dans la première édition de cet ouvrage, et, par suite, nous nous montrions disposé à critiquer l'arrêt de la Cour de Paris. Nous avions tort, parce que nous perdions de vue qu'en Autriche le breveté a le droit, même après la délivrance du brevet, de demander qu'il soit tenu secret, qu'il ne soit pas publié. Il s'ensuit que, même après avoir obtenu son brevet en Autriche, l'inventeur, si, d'ailleurs, il ne divulgue pas lui-même son invention, peut valablement prendre un brevet en France. D'ailleurs, qu'importe qu'on ne puisse prendre en France un brevet qui soit soumis aux vicissitudes d'un brevet similaire pris en Autriche. Où est l'intérêt qu'il en soit ainsi? L'arrêt de la Cour de Paris est donc vraiment à l'abri de toute critique.

(1) V. Paris, 13 mai 1863, Firnstahl (Pataille, 63.257).

346. Brevet d'importation ; droit personnel. — Le droit de prendre en France un brevet d'importation est, en principe, personnel au titulaire du brevet étranger. Toutefois, il nous paraît que rien ne s'oppose à ce qu'il le cède. De même qu'il peut disposer de son brevet après l'avoir pris, il peut en disposer auparavant et céder à un tiers le droit qu'il avait lui-même de le prendre. Il suffit seulement que le brevet d'importation soit pris par ordre du breveté étranger, pour son compte ou pour celui d'une personne qui le représente légalement, qu'il a mise en son lieu et place. A plus forte raison, le droit de demander le brevet d'importation appartient aux héritiers du breveté étranger (1). En ce cas, bien entendu, l'art. 29 reste applicable. Quoique pris au nom d'un autre que le titulaire du brevet étranger, le brevet français ne peut être demandé et obtenu pour une durée qui excède celle du brevet pris hors de France (2).

347. Jurisprudence. — Il a été jugé à cet égard : 1° qu'il faut considérer comme ayant droit du breveté celui qui en a reçu pouvoir « de prendre en Belgique un brevet d'importa- « tion » ; un pareil pouvoir équivaut, d'ailleurs, à l'autorisation d'exercer seul les droits qui dérivent du brevet, et ne peut être considéré comme une procuration confiant simplement à celui qui la reçoit la charge de demander un brevet au nom de son mandant (Bruxelles, 11 mai 1859, Tremouroux, *B. J.* 18.36); — 2° que le droit, que l'auteur d'une invention déjà brevetée à l'étranger tient de l'art. 29 appartient évidemment à ses héritiers et ayants cause ; il y a donc lieu de déclarer valable le brevet qui, pris en France, au nom d'un tiers, ne l'a été pourtant que par ordre, pour le compte et dans l'intérêt unique du breveté étranger ; il est de principe que ce qu'on peut faire directement soi-même, on peut le faire indirectement par autrui ; un pareil mandat et l'exécution qui s'ensuit n'ont rien de contraire aux lois françaises (Douai, 19 juill. 1859, Brunfaut, Pataille, 60.215) ; — 3° que le droit de prendre un brevet en France, après s'être fait breveter à l'étranger, n'est pas tellement personnel au

(1) Picard et Olin, n° 903 ; Nouguier, n° 378 ; Blanc, p. 500.
(2) Rej., 17 mai 1872, Thuner (Pataille, 72.321).

titulaire du brevet étranger qu'il ne puisse être exercé par ceux qui sont devenus propriétaires de la découverte comme héritiers ou ayants cause, et le brevet pris en France dans ces conditions est valable alors même qu'il ne rappellerait pas le brevet étranger (Rej., 24 mars 1860, Brunfaut, Pataille, 60.220).

348. Brevet étranger ; point de départ ; appréciation. — La loi française ne régit, bien entendu, que les brevets pris en France. Si donc les tribunaux français se trouvent amenés par les circonstances d'un procès à se prononcer sur la valeur d'un brevet étranger, ils doivent l'examiner et le juger, non d'après la législation française, mais d'après la législation du pays dans lequel il a été pris ; c'est le cas ou jamais d'appliquer la maxime *locus regit actum*. Il s'ensuit que les tribunaux ne sauraient être tenus de décider, en conformité de notre loi, qu'un brevet, pris à l'étranger, court du jour du dépôt de la demande, lorsque la loi du pays dans lequel il a été pris ne fait courir ses effets que du jour de la délivrance.

Il a été jugé, en ce sens, que le juge du fait peut décider, à l'égard d'un brevet étranger, que ce brevet prend date, non du jour du dépôt de la demande, mais du jour de la délivrance ; il importe peu que cette décision soit contraire à la loi française, si elle est conforme à la loi étrangère, qui seule régit le brevet étranger (Rej., 29 nov. 1864, Bossi, *Gaz. Trib.*, 30 nov.).

349. Droit du breveté français de prendre des brevets à l'étranger. — Nous avons dit que la loi française ne régit que les brevets pris en France ; ajoutons, — ce qui du reste est de toute évidence, — que le brevet pris en France ne protège l'inventeur que sur le sol français, soit sur le continent, soit dans les colonies. S'il veut être également protégé en pays étranger, il doit prendre des brevets dans les pays où il désire avoir cette protection, en se conformant, bien entendu, aux lois de ces pays. Rappelons toutefois que ces brevets, pour être valables, doivent être pris dans le plus bref délai possible et à l'époque la plus rapprochée de la date du brevet français : car, d'une part, certaines législations exigent, comme la législation française, la nouveauté absolue de la découverte et refusent de protéger l'invention si elle a été divulguée par l'inventeur lui-même, fût-ce par le seul fait de la publication d'un brevet pris par lui antérieurement dans un autre pays ; et, d'une autre part, certaines nations admettent les brevets d'importation proprement dits et reconnaissent aux tiers le droit de faire breveter à leur profit des inventions déjà brevetées ailleurs. Il se peut donc faire que l'inventeur, pour avoir tardé à demander un brevet à l'étranger, non seulement perde tout droit de le faire, mais s'en voie même enlever le bénéfice par un plus habile ou plus diligent que lui (1).

CHAPITRE X.

DE L'USURPATION DE LA QUALITÉ DE BREVETÉ.

SOMMAIRE.

350. Absence d'examen préalable ; formule imposée au breveté. — 351. *Quid* de l'emploi de lettres minuscules ? — 352. *Quid* de l'abréviation s. g. d. g.? — 353. *Quid* de celui qui, faussement, se dit breveté? — 354. *Quid* si le brevet est expiré ? — 355. *Quid* en cas de nullité du brevet? — 355 *bis*. *Quid* en cas de brevet étranger? — 356. Sur quels objets doit être mentionnée la qualité du breveté ? — 357. *Quid* de la qualité de fournisseur breveté? — 358. *Quid* de la simple menace de poursuivre les contrefacteurs? — 359. *Quid* du titre d'inventeur? — 360. *Quid* de la bonne foi? — 361. *Quid* si le prévenu excipe d'un brevet qu'il prétend lui appartenir? — 362. Qui peut se plaindre du délit? — 362 *bis*. Prescription.

350. Absence d'examen préalable ; formule imposée au breveté. — Il importait que la loi dégageât la responsabilité du Gouvernement et prémunît le public contre l'étrange abus que certains brevetés font parfois de leurs brevets; c'est pour cela que la loi de 1844, dans son art. 33, défend que cette qualité soit mentionnée dans des enseignes,

---

(1) V., toutefois *suprà*, n° 342, ce que nous avons dit des effets de la Convention d'union de 1883.

annonces, prospectus, affiches, marques ou estampilles, sans qu'on les fasse suivre immédiatement de ces mots : *Sans garantie du Gouvernement.* Leur omission constitue un délit passible d'une amende qui varie de 50 à 1000 francs, et qui peut être portée au double en cas de récidive.

351. *Quid* **de l'emploi de lettres minuscules ?** — Les brevetés n'ont pas été longtemps sans trouver un moyen ingénieux d'obéir à la loi, tout en en déjouant la sévérité. Ils ont écrit, comme elle le commande, les mots *Sans garantie du Gouvernement;* mais ils les ont écrits en caractères microscopiques, imperceptibles. Il est vrai que M. Duvergier (1) a émis l'opinion que c'était là une infraction à la loi tombant sous le coup de l'art. 33. Comment l'admettre? Les dispositions pénales doivent être restreintes plutôt qu'étendues. Or, la loi ordonne seulement d'écrire les mots dont il s'agit; elle ne prescrit nulle part de les écrire en tels ou tels caractères. Elle laisse donc, malheureusement sans doute, toute latitude aux brevetés à cet égard : son silence du moins leur vaut l'impunité (2).

352. *Quid* **de l'abréviation s. g. d. g. ?** — S'il paraît strictement conforme à la loi d'écrire, même de façon à les dissimuler le plus possible, les mots : *Sans garantie du Gouvernement*, encore les faut-il écrire en toutes lettres, et ne comprend-on guère la longue tolérance du ministère public à l'égard de l'abréviation *s. g. d. g.* devenue universelle ; on cite cependant une décision du tribunal correctionnel de Nancy qui a vu dans cette abréviation le délit prévu et puni par l'art. 33 (3); les auteurs l'approuvent avec raison (4). Notons, avec ce jugement, que l'obligation de cette mention n'est imposée qu'au breveté et, par exemple, que le journal qui parle d'une invention brevetée, sans la faire suivre de la mention prescrite par l'article 33, n'encourt pas la pénalité prévue par la loi.

---

(1) V. Duvergier, t. 44, p. 609.
(2) V. Nouguier, n° 701.
(3) V. Trib. corr. Nancy, Traverse-Jansin (*Gaz. Trib.*. 9 oct. 1851).
(4) V. Calmels, n° 256 ; Nouguier, n° 701.

353. *Quid* **de celui qui faussement se dit breveté?** — A plus forte raison n'est-il pas permis de se dire *breveté* quand on ne l'est pas. Puisque la qualité de « breveté » est de nature à faire naître dans l'esprit l'idée d'un droit privatif, il fallait empêcher qu'on se l'attribuât faussement. C'est ce que prévoit également l'art. 33; la peine, en cas d'infraction, est la même qu'en cas d'omission des mots : *Sans garantie du Gouvernement.*

Bien entendu, on peut très légalement se dire breveté, encore qu'on ne soit titulaire d'aucun brevet, si on justifie soit d'une cession d'un brevet, soit même d'un droit de licence. Le cessionnaire et le licencié participent aux droits qui résultent du brevet et peuvent naturellement s'en prévaloir.

354. *Quid* **si le brevet est expiré?** — Il est à peine besoin de dire que le délit est le même et la peine également encourue, soit qu'on n'ait jamais été breveté, soit qu'on ait cessé de l'être parce que le brevet est expiré. Dès que le brevet n'a plus d'existence légale, il devient impuissant à produire aucun effet; comment serait-il permis de s'en prévaloir?

355 *Quid* **en cas de nullité du brevet?** — Il en est autrement si le brevet est frappé de nullité (ou de déchéance) avant d'être arrivé à son terme légal. En ce cas, il faut distinguer entre la *nullité absolue* et la *nullité relative.* La première a pour effet de rendre le brevet nul à l'égard de tous; la seconde est restreinte aux personnes à l'égard desquelles elle a été prononcée, et n'empêche pas que le brevet puisse être déclaré valable à l'égard d'autres individus. Nous expliquerons cela ailleurs avec détails. Tirons seulement, dès à présent, de cette distinction facile à saisir, cette conclusion presque forcée, qu'il n'y a délit, en cas de nullité du brevet, à prendre la qualité de breveté qu'autant que la nullité est absolue (1). Peut-être, à côté de la nullité absolue, faut-il ajouter la déchéance pour défaut de payement des annuités : car cette déchéance est encourue de plein droit par le fait seul de l'expiration du délai, dans lequel le payement doit être effectué et, par suite, l'appréciation de ce fait tout matériel

(1) V. Nouguier, n° 704.

qui s'impose au juge n'est pour ainsi dire jamais susceptible de divergence (1).

355 *bis*. *Quid* **en cas de brevet étranger?** — On peut faire deux hypothèses; ou bien c'est un individu qui prend la qualité de breveté, et appose sur ses produits et ses prospectus la formule sacramentelle *Breveté sans garantie du Gouvernement*, sans pouvoir justifier d'autre chose que d'un brevet pris par lui à l'étranger; ou bien c'est un commerçant qui se donne comme breveté à l'étranger, sans y posséder aucun brevet. Ces faits sont-ils atteints par l'art. 33? Certainement oui, dans le premier cas; certainement non dans le second. En effet, la loi ne se rapporte qu'aux brevets pris en France, et, lorsqu'elle défend à un industriel de se dire breveté sans l'être, ce n'est qu'autant qu'il s'agit d'un brevet qui est délivré par le Gouvernement français et que celui-ci entend ne pas garantir. Lors donc qu'on se dit breveté à l'étranger, quand on ne l'est pas, on ne commet qu'un acte de concurrence déloyale, pouvant donner ouverture à une action en dommages-intérêts, mais ne tombant pas sous les pénalités de l'art. 33 de la loi de 1844 (2). En revanche celui qui se dit *breveté sans garantie du Gouvernement*, sans autre énonciation, ne peut faire allusion qu'à un brevet délivré par le Gouvernement français et, par cela même, viole la loi dès qu'il ne peut justifier que d'un brevet pris hors de France (3).

356. Sur quels objets doit être mentionnée la qualité de breveté? — Il ne suffit pas, bien entendu, de posséder un brevet pour avoir le droit de mentionner indistinctement, sur tous les produits que l'on fabrique, la qualité de breveté. Il faut en outre que cette qualité ne soit prise qu'à l'occasion de produits réalisant l'invention ou le perfectionnement décrit au brevet (4). Ainsi, un fabricant d'ustensiles de ménage, qui serait breveté pour un appareil à casser le

---

(1) V. pourtant Trib. corr. Seine, 22 août 1865, Masquiller (Pataille, 66.26).

(2) V. Trib. corr. Seine, 25 nov. 1882, Pradon (Pataille, 85.67).

(3) V. Nancy, 21 nov. 1881, Robert (Pataille, 83.241).

(4) V. Paris, 27 juill. 1867, Serrin (Pataille, 67.376); Paris, 23 mai 1868, Serrin (Pataille, 68,387); Trib. corr. Seine, 25 nov. 1882, Pradon (Pataille, 85.67); Paris, 28 mars 1883, Arpé (Pataille, 84.84).

sucre, ne pourrait, sans délit, mentionner cette qualité sur un fourneau économique qui sortirait de ses ateliers et pour lequel il n'aurait pas de brevet. De même encore, si l'on est seulement breveté pour un perfectionnement à un objet connu, il n'est permis de mentionner cette qualité que sur l'objet qui est pourvu du perfectionnement; c'est ce que décide expressément l'arrêt que nous citons.

Jugé pourtant qu'un breveté ne dépasse pas la mesure en mentionnant sa qualité sur des tableaux ou catalogues comprenant d'autres articles que ceux en vue desquels il avait pris son brevet (1).

357. *Quid* **de la qualité de fournisseur breveté? —** M. Nouguier pense que la prohibition de l'art. 33 s'étend même à la qualité de fournisseur breveté, que prennent la plupart des fournisseurs des maisons royales ou princières (2). Nous ne partageons pas cette opinion. Il nous paraît, au contraire, que les termes de l'art. 33, que l'ensemble tout entier de la loi démontre qu'elle ne s'applique qu'aux brevets d'invention, et n'interdit de prendre la qualité de breveté qu'autant qu'elle a pour but et pour résultat d'éveiller dans le public l'idée d'un brevet d'invention. Peut-on sérieusement dire que le titre de fournisseur breveté de tel ou tel prince régnant, surtout au temps où nous sommes, puisse produire cet effet sur le public?

358. *Quid* **de la simple menace de poursuivre les contrefacteurs ? —** M. Blanc est d'avis que, pour encourir les peines de l'art. 33, il n'est pas nécessaire de prendre expressément la qualité de breveté, que l'on s'en rend passible, si, sans prendre en propres termes cette qualité, on menace, par exemple, dans des circulaires, de poursuivre les contrefacteurs. Il suffit, en effet, que les expressions employées soient de nature, en dehors de toute vérité, à faire supposer que celui qui s'adresse au public est armé d'un brevet. Ce que la loi réprime, c'est le fait, quel que soit le mot sous lequel il se déguise (3).

---

(1) V. Rouen, 24 juin 1887, Hardy (Pataille, 88.65).
(2) V. Nouguier, n° 705.
(3) V. Blanc, *Inv. brev.*, p. 607; Nouguier, n° 706.

359. *Quid* **du titre d'inventeur ?** — L'auteur d'une invention, même lorsqu'il n'a pas pris de brevet, ou lorsque son brevet est expiré, conserve le droit de rappeler, en toute occasion, son titre d'inventeur. S'il en était autrement, la loi frapperait injustement la plupart de nos savants, qui, uniquement préoccupés du progrès scientifique, dédaignent d'ordinaire de prendre des brevets pour les découvertes qu'ils font, et en dotent libéralement l'industrie. Leur générosité ne peut avoir pour effet de les priver du seul profit qu'ils tirent de leur invention : l'honneur de l'avoir faite. Cet honneur est d'ailleurs un fait ineffaçable, qui survit même au brevet, s'il en a été pris un, et c'est ce qui nous fait dire que rappeler qu'on est l'inventeur, même après l'expiration du monopole, ce n'est commettre aucun délit (1). Il n'y a pas davantage de délit à se dire inventeur, le fait étant faux, si, du reste, on ne prétend à aucun brevet, à aucun droit privatif, d'une part, parce que toute loi pénale est forcément limitative, et d'autre part, parce que le seul fait d'être inventeur, en dehors de la possession d'un brevet, ne confère par lui-même aucun droit privatif. Ce fait pourrait toutefois, eu égard aux autres circonstances, constituer un acte de concurrence déloyale et donner lieu à une action en dommages-intérêts de la part de l'inventeur véritable.

360. *Quid* **de la bonne foi ?** — Le fait prévu par l'art. 33 nous paraît tenir encore plus de la contravention que du délit, en ce sens que celui qui s'en rend coupable ne doit pas être admis à justifier de sa bonne foi. Les termes de la loi sont impératifs : « Quiconque *prendra* la qualité de breveté... *sera* puni... » Au surplus, comment comprendre la bonne foi dans un cas pareil ? Quelle excuse valable celui qui se dit breveté, ne l'étant pas, peut-il alléguer ? Il ne peut prétexter qu'il ignorait la loi, puisque nul n'est censé l'ignorer, ni qu'il pensait avoir réellement un brevet, puisqu'il est mieux que personne au courant de ses propres actions. Et, de même, si la loi admettait une excuse en cas d'omission des mots : *Sans garantie du Gouvernement*, son but serait manqué ; ses bons effets, déjà si limités, seraient absolument

---

(1) V. Blanc, *Inv. brev.*, p. 607.

paralysés. Si donc l'un des faits prévus par l'art. 33 est établi, il ne comporte aucune excuse, ou du moins l'excuse alléguée ne peut avoir d'autre effet que de modérer la peine.

Il a été jugé en sens contraire : 1° que l'art. 33 n'est point exclusif de la bonne foi, et notamment que la pénalité n'est point encourue, si celui qui prend la qualification de breveté a soin d'indiquer en même temps la date de ses brevets et avertit ainsi lui-même le public qu'ils sont expirés (Paris, 17 juillet 1869, Jouvin, Pataille, 70.52); — 2° que l'infraction réprimée par l'art. 33 est un délit ; en cette matière, si l'élément intentionnel résulte ordinairement du fait de la contrefaçon lui-même, réputé punissable indépendamment de toute circonstance extrinsèque, il ne saurait en être de même quand la bonne foi est manifeste, que l'intention frauduleuse n'est pas établie et que le plaignant, au surplus, ne justifie d'aucun préjudice (Paris, 4 déc. 1869, Jouvin, Pataille, 70.58). — 3° Jugé pourtant qu'en cette matière l'intention délictueuse résulte du fait lui-même réputé punissable (Paris, 20 déc. 1882, Robert, Pataille, 83.241).

361. *Quid* **si le prévenu excipe d'un brevet qu'il prétend lui appartenir?** — Il se peut que le prévenu excipe d'un brevet, dont il prétend avoir la propriété et que la question s'élève de savoir si ce brevet, dont nous supposons que le prévenu n'est pas personnellement titulaire, lui a été réellement cédé. On peut supposer que la cession n'a pas été régulière et constatée par acte authentique, ou même qu'il s'agisse d'un simple droit de licence concédé verbalement. Poursuivi, en vertu de l'article 33, pour avoir usurpé la qualité de breveté, le prévenu excipe de son droit de cessionnaire ou de licencié. En face de cette prétention, que doit faire le tribunal? Est-il compétent pour statuer sur l'exception? Doit-il surseoir à statuer et renvoyer l'examen de la question au tribunal civil? Doit-il, sans surseoir, acquitter le prévenu? Il est évident que de ces solutions la dernière est inacceptable : il est impossible d'admettre que la seule prétention du prévenu puisse arrêter l'action de la justice ; autrement l'art. 33 serait une pure chimère, et serait enfreint impunément. Des deux autres solutions, nous n'hésitons pas à adopter la première, et nous pensons que le tribunal est compétent pour statuer sur l'exception. C'est, en effet, le droit commun, et nous croyons que la loi de 1844 n'y a pas dérogé. Si, dans son art. 46, elle a cru devoir expressément déclarer que le tribunal correctionnel pourrait statuer sur les exceptions tirées par le prévenu de contrefaçon de la nullité ou de la déchéance des brevets, on n'en doit pas conclure que c'est là une disposition restrictive des principes généraux. Nous aurons l'occasion d'expliquer que, même en ce cas, le but du législateur a été de faire disparaître un doute résultant d'une divergence entre la loi antérieure et la jurisprudence. Cet article est donc ici sans intérêt et sans portée.

Il a été jugé, en sens opposé, que l'art. 46 de la loi du 5 juillet 1844, qui veut que les tribunaux correctionnels statuent, soit sur les exceptions tirées de la nullité ou de la déchéance des brevets d'invention, soit sur les questions de propriété soulevées par les parties, ne s'applique qu'au cas où ces tribunaux sont saisis d'une action en contrefaçon : en conséquence, lorsqu'un industriel est actionné pour avoir, contrairement aux prescriptions de l'art. 33 de cette loi, pris indûment la qualité de breveté, et qu'il excipe d'un brevet dont la durée légale n'est pas encore expirée, il n'appartient pas aux juges correctionnels d'apprécier si ce brevet n'est pas frappé de déchéance pour une autre cause et spécialement pour défaut de payement des annuités; en pareil cas, le délit ne se trouvant pas légalement constaté, il y a lieu à renvoi pur et simple des fins de la prévention (Trib. corr. Seine, 22 août 1865, Masquiller, Pataille, 66.26).

362. Qui peut se plaindre du délit? — Les personnes lésées par l'un des délits prévus par l'art. 33 (ce seront, en première ligne, les concurrents) sont recevables à s'en plaindre comme de tout autre délit et dans la même forme, c'est-à-dire soit en se portant partie civile dans une instance correctionnelle introduite à la requête du ministère public, d'office ou sur leur plainte, soit en l'introduisant elles-mêmes par voie de citation directe (1). Au lieu d'agir par la voie correctionnelle, les personnes lésées par le délit

(1) V. Nouguier, n° 711; Blanc, p. 611. — V. également Trib. corr. Seine, 1er avril 1851, Dupetitmont.

pourraient prendre la voie civile et assigner en dommages-intérêts. La question naît alors de savoir quelle sera la juridiction compétente. Est-ce la juridiction civile? Est-ce la juridiction commerciale? Il est certain que l'acte reproché peut être envisagé comme un acte de concurrence déloyale et, à ce titre, il semble que la juridiction commerciale est compétente pour y statuer; d'autant plus que la jurisprudence attribue aujourd'hui à la juridiction commerciale le jugement de toutes actions entre commerçants, relativement à leur commerce, même lorsque ces actions reposent sur des faits constituant des quasi-délits ou même des délits, tels que des discours diffamatoires (1).

Jugé, pourtant, que la juridiction commerciale est incompétente pour statuer sur une demande en suppression, dans des prospectus, des mots *brevets royaux* ou *brevets sans garantie du Gouvernement.* (Trib. comm. Seine, 10 février 1877, Roger Boyer, Pataille, 77.60).

362 *bis.* **Prescription.** — La question s'est élevée de savoir quand la prescription du délit, prévu et puni par l'art. 33, doit être considérée comme accomplie et, sur ce point, des divergences se sont produites. Précisons d'abord la question. Voilà un industriel qui a pris la qualité de breveté sans en avoir le droit; il vend ses produits revêtus de cette mention délictueuse; puis trois années s'écoulent; un concurrent découvre alors chez des débitants des produits revêtus de cette mention; peut-il assigner l'auteur du délit devant les tribunaux? Celui-ci assigné peut-il invoquer la prescription? Il semble que la prescription peut être invoquée. Le délit consiste dans l'apposition sur le produit, sur les prospectus ou prix courants, de la mention délictueuse, ou plutôt (ce sont les termes de la loi) dans le fait de prendre faussement la qualité de breveté; l'industriel est responsable au moment où il met son produit, ses prospectus, dans le commerce, dans la circulation; c'est à ce moment que le délit est consommé par lui. Mais cet industriel peut-il être responsable des faits ultérieurs, que peut-être il regrette,

(1) V. Paris, 9 juill. 1867, Hiroux (Pataille, 67.271); Paris, 8 nov. 1869, Lévy (Pataille, 69.273).

qu'il voudrait pouvoir empêcher et qu'il est impuissant pourtant à éviter?

Jugé en ce sens que le fait de vendre ou de mettre en vente des objets portant la mention « breveté », sans addition de la formule : « sans garantie du gouvernement », ne peut constituer un délit imputable au breveté, qu'autant qu'il est accompli soit par le breveté lui-même, soit par son représentant ou préposé : en conséquence, le breveté ne peut être poursuivi pour des faits de mise en vente effectués par des marchands ou industriels, qui ne sont ni ses mandataires ni ses préposés, et auxquels il a lui-même vendu, depuis plus de trois ans, les objets estampillés d'une manière illicite; il est, dans ce cas, couvert par la prescription. (Cass., 16 mai 1884, Robert (1), Pataille, 85.5.)

CHAPITRE XI.

NULLITÉS ET DÉCHÉANCES.

---

(1) Conf. Dijon, 18 juill. 1883, Robert (Pataille, 83.241). — *Contrà*, Nancy, 4 juill. 1883, Robert (Pataille, 83.241).

SECTION Ire.

Caractères généraux.

SOMMAIRE.

363. Nullités et déchéances ; distinction. — 364. Nullité ou déchéance absolue et relative. — 365. Nullité partielle. — 366. Opinion contraire de M. Blanc ; réfutation. — 367. Jurisprudence. — 368. Nullités et déchéances ; certificats d'addition. — 369. La validité du brevet est toujours présumée.

363. Nullités et déchéances ; distinction. — La loi de 1844 prononce, dans certains cas, la nullité ou la déchéance des brevets ; c'est-à-dire qu'elle anéantit dans la main du breveté son droit privatif. Il y a toutefois cette différence entre la nullité et la déchéance, que la déchéance ne frappe le brevet que pour l'avenir, tandis que la nullité le frappe même dans le passé. Un brevet *nul* est un brevet qui est censé n'avoir jamais eu d'existence, qui légalement n'a jamais eu de raison d'être ; un brevet *déchu* est un brevet qui a valablement existé jusqu'au jour où la cause de déchéance s'est produite.

364. Nullité ou déchéance absolue et relative. — La nullité comme la déchéance, peut être absolue ou relative. Elle est absolue, quand, prononcée à la requête du ministère public, elle a pour effet de détruire le brevet à l'égard de tous ; dans ce cas, le brevet est un titre désormais mort entre les mains du breveté. Elle est relative, lorsque, ayant été prononcée sur la demande d'une personne déterminée, elle n'a d'effet qu'à son égard. Nous verrons ailleurs dans quels cas les nullités et déchéances sont absolues, dans quels cas au contraire elles sont simplement relatives (1).

365. Nullité partielle. — Il nous paraît certain que les tribunaux peuvent la prononcer ; nous pensons

(1) V. *infrà*, nos 598 et suiv.

même qu'ils le doivent. Le brevet en effet n'a rien d'indivisible ; il se peut qu'une de ses parties soit parfaitement régulière, et qu'une autre soit atteinte par une cause de nullité. Supposez un brevet pris pour une machine ; n'est-il pas dans la nature même des choses que certains des éléments dont se compose la machine soient dans le domaine public et que l'ensemble de la machine au contraire soit nouveau ? Dès lors, n'est-il pas logique que le brevet puisse être annulé dans la partie qui n'est pas nouvelle ? S'il en était autrement, il serait trop facile de se créer un titre valable et, avec ce titre, d'en imposer aux tiers. Ne vaut-il pas mieux, n'est-il pas d'une bonne justice que le brevet soit réduit aux seuls éléments qu'il comporte et que le breveté ne puisse se faire illusion à lui-même sur l'étendue de son droit (1) ?

366. Opinion contraire ; réfutation. — M. Blanc enseigne, en termes formels (et c'est une thèse que nous lui avons entendu souvent soutenir à la barre) que *l'on ne peut pas demander la nullité partielle d'un brevet.* Voici les raisons qu'il en donne : « L'invention, dit-il, forme un tout « dont la nouveauté ne peut être appréciée que dans son « ensemble. Cela se conçoit, puisque, sans même en excep« ter l'aérostat, la machine à vapeur et le daguerréotype, ces « trois inventions primesautières s'il en fut, on ne saurait « citer une seule découverte qui n'ait emprunté quelque « chose au domaine public. Il n'y a que le juge, saisi d'une « question de contrefaçon partielle, qui ait le droit de dis« tinguer ce qui appartient en propre à l'inventeur de ce qui « était antérieurement connu. C'est qu'en effet le juge, dans « le cas de contrefaçon partielle, est obligé de statuer sur « l'un ou sur quelques-uns des éléments de l'invention. Et « même quand il décide que tel élément employé par le pré« venu appartient au domaine public, il n'annule pas, pour « cela, le brevet partiellement ; il limite seulement les droits « de jouissance exclusive que le breveté a pu revendiquer

(1) V. Picard et Olin, n° 813 ; Bédarride, n° 398 ; Nouguier, n° 537 ; Rendu et Delorme, n° 431.

« dans l'action en contrefaçon. Le brevet reste d'ailleurs « valable dans son ensemble (1). »

Il nous semble que M. Blanc fournit lui-même la raison qui doit faire repousser son opinion. S'il est vrai, comme il l'admet, que le juge, saisi d'une demande en contrefaçon partielle, puisse examiner un ou quelques-uns des éléments dn brevet et l'annuler partiellement, ou pour employer l'expression de M. Blanc, puisse le limiter, n'est-il pas évident que celui qui, voulant user de cet élément ou de ces éléments du brevet, craindrait de s'exposer à une demande en contrefaçon partielle, a le droit de prévenir cette poursuite en demandant lui-même la nullité ou, si l'on veut, la limitation du brevet ? Sera-t-il condamné ou à demander la nullité totale du brevet, alors qu'il le croit valable sur certains points, ou à installer une fabrication, compliquée peut-être et coûteuse, au risque d'une poursuite, et sans pouvoir, avant de s'engager dans cette entreprise, faire décider qu'il en a le droit? Et, par exemple, si un inventeur a pris, — le cas s'est présenté plus d'une fois, — un brevet tout à la fois pour une arme à feu et pour un genre de cartouche, comment pouvez-vous défendre à l'armurier qui veut se servir de la cartouche parce qu'il pense en avoir le droit, sans toucher d'ailleurs au fusil qu'il croit justement breveté, de faire décider que la cartouche est à tort revendiquée par le brevet, et qu'elle appartient au domaine public ? Condamnerez-vous cet armurier à faire des dépenses considérables d'installation et de matériel pour fabriquer ces cartouches, avant qu'il ait pu faire statuer sur son droit? On ne concevrait pas, assurément, une pareille déraison de la part du législateur. Au surplus, telle n'est pas sa pensée; car le but de l'art. 34 a été précisément de permettre aux fabricants de bonne foi d'éviter jusqu'au reproche de contrefaçon en faisant d'abord statuer sur le sort et sur la valeur du brevet. Aussi, on va le voir, l'unanimité de la jurisprudence repousse la thèse persévéramment soutenue par M. Blanc.

367. Jurisprudence (2). — Il a été jugé, sans que la

(1) V. Blanc, p. 581. — V. Observ. Pataille, 71.121.

(2) V. aussi Trib. civ. Lyon, 29 avril 1871, Bouvier (Pataille, 71.24).

jurisprudence ait jamais varié : 1° qu'il appartient aux tribunaux, lorsqu'un brevet renferme deux objets principaux, dont l'un est brevetable et l'autre ne l'est pas, de prononcer la nullité partielle de ce brevet, en ce qui concerne ce dernier objet, tout en maintenant son efficacité à l'égard du premier (Paris, 9 juill. 1855, Cavaillon (1), Pataille, 55.178); — 2° que le juge du fait, saisi d'une demande en nullité de brevet, doit la prononcer pour partie s'il reconnaît qu'une partie de l'invention n'est pas nouvelle ; il ne peut, en ce cas, se refuser d'une manière générale à prononcer la nullité du brevet (Cass., 6 mai 1857, Gelis, Dall., 57.1.249) ; — 3° que, lorsqu'un brevet a été pris pour une invention résultant de plusieurs éléments, il appartient aux tribunaux d'apprécier la nouveauté de l'invention dans chacun de ses éléments et par suite de prononcer la nullité partielle du brevet (Rej., 25 juill. 1860, Gaillard, Pataille, 61.34) ; — 4° qu'il est de jurisprudence constante qu'un inventeur peut prendre valablement un brevet complexe (2) pour deux objets distincts se rattachant l'un à l'autre ; en pareil cas, le brevet peut être valable sur un point et nul sur l'autre ; il est de principe, en effet, qu'il n'y a de valablement breveté que ce qui est nouveau et que la nouveauté d'un des objets d'un brevet complexe ne saurait le valider à l'égard des objets distincts qui peuvent s'y trouver énumérés et qui ne seraient pas nouveaux par eux-mêmes (Paris, 15 juill. 1864, Schneider, Pataille, 64.292) ; — 5° qu'il n'est pas nécessaire, pour qu'une action en nullité soit recevable, qu'elle ait pour objet l'invention brevetée dans son entier ; une invention peut se composer d'éléments distincts, dont quelques-uns ne sont pas nouveaux dans leur principe ou ne constituent même pas une application nouvelle de moyens connus ; on ne voit aucun motif sérieux, encore moins légal, de ne pas admettre l'examen isolé de chacun de ces éléments et par suite l'annulation partielle du brevet, quant

---

(1) V. aussi Rej., 4 mars 1856, même affaire (Pataille, 56.76).

(2) Sauf, bien entendu, le droit pour l'administration de rejeter la demande du brevet si les objets qu'il contient sont réellement différents (V. *suprà*, n° 137).

à ceux de ces éléments qui seraient reconnus être tombés dans le domaine public (Paris, 14 août 1865, Manceaux, Pataille, 65.368) ; — 6° que, quand un brevet a été pris tout à la fois pour un produit et pour un procédé, les juges peuvent, s'ils reconnaissent que le produit était connu, ne valider le brevet qu'en ce qui concerne le procédé (Rej. 4 juill. 1870, Coupier, Pataille, 70.254) ; — 7° que celui qui reconnaît la validité de certains éléments d'un brevet a néanmoins le droit d'en contester les autres éléments, et spécialement de demander que le brevet soit restreint et limité aux seuls éléments dont il reconnaît la validité (Paris, 13 juin 1879, Balin, Pataille, 79.272) ; — 8° que, s'il est vrai que, lorsqu'un brevet ne porte que sur une combinaison nouvelle de moyens et organes connus, il ne protège que cette combinaison elle-même et non les organes isolés entrant dans cette combinaison, il n'y a pas lieu de statuer sur l'exception de nullité partielle de ce brevet, alors qu'il est démontré que le défendeur a, pour obtenir le même résultat, employé l'ensemble de la combinaison brevetée (Orléans, 9 août 1876 (1), Ganne, Pataille, 78.27).

368. Nullités et déchéances ; certificats d'addition. — Toutes les dispositions dont nous allons parler s'appliquent aux certificats d'addition comme aux brevets eux-mêmes. Les certificats d'addition sont donc doublement soumis aux diverses causes de nullité et de déchéance qui sont édictées par la loi ; directement d'abord, puisque ces nullités et déchéances peuvent les frapper individuellement ; indirectement ensuite, puisque la nullité ou la déchéance qui atteint le brevet auquel ils se rattachent les atteint par contre-coup. Remarquons seulement que la nullité ou la déchéance qui atteint le certificat laisse le brevet debout et intact, à moins pourtant, dans certains cas de déchéance, que le certificat porte non sur un organe qui tout en se rattachant à l'invention en serait cependant distinct, mais sur un perfectionnement reproduisant en l'améliorant et par conséquent comprenant en lui l'objet même du brevet. Sup-

(1) V. aussi Rej., 4 juin 1877, même affaire (*eod. loc.*).

posez par exemple un brevet pris pour un étançon de charrue nouveau par sa forme, par sa courbure spéciale, et admettez qu'un certificat d'addition ait été demandé pour une modification apportée à cette forme, à cette courbure; si le breveté fait fabriquer à l'étranger et introduit en France un étançon de la forme perfectionnée par le certificat d'addition, pourra-t-il avoir la prétention de restreindre l'effet de la déchéance au certificat d'addition et de conserver intact son brevet? On ne saurait le penser; dans cette espèce, l'infraction commise à l'égard du certificat d'addition se trouve en même temps commise à l'égard du brevet; l'invention est comprise tout entière dans le perfectionnement et, par suite de la déchéance, l'une tombe nécessairement avec l'autre. Supposez, au contraire, qu'un brevet ait été obtenu pour un réveil *allume-bougie* et admettez (ce sont au reste des exemples tirés de la réalité des faits) que la bougie s'allume, dans le brevet, au moyen de l'inflammation d'une capsule; dans le certificat, au moyen d'une détente faisant passer la bougie sur un frottoir; il est clair que le fait par le breveté de faire fabriquer à l'étranger les organes de la détente et du frottoir, objet du certificat, ne portera aucune atteinte au brevet, pris pour un objet de même nature, mais pourtant tout à fait distinct.

369. La validité du brevet est toujours présumée. — Quoique délivré sans examen préalable, le brevet n'en constitue pas moins un titre au profit de l'inventeur. Tant que ce titre n'est point attaqué, il est présumé valable. De là, deux conséquences : la première, c'est que le breveté n'a pas à prouver la nouveauté de son invention; c'est aux tiers qui attaquent la validité du titre à faire preuve contre lui, et à établir les antériorités dont ils se prévalent. La seconde, c'est que, si la preuve de l'antériorité n'est pas faite et complètement faite, force doit être maintenue au titre; c'est-à-dire, en d'autres termes, que le doute sur la nouveauté s'interprète en faveur du brevet (1).

(1) Au contraire, le doute sur la description s'interprète contre le breveté (V. *infrà*, n° 475).

Il a été jugé, en ce sens, que le breveté n'a pas à faire la justification de la nouveauté de son invention ; le brevet dont il est porteur constate à son profit un titre qui peut être débattu, mais qui doit l'être à la diligence et par les soins de l'inculpé de contrefaçon (Paris, 28 janv. 1860, De Bergues, Pataille, 60.457).

SECTION II.

Nullités.

SOMMAIRE.

370. Causes de nullité. — L'art. 30 reconnaît sept cas de nullité ; on peut dire huit cas, en comptant le cas de nullité spécialement prévu pour les certificats d'addition. Il s'exprime ainsi : « Seront nuls et de nul effet les brevets dé- « livrés dans les cas suivants, savoir : 1° si la découverte, « invention ou application, n'est pas nouvelle ; — 2° si la dé- « couverte, invention ou application, n'est pas, aux termes « de l'art. 3, susceptible d'être brevetée ; — 3° si les brevets « portent sur des principes, méthodes, systèmes, decouvertes « et conceptions théoriques dont on n'a pas indiqué les appli- « cations industrielles ; — 4° si la découverte, invention ou « application, est reconnue contraire à l'ordre et à la sûreté « publique, aux bonnes mœurs ou aux lois du royaume, sans « préjudice, dans ce cas et dans celui du paragraphe précé- « dent, des peines qui pourraient être encourues pour la « fabrication ou le délit d'objets prohibés ; — 5° si le titre « sous lequel le brevet a été demandé indique frauduleuse- « ment un objet autre que le véritable objet de l'invention ; « — 6° si la description n'est pas suffisante pour l'exécution de « l'invention ou si elle n'indique pas d'une manière complète « et loyale les véritables moyens de l'inventeur ; — 7° si le « brevet a été obtenu contrairement aux dispositions de « l'art. 18. — Seront également nuls et de nul effet les cer- « tificats comprenant des changements, perfectionnements « ou additions qui ne se rattacheraient pas au brevet princi- « pal. »

ARTICLE Ier.

DÉFAUT DE NOUVEAUTÉ.

SOMMAIRE.

371. Pourquoi l'invention doit être nouvelle. — 372. Nouveauté légale; son caractère. — 373. Jurisprudence. — 374. La publicité doit être antérieure à la demande du brevet. — 375. Étendue de la publicité. — 376. Nécessité d'un fait identique. — 377. Jurisprudence. — 378. Antériorité; germe de l'invention. — 379. Jurisprudence. — 380. Jurisprudence, *suite*. — 381. Jurisprudence, *suite*. — 382. Jurisprudence, *suite*. — 383. Confidence à un tiers. — 384. *Quid* d'une correspondance privée? — 385. *Quid* de la communication à une société savante?—386. Jurisprudence. — 387. Dépôt sous pli cacheté. — 388. *Quid* de l'usage secret antérieurement au brevet? 389. Jurisprudence. — 390. — Jurisprudence, *suite*. — 391. — *Quid* des essais? — 392. Jurisprudence. — 393. Jurisprudence, *suite*. — 394. Jurisprudence, *suite*. — 395. Jurisprudence, *suite*. — 396. *Quid* de l'exposition dans un concours public, dans un musée? — 397. Jurisprudence. — 398. *Quid* d'un cours public? — 399. *Quid* d'un livre imprimé, mais non publié? — 400. Procédés connus, mais abandonnés. — 401. Antériorités; éléments isolés. — 402. *Quid* de la vente antérieurement au brevet? — 403. Jurisprudence. — 404. Jurisprudence, *suite*. — 405. Jurisprudence contraire. — 406. *Quid* de l'existence d'un brevet antérieur? — 407. Jurisprudence. — 408. *Quid* en cas de brevet étranger? — 409. *Quid* si le brevet étranger n'a pas reçu de publicité? — 410. Jurisprudence. — 411. *Quid* d'une demande de brevet qui a été retirée? — 412. *Quid* d'une première demande rejetée? — 412 *bis*. *Quid* d'un brevet pris le même jour qu'un certificat d'addition se rattachant à un autre brevet? — 413. *Quid* de l'antériorité scientifique? — 414. Opinion de M. O. de Vallée. — 415. Antériorité scientifique, *suite*. — 416. Jurisprudence.— 417. Jurisprudence, *suite*. — 418. Jurisprudence, *suite*. — 419. *Quid* de la publicité non intentionnelle? — 420. *Quid* de la publicité frauduleuse? — 421. Distinction proposée par M. Blanc. — 422. Opinion de M. Dalloz. — 423. Jurisprudence. — 424. Publicité frauduleuse; effets à l'égard de son auteur. — 425. *Quid* de la possession antérieure? — 426. Possession antérieure, *suite*. — 427. Jurisprudence. — 428. Possession antérieure; droits des possesseurs. — 429. Opinion contraire de M. Duvergier. — 430. Jurisprudence. — 431. Caractère de la possession personnelle. — 432. Possession antérieure; exception personnelle. — 433. *Quid* si la possession est frauduleuse? — 434. Possession antérieure; demande nouvelle. — 435. Publicité; preuves. — 436. Publicité; appréciation souveraine des tribunaux. — 437. Jurisprudence. — 438. Jurisprudence, *suite*. — 439. Jurisprudence, *suite*. — 440. Réserve de M. Nouguier. — 441. Distinction proposée par M. Dalloz. — 442. Opinion de M. Bozérian. — 443. Appréciation souveraine; son étendue. — 444. Antériorité découverte depuis les poursuites. — 445. Mérite industriel; *quid* de l'appréciation du juge?

371. Pourquoi l'invention doit être nouvelle. — MM. Picard et Olin expliquent en très bons termes pourquoi la nouveaûté est un des éléments essentiels de l'invention brevetable. « Le brevet, disent-ils, confère à celui qui l'ob- « tient des droits exclusifs sur l'objet breveté. Or, il serait « injuste de conférer à quelqu'un des droits exclusifs si l'on « ne pouvait les lui donner qu'en préjudiciant à des droits « acquis à des tiers, soit que ces droits acquis dépendissent « du domaine public, soit qu'ils fissent partie d'un patrimoine « privé. Quand l'objet breveté appartient déjà, avant la de- « mande du brevet, à l'un ou à l'autre de ces domaines, on « ne peut lui accorder de brevet; et, de plus, on ne peut dire « que l'invention est nouvelle puisqu'elle existait déjà et « s'était répandue. Le défaut de nouveauté coïncide donc « toujours avec des droits acquis à des tiers sur l'invention ; « il en est même la conséquence nécessaire. Il était par suite « raisonnable de faire de la nouveauté une des conditions « essentielles de l'invention brevetable (1). »

372. Nouveauté légale; son caractère. — Si la première condition d'une invention, pour être brevetable, est d'être nouvelle, par une conséquence logique le défaut de nouveauté de l'invention est une cause de nullité du brevet. Cette seconde disposition est la sanction naturelle de la première. Qu'est-ce donc que la nouveauté? La nouveauté légale est définie par l'art. 31 qui porte : « Ne sera pas réputée « nouvelle toute découverte, invention ou application qui, « en France ou à l'étranger, et antérieurement au dépôt de « la demande, aura reçu une publicité suffisante pour pouvoir « être exécutée. » Il résulte de ces expresssions que la nouveauté légale est la nouveauté absolue. Lors de la discussion de la loi, M. Marie proposait un amendement qui restreignait la publicité à deux cas : celui où l'invention aurait été *industriellement pratiquée*, et celui où elle aurait été *décrite d'une manière technique dans un ouvrage imprimé et publié.* L'amendement fut rejeté sur les explications du rapporteur qui déclara que « la rédaction du projet de loi comprenait tous

---

(1) Picard et Olin, n° 137.

les moyens de publicité, » et qui ajouta : « Je dis que les deux « espèces signalées dans la rédaction de M. Marie forment « une rédaction trop étroite, qui n'embrasse pas tous les « cas ; je demande qu'il demeure exprimé que toutes les fois « qu'une invention aura reçu, non pas une publicité telle « quelle, mais une publicité suffisante pour qu'on puisse « l'exécuter, elle tombe par cela même dans le domaine pu- « blic et ne soit plus susceptible d'être brevetée (1). » Voilà qui est clair ; en principe, tous les moyens de publicité sont admis par la loi. De quelque façon qu'elle se soit produite, elle fait échec au brevet, s'il est constant qu'elle a été suffisante pour permettre l'exécution de l'invention. Lors donc qu'une antériorité est invoquée, le juge n'a pas à se demander d'où elle vient, de quelle personne elle émane, à quel temps elle remonte, si elle a été pratiquée peu ou beaucoup, si au contraire elle est restée ensevelie dans l'oubli ; tout cela est inutile à considérer ; ce que le juge doit se demander, c'est uniquement ceci : étant donné cette antériorité, pouvait-on exécuter l'invention ? Il n'a pas d'autre point à examiner ; et, suivant que la question se résout par non ou par oui, l'invention est nouvelle ou ne l'est pas.

373. Jurisprudence (2). — C'est ainsi qu'il a été jugé : 1° que le fait qu'un ouvrier, employé dans les ateliers de l'inventeur, ait eu accidentellement connaissance de ses procédés antérieurement à la date du brevet n'emporte pas, comme conséquence nécessaire, l'inefficacité du brevet, laquelle ne peut résulter que de leur publicité (Cass., 10 mars 1843, Mignot, *Bull. crim.*, 43.106) ; — 2° que la loi n'a ni déterminé les conditions dont l'existence et la réunion seraient nécessaires pour que cette publicité fût acquise, ni édicté et prévu aucun mode spécial de publicité auquel la nullité serait limitativement attachée ; il suffit, pour entraîner la nullité du brevet, que la publicité ait été suffisante pour permettre l'exécution de l'invention, sans distinguer entre la publicité qui s'est pro-

---

(1) V. la discussion de la loi (Huard, p. 362).

(2) V. aussi Paris, 12 mars 1884, Moinat-Tellier (Pataille, 85.40) ; Caen, 10 mars 1874, Tampied (Pataille, 87.226).

duite en France et celle qui s'est produite à l'étranger (Cass., 12 janv. 1865, Joly, Pataille, 65.231); — 3° que la publicité ne saurait résulter d'articles de journaux industriels qui, parlant d'une façon générale de l'invention, se bornent à signaler les améliorations qu'elle apporte dans l'industrie, mais n'entrent dans aucun détail révélateur du secret de l'inventeur et ne mettent pas les tiers à même de l'exécuter (Colmar, 7 déc. 1864, Klotz, Pataille, 65.215); — 4° que la publicité résulte moins de la connaissance que les tiers ont réellement acquise de l'invention que de celle qu'ils ont été mis à même d'acquérir (Rouen, 16 fév. 1863, Malteau, Pataille, 63.418) ; — 5° que la loi ne détermine pas les caractères de la publicité ; il a été entendu, lors de la discussion, que la publicité pouvait se manifester sous toute espèce de forme et de toute manière (Paris, 12 janv. 1863, Cornevin, Pataille, 63.69) ; — 6° que la loi ne fait pas dépendre la nullité du brevet de tel ou tel mode spécial de publicité ; il suffit, quelle qu'elle soit, qu'elle ait été de nature à permettre l'exécution de l'invention ; en conséquence, il y a publicité dans ce fait que, l'inventeur ayant pris un brevet à l'étranger, antérieurement à celui qu'il a pris en France, les spécifications et plans annexés au brevet étranger ont été rendus publics et même ont été consultés plusieurs fois avant la demande en France (Rej., 7 juill. 1860, Lister, *Bull. crim.*, 60.263) ; — 7° que la loi n'a pas déterminé d'une manière exacte les conditions dont l'existence et la réunion seraient nécessaires pour que la publicité soit suffisante, et elle n'a prévu aucun mode spécial de publicité ; il suffit seulement, pour entraîner la nullité du brevet, que la publicité ait été suffisante pour permettre l'exécution de l'invention : spécialement, le fait qu'un tiers, antérieurement au brevet, ait été en possession de la machine plus tard brevetée et l'ait fait fonctionner devant de nombreuses personnes, constitue la publicité qui fait échec au brevet, alors surtout que, parmi ces personnes, il y en avait auxquelles leurs connaissances spéciales auraient permis de combiner des machines semblables, même après un examen des plus rapides ; il importe peu, du reste, que la machine n'ait pas fabriqué des quantités importantes de marchandises (Lyon, 17 juill. 1884, Descours, Pataille, 84.257).

374. La publicitié doit être antérieure à la demande du brevet. — La publicité n'est destructive de la nouveauté que si elle est antérieure au dépôt de la demande. Cela n'est pas douteux, puisque l'art. 31 le dit expressément; il est juste d'ailleurs qu'il en soit ainsi; le droit du breveté commence à courir du jour du dépôt de la demande. C'est donc au moment même où il naît qu'il faut se placer pour en apprécier le caractère et la validité (1).

Il a été jugé en ce sens : 1° que la publicité donnée à l'invention ne lui enlève son caractère de nouveauté qu'autant qu'il est constaté qu'elle a eu lieu avant le dépôt de la demande du brevet; il ne suffit pas de constater qu'il y a eu publicité avant la date du brevet (Cass., 22 déc. 1849, Bockhorst, Sir., 50.1.68); — 2° que l'art. 31 attache la publicité destructive de la nouveauté de l'invention à l'époque antérieure à la date du dépôt de la demande de brevet, et non à la date de l'obtention du brevet : en conséquence, il ne suffit pas, pour annuler un brevet, de constater que l'invention a été rendue publique avant l'obtention du brevet (Cass., 12 mars 1864, Olive, Pataille, 65.28).

375. Étendue de la publicité. — M. Bédarride dit avec pleine raison : « Peu importe que la publicité ait été plus « ou moins étendue... Si le public, dans l'acception la plus « large du mot, n'a pas connu, il a *pu* connaître, et il suffit « que quelques-uns aient *su* pour que tous soient appelés à « jouir de la position que les premiers ont acquise (2). » On ne peut pas dire mieux, ni plus fidèlement exprimer la pensée de la loi, à la condition qu'il soit bien compris que les *quelques-uns qui savent* possèdent l'invention, non à titre de secret, mais publiquement et de façon à ce que d'autres puissent savoir comme eux. Plusieurs possessions, en secret, ne font pas la publicité (3).

376. Nécessité d'un fait identique. — En principe,

---

(1) V. Renouard, n° 40; Blanc, *Inv. brev.*, p. 450; Nouguier, n° 477; Rendu et Delorme, n° 434.

(2) V. Bédarride, n° 370.

(3) V. *infrà*, n° 426. — V. Allart, n° 56.

il n'y a publicité, entraînant la nullité du brevet, qu'autant qu'il y a identité entre l'objet du brevet et celui du domaine public. C'est une règle tout à fait élémentaire qu'on ne peut comparer que des quantités de même nature. Lors donc que l'objet du brevet est bien précisé, il faut à son tour préciser l'objet du domaine public, et rechercher ensuite si la définition qui s'applique à l'un s'applique également à l'autre. Il y a ou non antériorité, c'est-à-dire défaut de nouveauté, suivant que la définition s'applique aux deux objets ou s'applique seulement à l'un des deux. Cette identité pourtant n'a pas besoin d'aller jusqu'à la confusion; des détails insignifiants, des proportions légèrement différentes laissent évidemment subsister l'identité. Au surplus, nous avons exposé ces règles en traitant de la brevetabilité.

377. Jurisprudence. — Il a été jugé, d'après ces principes : 1° qu'un arrêt est insuffisant dans ses motifs et doit être cassé s'il annule un brevet, sous prétexte que des objets analogues seraient depuis longtemps dans le domaine public, sans s'expliquer d'ailleurs sur les différences que le breveté signale entre les produits du domaine public et les siens : spécialement, le fait qu'on a depuis longtemps appliqué des feutres aux machines à vapeur ne détruit pas la prétention de celui qui réclame, en vertu d'un brevet, des feutres d'une nature et d'une qualité spéciales (Cass., 6 août 1858, Gavoty, Dall., 58. 5.43); — 2° qu'il y a lieu de déclarer valable le brevet pris pour un produit qui se distingue par des caractères nouveaux, certains, essentiels, des produits similaires du domaine public; on ne saurait considérer comme antériorités des produits dans lesquels se rencontrent isolément les caractères du produit breveté (Paris, 3 mai 1885, Payan, Pataille, 86.46); — 3° qu'un brevet qui repose sur une idée théorique et qui se contente d'indiquer d'une manière générale et sans détails précis certains produits alcalins pour la préparation et la purification des eaux, ne constitue pas une antériorité opposable à un brevet postérieur pris pour un agent épurateur nettement décrit et individualisé (Amiens, 2 juin 1883, Barreau-Pinchon, Pataille, 85.259); — 4° que le brevet, pris pour une plume métallique armée d'un récipient contenant une matière colorante solide ou concentrée, et qu'il suffit de tremper dans l'eau pour écrire ou dessiner, ne met pas obstacle à l'obtention d'un brevet pour la simple application aux plumes métalliques ordinaires d'une matière colorante quelconque soluble dans l'eau (Paris, 12 avril 1878, Fargue, Pataille, 78. 311); — 5° qu'un produit analogue au produit breveté ne saurait être valablement invoqué comme antériorité, lorsqu'il ne peut être employé au même usage; notamment les règles d'arpenteurs, peintes tous les vingt centimètres alternativement en rouge et en blanc, ne pouvant servir, comme le ruban métrique, aux modistes, couturières et tailleurs, pour mesurer les vêtements, ne saurait lui être opposée à titre d'antériorité (Paris, 19 janv. 1882, Fialont, Pataille, 82.197); — 6° mais que le brevet doit être déclaré nul, encore qu'il existerait entre les procédés brevetés et ceux du domaine public des différences de détail, si ces différences sont insuffisantes pour exclure l'identité des procédés entre eux (Rej., 14 juill. 1848, Jordery, Dall., 48.5.36); — 7° qu'une antériorité reste opposable au brevet malgré une différence de forme, quand cette différence n'affecte pas l'idée fondamentale de l'invention (Paris, 20 juill. 1867, Ranvier, Pataille, 67.387).

378. Antériorité; germe de l'invention. — Il ne suffit pas qu'un inventeur se soit inspiré d'une découverte précédente pour que son brevet soit annulé; alors même qu'il serait prouvé qu'il a puisé l'idée de son invention dans une idée antérieure, ce fait n'enlèverait pas à son brevet son caractère de nouveauté. La loi ne lui demande aucun compte de ses travaux préparatoires; elle n'en juge que le résultat. « On « ne pourrait, dit à ce sujet M. Nouguier, sans périls pour « l'industrie, considérer comme une antériorité sérieuse les « essais infructueux qui auraient été tentés par un premier « inventeur avant la découverte du brevet. De tels précédents, « n'ayant rien donné à l'industrie, ne peuvent enlever à la « découverte son caractère de nouveauté. D'ailleurs, il y a « forcément, entre ces essais et la découverte postérieure, la « différence qui sépare la découverte non réalisée de la découverte réalisée (1). »

---

(1) V. Nouguier, n° 520. — V. également Blanc, p. 478.

379. **Jurisprudence.** — C'est d'après cette règle qu'il a été décidé : 1° que le fait qu'un individu ait conçu, antérieurement au brevet, l'idée d'une machine ayant une grande analogie avec la machine brevetée ne saurait constituer une antériorité, ni, par conséquent, faire disparaître la contrefaçon, si d'ailleurs cet individu n'a réalisé son idée et ne l'a mise en pratique que postérieurement au brevet (Paris, 21 mai 1847, Parvilley, *le Droit*, n° 134) ; — 2° qu'il ne suffit pas, pour déclarer nul un brevet, de constater qu'antérieurement les mêmes organes étaient dans le domaine public ; il faut de plus constater que ces organes étaient employés de la même façon et dans les mêmes conditions : spécialement, lorsqu'un breveté réclame, comme son invention, le développement de la conicité de la busette sur le métier *Mull-Jenny*, et l'ajustement spécial de cette busette à l'extrémité supérieure de la broche, au moyen de la conicité du tube de la broche, il ne suffit pas, pour repousser sa demande, de constater qu'avant lui on employait déjà des busettes coniques enfilées dans des broches (Cass., 24 avril 1857, Delaunay, *Bull. crim.*, 57. 269) ; — 3° qu'une indication générale et indéfinie ne peut être utilement invoquée à titre d'antériorité : spécialement, on ne peut opposer à un brevet pris pour un système de chaudière à bain-marie concentré, destiné à la préparation et à la conservation des substances alimentaires, ce fait qu'antérieurement audit brevet, un ouvrage indiquait déjà d'une manière générale, et sans détails précis, que « la conservation des substances alimentaires pouvait être rendue extrêmement facile par l'emploi d'un autoclave » (Angers, 6 juill. 1857, Chevallier-Appert, Pataille, 58.344).

380. **Jurisprudence,** *suite*. — Il a été jugé, dans le même sens : 1° qu'une publication, dont les données sont inexécutables, ne constitue pas une antériorité et laisse à chacun le droit de rechercher si le problème posé est possible, à quelles conditions, et de faire breveter le résultat de sa découverte : spécialement, le livre qui, après avoir reconnu la propriété que possède l'acide sulfurique de déterminer, seul et sans auxiliaire, la fermentation alcoolique du jus de betterave, indique des proportions telles qu'il est constant que, dans ces conditions, la fermentation est impossible, ne fait pas ob-

stacle à ce qu'un inventeur qui découvre et détermine les vraies proportions, prenne un brevet valable ; en exigeant, pour détruire la nouveauté de l'invention, une publicité suffisante pour qu'elle puisse être exécutée, la loi a entendu parler d'une publicité qui soit accompagnée du mode d'exécution nécessaire à la réalisation de l'invention (Douai, 28 avril 1858, Dubrunfaut, Jurisp. Douai, 58.352) ; — 2° que celui-là fait une invention brevetable, qui utilise une idée émise avant lui,. mais y ajoute en même temps tous les éléments nécessaires à son efficacité dans la pratique ; et il en est ainsi alors même qu'il serait prouvé que cette idée lui était connue : spécialement, le brevet qui signale que, en changeant la forme du peigne et en permettant de faire sortir de sa dent le fil de tour qui s'y trouve pour l'en retirer ensuite, il serait possible d'obtenir par la lisse anglaise des articles légers ou à jour, et qui ajoute qu'il est regrettable que l'industrie en soit restée à ce qui est connu au jour où il est pris, n'empêche pas qu'un brevet ne puisse plus tard être valablement pris pour la réalisation de cette idée, si d'ailleurs le premier brevet n'indique en rien le moyen de se procurer le résultat dont il désire l'accomplissement (Lyon, 22 fév. 1860, Gêvre, *Prop. Ind.*, n° 123) ; — 3° qu'alors même qu'un appareil breveté serait renfermé en germe dans un appareil antérieur tombé dans le domaine public, il n'en resterait pas moins brevetable, si en fait il existe entre les deux appareils des différences de proportions assez notables pour les faire considérer comme des produits industriels différents : spécialement, étant donné qu'il existait déjà des torréfacteurs de forme ellipsoïdale, il y a invention à faire un torréfacteur de même forme, mais dans lequel les axes de l'ellipse sont dans des proportions différentes (7 à 10 au lieu de 7 à 15), lorsqu'il est constant que, par ce changement de proportions, on obtient l'avantage de faire incessamment, avec une vitesse uniforme, retomber les grains de café de la circonférence au centre et de procurer ainsi une torréfaction égale (Paris, 9 avril 1861, Voisin, Pataille, 61.276).

381. Jurisprudence, *suite.* — Il a encore été jugé : 1° que le fait qu'un inventeur ait puisé l'idée de sa machine dans une machine déjà existante n'empêche pas qu'il y ait invention, si sa machine d'ailleurs diffère de la première; un essai infructueux peut faire naître la pensée d'une invention heureuse, et il n'y a pas une invention qui ne soit en germe dans un procédé antérieur (Lyon, 4 mars 1862, Monnet, Pataille, 63.415); — 2° que, de ce qu'un principe a été signalé antérieurement à un brevet, il ne s'ensuit pas que le brevet ne soit pas valable pour l'appareil propre à l'application complète de ce principe; la divulgation du principe en lui-même ne peut avoir d'autre résultat que de permettre à tout le monde d'en faire la base d'un appareil, pourvu qu'il ne soit pas la reproduction servile ou déguisée d'un appareil précédemment breveté: spécialement, l'idée bien connue de l'emploi de la vapeur surchauffée comme moyen de fumivorité n'empêche pas qu'un inventeur ait pu valablement breveter un appareil propre à réaliser cette idée (Paris, 2 mars 1864, Thierry, Pataille, 64.181); — 3° qu'on ne saurait voir une antériorité opposable au breveté dans l'existence d'une machine, qui n'était qu'un essai incomplet, alors surtout qu'il n'en a été construit qu'un seul modèle et qu'elle n'a pas été employée à une fabrication industrielle (Paris, 16 mars 1864, Bernot, Pataille, 64.265); — 4° qu'on ne saurait voir une antériorité opposable au breveté dans le fait que deux machines auraient été construites, avant la date du brevet, par un mécanicien agricole dans un village anglais, alors du moins qu'il n'est pas justifié que ces machines aient jamais été présentées dans aucun concours agricole; qu'il n'apparaît pas qu'elles aient été ni décrites, ni dessinées, ni même sommairement indiquées dans aucun livre spécial, volume ou brochure; il y a lieu, en ce cas, de déclarer qu'elles n'avaient pas reçu une publicité effective suffisante pour entrer réellement dans l'industrie, être connues des fabricants et pouvoir être exécutées par eux (Paris, 16 juillet 1864, Mazier (1), Pataille, 64.284).

(1) Il faut remarquer que l'arrêt ajoute, en fait, qu'il n'est pas suffisamment certain que, dans l'une ou l'autre de ces machines anglaises, le mécanisme, objet de la contestation, fût employé dans le même but et en vue du même résultat : il est donc juste de ne voir dans cet arrêt qu'un arrêt d'espèce, et de ne point en exagérer la portée juridique.

382. Jurisprudence, *suite.* — Il a été jugé, toujours dans le même sens : 1° que la publicité, qui enlève tout caractère de nouveauté à l'invention, ne saurait résulter de vagues théories ou d'intentions incomplètes restées dans le domaine de la spéculation sans entrer dans celui de la pratique (Amiens, 30 mars 1865, Joly, Pataille, 65.233) ;—2° qu'une simple tentative, un essai antérieur au brevet, n'empêche pas que celui qui a obtenu le premier des résultats positifs ne puisse ensuite valablement se faire breveter (Paris, 16 août 1866, Leclère, Pataille, 67.273) ;—3° que, pour faire déclarer nulle, à défaut de nouveauté, une invention qui consiste dans l'application d'une matière à la fabrication de certains objets (dans l'espèce, application de la toile métallique à la fabrication des fleurs artificielles) il ne suffit pas d'établir que cette application avait été indiquée d'une façon générale dans un brevet antérieur, alors qu'il n'est pas prouvé que des objets pareils à ceux décrits dans le brevet le plus récent ont été jamais fabriqués et livrés au commerce : en pareil cas, l'arrêt qui, après avoir constaté que le dernier breveté avait le premier mis dans le commerce un produit qui n'existait pas encore et qui présente d'incontestables avantages, tant au point de vue de l'ajustement que sous le rapport de l'économie, refuse de faire état de l'antériorité opposée, fait une juste application de la loi (Rej., 7 avril 1868, Villardier et Carcanagues, Pataille, 68.273).

383. Confidence à un tiers. — La confidence que l'inventeur fait à un tiers, avant de prendre son brevet, constitue-t-elle la publicité qui, aux termes de la loi, entraîne la nullité du brevet ? Il faut évidemment distinguer : si le tiers, abusant de la confidence qui lui est faite par l'inventeur, répand l'invention et la communique à d'autres, il est clair qu'il la divulgue. C'est au surplus un point que nous examinerons plus loin. Mais, si celui qui a reçu la confidence en garde le secret, nul doute que le fait de la confidence en lui-même laisse à l'invention tout son caractère de nouveauté. Si sévère que soit notre loi, elle n'a pas voulu défendre les épanchements de l'amitié.

Il a été jugé en ce sens : 1° que l'envoi d'objets semblables à ceux du brevet, à une époque assez rapprochée du jour où il a été demandé, ne constitue pas une divulgation, quand il est établi que cet envoi n'a eu lieu qu'à titre confidentiel et uniquement dans le but de prendre simultanément un brevet en France et à l'étranger (Paris, 10 avril 1858, Gaudin, Sir., 59.2.701); — 2° qu'il est constant qu'un inventeur peut indiquer à un tiers, à titre de confidence, l'idée de son brevet sans être privé du droit de se faire breveter (Paris, 16 août 1866, Leclère, Pataille, 67.273); — 3° que les caractères juridiques de la divulgation ne sauraient se trouver dans le fait soit que le possesseur de l'invention prétendue divulguée (dans l'espèce, un outil) l'ait, avant la date du brevet, montrée à un ami qui, d'ailleurs, n'a point parlé de cette communication, soit qu'une ouvrière s'en soit servie, à la même époque, dès qu'il est établi que cette ouvrière était seule quand elle travaillait, et qu'il n'est pas prouvé que l'instrument ait été examiné par d'autres personnes (Douai, 24 août 1881, Oudit, Pataille, 82.11).

384. *Quid* **d'une correspondance privée?** — Il faut distinguer : ou la lettre émane du breveté lui-même, ou elle émane d'un tiers. Si elle émane du breveté, la lettre doit être assimilée à la confidence; nous faisons toutefois les mêmes réserves : si le tiers, au lieu de garder pour lui la lettre qu'il a reçue, la communique à diverses personnes, en répand le contenu, même contre le gré de l'inventeur, nul doute que la publicité existe et que le brevet ne soit atteint de nullité. Si au contraire la lettre émane d'un tiers, elle constitue en principe la publicité ; on pourrait cependant, même en ce cas, considérer l'invention comme nouvelle, s'il était établi que cette lettre n'a été écrite que sous le sceau du secret et que ce secret n'a pas transpiré, sauf à discuter les droits que la possession de ce secret a pu constituer au profit de ceux qui le connaissaient. On rentre alors dans une hypothèse que nous examinerons plus loin. En tout cas, l'antériorité, qui est tirée d'une lettre missive, ne doit être accueillie qu'avec une extrême réserve (1).

Il a été jugé : 1° que l'indication, dans une lettre missive,

(1) V. Renouard, n° 41 ; Blanc, p. 473.

d'un procédé industriel ne fait pas obstacle à ce que ce procédé soit ultérieurement l'objet d'un brevet d'invention, alors que l'indication dont il s'agit ne contient pas la description positive du procédé indiqué, et que du reste elle n'a reçu aucune publicité (Metz, 14 août 1850, Alcan et Péligot, Sir., 50.2.604); — 2° mais que le fait qu'une lettre, dont l'authenticité n'est pas contestée et qui est détachée d'une correspondance commerciale et non confidentielle, contient, l'indication, antérieurement au brevet attaqué, de l'emploi de l'appareil breveté, doit être considéré comme une preuve suffisante de publicité légale (Paris, 17 février 1883, Lecointe, Pataille, 84.109).

385. *Quid* **de la communication aux sociétés savantes ?** — Le principe est toujours le même; il faut distinguer entre la confidence, c'est-à-dire la communication à titre de secret, et la divulgation. Cependant, nous ne saurions trop mettre les inventeurs en garde contre de pareilles communications, et nous les engageons fort à ne pas se fier outre mesure aux décisions rapportées ci-dessous, qui témoignent d'une tolérance parfois peut-être excessive (1).

386. Jurisprudence. — Il a été jugé notamment : 1° que communiquer à la Société d'encouragement une invention brevetée, faire même des essais dans le local de cette Société ou chez plusieurs de ses membres, afin d'obtenir son patronage, ce n'est pas divulguer l'invention, ni lui faire perdre son caractère de nouveauté; une telle communication et de tels essais, ayant un caractère confidentiel et privé, ne sauraient constituer la publicité suffisante pour frapper le brevet de nullité (Trib. civ. Seine, 6 octobre 1827, Lhomond, *Gaz. Trib.*, 9 oct.); — 2° que la communication faite à une commission revêtue d'un caractère public, ayant reçu du Gouvernement une mission spéciale, n'a pas pour résultat de rendre publique l'invention qui en a été l'objet et de l'attribuer au domaine public (Rouen, 24 juin 1858, Sax, Pataille, 59.33); — 3° que la communication con-

(1) V. Renouard, n° 47; Blanc, *Inv. brev.*, p. 455.

fidentielle d'un procédé, ultérieurement breveté, à un jury d'exposition n'entraîne pas divulgation (Trib. corr. Seine, 8 mars 1859, Depoully, *Propr. ind.*, n° 66); — 4° qu'il n'y a pas divulgation d'un procédé breveté dans la communication confidentielle faite par l'inventeur à un comité d'études dont il était l'un des membres adjoints (Aix, 31 déc. 1885, Gastine, Pataille, 87.217); 5° jugé, toutefois (mais sous l'empire de la loi de 1791), que celui qui a révélé sa découverte à l'administration locale, qui lui en a fait constater publiquement l'utilité, en lui en demandant acte, et qui, en outre, en a cédé le modèle à un tiers, même à condition qu'il le tiendrait secret, a pu être considéré comme ayant divulgué son invention (Rej., 10 fév. 1806, Gajou, Dall., v° *Brev. d'inv.*, n° 72).

387. Dépôt sous pli cacheté. — Nous avons eu l'occasion de parler du dépôt sous pli cacheté, opéré par l'inventeur, soit au secrétariat d'une société savante, soit au secrétariat du conseil des prud'hommes, et nous avons dit qu'un pareil dépôt ne pouvait à aucun titre remplacer le brevet. Mais quelle est l'influence d'un dépôt, fait dans ces conditions, sur la nouveauté de l'invention? Il résulte de tout ce que nous avons dit précédemment que le fait du dépôt, par cela même qu'il est fait sous pli cacheté, ne peut à lui seul, et en dehors d'autres faits de nature à constituer la publicité, être invoqué comme antériorité, pas plus si le brevet est pris par l'auteur même du dépôt que s'il est pris par un tiers. Seulement, en ce dernier cas, le dépôt peut constituer, au profit de celui qui l'a fait, une possession antérieure, et on rentre alors dans une hypothèse que nous discutons plus loin (1).

Jugé en ce sens: 1° que le dépôt au conseil des prud'hommes, outre qu'il est impuissant à conserver à son auteur la propriété privative de l'objet déposé, lors du moins qu'il s'agit d'une invention industrielle, ne peut davantage constituer une antériorité alors qu'il n'est pas justifié que l'auteur du dépôt ait livré au commerce des produits semblables à celui qu'il avait déposé, et que d'ailleurs il reconnaît lui-même

(1) V. *infrà*, nos 425 et suiv.

qu'il n'a pas donné suite à sa fabrication (Trib. civ. Seine, 5 août 1856, Florimond (1), Pataille, 57.14). — 2° que, lorsque l'inventeur, avant de prendre un brevet, a déposé l'objet de son invention au secrétariat du Conseil des prud'hommes, la description jointe au procès-verbal du dépôt ne peut faire échec au brevet; il en est ainsi, du moins, si elle n'est pas assez précise ni assez complète, pour qu'il ait été possible, même au cas où le procès-verbal aurait été livré à la publicité, de reproduire l'exécution du modèle (Paris, 16 fév. 1882, Fragerolle, Pataille, 82.229).

388. *Quid* de l'usage secret antérieurement au brevet? — Merlin dit avec beaucoup de sens : « Tant que l'inventeur tient sa découverte secrète, tant « qu'il en use sans que le public puisse en pénétrer le « mécanisme, sa propriété reste intacte et il est toujours à « temps pour prendre les voies légales à l'effet d'empêcher « qu'elle ne devienne une propriété publique (2). » Ces principes sont restés vrais.

389. Jurisprudence. — Il a été jugé, conformément à ces principes : 1° qu'il n'y a point divulgation dans le fait de s'être servi d'une machine, brevetée plus tard, lorsqu'il n'y a pas eu exploitation publique et que, d'ailleurs, il appert de tous les documents de la cause que l'inventeur a toujours agi avec l'intention de ne pas divulguer ses idées et de se réserver la faculté de les faire breveter, quand il les jugerait suffisamment mûries (Paris, 13 août 1841, Deslandes, Dall., v° *Brev. d'inv.*, n° 53); — 2° que le droit accordé par l'inventeur, avant l'obtention du brevet, même à plusieurs industriels, de se servir de son procédé, ne constitue pas une divulgation de nature à invalider le brevet qu'il prend ensuite, s'il est établi que ces concessions étaient faites à la charge du secret, qu'elles n'étaient pas de nature à divulguer le procédé et que, d'ailleurs, en fait, elles n'ont pas amené la divulgation (Rej., 22 avril 1854, Panay (3), *Bull. crim.*, 54.200); — 3° que

(1) Le jugement a été confirmé, mais par des motifs qui dispensaient la Cour d'examiner la question.

(2) V. Merlin, v° *Brev. d'inv.*, n° 6.

(3) V., en sens contraire, Blanc, p. 473; Rendu et Delorme, n° 450.

le fait qu'une machine ait été vue fonctionnant avant la prise du brevet ne constitue pas nécessairement une divulgation si, d'autre part, l'industrie du breveté (exploitation de carrières) exigeait qu'il fît ses expériences dans un lieu découvert et si, d'autre part, il est constant que l'inventeur a pris toutes les précautions possibles pour éviter la publicité (Trib. civ., Melun, 27 avril 1859, Joanne, *Prop. ind.*, n° 90) ; — 4° que la construction, antérieurement au brevet, d'un appareil semblable à celui qui a fait ensuite l'objet du brevet, ne constitue pas la publicité prévue par l'art. 31, quand il est constant que cette construction et l'exploitation qui a suivi n'ont eu lieu qu'à titre d'épreuve et en secret (Douai, 19 juill. 1859, Brunfaut, Pataille, 60.215) ; — 5° que l'emploi des procédés, antérieurement au brevet, ne fait point obstacle à sa validité s'il est établi qu'ils n'ont été pratiqués qu'à l'état de secret de fabrique et n'ont point été divulgués (Paris, 26 mars 1861, Dutertre et autres, *Prop. ind.* n° 191).

390. Jurisprudence, *suite.* — Il a encore été jugé : 1° qu'un brevet n'est pas frappé de nullité par ce seul fait que l'inventeur se serait livré longtemps à l'avance à des essais et même à la pratique de sa découverte, ou même qu'il aurait laissé voir ou montré son invention à diverses personnes, s'il a agi sans intention de la publier, et si, en fait, ces personnes n'en ont pas propagé la connaissance ; ce principe est fondé sur les motifs de la loi, qui n'a entendu invalider les brevets que lorsque l'invention pouvait être puisée dans le domaine public, et il s'applique aux cas où aucune des personnes, qui ont pris connaissance de l'invention, n'a, en raison de sa profession et de son inaptitude, transmis ni pu transmettre au public les secrets de la découverte, de façon qu'elle pût être exécutée (Paris, 16 mars 1864, Bernot (1), Pataille, 64.265) ; — 2° que

(1) La Cour, en adoptant ces motifs, qui étaient ceux du jugement, a cru pourtant devoir ajouter « qu'aucune des personnes qui avaient « visité les machines n'en avait pris une connaissance suffisamment « complète pour les décrire et les faire exécuter, et que, d'ailleurs, *les « machines n'étaient pas, à cette époque, parvenues au degré de per- « fection où l'inventeur voulait les porter* ». Ce dernier motif corrige ce que celui du tribunal avait assurément de trop absolu.

le fait par l'inventeur d'avoir remis à un tiers, antérieurement à son brevet, un modèle de son invention pour en constater les effets pratiques, n'est point exclusif de nouveauté, si d'ailleurs il est isolé et s'il n'a reçu aucune publicité (Paris, 20 juin 1866, de la Coux-Desrozeaux, Pataille, 69.231); — 3° que la divulgation ne peut résulter de ce que plusieurs ouvrières auraient reçu pour leur travail avant la date du brevet, plusieurs instruments dont l'un se rapprochait, d'après leur déclaration, de l'outil breveté, ou que des fabricants auraient été, à la même époque, amenés à regarder et examiner ces instruments, si, d'une part, l'outil en question n'est pas représenté et si, d'autre part, on ne peut savoir d'une manière précise de quels outils il s'agissait; il en est surtout ainsi quand il est certain que les ouvrières avaient ordre de ne pas montrer les instruments, de ne pas les emporter à leur domicile et de les déposer, après le travail, dans un endroit particulier de l'atelier (Douai, 24 août 1881, Oudit, Pataille, 82. 11); — 4° qu'une machine (dans l'espèce, une machine à couper le liège) est réputée avec raison avoir reçu une publicité suffisante pour pouvoir être exécutée, lorsqu'il est constaté en fait que des machines semblables ont fonctionné durant plusieurs années avant la date du brevet, même en pays étranger, dans plusieurs ateliers indépendants les uns des autres, avec le concours de nombreux ouvriers, et que d'ailleurs le mécanisme est d'une simplicité telle, que le fonctionnement dont il a été l'objet en rendait l'exécution facile (Agen, 3 août 1867, Lamarque (1), Dall., 69.1.13).

391. *Quid* **des essais?** — Les paroles de Merlin, citées sous un paragraphe précédent, trouvent également ici leur application. En principe, l'essai de l'invention, antérieurement au brevet, ne constitue pas la publicité destructive de la nouveauté; il est naturel que l'inventeur ne prenne pas son brevet en aveugle et se rende compte auparavant des résultats que donnera sa découverte. Il y a tant d'inventions dont la théorie est démentie par la pratique! De même, il est nécessaire, dans bien des cas, que l'inventeur mette en œuvre des

---

(1) V. aussi Rej., 27 juillet 1868, même affaire (*eod. loc.*).

ouvriers pour la réalisation matérielle de son invention. Par exemple, s'il s'agit d'une machine, la communication qu'il leur fait ne saurait lui être reprochée; elle est dans la nature des choses, qui la lui commande, qui la lui impose.

Il ne faut pourtant pas croire que ce principe soit absolu et que, sous prétexte d'essais, d'expériences, de construction de machine, l'inventeur puisse impunément divulguer sa découverte. Il y a là une question de fait; si les essais ont eu lieu sans mesure, publiquement, sans qu'aucune précaution ait été prise pour en assurer le secret; si la communication a été faite, dans l'atelier de construction, à d'autres personnes que les ouvriers, et en quelque sorte à tout venant, alors les essais, la communication constituent la publicité légale et entraînent la nullité du brevet. Au contraire, l'essai même fait publiquement ne constituerait pas une divulgation, si l'objet de l'invention est d'une nature telle que son aspect, sa vue, ne puissent le révéler.

392. Jurisprudence (1). — Il a été jugé à cet égard : 1° qu'on ne saurait raisonnablement ni légalement considérer un inventeur comme faisant usage de sa découverte et la livrant au domaine public, lorsque cet usage se couvre de secret et n'a d'autre objet que de reconnaître et constater avec quelques personnes les avantages ou les inconvénients de sa découverte; ce sont là des essais qui tiennent à la nécessité qu'impose toute espèce d'invention; les défendre sous peine de déchéance serait réduire le plus souvent l'inventeur à l'impossible et condamner dès lors le génie à ne plus avancer dans la voie du progrès (Paris, 13 août 1840, Ganilh, Dall., v° *Brev. d'inv.*, n° 67); — 2° que des essais préparatoires et la publicité donnée à ces essais, ainsi que le fait d'avoir donné, soit à des parents, soit à des étrangers, quelques-uns des objets pour lesquels on s'est ensuite fait breveter, ne constituent pas la publicité exclusive de toute nouveauté (Trib. corr.

(1) V. encore Douai, 16 mars 1877, Lonquéty (Pataille, 77.310); Paris, 7 mai 1868, Nivert (Pataille, 78.323); Paris, 29 nov. 1882, Reynier (Pataille, 84.57); Rej., 9 juillet 1884, Alain-Chartier (Pataille, 85.58); Aix, 31 déc. 1885, Gastine (Pataille, 87.217).

Seine, 6 juin 1844, Hue, Dall., v° *Brev. d'inv.*, n° 74); — 3° qu'en tout cas, on ne saurait voir un simple essai dans le fait d'avoir construit, antérieurement au brevet, trois fours du modèle ultérieurement breveté et de les avoir mis en pleine exploitation, sans prendre d'ailleurs aucune précaution pour que cette exploitation restât secrète (Paris, 1er avril 1852, Popelin-Ducarre, Blanc, p. 472); — 4° que la fabrication de certaines parties d'une machine et le fait de son fonctionnement antérieurement à la demande du brevet, devant quelques personnes qui avaient concouru à sa confection, peuvent être considérés comme ne constituant pas une publicité suffisante pour faire perdre à l'invention son caractère de nouveauté (Rej., 19 août 1853, Mareschal (1), Dall. 54.5.82); — 5° qu'il faut, pour entraîner la perte du privilège accordé au breveté, que la publicité, sur laquelle on prétend fonder la déchéance du brevet, soit telle qu'elle emporte avec elle la preuve que l'intention et la volonté de l'inventeur ont été d'initier le public au secret de sa découverte et de lui en faire l'abandon : en conséquence, si l'invention (une machine dans l'espèce) n'a été livrée qu'aux regards et à l'examen confidentiel de quelques personnes, à titre de contrôle et d'essai, et surtout avec les précautions nécessaires pour sauvegarder le secret de la découverte, cette publicité n'est pas de nature à entraîner la déchéance du brevet (Poitiers, 17 fév. 1855, Berciaux, Dall., 55.2.110).

393. Jurisprudence, *suite.* — Il a été jugé de même : 1° que des essais tenus secrets ne suffisent pas pour faire perdre à l'invention son caractère de nouveauté; peu importe qu'un long temps ait séparé ces essais de la demande du brevet, lorsqu'il est constant que, vu la nature particulière de l'invention (conservation des substances alimentaires), une expérience assez longue était nécessaire pour constater le mérite du procédé (Paris, 10 mai 1856, Chevallier-Appert, Pataille, 56.217); — 2° que l'inventeur, qui ne prend son brevet qu'après un certain temps d'essai et de pratique de sa

(1) V. toutefois Trib. corr. Seine, 17 nov. 1869, Voirin (Pataille, 73.61).

découverte, ne se place par ce fait dans aucun des cas, soit de nullité, soit de déchéance admis par la loi (Paris, 5 déc. 1861, Ringaud, Pataille, 62.370); — 3° que l'inventeur a le droit, avant de prendre un brevet, de se livrer à des essais et que la présence de certaines personnes à ces essais, n'emporte pas divulgation, si la présence de ces personnes, comme celle des ouvriers en certains cas, ne peut être évitée, et si l'inventeur prend d'ailleurs ses précautions pour que son invention ne soit pas exposée aux regards du premier venu; dans tout autre cas, il y a divulgation : notamment, le fait que l'inventeur ait laissé l'objet de son invention exposé dans un atelier où il a pu être vu par toutes les personnes que les circonstances ou le désir de l'examiner ont amenées, emporte nullité du brevet qui est pris ultérieurement (Rouen, 16 fév. 1863, Malteau (1), Pataille, 63.1.418); — 4° qu'il n'y a pas divulgation dans le fait par l'inventeur d'avoir construit un modèle de sa machine, si d'ailleurs, avant de prendre son brevet, il l'a tenu secret et ne l'a montré qu'à un petit nombre de personnes (Paris, 2 déc. 1863, Maillard, *Gaz. Trib.*, 25 déc.); — 5° que des essais nombreux et répétés, mais faits avant que l'invention ait reçu sa forme dernière et définitive, ne peuvent être invoqués pour prouver la divulgation (Nîmes, 26 mai 1864, Olive (2), Pataille, 65.34); — 6° que des essais faits par l'inventeur même publiquement et sur une grande échelle n'entraînent pas la nullité du brevet qu'il prend ensuite, si ces essais n'ont pas eu pour résultat d'entraîner la divulgation de l'invention; et il en est ainsi alors même que, s'agissant d'une poudre composée (mélange de soufre et de charbon de terre) et destinée à combattre l'oïdium, l'analyse chimique eût pu faire connaître les matières entrant dans le mélange et leurs proportions respectives, si, en même temps, il n'était pas possible de se rendre compte du mode de trituration et de blutage employé par l'inventeur et nécessaire pour obtenir la cohésion des molécules des deux matières mélangées et la fixation de l'une d'elles (le soufre) sur la plante (Bordeaux, 20 juin 1867, Dufour, Pataille, 68.348).

(1) V. aussi Rej., 18 janv. 1864, même affaire (Pataille, 64.117).
(2) V. aussi Rej., 18 nov. 1864, même affaire (Pataille, 65.34).

394. Jurisprudence, *suite.* — Il a encore été jugé : 1° qu'on ne saurait voir une publicité suffisante pour permettre l'exécution de l'invention et motiver par suite l'application de l'art. 30, § 1 de la loi de 1844, dans l'emploi isolé, antérieurement à la prise du brevet, du procédé objet de ce brevet, dès lors que cet emploi a eu lieu à titre d'essai et d'échantillon, et que le secret n'en a pas même été porté à la connaissance de l'industriel pour qui l'échantillon avait été préparé (Paris, 24 mai 1878, Bouziat, Pataille, 80.148); — 2° que le défaut de nouveauté frappant un brevet de nullité, suivant les art. 30 et 31 de la loi du 5 juillet 1844, ne saurait résulter de ce que l'inventeur, antérieurement à l'obtention du brevet, aurait transmis à des tiers des pièces pour l'invention desquelles ce brevet a été demandé, lors du moins que ces tiers n'ont reçu lesdites pièces que pour exécuter un travail spécial dont l'inventeur les chargeait en qualité d'ouvriers (Chambéry, 9 mai 1881, Frankfeld, Pataille, 81.268); — 3° que la publicité, telle que l'entend l'art. 31 de la loi du 5 juillet 1844, ne peut consister que dans la divulgation volontaire et la publication des procédés à mettre en œuvre pour l'exploitation du brevet; spécialement, un atelier n'est pas un lieu public, et le fait, par un industriel, d'y laisser exposé au milieu de ses ouvriers un appareil qu'il se propose de faire breveter et dont, par suite, un tiers, étranger à l'usine, ne peut avoir connaissance que par le résultat d'une surprise et d'un abus de confiance, ne constitue pas la publicité prévue par ledit art. 31 (Amiens, 14 mai 1881, Collart, Pataille, 83.99); — 4° qu'une invention ne peut être considérée comme divulguée lorsque les personnes, qui avant la prise du brevet ont été admises à voir les appareils qui la constituent, n'étaient pas en situation de comprendre et de reproduire exactement et utilement ces appareils (Grenoble, 12 mai 1885, Repiton, Pataille, 86.10); — 5° qu'on ne saurait voir une divulgation de nature à entraîner la nullité du brevet dans le fait par l'inventeur de s'être livré à des essais et d'avoir soumis son invention à des tiers dans le but de se rendre un compte exact du mérite et de l'utilité pratique de sa découverte, de rechercher les améliorations qu'elle pouvait comporter, et de provoquer des appréciations et au besoin des conseils pour la rédaction de son brevet (Douai, 30 juin 1885, Oudit, Pataille, 86.65); — 6° qu'on ne saurait voir une antériorité dans un de ces essais préliminaires que toute invention exige et qui, suivis par un mécanicien dans l'intérieur de l'établissement où il travaille, en présence des seuls ouvriers témoins nécessaires de ses recherches, ne présentent pas les conditions de publicité d'où l'on puisse inférer la divulgation et n'impliquent pas, de la part de l'inventeur, l'abandon de sa découverte au domaine public (Paris, 17 février 1883, Lecointe, Pataille, 84.109); — 7° que le fait par l'inventeur d'envoyer, quelques jours avant la prise de son brevet d'addition, chez un tiers, cessionnaire du droit d'exploiter le brevet, plusieurs machines du modèle perfectionné et de les faire monter par un de ses ouvriers dans l'atelier de son cessionnaire, ne saurait constituer la divulgation; l'ouvrier qui fait le montage doit, en ce cas, être considéré comme travaillant encore dans l'atelier du breveté (Douai, 18 août 1882, Schaffhauser (1), Pataille, 82.274).

395. **Jurisprudence**, *suite*. — Il a même été jugé d'une façon absolue: 1° que la fabrication, par l'inventeur, antérieurement au brevet, ne constitue pas une divulgation quand il est justifié que cette fabrication n'a eu lieu qu'à titre d'essai et d'expérience (Paris, 20 juin 1867, de la Coux-Desrozeaux, Pataille, 69.231); — 2° que le fait que des essais et des expérimentations ont eu lieu peu de temps avant la demande du brevet n'enlève pas à l'invention son caractère de nouveauté : spécialement, un brevet a pu être valablement pris pour un nouveau système d'éperons à l'usage de l'armée, bien que, antérieurement à la demande, des essais, exigés par l'autorité militaire avant d'adopter l'éperon, aient eu lieu dans l'intérieur de corps (deux régiments d'artillerie) désignés à cet effet (Colmar, 10 janvier 1866 et Rej., 25 mai 1868, Imbs, Dall., 68.1.442); — 3° que la nullité, résultant, aux termes de l'art. 31, de la publicité que l'inventeur aurait lui-même

(1) V., *en sens contraire*, Besançon, 25 mai 1881, Schaffhauser (Pataille, 82.265).

donnée à sa découverte avant de la faire breveter, repose sur ce double fondement que l'auteur d'une invention par lui divulguée est censé en avoir abandonné le bénéfice au domaine public et que la foi des tiers n'a pas dû être trompée ; mais une présomption de ce genre ne saurait s'appliquer à de simples essais ou à des expériences que l'inventeur ne fait opérer qu'en vue de s'éclairer ou d'éprouver la valeur de son invention : spécialement, quelque publicité qui se soit attachée aux expériences faites du fusil Chassepot, au camp de Châlons, sur l'ordre du Gouvernement devant une réunion nombreuse d'officiers et de journalistes, les fusils n'en ont pas moins retenu, au regard du public, le caractère hautement manifesté d'une simple expérience ; il faut, en effet, remarquer que, s'agissant d'une arme de guerre, la condition normale de l'expérience était qu'elle fût mise entre les mains d'un assez grand nombre de soldats, employée dans une manœuvre militaire et éprouvée ainsi à tous les points de vue de la solidité générale de l'arme, de la facilité de son maniement et de la rapidité du tir (Paris, 19 janvier 1872, Chassepot, Pataille, 72.198).

396. *Quid* **de l'exposition dans un concours public, dans un musée ?** — L'exposition dans un concours public a pour effet de mettre le public à même de voir et d'étudier les objets exposés : c'est dans ce but que les expositions sont instituées ; elles n'auraient aucune raison d'être si le public ne devait pas profiter des choses nouvelles mises sous ses yeux. Dès lors, comment admettre que le fait d'avoir figuré dans une exposition ne soit pas constitutif de la publicité légale ? Il faudrait que les circonstances fussent bien particulières pour qu'il en fût autrement. Le rapporteur de la loi était de cet avis : « Il « y a, disait-il, un grand nombre d'autres moyens de « publicité. Par exemple, une machine a pu figurer à « l'exposition des produits de l'industrie ; elle a pu être « déposée dans un conservatoire d'arts et métiers, bien « qu'elle n'ait pas été industriellement pratiquée, bien qu'elle « n'ait pas été décrite d'une manière technique. Viendrez- « vous dire que c'est une découverte nouvelle et prendrez- « vous un brevet pour une machine qui a été livrée à une

« aussi complète publicité (1)? » Si cependant l'objet exposé était d'une nature telle que sa vue ne pût en révéler la constitution, sinon pour le vulgaire, du moins pour les hommes du métier, on devrait alors suivre la règle que nous donnons plus bas (2) et déclarer le brevet valable.

M. Pataille précise bien la règle à suivre lorsqu'il dit : « Le « fait seul d'une exhibition plus ou moins publique ne suffit « pas pour mettre obstacle à la prise d'un brevet ; il faut en « outre que de cette exhibition il soit résulté tout à la fois « une présomption d'abandon au domaine public et, en fait, « une divulgation suffisante pour permetttre d'exécuter « l'objet exposé (3). »

On sait, au surplus, qu'une loi nouvelle accorde aux industriels qui font figurer leurs produits dans une exposition publique un droit de protection avant même de les faire breveter (4).

Ce que nous disons de l'exposition dans un concours public s'applique naturellement aussi à ce fait de l'exposition dans un musée, dans une collection publique. Les raisons de décider sont pareilles.

397. Jurisprudence (5). — Il a été jugé, dans cet ordre d'idées : 1° que l'exposition d'un objet, dans un musée public, ouvert aux recherches et aux études des artistes, constitue la publicité légale, telle que la définit l'art. 31 (Paris, 17 juill. 1858, Murat, *Prop. ind.*, n° 38) ; — 2° que l'exposition dans un concours public doit, en principe, être considérée comme constituant une publicité suffisante pour rendre possible l'exécution de l'objet exposé ; cela ressort de la discussion de la loi dans laquelle l'exposition des produits de l'industrie était indiquée comme opérant la publicité dont la loi entendait parler, et aussi des lois spéciales qui, à l'occasion des expositions de 1855 et de 1867, ont paru nécessaires et ont été ren-

---

(1) V. la discussion de la loi (Huard, p. 361).
(2) V. *infrà*, n° 402.
(3) V. observ. Pataille, 63.241.
(4) V. *infrà*, n° 544.
(5) V. anal. Paris, 27 avril 1861, Jolly (Pataille, 61.349).

dues pour faire exception à la règle, qui se trouve par cela même recevoir pour les autres cas une autorité nouvelle (Cass., 19 juin 1866, Bastiat (1), Pataille, 66.288); — 3° jugé toutefois que le fait d'avoir présenté l'invention (un instrument de musique) antérieurement au brevet, dans un concours public ordonné par l'administration supérieure (2), constitue un fait exceptionnel qui, provoqué en quelque sorte par l'administration elle-même, ne saurait être considéré comme établissant la publicité dont parle la loi et qui seule peut entraîner la nullité du brevet (Trib. corr. Seine, 12 juin 1856, Sax (3), Pataille, 57.228).

398. *Quid* **d'un cours public?** — Ce que nous avons dit des expositions s'applique aux cours qui sont professés publiquement, et nous nous rangeons à l'avis du rapporteur de la loi qui, repoussant les restrictions proposées par M. Marie, s'écriait: « Breveterez-vous une machine décrite « dans un cours, enseignée à tous les industriels (4)? »

Jugé toutefois (mais c'est évidemment là un arrêt d'espèce dont il serait dangereux d'étendre la doctrine) que des leçons scientifiques, professées à huis clos, devant un petit nombre d'auditeurs et n'ayant d'ailleurs laissé de traces dans aucun ouvrage spécial, ne constituent pas la publicité prévue par l'art. 31 (Lyon, 12 juin 1861, Pugens, *Jurisp. de la Cour de Lyon*, 1861).

399. *Quid* **d'un livre imprimé, mais non publié?** — Les auteurs décident unanimement qu'un livre ne constitue une antériorité qu'autant qu'il a été publié antérieurement au brevet, sans d'ailleurs qu'il faille rechercher, dans ce cas, s'il a été peu ou beaucoup vendu. Il est certain que, lorsque la publication a eu lieu, la publicité est complète, lors même

---

(1) V. aussi Bordeaux, 25 juin 1867, même affaire (Pataille, 68.281).

(2) Il est vrai d'ajouter, avec les constatations de l'arrêt de Rouen (V. ci-après *note* 3), que, en fait, l'inventeur s'était borné à faire entendre l'instrument, objet du brevet, sans révéler le secret de son invention.

(3) V. encore Rouen, 24 juin 1858, Sax (Pataille, 59.33); Paris, 15 juin 1860, Sax (Pataille, 60.241).

(4) V. la discussion de la loi (Huard, p. 361).

qu'il ne serait pas vendu un exemplaire, lors même que, avant qu'il en fût vendu un seul, l'auteur les rachèterait tous. Dans ce cas, en effet, le dépôt de l'ouvrage à la Bibliothèque nationale a eu lieu, et il est désormais à la disposition de tous. Lorsque le livre, quoique imprimé, n'a pas été publié, la solution semble, au premier abord, devoir être la même. Quelle est, alors, la raison d'être du brevet ? Qu'est-ce que le breveté donne à la société ? Ne peut-on pas dire que le public possède déjà l'invention, puisque l'instant de sa possession n'est retardé que par le temps exigé pour la publication ? La société doit-elle payer aujourd'hui ce dont elle est sûre de jouir librement demain ? Ces réflexions sont justes, mais elles ne peuvent prévaloir contre cette observation que l'impression n'est qu'un acheminement vers la publication, que l'auteur peut arrêter l'impression avant son entier achèvement, et que, par suite, la possession de la société n'est assurée que par la publication (1). Ajoutons qu'il importe peu que la publication ait eu lieu en France ou à l'étranger, dans notre langue ou dans une autre, fût-ce une langue morte ; le fait reste, en effet, le même, et dès lors ses conséquences légales ne sauraient changer (2).

Jugé, à cet égard, que, si la publication de la découverte dans un ouvrage imprimé, antérieurement au brevet, constitue une antériorité, ce n'est toutefois qu'autant que cette publication est de nature à faire connaître non seulement l'objet de la découverte, mais aussi un mode d'exécution, c'est-à-dire des moyens et procédés propres à réaliser industriellement l'invention et à la faire passer du domaine de la théorie dans celui de la pratique (Rej., 13 fév. 1839 (3), Renouard, p. 244 et 245).

400. Procédés connus, mais abandonnés. — Celui qui remet en mémoire un procédé oublié, perdu pour le

---

(1) V. Renouard, n° 41 ; Rendu et Delorme, n° 448 ; Nouguier, n° 499.

(2) V. Nouguier, n° 492.

(3) V. aussi Amiens, 18 mai 1839, et Douai, 27 novembre et 18 déc. 1841, Renouard, *loc. cit.*

monde industriel, rend souvent à la société un service important; il ajoute à ses richesses; il lui procure une source de profits qu'elle ne soupçonnait pas et sur laquelle elle n'avait aucune raison de compter; il fait au moins autant que celui qui, par hasard, vient à découvrir un trésor enfoui dans la terre. Pourtant, tandis que celui-ci est récompensé et obtient, pour prix de sa découverte, la moitié du trésor qu'il a découvert, l'autre ne reçoit rien, n'a droit à rien. Arago, lors de la discussion de la loi, s'en étonnait et s'en affligeait; il insistait pour qu'il y eût en France, comme il y avait alors en Autriche, des brevets de résurrection. Mais cette sorte de brevets n'a point été admise en France, et le rapporteur expliquait avec beaucoup de clarté le point de vue auquel la loi s'était placée, lorsqu'il disait : « Découvrir que telle propriété « est inhérente à telle chose, ressusciter le passé, l'accréditer, le propager, ce n'est pas inventer, c'est rendre au passé « sa valeur, c'est le mettre en lumière. Or, ce n'est pas là ce « qui peut motiver un brevet. On ne doit être breveté que « lorsqu'on crée, lorsqu'on invente, et l'on n'invente que « lorsqu'on ajoute un moyen ou un produit nouveau aux « moyens et aux produits déjà connus (1). »

Jugé en ce sens qu'il ne peut y avoir une invention nouvelle susceptible d'être brevetée dans l'exploitation et dans la mise en valeur d'idées et de procédés parfaitement connus, quoique abandonnés (Paris, 14 mars 1857, Grellou, Pataille, 57.373).

401. Antériorité; éléments isolément connus. — Nous ne faisons qu'exprimer une idée que nous avons déjà développée et qui, d'ailleurs, complète la précédente, en disant qu'on ne peut opposer au brevet qu'une antériorité de toutes pièces et non une antériorité composée à plaisir d'éléments divers qu'on emprunte pour les nécessités de la cause à des sources différentes (2).

Jugé en ce sens : 1° que la réunion d'organes jusque-là

---

(1) V. la discussion de la loi (Huard, p. 358).

(2) V. Nouguier, n° 488; Blanc, *Inv. brev.*, p. 463 ; Rendu et Delorme, n° 319.

employés séparément constitue une invention brevetable ; et, dans ce cas, les objections faites contre les parties du système prises isolément ne peuvent invalider le système lui-même (Paris, 28 janv. 1860, de Bergue (1), Pataille, 60.457) ; — 2° qu'on ne saurait tirer une antériorité sérieuse du rapprochement de divers fragments d'inventions recueillis dans les publications de brevets expirés pour en former ensuite des modèles pour les besoins de son procès ; il n'est pas de brevet qui pût résister à un tel mode d'examen ; on trouverait toujours dans les choses précédemment imaginées des analogies et des approximations qui se rapprocheraient plus ou moins des mécanismes brevetés ; admettre un pareil système d'appréciation serait prononcer l'annulation générale de tous les brevets (Paris, 13 juillet 1861, de Coster, *Prop. ind.*, n° 212) ; — 3° que, pour apprécier la nouveauté d'une application, il faut, n'isolant aucun des moyens de la pensée génératrice qui combine et dispose les éléments existants ou les moyens déjà connus, voir simplement si la réunion de ces éléments ou moyens aboutit, par une application nouvelle, à l'obtention d'un résultat industriel (Colmar, 10 janvier 1866, Imbs, Pataille, 66.70).

402. *Quid* **de la vente antérieurement au brevet ?** — Le fait par le breveté d'avoir fait commerce de l'objet de son invention, avant de l'avoir protégée par un brevet, constitue-t-il la publicité légale ? Oui, incontestablement, si cet objet est de telle nature que son aspect ou que l'analyse en révèle la nature, la composition, les caractères ; non, certainement, dans le cas contraire (2). Supposez que l'objet de l'invention soit un produit chimique, par exemple une matière colorante, et admettez qu'un chimiste puisse, par une analyse habile, se rendre compte de la composition et de la préparation de cette substance ; il tombe sous le sens que le fait de l'avoir vendue, avant de prendre le brevet, sera exclusif de nouveauté. Peu importe, du reste, qu'aucun chimiste n'ait eu

---

(1) V. aussi Paris, 3 mai 1885, Payon (Pataille, 86.46).

(2) V. Renouard, n° 45 ; Nouguier, n° 532 ; Blanc, p. 452 ; Rendu et Delorme, n° 455. — Comp. Tillière, n° 57.

l'idée de faire cette analyse, qu'aucun ne l'ait réellement faite ; il suffit, nous le savons à présent, qu'on ait pu la faire ; il suffit que, sur le seul vu du produit, on ait pu le fabriquer pour que la nouveauté fasse désormais défaut. Supposez au contraire que l'objet du brevet soit non le produit lui-même qui sera un produit connu, mais le procédé propre à le fabriquer, et admettez, ce qui sera fréquent, que ni l'aspect, ni même l'analyse la mieux faite, ne puisse révéler les moyens employés par l'inventeur, il faudra décider que l'invention est nouvelle.

403. Jurisprudence (1). — Il a été jugé en ce sens : 1° que la vente d'un produit, avant la date du brevet qui le protège, n'est pas exclusive de sa nouveauté, s'il n'est pas d'une telle nature que son aspect révèle les procédés à l'aide desquels on l'obtient (Paris, 21 fév. 1856, Florimond (2), Pataille, 56.80) ; — 2° que la fabrication d'un produit dont le mode d'exécution n'a été ni publié ni connu ne lui enlève pas son caractère de nouveauté, en sorte qu'il peut valablement faire l'objet d'un brevet (Trib. civ. Rouen, 22 juin 1859, de Montagnac, *Prop. ind.*, n° 93) ; — 3° que la vente, antérieurement au brevet, d'un produit dont la simple inspection et la décomposition suffisent pour faire connaître le mode de fabrication, constitue une divulgation entraînant la nullité du brevet, sans qu'il soit nécessaire d'établir que, dans l'intervalle, un imitateur a effectivement pris connaissance du produit et des procédés de fabrication (Douai, 8 fév. 1861, Bouchard-Florin, Pataille, 61.271) ; — 4° que la publicité qui entraîne la nullité du brevet est celle qui rend l'exécution de l'invention possible : spécialement, la mise en circulation d'un produit, dont la vue seule fait connaître le secret de fabrication, lui enlève tout caractère de nouveauté et par suite de brevetabilité (Aix, 11 nov. 1863, Gobin, Pataille, 65. 325).

404. Jurisprudence *suite*. — Il a encore été jugé : 1° qu'un produit (dans l'espèce l'eau dentifrice du docteur

---

(1) V. Rej., 20 juin 1870, aff. Dide (Dall., 71.1.335).
(2) V. aussi Paris, 10 janv. 1857 (Pataille, 57.14).

Pierre) reste brevetable bien qu'il ait été livré au commerce avant la date du brevet, si l'analyse chimique, tout en permettant de reconnaître les ingrédients qui entrent dans sa composition, ne donne pas la possibilité d'en distinguer les doses qui en font à elles seules l'efficacité (Paris, 16 janv. 1867, Chouet, Pataille, 68.256); — 2° que la publicité n'existe pas lorsque, s'agissant d'un mélange de diverses substances, il n'est pas établi que l'analyse permette de découvrir, en même temps que la nature de chacune de ces substances, les proportions suivant lesquelles elles entrent dans le mélange (Caen, 17 fév. 1887, Peschard, Pataille, 87.31); — 3° que la loi a considéré les effets de la publicité sans distinguer entre les actes émanés des tiers et ceux provenant de l'inventeur; si, par rapport à ce dernier, il ne faut s'arrêter ni à des communications confidentielles de sa part, ni à des divulgations frauduleuses commises à son préjudice, ni à de simples essais auxquels il se livre avant de mettre la dernière main à son œuvre, ni encore à la mise en pratique tant qu'elle resterait secrète, ni même pour certains objets à un acte isolé de vente ou de débit, il en est autrement lorsque cet acte, même unique, permet au premier fabricant venu d'exécuter l'appareil qu'il voit fonctionner publiquement : spécialement, il y a divulgation de la part de l'inventeur qui, avant de prendre son brevet, vend à une ville, pour y servir à l'éclairage public, un certain nombre des appareils par lui brevetés plus tard, alors qu'il est établi que la vue seule de ces appareils en révélait par elle-même la combinaison nouvelle (Trib. civ. Lyon, 19 avril 1871, Pochet, Dall., 71.3.8); — 4° jugé, à plus forte raison, que des propositions de vente, antérieurement au brevet, ne constituent pas une divulgation du procédé, alors que les objets n'ont pas été livrés au commerce, et que rien n'établit d'ailleurs que l'inventeur en ait décrit le mécanisme de façon à permettre de les exécuter (Paris, 20 juin 1867, de La-Coux-Desrozeaux, Pataille, 69.231); — 5° jugé encore qu'il n'y a pas publicité dans le fait qu'une machine, ultérieurement brevetée, ait été, avant la date du brevet, comprise dans une vente publique, alors que les affiches ne contenaient aucune description ni indication de nature à en rendre la construction possible et que d'ailleurs le cahier des charges lui-même la signalait comme incomplète et hors d'état de fonctionner (Rej., 26 oct. 1885, Larrieu, Dall., 86.1. 147).

405. Jurisprudence contraire (1). — Il a été jugé pourtant d'une manière absolue : 1° qu'un fait unique, une seule vente d'un produit fabriqué d'après un procédé nouveau, ultérieurement breveté, ne saurait être considéré comme ayant donné au procédé une notoriété suffisante pour le faire tomber dans le domaine public (Paris, 5 juill. 1845, Croizat, cité par Blanc, p. 473); — 2° qu'on ne saurait voir une publicité ou divulgation entraînant la nullité d'un brevet d'invention pour défaut de nouveauté dans le fait par le breveté d'avoir, antérieurement à la prise de brevet, vendu le produit qu'il a inventé, dans le seul but de permettre à l'acheteur d'en essayer l'emploi (Amiens, 2 juin 1883, Barreau-Pinchon, Pataille, 85.259).

406. *Quid* **de l'existence d'un brevet antérieur ?** — Quand deux brevets sont pris pour la même invention à des dates différentes, c'est le premier en date qui prime l'autre; nous l'avons dit ailleurs. Et si par hasard le premier brevet a été pris par fraude au détriment du second breveté, celui-ci n'a d'autre ressource que de se faire subroger dans les droits résultant du premier brevet; c'est encore ce que nous avons expliqué. Il n'est donc pas douteux que, dans tous les cas, le premier brevet ne rende le second sans valeur. Comment en serait-il autrement en présence des termes de l'art. 31? Un brevet, lorsqu'il est délivré, n'est-il pas un acte public connu de tous? Il est si bien réputé connu de tous que celui qui l'imite, même de bonne foi, est considéré comme contrefacteur.

On rencontre pourtant des arrêts qui décident que le seu fait de l'existence d'un brevet antérieur ne peut être invoqué à titre d'antériorité, et qu'un contrefacteur, par exemple,

---

(1) V. également Trib. corr. Seine, 4 fév. 1859, Petit; Trib. corr. Seine, 8 mars 1859, Depoully, *Propr. ind.*, n° 66.

poursuivi en vertu du second brevet, ne peut se prévaloir du premier. Voici comment ces arrêts raisonnent : « Il se peut, disent-ils, qu'un litige s'élève entre les deux brevetés sur la priorité de l'invention ; mais ce litige ne saurait donner ouverture aux droits des tiers. Qu'importe que le contrefacteur ait pris l'invention de tel ou tel ; il n'en est pas moins contrefacteur. »

Le vice de ce système saute d'abord aux yeux. Le contrefacteur, en effet, n'a point à se préoccuper de la personne qui le poursuit ; il n'a qu'à discuter le titre qu'on lui oppose. Or, s'il plaisait à un individu de prendre à des dates différentes dix brevets pour la même invention, admettrait-on qu'il pût, sous le couvert du premier, se créer l'apparence de dix titres différents, et que nul ne pût faire réduire son droit aux justes limites qu'il comporte? Qui voudrait soutenir une pareille hérésie? Quant à cet argument, que le contrefacteur est contrefacteur dans tous les cas, et que dès lors il est sans intérêt à invoquer le premier brevet, c'est un argument sans portée sérieuse. Qui sait, en effet, si le propriétaire du premier brevet voudrait poursuivre ce prétendu contrefacteur? Son silence même n'est-il pas une présomption qu'il ne veut pas exercer de poursuites? Ne peut-il, après tout, malgré son brevet, vouloir laisser le domaine public jouir de son invention? Ne peut-il, du moins, soit par insuffisance de ressources, soit par simple pusillanimité, redouter les conséquences d'un procès? Ne peut-il pas craindre enfin de compromettre, par une poursuite qu'il juge peut-être téméraire, la validité de son titre, et n'est-il pas naturel qu'il préfère ne pas courir la chance d'un échec, au risque de laisser quelques contrefacteurs isolés en profiter? Bref, ne peut-on pas imaginer dix motifs pour un qui paralysent l'action du premier breveté, c'est-à-dire de celui qui seul l'est valablement? Comment donc permettre au second breveté, dont le titre est radicalement nul, d'exercer une action que celui à qui elle appartient n'exerce pas? Comment surtout permettre à ce second breveté d'obtenir, en vertu d'un titre nul, des condamnations pécuniaires que ne réclame pas celui-là qui seul pourrait les obtenir légalement? Il faut, à notre sens, reconnaître qu'un brevet antérieur à un autre, même lorsqu'il n'est pas expiré, constitue une antériorité dont les tiers, et particulièrement les contrefacteurs, peuvent toujours se prévaloir (1).

407. Jurisprudence. — Il a été jugé : 1° *dans notre sens*, que le prévenu de contrefaçon peut invoquer l'existence d'un brevet antérieur à celui en vertu duquel on le poursuit, sans exercer pour cela le droit privatif qu'il consacre au profit du titulaire, et uniquement pour établir que le procédé qui y est décrit est identique et antérieur à celui qui lui est reproché (Paris, 31 janv. 1862, Salomon (2), *Prop. ind.*, n° 219) ; — 2° *en sens contraire* (3), qu'un brevet n'est pas invalidé par un brevet pris huit jours auparavant pour la même invention, lorsqu'il est constant que ce premier brevet n'a été pris qu'à la suite d'une indiscrétion du véritable inventeur; et l'antériorité doit être repoussée, alors même que le premier breveté ne serait pas en cause, si d'ailleurs les faits sont constants (Rej., 8 juill. 1848, Chabrié (4), Sir., 48.1.581).

408. ***Quid* en cas de brevet étranger?** — Cette question est le complément de la précédente. Nous supposions tout à l'heure que le brevet, invoqué à titre d'antériorité, avait été pris en France; raisonnons dans l'hypothèse d'un brevet pris à l'étranger. En principe, il est certain que le brevet pris à l'étranger constitue une antériorité à l'égard du brevet qui serait pris postérieurement en France par un autre que le breveté étranger. D'une part, en effet, pas de litige possible sur l'antériorité de l'invention entre le breveté étranger et le breveté français ; d'autre part, l'art. 29 déclare expressément que le droit de prendre un brevet d'importation n'appartient qu'au propriétaire du brevet étranger. Tou-

---

(1) V. Nouguier, n° 498; Blanc, p. 468; Rendu et Delorme, n° 442.

(2) Nous avons trouvé peu d'arrêts sur cette question, parce qu'elle n'est pas soulevée le plus souvent; mais, en fait, les tribunaux n'hésitent pas à admettre comme antériorités des brevets qui ne sont pas encore expirés.

(3) Les circonstances de fait réduisent l'arrêt à un simple arrêt d'espèce.

(4) V. également Paris, 3 avril 1851, Neveu, que Nouguier cite (n° 498) sans en donner le texte.

tefois, de cette situation naît une question difficile que nous allons examiner.

409. *Quid* **si le brevet étranger n'a pas reçu de publicité** (1)? — Posons d'abord la question : un inventeur (étranger ou français, peu importe) prend un brevet à l'étranger. Dans l'intervalle qui s'écoule entre le jour où il dépose sa demande de brevet et le jour où le brevet lui est délivré, un tiers, ignorant de ce fait, demande en France un brevet pour la même invention. Quel sera le sort de ce brevet? Pourra-t-on opposer à celui-ci, comme une antériorité, le brevet pris à l'étranger avant le sien, quoique en réalité il ne l'ait pas connu ? Ne pourra-t-on pas du moins lui dire : Votre brevet est un brevet d'importation, puisque la même découverte était déjà brevetée à l'étranger ; et comme ce genre de brevet n'est accordé en France qu'au breveté étranger, et que vous ne l'êtes pas, votre brevet est sans valeur ?

D'un côté, on raisonne ainsi : la loi exige, pour détruire la nouveauté, qu'à la date où le brevet est demandé il y ait publicité suffisante pour qu'on puisse exécuter l'invention ; or, à cette date, le brevet étranger n'étant pas délivré, il est manifeste que le domaine public n'était pas encore en possession de l'invention ; cela est si vrai, que c'est dans ce seul cas, et précisément parce qu'il n'y a pas de publicité, que le breveté étranger est admis à prendre un brevet d'importation ; dès lors, la règle doit être la même pour tout autre que le breveté étranger ; s'il n'y a pas publicité pour lui, il n'y en a pour personne. Au surplus, si l'article 29 dispose que l'auteur d'une découverte déjà brevetée à l'étranger peut prendre un brevet en France, il ne dit pas autre chose, et notamment il ne dit pas que le fait qu'un brevet ait été demandé à l'étranger peut à lui seul, en dehors de toute publicité, faire obstacle au brevet qui serait pris en France par un tiers.

De l'autre côté, voici ce qu'on répond : Il est certain que la loi de 1844 a entendu abolir les brevets d'importation, tels qu'ils étaient organisés sous la loi de 1791 ; elle n'a pas voulu qu'un brevet de cette nature pût être le prix de la course. Or

(1) V. *suprà*, n°s 338 et suiv.

admettre que le seul fait qu'un brevet ait été demandé à l'étranger ne constitue pas un obstacle à la demande d'un brevet semblable en France, c'est, en réalité, rétablir les brevets d'importation. Il y aura des gens qui se mettront à l'affût des inventions, pour lesquelles des demandes de brevet seront formées à l'étranger, qui parviendront à en connaître l'objet, et qui s'empresseront de le breveter eux-mêmes en France. De cette façon, ils auront tout le bénéfice d'une invention qu'ils n'auront pas faite, et priveront le breveté étranger du droit que lui accorde l'art. 29. Le but de la loi sera complètement manqué; son texte même sera violé, car l'art. 29 dispose que l'auteur d'une invention déjà brevetée à l'étranger pourra la faire breveter en France; et son sens est certainement que, dès qu'une invention est brevetée à l'étranger, elle cesse d'être brevetable en France pour tout autre que le propriétaire du brevet étranger. La question revient donc à celle de savoir à quel moment précis on peut dire d'une invention qu'elle est brevetée. N'est-il pas évident que c'est lorsque la demande du brevet est formée? N'est-ce point, en effet, de ce moment que, dans la plupart des législations, partent les effets du brevet? Et même, si l'on se place au point de vue de la publicité, ne doit-on pas dire, par la même raison, que la publicité existe dès l'instant du dépôt de la demande? Sans le temps matériellement nécessaire à l'expédition du titre, le brevet serait, dès ce moment même, livré à la curiosité publique; c'est à ce moment que se forme le contrat entre l'inventeur et la société; c'est donc à ce moment que l'invention est réputée entrer dans le domaine des choses révélées et connues. La preuve qu'il en est ainsi, au moins en France, sous l'empire de la loi actuelle, c'est que, si deux brevets sont pris à cinq minutes d'intervalle pour la même invention par deux individus qui ne se connaissent pas, qui ignorent la découverte l'un de l'autre, le second brevet est radicalement nul. Pourquoi? C'est que, l'effet du brevet remontant à l'instant du dépôt de la demande, la publicité est réputée complète à ce moment.

M. Huard, se prononce dans ce dernier sens; son argumentation, sans être décisive, mérite d'être rapportée : « Un « brevet d'importation, dit M. Huard, est tout simple-

« ment un brevet pris en France pour une invention déjà « brevetée en pays étranger, soit par le breveté français, « soit par tout autre. Peu importe que le breveté ait su ou « ignoré que l'invention était brevetée à l'étranger. Dans les « deux hypothèses, il est importateur. Il suffit, pour s'en « assurer, de se reporter à la loi de 1791, qui a défini et pro- « tégé le brevet d'importation ; on verra que le brevet d'im- « portation découle d'un fait matériel : la préexistence, en « pays étranger, d'un brevet pris pour le même objet que le « brevet français. Il n'y est question ni de publicité, ni de « non-publicité, ni de la connaissance du brevet étranger, ni « de l'ignorance où le breveté français se trouvait à cet « égard ; cette distinction n'existait pas dans la loi de 1791. « Si donc le législateur de 1844, en abolissant les brevets « d'importation, avait entendu introduire une distinction « inconnue jusqu'alors entre celui qui est sciemment impor- « tateur et celui qui fait de l'importation sans le savoir, il eût « fallu qu'il le dît. Or il a gardé le silence, et nous sommes « forcés d'en conclure que la loi qui nous régit a suivi, sur « ce point, les errements de sa devancière. Nous ajoutons « que la distinction qu'on veut faire prévaloir est en contra- « diction flagrante avec les autres dispositions de la loi et « avec les principes sur lesquels cette loi repose. Qu'un brevet « soit pris en France le lendemain d'un brevet pris en France « également, et pour le même objet, recherchera-t-on si le « second breveté a pu et dû connaître le premier brevet ? « Déclarera-t-on ce second brevet valable, s'il est prouvé que « l'invention brevetée la veille n'avait pas reçu une publicité « suffisante pour pouvoir être exécutée ? Evidemment non ; « on proclamera le second brevet radicalement nul, fût-il pris « un quart d'heure après le premier, et alors même qu'en « fait il serait constant que ce second breveté ignorait l'inven- « tion du premier. Eh bien, les principes sur lesquels « cette décision se fonde sont les mêmes qui doivent « faire repousser la distinction proposée entre les importa- « teurs (1). »

(1) V. *Prop. ind.*, n° 129.

On nous a reproché de n'avoir pas pris nettement parti dans la question, et on a même semblé croire que le luxe des développements que nous avions donnés à la seconde opinion impliquait, de notre part, la reconnaissance de son bien fondé. Il n'en est rien. Nous pensons que le premier système est le seul juridique ; il prend son point d'appui dans l'art. 31 de la loi de 1844, qui n'exige d'autre condition, pour la brevetabilité d'une invention, que le fait qu'elle n'ait pas reçu, avant la date du dépôt de la demande du breveté, une publicité suffisante pour pouvoir être exécutée. Or quand un brevet a été demandé à l'étranger, et que nul n'en connaît encore l'objet, il est clair que l'invention est absolument nouvelle. Celui qui la fait breveter en France, dans l'ignorance nécessaire du brevet étranger, est dans les conditions strictes et formelles de la loi pour obtenir un brevet valable. L'erreur du système contraire vient de ce qu'on suppose que l'auteur d'une découverte brevetée à l'étranger et dont le brevet est encore secret, peut seul se faire breveter en France. L'art. 29 ne dit rien de semblable. Sans doute, l'auteur de la découverte brevetée à l'étranger pourra se faire valablement breveter en France, s'il l'y apporte avant toute publicité; mais si un tiers, faisant de son côté la même découverte, vient avant lui demander un brevet, toujours dans cette période où il n'y a point eu de publicité, ce tiers primera nécessairement et naturellement le breveté étranger. M. Huard suppose encore que, sous l'empire de la loi de 1791, un tiers ne pouvait obtenir de brevet d'importation qu'autant que l'invention, qu'il importait, était déjà brevetée à l'étranger; il a mal lu la loi dont l'art. 3 s'exprime ainsi : « Quiconque apportera le « premier, en France, une découverte étrangère jouira des « mêmes avantages que s'il en était l'inventeur. » Nous pensons avoir maintenant fait connaître d'une façon bien claire notre avis personnel.

410. Jurisprudence (1). — Il a été jugé à cet égard : 1° qu'il n'y a pas nullité d'un brevet pris en France, à raison de ce qu'un brevet aurait été pris antérieurement en

(1) Comp. Paris, 14 mai 1859, Choureaux (Pataille, 59.174).

Autriche par un tiers pour la même invention, s'il est établi que le brevet autrichien, conformément à la loi du pays, a été pris sous le sceau du secret, n'a été publié qu'après la prise du brevet français et qu'il n'apparaît pas d'ailleurs qu'il ait été mis en exploitation publique avant cette date (Paris, 17 février 1883, Lecointe, Pataille, 84.109); — 2° qu'une patente prise à l'étranger avant la date du brevet français ne constitue pas une antériorité quand il est constant que la publication de cette patente n'a eu lieu que postérieurement à la prise du brevet en France (Lyon, 19 juillet 1872, Œhler, Pataille, 72.330); — 3° que, du moins, les conclusions qui tendent, en ce cas, à faire considérer le brevet français comme un brevet d'importation de la patente étrangère, ne sont pas recevables quand elles se produisent pour la première fois devant la Cour de cassation, parce qu'elles constituent une demande nouvelle (Rej., 28 janv. 1858, Boucherie, *Prop. ind.*, n° 9).

411. *Quid* **d'une demande de brevet qui a été retirée?** — Voici l'espèce: un individu prend un brevet; il apprend ensuite qu'une autre personne avait formé avant lui une demande de brevet pour le même objet; seulement, cette demande n'a pas été suivie de la délivrance du titre; l'inventeur, soit qu'il préférât conserver le secret de sa découverte, soit qu'il voulût y apporter des perfectionnements, l'a retirée. Le seul fait de cette demande, en dehors de toute autre circonstance, constitue-t-il la publicité légale? Ce fait, à lui seul, pourra-t-il être invoqué à titre d'antériorité contre le brevet? Il faut distinguer deux cas: celui où cette antériorité serait invoquée par celui-là même qui a formé la première demande et l'a retirée, et celui où c'est un tiers étranger à cette demande qui s'en prévaut. Dans les deux cas d'ailleurs s'élève la question de savoir si le fait qu'un individu ait possédé et pratiqué, même secrètement, l'invention antérieurement au brevet fait perdre au breveté ses droits, soit vis-à-vis de celui qui justifie de cette possession antérieure, soit même vis-à-vis de tout autre. L'examen de cette question viendra plus loin.

Rappelons toutefois, dès à présent, qu'il a été jugé qu'une demande de brevet, qui a été ensuite retirée et à laquelle, par conséquent, il n'a été donné aucune suite, ne constitue pas une antériorité (1).

412. *Quid* **d'une première demande rejetée?** — M. Nouguier semble enseigner que la demande d'un brevet, lorsqu'elle est rejetée comme irrégulière, constitue à l'égard de l'inventeur une antériorité qui frappe de nullité le brevet qu'il pourrait ultérieurement demander pour la même invention. En d'autres termes, un inventeur qui aurait vu sa demande rejetée ne pourrait la reproduire sous peine de se voir opposer sa première demande à titre d'antériorité. « En « principe, dit cet auteur, la demande constitue évidem- « ment la publicité ; elle prouve, en effet, que les employés « du ministère qui ouvrent le paquet cacheté, que le ministre « qui examine et statue, ont connaissance de l'invention, « laquelle est, sous ce rapport, publique (2). »

Nous ne pouvons accepter ce raisonnement ; la connaissance que les employés de l'administration sont tenus de prendre du brevet ne constitue pas la publicité ; c'est tout au plus une confidence que l'inventeur leur fait, qu'il est obligé de leur faire, et qui ne peut produire d'autres effets que ceux de la confidence purement privée. Il est vrai que M. Nouguier fait une distinction fondée sur les causes qui ont amené le rejet de la demande, et qu'il admet, par exemple, que, si la demande a été rejetée pour absence absolue de description, le rejet ne constitue point, en ce cas, la publicité légale. Il faut convenir que le contraire eût été bien extraordinaire. Mais, ne suffit-il pas, en dehors de tout raisonnement, de rappeler que l'art. 12 admet sans distinction que, dans tous les cas où la demande a été rejetée pour irrégularité, elle peut être légalement *reproduite* dans un délai déterminé? Pourquoi distinguer là où la loi ne distingue pas?

Jugé, dans cet ordre d'idées, que la demande d'un brevet à l'étranger, formée par l'inventeur, ne peut être par elle-même considérée comme une divulgation de l'invention postérieure-

(1) V. Paris, 29 juillet 1848, Teissier (Sir., 48.2.468).
(2) Nouguier, n° 501.

ment brevetée en France, lorsque cette demande est restée secrète, la loi française admettant, par ses termes mêmes, qu'un certain intervalle puisse séparer, sans emporter nécessairement divulgation, les demandes faites à l'étranger de celles déposées en France ; il en est de même d'une demande de brevet formée par un tiers à l'étranger et rejetée ; la connaissance prise par la commission administrative, qui (dans l'espèce, en Prusse) est chargée de statuer sur le mérite de la demande, n'a pas pour résultat de rendre publique l'invention soumise à son examen ; une telle communication a, de sa nature, un caractère confidentiel (Paris, 17 février 1883, Lecointe, Pataille, 84.109).

412 *bis. Quid* **d'un brevet pris le même jour qu'un certificat d'addition, se rattachant à un autre brevet ?** — L'espèce suivante s'est présentée : un inventeur prend un brevet ; à ce brevet il rattache, un peu plus tard, un certificat d'addition ; le jour même où il prend ce certificat d'addition, à la même heure, il prend un nouveau brevet dans des termes identiques à ceux du certificat d'addition. Il s'engage ensuite un procès sur la validité du premier brevet ; un intéressé soutient et fait juger que ce brevet est nul et naturellement que la nullité du brevet entraîne celle du certificat d'addition. Que conclure alors pour le second brevet ? Doit-on le déclarer nul comme reproduisant le certificat d'addition, désormais acquis au domaine public ? Doit-on, au contraire, dire que, le brevet ayant été pris à la même heure que le certificat d'addition, il n'y a aucun motif de décider que le certificat d'addition a précédé le brevet et lui est antérieur ? Pour nous, il nous paraît que la question doit être résolue d'après les termes des procès-verbaux de dépôt des demandes de l'un et l'autre titre. Si le procès-verbal du dépôt de la demande du certificat d'addition indique qu'il a été effectué avant celui de la demande du brevet, l'intervalle ne fût-il que de quelques minutes, il y a antériorité. C'est l'application rigoureuse, sans doute, mais exacte d'une règle que nous connaissons (1). Dans le cas

---

(1) V. *suprà*, n° 124.

contraire, il faut reconnaître qu'il y a doute sur l'antériorité, et le doute doit profiter au breveté (1).

Il a été jugé à cet égard qu'il n'y a pas lieu de prononcer la nullité d'un brevet sous le prétexte qu'il serait identique avec un certificat d'addition pris le même jour par le même inventeur, comme se rattachant à un autre brevet ; en conséquence, si le brevet auquel se rattache le certificat d'addition vient à être annulé, le second brevet demeure valable (Lyon, 19 juillet 1872, Œhler (2), Pataille, 72.330).

413. *Quid* **de l'antériorité scientifique ?** — Nous avons vu que la découverte d'un principe scientifique, d'une théorie, d'une loi de la nature, n'est pas brevetable, indépendamment de son application à l'industrie. Ainsi, les savants qui ont découvert l'iode, le brome, ou, plus près de nous, le thallium et le rubidium, n'auraient pas pu breveter à leur profit exclusif ces nouveaux corps, du moment où ils n'en avaient pas en même temps trouvé l'application à l'industrie. De même encore celui qui le premier, en mécanique, a observé que la résistance d'un corps à l'enfoncement dans un sol mou est proportionnelle à sa surface de contact avec le sol, n'aurait pu prendre un brevet pour ce principe en lui-même. Il en est encore ainsi de celui qui, le premier, a remarqué que le bichromate de potasse combiné avec une matière animale, telle que la gélatine, forme un composé insoluble. Il n'y avait pas là, en effet, d'application industrielle ; il n'y avait qu'une observation théorique, l'observation des lois qui régissent les rapports des corps entre eux. On pourrait multiplier ces exemples à l'infini ; mais il faut bien se garder de croire qu'une découverte, parce qu'elle émane d'un savant, parce qu'elle est décrite dans un ouvrage de science, reste susceptible d'être brevetée par quiconque veut s'en emparer. Certaines décisions, rendues peut-être en termes trop absolus, tendraient à propager cette erreur. Des arrêts ont semblé admettre, en effet, que les travaux des savants ne font pas obstacle à ce qu'un brevet puisse être ultérieurement

---

(1) V. *suprà*, n° 369.

(2) V. aussi Rej., 17 déc. 1873, Œhler (Pataille, 74.35).

pris pour le même objet, que le fait scientifique laisse absolument intact le fait industriel. Pour nous, il nous est impossible d'accepter une pareille doctrine. Peu importe, à notre sens, et à coup sûr nous avons la loi pour nous, le lieu où la découverte a pris naissance ; peu importe l'homme qui en est l'auteur ; laboratoire ou atelier, savant ou industriel, celà ne change rien au caractère de la publicité. Toute la question est de savoir si la découverte du savant est susceptible de passer, telle qu'elle est sortie de son cerveau, telle qu'il l'a conçue, dans le domaine de l'industrie. Si oui, il n'y a plus de brevet possible ; autrement l'art. 31 serait lettre morte. Exploiter pour la première fois, sur une échelle plus ou moins grande, la découverte d'un savant, alors d'ailleurs qu'il n'est besoin d'y rien changer, ce n'est pas inventer, ce n'est pas faire une application nouvelle dans le sens de la loi. Nous devons ajouter que les décisions auxquelles nous faisons allusion ont jeté un légitime émoi dans le monde savant. C'est au point que l'éminent M. Pasteur, ayant fait une découverte importante pour la préparation industrielle du vinaigre, crut devoir prendre un brevet, mais déclara en même temps, en pleine Académie, qu'il n'agissait ainsi que pour ne pas voir le domaine public frustré des résultats de sa découverte au bénéfice de quelque frelon industriel ; et, de fait, pour la lui assurer, il cessa aussitôt de payer les annuités de son brevet et l'abandonna.

M. Ét. Blanc dit, au sujet de la question qui nous occupe : « Il y a travail purement scientifique dans le fait de celui qui, « savant ou non, découvre un corps ou obtient un produit « sans dire à quels usages il peut être appliqué. Dans ce cas, « pas d'invention au point de vue légal, et partant, rien « qu'on puisse opposer à celui qui, plus tard, se fait breveter « pour l'utilisation industrielle de ce corps... Le savant « découvre un corps ; à lui la gloire. S'il veut y joindre le « profit, qu'il indique les propriétés industriellement appli- « cables de sa découverte, et qu'il les fasse breveter. Mais « qu'il se hâte, car si l'industrie le devance, l'industrie aura « le profit (1). » Nous n'avons rien à reprendre à ces paroles,

(1) V. *Propr. ind.*, n° 252.

si toutefois il est entendu qu'on n'exige pas du savant qu'il indique en termes exprès et sacramentels l'usage auquel est destiné le produit qu'il découvre, s'il est entendu que l'indication de cet usage peut ressortir de l'ensemble des travaux du savant, du sens général du passage où il décrit l'objet de sa découverte, des données que possède déjà l'industrie.

414. Opinion de M. O. de Vallée. — M. O. de Vallée, portant la parole comme premier avocat général près la Cour de Paris, exprimait les mêmes idées avec un rare bonheur d'expression, lorsque, donnant ses conclusions dans l'affaire de la *fucshine* (1), il s'écriait : « Comment ! un industriel, « placé au pied de l'escalier d'un savant, entendra, pour « ainsi dire, le bruit de ses expériences, il verra naître le « produit nouveau ajouté aux richesses déjà acquises, et, « parce qu'il le réalisera six mois plus tard, mieux, plus vite, « en plus grande quantité, qu'il le répandra dans le com- « merce, dans l'industrie, il aura le produit ! Et le domaine « des richesses artificielles se rétrécira à son profit ! C'est « impossible, et j'y fais pour ma part un énergique obstacle. « La loi s'y oppose, comme la loi du bon sens et la con- « science. Le produit n'est donc pas aux frères Renard en « vertu d'une découverte qu'ils n'ont pas faite. Mais se la « seraient-ils attribuée indirectement par la volonté de la « loi, en ayant eu, les premiers, l'idée d'une application nou- « velle à la teinture des tissus ? On le prétend, et c'est sur « ce point qu'on a concentré les efforts, au moins devant la « Cour. L'utilisation industrielle, a-t-on dit, voilà notre « titre ; il est incontestable, excellent, et suffit à nous assu- « rer l'exploitation exclusive du rouge d'aniline. Mais où « donc la loi parle-t-elle d'utilisation industrielle ? Nulle

(1) La *fuchsine* est le nom donné par MM. Renard à une matière colorante, extraite de l'aniline, et pour laquelle ils ont pris un brevet à la date du 8 avril 1859. Ce brevet a été l'objet de longues luttes judiciaires. Il est vrai qu'on lui opposait un mémoire d'Hoffmann, dans lequel le célèbre chimiste allemand, plus de six mois auparavant, décrivait le même produit sous le nom de *matière colorante*. De là est née la question de savoir si, après la découverte scientifique d'Hoffmann, il pouvait encore y avoir découverte industrielle de la part de de MM. Renard.

« part. Elle parle d'application nouvelle; elle suppose une « idée nouvelle engendrant un fait nouveau. Dans l'espèce, « où est l'idée nouvelle? Les frères Renard ont eu l'idée, « qu'avait dédaignée Hoffmann, d'appliquer une matière « colorante à teindre? Mais Perkins avait eu cette idée, et, « trouvant le violet dans l'aniline, il en avait fait une tein- « ture industrielle. La teinture trouvée, l'idée de s'en servir « ne semble guère pouvoir être nouvelle. Dans la cause, elle « ne l'était pas après les travaux industriels de Perkins. Si « Hoffmann avait dit *matière propre à teindre*, les frères « Renard, en s'en servant, auraient-ils eu l'idée nouvelle « d'une application nouvelle? Non, à coup sûr. Eh bien! « pour un chimiste industriel sachant lire, il l'a dit : *matière « colorante d'un cramoisi magnifique, tirée de l'aniline*, « cela voulait dire pour les teinturiers : prenez (en l'obte- « nant plus vite et par de meilleurs procédés) ma teinture « pour teindre. On frémit à l'idée que, pour avoir pensé à « teindre avec de la teinture, des industriels peuvent mono- « poliser une grande et magnifique industrie. » M. de Vallée terminait ainsi : « Supposez qu'aujourd'hui un savant, dans « son laboratoire, découvre la vapeur, que demain un indus- « triel anime le principe et le fasse agir dans une admirable « machine; est-ce que, après-demain, je ne pourrai pas « animer le même principe, m'en servir, l'utiliser, le fécon- « der, l'employer industriellement ? Ce serait absurde et « presque impie. Ce que je dis d'un principe, il faut le « penser d'un produit découvert par la science et donné « par elle au monde. Personne ne doit pouvoir le lui repren- « dre (1). »

415. Antériorité scientifique, *suite.* — Nous ne connaissons d'ailleurs aucun document qui mette en relief, aussi bien que la décision suivante, les principes que nous venons d'exposer. C'est pourquoi nous la reproduisons textuellement : « Attendu que le brevet d'invention est un contrat « passé, d'une part, entre la société et, d'autre part, celui « qui a découvert un produit ou un résultat industriel jus-

(1) Imprimé chez Chaix et Cᵉ, en 1863.

« qu'alors inconnu du public; qu'il ne faut pas confondre les « opérations purement théoriques ou scientifiques avec les « innovations industrielles, et que la préexistence des premières n'affaiblit pas l'état de nouveauté des secondes, lors « même qu'elles ont le même objet; attendu, néanmoins, « qu'il importe de bien fixer la valeur des mots : *théorique* « et *scientifique*, par opposition à l'expression : *industriel*, « qu'une découverte peut revêtir le caractère industriel, bien « qu'elle soit le fruit des travaux d'un savant étranger à l'in« dustrie, et bien qu'elle ait été mise en œuvre dans un labo« ratoire et non dans un atelier; que c'est dans la nature « même de la découverte qu'il faut chercher son caractère « légal; qu'une observation fugitive, un simple essai, une « expérience incomplète et irréalisable industriellement, con« stituent la découverte purement scientifique; mais que la « donnée certaine, le travail définitif, le produit ou le résul« tat complet, susceptibles de passer dans la pratique tels que « le savant les a réalisés lui-même, caractérisent l'invention « industrielle, bien que personne n'en ait fait encore usage « dans l'industrie; attendu que la loi du 5 juillet 1844 a « clairement consacré ces principes dans ses art. 2 et 31, « en déclarant, d'une part, que les produits et les résultats « industriels sont seuls brevetables, mais en ajoutant, d'autre « part, que toute découverte, invention ou application ne « peut être réputée nouvelle dès qu'elle a reçu précédemment « une publicité suffisante pour pouvoir être exécutée; que « cette loi ne se préoccupe ni de l'origine, ni du but de cette « publicité, qui peut prendre naissance partout, en tout état; « attendu que l'art. 30, § 3, de la même loi, en annulant des « brevets qui portent sur des découvertes théoriques dont on « n'a pas indiqué les applications industrielles, n'a rien « changé à ces principes; qu'il résulte même de la discus« sion, qui a précédé l'adoption de ce paragraphe, que les « derniers mots qui se trouvent aujourd'hui dans le texte ont « eu pour but précis de réserver aux savants le droit de bre« veter leurs conceptions théoriques, lorsqu'elles sont de « nature à passer dans le domaine de l'industrie (1)..... »

(1) Trib. corr. Seine, 22 juillet 1863, Renard (*Le Droit*, 30 juillet).

416. Jurisprudence. — Il a été jugé en cette matière : 1° que toute nouvelle application industrielle, même d'un procédé déjà connu ou d'une idée déjà publiée, précisément parce qu'elle dote la société d'une industrie qu'elle ne possédait pas auparavant, est susceptible d'être brevetée; en effet, celui qui parvient le premier à tirer d'une découverte antérieure certains produits et résultats pratiques non obtenus avant lui et susceptibles d'être livrés au public, qui n'en jouissait pas encore, est véritablement inventeur quant à ces produits et résultats, et a droit aux avantages conférés, en vertu de la législation sur les brevets, à ceux qui étendent, par des créations de leur intelligence, l'action et le domaine de l'industrie : spécialement celui qui, le premier, a fait à l'industrie l'application spéciale et positive du bain d'or alcalin, qui, quoique connu et décrit, était jusque-là resté dans le domaine de la science, est à bon droit breveté (Rej., 13 août 1845, Elkington (1), Dall., 45.1.408); — 2° que les travaux des savants ne constituent pas une antériorité, alors qu'il est constaté que ces travaux ne peuvent être considérés que comme de simples essais qui n'ont reçu aucune application industrielle (Paris, 9 mars 1848, Christofle, Blanc, p. 469) ; — 3° qu'un produit chimique (dans l'espèce l'*orcine*, matière colorante tirée de l'oseille) reste nouveau et peut valablement faire l'objet d'un brevet, alors même qu'antérieurement un savant aurait eu l'idée de son extraction et y serait parvenu, s'il est établi d'ailleurs que cette extraction était obtenue au moyen de réactifs et par des procédés qui donnaient la matière à l'état de cristallisation, dans des conditions non industrielles et propres seulement à des expériences scientifiques et de laboratoire (Paris, 30 mars 1854, Frezon et Meissonnier, Pataille, 55.110).

417. Jurisprudence, *suite.* — Il a encore été jugé : 1° qu'un fait scientifique, fondé sur une expérience de laboratoire, ne saurait constituer une antériorité quand il n'a pas, d'ailleurs, les caractères et la valeur d'un procédé industriel : spécia-

(1) M. Delangle, alors avocat général, concluait énergiquement à la cassation.

lement, le fait que l'acide sulfurique fût depuis longtemps connu dans la science comme agent de fermentation des jus de betteraves, n'empêche pas qu'il ne puisse être utilement breveté pour cet emploi, quand il est constant qu'avant le brevet il n'avait pas fait l'objet d'une industrie sérieuse et utilement pratiquée : il en est surtout ainsi quand l'inventeur est le premier qui ait déterminé les doses efficaces pour obtenir un résultat vraiment industriel ; cette détermination du dosage est même à elle seule une véritable invention, puisque, sans elle, il n'y a pas d'application possible (Paris, 21 mai 1858, Dubrunfaut, *Jurisp. de la Cour de Douai*, 58.348) ; — 2° qu'un produit industriel peut être considéré comme nouveau et susceptible de brevet, quoique les travaux antérieurs des savants aient signalé l'existence du même produit, s'ils l'ont fait connaître seulement comme phénomène scientifique et sans égard à ses conséquences et à ses applications industrielles : spécialement, la fabrication, comme matière tinctoriale, du rouge d'aniline, désigné sous le nom de *fuchsine*, a pu être considéré comme la création d'un produit industriel nouveau, susceptible de faire l'objet d'un brevet valable, encore que les chimistes eussent, dans le cours de leurs expériences, constaté que, traitée par certains réactifs, l'aniline se colore en rouge ; cette constatation, purement scientifique et indépendante de toute application industrielle, laisse le caractère de produit nouveau au rouge d'aniline fabriqué tout exprès en vue de ces qualités tinctoriales par celui qui, le premier, les a découvertes et appliquées (Lyon, 13 déc. 1861, et Rej., 13 août 1862, Renard (1), Dall., 63.1.67) ; — 3° qu'on ne peut opposer au breveté, à titre d'antériorité, un travail publié dans des conditions purement scientifiques, si, d'ailleurs, il n'était pas fait en vue de l'objet de l'invention et surtout si, en fait, il ne conduit pas à un résultat industriel : spécialement, bien que Faraday, au cours d'une expérience qui avait pour but de liquéfier le gaz ammoniac sous sa propre pression,

---

(1) V. Paris, 31 mars 1863, mêmes parties (Pataille, 63.296), et Rej., 28 juin 1864, mêmes parties (Pataille, 64.274).

eût observé que, dans l'opération de la regazéification, il se produisait un froid intense, cette observation, toute scientifique, n'a pu faire obstacle à ce qu'un inventeur, utilisant le même phénomène, employât le gaz ammoniac, tour à tour liquéfié et regazéifié, pour produire artificiellement de la glace (Paris, 13 avril 1863, et Rej., 30 nov. 1864, Carré, Pataille, 65.126).

448. **Jurisprudence**, *suite*. — Il a été jugé de même : 1° qu'on ne saurait voir une antériorité dans un ouvrage de science qui reste dans des généralités telles qu'il n'en peut ressortir une application industrielle (Paris, 16 avril 1866, Ebeling et Schmoll c. Wyns, Pataille, 67.275) ;—2° que, pour cesser d'être brevetable, l'invention doit avoir reçu, non pas une publicité telle quelle, mais une publicité suffisante pour pouvoir être exécutée ; il ne suffit donc pas d'établir que l'invention (dans l'espèce, une matière colorante, le rouge d'aniline) était connue antérieurément à la date du brevet, si en fait, d'une part, elle n'avait été indiquée que dans des ouvrages scientifiques, et sans que les savants qui l'avaient observée eussent songé à ses conséquences et à la possibilité de ses applications industrielles, et si, d'autre part, la description donnée dans ces ouvrages était insuffisante pour en permettre la fabrication industrielle (Paris, 23 juill. 1868, et Rej., 30 janv. 1869, Langlois, Pataille, 69.128) ; — 3° jugé pourtant qu'il n'est pas nécessaire que la divulgation antérieure résulte d'une application pratique ou industrielle de la découverte ; il suffit qu'il y ait eu description technique dans un ouvrage publié, et que cette description soit suffisante pour permettre l'application ; si l'application se trouve ensuite retardée par des circonstances quelconques économiques ou autres, étrangères à l'invention elle-même, ce retard ne peut permettre à l'industriel, qui, le premier, se sera trouvé dans des conditions favorables pour l'exploitation de la découverte, de s'attribuer le titre d'inventeur : spécialement, celui qui, le premier, a utilisé le suint des laines pour en tirer industriellement de la potasse ne peut, en dehors d'appareils ou de procédés spéciaux, prétendre à un brevet valable, alors que les travaux des savants indiquaient déjà la présence de la potasse dans le suint et le signalaient comme une source nou-

velle de cette matière (Amiens, 24 avril 1868, Maumené (1), Pataille, 69.328).

419. *Quid* **de la publicité non intentionnelle?** — Nous ne saurions trop le répéter, la publicité est un fait. Dès que le fait se produit, la nouveauté disparaît sans qu'il y ait à se préoccuper de la cause qui lui a donné naissance ou de la personne de laquelle il émane; il importe donc peu que la publicité se soit produite en dehors de la volonté de l'inventeur, contre son intention, ou qu'elle soit le résultat d'une erreur de sa part. Tant pis pour lui si ses intentions ont été méconnues; il devait être plus vigilant; tant pis s'il s'est trompé, nul n'est censé ignorer la loi.

Il a été jugé en ce sens que, si certaines circonstances sont de nature à détruire ou à atténuer le caractère et les effets de la divulgation, l'intention de l'inventeur qui n'a pas cru divulguer son invention, par exemple en la faisant figurer dans une exposition publique, est impuissante à écarter l'application de l'art. 31 (Cass., 19 juin 1866, Bastiat (2), Pataille, 66. 288).

Jugé toutefois que la publication, avant la prise du brevet, d'un article destiné à servir de prospectus à l'invention ne peut nuire à l'inventeur quand elle a eu lieu contrairement à sa volonté (Paris, 10 avril 1858, Dubosq (3), *Prop. ind.*, n° 17).

420. *Quid* **de la publicité frauduleuse?** — Si la publicité donnée à l'invention avant la prise du brevet est le résultat d'une fraude, par exemple, si un tiers dérobe les plans de l'inventeur et les publie, ou bien si un ouvrier, ayant surpris les travaux de son patron, les dévoile, est-ce que cette publicité, dont l'origine est frauduleuse, portera atteinte au brevet? La loi ne fait pas distinction; elle déclare que l'invention n'est plus nouvelle lorsque, par un moyen quelconque, le public a été mis à même de la connaître. C'est à l'inven-

---

(1) V. aussi Trib. civ. Seine, 2 août 1881, Peiffer (Pataille, 82.71).

(2) V. Rej., 9 juillet 1884, Alain-Chartier (Pataille, 85.58). — V. pourtant Caen, 17 fév. 1887, Peschard (Pataille, 87.31).

(3) V. anal. Paris, 16 mars 1864, Bernot (Pataille, 64.265).

teur à rester sur ses gardes, à choisir son entourage, à ne pas accorder légèrement sa confiance. Mais, dès qu'en fait l'invention est connue, les tiers n'ont point à se préoccuper des causes de la publicité. Comment d'ailleurs pourrait-on raisonnablement les obliger, quand une idée nouvelle leur est présentée, à remonter à l'origine de cette idée, à en rechercher la source, à apprécier la pureté de cette source? C'est le fait, et le fait seul, qui fonde leur droit, d'où qu'il provienne. On ne peut les condamner à être plus vigilants que ne l'a été l'inventeur, sauf à celui-ci, bien entendu, à poursuivre l'auteur de la fraude et à demander contre lui la réparation du préjudice qu'il a souffert. Ajoutons cependant que, si l'ouvrier infidèle avait gardé pour lui le secret de l'invention dérobée à son patron, s'il ne l'avait pas répandue, il s'élèverait alors une question de possession personnelle que nous examinons ci-dessous.

« Cette doctrine, dit à ce propos M. Bédarride, puise son « fondement juridique dans la nature des choses. La société « qui trouve sous sa main un avantage matériel est en « droit de s'en saisir tant qu'un contrat intervenu entre elle « et l'inventeur n'est pas venu suspendre l'exercice de ce « droit. On ne saurait lui reprocher ni de n'être pas remontée « à l'origine de la publicité dont elle profite, ni de s'être « abstenue d'en rechercher les causes. Elle ne devait ni ne « pouvait le faire (1). »

M. Nouguier dit de même: « C'est à l'inventeur à procé« der à ses opérations préliminaires avec mystère et à pren« dre ses mesures pour qu'un abus de confiance ou qu'un « vol, dont il sera victime, ne vienne pas, avant l'époque où « il aura assuré l'existence de son privilège, répandre dans le « public le secret de ses combinaisons. Cette règle est si « rigoureuse qu'il faudrait en faire l'application même au cas « où la divulgation aurait lieu pendant le temps où l'inven« teur faisait des expériences et préparait la rédaction de « son mémoire descriptif pour déposer sa demande de « brevet (2). »

(1) Bédarride, n° 393.

(2) Nouguier, n° 511. V. Merlin, v° *Brev. d'inv.*, n° 5 ; Renouard,

421. Distinction proposée par M. Blanc. — M. Blanc propose une distinction : « Si, dit-il, un inventeur, « au lieu de se faire breveter, préfère une exploitation clan-« destine, et que, pendant le cours de cette exploitation, un « ouvrier infidèle livre son secret, l'inventeur alors ne peut « plus être breveté ; et, si le brevet a été pris postérieure-« ment à cette divulgation, il est radicalement nul. L'inven-« teur n'a pas voulu livrer son secret à la société en échange « de la protection qu'elle lui promettait ; la société ne lui « doit rien. Mais, si la divulgation a eu lieu pendant le tra-« vail d'invention, pendant les essais, à une époque rappro-« chée de la prise des brevets, il est injuste d'attribuer l'in-« vention au domaine public ; ce serait livrer sans défense « les inventeurs aux indiscrétions et aux infidélités des agents « qu'ils sont obligés d'employer pour la confection de l'objet « à breveter ; ce serait paralyser l'invention (1). » Cette distinction, qui n'a aucune base juridique et témoigne seulement d'un louable sentiment d'équité, ne nous paraît guère acceptable.

422. Opinion de Dalloz. — M. Dalloz est d'une opinion radicalement opposée à la nôtre et, il faut bien le dire, à celle de la majorité des auteurs : « Dans aucun cas, dit-il, « la publicité, résultant d'une infidélité, d'une sorte de délit, « ne nous semble pas devoir mettre obstacle à la délivrance « d'un brevet. Il est conforme à la justice, il est dans l'intérêt « même de la société que tout inventeur soit protégé contre « la fraude, non seulement pendant qu'il fait l'essai de sa « découverte, mais même pendant qu'il l'exploite, tant qu'il « s'efforce de la conserver secrète ; le seul danger qu'il doive « courir, dans ce dernier cas, c'est de voir des tiers arriver, « par l'intelligence ou le hasard, à la même découverte que « lui. Toute autre doctrine aboutit à encourager la fraude. « Les opinions que nous combattons sont, au reste, condam-« nées par la loi elle-même. En effet, l'art. 43 porte qu'un « emprisonnement d'un mois à six mois pourra être prononcé

---

n° 46 ; Duvergier, t. 44, p. 607 ; Rendu et Delorme, n° 402 ; Tillière, n° 65.

(1) Blanc, p. 474.

« si le contrefacteur est un ouvrier ou un employé ayant tra-
« vaillé dans l'établissement du breveté, ou si le contrefac-
« teur, s'étant associé avec un ouvrier ou un employé du
« breveté, a eu connaissance, par ce dernier, des procédés
« décrits au brevet. Dans ce dernier cas, ajoute l'art. 43,
« l'ouvrier ou l'employé pourra être poursuivi comme com-
« plice. Il s'agit évidemment, dans ces textes, d'une infidélité
« commise avant la demande et la délivrance du brevet ; car,
« après cette époque, l'invention est portée à la connaissance
« de tous. Donc, la loi n'a pas voulu que les droits de l'in-
« venteur fussent à la merci de l'infidélité d'un ouvrier et que
« les tiers pussent se prévaloir d'une révélation coupable,
« d'une publicité résultant de la fraude (1). »

423. Jurisprudence. — Il a été jugé : 1° *en notre sens*, qu'il y a divulgation opposable au breveté, alors même qu'elle résulte de l'infidélité de son ouvrier (Rej., 24 déc. 1833, Eudigoux, *J. Pal.*, 33.1098) ; — 2° *en sens contraire* (2), qu'il n'y a point antériorité dans le fait par un ouvrier du breveté d'avoir frauduleusement révélé à un tiers avant la prise du brevet ce qu'il avait surpris de l'invention, alors du moins que, sorti des ateliers de son patron, avant que l'œuvre fût parfaite, il ne l'a pas livrée assez entière pour qu'elle pût être utilisée (Rouen, 28 août 1857, Delaunay, Pataille, 57.329) ; — 3° que l'emploi, fait même publiquement, avant le brevet, par un ouvrier qui s'est frauduleusement emparé de l'invention ne constitue pas la publicité légale (Paris, 10 mai 1856, Chevallier-Appert, Pataille, 56.217) ; — 4° qu'il n'y a pas divulgation opposable au breveté dans les faits qui résultent d'une surprise et d'une fraude pratiquées à l'encontre de l'inventeur (Aix, 11 nov. 1863, Gobin, Pataille, 63.325) ; — 5° que le fait, par un ouvrier sortant d'un atelier, de construire clandestinement un appareil semblable aux machines existant chez son ancien patron, ne saurait, tant à cause de son caractère dolosif que du défaut de publicité, être considéré comme constituant une divulgation suffisante

(1) V. Dalloz, v° *Brev. d'inv.*, n° 71.

(2) V. aussi Lyon, 1er juill. 1870, Durand (Pataille, 71.34). — Comp. Rej., 17 fév. 1854, Florimond (*Bull. crim.*, 54.76).

de l'invention dont ledit patron poursuivait le perfectionnement, et qu'il a fait breveter un peu plus tard (Paris, 22 nov. 1883, Roux, Pataille, 83.95).

424. Publicité frauduleuse ; effets à l'égard de son auteur. — Celui, dont l'infidélité ou dont la fraude a amené la divulgation de l'invention, est avant tout responsable du préjudice qu'il cause à l'inventeur ; cela est de toute évidence. Mais faut-il aller jusqu'à dire qu'il ne peut exploiter lui-même l'invention, dont il s'est frauduleusement emparé, sans se rendre coupable de contrefaçon ? Faut-il admettre par conséquent que le brevet reste valable à son égard ? M. Bédarride est de cet avis, et voici comment il l'exprime : « Un arrêt de la Cour de Paris, du 5 juillet 1845 (1), se « prononce pour l'affirmative. Il décide avec raison que, si « l'exploitation par le public de bonne foi doit être respec« tée, l'ouvrier qui, en cette qualité, a été initié à la connais« sance d'un procédé nouveau, inventé par le maître chez « lequel il travaillait, ne peut se prévaloir de l'exploitation « frauduleuse qu'il aurait faite de ce procédé antérieure« ment à la délivrance du brevet demandé par l'inventeur pour « repousser plus tard une plainte en contrefaçon dirigée « contre lui (2). »

Cette doctrine est-elle juridique? La question est assurément délicate ; d'un côté, on peut raisonner ainsi : De deux choses l'une, ou il y a ou il n'y a pas divulgation ; ou le brevet est valable ou il ne l'est pas. S'il n'y a pas divulgation, si le brevet est valable, il l'est à l'égard de tous, mais s'il est jugé qu'il y a eu divulgation, le brevet tombe ; il n'a plus d'existence légale ; il est sans force et sans effet ; comment dès lors concevoir que ce brevet, nul à l'égard de tous, resterait valable à l'égard d'un seul? Où trouve-t-on dans notre loi une pareille distinction? L'auteur de la fraude est assurément responsable des conséquences de ses actes ; et les tribunaux devront se montrer sévères à son égard. Hors de là, il rentre dans le droit commun et, à défaut d'une disposition expresse qui n'existe pas, il ne peut être seul privé d'une faculté qui

---

(1) Paris, 5 juill. 1845, Croizat (Dall., v° *Brev. d'inv.*, n° 68).
(2) Bédarride, n° 396.

appartient au monde entier. On peut répondre, d'autre part, que ce qui peut être jugé vis-à-vis d'une personne ne l'est pas nécessairement vis-à-vis de tous ; qu'il arrive parfois qu'un brevet est déclaré valable à l'égard d'un individu, et nul à l'égard d'un autre; si ce principe est vrai, et il est incontestable, n'est-il pas juste, n'est-il pas moral d'en faire l'application à l'auteur de la divulgation frauduleuse? Lui sera-t-il permis d'invoquer sa propre fraude pour établir son droit? N'est-ce pas une règle éternelle que celle posée dans l'adage : *Nemo auditur turpitudinem suam allegans ?* N'est-ce pas une juste punition de la fraude qu'elle ne puisse jamais servir de fondement légal à un droit? Faisons du reste ici encore cette remarque que, si l'auteur de la fraude, au lieu de divulguer l'invention par lui dérobée, en gardait le secret pour lui, la solution serait différente. Il s'éleverait alors une question de possession personnelle dont l'examen viendra en son lieu (1).

Il a été jugé : 1° que celui qui a été déclaré complice du délit de révélation de secrets de fabrique ne peut arguer de cette divulgation frauduleuse pour faire prononcer la déchéance du brevet pris postérieurement à la révélation (Paris, 10 mai 1856, Chevallier-Appert, Pataille, 56.217) ; — 2° que le contrefacteur ne peut invoquer, à titre d'antériorité, le fait qu'avant la prise du brevet, il aurait eu connaissance de l'invention par un ouvrier qu'il aurait détourné du service de l'inventeur (Grenoble, 12 mai 1885, Repiton, Pataille, 86. 10).

425. *Quid* **de la possession antérieure?** — Il s'agit ici, nous l'avons fait pressentir précédemment, de la possession antérieure, mais *non publique*, de l'invention. Nous nous demandons quels droits découlent de ce fait qu'un ou plusieurs individus étaient, antérieurement au brevet, en possession de la découverte et l'exploitaient secrètement? Ce fait détruit-il d'une façon absolue la nouveauté de l'invention? La laisse-t-il, au contraire, subsister, soit à l'égard de tous, soit du moins à l'égard de ceux qui justifient d'une possession personnelle? Cette question divise les auteurs; M. Blanc en-

(1) V. *infrà*, n° 433.

seigne que la possession antérieure, même non publique, est destructive de la nouveauté : « Une découverte, dit-il, est « nouvelle quand, jusqu'au jour du brevet, elle n'a existé « que par l'inventeur et n'a *été connue que de lui*... mais les « inventions possédées et pratiquées, *même secrètement*, « avant le brevet, par d'autres que le breveté doivent être « exclues du bénéfice de la protection légale, par le seul fait « de l'antériorité et en dehors de toute divulgation (1). » Il va plus loin encore lorsqu'il dit ailleurs : « Les inventions « pratiquées même secrètement avant le brevet par d'autres « que le breveté, ou même dont le secret leur était connu « sans qu'ils l'eussent exploité, doivent être exclues du béné- « fice de la protection légale par le seul fait de l'antériorité, « en dehors de toute divulgation. Cette doctrine est la seule, « selon nous, qui conserve au contrat passé entre la société « et le breveté le caractère de parfaite compensation et de « complet échange que la loi, à tort ou à raison, a voulu lui « donner. Il faut donc, au moment où le contrat s'accomplit, « que l'objet du brevet soit nouveau en théorie comme en « pratique, et qu'ainsi la société reçoive une chose qu'elle ne « pouvait connaître sans que le breveté la lui revélât (2). »

M. Bédarride dit dans le même sens : « La vérité légale est « donc celle-ci : Si la découverte, pratiquée avant tout bre- « vet par une seule personne, est le fait de cette personne « même, celle-ci pourra plus tard la faire valablement bre- « veter, à condition que sa pratique soit toujours restée es- « sentiellement secrète ; nous l'avons déjà dit. Si celui qui a « pris le brevet est un autre que celui qui a pratiqué, ou si « cette pratique a été le fait de plusieurs, le brevet a été essen- « tiellement nul et de nul effet (3). »

426. Possession antérieure, *suite*. — Nous sommes, quant à nous, d'un avis contraire, et nous croyons être tout à fait d'accord avec la loi en soutenant que la possession antérieure, lorsqu'elle est secrète, ne fait aucun tort au brevet. Il suffit, pour s'en convaincre, de se reporter aux termes de

(1) V. Blanc, p. 464 et 465.
(2) V. *Propr. ind.*, n. 85.
(3) V. Bédarride, n° 390.

l'art. 31 et d'en bien définir le sens. Ce que veut cet article, c'est qu'une invention ne puisse être réputée nouvelle quand, avant le brevet, elle a pu être exécutée. Mais exécutée par qui? par un seul individu? par un plus ou moins grand nombre de personnes? non ; par le public, c'est-à-dire par tout le monde. Il ne s'agit pas de savoir si un ou plusieurs individus ont réellement exécuté l'invention ; il s'agit uniquement de savoir si, que l'intention ait été pratiquée ou non, la première personne venue avait à sa disposition les notions nécessaires pour l'exécuter. C'est le fait que l'invention était à la disposition du public, le fait qu'elle était livrée à tous, qui constitue la publicité. La publicité, en un mot, est fondée sur une présomption de possession publique. Peu importe que personne ne sache, si tout le monde peut savoir : tel est le sens de la loi. Mais, lorsqu'un seul sait, même lorsque plusieurs savent et que nul autre ne peut savoir, où donc est la possession publique, où est la publicité ? Est-ce que cette connaissance personnelle, secrète, exclusive de la connaissance des autres, n'est pas précisément le contraire de la publicité ? Est-ce que le public est en droit de répondre au breveté : Je possédais avant toi ? Est-ce qu'il peut lui dire : Tu ne me donnes rien ? Mais c'est précisément le brevet qui met fin au secret; c'est le brevet qui met le public dans la confidence. Qui sait combien de temps, sans le brevet, ce secret fût demeuré caché. Et le public tirerait avantage d'un fait qui lui était étranger, qui lui était préjudiciable, hostile! Il s'en ferait une arme contre celui qui fait cesser le secret, contre celui auquel il doit de profiter désormais d'un bien qu'on lui ravissait. En conscience, cela est-il soutenable?

M. Nouguier professe la même doctrine : « Lorsque l'usage, « dit-il, n'a été ni général ni public, lorsque l'invention a été « possédée par un ou même par plusieurs individus qui ne s'en « servaient qu'en secret et sans avoir la pensée de la divulguer, « on ne saurait trouver dans cette possession mystérieuse la « publicité suffisante qui s'oppose à l'obtention d'un brevet va- « lable. » Et il ajoute avec pleine raison : « La société ne con- « naît et ne protège que les industries qui s'exercent au grand « jour et qui profitent à tous, soit par les produits qu'elles

« livrent à la consommation, soit par les procédés dont elles « popularisent l'application, soit par les améliorations que « leur publicité appelle. Que signifie une antériorité qui, « fonctionnant en secret, échappe à la loi du progrès et ne « profite qu'à un seul (1)? »

MM. Rendu et Delorme disent de même : « La connais« sance acquise à un individu isolé d'un procédé depuis bre« veté, sans qu'il soit établi qu'il y ait eu par lui divulgation, « ne constitue pas la publicité de l'invention, bien qu'elle « fasse naître au profit du possesseur de ce procédé une excep« tion qui le met à l'abri des poursuites en contrefaçon. Ce « n'est pas, en ce cas, la société qui était en possession, c'est « un individu. Le breveté ne perd, en conséquence, son mo« nopole qu'à l'égard de cette personne, mais non vis-à-vis « de la société entière (2). »

427. Jurisprudence. — Il a été jugé à cet égard : 1° que, si celui qui demande la nullité ou la déchéance d'un brevet, doit prouver que l'invention avait reçu, antérieurement, une publicité suffisante pour pouvoir être exécutée, cette preuve n'est pas imposée à celui qui oppose seulement une possession antérieure non publique et qui n'est tenu de prouver que le fait de sa possession (Cass., 22 frim. an X, Bridet (3), *J. Pal.*, 2.380) ; — 2° que, d'ailleurs, le fait d'une possession antérieure au brevet, lorsqu'elle n'a pas été publique, laisse subsister les effets généraux du brevet ; il a seulement pour effet d'établir qu'il est sans valeur relative quant à celui qui pratiquait antérieurement le procédé, objet du brevet (Cass., 30 mars 1849, Witz-Meunier, Sir., 50.1.70) ; — 3° que des découvertes, faites secrètement, et à l'insu du breveté, même antérieurement à sa demande de brevet, ne font pas perdre à l'invention son caractère de nouveauté (Rej., 19 août 1853, aff. Riant, Dall., 53.5.57) ; — 4° que le fait d'une fabrication antérieure au brevet ne con-

(1) V. Nouguier, nos 506 et 507.

(2) V. Rendu et Delorme, n° 439. — V. également Tillière, n° 114.

(3) V. encore Cass., 29 mess. an XI, Bailly (*J. Pal.*, 3.367); Cass., 20 déc. 1868. Caron (*J. Pal.*, 7.269) ; Cass., 30 avril 1810, Bernardet-Louyet (*J. Pal.*, 8.275).

stitue pas une publicité de nature à l'invalider, si cette fabrication est le fait d'un ouvrier infidèle de l'inventeur, et si, d'ailleurs, il est établi que cet ouvrier a fabriqué en secret (Rej., 17 fév. 1854, Florimond, *Bull. crim.*, 54.76); — 5° que le fait qu'un procédé breveté ait été utilisé par un tiers, antérieurement à la date du brevet, ne met pas obstacle à sa validité, si les produits, obtenus par ce tiers, n'ont pas été jetés par lui dans le commerce, ni employés en dehors de ses usines; il s'agissait dans l'espèce d'un procédé pour le broyage des soudures de cuivre (Dijon, 12 nov. 1856, Domingo, Pataille, 57.56); — 6° qu'un simple fait de possession, antérieur au brevet, s'il est d'ailleurs étranger au défendeur en contrefaçon, ne peut constituer la publicité opposable au brevet (Rouen, 4 mars 1841, Rowcliffe, Dall., 41.2.100); — 7° qu'en droit, si la loi de 1844 impose à celui qui conteste la nouveauté de la découverte et demande la nullité du brevet l'obligation de prouver que, antérieurement au dépôt de la demande, cette découverte avait reçu une publicité suffisante pour pouvoir être exécutée, il en est autrement de celui qui oppose au trouble apporté à son industrie une possession non publique, il est vrai, mais réelle et sérieuse du procédé breveté, la loi n'ayant pas entendu porter atteinte aux droits acquis (Trib. civ. Épernay 14 déc. 1865, Pernot (1), Pataille, 67.390); — 8° mais qu'il y a nullité du brevet lorsqu'il est établi qu'antérieurement à sa date, un tiers a ouvertement fabriqué, vendu et exposé, dans des concours, des objets similaires à ceux du brevet ; en ce cas, on ne saurait dire qu'il y a eu simplement un usage personnel et privé, exclusif de la nullité du brevet (Rej., 12 nov. 1883, Gay, Dall., 84.1. 297) (2).

428. Possession antérieure ; droits du possesseur. — Le fait qu'un tiers ait en secret possédé l'invention

---

(1) Ce jugement a été infirmé par arrêt de la Cour de Paris du 13 nov. 1866 (V. Pataille, 67.390), mais par des motifs qui laissent toute leur valeur à la doctrine du tribunal. — V. aussi Cass., 19 mars 1861, cité par Renouard, p. 248.

(2) V. la note de l'arrêtiste.

antérieurement au brevet ne porte pas atteinte aux droits du breveté ; il le laisse subsister. Faut-il aller pourtant jusqu'à dire que le droit reste tout entier, qu'il s'exerce même à l'égard de celui qui possédait le secret de l'invention ? Faut-il déclarer ce dernier déchu du bénéfice de sa possession ? Faut-il, au contraire, restreindre le droit du breveté et ne pas lui permettre de l'exercer à l'encontre de celui qui justifie d'une possession antérieure à son brevet ? La question, à nos yeux, n'est pas sans difficulté ; toutefois, en faveur du possesseur de l'invention, on peut dire que sa possession constitue un droit acquis, et qu'il est de principe qu'aucun fait ultérieur ne peut préjudicier à un droit acquis. Cette possession, bien que secrète et en quelque façon clandestine, n'était pas du reste contraire à la loi, puisqu'elle reconnaît et protège les secrets de fabrique. Celui qui possédait en secret l'invention avant le brevet possédait légalement ; comment donc admettre qu'on le dépossède ? Comment justifier sa dépossession (1) ?

429. Opinion contraire de M. Duvergier. — Après avoir établi que, sous l'empire la loi de 1791, le prévenu de contrefaçon pouvait argumenter de sa connaissance personnelle des procédés brevetés, antérieurement à l'obtention du brevet, et que le résultat de cette preuve lui attribuait la possession personnelle de l'invention, sans cependant que le brevet lui-même pût être frappé de déchéance, M. Duvergier ajoute : « N'y avait-il pas, même sous l'empire de la loi « ancienne, quelque chose de choquant dans ce système qui, « à côté d'un brevet valable et entier, attribuait à un tiers la « possession personnelle de l'invention ? Sans doute ; et « aujourd'hui je ne crois pas qu'une pareille jurisprudence « puisse être maintenue ; je pense, au contraire, que le pré- « venu de contrefaçon ne peut exciper de la connaissance « antérieure qu'il aurait eue des procédés brevetés qu'autant « que cette connaissance serait susceptible d'entraîner la « déchéance absolue ou relative du brevet. En effet, aux « termes de l'art. 1er, toute invention confère à son auteur

(1) V. Rendu et Delorme, n° 439 ; Renouard, n° 44.

« un droit *exclusif* d'exploiter à son profit cette invention. « Le brevet est l'acte qui, devant les tribunaux, constate ce « droit, et toute atteinte qui y est portée est un délit de con- « trefaçon (art. 40). Pour qu'un tiers puisse se servir des « procédés brevetés, il faut que le brevet se soit effacé, qu'il « ait été frappé de nullité ou qu'il ait subi une déchéance « absolue ou au moins relative ; jusque-là, le brevet reste « entier, garantissant un droit exclusif à l'abri de toute « atteinte. »

M. Duvergier rappelle ensuite le texte de l'art. 31, et il conclut en ces termes : « Il faut donc *publicité*. Les tribunaux « auront à apprécier si, par cette connaissance qu'un tiers a « eue de l'invention, cette invention a reçu une publicité « suffisante. Ils apprécieront si le prévenu de contrefaçon a « franchement, ouvertement, par lui-même comme par ses « ouvriers, pratiqué dans ses ateliers les procédés dont il est « question avant la demande du brevet, s'il a mis ses pro- « duits en circulation, en un mot, si l'usage qu'il a fait de « l'invention a été public. Dans ce cas, ils devront, à mon « avis, appliquer les art. 30 et 31 de la loi, prononcer la nul- « lité de l'invention et renvoyer le prévenu de la plainte en « contrefaçon. Les tribunaux apprécieront aussi si le pré- « venu n'aurait pas, au contraire, pratiqué les procédés bre- « vetés en cachette, avec mystère ; s'il ne les aurait pas sou- « mis à de simples essais, dans le but de demander lui-même « un brevet ; en un mot, si la connaissance, si la possession « de l'invention est restée secrète. On ne pourra dire, en ce « cas, que l'invention a reçu une publicité suffisante ; le bre- « vet restera entier ; le prévenu de contrefaçon sera en faute « de s'être laissé prévenir par un plus diligent, et il ne « pourra pas plus que d'autres porter atteinte aux droits de « celui qui, le premier, aura déposé sa demande afin d'ob- « tenir un brevet (1). »

430. Jurisprudence. (2). — Il a été jugé sur ce point :

---

(1) V. Duvergier, t. 44, p. 618. — V. également Picard et Olin, n° 532.

(2) Comp. Cass., 15 mars 1825, Fougerol (Sir., 26.1.45) ; Cass., 8 fév. 1827, Adam ; Cass., 4 mai 1844, Pélisson (Sir., 44.1.515).

1° que la loi du 5 juillet 1844, en conférant, par son article 1er et sous les conditions qu'elle établit, à l'auteur de toute nouvelle découverte ou invention, le droit exclusif de l'exploiter à son profit, n'a point entendu porter atteinte aux droits acquis à des tiers par une possesion antérieure; celui qui est en possession de ce procédé n'est pas soumis d'ailleurs, pour sa conservation, à justifier qu'il l'a exécuté avec publicité : en conséquence, celui qui oppose à une poursuite en contrefaçon une exception tirée d'une possession de cette nature doit être admis à la prouver ; mais cette exception laisse subsister les effets généraux du brevet, et elle a seulement pour effet d'établir qu'il est sans valeur relative quant à celui qui pratiquait antérieurement le procédé, objet du brevet (Cass., 30 mars 1849, Witz-Meunier, Sir., 50.1.70); — 2° que la possession de l'invention par un tiers, antérieurement à la prise du brevet, est une réponse péremptoire à la poursuite en contrefaçon ; cette possession, ne fût-elle pas publique, enlève à l'invention tout caractère de nouveauté, au moins en ce qui concerne celui qui la possédait (Rej., 23 fév. 1856, Delavelle, Pataille, 57.271) ; — 3° que, pour échapper aux peines de la contrefaçon, il n'est pas indispensable que le prévenu justifie que l'invention brevetée a reçu, avant la demande du brevet, la publicité dont parle l'art. 31 ; il lui suffit de prouver qu'il était personnellement en possession du procédé breveté avant le dépôt de cette demande : toutefois, cette exception laisse subsister les effets généraux du brevet, et elle a seulement pour résultat d'établir qu'il est sans valeur relative quant à celui qui pratiquait antérieurement le procédé, objet du brevet (Nancy, 16 déc. 1856, Lizer, Pataille, 57.272) ; — 4° qu'il y a lieu de renvoyer des fins de toute poursuite le débitant qui justifie par sa correspondance avoir été, avant la prise du brevet qu'on lui oppose, chargé par son correspondant étranger de faire fabriquer, dans le même but, l'objet breveté (dans l'espèce, un coin d'acier avec les rebords et cassures que présentent les cachets à cire ardente), encore bien qu'il ne justifierait pas qu'il y ait eu emploi de ces coins et publicité antérieurement au brevet (Paris, 5 juillet 1879, Chevalier, Pataille, 80.285).

431. Caractères de la possession personnelle. — Notons que la loi ne reconnaît la possession personnelle et ne lui attribue des droits que si elle est irréfragablement établie; il ne peut s'agir ici d'une possession telle quelle, mais d'une possession certaine, sérieuse surtout, et reposant non sur des données plus ou moins vagues, mais sur l'objet même qui, plus tard, a été breveté. Comme le dit sagement un arrêt, si la possession personnelle, antérieure au brevet, est une exception de nature à faire repousser la demande en contrefaçon, ce n'est qu'autant qu'elle résulte de faits non équivoques; et c'est avec raison qu'une Cour d'appel refuse d'attribuer le caractère d'une pareille possession au seul fait que le poursuivi en contrefaçon se serait occupé, à une époque plus ou moins éloignée, de l'application de principes et de moyens analogues à ceux du brevet; une demande en preuve d'un fait semblable n'a aucun caractère de pertinence et est justement repoussée par les juges du fond (1).

432. Possession antérieure; exception personnelle. — La possession antérieure peut constituer une exception péremptoire au profit de celui qui en justifie; nous venons de l'établir. Mais jusqu'où s'étend le bénéfice de cette exception? Est-elle restreinte à celui qui prouve cette possession? Est-elle tellement attachée à sa personne qu'il n'en puisse jouir que par lui-même? Peut-il au contraire appeler des tiers à en profiter avec lui? Il nous paraît juste de décider que cette exception est personnelle; non pas que celui qui en justifie ne puisse associer des tiers à son exploitation, non pas qu'il ne puisse céder l'usine où il exploite ses procédés et les procédés avec l'usine; mais il est nécessaire à nos yeux qu'un lien direct et personnel rattache les tiers jouissant du procédé à celui qui en avait la possession antérieurement au brevet, de telle sorte qu'ils soient en réalité les ayants droit et comme les continuateurs de sa personne. S'il nous semble juste de le maintenir dans sa possession, il nous semblerait inique qu'il

---

(1) V. Rej., 11 juill. 1857, Fauconnier (Pataille, 57.321). — V. également Trib. civ. Épernay, 14 déc. 1865, Pernot-Jacquet (Pataille, 67. 390).

pût aller colporter partout le procédé et faire ainsi échec au breveté ; c'est en définitive une sorte de *statu quo* que l'on maintient à son profit ; il faut en conséquence qu'après la prise du brevet il continue de jouir du procédé de la même façon qu'il en jouissait avant, sauf, encore une fois, son droit de donner, s'il lui plaît, à ses affaires, une plus grande extension (1).

Il a été jugé en ce sens : que l'exception de priorité de possession du procédé breveté est particulière à celui qui, antérieurement au brevet, usait de ce procédé ; elle ne lui confère qu'un droit personnel et ne l'autorise pas à concéder à des tiers, postérieurement au brevet, le droit dont lui-même ne jouit qu'à titre d'exception : en conséquence, il ne peut s'en prévaloir quand il est en cause non en son nom personnel, mais comme administrateur d'une société ; de son côté, la société ne peut opposer ladite exception, quand elle ne justifie par aucun acte qu'elle ait acquis les droits particuliers dont il s'agit, ou que celui qui les possédait personnellement en ait fait l'objet de son apport social (Douai, 19 juillet 1859, Brunfaut, Pataille, 60.215).

433. *Quid*, **si la possession est frauduleuse ?** — Il est évident que, si la possession antérieure au brevet est frauduleuse, elle ne peut devenir le fondement d'un droit. L'ouvrier qui aurait surpris la découverte de son patron et qui l'aurait exploitée secrètement avant que celui-ci l'eût fait breveter ne pourrait se prévaloir de sa possession. Puisque le droit, en ce cas, constitue une exception, il ne peut être acquis qu'à la possession de bonne foi, au juste titre.

Jugé en ce sens : 1° que, si la possession, antérieurement au brevet, d'une machine semblable à celle brevetée, constitue une fin de non-recevoir à l'action en contrefaçon, il n'en est plus ainsi lorsque cette possession est entachée de fraude, et qu'il est notamment établi que le prévenu a profité de ses relations habituelles avec l'inventeur pour surprendre son secret (Paris, 13 avril 1878 (2), Rouillon, Pataille, 78.102) ;

---

(1) V. Nouguier, n° 508.
(2) V. Grenoble, 12 mai 1885, Repiton (Pataille, 86.10).

— 2° que celui-là ne peut pas se prévaloir d'une possession personnelle, légitime de bonne foi, qui a été employé par l'inventeur pour des essais et des perfectionnements, que lui-même n'a cessé de poursuivre jusqu'à la demande de brevet (Caen, 17 fév. 1887, Peschard, Pataille, 87.31).

434. Possession antérieure; demande nouvelle. — L'exception, tirée d'une possession antérieure, ne peut être invoquée utilement que devant les juges du fait, et, si l'on a négligé de s'en prévaloir devant eux, on n'est pas recevable à le faire devant la Cour de cassation. C'est là une proposition, toute de droit commun, et qu'il suffit d'énoncer (1).

435. Publicité; preuves. — La loi admet tous les modes de publicité, et, par une conséquence naturelle de ce principe, elle admet, pour l'établir, tous les genres de preuve (2). C'est au juge à s'entourer des lumières qu'il croit nécessaires à la découverte de la vérité; il peut donc admettre, s'il le croit utile, la preuve par témoins; ce genre de preuve est même journellement employé dans les procès jugés au correctionnel. C'est, à notre avis, ce qui rend la voie correctionnelle très dangereuse pour les brevetés; car, en ce cas, les contrefacteurs ne se font pas faute d'amener et de faire entendre des légions de témoins qui, souvent, viennent, contrairement à la vérité, affirmer que l'objet du brevet était connu et pratiqué depuis nombre d'années. Il semble qu'il n'y ait rien de répréhensible à mentir à la justice dès qu'il s'agit d'invalider un brevet. Nous conseillons donc aux brevetés de choisir en général la voie civile de préférence à la voie correctionnelle. Au surplus, les juges, souverains appréciateurs de la moralité des témoins et du degré de confiance qu'il leur faut accorder, ont le droit, quelque positives que soient leurs affirmations, de n'y pas ajouter foi (3).

Jugé, par exemple : 1° que la déclaration de certains

(1) V. Rej., 25 mars 1865, Burgess (Pataille, 65.305).
(2) V. Nouguier, n° 496.
(3) V. Cass., 30 mars 1849, Witz-Meunier (Sir., 50.1.70).

témoins, tous anciens ouvriers du breveté, peut ne pas constituer la divulgation telle que l'entend la loi pour que l'invention tombe dans le domaine public (Paris, 11 juillet 1845, Bissonnet, Blanc, p. 475) ; — 2° que le témoignage d'un individu, prétendant avoir fabriqué le modèle longtemps avant le dépôt, ne suffit pas par lui seul, en l'absence de toute facture, de toute pièce, pour établir que la création revendiquée appartenait au domaine public (Trib. corr. Seine, 12 fév. 1885, Bourdais, Pataille, 85.214) ; — 3° que la preuve testimoniale, pour être prise en considération par le juge, doit présenter le caractère de la précision et de la concordance (Paris, 17 mars 1887, Saulnier, Pataille, 87.296) ; — 4° que des témoignages, émanant d'étrangers, reposant sur de simples allégations, sans preuves à l'appui autres que des certificats sans valeur, ne sauraient faire échec au brevet, alors surtout que ces certificats sont l'œuvre d'un seul individu qui, fabricant à l'étranger d'objets similaires, a un intérêt personnel à contester l'invention (Amiens, 5 août 1887, Marty, Pataille, 89.16).

436. Publicité ; appréciation souveraine des tribunaux. — La publicité résulte d'un ensemble de faits, et par cela même la question de savoir s'il y a ou non publicité est abandonnée à l'appréciation souveraine des tribunaux (1). Toutefois, si cette appréciation échappe à la censure de la Cour de cassation, c'est à la condition que le juge du fait donne, dans la décision elle-même, l'analyse des documents sur lesquels il la fonde. Autrement, la Cour de cassation, juge de la loi du brevet, ne pourrait s'assurer si elle a été fidèlement observée. Ajoutons pourtant que cette règle salutaire, qu'on trouve nettement formulée dans un des arrêts rapportés ci-dessous, est le plus souvent méconnue, et que la plupart du temps les tribunaux se bornent à repousser par une déclaration vague et générale les antériorités produites. C'est là une tendance fâcheuse qui, par suite d'une longue tolérance de la Cour de cassation, s'accentue chaque jour davantage.

---

(1) V. Renouard, n° 36.

M. Pataille, critiquant l'arrêt Delaunay, cité plus bas, fait l'observation suivante : « Nous n'entendons pas contester, « en thèse générale, la souveraineté des arrêts et jugements « qui annulent un brevet pour défaut de nouveauté, mais « nous croyons que ce principe ne doit recevoir son appli- « cation qu'autant que rien ne vient vicier la déclaration « du juge ; que si, au contraire, il ressort de la décision « même attaquée qu'une erreur de droit ou une autre « déclaration de fait viennent infirmer ou tout au moins « affaiblir la solution, au point qu'il soit possible de dire « que, sans cette erreur dans le point de départ, la décision « eût dû ou pu être différente, il appartient à la Cour de « cassation d'intervenir et de renvoyer l'affaire à l'examen « de nouveaux juges (1). »

437. Jurisprudence (2). — Il a été jugé, en ce sens : 1° qu'il

(1) V. observ. Pataille, 60, p. 13.

(2) V. également Rej., 1er mars 1826 ; Rej., 13 fév. 1839 ; Rej., 15 nov. 1853, cités par Renouard, p. 240 et 252 ; Rej., 25 nov. 1852, Ghebbard (Dall., 54.5.81) ; Rej., 8 avril 1854, Higton (Dall., 54.5.81) ; Rej., 6 nov. 1854, Chollet (Dall., 55.1.347) ; Cass., 22 déc. 1855, Marchal (Dall., 56.1.178) ; Rej., 23 mai 1857, Gâche (Pataille, 57.181) ; Rej., 30 juill. 1857, Christofle (Pataille, 58.108) ; Rej., 12 fév. 1858, Villard (Pataille, 58.97) ; Rej., 14 janv. 1859, Luce-Villiard (Pataille, 59.29) ; Rej., 30 nov. 1859, Delaunay (Pataille, 60.9) ; Rej., 29 nov. 1861, Botta (Pataille, 61.401) ; Rej., 26 juill. 1862, Rouget de Lisle (Pataille, 62. 365) ; Rej., 5 juin 1863, Boizard (Pataille, 63.237) ; Rej., 13 avril 1863, Gougy (Pataille, 63.269) ; Rej., 16 juillet 1863, Muller (Pataille, 63.318) ; Rej., 5 août 1863, Deplasse (Pataille, 63.373) ; Rej., 22 déc. 1863, Lebrun (Pataille, 64.173) ; Rej., 29 déc. 1863, Roche (Pataille, 64.278) ; Rej., 29 janv. 1864, Busson (Pataille, 64.282) ; Rej., 28 juin 1864, Renard et Franc (Pataille, 64.274) ; Rej., 14 mars 1865, Gobain (Pataille, 65.325) ; Rej., 15 juin 1865, Dubrusle (Pataille, 65.365) ; Rej., 8 juill. 1865, Masse (Pataille, 66.273) ; Rej., 18 juillet 1866, Cahouet et Morane (Pataille, 67.43), Rej., 21 déc. 1866, Richard (Pataille, 67.251) ; Rej., 14 janv. 1867, Frezon et Meissonnier (Pataille, 67.26) ; Rej., 11 mars 1867, Canouil (*J. Pal.*, 68.160) ; Rej., 20 fév. 1868, Duliège (Pataille, 68.52) ; Rej., 2 mars 1866, Leplanquais (Pataille, 68.54) ; Rej., 20 avril 1868, Noé et Maillard (Dall., 68.1.424) ; Rej., 29 mai 1868, Preux (Pataille, 69.79) ; Rej., 28 juillet 1868, Bernier (Pataille, 68.282) ; Rej., 30 janv. 1869, Langlois (Pataille, 69.128) ; Rej., 25 juillet 1870, Gubault (Pataille, 70.331) ; Rej., 17 avril 1875, Porlon (Pataille, 75.301) ;

est de principe constant qu'il appartient aux juges du fait d'apprécier souverainement si la découverte brevetée présente le caractère de nouveauté exigé par la loi pour la validité du brevet (Rej., 22 janv. 1870, Leplay et Noël, Pataille, 70.275); — 2° que la décision qui déclare, en fait, que l'intervalle très court qui s'est écoulé entre la prise d'un brevet en Angleterre et la prise d'un brevet en France n'a pu entraîner une publicité suffisante pour l'exécution de l'invention, est souveraine et échappe à la censure de la Cour de cassation (Rej., 8 mars 1865, Bertrand, Pataille, 65.241); — 3° que la déclaration des juges du fait que l'invention est nouvelle, telle du moins qu'elle est décrite au brevet et avec les avantages particuliers qu'elle comporte, constitue une déclaration souveraine que la Cour de cassation ne peut reviser et qui est irréfragable pour elle (Cass., 10 mars 1843, Mignot, *Bull. crim.*, 43.106); — 4° que la question de savoir si un procédé breveté a reçu une publicité antérieure à la prise du brevet rentre dans le domaine du juge du fait, et que sa décision échappe au contrôle de la Cour suprême, lorsque, suffisamment motivée en fait, elle est d'ailleurs la saine et juste application de la loi du brevet aux circonstances de la cause (Rej., 25 mars 1865, Burgess (1), Pataille, 65.305).

Rej., 24 déc. 1875, Mac-Nish (Pataille, 76.298); Rej., 20 juin 1870, Dide (Dall., 71.1.335); Rej., 30 déc. 1876, Leboyer (*Le Droit*, 31 décembre); Rej., 20 avril 1877, Bazin (*Le Droit*, 21 avril). — V. anal. Amiens, 30 mars 1865, Joly (Pataille, 65.233); Rej., 8 mars 1878, Balin (Pataille, 79.259); Rej., 28 fév. 1879, Guttari (Pataille, 80.137); Rej., 29 août 1879, Degand (Pataille, 80.139); Rej., 18 nov. 1879, Pelgrain (Pataille, 80.194); Rej., 10 fév. 1880, Grandry (Pataille, 81.113); Rej., 30 mars 1881, Boucher (Pataille, 81.115); Rej., 3 mars 1882, Delong (Pataille, 82.53); Rej., 11 mai 1883, Germain (Pataille, 83.160); Rej., 14 fév. 1884, Paquelin (Pataille, 84.193); Rej., 7 juillet 1884, Urbain (Pataille, 85.63); Rej., 18 juin 1887, Allard (Pataille, 87.272); Rej., 20 juin 1887, Chollet (Pataille, 87.305); Cass., 16 avril 1887, Marty (Pataille, 89.16).

(1) V. également Rej., 20 août 1863, Favre (Pataille, 64.90); Rej., 4 août 1876, Berthoud (Pataille, 77.201); Rej., 8 mars 1878, Balin (*Le Droit*, 10 mars).

438. **Jurisprudence,** *suite.* — Il a été jugé de même : 1° que les questions d'antériorité et celles qui touchent à la nouveauté ou au caractère des produits ou résultats brevetés sont des questions qui sont du domaine exclusif du juge souverain ; elles ne pourraient tomber sous le contrôle de la Cour de cassation que si elles reposaient sur une fausse interprétation de la loi du brevet (Rej., 7 avril 1865, Cattaert, Pataille, 65.398) ; — 2° que la déclaration des juges du fait, sur le défaut de nouveauté d'une invention brevetée, n'est souveraine qu'autant que les antériorités invoquées ont un objet identique à la loi du brevet (Cass., 8 janv. 1869, Périer et Possoz, Sir., 69.1.188) ; — 3° qu'en matière d'antériorité, l'appréciation des juges du fait est souveraine et échappe au contrôle de la Cour de cassation ; il n'y a d'exception à cette règle que si les juges se sont mépris sur les véritables éléments de l'invention, c'est-à-dire sur l'objet ou la portée des brevets en cause ; ne rentre pas dans cette exception, et dès lors échappe au contrôle de la Cour de cassation, l'erreur prétendue sur la pièce ou sur le fait qui a semblé au juge suffisant pour démontrer le défaut de nouveauté, la divulgation ou l'antériorité (Rej., 22 janv. 1878, Alexis, Pataille, 78.133) ; — 4° que la déclaration d'un arrêt qu'une combinaison de moyens ou d'éléments connus n'est pas nouvelle, est souveraine et, comme telle, échappe à la censure de la Cour de cassation, dès lors que cet arrêt s'explique sur ces différents éléments considérés, non seulement isolément, mais aussi dans leur ensemble (Rej., 27 juin 1879, Michel, Pataille, 80.103) ; — 5° que les juges du fait apprécient souverainement le caractère et la valeur des antériorités opposés à un brevet, et leur décision, sur ce point, échappe à la censure de la Cour de cassation ; dès que le juge du fait a déclaré souverainement que la nouveauté de l'invention faisait défaut, il importe peu que l'arrêt ait déclaré à tort que l'invention ne conduisait pas à un résultat industriel ; cette disposition surabondante, en admettant qu'elle fût à elle seule insuffisante pour entraîner la nullité du brevet, ne peut avoir pour effet d'infirmer les constatations de fait relevées par l'arrêt et les conséquences juridiques qui en découlent (Rej., 26 janv. 1884, Pérille, Pataille, 84.281).

439. **Jurisprudence,** *suite.* — Il a été jugé encore, — et

l'arrêt que nous rapportons ici mérite d'appeler l'attention par la rigueur des règles qu'il impose aux juges du fait, — que, s'il appartient aux juges du fait d'apprécier la nouveauté ou la non-nouveauté d'une invention brevetée, et si, à cet égard, leur déclaration peut être souveraine, c'est à la condition que de leur décision même résultera qu'ils ont scrupuleusement analysé les procédés brevetés, et qu'ils les ont bien compris dans leur portée, leur but et leurs moyens d'action : spécialement, n'est pas suffisamment motivé l'arrêt qui renvoie un prévenu des fins d'une poursuite en contrefaçon, en se bornant à déclarer, d'une manière vague et générale, qu'avant le brevet sur lequel ces poursuites sont fondées, d'autres fabricants ont appliqué des procédés renfermant les éléments essentiels du procédé breveté ; en pareil cas, il faut, en outre, à peine de nullité, que l'arrêt fasse connaître l'analyse des procédés brevetés et les comparaisons auxquelles le juge s'est livré, de manière à permettre à la Cour de cassation de reviser son appréciation et de rechercher s'il a suivi la loi du brevet (Cass., 21 juin 1862, Joly, Pataille, 64.23).

440. Réserve de M. Nouguier. — M. Nouguier est également d'avis que, sous prétexte d'appréciation souveraine, les juges ne peuvent se borner à une formule vague et générale, empruntée aux circonstances de la cause. Il a cent fois raison ; mais ne va-t-il pas bien loin lorsqu'il ajoute que les juges « doivent exiger des preuves *formelles*, *directes et* « *authentiques*, comme l'acte qu'il s'agit d'annuler (1)? » Est-il permis de lier à ce point la conscience du juge? Doit-on l'enserrer dans tel ou tel genre de preuves? Peut-on, par exemple, *à priori*, décider, comme le propose M. Nouguier, qu'un livre imprimé ne doit être admis comme antériorité qu'autant qu'on établit, par le récépissé du dépôt émané de l'autorité administrative, la véritable date de la publication du livre? Sans doute, le juge doit apporter tout le discernement possible dans le choix des antériorités ; mais il est le seul appréciateur de la sincérité des documents produits, et, pourvu que sa décision porte en elle-même tous les éléments

(1) V. Nouguier, n° 479.

sur lesquels elle se fonde, la loi ne lui trace aucune règle, sinon de juger avec conscience.

441. Distinction proposée par M. Dalloz (1). — —M. Dalloz propose la distinction suivante : « La Cour de cassation, dit-il, ne s'est pas encore nettement expliquée sur la « question de savoir dans quelle mesure elle peut reviser les « décisions qui affirment ou qui nient qu'une invention a « reçu, antérieurement à la demande du brevet, une publicité suffisante pour pouvoir être exécutée... Il nous semble « cependant résulter de la jurisprudence qu'on doit faire la « distinction suivante. La question de savoir si les faits con- « statés constituent une publicité véritable est une question « de droit dont la solution est toujours soumise au contrôle « de la Cour de cassation (2). Mais, au contraire, la question « de savoir si la publicité donnée à une invention a été suffi- « sante pour qu'elle ait pu être exécutée, est une question de « fait abandonnée à l'appréciation du juge. On peut s'en con- « vaincre aisément en observant qu'il s'agit alors, en réa- « lité, de savoir, non pas si la publicité a été plus ou moins « caractérisée, mais si la divulgation de l'invention a été assez « complète, si tous les éléments essentiels de l'invention ont « été révélés au public (3). »

Cette distinction, outre qu'il nous est impossible de la trouver dans la jurisprudence, ne nous paraît reposer sur aucune base solide. Pourquoi la Cour de cassation reviserait-elle l'appréciation des juges du fait en ce qui touche le caractère des documents constituant la publicité, quand elle décide invariablement à l'égard des brevets étrangers, qui peuvent être jetés au débat, qu'ils ne constituent que des faits dont les tribunaux sont juges absolus et souverains. Si la loi avait précisé les caractères de la publicité, si elle les avait définis, s'il y avait là, en un mot, des règles de

---

(1) V. Dall., 68.1.443, note 2.

(2) V. Rej., 18 janv. 1864 (Dall., 65.1.162); Cass., 19 juin 1866 (Dall., 66.1.320).

(3) V. Rej., 7 juillet 1860 (Dall., 61.5.52) et les nombreux arrêts cités *Table des 22 années*, v° *Brev. d'inv.*, n° 87).

droit, on concevrait que la Cour de cassation eût à en faire respecter l'autorité. Mais la loi n'a pas défini la publicité, et la discussion nous apprend pourquoi elle ne l'a pas fait. Voici, en effet, comment s'exprimait le rapporteur : « La « rédaction du projet de loi comprend tous les moyens de « publicité ; c'était une conséquence du principe qui présidait « à la confection de la loi sur les brevets d'invention. On « n'accorde le privilège d'un brevet et les droits du monopole « qui y sont attachés qu'à une condition : c'est que celui qui « prend le brevet dote la société d'une invention inconnue, « d'une découverte qui n'était pas dans la circulation... « Dans cette pensée, le projet avait déclaré qu'on ne consi- « dérait pas comme invention ou découverte nouvelle toute « invention ou découverte qui avait reçu une publicité suffi- « sante pour être mise à exécution. *Ces termes étaient géné- « raux*, comme doit l'être un principe posé dans une loi ; « *ils embrassaient tous les cas possibles, dont l'application « spéciale était abandonnée à la sagesse des tribunaux.* Au « lieu de cela, M. Marie propose de restreindre à deux cas la « publicité qui sera de nature à faire considérer une inven- « tion comme n'étant pas nouvelle (1). » Le rapporteur explique alors l'amendement de M. Marie, et le combat; puis, la Chambre consultée repousse l'amendement et adopte la rédaction du projet de loi qui devient définitif. N'est-il pas clair après cela que le législateur a entendu abandonner aux tribunaux l'appréciation souveraine des faits qui sont de nature à constituer la publicité? Comment admettre qu'il y ait sur ce point possibilité de revision par la Cour de cassation ?

442. Opinion de M. Bozérian. — M. Bozérian, dont le nom fait autorité en matière de propriété industrielle, propose une autre distinction : « Lorsqu'un tribunal, dit-il, a « fait résulter l'absence de nouveauté d'une invention de « documents purement oraux, lorsqu'il a déclaré que l'in- « vention n'était pas nouvelle, parce que les témoins auxquels « il a accordé créance étaient venus déclarer qu'elle avait

(1) V. Huard, p. 361.

« été réalisée et exécutée avant le brevet de l'inventeur, « j'admets sans peine ce pouvoir souverain du juge du fait, « et je l'admets surtout parce que la Cour de cassation, « devant laquelle il n'est pas possible de recommencer l'in- « struction de l'affaire, manquerait des éléments nécessaires « pour pouvoir reviser l'exactitude de la déclaration. Mais, « lorsque la question de nouveauté a été tranchée à l'aide « d'une antériorité, c'est-à-dire à l'aide d'une comparaison « faite entre le brevet qui a servi de base aux poursuites et « un brevet pris antérieurement, j'avoue qu'il m'est difficile « d'admettre la souveraineté des juges du fait; cela m'est « difficile, parce que, dans ce cas, rien n'est plus facile pour « la Cour de cassation que de refaire, sans crainte d'inexac- « titude ni de surprise, l'étude comparative à laquelle les « juges se sont livrés (1). » Pour justifier cette théorie, M. Bozérian s'appuie sur ce que, d'une part, il est hors de contestation que la Cour suprême est juge de la loi du brevet, et sur ce que, d'autre part, les juges du fait, lorsqu'ils sont mis en demeure d'examiner comparativement ce brevet et l'antériorité qu'on lui oppose, les apprécient d'une façon indivisible, de telle sorte qu'il n'est pas possible d'admettre que leur erreur puisse être ou n'être pas sujette à revision, suivant qu'elle porte sur l'un ou l'autre des termes de la comparaison. Cette distinction est certainement plus ingénieuse que juridique.

443. Appréciation souveraine ; son étendue. — Si large que soit le droit souverain d'appréciation que nous reconnaissons au juge du fait, il ne saurait aller pourtant jusqu'à faire prévaloir le fait sur le droit. Et, par exemple, s'il était constaté en fait par un arrêt qu'un document, produit à titre d'antériorité, est postérieur au brevet, le juge ne pourrait légalement prononcer la nullité du brevet en se fondant sur ce document; de même, il ne pourrait pas, même en présence d'une antériorité évidente, mais tardivement découverte, prononcer la nullité d'un brevet au mépris d'une décision qui aurait acquis l'autorité de la chose jugée.

Il a été décidé, par exemple, que l'erreur, que le juge

(1) V. la *Prop. ind.*, n° 380.

aurait commise dans l'indication de la date véritable, d'une antériorité invoquée par le prévenu de contrefaçon, ne peut donner ouverture à cassation, si le juge du fait affirme en même temps d'une manière générale que l'invention, objet du brevet, est la plus ancienne et qu'elle se distingue d'ailleurs essentiellement de celle qu'on lui oppose (Cass., 2 déc. 1859, Popelin-Ducarre, Dall., 61.5.50).

444. Antériorité découverte depuis les poursuites. — Il arrive quelquefois que lorsqu'un brevet est pris par un industriel, ses rivaux d'industrie s'empressent de le copier, au risque d'être poursuivis en contrefaçon; puis, quand les poursuites ont lieu, ils se mettent en quête d'antériorités et, parfois, sont assez heureux pour en découvrir. Quelle est la valeur d'une antériorité découverte dans ces conditions? Y a-t-il lieu pour les tribunaux de la rejeter? Sont-ils tenus de l'accueillir?

Il a été jugé à cet égard, — et cela est de toute justice, — qu'il importe peu que l'antériorité n'ait été recherchée et découverte par le poursuivi en contrefaçon que depuis la poursuite et pour les besoins de la cause, si, en fait, elle est de nature à annihiler le brevet (Douai, 13 mars 1861, Deplasse, Pataille, 65.373).

445. Mérite industriel; *quid* de l'appréciation du juge? — Nous avons dit ailleurs que le plus ou moins d'importance, le mérite plus ou moins grand de l'invention restait sans influence sur sa brevetabilité. Le juge n'est donc tenu à aucune constatation de cette nature. Sans doute, les constatations qu'il peut faire à cet égard ne nuisent pas à sa décision; elles servent même, à l'occasion, à en corroborer les autres motifs; car la perfection d'un procédé, sa supériorité sur tous les autres, sont un argument en faveur de sa nouveauté. Toutefois, la loi n'oblige pas le juge à se faire appréciateur du mérite industriel de la découverte. Il faut seulement, mais il suffit qu'il en constate la nouveauté.

Jugé à cet égard que, quand un brevet a été pris pour un produit, il suffit, pour qu'il soit valable, que les juges en constatent la nouveauté sans qu'il soit nécessaire qu'ils en fassent ressortir la supériorité industrielle (Rej., 27 déc. 1867, Chapelier, Pataille, 68.122).

ARTICLE II.

COMPOSITIONS PHARMACEUTIQUES. — PLANS DE FINANCE.

SOMMAIRE.

446. Compositions pharmaceutiques; nullité du brevet. — 447. Plans de crédit ou de finance; nullité du brevet.

446. Compositions pharmaceutiques ; nullité du brevet. — Nous avons expliqué que les compositions pharmaceutiques ne pouvaient être brevetées, et nous avons dit en même temps ce qu'il fallait entendre par ces mots écrits dans la loi : *compositions pharmaceutiques et remèdes de toute espèce.* Cette disposition prohibitive trouve une première sanction dans le droit accordé au ministre de refuser le brevet demandé pour un pareil objet : toutefois, on se le rappelle, le ministre ne peut refuser le brevet que sur le titre ; et, si le titre n'indique pas nettement une composition pharmaceutique, le brevet doit être délivré quand même. C'est alors que la mission des tribunaux commence, et la loi élève une seconde barrière, elle prescrit une seconde sanction : elle prononce la nullité du brevet. De cette façon, comme le remarque très bien M. Nouguier, « le droit de refus par « l'administration et le droit d'annulation par les tribunaux « se prêtent un mutuel concours (1). »

Il a été jugé notamment que le brevet pris pour la préparation de la moutarde en feuille (sinapismes *Rigollot*) est nul comme s'appliquant à une composition pharmaceutique (2) (Lyon, 28 juin 1870, Rigollot, Pataille, 70.321).

447. Plans de crédit ou de finance ; nullité du brevet. — Ce que nous venons de dire des compositions pharmaceutiques s'applique exactement aux plans et combinaisons de crédit ou de finance. La loi défend de les breveter au même titre, et permet au ministre, dans les mêmes condi-

---

(1) V. Nouguier, n° 552.

(2) V. observ. critiques (Pataille, 70.335).

tions, de refuser les brevets qui seraient demandés pour cet objet. Si l'administration, trompée par le titre ou négligeant d'exercer son droit de rejet, délivre le brevet, cette délivrance n'empêche pas que les tribunaux n'aient le droit et le devoir d'en prononcer la nullité. Ici, comme plus haut, il y a double sanction.

ARTICLE III.

DÉFAUT DE CARACTÈRE INDUSTRIEL.

SOMMAIRE.

448. Caractère industriel ; nullité du brevet. — 449. *Quid* du brevet de principe? Est-il valable ? — 450. Le brevet doit indiquer l'application industrielle.

448. Caractère industriel ; nullité du brevet. — Une invention n'est brevetable que si elle présente un caractère industriel. On a vu plus haut le sens de cette disposition ; à défaut de ce caractère industriel, le brevet est nul. La nullité, ici encore, est la sanction naturelle de la loi. Il suffit donc de se reporter aux développements que nous avons donnés précédemment pour savoir exactement s'il y a ou non nullité ; il suffit, en effet, de rechercher si le caractère industriel, tel que nous l'avons défini, appartient ou manque à l'invention brevetée.

449. ***Quid*** **du brevet de principe? est-il valable?** — Nous savons qu'en principe une idée théorique n'est pas brevetable en elle-même, en dehors de son application à l'industrie ; comme conséquence de cette règle, la loi prononce la nullité des brevets qui portent sur des principes, méthodes, systèmes, découvertes ou conceptions théoriques dont on n'a pas indiqué les applications industrielles. Cette disposition doit être bien comprise et renfermée dans de justes limites. Le brevet n'est nul que si, concentré dans un principe, dans une théorie, il n'indique aucune application industrielle de ce principe ou de cette théorie ; au contraire, il est valable dès qu'il en indique une application à l'industrie, n'en indiquât-il qu'une seule et si minime d'ailleurs que fût l'importance de cette application. Reste seulement à préciser quelle est, en ce cas, l'étendue du brevet. Ne protège-t-il que l'application industrielle qu'il indique? protège-t-il, au contraire, le principe lui-même, de telle sorte que l'indication d'une seule application industrielle réserve à l'inventeur du principe tous les effets, toutes les applications qui en dérivent, si éloignées qu'elles soient de celle que le brevet indique? La question revient à celle de savoir si la loi admet les brevets de principe; nous avons déjà exprimé notre opinion à cet égard; après mûre réflexion, nous y persévérons.

Il y a des inventions qui trouvent leur récompense dans l'honneur de les avoir faites, dans la considération, dans la renommée qui s'attachent au nom de leur auteur et le rendent parfois immortel; telles furent les découvertes de Galilée ou de Mariotte, quand l'un fondait la théorie du baromètre, en expliquant pourquoi *la nature a horreur du vide jusqu'à trente-deux pieds*, quand l'autre démontrait que le volume d'un gaz est en raison inverse de la compression qu'il subit. Certes, ils donnaient beaucoup à la science, ils lui ouvraient des horizons nouveaux; ils enseignaient des lois jusqu'alors inconnues, et dont l'application devait être féconde; mais quel service rendaient-ils directement à l'industrie? quel produit commercial sortait de leurs mains? quel objet matériel, palpable, susceptible d'être fabriqué et vendu, mettaient-ils dans le commerce? Songeaient-ils seulement aux résultats industriels que leur découverte pouvait renfermer ou auxquels elle pouvait conduire? Les yeux fixés sur l'infini, uniquement préoccupés des secrets sublimes dont l'univers est composé, ils ne voyaient que le phénomène par eux observé; ils n'étaient sensibles qu'à cette parcelle de la vérité universelle par eux mise en lumière; ils étaient satisfaits d'avoir soulevé un coin du voile qui la dérobe. Leur découverte était tout abstraite, tout idéale. Comment donc admettre qu'elle pût être le sujet d'une appropriation positive? Comment admettre surtout que l'appropriation pût porter sur toutes les conséquences, même les plus éloignées, même les plus invraisemblables, du principe ainsi découvert? Si la loi eût permis de breveter de semblables inventions, elle eût paralysé l'esprit de recherche, elle eût tari la source des inventions industrielles. A quoi bon chercher, se fussent dit les inventeurs, puisque, si je trouve une heureuse application, elle appartiendra de droit à l'auteur de l'idée théorique? Voilà pourquoi le législateur n'a pas voulu qu'une conception purement abstraite pût faire l'objet d'un brevet, et nul n'oserait prétendre qu'il a eu tort.

Si telle est la pensée de la loi, peut-on un seul instant supposer qu'elle ait admis un faux-fuyant, qu'elle ait permis de se soustraire à ses dispositions, à l'aide d'un stratagème, qu'elle ait autorisé à faire indirectement ce qu'elle défend de faire directement? Une seule des applications industrielles que comporte une idée théorique, peut-être la moins importante, suffirait pour monopoliser toutes les applications dont elle est susceptible, c'est-à-dire pour monopoliser l'idée elle-même! La loi eût été à ce point imprévoyante, à ce point contradictoire! Est-ce que les dangers que nous signalions tout à l'heure ne se rencontrent pas ici au même degré? Est-ce que les mêmes réflexions ne trouvent pas ici leur place? Est-ce que la situation n'est pas exactement la même? Pour notre part, nous n'hésitons pas à le penser, et c'est pourquoi nous repoussons absolument la théorie que propose M. Blanc sur les brèvets de principe (1); elle nous semble en opposition manifeste avec la raison d'abord, ensuite avec la loi. Nous estimons donc qu'un brevet qui porte sur une idée théorique est valable lorsqu'il en indique une application industrielle, mais qu'il n'est valable que pour cette application. Ceux qui trouveront ensuite le moyen d'utiliser d'une façon différente, dans un autre but, la même idée, le même principe, auront le droit de se faire breveter à leur tour, sans que le premier brevet leur fasse obstacle.

M. Dalloz, dans une note mise par lui à la suite d'un arrêt, se range à cette opinion : « Des auteurs, dit-il, notamment « M. Blanc, admettent que, lorsque la nouveauté qui fait « l'objet d'une invention concerne une *idée* ou un *système*, « le brevet pris avec l'indication des moyens à l'aide desquels « on peut en faire application à l'industrie protège efficace-

(1) V. Blanc, p. 459.

« ment cette idée ou ce système, que nul ne peut plus appli-
« quer même avec des moyens différents. Il y a alors ce qu'on
« appelle un *brevet de principe*. Mais où trouver la ligne de
« démarcation qui sépare le brevet de principe du brevet ne
« protégeant, au profit de l'inventeur d'un *résultat* indus-
« triel nouveau, comme on l'a vu plus haut, que les moyens
« mêmes indiqués pour son obtention? C'est ce qu'il est dif-
« ficile de décider, et il est permis de douter de la légalité
« des effets étendus qu'on voudrait faire produire à cette spé-
« cialité du brevet... » Et l'arrêtiste ajoute : « Peut-être a-t-on
« accordé, pour établir l'existence des brevets de principe,
« une signification, qu'elles ne comportent pas, aux observa-
« tions que M. Arago a présentées à l'appui de la rédaction
« dans laquelle a été voté l'art. 30 (1). »

450. Le brevet doit indiquer l'application industrielle. — Ajoutons, pour compléter ce que nous avons dit dans le paragraphe précédent, que c'est dans le brevet lui-même que doit être mentionnée l'application industrielle ; cela est, au surplus, de toute évidence. Il serait trop facile d'échapper à la nullité édictée par la loi, si l'inventeur pouvait se prévaloir, pour valider son brevet, d'une application qu'il aurait découverte après coup. « En conséquence, alors « même que l'inventeur établirait d'une manière parfaite- « ment claire que son système est facilement susceptible « d'une application industrielle, si cette application n'était « pas mentionnée dans la description qui doit se suffire à « elle-même, il y aurait nullité du brevet (2). » Il n'est pas nécessaire, toutefois, d'user de termes sacramentels pour indiquer cette application ; il suffit qu'elle ressorte clairement du contexte du brevet.

---

(1) V. Dall., 59.2.161, notes 1 et .
(2) V. Nouguier, n° 557.

ARTICLE IV.

CARACTÈRE ILLICITE DE L'INVENTION.

SOMMAIRE.

451. Caractère illicite de l'invention ; nullité du brevet. — 452. Tromperie sur la marchandise vendue. — 453. *Quid* des substances vénéneuses? — 454. Appréciation des tribunaux.

451. Caractère illicite de l'invention; nullité du brevet. — Puisque le ministre est tenu de délivrer les brevets sans examen préalable, il peut arriver qu'il en délivre pour des découvertes contraires, soit à l'ordre ou à la sûreté publique, soit aux bonnes mœurs ou aux lois de l'État. Il est clair pourtant que l'existence de tels brevets ne sauraient être impunément tolérée. La loi en prononce donc la nullité, sans préjudice, — était-il besoin qu'elle s'en exprimât formellement? — des peines qui pourraient être encourues pour la fabrication ou le débit d'objets prohibés. Supposez, en effet, un objet contraire aux bonnes mœurs, dont, par conséquent, la fabrication et le débit sont prohibés par la loi. En quoi le fait qu'un individu aura pris un brevet pour cet objet en rendra-t-il la fabrication et le débit moins coupables? Il est donc naturel que la loi prononce d'abord la nullité du brevet et qu'elle réserve ensuite ses sévérités pour l'exploitation de l'objet prohibé.

452. Tromperie sur la marchandise vendue. — Le fait qu'on a pris un brevet n'efface pas le délit qui résulte de la fabrication ou de la vente de l'objet breveté. Ne couvre-t-il pas pourtant le délit spécial de tromperie sur la nature de la marchandise vendue? Si un brevet, par exemple, est pris pour un produit nouveau composé d'une matière connue à laquelle le breveté ajoute certaines autres matières pour la rendre plus économique ou d'un emploi plus facile, plus commode, la vente de ce produit constitue-t-elle, malgré le brevet, une tromperie sur la marchandise vendue?

Il a été jugé, dans le sens de la négative, — mais il ne faudrait pas étendre outre mesure la portée de cette décision, —

qu'il n'y a pas tromperie à vendre une substance additionnée de substances étrangères, quand ce mélange et ses proportions sont clairement indiquées dans un acte officiel tel qu'un brevet (Rouen, 26 juill. 1860, Bobœuf, *Prop. ind.*, n° 151).

453. *Quid* **des substances vénéneuses?** — Le commerce des substances vénéneuses n'est permis qu'à de certaines conditions, en dehors desquelles il est prohibé. Faut-il conclure de là que, dès qu'un brevet nécessite l'emploi d'une substance vénéneuse, il est contraire à la loi qui régit ces substances et, par suite, qu'il est frappé de nullité? Un semblable système serait déraisonnable; car si le commerce, si l'emploi des substances vénéneuses n'est pas absolument libre, il n'est pas non plus absolument prohibé. Le brevet est donc valable, sauf à celui qui veut l'exploiter à remplir les formalités prescrites par la loi qui réglemente le commerce de ces sortes de substances. « C'est en se plaçant à un « point de vue analogue, fait observer M. Bozérian, que, par « un arrêt du 14 nov. 1838 (1), la Cour de Paris a refusé de « prononcer la nullité d'un brevet pris pour un procédé de « fabrication applicable à une substance pharmaceutique, « par un individu qui n'était pas pharmacien. Sans doute, « cet inventeur ne pouvait pas légalement exploiter son in- « vention, puisque les pharmaciens ont seuls le droit de fa- « briquer et de vendre les préparations pharmaceutiques; « mais, ainsi que l'observe M. Blanc (2), rien n'empêchait « ce breveté, pour tirer parti de son brevet, de céder l'exploi- « tation à ceux qui réunissent les conditions exigées par les « lois (3). »

454. Appréciation des tribunaux. — C'est aux tribunaux qu'il appartient d'apprécier le caractère illicite de l'invention; ce caractère résulte des faits, des circonstances, et nous n'avons aucune règle à préciser à cet égard.

Il a été jugé, par exemple, qu'il n'y a pas lieu d'admettre le moyen de nullité tiré de ce que l'invention est contraire à

(1) V. Paris, 14 nov. 1838, Mothes, cité par Blanc, p. 492.
(2) V. Blanc, p. 492.
(3) V. l'article de M. Bozérian dans la *Propr. ind.*, n° 419.

la sûreté publique, alors qu'il est constant que l'attention de l'administration a été, à plusieurs reprises, appelée sur le produit breveté, et qu'aucune mesure n'a été prise pour en prohiber la vente (Paris, 21 mars 1866, Barnett, Pataille, 66.144).

ARTICLE V.

INEXACTITUDE FRAUDULEUSE DU TITRE.

SOMMAIRE.

455. Insuffisance du titre; nullité; nécessité de la fraude. — Il ressort des termes mêmes de la loi, — et la discussion l'avait d'ailleurs nettement établi, — que la seule inexactitude du titre ou son insuffisance n'entraîne pas la nullité du brevet. Ce n'est pas la fausseté du titre, c'est l'intention qui l'a dictée, c'est la volonté de tromper que la loi punit (1). Il faut donc, pour que la nullité soit prononcée, que le titre indique *frauduleusement* un objet autre que le véritable objet de l'invention. Hors le cas de fraude, pas de nullité.

456. Jurisprudence (2). — Il a été jugé : 1° que l'intitulé d'un brevet se complète et s'explique par le mémoire descriptif; la seule insuffisance du titre n'est donc pas une cause de nullité du brevet, si d'ailleurs il n'indique pas frauduleusement un objet autre que celui du brevet, et si le mémoire descriptif est suffisant pour permettre l'exécution de l'invention (Cass., 9 fév. 1853, Sax, Dall., 53.1.94) ; — 2° qu'aucun article de la loi ne fait de l'irrégularité du titre une cause de nullité totale ou partielle du brevet, alors du moins que le

(1) V. Bédarride, n° 409.

(2) V. également Paris, 1er déc. 1863 et Rej., 8 mars 1865, Bertrand (Dall., 66.1.262) ; Aix, 21 fév. 1866, Deiss (Dall., 68.1.104) ; Paris, 28 fév. 1867, Logette (Pataille, 67.258) ; Paris, 30 juin 1868, Galy-Cazalat (Pataille, 69.273) ; Lyon, 19 juill. 1872, Œhler (Pataille, 72.330) ; Paris, 24 mai 1878 et Rej., 22 nov. 1879, Bouziat (Pataille, 80.150).

breveté n'est pas de mauvaise foi (Paris, 1er août 1861, Gougy, Pataille, 63.263); — 3° que, si l'art. 6 exige que la demande de brevet indique un titre renfermant la désignation sommaire et précise de l'invention, cette disposition n'est pas prescrite à peine de nullité; l'infraction qui y est commise peut entraîner le rejet de la demande; mais le brevet délivré ne saurait être annulé que dans le cas où le titre indiquerait frauduleusement un objet autre que celui de l'invention; au surplus et spécialement, on ne saurait reprocher à un breveté d'avoir manqué de précision dans le titre par lui donné à sa demande, lorsqu'en fait il a déclaré se faire breveter pour « un *article* nouveau, imitant sur toutes espèces de tissus les effets de transparence et d'éclat du cristal, du diamant et des pierreries » ; le mot « article » a, en effet, un sens facile à saisir, et peut être considéré comme synonyme du mot « produit » (Paris, 1er juill. 1870, Agnellet, Sirey, 70.266) ; — 4° que l'inexactitude du titre ne suffit pas pour entraîner la nullité d'un brevet d'invention; il faut en outre qu'elle soit intentionnelle et calculée de manière à indiquer frauduleusement un objet autre que le véritable objet de l'invention (Nancy, 25 mars 1879, Grandry, Pataille, 79.159).

ARTICLE VI.

INSUFFISANCE DE LA DESCRIPTION.

SOMMAIRE.

457. Insuffisance ou dissimulation de la description ; nullité du brevet. — 458. Insuffisance de la description; son caractère. — 459. Jurisprudence; espèces où la description a été jugée suffisante. — 459 *bis*. Jurisprudence; espèces où la description a été jugée insuffisante. — 460. *Quid* de la description imparfaite? — 461. Jurisprudence. — 462. Jurisprudence, *suite*. — 463. Faut-il que la description soit à la portée de toute intelligence? — 464. Jurirsprudence. — 465. *Quid* si le breveté est de bonne foi? — 466. *Quid* de l'inexactitude du résultat? — 467. Le brevet doit se suffire à lui-même. — 468. *Quid* des dessins? — 469. Jurisprudence. — 469 *bis*. Jurisprudence, *suite*. — 470. *Quid* des échantillons? — 471. *Quid* de l'erreur de la description? — 472. Jurisprudence. — 473. Interprétation du brevet; droit des tribunaux. — 474. Jurisprudence. — 475. Contre qui s'interprète le brevet? — 476. Dissimulation des vrais moyens. — 477. La nullité est-elle d'ordre public? — 478. Demande nouvelle. — 479. *Quid* de l'appréciation des tribunaux? — 480. Jurisprudence.

457. Insuffisance ou dissimulation de la description ; nullité du brevet. — Nous avons dit ailleurs ce que c'est que la description du brevet, quel est son but, dans quelle forme elle doit être rédigée. Nous n'y revenons pas. Des conditions exigées pour la régularité de la description, deux pourtant le sont à peine de nullité du brevet. « Le « brevet sera nul, dit l'art. 31, si la description n'est pas suf-« fisante pour l'exécution de l'invention, ou si elle n'indique « pas, d'une manière complète et loyale, les vrais moyens de « l'inventeur. » Nous allons préciser ces deux points.

458. Insuffisance de la description ; son caractère. — Comme le dit très bien un arrêt, la disposition de la loi qui oblige le breveté, à peine de nullité du brevet, à donner de son invention une description suffisante, a pour but de mettre, à l'expiration du brevet, toute personne en mesure de l'appliquer et d'empêcher que, par une réticence calculée, l'inventeur, en demeurant maître de ses secrets de fabrication, n'en conserve abusivement le monopole au préjudice du domaine public, auquel l'invention appartient désormais (1). Il faut donc que la description soit de nature à mettre le public à même d'exécuter l'invention.

Si, pour une raison ou pour une autre, elle ne permet pas d'exécuter l'invention, la description est insuffisante et le brevet nul. La nullité peut d'ailleurs se trouver également, soit dans ce qui manquerait, soit dans ce qui aurait été ajouté au delà du nécessaire, si, de l'insuffisance ou de l'excès, résulte l'impossibilité d'exécuter l'invention (2). Par exemple, une description est incomplète lorsque, s'agissant d'un produit chimique, les doses des substances employées ne sont pas ou sont mal indiquées. Il importe peu que les doses puissent être découvertes par l'analyse. La loi veut une description complète, c'est-à-dire telle qu'on puisse fabriquer sûrement l'objet breveté, en ne consultant que le brevet (3).

(1) Paris, 12 janv. 1859, Landois (Sir., 61.1.735).

(2) Exposé des motifs à la Chambre des pairs (V. Huard, p. 26). — V. aussi Picard et Olin, n° 294.

(3) Blanc, *Inv. brev.*, p. 320. — Comp. Rej., 22 vril 1861, Landois (Dall., 61.1.423).

Toutefois, il ne faut rien exagérer, et l'absence d'indication du dosage ne constitue une insuffisance de description que si la proportion des ingrédients est un élément essentiel du procédé, si, sans sa connaissance, il est impossible d'arriver au résultat que le breveté se propose. Il est clair que, si l'opération réussit, même avec une modification dans les doses, si cette modification est indiquée par la nature des matières à traiter ou des conditions atmosphériques dans lesquelles on opère, si d'ailleurs un homme du métier ne peut se méprendre sur le mode d'opérer, il n'y a point insuffisance de la description.

Il va sans dire que le breveté n'est pas tenu d'entrer dans les détails théoriques de son invention, et, par exemple, dans la même hypothèse, s'il s'agit d'un produit chimique, de donner l'explication de la combinaison qui se produit ou la formule du corps qui prend naissance. Il suffit que, le brevet à la main, on puisse arriver au résultat qu'il annonce. De même, il est évident que des détails inutiles ou surabondants, des revendications exagérées, ne vicient pas le brevet si d'ailleurs l'indication de l'objet breveté se dégage nettement de la description (1).

459. Jurisprudence; **espèces où la description a été jugée suffisante.** — Il a été jugé, conformément à ces principes : 1° que la simple énonciation d'un moyen ou d'un procédé nouveau ne suffit pas à la régularité du brevet ; il faut encore une description loyale et complète de sa mise à exécution (Rej., 11 juill. 1846, Duvelleroy, Dall., 46.1.287) ; — 2° que la description, pour répondre au vœu de la loi, n'a pas besoin d'énumérer et de faire ressortir les avantages qui peuvent résulter de l'invention ; le brevet, en constatant l'invention, constate par cela même tous les résultats qui en sont la suite et le complément (Cass., 6 avril 1861, Franon, Dall., 61.1.236) ; — 3° que la loi n'exige que la description de l'invention, sans qu'il soit nécessaire d'y joindre une exposition ni des principes sur lesquels il repose, ni des développements de leur application (Colmar, 29 nov. 1885, Mœckel, Pataille,

(1) V. Lyon, 1er juillet 1870, Durand (Pataille, 71.34).

66.357) ; — 4° que l'inutilité d'une des opérations décrites au brevet, aussi bien que l'inefficacité d'un ou plusieurs des agents chimiques indiqués d'une façon générale, peuvent constituer une superfétation, mais non une cause d'insuffisance de description et de nullité du brevet, alors que les autres opérations faites avec les agents signalés comme préférables donnent le résultat industriel promis (Nancy, 11 août 1873, Frezon, Pataille, 73.321) ; — 5° que l'absence de dosage ou bien l'indication que « tout dosage opère » ne saurait invalider un brevet, lorsqu'il s'agit d'un agent chimique connu et que les limites extrêmes des proportions à employer sont familières à tout homme du métier ; il en est de même du défaut d'indication précise du degré de température (1) (même arrêt) ; — 6° qu'il n'y a pas insuffisance de description dans le fait de ne point indiquer le dosage des agents employés (dans l'espèce, il s'agissait d'agents de défécation appliqués au traitement des jus destinés à la fermentation alcoolique), quand le brevet lui-même les signale comme des sels dont l'excès ne peut être nuisible (Bourges, 25 avril 1868, Champonnois, Pataille, 69.266) ; — 7° qu'il y a description suffisante, au sens de la loi, encore que le brevet se porte à énoncer d'une façon sommaire, dans l'énumération de divers moyens destinés à produire le même résultat, l'emploi d'un appareil (le monte-jus), alors que s'agissant simplement d'adapter un appareil connu à un autre appareil, sans disposition particulière qui exige des indications ou des explications spéciales, cette énonciation, si sommaire qu'elle soit, est suffisante pour l'intelligence et l'exécution de l'invention (Paris, 17 fév. 1883, Lecointe, Pataille, 84.109) ; — 8° que, lorsque l'invention consiste dans l'application, à une industrie, de procédés déjà connus, mais qui n'avaient été jusque-là employés qu'en dehors d'elle, l'indication sommaire de ces procédés constitue une description suffisante (Lyon, 17 juil. 1884, Descours,

(1) V. aussi Rouen, 16 mars 1874, Frezon (Pataille, 75.8); Nancy 27 janv. 1875, Frezon (Pataille, 75.12); Paris, 17 mars 1887, Saulnier (Pataille, 87.296).

Pataille, 84.257) ; — 9° qu'il n'y a pas lieu d'annuler, comme insuffisante la description d'un brevet par suite de la confusion faite par l'inventeur entre les termes désignant deux produits présentant une certaine affinité (dans l'espèce, le Kaolin et le Feldspah), alors qu'une lecture attentive révèle quel est le produit qu'a entendu employer le breveté (Paris, 17 mars 1887, Saulnier, Pataille, 87.296).

459 *bis*. Jurisprudence; **espèces où la description a été jugée insuffisante.** — Il a été jugé : 1° qu'il y a lieu de déclarer insuffisante la description qui, dans un procédé propre à la production de l'acier fondu au moyen de la vapeur, laisse à l'expérience le soin de faire connaître la durée de l'action de la vapeur sur le métal en fusion, alors que le brevet lui-même constate que, suivant la durée de cette action, il peut se produire, soit de la fonte de qualité supérieure, soit de l'acier, soit un mélange fusible de divers oxydes de fer (Paris, 30 juin 1868, Galy-Cazalat, Pataille, 69.273) ; — 2° que de même, lorsqu'un brevet est pris pour l'extraction de trois produits distincts, la description qui n'indique que les procédés relatifs à l'extraction de deux de ces produits, sans mentionner lequel des deux procédés doit être employé pour l'extraction du troisième produit, peut être considérée comme insuffisante en ce qui concerne ce dernier point (Rej., 29 janv. 1868, Deiss, Dall., 68.1.104) ; — 3° qu'il y a insuffisance de description dans le cas où l'inventeur, revendiquant deux matières colorantes nouvelles, se borne à déclarer qu'on obtient l'une ou l'autre, suivant qu'on augmente ou qu'on diminue les proportions des agents employés, sans préciser d'ailleurs les proportions (Lyon, 19 juill. 1872, Œhler, Pataille, 72.330).

460. *Quid* **de la description imparfaite ?** — Puisque ce que veut le législateur, c'est que le public soit mis à même d'exécuter l'invention, il importe peu que la description laisse à désirer sous le rapport de la précision ; il importe peu que, par quelques points, elle soit imparfaite, si d'ailleurs, telle qu'elle est et sans y rien ajouter, elle permet d'exécuter l'invention. « Ce que la loi désire, disent MM. Picard et « Olin, ce n'est pas une description irréprochable au point

« de vue du style, mais une description qui fait connaître « l'invention (1). »

461. Jurisprudence (2). — Il a été jugé à cet égard : 1° qu'une description, bien qu'incomplète, n'emporte pas déchéance du brevet, si d'ailleurs elle permet l'application du procédé breveté : spécialement, est suffisante la description d'une machine (dans l'espèce, une machine destinée à produire la teinture ombrée) dans laquelle un organe doit agir par capillarité, encore que ce mot n'ait pas été exprimé par le breveté, si, en fait, il en a décrit les effets de façon que personne ne s'y puisse tromper (Douai, 30 mars 1846, Descat, Dall., 47.2.205); — 2° qu'il importe peu que, dans la description d'un brevet, certains mots (dans l'espèce, ce brevet parlait de *dissolution*, alors que les matières étaient non *dissoutes*, mais simplement *en suspension*) soient employés dans un sens qui n'est pas leur véritable signification grammaticale, si d'ailleurs ils sont expliqués dans le cours de ladite description (Paris, 30 mars 1855, Frezon et Meissonnier, Pataille, 55.110); — 3° qu'une indication précise, quoique sommaire, est suffisante pour garantir le droit de l'inventeur auquel la loi a voulu éviter toute difficulté de rédaction et de description : spécialement, le brevet qui, pris pour un moyen nouveau de distillation, déclare qu'il s'applique non seulement aux marcs de raisin, nommément indiqués, mais encore aux matières solides et épaisses, comprend évidemment la distillation de la betterave (Paris, 19 juin 1858, Villard (3), Pataille 58.305).

462. Jurisprudence, *suite*. — Il a encore été jugé : 1° que des lacunes dans l'indication des tours de main nécessaires ne seraient pas suffisantes pour faire prononcer la nullité du brevet, alors surtout qu'il n'est pas démontré que ces lacunes soient le résultat de la mauvaise foi du breveté (Trib. corr.

---

(1) V. Picard et Olin, n° 295.

(2) V. anal. Amiens, 1er juillet 1859, Bourdon (Pataille, 59.334).

(3) V. également, à l'occasion du même brevet, Dijon, 18 juillet 1856 (Pataille, 57.415); Rouen, 8 août 1857 (Pataille 57.439); Grenoble, 19 juin 1857 (Pataille, 57.448).

Seine, 1er avril 1859, Dutertre, Pataille, 60.148); — 2° que, lorsque l'invention brevetée consiste dans l'application de procédés connus à une industrie, pour laquelle ils n'avaient pas été jusqu'alors employés, l'indication sommaire de ces procédés constitue une description suffisante, et l'on ne peut reprocher au breveté de n'être pas entré dans des détails surabondants (Rej., 26 nov. 1868, Desouches, Pataille, 69. 28); — 3° qu'il n'y a pas lieu de déclarer la description insuffisante parce qu'il existerait quelque vague dans certaines parties, si ce vague tient lui-même à la nature des opérations : spécialement, il importe peu que le brevet ne précise pas les doses des agents à employer (dans l'espèce, il s'agissait d'un procédé de blanchiment des plumes d'oiseaux), si les agents doivent varier dans leurs mélanges et dans leurs doses, de manière à obtenir, suivant les convenances de l'opérateur, une action plus ou moins prompte et plus ou moins énergique sur les plumes soumises à ce traitement (Paris, 23 avril 1868, Viol et Duflot, Dall., 68.1.197).

463. Faut-il que la description soit à la portée de toute intelligence? — Évidemment non. Un inventeur ne s'adresse pas à toute personne indistinctement; il s'adresse à une certaine classe d'individus, à une industrie déterminée. S'il est chimiste, il ne peut espérer d'être entendu que par des chimistes; la loi ne saurait le punir de l'ignorance du reste du public. Le rapport à la Chambre des pairs disait à ce sujet : « Il faut que la description soit suffi-« sante pour rendre l'exécution possible à un simple ouvrier, « s'il s'agit de choses de sa compétence, ou à un homme de « l'art, s'il s'agit d'objets qui l'excèdent et ne doivent pas être « habituellement faits par un manœuvre (1). » La règle universellement acceptée par la doctrine et par la jurisprudence est donc que la description soit de nature à être comprise par un homme du métier.

464. **Jurisprudence** (2). — Il a été jugé en ce sens : 1° que

(1) V. Huard, p. 53.

(2) V. conf. Trib. civ. Seine, 16 déc. 1857, Cottin-Laurier (*Propr. ind.*, n° 66); Douai, 29 janv. 1859, Delaunay (Pataille, 60.5); Douai, 16 août 1859, Pearson et Topham (*Propr. ind.*, nos 76 et 103); Paris,

le législateur n'a pas voulu contraindre l'inventeur à entrer dans des détails secondaires, presque toujours susceptibles de modifications dans la pratique : il a seulement voulu que la désignation fût assez précise pour que l'exécution de l'invention fût possible au simple ouvrier, s'il s'agit de choses de sa compétence ; à l'homme de l'art, s'il s'agit d'opérations d'un certain ordre : spécialement, l'absence d'indication du dosage des substances à employer ne peut être relevé comme constituant une insuffisance de description, alors que ce dosage est subordonné à l'état plus ou moins solide des matières à traiter, à la capacité des instruments à employer (Amiens, 26 nov. 1857, Planque, Pataille, 58.284) ; — 2° qu'un procédé est susceptible d'être breveté, alors même que l'indication de la proportion respective des diverses substances dont il se compose laisse à désirer sous le rapport de la précision, s'il est d'ailleurs établi qu'un praticien quelque peu exercé peut facilement appliquer le procédé en apportant du discernement dans le choix de ces substances (Paris, 2 fév. 1861, Landois, Pataille, 61.77) ; — 3° que, quelque laconique et générale que soit une description, elle est suffisante dès l'instant qu'elle indique l'invention, et permet à tout homme du métier de l'exécuter (Paris, 12 avril 1878, Fargue (1), Pataille, 78.310) ; — 4° que la difficulté que l'on peut éprouver à obtenir, de prime abord, le résultat annoncé dans un brevet, ne prouve pas l'insuffisance de la description ; il suffit que le procédé décrit puisse être mis en pratique par des hommes du métier (Nancy, 25 mars 1879, Grandry, Pataille, 79.159).

465. *Quid* **si le breveté est de bonne foi?** — Le breveté arguerait en vain de sa bonne foi. D'une part, les termes de la loi ne permettent pas d'admettre une solution contraire ; d'autre part, il est raisonnable qu'il en soit ainsi. Q'importe, en effet, que le breveté ait été de bonne foi ;

---

26 mars 1861, Dutertre (Pataille, 61.369) ; Paris, 21 juill. 1866 (Richard (Pataille, 67.251) ; Lyon, 1er juillet 1870, Durand (Pataille, 71.34) ; Montpellier, 20 mai 1872, Raynaud (Pataille, 73.347) ; Toulouse, 19 fév. 1873, Larmanjat (Pataille, 73.354) ; Rej., 25 juin 1862, Joly (Pataille, 64.21).

(1) V. aussi Rej., 30 nov. 1878, même affaire (*eod. loc.*).

qu'importe qu'il ait eu l'intention d'être clair, la volonté d'être compris de tous, si, en réalité, la description est obscure, incompréhensible? Cette bonne foi, ces excellentes intentions donnent-elles au public le moyen de profiter de la découverte? Ce que la loi atteint, c'est uniquement le fait; elle ne juge pas l'intention (1).

Jugé en ce sens qu'il y a lieu de prononcer la nullité du brevet si la description n'est pas suffisante, encore bien qu'il n'y ait aucune mauvaise foi de la part de l'inventeur : la mauvaise foi n'est exigée que lorsqu'il s'agit du moyen de nullité tiré du défaut d'indication des véritables moyens de l'inventeur (Cass., 29 nov. 1859, Probst (2), Dall., 59.1.485).

466. *Quid* **de l'inexactitude du résultat?** — Selon M. Nouguier, « l'exactitude et la suffisance de la description « doivent porter non seulement sur les moyens à employer, « mais encore sur les résultats à obtenir; en conséquence, « la description ne satisfait pas au vœu de la loi, si l'emploi » des moyens donne des résultats contraires ou différents de « ceux qui sont indiqués (3). » MM. Picard et Olin disent de même : « Quand les moyens ou les procédés mis en œuvre, « conformément à la description, donnent des produits ou « des résultats différents de ceux énoncés dans la description, « elle est incomplète. Elle ne fait pas, en effet, connaître l'in- « vention dans sa vérité. Toute personne pourra employer le « moyen, soit pour obtenir le résultat que l'inventeur avait « découvert, mais qu'il n'a pas décrit, soit pour obtenir un « autre résultat quelconque. En effet, s'il se plaignait, on « pourrait lui répondre que l'on fait du moyen une appli- « cation nouvelle, puisqu'elle diffère, sinon de celle qu'il « avait conçue, tout au moins de celle qu'il a décrite (4). » M. Renouard dit à son tour : « Le brevet est nul si la description induit le public en erreur par l'annonce de résultats différents de ceux que l'invention produit réellement (5). »

(1) V. Picard et Olin, n° 298.
(2) V. aussi Lyon, 19 juillet 1872, Œhler (Pataille, 72.330).
(3) V. Nouguier, n°s 124 et 116.
(4) Picard et Olin, n° 301.
(5) V. Renouard, n° 125.

Nous sommes du même avis; et, si nous supposons, par exemple, un brevet pris pour une matière colorante bleue, nous pensons qu'il ne peut être valable qu'autant que sa description, fidèlement suivie, donne une matière bleue; si la matière obtenue, au lieu d'être bleue, est rouge ou verte, le brevet doit être déclaré nul. Il faut pourtant se garder d'exagérer la portée de cette règle; il est évident que, pour entraîner la nullité du brevet, l'inexactitude du résultat doit être tout à fait caractérisée; si le résultat obtenu est bien celui qu'indique le brevet, seulement moins parfait, moins utile, le brevet reste valable.

467. Le brevet doit se suffire à lui-même. — La description doit être complète par elle-même. M. Nouguier dit avec pleine raison : « La description n'est ni complète ni « suffisante si, en l'appliquant avec intelligence, on ne peut « obtenir les résultats qu'elle indique, et si, pour obtenir « ces résultats, il faut se livrer à des travaux supplémentaires « afin d'arriver à trouver le moyen d'appliquer utilement les « procédés décrits. Les tiers doivent trouver dans le brevet, « qui doit se suffire à lui-même, la possibilité d'exécuter « l'invention sans être obligés de jouer à leur tour le rôle « d'inventeurs (1). » Il suit de là que l'inventeur ne pourrait se prévaloir d'un certificat d'addition qu'il aurait pris ultérieurement pour soutenir que la description qu'il renferme supplée à celle qui manque au brevet. Le certificat d'addition ne peut que compléter l'invention, la développer, la perfectionner; il emprunte sa propre vie au brevet; il ne saurait la lui donner. Si donc le brevet manque des conditions vitales, déterminées par la loi, le certificat d'addition meurt avec lui; il est impuissant à le ressusciter. Il ne serait pas davantage permis de renvoyer, pour les détails de la description, soit à un ouvrage imprimé et publié, soit à un brevet antérieur. Le breveté ne peut, dans aucun cas, obliger le public à se procurer, pour l'exécution de l'invention, d'autres documents que le brevet. Il va de soi pourtant qu'il peut se référer aux connaissances déjà acquises au domaine public

(1) V. Nouguier, n° 127.

pour tout ce qui n'est pas son invention proprement dite et dont celle-ci n'est que le développement. Par exemple, étant donné un produit chimique déjà découvert, l'inventeur qui, partant de ce produit tel qu'il existe le transforme en un autre, qu'il entend faire breveter, n'est tenu d'expliquer et de décrire que les moyens qu'il emploie pour transformer le premier produit, il n'a besoin que de désigner clairement le produit originaire dont il fait la base de la nouvelle fabrication, sans entrer dans le détail des moyens propres à fabriquer ce produit (1).

467 *bis*. **Jurisprudence.** — Il a été jugé, par exemple: 1° que le breveté ne peut valablement, soit dans des mémoires, soit dans des conclusions d'audience, expliquer et compléter son brevet (Trib. civ. Lille, 10 juin 1858, Delaunay, *Prop. ind.*, n° 46) ; — 2° que tout brevet d'invention, pour être valable, doit contenir soit dans son libellé, soit dans la description et les dessins qui l'accompagnent et le complètent, toutes les énonciations prescrites par la loi pour sa validité; il ne pourrait donc utilement emprunter plus tard à un certificat d'addition les conditions vitales qui lui auraient manqué dès l'origine (Amiens, 1er juill. 1859, Bourdon (2), Pataille, 59.334) ; — 3° qu'il y a insuffisance de la description si le breveté renvoie, pour le détail des opérations, à un brevet qu'il aurait pris lui-même antérieurement pour un autre produit, le brevet devant se suffire à lui-même (Lyon, 19 juill. 1872, Œhler, Pataille, 72.330) ; — 4° que la description d'une invention n'est pas suffisante lorsque, pour réaliser l'idée du breveté, il faut, en quelque sorte, devenir soi-même préalablement un inventeur ; la loi a voulu, en effet, que le brevet et le privilège y attaché fussent la récompense d'une découverte utile mise, sans perte de temps, sans dépense extraordinaire, par la seule description y jointe, à la

---

(1) V. Paris, 17 mars 1887, Saulnier (Pataille, 87.296).

(2) V. conf. Paris, 9 déc. 1858, Cominal (Pataille, 59.167); Paris, 2 fév. 1861, Landois (Pataille, 61.77) ; Aix, 21 fév. 1866 et Rej., 29 janv. 1868, Deiss (Dall., 68.1.104); Paris, 3 mars 1870, Labrousse (Pataille, 72.312). — V. toutefois Lyon, 1er juill. 1870, Durand (Pataille, 71.34).

disposition et à la portée, non pas du premier venu, mais de l'ouvrier ou de l'artiste que ses connaissances professionnelles mettent en situation d'immédiatement la comprendre et l'appliquer ; une semblable description n'est ni complète ni loyale, lorsqu'il est constant que le breveté a tenu secrets les moyens propres à la réalisation de son invention (Nancy, 20 juin 1874, Boucher, Pataille, 77.31).

468. ***Quid* des dessins ?** — Nous savons déjà que la loi permet d'annexer des dessins au mémoire descriptif. Ils ne peuvent suppléer à l'absence de toute description (1), mais toutefois ils servent à la compléter ou à l'expliquer. On ne peut donc dire d'une description qu'elle est insuffisante qu'autant qu'on a vainement cherché l'explication dans les plans et dessins. Si, à l'aide du dessin, il est possible d'exécuter l'invention, le brevet est valable.

469. Jurisprudence. — Il a été jugé en ce sens (2) : 1° que le dessin, exigé par la loi pour servir à l'intelligence de la description, en est nécessairement une partie intégrante et complémentaire ; mais qu'il n'y a lieu d'accorder au breveté le bénéfice d'une forme déterminée (conicité d'un récipient), qu'autant qu'il ressort d'ailleurs des termes de la description que cette forme assure, dans la pensée de l'inventeur, des conditions plus avantageuses au fonctionnement de l'appareil ou au procédé (Colmar, 26 oct. 1854, Villard, Pataille, 57.406) ; — 2° que si, dans certains cas, un plan ou un dessin, joint à la demande, peut être considéré comme suppléant à l'insuffisance du mémoire descriptif, élément principal et nécessaire, il ne saurait en être ainsi quand, par le silence absolu de la description, les tiers peuvent être induits en erreur (Paris, 12 juin 1869, Hayem, Pataille, 70.111).

469 *bis*. Jurisprudence, *suite* (3). — Il a été jugé toutefois d'une façon plus absolue : 1° d'une manière générale, que les

---

(1) V. *suprà*, n° 112.

(2) V. également Paris, 30 juin 1852, Ghebbard (Blanc, p. 539) ; Rej., 9 août 1867, Avril (Pataille, 67.340) ; Paris, 2 juin 1864, Monnier (*Propr. ind.*, n°s 333 et 344).

(3) V. *suprà*, n° 113.

dessins joints au mémoire descriptif en font partie intégrante et doivent être consultés au même titre (Cass., 9 fév. 1853, Sax (1), Dall., 53.1.94) ; — 2° qu'il est de principe que le privilège des inventeurs s'étend non seulement aux détails décrits, mais encore à ceux qui ressortent des dessins annexés à la demande, et même aux résultats non prévus par le breveté et qui seraient un effet nécessaire du procédé breveté (Paris, 24 juin 1858, Mutelle, Pataille, 59.257) ; — 3° qu'il importe peu que le mémoire descriptif laisse beaucoup à désirer sous le rapport du style et de la clarté, si le dessin joint à la demande offre le moyen de se rendre compte de l'invention (Douai, 21 déc. 1864, Mainé, Jurispr. Douai, 64.423) ; — 4° que la description peut être complétée par les dessins annexés qui en font partie intégrante, et doit être regardée comme suffisante lorsqu'un ouvrier d'une intelligence ordinaire peut, à l'aide des dessins et plans, reproduire l'invention (Rouen, 26 nov. 1866, Carbonnier, Pataille, 68.260) ; — 5° qu'un brevet est valable, bien que la modification brevetée n'y soit pas formellement décrite, si les dessins annexés au brevet la font suffisamment connaître (Rej., 10 mars 1854, Jamin, Dall., 55.5.53) ; — 6° qu'aucune forme particulière n'est imposée par la loi du 5 juillet 1844 à la description de l'objet breveté ; l'indication de cet objet peut avoir lieu, soit par une description analytique, soit par un dessin graphique, soit par la combinaison des deux procédés s'aidant et se complétant l'un par l'autre ; mais sous la condition essentielle que le public spécial, qui s'intéresse directement à l'invention, trouve dans la description tous les renseignements nécessaires pour en faire la reproduction à l'expiration du brevet (Paris, 28 janv. 1885, société Martin, Pataille, 86.257).

470. *Quid* **des échantillons?** — La loi assimile les échantillons aux dessins ; et si, dans la pratique, l'admi-

---

(1) V. également Paris, 10 mars 1843, Bissonnet (Blanc, p. 539) ; Paris, 30 déc. 1852, Chaudun (Blanc, p. 539) ; Paris, 15 juin 1860, Sax (Pataille, 60.241) ; Rouen, 28 juin 1854, Sax (Dall., 55.5.54) ; Lyon, 1er juill. 1870, Durand (Pataille, 71.34).

nistration ne prend pas les précautions nécessaires pour en assurer la conservation et permettre de les consulter facilement, nous n'en pensons pas moins que l'échantillon aide, au même titre que le dessin, à compléter la description, et que sa disparition, par une faute imputable à l'administration seule, ne saurait préjudicier aux droits du breveté (1).

Il a été jugé pourtant que les échantillons, que l'inventeur peut déposer en même temps que la description, n'étant pas susceptibles de recevoir la signature et le cachet, soit de l'inventeur, soit de l'autorité, ne sont pas intimement liés au titre de l'inventeur et ne font pas foi de l'invention et des moyens de l'exécuter ; qu'en tous cas, si les échantillons déposés avec la demande de brevet ne se retrouvent pas et s'ils sont indispensables pour comprendre et appliquer l'invention, il faut en conclure que le titre est incomplet et ne peut constituer un brevet valable (2).

M. Dalloz, critiquant cet arrêt, dit avec juste raison : « La « loi du 5 juillet 1844, en exigeant que la demande du brevet « soit accompagnée des dessins et des échantillons, si cela « est *nécessaire* pour l'intelligence de la description, sup« pose, ce nous semble, que ces dessins et échantillons « pourront servir à compléter cette description... Quant à la « disparition ultérieure d'échantillons dont le dépôt a été « régulièrement constaté, elle ne saurait nuire au breveté « qui est étranger à cette disparition. A ce double point de « vue, l'arrêt de la Cour de Douai n'était donc pas à l'abri « de la critique (3). »

M. le conseiller Ferey, dans son rapport sur le pourvoi formé contre cet arrêt, élevait des critiques tout aussi vives : « La loi, disait-il, indique l'annexion de dessins ou *échan*« *tillons* comme moyen de compléter la description et de la « rendre plus claire. Le demandeur, il est vrai, est juge de la « nécessité de les déposer ; ainsi, les dessins, échantillons ou « modèles ne peuvent jamais dispenser de la description

(1) V. *suprà*, n° 118.
(2) V. Douai, 29 janv. 1859, Delaunay (Pataille, 60.5).
(3) V. Dall., 60.1.24, notes 1 et 2.

« tandis que la description peut le plus souvent se passer du « dépôt de dessins et échantillons. Mais l'arrêt va jusqu'à « dire que, si l'échantillon déposé par les frères Delaunay « ne se retrouve pas, et s'il est, suivant eux, indispensable « pour comprendre et appliquer l'invention, il faudrait en « conclure que leur titre est incomplet et ne peut consti- « tuer un brevet valable. N'est-ce pas là une appréciation « aussi contraire au texte qu'à l'esprit de la loi ? » Et plus loin, le rapporteur ajoute : « Il y a même dans la cause une « particularité qui ajoute encore à la faute du bureau des « brevets et à la rigueur de l'arrêt. Le ministère du com- « merce a adopté l'habitude de ne pas retourner au breveté « le duplicata des échantillons ou modèles déposés comme « il retourne celui de la description ou des dessins. Il en « résulte que le breveté n'a pas, en cas de disparition de ses « échantillons ou modèles, la faculté de représenter un « duplicata certifié et, par conséquent, présumé conforme. « L'arrêt n'a pas pu prononcer contre le breveté la nullité « absolue de son brevet pour insuffisance d'une description « dont les éléments essentiels étaient égarés par la faute du « ministère (1). »

Malgré ces observations, le pourvoi a été rejeté ; il est vrai de dire que les motifs qui ont déterminé la Cour de cassation la dispensaient d'examiner la question qui, en conséquence, même après cet arrêt (2) reste tout entière.

471. *Quid* **de l'erreur de la description?** — Que penser de l'erreur qui s'est glissée dans la rédaction du mémoire descriptif? Faut-il l'assimiler à l'insuffisance de la description? Appartient-il, du moins aux tribunaux, d'apprécier l'erreur, de la corriger, et de valider ensuite le brevet ainsi rectifié? Par exemple, un individu se fait breveter pour un nouveau produit qu'il obtient au moyen d'une réaction chimique ; seulement, il se trompe dans les proportions indiquées qui, si on les suit à la lettre, ne donnent aucun résultat ; qui, si on les modifie, produisent le résultat annoncé. Ou bien,

(1) V. Pataille, 60, p. 10 et 11.
(2) V. Rej., 30 nov. 1859 (Pataille, 60.9).

le breveté aura indiqué, pour un organe de sa machine, la position verticale, quand c'est la position horizontale qu'il devait dire. Quel sera le sort du brevet? Les tribunaux ont, à cet égard, une grande latitude d'appréciation; ils peuvent interpréter les énonciations du brevet; ainsi, un mot impropre, un terme inexact, une expression malencontreuse ne font aucun tort à la description, si, en fait, elle reste saisissable pour les hommes du métier. C'est le fond des choses qu'il faut considérer avant tout, et plus que le sens littéral des mots. C'est même en cela que se résume le droit d'interprétation des tribunaux, qui, dans aucun cas, ne peut aller jusqu'à modifier les choses, jusqu'à substituer un procédé à un autre, jusqu'à changer la condition que le breveté s'est faite à lui-même. « Ainsi, dit M. Nouguier (qui va sans doute un « peu loin), un breveté annonce que l'un des résultats qu'il « obtient par l'emploi de ses procédés, c'est de *supprimer* « tel inconvénient que présentaient les anciens systèmes; les « tribunaux ne pourraient, par interprétation de la description, admettre que le breveté a voulu dire qu'il *diminuait* « et non qu'il supprimait l'inconvénient signalé. Agir « ainsi, ce ne serait pas interpréter, ce serait refaire le bre« vet (1). »

472. Jurisprudence. — Il a été jugé d'après ces principes : 1° que, s'il est permis aux juges du fait d'interpréter le brevet, ils ne peuvent pas toutefois substituer un procédé à un autre ou prendre pour base de leur décision des dispositions différentes de celles décrites dans la spécification du brevet : spécialement, lorsque le brevet porte que le bois soumis à l'action de la machine doit y être présenté dans une position *parallèle* à l'axe des cylindres, ils ne peuvent pas déclarer que le mot *parallèle* a été mis par erreur, et baser le délit de contrefaçon sur une position *perpendiculaire* à l'axe du cylindre (Cass., 24 mars 1842, Rowcliffe, Dall., 42.1. 227); — 2° que l'emploi du mot *dentelure*, au lieu de *rainure* et *cannelure*, dans la description d'une machine, ne

(1) V. Nouguier, n° 116. — Comp. Picard et Olin, n° 302; Bédarride, n° 416.

saurait être reproché à l'inventeur, lorsqu'il est clair que l'un de ces termes a été considéré comme l'équivalent de l'autre (Rej., 12 mai 1842, Dietrich, cité par Renouard, n° 123); — 3° que la description est suffisante si, sans se préoccuper de la valeur grammaticale ou scientifique des termes et en se contentant de faire les opérations indiquées, on arrive au résultat prévu et mentionné par le breveté (Rej., 7 juill. 1855, Frezon, Pataille, 55.110); — 4° qu'il n'y a pas lieu d'attacher d'importance à la confusion faite par le breveté entre les mots *kaolin* et *feldspath*, quand le reste de la description précise lequel de ces deux produits est employé par lui (Paris, 17 mars 1887, Saulnier, Pataille, 87.296); — 5° que les tribunaux doivent appliquer la description telle qu'elle est, sans changer les termes du brevet, sans addition ni correction, même pour réparer des erreurs de rédaction (Lyon, 19 juill. 1872, Œhler, Pataille, 72.330); — 6° jugé pourtant que le brevet doit être maintenu malgré une erreur constante du dessin (dans l'espèce, un peigne cylindrique était indiqué par une flèche comme tournant dans un sens contraire à celui qu'il devait avoir), toutes les fois que la description et le dessin, se rectifiant l'un par l'autre, ne peuvent laisser de doute sur la pensée du breveté (Lyon, 1er juill. 1870, Durand, Pataille, 71.34).

473. Interprétation du brevet; droit des tribunaux. — Les tribunaux ne peuvent rectifier, de leur autorité privée, les erreurs commises par le breveté dans sa description; ils doivent appliquer le brevet tel qu'il est. C'est la règle que nous venons de poser, en ajoutant cependant que, dans une certaine mesure, le juge avait le droit d'interpréter les termes du brevet, afin d'en dégager la véritable pensée de l'inventeur. Mais il se peut qu'ils fassent eux-mêmes erreur, qu'ils se trompent sur le véritable sens du brevet, sur la portée de l'invention. Quel sera l'effet de cette erreur? Sera-t-elle irrévocable, irrémédiable? Le breveté ou les tiers, lésés par cette interprétation erronée, devront-ils la subir comme décision souveraine? Pourront-ils, au contraire, se pourvoir devant la Cour de cassation pour la faire réformer? Il n'est pas douteux que le juge n'interprète le brevet que sauf contrôle de la Cour suprême. Le brevet, contrat intervenu entre la société et l'inventeur, est une véritable loi établie entre eux. Il appartient à la Cour de cassation de surveiller et de maintenir l'interprétation de cette loi comme de toute autre (1).

474. Jurisprudence. — Il a été jugé à cet égard : 1° qu'en déclarant qu'une invention, objet d'un brevet, consiste, non dans l'emploi du tour au polissage des peignes, mais dans la manière dont le feutre ou le buffle était employé sur ce tour pour produire certains avantages, les juges du fait ne substituent pas, dans le titre du breveté, un procédé à un autre ; ils ne font qu'user du droit qui leur appartient d'interpréter le brevet (Cass., 10 mars 1843, Mignot, Bull. crim., 43.106); — 2° mais que l'arrêt qui décide qu'un brevet porte sur le droit exclusif d'application de la force centrifuge, lorsque, en réalité, il porte sur un mode particulier et nouveau de réalisation, dénature le brevet, viole son autorité légale et encourt la censure de la Cour de cassation (Cass., 17 janv. 1852, Rohlfs-Seyrig, Dall., 53.1.67).

475. Contre qui s'interprète le brevet? — Quand le breveté ne s'est pas expliqué clairement, quand, avec ou sans intention, il n'a pas déclaré nettement ce sur quoi il entendait faire porter son droit privatif, quand il s'agit, non plus d'appliquer le brevet, mais de l'interpréter, quand la certitude fait place au doute, quel parti le juge devra-t-il prendre? Devra-t-il interpréter le brevet dans un sens favorable au breveté? Devra-t-il l'interpréter dans un sens favorable au domaine public? Le brevet doit s'interpréter contre le breveté ; c'est lui qui stipule, et, aux termes de l'art. 1162, les conventions, dans le doute, s'interprètent contre celui qui stipule. « Qu'est-ce qu'un brevet? dit M. Bozérian. C'est un contrat « qui, par l'intermédiaire de l'administration, intervient entre « l'inventeur qui réclame la jouissance exclusive de son inven- « tion pendant un temps limité et la société, laquelle, moyen- « nant l'accomplissement de certaines conditions et de cer- « taines formalités, s'engage à respecter cette jouissance. « Dans ce contrat, c'est donc le breveté qui stipule ; c'est la « société qui s'oblige... Le breveté étant celui qui stipule, le

(1) V. Rendu et Delorme, n° 348. — V. *suprà*, n° 82.

« public celui qui contracte l'obligation, le brevet doit tou-
« jours s'interpréter en faveur du public (1). »

476. Dissimulation des vrais moyens. — A côté de l'insuffisance de la description et sur la même ligne, la loi place la dissimulation par l'inventeur de ses véritables moyens. Il ne faut pas, en effet, que, par une réticence calculée, l'inventeur garde une partie de son invention et se ménage ainsi un moyen de prééminence personnelle qui lui permette d'écraser ses concurrents à l'époque où l'invention appartiendra à l'usage général (2). Ce qu'il doit à la société, en échange de la protection qu'elle lui accorde, c'est sa découverte tout entière, telle qu'il la possède lui-même au jour où il prend son brevet. Cette disposition n'est que l'application de la maxime si connue : Donner et retenir ne vaut. S'il en était autrement, l'inventeur conserverait un moyen de perpétuer son monopole et de défier la concurrence, même après l'expiration du brevet (3).

Cette disposition est excellente en soi, mais elle est difficilement applicable dans la pratique ; car, si l'inventeur est tenu de décrire dans son brevet ses vrais moyens, il ne doit évidemment à la société que ceux qu'il a déjà découverts au moment même où il prend son brevet. Comment, en effet, serait-il tenu de décrire ceux qu'il n'a pas encore imaginés, qu'il ne découvrira que demain ? Cela étant, si l'on reproche au breveté de se servir de moyens différents de ceux qu'il a décrits et meilleurs, il lui sera toujours facile de répondre que, ces moyens, il ne les a découverts que depuis la prise de son brevet. Et cette réponse, comment la contredire ? Comment surtout appuyer la contradiction sur une preuve? Le principe n'en subsiste pas moins, et si, par une circonstance heureuse, la preuve de la dissimulation peut être faite, la nullité du brevet en sera la conséquence.

Jugé, à cet égard, qu'il y a lieu de déclarer nul, pour

---

(1) V. *Propr. ind.*, n° 431. — V. aussi Lyon, 19 juillet 1872, aff. Œhler (Pataille, 72.330). — V. également Nouguier, n° 112 ; Renouard, n° 123.

(2) V. Renouard, n° 125.

(3) V. Nancy, 20 juin 1874, aff. Boucher (Pataille, 77.31).

insuffisance de description, le brevet qui n'indique pas, d'une manière suffisante, complète et loyale, les véritables moyens de l'inventeur, de telle sorte qu'à la lecture de la description un homme de l'art ou du métier puisse exécuter l'invention brevetée; il en est surtout ainsi lorsqu'il ressort des essais faits pour appliquer les procédés décrits que le breveté a conservé secret le véritable moyen efficace (Nancy, 20 juin 1874, Boucher (1), Pataille, 77.31).

477. La nullité est-elle d'ordre public? — Il eût peut-être mieux valu admettre que l'insuffisance de la description, et surtout que la dissimulation par le breveté de ses vrais moyens, constituent une nullité d'ordre public. On conçoit, en effet, que l'ordre public est intéressé à ce que la description soit suffisante et complète pour mettre la société en pleine possession de l'invention. Le législateur pourtant n'en a pas jugé ainsi ; et la preuve qu'il ne considère pas la nullité dont nous parlons comme étant d'ordre public, c'est qu'il n'accorde pas au ministère public le droit de la demander directement par voie d'action principale. C'est ce que nous expliquerons lorsque nous parlerons de la nullité absolue.

Il a été jugé, en ce sens, que la nullité résultant soit de l'insuffisance de la description, soit de ce que cette description n'indique pas d'une manière loyale et complète les véritables moyens de l'inventeur, n'est pas du nombre de celles qui appartiennent à l'ordre public et qui doivent être suppléées par les juges dans le silence des parties : en conséquence, le prévenu de contrefaçon ne peut, devant la Cour de cassation, se plaindre de ce que les juges du fait ne se sont pas expliqués sur la description du brevet, quand il résulte des documents de la cause qu'il ne les a pas saisis de cette question par ses conclusions (Rej., 14 fév. 1855, de Bergues, *Bull. crim.*, 55.77).

478. Demande nouvelle. — Dès qu'une demande en nullité de brevet est portée devant la justice par voie principale ou par voie incidente, le demandeur en nullité peut

(1) V. aussi Rej., 5 janv. 1879, même affaire (*cod. loc.*).

invoquer tous les moyens propres à justifier sa demande. A ce point de vue, il n'est pas douteux que l'insuffisance de la description constitue, au regard de la demande en nullité, un simple moyen de l'obtenir ; ce n'est donc pas former une demande nouvelle que d'invoquer, au cours d'une instance en nullité, une insuffisance de la description dont il n'avait pas été parlé jusque-là. Il n'est dès lors pas besoin d'un nouvel exploit introductif d'instance pour proposer l'insuffisance de la description ; de simples conclusions suffisent. De même, elle peut, sans conclusions écrites, et pour la première fois, être présentée devant les juges d'appel (1). Ce raisonnement, toutefois, ne saurait, sans une criante injustice, être poussé à l'extrême, et l'on verra que, notamment en ce qui concerne la chose jugée, il cesse d'être vrai (2).

479. *Quid* **de l'appréciation des tribunaux ?** — Nous avons dit plus haut dans quelle mesure les tribunaux avaient le droit d'interpréter la description, et quelles règles présidaient à cette interprétation. Reste à savoir si cette interprétation est souveraine, si elle échappe à la censure de la Cour de cassation. La question est délicate, et l'on verra tout à l'heure que la jurisprudence est divisée. D'une part, il est certain que la Cour de cassation, gardienne de la loi du brevet, doit examiner si cette loi a été sainement entendue, si elle n'a pas été violée par le juge du fait ; d'autre part, il paraît bien difficile que l'interprétation de la description ne touche pas à la loi du brevet. Lorsque le juge dit : le brevet signifie cela, n'en apprécie-t-il pas, en effet, la pensée, c'est-à-dire, en réalité, la loi ? Les auteurs semblent pourtant d'un avis opposé, et notamment M. Bédarride n'hésite pas à déclarer que les tribunaux sont souverains appréciateurs du caractère de suffisance ou d'insuffisance de la description (3). M. Nouguier, qui partage l'opinion de M. Bédarride (4), l'appuie sur le rapport présenté à la Chambre des pairs ;

(1) V. Besançon, 11 avril 1854, Villard (Pataille, 57.402).
(2) V. *infrà*, n° 566.
(3) V. Bédarride, n° 416.
(4) V. Nouguier, n° 111.

recherche faite, le rapport ne tranche en aucune façon la question ; il ne l'examine même pas (1).

480. Jurisprudence (2). — Il a été jugé : 1° d'une part, que l'appréciation des juges du fait sur le degré de suffisance de la description est soumise à la censure de la Cour de cassation, qui a mission d'examiner si leur déclaration, à cet égard, ne viole pas la loi du brevet (Rej., 25 mars 1859, Cominal, Pataille, 59.167) ; — 2° d'autre part, en sens contraire, que la suffisance ou l'insuffisance de la description est une question de fait que les juges du fond apprécient souverainement (Cass., 10 nov. 1855, Thier (3), Pataille, 56.38).

ARTICLE VII.

BREVET PRIS CONTRAIREMENT AUX DISPOSITIONS DE L'ARTICLE 18.

SOMMAIRE.

481. Brevet de perfectionnement; nullité. — Nous savons que, pendant une année, à dater du dépôt de sa demande, le breveté a sur tous autres un droit de préférence pour les perfectionnements, changements ou additions qu'il apporte à son invention primitive. Les tiers qui, dans cet intervalle, trouveraient à perfectionner l'invention sont tenus de prendre un brevet sous pli cacheté. Telle est, à cet égard, la sévérité de la loi, qu'elle prononce la nullité des brevets qui seraient pris en contravention de cette disposition. On peut assurément s'étonner d'une pareille rigueur, qui semble difficile à justifier. Il faut toutefois s'incliner devant la volonté formellement exprimée par le législateur et

---

(1) V. Huard, p. 53.

(2) V. anal. Cass., 23 janv. 1858, Dubrunfaut (Pataille, 58.257).

(3) Rej., 30 déc. 1852, Chaudun (*Bull. crim.*, 52.696) ; Rej., 25 nov. 1852, Guebhard (Dall., 55.5.52) ; Rej., 24 mars 1875, Frezon (Pataille, 75.171) ; Rej., 22 avril 1861, Landois (Pataille, 61.227) ; Rej., 18 nov. 1879, Pelgrain (Pataille, 80.194).

en déterminer la portée. En l'absence de toute restriction, on doit reconnaître que la nullité dont il s'agit peut être demandée non seulement par le breveté, ce qui, dans une certaine mesure, s'expliquerait, mais encore par tout autre. S'il est établi que le brevet renferme, en effet, un perfectionnement à un autre brevet pris dans le cours de l'année précédente (1), la nullité en doit être prononcée, quel que soit celui qui la demande.

Voici comment M. Bédarride s'exprime à ce propos : « Tout intéressé, dit-il, est recevable et fondé à prouver que « l'objet réel du brevet n'est qu'un perfectionnement d'une « précédente invention. Cette preuve faite, le brevet est nul, « s'il a été pris contrairement à la prescription de l'art. 18, « c'est-à-dire avant l'expiration de l'année réservée. Ainsi, « celui qui a voulu se soustraire à l'obéissance que la loi « commande est pris dans son propre piège. Le perfection- « nement qu'il a inventé lui échappe et tombe immédiate- « ment et irrévocablement dans le domaine public (2). »

Il a été jugé, en ce sens, que le brevet qu'un tiers prend contrairement aux dispositions de l'art. 18, c'est-à-dire qui, constituant un changement, une addition ou un perfectionnement à un brevet déjà existant, n'est pas pris sous pli cacheté, est nul et ne peut servir de base à une action en contrefaçon (Paris, 30 mars 1855, Frezon et Meissonnier, Pataille, 55.110).

ARTICLE VIII.

DÉFAUT DE RELATION DU CERTIFICAT D'ADDITION AVEC LE BREVET.

SOMMAIRE.

482. Certificat d'addition ; relation avec le brevet. — 483. Jurisprudence ; espèces où le certificat a été déclaré valable. — 484. Jurisprudence ; mêmes espèces ; *suite*. — 485. Jurisprudence ; mêmes espèces ; *suite*. — 486. Jurisprudence ; espèces où le certificat a été déclaré nul. — 487. Appréciation des tribunaux.

482. Certificat d'addition ; relation avec le

---

(1) V., sur le pouvoir d'appréciation des tribunaux, Rej., 7 juillet 1855, Frezon et Meissonnier (Pataille, 55.110).

(2) V. Bédarride, nos 242 et 421.

brevet. — Si la loi permet au breveté d'obtenir des certificats d'addition qui lui coûtent moins qu'un brevet, c'est à la condition que ces certificats ne comprendront que des perfectionnements, changements ou additions qui se rattachent à son brevet. Autrement, le fisc serait facilement fraudé et le breveté ne manquerait pas de prendre de simples certificats d'addition même pour des objets différents de ceux décrits dans son brevet. Mais dans quel cas le certificat d'addition doit-il être considéré comme se rattachant au brevet ? Nous ne saurions mieux faire que de citer sur ce point une excellente discussion de M. le premier avocat général de Raynal, devant la Cour de cassation.

« Le motif de la disposition finale de l'art. 30, disait ce « magistrat, tous les commentateurs, nous le croyons, en « conviennent, est surtout emprunté à l'intérêt du Trésor « public : c'est essentiellement une disposition fiscale. Le « législateur n'a pas voulu qu'on pût échapper, sous un vain « prétexte, en rattachant arbitrairement les unes aux autres « des inventions distinctes, au payement de la taxe établie « pour les brevets et s'assurer un droit privatif pour une « invention principale et qui vit par elle-même, en acquittant seulement le droit fixé pour les certificats d'addition. « Et, de là, nous déduirons cette règle que, la nullité étant « une peine infligée à celui qui aura voulu faire fraude à la « loi, elle devra être sévèrement renfermée dans les termes « mêmes employés par le législateur, *qu'ainsi on devra « élargir plutôt que restreindre le cercle tracé à l'inventeur.* « S'il en est ainsi, quelle est la portée des changements, « perfectionnements et additions qui peuvent être constatés « par un simple certificat ? Le sens de ces expressions semble « très facile à déterminer. Voilà un inventeur qui a fait breveter une idée mère, qui a indiqué le but qu'il voulait « atteindre, qui a décrit les procédés imaginés par lui pour « obtenir le résultat prévu ; mais son invention est encore « incomplète et imparfaite. La réflexion, le temps, l'expérience lui révèlent des moyens nouveaux, plus simples et « plus sûrs, pour atteindre le but qu'il poursuit, pour réaliser l'idée qu'il a conçue. Ainsi, dans un mécanisme compliqué, il substitue un organe à un autre : c'est un chan-

« gement. Il simplifie, il améliore un organe déjà décrit : « c'est un perfectionnement. Enfin, il ajoute quelque chose : « c'est une addition. Changement, perfectionnement, addi- « tion, tout cela est légitime; tel est le cercle très étendu, « très libéralement déterminé et que l'interprétation ne « doit pas rétrécir, qu'elle doit plutôt amplifier, dans lequel « se meut librement l'inventeur. Il suffira donc que la nou- « velle invention se rattache de près ou de loin, mais qu'elle « se rattache réellement, certainement, sincèrement à l'in- « vention principale, pour qu'elle puisse être consacrée au « profit de l'inventeur par un simple certificat d'addi- « tion (1). »

M. Blanc va bien plus loin : « L'art. 30, dit-il quelque « part, distingue entre les perfectionnements et les addi- « tions, puisqu'il les énumère séparément. Or, ce qui fait la « différence entre un perfectionnement et une simple addi- « tion, c'est que le perfectionnement améliore ce qui est « breveté, tandis que l'addition ajoute au brevet. Donc, le « certificat d'addition peut être pris pour un objet ajouté au « brevet, *c'est-à-dire étranger à l'idée mère de l'invention*, « pourvu que cet objet se rattache à ce qui est contenu dans « le brevet (2). »

483. Jurisprudence; **espèces où le certificat a été déclaré valable** (3). Il a été jugé à cet égard : 1° que la loi, en rapprochant avec soin les mots *additions*, *changements*, *perfectionnements*, a clairement fait voir qu'elle entendait permettre à l'inventeur de prendre un certificat d'addition pour tout ce qui se rattacherait, de près ou de loin, au brevet principal ; en disant qu'il y aurait nullité et déchéance au cas où les perfectionnements ne se rattacheraient pas au brevet principal, elle n'a voulu annuler que les additions n'ayant aucun rapport à l'idée première brevetée; il est donc impossible d'en faire application à celui qui, dans son certificat d'addition, fait connaître des moyens d'exécution ayant

(1) V. Pataille, 61.262.
(2) V. Blanc, p. 554. — V. également observ. Pataille, 65.160.
(3) V. aussi Paris, 12 déc. 1885, Berthelot (Pataille, 86.105).

le même but, conduisant au même effet industriel, et produisant absolument les mêmes résultats que ceux déjà indiqués au brevet principal : spécialement, celui qui a pris un brevet tout à la fois pour un procédé nouveau de teinture (dans l'espèce, un procédé propre à obtenir des teintures ombrées) et pour une machine destinée à mettre en œuvre ce procédé, peut licitement consigner dans un certificat d'addition les modifications d'agencement qu'il entend apporter à sa machine, puisque, dans l'un et l'autre cas, il s'agit d'une combinaison destinée à réaliser l'idée mère, à obtenir le même résultat (Douai, 31 mars 1846, Descat, Dall., 47.2.222) ; — 2° que le certificat d'addition qui a pour but de combiner la teinture par pression *au-dessus de l'étoffe*, avec la teinture par pression *au-dessous de l'étoffe*, seul moyen indiqué au brevet, se rattache à celui-ci, puisqu'il s'agit toujours de la réalisation de l'idée d'obtenir des tissus ombrés par un système de pression partielle et continue ; il importerait peu que la teinture par pression au-dessus de l'étoffe, objet du certificat, pût être absolument substituée à la teinture par pression au-dessous de l'étoffe, objet du brevet, si, en fait, les deux procédés peuvent être employés concurremment, et, par leur réunion, perfectionner le travail et améliorer le produit (Douai, 30 mars 1846, Descat, Dall., 47.2.205) ; — 3° que, lorsqu'un brevet a été pris pour la fabrication des peignes de fabrique en caoutchouc durci, le breveté peut légalement y rattacher un certificat d'addition pour un système de scies destinées à scier simultanément toutes les dents d'un peigne de fabrique, même en ajoutant que le peigne peut être en toute autre matière que le caoutchouc durci ; l'inventeur, en cela, ne fait qu'expliquer et étendre son brevet originaire (Paris, 18 nov. 1856, Wacrenier, Pataille, 57.111).

484. Jurisprudence. — Mêmes espèces, *suite*. — Il a encore été jugé : 1° que celui qui s'est fait breveter pour un système de fermoir peut, par un certificat d'addition, breveter un organe nouveau, du moment que cet organe s'applique au fermoir (Rej., 5 janv. 1858, Vandamme, Pataille, 58.241) ; — 2° que, quand un brevet a été pris pour un nouveau mode de distillation que le breveté déclare expressément applicable aux marcs de raisin et *aux matières solides et* *épaisses*, il est manifeste que le certificat d'addition pris pour l'application de cette méthode à la distillation de la betterave, c'est-à-dire à une matière au premier chef solide et épaisse, se rattache au brevet dont il n'est, en réalité, que le corollaire ou l'équipollent (Paris, 19 juin 1858, Villard (1), Pataille, 58.305); — 3° que le certificat d'addition, qui a pour objet, dans les appareils photographiques, de substituer un rideau brisé et articulé à la tablette à coulisse rigide et rectiligne dont on se servait antérieurement pour couvrir la plaque sensible, se rattache au brevet pris pour des perfectionnements divers dans la fabrication des appareils photographiques, et notamment pour une disposition destinée à procurer l'emboîtement solide, au moyen de mortaises et de tenons, de la tablette rigide (Paris, 25 fév. 1864, et Rej., 31 mars 1865, Besson, Pataille, 65.402); — 4° qu'il y aurait rigueur contraire aux termes et à l'esprit de la loi de déclarer déchu l'inventeur d'un ensemble de procédés propres à l'obtention d'un produit industriel qui, complétant ces procédés par tous ceux de détail qu'il inventerait ou perfectionnerait plus tard, n'en aurait cependant consigné la description que dans un certificat d'addition : spécialement, lorsqu'un brevet est pris pour des procédés propres à la préparation et à la trempe des ressorts d'acier, l'inventeur peut valablement y rattacher, par un certificat d'addition, une machine à polir lesdits ressorts, le polissage servant dans la plupart des cas à compléter la trempe (Paris, 28 mars 1865, Lefebvre, Pataille, 67.323); — 5° qu'il suffit, pour la validité du certificat d'addition, que le brevet principal auquel il est annexé ne soit pas lui-même radicalement nul : spécialement, le brevet principal, ne fût-il valable que pour un procédé de fabrication, le certificat d'addition qui est pris pour un produit fabriqué à l'aide de ce procédé est valable (Lyon, 24 juill. 1868, Agnellet, Pataille, 68.342).

485. **Jurisprudence. — Mêmes espèces,** *suite.* — Il a été jugé de même : 1° que, lorsqu'un brevet est pris pour un mode de perlage des étoffes en perles artificielles et *opaques*,

(1) V. également Rouen, 8 août 1857, Villard (Pataille, 57.440).

c'est à bon droit que le breveté y rattache, par un certificat d'addition, un mode de perlage en perles *transparentes* : l'un n'est qu'une modification et un perfectionnement de l'autre (même arrêt); — 2° qu'il est de règle qu'un certificat d'addition peut être valablement pris pour un changement apporté à l'invention, si d'ailleurs ce certificat se rattache au brevet principal; en conséquence, lorsqu'un brevet est pris pour la défécation des jus de canne, maïs et sorgho, par les carbonates terreux, et signale en même temps l'emploi facultatif de l'acide sulfureux ou des sulfites, pour achever la purification des jus, un certificat d'addition peut être valablement pris pour l'emploi exclusif des sulfites ou l'interversion des substances brevetées (Cass., 8 janv. 1869, Périer et Possoz, Pataille, 69.12); — 3° qu'un certificat d'addition doit être déclaré valable encore qu'il conduirait à un produit différent de celui qui fait l'objet du brevet, si ce produit est d'ailleurs d'une formation analogue : spécialement, étant donné qu'un brevet est pris pour une matière colorante bleue tirée de l'aniline, il y a lieu de déclarer valable le certificat d'addition qui, par un procédé analogue, conduit à une matière colorante violacée, d'une nature différente, mais toujours tirée de l'aniline (Lyon, 19 juillet 1872, aff. Œhler, Pataille, 72.330); — 4° que le certificat d'addition, pris pour une balayeuse, est valablement rattaché à un brevet pris pour une éboueuse (Paris, 4 fév. 1874, aff. Teste, Pataille, 74.281); — 5° que, lorsqu'un brevet a été pris pour une machine à laver la laine, il y a lieu de déclarer légalement rattaché au brevet le certificat d'addition qui a pour objet d'ajouter à la laveuse un organe propre à extraire mécaniquement la laine au fur et à mesure de son lavage (Douai, 15 mars 1875, Chaudet, Pataille, 76.357); — 6° qu'il y a lieu de considérer comme se rattachant suffisamment au brevet d'invention le certificat d'addition portant sur des dispositions nouvelles qui ne changent pas le principe moteur et dirigeant de l'appareil décrit au brevet (dans l'espèce, un véhicule), et qui modifie seulement le mécanisme de transmission (Paris, 13 déc. 1882, Duhamel, Pataille, 84.88); — 7° qu'on ne saurait déclarer nul, comme ne se rattachant pas au brevet principal, le certificat d'addition qui repose sur un principe identique : spécialement, se rattache au brevet ayant pour objet l'application à divers usages industriels de la vapeur surchauffée, le certificat d'addition pris en vue d'étendre l'idée première de ce brevet et de l'appliquer notamment au tirage des foyers (Paris, 18 mars 1878, Pelgrain, Pataille, 80.194).

486. Jurisprudence. — **Espèces où le certificat a été déclaré nul** (1). — Il a été jugé : 1° qu'il n'y a pas de relation entre un brevet pris pour l'impression du fond des châles et le certificat d'addition qui s'occupe des réserves à faire pour les bordures (Paris, 9 déc. 1858, Cominal, Pataille, 59.167) ; — 2° qu'un mode de fabrication de bouteille ne peut être breveté valablement par simple certificat d'addition quand le brevet principal ne décrit qu'un mode de fermeture ou de bouchage (Paris, 18 janv. 1861, Rouget de Lisle (2), Pataille, 61.261) ; — 3° qu'on ne peut protéger, par certificat d'addition, l'application à la lithographie d'un procédé de décalcage, que le brevet principal n'appliquait qu'aux clichés photographiques (Trib. corr. Seine, 23 fév. 1864, Morvan, Pataille, 65.158) ; — 4° que, quand un brevet est pris pour un appareil servant à fabriquer des enveloppes de bouteille, le certificat d'addition qui revendique les enveloppes elles-mêmes est nul, aux termes de l'art. 30 de la loi du 5 juillet 1844, comme ne se rattachant pas à l'objet du brevet principal, qui n'était relatif qu'à un appareil de fabrication (Rej., 15 juin 1865, Dubrusle, Pataille, 65.365) ; — 5° que, lorsqu'un brevet est pris pour un organe spécial d'un appareil, il y a nullité du certificat d'addition qui est pris pour un perfectionnement apporté à un autre organe du même appareil : spécialement, lorsqu'un brevet est pris pour un fumivore faisant contre-poids, est nul, comme ne se rattachant pas au

(1) V. encore Rej., 29 janv. 1875, aff. Seguin (Pataille, 75.210) ; Paris, 26 juillet 1875, aff. Pagès (Pataille, 75.311) ; Paris, 17 juin 1876, Rimailho (Pataille, 79.150).

(2) C'est sur le pourvoi formé contre cet arrêt que M. l'avocat général de Raynal (V. n° 482) concluait à la cassation ; elle a été, en effet, prononcée, mais par des motifs qui laissaient de côté la question de la relation du certificat avec le brevet.

brevet, le certificat qui est pris pour un perfectionnement du globe fixe (Paris, 20 juill. 1867, Ranvier, Pataille, 67.387) ; — 6° que, lorsqu'un brevet a été pris pour un produit destiné à un usage déterminé (dans l'espèce, un fixatif), l'inventeur ne peut faire valablement breveter, par un simple certificat d'addition, un appareil (dans l'espèce un pulvérisateur) destiné à faciliter l'emploi du produit (Trib. civ. Seine, 19 fév. 1873, Berville, Pataille, 74.218).

486 *bis*. **Jurisprudence ; mêmes espèces**, *suite*. — Il a encore été jugé : 1° que lorsqu'un brevet a été pris pour des moyens propres à empêcher la buée de se former dans les serres chaudes, il y a lieu d'annuler, comme ne se rattachant pas à l'idée mère du brevet, le certificat d'addition pris pour des moyens propres à faciliter l'écoulement de la buée qui s'est formée (Trib. corr. Seine, 7 déc. 1875, aff. Lamotte, Pataille, 76.166) ; — 2° qu'il n'y a aucune relation entre le certificat d'addition, pris pour une ceinture élastique qui supprime les bretelles, et le brevet d'invention pris pour un système de bretelles à trois pattes, qui s'attachent circulairement par deux boutons au lieu d'un (Trib. corr. Seine, 11 fév. 1862, aff. Belorgé, *Prop. ind.*, n° 245) ; — 3° que, pour qu'il y ait entre le brevet et le certificat d'addition un lien véritable, tel que le veut l'art. 30 de la loi du 5 juillet 1844, il ne suffit pas que le résultat industriel soit le même ; il faut qu'il y ait parité dans l'objet lui-même ; spécialement, lorsqu'un brevet a été pris pour la composition d'un appât pour la pêche, consistant dans un mélange de détritus de poissons et de tourteaux d'huiles, il y a lieu de déclarer nul le certificat d'addition qui est pris pour l'emploi, comme appât, des tourteaux eux-mêmes, seuls et sans mélange avec d'autres corps (Rennes, 1er juill. 1885, Ispa, Pataille, 86.333) ; —4° que le perfectionnement, qui fait disparaître et répudie les innovations qui avaient servi de base au brevet lui-même, doit être considéré comme une invention propre, non susceptible, aux termes du paragraphe 7, art. 30 de la loi de 1844, d'être rattachée au brevet par un simple certificat d'addition ; spécialement, lorsqu'un brevet a été pris pour une machine à fabriquer les canettes, dans laquelle on trouve comme caractères essentiels la marche oblique du papier et le pliage

à l'intérieur d'une partie de la bande du papier, il y a lieu de déclarer que la machine perfectionnée qui ne comprend pas ces deux caractères essentiels est une machine entièrement nouvelle, et ne pouvant dès lors être protégée que par un brevet principal (Besançon, 25 mai 1881, Schaffhauser, Pataille, 82.265); — 5° que, si un breveté peut dans un certificat d'addition apporter à son invention première tous les perfectionnements et changements qu'il croit utiles, et s'il lui est même permis, au besoin, de décrire une combinaison qui présenterait, réunis aux avantages d'un sytème différent, ceux de son propre système, au moins faut-il que le principe même du brevet primitif soit conservé; spécialement, celui qui s'est fait breveter pour un frein automatique protecteur, dont le but est d'empêcher l'écrasement des personnes tombées devant une voiture, ne saurait valablement par de simples certificats transformer son frein automatique en un chasse-corps, quelque perfectionné d'ailleurs qu'il puisse être (Paris, 31 mars 1881, Tronchon, Pataille, 81.273).

487. Appréciation des tribunaux. — Quelle est la valeur de la déclaration des juges du fait sur la question de savoir si le certificat d'addition se rattache ou non au brevet? Est-ce là une déclaration souveraine échappant au contrôle de la Cour suprême ou, au contraire, y demeurant soumise? Dégageons d'abord ce premier point, à savoir que le certificat d'addition, au même titre que le brevet, constitue au regard du breveté une véritable loi dont la Cour de cassation est juge; il lui appartient d'examiner si le juge du fait n'a point violé cette loi, s'il n'a pas dénaturé l'objet, soit du brevet, soit du certificat d'addition, s'il a bien défini l'invention. Mais, dès l'instant que la loi du brevet et du certificat d'addition a été respectée, la Cour de cassation est désarmée; elle n'a point à examiner le plus ou moins de relation du certificat avec le brevet. La décision rendue sur ce point par le juge du fait est souveraine (1).

(1) V. Rej., 25 nov. 1856, Laming (Dall., 56.1.447); Rej., 5 janv. 1858, Vandamme (Pataille, 58.241); Rej., 30 nov. 1864, Carré (Dall., 65.1.163); Rej., 15 juin 1865, Dubruele (Pataille, 65.365); Rej.,

SECTION III.

Déchéances.

SOMMAIRE.

488. Causes de déchéance. — L'article 32 est ainsi conçu : « Sera déchu de tous ses droits : 1° le breveté qui « n'aura pas acquitté son annuité avant le commencement « de chacune des années de la durée de son brevet ; 2° le « breveté qui n'aura pas mis en exploitation sa découverte ou « invention en France, dans le délai de deux ans, à dater du « jour de la signature du brevet, ou qui aura cessé de l'ex- « ploiter pendant deux années consécutives, à moins que, « dans l'un ou l'autre cas, il ne justifie des causes de son « inaction ; 3° le breveté qui aura introduit en France des « objets fabriqués en pays étranger et semblables à ceux qui « sont garantis par son brevet. Sont exceptés des dispositions « du précédent paragraphe les modèles de machines dont le « ministre de l'agriculture et du commerce pourra autoriser « l'introduction dans le cas prévu par l'art. 29. »

Une loi du 30 mai 1856 est venue modifier comme il suit le dernier paragraphe de l'art. 32 de la loi de 1844 : « Sera « déchu de ses droits... 3° le breveté qui aura introduit en « France des objets fabriqués en pays étranger et semblables « à ceux qui sont garantis par son brevet. Néanmoins, le « ministre de l'agriculture et du commerce pourra autoriser « l'introduction : 1° des modèles de machines ; 2° des objets « fabriqués à l'étranger, destinés à des expositions publiques « ou à des essais faits avec l'assentiment du gouverne- « ment. »

---

11 mars 1867, Canouil (*J. Pal.*, 68.160); Rej., 8 avril 1879, Rimailho (Pataille, 79.150) ; Rej., 31 mars 1886, Ispa (Pataille, 86.333). — V. anal. Rej., 7 juill. 1855, Frezon et Meissonnier (Pataille, 55.110). — V. pourtant Rej., 11 avril 1876, aff. Pagès (Pataille, 76.161). — Comp. les observ. crit. dont M. Pataille fait suivre ce dernier arrêt.

Cette loi elle-même a été modifiée ou du moins complétée en ce qui touche les objets destinés à des expositions publiques par une loi du 23 mai 1868, dont nous nous occuperons avec détail dans le chapitre douzième.

On voit par ce qui précède que les causes de déchéances sont au nombre de trois ; nous allons les étudier séparément.

ARTICLE Ier.

DÉFAUT DE PAYEMENT DE LA TAXE.

SOMMAIRE.

489. Défaut de payement d'une annuité ; déchéance. — 490. Jurisprudence. — 491. Jurisprudence contraire. — 492. Computation du délai ; *dies à quo*. — 493. Jurisprudence. — 494. Jurisprudence contraire. — 495. *Quid* si l'échéance est un jour férié ? — 496. *Quid* de la force majeure ? — 497. Jurisprudence. — 498. Quels sont les cas de force majeure ? — 498 *bis*. Force majeure ; événements politiques. — 499. Défaut de payement d'une annuité ; responsabilité. — 500. Jurisprudence. — 500 *bis*. *Quid* si le breveté, avant tout procès, déclare qu'il abandonne son brevet ? — 501. Annuité ; date du certificat d'addition. — 502. Cession ; montant intégral de la taxe ; défaut de payement. — 503. Juridiction compétente. — 504. Annuités non payées ; publication. — 505. Quittance ; est-elle sujette au timbre ?

489. Défaut de payement des annuités ; déchéance. — L'art. 32 dispose : « Sera déchu de tous ses « droits le breveté qui n'aura pas acquitté son annuité avant « le commencement de chacune des années de la durée de « son brevet. »

Cette disposition a soulevé une controverse très vive de la part de certains auteurs, qui soutiennent que le défaut de payement de l'annuité n'entraîne pas de plein droit la déchéance du brevet (1). Il nous paraît oiseux de reprendre ici leurs arguments et de les discuter en présence de la jurisprudence établie. Aussi bien, la plupart des auteurs s'appuient sur les termes impératifs de l'art. 32 pour justifier cette jurisprudence. « On a fait, dit M. Bédarride, de l'exac-

(1) V. Blanc, p. 555 ; Dall., nos 113 et 257. — Comp. toutefois Dall., *Supplément*, v° *Brev. d'inv.*, n° 220.

« titude mathématique la condition irritante de la conserva-« tion du droit (1). »

Il ne faudrait cependant pas se méprendre sur le sens que nous attachons à ces mots : *de plein droit*, qui d'ailleurs (on peut s'en convaincre en relisant l'art. 32) ne sont pas écrits dans la loi. Nous voulons dire que cette déchéance est irrémédiable, irrévocable, et que, sauf le cas de force majeure dont nous parlerons plus loin, les tribunaux ne peuvent, sous aucun prétexte, se dispenser de la prononcer. Ils n'ont, en ce point, qu'une double vérification à faire : l'annuité a-t-elle été payée dans le délai prescrit par la loi ? et, si elle n'a pas été payée, existe-t-il un cas de force majeure qui explique et justifie le non-payement ? Cette vérification faite et tournant contre le breveté, le juge est tenu de prononcer la déchéance ; mais, qu'on le remarque, tant que la déchéance n'a pas été judiciairement prononcée, le brevet subsiste, et peut produire des effets légaux ; de telle sorte, par exemple, que, si un licencié, dans l'ignorance de cette déchéance, a payé des primes au breveté, et si, d'ailleurs, cette déchéance n'ayant été soupçonnée par personne, il a tiré du brevet universellement considéré comme valable, tous les fruits qu'il en devait attendre, il n'est pas recevable à invoquer rétrospectivement cette déchéance pour soutenir qu'il a payé ce qu'il ne devait pas et réclamer le montant des primes acquittées par lui (2).

490. Jurisprudence (3). — Il a été jugé en ce sens : 1° que le seul fait du retard dans le payement de la taxe, ce retard fût-il de quelques jours seulement, entraîne de plein droit la déchéance du brevet ; et la déchéance est encourue lors même que le payement serait effectué avant toute demande tendant

---

(1) V. Bédarride, n° 427.—V. également Nouguier, n° 575 ; Renouard, n° 210 ; Calmels, n° 469 ; Rendu et Delorme, n° 468 ; Tillière, n° 300.

(2) V. Paris, 2 mars 1876, Boigues Rambourg (Pataille, 76.246).

(3) V. également Rej., 21 nov. 1845, Dupont (Sir., 46.1.151) ; Paris, 27 avril 1850, Capron (*Le Droit*, 4 mai) ; Paris, 2 août 1854, de Bergue, (Pataille, 57.147) ; Lyon, 10 nov. 1857, David (*Propr. ind.*, n° 8) ; Amiens, 28 déc. 1850, Jérosme (Dall., 51.2.76) ; Paris, 6 déc. 1861, héritiers Wild (Dall., 62.2.100) ; Trib. corr. Sables d'Olonne, 8 juin 1870, Gentil (Pataille, 72.209).

à la faire prononcer (Limoges, 7 déc. 1854, Brocchi, Dall., 55.2.145) ; — 2° que les termes de l'art. 32 sont impératifs ; il en résulte que, quand le dernier jour et la dernière heure du terme pour le payement des annuités sont arrivés sans que ce payement ait été effectué, la déchéance est encourue de plein droit ; c'est le fait du retard qui constitue la déchéance et non la déclaration des tribunaux, qui se borne à la constater ; du reste, le payement ultérieur ne peut rendre au brevet la validité qu'il a perdue, et personne ne peut le relever de cette déchéance qui est absolue et non comminatoire (Trib. civ. Seine, 10 juill. 1861, Boutigny (1), *Prop. ind.*, n° 203) ; — 3° que la déchéance pour défaut de payement, dans le délai légal, d'une annuité est encourue, alors même que le payement en aurait été effectué avant toute demande en déchéance ; le payement régulier des annuités subséquentes ne relève pas le breveté de la déchéance ; l'exception tirée de cette déchéance peut être opposée pour la première fois en appel (Metz, 5 février 1862, Sykes, Dall., 62.2.92) ; — 4° que la déchéance résultant du payement tardif d'une annuité est encourue de plein droit, et qu'elle n'est pas couverte par le payement régulier des annuités ultérieures (Paris, 26 juill. 1865, Poullot, Pataille, 65.430).

491. Jurisprudence contraire. — Il a été jugé : 1° que, malgré les termes absolus de la loi, les tribunaux ne sont pas moins autorisés à examiner les causes qui se sont opposées au payement d'une annuité en temps utile, ces causes de retard pouvant être absolument indépendantes de la volonté du breveté et produites par des obstacles imprévus : en fait, échappe à la déchéance celui qui, domicilié loin de la ville où est établie la recette à la caisse de laquelle il doit acquitter son annuité, adresse en temps utile à un banquier, son mandataire en cette ville, un mandat à vue pour opérer le payement de l'annuité, et qui, malgré cette précaution, apprend ensuite que, par une cause accidentelle (l'absence de son man-

(1) Ce jugement a été confirmé purement et simplement sur l'appel ; mais nous n'avons pu retrouver la date exacte de l'arrêt, qui doit être pourtant du mois de novembre 1862.

dataire, par exemple, ou tout autre empêchement de sa part), le payement a été fait tardivement (Trib. Saint-Claude, 1er juill. 1854, Michaud, cité par Blanc, p. 555); — 2° que la loi a entendu punir la négligence ou la mauvaise volonté; qu'il s'ensuit que, si le breveté a fait ses efforts pour s'acquitter à l'époque voulue, et que le défaut de payement provienne d'impossibilités absolument indépendantes de sa volonté, la déchéance ne saurait être encourue : il en est spécialement ainsi dans le cas où le breveté, s'étant présenté avant l'échéance du terme dans le bureau du receveur, celui-ci a exigé la production du brevet lui-même, production qui, à raison de l'absence de la personne entre les mains de qui le titre était, n'a pu être faite qu'àprès l'échéance du terme (Trib. Dax, 29 août 1862, Bastiat, Dall., 63.2. 117, note 3).

492. Computation du délai ; « dies à quo ». — Aux termes de l'art. 32, le breveté qui n'a pas acquitté son annuité avant le commencement de chacune des années de la durée de son brevet, est déchu de tous ses droits. Or voici la difficulté qui se présente dans l'application : un brevet est demandé le 6 août 1867, et le procès-verbal constate que la demande a été déposée à midi. Quand la seconde annuité devra-t-elle être payée pour l'être valablement? Le breveté aura-t-il, comme délai extrême, jusqu'au 6 août suivant à midi ? Devra-t-il, au contraire, payer au plus tard le jour précédent, c'est-à-dire le 5 août ? En d'autres termes, le délai se compte-t-il d'heure à heure ou de jour à jour ? Et, s'il se compte de jour à jour, le jour où a été effectué le dépôt de la demande doit-il être compté dans la computation du délai ? La question n'est pas neuve ; elle s'est souvent présentée en d'autres matières, et elle a longtemps divisé les auteurs. Tiraqueau appelle même cette controverse *controversiosissima controversio*. Aujourd'hui, la controverse n'existe plus, et l'on est en général d'accord que le *dies à quo* ne compte pas dans le délai. Cette opinion nous paraît devoir être suivie également en notre matière, et nous pensons, par conséquent, que l'annuité est valablement payée, chaque année, le jour anniversaire du dépôt de la demande, à quelque heure que ce soit.

Il nous semble, en tout cas, conforme au bon sens et à l'équité d'admettre que le breveté, qui a déposé sa demande le 6 août à midi, a tout au moins jusqu'au 6 août suivant à midi, pour s'acquitter valablement. C'est, en effet, le moins qu'on puisse lui accorder. Comme le remarque M. Bozérian (1), une année se compose de 365 jours pleins ; l'année qui commence le 6 août à midi ne finit donc que le 6 août suivant à midi ; si cela est vrai — et c'est incontestable — comment le breveté serait-il privé d'une seule fraction du temps qui lui est déjà si parcimonieusement mesuré (2)?

493. **Jurisprudence** (3). — Il a été jugé à cet égard : 1° que le jour qui sert de point de départ au délai accordé par la loi pour l'exécution d'une formalité ne compte pas dans la supputation du délai : spécialement, il en est ainsi en matière de brevets d'invention ; en conséquence, les annuités sont valablement payées le jour anniversaire du dépôt de la demande (Cass., 20 janv. 1863, Sykes, Pataille, 63.25) ; — 2° qu'il est de principe que les délais ne courent que de jour à jour, et que le *dies à quo* n'est pas compté, à moins qu'il n'en ait été autrement ordonné ; il en est ainsi en matière de brevets comme en toute autre ; si, lors de la prise du brevet, l'heure doit être indiquée, cette disposition ne peut être considérée comme une dérogation au principe général, mais comme une mesure de protection au profit du premier déposant contre tout dépôt ultérieur ; en conséquence, le payement de l'annuité peut être légalement effectué pendant toute la durée du jour anniversaire du dépôt de la demande (Trib. corr. Seine, 16 déc. 1862, Tavernier, Pataille, 63.26) ; — 3° jugé encore, mais par un motif contraire, que les procès-verbaux destinés à constater le dépôt des demandes de brevet doivent énoncer non seulement le jour, mais aussi l'heure du dépôt ; il en

(1) V. la *Propr. ind.*, n° 247. — V. également Bédarride, n° 433 ; Nouguier, n° 577.

(2) V. Rendu et Delorme, n° 467.

(3) V. conf. Rouen, 12 déc. 1862, Ancelin (Pataille, 64.94); Nancy, 20 mai 1863, Sykes (Dall., 63.184) ; Paris, 26 juill. 1865, Poullot (Pataille, 65.430) ; Trib. corr. Sables d'Olonne, 8 juin 1870, Gentil (Pataille, 72.209) ; Paris, 12 mars 1871, Boulogne (Pataille, 72.215).

résulte que, dans l'esprit de la loi, la durée du brevet, et par conséquent la première année de ce brevet ne commence réellement à courir que de l'heure à laquelle la demande a été déposée; dès lors, le payement de l'annuité, opéré le jour anniversaire de la prise du brevet avant l'heure à laquelle le dépôt de la demande a été fait à l'origine, doit être considéré comme ayant été fait dans les termes de la loi (Paris, 26 mai 1855, Blondel (1), Pataille, 55.197); — 4° qu'il importe peu d'ailleurs que la quittance délivrée par le receveur porte la date du lendemain de l'expiration du délai, s'il est constant que, en réalité, les fonds étaient parvenus la veille et que l'établissement de la quittance n'a été reporté au lendemain qu'à raison de ce que le jour de leur arrivée était un jour férié (Nîmes, 5 mars 1887, Roche (2), *Gaz. Pal.* 27 juill. 1888).

494. Jurisprudence contraire. — Il a été jugé cependant que le délai dans lequel doivent être payées les annuités se calcule non d'heure à heure, mais de jour à jour; cela résulte de la comparaison des art. 7 et 8 de la loi de 1844, dont l'un s'applique au cas spécial où deux personnes se sont fait breveter le même jour pour la même invention, et dont l'autre a précisément pour but de déterminer la durée du brevet; le jour du dépôt de la demande est d'ailleurs compris dans la computation du délai, en sorte que les annuités doivent être payées avant le commencement du jour anniversaire du dépôt de la demande; en conséquence, les annuités d'un brevet pris le 29 décembre doivent être payées au plus tard le 28 décembre des années suivantes (3) (Metz, 5 fév. 1862, Sykes, Pataille, 62.94).

495. *Quid* si l'échéance est un jour férié? — Si le breveté a une année pleine pour acquitter son annuité, il n'a

---

(1) V. également, sur la computation d'heure à heure, Rouen, 12 déc. 1862, Ancelin (Pataille, 64.94).

(2) V. aussi Rej., 23 juin 1888, même affaire (*eod. loc.*).

(3) Cette décision a été cassée par l'arrêt ci-dessus rapporté; nous avons cru toutefois devoir la mentionner à cause des développements dans lesquels la Cour est entrée sur la question et que l'on consultera avec intérêt.

pas une minute au delà ; autrement, le vœu de la loi ne serait pas rempli et l'annuité ne serait pas payée, comme le veut le législateur, *avant le commencement* de chacune des années du privilège. Il s'ensuit que, si l'échéance de l'annuité tombe un dimanche ou un autre jour férié, le breveté doit l'acquitter la veille de l'échéance ; nous pensons pourtant qu'un pli chargé parvenant au receveur le jour férié, dernier jour du délai, devrait être considéré comme un payement effectué dans le délai (1) ; nous pensons même que l'offre du montant de l'annuité faite le jour férié et constatée par procès-verbal d'huissier éviterait la déchéance. Mais, de toute façon, le payement, qui serait effectué le lendemain, serait tardif.

M. Blanc est d'un avis différent, et voici comment il le formule : « Toutes les fois que le législateur a voulu que le payement d'une dette fût effectué la veille lorsque l'échéance arrive un jour férié, il l'a dit formellement, et, si la loi est muette, on a pour doctrine constante de considérer que le délai est augmenté d'un jour, étant de règle que les dispositions légales, comme celles d'un contrat, doivent toujours s'interpréter en faveur du débiteur. Donc, dans l'espèce, le droit commun justifie le payement fait le lendemain d'un jour férié. Au surplus, le but du législateur est manifestement atteint quand le breveté paye ainsi le lendemain matin. En effet, qu'a voulu la loi ? Sa pensée évidente, sage ou non, a été de ne pas faire crédit à l'inventeur pour la protection qu'elle lui accorde. Eh bien ! c'est le lendemain que commence la durée de la protection légale. Ce lendemain est le premier des trois cent soixante-cinq jours qui constituent la durée de la protection annuelle, puisque le jour anniversaire est compris dans le délai. Ne peut-on pas encore appuyer notre interprétation sur les dispositions de la loi du 3 mai 1862, qui règle les délais d'appel ? Cette loi recule, en effet, d'un jour l'échéance du délai quand cette échéance tombe un jour férié. On peut, ce nous semble, invoquer ici l'analogie des espèces. Si,

(1) V. Nîmes, 5 mars 1887 et Rej., 23 juin 1888, Roche (*Gaz. Pal.*, 27 juill. 1888).

« du point de vue purement légal, nous passons aux raisons « d'équité, la solution n'est pas plus douteuse. N'est-il pas « déjà d'une rigueur excessive de déclarer un breveté « déchu de ses droits, c'est-à-dire de le ruiner, ni plus ni « moins, pour un simple retard de payement ? Au moins, « faut-il restreindre, dans les limites les plus étroites, l'appli- « cation de cette brutale confiscation ; serait-ce donc seule- « ment quand il s'agit du breveté, qu'on négligerait d'ap- « pliquer la maxime vulgaire : *odia restringenda* ? Le droit « commun et l'équité justifient donc le payement fait le len- « demain de l'échéance, quand le jour anniversaire de la « demande du brevet est un jour férié (1). »

Il est facile de reconnaître dans cette argumentation le persévérant adversaire de la déchéance fondée sur le simple retard du payement de l'annuité. M. Blanc, qui enseigne que, malgré le texte formel de l'art. 32, l'annuité peut être utilement payée tant que la déchéance n'a pas été demandée contre le breveté (2), devait naturellement soutenir la thèse qu'il soutient ici. L'unanimité des auteurs se prononce pourtant contre lui (3), et il faut bien convenir qu'en présence des termes impératifs de la loi, il est difficile de faire autrement. Au surplus, c'est une règle générale de notre droit, que les jours fériés sont compris dans la computation des délais, à moins d'exception formelle ; c'est au point que, lorsque le délai si bref de dix jours, accordé aux parties en matière correctionnelle, expire un jour férié, l'appel doit, à peine de déchéance, avoir été formé la veille. Or la loi de 1844 ne fait aucune exception ; comment, dès lors, échapper à l'application du principe général ?

Jugé : 1° que le breveté soutiendrait en vain que, le jour anniversaire de la prise du brevet étant un jour férié, où, par conséquent, les caisses publiques sont fermées, le payement de l'annuité peut être utilement fait le lendemain ; la loi de 1844 n'a pas stipulé une pareille exception, et elle a déter-

---

(1) V. *Propr. ind.*, n° 499.
(2) V. Blanc, p. 555.
(3) V. Nouguier, n° 578 ; Picard et Olin, n° 767.

miné le délai par année, à quelque jour qu'en tombe l'échéance ; il n'y a pas là de cas de force majeure, il incombe au breveté de prendre ses précautions en conséquence (Paris, 26 juill. 1865, Poullot, Pataille, 65.430) ; — 2° mais qu'aucune déchéance ne peut être encourue par le breveté, qui a remis le montant de la taxe aux mains du percepteur, lorsqu'il est constant, en fait, que la somme versée a été adressée par celui-ci et est parvenue au receveur particulier des finances avant l'expiration du délai imparti par la loi pour en effectuer le payement régulier ; il importe peu d'ailleurs, en ce cas, que la quittance délivrée par le receveur particulier porte seulement la date du lendemain de l'expiration du délai, s'il est constant que, en réalité, les fonds étaient parvenus la veille, et que l'établissement de la quittance n'a été reporté au lendemain qu'à raison de ce que le jour de leur arrivée était un jour férié (Nîmes, 5 mars 1887, Roche (1), *Gaz. Pal.*, 27 juill. 1888).

496. *Quid* **de la force majeure?** — Malgré ce que les termes de l'art. 32 ont de formel, il faut pourtant admettre que la force majeure relève le breveté de la déchéance qu'il aurait encourue pour n'avoir pas acquitté son annuité dans le délai voulu. Autrement, on se mettrait en contradiction avec le principe même de notre législation, qui, dans nombre de cas, admet l'excuse de force majeure, par exemple, en matière d'usufruit, de rapport à succession, de legs, d'obligation, de preuve littérale, de vente, de louage, de dépôt, de transport, de droit maritime, etc. Ce principe est, du reste, tellement naturel, que la jurisprudence n'a pas hésité à en faire l'application même en dehors des cas spécifiés par la loi, comme en matière de douanes, de contributions indirectes, de délit forestier, de privilèges et d'hypothèques. On pourrait citer des exemples presque à l'infini. Comment, dès lors, le législateur se serait-il départi de ce principe en matière de brevets d'invention ?

Il est vrai que l'art. 32, dans une seconde disposition, prononce la déchéance du brevet pour défaut d'exploitation

(1) V. aussi Rej., 23 juin 1888, même affaire (*eod. loc.*).

dans un délai déterminé, et qu'il ajoute aussitôt ce tempérament: *à moins que le breveté ne justifie des causes de son inaction ;* quelques personnes en ont conclu *à contrario* que, lorsqu'il s'agit du défaut de payement des annuités, le breveté n'est pas admis à justifier des causes qui l'ont empêché de payer. C'est évidemment aller trop loin. Pour que l'argument eût sa valeur, il faudrait que la loi n'eût relevé le breveté de la déchéance qu'il encourt pour défaut d'exploitation qu'en cas de force majeure ; alors son silence, lorsqu'il s'agit du défaut de payement des annuités, aurait pu avoir la signification qu'on lui prête. Mais ce n'est pas seulement en cas de force majeure que l'inaction du breveté est justifiée ; la loi ne spécifie aucun cas ; elle abandonne au pouvoir discrétionnaire des tribunaux l'appréciation des excuses que le breveté fait valoir. Dès lors, comment en conclure que, dans l'autre cas, celui du défaut de payement de l'annuité, elle repousse toute excuse, même celle qui serait tirée de la force majeure. Le sens de l'art. 32 est tout simplement celui-ci : lorsqu'il s'agit du défaut de payement des annuités, la déchéance est encourue, sauf le cas de force majeure ; lorsqu'il s'agit du défaut d'exploitation, les tribunaux ont une latitude bien plus grande, et peuvent admettre des excuses même en dehors de la force majeure (1).

M. Tillière partage notre opinion : « Le droit commun, « dit-il, dispense de l'exécution d'une obligation lorsque la « force majeure y met obstacle. Soutenir qu'il en serait « autrement pour l'obligation d'acquitter les annuités de la « taxe serait pousser le rigorisme jusqu'à l'absurde. Telle « n'a pu être la volonté du législateur (2). »

M. Bédarride est plus radical ; il pense que l'art. 32 est tellement impératif qu'il n'admet de tempérament d'aucune espèce. « Pour nous, dit-il, nous sommes de l'avis de la Cour « de Paris, et nous croyons que la loi n'admet aucune excuse, « pas même celle de la force majeure. Ce qu'elle a voulu, « c'est assurer le recouvrement de la taxe en en faisant la

---

(1) V. Bozériau, *Propr. ind.*, n° 212.
(2) V. Tillière, n° 360. — Comp. Renouard, n° 210.

« condition irritante de la conservation du privilège. Or, « admettre une excuse quelconque, c'était faire dégénérer « cette cause de déchéance en mesure purement commina- « toire, et compromettre ce recouvrement. » Il conclut ainsi : « On peut qualifier la résolution du législateur d'impitoyable, « mais il n'est pas permis de la révoquer en doute (1). »

497. **Jurisprudence.** — Il a été jugé à cet égard : 1° que la déchéance pour défaut de payement de l'annuité, avant le commencement de chacune des années de la durée du brevet, est encourue de plein droit ; néanmoins, tout absolue qu'est à cet égard la disposition de la loi, la déchéance ne saurait être prononcée, lorsque l'omission dont elle est la conséquence provient d'un obstacle de force majeure (Rej., 16 mars 1864, héritiers Wild, Dall., 64.1.158) ; — 2° qu'il ressort de la discussion de la loi dans les Chambres que la déchéance pour défaut de payement de l'annuité est encourue de plein droit, et que seule la force majeure la plus absolue et la mieux constatée, ainsi qu'il a été fait, par exemple, par l'arrêté ministériel du 25 fév. 1848, pourrait être invoquée comme défense à l'action en déchéance et comme excuse légale (Paris, 26 juill. 1865, Poullot, Pataille, 65.430) ; — 3° jugé, au contraire, d'une façon absolue, que la déchéance résultant du défaut de payement des annuités est de telle nature que rien n'en peut relever celui qui l'a encourue, même la force majeure (Paris, 6 déc. 1861, héritiers Wild (2), Dall., 62.2.100).

498. Quels sont les cas de force majeure? — Nous ne pouvons ici les énumérer tous ; au surplus, c'est là une matière qui ne rentre pas dans le cadre spécial de la loi de 1844 ; nous nous en référons donc aux principes généraux.

Il a été jugé toutefois en notre matière (3) — et nous ne pouvons admettre une pareille solution, — qu'une maladie, quelle qu'en soit la nature, fût-ce même la démence, ne con-

---

(1) V. Bédarride, n° 440 et 441.

(2) C'est sur le pourvoi formé contre cet arrêt que la Cour de cassation, tout en rejetant le pourvoi, a admis, en droit, conformément aux conclusions de l'avocat général, la doctrine contraire (V. *suprà*, 1°).

(3) V. Rej., 16 mars 1864, héritiers Wild (Dall., 64.1.158).

stitue pas un cas de force majeure. Il suffit d'énoncer une pareille proposition pour la juger ; il est vrai que l'arrêt dont s'agit déclare qu'une maladie est un de ces événements qui entrent dans les prévisions humaines, et contre lesquels l'homme prudent se met en garde. Se mettre en garde contre la maladie, contre la démence surtout, qui, le plus souvent, vous frappe à l'improviste et comme un coup de foudre ! Est-il possible que des magistrats aient pu formuler une semblable hérésie ! M. Bédarride dit à ce sujet : « Il faut en con-« venir, ou l'état de démence constitue la force majeure, ou « on ne rencontrera jamais cette excuse ; et, dans ce cas, à « quoi bon un principe destiné à ne pouvoir jamais être « appliqué (1) ? »

498 *bis*. Force majeure ; événements politiques. — En 1848 et en 1870, des décrets ont été rendus, au lendemain des événements qui troublaient si profondément Paris et la France, pour relever les brevetés de la déchéance encourue par eux pour défaut de payement de leurs annuités. On trouvera à la fin du volume le texte de ces différents décrets, qui ne diffèrent que par un point : c'est que les décrets de 1870 ont étendu à toute la France les dispositions que les décrets de 1848 avaient édictées dans l'intérêt exclusif de Paris. Malgré leurs termes si formels et si clairs, on a élevé à leur sujet une difficulté d'interprétation ; on a soutenu que leur but n'avait pas été de relever de la déchéance indistinctement tous les brevetés qui n'avaient pas acquitté leurs annuités, mais ceux-là seuls qui étaient en mesure de justifier qu'ils avaient été réellement empêchés par les événements de faire ce payement. On s'appuie, pour raisonner ainsi, sur les termes des décrets du 25 février 1848 et du 10 septembre 1870, qui déclarent relevés de la déchéance les brevetés *qui n'auront pu* acquitter leurs annuités. L'inventeur, dit-on, pour profiter du décret, doit donc prouver d'abord qu'il lui a été impossible de payer. Telle n'a certainement pas été la pensée des décrets ; ils ont, au contraire, établi d'une façon générale et sans distinction un délai de

(1) V. Bédarride, n° 440. — Comp. Renouard, n° 210.

grâce, un délai de prorogation pour le payement des annuités, délai accordé à tous les brevetés en retard de payer ; les décrets ont fait pour les annuités de brevets ce que d'autres décrets ont fait pour les effets de commerce, dont l'échéance a été uniformément prorogée sans distinction entre les négociants qui pouvaient et ceux qui ne pouvaient pas payer.

Si les décrets de 1848 et de 1870 avaient eu pour but d'imposer à chaque breveté la preuve des circonstances spéciales de force majeure qui l'avaient empêché de payer à l'époque voulue ses annuités, ils eussent été absolument inutiles. En effet, le droit commun, dans tous les cas, dans tous les temps, relève de la déchéance le breveté qui prouve que c'est par orce majeure qu'il n'a pu acquitter son annuité. A quoi bon des décrets, s'ils ne font que consacrer purement et simplement le droit commun? Le rédacteur des décrets a voulu, au contraire, étendre à tous l'excuse tirée de la force majeure, et dispenser chacun d'en faire la preuve particulière, tenant les désastres publics pour un cas de force majeure qui frappait du même coup et sans exception tous les citoyens; ces décrets, en un mot, avaient pour but de créer, pendant le délai qu'ils déterminaient, et au profit de tous les brevetés, une présomption *juris et de jure* d'impossibilité de payement.

C'est ainsi, au surplus, que les auteurs et la jurisprudence ont toujours entendu les décrets de 1848, et il est impossible d'entendre autrement ceux de 1870, qui ont été littéralement copiés sur les premiers. M. Blanc (1) voit, dans le décret du 25 février 1848, une disposition qui *suspend momentanement* la déchéance de l'art. 32.

M. Renouard est du même avis (2) : « C'est en se fondant « sur la force majeure, dit-il, et en considération des circon- « stances de cette nature qui pesaient sur Paris, qu'un arrêté « ministériel du 25 février 1848, *a prorogé le payement des*

(1) V. Blanc, p. 561. — V. aussi Pataille, 71.113.
(2) V. Renouard, n° 210.

« *annuités à échoir* et relevé des déchéances encourues « depuis le 22 février... »

M. Nouguier ne s'exprime pas autrement (1) : « L'excuse « légale, qui dérive de la force majeure, dit-il à son tour, *a « été appliquée d'une manière générale* par des actes du « pouvoir exécutif. » Et, donnant ailleurs (2) le texte du décret du 25 février 1848, il le fait suivre de ces mots : *Relatif à la prorogation du délai pour le payement des annuités.*

Enfin, la Cour de Paris, saisie de cette question d'interprétation, l'a tranchée dans les termes suivants : « En ce qui « touche le moyen de déchéance qu'on prétend faire résulter « de ce que la quatrième annuité, qui aurait dû être payée « au plus tard le 4 décembre 1848, ne l'a été que le 30 juin « 1849 ; — attendu qu'aux termes de l'arrêté du Gouverne- « ment provisoire, rendu le 25 février 1848, il a été décidé « que les inventeurs brevetés, *qui seraient en retard de payer « les annuités échues* depuis le 22 février, seraient relevés de « la déchéance en justifiant de l'acquittement de ces mêmes « annuités avant une époque que le Gouvernement se réser- « vait de fixer ultérieurement ; attendu que, par un arrêté « subséquent, en date du 23 février 1849, l'époque que le « Gouvernement s'était réservé d'indiquer, a été fixée au « 1er juillet 1849, et qu'il a été dit que *ce délai de grâce « profiterait à ceux dont les annuités viendraient à échoir « pendant sa durée;* attendu, en fait, que la quatrième « annuité du brevet Neveu, échue le 4 décembre 1848, a « été payée le 30 juin 1849, avant l'expiration *du délai de « prorogation* ; que, par conséquent la déchéance, n'a pas été « encourue (3). »

Il a d'ailleurs été jugé que les décrets des 10 sept. 1870 et 5 juill. 1871, qui ont prorogé le délai de payement des annuités en souffrance dues par les brevetés, ont dégagé temporairement tous les inventeurs sans exception, quelle

---

(1) V. Nouguier, n° 581.

(2) V. Nouguier, p. 518.

(3) . Paris, 26 mai 1855, Blondel (Pataille, 55.197).

que fût leur situation commerciale, et encore qu'il pût être établi que cette situation leur promettait de payer leurs annuités, des engagements qu'ils avaient contractés vis-à-vis du Trésor; ils ont établi en leur faveur une présomption contre laquelle ne saurait prévaloir aucune preuve contraire (1).

On a essayé de soutenir encore que les décrets dont nous parlons n'étaient pas constitutionnels ; mais c'est là une opinion qui ne supporte pas l'examen, et nous ne croyons pas nécessaire de nous y arrêter.

499. Défaut de payement d'une annuité ; responsabilité. — Si le breveté est seul à jouir de son brevet, la déchéance qu'il encourt n'atteint que lui, ne préjudicie qu'à lui ; seul, il porte le poids de sa faute ; mais, s'il a cédé des droits sur son brevet et qu'il se soit chargé du payement des annuités, il est clair que le fait de ne point effectuer le payement en temps utile le rend responsable vis-à-vis de ses ayants droit. De même, si le brevet est collectif et appartient à plusieurs copropriétaires, ou s'il est la propriété d'une société, et qu'un des copropriétaires ou des associés ait accepté la mission spéciale d'acquitter les annuités, son retard, son oubli, sa négligence le rendent responsable des conséquences qu'elle entraîne. C'est au surplus l'application du principe général de responsabilité, consacré par l'art. 1382. Il ne peut, bien entendu, y avoir responsabilité que s'il y a préjudice ; si donc il est reconnu que le brevet n'était pas exploitable, s'il est établi que de vains efforts avaient été faits pour mettre l'invention en pratique, il n'y a point lieu à indemnité.

500. Jurisprudence. — Il a été jugé sur ce point : 1° que celui des associés qui, par sa position et par l'ensemble des stipulations de l'acte de société, est réputé plus spécialement avoir eu mission de pourvoir au payement des annuités, est passible, s'il y échet, de dommages-intérêts pour n'avoir pas fait ce versement (Douai, 19 juin 1847, Fabvier, J. Pal., 48.1.303) ; — 2° que celui qui manque à l'obligation qu'il a prise de payer les annuités d'un brevet d'invention et entraîne par ce fait sa déchéance, est tenu à des dommages-

(1) Paris, 15 juin 1872, Dumas (Pataille, 79.60).

intérêts pour réparer le préjudice qu'il cause au breveté ou à ses concessionnaires (Trib. civ. Seine, 17 mai 1859, Lesobre, *Prop. ind.*, n° 85) ; — 3° que celui des associés qui est chargé de gérer, pour le compte de la société, toutes les affaires sociales et de prendre toutes les dispositions relatives aux brevets qu'elle possède, doit par ce fait en payer les annuités ; s'il omet de les acquitter en temps utile, il ne remplit pas le mandat qui lui a été confié, et sa responsabilité est engagée sans qu'il puisse reprocher à ses associés de ne lui avoir pas rappelé ce qu'il devait faire ou de n'avoir pas agi à sa place ; toutefois, il n'est tenu à aucuns dommages-intérêts, si, en fait, il est établi que, malgré toutes les expériences faites et toutes les sommes dépensées, il n'a jamais été possible de faire produire un résultat industriel à l'invention (Trib. civ. Seine, 10 juill. 1861, Boutigny (1), *Prop. ind.*, n° 203) ; — 4° que la taxe du brevet est une charge fiscale, un véritable impôt, qui, aux termes de l'art. 608 du Code civil, doit, comme toute charge annuelle, rester à la charge exclusive de celui qui a la jouissance ; il s'ensuit que, lorsqu'un breveté a cédé à une société la jouissance de son brevet, c'est à la société qu'incombe l'obligation d'acquitter les annuités, et par suite la responsabilité de la déchéance encourue pour défaut de payement dans le délai légal (Rouen, 29 déc. 1871, Morand (2), Pataille, 73.63) ; — 5° que le cessionnaire du droit exclusif d'exploiter un brevet, qui a pris à sa charge le payement des annuités, doit être condamné à des dommages-intérêts si, ayant omis de payer uue annuité, il a par ce fait causé la déchéance du brevet (Trib. civ. Seine, 24 mars 1883, Goueslain, Pataille, 84.255) ; — 6° mais que c'est au breveté, en cas de licence concédée, qu'incombe l'obligation de payer les annuités et que, par conséquent, il est tenu de réparer le préjudice que la déchéance cause au licencié en lui payant une indemnité proportionnée à l'importance de ce préjudice (Rej., 29 nov. 1865, Laville (3), Pataille,

---

(1) V. *suprà*, n° 490, la note 2.

(2) V. encore Rej., 29 mai 1877, Souviron (Dall., 78.310).

(3) V. aussi Trib. comm. Toulon, 27 fév. 1882, Toubon (Pataille, 82.248).

66.24); — 7° qu'en tout cas l'apport d'un brevet, dans une société, a pour effet de rendre celle-ci propriétaire dudit brevet comme des autres mises sociales ; elle est donc libre d'en faire ce qu'elle juge convenable, même de l'abandonner en n'en payant pas les annuités, et elle n'encourt pour ce fait, envers l'associé titulaire du brevet, aucune responsabilité (Trib. comm. Toulon, 27 fév. 1882, Toubon, Pataille, 82.248).

500 *bis*. *Quid* **si le breveté avant tout procès déclare qu'il abandonne son brevet ?** — Il a été jugé, — mais c'est là un arrêt d'espèce dont on ne doit pas étendre la doctrine, — qu'il n'y a pas lieu de prononcer la déchéance d'un brevet, dont l'inventeur a cessé de payer les annuités, lorsque, dès avant la demande en déchéance, il a déclaré expressément qu'il abandonnait son brevet et n'en voulait pas faire usage ; il suffit en pareil cas de donner acte au demandeur des déclarations du breveté (Paris, 7 déc. 1860, Heudebert, *Prop. ind.*, n° 159).

501. Annuité ; date du certificat d'addition. — L'art. 32 porte textuellement : « Sera déchu de tous ses droits le breveté qui n'aura pas acquitté son annuité avant le commencement de chacune des années de la durée de son brevet. « Il suit de ce texte, qui ne comporte aucune obscurité, que c'est la date du brevet qui fixe l'échéance de l'annuité, sans qu'il y ait à distinguer entre le cas où le breveté aurait rattaché à son brevet des certificats d'addition et le cas où il n'en aurait point rattaché. La disposition est générale, s'applique à tous les cas. Le certificat d'addition n'est d'ailleurs qu'un accessoire du brevet, et ne saurait directement ou indirectement exercer aucune influence sur son sort (1).

502. Cession ; montant intégral de la taxe ; défaut de payement. — En traitant des formes de la cession des brevets, nous avons rappelé que la loi ordonnait, entre autres formalités, le payement anticipé du montant intégral de la taxe. Nous avons recherché alors si le défaut de payement,

(1) V. Cass., 17 juin 1851, Jérosme (Sir., 52.1.68).

en ce cas, avait une influence quelconque sur la validité de la cession et nous avons, ce nous semble, démontré que la validité de la cession était indépendante de cette formalité. Nous en avons conclu en même temps, sauf à le démontrer ici, que l'oubli de cette formalité était à plus forte raison sans influence sur la validité du brevet lui-même. Notre démonstration se réduit à invoquer les termes mêmes de la loi, qui, énumérant limitativement les causes de nullité ou de déchéance des brevets, se garde bien de mentionner le défaut de payement dont il s'agit ici. Pouvons-nous et devons-nous suppléer une nullité qui n'est pas établie par la loi? Il est clair que cela n'est pas possible, surtout dans le cas qui nous occupe, alors qu'il est certain que la prescription, édictée par la loi uniquement en vue de la commodité du cessionnaire, ne se rattache à aucun intérêt d'ordre public.

Jugé en ce sens que l'art. 20, en exigeant que, au cas de cession d'un brevet, les annuités qui pourraient se trouver dues à l'État soient préalablement payées, n'a pas entendu frapper de la peine de déchéance du brevet le simple retard apporté à ce payement ; ici ne peut être invoquée, par extension, la disposition qui prononce la déchéance pour défaut de payement des annuités et qui ne s'applique qu'aux annuités succesivement échues aux termes de l'art. 4 (Rej., 1er sept. 1855, Blondel, Pataille, 55.193).

503. Juridiction compétente. — Nous verrons ailleurs que ce sont les tribunaux ordinaires et même les tribunaux civils qui seuls ont compétence pour prononcer sur les questions de nullité ou de déchéance des brevets. Si nous le notons ici, c'est pour marquer la différence absolue qui, au point de vue spécial de la déchéance qui nous occupe, sépare la législation actuelle de celle qui l'a précédée. Sous l'empire de la loi de 1791, on admettait, en effet, que l'administration était seule compétente pour prononcer la déchéance dont il est ici question ; il s'ensuivait que l'administration pouvait relever le breveté des conséquences fâcheuses de son retard et lui accorder toutes facilités pour s'acquitter envers le Trésor. Il en résultait assurément une inégalité entre les brevetés, et les influences avaient beau jeu. La loi nouvelle est préférable. Remarquons, — c'est là du reste une conséquence forcée de ce qui précède, — que c'est aux tribunaux civils qu'il appartient, et non à l'administration, de fixer la date de l'échéance de l'annuité (1). La fixation de cette date est, en effet, l'élément essentiel pour apprécier si la déchéance est ou non encourue. Reconnaître à l'administration le droit de fixer cette date, ce serait en réalité dénier aux tribunaux civils une compétence que la loi, nous le verrons, leur attribue expressément.

504. Annuités non payées ; publication. — M. Nouguier nous apprend que l'administration est dans l'habitude de venir en aide à l'inexpérience des brevetés et de leur adresser, en temps utile, une circulaire pour leur rappeler l'échéance de leurs annuités. Renseignements pris, c'est une erreur; ou, du moins, si l'administration a jamais songé à agir ainsi, elle y a renoncé depuis. Aujourd'hui les brevetés ne reçoivent de l'administration aucune circulaire du genre de celle dont parle M. Nouguier. A vrai dire, nous n'en saurions faire un crime à l'administration; le nombre croissant des brevets demandés chaque année en France rendrait la tâche presque impossible, sans compter que, dans la pratique, la plupart des brevets sont pris par des agents spéciaux qui tiennent bonne note de l'échéance des annuités et la rappellent à leurs clients. Ce que nous regrettons, par exemple, c'est que le ministère ne dresse pas et ne publie pas régulièrement, jour par jour, un tableau des brevets dont les annuités n'ont pas été payées. Les tiers seraient du moins avertis tous les trois mois, par exemple, du sort exact des brevets. Il n'en est pas ainsi, bien loin de là. Dans la pratique, aucun document officiel, authentique, ne met le public dans la confidence des déchéances encourues pour défaut de payement des annuités. Il faut, pour en être informé, adresser une lettre sur papier timbré au ministre ; à cette lettre il est répondu par une déclaration purement officieuse et quelquefois erronée. Il est arrivé plus d'une fois que le renseignement était inexact; il y a donc là un vice sur lequel nous appelons l'attention du ministre.

(1) V. Cass., 17 juin 1851, Jérosme (Sir., 52.1.68). — V. toutefois Dall., v° *Brev. d'inv.*, n° 276.

505. Quittance ; est-elle sujette au timbre ? — La quittance que l'administration est tenue de délivrer au breveté lors du payement de chaque annuité est-elle sujette au timbre? Le doute vient de ce que, dans la discussion de la loi, il a été déclaré que le breveté ne serait soumis à d'autre versement que celui de la taxe annuelle. Il est vrai que le timbre n'augmente pas sensiblement le chiffre de l'annuité et que, pour les quinze quittances, à supposer qu'on les paye toutes isolément, il ne s'élevait pas à plus de cinq francs environ, avant les lois qui ont établi de nouveaux impôts, nécessités par la guerre. Toutefois, il s'est rencontré un breveté assez convaincu de son droit pour soumettre la question aux tribunaux et la porter jusqu'en appel. Un arrêt de la Cour de Paris a donné raison à l'administration, tort au breveté.

Il s'en faut pourtant que la solution ait paru claire et facile, et les systèmes contraires, successivement adoptés par les magistrats du premier et du second degré, témoignent hautement de leurs hésitations. Le jugement de première instance s'appuyait sur l'art. 12 de la loi de brumaire an VII, qui soumet au timbre « *tous actes soit publics, soit privés, devant ou pouvant faire titre ou être produits pour obligation, décharge, justification, demande ou dépense,* » et il posait en thèse que les quittances, constatant le payement des annuités, sont délivrées aux brevetés dans leur intérêt pour justifier de l'accomplissement de l'obligation qui leur est imposée. La Cour a été beaucoup plus ingénieuse (1) ; elle admet que le versement annuel, auquel la loi astreint le breveté qui veut conserver son droit, constitue un impôt, en quelque sorte un impôt volontaire, puisqu'il dépend du breveté de ne pas l'acquitter, et, se fondant alors sur l'art. 16 de la loi de brumaire qui n'excepte du timbre les quittances de contributions qu'autant qu'elles n'excèdent pas 10 francs, elle en conclut que les quittances, constatant le payement des annuités en matière de brevet, sont sujettes au timbre. Ce système prouve à nos yeux plus d'imagination que d'esprit juridique, et la théorie

(1) V. Paris, 12 août 1865, Botta (Pataille, 69.367).

d'un impôt *volontaire*, que le contribuable peut se dispenser d'acquitter à son gré, nous paraît au moins hasardée.

ARTICLE II.

DÉFAUT D'EXPLOITATION.

SOMMAIRE.

506. Défaut d'exploitation ; déchéance. — 507. Point de départ du délai. — 508. Interruption pendant deux années ; déchéance. — 509. Caractère de l'exploitation. — 510. Jurisprudence ; espèces où l'exploitation a été jugée suffisante. — 511. Jurisprudence ; *suite*. — 512. Jurisprudence ; espèces où la déchéance a été prononcée. — 513. Inaction du breveté ; excuses. — 514. Jurisprudence. — 515. *Quid* de l'exploitation partielle ? — 516. Jurisprudence. — 517. Jurisprudence ; *suite*. — 518. Objet exploité ; différences avec le brevet. — 519. Jurisprudence. — 520. *Quid* des imperfections du brevet ? — 521. *Quid* du brevet de perfectionnement pris par un tiers ? — 522. Jurisprudence. — 523. Jurisprudence contraire. — 524. Exploitation par un tiers. — 525. Où doit avoir lieu l'exploitation ? — 526. A qui incombe la preuve ? — 527. *Quid* de la renonciation du breveté ? — 528. *Quid* des certificats d'addition ? — 529. Appréciation des tribunaux. — 530. Jurisprudence.

506. Défaut d'exploitation ; déchéance. — Le législateur a voulu que le brevet d'invention ne fût pas un titre stérile entre les mains de celui qui l'a sollicité. En échange du monopole qu'elle accorde à l'inventeur, la société réclame quelques avantages pour elle-même, et l'avantage qu'elle réclame d'abord, c'est de jouir tout de suite de l'invention, sauf à payer à son auteur le prix qu'il lui plaira de fixer. Mais il ne saurait dépendre de l'inventeur, après avoir fait connaître sa découverte, de la laisser inféconde, improductive. Les brevets doivent servir à assurer la marche du progrès ; ils ne peuvent se transformer en barrières et l'entraver. Le breveté, qui n'exploite pas, non seulement ne fait rien, mais il nuit à qui veut faire. La loi l'oblige donc à exploiter son invention dans un délai déterminé, sous peine de déchéance.

Toutefois, à côté de l'intérêt social, se place l'intérêt particulier du breveté. Il se peut que, par mille circonstances, ses efforts restent infructueux ; il peut arriver qu'il ne parvienne pas à triompher de la routine ou qu'il n'y parvienne qu'après un long temps. L'histoire de l'industrie nous fournit plus d'un exemple d'inventeurs dont le génie s'est heurté aux préjugés de leur époque. Watt, Perrot, Fourneyron, Philippe de Girard, Poncelet et tant d'autres, dont Arago citait les noms dans la discussion de la loi, ont lutté, combien d'années ! Il se peut aussi que l'inventeur soit trop pauvre pour pouvoir exploiter son brevet. La loi lui accorde en conséquence un délai de deux années pour organiser son exploitation.

507. Point de départ du délai. — Puisque les effets du brevet partent du jour du dépôt de la demande, il semblerait naturel que le délai dans lequel le breveté doit commencer son exploitation eût le même point de départ. Il résulte pourtant du texte formel de la loi que le délai ne court que du jour de la signature du brevet, c'est-à-dire du jour de sa délivrance (1). Est-ce à dessein que cette disposition a été inscrite dans la loi ? Est-ce par une faveur toute spéciale pour le breveté ? Est-ce au contraire par pure inadvertance ? Nous n'avons pas à éclaircir ce point ; la loi est claire, précise ; elle ne souffre aucune contradiction, et nous ne comprenons pas, en vérité, comment M. Blanc a pu être conduit à une autre solution en présence des termes formels de l'article 32 (2).

M. Bédarride dit, du reste, avec pleine raison : « La « déchéance est une peine, et, en matière de peine, tout est « essentiellement de droit étroit. » Et il ajoute : « L'erreur « de rédaction fût-elle démontrée et admise, que les tribu- « naux n'auraient ni le droit, ni le pouvoir de la corriger, ce « fait n'appartenant et ne pouvant appartenir qu'au législa- « teur (3). »

508. Interruption pendant deux années ; déchéance. — L'exploitation ne doit pas commencer seulement, elle doit se poursuivre sans interruption, elle doit être continue. Si elle restait interrompue pendant deux années

(1) V. Nouguier, n° 592.
(2) V. Blanc, p. 567.
(3) V. Bédarride, n° 453

consécutives, la déchéance serait également encourue. « La « loi, dit M. Dalloz, ne prononce la déchéance qu'en cas « d'inaction *pendant deux années consécutives;* il ne résul- « terait donc aucune atteinte aux droits du breveté de « quelques interruptions d'exploitation momentanées, dont « aucune n'aurait duré deux ans, bien que, réunies, elles « excédassent ce délai (1). »

509. Caractère de l'exploitation. — L'exploitation doit être sérieuse, réelle; elle ne doit pas être seulement un simulacre, une vaine apparence. Les brevetés s'imaginent quelquefois qu'il leur suffit, pour se mettre d'accord avec la loi, de faire constater de loin en loin un acte d'exploitation. On en a vu qui croyaient avoir fait merveille quand ils avaient, une fois l'an, fait fonctionner leurs machines en présence d'un huissier qui dressait un procès-verbal. C'est une grave erreur, et nulle pratique n'est plus dangereuse. Ce que veut la loi, c'est une exploitation commerciale; peu importe d'ailleurs que, s'agissant, par exemple, d'une machine, le breveté ne la vende point au public et s'en réserve l'exploitation à lui-même; la loi ne lui impose que l'obligation d'exploiter, sans lui imposer telle ou telle forme d'exploitation. On ne pourrait, par exemple, reprocher au breveté de n'avoir vendu aucun de ses appareils, si, en ayant fabriqué et mis en vente, il s'est heurté à l'indifférence du public, à la routine des consommateurs. Peu importe, à plus forte raison, que l'exploitation ait été plus ou moins étendue, plus ou moins heureuse (2), si, comme le dit justement M. Blanc, aucune circonstance ne révèle de la part du breveté « un calcul frauduleux » (3).

510. Jurisprudence. — **Espèces où l'exploitation a été jugée suffisante.** — Il a été jugé, à cet égard, même antérieurement à la loi de 1844 : 1° que le fait par le breveté d'avoir fait figurer sa machine dans une exposition publique, et d'en avoir vendu une semblable, répond suffisamment au

---

(1) V. Dall., v° *Brev. d'inv.*, n° 261.
(2) V. Nouguier, n° 600 ; Rendu et Delorme, n° 471.
(3) V. Blanc, p. 568.

vœu de la loi (Paris, 11 mai 1836, et Rej., 13 juin 1837, Griollet (1), Sir., 38.1.53); — 2° qu'il suffit que le breveté fabrique et se mette en mesure de vendre sans qu'il soit nécessaire qu'il ait effectivement vendu ; il faut, en un mot, mais il suffit que le breveté justifie qu'il a fait tous ses efforts pour faire entrer l'objet de son invention dans le commerce et dans l'industrie (Trib. civ. Seine, 23 juill. 1846, Porret, *Le Droit*, 1er août).

511. Jurisprudence. — Mêmes espèces (*suite*). — Il a été jugé de même, sous l'empire de la loi nouvelle : 1° que la déchéance ne se produit pas de plein droit par la seule inaction pendant le délai déterminé, et que, fondé à la fois sur une présomption de renonciation de la part de l'inventeur et sur l'intérêt de la société de jouir dans le plus bref délai possible des avantages de la découverte, elle doit être écartée lorsque les circonstances, dont l'appréciation appartient aux tribunaux, permettent de reconnaître soit que l'inventeur qui n'a pas agi n'a rien pu faire, soit, à plus forte raison, que celui qui a agi dans une mesure quelconque, a fait tout ce qu'il a pu faire (2) ; il n'y a pas d'ailleurs à se préoccuper de la durée qu'ont eue les applications tentées par le breveté, ni des résultats pécuniaires qu'elles ont produits ; la loi, qui subordonne la conservation du privilège à la mise en activité, dans le délai qu'elle détermine, de la découverte brevetée, ne demande pas à l'inventeur des applications fructueuses ; il suffit que les applications faites soient exclusives de cette

---

(1) Une loi du 8 avril 1878, rendue à l'occasion de l'Exposition universelle, qui s'est ouverte à Paris, le 1er mai suivant, porte : « Art. 1er. « Tout breveté français ou étranger, qui aura exposé, à l'Exposition « universelle de 1878, un objet semblable à celui qui est garanti par « son brevet, sera considéré comme ayant exploité sa découverte ou son « invention en France, depuis l'ouverture de l'Exposition. La dé« chéance, prévue par l'art. 32, § 2, de la loi du 5 juill. 1844, et non « encore encourue, sera interrompue; le délai de déchéance courra de « nouveau à partir seulement de la clôture officielle de l'Exposition uni« verselle. » — V. aussi Loi du 30 octobre 1888, relative à l'Exposition de 1889 (Pataille, 88.321).

(2) V. aussi Paris, 4 fév. 1874, Teste (Pataille, 74.281); Trib. civ. Melun, 8 fév. 1884, Coste-Falcher (Pataille, 85.34); Trib. civ. Seine, 30 janv. 1879, Lecointe (Pataille, 84.109).

pensée de renonciation qui est l'une des présomptions servant de base à la déchéance (Trib. civ. Seine, 26 déc. 1859, Thomas et Laurens, Dall., 59.2.197) ; — 2° que la preuve de l'exploitation du brevet peut résulter des mentions obtenues aux expositions industrielles, aux concours spéciaux, comme aussi de ce que des licences ont été concédées à des tiers (Paris, 9 fév. 1865, Poitevin, Pataille, 65.190) ; — 3° que l'article 32, en prescrivant au breveté de mettre en exploitation sa découverte en France dans un délai qu'il fixe, n'a pas déterminé quelles seraient les conditions de cette exploitation, sa nature, son étendue ou ses limites ; du moment donc que le brevet n'est pas une lettre morte, qu'il y a une mise en œuvre, un travail établi, des ateliers constitués, on se trouve dans les termes de la loi ; on ne se trouve pas moins dans son esprit, lors même que, s'agissant de machines, l'inventeur, au lieu de les livrer elles-mêmes au public, les fait fonctionner pour son propre usage et n'en répand que les produits dans la circulation commerciale : il est sans doute plus grand de la part de l'inventeur de livrer les machines elles-mêmes au public et de faire une plus grande diffusion de leurs bienfaits en appelant le commerce entier à en profiter ; mais ce sont là des sentiments généreux que la loi ne peut prescrire, et l'inventeur est évidemment libre de gérer son invention suivant la mesure de ses intérêts, pourvu qu'il exploite son brevet et qu'il assure ainsi à son pays dans une proportion plus ou moins large les bénéfices qui en résultent (Colmar, 7 déc. 1864, Klotz, Pataille, 65.215) ; — 4° que l'inventeur d'un produit nouveau échappe à la déchéance résultant du défaut d'exploitation dès qu'il est constant qu'il a fabriqué et vendu ledit produit, quel que soit d'ailleurs le procédé qu'il ait employé (Trib. civ. Lyon, 15 juill. 1865, Jacquemont, *Gaz. des trib.*, 25 sept.) ; — 5° que, lorsqu'un breveté a fait expérimenter publiquement ses appareils par des parties pouvant avoir intérêt à les adopter et les a tenus à la disposition de tous, il doit être considéré comme ayant satisfait aux prescriptions de la loi et à l'abri de toute action en déchéance (Paris, 10 août 1876, Alexis, Pataille, 79.133).

512. Jurisprudence. — **Espèces où la déchéance a**

été prononcée (1). — Il a été jugé : 1° qu'un acte isolé de fabrication ne peut être considéré comme une exploitation industrielle du brevet, et ne saurait relever le breveté de la déchéance encourue par lui, s'il ne justifie pas d'ailleurs de causes légitimes d'inaction (Paris, 23 mars 1870, Wilcox, Sirey, 70.248) ; — 2° que l'exploitation prescrite par l'art. 32 ne peut résulter de procès-verbaux dressés de deux ans en deux ans par ministère d'huissier à la requête de l'inventeur, lorsque cette exploitation est démentie par l'état défectueux des machines et leur installation presque impraticable (Douai, 20 juill. 1859, Lister, Pataille, 61.44).

513. Inaction du breveté ; excuses. — La loi ne prononce pas la déchéance de plein droit ; elle admet le breveté à justifier des causes de son inaction, et elle abandonne aux tribunaux le soin de les apprécier souverainement. Si cette inaction est justifiée par des causes sérieuses et légitimes, par exemple par le manque de ressources du breveté, par sa maladie, par les événements politiques, par la nature de l'invention, par le petit nombre des industries auxquelles elle s'adresse, la déchéance n'est pas encourue. Le législateur n'entend punir que la mauvaise volonté ou la négligence évidente. Ajoutons, d'ailleurs, que la jurisprudence s'est en général montrée indulgente, et que la moindre tentative d'exploitation sérieuse a suffi le plus souvent à ses yeux pour qu'elle écartât la déchéance.

514. Jurisprudence (2). — Il a été jugé à cet égard : 1° que l'insuffisance de capitaux, résultat naturel de la crise commerciale de 1848 et 1849, suffit, aux termes de l'article 32, pour relever un breveté de la déchéance qu'il aurait encourue sans cela à raison de son inaction (Paris, 30 mars 1855, Frezon et Meissonnier, Pataille, 55.110) ; — 2° que l'insuffisance des ressources pécuniaires du breveté est une cause légitime de son inaction, surtout lorsque cette insuffi-

(1) V. Rouen, 4 déc. 1886, Allard (Pataille, 87.272).

(2) V. également Paris, 11 janv. 1859 et 22 août 1860, de Coster (Pataille, 61.129 et 135) ; Paris, 1er déc. 1863, Bertrand (Pataille, 65. 241).

sance de ressources s'est trouvée augmentée par des événements politiques tels que ceux de 1848 ; d'ailleurs, lorsqu'il s'agit d'une invention qui ne peut être mise en usage par le public, mais seulement par un nombre restreint d'industries (par exemple par les compagnies de chemins de fer), il est évident que la résistance de ces industries à l'emploi de l'invention, pendant deux années, ne peut avoir pour résultat d'amener à leur profit l'annulation du brevet et de justifier la contrefaçon (Rej., 23 nov. 1859, de Coster, Sir., 61.1.179); — 3° qu'il n'y a pas lieu de prononcer la déchéance contre le breveté qui justifie avoir fait des tentatives loyales et sérieuses pour la mise en exploitation de son brevet, dans tout ce que ce brevet avait de pratique au point de vue de ses applications industrielles (Paris, 30 déc. 1864, Giffard, Pataille, 65.83) ; — 4° qu'il suffit, pour qu'il n'y ait pas déchéance pour défaut d'exploitation, que le breveté ait construit un certain nombre de machines d'après son brevet, surtout si une crise commerciale (la crise qui a frappé les cotons pendant la guerre de Sécession aux États-Uuis) explique le peu de développement de son exploitation (Caen, 21 juin 1866, Lemasson, Pataille, 67.290) ; — 5° que la déchéance, pour défaut d'exploitation dans les deux ans, ne peut être prononcée quand le breveté justifie des causes de son inaction, notamment lorsque l'exploitation a été retardée par les agissements du contrefacteur qui invoque la déchéance (Amiens, 16 mars 1882, Abriany (1), Pataille, 83.182) ; — 6° que le défaut d'exploitation n'entraîne pas la déchéance du brevet, quand le breveté justifie suffisamment des causes de son inaction par l'insuffisance de ses ressources personnelles, par la nature de l'invention (un appareil de télégraphie) dont l'exploitation est restreinte, en raison du monopole de l'État (Amiens, 29 mai 1884, Mimault, Pataille, 85.324).

515 *Quid* **de l'exploitation partielle?** — On s'est demandé quelquefois si le breveté devait, à peine de déchéance, exploiter tous les moyens ou procédés qu'il a décrits dans son brevet, ou si l'exploitation d'un seul des

(1) Comp. Paris, 26 déc. 1878, Ben-Tayoux (Pataille, 79.369).

moyens indiqués suffisait à garantir de la déchéance le brevet tout entier. Il semble raisonnable d'admettre, et l'on admet que le breveté n'est tenu d'exploiter que l'un des moyens qu'il a décrits, sans être astreint à les employer tous (1). Cette solution n'est juste, toutefois, que si les divers moyens indiqués au brevet non seulement concourent au même but et peuvent être indistinctement employés, mais encore ont ensemble une intime analogie ; s'il s'agit, au contraire, de moyens ou de procédés qui diffèrent réellement entre eux (2), l'exploitation de l'un d'eux n'empêcherait pas que la déchéance fût encourue pour le défaut d'exploitation des autres. Il serait trop facile de monopoliser toute une industrie en brevetant une foule de procédés dont on n'exploiterait qu'un ou deux. Ce que nous venons de dire permet de résoudre facilement la question de savoir si l'exploitation d'un brevet de perfectionnement ou d'un certificat d'addition garantit le brevet principal de la déchéance. En principe, l'affirmative ne saurait être douteuse ; car, s'il s'agit d'un véritable brevet de perfectionnement ou d'un certificat d'addition régulier, c'est-à-dire qui se rattache à l'objet du brevet, il tombe sous le sens qu'en les exploitant le breveté exploite en même temps le brevet principal dont ils ne sont que le complément. Il y a là du reste une question d'appréciation dont les tribunaux sont souverains juges.

MM. Picard et Olin, tout en admettant que l'exploitation partielle du brevet suffit à le garantir de la déchéance, pensent, contrairement à notre opinion, qu'elle est, dans tous les cas, insuffisante pour le conserver tout entier, même pour les éléments non exploités. « Aussi dirons-nous, ajou-
« tent-ils, que, si l'invention comprend plusieurs branches,
« toutes celles qui n'auront pas été exploitées seront expo-
« sées à la déchéance, à moins que l'inventeur ne justifie des
« causes de son inaction. De même, s'il s'agit de plusieurs
« procédés ; et nous ne distinguons pas, dans ce dernier cas,
« s'ils amènent des résultats identiques ou divers. En vain

---

(1) V. Nouguier, n° 603 ; Blanc, p. 566, Rendu et Delorme, n° 481.
(2) V. Rej., 27 avril 1861, Grassal (Pataille, 61.201).

« dira-t-on que l'industrie ne souffre nullement, puisqu'elle « jouit du résultat. En effet, on peut objecter qu'elle ne jouit « pas de tous les procédés qui peuvent amener ce résultat, « et que c'est précisément dans ces procédés que peut con- « sister le principal avantage, argument d'autant plus sérieux « que les résultats sont toujours dans le domaine public, « n'étant pas susceptibles d'être valablement brevetés (1). »

516. Jurisprudence. — Il a été jugé dans notre sens : 1° que, si l'art. 32 prononce la déchéance contre le breveté qui n'a pas mis en exploitation sa découverte dans un délai de deux années, à dater du jour de la signature de son brevet, rien ne prouve que le législateur ait entendu soumettre le breveté à parcourir dans ce délai toutes les branches prévues ou possibles de son invention : une pareille rigueur présenterait les plus graves inconvénients contre les inventeurs, sans avantages marqués pour la société : en conséquence, quand un brevet porte sur un appareil (dans l'espèce un appareil propre à la distillation) et que cet appareil est indiqué par l'inventeur comme pouvant servir au traitement de diverses matières (marc de raisin, betteraves, etc.), le fait que l'appareil ait fonctionné dans le délai prescrit par la loi suffit à écarter toute déchéance, sans d'ailleurs qu'il soit nécessaire que le breveté ait traité dans son appareil toutes les matières que son brevet prévoit (Grenoble, 19 juin 1857, Villard (2), Pataille, 57.448) ; — 2° que, si l'art. 32 frappe de déchéance le brevet lorsque, dans les deux années de son obtention, la découverte ou l'invention n'a pas été mise en exploitation, cette disposition ne saurait être étendue en ce sens que, dans cet espace de deux années, toutes les applications que la découverte ou l'invention comporte devront être pratiquées ; elle suppose, au contraire, une inexécution complète et absolue ; en effet, la loi se borne à dire que l'invention sera exploitée, sans ajouter qu'elle devra recevoir tous les développements que l'on a pu prévoir ; d'ailleurs,

(1) V. Picard et Olin, n° 785.

(2) V. également Rej., 11 déc. 1857, mêmes parties (Dall., 58.1. 137).

elle ne pouvait exiger qu'il en fût ainsi, car on ne concevrait pas qu'un inventeur pût être privé des avantages d'une application qu'il aurait réalisée, parce que, dans un temps donné, il n'en aurait pas réalisé une autre qu'il aurait prévue : spécialement, celui qui a fait breveter un nouvel appareil de distillation et indiqué dans son brevet diverses méthodes de distillation, ne peut être déclaré déchu de son brevet, parce qu'il n'aurait pas, dans les deux années de l'obtention de son droit privatif, mis en pratique tous les procédés qu'il indique (Rouen, 8 août 1857, Villard (1), Pataille, 57.439).

517. **Jurisprudence,** *suite*. — Il a été jugé encore : 1° que, le certificat d'addition formant avec le brevet un seul et même titre, l'exception de déchéance résultant du défaut d'exploitation ne peut être admise, s'il est établi que le breveté, à défaut de son brevet, a exploité le certificat d'addition (Rej., 30 mars 1860, Lotz, Dall., 61.5.48) ; — 2° que, lorsqu'un brevet décrit deux procédés distincts, quoique se rattachant au même but (dans l'espèce, il s'agissait d'un double mode de tirage des épreuves photographiques), l'exploitation de l'un d'eux seulement suffit à garantir le brevet de la déchéance (Paris, 9 fév. 1865, Poitevin, Pataille, 65.190) ; — 3° que le non-usage pendant deux ans consécutifs d'un outil, qui n'est qu'un accessoire secondaire de l'invention, ne peut être assimilé au fait de n'avoir pas exploité ladite invention ; le non-usage de cet outil pourrait tout au plus entraîner la déchéance du brevet pour cet organe spécial (Paris, 13 mai 1865, Chapellier, Pataille, 66.88) ; — 4° que, lorsque plusieurs moyens sont indiqués dans le mémoire descriptif, le breveté n'est pas obligé, pour se mettre à l'abri de la déchéance prononcée par la loi pour la non-exécution pendant deux années consécutives, d'exécuter tous les moyens décrits : il lui suffit d'exploiter l'un des moyens énoncés dans son brevet (Paris, 15 fév. 1866, Desouches, Pataille, 66.81).

518. **Objet exploité ; différences avec le brevet.** — Peut-on tirer argument contre le breveté de ce que l'objet

(1) V. également Rej., 12 fév. 1858, mêmes parties (Dall., 58.5.42).

qu'il exploite diffère de l'objet qu'il a breveté? La question ne comporte pas une réponse absolue; la solution dépend, en effet, de l'importance ou du caractère de ces différences. Si la différence est légère, insensible, si elle laisse subsister les éléments essentiels du brevet, pas de doute que l'exploitation de l'objet, ainsi modifié, ne réponde aux prescriptions de la loi. Il en est autrement dans le cas contraire. C'est ici encore, avant tout, une question de fait. Observons seulement que le juge doit d'abord apprécier le brevet, et que, s'il est loisible au breveté d'apporter des changements à son œuvre première, il n'en est pas moins tenu, en premier lieu, d'établir que son brevet, tel qu'il est, sans modification, peut être exploité.

519. **Jurisprudence.** — Il a été jugé en ce sens: 1° que le breveté ne perd pas son droit par le seul fait qu'il existerait une différence entre l'appareil qu'il a breveté et ceux qu'il construit, si cette différence n'en laisse pas moins subsister les caractères essentiels de l'invention (Rej., 23 mai 1857, Gâche, Pataille, 57.181); — 2° qu'on ne saurait faire un grief au breveté de ce que, dans le cours de l'exploitation de son brevet, il aurait apporté certaines modifications à son invention, quand, en fait, ces modifications n'ont pas changé la nature de l'invention: spécialement, celui qui, prenant un brevet pour la fabrication d'articles et objets en bois durci, se réserve la faculté d'employer une mixtion de sciure et d'albumine, soit pure, soit mélangée, comprend par cela même le sang naturel, qui est une matière essentiellement albumineuse (Rej., 30 avril 1869, Latry, Dall., 70.1.236); — 3° que le fait par le cessionnaire d'un brevet d'avoir, sans certificat d'addition, apporté à la machine brevetée des modifications ou perfectionnements, ne saurait être opposé à son action en contrefaçon ni comme fin de non-recevoir, ni comme cause de déchéance pour défaut d'exploitation, alors que ces modifications laissent subsister les parties essentielles et caractéristiques de l'invention et ne sont pas, d'ailleurs, relevées contre le défendeur (Montpellier, 20 mai 1872, Roger, Pataille, 73.347); — 4° que le breveté qui a pris un certificat d'addition pour des modifications et perfectionnements apportés à l'objet de son brevet principal, spéciale-

ment à des machines à battre le grain, n'encourt pas la déchéance pour défaut d'exploitation, par cela seul qu'il cesse de fabriquer son modèle primitif, et qu'il n'exploite son invention qu'avec les modifications indiquées au certificat d'addition (Paris, 5 juill. 1884, Fernand Martin, Pataille, 85.289) ; — 5° mais que le breveté encourt la déchéance pour défaut d'exploitation du brevet pendant deux années, bien que, durant ce laps de temps, il ait exploité un certificat d'addition, lorsque l'invention, objet de ce certificat d'addition, est essentiellement distincte de celle qui a fait l'objet du brevet principal (Paris, 17 juin 1876, Rimailho (1), Pataille, 79.150).

520. *Quid* **des imperfections du brevet ?** — Le défaut d'exploitation est un fait ; lorsqu'il est constaté, il entraîne la déchéance, mais il faut avant tout le constater. Il ne suffirait donc pas d'établir que le brevet comporte théoriquement les plus graves imperfections et défie toute exploitation ; ce ne serait là qu'une présomption contre laquelle prévaudrait la preuve contraire tirée d'une exploitation réelle. Toutefois, si le vice du système ou de la machine brevetée était d'une telle nature qu'il la rendît absolument impraticable, les tribunaux pourraient prononcer la déchéance du brevet ; car, en punissant le simple défaut d'exploitation, la loi a entendu certainement, et à plus forte raison, punir l'impossibilité de l'exploitation. Notons seulement que, dès qu'il y a exploitation réelle, sérieuse, réunissant les caractères que nous avons tracés plus haut, on ne saurait se prévaloir des inconvénients que présente la chose brevetée pour réclamer la déchéance du brevet.

Jugé, d'après ces principes, que les imperfections d'un système, les améliorations dont il demeure susceptible après son invention, ne sont pas un obstacle légal à ce qu'il puisse être industriellement exploité tel qu'il est, et dès lors ne sont pas de nature à entraîner la déchéance du brevet (Rouen, 1er mai 1862, Grassal (2), Pataille, 62.337).

---

(1) V. aussi Rej., 8 avril 1879, même affaire (*eod. loc.*).
(2) V. aussi Paris, 4 fév. 1874, Teste (Pataille, 74.281).

521. *Quid* **du brevet de perfectionnement pris par un tiers ?** — Quoiqu'une invention soit déjà brevetée, il n'en est pas moins permis aux tiers d'obtenir eux-mêmes des brevets pour les perfectionnements qu'ils apportent à cette invention ; seulement la loi leur interdit d'exploiter leur brevet pendant la durée du brevet principal. Telle est la règle. Ceci posé, faut-il admettre que la déchéance puisse atteindre un brevet de perfectionnement pour défaut d'exploitation ? La loi peut-elle contraindre d'un côté à faire ce que de l'autre elle prohibe expressément ? Il est évident que le législateur n'a pu admettre une pareille contradiction et que, par conséquent, en principe, le brevet de perfectionnement rencontre dans le brevet qui le précède un obstacle légal à toute exploitation.

Pourtant il ne faut rien exagérer ; et, si, en fait, il était établi que le propriétaire du brevet de perfectionnement pouvait facilement s'entendre avec le breveté principal, et, grâce à cet accord, exploiter sans péril son perfectionnement ; s'il est démontré qu'il ne dépendait que de lui d'obtenir une licence ou qu'il lui était loisible d'acheter les appareils brevetés pour les pourvoir ensuite de son perfectionnement ; s'il est prouvé, en un mot, que son inaction a été volontaire, qu'elle est le résultat de sa propre faute et non l'effet de la situation particulière dans laquelle il se trouvait, il nous semble juste qu'il soit déclaré déchu de tous ses droits.

M. Huard n'admet pas cette solution, et, prenant corps à corps les arguments qu'elle comporte, il ajoute : « Un tel « système est-il admissible ? N'est-ce pas la négation de l'ar- « ticle 19 ? N'est-ce pas vouloir que le breveté exploite quand « la loi le lui a défendu ? Et cette guerre à outrance faite au « breveté, cette discussion impitoyable de tous les expédients « auxquels il pouvait avoir recours pour éluder l'interdiction « portée en l'art. 19, est-elle conforme à l'esprit de l'art. 32 ? « Il suffit, pour se convaincre du contraire, de se reporter à la « discussion qui a eu lieu à la Chambre des députés au sujet « de cet article. On avait demandé que le breveté dût justi- « fier d'un cas de force majeure pour excuser son défaut « d'exploitation ; mais, sur les observations de M. Delespaul « et d'Arago, les expressions beaucoup plus larges de

« l'art. 32 ont été adoptées, et il a été décidé que le breveté « pourrait justifier d'une cause d'excuse quelle qu'elle fût. « Peut-on en trouver une plus puissante, plus péremptoire « que la prohibition de l'art. 19? N'est-ce pas la plus invin- « cible des forces majeures (1)? »

L'argumentation de M. Huard est sans réplique pour le cas où, en fait, le breveté principal, usant de tous les droits que la loi lui donne, refuse de concéder aucune licence, et maintient dans toute sa rigueur la prohibition de l'art. 19. Mais, dans le cas contraire, lorsqu'il est certain que le breveté principal ne fait aucune difficulté de laisser exploiter le perfectionnement, l'argumentation ne porte plus ou porte à faux. Nous pensons donc qu'il y a là avant tout une question de fait qui doit se résoudre par une distinction.

Remarquons, en tout cas, que, lorsqu'il est jugé que le brevet principal faisait obstacle à l'exploitation du brevet de perfectionnement, celui-ci doit, du moins, être exploité aussitôt après l'expiration du premier. Il n'y a pas lieu d'accorder à son auteur un délai de deux années à partir de l'expiration du brevet principal. Il a eu, en effet, toute la durée de ce brevet pour se préparer à exploiter son perfectionnement et il serait exorbitant de lui accorder un nouveau délai (2).

522. **Jurisprudence** (3). — Il a été jugé à cet égard: 1° que, lorsqu'un brevet d'invention ne contient qu'un perfectionnement à une découverte principale qui a fait elle-même l'objet d'un brevet d'invention non encore tombé dans le domaine public, il y a dans ce fait un obstacle légal à l'exploitation du brevet pris pour le perfectionnement, et le breveté est à l'abri de la déchéance pour défaut d'exploitation jusqu'au jour de l'expiration du brevet principal (Cass., 6 mars 1858, Grassal, Dall., 58.1.342); — 2° que l'existence d'un brevet est un obstacle légal à l'exploitation d'un brevet pris postérieurement pour un perfectionnement de l'invention

---

(1) V. *Propr. ind.*, n° 137. — V. aussi Dalloz, *Suppl.*, v° *Brev. d'inv.*, n° 238.

(2) V. Picard et Olin, n°s 784, *in fine*, et 788. — Comp. Allart, n° 348.

(3) V. aussi Trib. civ. Saint-Etienne, 22 juin 1870, Barrouin (Pataille, 71.123).

contenue au premier brevet : en ce cas, le défaut d'exploitation du second brevet n'en entraîne pas la déchéance tant que le premier subsiste (Rouen, 10 fév. 1859, Gressal, Sir., 59.2.693) ; — 3° jugé qu'en tout cas, le juge n'est pas tenu de répondre par un motif spécial à l'excuse que le breveté prétend tirer de l'impossibilité légale où il était d'exploiter son brevet, parce qu'il eût contrefait un brevet antérieur dont le sien n'est qu'un perfectionnement, s'il constate d'ailleurs que le breveté est resté plus de deux ans, sans exploiter son invention, après que le premier brevet est tombé dans le domaine public (Rej., 27 avril 1861, Grassal (1), Pataille, 61.201).

523. **Jurisprudence contraire.** — Il a été jugé, toutefois, dans un sens moins absolu : 1° que le défaut d'exploitation ne trouve pas une excuse légale dans ce fait que le brevet dont il s'agit emprunterait certains de ses organes à un brevet antérieur encore debout, quand il est constant que le second breveté aurait pu acquérir une licence du premier et qu'il ne l'a pas tenté, ou encore qu'il aurait pu acquérir les machines faisant l'objet du premier brevet, et y adapter sans péril ses propres perfectionnements (Douai, 20 juillet 1859, Lister, Pataille, 61.44) ; — 2° que l'art. 32 ne spécifie pas les causes d'inaction propres à relever l'inventeur de la déchéance ; il abandonne aux tribunaux l'appréciation des causes qui leur sont présentées, et les juges du fait décident souverainement en constatant, soit les divers moyens à l'aide desquels l'auteur d'un perfectionnement pouvait exploiter son brevet pendant la durée du brevet principal, soit le but qu'il se proposait par son inaction volontaire (Rej., 7 juillet 1860, Lister, Pataille, 61.48).

524. **Exploitation par un tiers.** — En principe, c'est au breveté à exploiter son brevet; mais il est évident

(1) Il est évident que l'excuse cesse avec l'obstacle qui la faisait naître; mais le second breveté avait-il, comme l'arrêt semble vaguement le supposer, un délai de deux années à partir de l'expiration du premier brevet pour exploiter sa découverte? On a vu que tel n'est pas notre avis.

qu'il peut autoriser un tiers à exploiter, et que l'exploitation de ce tiers mettra le breveté à l'abri de la déchéance. Ce que la loi exige, c'est que le brevet soit exploité ; mais elle n'impose pas, elle ne peut imposer au breveté de l'exploiter personnellement. Il suffit donc que l'exploitation ait lieu au su et vu de l'inventeur, en son nom, avec son autorisation ou du moins par son fait (1).

MM. Picard et Olin font observer que l'exploitation qui a lieu à l'insu du breveté, en fraude de ses droits, et par conséquent sans aucune participation de sa part, ne le garantirait pas de la déchéance. Autrement « voyez, disent-ils, « l'inconséquence. Le breveté poursuivra le contrefacteur, « fera déclarer son exploitation illicite, obtiendra la confisca- « tion des objets contrefaits et des instruments de la contre- « façon, et, d'un autre côté, il invoquera à son profit tous « ces actes illégitimes (2). » Cette solution nous paraît commandée par le texte de la loi qui déclare déchu le breveté *qui n'aura pas mis en exploitation* sa découverte dans les deux ans. S'il est logique d'admettre que le breveté peut mettre en exploitation, aussi bien par un représentant que par lui-même, on forcerait en vérité le sens des mots si on allait jusqu'à dire qu'il met en exploitation, quand ce sont des contrefacteurs qui exploitent en dépit de lui-même. M. Tillière, qui émet l'opinion contraire, conclut ainsi : « Cette solution, « quelque étrange qu'elle puisse sembler de prime abord, « nous paraît d'autant plus équitable que souvent la con- « trefaçon est un obstacle à l'exploitation de la part de l'in- « venteur (3). »

Jugé, dans notre sens, que la mise en exploitation du brevet, dans les deux années du dépôt, n'est que l'exercice obligé du droit de propriété ; il peut s'exercer non seulement par le propriétaire lui-même, mais encore par autrui, avec son autorisation ; en conséquence, l'exploitation par un tiers avec autorisation du breveté suffit pour garantir le brevet contre

---

(1) V. Nouguier, n° 601 ; Rendu et Delorme, n° 471.

(2) V. Picard et Olin, n° 779.

(3) V. Tillière, n° 305. — V., dans le même sens, *Suppl.*, v° *Brev. d'inv.*, n° 233.

la déchéance formulée par l'art. 32, sans qu'il soit nécessaire que l'autorisation résulte d'un acte ayant date certaine avant l'expiration du délai de deux années prescrit par ledit article; il suffit que cette autorisation résulte des faits et circonstances de la cause. (Rej., 31 déc. 1857, Masse, Pataille, 59.202).

525. Où doit avoir lieu l'exploitation? — La loi envisage uniquement l'intérêt de l'industrie nationale et exige, par conséquent, que l'exploitation ait lieu en France. Mais que faut-il entendre par ces mots « en France? » Est-ce seulement la France continentale? Sont-ce également les colonies françaises? Il nous paraît évident que l'exploitation peut utilement avoir lieu, soit sur le continent, soit aux colonies. La France est partout où flotte son drapeau; ce serait d'ailleurs montrer une exigence impossible à satisfaire, si, par exemple, les habitants de nos colonies étaient obligés d'exploiter non seulement chez eux, mais encore sur le continent, ou, réciproquement, si l'habitant du continent ne pouvait réclamer le bénéfice de son brevet dans une de nos colonies qu'à la condition d'y avoir une exploitation régulière.

Jugé, en ce sens, que l'inventeur, qui poursuit aux colonies la contrefaçon d'un brevet pris par lui en France, ne peut être déclaré déchu de ses droits sous prétexte qu'il serait resté plus de deux ans sans exploiter son brevet dans la colonie; il suffit qu'il ait exploité son brevet en France dans les délais légaux (La Réunion, 2 août 1858, Rohlfs-Seyrig, Pataille, 58.376).

526. A qui incombe la preuve? — Ce n'est pas au breveté qu'incombe la preuve de l'exploitation. Suivant la règle de droit commun, c'est au demandeur en déchéance, à celui qui se prévaut du défaut d'exploitation à le prouver. Ce principe pourtant, eu égard à la matière spéciale, paraît devoir être entendu avec tempérament. Il est évident que la preuve du défaut d'exploitation est une preuve négative, bien difficile à administrer. Il suffit donc que celui qui articule que le brevet n'a pas été exploité réunisse des présomptions graves et sérieuses; c'est ensuite au breveté à détruire ces présomptions par la production de ses livres de commerce, de ses factures. Rien ne lui est assurément plus facile;

admettre ici le principe général dans toute sa rigueur aurait pour conséquence, dans la plupart des cas, de rendre impossible la preuve du défaut de l'exploitation (1).

Jugé, en ce sens, que c'est à celui qui allègue que le breveté est resté plus de deux ans sans mettre sa découverte en activité qu'incombe la charge de la preuve (Trib. civ. Grenoble, 22 juin 1843, Jouvin (2), Blanc, p. 491).

527. *Quid* **de la renonciation du breveté ?** — Le breveté peut-il être déclaré déchu de son brevet sous prétexte qu'il y a tacitement ou expressément renoncé, par exemple, s'il a toléré des contrefaçons qui s'affichaient publiquement, ou s'il a déclaré, dans une circonstance donnée, qu'il renonçait désormais au procédé breveté par lui ? Évidemment, non. Ce peuvent être là des présomptions contre lui ; ce ne sont pas des preuves, et, si, en définitive, malgré cette déclaration, malgré cette tolérance, il est établi qu'il n'a jamais cessé d'exploiter son brevet, il est à l'abri de la déchéance. Rien ne saurait prévaloir contre le fait de l'exploitation. MM. Picard et Olin sont du même avis ; voici seulement ce qu'ils ajoutent : « Nous pensons qu'en pareil cas le fardeau de la « preuve changera de personne. Ce sera à l'inventeur à éta- « blir que, nonobstant cette déclaration, il n'a pas cessé « d'exploiter. Son aveu doit pouvoir lui être opposé ; mais il « pourra faire la preuve contraire (3). »

Jugé d'après ces principes : 1° que tolérer la contrefaçon, rester même longtemps avant de la poursuivre, ce n'est pas cesser d'exploiter (Rej., 28 niv. an II, Lange, J. Pal., 3.113); — 2° que la déclaration faite par l'inventeur, dans un second brevet, qu'il a reconnu des inconvénients au procédé qu'il avait d'abord fait breveter, et qu'il renonce, en conséquence, à s'en servir, ne saurait équivaloir à la preuve juridique, exigée par la loi, qu'il y a eu effectivement cessation de l'exploitation (Paris, 2 mars 1849, Mothes, Blanc, p. 515).

---

(1) V. Picard et Olin, n° 789.

(2) V. aussi Rej., 1er juill. 1852, Bérindorf (*Bull. crim.*, 52.394) ; Trib. civ. Melun, 3 fév. 1884, Coste-Falcher (Pataille, 85.34).

(3) Picard et Olin, n° 806. — Comp. Merlin, v° *Brev. d'inv.*, n° 4.

528. *Quid* des certificats d'addition ? — La disposition de l'art. 32 s'applique aux certificats d'addition comme aux brevets eux-mêmes. Le breveté, en principe, est tenu de les exploiter de la même façon et sous les mêmes conditions ; toutefois, la déchéance qui résulte du défaut d'exploitation d'un certificat d'addition laisse intact le brevet auquel il se rattache, tandis que la déchéance du brevet frappe du même coup, nous l'avons vu, le certificat d'addition. Faisons observer que, le certificat d'addition servant à compléter le brevet et faisant corps avec lui, il suffira, en général, de l'exploiter pour garantir le brevet lui-même de la déchéance. Pourrait-on faire un crime au breveté qui a deux moyens, dont l'un est probablement meilleur, plus parfait que l'autre, d'exploiter celui-là de préférence ? Cette question rentre au surplus dans celle que fait naître l'exploitation partielle du brevet (1).

Remarquons, d'ailleurs, qu'il pourra se faire que l'exploitation du certificat d'addition ne préserve pas le brevet de la déchéance si le certificat d'addition, comme la loi le prévoit, ne se rattache pas au brevet et comporte, en réalité, un objet différent (2).

529. Appréciation souveraine des tribunaux. — Puisqu'il s'agit d'apprécier les circonstances et les faits, il est naturel que les tribunaux soient investis d'un pouvoir souverain. C'est ce que reconnaissait déjà le rapporteur de la loi : « Les tribunaux, disait-il, auront à apprécier les circon- « stances pour savoir si la cessation d'exploitation vient d'un « mauvais vouloir ou de suggestions antifrançaises, ou si « elle est le résultat d'impuissance personnelle, du défaut de « fonds, de circonstances particulières qui méritent intérêt « et faveur. Par là se trouvent conciliés les intérêts de l'in- « dustrie nationale et les ménagements que peut commander « la position des brevetés (3). »

530. Jurisprudence. — Il a été jugé en ce sens : 1° que la

---

(1) V. *suprà*, n° 515.

(2) V. *suprà*, n° 482 et suiv. — V. aussi *suprà*, n° 519.

(3) V. Huard, p. 366.

question de savoir si, dans les deux ans de la date du brevet, l'invention a été ou non exploitée est une question de fait qui échappe à la censure de la Cour de cassation (Rej., 15 nov. 1856, Hutchinson (1), Dall., 56.1.470) ; — 2° que la question de déchéance, pour fait d'exploitation, est une question de fait qui est souverainement appréciée par les juges du fond (Rej., 12 déc. 1856, Popelin-Ducarre, Pataille, 57.101) ; — 3° que le juge du fait apprécie souverainement les causes d'inexécution d'un brevet et d'inaction du breveté : spécialement, la décision qui refuse de prononcer la déchéance d'un brevet pour inexécution de l'invention dans le délai légal, en se fondant soit sur l'insuffisance des ressources pécuniaires du breveté, soit sur la résistance que l'emploi de cette invention a rencontrée dans les industries, en nombre fort restreint, auxquelles elle s'adressait, renferme une appréciation de faits qui ne tombe pas sous le contrôle de la Cour de cassation (Rej., 23 nov. 1859, De Coster, Dall., 60.1.23); — 4° que l'art. 32 ne spécifie pas les causes d'inaction propres à relever l'invention de la déchéance, et qu'il abandonne aux tribunaux l'appréciation souveraine des excuses qui leur sont présentées (Rej., 7 juill. 1860, Lister, Pataille, 61.48).

ARTICLE III.

INTRODUCTION EN FRANCE.

SOMMAIRE.

531. Introduction en France ; définition. — 532. Modèles ; échantillons ; autorisation. — 533. Jurisprudence ; espèce où la déchéance a été prononcée.— 534. Jurisprudence; espèces où la déchéance n'a pas été prononcée. — 535. Pouvoir du ministre; ses limites. — 536. *Quid* si le breveté n'est pas l'introducteur ? — 537. *Quid* du copropriétaire ou du cessionnaire ? — — 538. *Quid* de l'associé ? — 539. *Quid* du licencié? — 540. *Quid* de l'introduction de la matière première? — 541. *Quid* de l'introduction de pièces détachées ? — 541 *bis*. Jurisprudence. — 542. Introduction d'objets contrefaits ; confiscation ; droit du breveté. — 543. Introduction en transit. — 543 *bis*. Convention d'union de 1883; dérogation à l'art. 32.

531. Introduction en France ; définition. — L'ar-

(1) V. également Rej., 13 juin 1837, Collier (Sirey, 38.1.53); Rej., 7 juillet 1819, Érard (Dall., v° *Brev. d'inv.*, n° 263).

ticle 32 déclare « déchu de tous ses droits le breveté qui aura « introduit en France des objets fabriqués en pays étranger « et semblables à ceux qui sont garantis par son brevet. » Le même article, tel qu'il a été modifié par la loi du 20 mai 1856, ajoute : « Néanmoins le ministre de l'agriculture, du « commerce et des travaux publics pourra autoriser l'intro- « duction : 1° des modèles de machines ; 2° des objets fabri- « qués à l'étranger destinés à des expositions publiques ou à « des essais faits avec l'assentiment du Gouvernement. » Suivant l'exposé des motifs, cette disposition a pour but de protéger l'industrie nationale contre l'industrie étrangère ; on peut dire, sans témérité, que le législateur s'est ici montré prévoyant à l'excès et que, en définitive, cette disposition fût-elle effacée de la loi, l'industrie nationale n'en profiterait pas moins du monopole, sous une forme ou sous une autre, puisque le législateur oblige le breveté, à peine de déchéance, à exploiter son invention en France d'une manière continue. Quoi qu'il en soit, la loi existe, et il s'agit d'en préciser le sens. Ce que le législateur entend punir, c'est l'atteinte, plus ou moins grave, que le fait de l'introduction porte à l'industrie française. Lors donc que l'introduction a un but mercantile, qu'elle fait entrer sur le sol français des objets destinés au commerce, à l'industrie, pas de doute possible, la déchéance est encourue ; elle est sans rémission comme sans excuse.

532. Modèles ; échantillons ; autorisation. — Que décider si l'objet introduit l'a été à titre de modèle ou d'échantillon pour servir à des essais ou figurer dans une exposition, dans une galerie, dans un musée ? Si l'on s'en tient aux termes de la loi de 1844, il semble qu'il faille décider que, même en ce cas, la déchéance est encourue ; la loi dispose, en effet, en termes généraux, absolus, prenant soin de formuler une exception, mais n'en formulant qu'une, pour *les modèles de machines dont le ministre de l'agriculture et du commerce pourra autoriser l'introduction dans le cas prévu par l'art.* 29. Ne doit-on pas conclure et de ces termes généraux et de cette exception unique que le législateur, pour couper court à toute discussion, prohibe le fait même de l'introduction, indépendamment detoute intention, sans se préoccuper de la destination de l'objet introduit ?

Et n'était-ce pas encore là pensée du législateur lorsqu'en 1856 il étendait les pouvoirs du ministre en cette matière et jugeait une loi nécessaire pour qu'il fût autorisé à permettre l'introduction non seulement des modèles de machines, mais encore *des objets destinés à des expositions publiques ou à des essais faits avec l'assentiment du Gouvernement ?* Cela ne veut-il pas dire en propres termes que l'introduction d'objets fabriqués à l'étranger entraîne la déchéance du brevet, lors même qu'ils sont destinés à des expositions ou à des essais ? S'il était licite, même sans autorisation du ministre, d'introduire un objet à titre de modèle, ou d'échantillon, en vue d'une exposition ou d'un essai quelconque, à quoi bon la loi ? Pourquoi dire que le ministre pourra, par exception, autoriser l'introduction dans certains cas, si, précisément dans ces cas et dans d'autres, il est permis de se passer de cette autorisation ? Dès lors, ne semble-t-il pas logique et rationnel d'admettre qu'à moins d'une autorisation du ministre, il y a déchéance dès qu'il y a introduction, quel que soit d'ailleurs le motif, en dépit de toute bonne foi de la part de l'introducteur ?

Ce système que nous venons de présenter, nous nous l'étions approprié, d'une façon complète, dans la première édition de cet ouvrage. Conséquent avec nous-même, nous critiquions la jurisprudence qui s'est prononcée en général dans un sens opposé, et décide, on va le voir, que, bien que le breveté ne se soit pas pourvu d'une autorisation ministérielle, la déchéance ne doit être prononcée que si l'introduction a eu lieu dans un but commercial. Après mûre réflexion, et surtout après une étude plus attentive des travaux préparatoires tant de la loi de 1844 que de celle de 1856, nous croyons devoir apporter à notre opinion première un tempérament. Elle était évidemment trop absolue. Ce que la loi veut, c'est qu'en échange du monopole qui lui est conféré, le breveté fasse profiter le travail national de la main-d'œuvre résultant de l'exploitation de son industrie. « S'il en était « autrement, dit l'exposé des motifs de la loi de 1844, le « brevet délivré à l'inventeur ne serait qu'une prime accordée

« à l'industrie étrangère. » Le rapporteur disait de même : « La protection de la loi française ne peut être continuée au « breveté, quand, au lieu d'en faire profiter le travail natio- « nal, il en reporte les profits aux travailleurs étrangers. » Ainsi, la pensée fondamentale de la loi, c'est que l'exploitation du brevet, le travail de fabrication qu'il nécessite, tournent au profit de la France, non au profit de l'étranger.

Quant à la loi de 1856, elle a eu pour objet non d'assigner un caractère limitatif à la loi, mais d'en étendre les termes. On craignait que le texte de la loi de 1844 ne parût trop restrictif pour qu'il fût possible même au ministre d'en sortir et d'autoriser des introductions dans des cas non expressément prévus ; on a voulu indiquer que ces termes n'étaient qu'énonciatifs, et, pour que toute espèce de doute cessât sur ce point, on a fait une loi nouvelle qui a étendu les pouvoirs du ministre ; on lui a donné en quelque sorte carte blanche. Résumant les objections faites au projet de loi, le rapporteur disait : « Le ministre autorisera-t-il l'essai par le breveté « seulement, et pour son compte, ou bien le ministre auto- « risera-t-il l'essai au profit de tous, en faveur d'un seul ma- « nufacturier ou en faveur de plusieurs ? L'autorisation, res- « treinte à un seul, serait un privilège qui préjudicierait à « tous ; l'autorisation, accordée à plusieurs ou à tous, de- « viendrait une lésion pour le travail national. » Et, répondant à ces objections, il ajoutait : « Il est vrai que la loi doit « prévoir ; mais ce principe des législateurs de tous temps a- « t-il fait qu'il existe une loi, même parmi les plus sages, qui « ne puisse être exagérée dans l'application et poussée jus- « qu'à l'abus ? » Il conclut en ces termes : « L'intention de « la loi se manifeste dans cette expression : *essai*, et le gou- « vernement, nous en avons reçu l'assurance, comprend cette « expression comme la commission elle-même, dans le sens « le plus restrictif et à la fois le plus protecteur du travail « national et de l'agriculture. »

Ainsi, le pouvoir du ministre est aussi étendu que possible ; il peut autoriser les essais même sur une très large échelle, même au profit de plusieurs personnes ; on espère seulement qu'il ne perdra jamais de vue le principe de la protection due au travail national. Eh bien, s'il est vrai que le ministre ait un pouvoir aussi large, est-il raisonnable de décider que le breveté qui aura introduit en France un seul modèle en vue d'expérimenter l'invention, de se rendre compte de son prix de revient et de son exécution à l'étranger, qui agit par conséquent dans un intérêt français, puisque, en assurant en France une exécution aussi parfaite que possible de l'objet breveté, il contribue à le répandre et donne, en le répandant, un aliment au travail national, est-il raisonnable de décider que celui-là, faute d'une autorisation qu'il a négligé de demander et qui ne lui eût pas été refusée, encourra sans rémission la déchéance ? Nous ne le croyons pas. Il est donc juste que le juge recherche les causes, les circonstances, les conséquences de l'introduction, et, s'il apparaît qu'il n'y a eu aucune pensée de faire fraude au travail national, s'il est certain que le travail national n'en a pas souffert, il doit refuser de prononcer la déchéance.

Mais, dira-t-on, en ce cas, que devient l'autorisation ministérielle ? quel est son but ? où est son utilité ? Son utilité reste considérable. L'autorisation a-t-elle été sollicitée et accordée ? Il y a présomption que l'introduction est régulière, légale, y eût-il plusieurs objets introduits, y en eût-il même un grand nombre ; il y a présomption que le breveté n'a agi qu'en vue d'un essai. En l'absence de toute autorisation, il y a présomption contraire. Le juge doit naturellement se montrer plus sévère, plus difficile sur les preuves ; mais si, en définitive, il lui est démontré qu'il n'y a point eu de fraude à la loi, de préjudice au travail national, pourquoi prononcerait-il une déchéance que rien ne justifie ?

Notons pourtant que, dans le système que nous combattons, on tire argument de ce fait que, lors de l'Exposition universelle de 1878, le Gouvernement a cru nécessaire de présenter et de faire voter une loi (loi du 8 avril 1878) dont l'art. 2 porte : « L'autorisation du Ministre de l'agriculture et du « commerce, exigée par la loi des 20-31 mai 1856, ne sera « pas nécessaire pour l'introduction en France d'un spécimen « unique d'une invention brevetée en France et qui sera ad- « mis à l'Exposition universelle de 1878. La déchéance, pré- « vue par l'article 32 de la loi de 1844, sera encourue si ce « spécimen n'est pas réexporté dans le mois de la clôture offi-

« cielle de l'Exposition. L'autorisation ministérielle restera « nécessaire pour l'introduction de plusieurs spécimens con- « formément à la loi susvisée de 1856 (1). » A quoi bon cette loi, nous dit-on, si l'autorisation ministérielle n'est pas indispensable? surtout à quoi bon cette précision qui distingue entre l'introduction d'un spécimen, et l'introduction de plusieurs spécimens, et maintient la nécessité de l'autorisation dans le second cas, tout en la supprimant dans le premier? n'est-ce pas une interprétation de la loi, donnée par le législateur lui-même. Nous ne pouvons nier que l'argument ait sa force (2); mais de ce que, pour supprimer toute ambiguïté, pour donner aux exposants étrangers une pleine et entière sécurité, le Gouvernement français ait cru bien faire et ait bien fait de promulguer la loi de 1878, en peut-on sérieusement rien conclure contre l'opinion que nous avons émise plus haut?

Nous reconnaissons que la question a ses difficultés, comme toute question de jurisprudence, comme toute question d'interprétation des lois; le législateur prévoyant empêche qu'elle ne puisse se poser dans un cas donné; cela veut-il dire que, dans tout autre cas, la question même de l'interprétation de la loi ne pourra plus être soulevée? nous ne le pensons pas (3).

533. Jurisprudence; — **Espèce où la déchéance a été prononcée.** — Il a été jugé : 1° que le breveté qui achète, à la suite d'une exposition industrielle, des machines fabriquées en pays étranger et semblables à celles pour lesquelles son brevet lui a été délivré, encourt la déchéance prévue par l'art. 32, § 3; on objecte en vain que, s'il n'était point admis d'exception en cas d'exposition, on nuirait à l'éclat et à l'universalité des grands concours industriels; la magnificence des expositions n'a rien de commun avec les obligations du breveté; les étrangers peuvent envoyer en

(1) V. Pataille, 78.97. — V. aussi Loi du 5 juillet 1881 (Pataille, 81.178), et Loi du 30 oct. 1888 (Pataille, 88.321).

(2) V. Paris, 17 fév. 1883, Lecointe (Pataille, 84.100).

(3) V., en ce sens, Dalloz, *Suppl.*, v° *Brev. d'inv.*, n° 240 et suiv.

France en toute liberté, et avec toutes les facilités possibles, leurs inventions et leurs produits, et, en les exposant aux regards de la foule, contribuer ainsi à l'éclat de l'exposition et aux progrès de l'industrie ; mais, une fois l'exposition terminée, les machines étrangères peuvent suivre deux voies différentes : ou elles sont réexportées et alors elles sont censées n'avoir jamais été introduites en France, car elles ont toujours reposé sur un sol neutre ; ou bien, au contraire, elles restent en France, et si, alors, elles y sont achetées par un breveté d'objets semblables, il se met en contravention avec le titre privilégié que la France lui a concédé, il enlève à l'industrie nationale le travail sur lequel elle devait compter, pour en faire profiter l'industrie étrangère, et il encourt justement la déchéance de son brevet (Colmar, 7 déc. 1864, Klotz (1), Pataille, 65,215) ;—2° que, malgré le texte de l'article 32, § 3, qui prohibe sous peine de déchéance l'introduction des objets fabriqués à l'étranger, on doit décider que le législateur n'a pas entendu faire de la pluralité des objets introduits une condition de la déchéance prononcée ; l'introduction d'un seul objet a donc pour effet d'entraîner la déchéance. (Paris, 17 février 1883, Lecointe, Pataille, 84.109) ; — 3° que, s'il est rigoureux de considérer la déchéance comme encourue par le fait matériel de l'introduction en France, l'application de la loi s'impose tout au moins le jour où l'appareil est employé à une exploitation industrielle et prolongée, encore que, avant toute demande de déchéance, cet appareil aurait été réexpédié à l'étranger et remplacé par un appareil fabriqué sur le sol français. (Même affaire.)

534. **Jurisprudence ; — Espèces où la déchéance n'a pas été prononcée.** — Il a été jugé : 1° qu'il faut, pour que l'introduction de produits étrangers entraîne la déchéance du brevet, qu'elle ait été opérée avec une intention

---

(1) Il faut remarquer que, dans l'espèce, il s'agissait de l'introduction non d'une machine isolée, mais de quatorze machines, plusieurs années après la prise du brevet, alors qu'il était déjà en pleine exploitation en France, et la Cour constate, en fait, qu'il est impossible d'admettre qu'elles aient été introduites à titre de modèles, pour servir à des essais.

véritable de faire fraude à la loi française ; elle n'aurait pas cet effet si les produits introduits étaient en minime quantité et uniquement destinés à servir d'échantillons pour faciliter l'usage du brevet (Douai, 11 juill. 1846, Warlich, Sir., 46.2.507) ; — 2° que l'introduction en France d'objets brevetés n'emporte déchéance qu'autant qu'elle est faite en vue de les livrer au commerce ; peu importe, dans le cas contraire, que le breveté ne se soit pas pourvu de l'autorisation du ministre, conformément à l'art. 32 de la loi du 5 juill. 1844, cette autorisation n'étant nécessaire que si l'introduction a un but commercial (Paris, 8 juin 1855, Journaux-Leblond, Dall., 56.2.108) ; — 3° que la déchéance ne s'attaque pas au seul fait matériel d'introduction sur le sol français, après leur fabrication à l'étranger, d'objets similaires à ceux qui sont spécifiés au brevet ; il faut qu'à ce fait matériel vienne se joindre l'intention, de la part du breveté, de se soustraire à l'engagement qu'il a pris de faire profiter exclusivement le travail national de la main-d'œuvre résultant de l'exploitation de son industrie : spécialement, il n'y a point de déchéance, s'il résulte des documents de la cause que lesdits objets, fabriqués en Angleterre, où le breveté est également patenté, pour les besoins de la clientèle anglaise, n'ont été introduits en France qu'à raison de leur défectuosité et pour être, une fois réparés, réexpédiés et vendus au lieu de leur fabrication (Paris, 12 juin 1869, Hayem, Pataille, 70.110) ; — 4° qu'en tous cas, l'introduction en France, par le cessionnaire du brevet, d'objets semblables à ceux qui sont brevetés n'entraîne pas déchéance du droit privatif, lorsque, s'agissant d'une arme de guerre dont la fabrication constitue en France un monopole du gouvernement, la fabrication étrangère n'a été que la conséquence de ce monopole ; en cette matière, le législateur, par cela même qu'il accorde protection à l'industrie nationale, suppose évidemment dans le pays un milieu commercial libre, où le breveté puisse fabriquer, détenir et vendre les objets brevetés (Paris, 19 janv. 1872, Chassepot, Pataille, 72.198).

535. Pouvoir du ministre ; ses limites. — Il ne dépend pas du bon plaisir du ministre d'autoriser l'introduction dans toute espèce de cas ; il ne peut l'autoriser que dans les cas expressément prévus par la loi ; encore n'y est-il jamais obligé et a-t-il en cela un pouvoir tout à fait discrétionnaire. Si par impossible le ministre autorisait l'introduction dans un cas autre que ceux définis par la loi, son autorisation n'aurait pas pour effet d'innocenter l'introduction et d'empêcher la déchéance ; le juge ne serait pas tenu d'avoir égard à cette autorisation illégale. De même, si l'objet introduit avec l'autorisation du ministre était détourné de la destination en vue de laquelle a été permise l'introduction, et que, par exemple, au lieu de servir à des essais, il fût vendu et mis dans le commerce, la déchéance pourrait être encourue. M. Blanc dit avec raison que « d'une part, l'autorisation « ministérielle n'est efficace que lorsqu'elle a été donnée « dans la limite tracée par la loi, et, d'autre part, que l'in« troducteur ne peut se servir de l'objet que pour l'usage « spécialement prévu (1). »

Sirey semble admettre pourtant que, si une machine, introduite pour servir de modèle, sert effectivement à cet usage, il n'y a point infraction à l'art. 32, dans le fait de l'employer ultérieurement à un usage commercial. Voici d'ailleurs comment l'arrêtiste s'exprime : « Quant à l'introduction autorisée « par le ministre, et qui, en principe, est exclusive de toute « déchéance, elle ne peut aussi, évidemment, faire perdre « le bénéfice du brevet qu'autant qu'elle aurait eu lieu avec « une arrière-pensée de fraude à l'industrie nationale, mani« festée par les faits postérieurs, et tel ne semble pas être le « caractère de celle qui est simplement suivie de l'emploi « fait, dans des ateliers français, d'une machine importée « pour servir de modèle et ayant rempli cette destination. » Il résulterait de ce passage que la déchéance n'est encourue qu'autant que l'arrière-pensée de fraude aurait existé à l'époque même où l'autorisation ministérielle était sollicitée. Mais où l'arrêtiste a-t-il puisé l'idée de cette distinction ? Comment la peut-il justifier ? Comment d'ailleurs établira-t-on que cette arrière-pensée de fraude, prétendue nécessaire pour emporter la déchéance, a jamais existé ? N'est-il pas plus simple, plus

(1) V. la *Propr. ind.*, n° 459. — Comp. Sirey, 65.1.465, la note.

conforme à l'esprit de la loi, que l'objet introduit avec une destination spéciale n'en puisse être détourné sous aucun prétexte? Et, si son introduction n'a été autorisée que pour qu'il servît de modèle, n'est-il pas naturel qu'il ne puisse servir qu'à cela? S'il en était autrement, le breveté solliciterait l'introduction de l'objet à titre de modèle, et puis, après l'avoir plus ou moins fait servir à cet emploi, il le mettrait dans le commerce. Que deviendrait alors la loi?

Il est vrai qu'à cela on peut répondre que, précisément parce que l'introduction a été autorisée, il n'y a plus lieu de s'opposer à ce que l'objet ainsi légalement introduit reste sur le sol français. Il faut, bien entendu, qu'il ait été introduit pour servir à un essai, qu'il ait réellement servi à cet usage, qu'il ait en un mot rempli le rôle auquel il était destiné; mais, après cela, qu'importe sa présence sur le sol français? N'y est-il pas légitimement? Quoi! forcera-t-on le breveté à réexpédier à l'étranger, à grands frais, un modèle dont il n'aura peut-être pas l'emploi, ou à le garder inutile en sa possession, ou même à le mettre à la ferraille, alors pourtant que ce modèle a servi de spécimen à la fabrication française, et a permis de la développer. Sans doute, il ne faut pas, sous prétexte d'essai, qu'on fasse fraude à la loi, qu'on sollicite du ministre, qu'on surprenne une autorisation dont le seul but est de couvrir, de masquer la fraude. Mais les tribunaux seront là pour veiller à l'exécution de la loi, pour dévoiler et punir tout calcul frauduleux. En tout autre cas, à quoi bon s'armer d'une rigueur véritablement incompréhensible?

Il a été jugé, en ce sens, que, lorsqu'un breveté a été autorisé à introduire en France, comme modèle, une machine semblable à celle de son brevet, il peut ensuite la céder à un tiers, et ce tiers peut l'employer industriellement sans que la déchéance soit encourue (Douai, 17 mai 1859, Lowry, Pataille, 62.247).

536. *Quid* **si le breveté n'est pas l'introducteur?** — Il va sans dire que l'introduction n'entraîne déchéance qu'autant qu'elle est le fait du breveté, ou, ce qui est plus exact, du propriétaire actuel du brevet. C'est la faute qu'il commet en faisant tort à l'industrie de son pays que le législateur punit. Si donc il n'y a pas eu faute de sa part, s'il n'a pas été lui-même l'introducteur, si c'est un tiers qui s'est rendu coupable de l'introduction, il n'y a pas, il ne peut y avoir déchéance. Le breveté n'est responsable que de ses actes; autrement, ses rivaux d'industrie auraient beau jeu contre lui (1). Il est clair pourtant que, si l'introduction, quoique étant l'œuvre d'un tiers, avait été connue ou plutôt autorisée par le breveté, s'il s'en était, en quelque sorte, rendu complice, si, par exemple, il s'entendait avec un tiers pour la fabrication des objets de son invention, sachant que celui-ci à son tour les fait fabriquer à l'étranger, il en devrait supporter la peine.

Il a été jugé en ce sens : 1° que le breveté qui, tout en commandant à un négociant établi en France les organes qui font l'objet de son brevet, n'ignore pas que ce négociant les fait fabriquer à l'étranger, encourt la déchéance portée par l'article 32 (Rej., 17 juin 1865, Communay, Sir., 65.1.465); —2° que le breveté, investi d'un privilège, répond non seulement de son fait, mais du fait du mandataire qu'il s'est substitué pour l'exécution des formalités auxquelles la loi française a subordonné la conservation de ce privilège; il en résulte que l'introduction, effectuée contrairement à l'article 32 par le mandataire du breveté, entraîne la déchéance prévue par cet article (Paris, 17 février 1883, Lecointe, Pataille, 84.109).

537. *Quid* **du copropriétaire ou du cessionnaire?** — Il suit de ce que nous avons dit dans le paragraphe précédent que, si le brevet appartient à plusieurs copropriétaires, la faute de l'un d'eux, l'introduction dont il se rend coupable emporte la déchéance au regard de tous, sauf recours contre lui de la part de ceux qui sont étrangers au fait de l'introduction. Ce que nous disons du copropriétaire s'applique évidemment au cessionnaire, puisqu'il participe à la propriété du brevet.

Jugé, cependant, que la déchéance ne saurait résulter de l'introduction en France, par un cessionnaire du breveté,

---

(1) V. Dall., 68.1.105, la note.

d'objets similaires fabriqués à l'étranger, si le breveté a pris soin de stipuler dans le traité que le cessionnaire ne pourrait exporter pour aucune partie de la France des marchandises qui n'auraient pas été fabriquées en France (Paris, 24 janvier 1879, Charageat, Pataille, 80.132).

538. *Quid* **de l'associé ?** — Il nous paraît naturel d'assimiler l'associé au copropriétaire; car, en définitive, il participe à la propriété du brevet. Le doute ne nous semble même guère possible s'il s'agit d'un associé en nom collectif, du gérant, de celui, en un mot, qui représente et, en quelque sorte, personnifie en lui-même l'être moral. Ses actes engagent la société, qui doit en supporter, bon gré mal gré, les conséquences. Si l'introduction est le fait d'un associé en commandite, la solution est forcément différente. Le commanditaire ne tient à la société que par ses capitaux ; sa personne y reste étrangère, et, par suite, ses actes ne sauraient avoir aucune influence sur le sort des choses sociales, ni conséquemment sur le sort des brevets que possède la société. Peut-être même, lorsqu'il s'agit d'un associé qui représente la société, directeur ou administrateur, faudrait-il distinguer entre le cas où l'introduction a lieu dans son intérêt personnel ou dans un intérêt social. Serait-il juste, en effet, que la société souffrît d'une faute dont elle n'aura tiré elle-même aucun profit ?

Il a été jugé, à cet égard, que la déchéance pour introduction en France d'objets similaires à celui du brevet est encourue, encore bien que l'introduction soit le fait d'une société dans laquelle le breveté n'est que simple commanditaire (Trib. civ. Toulon, 15 fév. 1865, Deiss, Pataille, 68.42).

539. *Quid* **du licencié ?** — Le licencié n'est pas propriétaire du brevet; il est seulement autorisé à l'exploiter. Ses actes ne peuvent donc porter aucune atteinte à la propriété du brevet. S'il introduit de l'étranger en France des objets semblables à ceux qui sont brevetés, il commet le délit d'introduction : il est passible des peines que ce délit entraîne ; sa licence ne peut l'en défendre, car elle ne protège que l'exploitation régulière et licite du brevet. Si pourtant l'introduction avait lieu publiquement, au vu et au su du breveté, et que celui-ci l'eût laissé se produire sans protestation, nous serions disposé à admettre que la déchéance est encourue, surtout dans le cas où le breveté reçoit une prime annuelle pour prix de sa licence ; alors, en effet, il profite directement et sciemment de l'introduction.

540. *Quid* **de l'introduction de la matière première?** — Ce que la loi défend, c'est l'introduction d'objets semblables à ceux qui sont garantis par le brevet. Il suit de là que le breveté a droit de tirer de l'étranger ses matières premières, sauf à en opérer la transformation en France. S'il en était autrement, il faudrait admettre que certains produits ne sont pas brevetables, car il en est qui ne peuvent s'obtenir qu'à l'aide de matières étrangères : telle est, par exemple, l'orseille, qui se tire de lichens exotiques.

Il a été jugé, à cet égard, que la prohibition d'introduction ne s'étend pas à des matériaux destinés à la construction d'une machine brevetée seulement dans son ensemble (Douai, 11 juillet 1846, Warlich (1), Sir., 46.2.507).

541. *Quid* **de l'introduction de pièces détachées?** — Faut-il admettre que le breveté pourra faire fabriquer à l'étranger tous les organes de sa machine et que, après les avoir séparément introduits en France, il pourra les assembler, les monter et les ajuster sans encourir la déchéance prévue par la loi? Faut-il admettre encore que le fait de l'introduction d'un seul organe emportera également déchéance? Il nous semble que, dans le premier cas, la déchéance doit être prononcée, sous peine de permettre aux brevetés d'éluder la loi. L'introduction de tous les organes équivaut évidemment à l'introduction de la machine elle-même (2). Nous verrons que, dans un cas analogue, la jurisprudence admet que la fabrication des organes séparés, en vue de les réunir et de les assembler, constitue une contrefaçon. Dans le second cas, nous admettons volontiers une distinction ; selon que l'organe fabriqué à l'étranger est un organe accessoire ou un organe

---

(1) V. encore Aix, 24 nov. 1885, Billion (Pataille, 87.183).

(2) V. toutefois Dalloz (v° *Brev. d'inv.*, n° 264), qui semble admettre comme hors de discussion que l'introduction de pièces séparées est licite. — Comp. Dalloz, *Suppl.*, v° *Brev. d'inv.*, n° 245.

principal, essentiel, caractéristique, de l'objet breveté, son introduction ne constitue pas ou, au contraire, constitue une infraction à la loi. C'est l'avis de Sirey, qui remarque « que « la fabrication à l'étranger et l'introduction en France « de certaines pièces détachées emportera ou non la dé- « chéance, selon qu'il s'agira de pièces principales ou acces- « soires (1).

M. Pataille propose la règle suivante : « Toutes les fois « qu'elle (la pièce détachée) paraîtra occuper dans l'objet « breveté une place assez importante pour faire admettre la « contrefaçon, en cas de fabrication par des tiers, il devra y « avoir déchéance en cas d'importation par le bénéficiaire du « brevet (2). »

541 *bis*. **Jurisprudence.** (3). — Il a été jugé : 1° que la déchéance est encourue, même en cas d'introduction des pièces détachées nécessaires à la confection de l'objet breveté ; il en est surtout ainsi lorsque ces pièces détachées forment la partie principale de l'invention : spécialement, lorsqu'un brevet porte sur un système de pelles de terrassier avec douilles mobiles, il y a infraction à la disposition prohibitive de l'art. 32, dans le fait, de la part du propriétaire du brevet, de faire fabriquer en pays étranger et d'importer en France les douilles devant servir à l'emmanchement breveté, encore bien que les pelles seraient fabriquées et montées en France (Rej., 17 juin 1865, Communay, Sir., 65.1.465) ; — 2° qu'en accordant à tout breveté le monopole industriel de son invention en France, le législateur a voulu que ce monopole, par une légitime compensation, fût profitable au travail national ; et, à cet effet, il a imposé, à peine de déchéance, au breveté l'obligation d'établir en France le siège de sa fabrication privilégiée : il s'ensuit que le breveté ne peut échapper à la déchéance pour introduction en France d'objets semblables à ceux de son brevet, lorsqu'il se borne à faire fabriquer sur le sol national un organe isolé et accessoire du mécanisme bre-

(1) V. Sirey, 65.1.465, la note sur l'arrêt Communay.

(2) V. Pataille, 65.303, *la note*.

(3) V. Paris, 2 nov. 1885, Desprin (Pataille, 88.44).

veté, s'adressant pour le surplus à la fabrication étrangère (Paris, 23 mars 1870, Wilcox, Sirey, 70.248); — 3° que la pensée de protection d'après laquelle la loi de 1844, art. 32, § 3, réserve au profit de l'industrie nationale la mise en œuvre du brevet obtenu en France est limitée par cette disposition même à l'invention, objet du brevet; par suite, la déchéance d'un brevet pris en France, pour un ou plusieurs organes d'un instrument déterminé, ne peut résulter de ce qu'un autre organe aurait été fabriqué à l'étranger (Paris, 26 janvier 1879, Charageat, Pataille, 80.132).

542. Introduction d'objets contrefaits ; confiscation ; droit du breveté. — D'une part, le breveté ne peut, sous peine de déchéance, introduire en France des objets semblables à ceux de son brevet, qu'il aurait fait fabriquer hors de France ; d'une autre part, il a droit de faire confisquer à son profit les objets fabriqués en contrefaçon de son invention. Or, il se peut que ces objets aient été fabriqués à l'étranger et introduits en France en fraude de ses droits par des contrefacteurs. On se demande si, dans ce cas, le breveté qui tire profit de la confiscation de ces objets fabriqués à l'étranger et, par exemple, les vend, ne se rend pas en quelque sorte complice de leur introduction et n'encourt pas la déchéance prévue et prononcée par la loi.

M. Blanc pense que le breveté n'encourt aucune déchéance en se servant en France, en y trafiquant des objets fabriqués à l'étranger en fraude de son brevet, introduits ensuite sur le sol français et finalement confisqués à son profit. « Une « première raison, dit-il, nous frappe; l'introduction seule « est le fait que la loi punit ; or, ce fait est ici étranger au « breveté. Il n'y a entre l'introduction et le breveté aucun « lien légal ; donc, on ne pourrait, sans violer le texte de la « loi et les principes généraux en matière de culpabilité, faire « retomber sur lui la responsabilité d'un acte auquel il n'a « concouru ni directement ni indirectement. Mais en dehors « de cet ordre d'idées, qui nous paraît cependant suffire à « la solution de la question, il est un motif non moins juri- « dique qui justifie à nos yeux la prise de possession de ces « marchandises pour le breveté : c'est que toute marchan-

« dise contrefaite, saisie sur le territoire français, doit être « attribuée à titre de réparation au breveté. La loi en dispose « en termes absolus : il faut que le juge prononce la confis- « cation, et la volonté du législateur a été énergique à ce point « qu'il veut qu'on la prononce même dans le cas où, par une « cause quelconque, le poursuivi est acquitté. Pourrait-on, « sans violer formellement cette intention, introduire dans la « pratique une distinction là où la loi n'a pas distingué et, « nous ajoutons, là où elle ne doit pas distinguer (1) ? » L'argumentation de M. Blanc nous paraît avoir le grave défaut de passer à côté de la difficulté ; il prouve bien que la confiscation doit être prononcée au profit du breveté, et nous sommes de cet avis ; mais prouve-t-il que, la confiscation une fois prononcée, le breveté puisse vendre en France, exploiter en France ces objets qu'il sait avoir été fabriqués à l'étranger, qu'il sait avoir été introduits sur le sol français en fraude non pas seulement de son brevet, qui est ici l'accessoire pour le législateur, mais en fraude du travail national que la loi a entendu exclusivement favoriser ? Voilà la question. M. Blanc ne la résout pas ; il ne l'aborde même pas.

Ne peut-on pas répondre, en tous cas, que, si la loi ordonne la confiscation de l'objet contrefait, c'est à la condition que le breveté usera de cet objet, à lui remis, dans la mesure légale, en se conformant aux autres prescriptions du législateur ? Ne peut-il réexporter, par exemple, et vendre à l'étranger cet objet fabriqué à l'étranger ? Ne fait-il pas un tort évident à l'industrie nationale en laissant sur le sol français ces objets venus de l'étranger ? Et, si ces objets sont nombreux, importants, le tort ne peut-il pas être considérable ? Admettre la théorie de M. Blanc, n'est-ce pas ouvrir la porte à la fraude ? Le breveté ne pourra-t-il s'entendre avec un tiers pour éluder la loi ? Le tiers se chargera de faire fabriquer les objets à l'étranger ; il les introduira en France ; le breveté, averti, les saisira, fera un semblant de procès et se les fera attribuer sous

(1) V. la *Propr. ind.*, n° 385. — Comp. Sir., 60.2.49, *la note* sur l'arrêt Lowry.

prétexte de confiscation. Quoi de plus simple et de plus facile à concerter (1) !

Nous ne nous dissimulons pas que la question est délicate et que, en l'absence de fraude, les tribunaux pourront être embarrassés. Car, si les objets confisqués sont remis au breveté pour réparer une partie du préjudice qu'il a souffert, il faut convenir que, dans nombre de cas, ce mode de réparation lui sera singulièrement onéreux, en l'obligeant, sous peine de déchéance, à réexporter les objets à lui attribués. Tout cela démontre peut-être que cette cause de déchéance devrait disparaître de la loi (2).

543. Introduction en transit. — Puisque la disposition de la loi, qui prohibe l'introduction, a pour but de protéger, de favoriser le travail national, on peut se demander si le seul fait par l'inventeur de faire transiter en France des objets similaires à ceux de son brevet, et fabriqués à l'étranger, ne constitue pas la faute punie par la loi. Le transit, en effet, ne prouve-t-il pas, par lui-même, qu'il existe des objets similaires à ceux du brevet, fabriqués à l'étranger ? N'est-il pas dès lors prouvé qu'il y a fraude et préjudice, au détriment du travail national ? Cette opinion ne saurait se soutenir ; elle n'est même pas raisonnable. D'abord, il se peut que celui qui est breveté en France soit breveté dans d'autres pays et que la loi de ces pays, comme la loi française, ne lui conserve son droit exclusif qu'à la condition d'exploiter son invention, de fabriquer conformément à son brevet. La loi française ne peut donc le contraindre à ne fabriquer qu'en France, c'est-à-dire à désobéir aux lois des pays où il a pris ses autres brevets. La seule chose qui soit défendue au breveté, c'est d'introduire en France des objets fabriqués à l'étranger, c'est-à-dire de mettre entre les mains des consommateurs français des objets qui ne sont pas dus au travail national. Or, est-ce que le passage en transit d'un objet fa-

---

(1) V. Nouguier, n° 810 *bis*. — Comp. Colmar, 7 déc. 1864, Klotz (Pataille, 65.215).

(2) La convention d'Union de 1883 est entrée dans cette voie (V. *infrà*, n° 543 *bis*).

briqué en pays étranger porte la moindre atteinte aux droits du travail national? Est-ce que cet objet, à la seule condition de prendre une autre route, n'eût pas été licitement fabriqué hors de France ? D'ailleurs, est-ce que le travail national n'est pas protégé par la disposition qui oblige le breveté à exploiter son brevet en France? Qu'importe donc que quelques objets, qui ne sont pas destinés à la consommation française, qui ne doivent pas rester sur le sol français, le traversent pour ainsi dire incognito? Nous pensons que, en cas de simple transit, il n'y a pas introduction reprochable au breveté (1).

Jugé en ce sens : 1° que l'article 32, § 3, de la loi du 5 juillet 1844 ayant pour but de protéger l'industrie nationale en obligeant, sous peine de déchéance, le breveté à faire fabriquer en France les objets qui doivent être livrés à la consommation dans le pays, le motif qui justifie cette disposition disparaît lorsque les objets ne font que traverser le territoire et sont destinés à être vendus et employés dans un autre pays; en pareil cas, il n'y a plus aucune raison pour interdire la concurrence, et on ne peut pas dire que les objets, qui empruntent momentanément les voies de locomotion du territoire, pour être immédiatement réexportés soient, en réalité, des objets *introduits en France* dans le sens de la loi, puisqu'il n'y a qu'un simple fait matériel de passage, sans que l'industrie nationale ait à en souffrir (Trib. civ. Le Havre, 26 mars 1880, Larmanjat, Pataille, 80,230) ; — 2° que la déchéance du brevet, pour introduction en France d'objets fabriqués à l'étranger, n'est pas encourue, suivant l'article 32 de la loi du 5 juillet 1844 modifié par la loi du 20 mai 1856, lorsque lesdits objets n'ont été introduits en France que pour être travaillés, complétés et réexpédiés ensuite à leur lieu d'origine, et nullement pour être livrés au commerce en France (Chambéry, 9 mai 1881, Frankfeld, Pataille, 81.268).

---

(1) V. Sirey, 74.2.281, *la note*. — V. Dalloz, *Suppl.*, v° *Brev. d'inv.*, n° 247. — V. anal. Paris, 12 juin 1869, Hayem (Pataille, 70. 110).

543 *bis*. Convention d'Union de 1883; dérogation à l'art. 32. — On sait qu'en 1883, sur l'initiative de la France, un certain nombre d'États ont formé entre eux une convention d'Union pour la protection de la propriété industrielle et par conséquent des brevets d'invention. L'article 5 de la convention porte : « L'introduction par le bre« veté, dans le pays où le brevet a été délivré, d'objets fabri« qués dans l'un ou l'autre des États de l'Union, n'entraînera « pas la déchéance ; toutefois, le breveté restera soumis à « l'obligation d'exploiter son brevet conformément aux lois « du pays où il introduit les objets brevetés. » Cet article contient, on le voit, une dérogation à l'article 32 de la loi de 1844. Les citoyens d'un des États de l'Union ou les personnes, qui sont domiciliées dans l'un de ces États ou y ont des établissements industriels ou commerciaux (car l'art. 3 de la convention assimile les uns aux autres), jouissent, en France, d'un véritable privilège. Ils peuvent, sans encourir la déchéance, introduire en France des objets similaires à ceux qu'ils ont fait breveter, à la condition pourtant que ces objets auront été fabriqués dans l'un des pays de l'Union. Il ne suffit pas d'appartenir à l'un des États de l'Union par sa naissance, son domicile ou ses établissements industriels et commerciaux ; il faut encore que les objets introduits aient été fabriqués sur le territoire de l'Union. Cette dérogation à la loi a été vivement attaquée en France, et, à notre sens, c'est à tort ; car, d'une part, pour combattre la concurrence étrangère, il suffit de relever les droits d'entrée ; c'est aux lois de finance, non aux lois réglant la propriété industrielle, qu'il appartient de prescrire les mesures propres à sauvegarder l'industrie nationale. Nous ne voyons, pour nous, aucune raison sérieuse d'être plus sévère, à l'entrée, pour les objets brevetés que pour ceux qui ne le sont pas ; ceux qui ne sont pas brevetés entrent librement, après l'acquit des droits ; pourquoi proscrire absolument l'entrée de ceux qui sont brevetés, qui ont une utilité plus immédiate peut-être, qui, si le fabricant est obligé de les demander à l'industrie nationale, risquent de ne pouvoir être fabriqués dans des conditions permettant qu'ils se répandent aussi rapidement ? Nous admettons qu'on protège les produits de nos fabriques, pour qu'ils puissent lutter sans désavantage sur le marché intérieur; c'est une théorie qui a de nombreux partisans; mais qu'on ferme absolument ce marché aux produits venant de l'étranger, sous prétexte qu'ils sont brevetés en France, c'est ce que nous ne comprendrons jamais (1). D'autre part, aux termes de l'art. 5 de la convention, celui qui est admis à introduire des produits brevetés, quoique fabriqués à l'étranger, n'en est pas moins tenu d'exploiter concurremment son brevet en France, et, comme, d'après la convention, l'exploitation doit avoir lieu selon les lois du pays où a lieu l'introduction, l'introducteur est astreint à une exploitation effective, sérieuse en France, à une exploitation dans les termes et dans les conditions que la jurisprudence a déterminés et que nous avons rappelés plus haut (2). N'est-ce pas suffisant?

CHAPITRE XII.

GARANTIE PROVISOIRE DES INVENTIONS ADMISES AUX EXPOSITIONS PUBLIQUES.

SOMMAIRE.

544. Loi de 1868; son objet. — 545. A qui s'applique-t-elle? — 546. Certificat provisoire; dans quelle forme il est demandé. — 547. Délivrance du certificat. — 548. — Du droit de reproduire la demande. — 549. *Quid* en cas de description infidèle ou insuffisante? — 550. Délai pour former la demande. — 551. La loi s'applique à toutes les expositions publiques. — 552. Peut-on poursuivre en vertu du certificat provisoire? — 552 *bis*. La convention d'union de 1883 garantit la protection provisoire.

544. Loi du 23 mai 1868; son objet. — Nous

---

(1) V. notre article dans *la Loi*, 25 août 1885. — V. aussi Allart, n° 370.

(2) V. *suprà*, n°s 506 et suiv.

avons dit qu'une loi spéciale avait été faite pour protéger les inventeurs qui, n'ayant pas encore de brevet, au moment où une exposition industrielle vient à s'ouvrir, y veulent cependant faire figurer leurs produits ou leurs procédés nouveaux sans perdre leur droit privatif. Le législateur a pensé que la crainte de voir leur invention divulguée pouvait les détourner de l'exposition et nuire par cela même au développement de l'industrie nationale. Sans vouloir discuter le principe de cette loi, dont la nécessité a pu paraître contestable, et qui inspirait à M. Marie, lors de la discussion, de judicieuses réflexions (1), nous nous bornerons à en indiquer les principales dispositions, en essayant d'en fixer le sens. Cette protection provisoire, en matière d'expositions internationales, est entrée dans presque toutes les législations, et fait l'objet d'une des stipulations de la convention internationale d'Union de 1883 (2).

545. A qui s'applique-t-elle ? — La loi s'applique à tout inventeur, sans distinction entre le Français et l'étranger ; l'un et l'autre sont protégés par elle de la même façon et au même titre.

546. Certificat provisoire ; dans quelle forme il est demandé. — La protection de la loi est constatée par un certificat qui, suivant le lieu où l'exposition est ouverte, est délivré soit par le préfet, soit par le sous-préfet.

La demande du certificat doit être faite dans une forme analogue à celle que la loi prescrit pour les demandes de brevet; ainsi, elle doit être accompagnée d'une *description exacte* de l'objet à garantir, et, s'il y a lieu, d'un plan ou d'un dessin dudit objet. Cette disposition a pour but d'empêcher les fraudes que les exposants pourraient trop facilement commettre au préjudice d'un rival d'industrie en s'emparant, sous le couvert d'un certificat général et vague, de perfectionnements qui lui appartiendraient. Il résulte des explications données par le rapporteur (3) que la demande peut être

(1) V. le *Monit. offic.* du 18 mai 1868.
(2) V. *infrà*, n° 582 *bis*.
(3) V. le *Monit. offic.* du 18 mai 1868.

adressée même par simple lettre, si l'inventeur veut éviter de se déplacer. Il lui est donné récépissé de sa demande. Notons enfin que la délivrance du certificat est gratuite.

547. Délivrance du certificat. — Le principe du non-examen préalable doit recevoir ici son application ; l'administration n'a point à se faire juge des demandes de certificats qui lui sont adressées. Elle délivre le certificat aux risques et périls de l'inventeur ; elle doit seulement le refuser si la demande est irrégulière, par exemple si elle n'est pas accompagnée d'une description de l'objet à garantir ou si le titre de la description révèle par lui-même que le certificat est demandé pour une invention non susceptible d'être brevetée (1). Quant à la description en elle-même, elle n'a pas à la contrôler; complète ou incomplète, fidèle ou inexacte, du moment qu'une description est jointe à la demande, celle-ci est régulière et le certificat doit être délivré. Comme l'a dit le rapporteur, le certificat *ne saurait être refusé.* En cas de refus non justifié, le recours contre le refus du préfet ou du sous-préfet aurait lieu dans la forme ordinaire.

548. Du droit de reproduire la demande. — Supposons que le certificat soit refusé, faute par l'inventeur d'avoir fait une demande régulière, faute par lui, par exemple, d'y avoir joint une description de son invention; quelle sera la conséquence de ce refus? L'inventeur pourra-t-il reproduire sa demande? Il faut évidemment distinguer : si l'inventeur se trouve encore dans le délai légal, c'est-à-dire si le premier mois de l'exposition n'est pas encore écoulé, il est à temps pour reproduire sa demande; si le premier mois est écoulé, il est trop tard. Les tempéraments, accordés par la loi en matière de brevet, ne sauraient trouver ici leur application en l'absence d'une disposition spéciale. On fera donc bien, tout en s'étant pourvu contre le refus du préfet, de solliciter à tout événement un nouveau certificat dans la forme régulière.

549. ***Quid* en cas de description infidèle ou insuffisante?** — Qu'arriverait-il, toutefois, si l'administration

(1) V. *suprà*, n° 136.

délivrait par mégarde un certificat auquel ne serait pas jointe une description ou bien auquel serait jointe une description soit infidèle, soit insuffisante pour l'exécution de l'objet à garantir? Nous inclinons à penser que le certificat devrait être considéré comme nul et non avenu, et le brevet, pris ultérieurement, s'il en était pris un, apprécié comme si aucun certificat n'avait été délivré. L'inventeur, en ce cas, ne pourra invoquer le certificat pour défendre son brevet contre la publicité résultant de l'exposition ; il sera dans la situation où serait un inventeur sans certificat, dans celle où étaient, avant la loi, les inventeurs qui exposaient l'objet de leur découverte à leurs risques et périls. Si donc son invention se trouve avoir été divulguée par le fait de l'exposition, tant pis pour lui; son brevet sera sans valeur. C'était à lui à joindre à sa demande de certificat une description exacte de son invention. Encore une fois, s'il en était autrement, les fraudes seraient trop faciles (1).

550. Délai pour former la demande.—La demande du certificat doit être faite au plus tard dans le premier mois de l'exposition; ses effets, qui sont, d'après l'art. 2, ceux d'un brevet d'invention, remontent au jour de l'admission de ses produits et se continuent jusqu'à la fin du troisième mois qui suit la clôture de l'exposition. L'inventeur doit, dans cet intervalle de temps, se mettre en règle avec la loi et prendre, s'il le juge convenable, un brevet d'invention. Ce brevet lui assure alors, pendant le temps pour lequel il est demandé, les droits qu'il tenait transitoirement de son certificat; ce brevet, — c'est là un avantage considérable accordé aux exposants,—prend date non du jour auquel remonte le certificat (ce qui serait assurément plus juste), mais du jour seulement auquel il est demandé ; de telle sorte que l'inventeur exposant a un droit privatif plus étendu que les inventeurs ordinaires, puisqu'il jouit de son invention d'abord pendant la durée du certificat, puis pendant la durée de son brevet. Telle est la loi cependant, et il la faut appliquer telle qu'elle est.

---

(1) V. le *Monit. offic.* du 18 août 1868. — V. Allart, n° 143.

Notons ici une conséquence possible de la loi, et singulièrement inique, si on la prenait à la lettre. Puisque l'exposant peut déposer sa demande de certificat dans le premier mois de l'exposition et que les effets du certificat remontent au jour de l'admission, c'est-à-dire à plusieurs mois en arrière, il est facile de comprendre qu'un individu malhonnête pourrait demander un certificat pour un objet dont il ne serait pas lui-même l'inventeur et dont il aurait eu connaissance entre le jour de l'admission et le jour d'ouverture de l'exposition, si ce n'est même après.

On sait, en effet, que l'exposant, au moment où il est admis, n'a point à spécifier les objets qu'il a l'intention d'exposer et qu'il n'est pas sans exemple, dans les expositions les mieux organisées, que, même après l'ouverture, des objets nouveaux y soient introduits. Quelle sera la position de celui qui aura été victime de cette fraude? et, s'il a lui-même pris un brevet d'invention, son brevet sera-t-il nécessairement primé par le certificat demandé postérieurement à la prise de son brevet? Évidemment non ; il pourra démontrer que son invention était réalisée, conçue, qu'il la possédait avant la demande du certificat et se fera par suite réintégrer dans ses droits. Mais il sera condamné à un procès, à des frais, et c'est ce que nous déplorons. Ces inconvénients eussent été évités si le certificat n'avait pas rétroagi au jour de l'admission et n'avait produit d'effet qu'à partir du jour de la demande, c'est-à-dire à partir du jour où la description, qui doit nécessairement accompagner la demande du certificat, fixe, détermine exactement l'étendue du droit réclamé.

551. La loi s'applique à toutes les expositions publiques. — La loi est générale ; elle s'applique à toutes les expositions, soit industrielles, soit agricoles, sans qu'il y ait lieu de distinguer entre celles qui sont universelles, nationales ou simplement régionales, à la seule condition qu'elles soient autorisées par le gouvernement.

MM. Nicolas et Pelletier disent, mais sans donner les motifs de cette opinion, que la loi de 1868 ne s'applique qu'aux expositions qui sont ouvertes pour deux mois au moins et qu'on ne pourrait obtenir un certificat de garantie à l'occasion d'une exposition qui n'aurait pas au moins cette durée (1).

552. Peut-on poursuivre en vertu du certificat provisoire? — De ce que le certificat confère à l'inventeur tous les droits qu'il tiendrait d'un brevet, faut-il conclure qu'il lui permet de poursuivre les contrefacteurs? La question, soulevée par M. Marie, lors de la discussion, est restée sans réponse satisfaisante de la part du commissaire du Gouvernement. Il semble pourtant résulter de ses explications, très confuses et très embarrassées, que le Gouvernement n'admettait pas que la contrefaçon pût être poursuivie en vertu du certificat. Voici, en tous cas, comment s'exprimait le rapporteur : « Le brevet d'invention, a dit l'honorable « M. Ancel, est le seul titre en vertu duquel l'inventeur a « le droit de poursuivre les contrefacteurs. Sans doute; mais « celui qui aura obtenu un certificat devra nécessairement « prendre un brevet après l'expiration des trois mois qui « suivront la clôture de l'exposition, s'il veut conserver tous « ses droits. Or ce n'est pas dans un délai de trois mois « qu'une question de contrefaçon peut se vider; il faut « d'abord que la contrefaçon ait lieu, il faut ensuite que le « délit soit constaté, puis enfin, qu'une poursuite soit intentée. Je le répète, ce n'est pas en trois mois que tous ces « faits peuvent se passer, et les effets de la loi, comme je l'ai « dit déjà, ne s'étendront pas au delà des trois mois qui suivront la clôture de l'exposition (2). »

Disons, du reste, qu'on ne comprendrait pas qu'une poursuite en contrefaçon pût avoir une base légale dans un titre tel que le certificat provisoire délivré par un préfet ou un sous-préfet. Si l'invention est assez complète pour être contrefaite, elle l'est assez pour que l'inventeur prenne un brevet : il n'a donc qu'à en faire la demande dans la forme ordinaire et à suivre, pour la poursuite, la marche tracée par la loi de 1844.

C'est ce que paraît avoir reconnu le rapporteur, lorsque,

---

(1) V. *Manuel de la Propr. ind.*, n° 124.
(2) V. le *Monit. offic.* du 18 mai 1868.

répondant à son tour à M. Marie, il disait : « La commission « n'a jamais entendu s'écarter à aucun degré des prescrip- « tions exigées par les lois antérieures pour l'obtention des « brevets d'invention. Tout ce que nous avons voulu faire, « c'est de donner, au moyen de la délivrance du certificat « provisoire, une date certaine aux demandes de ceux qui « sont admis dans les expositions, soit qu'il s'agisse d'ob- « jets susceptibles d'être brevetés, soit de dessins de fabri- « que (1). »

Nous admettrions toutefois qu'en vertu du certificat provisoire, l'inventeur pût procéder à la description, nous ne disons pas à la saisie, des objets qui seraient établis en contrefaçon de son invention. C'est là, en effet, une mesure essentiellement conservatoire qu'on ne saurait lui dénier sans injustice et sans péril pour ses droits, et qui, nous aurons occasion de le dire plus loin, dérive moins de la loi spéciale de 1844 que des principes généraux.

M. A. Rendu, avocat à la Cour de Paris, a publié, à l'occasion de l'Exposition universelle de 1878, une intéressante brochure dans laquelle il critique avec une certaine vivacité le système que nous venons d'exposer. Pour lui, le certificat provisoire est un véritable brevet ; il en a tous les caractère et il en confère tous les droits. Celui qui a demandé un certificat provisoire peut donc en vertu de ce seul titre pursuivre, saisir même les contrefaçons qui se révèlent à lui, et, s'il ne prend pas ultérieurement de brevet, il en aura du moins eu, temporairement, toutes les prérogatives. Les réponses du rapporteur de la loi paraissent bien un peu timides à M. Rendu, mais en définitive il les croit favorables à sa thèse. Il faut d'ailleurs ajouter que cette loi qui a soulevé, en général, tant et, suivant nous, de si justes critiques, M. Rendu la croit bonne et même la trouve trop sage pour qu'il entreprenne de la défendre. Seulement, — et ici nous serons pleinement de son avis, — il l'eût voulue plus explicite (2).

---

(1) V. le *Monit. offic.* du 18 mai 1868.

(2) V. A. Rendu, *Vade-mecum des exposants*, p. 64 et suiv.

Jugé d'ailleurs que le certificat de garantie provisoire accordé, en vertu de la loi du 23 mai 1868, à l'inventeur de produits admis à une exposition publique lui assure le bénéfice de sa découverte non seulement au jour de l'obtention de son brevet, mais encore au jour de l'admission de ses produits à l'exposition. (Paris, 8 mars 1882, Durand, Pataille, 82.67).

552 *bis*. La convention d'Union de 1883 garantit la protection provisoire. — L'article 11 de la convention d'Union du 20 mars 1883 (1) s'exprime ainsi : « Les hautes « parties contractantes s'engagent à accorder une protection « temporaire aux inventions brevetables, aux dessins ou mo« dèles industriels ainsi qu'aux marques de fabrique ou de « commerce, pour les produits qui figureront aux expositions « internationales officielles ou officiellement reconnues. » Aussi longtemps que la convention de 1883 subsistera — et l'on sait qu'en France elle a été vivement attaquée — les nations qui y ont adhéré seront tenues d'assurer une garantie provisoire aux inventions figurant dans les expositions internationales, de façon à empêcher que la publicité, résultant de leur exhibition, les fasse tomber dans le domaine public. Seulement, on s'est demandé si la protection temporaire devait être accordée uniquement dans le pays où l'exploitation a eu lieu ou bien si elle était due par tous les États contractants à ceux de leurs ressortissants réciproques qui prendraient part à une exposition internationale sur le territoire de l'Union. Le texte que nous citons plus haut ne permet pas de résoudre la question, et l'étude des discussions auxquels il a donné lieu au sein de la conférence ne l'éclaire pas davantage (2). Toutefois, il faut constater que la Grande-Bretagne a entendu la convention dans son sens le plus large, et qu'une ordonnance royale, du 17 nov. 1888, rend applicables à notre l'Exposition universelle de 1889, les dispositions des sections 39 et 57 de la loi de 1883 sur les brevets, dessins et marques de fabrique (3).

(1) V. l'*Appendice*.

(2) V. *Propr. industr.*, 1885, p. 92 et 94.

(3) V. *Propr. industr.*, 1889, p. 13.

CHAPITRE XIII.

ACTION EN NULLITÉ ET REVENDICATION.

SECTION Ire.

Nullité relative; droits des particuliers.

ARTICLE Ier.

QUI PEUT DEMANDER LA NULLITÉ?

SOMMAIRE.

553. Action en nullité ou en déchéance. — 554. Jurisprudence. — 555. *Quid* du simple consommateur? — 556. *Quid* en cas d'usurpation condamnée? — 557. *Quid* si le brevet est expiré? — 558. Souveraine appréciation des tribunaux. — 559. *Quid* en cas de brevet postérieur? — 560. *Quid* en cas d'association?

553. Action en nullité ou en déchéance. — La loi l'accorde à toute personne *y ayant intérêt*. Reste à définir ce qu'elle entend par ces mots. Voici ce que disait à cet égard le rapporteur, Philippe Dupin : « La pensée qui a présidé à « la rédaction du projet est celle-ci : En France, on ne con« naît pas d'action publique exercée par de simples citoyens ; « ce serait le seul exemple où un particulier serait admis « dans un intérêt social et non personnel à intenter une ac« tion devant les tribunaux ; ce serait une chose exorbitante « d'introduire une disposition aussi anormale dans nos lois. « On a donc réduit le droit de demander la déchéance au cas « où le demandeur avait un intérêt personnel ; mais l'intérêt « peut être dans l'avenir comme dans le passé ou le présent.

« Ainsi, un fabricant voudra faire usage d'une machine bre-« vetée ; par exemple, un marchand de drap voudra se servir « de ce qu'on appelle une *tondeuse:* il aura droit d'attaquer « celui, qui, sans droit, aura pris un brevet pour cette ma-« chine. Mais il faut qu'il y ait un intérêt réel, sérieux, justi-« fié ; les tribunaux l'apprécieront ; la loi ne peut le détermi-« ner à l'avance ; autrement, on verrait des spéculateurs d'une « nouvelle espèce faire métier de plaider contre les personnes « brevetées ; ce serait une nouvelle guerre d'industrie que la « Chambre, sans doute, ne voudra pas encourager (1). »

M. Renouard dit de son côté : « Chaque particulier, avant « de se livrer à des travaux et à des dépenses de fabrication « quelquefois considérables, a intérêt à faire décider si un « privilège existe ou n'existe pas ; et la prétention affichée « par un breveté de jouir d'une exploitation exclusive est, « pour chaque imitateur futur, un sujet d'inquiétude et d'a-« larme que l'on doit être reçu à faire cesser pour ne pas être « exposé aux chances d'un procès et à l'affront d'être con-« damné comme contrefacteur (2). »

Il nous paraît inutile d'insister après ces explications, qui précisent parfaitement la question. Ajoutons qu'en fait, les tribunaux ne se montrent pas rigoureux en cette matière, et qu'on citerait bien peu de demandes en nullité repoussées pour défaut d'intérêt.

554. Jurisprudence. — Il a été jugé : 1° qu'il suffit, pour avoir intérêt à demander la nullité ou la déchéance d'un brevet aux termes de l'art. 34, d'être exposé, si l'on ne prend pas les devants, à un procès en contrefaçon, ou d'exercer une industrie qui souffre directement ou indirectement du monopole revendiqué par le breveté, ou de vouloir tout simplement créer une concurrence au breveté (Paris, 28 mai 1867, Peltier, Pataille, 67.372) ; — 2° qu'il importe peu que le brevet dont la nullité est demandée ne contienne que des perfectionnements à un autre brevet encore en vigueur et non contesté ; l'intérêt du demandeur en nullité est suffisamment justifié par

(1) V. Huard, p. 368.
(2) V. Renouard, n° 206.

cela seul que le brevet de perfectionnement est d'une date postérieure et doit avoir, par conséquent, une durée plus longue que le brevet qu'il perfectionne; il a, en effet, intérêt à faire prononcer d'avance la nullité du second brevet pour pouvoir s'en servir sans contestation, soit à l'expiration du premier, soit dans le cas où celui-ci, par une cause quelconque, tomberait avant son terme légal dans le domaine public (Trib. civ. Lyon, 22 nov. 1866, Coupier (1), *Courrier de Lyon*, 3 déc.); — 3° que les fabricants d'objets analogues à ceux sur lesquels porte un brevet ont non seulement une action pour le faire déclarer nul, mais encore droit à des dommages-intérêts, s'ils justifient que l'existence de ce brevet a entravé leur industrie : spécialement, il y a concurrence donnant ouverture à une action en dommages-intérêts dans le fait du propriétaire d'un brevet sans valeur légale, de publier des circulaires et annonces de nature à faire croire aux détaillants qu'ils s'exposeraient à des poursuites, s'ils achetaient ailleurs que chez lui les objets auxquels se réfère son brevet (Trib. civ. Seine, 24 mai 1878, Lejeune, Pataille, 78.265); — 4° mais qu'en tous cas, les tribunaux n'étant constitués que pour statuer sur les contestations nées, et non sur le mérite des contestations possibles, la nullité d'un brevet d'invention ne peut être demandée pour le cas seulement où le breveté prétendrait faire telle ou telle application de son brevet (Trib. civ. Seine, 20 juin 1858, Vaucher de Strubing, *Prop. ind.*, n° 30); — 5° qu'il n'y a pas lieu, spécialement, d'admettre une demande en nullité de brevet qui porte sur un point que ce brevet ne spécifie dans aucune partie de la description; en ce cas, le demandeur doit être purement et simplement débouté de ses conclusions (Paris, 17 fév. 1883, Lecointe, Pataille, 84.109).

555. *Quid* **du simple consommateur ?** — On a beaucoup disputé sur la question de savoir si le simple consommateur est recevable à demander la nullité d'un brevet, c'est-à-dire s'il a intérêt dans le sens de la loi. La question ne peut évidemment se résoudre que d'après les circonstances

(1) V. aussi Trib. civ. Lyon, 27 août 1864, Raffard.

dans lesquelles la demande se produit. Toutefois, on ne peut nier en principe l'intérêt du consommateur. N'est-il pas évident qu'il a droit à demander la nullité d'un brevet qui, précisément parce qu'il monopolise la fabrication de l'objet breveté, le force, lui consommateur, à l'acheter dans une maison déterminée et, en général, à des conditions onéreuses ? N'est-il pas en droit de se soustraire à cette contrainte et de reconquérir sa liberté d'action? C'est l'avis de M. Renouard (1); c'est également celui de M. Nouguier, malgré la distinction qu'il propose, et qui est plus apparente que réelle. Il reconnaît, en effet, que, dès qu'on est exposé à payer plus cher un objet dont on a besoin, on a intérêt à faire tomber un privilège qui n'a pas de base légale. Seulement, il cite de certaines inventions qui, n'étant pas d'une consommation générale, ne peuvent être contestées que par ceux auxquels elles s'adressent (2). C'est à merveille; mais alors, si tout le monde n'est pas recevable à demander la nullité du brevet, c'est que, dans ce cas particulier, tout le monde n'est pas consommateur. Il n'en est pas moins vrai que, même dans cette espèce, M. Nouguier reconnaît au consommateur le droit de se porter demandeur en nullité.

556. *Quid* **en cas d'usurpation condamnée ?** — Nous savons que celui qui a pris un brevet en fraude des droits du véritable inventeur est tenu de le lui restituer. Cette restitution, prononcée contre lui, le rend-elle désormais non recevable à demander la nullité du brevet qu'il avait d'abord pris en son nom, et que les tribunaux ont rendu à son véritable propriétaire? Non; car ici encore la question doit être ramenée à celle-ci : a-t-il intérêt à la demander? Et, s'il est établi qu'il a intérêt à demander la nullité, sa demande doit être accueillie. La fraude dont il s'est rendu coupable ne peut avoir pour résultat de le mettre hors du droit commun.

Jugé en ce sens que celui qui succombe, sur une demande en revendication de brevet formée contre lui, n'en garde pas moins le droit de demander lui-même ultérieurement la nul-

(1) V. Renouard, n° 206.
(2) V. Nouguier, n° 642.

lité où la déchéance du brevet, par exemple s'il est poursuivi en contrefaçon (Bourges, 23 janv. 1841, Treuille de Beaulieu, Dall., 42.2.25).

557. *Quid* **si le brevet est expiré ?** — Il ne nous paraît pas possible d'admettre qu'une demande en nullité puisse être formée contre un brevet expiré. Quel serait son but ? Comment justifier son utilité ? Demande-t-on l'anéantissement du néant ? Sans doute, il peut y avoir un intérêt rétrospectif, intérêt d'amour-propre, par exemple ; le demandeur en nullité peut vouloir enlever à celui qui fut breveté le droit de rappeler son brevet et d'en tirer vanité ; mais, d'une part, les tribunaux n'ont pas pour mission de statuer sur des intérêts de cette nature, et, d'autre part, une action n'est recevable qu'autant que celui qui l'introduit justifie d'un intérêt *actuel*. Un cas peut se présenter pourtant : avant que le brevet soit expiré, une poursuite en contrefaçon est portée devant un tribunal correctionnel ; puis le brevet expire, tandis que la poursuite est pendante. Le prévenu n'a-t-il pas le droit, en ce cas, de former directement une demande en nullité du brevet ? Même, en ce cas, nous ne voyons pas l'utilité de la demande en nullité. Puisque le tribunal correctionnel a compétence pour statuer sur l'exception tirée de la nullité du brevet, il y statuera. Qu'ajouterait à sa décision celle du tribunal civil ?

Nous ferions toutefois exception à la règle pour le cas où la demande en nullité aurait été introduite avant l'expiration du brevet. Il faut, en effet, se placer à l'époque où la demande a été introduite pour la juger ; la demande ne peut être livrée à la merci de circonstances étrangères au plaideur et devenir caduque en dépit de ses efforts. En revanche, s'il est prouvé que le retard apporté au jugement vient du fait du demandeur en nullité, rien de plus juste qu'il subisse les conséquences de sa faute et voie tomber la demande qu'il avait formée.

Jugé, en ce sens, qu'une demande en nullité ou en déchéance d'un brevet expiré n'est recevable qu'autant que le demandeur justifie d'un intérêt : ne constitue pas, par exemple, un intérêt suffisant l'existence de poursuites pendantes devant la juridiction correctionnelle, lorsqu'il est établi que cette juridiction a déjà statué souverainement sur l'exception tirée de la nullité du brevet, et qu'il ne reste plus à juger que la question de contrefaçon ; c'est en vain d'ailleurs que le demandeur en nullité ferait valoir qu'il avait intérêt à la faire prononcer au jour où il a lancé son assignation, et que c'est à cette date qu'il faut apprécier la recevabilité de son action, s'il est établi en fait qu'il a laissé volontairement et sans réclamation s'écouler le temps où son action eût été recevable ; il ne peut imputer qu'à sa faute la situation qui lui est faite (Paris, 11 mai 1861, Grassal, Pataille, 61.207).

558. Souveraine appréciation des tribunaux.— C'est aux tribunaux qu'il appartient de juger la question de savoir si le demandeur a ou non intérêt à demander la nullité, et ils la jugent souverainement. Leur décision, quelle qu'elle soit, ne saurait donc tomber sous la censure de la Cour de cassation ; c'est, au surplus, ce qui résulte expressément des explications fournies par le rapporteur dans la discussion (1).

559. ***Quid*** **en cas de brevet postérieur ?** — Est-il permis de repousser la demande en nullité, sous prétexte que celui qui l'introduit a pris lui-même, à une date postérieure, un brevet pour un objet identique ? Évidemment non. Le fait qu'il ait pris un brevet et qu'il ait cru, au moment où il le prenait, qu'il était réellement inventeur, ne fait pas disparaître l'intérêt qu'il a à faire tomber le premier brevet. Le brevet qu'il a pris lui-même est la preuve de cet intérêt ; s'il l'a pris, c'est évidemment pour l'exploiter, c'est même dans la pensée de l'exploiter exclusivement. Or, le voilà en face d'un brevet qui prime le sien, et, de son espoir d'exploitation exclusive, il tombe à l'impossibilité absolue de fabriquer. N'a-t-il pas dès lors intérêt à contester ce brevet qui entrave ses projets ? N'a-t-il pas un intérêt pressant à reconquérir, sinon le droit d'exploiter exclusivement qu'il a perdu à jamais, au moins le droit d'exploiter dans les conditions de concurrence ordinaire ? Qu'importe que sa demande soit de nature, en

(1) V. *suprà*, n° 553 ; Picard et Olin, n° 652 ; Loiseau et Vergé, p. 149.

frappant le premier brevet, à frapper également le sien? Son brevet, il en fait désormais bon marché ; ce qu'il réclame, c'est le droit commun. Au surplus, il est possible que la nullité du premier brevet ne réagisse pas d'une façon absolue sur le sien ; il se peut, en effet, que ce premier brevet ait une description tellement incomplète, tellement insuffisante, que sa nullité ne préjudicie en rien aux droits du second brevet ; il se peut encore que le second brevet reste valable, dans tous les cas, pour des particularités qui lui sont propres, pour des perfectionnements apportés à l'objet du premier brevet, et que la nullité de celui-ci ait, précisément, pour effet de permettre l'exploitation de ces perfectionnements. A tous ces points de vue, nous pensons que le droit de demander la nullité d'un brevet ne reçoit aucune atteinte de ce que le demandeur en nullité aurait pris postérieurement un brevet pour la même invention. D'ailleurs, « si, au point de vue « de son brevet, concluent MM. Picard et Olin, l'intérêt « fait défaut, il peut avoir intérêt comme consommateur ou « fabricant (1). »

Jugé, en ce sens, que le juge du fait ne peut se refuser à prononcer la nullité d'un brevet sous le prétexte que le demandeur en nullité aurait lui-même pris un brevet pour le même objet, et par suite reconnu qu'il pouvait y avoir propriété privée à cet égard ; ce serait créer une exception qui n'est pas dans la loi (Cass., 4 juin 1839, Lambert (2), *Bull. civ.*, 39. 210).

560. *Quid* **en cas d'associaton ?** — Nous avons traité cette question précédemment, et nous nous référons aux explications que nous avons données (3).

Il a été jugé à cet égard : — 1° que le fait d'avoir été associé avec le breveté ne constitue pas une reconnaissance légale de la validité du brevet, de nature à créer une fin de non-recevoir contre l'associé qui, postérieurement à la dissolution de la société, en demande la nullité (Paris, 13 juin 1850, Bros-

(1) Picard et Olin, n° 856. — V. aussi Nouguier, n° 645.

(2) V. également Cass., 18 avril 1832, Adam (Dall., v° *Brev. d'inv.*, n° 360) ; Besançon, 8 juin 1870, Raphanel (Pataille, 74.295).

(3) V. *suprà*, n° 320.

sard-Vidal, Sir., 51.2.538); — 2° que la nullité du brevet fait tomber toute stipulation conventionnelle qui aurait interdit de l'imiter et de l'exploiter : spécialement, celui qui s'est associé à l'inventeur pour exploiter son invention, et qui s'est interdit de l'exploiter lui-même à la dissolution de la société, a le même droit que toute autre personne de se prévaloir de la nullité du brevet pour se soustraire à ladite clause d'interdiction (Cass., 19 juin 1866, Bastiat, Pataille, 66.288).

ARTICLE III.

PROCÉDURE.

SOMMAIRE.

561. Action principale; reconventionnelle. — 562. Contre qui doit être formée la demande? — 563. Peut-on en tous cas la former contre le titulaire? — 564. Qui peut intervenir? — 565. *Quid* s'il y a plusieurs demandes en nullité? — 566. Nullité relative; effets de la chose jugée. — 567. *Quid* en cas de nouveau motif? — 568. Distinction. — 569. Déchéance; chose jugée. — 570. Expiration ou nullité; son influence en cas de deux brevets. — 571. Jurisprudence. — 572. *Quid* du préliminaire de conciliation? — 573. De la communication au ministère public. — 574. La matière est sommaire. — 575. Jurisprudence. — 576. Où doit être portée la demande? — 577. *Quid* en cas de connexité? — 578. *Quid* de l'élection de domicile dans le brevet? — 579. *Quid* de l'élection de domicile dans un exploit? — 580. Le demandeur est tenu de prouver. — 581. Taxe des frais. — 582. Droit à des dommages-intérêts. — 583. *Quid* du doute émis sur la validité d'un brevet?

561. Action principale ; reconventionnelle. — La nullité peut être demandée, non seulement par voie d'action principale, mais encore par voie d'action reconventionnelle; il est naturel que celui qui est poursuivi par le breveté puisse se prévaloir de la nullité du brevet, en vertu duquel il est actionné, et, en détruisant le titre sur lequel se fonde la poursuite, la faire tomber elle-même. Il n'y a rien d'ailleurs que de conforme aux principes généraux, et nous n'avons qu'à nous y référer.

Jugé toutefois, — et c'est l'application exacte des principes généraux, — que la demande en nullité d'un brevet pris par le défendeur et invoqué par lui au cours des débats sur la contrefaçon, n'ayant aucun lien direct avec la demande principale en contrefaçon, ne peut être formée par simples conclusions ; elle doit faire l'objet d'un exploit introductif d'instance (Trib. civ. Seine, 5 déc. 1872, Lion (1), Pataille, 73.246).

562. Contre qui doit être formée la demande?— La demande en nullité du brevet doit être formée contre le titulaire du brevet, s'il en est encore propriétaire, et, s'il ne l'est plus, contre celui qui en a actuellement la propriété. Cela ne souffre aucune difficulté si le breveté a cédé tous ses droits et s'il les a cédés à une seule personne; cette personne est à son lieu et place, et le procès est dirigé contre elle comme il aurait pu l'être contre lui. Mais que faire si le breveté a gardé lui-même une part de son brevet et s'il n'a fait qu'une cession partielle? Que faire si, n'ayant gardé aucune part du brevet, il l'a cédé, par parts distinctes, à plusieurs personnes? Si le breveté continue de participer à la propriété du brevet, l'instance en nullité se suit tout naturellement contre lui, et le demandeur n'a pas à se préoccuper des autres ayants droit; il pourrait au même titre former son action contre le cessionnaire partiel, qui est véritablement copropriétaire du brevet. Si le brevet n'appartient plus, pour aucune portion, au breveté, la demande sera formée contre l'un des cessionnaires partiels au gré du demandeur, ou contre tous les cessionnaires ensemble, s'il le juge utile, mais sans qu'il y soit tenu, comme nous le verrons plus loin.

Il faut toutefois faire une remarque : il se peut que le brevet comprenne plusieurs applications de la même invention, et, par suite, il se peut que le breveté, gardant pour lui-même certaines applications, cède le droit d'user des autres; il se peut que, ne gardant rien pour lui-même, il cède séparément telles ou telles applications. Contre qui, en ce cas, sera dirigée la demande? Si le demandeur poursuit la nullité totale du brevet, il mettra en cause tous les ayants droit aux parts diverses de l'invention; si sa demande est, au contraire, limitée à un seulement des objets de l'invention,

(1) V. anal. Paris, 20 juill. 1870, Canouil (Pataille, 72.228).

elle devra être formée contre celui qui en est actuellement propriétaire. Ces distinctions nous paraissent tout à la fois conformes à la nature des choses et au droit. Ne peut-on pas pourtant, dans tous les cas, former la demande en nullité contre le titulaire du brevet, soit qu'il ait, soit qu'il n'ait pas cédé tout ou partie de son brevet? C'est un point que nous allons examiner.

563. Peut-on, en tous cas, procéder contre le titulaire? — Nous serions disposé à nous prononcer pour l'affirmative. Même lorsqu'il a cédé son brevet en totalité, le titulaire conserve un intérêt d'amour-propre, un intérêt de paternité qui l'attache, qui le rive, en quelque sorte, au brevet et fait qu'il en reste quand même le défenseur naturel. Il a même, à dire le vrai, un intérêt matériel et direct. Il est de principe, en effet, que le titulaire du brevet garde son droit aux récompenses honorifiques; l'aliénation qu'il fait de son brevet n'est donc pas, en général, tellement complète qu'il ne reste obligé, pour conserver le droit dont nous venons de parler, à défendre son titre, même après qu'il en a cédé la propriété. Ajoutons d'ailleurs que, dans la plupart des cas, le cessionnaire l'appellera en cause, s'il n'y a pas été mis par le demandeur en nullité. Dès lors, pourquoi ne pas éviter un inutile circuit d'actions ?

564. Qui peut intervenir? — Il est évident, du reste, que le breveté, s'il n'a pas été mis en cause, que les cessionnaires ou ceux des cessionnaires qui n'auront pas été assignés auront le droit d'intervenir dans le procès (1). Il leur importe, en effet, d'être présents à l'audience pour défendre leurs droits menacés. Ce droit appartient surtout au breveté, qui peut toujours craindre une collusion entre le demandeur en nullité et un cessionnaire complaisant. Les simples licenciés eux-mêmes pourraient intervenir, mais à leurs frais, la demande en nullité ne pouvant, dans aucun cas, être dirigée contre eux et ne les frappant qu'indirectement (2).

(1) Paris, 15 avril 1856, Laming (Pataille, 56.184).

(2) V. Nouguier, n° 684. — V. toutefois Cass., 25 fév. 1860, Drouin (Pataille, 60.213).

565. ***Quid* s'il y a plusieurs demandes en nullité?** — Il peut arriver que plusieurs individus, ne se connaissant même pas, aient la pensée de former, chacun de son côté, une demande en nullité d'un même brevet. C'est là une situation qui dérive de la nature même des choses, et que la loi, par conséquent, n'a point à prévoir ni à régler. Le breveté est obligé de subir tous les procès en nullité qui lui sont faits, sauf au tribunal à les joindre pour y statuer par un seul et même jugement. Mais si, un procès en nullité étant pendant, d'autres personnes veulent également poursuivre cette nullité, comment devront-elles s'y prendre? Seront-elles tenues de faire chacune un procès différent? Seront-elles, au contraire, tenues de se rallier, en quelque sorte, au premier demandeur et d'intervenir dans son procès? La loi ne prescrit aux intéressés aucune ligne de conduite spéciale. Ils pourront donc, à leur guise, ou faire chacun un procès particulier, ou intervenir dans l'affaire déjà pendante. Toutefois, M. Nouguier fait observer, avec raison, que la voie de l'intervention est préférable, en ce qu'elle rassemble tous les intéressés et évite toute chance de décisions contradictoires.

566. Nullité relative; effets de la chose jugée.—La nullité ou la déchéance, prononcée sur la demande d'un intéressé, est simplement *relative*, c'est-à-dire qu'elle n'acquiert qu'à son égard l'autorité de la chose jugée; à l'égard de tout autre, la décision ne constitue qu'un préjugé. La portée de cette décision est, du reste, réglée, comme à l'ordinaire, par l'art. 1351 du Code civ., qui est conçu en ces termes : « L'autorité de la chose jugée n'a lieu qu'à l'égard « de ce qui a été l'objet du jugement; il faut que la chose « demandée soit la même; que la demande soit fondée sur « la même cause; que la demande soit entre les mêmes par- « ties (1) et formée par elles et contre elles dans la même « qualité. » Il ressort de là, par exemple, que, même après qu'une demande en nullité ou en déchéance a été rejetée, la partie qui a perdu son procès peut former une nouvelle de-

(1) Comp. Nouguier, n° 652.

mande fondée sur une cause différente. Par exemple, après avoir demandé la nullité d'un brevet pour défaut de nouveauté et avoir succombé sur cette demande, la même personne peut encore demander la déchéance pour introduction en France d'objets similaires fabriqués à l'étranger. De même, après avoir échoué dans une demande en déchéance fondée sur l'introduction en France d'objets similaires fabriqués à l'étranger, le même individu serait encore recevable à former une demande en nullité pour insuffisance de description, et ainsi de suite, jusqu'à ce qu'il eût épuisé toute la série des causes de nullité ou de déchéance. Ce n'est là, en définitive, que l'application des principes généraux; et, si fâcheuse que soit la situation qui peut en résulter pour le breveté, c'est la nature même des choses qui la lui fait. D'ailleurs, le préjudice que causerait au breveté une suite de procès répétés et injustes deviendrait évidemment pour lui une raison de réclamer et d'obtenir des dommages-intérêts considérables; les tribunaux, en ce cas, feraient bonne justice en se montrant très rigoureux.

Il a été jugé, en cette matière, d'après les principes de l'art. 1351, que le jugement qui constate la nouveauté d'un procédé breveté ne peut être opposé à celui qui n'y a pas été partie, ni même à la veuve de celui contre qui il a été rendu, s'il n'est pas établi que cette veuve représente son mari à quelque titre que ce soit (Rej., 11 juill. 1846, Duvelleroy, Dall., 46.1.287).

567. ***Quid* en cas de nouveau motif?** — Il faut se garder de voir une autre *cause* là où il n'y aurait, en réalité, qu'un nouveau *moyen;* ainsi, la nullité est demandée pour défaut de nouveauté, et ce défaut de nouveauté est appuyé sur telle publication déterminée. Si la demande est repoussée, elle ne peut plus être reproduite, même quand on apporterait à l'appui une publication nouvelle non produite dans le premier procès, et d'où résulterait cette fois la preuve irréfragable du défaut de nouveauté; la cause, en effet, serait la même: le moyen seul serait différent.

Jugé en ce sens que, lorsqu'une décision, prononçant la nullité d'un brevet pour cause de divulgation de l'invention, a acquis entre les parties l'autorité de la chose jugée, il est désormais attaché à cette décision une présomption légale de vérité que les juges ne peuvent méconnaître, dans une nouvelle instance entre les mêmes parties, sans violer la loi (Cass., 18 juin 1852, Guillaume et Vinger Dall., 52. 5.61).

568. Distinction. — Faut-il admettre une distinction pour le cas où, la nullité ayant été fondée dans le premier procès sur ce que l'invention était connue et pratiquée par des tiers antérieurement au brevet et ayant été repoussée, une nouvelle demande serait fondée sur ce que le breveté avait lui-même divulgué son invention avant la date de son brevet ? Le doute vient de ce que la loi ne définit pas deux causes distinctes de nullité fondées, l'une sur la divulgation par les tiers, l'autre sur la divulgation par le breveté lui-même. La loi ne comporte qu'une seule disposition, celle de l'article 31, comprenant tous les moyens possibles de publicité. D'un autre côté, il paraît peu équitable d'admettre qu'un fait personnel au breveté, qu'il a pris le plus grand soin de dissimuler, qu'il était fort difficile de connaître et de prouver, ne puisse pas, lorsqu'il est enfin établi, être invoqué contre lui. Il faut bien dire que, si l'on s'en tient à la rigueur des principes, on doit repousser cette distinction et ne voir, dans les deux cas, qu'une face différente de la même situation, que des moyens différents tendant à établir la même cause de nullité.

Jugé toutefois que l'arrêt qui a rejeté une demande en nullité, fondée sur ce que l'invention reproduisait les moyens du domaine public, ne fait pas obstacle, comme chose jugée, à une demande en nullité fondée sur la divulgation de l'invention par le breveté lui-même en pays étranger, fait demeuré inconnu par suite d'une réticence dudit breveté (Rej., 9 déc. 1867, Joly (1), Pataille, 68.86).

569. Déchéance ; chose jugée. — Signalons une différence dans l'étendue de la chose jugée, suivant qu'elle porte sur une cause de nullité ou sur une cause de déchéance. Nous venons d'expliquer que, lorsque le demandeur en nul-

---

(1) V. observ. critiques de M. Pataille (*eod. loc.*).

lité a succombé dans sa prétention, il ne peut plus désormais la reproduire. Il en est autrement des demandes en déchéance; de ce qu'une demande en déchéance, fondée, par exemple, sur l'introduction en France d'objets fabriqués à l'étranger et similaires à ceux du brevet, a été repoussée par un tribunal, il ne s'ensuit pas qu'une demande nouvelle, fondée sur la même cause, puisse être repoussée; il se peut, en effet, que le breveté ait, depuis le gain du premier procès, fait un acte nouveau d'introduction, et que, n'ayant pas violé la loi la première fois, il l'ait violée depuis. Il ne se peut donc pas faire que, pour avoir été injustement accusé d'introduction à l'origine, il ait, à dater de ce moment, le droit de faire impunément, et sans encourir de déchéance, ce que la loi lui défend.

570. Expiration ou nullité; son influence en cas de deux brevets. — La nullité d'un brevet a pour effet de le faire tomber dans le domaine public, du moins au regard de celui qui a obtenu la nullité; tout ce qu'il renferme peut être désormais librement imité. Notons pourtant que, si le brevet, ainsi annulé, contient certaines dispositions, certains organes empruntés à un précédent brevet, qui est encore debout, la nullité du brevet, second en date, ne porte aucun préjudice au premier, et imiter ces dispositions ou ces organes serait encore contrefaire, non pas le brevet annulé, mais l'autre brevet. C'est là une vérité qui s'énonce et ne se discute pas. Il en serait exactement de même dans le cas où un inventeur, ayant pris successivement deux brevets, l'un, le premier en date, pour une durée plus longue que le second, celui-ci viendrait à expirer; il est clair que son expiration ne compromettrait en rien le sort du premier brevet et n'empêcherait pas qu'il y eût contrefaçon à imiter les points qui, reproduits dans le second brevet, seraient en même temps protégés par le premier.

571. Jurisprudence. — Il a été jugé à cet égard : 1° que le cessionnaire de deux brevets d'invention d'origine différente, qui s'appliquent en réalité à la même invention, laquelle a été seulement modifiée par le second, n'en conserve pas moins le droit après que le second, pris pour une durée moins longue, est expiré, de poursuivre les contrefacteurs en vertu du premier brevet dont le terme n'est point encore arrivé (Rej., 13 août 1852, Christofle, Dall., 52.1.310); — 2° que, quand un inventeur a pris successivement deux brevets d'invention, et qu'il a rappelé dans le second certains organes déjà compris dans le premier, la nullité qui vient à frapper le second n'a pas pour effet de faire tomber lesdits organes dans le domaine public; ils restent protégés par le premier brevet (Rej., 24 janv. 1868, Coq, Pataille, 68.37).

572. *Quid* **du préliminaire de conciliation?** — Après ce que nous avons dit du caractère d'urgence reconnu aux procès dans lesquels un brevet est en jeu, il semble naturel de penser que les demandes en nullité de brevet ne sont pas soumises au préliminaire de conciliation. Cependant, comme la loi ne s'explique pas d'une manière expresse, la plupart des auteurs concluent, quoique à regret, à la nécessité du préliminaire de conciliation. M. Nouguier voit là un *oubli* d'autant plus regrettable, que *l'intention du législateur est manifeste;* mais, en l'absence d'une disposition spéciale, il se résigne (1), comme les autres. Ne peut-on répondre que le silence de la loi n'a pas la portée qu'on lui prête, que le législateur, ayant d'une part clairement reconnu l'urgence des affaires dans lesquelles s'agite le sort d'un brevet, et ayant d'une autre part dispensé du préliminaire de conciliation toutes affaires urgentes (2), en a par cela même virtuellement dispensé les affaires dont il s'agit ici? Dans une pareille matière qui n'a rien de restrictif ni de pénal, où l'intérêt d'une bonne et prompte justice est seul en jeu, ce qu'il faut avant tout considérer, c'est assurément l'esprit plus encore que le texte.

En tous cas, le préliminaire de conciliation ne peut être exigé que si la demande en nullité se présente comme demande principale; si elle est formée incidemment à une instance déjà pendante, elle est expressément dispensée du

---

(1) V. Nouguier, n° 676. — V. aussi Trib. civ. Seine, 10 fév. 1875, Deschamps (*Gaz. trib.*, 15 avril).

(2) L'art. 48, Cod. proc. civ., dispense expressément du préliminaire de conciliation *les demandes qui requièrent célérité.* — V. *infrà*, n° 574.

préliminaire de conciliation par l'art. 48 du Code de proc. civ. (1). Elle en serait encore dispensée si elle était formée contre plus de deux parties, encore qu'elles eussent le même intérêt (2).

573. De la communication au ministère public. — Le ministère public, en France, siège à toutes les audiences civiles et correctionnelles. Tenu, au correctionnel, de porter la parole dans tous les procès, il n'est tenu de le faire au civil que dans des cas déterminés, dans les causes qui sont, suivant l'expression juridique, *communicables*. Dans les autres causes, il est libre d'exprimer son avis; il n'y est pas obligé.

Les demandes en nullité ou en déchéance de brevet sont essentiellement communicables, et le ministère public doit être entendu à peine de nullité du jugement (3). La raison en est dans ce fait, que, d'une part, les brevets d'une manière générale, intéressent la société tout entière, et que, d'autre part, il importe de constater s'ils ne sont pas pris pour des objets contraires à la loi, à l'ordre public et aux bonnes mœurs. Peu importe d'ailleurs qu'il s'agisse d'une demande principale ou d'une demande incidente se produisant reconventionnellement au cours d'une autre instance. Dès que le tribunal est saisi de conclusions tendant à la nullité ou à la déchéance d'un brevet, la loi exige que le ministère public soit entendu. Du reste, que la décision soit conforme ou contraire à l'opinion émise par le ministère public, ses effets n'en restent pas moins limités, et elle n'acquiert, en cette matière comme en toute autre, l'autorité de la chose jugée qu'entre les parties en cause.

574. La matière est sommaire. — Les procès relatifs aux nullités de brevets ont un caractère évident d'urgence. Il importe, en effet, que le sort des brevets reste le moins longtemps possible en suspens, moins assurément dans l'intérêt du breveté que dans l'intérêt du domaine pu-

(1) Comp. Rej., 16 déc. 1862, Courtois (Pataille, 63.86).
(2) Comp. Renouard, nos 213 et 223.
(3) V. Paris, 21 juillet 1845, Caron (Dall., 46.4.367).

blic, de l'industrie tout entière; aussi le législateur a-t-il organisé en cette matière une procédure aussi rapide et aussi peu coûteuse que possible (1). Aux termes de l'art. 36, l'affaire doit être instruite et jugée dans la forme prescrite, pour les matières sommaires, par les art. 405 et suivants du Code de proc. civ. Voici comment l'exposé des motifs justifiait cette disposition : « Deux considérations paraissent décisives « pour faire adopter ici ce mode de procéder : c'est que les « droits sur lesquels on plaide, et dont le procès gênera sou- « vent l'exercice, sont temporaires, et que la matière a les « plus grandes analogies avec les affaires commerciales, pour « lesquelles le législateur a toujours établi la procédure la « plus abrégée (2). »

La jurisprudence, sinon la doctrine, a étendu cette manière d'envisager les choses, même aux demandes en contrefaçon, leur reconnaissant un caractère d'urgence qui les fait rentrer dans les affaires requérant célérité aux termes des art. 404 et suiv. du Code de proc. civ., et, dès lors, doit les faire considérer comme matières sommaires (3).

575. **Jurisprudence** (4). — Il a été jugé d'après ces principes : 1° que le demandeur en contrefaçon, auquel le défendeur oppose un autre brevet, et qui, pour repousser cette exception, demande la nullité de ce brevet, n'est pas tenu de citer le défendeur en conciliation sur cette demande; c'est là une demande incidente affranchie du préliminaire de conciliation (Rej., 16 déc. 1862, Courtois, Pataille, 63.86); — 2° que les contestations en matière de brevets d'invention doivent être jugées sommairement, aux termes de l'art. 36, et dès lors c'est régulièrement que l'enquête est faite à l'audience dans la forme sommaire (Paris, 12 fév. 1863, Cornevin, Pataille, 63.69).

576. Où doit être portée la demande ? — La demande doit être portée, suivant les règles du droit commun,

(1) V. Huard, p. 250.
(2) Exposé des motifs, V. Huard, p. 224.
(3) V. Angers, 27 fév. 1888, Grawitz. — V. *infrà*, n° 581.
(4) V. aussi Lyon, 19 mai 1886, Bobard (Pataille, 87.181).

devant le tribunal du domicile du breveté, ou du moins du propriétaire actuel du brevet, de celui enfin contre lequel est dirigée la demande; si le brevet appartient à plusieurs ou à une société, on suit les prescriptions du Code de proc. civ., qui sont trop connues pour que nous ayons à y insister. Notons, toutefois, une dérogation à l'art. 59 du Code de proc. civ.; aux termes de cet article, le demandeur a le droit, lorsqu'il y a plusieurs défendeurs, de les assigner tous au domicile de l'un d'eux, à son choix. La loi de 1844 dispose, au contraire, que « si la demande est dirigée en même temps « contre le titulaire du brevet et contre un ou plusieurs ces- « sionnaires, elle sera portée devant le tribunal du domicile « du titulaire du brevet ». L'exposé des motifs donnait à cet égard les raisons suivantes : « Les brevetés font habituelle- « ment de nombreuses cessions pour les différentes parties « du royaume; et, sans l'exception formulée par la disposi- « tion qui nous occupe, ces hommes utiles se verraient in- « cessamment forcés à aller soutenir, devant les tribunaux « éloignés de leur domicile, des procès où ils sont presque « toujours les seuls défendeurs véritablement intéressés, « par suite de la garantie qu'ils doivent à leurs cession- « naires (1). »

Jugé, en conséquence, que la demande en nullité d'un brevet doit être formée, comme toute demande à fins civiles, devant le tribunal du domicile du breveté; lors donc que deux brevets ont été pris pour le même objet par deux individus domiciliés dans des lieux différents, la nullité de ces brevets doit être demandée par action séparée devant le tribunal du domicile de chacun des brevetés; il n'échet pas, en ce cas, d'appliquer l'art. 171 du Code de proc. civ. qui permet, pour cause de connexité, de porter deux actions devant un même tribunal (Trib. civ. Seine, 6 janv. 1858, Gros-Renaud, *Prop. ind.*, n° 4).

577. *Quid* **en cas de connexité ?** — Il peut arriver que la demande en nullité soit introduite par un individu

---

(1) Exposé des motifs, V. Huard, p. 224.

déjà poursuivi au civil en contrefaçon ; et il peut se faire, par exemple, si le breveté et son adversaire n'habitent pas au même lieu, que les deux procès, celui en contrefaçon et celui en nullité du brevet, soient pendants devant des tribunaux différents. La question naît alors de savoir si les deux instances sont connexes et s'il y a lieu, par le tribunal saisi le second de la demande en nullité, de prononcer le renvoi au tribunal saisi de l'instance en contrefaçon. Rappelons d'abord que le renvoi n'est point obligatoire, et que le tribunal, saisi de l'instance en nullité, peut en garder la connaissance ; rappelons ensuite que rien dans la loi de 1844 n'autorise à penser que les règles du Code de proc. civ., relatives aux exceptions et, par suite, au renvoi pour cause de connexité, ne soient pas applicables à la matière des brevets. Si donc il est jugé qu'il y a connexité entre les deux demandes, le renvoi de la seconde au tribunal, le premier saisi, pourra être légalement ordonné. Ajoutons que la connexité, dans le cas qui nous occupe, ne nous paraît pas douteuse ; nous ne concevrions guère pourquoi le contrefacteur, assigné au civil, et pouvant, par conséquent, demander par action reconventionnelle la nullité du brevet, serait admis à porter sa demande, sous forme d'instance principale, devant un autre tribunal. Il ne saurait y avoir de sa part, dans une pareille procédure, que le désir, assurément peu légitime, de gagner du temps et de prolonger sa contrefaçon.

Jugé, en ce sens, que la loi de 1844 ne déroge pas aux règles du Code de procédure civile, notamment en ce qui touche l'exception pour cause de connexité ; si l'art. 35 ordonne que la demande en nullité soit portée devant le tribunal du domicile du breveté, il ne fait que rappeler le principe de droit commun : *actor sequitur forum rei*, sans entendre le soustraire aux exceptions dont il est susceptible, et, entre autres, à celle écrite dans l'art. 171 du Code de proc. civ. pour le cas de connexité : spécialement, la demande en nullité du brevet, formée devant le tribunal du domicile du breveté par un individu déjà lui-même poursuivi en contrefaçon devant le tribunal civil de son domicile, a un lien de connexité évident avec la demande en contrefaçon ; et c'est avec raison que le juge, saisi de la demande en nullité, en ordonne le renvoi au tribunal saisi de l'instance en contrefaçon (Rej., 3 déc. 1849, Muller, Dall., 49.1.40).

578. *Quid* **de l'élection de domicile dans un brevet?** — Nous savons que la loi exige du breveté, au moment où il fait sa demande, une élection de domicile dans l'endroit même où il la forme. Les tiers peuvent-ils s'emparer de cette élection de domicile pour assigner le breveté en nullité de son brevet au domicile élu par lui? Non; l'élection de domicile que la loi oblige le breveté à faire dans sa demande n'a pour conséquence que de faciliter les relations de l'administration avec lui pour la délivrance du titre ou son refus; elle n'a pas pour effet d'attribuer compétence au tribunal du lieu où est faite cette élection toute spéciale de domicile.

S'il arrivait pourtant que, malgré toutes les recherches, il fût impossible de découvrir le domicile actuel du breveté, ne pourrait-on pas, dans ce cas particulier, et par exception, l'assigner au domicile élu par lui dans sa demande de brevet? M. Nouguier enseigne l'affirmative et cite un arrêt de la Cour de Paris qui aurait prononcé en ce sens (1). Cette décision est-elle bien juridique? Quelle disposition légale autorise cette dérogation au droit commun? Où est-il écrit qu'on pourra distraire un justiciable de ses juges naturels sous prétexte qu'on n'aura pas pu découvrir son véritable domicile? Sans doute, l'ignorance où le demandeur en nullité peut être du véritable domicile du breveté est de nature à entraver singulièrement son action; mais qu'est-ce que cela prouve? qu'il y a peut-être une lacune dans la loi; est-ce au juge de la combler (2)?

579. *Quid* **de l'élection de domicile dans un exploit?** — Tout exploit contient de la part du requérant une élection de domicile chez l'officier ministériel qui instrumente pour lui. Quelle est la portée de cette élection de domicile? Supposez une sommation faite à la requête du breveté; l'in-

---

(1) V. Nouguier, n° 673. — V. aussi Trib. civ. Seine, 6 mars 1849, confirmé en appel, cité par Nouguier. — V. Blanc, p. 585.

(2) V. Trib. civ. Bruxelles, 31 janv. 1888, *Indust. moderne*, février 1888.

dividu à qui cette sommation est faite pourra-t-il prendre texte de l'élection de domicile qu'elle contient pour assigner le breveté en nullité de son brevet devant le tribunal du lieu où il a élu domicile? Assurément, non; cette élection de domicile est toute spéciale; elle doit être restreinte à l'exécution de l'acte dans lequel elle est faite. Il est bien sûr que, en la faisant, le breveté n'entendait point renoncer aux principes qui régissent les juridictions ni surtout s'obliger à plaider hors de son domicile.

580. Le demandeur est tenu de prouver. — C'est une règle constante que la preuve incombe au demandeur, et la loi de 1844 n'a eu garde d'y déroger; c'est donc au demandeur en nullité à prouver la nullité sur laquelle il se fonde. M. Nouguier dit à ce sujet : « Quoique les brevets « soient délivrés sans examen préalable et sans garantie, le « breveté est détenteur d'un titre auquel provision est due; « défendeur, il n'a point à fournir la preuve que son titre est « valable; c'est à ceux qui veulent le détruire et qui sont de- « mandeurs à démontrer que le brevet a été, dès son origine, « imprégné d'un vice radical ou que, depuis, il a cessé d'a- « voir une existence légale (1). » M. Nouguier ajoute même « que, dans le doute, le breveté a le droit de voir son titre « consolidé. »

581. Taxe des frais. — L'art. 36 dispose que l'affaire sera instruite et jugée dans la forme prescrite pour les matières sommaires. Mais voici une difficulté : l'action en nullité ou en déchéance peut, — nous l'avons vu, — ne se présenter que reconventionnellement; or il se peut que l'affaire principale soit elle-même *ordinaire* et non *sommaire*. Que décider en ce cas? Comment taxer les frais? L'affaire principale perdra-t-elle son caractère et devra-t-elle être considérée comme sommaire par cette raison que la demande reconventionnelle est relative à une question de brevet d'invention? M. Bozérian fait observer que l'application des principes généraux conduit à cette règle facile à suivre : c'est la nature de la demande *principale* qui détermine la nature de la

(1) V. Nouguier, n° 679.

taxe ; si la demande principale soulève une question de propriété ou de validité de brevet d'invention, l'affaire est sommaire et rentre dans les prévisions de l'art. 36 ; elle n'y rentre pas, au contraire, si la contestation relative au brevet n'est soulevée que par la demande reconventionnelle. C'est, en effet, une règle certaine. M. Bozérian en conclut que, lorsque la demande principale est une demande en contrefaçon, les frais doivent être taxés comme en matière ordinaire, malgré la nature de la demande reconventionnelle en nullité (1). Ce système, judicieux dans son application exacte de l'art. 36 de la loi de 1844, n'a pas prévalu en jurisprudence.

Il a été jugé que les demandes en contrefaçon tiennent en suspens les droits industriels et commerciaux du défendeur et, mettant en suspicion sa bonne foi, constituent des litiges dont la solution est urgente ; que dès lors elles rentrent dans la catégorie des demandes requérant célérité qui, aux termes de l'art. 404 du Code de proc. civ., sont considérées comme matières sommaires (Angers, 27 fév. 1888, Grawitz).

582. Droit à des dommages-intérêts. — Les tribunaux, en prononçant la nullité ou la déchéance d'un brevet, peuvent, en outre, condamner le breveté à des dommages-intérêts envers les demandeurs en nullité. Il a pu, en effet, leur causer un préjudice, même un grave préjudice, en se prévalant d'un titre nul. Combien de brevetés ne prennent de brevets et ne s'en servent que dans un but de concurrence déloyale et pour faire croire au vulgaire à une supériorité qui est illusoire ! Leur résistance injuste à une demande en nullité a pour unique effet, en ce cas, de retarder l'anéantissement de leur titre et de garder le plus longtemps possible le bénéfice d'une situation qui ne leur appartient pas. Les tribunaux feront bien de se montrer sévères à l'égard de pareilles spéculations (2).

---

(1) V. l'article de M. Bozérian dans la *Prop. ind.*, n° 351. — V. *suprà*, n° 574.

(2) V. Paris, 21 janv. 1860, Buer (Pataille, 60.154) ; Lyon, 11 nov. 1869, et Rej., 31 juill. 1870, Mairet (Pataille, 72.85).

La même règle est applicable au cas où c'est le demandeur en nullité qui succombe. S'il apparaît qu'il a agi témérairement ou de mauvaise foi, ou bien même si, en dehors de toute mauvaise foi, il est établi qu'il a causé un préjudice sérieux au breveté en contestant ses droits, il doit être condamné à le réparer.

583. *Quid* **du doute émis sur la validité d'un brevet?** — Celui qui demande la nullité d'un brevet et qui échoue dans sa demande peut être condamné à des dommages-intérêts; cela va de soi. Par une conséquence naturelle du même principe, il n'est pas nécessaire de former une demande en nullité pour encourir une responsabilité envers le breveté; il suffit, sans aller jusque-là, de répandre le doute sur la validité de son brevet; ce doute, même lorsqu'il ne se formule pas dans une demande judiciaire, n'en est pas moins de nature à porter préjudice au breveté, en encourageant les luttes qui peuvent être engagées à l'encontre de son titre (1).

ARTICLE III.

TRIBUNAUX COMPÉTENTS.

SOMMAIRE.

584. Juridiction compétente. — 585. *Quid* de l'autorité administrative? — 586. *Quid* des tribunaux correctionnels? — 587. Jurisprudence. — 588. Jurisprudence, *suite*. — 589. *Quid* si le tribunal correctionnel prononce la nullité? — 590. Jurisprudence. — 591. *Quid* du tribunal de commerce? 592. Jurisprudence. — 593. Demande reconventionnelle; exception. — 594. Jurisprudence. — 595. *Quid* de la juridiction arbitrale. — 596. *Quid* d'une transaction? — 597. Jurisprudence.

584. Juridiction compétente. — L'art. 34 s'exprime ainsi: « Ces actions (en nullité et en déchéance), ainsi que « toutes les contestations relatives à la propriété des brevets,

---

(1) V. Trib. civ. Seine, 10 juin 1858, de Coster (*Propr. ind.*, n° 36).

« seront portées devant les tribunaux civils de première « instance. » La compétence de la juridiction civile est donc affirmée par la loi elle-même; nous verrons qu'elle est exclusive (1).

On s'est demandé si cette règle était applicable et si les tribunaux français ne devaient pas se déclarer incompétents, lorsque les deux parties sont étrangères. On s'étonne qu'une pareille question puisse être soulevée; il suffit, en effet, de remarquer que le brevet d'invention est, en somme, un acte délivré par le gouvernement français, que la validité en est subordonnée à l'interprétation d'une loi essentiellement territoriale, que cette loi oblige celui qui demande un brevet à élire, dans sa demande même, un domicile en France, et qu'à tous ces égards les tribunaux français sont compétents pour statuer sur les difficultés qui naissent entre étrangers des brevets pris par eux en France (2).

De ce que le tribunal civil a une compétence exclusive pour juger les demandes en nullité de brevet, il s'ensuit que la Cour, saisie de l'appel d'un jugement rendu par le tribunal de commerce à l'occasion de conventions, n'est pas compétente pour statuer sur une demande en nullité de brevet formée pour la première fois devant elle (3).

558. *Quid* **de l'autorité administrative?** — Le rôle de l'administration, en matière de brevets, se borne et se borne uniquement à la délivrance du titre. Une fois le titre délivré, il échappe à tout contrôle, à toute censure de la part de l'administration. C'est ce qui résulte et du texte et de l'esprit de la loi; du texte, puisque l'art. 34 attribue expressément juridiction aux tribunaux civils; de l'esprit, puisque même la délivrance du brevet a lieu sans examen préalable.

Au reste, ajoutons qu'une pareille attribution de juri-

---

(1) V. Metz, 21 juin 1855, Blaise (Dall., 56.2.214).

(2) V. Paris, 11 janv. 1876, Boxer (Pataille, 76.85); Trib. civ. Seine, 26 juillet 1879, Spiller (Pataille, 79.364).

(3) V. Rennes, 24 août 1883, Marquet (Pataille, 87.163).

diction à l'autorité administrative eût été contraire aux principes les plus élémentaires de notre organisation judiciaire.

Jugé, en ce sens, qu'il n'appartient qu'aux tribunaux civils de prononcer la déchéance d'un brevet, pour quelque cause que ce soit; le ministre commet donc un excès de pouvoir en refusant de délivrer un certificat d'addition, sous prétexte que le brevet serait déchu faute de payement des annuités en temps utile (Conseil d'État, 27 mai 1848, Bélicard, Sir., 48.2.567).

586. *Quid* **des tribunaux correctionnels?** — Les tribunaux correctionnels ne peuvent pas davantage prononcer la nullité ou la déchéance des brevets d'invention; cela ressort du texte de l'art. 34; mais, s'ils ne peuvent pas la prononcer, ils peuvent du moins l'apprécier au point de vue de la poursuite en contrefaçon dont le breveté les a saisis. Nous aurons plus tard l'occasion d'examiner la question que nous posons ici et qui est assurément une des plus graves que comporte la loi de 1844. Contentons-nous de formuler la solution sans entrer dans aucune explication : en principe, les tribunaux correctionnels ne sont pas juges des questions de nullité ou de déchéance des brevets; on ne pourrait, par exemple, les saisir d'une demande principale en nullité de brevet; et cela tombe sous le sens, puisque, comme leur nom l'indique, ils sont institués pour connaître des délits. Il faut donc, avant tout, que la base de l'action portée devant eux soit un délit, et voilà pourquoi ils sont compétents, — nous le verrons, — pour juger la contrefaçon, qui est considérée par la loi comme un délit. Toutefois, il peut arriver, et en fait il arrive presque toujours, que le prévenu de contrefaçon se défend en soutenant que le brevet est nul ou frappé de déchéance, c'est-à-dire qu'il soulève une exception tirée de la nullité ou de la déchéance du brevet. Par son article 46, la loi institue pour ce cas le juge correctionnel juge de l'exception; seulement, quelle que soit sa décision à l'égard du brevet, elle ne constitue qu'un préjugé, même entre les parties en cause, même entre le breveté et le prévenu; si le brevet est considéré comme valable par le juge, le prévenu, condamné en vertu de ce brevet, n'en garde pas moins le droit d'en contester ultérieurement la validité; et si, au contraire, le brevet est considéré comme nul, le breveté, qui a échoué dans sa plainte, conserve encore le droit de se prévaloir de son invention vis-à-vis du même contrefacteur. Bref, tandis que la décision *civile* fait obstacle à ce que la même prétention soit désormais agitée entre les mêmes parties, la décision *correctionelle* ne fait obstacle qu'à la discussion du fait délictueux, qui faisait l'objet du procès; il ne fait pas obstacle à la discussion de faits identiques, mais nouveaux, mais distincts du premier. La solution serait *à fortiori* la même, et le tribunal correctionnel également incompétent, si c'était le plaignant qui demandait la nullité d'un brevet pris par le prévenu et invoqué par celui-ci dans sa défense.

587. Jurisprudence (1). — Il a été jugé en ce sens : 1° que les tribunaux correctionnels sont incompétents pour prononcer la nullité ou la déchéance d'un brevet; ils ne peuvent l'apprécier que comme défense à la poursuite en contrefaçon (Paris, 6 juill. 1854, Madeline, Nouguier, n° 893); — 2° que le tribunal correctionnel, saisi d'une plainte en contrefaçon, peut puiser une fin de non-recevoir spéciale dans le fait allégué par le prévenu comme constituant une déchéance, mais juge seulement du mérite de la plainte et non de la valeur absolue du brevet; il ne lui appartient pas de prononcer d'une manière générale la déchéance du breveté (Paris, 4 juill. 1855, Rouget de Lisle, Pataille, 55.87); — 3° que le tribunal correctionnel, qui, sur l'exception proposée par un prévenu de contrefaçon, reconnaît que l'invention revendiquée n'est pas nouvelle, doit se borner à renvoyer le prévenu des fins de la plainte sans prononcer la nullité du brevet (Paris, 7 déc. 1865, Leduc, Pataille, 66.67); — 4° que, si l'art. 46 permet au juge correctionnel d'apprécier les demandes en nullité de brevet, c'est seulement au cas où elles sont formées par le prévenu lui-même, comme moyens de défense à l'action dirigée contre lui : en conséquence, le breveté ne peut, devant le tribunal correctionnel, demander la nullité du brevet pris en fraude de ses droits par celui qu'il

(1) V. encore Paris, 21 juillet 1859, Farjon (*Propr. ind.*, n° 93); Paris, 15 juin 1861, Sagette (Pataille, 61.209).

poursuit en contrefaçon (Metz, 12 juin 1855, Blaise, Dall., 56.2.214).

588. **Jurisprudence,** *suite.* — Il a encore été jugé : 1° que, si le tribunal correctionnel est compétent, aux termes de l'article 46, pour statuer sur les exceptions tirées, soit de la nullité, soit de la propriété du brevet, sa compétence ne s'étend qu'aux exceptions invoquées par le prévenu pour repousser la plainte en contrefaçon : en conséquence, il n'est pas compétent pour statuer sur la validité ou la nullité d'un brevet pris par le prévenu; et, par suite, il doit repousser les conclusions déposées par le plaignant et tendant à faire prononcer cette nullité (Rej., 23 nov. 1855, David-Labbez, *Bull. crim.*, 55.587) ; — 2° que l'action en nullité des brevets d'invention doit être portée devant les tribunaux civils, seuls compétents pour y statuer; si l'art. 46 attribue aux tribunaux correctionnels le droit de connaître des questions de nullité et de déchéance des brevets, c'est en tant qu'elles sont opposées comme exceptions pour repousser l'action en contrefaçon et ne leur attribue en aucun cas juridiction pour prononcer la nullité des brevets : en conséquence, le plaignant ne saurait, devant la juridiction correctionnelle, demander la nullité d'un brevet que le contrefacteur aurait pris en fraude de ses droits (Paris, 30 mars 1855, Frezon et Meissonnier, Pataille, 55.110).

589. *Quid* **si le tribunal correctionnel prononce la nullité?** — Nous venons de démontrer que le tribunal correctionnel est incompétent pour prononcer la nullité du brevet. Mais qu'arrivera-t-il si par hasard il la prononce? La décision sera-t-elle viciée par cette déclaration? La déclaration sera-t-elle considérée comme non avenue? Obligera-t-elle les parties ?

D'abord, il n'est pas douteux que la déclaration de nullité, même insérée au dispositif du jugement correctionnel, ne liera pas les parties; le tribunal correctionnel a excédé sa compétence, et, dès lors, dans la partie qui constitue l'excès de pouvoir, son jugement manque absolument d'autorité légale. Faut-il aller, toutefois, jusqu'à admettre que le vice de cette déclaration atteint la décision même et l'infirme dans son entier? Nous ne le croyons pas; il suffit de poser en principe que la décision s'exécute comme si elle ne contenait pas dans son dispositif cette déclaration de nullité. En fait, ce n'est, de la part du tribunal, qu'une pure erreur de rédaction ; insérée dans les motifs, la déclaration n'a rien de contraire à la légalité ; ne serait-il pas d'une rigueur excessive de priver la partie qui gagne son procès du bénéfice de la sentence parce qu'une des dispositions occuperait telle place et non telle autre ? On verra, par l'arrêt Hayem, ci-dessous rapporté, que la Cour suprême va même jusqu'à justifier, tout en en restreignant la portée, la déclaration de nullité insérée dans le dispositif.

590. **Jurisprudence.** — Il a été jugé à cet égard : 1° que, aux termes de l'art. 46, c'est par voie d'exception seulement que les tribunaux de répression peuvent connaître de la nullité des brevets d'invention ; il ne leur appartient donc pas d'en prononcer la nullité ; il y a lieu, pour le juge d'appel, d'ordonner la suppression de la disposition du jugement qui le prononce (Paris, 23 mai 1863, Busson, Pataille, 64.276) ; — 2° que, bien que le tribunal civil soit, aux termes de l'art. 34, la juridiction principale et de droit commun pour trancher définitivement la question de validité des brevets, l'art. 46, pour simplifier la procédure et en vue de l'urgence, a néanmoins conféré au tribunal correctionnel le droit de statuer sur les exceptions des prévenus tirées de la nullité ou de la déchéance de ces titres ; mais la juridiction répressive, lorsqu'elle statue sur une exception de ce genre, ne fait qu'apprécier un moyen de défense opposé à la prévention ; sa décision ne s'étend pas au delà de l'espèce qui en fait l'objet, et, en dehors de la contestation qui l'a motivée, elle n'a force de chose jugée ni à l'égard des tiers qui n'y ont pas été parties, ni contre ces parties elles-mêmes : en cet état, lorsqu'une Cour prononce par forme de dispositif la nullité du brevet, sur lequel se base la poursuite, elle ne commet ni un excès de pouvoir ni une violation de l'art. 46, dont elle fait, au contraire, une saine application (Rej., 1er avril 1870, Hayem (1), Pataille, 70.110).

---

(1) V. aussi Rej., 17 avril 1875, Porion (Pataille, 75.301) ; Rej., 18 juin 1887, Allard (Pataille, 87.272).

591. *Quid* **du tribunal de commerce ?** — Il suit de ce qui précède, et pour les mêmes motifs, que le tribunal de commerce est incompétent pour connaître des questions de nullité ou de déchéance des brevets. Il y a même ici une raison de plus ; l'art. 36 ordonne, dans le cas qui nous occupe, que l'affaire soit communiquée au ministère public ; devant le tribunal de commerce, il n'y a pas d'organe du ministère public. Le législateur pouvait-il plus formellement exprimer sa volonté ? Toutefois, si le débat s'engage sur l'exploitation commerciale du brevet, sans d'ailleurs qu'aucune des parties n'en demande la nullité ou la déchéance, le tribunal de commerce pourra se déclarer compétent.

Par exemple, le cessionnaire du brevet prétend que la cession est le résultat de la fraude ou de l'erreur, ou bien que le prix en est exagéré eu égard à l'importance du résultat industriel, ou encore que l'invention ne produit pas les résultats annoncés. Dans tous ces cas, que nous citons à titre d'exemples sans prétendre les énumérer tous, le tribunal de commerce est compétent pour statuer sur la contestation, si d'ailleurs les conditions générales qui la déterminent, et qui sont fixées par les art. 631 et 632 du Code de commerce, se trouvent remplies.

592. Jurisprudence. — Il a été jugé à cet égard : — 1° que les tribunaux de commerce sont incompétents pour connaître d'une action en contrefaçon d'objets brevetés dirigée par un commerçant contre un autre commerçant ; il en est ainsi surtout lorsque la poursuite commence en vertu d'une saisie autorisée, aux termes de l'art. 47, par le président du tribunal civil, le droit de valider ou d'invalier la saisie échappant complètement à la juridiction commerciale (Bordeaux, 10 nov. 1869, Doirrier, Pataille, 70.71) ; — 2° mais que le tribunal de commerce est compétent pour statuer sur une demande, bien qu'elle se rattache à un brevet d'invention, si la contestation ne porte pas sur la propriété du brevet, mais seulement sur le mobilier, le matériel et l'outillage nécessaires à la fabrication brevetée (Paris, 15 juill. 1859, Duprat, Teul., 60.368) ; — 3° que, de même, s'il est vrai que les conceptions de l'esprit ou du génie ne doivent pas être assimilées à des opérations de commerce, ce principe cesse naturellement d'avoir son application dès le moment que les œuvres de l'esprit ou du génie sont converties en acte matériel de spéculation : spécialement, la vente d'un appareil breveté, à la différence de la cession du brevet, constitue un acte de commerce, surtout si le vendeur fait de ces ventes sa profession habituelle et a des établissements approvisionnés et un siège central d'exploitation (Aix, 16 fév. 1857, Flory, Girod et Clarion, 16.1.146) ; — 4° que, de même encore, le tribunal de commerce, incompétent pour statuer sur une question de propriété de brevet, est compétent pour connaître de la demande en concurrence déloyale formée par l'inventeur contre un commerçant rival (Paris, 18 août 1858, Laisné, Teul., 59.36) ; — 5° qu'en tous cas, si l'exception, résultant de l'incompétence de la juridiction commerciale, n'a été invoquée par les parties ni en première instance ni en appel, elle ne peut être utilement proposée pour la première fois devant la Cour de cassation (Rej., 20 juin 1870, Dide, Pataille, 70.240).

593. Demande reconventionnelle ; exception. — Le tribunal de commerce, incompétent pour statuer sur une demande principale en nullité ou en déchéance, deviendrait-il compétent si la question se présentait non plus sous la forme d'une demande principale, mais sous la forme d'une demande reconventionnelle ou même simplement sous forme d'exception?

Voici le cas : un breveté, par exemple, a cédé la propriété de son brevet, et, sur le refus du cessionnaire de payer le prix convenu, il l'actionne devant le tribunal de commerce. A cette demande, le cessionnaire répond en invoquant la nullité ou la déchéance du brevet. Le tribunal de commerce pourra-t-il statuer sur l'exception ainsi proposée? Faut-il appliquer ici la règle que *le juge de l'action est le juge de l'exception?* Faut-il du moins distinguer entre le cas où le défendeur conclut reconventionnellement à la nullité du brevet et le cas où, sans y conclure, il invoque seulement cette nullité à titre d'exception et de moyen de défense pour repousser la demande? Il est certain d'abord que, si le défendeur conclut expressément à la nullité et demande qu'elle soit prononcée, le tribunal de commerce est incompétent pour y statuer ; autrement, ce serait violer manifestement le texte et l'esprit de l'art. 34, qui veut que la juridiction civile seule puisse définitivement prononcer sur les questions de nullité et de déchéance, de quelque façon qu'elles soient introduites.

Le cas où la nullité n'est proposée qu'à titre d'exception, comme moyen de défense, semble plus délicat ; car alors la décision du tribunal de commerce ne prononce pas la nullité ; elle ne fait que l'apprécier au point de vue de la défense ; elle n'a pas sur ce point l'autorité de la chose jugée ; elle constitue tout au plus un préjugé. Il faut convenir que la distinction est subtile, quoique juridique. Toutefois, nous pensons que le texte de la loi de 1844 la repousse clairement. En effet, la compétence qu'elle attribue en cette matière à la juridiction civile est si absolue qu'elle a cru devoir faire une disposition expresse pour le cas où la question s'élève devant les tribunaux correctionnels. L'art. 46 permet, en effet, à ces tribunaux de statuer sur les exceptions qui leur sont présentées. Si le législateur a cru cette disposition nécessaire, c'est que, dans tout autre cas, il repoussait l'application de la règle générale, qui permet au juge de l'action d'être juge de l'exception. Si telle n'eût pas été sa pensée, le principe général eût suffi. Il faut donc, à notre sens, conclure que, dès qu'une question de nullité ou de déchéance s'élève devant un tribunal de commerce, soit par voie de demande principale, soit par voie de demande reconventionnelle, soit sous forme d'exception, le juge consulaire devient incompétent et doit surseoir jusqu'à ce que la juridiction civile ait prononcé.

594. **Jurisprudence.** — Il a été jugé à cet égard : — 1° que le tribunal de commerce est incompétent pour connaître de la demande en nullité ou en déchéance d'un brevet d'invention, même alors qu'elle est opposée comme exception à une demande dont il est régulièrement saisi (Riom, 27 mai 1862, Barault, Pataille, 63.274) ; — 2° que le tribunal de commerce n'est pas compétent pour apprécier la validité d'un brevet, pas plus lorsqu'elle est opposée par voie d'exception que lorsqu'elle est demandée par voie d'instance principale ; l'art. 34 est général et attribue le jugement, en tous les cas,

à la juridiction civile (Bordeaux, 10 nov. 1869, Doirrier, Pataille, 70.71).

595. *Quid* **de la juridiction arbitrale ?** — Les principes que nous avons développés au sujet de la compétence commerciale s'appliquent ici dans toute leur étendue. La juridiction arbitrale est donc incompétente. D'une part, en effet, ces questions, aux termes des art. 34 et 36 de la loi de 1844, sont déférées aux tribunaux civils, et doivent être préalablement communiquées au ministère public; et, d'autre part, l'art. 1004 du Code de procédure civile dispose que l'*on ne peut compromettre sur aucune des contestations qui sont sujettes à communication au ministère public.*

M. Huard pense toutefois que, si les arbitres, saisis au principal d'une question qui n'implique aucune contestation sur la validité du brevet, sont appelés à y statuer par suite de l'exception soulevée par le défendeur, ils ont toute compétence pour cela. On voit que, sauf la juridiction, la question est exactement celle que nous avons examinée plus haut. M. Huard donne deux motifs à l'appui de son opinion : d'abord, dit-il, en principe, le juge de l'action est juge de l'exception; et, en second lieu, l'art. 46 consacre ce principe au profit des tribunaux correctionnels; pourquoi en serait-il autrement de la juridiction arbitrale (1) ? Ne peut-on pas répondre à M. Huard que c'est précisément parce que l'art. 46 s'explique spécialement en ce qui concerne les tribunaux correctionnels qu'il ne peut être étendu à aucune autre juridiction ? Encore une fois, s'il en était autrement, la règle générale suffisait.

596. *Quid* **d'une transaction ?** — Si la loi attribue aux tribunaux civils la connaissance exclusive des questions de nullité, de déchéance ou de propriété de brevets; si par suite elle consacre, en cette matière, l'incompétence absolue de toute autre juridiction, il ne s'ensuit pas que les parties ne puissent valablement trancher ces questions par des conventions librement formées entre elles. Lors donc qu'une partie a formellement reconnu par transaction la validité d'un brevet, elle ne saurait se prévaloir des dispositions écrites

(1) V. Huard, V. *Propr. ind.*, n° 334.

dans les art. 34 et suivants, pour soutenir que la transaction n'est point obligatoire. Une transaction, en effet, n'est pas un jugement, et la convention que les parties font d'un commun accord pour éviter toute contestation, pour mettre fin à un débat judiciaire, par cela même qu'elle émane de leur libre volonté, a quelque chose de plus respectable, de plus sacré qu'une décision de justice : une convention transactionnelle a toute la force d'un aveu. Elle a dès lors, entre les parties qui l'ont signée, toute l'autorité de la chose jugée, de telle sorte qu'elles ne peuvent plus remettre en question les points sur lesquels elles ont transigé. Mais précisément, parce que la transaction produit tous les effets de la chose jugée, elle ne porte aucune atteinte aux droits des personnes qui y ont été étrangères. Par exemple, l'associé de celui avec lequel le breveté a transigé serait recevable, nonobstant cette transaction, à demander la nullité du brevet. C'est là, du reste, une application des principes généraux.

597. Jurisprudence. — Il a été jugé en ce sens : 1° qu'une partie peut transiger sur un procès dans lequel la validité d'un brevet se trouve engagée ; elle peut, par la même raison, reconnaître cette validité et s'obliger à en subir les conséquences : lors donc qu'un négociant traite avec un breveté du droit d'exploiter son invention pour toute la durée du brevet, et qu'il ressort, soit des documents du procès, soit de ses propres déclarations, qu'il a contracté en connaissance de cause, il ne saurait être admis ultérieurement à arguer ledit brevet de nullité, et la convention doit, aux termes de l'art. 1134 du Code civil, recevoir sa pleine et entière exécution (Metz, 11 fév. 1864, de Montagnac, Pataille, 64.377) ; — 2° que la validité d'une invention et sa brevetabilité n'intéressent l'ordre public que dans les cas expressément prévus par les §§ 2, 4 et 5 de l'art. 30, où l'action publique est ouverte pour faire prononcer la nullité du brevet ; il s'ensuit qu'une transaction sur le mérite de l'invention et la reconnaissance du brevet, qui en est la suite, sont légales et obligatoires ; les parties ayant ainsi transigé sur le droit lui-même, l'erreur de droit, à supposer qu'elle existe, ne peut être invoquée, selon les dispositions de l'art. 2052 du Code civ., comme cause de la nullité de la convention (Rouen, 23 juin

1864, Rouget de l'Isle, Pataille, 65.180); — 3° que celui qui, à diverses reprises et en termes formels, a reconnu la validité d'un brevet, ne saurait ultérieurement, en la forme, être admis à en demander la nullité en justice (Lyon, 24 juill. 1868, Agnellet, Pataille, 68.342).

SECTION II.

Nullité absolue : droit du ministère public.

SOMMAIRE.

598. Ce que c'est que la nullité absolue. — 599. *Quid* des procès jugés antérieurement? — 600. *Quid* de la chose jugée contre le ministère public? — 601. Observation sur la chose jugée avec le ministère public. — 602. Formes de l'action du ministère public. — 603. Dans quels cas peut-il agir au principal? — 604. Dans quels cas peut-il intervenir? — 605. Peut-il intervenir en appel? — 606. Désistement du demandeur; ses effets. — 607. Forme de l'intervention. — 608. Mise en cause des cessionnaires. — 609. *Quid* du cessionnaire dont les titres n'auraient pas été enregistrés? — 610. Juridiction compétente. — 611. Devant quel tribunal le ministère public doit-il assigner? — 612. Droit d'appel du ministère public. — 613. *Quid* si, en appel, le ministère public croit le brevet valable? — 614. Nécessité pour le breveté de signifier son appel au ministère public. — 615. Jurisprudence. — 616. *Quid* des dépens faits sur l'action du ministère public? — 617. Nullité absolue; sa publication.

598. Ce que c'est que la nullité absolue. — Nous avons vu qu'en principe les règles ordinaires sur l'autorité de la chose jugée s'appliquent en matière de brevets d'invention comme en toute autre matière. Il dépend pourtant du ministère public que la décision ait une portée plus grande. La loi de 1844 a inauguré, en effet, un principe nouveau, que MM. Picard et Olin n'hésitent pas à qualifier de bizarre, et qui ne mérite pas assurément un reproche aussi sévère. Elle accorde au ministère public le droit de demander la nullité ou la déchéance *absolue* du brevet; c'est-à-dire que, dans ce cas, le ministère public, en demandant la nullité ou la déchéance, la demande au nom de tous ceux qui ont intérêt à s'en prévaloir; il les représente, il est, en leur lieu et place, véritablement partie dans le procès; ce qui est jugé en sa faveur est jugé pour eux. Aussi, tandis que les demandes en nullité, portées par les particuliers devant les tribunaux, sont soumises aux règles qui régissent l'autorité de la chose jugée, c'est-à-dire ne produisent d'effet qu'entre les parties qui ont figuré au procès, la demande en nullité, dont le ministère public se fait l'organe, tend à faire prononcer la nullité au profit du domaine public tout entier, c'est-à-dire même au profit de ceux qui n'ont figuré ni de près ni de loin au procès. Ce droit accordé au ministère public, lequel est alors considéré par la loi comme gardien des intérêts sociaux, a eu pour but, dans la pensée du législateur, de mettre un terme à ces procès sans cesse renaissants, qui peuvent devenir, de la part d'un breveté entêté, une véritable gêne pour l'industrie. Si donc la demande, introduite et soutenue par le ministère public, triomphe, le brevet est désormais sans aucune espèce de valeur et périt tout entier.

Jugé, d'ailleurs, que, bien qu'un arrêt ait déclaré dans ses motifs qu'un certificat d'addition était nul et de *nullité absolue*, le breveté ne saurait tirer un moyen de cassation de ce qu'une pareille nullité a été prononcée en l'absence de toute réquisition du ministère public, s'il résulte de l'ensemble de la décision attaquée qu'en réalité la nullité ne doit avoir effet que dans l'intérêt privé des parties en cause (Rej., 8 avril 1879, Rimailho, Pataille, 79.150).

599. *Quid* **des procès jugés antérieurement?** — Une difficulté pourtant se présente. Il se peut que, avant la demande en nullité absolue, le breveté ait fait d'autres procès et qu'il les ait gagnés. Quelle sera, après que la nullité absolue aura été prononcée, la situation de ceux qui naguère avaient perdu leur procès vis-à-vis du breveté, et vis-à-vis desquels, par conséquent, une décision définitive avait maintenu le brevet? Les effets de l'autorité de la chose jugée subsisteront-ils? Au contraire, cesseront-ils, et ceux-là même qui avaient perdu leur procès pourront-ils sans danger profiter de la décision rendue conformément à la demande du ministère public? On ne peut nier que la question ne soit délicate. D'un côté, il paraît difficile d'annuler les effets de la chose jugée en dehors d'une prescription formelle de la loi; et, d'autre part, il faut reconnaître que la nullité ne serait pas absolue et ne répondrait pas au vœu de la loi s'il existait un individu quelconque qui ne pût pas s'en prévaloir. Néanmoins, nous pensons qu'il vaudrait mieux, dans cette hypothèse, rester fidèle aux principes généraux et maintenir, en dépit de tout, les effets de la chose jugée antérieurement à la décision qui a prononcé la nullité absolue. Il n'y a jamais avantage à s'écarter des règles primordiales.

600. *Quid* **de la chose jugée contre le ministère public?** — En est-il de même de la chose jugée contre le ministère public? Ce qui est jugé contre lui l'est-il également contre tous? Ne serait-ce pas justice qu'il en fût ainsi? Puisque le breveté perd son procès contre tous, lorsqu'il le perd contre le ministère public, n'est-il pas équitable que, lorsqu'il le gagne, il le gagne de la même façon? Pourquoi n'en serait-il pas de ce cas comme du cas prévu par l'art. 184 du Code civil? Quand le ministère public demande la nullité d'un mariage et qu'il échoue, désormais le mariage est valable à l'égard de tous. N'est-il pas rationnel qu'il en soit de même lorsqu'il s'agit d'un brevet? Quelques auteurs se prononcent pour l'affirmative (1), mais leur opinion n'est pas généralement adoptée, et, à vrai dire, cela est juste. D'une part, s'il est possible d'admettre que le public ne puisse pas se plaindre d'être représenté malgré lui par le ministère public, c'est à la condition que le défendeur que la loi lui impose aura gagné son procès. Remarquons, d'un autre côté, que les pouvoirs que le législateur accorde au ministère public en matière de nullité de brevet constituent une grave dérogation aux principes de l'autorité de la chose jugée; qu'une pareille dérogation ne doit pas être étendue, et que la loi ne s'étant pas expliquée pour le cas où le brevet serait validé, il est juste de s'en tenir au droit commun (2). On admet donc généralement

(1) V. Nouguier, n° 635; Calmels, n° 699; Le Senne, n°s 285 et 286. — V. également un article de Nouguier, cité par Pataille, 56.257.

(2) V. Bédarride, n° 359; Renouard, n° 199; Duvergier, p. 610; Rendu et Delorme, n°s 474 et 482.

que le rejet de la demande à fin de nullité absolue, qu'elle se soit produite sous forme de demande principale ou par voie d'intervention, n'a d'autre résultat que d'empêcher que cette demande puisse être renouvelée. Désormais, le ministère public, même devant un autre tribunal, ne saurait se pourvoir aux mêmes fins. Mais les particuliers ne sont pas liés par la décision qui a rejeté la nullité absolue ; ils peuvent attaquer le brevet et en faire prononcer la nullité relative, c'est-à-dire à leur profit personnel.

Il a été jugé à cet égard qu'il est de principe que la chose jugée ne peut être opposée qu'à ceux qui ont été parties au procès et ainsi mis à même de présenter leur défense ; si le ministère public indivisible, dont la demande à fin de nullité absolue a été rejetée, ne peut pas désormais la reproduire, il ne s'ensuit pas que les tiers soient privés du droit d'opposer aux poursuites en contrefaçon dirigées contre eux les moyens de déchéance dont ils pourraient justifier (Paris, 10 janv. 1857, Florimond, Pataille, 57.14).

601. Observation sur la chose jugée avec le ministère public. — Il demeure bien entendu que, même en ce cas, la chose jugée reste soumise aux règles qui la régissent, et, par exemple, qu'elle est restreinte à ce qui a fait l'objet du procès. Si donc le ministère public n'a fondé sa demande en nullité que sur un moyen, il est recevable, après qu'il a succombé, à former une nouvelle demande fondée sur un moyen différent du premier. Cela est élémentaire.

602. Formes de l'action du ministère public. — Le ministère public peut se pourvoir, soit par action principale, soit par voie d'intervention ; c'est-à-dire qu'il peut agir directement, prendre l'initiative de sa demande et assigner le breveté en son propre nom, ou bien il peut, à l'occasion d'un procès déjà pendant, se rendre partie intervenante et requérir, en cette qualité, la nullité absolue. Dans l'un et l'autre cas, il doit se conformer aux règles du Code de procédure civile, soit sur la forme des ajournements, soit sur la forme des interventions.

603. Dans quels cas peut-il agir au principal ? — Le ministère public ne peut agir par voie d'action principale que dans trois cas déterminés : 1° lorsque l'invention n'est pas, aux termes de l'art. 3, susceptible d'être brevetée, c'est-à-dire lorsqu'il s'agit de remèdes ou de compositions pharmaceutiques, ou de plans et combinaisons de crédit ou de finance; — 2° lorsque l'invention est contraire à l'ordre ou à la sûreté publique, aux bonnes mœurs ou aux lois de l'Etat; — 3° lorsque le titre sous lequel le brevet a été demandé indique frauduleusement un objet autre que le véritable objet de l'invention. En dehors de ces cas, le ministère public est sans droit et sans action pour agir directement; et, si nul ne conteste le brevet, le ministère public ne peut lui-même élever aucune contestation.

604. Dans quel cas peut-il intervenir? — A la différence du droit d'action qui est limité aux trois cas que nous avons dits, le droit d'intervention du ministère public est sans limite; il peut se rendre partie intervenante dans toute instance tendant à faire prononcer la nullité ou la déchéance d'un brevet, et prendre des réquisitions pour faire prononcer la nullité ou la déchéance absolue. Ce sont les termes mêmes de l'art. 37. De la généralité de ces termes, il faut conclure que le droit existe pour le ministère public sans distinction entre le cas où la nullité ou la déchéance est demandée par action principale et celui où elle est demandée par action reconventionnelle.

Il a été jugé, en ce sens, que le droit d'intervention du ministère public est si absolu qu'il peut l'exercer même quand l'action principale n'a pour but que de faire prononcer la mainlevée d'une saisie, si d'ailleurs le demandeur fonde sa demande en mainlevée sur la nullité ou la déchéance du brevet (Paris, 7 fév. 1858, Bretmacher, *le Droit*, 15 fév.).

605. Peut-il intervenir en appel? — Le ministère public ne pourrait intervenir en appel; d'abord, parce qu'il priverait le breveté du premier degré de juridiction; ensuite, parce qu'il résulte de l'esprit, comme des termes de l'art. 37, que la loi autorise et règle son intervention seulement devant le tribunal; enfin, parce qu'aux termes de l'art. 466 du Code de proc. civ., l'intervention en appel n'est reçue que de la part de ceux qui auraient droit de former tierce opposition, et qu'il est évident que le ministère public ne serait pas recevable à former tierce opposition (1).

606. Désistement du demandeur; ses effets. — Le désistement du demandeur, lorsqu'il survient avant que le ministère public ait formé son intervention, la rend naturellement impossible. Où il n'y a plus d'instance, il n'y a plus lieu à l'intervention ; cela est évident. Mais, si le désistement survient après que le ministère public a régulièrement formé son intervention, la rend-il nulle et de nul effet ? On ne peut l'admettre. D'une part, l'instance est liée entre le breveté et le ministère public, et il ne peut dépendre d'une seule des parties d'y mettre fin ; il est de principe que le désistement n'est valable que s'il est accepté par la partie adverse. D'une autre part, il serait trop facile, par une collusion frauduleuse, de faire échec aux droits du domaine public en faisant échec à ceux du ministère public qui le représente (2).

607. Forme de l'intervention. — Lorsque le ministère public intervient au cours d'un procès, son intervention, avons-nous dit, doit être faite dans la forme ordinaire, c'est-à-dire conformément à l'art. 339 du Code proc. civ., par *requête qui contiendra les moyens et conclusions dont il sera donné copie, ainsi que des pièces justificatives.* Autrement, l'intervention est irrégulière et doit être déclarée non recevable.

608. Mise en cause des cessionnaires. — Disons enfin que, dans le cas où le ministère public usera de son droit de demander la nullité absolue, il devra mettre en cause non seulement le breveté, mais encore tous les ayants droit, cessionnaires ou simples licenciés dont les titres auront été enregistrés au ministère de l'agriculture et du commerce, conformément à l'art. 21.

(1) V. Nouguier, n° 626 ; Renouard, n° 203 ; Duvergier, p. 613 ; Rendu et Delorme, n° 484 ; Paris, 7 fév. 1850, Bretmacher (*Le Droit*, 15 février). — V. toutefois Paris, 21 janv. 1860, Buer (Pataille, 60. 154) ; cet arrêt adopte implicitement une solution contraire.

(2) V. Nouguier, n° 632 ; Duvergier, p. 613.

M. Nouguier semble croire que la mise en cause des cessionnaires est imposée au simple particulier qui demande en son nom privé la nullité du brevet, comme au ministère public qui la réclame au nom de la société (1). C'est une erreur évidente ; il suffit, en effet, de jeter les yeux sur l'art. 38, qui ne prescrit cette mesure que dans les cas énumérés à l'art. 37, c'est-à-dire dans le cas où le ministère public agit, soit comme partie principale, soit comme partie intervenante. Le doute, au surplus, est levé par les explications que contient à cet égard l'exposé des motifs. On y lit : « Le particulier qui veut faire prononcer la nullité « ou la déchéance peut ne mettre en cause qu'un ou plusieurs « des ayants droit au brevet ; seulement, il sait qu'il ne « pourra pas se prévaloir du jugement contre ceux qu'il « n'aura pas assignés. Mais l'action du ministère public « ayant pour but de détruire entièrement le brevet, de ma- « nière qu'il ne soit plus permis à personne d'en réclamer « les effets, il fallait évidemment qu'il mît en cause, comme « le prescrit l'art. 36, tous les ayants droit qu'il peut con- « naître, c'est-à-dire ceux dont les titres sont enregistrés au « ministère de l'agriculture et du commerce (2). »

On peut se demander comment le ministère public pourra mettre en cause les cessionnaires quand il agira par intervention. La forme de l'intervention est réglée par les art. 339 et suiv. du Code de proc. civ., et, comme elle se fait par simple acte d'avoué, on ne voit pas que le ministère public puisse, par un simple acte d'avoué, mettre en cause des personnes jusque-là étrangères au débat. Nous pensons que, dans ce cas, le ministère public devra non seulement signifier son intervention aux cessionnaires qui seraient restés en dehors du procès, mais encore les y appeler par un exploit introductif d'instance.

Il a été jugé à cet égard que l'appel en cause de tous les ayants droit au brevet n'est prescrit par l'art. 38 que pour les cas prévus par l'art. 37, c'est-à-dire ceux de l'intervention ou

(1) V. Nouguier, n° 630.
(2) V. Huard, p. 226.

de l'action principale du ministère public, dans le but de faire prononcer la nullité absolue du brevet; ces dispositions ont en vue l'intérêt général, dont le ministère public est seul le représentant et l'organe, et la partie poursuivie en nullité ne peut pas s'en prévaloir dans son intérêt privé (Paris, 15 nov. 1859, Bros, Pataille, 60.119).

609. *Quid* **des cessionnaires dont les titres n'auront pas été enregistrés?** — M. Bédarride fait à leur égard des réflexions qui nous paraissent justes, et que nous n'hésitons pas à nous approprier. « Ils doivent, dit-il, subir « les conséquences de leur faute. Non seulement, ils ne se« ront pas appelés dans l'instance, mais encore ils ne pour« ront, quel que soit leur intérêt, former tierce opposition au « jugement d'annulation. Il a dépendu d'eux d'éviter le pré« judice qu'ils éprouvent. Leur désobéissance à la loi ne « saurait leur créer aucun titre (1). Pourront-ils intervenir « dans l'instance? L'affirmative ne nous paraît pas contes« table. Si le ministère public est dispensé de les appeler au « procès, c'est qu'il ne les connaissait pas et ne pouvait pas « les connaître. Mais si, avertis à temps, ils rompent leur « incognito, leur droit à se défendre résulte de leur intérêt à « la solution du procès. Ils peuvent donc intervenir, mais à « leurs frais, sauf la garantie qu'ils pourraient avoir contre « le breveté en cas d'annulation du brevet entraînant la « résiliation de leur contrat (2). »

610. Juridiction compétente. — Il ressort clairement des termes de la loi que le ministère public ne peut requérir la nullité absolue que devant les tribunaux civils. Devant le Tribunal correctionnel, ses réquisitions seraient sans objet, puisqu'il n'appartient pas à cette juridiction de prononcer la nullité ou la déchéance, même relative, d'un brevet (3).

Il a été jugé, en ce sens, que le droit d'intervention du ministère public en matière de brevets d'invention ne s'applique qu'aux instances qui ont pour objet principal et direct

(1) Conf. Renouard, n° 204.
(2) Bédarride, n° 519.
(3) Comp. Renouard, n° 201. — V. *suprà*, n° 586.

la nullité ou la déchéance des brevets, lesquelles ne peuvent être intentées que devant les tribunaux civils (Douai, 5 août 1851, Jérosme (1), Dall., 54.2.72).

611. Devant quel tribunal le ministère public doit-il assigner? — Puisque la loi impose au ministère public l'obligation de mettre en cause tous les intéressés, il en résulte, aux termes de l'art. 35, que le seul tribunal compétent pour statuer sur son action est celui du domicile du breveté. La règle tracée à cet égard par cet article s'impose à tous et lie la société agissant en nom collectif au même titre que les simples particuliers (2).

612. Droit d'appel du ministère public. — Le ministère public, s'il succombe en première instance, peut interjeter appel, sauf à se conformer aux règles tracées par le Code de Proc. civ. pour les formes à suivre et les délais à observer; cependant, s'il n'est que partie intervenante, quelques personnes pensent qu'il ne peut interjeter appel qu'autant que le défendeur principal interjette lui-même appel. Il nous paraît difficile d'accepter cette solution, qui facilite évidemment les collusions entre le breveté et le défendeur principal, et leur permet, en s'entendant, de déjouer les efforts du ministère public en faveur de l'industrie. Il est, du reste, de principe que l'accord qui s'établit, par acquiescement au jugement ou par transaction, entre le demandeur et le défendeur, ne préjudicie en rien aux droits de la partie intervenante. Pourquoi la loi de 1844 dérogerait-elle à une règle si salutaire (3)?

613. *Quid* si, en appel, le ministère public croit le brevet valable? — Ajoutons qu'en appel, l'organe du ministère public n'est pas tenu de soutenir la demande en nullité absolue, par ce seul fait que son collègue l'a proposée et défendue en première instance; il n'est tenu d'obéir qu'à sa conscience.

---

(1) V. également Amiens, 28 déc. 1850, mêmes parties (Sir. 50.2.107).

(2) V. Bédarride, n° 520.

(3) Conf. Dall., v° *Intervention*, n°s 126 et suiv.

614. Nécessité pour le breveté de signifier son appel au ministère public. — Nous ne saurions trop recommander au breveté, qui, sur la demande en nullité absolue, succombe devant les premiers juges, de signifier son acte d'appel, — s'il use de cette voie de recours, — non seulement au défendeur principal, mais au ministère public, partie intervenante. Autrement, le jugement pourrait acquérir force de chose jugée vis-à-vis du ministère public, et l'appel relevé à l'égard du défendeur principal serait illusoire. Notons, du reste, que le ministère public doit, comme une partie ordinaire, signifier le jugement au breveté pour faire courir à son égard les délais d'appel. La signification de la partie privée serait insuffisante à faire courir les délais d'appel, même à l'égard du ministère public.

615. Jurisprudence. — Il a été jugé, en ce sens, que, lorsque la nullité absolue d'un brevet a été prononcée par les premiers juges, sur les réquisitions du ministère public, rendu partie intervenante, la signification du jugement, à la seule requête de la partie privée, ne peut avoir pour effet de faire courir le délai d'appel, même à l'égard du ministère public, et d'obliger la partie condamnée à interjeter appel contre lui : il s'ensuit qu'en l'absence de signification de la part de ce dernier, la Cour, saisie de l'appel, statue valablement, même au chef de la nullité absolue, qui ne saurait être considérée comme définitivement jugée (Rej. 20 avril 1868, Noé et Maillard, Dall., 68.1.424).

616. ***Quid*** **des dépens faits sur l'action du ministère public?** — Que le ministère public soit partie principale ou partie intervenante, il est évident que sa présence au procès, dans l'une ou l'autre de ses qualités, entraînera des frais importants. Qui les supportera? Pas de difficulté dans le cas où le ministère public triomphe dans sa prétention ; c'est à la partie qui succombe, c'est-à-dire au breveté, à supporter tous les dépens ; pourquoi a-t-il pris, pourquoi surtout a-t-il défendu un brevet qui était frappé d'une nullité radicale ?

Si le ministère public, partie principale au procès, vient à succomber, on ne peut admettre que le breveté, qui obtient gain de cause, soit condamné aux frais faits sur l'action du ministère public. Il est vrai qu'il est de principe, dans notre législation, que le ministère public ne soit jamais condamné aux dépens ; toutefois, comme le remarque M. Renouard (1), l'action civile, donnée au ministère public par la loi de 1844, s'écarte assez des règles ordinaires pour qu'on tolère ici une exception à la règle qui affranchit le ministère public des dépens. Il semble donc naturel que ce soit le Trésor qui les supporte ; c'est également l'avis de M. Nouguier (2).

Mais que décider dans le cas où le ministère public aura succombé comme partie intervenante ? N'est-ce point au demandeur principal en nullité, qui succombe également, que devront incomber les frais faits sur l'intervention du ministère public ? M. Nouguier ne le pense pas. « Comme cette « intervention, dit-il, a été toute spontanée, comme elle ne « peut aggraver la position des demandeurs, qui n'avaient « pas le droit de s'y opposer, il faudrait encore, en cas d'in- « succès, en laisser les frais à la charge du Trésor (3). » M. Renouard pense différemment : « On peut répondre, dit-il, « que le procès n'a existé avec le ministère public que parce « que le particulier demandeur a suscité une contestation « qui, en définitive, a été jugée mauvaise ; que former une « telle demande, c'est s'exposer à ses conséquences ; que « l'équité n'est pas blessée de ce que, plus grands ont été les « périls auxquels le demandeur a exposé le breveté, plus la « peine soit forte contre le téméraire provocateur de ces pé- « rils. Le ministère public ne supportera donc pas les dépens « s'il n'a succombé que comme partie intervenante (4). » Les réflexions de M. Renouard nous paraissent justes et nous en approuvons volontiers les conclusions. Le demandeur en nullité a dû prévoir que son action était de nature à provoquer l'intervention du ministère public, et peut-être même y comptait-il dans son propre intérêt.

M. Duvergier est d'un sentiment tout à fait opposé ; il re-

---

(1) V. Renouard, n° 202.
(2) V. Nouguier, n° 631.
(3) Nouguier, n° 631.
(4) Renouard, n° 202.

connaît qu'il serait équitable de mettre à la charge du Trésor les frais occasionnés par une poursuite du ministère public jugée mal fondée, mais il pense en même temps que, dans l'état actuel de la législation, aucun article de loi n'autorise les tribunaux à le faire. « Il est de principe dans notre droit, « dit-il, que toutes les fois que le ministère public agit comme « partie principale dans l'intérêt de la morale et de l'ordre « public, dans celui des lois et pour leur exécution, le Trésor « public ne peut être condamné aux frais. Les frais qui lui « sont personnels restent à la charge de l'administration de « l'enregistrement qui en fait l'avance. La partie gagnante « ne peut obtenir aucune condamnation pour les frais qu'elle « a faits. Jamais ce point n'a souffert la moindre diffi- « culté (1). » M. Duvergier conclut que, soit que le ministère public agisse comme partie principale, soit qu'il agisse comme partie intervenante, les frais faits sur son action ne peuvent être mis, dans le cas où il succombe, à la charge du Trésor. Les frais qui lui sont personnels sont supportés par l'administration de l'enregistrement; les autres restent à la charge du breveté, qui a dû les faire pour se défendre. M. Duvergier appuie sa théorie particulièrement sur les articles 117 et suiv. du *Tarif des frais en matière criminelle* (2).

Ajoutons que les tribunaux pourraient, dans tous les cas, mettre les frais faits sur l'action du ministère public à la charge du demandeur en nullité, à titre de dommages-intérêts : cette disposition, qui tranche la difficulté, n'aurait rien que de régulier.

617. Nullité absolue ; sa publication. — Quand la nullité absolue a été prononcée, il importe qu'elle soit portée à la connaissance de tous ; puisque c'est le domaine public qui, dans ce cas-là, gagne son procès, il est naturel qu'on l'en avertisse. Aussi, l'art. 39 dispose-t-il que, « lorsque la « nullité ou la déchéance absolue d'un brevet aura été pro- « noncée par jugement ou arrêt ayant acquis force de chose

(1) Duvergier, p. 613.

(2) Conf. Boncenne, t. 2, p. 556 ; Pigeau, t. 1, p. 308 ; Carré, t. 1, quest. 552.

« jugée, il en sera donné avis au ministre de l'agriculture et « du commerce, et la nullité ou la déchéance sera publiée « dans la forme déterminée par l'art. 14 pour la proclama- « tion des brevets. »

M. Bédarride fait à cet égard une réflexion très judicieuse : « Il peut se faire, dit-il, que l'arrêt soit cassé, et que la Cour « de renvoi juge autrement que ne l'avait fait la première, « et, si cela arrivait, quelle serait la position de ceux qui, « sur la foi de l'ordonnance, auraient exploité l'industrie « brevetée ? Nous croyons donc qu'il est prudent et sage « qu'avant de donner à l'arrêt d'annulation la publicité pres- « crite, le ministre s'assure qu'il n'y a pas eu pourvoi ou que « le pourvoi a été rejeté (1). »

SECTION III.

Action en revendication.

SOMMAIRE.

618. Brevets pris à la même date ; priorité. — 619. *Quid* en cas de fraude ? — 620. L'inventeur véritable n'a-t-il droit qu'à la subrogation ? — 620 *bis*. Jurisprudence. — 621. *Quid* si l'invention usurpée n'est pas nouvelle ? — 622. *Quid* si le brevet a été cédé ? — 623. *Quid* si le revendiquant n'est pas le véritable inventeur ? — 624. *Quid* en cas de poursuite ? — 625. *Quid* si l'invention appartient à l'État ? — 626. *Quid* si l'usurpateur a perfectionné l'invention ? — 627. Réserve au sujet de la règle précédente. — 628. L'action en revendication est personnelle ; dans quelles limites ? — 629. Action en revendication ; forme ; compétence. — 630. Juridiction administrative ; ses pouvoirs.

618. Brevets pris à la même date ; priorité. — Entre deux brevets pris pour le même objet à des dates différentes, la priorité de la date constitue un droit de préférence ; nous l'avons déjà dit. Toutefois, c'est à la condition que les deux inventeurs sont de bonne foi et sont arrivés à la même découverte chacun de son côté et sans se rien emprunter l'un à l'autre. Le privilège en ce cas est au plus diligent, et l'autre,

(1) Bédarride, n° 522.

alors même qu'il serait en mesure d'établir qu'il avait réalisé l'invention le premier, ne pourrait réclamer pour lui le bénéfice du brevet, ni en revendiquer la propriété. Nous avons examiné ailleurs (1) la question de savoir si, dans tous les cas, il peut tirer quelque avantage de sa connaissance personnelle de l'invention avant la prise du brevet.

619. *Quid* **en cas de fraude?** — Il n'en est plus de même en cas de fraude; la priorité de la date n'est qu'une présomption qui peut être combattue par la preuve contraire; « la loi n'a ni pu ni voulu donner un bill d'impunité à la « mauvaise foi et au vol (2). » Il peut arriver, en effet, que l'invention soit dérobée à son auteur avant qu'il l'ait fait protéger par la loi, et que celui qui l'a dérobée la fasse, le premier, breveter à son nom. C'est une usurpation que l'inventeur véritable a évidemment le droit de poursuivre. Rien de plus simple si le brevet pris en fraude des droits de l'inventeur est explicite, complet; il lui suffit de revendiquer la propriété du brevet, de faire substituer son nom à celui du premier titulaire, et de se faire en un mot, subroger dans tous les droits qui y sont attachés.

M. Allart fait remarquer qu'il peut se présenter telles circonstances où l'inventeur dépouillé serait recevable à se plaindre soit d'un abus de confiance soit d'un vol. « Supposons, dit-il, que l'inventeur remette à un tiers les dessins « d'une machine, objet de sa découverte, en le chargeant de « lui donner son avis et ses conseils; le confident indélicat « copie ces dessins et fait breveter la machine à son nom; il « se rend coupable d'un abus de confiance tombant sous « l'application de l'article 408 du Code pénal. Supposons « encore qu'un individu dérobe le dossier et le mémoire descriptif que l'inventeur a préparés et prenne un brevet à « son profit : il faudra voir dans ce fait un véritable vol puni

---

(1) V. *suprà*, n° 425.

(2) V. Blanc, *Propr. ind.*, n° 124. — V. également Trib. civ. Seine, 27 déc. 1851, Pothier-Lebrun; 11 juill. 1856, Alcan; 24 déc. 1858, Roux; Trib. civ. Lyon, 6 avril 1859, Champagnac (*Propr. ind.*, n° 75); Paris, 25 nov. 1885, Samain (Pataille, 88.215).

« par l'art. 401 du Code pénal (1). » Cette observation nous paraît juste; l'auteur ajoute avec raison que le tribunal correctionnel, compétent pour statuer sur le délit d'abus de confiance ou de vol, ne pourrait prononcer la subrogation du brevet au profit du véritable inventeur, subrogation qui ne peut être ordonnée que par la juridiction civile (2).

Jugé toutefois : 1° que la revendication d'un brevet n'est plus possible lorsque des conventions ou même de simples faits prouvent que le droit privatif a été abandonné, par exemple, lorsque le revendiquant est entré au service de l'industriel breveté et l'a aidé dans l'exploitation de son brevet (Paris, 27 juin 1872, Stevens et Mailhes, Pataille, 78.327);—2° que le véritable inventeur est celui qui, après avoir fait des recherches et de nombreux essais, pour obtenir un produit nouveau, s'est ensuite adressé à un homme du métier et en a reçu des conseils; ce dernier ne peut revendiquer le brevet pris dans ces conditions, bien qu'il ait donné l'indication du meilleur dosage des substances de la découverte (Caen, 20 juillet 1886, Peschard, Pataille, 87.40).

620. L'inventeur véritable n'a-t-il droit qu'à la subrogation? — Il se peut que le brevet pris en fraude des droits du véritable inventeur, et précisément parce qu'il n'a pas été pris par lui, ne contienne qu'une description vague, obscure, inintelligible, et que l'inventeur ait intérêt à prendre un second brevet qui donne tous ses moyens et les donne d'une façon claire et complète. Est-ce que, dans ce cas, l'inventeur n'a d'autre ressource que de se faire subroger dans les droits vraiment illusoires, qui sont attachés au premier brevet? Est-il, par surcroît, obligé de payer la taxe afférente aux deux brevets et sa situation est-elle ainsi rendue pire par la spoliation dont il est victime? M. Blanc enseigne que l'inventeur, en ce cas, peut demander la nullité du brevet pris en fraude de ses droits, mais en même temps il ajoute que cette nullité ne profitera pas au domaine public, sauf aux tribunaux à tenir compte de la bonne foi de ceux qui auraient

(1) Allart, n° 161.
(2) V. *infrà*, n° 629.

imité ce brevet, croyant qu'il était licite de le faire (1). M. Nouguier critique cette solution et soutient que la nullité ne peut être prononcée sans être préjudiciable à l'inventeur (2).

Pour nous, il nous semblerait naturel de décider, non que le premier brevet sera nul, — car toute nullité profite au domaine public —, non que l'inventeur sera purement et simplement subrogé dans les droits du premier brevet, — car c'est une charge sans compensation —, mais que le premier brevet se confondra avec le dernier, qu'il ne fera qu'une seule et même chose avec lui et suivra exactement sa fortune, vivant tant qu'il vivra, mourant quand il mourra, de quelque façon qu'il meure. Sur le vu de la grosse du jugement, l'administration porterait, en marge du premier brevet, une mention de la confusion qui se serait opérée. De cette manière, tous les droits seraient respectés. Le public ne serait pas induit en erreur par une nullité qui ne doit pas lui profiter ; le véritable inventeur ne serait pas forcé de payer les annuités d'un brevet qui n'a aucune raison d'être (3).

La solution que nous proposons ne fait pas d'ailleurs obstacle à ce que le véritable inventeur demande, purement et simplement, s'il le préfère, la nullité du brevet pris en fraude de ses droits. Il se peut, en effet, que le brevet soit si ténébreux, si absolument incomplet que sa nullité ne crée aucun droit au profit des tiers et que l'inventeur véritable tienne, ne fût-ce que par amour-propre, à repousser toute attribu-

---

(1) V. Blanc, p. 609. — M. Blanc ajoute que « lorsqu'un débat est « engagé sur la propriété d'un brevet, le tribunal saisi peut ordonner « que le brevet sera placé sous séquestre et que l'usage en sera interdit « à chacun des prétendants jusqu'à ce qu'il ait été statué sur la pro- « priété. » Sans discuter cette opinion, qui nous paraît sujette à controverse et qui ne tient peut-être pas assez compte de la nature spéciale du brevet, remarquons, du moins, avec M. Blanc, que le droit du tribunal « ne l'autorise pas à prononcer la séquestration jusqu'à l'expira- « tion du brevet ; car ce serait, au préalable, détruire la propriété. »

(2) V. Nouguier, n° 699. — Comp. Pelletier et Defert, *Proc. en mat. de contref.*, n° 276.

(3) V. pourtant Allart, n° 155.

tion d'un semblable titre. Ce cas sera nécessairement rare ; néanmoins, il peut se présenter, et, du reste, c'est à l'inventeur à juger du péril que lui fera courir la nullité qu'il demande et de l'influence qu'elle exercera sur la validité de son propre brevet. Remarquons toutefois qu'en ce cas la nullité est fondée non sur l'usurpation de la découverte, qui n'est pas mise par la loi au nombre des causes de nullité, mais sur l'insuffisance de la description. L'inventeur agit en ce cas comme agirait tout autre tiers.

620 *bis*. **Jurisprudence.** — Il a été jugé : 1° que, lorsqu'un brevet a été pris frauduleusement par un autre que le véritable inventeur, celui-ci peut, s'il le juge convenable, faire porter à son nom le brevet ainsi indûment pris, et les tribunaux peuvent en tous cas faire défense au titulaire du brevet de s'en servir à l'avenir (Trib. civ. Seine, 23 mai 1855, Sautelet, Huard, sur l'art. 34, n° 28) ; — 2° que d'ailleurs, si, dans les termes ordinaires du droit, il peut suffire au légitime propriétaire de l'invention de demander la subrogation dans le brevet pris en fraude de ses droits, il peut se faire aussi qu'il y ait intérêt pour lui à attaquer, comme le ferait tout autre tiers, ledit brevet en nullité, alors par exemple, que les dessins et description y joints sont inapplicables et inexécutables, et que d'ailleurs l'invention est conservée par un deuxième brevet pris au nom du demandeur en nullité (Trib. civ. Seine, 9 déc. 1864, Cordier, *Gaz. trib.*, 23 déc.).

621. *Quid* **si l'invention usurpée n'est pas nouvelle ?** — L'action en revendication n'est subordonnée qu'à une condition, c'est que le revendiquant établisse que c'est à lui que l'invention a été empruntée. C'est en vain que celui qui s'en est emparé soutiendrait que l'invention n'est pas nouvelle ; il n'appartiendrait pas aux tribunaux de repousser la revendication sous ce prétexte ; ils doivent, avant tout, juger la question de savoir s'il y a ou non usurpation, sauf ensuite à celui qui s'est emparé de l'invention à en contester la nouveauté dans un second procès.

621 *bis*. **Jurisprudence.** — Il a été jugé en ce sens : 1° que, lorsqu'un tribunal est saisi d'une demande en revendication de brevet, il doit circonscrire son examen à la question de

propriété et qu'il est dès lors inutile de rechercher si, comme le prétend le défendeur, l'invention n'est pas nouvelle; la question de propriété d'un brevet dûment portée devant la justice et sans autres circonstances qui s'y rattachent doit, entre les parties litigantes, être pour ainsi dire examinée et jugée comme la concession du brevet lui-même a été faite par le Gouvernement, c'est-à-dire sans garantir à celui qui l'a obtenu ni la priorité, ni le mérite, ni le succès du brevet (Bourges, 23 janv. 1841, Treuille de Beaulieu, Dall., 42.2.25): — 2° que, lorsqu'une demande a pour but de faire subroger le demandeur dans le bénéfice d'un brevet d'invention, qu'il prétend pris en fraude de ses droits, les tribunaux, saisis de cette demande, ne peuvent sortir des limites du débat et prononcer la nullité du brevet (Paris, 28 mai 1867, Peltier, Pataille, 67.372).

622. ***Quid* si le brevet a été cédé?** — Le fait que le brevet a été cédé, et cédé régulièrement à un cessionnaire de bonne foi, ne ferait pas obstacle à l'action en revendication.

Il a été jugé en ce sens que celui qui revendique la propriété d'une invention brevetée en fraude de ses droits peut la revendiquer même à l'encontre d'une personne qui justifierait d'une cession régulière à elle consentie par l'usurpateur du brevet; s'il en était autrement, celui-ci pourrait facilement se mettre à l'abri de toute poursuite en cédant son brevet immédiatement après la faute qu'il a commise pour se l'approprier (1).

623. ***Quid* si le revendiquant n'est pas le véritable inventeur?** — Par la même raison, les tribunaux, saisis d'une action en revendication, n'ont point à rechercher si celui au détriment duquel a été pris le brevet est ou non l'auteur véritable de l'invention, ou s'il ne s'en était pas emparé lui-même au préjudice d'un autre. La question doit toujours se ramener à ces éléments très simples : Est-ce au revendiquant que le breveté a volé l'invention ?

Jugé en ce sens qu'il importerait peu que le revendiquant ne fût pas lui-même le véritable inventeur; l'action en reven-

(1) V. Paris, 4 juill. 1856, Macé (Huard, sur l'art. 20, n° 53).

dication n'en doit pas moins être admise, dès qu'il est établi que c'est au revendiquant que le titulaire du brevet a emprunté l'invention qu'il a fait breveter, sauf ensuite au véritable inventeur à faire valoir ses droits contre qui il appartiendra (Rouen, 28 janv. 1847, Rodwick, Sir., 48. 2.582).

624. *Quid* **en cas de poursuite?** — Nous exprimerons la même idée sous une autre forme en disant que les tiers ne peuvent attaquer la validité d'un brevet, ou repousser les poursuites exercées contre eux en vertu de ce brevet, sous le prétexte que le titulaire n'en serait pas légitime propriétaire, si d'ailleurs ils n'ont eux-mêmes aucuns droits à prétendre à la propriété. De quel intérêt, en effet, pourraient-ils justifier? Que leur importe que le brevet soit en telles ou telles mains, si ce brevet leur est étranger? Se plaindront-ils, en cas de poursuite, de ne pas être poursuivis par le propriétaire véritable du brevet? Mais en quoi cette circonstance influera-t-elle sur l'innocence ou la culpabilité de leur conduite? La belle défense, de la part d'un voleur, que celle qui consisterait à dire : Ce n'est pas Pierre que j'ai volé, c'est Paul! Concluons de là que c'est au propriétaire de l'invention, à lui seul qu'il appartient de faire valoir son droit, et que nul ne peut le faire s'il se tait.

Jugé, en ce sens, que tout brevet régulièrement délivré constitue, au profit du breveté, un titre irréfragable, contre la validité et l'exercice duquel les tiers ne peuvent se prévaloir que des causes de nullité ou de déchéance énumérées dans la loi : spécialement, au nombre des causes légales de nullité ou de déchéance, ne figure pas celle qui serait fondée sur ce que la découverte brevetée n'appartiendrait pas au titulaire du brevet; en conséquence, si celui auquel revient la propriété du brevet est fondé à la revendiquer contre celui qui s'en est fait attribuer indûment le titre, ce droit qui dérive de lui seul est par cela même un droit purement personnel, et ne peut dès lors être exercé par des tiers, en dehors de lui, et sans son intervention par les voies légales (Cass., 25 janvier 1856, Manceaux, Dall., 56.1.140).

625. *Quid* **si l'invention appartient à l'État?** — La solution est-elle la même quand c'est l'état qui est le propriétaire véritable, par exemple, au cas où le titulaire du brevet est un fonctionnaire public qui, à raison même de la spécialité de ses fonctions, ne pouvait prendre le brevet en son nom ?

L'affirmative résulte d'un arrêt de la Cour de cassation qui décide que la règle est commune à tous et ne se modifie à aucun titre, même lorsqu'il est articulé que c'est l'État qui est le véritable intéressé. Suivant cet arrêt, l'État, comme un simple particulier, est libre, en effet, d'apprécier s'il lui convient ou de laisser la jouissance de l'invention au titulaire du brevet, ou de la revendiquer afin de la posséder à titre privatif, ou d'en doter le domaine public (1).

Cette décision admet en principe que l'État peut privativement posséder une invention ; pour ceux qui pensent qu'une invention ne peut appartenir à l'État sans tomber aussitôt dans le domaine public, il va de soi que les tiers peuvent en tout état de cause se prévaloir de ce que l'invention, dont on leur reproche la contrefaçon, appartient à l'État c'est-à-dire à tout le monde.

Nous avons expliqué plus haut comment, après nouvel examen, nous avions été amené à rejeter cette opinion qui fut d'abord la nôtre (2).

626. *Quid* **si l'usurpateur a perfectionné l'invention ?** — Il se peut que celui qui s'est emparé de l'invention y ait ajouté, comme on dit, quelque chose de son cru, qu'il l'ait améliorée, perfectionnée. Que feront, en ce cas, les juges? Devront-ils rechercher ce qu'était l'invention, telle qu'elle a été usurpée, en définir les éléments, et, tout en attribuant le brevet au véritable inventeur, en séparer les perfectionnements pour les réserver à leur auteur ? Non ; tant pis pour celui qui est en faute. Pourquoi a-t-il tenté de commettre une fraude ? Il est juste qu'il porte la peine de son indélicatesse.

Jugé en ce sens que le véritable inventeur a droit de revendiquer le brevet pris en fraude de ses droits par un

(1) V. Cass., 25 janv. 1856, Manceaux (Dall., 56.1.140).
(2) V. *suprà*, n° 92.

tiers auquel il a communiqué ses idées, alors même que ce brevet réaliserait des perfectionnements auxquels il n'avait pas lui-même songé, sauf aux juges, en ce cas, à tenir compte de cette circonstance pour l'appréciation des dommages-intérêts (Paris, 29 janv. 1859, Amuller, *le Droit*, 1859, n° 95).

627. Réserve au sujet de la règle précédente. — Nous pensons toutefois que ce principe ne doit pas être poussé jusqu'à l'extrême; et, s'il était constant que l'invention revendiquée est un objet accessoire du brevet qui a été pris, s'il était établi que le brevet comprend non seulement l'invention usurpée, mais encore des perfectionnements d'une importance telle qu'ils absorbent en réalité la découverte première, il nous paraîtrait bien difficile d'admettre que le brevet pût être attribué pour la totalité au revendiquant. Il nous semblerait équitable, en ce cas, de maintenir le titulaire en possession du brevet tout en le condamnant à réparer le préjudice qu'il cause par son usurpation. Peut-être encore les tribunaux pourraient-ils ordonner, en pareil cas, que la propriété du brevet sera divisée entre les ayants droit et l'attribuer pour partie à chacun d'eux. Cette dernière solution, toute hardie qu'elle peut paraître, n'a rien qui nous choque; nous avons vu qu'en cas de copropriété, le brevet peut, suivant les circonstances, être partagé en nature et séparément exploité par chacun des copropriétaires pour son compte : ici, il appartiendrait à chacun des inventeurs dans la mesure de son droit ; le revendiquant en jouirait pour l'objet de son invention, dans la possession duquel il serait ainsi réintégré; l'autre en jouirait pour le reste et sauf à voir son droit paralysé, si son invention n'était en définitive que l'émanation de celle qu'il a usurpée. Pourquoi n'en serait-il pas ainsi? Est-ce que le propriétaire d'un brevet ne pourrait pas céder l'exploitation de telle partie à celui-ci, de telle partie à celui-là? Ce que peut la convention des parties, pourquoi les tribunaux, le cas échéant, ne le pourraient-ils pas (1)?

---

(1) V. Allart, n° 156. — V. anal. Dijon, 1er mars 1865, Calais (Pa-

628. L'action en revendication est personnelle; dans quelle limite ? — Nous avons dit que l'action en revendication est personnelle au propriétaire de l'invention. Est-elle toutefois tellement personnelle qu'elle ne puisse être exercée par les créanciers de l'inventeur ? Supposez, par exemple, que l'inventeur tombe en faillite avant d'avoir pris son brevet, et que, postérieurement à la déclaration de sa faillite, un brevet soit pris par un tiers pour son invention : quels seront les droits de la masse? Deux espèces peuvent évidemment se présenter : le tiers aura pris le brevet soit d'accord avec l'inventeur, soit, au contraire, par suite d'une usurpation. Dans le second cas, c'est-à-dire en cas d'usurpation, il nous semble évident que la masse, représentée par le syndic, a intérêt et droit, comme l'inventeur lui-même, à revendiquer la propriété du brevet usurpé. Dans l'autre cas, le doute vient de ce que l'inventeur, tant qu'il n'a pas cru devoir prendre un brevet, ne doit compte à personne de son invention. Ne pouvait-il pas, en effet, garder le secret de sa découverte? Ne pouvait-il la rendre publique et par conséquent abdiquer tout droit privatif? Dès lors, n'a-t-il pu disposer de son invention comme bon lui semblait? Quel tort a-t-il fait à ses créanciers? Il n'était pas tenu de réaliser cette découverte; il n'était surtout pas tenu de la révéler : ses créanciers n'ont donc pu compter qu'il la ferait ni la comprendre dans leur gage.

Ces principes sont vrais en eux-mêmes ; mais leur application cesse où commence la fraude. Si l'inventeur, au lieu de garder secrète son invention, au lieu de la publier, la consigne dans un brevet et lui donne ainsi un corps, en fait l'objet d'un droit déterminé, la transforme, en un mot, en une source de revenus, peut-il dépendre de sa seule volonté d'en priver ses créanciers? Quoi ! il pourra, par suite d'arrangements plus ou moins ingénieux, soustraire à leur légitime action un bien qui a une valeur réelle; il pourra s'en conserver la propriété, soit en la partageant avec un prête-nom

---

taille, 65.441). — Comp. Pelletier et Defert, *Proc. en mat. de contref.*, n° 270.

complaisant, soit à l'aide d'une personne interposée; et, à supposer qu'il ait fait l'abandon de son invention à titre gratuit, il pourra se montrer libéral et donner, quand il ne peut faire honneur à ses affaires ni payer ce qu'il doit! N'y a-t-il pas là un résultat illogique et choquant? Le failli qui trouve un trésor pourrait-il, au détriment de ses créanciers, abandonner, fût-ce même par pure générosité, la part que lui réserve la loi? Tout de même ici, il paraît équitable d'admettre que le brevet appartient à la masse et qu'elle peut en revendiquer le profit (1).

629. Action en revendication; forme; compétence. — Sur ce point, nos explications se bornent à un mot : Tout ce que nous avons dit de l'action en nullité ou en déchéance s'applique exactement à l'action en revendication, sauf, bien entendu, ce qui concerne le droit du ministère public à fin de nullité absolue. Compétence exclusive des tribunaux civils, instruction dans la forme prescrite pour les affaires sommaires, nécessité de la communication au ministère public, etc., toutes ces dispositions sont applicables aux actions en revendication.

630. Juridiction administrative; ses pouvoirs. — Que l'action en revendication soit de la compétence des tribunaux civils, à l'exclusion de la juridiction administrative, cela résulte des termes positifs de la loi. Toutefois, on n'est pas d'accord sur la question de savoir si, au cas où la revendication est accueillie, il appartient aux tribunaux d'ordonner, comme conséquence, que le nom du revendiquant sera sur le brevet substitué à celui du titulaire usurpateur.

Il a été jugé que ce droit appartient à l'autorité administrative qui, seule, a pouvoir pour modifier les termes d'un arrêté administratif (2). Cette doctrine est peut-être rigoureusement exacte; toutefois nous ne voyons pas l'utilité

---

(1) V. Allart, n° 158. — V. *suprà*, n° 95 *bis*.

(2) V. Rouen, 28 janv. 1847, Roduwick (Sir. 48.2.582). — Comp. Amiens, 2 déc. 1858, Dumont (*Propr. ind.*, n° 66); Trib. civ. Seine, 5 fév. 1861, Rosel (*Propr. ind.*, n° 170). — V. aussi Renouard, n° 93. — Comp. Pelletier et Defert, *Propr. en mat. de contref.*, n° 277.

de ce circuit d'actions ; action devant les tribunaux ordinaires afin de faire juger la question de propriété ; et puis, lorsque cette question est tranchée, action nouvelle devant la juridiction administrative afin d'obtenir la substitution du nom. A quoi bon cette seconde action ? L'autorité administrative pourra-t-elle refuser la substitution ? Entreprendra-t-elle de reviser la décision rendue ? Non ; elle devra dans tous les cas opérer la substitution requise. Dès lors pourquoi multiplier les actions ? Dans la pratique, les tribunaux n'hésitent pas à ordonner la substitution du nom, sans croire pour cela violer le principe de la séparation des pouvoirs ; et, de son côté, l'autorité administrative opère la substitution, sans voir là aucune atteinte portée à ses prérogatives.

LIVRE DEUXIÈME.

DE LA CONTREFAÇON.

CHAPITRE Ier.

FAITS QUI CONSTITUENT LA CONTREFAÇON.

SECTION Ire.

Contrefaçon proprement dite.

ARTICLE Ier.

CARACTÈRES GÉNÉRAUX.

SOMMAIRE.

631. De la protection due au breveté. — 632. Définition de la contrefaçon. — 633. Conditions de la contrefaçon. — 634. Validité du brevet. — 635. Atteinte portée au brevet. — 636. *Quid* s'il n'y a pas de préjudice? — 637. Importance de l'invention. — 638. *Quid* de la nécessité d'un service

631. De la protection due au breveté. — Nous avons vu que les brevets sont délivrés aux risques et périls des inventeurs et sans aucune garantie de la part du Gouvernement. Il ne s'ensuit pas que la loi refuse toute protection aux brevetés. Au contraire, le brevet, lorsqu'il est reconnu valable, constitue un titre auquel force est due envers et contre tous. En ce cas, le breveté est en droit de poursuivre toute exploitation qu'il n'a pas autorisée et d'obtenir la réparation du préjudice que cette exploitation illicite lui cause. Cette exploitation illicite constitue ce que la loi appelle la *contrefaçon*. Comme le disent très bien MM. Picard et Olin, « le droit de poursuivre les faits de cette nature et d'en « obtenir un juste dédommagement est le corollaire du pri- « vilège octroyé aux inventeurs (1). »

632. Définition de la contrefaçon. — L'article 40 la définit ainsi : « Toute atteinte portée aux droits du bre- « veté, soit par la fabrication de produits, soit par l'emploi « de moyens faisant l'objet de son brevet, constitue la con- « trefaçon. » Notons d'abord dans cette définition le mot « breveté » qui manque de précision. Ce n'est pas, en effet, au breveté seulement qu'il appartient de se plaindre de la contrefaçon ; c'est encore, et cela va sans dire, à ses ayants cause. Il eût donc été plus juste de définir la contrefaçon : toute atteinte portée aux droits *du propriétaire du brevet.*

Cette définition nous paraît incomplète à un autre point de vue. La loi, avons-nous dit, n'admet comme brevetables que les produits ou les moyens, qu'ils soient nouveaux ou seule-

(1) Picard et Olin, n° 522.

ment appliqués d'une façon nouvelle; et, comme conséquence de cette énumération, elle interdit de fabriquer les produits ou d'employer les moyens qui font l'objet du brevet. Il résulterait de ces expressions, à les prendre au pied de la lettre, que l'emploi d'un produit breveté ne constitue pas une contrefaçon. Ce serait pourtant une erreur que de le penser; il n'a pu évidemment entrer dans l'intention du législateur de punir l'emploi des moyens brevetés et d'innocenter l'emploi d'un produit; il faut donc entendre ces mots « emploi des moyens » d'une façon générale, et y comprendre également les produits.

633. Conditions de la contrefaçon. — Concluons de ce qui précède qu'il n'y a de contrefaçon qu'autant : 1° qu'il existe un brevet valable; 2° qu'il a été porté atteinte aux droits résultant du brevet; et 3° que l'atteinte portée au brevet l'a été par l'un des modes prévus dans l'article 40, c'est-à-dire par la fabrication ou l'usage de ce qui fait l'objet du brevet. Si l'une de ces conditions vient à manquer, la contrefaçon s'évanouit.

634. Validité du brevet. — Nous ne pouvons que renvoyer aux développements que nous avons donnés dans le courant du livre. Le prévenu de contrefaçon est en droit d'invoquer toutes les causes de nullité ou de déchéance qui peuvent vicier le brevet. Elles constituent, à son égard, des exceptions péremptoires à la poursuite dont il est l'objet. Relevons, à ce propos, un reproche que nous avons souvent entendu jeter à la face des prévenus de contrefaçon; le breveté, qui voit son brevet menacé et son droit privatif lui échapper, s'efforce la plupart du temps de prouver que celui qu'il poursuit a été du moins, pour employer une assez étrange expression, *contrefacteur de fait*, et qu'il ne s'est inquiété de savoir s'il existait des antériorités qu'après s'être emparé de l'invention. Que ce reproche ait quelque valeur au point de vue de la moralité du procès, c'est ce que les circonstances de chaque espèce permettent seules d'apprécier. Mais, au point de vue du droit lui-même, ce reproche est absolument sans portée (1). Le prévenu de contrefaçon n'a point à rendre

(1) Comp. *suprà*, n° *444*.

compte du moment où il a étudié la valeur du brevet; s'il a commencé par installer sa fabrication, sans rechercher en quoi elle pouvait être incriminée par tel ou tel breveté, il l'a fait à ses risques et périls. Tant pis pour lui s'il n'est point en mesure de renverser le brevet; tant mieux dans le cas contraire. Toujours est-il que la justice doit examiner les antériorités qu'il fait valoir, sans avoir à rechercher si, à l'époque où il a commencé de fabriquer, il les possédait déjà ou non; cela est et doit rester sans influence aucune sur le sort du procès.

Jugé, en ce sens, que le prévenu de contrefaçon n'est pas tenu de justifier d'une connaissance personnelle et directe, au moment de la contrefaçon, de la publicité qu'il oppose (Amiens, 30 mars 1865, Joly, Pataille, 65.233).

635. Atteinte portée au brevet. — Il faut, disons-nous, qu'il y ait atteinte portée aux droits résultant du brevet, c'est-à-dire que le brevet ait été imité dans sa partie constitutive. Il ne suffit pas, en effet, qu'un emprunt ait été fait à un brevet valable pour qu'il y ait contrefaçon; il faut, de plus, qu'il y ait usurpation de ce qui fait l'objet même du brevet. Il arrive tous les jours qu'un brevet renferme, à côté de l'objet qui le constitue, certains détails vulgaires, connus, qui servent uniquement à mieux faire comprendre la pensée de l'inventeur; le plus souvent même, surtout au point où en est aujourd'hui l'industrie, les découvertes ne portent que sur des ensembles dont les éléments, pris isolément, sont du domaine public. Qu'importe, en ce cas, l'imitation de tel ou tel élément, de tel ou tel détail, si ce n'est pas là ce qui constitue le droit privatif du breveté? Lors donc qu'on a à juger une contrefaçon, il faut se demander, non pas : est-ce dans le brevet, mais : est-ce l'objet du brevet?

636. ***Quid* s'il n'y a pas de préjudice?** — L'imitation du brevet peut avoir plus ou moins de gravité et préjudicier plus ou moins aux intérêts du breveté; il peut même arriver que cette imitation se produise dans de telles conditions qu'elle ne cause au breveté aucun préjudice appréciable. L'objet contrefait, par exemple, sera si grossièrement fabriqué, si imparfait, si maladroitement employé, que le breveté n'aura rien à redouter de la concurrence du contrefacteur.

Cette circonstance fera-t-elle disparaître la contrefaçon? La laissera-t-elle subsister? M. Nouguier (1), MM. Picard et Olin (2) semblent admettre qu'il n'y a de contrefaçon que s'il y a préjudice. Et, de fait, on comprend que ces mots de l'art. 40 : « *atteinte portée aux droits du breveté*, » puissent être interprétés dans le sens de « préjudice causé ». Pourtant, est-ce bien la pensée de la loi? Qu'importe, en effet, que le contrefacteur ait été inhabile ou maladroit; il n'en a pas moins empiété sur un domaine qui lui était fermé, qui appartenait à autrui. Il est juste, sans nul doute, que les tribunaux tiennent compte de cette circonstance pour abaisser le chiffre des dommages-intérêts dus au breveté ou même pour les supprimer tout à fait; mais que ce fait efface absolument toute contrefaçon, c'est, pour nous, ce qu'il est difficile de concevoir. A nos yeux, la contrefaçon, même lorsqu'elle est mal conçue et mal dirigée, même lorsqu'elle est malheureuse, conserve son caractère. Un voleur serait-il recevable à se défendre en prouvant que son vol ne lui a pas profité?

Jugé, en ce sens, que lorsqu'un brevet porte non sur un produit, mais sur les moyens employés pour l'obtenir, il y a contrefaçon dès que lesdits moyens sont usurpés, encore que le contrefacteur n'obtiendrait pas un produit aussi parfait que l'inventeur, et ne retirerait pas de ce procédé breveté tous les avantages qu'il comporte (Cass., 20 mars 1857, Villard (3), Pataille, 57.430).

637. Importance de l'invention. — Nous avons dit ailleurs que la validité du brevet ne pouvait légalement dépendre du mérite ou de l'importance de l'invention (4). Ce n'est pas le résultat que la loi considère, c'est le fait. Par la même raison, on est contrefacteur dès qu'on a imité l'invention dans ce qu'elle a d'essentiel, son mérite fût-il presque nul et son importance illusoire. C'est le fait de s'emparer de

---

(1) V. Nouguier, n° 724.
(2) V. Picard et Olin, n° 534.
(3) V. aussi Grenoble, 19 juin 1857, Villard (Pataille, 57.448).
(4) V. *suprà*, n° 15.

la chose d'autrui que la loi punit, sans s'attacher à la valeur de l'objet. Il appartient d'ailleurs aux tribunaux de prendre cette valeur en considération pour déterminer le chiffre de l'indemnité qui peut être due au breveté (1).

638. *Quid* **de la nécessité d'un service public ?** — Il n'y a pas de nécessité de service public qui puisse justifier ou excuser la contrefaçon. L'État, pas plus que les particuliers, ne peut porter atteinte aux droits résultant d'un brevet, et, si, par hasard, cette hypothèse se présentait d'un inventeur qui, ayant imaginé une arme perfectionnée, refuserait d'autoriser l'État à s'en servir, celui-ci ne pourrait, sous aucun prétexte, s'emparer de l'invention. Il n'aurait de ressource que l'expropriation forcée pour cause d'utilité publique. Ce qui est vrai pour l'État l'est également pour les grandes compagnies, notamment les compagnies de chemins de fer; elles ne pourraient, sous prétexte de nécessité d'un service public, usurper une invention brevetée (2).

639. Contrefaçon partielle. — La loi punit la contrefaçon partielle comme la contrefaçon totale. Il n'est pas plus licite de prendre une partie du bien d'autrui que d'en prendre la totalité. C'est là une règle d'honnêteté qu'il suffit d'énoncer sans qu'il soit besoin de la démontrer; elle s'impose à tous par son évidence même. S'il était permis de contrefaire partiellement, les brevets seraient lettre morte ; car les contrefacteurs s'empareraient de l'organe essentiel, du principe, et se borneraient à modifier les détails. Ils auraient vraiment beau jeu.

640. Jurisprudence (3). — Il a été jugé d'après cette règle:

---

(1) Rej., 1er mai 1851, Thomas (Dall., 53.1.67); Cass., 24 avril 1856, Aubeux (Dall., 56.1.223).

(2) V. Rej., 6 déc. 1861, de Bergues (Pataille, 62.209).

(3) V. également Douai, 30 mars 1846, Descat (Sir., 47.2.211); Trib. civ. Havre, 30 déc. 1857, Godet (*Propr. ind.*, n° 4); Paris, 24 déc. 1858, Milliet (Pataille, 59.161); Rouen, 8 mai 1863, et Rej., 6 fév. 1864, Rougot de Lisle (Pataille, 65.172); Rouen, 7 juin 1866, et Rej., 26 janv. 1867, Sax (Pataille, 69.295); Paris, 9 mai 1866, Sax (Pataille, 69.310); Trib. civ. Lyon, 29 avril 1871, Mulaton (Pataille, 71.24); Paris, 16 fév. 1867, Sax (Pataille, 67.261); Nancy, 11 août 1873, Frezon (Pataille, 73.321); Rouen, 16 mars 1874, Frezon (Pataille, 75.8).

1° qu'il n'est pas plus permis de contrefaire l'ensemble d'un produit breveté que les parties qui le composent, quand ces parties ont en elles-mêmes les caractères qui forment l'invention : spécialement, quand un brevet a été pris pour un instrument de musique (dans l'espèce le *saxo-tromba*), il y a lieu de déclarer contrefait un jeu de pistons détachés qui, par sa forme et son agencement, ne peut s'adapter qu'à l'instrument breveté, et dont la contexture particulière le rend impropre à entrer dans la composition de tout autre instrument (Paris, 27 janv. 1865, Sax, Pataille, 69.289) ; — 2° que le droit de celui qui est breveté pour une machine porte non seulement sur l'ensemble de l'appareil, mais encore sur les organes qui en sont les parties essentielles, et il y a, par suite, contrefaçon à copier un de ces organes : spécialement, celui qui a pris un brevet pour une machine « à bastir les chapeaux », et y a adapté un organe spécial destiné à éviter que les objets (les poils de chapeaux) qui sont soumis à l'action de la machine soient tachés d'huile, a droit d'empêcher que le même organe soit adapté dans le même but à une machine dite *souffleuse,* ayant elle-même pour but l'insufflation des poils, quoique de construction différente (Aix, 6 avril 1867, Coq, Pataille, 68.37) ; — 3° mais que, s'il est vrai que l'emploi d'un des moyens brevetés puisse suffire pour constituer la contrefaçon, c'est à la double condition que ce moyen soit l'objet du brevet comme élément essentiel, et qu'il ait été employé pour le même usage auquel le brevet l'a destiné (Rej., 8 mars 1867, Chevalier-Appert, *Bull. crim.*, 67.97).

641. Différences ; contrefaçon. — On ne saurait échapper aux peines de la contrefaçon sous prétexte que l'on aurait modifié plus ou moins l'invention. Qu'importe que l'on n'ait pas identiquement copié le brevet, si l'on en a copié les parties essentielles, constitutives. Nous avons vu que la contrefaçon partielle est punie au même titre que la contrefaçon totale. Le plus souvent d'ailleurs, les différences qui se remarquent entre l'objet breveté et l'objet contrefait n'ont pour but que de masquer la contrefaçon, de la dissimuler et, par suite, de mieux contrefaire le brevet en s'assurant l'impunité. Aussi, est-ce une règle bonne à suivre que de juger la contrefaçon d'après les ressemblances et non d'après les différences (1). Ajoutons cependant, — et c'est la même règle en sens inverse, — qu'il importerait peu que l'objet argué de contrefaçon pût, à l'aide d'une modification facile, remplacer l'objet breveté ; si en fait il est différent, il n'y a pas contrefaçon (2).

642. Jurisprudence; **espèces où la contrefaçon a été reconnue** (3). — Il a été jugé, d'après ces principes : 1° qu'il n'est pas nécessaire pour qu'il y ait contrefaçon que l'invention décrite au brevet soit entièrement et identiquement copiée ; en conséquence, il y a délit de contrefaçon dans l'usurpation essentielle de l'idée d'un procédé breveté, quelles que soient d'ailleurs les différences de détail que le prévenu signale, si d'ailleurs ses produits sont semblables à ceux que protège le brevet (Douai, 30 mars 1846, Descat, Dall., 47.2.205) ; — 2° qu'une différence de forme n'est pas exclusive de contrefaçon quand il est, du reste, établi que cette différence n'a d'autre but que de dissimuler la contrefaçon :

---

(1) V. Paris, 1er mars 1873, Carré (Pataille, 73.123).

(2) V. Paris, 5 fév. 1841, aff. Puget, cité par Blanc, p. 626. — V. aussi Trib. civ. Compiègne, 10 janv. 1872, Chenneval (Pataille, 72. 189).

(3) V. également Dijon, 18 juill. 1856, et Rej., 20 mars 1857, Villard (Pataille, 57.414); Rouen, 8 août 1857, Villard (Pataille, 57.439) ; Paris, 30 mai 1857, Lanoa (Pataille, 57.314) ; Paris, 30 mai 1857, Milliet (Pataille, 57.187); Paris, 23 mai 1857, Gâche (Pataille, 57.181) ; Paris, 21 nov. 1857, Doyon (Pataille, 58.207) ; Paris, 11 déc. 1857, Bonnet (Pataille, 58.137) ; Lyon, 13 déc. 1861, Renard et Franc (Pataille, 63.296) ; Paris, 13 mars 1862, Redier (Dall., 62.5.41) ; Paris, 13 mai 1865, et Rej., 26 janv. 1866, Chapellier (Dall., 66.1.357) ; Colmar, 10 janv. 1866, Imbs (Pataille, 66.70) ; Rouen, 26 nov. 1866, Carbonnier (Pataille, 68.260); Paris, 16 fév. 1867, Sax (Pataille, 67.261) ; Trib. civ. Lyon, 29 avril 1871, Mulaton (Pataille, 71.24) ; Trib. corr. Seine, 28 mai 1875, Leduc (Pataille, 76.44) ; Paris, 25 fév. 1876, Caton (Pataille, 78.23); Rej., 23 juin 1876, même aff. (Pataille, 78.23) ; Bordeaux, 6 juin 1877, Meunier (Pataille, 78.33) ; Rej., 26 nov. 1875, Moisset-Foye (Pataille, 77.102); Paris, 19 janv. 1882, Fialont (Pataille, 82.197); Amiens, 16 mars 1882, Abriany (Pataille, 83.182) ; Paris, 9 mai 1883, Paquelin (Pataille, 83.334) ; Paris, 12 déc. 1885, Berthelot (Pataille, 86.105) ; Paris, 25 nov. 1885, Samain (Pataille, 88.215).

spécialement, une augmentation dans l'épaisseur du carton à un endroit déterminé de la cartouche peut être considérée comme équivalent au renflement qui fait l'objet du brevet, quand il est d'ailleurs établi que cette augmentation d'épaisseur procède de la même idée, tend au même but et procure les mêmes avantages (Rej., 30 déc. 1852, Chaudun, *Bull. crim.*, 52.696);—3° qu'il y a contrefaçon, encore bien que les objets contrefaits (dans l'espèce, des étoffes) n'aient ni l'éclat ni la perfection de ceux fabriqués par l'inventeur, si d'ailleurs ils présentent les mêmes caractères (Paris, 31 juill. 1856, Montagnac (1), Dall., 57.2.9); — 4° que, lorsqu'un brevet porte tout à la fois sur des appareils et sur un procédé, il y a contrefaçon à imiter le procédé, alors même qu'on emploierait des appareils différents (Grenoble, 19 juin 1857, et Rej., 11 déc. 1857, Villard, Pataille, 57.448); — 5° qu'il y a contrefaçon, malgré une apparente dissemblance, dans le fait d'obtenir en métal et par estampage ce que l'inventeur obtient en matière molle et par moulage; la matrice n'est, en effet, qu'un moule à l'aide duquel on obtient, pour des corps moins malléables, les mêmes résultats obtenus sur ceux qui le sont davantage à l'aide des moules proprement dits : spécialement, étant donné qu'un brevet est pris pour un genre de poupées à la fois moulées et articulées, il y a contrefaçon à fabriquer des poupées dont les pièces, faites en métal, sont estampées et articulées (Paris, 14 mars 1862, Dlle Huret, Pataille, 62.385).

643. Jurisprudence, mêmes espèces. — Il a été jugé de même : 1° qu'il ne peut suffire, pour échapper à la contrefaçon, d'établir des appareils dans lesquels les organes secondaires du mécanisme seraient différents, si les appareils ont, en définitive, le même but et produisent le même résultat : spécialement, étant donné qu'un brevet porte sur le moyen de régulariser, dans les métiers *self-acting*, la formation du fond des bobines en employant la tension du fil pour déterminer la mise en mouvement de certains organes, il y a contrefaçon

(1) V. anal. Trib. corr. Seine, 13 mai 1863, Favier (Pataille, 64.247).

à utiliser le même moyen (tension du fil) en vue du même résultat, alors même que les organes de mouvement et d'arrêt qui, en mécanique, peuvent varier à l'infini, seraient différents (Colmar, 29 nov. 1865, et Rej., 1er déc. 1866, Mœckel, Pataille, 66.357 et 407) ; — 2° qu'il y a contrefaçon, encore qu'elle se masquât sous une différence de forme qui ne change d'ailleurs rien au système général de l'invention, non plus qu'à son résultat, alors surtout que cette modification n'a pour effet que de rendre l'instrument breveté moins parfait (Paris, 21 juill. 1866, Richard, Pataille, 67.251) ; — 3° que, lorsqu'un produit consiste dans un mélange (dans l'espèce, un mélange de soufre et de charbon), il y a contrefaçon à fabriquer un mélange analogue, dans lequel l'un des éléments (le charbon) est remplacé par une autre substance (la terre glaise) ayant la même propriété et produisant également ce résultat de donner à la composition, destinée à combattre l'oïdium, une propriété particulière d'adhésion à la plante (Montpellier, 17 nov. 1868, Coulet, Pataille, 70.47). — 4° qu'il n'est pas nécessaire, pour qu'il y ait contrefaçon, que tous les organes d'une combinaison brevetée aient été imités ; l'emploi d'un organe isolé peut suffire à constituer le délit, si cet organe est un élément essentiel du brevet, et s'il est employé pour le même usage que celui auquel le brevet l'a destiné (Paris, 2 août 1878, Balin (1), Pataille, 79.259) ; — 5° qu'il y a délit de contrefaçon lorsque l'on imite l'ensemble et les parties essentielles d'un système ou d'un appareil breveté ; les différences qui peuvent exister dans le nombre ou la disposition de quelques organes n'effacent pas la contrefaçon (Paris, 22 fév. 1882, Galmiche, Pataille, 82.46) ; — 6° que la contrefaçon s'établit par la similitude des dispositions essentielles ; il s'ensuit qu'une légère dissemblance, qui ne s'ajoute d'ailleurs au produit qu'après sa confection, ne saurait faire disparaître les similitudes essentielles qui identifient le produit argué de contrefaçon : spécialement, le fait d'ajouter à la bougie à trous longitudinaux deux orifices latéraux ne fait pas disparaître la contrefaçon, alors

(1) V. aussi Rej., 15 fév. 1879, même affaire (*eod. loc.*).

surtout qu'en fait c'est après la fabrication complète que s'ajoutent ces deux orifices (Agen, 13 mars 1883, Urbain, Pataille, 83.104.)

644. Jurisprudence; **espèces où la contrefaçon a été écartée**. — Il a été jugé : 1° que, si un simple perfectionnement d'une idée déjà réalisée industriellement peut suffire pour valider un brevet d'invention, il ne peut y avoir contrefaçon dans la réalisation de la même idée qu'autant qu'on a usurpé le perfectionnement spécial qui présente un caractère de nouveauté. (Paris, 28 janvier 1879, Snider, Pataille, 79.49); — 2° qu'en admettant qu'un breveté puisse revendiquer l'application exclusive des moyens et organes décrits dans son brevet, même pour obtenir un résultat qu'il n'a pas spécifié, encore faut-il, pour qu'il puisse se plaindre de contrefaçon, que l'on ait employé ces moyens et organes de la même manière et dans le même but que lui : spécialement, l'idée de rendre mobile le garrot du collier étant connue et ayant été réalisée industriellement, le brevet, pris pour des moyens et organes nouveaux propres à obtenir cette mobilité du garrot, ne saurait mettre obstacle à ce qu'un autre emploie, pour obtenir le même résultat général, une partie des mêmes moyens et organes, mais disposés autrement et ne donnant pas les mêmes résultats particuliers revendiqués par le breveté (Angers, 27 juin 1881, Paucher, Pataille, 81.204); — 3° qu'on ne saurait considérer comme contrefaite une machine dans laquelle se trouve un organe existant dans l'appareil breveté, mais occupant une autre place en jouant un rôle tout différent : spécialement, il n'y a pas contrefaçon dans le fait d'adapter, sur la boîte d'ensachage d'une machine à battre, une buse destinée à évacuer au dehors les poussières, fétus de paille et autres matières légères non adhérentes au grain, alors que le brevet revendique une buse placée à un autre endroit de la machine et ayant pour fonction d'aspirer et de ramener au batteur, pour être rebattus, les épis ou parties d'épis ayant échappé au battage (Bourges, 31 janvier 1884, Breloux, Pataille, 85. 26); — 4° qu'il n'y a pas contrefaçon dans le fait de construire une machine présentant des points de ressemblance avec une machine brevetée, lorsque ces points communs appar-

tiennent au domaine public, et que d'ailleurs les deux appareils diffèrent essentiellement par leur forme et leur agencement (Trib. corr. Seine, 25 juillet 1884, Albaret, Pataille, 85.211).

645. *Quid* **si la différence constitue un perfectionnement ?** — Le fait que la différence introduite par le contrefacteur constituerait un perfectionnement réel, sérieux de l'invention, ne changerait pas ce résultat légal. Exploiter, pendant la durée du brevet principal, un perfectionnement à ce brevet, c'est le contrefaire. On voit souvent des personnes s'étonner et se plaindre de cette doctrine ; elle n'est que juste. Que deviendrait l'invention principale, si son auteur ne pouvait interdire qu'on s'en emparât en la perfectionnant. Les perfectionneurs auraient bientôt absorbé le brevet principal, ils l'auraient bientôt mis à néant. Étant donné le principe de notre loi, il était impossible d'accueillir un autre système.

646. **Jurisprudence** (1). — Il a été jugé en ce sens : 1° que des modifications ou des simplifications apportées à un procédé breveté, alors même qu'elles seraient assez importantes pour constituer une invention, ne peuvent être employées par leur auteur pendant la durée du brevet, sous peine de contrefaçon (Paris, 30 déc. 1859. Dutertre (2) Pataille, 60.148) ; — 2° qu'il y a contrefaçon à exploiter un perfectionnement ou une modification qui laisse subsister le système breveté et porte, par conséquent, atteinte à la propriété exclusive de l'invention ; en pareil cas, le seul droit que la loi

---

(1) V. également Trib. civ. Seine, 24 déc. 1827, Windsor (Dall., v° *Brev. d'inv.*, n° 47) ; Douai, 30 mars 1846, Descat (Sir., 47.2.24) ; Lyon, 31 déc. 1856, Gâche (Pataille, 57.73) ; Rouen, 30 janv. 1857, Gâche (Pataille, 57.81) ; Trib. civ. Clermont-sur-Oise, 23 avril 1858, Brille-Vallet (*Propr. ind.*, n° 39) ; Paris, 24 juin 1858, Mutelle (Pataille, 59.257) ; Douai, 17 avril 1861, Thieffry (Jurispr. Douai, 61.227) ; (Paris, 26 juill. 1861, Calais (*Propr. ind.*, n° 196) ; Paris, 7 fév. 1862, Dumery (Pataille, 62.249) ; Rouen, 1er mai 1862, Richard et Grassal (Pataille, 62.337) ; Trib. corr. Sables-d'Olonne, 8 juin 1870, Gentil (Pataille, 72.209) ; Paris, 2 juill. 1875, Lazeu (Pataille, 76.325) ; Amiens, 19 janv. 1884, Dupont (Pataille, 87.118) ; Paris, 2 nov. 1885, Desprin (Pataille, 88.44).

(2) V. aussi Trib. civ. Seine, 14 janv. 1870, Bréchon (Pataille, 73.36) ; Trib. civ. Seine, 25 août 1869, Carré (Pataille, 73.125).

donne aux tiers, c'est de faire breveter le perfectionnement qu'ils ont imaginé, par une demande cachetée, aux termes de l'art. 18, sauf d'ailleurs à ne pas l'exploiter tant que le brevet existe (Douai, 10 déc. 1864, Storm, Pataille, 67.368); — 3° qu'il y a contrefaçon à exploiter l'invention qui fait l'objet du brevet, encore qu'on y ait apporté des modifications et des perfectionnements : spécialement, lorsqu'un brevet protège un tissu électrique, composé de fils métalliques dont l'âme est en coton, il y a contrefaçon à fabriquer un tissu électrique composé également de fils métalliques dans lesquels seulement, pour obtenir plus d'élasticité, l'âme est en caoutchouc (Paris, 23 août 1866, Courant, Pataille, 67.337).

647. Différences; appréciation souveraine. — Le juge du fait apprécie souverainement la question de savoir s'il y a ou non ressemblance entre l'objet argué de contrefaçon et l'objet breveté. Leur décision à cet égard, quelle qu'elle soit, échappe au contrôle de la Cour suprême (1).

La jurisprudence n'a jamais varié sur ce point (2).

---

(1) V. Renouard, n° 8; Dalloz, v° *Brev. d'inv.*, n° 303; Rendu et Delorme, n° 498.

(2) V. Rej., 23 mars 1843, Painchaut (*J. Pal.*, 44.1.539); Rej., 20 mai 1844, Hamoire (Dall., v° *Brev. d'inv.*, n° 63); Rej., 9 août 1844 (Delisle, Dall., v° *Brev. d'inv.*, n° 303); Rej., 5 mai 1848, Dida (*J. Pal.*, 49.1.175); Rej., 20 juill. 1849, Duchesne (*J. Pal.*, 51.2.621); Rej., 9 nov. 1850, Berendorf (*J. Pal.*, 52.1.158); Rej., 15 fév. 1851, Véron frères (*J. Pal.*, 51.1.100); Rej., 7 janv. 1853, Vidi (Pataille, 61.337); Rej., 28 juill. 1853, Rohlfs Seyrig (*Bull. crim.*, 53.402); Rej., 4 mai 1855, Laming (Pataille, 55.13); Rej., 25 mai 1855, Mallet (*Le Droit*, n° 123); Rej., 23 nov. 1855, David-Labbez (Pataille, 55.199); Rej., 12 déc. 1856, Popelin-Ducarre (Pataille, 57.101); Rej., 23 mai 1857, Gâche (Pataille, 57.181); Rej., 23 mai 1857, Gâche (Pataille, 57.184); Rej., 12 juin 1858, Claudin (Pataille, 58.236); Rej., 16 juill. 1858, Périn (Pataille, 58.318); Rej., 29 juill. 1859, Couder (Pataille, 59.332); Rej., 26 mai 1859, Gariel (Pataille, 59.337); Rej., 29 juill. 1859, Levieux (Pataille, 59.385); Rej., 16 juin 1860, Sylvain-Dupuis (Dall., 61.5.47); Rej., 25 juill. 1860, Gaillard (Pataille, 61.34); Rej., 23 mars 1861, de Coster (Pataille, 61.147); Rej., 30 mars 1861, de Coster (Pataille, 61.151); Rej., 16 août 1861, Dutertre (Pataille 61.375); Rej., 14 déc. 1861, Lotz (Pataille, 62.197); Rej., 3 mai 1864, Delharpe (Pataille, 64.313); Rej., 18 janv. 1864, Meissonnier (Pataille, 64.343);

648. *Quid* **si l'objet contrefait constitue en même temps un dessin de fabrique?** — Les contrefacteurs ne sont jamais à bout d'arguments; il s'en est trouvé un pour soutenir que l'objet qu'il avait contrefait pouvant, à raison de sa forme, de son aspect, constituer un dessin de fabrique, et ce dessin de fabrique n'ayant pas été déposé, il devait être renvoyé de la contrefaçon envisagée au point de vue des moyens de fabrication.

Il a été jugé, — et la réponse est décisive, — que le prévenu opposerait vainement qu'un produit industriel (dans l'espèce, la chenille-peluche ou chenille à poils couchés), envisagé au point de vue de l'aspect qu'il offre et qui résulte des dispositions qu'occupent entre eux les éléments divers entrant dans sa fabrication, constitue un dessin de fabrique protégé par la loi de 1806, et que dès lors le brevet a été pris à tort; de ce qu'un objet, envisagé dans son apparence, puisse constituer un dessin ou un modèle de fabrique, il ne s'ensuit pas qu'il ne puisse être, en même temps, entaché du délit de contrefaçon réprimé par la loi de 1844, si un de ses éléments est la reproduction d'un produit breveté ou s'il s'obtient par un moyen breveté (Paris, 10 août 1882, Germain frères, Pataille, 82.336).

649. *Quid* **de la tolérance du breveté?** — La tolérance du breveté n'efface pas la contrefaçon. Pourquoi l'effacerait-elle? Fera-t-on un crime au breveté de ce que, peu fortuné peut-être, il a hésité longtemps avant de se jeter dans un procès long et coûteux? Qui sait s'il n'a point attendu pour réunir plus de preuves de son droit? Et, d'ailleurs,

---

Rej., 26 janv. 1866, Chapellier (Dall., 66.1.357); Rej., 14 janv. 1867, Frezon et Meissonnier (Pataille, 67.26); Rej., 8 mars 1867, Chevallier-Appert (Pataille, 67.161); Rej., 22 août 1867, Sax (Pataille, 69.301); Rej., 17 avril 1868, de Brossard (Pataille, 70.280); Rej., 20 avril 1868, Noé et Maillard (Dall., 68.1.424); Cass., 23 mai 1868, Leplay et Noël (Pataille, 68.201); Rej., 13 juill. 1869, Galy-Cazalat (Pataille, 69.273); Rej., 13 janv. 1872, Boulogne (Pataille, 72.215); Rej., 23 juin 1876, Caton (Pataille, 78.23); Rej., 3 fév. 1878, Taschen et Manque (*Le Droit*, 4 février); Rej., 22 mars 1878, Langlois (*Le Droit*, 25 mars); Rej., 28 fév. 1884, Renard (Pataille, 86.228).

n'est-il pas libre de choisir son heure? N'est-il pas libre même de laisser une contrefaçon audacieuse se développer pour la mieux étouffer? La tolérance n'a d'autre effet que d'amener, lorsqu'elle se prolonge, la prescription. Mais, si la prescription n'est pas acquise, la tolérance, pendant un temps plus ou moins long, laisse debout et entier le droit du breveté. Il peut arriver seulement que la tolérance du breveté se produise dans de telles circonstances qu'elle constitue un véritable piège tendu à l'industrie, un guet-apens, ou du moins qu'elle indique le peu de confiance du breveté dans son droit; c'est aux tribunaux à peser les faits et à en apprécier la moralité (1).

650. Jurisprudence. — Il a été jugé en ce sens, même avant la loi de 1844 : 1° qu'encore que le porteur d'un brevet d'invention ait laissé pratiquer pendant dix ans, sans exercer de poursuites, le procédé décrit en son brevet, il ne peut par cela seul être censé avoir encouru la déchéance de son droit exclusif (Cass., 28 nivôse an XI, Lange, Sir., 3.1.142);—2° que celui qui emploie dans sa fabrication (fabrication de tissus élastiques) une matière (fil de caoutchouc), pour laquelle un brevet a été pris, ne peut prétendre échapper à la contrefaçon par ce motif qu'il aurait acheté la matière arguée de contrefaçon chez un tiers, connu et toléré par le breveté; la tolérance de celui-ci ne peut, en effet, être considérée comme un abandon de son droit privatif (Cass., 27 déc. 1837, Rattier et Guibal, Sir., 38.1.25).

651. ***Quid*** **s'il y a eu provocation?** — Il se rencontre des brevetés qui, peu soucieux de tendre un piège à leurs concurrents, les provoquent eux-mêmes à la contrefaçon; on peut même dire, pour peu qu'on ait la pratique de cette matière, que le fait n'est pas absolument rare. Le breveté se présente chez un fabricant qu'il ne connaît pas, ou fait présenter une tierce personne de ses amis, et lui fait ou lui fait faire la commande de l'objet breveté. Le jour où la livraison doit être effectuée, il a quelquefois l'audace, — le cas s'est vu, — de revenir lui-même en compagnie d'un huissier qui con-

(1) V. Nouguier, n°s 9 et 607; Merlin, v° *Brev. d'inv.*, n° 4; Blanc, p. 672; Calmels, n° 475.

state la contrefaçon et saisit l'objet incriminé. Un semblable fait rentre-t-il dans les prévisions de la loi qui punit la contrefaçon? Évidemment non ; il y aurait immoralité à le soutenir ; du reste, où peut être la contrefaçon dès que l'objet est exécuté sur la commande et pour le compte du breveté? Peut-il se contrefaire lui-même? N'est-ce pas le cas d'appliquer l'adage : *Volenti non fit injuria?* Non seulement une pareille manœuvre, lorsqu'elle est prouvée, rend la poursuite sans objet, mais, de plus, elle ouvre à celui qui en est victime une action en dommages-intérêts que les tribunaux ne manqueront jamais d'accueillir (1).

651 *bis*. **Jurisprudence.** — Il a été jugé en ce sens : 1° que la plainte ne saurait être accueillie quand la contrefaçon a été provoquée par le breveté lui-même et est le résultat d'un piège tendu par lui au prétendu contrefacteur (Paris, 18 déc. 1857, et Rej., 3 avril 1858, Popard, Pataille, 58.373) ; — 2° que la plainte en contrefaçon n'est pas recevable, lorsqu'il est établi que les objets saisis comme contrefaits n'ont été fabriqués par le prévenu que sur une commande insidieuse du breveté ou de ses agents (Paris, 4 déc. 1862, Vernier, Pataille, 62.449).

652. L'achat par le breveté constitue-t-il une provocation? — Verra-t-on une provocation dans le fait par le breveté d'acheter des produits contrefaits? Ne peut-on pas dire qu'en agissant ainsi il encourage la contrefaçon et la développe? C'est là une question que l'on ne peut résoudre que d'après les circonstances de chaque espèce. Il se peut, en effet, que l'achat n'ait eu d'autre but, de la part du breveté, que d'acquérir la preuve certaine de la contrefaçon. C'est même un moyen simple, commode et peu coûteux, de la constater, et que bien des brevetés emploient de préférence à une saisie, pour éviter soit des frais, soit un éclat fâcheux, quand ils tiennent à ménager la considération commerciale du contrefacteur. Ajoutons que souvent c'est le seul moyen. Il y a telle contrefaçon occulte, clandestine, qui échappe à toute constatation régulière et ouverte ; comment blâmer le breveté

(1) V. Pelletier et Defert, *Procéd. en mat. de contref.*, n° 189.

qui, opposant la ruse à la ruse, fait acheter par une tierce personne des produits fabriqués par le contrefacteur et s'en sert pour prouver la contrefaçon? Dans un cas pareil, l'achat marque chez le breveté l'intention d'affirmer son droit, bien loin qu'il y renonce.

653. *Quid* **si le contrefacteur cesse la contrefaçon?** — Dès que la contrefaçon existe, dès que le délit est consommé, la responsabilité est encourue. Peu importe que, aussitôt après la poursuite, le contrefacteur ait reconnu sa faute et ait soit cessé d'user du procédé incriminé, soit supprimé l'objet argué de contrefaçon. Ce fait ne saurait effacer le délit. Il appartient seulement au juge de le prendre en considération dans l'application de la peine, comme aussi pour l'appréciation du préjudice causé et l'évaluation des dommages-intérêts (1).

Jugé, en ce sens, que le fait de supprimer dans une machine, postérieurement à la saisie qui a pour but de constater la contrefaçon, les organes contrefaisants, ne peut avoir pour effet de faire échapper le contrefacteur à la peine édictée par la loi (Douai, 4 mai 1863, Dumont, Jurisp. Douai, 63.269).

654. *Quid* **de la bonne foi? renvoi.** — La question de savoir si la bonne foi est ou non exclusive de la contrefaçon, comme elle l'est, en général, de tout délit, comporte des explications qui ne peuvent venir utilement que plus loin. Le lecteur voudra bien s'y reporter (2).

ARTICLE II.

DÉLIT DE FABRICATION.

SOMMAIRE.

655. Caractère du délit de fabrication. — 656. *Quid* du simple fait de fabrication? — 657. *Quid* de la commande? — 658. Jurisprudence. — 659. Jurisprudence, *suite.* — 660. *Quid* de la commande par un licencié? — 661. *Quid* du mandataire? — 662. *Quid* de la fabrication commencée? —

---

(1) V. Calmels, n° 583; Nouguier, n° 975.

(2) V. *infrà*, n° 691.

663. Opinion de M. Bédarride. — 664. Fabrication d'un modèle. — 665. Jurisprudence. — 666. Fabrication d'une pièce isolée. — 667. Jurisprudence. — 668. Jurisprudence, *suite*. — 669. *Quid* du droit de réparation? — 670. Jurisprudence. — 671. Jurisprudence contraire. — 672. Jurisprudence contraire, *suite*.

655. Caractère du délit de fabrication. — Il semble que le mot lui-même précise le caractère du délit ; il est, en effet, difficile de se méprendre sur l'acte qui constitue la fabrication. Cependant, d'assez nombreuses questions, on va le voir, peuvent s'élever, et nous aurons à nous demander notamment si la fabrication est reprochable à celui-là même qui exécute de ses mains ou à celui qui commande et fait exécuter, si le délit est établi dès que la fabrication se révèle par un commencement quelconque d'exécution, etc. C'est ce que nous ferons dans les paragraphes suivants.

656. *Quid* du simple fait de fabrication ? — On s'est demandé si le seul fait de fabriquer un objet breveté constitue une contrefaçon indépendamment de toute idée d'exploitation commerciale. Nous nous rangeons volontiers, en principe, à l'avis de ceux qui tiennent pour l'affirmative ; le texte de l'article 40 nous paraît précis et formel ; il interdit et punit la fabrication de l'objet contrefait, sans distinction du but que se propose celui qui fabrique, et même lorsqu'il a uniquement en vue son usage personnel (1). Il ne faut rien exagérer cependant; et nous estimons qu'il peut se présenter certaines espèces, assurément rares, dans lesquelles la fabrication, ne constituant aucune atteinte aux droits du breveté, ne devra pas être considérée comme une contrefaçon. Il faut, en effet, observer que l'article 40 punit non la fabrication, mais l'*atteinte portée aux droits du breveté par la fabrication*, ce qui, à coup sûr, implique une nuance. Si, en général, le seul fait de la fabrication porte atteinte au brevet, on peut imaginer pourtant quelques cas exceptionnels où il n'en est pas ainsi. Par exemple, celui qui a inventé un perfectionnement à un brevet existant peut vouloir l'exécuter de toutes pièces, non pour l'exploiter, mais pour en faire

(1) V. Nouguier, nº 736.

apprécier les avantages à l'auteur de l'invention principale. Dira-t-on que la fabrication, dans le but que nous venons de dire, constitue une contrefaçon ?

Certains auteurs ont soutenu qu'il n'y a point contrefaçon dans le cas où la fabrication aurait eu lieu dans les derniers jours du brevet, et seulement en vue de son expiration. N'est-il pas juste, en effet, que le domaine public puisse se mettre en mesure pour le moment de cette expiration ? S'il en était autrement, le breveté ne jouirait-il pas de son privilège au delà du terme fixé par la loi (1) ? Cette opinion, à laquelle nous nous étions nous-même rangé dans notre première édition, nous paraît fort contestable aujourd'hui ; comme le dit fort bien M. Blanc, ce que la loi punit, c'est le fait matériel de la fabrication ; dès qu'il est constaté, il y a contrefaçon punissable (2). Dans tous les cas, même à une date rapprochée de l'expiration du brevet, les tribunaux ne devront admettre qu'avec une extrême réserve l'excuse tirée de ce que la fabrication n'a eu lieu qu'en vue de cette expiration prochaine, si tant est qu'ils puissent légalement l'admettre. MM. Picard et Olin disent à ce propos avec pleine raison : « Il se trouverait trop de gens qui, fabriquant ostensiblement, sous prétexte qu'ils accumulent pour attendre « l'expiration du brevet, vendraient clandestinement pendant « sa durée et dont on ne pourrait qu'avec peine dévoiler les « manœuvres (3). »

657. *Quid* **de la commande** ? — Il est hors de doute que celui qui commande l'objet contrefait et le fait exécuter est contrefacteur au premier chef ; il est même le véritable fabricant, puisque c'est d'après ses ordres qu'on travaille, puisque c'est à sa volonté qu'on se conforme, et qu'en définitive celui qui fabrique d'après des indications déterminées n'est qu'un instrument docile mais passif ; aussi, nous sommes tout à fait de l'avis de M. Blanc, lorsqu'il dit : « Celui « qui impose à ses fournisseurs ou à ses ouvriers l'obligation

(1) Dall., v° *Brev. d'inv.*, n° 294.
(2) V. Blanc, *Inv. brev.*, p. 344.
(3) V. Picard et Olin, n° 538.

« de fabriquer des objets contrefaits ou de s'en servir porte « la plus grave atteinte au privilège du breveté, et, à bien « considérer les choses, il est plus coupable que les ouvriers « qu'il a placés entre leur intérêt et la nécessité de com- « mettre le délit (1). »

Il est évident que la responsabilité de celui qui a commandé la fabrication ne fait pas disparaître nécessairement la responsabilité de celui qui a fabriqué sur cette commande. Celui-ci reste en principe responsable ; comment ne le serait-il pas ? Était-il tenu de commettre un délit ? Ne pouvait-il se refuser à la fabrication illicite qu'on lui commandait ? C'est même à ce point qu'il se faut attacher : si la personnalité du fabricant est bien distincte de la personnalité de l'auteur de la commande, s'il n'est pas dans sa dépendance, s'il a sa liberté d'action, il faut dire que le fabricant, en ce cas, est responsable de ses actes et coauteur de la contrefaçon au même titre et de la même manière que celui qui l'a commandée.

C'est le contraire qui devient la vérité quand celui qui fabrique, qui est chargé de l'exécution matérielle, est le préposé, l'agent, le subordonné de l'auteur de la commande. Voilà pourquoi l'ouvrier, même le contre maître qui, obéissant aux ordres du patron, se livre à un travail qu'il sait constituer une contrefaçon n'en est pas responsable. Admettra-t-on qu'ils puissent discuter les ordres qu'ils reçoivent et refuser de les exécuter ? Savent-ils d'ailleurs si leur patron ne s'est pas mis d'accord avec le breveté ? et même, en admettant qu'ils n'ignorent pas que leur patron est en faute, veut-on qu'ils risquent, en refusant d'obéir, de perdre leur position, leur salaire (2) ? Ce que nous disons de l'ouvrier, devra, dans certains cas, s'appliquer au fabricant lui-même lorsqu'il fait œuvre de simple ouvrier, par exemple, lorsqu'il ne travaille point pour le commerce, mais ne fait qu'obéir aux prescriptions, aux ordres d'un entrepreneur aux gages duquel il

(1) V. Blanc, *Inv. brev.*, p. 612.

(2) Comp. Rennes, 8 mai 1872, Gentil (Pataille, 72.315) ; Trib. civ. Seine, 14 janv. 1870, Bréchon (Pataille, 73.36).

s'est en quelque sorte mis, lui et ses ateliers. Et cela sera surtout vrai si c'est de l'État, d'une administration publique qu'il a reçu la commande, et qu'il exécute les ordres (1).

M. Bédarride ajoute, à ce sujet, les réflexions que voici : « Si l'auteur de la commande est punissable, ce ne peut être « que dans le cas où, par son ordre même et par les ins- « tructions qui l'accompagnaient, il a rendu la contrefaçon « inévitable. Il est évident que demander à un fabricant un « objet quelconque, ce n'est pas encourir la responsabilité « des moyens d'exécution qu'il plaira à celui-ci d'employer. « A cet égard, toutefois, il est une distinction importante. Si « l'objet demandé est un produit breveté que le bénéficiaire « du brevet a seul le droit de fournir, le délit résulte du « fait seul de la demande ; s'il s'agit, au contraire d'un « objet tombé dans le domaine public, la demande qui ne « prescrit aucun mode d'exécution laisse celui qui la reçoit « entièrement libre, quant à ce ; et, s'il emploie une méthode, « un procédé breveté, la faute lui est toute personnelle et ne « saurait rejaillir sur l'auteur de la commande (2). » Nous sommes de l'avis de M. Bédarride, en faisant observer pourtant que, même lorsqu'il s'agit d'un produit, celui qui le demande à un autre que le breveté ne nous paraît pas nécessairement encourir par cela seul les peines de la contrefaçon. Il peut, en effet, supposer que celui auquel il s'adresse ne le fabriquera pas lui-même et se le procurera chez le breveté. La solution de la question dépend donc des circonstances (3).

658. Jurisprudence. — Il a été jugé en ce sens : 1° que le patron (dans l'espèce un fabricant d'appareils orthopédiques) est responsable de la contrefaçon commise dans son atelier, bien qu'il y soit demeuré personnellement étranger, si d'ailleurs il a donné son assentiment au travail de son ouvrier (Paris, 17 juin 1852, et Rej., 30 mars 1853, Guérin, Dall.,

---

(1) Comp. Nouguier, n° 738; Blanc, *Inv. brev.*, p. 612; Rendu et Delorme, n° 494.

(2) Bédarride, n° 535.

(3) Comp. Nouguier, n° 739.

53.1.198); — 2° que le médecin qui commande un appareil médical, lequel se trouve être contrefait, et s'en sert, pour sa pratique, dans l'établissement orthopédique qu'il dirige, se rend coupable du délit de contrefaçon (mêmes arrêts); — 3° que celui qui exécute, sur la commande et sous les ordres d'autrui, une œuvre arguée de contrefaçon ne peut être condamné comme contrefacteur ; c'est l'instigateur seul qui doit être déclaré coupable (Paris, 12 juill. 1855, Fourneaux, Huard, sur l'art. 40, n° 61); — 4° mais que la poursuite en contrefaçon ne peut atteindre le chef ouvrier engagé au service du contrefacteur, encore qu'il fût qualifié du titre de directeur des travaux, et que, au lieu d'un salaire fixe, il touchât une part des bénéfices (La Réunion, 2 août 1858, Rohlfs-Seyrig, Pataille, 58.376);—5° que le contremaître d'un atelier, dans lequel des outils contrefaits sont saisis, doit être, à raison de sa seule qualité, mis hors de cause (Douai, 24 août 1881, Oudit, Pataille, 82.11).

659. Jurisprudence, *suite*. — Il a été jugé de même : 1° que l'art. 40, qui frappe ceux qui ont fabriqué les objets contrefaits, a voulu également atteindre ceux qui ont fait fabriquer lesdits objets par des ouvriers ou entrepreneurs agissant d'après leurs ordres : spécialement, l'administration d'un chemin de fer, qui commande des travaux à des entrepreneurs de son choix, est responsable de la contrefaçon commise dans l'exécution desdits travaux (Paris, 10 fév. 1859, Pouillet (1), Pataille, 59.170); — 2° que le propriétaire d'un immeuble auquel ont été appliqués des objets argués de contrefaçon (dans l'espèce, des persiennes en fer) ne saurait demander sa mise hors de cause avant tout examen du fond ; il doit rester en cause, sauf aux juges à apprécier s'il a commandé ou recélé sciemment des objets contrefaits (Paris, 27 mai 1865, Laperche, Pataille, 65.274); — 3° que le fabricant de draps, qui remet à un apprêteur ses tissus pour que cet apprêteur leur fasse subir une opération déterminée se rend coauteur de la contrefaçon résultant de cette opération, alors qu'il connaît l'existence du brevet et que

---

(1) V. toutefois Rej., 21 nov. 1851, Duchêne (Dall., 51.5.55).

même il sait que ce brevet a déjà été consacré par la justice (Nancy, 27 janv. 1875, Frezon (1), Pataille, 75.31) ; — 4° jugé toutefois (et, vu les circonstances de fait, les principes n'en sont pas affaiblis) que le fabricant, qui donne des étoffes à teindre à des teinturiers de profession, ne peut être poursuivi, soit pour usage d'un procédé de teinture breveté, soit pour recel de produits contrefaits, qu'autant qu'il est établi qu'il a agi sciemment et connu la contrefaçon ; en conséquence, échappe à la censure de la Cour de cassation l'arrêt qui le relaxe des fins de la poursuite, en se fondant sur ce qu'il ignorait les procédés employés par les teinturiers auxquels il avait confié ses étoffes (Rej., 21 juin 1862, aff. Joly (2), Dall., 62.1.391) ; 5° jugé encore, dans une espèce toute spéciale, que le fait par un breveté de commander à un tiers, chargé par un autre inventeur de la fabrication de ses appareils, la construction d'un de ces appareils, dans l'unique but de rechercher si cet appareil ne serait pas la contrefaçon de son propre brevet, constitue un fait d'usage personnel qui, à ce titre, échappe à toute répression (Rej., 24 fév. 1883, Alain Chartier, Pataille, 83.209.)

660. *Quid* **de la commande par un licencié ?** — Celui qui est cessionnaire du droit d'exploiter un brevet est-il tenu de demander au breveté qui les fabrique les objets dont il a besoin ? Est-il tenu, par exemple s'il s'agit d'une machine, de la commander au breveté ? Est-il libre de la faire fabriquer par qui bon lui semble ? La question ne peut être résolue d'une manière absolue, et la solution dépend essentiellement des circonstances. S'il est constant que le droit d'exploitation, dans la pensée des parties, ne porte que sur un objet, sur un appareil déterminé, il est clair que le fait par le licencié de fabriquer ou de faire fabriquer d'autres objets est une contrefaçon. Si, au contraire, la licence est générale, si elle confère au licencié le droit d'exploiter, non une machine, mais le brevet lui-même, il va de soi que le licencié peut licitement

---

(1) V. encore Rouen, 26 août 1868, Joly (Pataille, 75.289). — V. Trib. corr. Seine, 22 juin 1882, Périer (Pataille, 88.75).

(2) V. Rouen, 18 mars 1872, Descoubet (Pataille, 73.192).

établir tous les appareils dont il a besoin dans son exploitation. Il faudrait une réserve expresse, une clause formelle pour l'obliger à commander au breveté les appareils qui lui sont nécessaires. A plus forte raison, celui qui fabrique sur l'ordre et pour le compte d'un porteur de licence ne peut-il être contrefacteur. Ce qui est vrai pour le licencié l'est, avec plus d'évidence encore, pour le cessionnaire qui participe à la propriété du brevet.

Jugé en ce sens : 1° que celui qui a obtenu du breveté une licence personnelle d'exploitation est en droit de faire fabriquer par des tiers les organes brevetés dont il a besoin pour son commerce, s'il n'est pas lié par une prohibition contraire ; en conséquence, la fabrication desdits objets pour le compte du porteur de licence ne constitue point une contrefaçon (Paris, 27 janv. 1865, Sax (1), Pataille, 69.289) ; — 2° mais que le fait par un licencié de charger exclusivement un constructeur de fabriquer l'instrument, objet du brevet, ne saurait donner au constructeur le droit de fabriquer, même après que la licence a pris fin ; de pareils accords, intervenus entre le licencié et son constructeur, laissent intact le droit du breveté (Aix, 31 déc. 1885, Gastine, Pataille, 87.217).

661. *Quid* **du mandataire ?** — Notons ici une conséquence de ce principe, sur lequel nous aurons plus d'une fois à revenir, à savoir que, devant les tribunaux correctionnels, la responsabilité est personnelle. Cette conséquence, c'est que l'auteur du délit ne pourrait se prévaloir de ce qu'il l'a commis, non dans son intérêt propre, mais dans l'intérêt d'une autre personne dont il serait le mandataire. Ce qui constitue le délit, c'est le fait en lui-même, et non le but dans lequel on l'a commis, ou l'intérêt plus ou moins grand qu'on a à le commettre. Commettre un délit, non pour en bénéficier soi-même, mais pour en faire bénéficier autrui, c'est toujours s'en rendre coupable ; et la circonstance que nous relevons n'atténue en rien l'acte qui est délictueux en lui-même. La question s'est présentée, — on va le voir, — à l'occasion d'une contrefaçon commise par une compagnie de chemin de fer,

(1) V. aussi Rouen, 7 juin 1866, même affaire (Pataille, 69.295).

ou plutôt, pour nous placer au point de vue de la responsabilité pénale, commise par les administrateurs, c'est-à-dire par des mandataires, dans l'intérêt de la compagnie. Les tribunaux ont suivi l'opinion que nous venons d'émettre.

Jugé en ce sens (1) que, en matière de délit, celui qui l'a commis en est toujours personnellement responsable ; il importe peu que, mandataire, il l'ait commis dans l'intérêt de son mandant; en conséquence, les administrateurs d'une compagnie anonyme qui, par une délibération prise en conseil, ont autorisé et même commandé la contrefaçon, sont responsables du délit; ils ne peuvent invoquer l'art. 32 du Code de commerce, ni se retrancher derrière leur qualité de mandataires (Rouen, 28 juill. 1856, Marchal, Jurisp. Rouen, 56.263).

662. *Quid* **de la fabrication commencée?** — En principe, il faut que le délit soit consommé pour être punissable. Cela est juste. Qui sait, en effet, si le délinquant, mieux avisé ou pris d'un remords, ne s'arrêtera pas en chemin? Comment juger de ses intentions? Comment en pénétrer le secret? Il est donc naturel de ne considérer comme contrefait que l'objet dont la fabrication est achevée. On sent, toutefois, qu'ici le fait domine le droit. Si la fabrication, sans être absolument achevée, est tellement avancée qu'il soit évident que le temps seul, et non la volonté, a manqué au contrefacteur ; si les parties utiles, essentielles, constitutives de l'appareil breveté, sont fabriquées et prêtes à fonctionner, il paraît raisonnable d'admettre la contrefaçon. Il semble juste, au contraire, de la repousser dans le cas où l'objet fabriqué n'est qu'une ébauche imparfaite, à peine dégrossie ou interrompue par la volonté même de son auteur revenu à temps de son erreur. La volonté de contrefaire n'équivaut pas au fait matériel ; c'est l'état actuel de l'objet qui doit être apprécié (2). « Toutefois, ajoute M. Nouguier, comme il y a eu faute dans « cette tentative avortée, il paraît équitable de mettre, même « en cas d'acquittement, les frais de poursuites à la charge

(1) V. aussi Paris, 30 juin 1853, Thomas Laurens (Blanc, p. 622).
(2) V. Picard et Olin, n° 576.

« de celui qui s'est arrêté à temps dans l'exécution d'une « pensée mauvaise (1). »

Cette observation de M. Nouguier ne nous paraît pas à l'abri de toute critique, ou du moins nous ne l'acceptons qu'avec une distinction : oui, devant le tribunal civil, parce que le défendeur, tout en gagnant son procès, peut être condamné aux dépens ; non, devant le tribunal correctionnel, qui, saisi avant tout de l'action publique, est sans pouvoir pour prononcer une condamnation contre le prévenu qu'il renvoie des fins de la plainte.

663. Opinion de M. Bédarride. — M. Bédarride est plus absolu et semble repousser toute distinction ; voici comment il s'exprime : « La faculté de prévenir un dommage est « la conséquence du droit d'obtenir la réparation. L'intention « qui fait entreprendre une fabrication illicite ne saurait « être douteuse. On ne la commence que pour l'achever ; et, « comme on ne fabrique pas pour le seul plaisir de perdre « son temps et son argent, on peut, sans témérité, admettre « qu'on ne le fait qu'en vue du profit qu'on espère en retirer. « Donc, le breveté, qui apprend qu'un autre que lui se livre « à la fabrication de l'objet breveté, n'est pas obligé d'attendre « que cette fabrication soit complète et achevée ; il est « recevable et fondé à intervenir immédiatement, à faire « saisir les parties fabriquées ou en cours d'exécution, et à « arrêter, dès l'origine, l'atteinte portée à son droit (2). »

664. Fabrication d'un modèle. — Est-ce contrefaire que de fabriquer l'objet breveté, non pour le mettre dans le commerce, mais pour le garder ou l'exposer dans une galerie comme modèle ? A notre sens, il faut distinguer. S'agit-il d'un modèle dans les dimensions de l'objet breveté, tel qu'il puisse être employé dans l'industrie ? Est-ce, en un mot, l'objet du brevet qui a été fabriqué ? Cet acte de fabrication tombe sous le coup de la loi, car la fabrication est interdite, quel qu'en soit le but ou le mobile. Peu importe donc que,

---

(1) Nouguier, n° 746.

(2) V. Bédarride, n° 544. — Comp. Renouard, n° 13 ; Blanc, p. 635 ; Pelletier et Defert, *Proc. en mat. de contref.*, n° 6 ; Dall., *Suppl.*, v° *Brev. d'inv.*, n° 292.

dans la pensée du fabricant, il dût servir de modèle. Cette intention ne change rien au fait qui reste délictueux. La décision serait tout autre s'il s'agissait d'un modèle réduit, destiné à donner l'idée de l'objet breveté, de son mécanisme, de sa construction, sans que, dans ces dimensions, il pût être appliqué à l'industrie et produire un travail utile. Ce n'est alors qu'un dessin en relief d'un objet breveté, et il ne nous paraît pas plus possible de le poursuivre comme contrefaçon que l'on ne pourrait poursuivre à ce titre la reproduction par le dessin linéaire, par la gravure ou par la photographie. MM. Picard et Olin sont de cet avis et pensent qu'il ne peut y avoir de contrefaçon à fabriquer un modèle, « lorsque le « tiers n'a agi que dans un but théorique, pour se rendre « compte du procédé, pour l'expliquer, pour le traduire ma- « tériellement (1). »

665. **Jurisprudence.** — Il a été jugé à cet égard : 1° qu'il y a contrefaçon à fabriquer un objet contrefait (une herse) tel qu'il puisse être utilisé, fût-il vrai que le fabricant le destinât à servir de modèle et non à fonctionner (Trib. corr. Seine, 20 juillet 1834, Bataille, Dall., v° *Brev. d'inv.* n° 896); — 2° mais qu'il est de principe qu'un objet ne doit être saisi comme contrefait qu'autant qu'il peut être utilisé dans l'industrie et porter ainsi une atteinte sérieuse aux droits de propriété du breveté ; autrement, il faudrait poursuivre comme contrefaçon la simple reproduction par dessins au crayon ou en relief des machines et autres objets brevetés, ce qui ne pourrait avoir lieu que par une extension arbitraire des dispositions de la loi de 1844, lesquelles, en raison de son caractère, doivent être considérées comme étant de droit étroit ; dès lors, la construction d'un modèle en petit d'une usine, comprenant à l'intérieur une reproduction plus ou moins grossière de machines sans aucune application possible à l'industrie ne peut constituer une contrefaçon (Trib. civ. Havre, 27 fév. 1869, Chaudet, *Monit. des inv.*, juin 1869).

666. Fabrication d'une pièce isolée. — La règle que nous avons donnée plus haut sur l'appréciation de la

(1) Picard et Olin, n° 576.

contrefaçon partielle sert à résoudre ici la question de savoir s'il est permis de fabriquer une pièce isolée d'une machine brevetée. Si la pièce isolée constitue l'un des organes essentiels, l'une des parties constitutives du brevet, nul doute qu'il y ait contrefaçon. La fabrication est licite dans le cas contraire. Pourtant, alors même que la pièce prise isolément ne serait pas l'objet du brevet, il serait encore juste d'admettre que sa fabrication constitue une contrefaçon, s'il était établi que cette fabrication n'a eu lieu qu'en vue d'une réunion des divers organes qui constituent l'invention, s'il était certain que cette fabrication par éléments isolés est organisée en fraude du brevet.

667. **Jurisprudence.** — Il a été jugé à cet égard : 1° que le droit exclusif de l'inventeur porte non seulement sur l'ensemble, mais encore sur les détails, surtout quand ces détails constituent le principal objet de l'invention ; en conséquence, la fabrication d'un organe séparé constitue une contrefaçon, et ne peut être assimilée à une réparation, alors surtout qu'il est constant que la fabrication spéciale de cet organe constitue une branche importante du commerce du breveté (Orléans, 24 avril 1855, Laurence et Cotel, Dall., 55.2.327) ; — 2° que, si la fabrication séparée de chacun des rouages employés dans la construction d'une machine brevetée ne constitue pas le délit de contrefaçon, lorsque le brevet ne s'applique qu'à l'ensemble de la construction et que ces rouages, pris isolément, sont dans le domaine public, néanmoins le fabricant qui a préparé et construit séparément les différents organes de l'invention, en vue de la contrefaire tombe sous l'application de la loi, alors même qu'il ne les aurait pas effectivement réunis ; il importe peu, en effet, que cet assemblage ne lui soit pas imputé, si celui qui achète toutes ces pièces peut immédiatement en composer la machine : c'est donc à tort que les juges relaxeraient un prévenu sous le prétexte que les pièces qu'il a fabriquées sont dans le domaine public, sans rechercher d'ailleurs s'il y avait possibilité et intention de construire la machine à l'aide de ces pièces séparées (Cass., 26 juill. 1861, Lotz, Pataille, 61.289) ; — 3° que celui-là est contrefacteur qui fabrique ou met en vente tout ou partie d'un produit industriel breveté, alors même que

chacune des parties de ce produit, prise isolément, est dans le domaine public, s'il est constaté que ces parties peuvent être ou ont été réunies en vue de contrefaire ledit produit (Paris, 1er août 1874, Moisset-Foye, Pataille, 75. 225.)

668. Jurisprudence, *suite.* — Il a été jugé d'autre part: 1° que la fabrication de certaines pièces entrant dans la composition d'une machine brevetée, et qui, prises isolément sont dans le domaine public, ne constitue pas une contrefaçon, lorsque cette fabrication n'a pas pour but de fabriquer ou de refaire la machine, mais seulement de fournir aux acheteurs de la machine brevetée des pièces de rechange en remplacement de celles qui se brisent (Rennes, 4 déc. 1861, et Rej., 5 juill. 1862, Lotz, Pataille, 62.241); — 2° que, si un brevet, pris pour l'ensemble d'un instrument de musique, s'étend aux parties séparées et brevetables qui sont décrites dans le mémoire annexé à la demande et complétées par le dessin, il ne protège pas les parties qui ne sont pas décrites et qui, isolées, sont dans le domaine public : il s'ensuit que ceux qui fabriquent et vendent seulement ces dernières, mais ne fabriquent pas et ne vendent pas toutes les parties destinées par leur réunion à constituer l'ensemble de l'instrument, ne peuvent être déclarés contrefacteurs (Paris, 15 fév. 1867, Sax, Pataille, 69.301).

669. *Quid* **du droit de réparation?** — Que l'acheteur d'une machine brevetée ait le droit de réparer sa machine et, par d'intelligentes réparations, de l'entretenir le plus longtemps possible en bon état, c'est assurément ce qui n'est douteux pour personne. Mais jusqu'où s'étend ce droit de réparation? Est-il absolu? Va-t-il jusqu'à substituer une machine nouvelle à la machine primitive? Il est évident que le droit de réparer l'objet breveté ne peut aller jusqu'à lui en substituer un nouveau. Si donc, sous prétexte de réparation, on fabrique une partie importante, essentielle, de la machine, si en un mot, il y a, non plus une simple réparation, mais une reconstruction véritable, il y a contrefaçon. C'est aux tribunaux à poser la limite d'après les circonstances et les faits qui leur sont soumis.

MM. Picard et Olin sont de cet avis : « Nous estimons, « disent-ils, qu'il serait téméraire d'assigner en principe

« une borne quelconque aux droits de l'acheteur. Aussi, ne « pouvons-nous adopter l'opinion de M. Blanc (1), lorsqu'il « soutient que la vente de l'objet ne donne que le droit de « s'en servir pendant sa durée, et qu'on ne saurait per- « mettre d'en perpétuer l'usage. Si l'usage de cette ma- « chine pouvait se prolonger et même se perpétuer au moyen « de réparations intelligentes, faites en temps opportun, et « qui, par l'époque où elles se sont successivement pro- « duites, par leur importance individuelle, excluent l'idée « de recomposer la machine ou un de ses organes qui n'ap- « partiennent pas au domaine public, nous ne voyons pas en « quoi l'inventeur aurait à se plaindre de cette éventualité « qu'il était maître de prévoir et de défendre lors de la vente « de l'objet. La solution de la difficulté dépendra donc des » circonstances, qui seront pesées et appréciées par les juges « du fait (2). »

670. Jurisprudence (3). — Il a été jugé à cet égard : 1° que, si le droit de l'acquéreur d'une machine brevetée est d'en restaurer les parties endommagées, ce droit de réparation ne saurait aller jusqu'à lui permettre de remplacer des parties distinctes de cette machine par d'autres parties qu'il a confectionnées lui-même, alors que ces parties constituent les éléments les plus considérables de la machine, qu'elles sont la création particulière, l'œuvre spéciale de l'inventeur qui les vend séparément ; en pareil cas, les tribunaux peuvent avec raison décider qu'il y a contrefaçon (Orléans, 24 avril 1855, Laurence et Cotel, Pataille (4), 55.69) ;

---

(1) Comp. Blanc, p. 652.

(2) Picard et Olin, n° 580.

(3) V. aussi Paris, 19 août 1854, Bergerat, cité par Blanc, p. 632.

(4) M. Pataille fait suivre cet arrêt des observations suivantes : « Il « ne faudrait pas s'exagérer la portée de l'arrêt de rejet qui a sanc- « tionné cette décision ; car il ressort du soin minutieux que la Cour de « cassation a mis à relever toutes les circonstances de fait tendant à éta- « blir qu'il n'y avait pas eu simple réparation, mais contrefaçon par- « tielle, qu'elle n'a entendu rendre qu'un arrêt d'espèce et qu'en prin- « cipe elle maintient à l'acquéreur le droit de faire à la machine bre- « vetée toutes les réparations nécessaires. »

— 2° que la réparation d'un objet contrefait constitue une contrefaçon lorsqu'elle opère une véritable transformation de cet objet, non seulement en prolongeant sa durée, mais en lui donnant une existence nouvelle (Paris, 11 juill. 1861, Sax, Pataille, 61.230); — 3° que, si l'acheteur d'une machine brevetée a, en principe, le droit de la faire réparer, ce droit ne saurait aller jusqu'à faire fabriquer de toutes pièces les organes essentiels et constitutifs lorsqu'ils viennent à se détériorer ; il en est ainsi alors même que la machine, achetée à l'origine chez le breveté, serait d'une mauvaise fabrication, cette circonstance pouvant donner lieu à une réfection de la machine ou à des dommages-intérêts dus par le breveté, mais ne justifiant pas une fabrication qui porte atteinte à son droit privatif (Trib. corr. Seine, 16 juill. 1863, Busson, Pataille, 64.186).

671. Jurisprudence contraire. — Il a été jugé, toutefois, en sens opposé : 1° que, en principe, tout acheteur, à moins de conventions contraires, peut faire à la chose vendue toutes les améliorations, tous les changements et toutes les réparations qu'il juge utiles; la circonstance que l'objet acheté est breveté empêche bien l'acquéreur d'en construire de semblables, mais n'altère en rien sa liberté de le transformer et de le réparer de la manière et par qui bon lui semble; ces principes ne pourraient fléchir qu'en présence d'une stipulation formelle ou de l'intention implicite des parties, résultant de leurs conventions : le breveté ne saurait tirer argument de la nécessité où il est de sauvegarder sa réputation, que peuvent compromettre les changements apportés au mécanisme des appareils primitivement construits par lui ; autrement, sous ce prétexte, tout constructeur de machines pourrait intervenir dans les soins de conservation et de réparation qu'elles demandent, ce qui est inadmissible (Orléans, 26 août 1845, Gache, *le Droit*, n° 256) ; — 2° que, s'il est défendu de refaire à neuf, sous prétexte de réparation, l'un des organes qui sont, dans une machine, l'œuvre de la création du breveté sans s'adresser à ce dernier, il ne peut être interdit de réparer ou même de remplacer un de ces organes, quand son remplacement, ou sa réparation, est devenu nécessaire par le mauvais état dans lequel le breveté a livré l'appareil (Trib. corr. Lyon, 14 mai 1860, Jarry, *Prop. ind.*, n° 149).

672. Jurisprudence contraire (*suite*). — Il a encore été jugé à cet égard : 1° que, de ce que le breveté a seul le droit de fabriquer et de vendre la machine, objet de son droit privatif, il ne s'ensuit pas qu'il ait aussi le droit exclusif, soit de la réparer, soit de fabriquer les organes susceptibles d'être renouvelés ; si le propriétaire, à qui il a vendu sa machine, n'a pas le droit de la refaire, il est libre de la faire réparer par qui bon lui semble, alors du moins que les pièces dont il s'agit ne sont pas protégées par le brevet et se trouvent dans le domaine public ; si ces réparations et renouvellement de pièces sont licites au regard du propriétaire de la machine, elles ne sauraient être illicites au regard des industriels qui font ces réparations ou fabriquent et vendent les pièces à renouveler ; s'il en était autrement, il en résulterait une grande gêne pour l'industrie, les propriétaires de machines brevetées devant s'adresser exclusivement à l'inventeur, même dans des cas urgents, pour renouveler les pièces qui se brisent ou se détériorent : il n'y a donc point de contrefaçon à fabriquer et vendre des pièces isolées, destinées à la réparation d'une machine brevetée, dès le moment que le fabricant ne se propose pas pour but, directement ou indirectement, de fabriquer ou de refaire la machine (Rennes, 4 déc. 1861, et Rej., 5 juill. 1862, Lotz, Pataille, 62.241) ; — 2° que la réparation d'un objet (dans l'espèce, un instrument de musique), provenant originairement de la fabrication du breveté, ne peut être considérée comme une coopération à la contrefaçon qu'autant qu'elle est assez importante pour reconstituer ledit objet et lui faire prendre la place d'un objet nouveau, ou du moins empêcher ou retarder sensiblement la vente d'un objet nouveau : en tout cas, la mention « *remis à neuf*, *remis entièrement à neuf* », trouvée sur le livre d'un fabricant, laisse trop d'incertitude sur le travail auquel il s'est livré pour qu'on en puisse conclure qu'il y a eu de sa part contrefaçon (Paris, 15 fév. 1867, Sax, Pataille, 69.301) ; — 3° que, dans tous les cas, la vente d'objets composés de débris sans usage possible et réparés suivant un système breveté par un tiers, constitue le délit de contrefaçon, alors même que ces débris auraient été achetés dans une vente publique (Paris, 16 juin 1874, Garaboux, Pataille, 77.336).

ARTICLE III.

DÉLIT D'USAGE.

SOMMAIRE.

673. Emploi des moyens brevetés. — La loi place sur la même ligne que la fabrication et punit au même titre l'atteinte portée aux droits du breveté par l'emploi des moyens faisant l'objet de son brevet. Que faut-il entendre par cette disposition? Jusqu'à ce jour, aucun doute ne s'était élevé à ce sujet, et l'on était unanimement d'accord que la contrefaçon par l'emploi des moyens brevetés comprenait la contrefaçon résultant de l'usage illicite qui est fait de l'invention, que l'invention consiste dans un produit, dans une machine, par exemple, ou dans un procédé. Le mot « *moyens* » était pris dans un sens général et pour signifier l'objet du brevet, quel qu'il fût; rien ne semblait d'ailleurs plus juste; si la fabrication constitue une atteinte aux droits du breveté, il en est de même de l'usage de l'objet breveté; il faut même reconnaître que la contrefaçon résultant de l'usage est autrement préjudiciable à l'inventeur que celle résultant de la fabrication. Supposez, en effet, que le brevet ait été pris pour une machine destinée, si vous voulez, à fabriquer la brique et la tuile, et admettez, — le cas s'est présenté, et c'est pourquoi nous le citons, — que l'inventeur soit non un constructeur-mécanicien, mais un simple fabricant de tuiles. Comment s'y prendra-t-il pour exploiter fructueusement son brevet? S'imaginera-t-il, changeant tout à coup son industrie ou en ajoutant une nouvelle à celle qu'il exerçait déjà, de se faire constructeur-mécanicien? Se jettera-t-il dans tous les hasards, dans tous les périls d'un commerce qui demande beaucoup d'expérience, et dont il ignore le premier mot peut-être? Ce serait folie pure, assurément. Que fera-t-il donc? De deux choses l'une : ou bien, monopolisant entre ses mains la fabrication nouvelle qu'il a inventée, il conservera pour lui seul l'usage de son brevet; ou bien il accordera, dans des périmètres déterminés, des licences ou des cessions pour lesquelles il demandera une prime annuelle, proportionnée à l'importance de la fabrication. On ne peut nier que ces deux façons d'exploiter soient dans son droit le plus strict. Supposez à présent qu'un constructeur-mécanicien se mette à fabriquer des appareils contrefaits et à les vendre; comment admettre que le breveté n'aura le droit de poursuivre que le fabricant et sera désarmé vis-à-vis de ceux auxquels ce fabricant a vendu de ces machines contrefaites, et qui tirent de leur emploi des bénéfices importants? Il obtiendra, dit-on, des dommages-intérêts du fabricant contrefacteur; mais la belle avance, s'il ne peut obtenir que cela, s'il ne peut faire cesser la concurrence qui résulte de l'emploi de ses machines, s'il n'est pas maître enfin d'exploiter à sa guise son invention et d'en conserver l'emploi seulement pour lui et un petit nombre de cessionnaires! Que signifierait alors l'art. 1er de la loi qui assure à l'inventeur le droit exclusif d'exploiter son invention?

Remarquons que, sous l'empire de la loi de 1791, la question ne faisait pas de doute : « Lorsque le brevet porte « sur une machine, dit un arrêt, il assure à l'inventeur la « jouissance privative non seulement de la machine, mais « encore de ses produits, qui sont des fruits immédiats de la « découverte; il y a donc trouble apporté à la jouissance du « breveté, et par la contrefaçon ou la vente d'une machine « semblable et par l'emploi de cette machine contrefaite dans « le but d'obtenir des produits pour la fabrication spéciale « desquels la machine a été conçue et imaginée, emploi qui, « s'il pouvait être toléré, stériliserait la propriété consacrée

« par le brevet et rendrait impuissante la protection de « la loi (1). »

De ce qui précède, il ressort que le législateur eût été bien imprévoyant, bien coupable, s'il n'eût pas interdit l'usage de l'objet contrefait au même titre que sa fabrication. Cependant, si les mots de l'art. 40 « emploi de moyens qui font l'objet du brevet » ne comprennent pas l'hypothèse que nous examinons, il est manifeste qu'elle échappe à toute poursuite; il suffit, en effet, de relire l'art. 41, dont nous étudierons plus loin les dispositions, et qui complète l'art. 40 en précisant les cas de complicité en matière de contrefaçon, pour se convaincre qu'il n'y est point question de l'usage d'un objet contrefait. Nous nous résumons donc en ces termes : ou c'est l'art. 40 qui prévoit notre cas, ou, n'étant nulle part prévu, il échappe à la loi. Comme il nous est impossible d'admettre une pareille imprévoyance, surtout quand le législateur a promis à l'inventeur un droit exclusif d'exploitation ; comme, d'une autre part, les termes de l'art. 40 s'appliquent très naturellement à notre hypothèse, nous n'hésitons pas à penser que l'usage d'un objet contrefait constitue une contrefaçon de la même nature que celle qui résulte de sa fabrication (2).

M. Tillière, raisonnant, il est vrai, au point de vue de la loi belge, adopte la même doctrine, et la fonde sur des arguments qu'il nous paraît intéressant de reproduire. « On « invoque, dit-il, cette considération, que l'on ne peut exiger « de la masse des acheteurs la recherche des droits exclusifs « conférés par des brevets sans entraver le commerce et « blesser gravement l'intérêt public. Ce n'est pas non plus « ce que la loi exige ; elle fait une distinction entre les ache- « teurs. Ceux qui achètent pour leur consommation person- « nelle sont écartés de la classe des contrefacteurs par « détention ou usage. Ceux qui achètent pour les besoins de « leur commerce, de leur industrie, sont intéressés à recher-

(1) V. Rej., 20 juillet 1830, cité par Renouard, p. 220.
(2) V. Renouard, n° 21. — Comp. toutefois Picard et Olin, n°s 585 et suiv.

« cher, avant de mettre la main à une fabrication nouvelle, « avant de faire l'acquisition d'objets qu'ils débiteront ou « emploieront, si les procédés où les produits qu'ils ont en « vue ne sont pas du domaine exclusif d'un inventeur, et si « celui qui leur en fait l'offre n'est pas un contrefacteur. « Leur position de commerçants leur fait un devoir de « s'assurer si nul droit n'est violé. Au lieu d'une entrave pour « le commerce, il y a là une garantie de l'inviolabilité de la « propriété des inventions et de la loyauté des transactions « commerciales, qui n'auront plus pour objet des contrefa- « çons, mais des produits et des procédés émanant d'une « source légitime (1). »

Au surplus, si nous interrogeons les travaux préparatoires, nous voyons que cette difficulté avait été prévue et assurément tranchée dans le sens que nous indiquons. Voici en effet, le raisonnement que M. Delespaul mettait dans la bouche d'un cultivateur qu'il supposait poursuivi pour l'emploi d'une herse contrefaite : « Je n'exploite pas, dira-t-il au breveté, « c'est-à-dire je ne fabrique pas, je ne vends pas votre herse; « je n'en fais pas le commerce; je m'en sers; mais la loi « nouvelle ne vous confère pas, comme celle de 1791, un « droit exclusif, non seulement sur l'exploitation, sur l'exer- « cice, mais même sur l'usage, sur la jouissance des fruits. « Renfermez-vous donc dans le droit limité que la nouvelle « loi vous accorde. » Philippe Dupin répondit : « Le mot « *exploiter* comprend tout ; il est assez étendu pour entraîner « dans son application *toute manière d'utiliser le brevet*, soit « qu'on l'exploite par soi-même, soit qu'on transmette à un « autre la faculté d'en jouir (2). » M. Delespaul se déclara satisfait et retira un amendement qui avait pour but de changer le mot *exploiter* (3).

674. Opinion de M. Pataille. — M. Pataille croit devoir distinguer entre ceux qui emploient des objets contre-

---

(1) V. Tillière, n° 131.

(2) V. Huard, p. 266. — V. aussi Pelletier et Defert, *Proc. en mat. de controf.*, n° 10 *bis*.

(3) V. les arrêts cités ci-dessous, nos 679 et suiv.

faits qu'ils ont eux-mêmes fabriqués et ceux qui emploient des objets contrefaits que d'autres auraient fabriqués. Selon lui, les premiers sont punis par l'art. 40 et ne peuvent invoquer leur bonne foi ; les autres, au contraire, pourraient, aux termes de l'art. 41, s'en prévaloir utilement (1). Nous tenons en haute estime les opinions de notre savant et regretté confrère; mais celle-ci, en vérité, nous paraît inacceptable. Il n'est parlé de l'emploi des moyens brevetés que dans l'art. 40, et cet article ne fait aucune distinction. Que répondre à cela?

675. Opinion de M. Thézard. — M. Thézard, professeur à la faculté de droit de Poitiers, a publié, dans le journal *la Loi*, un article fort intéressant sur la question qui nous occupe, et contredisant d'ailleurs d'une façon absolue l'opinion que nous exprimons plus haut. Nous en extrayons le passage suivant : « Elle (la loi) ne parle pas de l'emploi des *objets* « fabriqués ; elle parle de l'emploi des *moyens* faisant l'objet « du brevet. Elle prévoit deux espèces de contrefaçons, mais « qui, toutes deux, sont vraiment des contrefaçons, des imi- « tations. Seulement, l'une, la fabrication des produits, « s'applique aux inventions qui se matérialisent dans un objet « de forme et d'apparence déterminées, dans un type perma- « nent, tel qu'une machine, un objet de toilette, etc., devant « ensuite servir à un usage quelconque ; l'autre, l'emploi des « moyens ou procédés, suppose des inventions qui se tra- « duisent, non par un appareil de forme déterminée, mais « par une série d'opérations, accomplies dans certaines con- « ditions, d'emploi de substances diverses, de dosages, de « durée, de température, etc. ; telles sont les inventions « relatives à la dorure et à l'argenture des métaux, à la tein- « ture, au blanchiment des diverses matières. Ici, l'inventeur « ne fabrique pas ; il emploie des procédés donnant un « certain résultat (2). Ainsi, deux sortes diverses d'industries

---

(1) V. Pataille, 70.350. — V. aussi Pataille, 72.399 et suiv.

(2) On touche ici du doigt l'erreur qui domine ces observations. M. Thézard a l'air de croire que le droit de l'inventeur d'un produit consiste uniquement dans le droit de fabrication, ce qui ne soutient pas

« et d'inventions peuvent donner lieu à des contrefaçons ; la « contrefaçon doit être différente comme les inventions elles-« mêmes, tout en restant toujours contrefaçon, c'est-à-dire « imitation ; et voilà pourquoi la loi a dû employer deux « termes distincts pour la définir. Mais, si la loi a prévu « l'*emploi des moyens brevetés*, elle n'a pu prévoir, sous le « nom de contrefaçon, l'*usage* des appareils ou *objets* quel-« conques produits par le contrefacteur. Une fois le travail « similaire à celui de l'inventeur achevé, la contrefaçon est « consommée. L'exploitation de l'inventeur lui-même s'arrête « quand il a livré son produit au commerce ; la contrefaçon « est également terminée quand l'imitateur a fini et vendu « un objet semblable. Celui qui achète cet objet et qui « l'emploie ne porte donc aucune atteinte au droit exclusif « d'*exploiter*, consacré par l'art. 1er en faveur de l'inventeur. « Vainement cet inventeur dirait-il qu'il pouvait lui-même « se livrer à l'industrie dans laquelle ses appareils sont des « moyens et non plus des produits. Dans l'exercice de cette « industrie, il n'emploierait qu'un ou deux de ces appareils ; « il jouerait dès lors à l'égard de son invention le rôle de « consommateur ou d'usager, et non pas celui d'exploitant « industriel. Telle est aussi la situation de ceux qui ont acheté « ces appareils. Ils n'exploitent pas l'invention, ils usent « simplement d'un objet particulier et isolé produit par cette « invention. La doctrine admise jusqu'à ce jour par les Cours « d'appel mènerait d'ailleurs aux résultats les plus singu-« liers et les plus iniques, si elle était appliquée dans « toute sa rigueur. On ne pourrait acheter un objet d'usage « domestique, des vêtements, sans être exposé à être pour-« suivi comme contrefacteur.

« La jurisprudence, il est vrai, essaye de faire une dis-

---

un seul instant l'examen ; il semble croire d'un autre côté que le mot « moyens » ne comprend que des procédés, des séries d'opérations, et ne s'applique pas aux produits tels qu'une machine ; or, l'art. 2 déclare brevetable l'application nouvelle de moyens connus, et nul ne doute que l'application d'une machine connue en vue d'un résultat nouveau ne constitue au premier chef une application nouvelle de moyens connus.

« tinction entre l'usage commercial et l'usage privé, et elle « dit que le premier seul est punissable. Mais cette distinc- « tion n'est pas dans la loi : la Cour de Metz, dans un arrêt « de 1869 (1), semble même la rejeter. Pousser la doctrine « jusqu'à cette conséquence nécessaire, c'est démontrer par « l'absurde la vérité contraire (2). »

676. Distinction entre l'usage commercial et l'usage personnel. — Si la loi punit comme contrefaçon l'emploi de l'objet breveté, ce n'est, toutefois, qu'autant qu'il s'agit d'un emploi commercial. C'est, du moins, la distinction adoptée par la jurisprudence, distinction justifiée par la nature même des choses. « Si la poursuite du breveté, « disent MM. Picard et Olin, ne s'était pas arrêtée au seuil « du domicile privé de chaque citoyen, le monopole serait « devenu une vexation, on eût été exposé à tout instant à « des recherches et à des inquisitions insupportables, contre « lesquelles il eût été impossible de se prémunir (3). » Reste à définir ce qu'il faut entendre par ces mots, usage commercial, usage personnel, sur lesquels, en général, les commentateurs ne donnent aucun éclaircissement.

677. Usage commercial. — L'usage commercial se définit de lui-même : c'est l'usage en vue d'une spéculation, en vue d'un bénéfice à réaliser, en vue d'un trafic. MM. Picard et Olin disent : « L'usage commercial ou industriel est « celui qui destine l'objet ou ses produits à la consommation « ou à la jouissance du public (4). » Nous croyons cette définition vraie et l'acceptons pleinement.

678. Usage personnel. — L'usage personnel est naturellement le contraire de l'usage commercial. C'est celui qui a pour but, non un trafic, non une spéculation, non la consommation du public, mais quelque agrément, quelque utilité pour la personne ; c'est, suivant la formule de MM. Picard

---

(1) Comp. Metz, 11 fév. 1869 (Sir., 69.2.204).

(2) V. *la Loi*, n° 43.

(3) Picard et Olin, n° 593. — Comp. Renouard, n° 23 ; Nouguier, n° 745.

(4) Picard et Olin, n° 596.

« et Olin, l'emploi que fait un individu d'une chose dont il « retire lui-même, et directement, les avantages (1). » Supposez que le brevet soit pris pour un nouvel encrier ou un nouveau système de lits mécaniques; l'écrivain qui emploiera l'encrier à ses besoins de chaque jour, le malade qui se servira du nouveau lit, feront assurément un usage personnel de l'invention. Admettez, au contraire, un marchand qui fait commerce de louer au public ces encriers ou ces lits, l'usage qu'il en fait est essentiellement commercial. Voici encore un exemple qui fera bien sentir la différence qui sépare l'usage personnel et l'usage commercial: on a imaginé, il y a quelques années, un système de chaises à siège élastique en fer pour jardins, qui est aujourd'hui très répandu; il est de toute évidence que le particulier, qui achète de ces chaises et s'en sert dans sa maison, en fait un usage absolument personnel, tandis que celui qui, faisant son métier de louer des sièges sur les promenades publiques, emploie ce genre de chaises et en tire un gain, en fait un usage commercial.

Si l'usage personnel ne tombe pas sous l'application de la loi, s'il ne constitue pas la contrefaçon prévue par l'art. 40 ce n'est pas à dire qu'il soit permis d'une façon absolue d'acquérir un objet qu'on sait pertinemment être contrefait, sous prétexte qu'on le destine à son usage personnel. Ne serait-il pas immoral, en effet, qu'un particulier pût effrontément répondre aux reproches du breveté: « Oui, je connais « votre brevet; oui, je sais que l'objet acquis par moi en est « la contrefaçon; oui, je l'ai acheté en pleine connaissance « de cause et au mépris de votre droit. » Comment supposer que la loi ait toléré un langage aussi audacieux? La loi ne l'a pas toléré, et, si l'usage personnel, en tant qu'emploi des moyens brevetés, échappe aux peines de la contrefaçon, il ne s'ensuit pas que le seul fait de détenir sciemment un objet contrefait reste impuni. Il constitue, au contraire, le recel et, à ce titre, est puni par l'art. 41. Lors donc qu'on se prévaut d'un usage personnel, il ne suffit pas de se justifier sur ce

(1) Picard et Olin, n° 596. — Comp. toutefois Metz, 11 fév. 1869, Cougy (Sir., 69.2.204).

point pour se soustraire aux poursuites du breveté, il faut encore se disculper du grief de recel.

679. Jurisprudence (1). — **Espèces où la contrefaçon n'a pas été reconnue.** — Il a été jugé : 1° que le limonadier qui achète et emploie pour son usage personnel ou pour les besoins de son commerce des objets qu'il sait être contrefaits (dans l'espèce, des couverts argentés par un procédé breveté) ne peut être réputé contrefacteur (Paris, 30 avril 1847, Christofle (2), Dall., 47.2.93); — 2° que l'emploi d'un produit contrefait (dans l'espèce, une matière tinctoriale) ne suffit pas à justifier l'application de l'art. 40, qni ne réprime que l'emploi des moyens brevetés (Rej., 1er mai 1863; Renard et Franc, Pataille, 63.313); — 3° que, si l'on se reporte aux expressions employées lors de la discussion de la loi de 1844, on voit que, par les dispositions de l'art. 40, on n'a jamais eu en vue que le fabricant, l'industriel qui imite ou reproduit l'objet pour lequel un brevet a été obtenu; au contraire, l'art. 40 n'a pas compris les simples détenteurs dans ses prévisions; ses termes suffisent à le démontrer, car il dit que l'emploi des moyens brevetés constitue le délit de contrefaçon; or, cette disposition, très claire à l'égard du fabricant, ne peut, sans faire quitter aux mots leur sens universellement reconnu, convenir à l'acheteur, la contrefaçon, c'est-à-dire l'imitation, la reproduction, étant un fait que le seul usage, frauduleux ou non, ne saurait jamais créer : en conséquence, le limonadier qui a acheté d'un tiers un appareil contrefait (une pompe à bière) ne peut être poursuivi, en vertu de l'art. 40, à raison de l'usage qu'il fait dudit appareil; en d'autres termes, il est admis à se prévaloir de sa bonne foi (Angers, 29 juin 1870, Gougy (3), Pataille, 72.371); — 4° que, dans tous les cas, il n'y a pas contrefaçon dans le fait d'acheter un objet contrefait et de s'en servir pour son

---

(1) V. également Douai, 5 août 1851, Jérosme (Dall., 54.2.72). — V. aussi Rej., 28 juin 1844, Huyart-Cantrel (*Bull. crim.*, 44.343).

(2) V. aussi Rej., 25 mars 1848, même affaire (Dall., 49.1.24).

(3) Cet arrêt a été cassé par un arrêt du 7 fév. 1873. — V. *infrà*, n° 681, la note.

usage personnel : spécialement, celui qui achète et emploie pour les besoins de son ménage un ustensile de cuisine ne se rend pas coupable de contrefaçon (Douai, 28 juin 1864, Mahieu, Jurisp. Douai, 64.265) ; — 5° jugé même que le fait par un breveté de commander à un constructeur un appareil breveté par un autre inventeur, dans l'unique but de chercher si cet appareil ne serait pas la contrefaçon de son propre brevet, constitue un fait d'usage personnel qui, à ce titre, échappe à toute répression (Rej., 24 fév. 1883, Alain Chartier, Pataille, 83.209); — 6° que l'usage commercial, à la différence de l'usage personnel, est celui qui profite au public en procurant un bénéfice à son auteur, encore qu'il soit partiel et restreint; spécialement, il y a usage commercial, tombant sous le coup de la loi, de la part du fabricant de papier à cigarettes qui emploie, sans l'autorisation de l'inventeur, une machine à fabriquer les cigarettes brevetée, non pour fabriquer des cigarettes, mais pour essayer le papier destiné à cette fabrication (Paris, 15 nov. 1882, Decouflé, Pataille, 88.266).

689. Jurisprudence. — **Espèces où la contrefaçon a été reconnue.** — Il a été jugé : 1° que, si le particulier qui achète pour son usage personnel un objet contrefait est à l'abri de toute poursuite, il n'en saurait être de même de celui qui achète une machine contrefaite pour faire commerce de ses produits, et établit par là une concurrence préjudiciable aux droits du breveté (Cass., 3 déc. 1841, Ganilh, *Bull. crim.*, 41.540) ; — 2° que l'usage de l'objet contrefait (un bateau) par une société industrielle, formée en vue de l'exploiter, ne peut être assimilé à l'usage personnel et tombe sous le coup de la loi (Paris, 29 mars 1856, Gache, Pataille, 57.69); — 3° que le dentiste, qui fait usage dans l'exercice de sa profession d'un mastic dentaire qu'il sait être breveté, tombe sous le coup de la loi (Paris, 6 mai 1857, Sorel, Pataille, 57.268); — 4° que le commerçant (dans l'espèce, un limonadier) qui commande un appareil qu'il sait être contrefait (une pompe à bière), et qui en use pour son industrie, se rend coupable du délit de contrefaçon; il ne peut, en ce cas, soutenir qu'il ait fait un achat pur et simple, en vue d'un usage personnel et privé (Rej., 27 fév. 1858, Gougy, Dall., 58.

1.337) ;—5° qu'il y a usage commercial, tombant sous le coup de la loi, même en cas de bonne foi, dans le fait, par un hôtelier, de mettre un ascenseur contrefait à la disposition des voyageurs qui descendent dans son hôtel (Paris, 25 nov. 1885, Samain (1), Pataille, 88.215).

681. **Jurisprudence. — Espèces où la contrefaçon a éte reconnue,** *suite* (2). — Il a encore été jugé : 1° que l'achat d'objets contrefaits par un hôtelier, en vue de les revendre aux voyageurs qui descendent dans l'hôtel, ne constitue pas l'usage personnel, seul excepté des peines de contrefaçon : spécialement, l'achat par un hôtelier de boules inflammables, qu'il revend aux voyageurs, constitue une contrefaçon (Paris, 18 nov. 1859, Blondel, Pataille, 59.349); — 2° que la loi répute contrefacteur tout individu qui porte atteinte aux droits du breveté, soit par la fabrication de produits, soit par l'emploi de moyens faisant l'objet de son brevet; elle ne distingue pas entre l'industriel proprement dit et le propriétaire tirant parti des produits de son exploitation; celui donc qui fait usage d'un appareil de distillation breveté et s'en sert pour distiller les produits de ses vignobles est contrefacteur dans le sens de la loi; il n'y a point là de sa part usage personnel (Bourges, 25 avril 1868, Champonnois, Pataille, 69.266); — 3° que, si la jurisprudence semble vouloir établir une différence entre l'exploitation personnelle et celle qui a un but commercial, cette distinction, qui est inspirée par un but d'équité et de transaction entre les divers intérêts à protéger, n'est toutefois écrite nulle part dans la loi; dans tous les cas, le cafetier, qui se sert d'un appareil breveté (appareil à élever les liquides) dans un but industriel et pour en tirer un profit commercial, ne saurait soutenir

---

(1) V. aussi Paris, 30 janv. 1888, Samain (Pataille, 88.228).

(2) V. encore Lyon, 28 fév. 1870, Gougy (Pataille, 72.377); Poitiers, 16 juin 1870, Gougy (Pataille, 72.382); Paris, 14 mai 1870, et Rej., 22 nov. 1872, Gougy (Pataille, 72.385); Trib. corr. Seine, 2 juin 1874, Richard (Pataille, 74.177); Aix, 16 janv. 1873, Gougy (Pataille, 75. 175); Cass., 7 fév. 1873, Gougy (Pataille, 73.51); Rej., 5 fév. 1876, Belin (Pataille, 76.239); Trib. corr. Seine, 28 mai 1875, Leduc (Pataille, 76.44); Bordeaux, 6 juin 1877, Meunier (Pataille, 78.33).

qu'il n'y a là de sa part qu'un usage personnel (Metz, 11 fév. 1869, Gougy, Sir., 69.2.204); — 4° que l'industriel, qui emploie indûment une machine brevetée et fait usage de moyens brevetés, est un contrefacteur dans le sens de l'article 40 de la loi du 5 juill. 1844, et ne saurait être admis, comme le marchand accusé de recel, à fournir la preuve de sa bonne foi; en conséquence, il importe peu qu'il établisse qu'il n'a acquis que depuis peu son établissement industriel et qu'il y a trouvé installé déjà l'appareil contrefait; il eût dû, en effet, au lieu de l'utiliser immédiatement, s'assurer d'abord s'il avait été établi par l'inventeur breveté ou de son consentement (Colmar, 17 juill. 1867, Gougy, Pataille, 83.16); — 5° qu'il y a contrefaçon, au sens de l'art. 40 de la loi du 5 juill. 1844, de la part de celui qui, ayant acheté ou fait installer chez lui un appareil contrefait, en fait usage pour les besoins de son industrie (Caen, 23 août 1875, Thierry, Pataille, 83.141).

682. Usage personnel par un commerçant. — Il est bien entendu que l'usage commercial ne résulte ni de la profession de l'individu, ni de l'usage qu'il fait de l'objet breveté dans l'exercice de son industrie ou de son commerce; il résulte uniquement de ce fait que son commerce est la conséquence de l'objet breveté.

Admettez, pour reprendre l'exemple des sièges brevetés que nous avons cité tout à l'heure, que le chef d'un magasin de nouveautés achète et installe chez lui, pour sa clientèle, de pareils sièges. Y aura-t-il, de sa part, usage personnel ou usage commercial? Il est certain que ces sièges n'ont aucun trait direct ou indirect à l'industrie des magasins où ils sont placés; ce n'est pas de leur emploi que les magasins tirent leurs bénéfices, sur lesquels il ne peut avoir aucune influence. Les sièges sont là parce qu'il en faut; ceux-ci ou ceux-là, qu'importe au commerce qui s'exerce dans la maison! Ce n'est pas parce que les sièges sont de telle ou telle nature que les étoffes offertes au public seront plus belles, plus solides ou moins chères. Nous verrions donc là un usage personnel. MM. Picard et Olin sont de cet avis : « Le marchand qui se « livre à un commerce entièrement étranger à celui des « meubles, disent-ils, et qui s'est procuré, comme le premier

« venu, chez un fabricant quelques chaises dont il avait « besoin pour ses bureaux ou ses magasins, est-il au cou- « rant des procédés brevetés relatifs à ces objets? Et, par « cela seul qu'il se livre à un négoce, est-il obligé de « s'enquérir des détails de fabrication pour toutes les choses « dont il se sert et qui n'ont cependant aucun rapport avec « l'industrie qu'il exerce? Non (1). »

Jugé du reste que l'arrêt, qui déclare qu'un produit semblable à celui qui est breveté (dans l'espèce, un lit-cage) a été trouvé dans l'atelier d'un fabricant de produits analogues, écarte par cela même l'objection tirée de ce que l'objet saisi serait affecté à un usage domestique (Rej., 12 juin 1875, Moisset-Foye, Pataille, 75.225).

683. Usage personnel par un ouvrier. — On s'est demandé si l'emploi par un ouvrier, pour son travail journalier, d'un outil ou d'une machine qui seraient brevetés, constitue l'usage personnel ou l'usage commercial. Il faut évidemment décider la question d'après les circonstances. Et d'abord, s'il s'agit d'un ouvrier travaillant non pour son propre compte, mais pour le compte d'un patron, si l'outil, si la machine ne lui appartiennent pas et qu'ils lui soient fournis, il n'y a pas de discussion possible. L'ouvrier ne peut être responsable de cet emploi illicite; c'est à son patron d'en répondre. On ne saurait exiger qu'il refuse le travail qui lui est commandé au risque de perdre son salaire. La décision resterait la même si l'outil appartenait à l'ouvrier, et si, en venant travailler à l'atelier, il l'apportait avec lui chaque jour pour rendre sa tâche plus facile ou plus rapide; la responsabilité du patron subsisterait; c'est à lui de surveiller ses ouvriers et de savoir de quels engins ils se servent. Il lui serait trop commode de fermer les yeux et de recueillir ensuite les fruits de la contrefaçon. Mais, si l'ouvrier travaille pour son compte, s'il tire un bénéfice direct de l'emploi de l'outil breveté, s'il en fait trafic, l'usage qu'il fait de l'outil est commercial.

M. Bédarride se prononce en sens contraire sur ce dernier point: « Ira-t-on, dit-il, jusqu'à prétendre qu'il y a contre-

(1) Picard et Olin, n° 596.

« façon punissable dans l'emploi fait par une couturière, par « un tailleur, par un menuisier, d'aiguilles, de ciseaux ou « de rabots contrefaits? Cependant, comme le dit avec « raison M. Renouard, l'outil de l'ouvrier est, à parler le lan- « gage exact de la science, une machine avec laquelle il « fabrique et dont les produits entrent dans le commerce. « Dans tous ces cas, le breveté ne peut alléguer d'autre pré- « judice que la privation du profit qu'il eût réalisé, s'il eût « lui-même vendu la machine ou l'outil contrefait. Mais est- « il possible d'exiger qu'avant de contracter, l'acheteur aille « s'informer si ce qui est exposé en vente est ou non breveté? « et, si cet achat est légitime, comment pourrait-on le faire « dégénérer en délit, toutes les fois qu'il n'a pas pour objet « une revente commerciale (1)? » M. Renouard se prononce dans le même sens; suivant lui, on devra assimiler les outils aux objets à usage personnel; toutefois il avoue dans le même passage que, si cette opinion est « plus prudente et plus « praticable, » l'opinion contraire est « la plus logique et la « plus strictement équitable (2). »

Ajoutons, pour être tout à fait vrai, que, quelle que soit l'opinion qu'on embrasse, les circonstances de chaque espèce seront de nature à modifier la solution dans un sens ou dans l'autre.

684. *Quid* **du cultivateur?** — La question s'est présentée de savoir si l'usage par un cultivateur, pour les besoins de sa récolte, d'un instrument agricole breveté constitue l'usage personnel ou l'usage commercial. La principale raison de douter vient de ce que le cultivateur, même lorsqu'il vend les produits de sa culture, n'est pas assimilé à un commerçant. Cette raison est-elle aussi décisive qu'elle a paru? Est-ce qu'il s'agit de savoir si le cultivateur est ou non commerçant? Qu'importe cette qualification purement légale! N'est-ce pas le fait qui est à considérer? Et, s'il est établi que le cultivateur tire de l'emploi de la machine brevetée un gain,

(1) Bédarride, n° 551.

(2) Renouard, n° 23. — V. aussi Pelletier et Defert, *Procéd. en mat. de contref.*, n° 10.

un profit, des bénéfices, s'il en trafique, s'il s'enrichit grâce à elle, est-il juste de l'exonérer de toute responsabilité ? Est-il moral de lui permettre, au grand jour et sous les yeux mêmes du breveté, de faire fortune à ses dépens ? Nous pensons, quant à nous, que ces raisons sont de nature à être pesées, et que, s'il est des circonstances d'espèces qui peuvent déterminer et expliquer, dans certains cas, l'opinion contraire, il faut du moins, en principe, déclarer qu'il y a usage commercial, usage industriel de la part du cultivateur qui emploie une machine agricole brevetée.

Tel fut, du reste, l'avis de nos législateurs lors de la discussion de la loi : on y remarque, en effet, un amendement présenté par M. Delespaul, qui tendait à ajouter, dans l'article 1er, aux mots « droit exclusif d'exploiter », ceux-ci : « jouissance exclusive ». Et voici les motifs qu'il donnait à l'appui : « Supposez le cas où un individu se serait fait bre-« veter pour une nouvelle herse, telle que la herse Bataille, « ainsi appelée du nom de son auteur. Je dis que, dans un « pareil cas et sous l'empire de la loi de 1791 que je viens « de citer, le titulaire du brevet aurait le droit de poursuivre « du chef de contrefaçon le cultivateur qui, pour labourer « son champ, se serait servi d'une herse contrefaite, par lui « achetée du contrefacteur, tandis qu'il n'en serait pas de « même en vertu de l'article que nous discutons... (1). » Sur la réponse du rapporteur, qui déclarait que « le mot *exploiter* comprend tout, qu'il est assez étendu pour entraîner dans son application *toute manière d'utiliser le brevet* », l'amendement fut rejeté. Cela n'est-il pas clair ?

685. Jurisprudence contraire. — Il a été jugé dans un sens opposé à celui que nous croyons être le vrai : 1° que la possession de bonne foi d'un objet breveté, de la part d'un particulier qui l'emploie seulement pour son usage personnel, ne constitue pas le délit de contrefaçon : spécialement, il en est ainsi du fait, de la part d'un cultivateur, de détenir et d'employer pour la culture de ses terres une herse arguée de contrefaçon (Rej., 28 juin 1844, Huyart-Cantrel, *Bull.*

---

(1) V. Huard, p. 266.

crim., 44.343) ; — 2° que celui-là n'est pas passible des peines de la contrefaçon qui n'achète un objet contrefait que pour son usage personnel et sans intention de spéculation commerciale : spécialement, il en est ainsi du cultivateur ou du propriétaire qui emploie des machines ou instruments contrefaits (dans l'espèce, une machine propre au nettoyage et au triage du blé) pour améliorer les produits de sa culture ; il importe peu, d'ailleurs, qu'il destine lesdits produits à sa consommation ou qu'il se propose de les vendre ; cette dernière circonstance ne constituant pas une opération commerciale, la vente des produits ne cesse pas d'avoir le caractère d'un usage personnel (Rej., 12 juill. 1851, Vachon, Dall., 51.5.56).

686. Ouvrier impayé ; usage. — Nous supposons qu'un ouvrier a travaillé sur la commande du breveté lui-même, mais que, n'ayant pas reçu son salaire, il n'a pas livré son ouvrage, — ce sera, si l'on veut, une machine, — et qu'il en fait usage lui-même pour son industrie. Est-il dans son droit ? Nous ne le pensons pas. Il peut assurément poursuivre le payement de son salaire, il peut mettre le breveté en demeure de prendre livraison de la machine contre remboursement, mais son droit ne va pas plus loin. L'usage n'est légitime que par le consentement exprès ou tacite du breveté ; lui seul a droit d'autoriser les tiers à employer les moyens qu'il a brevetés, et, tant qu'il n'a pas donné son autorisation d'une façon quelconque, l'emploi est et reste illicite.

Jugé en ce sens que, si l'ouvrier peut retenir en gage, jusqu'à son payement, la machine ou l'appareil qu'il a fabriqué sur l'ordre ou les instructions du breveté, il n'a pas pour cela le droit de s'en servir ou d'en disposer à son profit et au préjudice des droits garantis par le brevet (Rouen, 1er mai 1862, Richard et Grassal (1), Pataille, 62.337).

687. Usage par le gagiste ou le dépositaire. — C'est la proposition précédente sous une autre forme ; la question étant semblable, la solution reste la même. Si donc l'objet breveté est donné en gage ou en dépôt par le pro-

---

(1) Comp. Rej., 16 août 1826, Pinard (Sir., 27.1.243).

priétaire du brevet, il y a contrefaçon de la part du gagiste ou du dépositaire qui en fait usage ; non seulement il viole, en ce cas, la loi civile qui règle la forme et les conditions du nantissement ou du dépôt, mais encore il contrevient à la loi spéciale. Cela ne souffre pas de discussion. Le fait qu'il détienne légitimement l'objet breveté ne saurait innocenter le fait de l'usage. Ces deux faits sont indépendants l'un de l'autre et le premier demeure sans influence sur le second.

SECTION II.

Faits assimilés à la contrefaçon.

ARTICLE Ier.

CARACTÈRES GÉNÉRAUX.

SOMMAIRE.

688. Quels faits sont assimilés à la contrefaçon ? — 689. Jurisprudence contraire. — 690. Jurisprudence contraire, *suite*. — 691. Bonne foi ; est-elle exclusive de contrefaçon ? — 692. Jurisprudence. — 693. Quand y a-t-il bonne foi ? — 694. Jurisprudence. — 694 *bis*. Jurisprudence, *suite*. — 695. *Quid* du refus par le débitant d'indiquer le fabricant ? — 696. Bonne foi ; appréciation souveraine. — 697. A qui incombe la preuve de bonne foi ? — 698. Qui est réputé complice ? — 699. Le complice peut-il être poursuivi seul ? — 700. Chaque fait constitue-t-il un délit distinct ?

688. Quels faits sont assimilés à la contrefaçon ? — Deux systèmes se sont produits sur la question de savoir quels sont les faits qui, dans notre matière, constituent la complicité en matière de contrefaçon. Suivant une première opinion, il résulte du texte de la loi et de la rédaction même des art. 40 et 41 que le premier de ces articles prévoit et définit le délit de contrefaçon proprement dit, tandis que le second détermine les cas de complicité qui peuvent accompagner ce délit. Le délit lui-même consiste soit dans la fabrication de l'objet breveté, soit dans son usage commercial. Les cas de complicité sont : 1° la vente, l'exposition en vente, l'introduction en France et le recel; 2° la participation d'un ouvrier ou employé ayant travaillé dans les ateliers ou l'établissement du breveté. La loi, précisément parce qu'elle est pénale, est limitative; elle ne permet donc pas d'admettre aucun autre cas de complicité en dehors de ceux mentionnés dans l'art. 41, et ce serait la violer que d'appliquer à la contrefaçon des brevets les articles 59 et 60 du Code pénal, qui précisent les caractères de la complicité en matière ordinaire. Il y a ici dérogation en droit commun.

M. Blanc combat cette opinion de la façon suivante : « L'art. 41 n'a pas eu en vue de définir la complicité. Si « telle avait été la pensée du législateur, il se serait borné à « dire que ceux qui se rendront coupables de l'un des faits « prévus dans l'art. 41 seront réputés complices, et alors « la complicité aurait été nécessairement limitée aux cas « prévus, à l'exclusion de ceux énumérés dans l'art. 60 du « Code pénal. Au lieu de les désigner sous cette qualification, « la loi soumet aux peines de la contrefaçon, c'est-à-dire « qu'elle assimile à ce délit, chacun des faits qu'elle énumère. « Ainsi, le recel, la vente, l'introduction sont autant de délits « distincts. La complicité définie par l'art. 60 du Code pénal « suppose toujours qu'il y a eu entente entre le complice et « l'auteur principal; l'art. 41 de la loi de 1844, au contraire, « élève chacun des faits qu'il prévoit à la hauteur d'un délit « particulier et sans exiger qu'il y ait un rapport quelconque « entre le contrefacteur et le débitant. Disons ensuite que les « lois spéciales, quand elles définissent les caractères du délit « qu'elles ont en vue, excluent virtuellement tous les faits « analogues, parce que, en matière pénale, on ne peut qualifier délit que ce qui est expressément prévu. Mais il n'y a « pas de raison, à moins d'une disposition contraire et formelle, pour exclure la complicité telle qu'elle résulte du « droit commun (1). »

Il s'en faut de peu que l'opinion de M. Blanc ne soit absolument vraie : où il n'a pas tout à fait raison, c'est lorsqu'il soutient que les faits prévus par l'art. 41 ne sont pas des faits de complicité. Il suffit, en effet, de se reporter à la discussion de la loi pour se convaincre que, dans l'opinion de

(1) Blanc, p. 613.

nos législateurs, l'art. 41 a eu incontestablement pour but de définir des faits de complicité ou, pour parler un langage plus exact, des faits (ce sont les expressions très justes dont se sert M. Renouard) « qui se rattachent à la contrefaçon par « des liens qu'on peut assimiler à ceux de la complicité (1). » La vérité, selon nous, c'est que les faits prévus par l'art. 41 constituent en réalité de véritables délits, des délits distincts, mais qui, par leur caractère et le lien étroit qui les rattache au délit de contrefaçon proprement dit, sont en quelque sorte et en même temps des actes de complicité.

M. Bozérian, de son côté, pense que l'art. 41 n'énumère pas limitativement les cas de complicité en matière de contrefaçon de brevets et surtout n'a pas pour objet de créer en cette matière une complicité spéciale. Il fait remarquer avec raison qu'en matière de contrefaçon littéraire, bien que le Code pénal s'occupe tour à tour de l'auteur principal (art.425), puis des complices les plus ordinaires (art. 426), il n'est pas douteux que les art. 59 et 60 demeurent en même temps applicables. « C'est que, dit M. Bozérian, le législateur a con« sidéré les faits de délit et d'introduction plutôt comme des « délits spéciaux que comme des cas de complicité; ceci nous « paraît de la dernière évidence. Or ce qui a eu lieu lors de « la rédaction du Code de 1810 est précisément ce qui a eu « lieu lors de la rédaction de la loi de 1844, et, ce qui le « prouve, c'est qu'au début le législateur de 1844 voulait « punir les délits, dont parle l'art. 41, d'une peine moindre « que celle dont il voulait punir ceux dont parle l'art. 40 (2). » Puis, reprenant les travaux préparatoires, M. Bozérian établit avec beaucoup de netteté que, si les faits, prévus par l'art. 41, y sont qualifiés de faits de complicité, on lit en même temps dans l'exposé des motifs, qui prend soin précisément de rappeler l'art. 426 du Code pénal, que *certains faits de complicité doivent être punis comme des délits distincts*; c'est de ces *certains* faits, les plus fréquents en cette matière, que l'on s'est occupé spécialement, n'amnistiant pas les autres

(1) Renouard, n° 16.
(2) V. la *Propr. ind.*, n° 435.

pour cela; le mot de « complicité », ainsi employé, avait pour objet de marquer le lien étroit qui existe entre les faits nécessairement secondaires de débit ou d'introduction et le fait principal de contrefaçon, mais point du tout de déroger aux règles du droit commun.

De ce que la loi s'est plus particulièrement attachée à définir, à préciser certains faits de complicité d'une nature spéciale, et qui accompagnent presque nécessairement le délit principal, pourquoi conclure que, en dehors des cas ainsi spécialement envisagés, il n'y a pas lieu d'appliquer les règles générales tracées par les art. 59 et 60 du Code pénal? Pourquoi conclure que celui qui a sciemment participé soit au délit de contrefaçon proprement dit, soit à l'un des délits connexes de l'art. 41, échappe à toute peine, défie toute répression? La question ainsi posée est au moins douteuse; rien dans la loi de 1844 ne s'oppose à ce que les principes généraux viennent compléter ici la législation spéciale, et nous sommes volontiers de l'avis de M. Renouard lorsqu'il ajoute : « Si le législateur avait voulu introduire une exception, il ne se serait pas dispensé de le dire. Les dérogations aux principes ne se présument pas. On ne comprend guère, d'ailleurs, à quel titre les complices mériteraient la faveur ou l'indulgence de la loi, et l'on voit facilement combien leur impunité peut nuire à la répression (1). »

Notons, comme une conséquence naturelle de ce lien de complicité qui rattache l'auteur des faits prévus par l'art. 41 à l'auteur de la contrefaçon proprement dite, que la condamnation peut être prononcée avec solidarité contre l'un et contre l'autre (2).

689. **Jurisprudence contraire.** — Il a été jugé en sens opposé : 1° que les art. 41 et 43 de la loi du 5 juillet 1844 déterminent les caractères de la complicité du délit de contrefaçon et sont strictement limitatifs : en conséquence, ne sau-

(1) V. Renouard, n° 16. — V. également Calmels, n° 585; Nouguier, n° 789; Rendu et Delorme, n° 506. — V. toutefois, en sens contraire, Allart, *Brev. d'inv.*, p. 129 et suiv.

(2) V. Rouen, 4 août 1869, Milliet (Pataille, 62.305).

rait être condamné comme complice celui qui se fait, même sciemment, l'intermédiaire d'un contrefacteur, alors qu'il n'est relevé contre lui aucun fait de recel, de vente ou d'exposition en vente (Cass., 26 juill, 1850, Duchesne (1), Dall., 51.5.54); — 2° qu'il n'y a point de contrefaçon dans le seul fait d'avoir saisi et déposé au greffe d'un tribunal des objets qu'on soutient être contrefaits; si donc un autre inventeur, en vertu d'un brevet antérieur à celui du saisissant, prétend que le droit de se faire attribuer ces objets ne peut appartenir qu'à lui, il doit saisir la juridiction civile de sa demande; mais il ne peut soutenir qu'il y ait eu de la part du saisissant atteinte à son droit privatif, la contrefaçon ne pouvant résulter que d'un fait de fabrication, d'usage, de vente, d'exposition en vente, d'introduction en France ou de recel (Paris, 13 fév. 1862, Rouget de Lisle, Pataille, 62.358); — 3° que celui qui, sans se livrer personnellement à la contrefaçon, procure à autrui les moyens de s'y livrer, par exemple en vendant certains objets qui peuvent y concourir, ne tombe sous le coup d'aucune pénalité : spécialement, lorsqu'un brevet a pour objet l'application à la photographie de fonds veloutés à nuances graduées, le breveté ne saurait poursuivre comme complice de la contrefaçon celui qui se borne à vendre des fonds gradués, objet qui est isolément dans le domaine public, alors même qu'il serait prouvé que la vente est faite en vue d'une application à la photographie (Trib. corr. Seine, 31 déc. 1862, Capelli, Pataille, 63.213).

690. Jurisprudence contraire, *suite.* — Il a été jugé encore : 1° qu'il n'y a pas complicité tombant sous l'application de la loi du 5 juill. 1844 dans le fait de fournir avec bénéfice à un fabricant la matière première servant à la contrefaçon, même alors qu'on connaîtrait l'usage qu'en fait ce fabricant, si d'ailleurs on ne prend pas personnellement part à la contrefaçon ou si l'on n'a pas un intérêt direct dans la fabrication (Trib. corr. Seine, 16 mai 1866, Bardin (2), Pa-

---

(1) V. également Rej., 21 nov. 1851, Duchêne (*Bull. crim.*, 51.739); Rej., 25 mars 1848, Christofle (Dall., 49.1.24).

(2) Le jugement a été confirmé, sur l'appel, mais la Cour n'a point

taille, 66.380); — 2° que, en tous cas, on ne saurait considérer comme auteurs ou comme complices de la contrefaçon ceux qui ont fabriqué pour le contrefacteur et lui ont livré des éléments isolés, alors que c'est seulement par un travail postérieur que ces objets ont reçu la forme et la combinaison brevetées (Trib. corr. Seine, 24 novembre 1868, Dauvois, Pataille, 68.389); — 3° que l'employé, qui, moyennant des appointements et une remise sur le chiffre des affaires qu'il fait, place des appareils contrefaits, ne peut être considéré comme ayant personnellement porté atteinte aux droits du breveté par l'un des modes de contrefaçon prévus par la loi de 1844 (Paris, 15 fév. 1866, Mac-Avoy, Pataille, 66.173); — 4° que le fait d'avoir autorisé un essai ne peut être considéré comme un acte de complicité du délit de contrefaçon, reprochable à l'auteur de l'essai, la loi de 1844 ayant, dans son article 41, limitativement déterminé les cas de complicité, et, dès lors, les articles 59 et suivants du Code pénal n'étant pas applicables à la matière des brevets d'invention (Caen, 23 août 1875, Thierry, Pataille, 83.141).

691. Bonne foi; est-elle exclusive de contrefaçon? — En principe, la bonne foi est exclusive de tout délit, l'intention criminelle étant nécessaire pour le constituer. La loi de 1844 a-t-elle suivi cette règle? Y a-t-elle dérogé? A prendre le texte dans son sens littéral, il est évident qu'il y a lieu d'établir une distinction entre l'auteur de la contrefaçon (c'est-à-dire celui qui fabrique l'objet contrefait ou en fait usage) et le complice (c'est-à-dire celui qui vend, expose en vente, introduit en France ou recèle). Le mot « *sciemment* » ne se trouve, en effet, que dans l'article applicable aux divers cas de complicité; d'où la conséquence que l'auteur de la contrefaçon est punissable, même s'il n'a point agi sciemment; telle était, du reste, la pensée du Gouvernement en proposant la loi, au moins si l'on en juge par les travaux législatifs.

L'exposé des motifs présenté à la Chambre des pairs

---

eu à examiner cette question, ayant jugé en fait que le prévenu, dont il s'agit ici, n'avait pris, directement ou indirectement, aucune part aux faits de contrefaçon.

s'exprimait ainsi : « Le mot *sciemment* nous a paru également « devoir être ajouté dans la disposition relative aux introduc- « teurs et débitants qui, à la différence du contrefacteur, « peuvent, même sans négligence ou imprudence véritable- « ment imputables, ignorer l'existence du brevet ou la qua- « lité des objets dont ils sont détenteurs (1). » Le rapport présenté devant la même Chambre ne fut pas moins explicite : « Pour établir d'une manière plus nette la distinction que le « projet de loi établit entre le fabricant et le débitant, nous « avons fait disparaître de la rédaction le mot *coupable*, le « fabricant étant toujours présumé connaître le privilège du « breveté, tandis que, pour le débitant, il faut qu'il soit établi « qu'il a agi *sciemment* (2). » La discussion qui suivit nous montre la Chambre des pairs adhérant de la façon la plus absolue au système du gouvernement ; on n'y fit qu'une objection, et c'était pour demander que les complices eux-mêmes fussent punis sans être admis à justifier de leur bonne foi. C'était assurément dépasser la mesure ; le ministre exposa les raisons qui commandent, dans tous les cas, d'être plus indulgents au complice qu'au contrefacteur, et son avis fut adopté (3).

On retrouve encore la même pensée dans ce passage de l'exposé des motifs, adressé à la Chambre des députés : « Vous remarquerez, messieurs, que le mot *sciemment* n'a « pas été introduit dans la définition de la contrefaçon « même. Il existe, en effet, un dépôt général où le fabricant « peut et doit rechercher ou faire rechercher les inventions « brevetées avant d'appliquer son industrie à des objets nou- « veaux. Il est donc toujours coupable, au moins, de négli- « gence ou d'imprudence grave, lorsqu'il a fabriqué des « objets déjà brevetés au profit d'un autre. Mais on ne pou- « vait, sans une gêne excessive, imposer au commerce la « même obligation de recherche ; il convient donc de ne

(1) V. Huard, p. 29.
(2) V. Huard, p. 57.
(3) V. Huard, p. 200 et 201.

« punir le vendeur et l'introducteur d'objets contrefaits que « lorsqu'ils auront eu connaissance de la contrefaçon (1). »

Ainsi, les députés étaient dûment avertis du sens de l'article, et, s'ils ne l'acceptaient pas, il leur était facile d'user du droit d'amendement. Personne n'en usa; les articles dont il s'agit furent votés sans objection. Puis, à l'occasion d'un autre article, un député, M. Bethmont, voulut introduire un amendement qui, changeant le sens de l'article déjà voté, exigeait pour l'auteur de la contrefaçon, comme pour le complice, la preuve d'une intention criminelle. Cet amendement venait évidemment trop tard et ne pouvait modifier rétrospectivement une disposition qui, nous devons au moins le supposer en présence des travaux législatifs, avait été votée en connaissance de cause. Voilà les faits ; comment concevoir, lorsqu'on les connaît, qu'on ait pu dire quelquefois que la discussion ne tranchait pas la question ? Il est, au contraire, avéré, il est à nos yeux incontestable que la pensée de la loi est de tous points conforme à son texte et qu'elle se résume ainsi : la bonne foi exonère le complice ; seul, le contrefacteur proprement dit, l'auteur principal de la contrefaçon, ne s'en peut prévaloir. Sans doute, s'il s'agissait de reviser la loi, il nous paraîtrait plus sage d'en revenir aux principes généraux, d'où il n'y a guère profit d'ordinaire à s'écarter ; seulement, tant qu'elle existe, appliquons-la telle qu'elle est, sous peine de la mettre à la merci de nos préventions ou de nos sympathies et, par suite, de lui ôter toute autorité (2).

M. Bédarride exprime le même sentiment : « A notre avis, « dit-il, ce qui s'induit des articles 40 et 41, c'est que, dans « tous les cas, la matérialité du fait en fait présumer la cri- « minalité. Mais cette présomption, qui, pour les fabricants, « est *juris et de jure*, n'est plus, à l'égard des débitants ou « dépositaires, qu'une présomption de droit comportant la « preuve contraire. Or à qui, sinon au prévenu, peut in-

---

(1) V. Huard, p. 227.

(2) Comp. Loiseau et Vergé, sur l'art. 40 ; Duvergier, sur l'art. 40 ; Renouard, n° 18 ; Blanc, p. 670 ; Calmels, n° 567 ; Rendu et Delorme, n° 493 ; Nouguier, n° 740 ; Pataille, 57.298.

« comber la charge de cette preuve contraire? Ce n'est pas « tout, en effet, que d'alléguer la bonne foi, il faut encore la « justifier. Cette bonne foi constitue l'exception à la pour- « suite, et, réellement demandeur quant à ce, le prévenu « tombe sous l'application de la règle *actori incumbit onus* « *probandi* (1). »

M. Huard émet pourtant l'avis que « le fabricant poursuivi « en contrefaçon peut lui-même argumenter utilement de sa « bonne foi, lorsqu'elle résulte de la croyance où il aurait « été que le breveté l'avait autorisé à se servir de sa décou- « verte (2). » Il faut convenir que c'est une hypothèse qui se présentera rarement. Comment imaginer, en effet, qu'un individu puisse se croire autorisé s'il ne l'est réellement pas? De deux choses l'une : ou bien il aura une autorisation en règle dont il pourra se prévaloir, ou bien il aura eu le tort de prendre pour une autorisation de simples pourparlers qui n'auront pas abouti. Nous ne croyons donc pas utile d'insister.

Remarquons seulement en terminant, et c'est à peine s'il est nécessaire de le dire, que la bonne foi, dans les cas où la loi ne l'admet pas comme excuse du délit, constituera du moins une circonstance atténuante et fera modérer la peine.

692. Jurisprudence (3). — Il a été jugé, en ce sens, qu'à la différence de l'art. 41, lequel punit ceux qui auront sciemment recélé des objets contrefaits, l'art. 40 n'exige pas la mauvaise foi du délinquant et punit, quelle que soit la bonne foi, le fait matériel de ceux qui, par l'emploi des moyens fai-

---

(1) Bédarride, n° 528.

(2) V. *Propr. ind.*, n° 153.

(3) V. également Rej., 20 août 1851, cité par Renouard, n° 18, *in fine;* Rouen, 1854, Christofle (Jurispr., Douai, 54.77); Rej., 31 déc. 1857, Garnier (Pataille, 59.202); Dijon, 18 juill. 1856, Villard (Pataille, 57.415); Rej., 31 déc. 1857, Garnier (Pataille, 59.202); la Réunion, 2 août 1858, Rohlfs Seirig (Pataille, 58.376); Rouen, 9 août 1860, Grassal (Pataille, 60.390); Colmar, 30 juill. 1867, Gougy (Pataille, 70. 342); Poitiers, 16 juin 1870, Gougy (*la Loi*, n° 43); Cass., 19 juin 1875, Teschen et Manque (*Le Droit*, 20 juin); Caen, 23 août 1875, Thierry (Pataille, 83.141). — V. toutefois Angers, 29 juin 1870, Gougy (Dall., 70.2.211).

sant l'objet d'un brevet, ont porté atteinte aux droits du breveté ; toutefois, la bonne foi constitue une circonstance très atténuante du délit (Metz, 11 fév. 1869, Gougy, Sir., 69.2.204).

692 *bis*. **Jurisprudence contraire.** — Il a été jugé toutefois : 1° d'une façon absolue, que la bonne foi est exclusive du délit de contrefaçon ; il y a lieu en ce cas de renvoyer le prévenu des fins de la poursuite correctionnelle, sauf à prononcer la confiscation des objets reconnus contrefaits (1) (Paris, 11 déc. 1857, Gariel, Pataille, 58.137) ; — 2° et, dans une espèce spéciale, qu'un fabricant prévenu de contrefaçon, est recevable à exciper de sa bonne foi, alors qu'il est établi qu'il a été, à raison d'une force majeure, et par exemple de l'investissement de Paris, dans l'impossibilité de connaître l'existence du brevet invoqué contre lui (Rennes, 8 mai 1872, Gentil, Pataile, 72.315) ; — 3° jugé aussi que, si le négociant ou le fabricant, qui achète un objet contrefait pour le revendre ou pour faire une concurrence préjudiciable au breveté, doit être considéré comme contrefacteur, qu'il soit ou non de bonne foi, il n'en est pas de même dans le cas où l'achat de l'objet contrefait a eu lieu pour l'usage personnel de l'acquéreur et sans intention de spéculation commerciale ; spécialement le fait par un breveté de commander à un tiers la construction d'un appareil, objet du brevet d'un autre inventeur, dans l'unique but de chercher si cet appareil ne serait pas la contrefaçon de son propre brevet, constitue un fait d'usage personnel qui, à ce titre, échappe à toute répression (Rej., 24 février 1883, Alain Chartier, Pataille, 83.209).

693. Quand y a-t-il bonne foi ? — La bonne foi existe dès que l'on n'a pas agi sciemment, c'est-à-dire avec connaissance de la contrefaçon ; la loi ne donne pas d'autre régle, s'en remettant à cet égard à l'appréciation souveraine des tribunaux, qui décideront d'après les circonstances et

---

(1) Cet arrêt, dont les termes sont assurément trop généraux, est isolé, et d'ailleurs il tranche la question sans la discuter et sans donner de motifs à l'appui.

documents de la cause. C'est en ce sens que M. Renouard dit : « Ce serait exagérer la disposition déjà si indulgente de l'ar« ticle 41 que de croire que, pour agir sciemment, il faut « agir de mauvaise foi. La preuve qu'il a été agi sciemment « sera suffisamment acquise lorsqu'il sera établi que l'ori« gine des objets a été connue des débitants » (1).

M. Nouguier est d'une opinion différente, ou du moins il n'entend pas la bonne foi dans un sens aussi large que nous. Suivant lui, l'erreur sur la non-existence ou sur la durée du brevet, la persuasion où serait le contrefacteur que l'invention est tombée dans le domaine public, ne pourraient constituer la bonne foi. « La publicité donnée aux brevets, dit-il, « est la même pour tous ; les personnes énumérées dans « l'article 41 peuvent, aussi bien que les fabricants, s'assurer « de l'existence, des conditions et de la durée du brevet ; pas « plus que le fabricant, ils ne peuvent prétexter d'ignorance. » Et il ajoute : « Les recéleurs, vendeurs, exposants ou intro« ducteurs, ne sont de bonne foi, dans le sens du mot *sciem« ment* de l'art. 41, que lorsqu'ils ont cru que les objets « contrefaits ont été fabriqués par le breveté et non par des « contrefacteurs (2). » M. Huard se prononce dans le même sens : « Nous pensons, dit-il, que l'ignorance du brevet « ne peut être alléguée par le débitant lui-même comme « preuve de sa bonne foi. » Et plus loin : « Le débitant a pu « croire que l'objet acquis par lui émanait du breveté ou « d'un tiers autorisé par lui, et c'est ce motif qui, à nos « yeux, légitime l'indulgence que la loi a montrée pour les « prévenus non fabricants (3). »

Comment concilier cette opinion avec la déclaration si formelle de l'exposé des motifs déjà citée plus haut : « Il existe « un dépôt général ou le fabricant peut et doit rechercher « ou faire rechercher les inventions brevetées. Il est donc « toujours coupable au moins de négligence ou d'impru« dence grave, lorsqu'il a fabriqué des objets brevetés au

---

(1) Renouard, n° 19.
(2) Nouguier, n° 795.
(3) V. *Propr. ind.*, n° 153.

« profit d'un autre ; *mais on ne pouvait, sans une gêne « excessive, imposer au commerce la même obligation de « recherche.* Il convient donc de ne punir le vendeur et l'in- « troducteur d'objets contrefaits que lorsqu'ils auront eu « connaissance de la contrefaçon (1). » Nous pensons, quant à nous, que c'est l'ignorance de la contrefaçon, prît-elle sa source dans l'ignorance du brevet, qui constitue la bonne foi.

694. **Jurisprudence.** — Il a été jugé, antérieurement à la loi de 1844 : 1° que le brevet étant porté, par son insertion dans le *Bulletin des lois*, à la connaissance de tous les citoyens, et, les avertissant du droit privatif conféré au breveté, le fait seul de l'emploi, non autorisé par celui-ci, des procédés consignés dans son brevet, constitue, de la part de celui qui en est convaincu, le fait de contrefaçon (Rej., 27 déc. 1837, Rattier (2), Sir., 38.1.25) ; — 2° qu'il en est surtout ainsi lorsque le breveté a donné à son brevet une grande publicité, non seulement par les moyens ordinaires prévus par la loi, mais encore par l'affiche des jugements de condamnation rendus contre divers contrefacteurs, et par des circulaires répandues chez les principaux négociants et insérées par extraits dans les journaux (Paris, 3 juill. 1839, Croquart (3), J. Pal., 39.2.187).

694 *bis*. **Jurisprudence,** *suite*. — Il a été jugé sous l'empire de la loi de 1844 : 1° que les débitants, chez lesquels ont été saisis des objets contrefaits, ne peuvent, lorsqu'il est établi qu'ils connaisaient l'existence du brevet, exciper de l'ignorance où ils étaient de la date et de l'étendue de ce brevet, et de la persuasion dans laquelle ils auraient été que le procédé breveté était tombé dans le domaine public ; ce n'est pas là ignorer l'origine des objets contrefaits dans le sens de l'art. 41 (Rej., 13 août 1852, Christofle, Dall., 52.1.310) ; — 2° que celui qui a été en relations directes avec le breveté et a été pleinement à même de se rendre compte du brevet ne peut

(1) V. Huard, p. 227.

(2) V. également Cass., 3 déc. 1841, Ganilh (Sir., 44.1.794).

(3) V. anal. Trib. corr. Seine, 29 août 1845, Deschamps (Dall., v° *Brev. d'inv.*, n° 318).

ensuite, s'il est surpris en état de contrefaçon, être admis à soutenir qu'il a été de bonne foi ; instruit des moyens contenus au brevet, il les a mis volontairement en pratique à ses risques et périls (Bourges, 25 avril 1868, Champonnois, Pataille, 69.266) ; — 3° que la notoriété du procédé breveté, les récompenses qu'il a obtenues aux expositions universelles, les luttes judiciaires qu'il a soutenues, les décisions rendues à son profit, sont autant de raisons pour les juges du fait de repousser l'exception de bonne foi invoquée par de nouveaux contrefacteurs (Paris, 13 déc. 1867, Desouches, Pataille, 69.28) ; — 4° jugé, toutefois, que la mauvaise foi ne s'induit pas nécessairement de la notoriété du brevet, surtout lorsque l'objet breveté ne diffère des objets analogues du domaine public que par des organes plutôt intérieurs qu'apparents ; néanmoins, il y a lieu de condamner aux dépens celui qui n'a que tardivement excipé de sa bonne foi et ne peut attribuer qu'à sa propre faute les frais faits à son égard (Rouen, 9 août 1860, Grassal, Pataille, 60.390) ; — 5° jugé de même que l'article 41 ne punit la vente ou l'introduction qu'autant qu'elle a eu lieu sciemment, et ce mot implique que le vendeur ou l'introducteur doit tout à la fois connaître l'existence du brevet français et savoir que le produit a été fabriqué en violation des droits garantis par le brevet (Douai, 15 mai 1885, Dupont-Buisine, Pataille, 86.304) ; — 6° jugé enfin — mais cet arrêt manque de base légale — que l'article 41 de la loi du 5 juillet 1844, d'après lequel sont exemptés de toutes poursuites les dépositaires et vendeurs d'objets contrefaits, lorsqu'ils sont de bonne foi, ne s'applique qu'aux simples particuliers et non pas aux marchands (Lyon, 1er décembre 1881, Merle, Pataille, 82, 79.)

695. *Quid* **du refus par le débitant d'indiquer le fabriquant ?** — Le premier devoir du débitant, chez lequel on saisit un objet argué de contrefaçon, est d'en indiquer la provenance. Son refus de désigner le fabricant de qui il le tient serait assurément, dans la plupart des cas, un signe, une présomption de mauvaise foi (1).

(1) V. Dalloz, n° 319 ; Gouget et Merger, n° 78 ; Rendu et Delorme, n° 511 ; Blanc, *Inv. brev.*, p. 349.

M. Bédarride fait à ce propos les réflexions suivantes que l'on ne peut qu'approuver : « De tous les éléments qui « peuvent venir à l'appui de la bonne foi alléguée, le « premier et le plus indispensable est l'indication de celui « de qui on tient la marchandise. Le silence gardé à ce su- « jet ferait supposer que le prévenu a agi sciemment et qu'il « tient à écarter de l'audience celui qui pourrait l'en con- « vaincre, ou que, ayant pactisé avec lui, il a intérêt à le « soustraire aux justes recherches du breveté et le sauve- « garder de la peine qu'il a encourue. Dans l'un ou l'autre « cas, l'excuse de bonne foi serait inadmissible et évidemment « repoussée par la justice. Il n'est donc pas à présumer que « le débitant ou le dépositaire qui a réellement agi de bonne « foi taise le nom de celui qui lui a vendu ou remis les objets « délictueux, au risque de voir sa bonne foi non seulement « révoquée en doute, mais encore repoussée. Cette alterna- « tive lui fait donc, de cette indication, une impérieuse néces- « sité, une obligation à laquelle il s'empressera d'autant plus « de satisfaire que sa bonne foi ne le sauvera pas de la con- « fiscation des objets saisis en sa possession, qu'à raison du « préjudice que cette mesure ne manquera pas de lui faire « éprouver, il a un recours en garantie à exercer, et que ne « pas exercer ce recours, ce serait se convaincre de conni- « vence (1). »

696. Bonne foi ; appréciation souveraine. — Il a été jugé, — et c'est une règle qui n'est pas spéciale à la matière des brevets d'invention — que le juge apprécie d'une façon souveraine les circonstances d'où il fait découler la mauvaise foi du prévenu (Rej., 24 novembre 1883, Decouflé, Pataille, 88.266).

697. A qui incombe la preuve de la bonne foi ? — Est-ce au breveté à établir la mauvaise foi de celui qu'il poursuit ? ou bien est-ce au poursuivi à justifier de sa bonne foi ? Si l'on observe, d'une part, que la preuve de la mauvaise foi est des plus difficiles à faire pour le breveté, et, d'autre part, que le principe de la loi de 1844 est de considérer d'abord

(1) Bédarride, n° 528.

le fait matériel, il paraît juste de décider que c'est au poursuivi à établir sa bonne foi. Il suffit que le breveté démontre la réalité du fait de contrefaçon ; c'est ensuite à celui qui l'a commis à l'expliquer et à éclairer la justice sur les motifs qui l'ont amené à le commettre. Tel est le sentiment de la plupart des auteurs (1).

698. Qui est réputé complice ? — Celui-là est réputé le complice qui a ordonné l'acte délictueux, qui l'a organisé, qui en recueille les bénéfices ; ce que nous avons dit de la commande trouve exactement ici son application. Le vendeur, par exemple, ne sera pas l'agent subalterne qui est directement en rapport avec le public ; ce sera celui au nom et pour le compte duquel la vente est faite. Cela est tellement évident qu'il n'est pas besoin d'y insister.

MM. Picard et Olin disent à cet égard : « Il faut assimiler « au détenteur l'individu qui aurait confié la chose à ses « ouvriers, à des préposés à sa solde, même à des voituriers « qui la transporteraient pour son propre compte ou en son « nom. Quant à ces derniers, ils seraient envisagés comme « des agents inintelligents et irresponsables, représentants « de leurs maîtres ou de leur mandant ; leurs actes ne « seraient imputables qu'à celui-ci (2). »

Observons pourtant que, si, par exception, l'agent subalterne connaît la contrefaçon et en tire personnellement profit, il pourra personnellement être poursuivi et portera la responsabilité d'actes accomplis par lui en pleine connaissance de cause.

Jugé en ce sens qu'on ne peut considérer comme complices du délit de contrefaçon ou comme introducteurs punissables dans le sens de la loi, ceux qui, en qualité de commissionnaires en douanes, ont servi purement et simplement d'intermédiaires pour les déclarations à faire et à signer, pour le payement des droits et pour la remise des objets à l'expéditeur, s'il n'est pas établi d'ailleurs qu'ils aient connu

(1) V. Nouguier, n° 797 ; Rendu et Delorme, n° 512 ; Blanc, p. 671 ; Pataille, 56.10 ; Duvergier, sur l'art. 46.

(2) Picard et Olin, n° 604.

le caractère délictueux des objets qu'ils introduisaient et agi autrement que pour l'exercice ordinaire de leur profession d'agents en douanes (Douai, 22 janv. 1863, et Rej., 1er mai 1863, Renard et Franc (1), *Bull. crim.*, 63.227).

699. Le complice peut-il être poursuivi seul ? — Ce n'est pas d'aujourd'hui que les tribunaux ont eu à se préoccuper de la situation que fait au complice la disparition, la mort de l'auteur principal ou seulement l'ignorance où l'on est de son individualité. Il n'est pas sans exemple qu'un crime étant commis, son auteur s'échappe ou reste inconnu, tandis que les complices sont arrêtés. La fuite du principal coupable peut-elle innocenter ceux qui lui ont prêté leur assistance? Qui voudrait le soutenir? Aussi est-ce une règle invariable que les complices sont légalement punissables même en l'absence de l'auteur principal, même si, pour une raison quelconque, il est en mesure de se soustraire à l'action de la justice. L'impunité de l'un ne saurait raisonnablement entraîner celle des autres. Ce qui est vrai, en thèse générale, l'est également en matière de contrefaçon. Peu importe que l'auteur de la contrefaçon soit inconnu, décédé ou couvert par la prescription ; le breveté n'en a pas moins le droit de poursuivre isolément le complice, s'il est encore, à son égard, dans les délais légaux (2).

700. Chaque fait constitue-t-il un délit distinct? — La complicité en matière de contrefaçon résulte, le plus souvent, nous l'avons vu, de certains faits d'un caractère particulier, qui sont spécialement déterminés par l'art. 41. Notons un autre point : c'est que chaque fait de vente, d'exposition en vente, d'introduction ou de recel, tout en constituant un acte de complicité à l'égard de l'auteur même de la contrefaçon, n'en constitue pas moins un véritable délit, distinct du délit principal, distinct aussi des faits de même nature qui peuvent être commis, soit par le même individu, soit par

---

(1) Comp. Trib. corr. Seine, 20 juill. 1859, Masse (*Propr. ind.*, n° 86).

(2) V. Nouguier, n° 793; Dall., v° *Brev. d'inv.*, n° 327; Renouard, n° 17.

d'autres. Cela résulte de la force même des choses et du caractère des faits spéciaux dont nous parlons. Tandis que la complicité, d'ordinaire, s'entend des actes qui précèdent, facilitent, préparent ou accompagnent le délit principal, ici la complicité comprend surtout des actes qui suivent le délit principal, l'encouragent en aidant le contrefacteur à en tirer profit, mais ne concourent pas directement à son accomplissement. Il s'ensuit que le complice ne peut répondre que de l'acte qui lui est personnel, qui le lie à l'auteur de la contrefaçon, mais non de tous les actes de même nature que le contrefacteur aura commis, et à la suite desquels il se sera mis en rapport avec d'autres complices.

En un mot, imaginez qu'un individu fabrique couramment un objet contrefait ; il le vend à Paris, à Lyon, à Bordeaux, et, dans chacune de ces villes, il a un débitant particulier qui ignore l'étendue de la contrefaçon et jusqu'au nom des personnes chargées de vendre le même produit dans d'autres villes. Pourra-t-on, englobant dans une même poursuite le contrefacteur et ses différents vendeurs, c'est-à-dire ses complices, leur reprocher un seul délit et les en rendre tous solidairement responsables ? On ne le pourra pas; chacun des complices restera lié à l'auteur principal pour ses propres actes ; mais comment pourrait-il porter la peine d'actes qu'il n'a pas connus, pas soupçonnés peut-être, qui sont bien de la même nature que ceux qu'il a lui-même commis, mais qui, en définitive, sont d'autres actes, séparés, distincts des siens? Solidairement obligé pour les premiers, il ne le sera pas pour les seconds ; il sera responsable des uns, non des autres; par suite, le juge, en prononçant condamnation, devra soigneusement distinguer les actes imputables à chacun, et, tout en condamnant l'auteur de la contrefaçon solidairement avec chacun de ses complices, il ne devra pas comprendre dans la même solidarité indistinctement tous les complices, au risque de confondre des actes qui seraient sans relation entre eux (1).

---

(1) V. Rej., 16 août 1861, Dutertre (Pataille, 61.375); Cass., 12 mai 1888, Samain (Pataille, 88.228).

ARTICLE II.

VENTE.

SOMMAIRE.

701. Vente; nécessité de la répression. — 702. *Quid* d'un acte isolé? — 703. *Quid* si la vente ne donne pas de bénéfice? — 704. *Quid* de la vente en vue de l'exportation? — 705. *Quid* du particulier qui vend? — 706. Vente par l'ouvrier mis en œuvre par le breveté. — 707. Vente par un créancier. — 708. *Quid* du don d'un objet contrefait? — 709. *Quid* de l'échange? — 710. *Quid* du fait d'achat?

701. Vente; nécessité de la réprimer. — Si celui qui fabrique est contrefacteur au premier chef, celui qui vend sciemment l'objet contrefait mérite bien de lui être assimilé (1).

Jugé, dans cet ordre d'idées que le nouvel usage, fait postérieurement à une condamnation, d'instruments ayant servi une première fois à commettre le délit de contrefaçon constitue de nouveaux faits de contrefaçon pouvant servir de base à une nouvelle poursuite (Douai, 30 juin 1885, Oudit, Pataille, 86.65).

Supposez, en effet, la vente; où sera l'intérêt, le mobile du fabricant? D'ailleurs, c'est par la vente surtout que se révèle la contrefaçon; la fabrication peut se faire dans de telles conditions de secret, de mystère que le breveté ignore l'atteinte portée à son droit. La vente, au contraire, en mettant dans le commerce l'objet contrefait, permet au breveté d'en saisir et d'en suivre la trace. Il était donc naturel que la loi interdît d'une façon absolue de vendre les objets qui seraient fabriqués en contrefaçon.

702. *Quid* d'un acte isolé? — Il n'est pas douteux qu'un fait isolé de vente, d'exposition en vente, d'introduction ou de recel, est légalement punissable. Pour la vente, cela résulte expressément de ce passage de l'exposé des motifs : « Cette disposition (de l'art. 41), puisée dans les art. 426 et

(1) V. *suprà*, nos 692 et suiv.

« 427 du Code pénal, offre cependant une rédaction plus « précise et plus complète, en ce qu'elle emploie le mot *vente* « QUI S'APPLIQUE A UN FAIT MÊME ISOLÉ, au lieu du mot *débit*, « qui semble entraîner l'idée d'habitude ou du moins de « répétition du même fait (1). » Quant au texte de l'article, il ne laisse aucun doute à cet égard, puisqu'il dispose formellement que : « Ceux qui auront sciemment recelé, vendu, « exposé en vente ou introduit sur le territoire français UN « ou plusieurs objets contrefaits seront punis des mêmes « peines que les contrefacteurs. »

703. *Quid* **si la vente ne donne pas de bénéfices?** — Celui qui vend peut-il échapper à l'action du breveté, sous prétexte qu'il n'a tiré aucun bénéfice de la vente? Évidemment non. C'est l'intention de nuire, c'est la mauvaise action que la loi entend punir, bien plus que le résultat de cette action. Est-ce que le breveté a le moins du monde à se préoccuper de l'administration des contrefacteurs? S'ils n'ont pas fait de bénéfices, c'est leur affaire, c'est la juste récompense de leur coupable tentative ; c'est peut-être d'ailleurs que, luttant par tous les moyens contre l'industrie du breveté, ils ont cherché à l'étouffer par une concurrence effrénée, par des ventes à vil prix, par des offres au-dessous du cours. Où peut donc être l'excuse? Nous verrions plutôt dans de pareils faits une circonstance aggravante.

704. *Quid* **de la vente en vue de l'exportation?** — Est-il besoin de noter que, lors même que la vente aurait eu lieu pour l'exportation, elle n'en conserverait pas moins son caractère délictueux? Exporté ou non, l'objet breveté n'en est pas moins vendu, et c'est ce que la loi interdit (2). Qu'importe le lieu de destination, Paris ou New-York? La vente en est-elle moins consommée en France? En est-elle moins une atteinte au droit exclusif du brevet? Et, pour ceux qui recherchent avant tout le préjudice causé à l'inventeur, ne tombe-t-il pas sous le sens que, si le contrefacteur n'eût pas vendu, l'acheteur se serait adressé au breveté?

---

(1) V. Huard, p. 226.
(2) V. Picard et Olin, n° 613.

Jugé même qu'il suffit, pour l'existence du délit prévu et puni par l'article 41 de la loi du 5 juill. 1844, que la vente du produit contrefait ait lieu en France, alors même que ce produit serait fabriqué à l'étranger, ne pénétrerait pas en France et ne devrait être livré qu'en dehors du territoire français (Trib. corr. Seine, 25 nov. 1882, Pradon, Pataille, 85.67).

705. *Quid* **du particulier qui vend ?** — Ce que la loi punit, c'est le fait de vendre, sans distinction de la qualité de celui qui vend. Peu importe qu'il soit ou non commerçant ; dès qu'il vend, fût-il simple particulier, il commet un fait délictueux (1).

706. Vente par l'ouvrier mis en œuvre par le breveté. — C'est la même hypothèse que plus haut. Le breveté a mis en œuvre un ouvrier dont il n'a pas payé le travail ; celui-ci refuse naturellement de livrer l'objet par lui fabriqué et le vend ensuite pour se payer du salaire qui lui est dû. Ce fait rentre-t-il dans les prévisions de la loi ? Le breveté pourra-t-il poursuivre l'ouvrier ? Il paraît difficile de l'admettre ; car celui qui vend n'est que complice de la contrefaçon, et comment y aurait-il complicité, puisqu'il n'y a pas même de contrefaçon ? N'est-ce pas sur les ordres du breveté qu'a travaillé l'ouvrier ? Le breveté serait l'auteur réel de la contrefaçon, s'il y en avait une (2), et le breveté ne peut être son propre contrefacteur. On demeure donc d'accord que l'ouvrier peut non seulement retenir l'objet qu'il a fabriqué sur la commande du breveté, mais encore le vendre. Il est vrai qu'on admet en même temps que cette vente n'emporte pas au profit de l'acheteur le droit de faire usage de l'objet, ces deux faits étant distincts et indépendants l'un de l'autre ; de telle sorte que le droit de l'ouvrier se réduit à un droit de mince importance et à peu près purement théorique. On comprend toutefois que l'acheteur, après avoir légitimement acquis l'objet des mains de l'ouvrier, puisse s'entendre avec le breveté pour le libre emploi de son invention (3).

(1) V. Bédarride, n° 566.
(2) Comp. Picard et Olin, n° 612.
(3) V. Rouen, 1er mai 1862 (Pataille, 62.337).

Il a été jugé, en ce sens, que l'ouvrier, qui, sur le refus du breveté de prendre livraison et de payer la main-d'œuvre d'objets qu'il a confectionnés d'après son ordre, suivant le procédé breveté, les a mis en vente avec l'intention d'exercer simplement son droit de rétention dans ses conséquences extrêmes, est passible, non de poursuites en contrefaçon, mais de l'action ordinaire en dommages-intérêts et en revendication ; par suite, les objets saisis à l'occasion d'une telle mise en vente ne peuvent être confisqués (Rej., 10 fév. 1854, Gariel, Dall., 54.5.80).

707. Vente par un créancier. — Le créancier du breveté, par exemple son propriétaire, a-t-il le droit de saisir et de faire vendre, au même titre que les autres biens de son débiteur, la machine, objet du brevet ? ou bien se met-il, en faisant cela, en état de contrefaçon ? Ce que nous venons de dire de l'ouvrier, mis en œuvre par le breveté et resté son créancier, s'applique également ici. C'est la même situation, et, par conséquent, les raisons de décider sont identiques.

Jugé, en ce sens, que la loi de 1844, qui assure un privilège au profit des individus qui ont obtenu un brevet, ne va pas jusqu'à enlever aux créanciers les actions que le droit commun leur accorde sur tous les biens de leurs débiteurs ; il est impossible d'admettre qu'un créancier, porteur de titres authentiques et exécutoires, n'ait pas le droit de faire saisir et vendre un objet, même breveté ; la vente de cet objet, faite par autorité de justice, ne peut être considérée comme une contrefaçon ; le délit n'existerait qu'autant que l'acquéreur emploierait l'objet par lui acheté contrairement aux droits du breveté (Trib. corr. Seine, 19 mars 1861, Botta, *Prop. ind.*, n° 177).

708. *Quid* du don d'un objet contrefait ? — On s'est posé la singulière question de savoir si le fait de *donner* c'est-à-dire de céder à titre gratuit, un objet contrefait, constitue ou non un fait délictueux. Deux systèmes sont en présence : le premier, s'appuyant sur les termes de la loi, dans lesquels assurément la donation n'est pas comprise, soutient qu'elle n'est pas délictueuse ; ce peut être un oubli du législateur, mais il est de principe qu'on ne doit pas, surtout en matière pénale, suppléer au silence de la loi (1) ; le second, qui croit s'inspirer de la pensée de la loi, considère le préjudice causé et n'hésite pas à déclarer que le don d'un objet contrefait doit *à fortiori* être assimilé à la vente et puni de la même façon (2).

De ces deux opinions, la première seule nous paraît logique et juridique, et nous pensons que l'on ne peut, en matière pénale, procéder par analogie et assimilation ; la loi ne punit pas le fait de donner : il faut respecter la loi. En faut-il conclure que celui qui dispose par donation d'un objet contrefait échappe forcément aux prescriptions de la loi ? Nous ne le croyons pas ; car, si, comme donateur, il est à l'abri des poursuites, il y reste exposé comme receleur. Le seul fait d'avoir détenu un objet contrefait est de nature, en cas de mauvaise foi, à le rendre passible des peines portées par la loi contre le recel (3).

709. *Quid* **de l'échange ?** — Ce que nous avons dit de la donation devrait, dans la rigueur du droit, s'appliquer à l'échange ; car la loi ne mentionne pas plus l'un que l'autre au nombre des cas de complicité de la contrefaçon. Pourtant, nous éprouvons un doute sérieux : il est certain, d'une part, que l'échange ne constitue pas un contrat sensiblement différent de la vente, à telles enseignes que le Code civil prend soin d'ajouter, lorsqu'il en parle, que les règles de la vente s'appliquent à l'échange. D'ailleurs, qu'est-ce que la vente elle-même, sinon un échange ? Seulement, tandis que, dans l'échange proprement dit, les deux termes du contrat sont des denrées ou des marchandises, l'un des termes, dans la vente, est de l'argent. D'une autre part, nous sommes convaincu que les rédacteurs de la loi de 1844 ont pris le mot « vente » dans le sens général d'aliénation à titre onéreux, n'envisageant, du reste, que le cas le plus général, celui où l'aliéna-

---

(1) V. Nouguier, nos 806 ; Rendu et Delorme, no 506 ; Picard et Olin, no 611. — Comp. Cass., 21 nov. 1851 (Dall., 51.5.54).

(2) V. Ét. Blanc, *Inv. brev.*, p. 349 ; Dall., vo *Brev. d'inv.*, no 323 ; Tillière, no 140.

(3) V. Bédarride, no 565.

tion a lieu pour de l'argent. En fait, le résultat de l'échange est exactement le même que celui de la vente, et dès lors nous ne pensons pas que ce soit étendre au delà de ses justes limites une loi pénale que de l'appliquer à tous les cas que ses dispositions, sainement entendues, doivent comprendre. Au surplus, ce genre de commerce est, par sa nature même, fort rare, et, au pis aller, derrière l'échange, si on croit le devoir innocenter, on retrouvera toujours un recel caractérisé (1).

710. *Quid* **du fait d'achat?** — La loi n'interdit et ne punit que les faits de vente; c'est le débitant qu'elle frappe, non l'acheteur. Il en faut donc invinciblement conclure que le fait d'acheter un objet contrefait n'est pas en lui-même un acte délictueux. Seulement, de ce que l'achat par lui-même n'est pas délictueux, il ne s'ensuit pas que le fait de la possession résultant de cet achat se trouve par cela même justifié. C'est ce fait, au contraire, qu'il faut considérer et qui, suivant les cas, constituera, soit le fait de contrefaçon par usage, soit le fait de complicité par recel. C'est ainsi que se résout le plus facilement du monde la question, souvent débattue et, à notre sens, mal posée, de savoir si l'achat est un fait délictueux.

ARTICLE III.

EXPOSITION EN VENTE.

SOMMAIRE.

711. Exposition en vente. — 711 *bis. Quid* de l'exhibition dans une exposition industrielle? — 712. *Quid* de la présentation à une société savante?

711. Exposition en vente. — La loi met l'exposition en vente sur la même ligne que la vente. Cela est naturel. Exposer en vente, c'est afficher ouvertement l'intention de vendre, c'est nier publiquement l'invention en s'arrogeant le

(1) V. Pelletier et Defert, *Proc. en mat. de contref.*, n° 13. — Comp., en sens contraire, Picard et Olin, n° 611.

droit d'en disposer sans l'agrément du breveté. On conçoit donc, sans qu'il soit besoin d'y insister autrement, la disposition de la loi. Mais que faut-il entendre par ces mots « exposition en vente » ?

Suivant M. Bédarride, « il n'y a exposition en vente que si « les objets sont publiquement mis sous les yeux de ceux qui « peuvent ou doivent les acheter. Ainsi, le débitant qui, en « possession d'objets qu'il sait être contrefaits, leur donne « place dans ses magasins ou dans des locaux où le public « est librement admis, les a incontestablement exposés en « vente. Mais peut-il raisonnablement en être ainsi de celui « qui a soigneusement soustrait les objets contrefaits aux « regards des acheteurs et les cache dans un local distinct de « ses magasins et où le public ne pénètre jamais? Sans « doute, cet excès de précautions prouve la fraude et témoigne « de la connaissance que leur auteur avait du caractère « délictueux des objets qu'il détient. Mais cela peut-il faire « qu'on le déclare coupable de les avoir exposés en vente, « alors qu'il s'est appliqué à en dissimuler l'existence en sa « possession (1) » ?

Nous acceptons de tous points la doctrine de M. Bédarride et nous repoussons celle de MM. Blanc, Tillière et Renouard (2), qui voient une exposition en vente dans le seul fait de posséder une marchandise contrefaite avec intention de la revendre, même quand on la cacherait soigneusement. C'est là, de leur part, une erreur évidente. Ils confondent l'exposition en vente avec le recel, et M. Tillière, particulièrement, le sent si bien qu'il termine ainsi : « Si l'on jugeait « d'ailleurs ne pouvoir appliquer (au poursuivi) la disposition « relative à l'exposition en vente, il devrait être atteint du « chef de détention illégitime dans un but commercial (3). » Cela importe peu d'ailleurs au point de vue de la responsabilité, puisque la loi assimile ces deux actes l'un à l'autre.

711 *bis*. *Quid* de l'exhibition dans une exposition

(1) Bédarride, n° 567.
(2) V. Ét. Blanc, p. 620; Renouard, n° 12.
(3) Tillière, n° 141.

industrielle? — Faire figurer un objet dans une exposition industrielle, est-ce se rendre coupable d'un acte d'exposition en vente? La question ne peut évidemment être résolue *à priori*. En principe, nous inclinons à penser que celui qui *expose* ses produits les met par cela même en vente; l'expérience des faits semble au moins le prouver. Toutefois, le contraire peut être vrai; les conditions d'une exposition, d'un concours régional, peuvent être de telle nature qu'elles interdisent aux exposants de vendre, ou même, sans cette interdiction formelle, il peut résulter des circonstances que l'exposant n'entendait point mettre ses produits en vente. Il y a donc là, avant tout, une question de fait à apprécier (1).

Nous trouvons donc trop absolue l'opinion contraire, émise en ces termes par M. Blanc : « Vainement dirait-on qu'un « objet n'est pas exposé en vente, mais simplement offert à « l'admiration publique dans le local destiné aux expositions « solennelles de l'industrie. Il est trop évident que les indus- « triels exposent pour vendre et vendent, en effet, quand « l'acheteur se présente. Ils n'ont pas pour but d'exciter « l'admiration, mais de se créer des acheteurs (2). »

Il a été jugé, en ce sens, que les objets qui ont figuré à l'Exposition universelle de 1867 ne peuvent être considérés comme ayant été mis en vente dans le sens de la loi (Trib. corr. Seine, 9 janv. 1868, Desouches (3), Pataille, 68.55).

712. *Quid* **de la présentation à une société savante ?** — La question s'est élevée de savoir si le seul fait de présenter un objet contrefait à une société savante, et de solliciter son examen et ses récompenses, peut, considéré en lui-même et en dehors du fait de fabrication, qui reste punissable, constituer un acte répréhensible et être assimilé à une contrefaçon? Il n'est pas possible de le penser, puisque le fait, ainsi présenté, n'offre les caractères ni d'une vente, ni d'une exposition en vente, ni d'aucun des autres cas de

---

(1) V. un article de M. Huard dans la *Propr. ind.*, n° 338.

(2) Blanc, *Inv. brev.*, p. 361. — V. aussi Lyon-Caen (*Journ. de droit intern.*, 1878, p. 19).

(3) V. aussi Paris, 15 mars 1879, Évrard.

complicité ou de contrefaçon visés par la loi. Le breveté n'aurait, contre un pareil fait, d'autre recours que d'adresser une protestation à la société savante saisie de l'examen de l'objet, ou même de saisir les tribunaux, s'il se trouvait en face d'une usurpation de sa qualité d'inventeur.

ARTICLE IV.

INTRODUCTION EN FRANCE.

SOMMAIRE.

713. Caractère du délit. — 714. *Quid* de l'introduction d'objets du domaine public, fabriqués par un procédé breveté? — 714 *bis*. *Quid* si les objets introduits proviennent du cessionnaire du brevet étranger? — 715. *Quid* en cas de transit? — 715 *bis*. Jurisprudence. — 716. Introduction en vue d'une exposition internationale.

713. Caractère du délit. — La loi défend au breveté, à peine de déchéance de son droit, d'introduire en France des objets similaires à ceux de son brevet et fabriqués à l'étranger. Ce qu'elle ne permet pas au breveté, elle l'interdit à plus forte raison aux tiers, et, en conséquence, elle autorise le propriétaire du brevet à poursuivre comme contrefaits les objets qui seraient fabriqués à l'étranger en fraude de ses droits et ensuite introduits en France. C'est, du reste, ce que décidait déjà l'art. 426 du Code pénal en matière de propriété littéraire et artistique. Reste à définir le caractère exact de l'introduction qui est punissable. Suivant M. Renouard, « l'article 41 atteint expressément ceux qui intro- « duisent sur le territoire français des contrefaçons, sans « créer d'exception en faveur de l'introducteur qui destine « l'objet à son usage personnel et n'entend pas en faire « commerce (1). » MM. Gouget et Merger ne sont pas moins explicites : « Pour que l'introduction soit punissable, disent- « ils, il suffit qu'on ait su que l'objet était contrefait... Ceux « qui auront *sciemment* introduit, dit l'art. 41. La peine

(1) Renouard, n° 14.

« serait donc encourue même en l'absence d'une destination « commerciale (1). » Il suit de là que l'objet qui est introduit sur le sol français, pour y rester à quelque titre que ce soit, doit être réputé contrefait.

Il a été jugé, en ce sens, que le fait d'introduire de l'étranger en France des objets qu'on sait être contrefaits, dans le but de les produire en justice à titre d'antériorités, et, par ce moyen, d'invalider un brevet, constitue le délit d'introduction prévu et puni par l'art. 41 (Paris, 19 juin 1862, Sax (2), Pataille, 63.114).

714. *Quid* **de l'introduction d'objets du domaine public, fabriqués par un procédé breveté ?** — Voici l'espèce : un procédé est breveté en France; il sert à obtenir des produits qui, considérés en eux-mêmes, sont dans le domaine public. Supposez, pour fixer les idées, qu'un brevet ait été pris pour une machine nouvelle, qui sert à fabriquer des briques. Les briques ne se différencieut pas des briques obtenues par d'autres appareils ; mais, grâce à la machine nouvelle, elles sont fabriquées plus vite, avec plus d'économie ou de perfection; ou bien, sans même que la brique elle-même soit améliorée dans sa constitution ou que le prix de revient soit diminué, la machine est plus facile à manier, moins dangereuse pour l'ouvrier. Il est naturellement interdit en France, à moins d'une autorisation du breveté, d'employer la machine qu'il a inventée, et par suite nul ne peut mettre dans le commerce des briques fabriquées à l'aide de cette machine sous peine d'être contrefacteur. Mais un concurrent a installé hors de France un appareil similaire, et, fabriquant à l'abri de la loi française, il se borne à introduire sur le territoire français les produits de sa fabrication. Peut-il être poursuivi par le breveté, et doit-il être condamné, s'il est prouvé que ces produits, quoiqu'ils soient dans le domaine public à les envisager en eux-mêmes, ont été fabriqués par la machine, objet du brevet? En d'autres termes, l'impossibilité pour le breveté d'atteindre la contrefaçon de

---

(1) Gouget et Merger, v° *Contrefaçon*, n° 67.
(2) V. aussi Rej., 12 mars 1863 , même affaire (Pataille, 63.126).

la machine l'empêche-t-elle de se plaindre de l'introduction des produits de cette machine? Nous verrons, en traitant de la confiscation, que la jurisprudence est unanime à prononcer la confiscation des objets qui, fabriqués par des procédés brevetés, ont, par l'emploi de ces procédés, subi dans leur nature, leur forme ou leur valeur des modifications telles qu'ils doivent être réputés contrefaits (1); nous verrons même que, dans son dernier état, la jurisprudence de la Cour de cassation décide, sans distinction aucune, qu'il suffit, pour que la constatation soit prononcée qu'il soit constaté en fait que les produits ont été façonnés à l'aide de la contrefaçon (2). Cette règle nous sert à résoudre la difficulté actuelle. Nul doute, si l'objet fabriqué porte en lui-même des caractères propres, qu'il tient de son procédé de fabrication, nul doute qu'il ne participe directement à la contrefaçon et que son introduction ne doive être interdite; mais, ne portât-il en lui-même aucun caractère propre, que l'introduction doit en être interdite, si on adopte la dernière jurisprudence de la Cour de cassation. Et, à dire vrai, cela est juste. Il est difficile d'admettre qu'un contrefacteur, en plaçant sa fabrique hors des atteintes de la loi française, puisse la narguer en inondant notre sol du produit de sa fabrication. Ce qui intéresse le breveté, c'est moins le procédé, l'appareil, qu'on usurpe sur lui, que la concurrence qu'on lui fait avec ce procédé ou cet appareil. Il faut même remarquer que, lorsque le brevet porte sur un procédé, c'est-à-dire sur une succession d'opérations, sur un ordre méthodique de manipulations, en dehors de tout appareil, la contrefaçon se manifeste et n'est préjudiciable que par la mise en vente des produits, et, si le breveté ne peut empêcher ces produits de circuler, de faire concurrence à ceux qu'il fabrique lui-même, où sera la protection que doit lui assurer son brevet? Nous pensons donc que le breveté peut poursuivre l'introduction d'objets fabriqués à l'étranger à l'aide du procédé ou de l'appareil

(1) V. *infrà*, n° 975.
(2) V. *infrà*, n° 975 *bis*, 5°.

qu'il a fait breveter; seulement, il doit faire cette preuve clairement, sans ambiguïté (1).

714 *bis*. *Quid* **si les objets introduits proviennent du cessionnaire du brevet étranger ?** — Voici l'espèce : un inventeur s'est fait breveter à l'étranger et en France; il a cédé ses brevets; or, un individu ayant acheté à l'étranger, au cessionnaire du breveté, des objets semblables à ceux du brevet, les introduit en France. Le cessionnaire du brevet français se plaint. Est-il dans son droit? Peut-il considérer les objets ainsi introduits comme constituant le délit d'introduction dans le sens de l'art. 41? L'acheteur, l'introducteur de ces objets n'a-t-il pas le droit de répondre que, ayant acheté à l'ayant cause du breveté à l'étranger, il a droit de disposer comme bon lui semble d'objets dont la fabrication est licite? Il nous paraît évident que le délit d'introduction est commis. Si l'achat de ces objets est licite au point de vue du brevet étranger, leur introduction est illicite au regard de la loi française. Ce qui constitue la contrefaçon en France, c'est le fait d'aller contre le droit privatif établi par la loi française. Qu'importe donc que l'objet soit licite à l'étranger, qu'il ait été fabriqué, vendu en conformité de la loi étrangère! En quoi cela touche-t-il la question de savoir si cet objet a payé son tribut à la loi française? Le brevet étranger est un fait que la loi française n'a point à considérer; elle ne s'applique qu'au territoire français : tout ce qui est au delà ne la regarde pas. Il faut, du reste, remarquer que le breveté lui-même ne pourrait autoriser cette introduction, puisque, aux termes de l'art. 32, elle entraînerait la déchéance de son droit.

Jugé à cet égard : 1° que le breveté et son cessionnaire français ont le droit de s'opposer à l'introduction en France de tous objets similaires fabriqués en pays étranger, alors même qu'ils émaneraient des cessionnaires étrangers et auraient ainsi acquitté la redevance stipulée par le breveté pour l'exploitation de son brevet étranger (Paris, 11 janv. 1876, Reilly, Pataille, 76.85); — 2° que la loi du 5 juill. 1844 n'a

---

(1) V. Paris, 16 mai 1888, Brunon. — V. aussi Plé, *Revue industrielle*, 23 juin 1888.

pas entendu favoriser seulement les inventeurs, elle a voulu, en même temps, protéger le travail national, en lui garantissant, pendant toute la durée du brevet, la fabrication exclusive du produit breveté ; il s'ensuit qu'en prohibant l'introduction sur le territoire français de tout objet contrefait, l'art. 41 de cette loi a voulu imprimer le caractère d'objet contrefait à tout produit de fabrication étrangère, semblable au produit breveté en France, alors même que le produit aurait été fabriqué à l'étranger par les ayants cause de l'inventeur ; il importe peu que le produit ait été fabriqué licitement à l'étranger, il n'en constitue pas moins un objet contrefait au point de vue de la loi française, les lois qui régissent les brevets d'invention ne s'appliquant qu'au territoire de chaque État (Douai, 15 mai 1885, Dupont-Buisine, Pataille, 86.304) ;—3° que toutefois cette introduction devient licite, lorsqu'il s'agit d'armes et de munitions de guerre introduites par le gouvernement ou, pour son compte, dans l'intérêt de la défense nationale : le droit de patriotisme et de nécessité, supérieur à tout, qui oblige le gouvernement à défendre le territoire, ne pourrait être accompli, comme il doit l'être, si la loi française armait tout breveté français, neutre ou ennemi, du droit de faire saisir et confisquer les armes et munitions destinées à la défense du pays (Paris, 11 janv. 1876, Chollet, Pataille, 76.89).

715. *Quid* **en cas de transit ?** — La question revient évidemment à celle de savoir si les objets traversant la France en transit peuvent être réputés réellement introduits sur le territoire. Dans le sens de l'affirmative, on fait remarquer que l'art. 41, ne parlant que de l'introduction, semble, par cela même, punir le fait en lui-même, quelle que soit la destination de l'objet introduit, qu'il soit destiné à rester sur le sol français ou à en sortir. On insiste, dans ce système, sur ce qu'il y aurait de contradictoire à ce que la loi française protégeât d'une part ce que d'autre part elle condamne. « Que « la loi française, dit M. Bozérian, ferme les oreilles quand « un de ses nationaux vient se plaindre d'un délit commis à « son préjudice, lorsque ce délit est commis à l'étranger, cela « suffit ; mais qu'elle ferme les yeux lorsque le délinquant « met le pied sur son territoire, et qu'elle lui facilite les

« moyens d'aller commettre un délit que, plus tard, elle se « déclarera impuissante à réprimer, en vérité, ce serait « trop (1) ! »

Dans le système contraire, on s'appuie surtout sur la fiction légale qui assimile la marchandise voyageant en transit à la marchandise voyageant en dehors des frontières ; on ajoute que la prospérité du pays est intéressée à ce que le transport des marchandises étrangères se fasse par les voies françaises, et que ce serait la compromettre, sans profit pour le breveté, que de refuser le transit sous prétexte de contrefaçon ; qu'en effet, du moment où la fabrication à l'étranger des objets brevetés en France ne peut, à aucun point de vue, constituer un délit, les fabricants étrangers emprunteraient pour leurs expéditions d'autres voies que les voies françaises, qui seraient ainsi privées d'un bénéfice important. M. Bédarride se prononce en ce dernier sens par les raisons suivantes : « Ce « que la loi, dit-il, a voulu atteindre dans l'introduction « comme dans les autres hypothèses de l'art. 41, c'est l'atteinte portée au droit du breveté, c'est la concurrence que « l'usage, l'emploi ou la mise dans le commerce de la chose « brevetée tend à créer, au grand préjudice du propriétaire « du brevet. Or, où est l'atteinte, où la concurrence, où le « préjudice, dans le cas d'un simple transit? Évidemment, « l'étranger qui vend à un étranger, et qui expédie par la voie « de France, ne fait que se servir d'une route ouverte à tout « le monde, et qu'il n'a été ni dans la pensée, ni dans l'intérêt de l'État d'interdire à qui que ce soit ou à tel ou tel « produit, sauf les formalités édictées par les lois douanières. « Sans doute, l'excuse de transit peut n'être qu'un mensonge, et le voyage indiqué à l'étranger être rompu et se « terminer en France. Mais on peut, à cet égard, s'en référer aux suggestions de l'intérêt particulier. Le breveté « saura bien surveiller la marche de la chose contrefaite, dès « qu'il en connaîtra la présence en France, découvrir et faire

(1) Bozérian, son article dans la *Propr. ind.*, n° 172. — Comp., dans le même sens, Blanc, p. 351.

« constater la fraude, en poursuivre la répression (1). » On peut ajouter, à l'appui de ce système, que le Gouvernement, après avoir préparé une loi qui défendait l'entrée, même en transit, des objets contrefaits, a cru devoir n'y pas donner suite et l'a définitivement retirée. On peut enfin faire valoir que le sens grammatical du mot « *introduction* » implique tout à la fois l'idée d'entrer et l'idée de rester dans l'endroit où l'on est entré. Ces deux idées se retrouvent-elles dans le fait du transit? Il est vrai que la marchandise entre, mais elle ne demeure pas; elle ne s'arrête même pas; elle passe. M. Lyon-Caen fait encore remarquer, à l'appui de ce système, que le breveté n'encourrait certainement pas la déchéance s'il introduisait en transit des objets similaires à ceux de son brevet, fabriqués à l'étranger. Pourquoi punirait-on ce même fait lorsqu'il est accompli par un tiers? L'industrie nationale n'en souffre pas davantage et l'inventeur ne peut pas se dire sérieusement lésé (2). Nous ne nous dissimulons pas toutefois les difficultés d'une question sur laquelle doctrine et jurisprudence hésitent encore.

Rappelons, pour finir, qu'il ne faut pas confondre le transit avec l'entrepôt; comme le remarque avec raison un arrêt de la Cour de Paris, les objets en entrepôt, à la différence de ceux qui sont en transit, ne sont pas nécessairement réexpédiés à l'étranger; ils peuvent être retirés de la douane après l'acquit des droits. Il s'ensuit que l'objet entreposé à la douane doit être considéré, au moins en principe, comme introduit en France (3).

715 *bis*. Jurisprudence. — Il a été jugé à cet égard : 1° que la loi de 1844 n'autorise pas la saisie des objets contrefaits qui, fabriqués à l'étranger où la loi ne les peut atteindre, ne se trouvent en France qu'en transit, et qui, loin d'être destinés à y être vendus ou débités, sont, au contraire, destinés

---

(1) V. Bédarride, n° 568. — V. dans le même sens, Tillière, n° 142; Picard et Olin, n° 620; Allart, *des Brev. d'inv.*, p. 135.

(2) V. Sirey, 74.2.281, *la note*.

(3) V. Paris, 28 nov. 1861, Debain (Pataille, 61.422); Ordonnance de référé, Trib. civ. Seine, 11 mars 1856, Hutchinson (*Le Droit*, n° 61).

à être réexpédiés à l'étranger; ils ne peuvent être considérés comme introduits en France dans le sens de l'art. 41, qui suppose une introduction faite dans l'intention de les vendre ou débiter au préjudice du breveté (Trib. civ. Seine, 23 juin 1860, Lépée (1), Pataille, 60.307); — 2° qu'il serait contraire à la raison et à l'esprit de la loi de considérer comme introduite en Belgique une caisse d'armes confiée à l'administration des chemins de fer pour en opérer le transport d'un pays étranger dans un autre royaume étranger, en traversant seulement la Belgique, parce que, dans ce cas, il est vrai de dire que la marchandise n'a fait que glisser sur la surface du territoire, sans pensée et sans fait réel d'introduction (Trib. civ. Liège, 10 déc. 1862, Rec. de Cloës et Bonjean, t. II, p. 704); — 3° jugé, au contraire, que l'art. 41 ne distingue pas et qu'il punit, à l'égal de la contrefaçon, tout fait d'introduction en France d'objets contrefaits, pourvu qu'il ait été commis sciemment : la fiction légale, en vertu de laquelle les marchandises transportées en transit sont réputées voyager en dehors des frontières de l'État, n'a d'effet que par rapport aux droits de douane qui seraient perçus sur ces marchandises, si elles étaient consommées à l'intérieur; mais cette fiction ne saurait être opposée aux particuliers qui peuvent avoir des droits et actions à exercer sur les marchandises ainsi entrées en transit (Rouen, 12 fév. 1874, Teschen et Mangue, Pataille, 75.132).

716. Introduction en vue d'une exposition internationale. — La question ici est de savoir si l'introduction, quand elle a lieu en vue d'une exposition publique, constitue un fait illicite, assimilable à la contrefaçon, et, par suite, rentrant dans les prévisions de l'art. 41. Dans le sens de la négative, on dit que le sol des locaux affectés à une exposition internationale doit être considéré comme neutre ou du moins comme ayant le caractère national des produits qui y sont exposés et que l'art. 41 n'est applicable qu'aux faits accomplis sur le territoire français; on ajoute que d'ailleurs les objets, figurant dans une exposition internationale, doi-

(1) V. observ. de Pataille, *cod. loc.*

vent être considérés comme circulant en transit, et, reprenant la thèse que nous exposons dans le précédent paragraphe, on soutient que l'art. 41 n'est point applicable au cas d'un simple transit. A cela on répond (et ce raisonnement semble décisif) qu'avant d'arriver dans le local de l'exposition les objets ont circulé, un temps plus ou moins long, sur le sol français, et surtout que loin d'être nécessairement destinés à la réexportation ils peuvent être vendus, et par conséquent rester sur le sol français. Il est vrai qu'en principe les objets exposés ne peuvent pas être retirés pendant la durée de l'exposition ; mais cela n'empêche pas leur vente ; cela met seulement obstacle à ce que la livraison soit faite à l'acheteur avant la clôture de l'exposition. Encore faut-il remarquer qu'il dépend toujours de la volonté des administrateurs d'une exposition d'autoriser le déplacement et le retrait des objets exposés. M. Lyon-Caen, qui défend cette thèse, la trouve d'autant plus juste que, selon lui, la loi punit l'introduction comme un fait matériel indépendamment du but dans lequel elle est faite, quand même il n'y aurait point mise en vente, quand même l'introducteur destinerait à son usage personnel les objets introduits (1).

ARTICLE V.

RECEL.

SOMMAIRE.

717. Caractère du délit. — Il existe dès qu'on a en sa possession un objet qu'on sait être contrefait. L'élément essentiel et constitutif de ce genre de complicité est, en effet, la connaissance que l'objet recelé est entaché de contrefaçon. « Les seules conditions constitutionnelles du recel, dit très

(1) V. *Journ. de droit intern.*, 1878, p. 17 et suiv. — V. aussi Pelletier et Defert, *Proc. en mat. de contref.*, nº 17.

« bien M. Blanc, sont la *détention matérielle* et la *connais-* « *sance* que l'objet détenu provient d'un délit (1). »

M. Nouguier semble comprendre autrement le recel; il semble admettre que le recel est punissable, même en cas de bonne foi, de la part de celui qui détient l'objet contrefait pour un usage commercial, ou qui l'a acheté pour le revendre ; en d'autres termes de la part de celui qui n'a acquis et ne détient l'objet contrefait que pour en tirer un profit industriel ou commercial (2). Cette doctrine est celle qu'on retrouve, plus ou moins nettement formulée, dans deux arrêts de la Cour de cassation (3). Cette doctrine est en opposition manifeste avec les principes. D'abord ne vouloir punir la détention de l'objet contrefait qu'en cas d'usage commercial, c'est évidemment confondre le délit d'usage, prévu par l'art. 40, avec le recel, acte de complicité, prévu par l'art. 41. L'art. 40 punit l'usage commercial ; à quoi servirait l'art. 41 qui punit le recel, s'il ne devait être appliqué qu'au cas où l'usage commercial est constaté ? Et, de même, dans le cas où l'achat de l'objet contrefait n'a eu lieu qu'en vue de la revente, à quoi servirait de punir le recel puisque la loi punit non seulement la vente, mais la mise en vente, et que la jurisprudence admet que le marchand qui a un objet en magasin, même hors de la vue du public, doit être considéré comme mettant en vente ? Dans le système que nous combattons, la disposition de la loi qui punit le recel reste sans application possible ou précise. Du reste, il est à remarquer qu'un arrêt plus récent de la Cour de cassation décide formellement qu'il n'est pas indispensable pour constituer le délit de recel que le fait incriminé ait été déterminé par un intérêt de concurrence commerciale ; il suffit qu'il soit constant que le prévenu de recel, d'une part, ait été détenteur de l'objet contrefait pendant une période de temps plus ou moins longue, et que, d'autre part, il ait agi sciemment,

---

(1) Blanc, p. 618.

(2) V. Nouguier, n° 800. — Comp. *suprà*, n° 710.

(3) V. Rej., 25 mars 1848, Christofle (Sir., 48.1.579); Rej., 12 juillet 1851, Vachon (Dall., 51.5.56).

c'est-à-dire en connaissance de l'origine délictueuse de l'objet; ce sont les termes mêmes de ce dernier arrêt (1). Du reste, nous ne pouvons mieux faire que de nous référer à l'article si complet et si bien étudié que notre confrère Plé a écrit sur ce sujet; sa discussion nous paraît sans réplique (2).

En frappant le recel, la loi permet d'atteindre un certain nombre de faits qui, sans elle, resteraient impunis, par exemple l'usage personnel accompagné de mauvaise foi (3). Nous approuvons encore ici pleinement M. Blanc, lorsqu'il dit : « Il faut ajouter surabondamment que ceux qui achètent « sciemment un objet contrefait pour l'appliquer à leur « usage personnel sont les receleurs les plus redoutables « pour la propriété industrielle, parce qu'ils sont les consom- « mateurs, et que leur impunité réduirait à néant les droits « du breveté (4). »

718. **Jurisprudence** (5). — Il a été jugé à cet égard : 1° que le fabricant qui reçoit un objet qu'il sait être contrefait et accepte de le réparer, au préjudice des droits du breveté, se trouve par le seul fait de cette détention, en état de recel et, par suite, est sous le coup de l'art. 41 (Paris, 11 juill. 1861, Sax, Pataille, 61.230); — 2° qu'il importe peu que la détention des objets reconnus contrefaits n'ait pas été clandestine et cachée; si la clandestinité accompagne le plus souvent la détention du receleur, elle n'est pas la condition essentielle et nécessaire du délit de recel que caractérise suffisamment la mauvaise foi déclarée de la possession : il n'importe pas davantage que l'individu, entre les mains duquel un objet reconnu contrefait est saisi, n'en soit pas le propriétaire; dès l'instant qu'il est établi qu'il y a eu de sa part recel, il y a nécessité légale de prononcer la confiscation

(1) V. Rej., 12 mars 1869, Sax (Pataille, 69.120).
(2) V. Pataille, 88.193.
(3) Comp. Paris, 27 mai 1865, Laperche (Pataille, 65.274).
(4) Blanc, p. 619.
(5) V. encore Paris, 19 juin 1862, Sax (Pataille, 63.114); Nancy, 27 janv. 1875, Frezon (Pataille, 75.31); Paris, 15 nov. 1882, Decouflé (Pataille, 88.266).

dudit objet, quel qu'en soit le propriétaire véritable (Rej., 12 mars 1863, Sax, Pataille, 63.126); — 3° qu'il n'est pas indispensable, pour constituer le recel, que le fait incriminé ait été déterminé par un intérêt de concurrence commerciale; il suffit que le détenteur ait agi de mauvaise foi (même arrêt); — 4° mais qu'on ne peut, à aucun titre, assimiler à un détenteur de mauvaise foi, et poursuivre comme tel, celui qui a acheté l'objet, dont on lui reproche la prétendue contrefaçon, chez un fabricant au profit duquel la nullité du brevet a été prononcée; en d'autres termes, quand un fabricant a fait prononcer la nullité d'un brevet, les marchands qui vendent les produits de sa fabrication ne peuvent pas plus que lui encourir de peine (Cass., 11 mai 1870, Joly (1), Pataille, 70.244).

ARTICLE VI.

PARTICIPATION D'UN OUVRIER DU BREVETÉ A LA CONTREFAÇON.

SOMMAIRE.

719. Caractère du délit; cas où l'ouvrier est auteur de la contrefaçon. — Il est encore un cas de complicité, celui de l'ouvrier ou de l'employé qui, au sortir des ateliers ou de l'établissement du breveté, participe à une contrefaçon organisée contre lui. La loi envisage ici deux espèces : l'une, où c'est l'ancien ouvrier ou employé du breveté qui est lui-même l'auteur de la contrefaçon; l'autre, où le contrefacteur, s'étant associé avec l'employé ou l'ouvrier, a eu connaissance, par ce dernier, des procédés décrits dans le brevet. C'est dans ce dernier cas que l'ouvrier ou l'employé peut être considéré comme complice.

De ces deux espèces, la première ne comporte aucune difficulté; dès qu'il a été établi que le contrefacteur a été ouvrier

(1) V. *infrà*, n° 893.

ou employé chez le breveté, il se rend passible de l'aggravation de peine prévue par la loi pour ce cas. Ce n'est pourtant, selon nous, qu'à la double condition d'abord qu'il ait été ouvrier ou employé chez le breveté à l'époque même où il exploitait son brevet, et ensuite qu'il ait été employé à la fabrication brevetée. En effet, si la loi punit plus rigoureusement le contrefacteur qui a été ouvrier chez le breveté, c'est qu'elle suppose qu'il a eu, par sa position même, une connaissance plus exacte, plus complète des moyens brevetés. Or, comment en serait-il ainsi si l'ouvrier a quitté son patron avant qu'il prît son brevet ou avant qu'il en eût commencé l'exploitation? Par suite, comment justifier la sévérité de la loi? De même, admettez que le brevet appartienne à une société qui comprenne, comme celle du Creuzot, des mines, des forges, des hauts fourneaux, et qu'il ait été obtenu, par exemple, pour un procédé nouveau d'affinage de l'acier; pourra-t-on appliquer la loi à l'ouvrier contrefacteur qui sera convaincu d'avoir travaillé dans les mines de la société sans avoir eu d'ailleurs aucune connaissance du travail des forges? Nous ne pensons pas que la loi ait été à ce point déraisonnable et injuste. La qualité d'ancien ouvrier du breveté crée une présomption de culpabilité spéciale, présomption qui, dans la plupart des cas, équivaudra à une preuve, mais qui, dans certaines circonstances, pourra et devra s'effacer devant la preuve contraire.

Dans tous les cas, remarquons bien que la loi n'atteint pas ici indistinctement toute personne ayant travaillé pour le compte du breveté. La loi précise; elle vise l'ouvrier ou l'employé *ayant travaillé dans les ateliers ou dans l'établissement du breveté*. Cela est formel. Il s'ensuit que le fait par un fabricant ou un simple tâcheron d'avoir travaillé ou fait travailler chez lui pour le compte du breveté ne rentre pas dans les prévisions de l'article 43. Il n'atteint que l'homme ayant été sous les ordres, dans la dépendance immédiate, en un mot dans l'établissement du breveté (1).

(1) V. Paris, 13 avril 1878, Rouillon (Pataille, 78.102); Trib. corr. Seine, 2 août 1878, Cathelas. — V. pourtant, *en sens contr.*, Paris, 30 mars 1854, Fontaine, cité par Huard, sur l'art. 43, n° 6.

719 *bis*. Cas où l'ouvrier s'est associé avec un tiers. — Lorsque le contrefacteur est un tiers auquel l'ancien ouvrier du breveté a prêté une assistance coupable, la loi présente plusieurs difficultés qu'il faut examiner. A ne considérer que le texte, il semble qu'il n'y ait circonstance aggravante de la contrefaçon que si le contrefacteur *s'est associé* avec l'ouvrier. Nous ne pensons pas que ces mots doivent être pris au pied de la lettre, c'est-à-dire dans le sens d'une association commerciale. Autrement, il serait trop facile d'éluder la loi, puisqu'il suffirait de ne point faire d'association régulière et légale. En disant *associé*, le législateur a simplement voulu parler d'un accord, d'une entente, d'un concert établi entre l'ouvrier et le contrefacteur, d'une association d'efforts en vue de la contrefaçon.

Une difficulté plus grande est celle de savoir ce que la loi a entendu par ces mots : « Si le contrefacteur a eu connais-« sance, par l'ouvrier, des procédés décrits au brevet. » M. Nouguier, à cet égard, s'exprime ainsi : « Malgré les termes « généraux de l'art. 43, il faut évidemment entendre que « la révélation, qui constitue la complicité de l'ouvrier ou « de l'employé, a précédé la demande en délivrance du bre-« vet. Dès que ce brevet a été délivré, les procédés qui sont « décrits sont devenus publics, et, dès lors, ils n'ont pas pu « devenir l'occasion de la divulgation d'un secret qui n'existe plus (1). » Cette opinion est partagée par la généralité des auteurs, qui paraissent s'être répétés et copiés l'un l'autre, sans approfondir la question. Il nous est cependant difficile de l'accepter.

D'abord, comme le remarque M. Nouguier, les termes de l'art. 43 sont absolus et généraux. Dès lors, pourquoi distinguer quand la loi n'a pas cru devoir le faire? Y a-t-il, d'ailleurs, une raison sérieuse de faire ici une distinction? Nous ne le croyons pas. Ce que la loi suppose, c'est que l'ouvrier ou l'employé qui aura travaillé chez le breveté, avec lui, sous ses ordres, en s'inspirant de ses conseils, connaîtra beaucoup

---

(1) Nouguier, n° 791. — V. également Blanc, *Inv. brev.*, p. 619; Rendu et Delorme, n° 555.

mieux la fabrication que ceux qui l'étudieront dans le brevet; il saura certains secrets, certains tours de main qui ajoutent à la valeur du procédé et dont la connaissance rend sa concurrence plus redoutable. Voilà pourquoi, à notre sens, la loi punit l'ouvrier qui, au sortir des ateliers du breveté, le contrefait lui-même ou aide à le contrefaire. Est-ce que ce système, qui s'appuie sur le texte de la loi, n'est pas simple et rationnel? Pour un peu, nous ajouterions, à notre tour, qu'il nous paraît évident (1).

Il ne reste plus qu'un point à éclaircir, celui de savoir quelle est la position du contrefacteur, s'il ne se concerte avec l'ancien ouvrier du breveté qu'après avoir installé la fabrication contrefaisante. Peut-on dire, en ce cas, qu'il a eu connaissance par cet ouvrier des procédés décrits au brevet? Ne doit-on pas dire, au contraire, en reprenant l'argument de M. Nouguier, qu'il n'a rien à apprendre de l'ouvrier, puisqu'il est déjà contrefacteur? Même en ce cas, pourtant, nous inclinerions à penser que la disposition de l'art. 43 est applicable, s'il est démontré pour les tribunaux que c'est l'ancien ouvrier du breveté qui a apporté au contrefacteur la connaissance complète, pratique des procédés du brevet. Que de procédés, en effet, quoique décrits d'une façon suffisante pour être légalement brevetés, exigent, pour donner les résultats qu'ils comportent, de patients et longs tâtonnements! Que de machines, même décrites avec une netteté admirable, ne marchent utilement qu'après un réglage qui demande quelquefois bien des soins et bien du temps! C'est ce bénéfice de l'expérience acquise au breveté que le législateur a interdit à ses ouvriers d'aller porter à des contrefacteurs. Encore une fois, cela est juste et raisonnable.

Remarquons enfin, et nous aurons tout dit sur le point qui nous occupe, que l'ancien ouvrier du breveté, lors même qu'il a porté son industrie à un contrefacteur, n'est pas, par cela seul, nécessairement déclaré son complice. Il *peut* être poursuivi comme complice, dit l'art. 43, ce qui constitue le juge souverain appréciateur des faits.

---

(1) V. Allart, *des Brev. d'inv.*, p. 137.

720. *Quid* **si le brevet est nul?** — Nous venons de voir que la participation d'un ouvrier du breveté à une contrefaçon constitue contre lui une circonstance aggravante et le rend passible de la peine de l'emprisonnement. En est-il de même au cas où le brevet est déclaré nul? En d'autres termes, s'il est établi que le brevet, à l'occasion duquel ont eu lieu les révélations faites par l'ouvrier du breveté au contrefacteur, est sans valeur légale et nul, par exemple, parce qu'il serait dénué de toute nouveauté, en faut-il conclure que les révélations de l'ouvrier sont absolument innocentes et ne peuvent entraîner contre lui aucune demande en responsabilité? A la vérité, on ne concevrait pas qu'il en fût autrement. Où est l'infidélité, si l'ouvrier n'a révélé que ce que le contrefacteur eût pu savoir d'une autre source? Sans doute, il y a là un acte indélicat, un acte que réprouve une morale scrupuleuse, mais qui ne tombe pas sous les prévisions de la loi. Il est vrai que, quelquefois, le brevet peut être nul, et la fabrication, à laquelle se livre le breveté, constituer cependant un véritable secret de fabrique, à raison, par exemple (s'il s'agit d'un procédé chimique), des dosages précis que l'expérience lui a indiqués comme étant les meilleurs, ou encore à raison de certains tours de main qui n'étaient pas décrits dans le brevet, qui ne pouvaient pas l'être et qui pourtant ont une importance décisive sur le résultat final. Mais, on le remarque, dans ces différents cas, l'infidélité porte, non sur ce qui est dans le brevet, mais, au contraire, sur ce qui n'y est pas. C'est au juge à apprécier si, en effet, le breveté possédait, en dehors de son brevet, une propriété privative portant sur des procédés de nature à constituer de véritables secrets de fabrique. Autrement, c'est-à-dire si le brevet est nul, et si d'ailleurs, en dehors du brevet, il n'existe pas de secrets de fabrication, l'infidélité de l'ouvrier n'est, nous le répétons, qu'un de ces actes indélicats que l'honnêteté condamne, mais que la loi est impuissante à atteindre.

Nous insistons sur ce point; car il ne manque pas de brevetés qui font plaider que la contrefaçon dont ils se plaignent est, sinon une contrefaçon *de droit*, du moins une contrefaçon *de fait*, entendant par là que, alors même que leur brevet serait nul, le prétendu contrefacteur serait en faute d'y avoir puisé; ils veulent toujours exiger de leur adversaire qu'il prouve qu'il a pris ses idées dans le domaine public, non dans le brevet; et, s'il est démontré qu'il a commencé par copier le brevet et n'a découvert que plus tard, peut-être depuis la poursuite, les antériorités qui réduisent à néant le brevet, ils crient bien haut au préjudice, à la concurrence déloyale et réclament des indemnités. Il faut reconnaître que les tribunaux se laissent aller quelquefois à consacrer ces prétentions; à nos yeux, elles sont inadmissibles; nous ne savons ce que c'est que la contrefaçon de fait : on est contrefacteur ou on ne l'est pas. Celui qui est poursuivi en contrefaçon n'a point à rendre compte de l'époque où il a fait les recherches qui l'ont amené à reconnaître l'inanité du brevet. Fait-il sa preuve entière, complète? Démontre-t-il que le brevet est sans valeur? Voilà tout ce que la justice doit lui demander. Si, dans une situation pareille, un reproche est à faire, n'est-ce pas avant tout au breveté qui, usurpant les droits du domaine public, s'est attribué dans son brevet ce qui appartenait à tous? N'était-ce pas à lui, avant de demander son brevet, à interroger le domaine public, à faire ces recherches auxquelles, plus tard, sa poursuite a obligé le prétendu contrefacteur, à s'éclairer enfin? Donc, de deux choses l'une : ou le brevet est valable ou il est nul : s'il est valable, il y a contrefaçon; il n'y en a point, s'il est nul; partant, il n'y a pas de responsabilité encourue par celui qui l'a copié, encore qu'au moment où il l'a copié il crût être en état de contrefaçon. Ici, ce n'est pas l'intention qu'il faut considérer, c'est le fait, sauf aux juges à blâmer, dans les motifs de leur sentence, une intention qu'ils jugeraient mauvaise, des agissements qui leur paraîtraient indélicats (1).

Il a été jugé, dans cet ordre d'idées, que le fait, par un ancien élève du breveté (dans l'espèce, c'était un pharmacien), d'avoir donné connaissance à un tiers des substances et des doses employées dans la composition du produit breveté, en vue de faire à son ancien patron une concurrence déloyale, constitue une infidélité, un abus de confiance, et le rend

(1) V. *suprà*, n° 444.

passible de dommages-intérêts, alors même que le produit ne serait pas nouveau et que le brevet serait déclaré nul ; et celui qui a sciemment mis à profit cette infidélité doit en être déclaré solidairement responsable (Rouen, 27 juin 1856, Lecomte, Pataille, 56.345).

SECTION III.

Questions et espèces diverses.

SOMMAIRE.

721. Produit; contrefaçon. — 722. Règle pour apprécier la nouveauté du produit. — 723. Résultat; contrefaçon. — 723 *bis*. Jurisprudence. — 724. Moyen nouveau ; application différente. — 725. Jurisprudence. — 726. Application nouvelle; contrefaçon. — 727. Combinaison d'éléments connus; contrefaçon. — 728. Jurisprudence. — 729. *Quid* de l'appréciation des éléments isolés ? — 730. *Quid* si la poursuite est fondée sur plusieurs brevets ? — 731. Invention non brevetée : usurpation. — 732. Dénomination de l'objet breveté ; imitation. — 733. *Quid* de la déclaration fausse de l'emploi du brevet ? — 734. Jurisprudence. — 735. Apposition du nom sur l'objet contrefait. — 736. *Quid* du fait de prendre un brevet semblable ? — 737. Jurisprudence. — 738. *Quid* des simples essais ? — 739. Jurisprudence. — 740. Conventions avec le breveté. — 741. *Quid* de leur violation ? — 741 *bis*. Jurisprudence. — 742. Témoignage ; production d'un objet contrefait. — 743. Sollicitation de commandes. — 744. Imitation par le breveté d'un perfectionnement breveté par un tiers.

721. Produit; contrefaçon. — Lorsque le brevet porte sur un produit, la contrefaçon existe dès qu'il y a fabrication du même produit. Il importerait peu que la fabrication eût lieu par des moyens radicalement différents. En quoi cette différence dans les moyens pourrait-elle être une excuse à la fabrication du produit breveté ? Ce qu'il appartient au breveté de monopoliser à son profit et par conséquent d'interdire, ce n'est pas l'emploi de tel ou tel moyen de fabrication, c'est la fabrication elle-même. Cela est de toute évidence et du reste de jurisprudence constante (1).

(1) V. Cass., 15 mars 1856, et Douai, 17 juin 1856, Hughes Cauvin (Dall., 56.1.227) ; Paris, 31 mars 1856, de Montagnac (Dall., 57.2.9) ; Lyon, 24 juillet 1868, Agnellet (Pataille, 68.342) ; Paris, 23 juillet 1868, Langlois (Pataille, 69.128).

722. Règle pour apprécier la nouveauté du produit. — Lorsqu'il s'agit d'apprécier une antériorité et de rechercher si le produit breveté était connu avant la date du brevet qui le revendique, le juge n'a point à s'enquérir si le produit en question était obtenu en plus ou moins grande quantité, à un prix plus ou moins élevé ; il y a uniquement à rechercher si ce produit existait ou n'existait pas avant la date du brevet, et, par exemple, étant donné qu'un brevet a été pris pour l'obtention directe de l'alcali par la distillation des eaux ammoniacales, ce brevet est sans valeur et la prétendue invention sans nouveauté, dès qu'il est établi que, auparavant, on obtenait déjà de l'alcali par la distillation immédiate et directe des eaux ammoniacales : il n'importe en aucune façon et il est sans intérêt de rechercher quelle quantité d'alcali était fabriquée, ce que cet alcali pouvait valoir, ou quel usage on en faisait ; il ne s'agit pas, en effet, dans un cas pareil, de savoir si le produit, tel qu'il est obtenu par le brevet, est égal ou supérieur à celui qu'on obtenait auparavant, mais seulement si, avant la date du brevet, on avait obtenu le même produit. Il reste entendu, d'ailleurs, qu'à défaut du produit qui, ayant déjà été obtenu, appartient à tous, chacun demeure libre de faire breveter des appareils spéciaux, des procédés particuliers et permettant de fabriquer dans de meilleures conditions (1), à plus bas prix, en plus grande quantité. En un mot, il n'y a plus de place pour un brevet de produit, mais seulement pour un brevet de moyens et de procédés.

723. Résultat ; contrefaçon. — Puisqu'il n'est pas permis de breveter un résultat indépendamment du moyen de l'obtenir, il s'ensuit qu'il n'y a point de contrefaçon à poursuivre le résultat consigné dans un brevet dès qu'on le produit par un moyen différent. L'objet du brevet ici c'est le moyen ; et la différence dans le moyen est nécessairement exclusive de contrefaçon.

Il peut être difficile quelquefois de distinguer nettement le résultat du moyen. C'est aux juges à faire preuve de saga-

(1) Comp. Paris, 9 juill. 1855, Cavaillon (Pataille, 55.178).

cité, et nous ne pouvons leur tracer aucune règle à cet égard : ils doivent seulement toujours être en garde, do peur de prendre pour un résultat ce qui est le signe caratéristique du moyen, et réciproquement, pour le caractère effectif de l'invention, ce qui serait un simple résultat. Pour plus de clarté, citons un exemple : il a été pris, il y a quelques années, par un de nos plus habiles carrossiers de Paris, un brevet pour un système nouveau d'ouverture des portières de voiture qui consistait dans l'emploi d'un levier et d'une tige combinés pour agir directement sur le pêne sans l'aide d'une poignée intérieure. Il y avait dans cette invention tout à la fois un moyen et un résultat. Le résultat nouveau, c'était d'ouvrir les portières sans l'aide d'une poignée intérieure; le moyen, c'était d'employer une tige et un levier combinés pour agir directement sur le pêne. Le breveté eût-il pu revendiquer tous les moyens d'ouvrir sans poignée intérieure, si différents qu'ils fussent du sien? Eût-il pu, je suppose, revendiquer l'emploi d'un système d'électro-aimant agissant sans pêne, ni tige, ni levier, et par la seule force de l'aimantation, qui aurait maintenu l'adhérence entre deux surfaces planes métalliques, à la façon du coffre de Robert Houdin? Évidemment non ; car il y aurait eu là imitation du résultat, non du moyen.

723 *bis*. Jurisprudence (1). — Il a été jugé d'après ces principes : 1° que le fait que l'idée primitive et le but de deux appareils soient identiques ne suffit pas pour établir la contrefaçon, si d'ailleurs les appareils sont essentiellement différents : spécialement, la seule idée de rendre les abat-jour mobiles par l'oscillation de leurs supports, n'étant pas brevetable en elle-même, peut donner lieu à autant de brevets qu'il y a de procédés différents de réalisation de cette idée; il ne saurait donc y avoir de contrefaçon à utiliser cette idée, dès qu'on emploie un procédé spécial différent de ceux brevetés auparavant (Lyon, 8 fév. 1868, Pascal et autres (2), Pataille, 71.19);

---

(1) V. aussi Rej., 12 juin 1858, Claudin (Pataille, 58.236); Rej., 18 fév. 1865, Rouget de Lisle (*Bull. crim.*, 65.67). — Comp. Angers, 27 juin 1881, Paucher (Pataille, 81.204).

(2) Le pourvoi formé contre cet arrêt avait été admis par la Chambre des requêtes; mais il est intervenu ensuite une transaction entre les parties.

— 2° qu'un résultat n'est brevetable qu'eu égard à la matérialité des moyens servant à le produire, et par conséquent un brevet n'est pas la contrefaçon d'un autre, s'il donne le même résultat par l'emploi de moyens matériels différents : spécialement, le fait d'obtenir, dans les fusils se chargeant à l'arrière, l'expulsion complète des détritus de la cartouche ne constitue, indépendamment des moyens employés dans ce but, qu'un résultat non brevetable en lui-même (Paris, 19 janv. 1872, Chassepot, Pataille, 72.198).

724. Moyen nouveau; application différente. — Si l'objet du brevet est un moyen nouveau, y a-t-il contrefaçon dans l'emploi du même moyen, mais en vue d'un résultat différent? Il est difficile d'imaginer une hypothèse d'où la question se dégage nettement. Pour notre part, nous n'en connaissons pas et nous doutons presque qu'il s'en puisse présenter. Comment, en effet, concevoir que le même moyen, le même procédé, puisse, sans que rien y soit changé, donner des résultats différents? Un procédé est toujours une suite d'opérations soit chimiques, soit physiques; et l'on ne voit guère comment des opérations identiques pourraient aboutir à des effets réellement différents. Étant donné, par exemple, un procédé chimique nouveau pour la production d'une matière colorante, il n'est pas possible d'admettre que le même procédé, identiquement suivi, puisse conduire à l'obtention d'une autre matière colorante. Pour arriver à ce deuxième résultat, différent du premier, il faudra nécessairement qu'on ait modifié en quelque point le procédé, soit qu'ont ait changé l'un des réactifs, soit qu'en se servant de ces mêmes réactifs on ait modifié le dosage ou la température. Mais alors il est clair que dans le second cas on aura employé un moyen différent.

Ainsi, voilà l'aniline d'où un premier chimiste, l'anglais Perkins, a tiré une couleur violette. Est-ce que, parce qu'il avait trouvé cette source nouvelle de matières colorantes, il aurait pu revendiquer, comme rentrant dans son invention, la découverte par un second chimiste d'une couleur rouge, également tirée de l'aniline, et celle faite plus tard par d'autres de couleurs bleue, verte, marron, noire, etc.? Personne ne l'a prétendu, en droit, et, en fait, s'il est vrai que l'aniline fût dans tous les cas la substance génératrice des couleurs, il est à remarquer qu'elle était associée à des réactifs différents, ou que les conditions de température, de dosage, de durée, dans lesquelles chaque inventeur opérait, étaient diverses et constituaient autant de moyens différents.

Il pourrait se faire, cependant, — et en le supposant nous ne sortirons pas de notre exemple,—qu'un procédé nouveau conduisît en même temps à l'obtention de deux matières colorantes, l'une restant par exemple sur le filtre dans l'une des opérations, l'autre passant en dissolution; et il pourrait arriver que l'inventeur du procédé nouveau, ne s'attachant qu'à l'un des deux produits, à celui qui passe en dissolution si l'on veut, négligeât l'autre. On peut même supposer, pour rendre l'exemple plus frappant, que le produit négligé est le plus important. Quelle serait la condition de celui qui, faisant ensuite cette observation, reconnaîtrait, définirait le produit jusque-là négligé, le dégagerait des impuretés qui le masquaient et, en définitive, en doterait le premier l'industrie? En admettant qu'il le fît breveter, quelle serait la valeur de son brevet? Pourrait-il l'exploiter sans porter atteinte au brevet pris avant le sien? Ne pourrait-il au contraire l'exploiter que dans les termes de l'article 19, c'est-à-dire comme brevet de perfectionnement, et par conséquent à l'expiration seulement du premier?

D'un côté, on ne peut se dissimuler que la position du second inventeur ne soit intéressante et qu'il ne soit cruel de mettre obstacle à la libre exploitation de sa découverte, dont le résultat final est si différent de la découverte précédente. D'un autre côté, n'est-il pas évident que, sans cette première découverte, la seconde ne se fût pas faite? N'est-il pas clair que celle-ci procède directement de celle-là? N'éprouve-t-on pas quelque scrupule à déshériter absolument le premier inventeur de toute part dans une découverte dont il a été l'inspirateur? N'est-il pas certain enfin que c'est le procédé, imaginé par lui, que le second inventeur suit et pratique dans tous ses détails? Ne faut-il pas toujours passer par son invention pour arriver à l'autre? Toutes ces raisons ont de la force, et pourtant, quand on se reporte à la discussion, on y voit que le législateur, en subordonnant l'exploitation du perfectionnement à l'expiration du brevet principal, n'a eu en vue que d'éviter à l'inventeur originaire une concurrence qui lui fût préjudiciable, une concurrence qui lui enlevât le bénéfice de sa découverte en l'absorbant. Or, dans notre hypothèse, où est la concurrence? Où est le préjudice? Où est le fait de l'absorption de la découverte principale dans le perfectionnement? Est-ce que l'exploitation de la matière colorante, découverte en second, peut nuire à l'exploitation de la matière colorante, découverte en premier? Évidemment non, puisque nous les supposons différentes.

Nous sommes donc conduit à penser que l'invention d'un moyen nouveau ne comprend pas, au profit de l'inventeur, indistinctement toutes les applications dont il est susceptible et que celui qui, à l'aide du même moyen, obtient soit un résultat, soit un produit différent, fait une découverte qui lui appartient en propre et qu'il peut librement exploiter sans rien devoir au premier inventeur. Toutefois, c'est aux juges du fait à apprécier si l'application est ou non réellement différente, et, pour peu que l'application rentre dans le cercle de celles qu'a prévues le breveté, il nous paraît juste de décider que le second brevet est le perfectionnement du premier. C'est pour cette raison que nous approuvons la décision rapportée ci-dessous.

M. Nouguier, de son côté, émet l'avis que le brevet pris pour un moyen nouveau ne protège que les résultats qu'il a expressément prévus; voici comment il s'exprime : « L'inventeur de nouveaux moyens et procédés peut s'en assurer par « un brevet l'exploitation exclusive, quels qu'en puissent « être les résultats ou les produits. Il peut aussi spécialiser « l'application de ces moyens et procédés et ne les faire bre- « veter que pour l'obtention de certains produits ou résul- « tats. C'est à lui-même à faire sa loi à cet égard en deman- « dant son brevet. Pour reconnaître s'il aura droit à toute « jouissance quelconque du procédé ou seulement à la jouis- « sance de certaines applications spéciales, il faut recourir « aux termes de la description jointe à la demande du bre- « vet (1). »

(1) V. Nouguier, n° 409.

725. Jurisprudence. — Il a été jugé toutefois : 1° que l'emploi du procédé breveté pour l'obtention d'un autre produit que celui en vue duquel a été pris le brevet n'en constitue pas moins une contrefaçon : spécialement, étant donné un brevet pris pour un procédé nouveau qui consiste à redresser les poils du drap par le battage à frais, à le laisser sécher en cet état, puis à le tondre pour obtenir l'apprêt dit *drap-velours*, il y a contrefaçon à appliquer ledit procédé à toute autre étoffe foulée ou drapée, même pour obtenir un apprêt différent (Trib. civ. de Rouen, 22 juin 1859, Montagnac, *Prop. ind.*, n° 93) ; — 2° que celui qui est breveté pour une méthode ou un procédé comme inventeur d'un moyen nouveau ou d'une combinaison nouvelle de moyens connus, peut défendre toute application par autrui de son invention tant que son brevet est en vigueur : spécialement, celui qui est breveté pour un procédé de distillation, à l'aide d'un appareil spécial, est en droit d'interdire à quiconque l'emploi de ses procédé et appareil en vue d'opérer la distillation, fût-ce même d'une matière qu'il n'aurait pas nommément indiquée dans sa description (Grenoble, 19 juin 1857, et Rej., 11 déc. 1857, Villard, Pataille, 57.448) ; — 3° jugé, au contraire, qu'il n'y a pas contrefaçon, lorsque l'appareil prétendu contrefait est appliqué à une industrie qui n'a aucun rapport avec celle du brevet, et que d'ailleurs il présente des différences essentielles avec l'appareil breveté (Rej., 28 juill. 1853, Rohlfs Seyrig (1), *Bull. crim.*, 53.402).

726. Application nouvelle ; contrefaçon. — L'application nouvelle de moyens connus n'assure de privilège à celui qui la fait breveter que sur cette application même. Les tiers demeurent donc libres d'employer les mêmes moyens dans un but différent. Ce qui fait l'objet du brevet, c'est, — s'il est permis de s'exprimer ainsi, — la spécialisation du moyen ; le breveté ne peut donc le revendiquer qu'en vue du résultat particulier qu'il obtient. Autrement, il ferait rentrer dans son domaine privé ce qui est la propriété de tous (2).

(1) Le fait qu'il y avait des différences essentielles entre les appareils diminue la portée de cet arrêt.

(2) V. Paris, 5 avril 1876, Ognard (Pataille, 76.99) ; Paris, 23 juin

C'est en vain que le breveté déclarerait d'une façon vague et générale dans sa description qu'il revendique l'application, faisant l'objet de son brevet, pour tous les usages auxquels elle peut se prêter ; une semblable déclaration ne saurait avoir aucun effet, parce que, suivant l'expression d'un arrêt, elle n'offre plus ce caractère de précision et de spécification qu'exige la loi de 1844, afin que le public puisse connaître l'objet et l'étendue de l'invention pour laquelle il est réclamé un droit exclusif de propriété.

727. Combinaison d'éléments connus ; contrefaçon. — Si le brevet protège un ensemble, une combinaison de moyens connus, il ne peut y avoir de contrefaçon qu'autant que cet ensemble est reproduit, et, si l'objet réputé contrefait reproduit une combinaison différente des mêmes organes ou éléments, il n'y a pas de contrefaçon. Il faut pourtant, ici encore, ne rien exagérer, et, si les deux combinaisons, quoique avec des détails différents, se ressemblent dans ce qu'elles ont d'essentiel et de caractéristique, il faut reconnaître qu'il y a contrefaçon.

728. Jurisprudence; espèces où la contrefaçon a été écartée (1). — Il a été jugé : 1° que, lorsqu'un brevet porte sur une combinaison d'éléments connus, le droit privatif du breveté se restreint à cette combinaison ; il ne peut s'approprier les appareils qui ont servi de base à la combinaison qu'il a brevetée, ni interdire aux tiers le droit de se servir desdits appareils dans l'état où ils ont été transmis au domaine public, ou même d'en modifier les agencements par des dispositions nouvelles ; son droit se borne à empêcher toute

1887, Legrand (Pataille, 87.267) ; Trib. civ. Seine, 8 déc. 1881, Cusimberge (Pataille, 88.12). — Comp. Angers, 27 juin 1881, Paucher (Pataille, 81.204).

(1) V. Orléans, 25 juill. 1866, et Rej., 8 mars 1867, Chevallier-Appert (Pataille, 67.161) ; Rej., 13 janv. 1872, Boulogne (Pataille, 72.215) ; Paris, 27 mars 1873, Cabourg (Pataille, 74.95) ; Paris, 4 fév. 1874, Teste (Pataille, 74.281) ; Rej., 1er juin 1876 (Pataille, 76.168) ; Orléans, 9 août 1877, Ganne (Pataille, 78.27) ; Dijon, 2 déc. 1885, Alain Chartier (Pataille, 87.24) ; Cass., 4 mai 1885, Baudot (Pataille, 85.324) ; Trib. corr. Seine, 5 déc. 1876, Drouhin (Pataille, 81.19).

imitation frauduleuse de l'appareil qui lui est propre (Paris, 6 avril 1857, Cavaillon, Pataille, 57.364); — 2° que, lorsqu'un brevet repose sur une combinaison nouvelle d'éléments connus, il n'y a de contrefaçon qu'autant que les mêmes éléments sont agencés et combinés d'une manière identique : des différences essentielles, tant dans les proportions relatives, la disposition et le fonctionnement des divers organes, que dans les effets utiles et cherchés sont, au contraire, exclusives de contrefaçon (Paris, 30 déc. 1864, Giffard (1), Pataille, 65.83); — 3° que, lorsqu'un brevet porte sur une combinaison d'organes connus et nouveaux, il n'y a contrefaçon qu'autant qu'on usurpe, soit les organes nouveaux et caractéristiques, soit la combinaison intégrale (Paris, 8 nov. 1873, aff. Muiron, Pataille, 75.419); — 4° que, lorsqu'une machine brevetée n'est qu'une combinaison nouvelle d'organes connus, il ne saurait y avoir contrefaçon dans le fait de combiner les mêmes organes d'une manière différente (Montpellier, 17 juill. 1877, Vergely (2), Pataille, 78.100); — 5° que, lorsqu'il a été jugé souverainement par la juridiction civile ou qu'il ressort de l'examen du brevet lui-même et des antériorités produites que l'invention, portant sur une combinaison de procédés connus, n'est valablement brevetée que pour l'ensemble même de cette combinaison, c'est à bon droit que les juges du fait déclarent qu'il n'y a pas contrefaçon dans l'emploi d'une partie seulement des mêmes procédés : spécialement, étant donné qu'un brevet d'invention, pris pour l'application du balancier à estamper à froid dans la fabrication des papiers peints, fait de l'emploi du balancier à cage pleine des lithographes-estampeurs un élément essentiel de la combinaison revendiquée audit brevet, et les procédés entrant dans cette combinaison étant connus et employés antérieurement dans la même industrie, il n'y a pas contrefaçon dès l'instant que l'on emploie un autre balancier, même à froid (Cass., 18 janvier 1881, Balin, *Ann.*, 81, 53).

728 *bis*. Jurisprudence ; espèces où la contrefaçon a été

(1) V. aussi Rej., 12 juin 1858, Claudin (Pataille, 58.236).
(2) *Adde* Rej., 14 fév. 1878, même affaire (Pataille, *loc. cit.*).

reconnue. — Il a été jugé d'après les mêmes principes (1) : 1° qu'en cas de combinaison brevetée d'éléments et d'organes connus pour l'obtention d'un résultat industriel tel que le tissage de la paille pour la fabrication des enveloppes de bouteilles et paillassons, il y a contrefaçon juridiquement motivée lorsque les juges du fait, après avoir constaté que la machine incriminée procède du même principe que celle brevetée et se compose des mêmes organes, ajoutent que les différences ne portent que sur des points accessoires (Cass., 5 janvier 1878, Meunier, Pataille, 78.33); — 2° qu'un relève-jupe à pinces articulées, sur lesquelles se glisse, à volonté, un manchon mobile, qui, en couvrant les articulations, les empêche de s'ouvrir sans le secours de la main, étant brevetable comme application nouvelle de moyens et organes connus, il y a contrefaçon dans le fait d'adopter le même système de manchon glissant sur les articulations des pinces, encore bien que ces pinces et articulations différeraient de forme et de disposition (Paris, 10 juillet 1880, Leroux, Pataille, 81. 224); — 3° qu'en cas d'appareil breveté réalisant mécaniquement une opération, telle que le dressage et le polissage des bois d'éventails, qui, jusque-là, ne s'étaient faits qu'à la main, il y a contrefaçon dès l'instant que l'on emploie les éléments essentiels et caractéristiques de l'appareil breveté, encore bien que l'appareil incriminé présente des différences accessoires de construction, telles que celle qui consiste à le mettre en mouvement à l'aide d'une pédale, au lieu d'une manivelle à la main (Rej., 2 février 1881, Boitel, Pataille, 81.167) ; — 4° que les différences de détail n'effacent pas la contrefaçon lorsqu'elles laissent subsister la combinaison brevetée dans ce qu'elle a d'essentiel et de caractéristique (Trib. civ. Melun, 8 février 1884, Lepinte, Pataille, 85.34).

729. *Quid* **de l'appréciation des éléments isolés?** — Nous avons expliqué qu'une combinaison d'éléments, tous isolément connus, peut constituer une invention, et que dès

(1) V. encore Paris, 26 déc. 1878, Laurence (Pataille, 79.246); Amiens, 19 juin 1884, Dupont (Pataille, 87.118).

lors, quand le juge apprécie la validité d'un brevet, il doit porter son examen, non seulement sur chacune des parties de l'invention, prises séparément, mais encore sur leur réunion, sur leur ensemble. Par une conséquence naturelle de cette règle, le juge, lorsqu'il apprécie une contrefaçon, doit comparer l'objet argué de contrefaçon à l'objet du brevet, considéré comme un tout, et non pas seulement, ainsi qu'il arrive quelquefois, comparer seulement chacun des éléments de l'objet contrefait avec chacun des éléments correspondants de l'objet breveté. Cette proposition est le corollaire de la précédente (1).

730. *Quid* **si la poursuite est fondée sur plusieurs brevets?** — La règle précédente doit-elle encore s'appliquer lorsque la poursuite a lieu en vertu de plusieurs brevets à la fois? En d'autres termes, l'inventeur qui a successivement pris plusieurs brevets peut-il se prévaloir d'un élément pris dans le premier, d'un autre élément pris dans le second, d'un autre encore emprunté à un troisième brevet, pour soutenir que son invention constitue un ensemble, un tout qui doit être apprécié en bloc? En principe, chaque brevet forme un titre séparé et distinct et, par conséquent, doit être examiné en lui-même, sans qu'il puisse rien emprunter en dehors de sa propre description pour assurer sa validité. Nous n'admettons donc pas que l'inventeur puisse réclamer un ensemble, un *tout*, en vertu de brevets divers qui porteraient chacun sur des éléments différents (2). On conçoit pourtant que, si, ayant successivement perfectionné son œuvre, l'inventeur a fini par arriver à une combinaison plus parfaite que celles auxquelles il s'était arrêté d'abord, il puisse tout à la fois se prévaloir et du brevet qui comprend l'ensemble définitif, et de ses précédents brevets qui comprennent les divers détails entrant ou pouvant entrer dans cet ensemble.

Jugé en ce sens que les droits de l'inventeur ne sauraient

---

(1) V. Nancy, 16 déc. 1856, Lizer (Pataille, 57.272); Rej., 5 fév. 1853, aff. Briet (Dall., 53.5.54).

(2) V. Trib. civ. Seine, 5 juillet 1870, Sudre c. Martin.

être amoindris par le fait que les divers organes de l'appareil imaginés par lui l'ont été successivement et que sa découverte se trouve répartie dans un brevet d'invention et divers certificats d'addition ; les certificats d'addition ne sont point en effet distincts du brevet lui-même, auquel ils s'incorporent pour ne former qu'un seul et même titre, être soumis aux mêmes vicissitudes et avoir même durée (Paris, 12 déc. 1885, Berthelot, Pataille, 86, 105).

Il a été jugé pourtant d'une façon générale, — mais les motifs de cet arrêt nous semblent trop absolus, — que, lorsqu'un inventeur exerce une poursuite en contrefaçon en vertu de deux brevets, le juge ne peut les examiner successivement et isolément ; il doit les combiner, afin d'apprécier dans leur ensemble, eu égard au résultat industriel obtenu, les organes empruntés à l'un ou à l'autre (Cass., 20 mars 1857, Villard, *Bull. crim.*, 57.177).

731. Invention non brevetée ; usurpation.—L'usurpation d'une invention qui n'est pas brevetée ne constitue pas une contrefaçon. Tant pis pour l'inventeur qui n'use pas des moyens que la loi met à sa disposition pour protéger sa découverte. Pourtant, celui qui abuserait de la confiance de l'inventeur, pour surprendre sa découverte avant qu'elle fût brevetée et lui faire perdre ainsi son caractère de nouveauté en l'exploitant publiquement, commettrait un acte qui engagerait sa responsabilité ; il devrait être tenu de réparer le préjudice causé par sa fraude. Quant à la question de savoir si celui qui s'est frauduleusement emparé de l'invention avant qu'elle fût brevetée et l'a exploitée secrètement pendant le même intervalle de temps peut ensuite être considéré comme contrefacteur après la prise du brevet, nous l'avons examinée plus haut, et nous avons donné notre sentiment (1). Nous n'y revenons pas. Si l'invention, sans être brevetée, était possédée à titre de secret de fabrique, l'usurpation en pourrait être poursuivie et punie conformément aux dispositions du Code pénal.

732. Dénomination de l'objet breveté ; imita-

---

(1) V. *suprà*, n° 433.

tion. — Comme corollaire de ce qui précède, ajoutons qu'il n'y a pas contrefaçon à reproduire, non l'objet même du brevet, mais seulement la dénomination que lui a donnée le breveté. Ce pourra être, dans certains cas, un fait de concurrence déloyale donnant ouverture à une action en dommages-intérêts; le fait pourra même constituer une contravention à la loi sur les marques de fabrique, si l'inventeur s'est conformé à ses dispositions; mais il ne saurait, dans aucun cas, tomber sous l'application de la loi de 1844.

733. *Quid* **de la déclaration fausse de l'emploi du brevet?** — Nous envisageons une hypothèse analogue à la précédente. Il y a des gens qui, sans oser contrefaire, tiennent pourtant à se donner des allures de contrefacteurs, et qui, voulant profiter de la notoriété de l'invention, ne craignent pas d'annoncer bien haut qu'ils emploient les moyens du brevet, alors pourtant qu'il n'en est rien. Quelle est la situation qu'ils se font par ce mensonge? Sont-ils de véritables contrefacteurs? Ne doivent-ils pas du moins être assimilés à des contrefacteurs? En présence des termes de la loi, on ne peut répondre que négativement. Un semblable fait ne saurait constituer une contrefaçon, ni de près ni de loin; en revanche, il constituera, suivant les circonstances, un acte de concurrence déloyale ou même le délit de tromperie sur la nature de la marchandise vendue, et, dans tous les cas, donnera ouverture à une action civile en dommages-intérêts (1). Si d'ailleurs le breveté, trompé par les annonces de son concurrent, dirige contre lui une action en contrefaçon, les tribunaux pourront, tout en le déboutant de sa demande, mettre les dépens à la charge de son adversaire. Ce sera la juste peine de ses énonciations mensongères.

734. Jurisprudence. — Il a été jugé à cet égard : — 1° que celui qui livre au commerce des bouteilles de cirage revêtues d'une étiquette portant cette énonciation : *Cirage au caoutchouc*, alors qu'il n'entre pas, en réalité, de caoutchouc dans sa composition, ne peut être, malgré cette fausse énonciation, déclaré contrefacteur du brevet pris pour le cirage au

(1) V. Nouguier, n° 774; Blanc, p. 630 ; Rendu et Delorme, n° 490.

caoutchouc; mais, comme la poursuite en contrefaçon n'a été que la conséquence de cette énonciation fausse, il y a lieu de condamner aux dépens celui qui s'en est servi (Paris, 26 déc. 1841, Robertson, cité par Blanc, p. 630); — 2° que l'inventeur d'un produit nouveau, tel que le *gluten granulé* (gluten extrait de la farine et desséché à froid), est en droit de poursuivre, pour tromperie sur la marchandise vendue, celui qui annonce et vend, sous le nom de *gluten granulé*, une pâte dans laquelle il ne fait point entrer ce produit et qu'il compose avec de la farine ordinaire (Cass., 15 fév. 1851, Véron, *Bull. crim.*, 51.114).

735. Apposition de nom sur l'objet contrefait. — Y a-t-il contrefaçon à laisser apposer son nom sur un objet contrefait, alors d'ailleurs qu'on est soi-même étranger à la contrefaçon, soit comme auteur, soit comme complice? Il faut avouer qu'une pareille hypothèse se présentera rarement, si elle se présente jamais. Comment imaginer un acte aussi déraisonnable? Pourquoi prendre sous son nom un objet dans l'exploitation et, par conséquent, dans les profits duquel on n'aura aucune part? Est-ce uniquement par vanité? Singulière vanité, assurément! Nous concluons de là que, dans la plupart des cas, celui qui aura laissé apposer son nom sur un produit contrefait l'aura fait parce qu'il est directement intéressé dans la fabrication ou dans la vente de ce produit, et que, par suite, il est responsable de la contrefaçon dans la mesure où il y a coopéré. Si, par impossible, l'hypothèse contraire se réalisait, il faudrait dire, à notre sens, qu'il n'y a pas là, en dehors d'autres actes de participation, un fait qui puisse être qualifié contrefaçon (1); il y aurait, toutefois, un fait dommageable donnant, d'après les principes généraux, ouverture à l'action en dommages-intérêts, et pouvant, dans tous les cas, entraîner contre son auteur une condamnation aux dépens de l'instance en contrefaçon que le breveté serait amené à diriger contre lui.

736. *Quid* **du fait de prendre un brevet sem-**

(1) V. toutefois Paris, 14 mai 1817, cité par Blanc, *Inv. brev.*, p. 618.

blable? — Le fait de prendre, postérieurement à un brevet déjà obtenu, un brevet identique constitue-t-il une contrefaçon? La question est résolue par les termes mêmes de l'article 40; il n'y a contrefaçon que dans le fait de *fabriquer* ou d'*employer* l'objet breveté. Il est donc évident qu'il n'y a pas de contrefaçon de la part de celui qui se borne à copier un brevet précédent sans d'ailleurs se livrer à aucune exploitation. La question ne changerait pas, encore qu'il fût établi que le second breveté a agi en connaissance de cause; les termes de la loi sont formels. Ce n'est pas à dire que le premier breveté soit désarmé contre un fait qui, en jetant un doute sur sa qualité d'inventeur, est de nature à lui causer un préjudice. Il est libre, en effet, de demander la nullité du brevet pris après le sien et, suivant les circonstances, de réclamer des dommages-intérêts. La nullité, du reste, ne pourrait être prononcée que si le second brevet était identique au premier; car si, tout en reposant sur le même principe, tout en conduisant au même résultat, il comprenait pourtant des améliorations réelles, des perfectionnements appréciables, il constituerait alors un brevet de perfectionnement et devrait être validé dans les termes de l'article 19, sauf au propriétaire à ne l'exploiter qu'à l'expiration du brevet principal (1).

737. Jurisprudence (2). — Il a été jugé à cet égard: 1° que, en droit, c'est par la mise en pratique des procédés brevetés, et non par l'obtention d'un brevet semblable, que se commet le délit de contrefaçon; il ne peut donc suffire au tribunal saisi d'une action en contrefaçon de comparer les procédés décrits dans les spécifications jointes aux brevets des deux parties (Rej., 30 déc. 1843, Painchaut, J. Pal., 44.1. 539); — 2° qu'il ne peut suffire, dans une action en contrefaçon, d'examiner et de comparer les spécifications jointes aux brevets du demandeur ou du défendeur; ce sont les pièces

(1) Comp. Nouguier, n° 737; Rendu et Delorme, n°s 490 et 502; Dalloz, v° *Brev. d'inv.*, n° 357; Renouard, n° 240.

(2) V. aussi Trib. civ. de Saint-Étienne, 22 juin 1870, Barouin (Pataille, 71.123); Rej., 5 déc. 1873, aff. Cabourg (Pataille, 74.95); Paris, 25 nov. 1885, Samain (Pataille, 88.215).

saisies et incriminées qu'il faut comparer au brevet du demandeur en contrefaçon (Rej., 25 juill. 1860, Gaillard (1), Pataille, 61.34).

738. *Quid* **des simples essais?** — Si l'emploi des moyens brevetés constitue une contrefaçon, ce n'est qu'autant qu'il s'agit d'un emploi commercial, industriel. Il s'ensuit que le simple essai, en vue de connaître la valeur du procédé, ne doit pas être considéré comme une contrefaçon. On conçoit qu'avant de traiter avec le breveté, peut-être pour une somme considérable, on veuille s'assurer de l'efficacité de ses moyens. On n'aime pas à acheter, comme on dit, chat en poche. D'une autre part, le droit de faire l'essai d'une invention brevetée n'est-il pas le corollaire de cette disposition de la loi qui prononce la nullité du brevet pour insuffisance de description (2)? Comment constater cette insuffisance si la description n'est pas mise à l'épreuve? Toutefois, ce principe ne doit être appliqué qu'avec la plus grande réserve; autrement, la contrefaçon s'abriterait toujours derrière de prétendus essais. C'est aux tribunaux à rechercher avec soin les circonstances et à les apprécier. D'ailleurs, en pareil cas, il est un moyen bien simple d'assurer sa sécurité : c'est, avant de commencer ses essais, de les dénoncer au breveté.

739. Jurisprudence (3). — Il a été jugé : — 1° qu'il n'est pas plus permis de faire usage à titre d'essai qu'à titre définitif de moyens brevetés (Rouen, 5 mai 1863, Godet, Pataille, 65.138); — 2° mais que de simples essais, sans application régulière, surtout lorsqu'ils ont eu lieu de la part de l'État sur la demande du breveté lui-même, et qu'ils ont eu pour résultat de mettre en lumière l'invention, ne peuvent être considérés comme une contrefaçon (Paris, 18 juill. 1859, Thomas et Laurens (4), Pataille, 59.225);—3° que, de même,

---

(1) V. encore Cass., 16 août 1861, Dutertre (Dall., 62.1.55).

(2) V. Nouguier, n° 748; Renouard, n° 9; Rendu et Delorme, n° 490; Dalloz, n° 297, *la note*. — *Contrà*, Blanc, p. 627.

(3) Comp. Trib. corr. Seine, 4 déc. 1839, Dubus (Dall., v° *Brev. d'inv.*, n° 297).

(4) V. également Rej., 16 janv. 1861, mêmes parties (Pataille, 61.33).

le fait, de la part d'un industriel, d'avoir, dans son usine, laissé un tiers faire l'essai d'un appareil argué de contrefaçon, ne saurait être assimilé au délit d'usage, alors qu'il est établi que l'essai a eu lieu aux frais, risques et périls de ce tiers et à la charge par lui de le démonter et d'enlever son appareil, en cas d'insuccès, et que, d'ailleurs, le fonctionnement de l'usine était indépendant dudit essai (Caen, 23 août 1875, Thierry, Pataille, 83.141) ; — 4° qu'une société, qui n'a fait qu'expérimenter des machines ou appareils faisant l'objet de plusieurs brevets, ne saurait être actionnée par le propriétaire de l'un de ces brevets, comme ayant fait usage de procédés, moyens ou produits brevetés (Paris, 10 août 1876, Alexis, Pataille, 79.133) ;—5° qu'un appareil d'essai et d'étude, qui n'est destiné à aucun usage, ne peut motiver une action en contrefaçon (Amiens, 29 mai 1884, Baudot, Pataille, 85.324).

740. Conventions avec le breveté; ***quid*** **de leur violation?** — Il arrive souvent que le breveté ne consent des cessions ou licences de son brevet qu'à des conditions déterminées ; par exemple, la cession ou la licence est restreinte à un périmètre défini, ou bien elle est soumise au payement d'une redevance annuelle, soit fixe, soit proportionnée à l'importance de la fabrication. Bref, les conditions peuvent varier à l'infini et n'ont de limites que celles que leur impose la volonté des parties. Si le cessionnaire manque aux conditions de son contrat, si, dans les espèces que nous signalons, il exploite le brevet en dehors du périmètre cédé, s'il cesse de payer la redevance, s'il cherche à s'y soustraire en dissimulant le chiffre de ses affaires, quelle sera la conséquence de cette violation des conventions? On a été jusqu'à poser en thèse qu'elle constituait toujours et nécessairement une contrefaçon ; nous pensons que cela dépend essentiellement et des faits et de la nature des conditions qui font l'objet du contrat. Par exemple, dissimuler le chiffre de ses affaires pour diminuer, en proportion, le chiffre de redevance, ce n'est pas se mettre en état de la contrefaçon ; c'est commettre un acte essentiellement malhonnête, qui, s'il est découvert, peut devenir le point de départ d'une action en dommages-intérêts, mais qui ne porte pas, par lui-même, atteinte à la convention et la laisse debout. Nous admettons, au contraire, une distinction pour le cas où le cessionnaire refuse, à un moment donné, de payer la redevance; selon nous, le seul fait du refus n'engendre pas la contrefaçon, car la convention n'en subsiste pas moins, et le refus d'une partie de l'exécuter ne saurait équivaloir à une résolution. Mais si, sur la mise en demeure qui lui est faite d'avoir à payer la redevance, le cessionnaire persiste dans son refus et même, comme il arrive, le fonde sur la nullité du brevet, la contrefaçon commence; à dater de cette mise en demeure, le contrat primitif est aboli; il se forme un nouveau contrat, un contrat judiciaire qui se substitue au premier. Quant à l'exploitation, soit en dehors du périmètre cédé, soit après l'expiration du temps pour lequel avait été consentie la cession, elle constitue évidemment une contrefaçon. Ces exemples suffisent, nous le pensons du moins, à résoudre les questions analogues (1).

741. **Jurisprudence.** — Il a été jugé dans cet ordre d'idées : 1° que celui qui, autorisé par l'inventeur d'un procédé breveté à faire usage de ce procédé sous certaines conditions, et, par exemple, à charge d'acheter chez l'inventeur les substances dont l'application a été l'objet du brevet (dans l'espèce, de l'acide oléique appliqué au graissage et au dégraissage des laines), peut être poursuivi comme contrefacteur s'il n'observe pas ces conditions et si, notamment, il se procure ces substances chez d'autres fabricants; ce n'est pas là une simple infraction à un contrat, donnant lieu seulement à des dommages-intérêts; et il en est ainsi malgré la bonne foi du contrevenant (Rej., 20 août 1851, Alcan et Peligot, Sir., 51.1.648); — 2° que le prévenu de contrefaçon ne peut invoquer l'autorisation qui lui aurait été accordée par le breveté, quand, n'ayant obtenu cette autorisation qu'à la condition de ne vendre aucun des objets brevetés sans l'avoir préalablement fait marquer du poinçon de l'inventeur, il est certain qu'il n'a pas exécuté cette condition (Paris, 14 avril 1859, Dubosc (2), Pataille, 59.242); — 3° que le contrefacteur que le breveté a, par transaction, autorisé à écouler les produits

(1) Comp. Nouguier, n° 764; Rendu et Delorme, n° 492; Calmels, nos 299 et 581.

(2) V. anal. Paris, 18 déc. 1868, Clifton (Pataille, 68.392).

contrefaits, sur son attestation qu'il n'en existe qu'une quantité déterminée, et à la charge de les vendre hors Paris, se rend coupable d'une nouvelle contrefaçon et se met en état de récidive s'il manque aux conditions qui lui sont imposées (Paris, 18 mars 1860, Borie, *Prop. ind.*, n° 129); — 4° que, lorsqu'une convention impose au licencié de ne fabriquer certaines pièces entrant dans la composition de l'objet breveté (dans l'espèce, le piston du *saxotromba*), qu'après qu'une autre pièce (le pavillon) aurait été soumise au poinçonnage de l'inventeur, il y a violation de la convention, et partant contrefaçon, à fabriquer les uns avant le poinçonnage de l'autre (Paris, 9 mai 1866, Sax, Pataille, 69.310).

741 *bis*. **Jurisprudence.** — Il a été jugé encore : 1° que, en droit, la convention intervenue entre le propriétaire d'un brevet et un tiers autorisant ce dernier à fabriquer l'objet breveté sous certaines conditions déterminées, cesse d'avoir son effet et de protéger cette fabrication du moment où ce tiers ne se conforme pas à ces conditions; que le tiers ne peut plus, dans ce cas, invoquer la convention comme légitimant la fabrication abusive dont il est l'auteur et commet le délit de contrefaçon exactement comme celui qui fabriquerait sans aucune autorisation; spécialement, le constructeur, qui, après avoir été autorisé par un breveté à construire les appareils objet du brevet sous certaines conditions déterminées, notamment sous l'obligation d'apposer sur les machines l'estampille du breveté, ne se conforme pas à ces conditions, ne peut plus invoquer l'autorisation qui lui a été donnée et commet le délit de contrefaçon exactement comme celui qui fabriquerait sans aucune autorisation; il en est ainsi alors même qu'une clause du traité de licence attribuerait compétence au tribunal de commerce pour toutes les difficultés résultant de l'application dudit traité; et l'arrêt justifie suffisamment sa compétence en déclarant qu'il y a infraction aux clauses du traité (Paris, 15 nov. 1882 et Rej., 24 nov. 1883, Decouflé, Pataille, 88.266);—2° mais que, si, en principe, le fait d'user du brevet, même après l'expiration de la licence qu'on avait obtenue, constitue le délit de contrefaçon, il peut résulter des circonstances un accord tacite qui permette au licencié de continuer à exploiter le brevet, sauf règlement de

compte, et, dans ce cas, le breveté ne saurait se plaindre de contrefaçon (Rej., 10 janv. 1877, Ducommun, Pataille, 77, 192) ;—3° jugé pourtant d'une façon absolue que la violation d'une convention, intervenue entre un breveté et son cessionnaire, donne ouverture, non à une action en contrefaçon justiciable des tribunaux correctionnels, mais à une action en résolution de contrat et en dommages-intérêts qui est de la compétence des tribunaux civils (Paris, 13 juin 1846, Degrand (1), Blanc, p. 234).

742. Témoignage; production d'un objet contrefait. — Supposez qu'un individu, appelé en témoignage par le prévenu de contrefaçon, produise aux débats un objet identique à celui du brevet et en affirme l'antériorité. S'il est ensuite reconnu que cet objet, déposé au greffe par ordre du tribunal, a été fabriqué depuis le brevet, si, par conséquent, le témoin se trouve pris en flagrant délit de faux témoignage, quel sera le droit du breveté à cet égard ? Il pourra d'abord poursuivre ce témoin en faux témoignage; cela est évident, et c'est le moindre de ses droits. Pourra-t-il, de plus, saisir l'objet au greffe, et, sur cette saisie, fonder une action en contrefaçon? Il le pourra; mais son droit, en ce cas, procédera non du fait de la production de l'objet contrefait, qui ne rentre par lui-même dans aucun des cas prévus par les articles 40 et 41, mais du fait de la fabrication ou tout au moins du fait du recel.

Il a été jugé en ce sens que la détention d'un objet qu'on sait être contrefait constitue le recel, prévu et puni par l'article 41 ; il importe peu que la détention de cet objet n'ait eu pour but que de le produire devant la justice et non d'en faire un usage industriel; il n'est pas indispensable, en effet, pour constituer le délit de recel, que le fait incriminé ait été déterminé par un intérêt de concurrence commerciale; il suffit que le détenteur ait agi de mauvaise foi : au surplus, la production d'un objet qu'on sait être contrefait et qu'on présente faussement comme une antériorité, dans le but de

(1) V. aussi Paris, 15 mars 1845, Giraudeau (Blanc, p. 634 et 635) — V. anal. Trib. corr. Saint-Étienne, 10 mai 1861, Grosrenaud *Propr. ind.*, n° 199).

faire tomber le brevet de l'inventeur et de conquérir par cela même la liberté de fabriquer les objets décrits au brevet, au mépris des droits du breveté, constitue le fait de concurrence le plus considérable qui se puisse rencontrer, et se servir d'un objet contrefait dans ce but, c'est à coup sûr en faire un usage industriel; cet acte de contrefaçon peut, d'ailleurs, être poursuivi par le breveté, indépendamment du droit qui lui appartient de déposer une plainte en faux témoignage (Paris, 19 juin 1862, Sax (1), Pataille, 63.114).

743. Sollicitations de commande. — Y a-t-il contrefaçon, de la part d'un fabricant, à solliciter près des industriels la commande d'un objet qu'il sait être breveté? La question s'est élevée à l'occasion d'un modèle d'une machine brevetée qu'un fabricant étranger avait fait figurer à une de nos expositions internationales et qui lui servait, d'après le breveté, à obtenir la commande de machines semblables. Nous avons vu que la fabrication du modèle lui-même échappait aux sévérités de la loi (2). Le fait que l'exposition de ce modèle aurait le but que nous venons de préciser pourrait-il, à un autre point de vue, le rendre délictueux? Comment le penser? La loi a précisé les actes qui constituent la contrefaçon, ainsi que ceux qui lui peuvent être assimilés. Celui dont nous parlons ne rentre dans aucun des cas prévus par la loi; il ne saurait donc constituer une contrefaçon. Le breveté est d'ailleurs garanti contre le résultat de cette sollicitation de commandes, puisque, si les objets contrefaits sont exécutés sur le sol français ou si, fabriqués à l'étranger, ils sont introduits en France, il est en droit de les saisir et de poursuivre soit le fabricant soit l'introducteur (3).

744. Imitation par le breveté d'un perfectionnement breveté par un tiers. — Nous avons exposé ailleurs quels sont les droits du breveté à l'égard des perfectionnements imaginés par les tiers (4). Son droit se borne à

---

(1) V. aussi Rej., 12 mars 1863, même affaire (Pataille, 63.126).

(2) V. *suprà*, n° 664.

(3) V. Trib. civ. Havre, 27 fév. 1869, Chaudet (*Monit. des inv.*, juin 1869).

(4) V. *suprà*, n°s 163 et 164.

en pouvoir interdire l'exploitation tant que dure son propre brevet; il ne saurait aller plus loin et notamment l'autoriser à usurper une propriété qui ne lui appartient pas. Il n'est donc pas douteux que le fait par un breveté d'employer un perfectionnement breveté au profit d'un tiers constituerait une contrefaçon (1).

CHAPITRE II.

DROIT DE POURSUITE

SOMMAIRE.

745. Il appartient au propriétaire du brevet. — 746. Droit du ministère public.—747. *Quid* si le breveté fait un procès civil?—748. *Quid* du désistement de la partie civile? — 749. Jurisprudence. — 750. Le breveté peut-il agir avant la délivrance du brevet? — 751. Expiration du brevet; contrefaçon antérieure. — 752. Jurisprudence. — 753. *Quid* du décès du breveté pendant l'instance? — 754. *Quid* du breveté qui a cédé son brevet? — 755. *Quid* de la plainte d'un cessionnaire irrégulier? — 756. *Quid* de la femme mariée? — 757. *Quid* du mineur ou de l'interdit? — 758. *Quid* du failli? — 759. Jurisprudence. — 760. *Quid* d'une société? — 761. *Quid* si la société est nulle? — 762. *Quid* du copropriétaire?

745. Il appartient au propriétaire du brevet. — Le droit de poursuivre la contrefaçon appartient au propriétaire légal du brevet, c'est-à-dire, soit au breveté, soit à ses cessionnaires réguliers. En traitant de la cession, nous avons expliqué ce qu'il faut entendre par une cession régulière ou irrégulière. Il est donc inutile d'y revenir.

Jugé, d'ailleurs, que lorsque le breveté, dans un acte de cession, a stipulé vis-à-vis de son cessionnaire que les poursuites en contrefaçon seraient faites soit par lui seul, soit en commun avec son cessionnaire, cette stipulation, qui n'inté-

(1) V. Paris, 29 déc. 1855, Abadie (Pataille, 56.23); Lyon, 5 juin 1861, Franon (Pataille, 61.378).

resse que les parties contractantes, ne saurait être invoquée par les tiers; il s'ensuit que, si la poursuite est faite par le cessionnaire seul, les tiers poursuivis, alors d'ailleurs que la cession est régulière, ne peuvent se prévaloir de ce que, dans l'acte de cession, le breveté s'est réservé le droit de poursuite; il en est surtout ainsi lorsque le breveté, une fois la poursuite commencée par le cessionnaire seul, se joint à lui par une intervention (Nancy, 27 janvier 1875, Frezon, Pataille, 75.31).

746. Droit du ministère public. — Puisque la contrefaçon est un délit, le ministère public a également le droit de poursuite; c'est même à lui seul qu'appartient le droit de requérir l'application des peines édictées par la loi. Ce droit de poursuite, le ministère public ne peut, toutefois, l'exercer que sur la plainte du breveté ou de son ayant droit. C'est ce que décide expressément l'article 45. Cela est juste; car nul autre que le breveté ne sait exactement quelles sont les circonstances de cette prétendue contrefaçon; il peut avoir donné son consentement exprès ou tacite à l'emploi des procédés brevetés à son profit; il peut d'ailleurs avoir ses raisons, raisons de famille ou d'intérêt commercial, à tolérer une contrefaçon dont il ne souffre pas. Il faut bien reconnaître, au surplus, que la contrefaçon est un délit d'une nature particulière, en quelque sorte d'ordre privé, et qui par cela même ne trouble pas directement l'ordre public. Tant que le breveté ne réclame pas contre l'usurpation dont il est victime, tant qu'il ne revendique pas ses droits, pourquoi le ministère public agirait-il? Pourquoi la société se montrerait-elle plus vigilante que l'inventeur?

747. L'action publique est-elle mise en mouvement quand le breveté fait un procès civil? — On s'est demandé si l'action publique était mise en mouvement par un procès en contrefaçon que le breveté porterait devant le tribunal civil. On peut dire, dans le sens de l'affirmative, que le breveté, par le seul fait de sa poursuite, a suffisamment manifesté son intention de ne pas tolérer la contrefaçon et qu'il n'y a plus lieu d'invoquer les raisons que nous faisions valoir plus haut pour suspendre la répression. C'est l'avis de M. Nouguier, qui enseigne que le ministère public peut poursuivre la réparation due à la société, même au cas où le délit de contrefaçon se révélerait dans une instance purement civile (1). Ne peut-on pas répondre pourtant que, en matière pénale, les dispositions de la loi doivent être restreintes plutôt qu'étendues et rappeler que l'article 45 s'exprime ainsi : « L'action correctionnelle, pour l'application des peines ci-« dessus, ne pourra être exercée par le ministère public que « *sur la plainte* de la partie lésée » ? Or, le mot « *plainte* » a, en droit criminel, un sens auquel on ne saurait se méprendre et qui ne paraît guère pouvoir s'entendre d'une demande à fins civiles.

748. *Quid* **du désistement de la partie civile?** — S'il est un principe certain dans notre législation, c'est le suivant, à savoir que le désistement de la partie civile n'arrête pas l'action publique. Ainsi, la victime d'un vol vient-elle à transiger avec le voleur, le ministère public n'en garde pas moins le droit de requérir contre celui-ci l'application de la loi pénale : ce principe trouve sa raison d'être dans des considérations d'un ordre élevé, et dont l'évidence s'impose, en quelque sorte, à l'esprit. Il a même pour effet de protéger le coupable contre la spéculation dont il serait bien souvent l'objet de la part de sa victime, si le désistement avait pour résultat d'effacer le délit. Ce principe s'applique-t-il en notre matière? La question est controversée entre les auteurs; ajoutons tout de suite qu'une jurisprudence unanime et constante décide que le principe de droit commun régit la matière des brevets comme toute autre. Il serait donc d'un intérêt purement spéculatif aujourd'hui de discuter la question. Sans le faire avec détail, nous croyons devoir dire toutefois que, la jurisprudence nous paraît avoir raison. S'il est vrai que, jusqu'à la plainte du breveté, l'action publique est paralysée, il n'est pas moins vrai que cette plainte a précisément pour objet et pour effet de mettre l'action publique en mouvement. Peut-on admettre que, une fois mise en mouvement, elle restera à la libre disposition du breveté, elle sera livrée à son caprice, et qu'il sera le maître de la faire agir à son gré?

(1) V. Nouguier, n° 815.

Sans rechercher si le ministère public, mis ainsi à la discrétion d'une partie, n'abdiquerait pas quelque chose de sa dignité, tout au moins pouvons-nous faire observer que les réflexions que nous faisions plus haut, pour le cas d'un délit ordinaire, trouvent ici leur place et leur valeur. Admettre que le désistement du breveté arrêtera net l'action publique, c'est mettre à sa merci le prévenu de contrefaçon, c'est l'autoriser à en tirer rançon, grâce à la menace dont il disposera d'user à sa guise de la vindicte publique. Remarquons enfin que pour déroger à un principe général, qui s'applique en toute matière, il faudrait au moins une disposition contraire et que cette disposition n'existe nulle part dans notre Code (1).

749. **Jurisprudence.**— (2). Il a été jugé en ce sens que l'article 45 exige seulement la plainte préalable de la partie lésée pour l'exercice de l'action publique; d'où il suit que, après cette plainte portée, le ministère public recouvre toute son indépendance, et que, loin que son action puisse être à la merci de l'intérêt, de la volonté ou du caprice de la partie lésée, elle rentre dans l'application de l'article 4 du Code d'inst. crim., qui porte que « la renonciation à l'action civile ne peut arrêter ni suspendre l'exercice de l'action publique », disposition qui est générale et ne reçoit d'exception que dans les cas où il y a été formellement dérogé par la loi : il en est ainsi alors même que le désistement intervient avant la mise en prévention de la partie contre laquelle la plainte a été déposée (Cass., 2 juillet 1853, Christofle, Sir., 54.1.153).

750. Le breveté peut-il agir avant la délivrance du brevet? — Il faut reconnaître d'abord que la contrefaçon se manifestera rarement assez vite pour devancer la déli-

---

(1) Comp. Faustin Hélie, t. 3, p. 183; Duvergier, *Manuel du juge d'instr.*, t. 1, n° 55; Rendu et Delorme, n° 516; Calmels, n° 613; Nouguier, n° 814. — *Contrà*, Renouard, n° 233; Blanc, p. 636; Dalloz, n° 341; Le Senne, n° 339.

(2) V. également Amiens, 9 mai 1842, Beauvais (Dall., v° *Brev. d'inv.*, n° 340); Paris, 20 janv. 1852 (Sir. 52.2.191); Rouen,..... 1854, Christofle (Jurisp., Rouen, 54.77); Paris, 20 janv. 1855, Laming (*Le Droit*, n° 23); Rouen, 27 août 1857, Jackson frères (Pataille, 57.334); Paris, 3 avril 1875, Trassy (Pataille, 75.279).

vrance du brevet, et que la question est, en définitive, plus théorique que pratique. Toutefois, comme elle est controversée, il importe de l'examiner. Suivant M. Bédarride, le breveté peut poursuivre la contrefaçon aussitôt après le dépôt de sa demande : car c'est, dit-il, de ce moment, que, aux termes de l'article 8, part le droit du breveté (1). Et, discutant avec soin la question, le même auteur ajoute plus loin : « Comment prétendre que le brevet n'existe que du jour de l'arrêté ministériel, si sa durée court du jour du dépôt des pièces, si ce dépôt attribue priorité, si le payement de l'annuité, fait une heure après son échéance, est tardif et fait encourir la déchéance? Est-il possible que ce qui n'existerait pas produisît de telles effets, entraînât de pareilles conséquences? Nous avons donc raison de le dire : le certificat de dépôt est, en réalité, le brevet lui-même et confère immédiatement tous les droits et privilèges attachés à celui-ci. L'arrêté ministériel ne fait que constater l'état des choses existant et acquis. Donc, rien ne saurait empêcher que le porteur de ce certificat prenne toutes les mesures qu'exige la conservation de son privilège et poursuive les atteintes dont il serait l'objet. » Puis il conclut ainsi : « Dès que la demande de brevet a été déposée, le droit privatif à l'invention est acquis, et avec lui le privilège et tous les attributs qu'il comporte, notamment et surtout la faculté de poursuivre la contrefaçon. Sans doute, cette demande pourra avoir été irrégulièrement formée et rejetée, mais c'est là une exception dont le prévenu aura à exciper et qu'il lui sera très facile de prouver. Dans tous les cas, tout ce qu'on pourrait exiger du poursuivant, c'est de justifier, le jour du jugement, de la suite qui a été donnée à sa demande, par la représentation du brevet qui lui a été délivré » (2).

M. Nouguier pense, au contraire, que le breveté ne peut agir qu'après la délivrance du brevet, et voici les motifs qu'il

(1) V. Bédarride, n° 152.
(2) V. Bédarride, n° 594.

donne à l'appui : « Lorsqu'un titre est nécessaire à l'exercice « d'une action, nul ne peut se prévaloir d'un droit possible, « probable même, mais éventuel, pour se constituer ce titre « à lui-même ; or, sans un brevet, pas de privilège ; le bre- « vet, c'est l'arrêté du ministre qui le confère et avec lui le « droit privatif; la contrefaçon, ce n'est pas l'atteinte portée « à l'invention, c'est l'atteinte portée aux droits que le bre- « veté tient de son brevet. Dès lors, comment admettre « qu'une contrefaçon qui n'existe pas encore, puisqu'il n'existe « pas encore de brevet, puisse être poursuivie? Et d'ailleurs, « comment la demande de l'inventeur pourrait-elle avoir « autant de valeur que le brevet lui-même? Quoique les « demandes de cette nature ne soient pas l'objet d'un examen « préalable au fond, elles peuvent être rejetées à cause de « l'irrégularité de leur forme. Si les formalités légales n'ont « pas été remplies, le ministre peut et doit répondre par un « refus aux demandes de brevet. Eh bien, en autorisant l'in- « venteur à agir judiciairement dès que sa demande a été « déposée, on le constituerait, avant l'administration, juge « provisoire de la régularité de sa demande. Mais, dit-on, « quand le brevet est délivré, les droits du breveté remontent « au jour où sa demande a été déposée au secrétariat de la « préfecture, et cette disposition, qui donne au brevet un « effet rétroactif, sera illusoire si on ne peut faire réprimer les « actes de contrefaçon accomplis entre la demande et l'arrêté « ministériel. Notre doctrine ne tend pas à ce but et n'abou- « tit pas à ce résultat. L'inventeur, qui ne peut agir avant « d'être breveté, peut faire constater les faits de contrefaçon; « par exemple, il peut acheter un des objets contrefaits et s'en « faire remettre facture, ou recueillir des témoignages qui, « plus tard, déposeront devant l'autorité judiciaire, ou faire « faire, par un huissier, des constatations matérielles qui, « sans avoir la force d'une preuve positive, seront des docu- « ments importants, ou même obtenir du président du tri- « bunal une ordonnance l'autorisant à faire saisir ou décrire « les objets contrefaits, laquelle ordonnance peut être rendue « avant l'obtention du brevet. En un mot, il en sera de ce « cas comme de tous ceux dans lesquels on a à établir la « preuve de faits qui ne sont pas contemporains de l'instance;

« le breveté, quand il sera libre d'agir, prouvera comme il « pourra (1). »

Nous avons tenu à citer textuellement les passages ci-dessus; pour peu qu'on les ait lus attentivement, on aura remarqué que, contradictoires en apparence, les deux opinions arrivent au même résultat pratique. M. Bédarride convient, en effet, que la représentation du brevet lui-même pourra être exigée au jour du jugement de la contrefaçon; c'est dire, en d'autres termes, que le breveté ne peut obtenir justice contre les contrefacteurs qu'après la délivrance du brevet. Jusque-là, il ne peut utilement faire que des actes conservatoires; c'est, en définitive, ce qu'enseigne M. Nouguier, puisqu'il admet lui-même que, sur le vu du procès-verbal constatant le dépôt de sa demande, le breveté peut obtenir une ordonnance à fin de description ou de saisie. C'est là qu'est, à nos yeux, la vérité pratique. Comment, en effet, le breveté pourrait-il obtenir jugement contre le contrefacteur avant la délivrance de son brevet? Sur quelle pièce le juge pourrait-il prononcer? Où serait la description authentique renfermant et limitant le droit privatif de l'inventeur? Il est évident que, jusqu'à ce que ces pièces soient mises sous les yeux du juge, il est dans l'impossibilité matérielle de rendre sa sentence. Concluons donc que le droit de poursuite existe à partir du jour du dépôt de la demande, mais que ce droit, jusqu'à la délivrance du brevet, ne se peut traduire qu'en actes conservatoires, qu'en mesures de constatation (2).

Jugé que l'inventeur peut, dès le dépôt de sa demande du brevet, et avant la délivrance de son titre, faire tous actes conservatoires; il peut même obtenir du président du tribunal une ordonnance l'autorisant à faire saisir les objets contrefaits; une telle ordonnance peut être rendue sur le vu du procès-verbal constatant le dépôt de la demande du brevet (Amiens, 2 juin 1883, Barreau-Pinchon, *Ann.*, 85.258).

751. Expiration du brevet; contrefaçon antérieure. — Nous supposons le brevet expiré, soit par l'arri-

(1) Nouguier, n° 818.
(2) Comp. *suprà*, n° 552.

vée du terme légal, soit par suite d'une déchéance encourue. Le breveté, ou plutôt celui qui a cessé de l'être, peut-il, quoique son titre soit désormais sans valeur, poursuivre la contrefaçon antérieure à l'expiration du brevet? Cette question, depuis longtemps, ne fait plus difficulté. Pour juger la contrefaçon, il faut se placer à l'époque où elle a été commise; le brevet était-il alors valable? S'il était valable, la contrefaçon tombe sous le coup de la loi. Peu importe que, depuis, le titre ait pris fin; ce qu'il faut considérer, c'est sa valeur au moment où ont eu lieu les faits qui y ont porté atteinte. La contrefaçon est donc punissable, même après l'expiration du brevet, à la seule condition, bien entendu, qu'elle ne soit pas couverte par la prescription. Rappelons pourtant que, à notre sens, l'expiration du brevet a pour effet de priver le breveté du droit de saisir réellement, sinon de décrire les objets argués de contrefaçon, suivant le mode particulier de l'art. 48 (1).

752. Jurisprudence (2). — Il a été jugé, conformément à cette doctrine : 1° qu'il importe peu que le brevet ait cessé d'exister au moment où le jugement est prononcé; le droit des parties ne peut dépendre de la lenteur ou de la célérité des procédures; il se détermine non par l'époque incertaine et variable où le juge l'apprécie, mais eu égard au temps dans lequel il a pris naissance et a été réclamé; en conséquence, si, antérieurement au jugement, mais postérieurement à l'introduction régulière de l'instance, le brevet a pris fin, cette circonstance, qui ne concerne que l'avenir, ne modifie en rien les droits préexistants que le jugement avait pour mission de constater et de déclarer (Metz, 14 août 1850, Alcan et Péligot (3), Sir., 50.2.604); — 2° qu'il importe peu que, au moment de la poursuite en contrefaçon, le brevet existe encore ou qu'il soit arrivé à son terme, le motif générateur de la

---

(1) V. *infrà*, n° 799.

(2) V. aussi Cass., 7 juin 1851, Jérosme (Sir., 52.1.68); Douai, 5 août 1851, mêmes parties (Sir., 52.2.518) ; Paris, 12 juin 1869, Hayem (Pataille, 70.111) ; Poitiers, 16 juin 1870, Gougy (*la Loi*, n° 43) ; Trib. corr. Sables-d'Olonne, 8 juin 1870, Gentil (Pataille, 72.210).

(3) V. aussi Rej., 20 août 1851, même affaire (Sir., 51.1.648).

poursuite étant le délit, c'est-à-dire l'atteinte portée à la propriété brevetée et nullement le brevet lui-même; en sorte que, s'il faut que le brevet ait existé pour constituer le délit, il n'est nullement indispensable qu'il ait continué à exister jusqu'à l'action en réparation du dommage causé, pour autoriser et légitimer cette action; décider le contraire et dépouiller, le jour même de l'échéance de son brevet, un inventeur de tout droit à provoquer des dommages-intérêts pour les atteintes antérieurement portées à sa propriété, ce serait, en réalité, favoriser la contrefaçon dans les derniers mois de la durée du brevet, par l'impossibilité où serait le breveté d'arriver, dans le court espace de temps qui lui resterait, à découvrir toutes les contrefaçons commises, à les faire constater et à exercer simultanément les nombreuses poursuites qu'elles pourraient nécessiter; il suit de là que le demandeur, dans une poursuite en contrefaçon, a toute qualité pour agir, dès qu'il établit l'existence d'un brevet valable au moment du délit et qu'il poursuit dans les trois années à partir de sa perpétration (Colmar, 30 juill. 1867, Gougy, Pataille, 70.342); — 3° que la déchéance pour défaut de payement de la taxe ne frappe le breveté qu'à partir du jour où est échue l'annuité non payée; il conserve, par suite, nonobstant la déchéance encourue, le droit de poursuivre les contrefaçons commises antérieurement à son prédudice (Nîmes, 5 mars 1887, Roche, *Pand. franç.*, 88.1.394).

753. *Quid* **du décès du breveté pendant l'instance?** — Le décès du breveté, pendant l'instance en contrefaçon, n'a pas pour effet de l'éteindre; elle continue avec ses héritiers, suivant les règles ordinaires du droit commun, et sauf la faculté que ceux-ci conservent de renoncer à la succession de leur auteur. Ce que nous disons des héritiers s'applique naturellement au légataire universel, qui, selon l'expression juridique, continue la personne du *de cujus;* on ne saurait donc lui refuser le droit d'intervenir, même devant la Cour de cassation, pour soutenir le pourvoi interjeté par le défunt et suspendu par sa mort (1).

(1) Rej., 24 mars 1864, Guerrier (Pataille, 64.176).

754. *Quid* **du breveté qui a cédé son brevet?** — Celui qui a cédé la totalité de son brevet est sans droit pour poursuivre les contrefacteurs. Le cédant n'est plus qu'un tiers ordinaire, et l'usage qu'il continuerait à faire de l'invention le constituerait contrefacteur. Sans qualité et sans droit pour s'en appliquer désormais le profit, il ne serait ni recevable, ni fondé à se plaindre des usurpations dont le brevet serait l'objet et à en poursuivre la répression (1). Il est clair que cela n'est vrai qu'autant que la cession serait régulière : dans le cas contraire, la cession étant nulle au regard des tiers, il s'ensuit que la propriété du brevet continue de résider sur la tête du breveté, et que lui seul a qualité et pouvoir pour poursuivre la contrefaçon (2).

Jugé, en ce sens, que le breveté originaire qui, après avoir laissé vendre le brevet sur licitation, compose un produit semblable à celui qui fait l'objet du brevet, se rend coupable de contrefaçon, et ne saurait, sans manquer à la bonne foi, contester dans ses éléments essentiels un brevet qui est son œuvre et qu'il a vendu lui-même (Montpellier, 17 nov. 1868, Coulet, Pataille, 70.47).

755. *Quid* **de la plainte d'un cessionnaire irrégulier?** — Aux termes de l'article 45, c'est la plainte de la *partie lésée* qui met l'action publique en mouvement ; un cessionnaire irrégulier, c'est-à-dire dont le contrat n'aurait pas revêtu les formes de l'article 20, pourrait-il se prétendre partie lésée ? Évidemment non ; la cession irrégulière est radicalement nulle au regard des tiers, et laisse la propriété du brevet subsister sur la tête du titulaire primitif ; il s'ensuit que le cessionnaire, n'ayant pas qualité pour réprimer la contrefaçon, ne peut conférer au ministère public un droit qu'il n'a pas lui-même (3).

756. *Quid* **de la femme mariée?** — La femme mariée peut obtenir un brevet d'invention, nous l'avons vu;

---

(1) V. Bédarride, n° 596 ; Nouguier, n° 726 ; Rendu et Delorme, n° 490 ; Tillière, n° 112.

(2) V. Agen, 13 mars 1883, Urbain (Pataille, 83.105).

(3) V. Paris, 11 août 1853, Tragit (Blanc, p. 636).

mais elle ne peut en poursuivre la contrefaçon que selon les règles du droit commun, c'est-à-dire qu'il lui faut l'assistance de son mari ou l'autorisation du juge pour la rendre habile à ester en justice.

757. *Quid* **du mineur ou de l'interdit?** — Il en est du mineur, de l'interdit et, d'une façon générale, des incapables, comme de la femme mariée ; inhabiles par eux-mêmes à se présenter en justice, ils doivent être assistés de la personne qui, en quelque sorte, les complète et dont l'assistance leur donne la capacité juridique qui leur fait défaut.

758. *Quid* **du failli?** — Suivant l'article 443 du Code de commerce, le jugement déclaratif de la faillite emporte de plein droit, à partir de sa date, dessaisissement pour le failli de l'administration de ses biens, même de ceux qui peuvent lui échoir tant qu'il est en état de faillite. A partir de ce jugement, toute action mobilière ou immobilière ne peut être exercée que contre les syndics. Ce texte paraît trancher la question, et M. Nouguier n'hésite pas à enseigner que le breveté, qui est en état de faillite, ne peut poursuivre les contrefacteurs qu'avec le concours et l'assistance de son syndic (1). Dans la rigueur du droit, cela est vrai ; mais la jurisprudence a été entraînée à admettre des tempéraments commandés par la nature même des choses ; nous avons eu l'occasion de le signaler lorsque nous avons parlé de la demande de brevet faite par un failli (2). Ces principes, que met en lumière un arrêt de la Cour de cassation rapporté par nous à cette place, nous paraissent trouver ici leur application.

Au surplus, comprendrait-on qu'on pût dépouiller le breveté de l'action en contrefaçon, c'est-à-dire d'une action en réparation d'un délit qui touche à ses intérêts les plus chers, et qui, en méconnaissant la réalité de sa découverte, méconnaît, en définitive, des droits sacrés et porte atteinte à sa considération même? Que les syndics lui refusent la somme

---

(1) V. Nouguier, n° 832 ; Renouard, n° 100 ; Blanc, p. 97 ; Dalloz, n° 99 ; Picard et Olin, n° 631 ; Pelletier et Defert, *Proc. en mat. de contref.*, n° 100.

(2) V. *suprà*, n° 89.

nécessaire aux frais du procès, c'est à merveille ; mais, si des amis lui prêtent leur secours, si, à l'aide de ressources nouvelles, puisées dans son industrie personnelle, il peut entreprendre le procès sans diminuer en rien le gage de ses créanciers, il nous semble que son action doit être accueillie et que le contrefacteur serait mal venu à se prévaloir des dispositions rigoureuses du Code de commerce. Nous réservons d'ailleurs aux syndics le droit de surveiller le recouvrement des dommages-intérêts qui peuvent être alloués au failli pour en faire profiter la masse.

759. Jurisprudence (1). — Il a été jugé, en ce sens, que, s'il est vrai que, par le jugement déclaratif de faillite, le failli est dessaisi de toute action mobilière et immobilière, active ou passive, cependant il faut reconnaître qu'il n'est pas placé dans un état d'interdiction tel qu'il ne puisse se livrer à une industrie personnelle, stipuler, acquérir des droits et ester en justice pour les défendre ; on ne peut surtout dénier au failli l'exercice des actions ayant pour objet de lui faire obtenir réparation des inculpations de nature à porter atteinte à sa considération personnelle, telle que l'inculpation du délit de contrefaçon : il appartient seulement au syndic de prendre telle mesure qu'il juge convenable pour le recouvrement de ce qui est dû à la masse (Cass., 21 fév. 1859, Journaux-Leblond (2), Pataille, 59.103).

760. ***Quid* d'une société ?** — Lorsque le propriétaire du brevet est une société, la poursuite est régulièrement intentée, soit au correctionnel, soit au civil, au nom de la raison sociale, ou, si la société ne comporte pas une raison sociale, au nom de la personne qui en est le représentant légal. Que le droit privatif appartienne à un individu isolé ou à un être moral, il doit être également respecté et son usurpation ré-

(1) V. également Trib. civ. Seine, 5 sept. 1817, Érard, cité par Blanc, p. 644. — V. aussi Lyon, 13 juin 1866, Raffard (Pataille, 72. 184).

(2) Dans l'espèce de cet arrêt, le failli était demandeur en nullité d'un brevet en vertu duquel il avait été précédemment condamné comme contrefacteur; mais les motifs nous paraissent s'appliquer également à l'espèce sur laquelle nous raisonnons.

primée. Nous avons d'ailleurs examiné en détail les questions qui peuvent se présenter en cette matière, et nous y renvoyons (1).

761. *Quid* **si la société est nulle?** — Nous avons expliqué que la nullité de la société, dans laquelle a été fait l'apport du brevet, a pour effet de laisser le droit privatif tout entier aux mains du breveté, qui est censé ne s'en être jamais dessaisi. C'est donc à lui qu'appartient également, en ce cas, le droit de poursuivre les contrefacteurs (2).

762. *Quid* **du copropriétaire?** — Nous n'avons rien à ajouter aux développements dans lesquels nous sommes entré lorsque nous avons traité de la copropriété ; le lecteur voudra donc bien s'y reporter (3).

---

(1) V. *suprà*, nos 304 et suiv. — Comp. Nouguier, no 918.
(2) V. Pelletier et Defert, *Proc. en mat. de contref.*, nos 97 et suiv.
(3) V. *suprà*, nos 298 et suiv.

CHAPITRE III.

CONSTATATION DE LA CONTREFAÇON.

SECTION Ire.

Des divers modes de constatation.

SOMMAIRE.

763. Des moyens de prouver la contrefaçon. — 764. Aveu du contrefacteur — 765. Jurisprudence. — 766. Constatation judiciaire ; double mode. — 767. *Quid* de la saisie par un commissaire de police ?

763. Des moyens de prouver la contrefaçon. — Le breveté qui se plaint d'une contrefaçon doit avant tout se mettre en mesure de la prouver. La loi, du reste, lui laisse, à cet égard, le choix des moyens et ne lui en impose aucun. Elle ne l'oblige même pas à une constatation préalable. Si donc le breveté est certain que la contrefaçon ne sera pas déniée, il peut se dispenser d'apporter aucune preuve qui lui soit personnelle et s'en remettre uniquement aux aveux qu'il attend de son adversaire. On conçoit pourtant que c'est là le cas le plus rare.

D'ordinaire, le breveté n'aborde l'audience et n'introduit sa poursuite qu'après s'être procuré la preuve du fait qu'il argue de contrefaçon. Deux moyens s'offrent à lui : il peut, si l'objet argué de contrefaçon s'y prête, l'acheter ou le faire acheter chez le contrefacteur, en ayant soin de faire constater l'achat par une facture en règle pour éviter toute contestation sur la provenance. Il peut encore, surtout s'il s'agit d'un procédé de fabrication qui ne constitue pas un objet matériel et pouvant être appréhendé, en faire judiciairement constater l'existence et l'emploi. La loi trace à cet égard des règles spéciales.

Il a été jugé, dans cet ordre d'idées : 1° que, lorsqu'en fait un procédé breveté est le seul connu dans l'industrie pour l'obtention d'un résultat industriel, et que le prévenu de contrefaçon n'allègue pas qu'il soit l'inventeur de moyens nouveaux, à l'aide desquels il aurait fabriqué des produits identiques à ceux que donne le procédé breveté, les tribunaux peuvent inférer, de la similitude des résultats, la similitude des moyens employés et, sur le vu du produit, conclure à la contrefaçon du procédé (Rouen, 5 août 1881, Delong (1), Pataille, 82.52); — 2° mais qu'il n'y a pas lieu, pour un tribunal, d'ordonner une expertise pour rechercher la contrefaçon; c'est au demandeur qu'il incombe de le faire (Paris, 20 mai 1882, Jean, Pataille, 87.85).

764. Aveu du prévenu. — Il est de principe, dans notre législation criminelle, que l'aveu du prévenu n'est pas à lui seul une preuve de sa culpabilité; c'est l'application de l'adage : *Nemo auditur perire volens*. Toutefois, on ne peut méconnaître que, hors des cas exceptionnels et tout à fait extraordinaires, le témoignage de l'accusé contre lui-même ne soit une grave présomption de sa culpabilité. C'est aux juges à tenir compte des circonstances dans lesquelles l'aveu est fait, sans qu'il puisse d'ailleurs appartenir à la Cour suprême de casser une décision qui se serait fondée, pour condamner un prévenu, sur son propre aveu (2). Ces règles, applicables en toute matière criminelle, le sont naturellement à la matière de la contrefaçon.

765. Jurisprudence. — Il a été jugé en ce sens : 1° que, pour condamner un prévenu de contrefaçon, un arrêt a pu

(1) V. aussi Rej., 3 mai 1882, même affaire (*eod. loc.*); Cass., 13 mai 1882, même affaire (*eod. loc.*); Paris, 23 nov. 1885, Dodon (Pataille, 87.327).

(2) Comp. Dalloz, v° *Obligations*, n° 5166.

légalement se fonder sur un aveu constaté par le jugement de première instance, alors surtout que cet aveu est corroboré par les éléments de l'instruction (Rej., 15 déc. 1860, Bobœuf, Pataille, 61.6); —. 2° que, lorsque les juges du fait déclarent que le contrefacteur a reconnu la validité du brevet, en vertu duquel il est poursuivi, cette déclaration ne saurait être contredite devant la Cour de cassation, même par la production de conclusions écrites prises en appel (Rej., 28 mars 1862, Chevallier-Appert, Pataille, 62.217); — 3° mais que la déclaration, contenue dans une note émanée du conseil de la partie, ne saurait être assimilée à l'aveu émané de la partie elle-même (Paris, 13 fév. 1862, Rouget de Lisle, Pataille, 62.358).

766. Constatation judiciaire; double mode. — Il y a deux modes spéciaux de constatation judiciaire de la contrefaçon, la description et la saisie. L'une et l'autre se font dans la même forme que nous indiquons plus loin, mais elles diffèrent par leurs effets.

767. ***Quid*** **de la saisie par un commissaire de police?** — Indépendamment du mode de constatation judiciaire de la contrefaçon, qui est établi par la loi de 1844, il en est un autre qui est du droit commun. Nous avons vu que la contrefaçon est un délit; le breveté qui en est victime peut donc s'adresser au parquet du procureur de la République et lui dénoncer le délit. Le parquet peut alors, s'il le juge convenable, provoquer une instruction dans les formes ordinaires; tout officier de police judiciaire et, par conséquent, le commissaire de police, peut être chargé par le juge d'instruction du soin de saisir les objets dénoncés comme étant contrefaits. La saisie est, en ce cas, un des actes de l'instruction et soumise, en conséquence, aux règles du Code d'instruction criminelle. Les formalités prescrites par la loi spéciale ne s'appliquent point ici. Ajoutons que cette procédure est absolument inusitée, et que les brevetés préfèrent suivre la voie plus simple et plus sûre que leur ouvre l'article 47.

SECTION II.

Description ; saisie ; droit du breveté.

SOMMAIRE.

768. Description ; ses effets. — 769. Saisie ; ses effets. — 770. Étendue de la saisie. — 771. *Quid* en cas de saisie partielle ? — 772. Saisie ou description ; formes. — 773. Le breveté peut-il saisir ou décrire à son gré ? — 774. Cautionnement ; pouvoir du président. — 775. Étranger saisissant ; cautionnement obligatoire. — 776. Étranger admis à jouir de ses droits civils. — 777. Quelle est la nature du cautionnement ? — 778. Consignation préalable du cautionnement. — 779. Le cautionnement peut-il être ordonné sur référé ? — 780. *Quid* si l'ordonnance n'a pas réservé expressément le référé ? — 781. Le référé arrête-t-il la saisie ? — 782. Défaut de cautionnement ; saisie convertie en description. — 783. *Quid* si le saisi est absent ou refuse sa porte ? — 784. *Quid* de la présence du breveté à la saisie ? — 785. De quels actes doit-il être laissé copie au saisi ? — 786. *Quid* si la saisie ne fait découvrir aucune contrefaçon ?

768. Description ; ses effets. — La description a pour but unique de constater la contrefaçon ; elle laisse l'objet incriminé à la libre disposition du contrefacteur ou du moins de celui que le breveté juge tel ; elle se borne à en préciser la nature, le caractère, les éléments, de façon à permettre plus tard aux juges de le comparer avec l'objet du brevet.

M. Nouguier ne semble pas être de cet avis ; suivant lui, « le propriétaire de ces objets (des objets décrits) a le droit « de s'en servir, mais il ne peut les faire disparaître ; puis- « qu'ils doivent être confisqués au profit du breveté, si la « contrefaçon est déclarée constante, ils sont frappés d'une « sorte d'inaliénabilité provisoire (1). » Nous pensons que M. Nouguier est dans l'erreur ; si la description avait pour effet, comme la saisie, d'immobiliser l'objet saisi, quelle différence y aurait-il entre cette mesure et celle de la saisie proprement dite, de la saisie réelle ? D'ailleurs, le texte de la loi n'est-il pas clair ? « Les propriétaires de brevet, dit l'ar- « ticle 57, pourront faire procéder à la désignation et descrip-

(1) Nouguier, n° 868. — Comp. Blanc, p. 650.

« tion détaillées, *avec ou sans saisie*, des objets prétendus « contrefaits. » Ces mots « *avec ou sans saisie* » n'indiquent-ils pas nettement que la description détaillée, *sans saisie*, n'emporte pas immobilisation, inaliénabilité, même provisoire, de l'objet décrit (1)?

769. Saisie; ses effets. — La saisie a pour effet, non seulement de constater la contrefaçon, mais encore de mettre sous la main de justice l'objet prétendu contrefait; c'est véritablement une confiscation provisoire. « Elle ne va à rien « moins, dit M. Renouard, qu'à faire prévaloir la présomp- « tion de contrefaçon sur la présomption d'innocence, par « laquelle, jusqu'à condamnation, les règles ordinaires pro- « tègent tout prévenu (2). » Nous n'avons pas à nous prononcer ici sur la question de savoir si la saisie constitue en elle-même une mesure bonne ou mauvaise; qu'il nous suffise de constater, d'une part, que l'Assemblée constituante ne l'avait autorisée, le 7 janvier 1791, que pour la supprimer le 25 mai suivant, et, d'autre part, que la loi de 1844 l'a rétablie dans toute sa rigueur. Prenons donc la loi telle qu'elle est et apprécions-en la portée.

770. Étendue de la saisie. — Peu importe jusqu'où s'étend la description, puisqu'elle laisse les objets décrits à la disposition du propriétaire; si le breveté fait insérer au procès-verbal la description d'objets accessoires ou même ne rentrant pas dans le brevet, le tort qu'il causera par ce fait au saisi sera, dans la plupart des cas, inappréciable. Il en est autrement de la saisie, qui, nous venons de le voir, constitue une vraie mainmise sur l'objet saisi; il est donc d'un haut intérêt de préciser les limites dans lesquelles le droit de saisie peut s'exercer. Que la saisie porte sur l'objet même qui est signalé comme constituant la contrefaçon, cela va de soi; mais nul

(1) Comp., sur le droit d'aliéner l'objet simplement décrit, Trib. corr. Marseille, 18 fév. 1859, Pichet et Kalil (*Propr. ind.*, n° 74); Rouen, 1er mai 1862, Richard et Grassal (Pataille, 62.337). — V. toutefois Paris, 8 mars 1845, Pauwels, cité par Nouguier (*loc. cit.*) qui n'en donne pas le texte.

(2) Renouard, n° 622.

doute qu'elle puisse aller plus loin et que le président soit en droit d'autoriser la saisie des machines, instruments ou ustensiles destinés à la fabrication de l'objet contrefait. La loi, en effet, en prononce expressément la confiscation au profit du breveté qui triomphe dans son action. Il est juste, d'ailleurs, d'arrêter la contrefaçon dans sa source; toutefois, le président n'autorisera qu'à bon escient une mesure aussi grave; car, ainsi que le remarque M. Nouguier, « dans ce cas, la « saisie peut avoir pour conséquence d'entraver, d'arrêter « même la fabrication de la partie saisie, et de placer son « établissement sous une sorte d'interdit (1). »

771. *Quid* en cas de saisie partielle? — Il se peut que le président n'autorise à saisir qu'une partie des objets argués de contrefaçon; il se peut aussi que le breveté, autorisé à les saisir, ne les saisisse que partiellement et ne prenne même pas la précaution de décrire les autres. Ce fait donne-t-il au saisi le droit d'user légitimement et sans aucune responsabilité des objets qui n'ont été ni saisis ni décrits, quoiqu'ils soient semblables à ceux qui l'ont été? Peut-il se fonder sur ce que la saisie a été ainsi restreinte par le breveté lui-même pour prétendre, s'il est ensuite condamné, ne devoir aucuns dommages-intérêts pour l'usage qu'il a fait, postérieurement à la saisie, des objets qu'elle n'avait pas frappés? Évidemment non; s'il est reconnu que les objets sont contrefaits, peu importe qu'ils aient été saisis en partie ou en totalité, qu'ils aient été décrits ou non; le contrefacteur devra compte de l'intégralité de sa contrefaçon, il ne pourra se faire une arme de la modération avec laquelle le breveté a agi à son égard pour prétendre garder une partie de ses bénéfices illicites (2). Nous verrons d'ailleurs plus loin quelle influence le fait de saisir ou de décrire exerce sur la confiscation.

772. Saisie ou description; formes. — Voici les formes de la description et de la saisie telles qu'elles sont tracées par la loi elle-même: « Les propriétaires de brevet, dit l'art. 47,

---

(1) Nouguier, n° 865. — V. Renouard, n° 236.

(2) V. Rej., 6 déc. 1861, de Bergue (Pataille, 62.209). — Comp *infrà*, n° 979.

« pourront, en vertu d'une ordonnance du président du tri-
« bunal de première instance, faire procéder par tous huis-
« siers à la désignation et description détaillées, avec ou sans
« saisie, des objets prétendus contrefaits. — L'ordonnance
« sera rendue sur simple requête et sur la représentation du
« brevet; elle contiendra, s'il y a lieu, la nomination d'un
« expert pour aider l'huissier dans sa description. — Lorsqu'il
« y aura lieu à la saisie, ladite ordonnance pourra imposer au
« requérant un cautionnement qu'il sera tenu de consigner
« avant d'y faire procéder. — Le cautionnement sera toujours
« imposé à l'étranger breveté qui requerra la saisie. »

Rien de plus clair que cet article dans sa disposition générale. Le breveté, qui veut judiciairement constater la contrefaçon, présente requête au président du tribunal dans le ressort duquel doit se faire la constatation. Le brevet, dont il se prévaut, doit être joint à la requête; il faut, en effet, que le breveté justifie de son titre, et que le président ne soit pas exposé à autoriser de véritables perquisitions domiciliaires sur un titre chimérique. Telle est, en substance, la procédure; nous allons à présent examiner les différentes difficultés qu'elle a fait naître.

Jugé que c'est au président qui autorise une saisie à apprécier si les justifications faites par le requérant sont suffisantes, et l'on ne saurait se faire un moyen de nullité de ce que l'ordonnance ne mentionnerait pas expressément la production des brevets d'invention (Douai, 10 juin 1872, Dumont, Pataille, 74.148).

773. Le breveté peut-il saisir ou décrire à son gré? — Puisque la saisie réelle est un acte si considérable, la première chose que nous ayons à rechercher, c'est dans quels cas elle peut être autorisée et de qui il dépend qu'elle le soit. Est-ce le président qui, dans sa sagesse, décide s'il y a lieu de permettre même la saisie réelle ou de restreindre la constatation à une simple description? L'option entre ces deux mesures appartient-elle, au contraire, exclusivement au breveté, de telle façon que le juge soit tenu de suivre ici la volonté du breveté? Deux systèmes sont en présence : l'un qui accorde au breveté, sans réserve, le droit de requérir la saisie à ses risques et périls, l'autre qui confie au juge le soin de permettre, suivant les cas, ou la saisie réelle ou une simple description.

Dans le premier système, on s'appuie sur le texte de l'article 47 : « Les propriétaires de brevet *pourront*, dit cet ar- « ticle, faire procéder par tous huissiers, etc. » On en conclut qu'il appartient au breveté, et à lui seul, d'opter entre la saisie et la description. Il est vrai que, dans l'exposé des motifs présenté à la Chambre des pairs, on lisait déjà ces mots : « La partie lésée *a le choix de procéder par voie de saisie ou* « *par voie de simple description*, si elle croit cette dernière « mesure suffisante pour la constatation des faits et la con- « servation de ses droits (1). » Ces termes, dit-on, ne laissent point de place au doute, et il semble qu'on doive d'autant plus volontiers accepter l'opinion du Gouvernement en ce point que les inconvénients, qui pourraient résulter dans la pratique de cette faculté exorbitante accordée au breveté, sont contrebalancés par la faculté qu'a le magistrat d'ordonner le dépôt préalable d'un cautionnement lorsque le breveté requiert la saisie (2).

Toutefois, on ne peut se dissimuler, — et c'est ce que font valoir les partisans de l'autre système, — qu'il n'est pas de cautionnement au monde, si élevé qu'en soit le chiffre, qui puisse, dans certains cas, remédier aux effets d'une saisie. La saisie, en effet, non seulement entrave la fabrication qu'elle atteint, mais elle la paralyse, elle l'anéantit, elle la tue. Un procès en contrefaçon dure longtemps, plusieurs années quelquefois, surtout lorsqu'il y a lieu de recourir à une expertise. Qu'importe si, au bout de ce temps, le saisi gagne son procès, et que lui feront les dommages-intérêts auxquels il pourra avoir droit ! Compenseront-ils jamais le préjudice qu'il aura souffert ? Est-ce que son industrie n'en sera pas moins perdue ? Est-ce que la clientèle ne sera pas habituée à prendre le chemin des ateliers de son adversaire ? N'est-il pas plus rationnel, plus juste, plus conforme aux principes géné-

---

(1) V. Huard, p. 30.

(2) V., en ce sens, Blanc, p. 648 ; Bédarride, n° 627. — V. aussi un article de M. Prache (Pataille, 85.357).

raux, de laisser au juge le droit d'autoriser, suivant les cas, la saisie ou la description ? N'est-ce pas lui qui, dans une matière analogue, en matière de saisie-arrêt, décide souverainement s'il y a lieu ou non de permettre cette mesure ? Pourquoi en serait-il autrement ici ? N'est-ce pas d'ailleurs compromettre jusqu'à un certain point la dignité du magistrat que de lui attribuer ce rôle purement passif et de le rendre esclave de la volonté du breveté, quelle qu'elle soit, si excessive qu'elle lui paraisse (1) ?

De ces deux systèmes, nous préférons le second ; il ne nous paraît pas possible d'admettre que le président soit absolument désarmé en face des prétentions, souvent exagérées, des brevetés ; il ne nous paraît pas possible d'admettre qu'il soit contraint par la loi de se plier à toutes leurs fantaisies, et qu'il soit obligé, bon gré mal gré, lors même qu'il en reconnaît l'inutilité ou l'injustice, d'ordonner la saisie réelle. Il nous semble plus conforme à l'équité d'abord, aux principes généraux ensuite, de faire le président juge de l'opportunité de telle ou telle mesure, et nous nous rangeons volontiers à l'opinion de M. Nouguier, lorsqu'il dit : « Sur le vu de cette « requête et des pièces qui y sont annexées, le président du « tribunal apprécie les circonstances. Si la saisie requise lui « paraît ou un moyen déguisé de concurrence déloyale, ou « dangereuse à cause de la nature de l'industrie, ou inutile à « cause de la notoriété de la contrefaçon, il refuse son auto- « risation (2). Si la constatation du délit lui semble néces- « saire et pouvoir résulter d'une simple description, sans « autoriser la saisie, il permet de décrire un ou plusieurs des « objets argués de contrefaçon. S'il pense qu'une simple des- « cription serait insuffisante et qu'il faut aller plus loin, il

---

(1) V. Nouguier, n° 844 ; Renouard, n° 236 ; Pelletier et Defert, *Procédure en mat. de contref.*, n° 53.

(2) Il reste bien entendu que, dans tous les cas, le breveté a le droit de faire constater judiciairement la contrefaçon, sauf seulement au président à autoriser, suivant les circonstances, l'un ou l'autre des deux modes prévus par la loi ; nous pensons, en effet, que le juge ne peut priver le breveté du droit de faire au moins décrire les objets qu'il prétend contrefaits.

« autorise la saisie, à titre d'échantillons, de quelques-uns « des objets contrefaits, dont il confie la garde au saisi ou « dont il ordonne le dépôt, avec ou sans apposition de scellés « soit entre les mains du saisissant, soit plutôt au greffe du « tribunal; enfin, si, à ses yeux, l'affaire présente un haut « degré de gravité, s'il s'agit d'arrêter préventivement un « atelier de contrefaçon qui usurpe audacieusement l'indus- « trie privilégiée, il permet la saisie de tous objets contre- « faits et de tous instruments ou ustensiles servant à la pro- « duire (1). »

Ajoutons que, dans la pratique, c'est ce dernier système qui est suivi; en fait, les présidents de nos tribunaux ne se font aucun scrupule de restreindre leur autorisation à une simple description, alors même que le breveté requiert expressément la saisie.

774. Cautionnement; pouvoir du président. — Il résulte des termes de l'art. 47 que le président, en autorisant la saisie, *peut* ordonner le dépôt d'un cautionnement. Son pouvoir est donc essentiellement facultatif. Il apprécie les circonstances et, suivant ce qu'elles lui conseillent, il prescrit ou non le dépôt. Il ne relève en cela que de sa conscience. Le président d'ailleurs est juge non seulement de la nécessité du cautionnement, mais encore de sa quotité. Il fixe comme il l'entend, et dans la mesure qui lui paraît juste, le chiffre du cautionnement.

Notons pourtant un point intéressant : il arrive souvent que le président, tout en n'autorisant qu'une description détaillée des objets ou des procédés argués de contrefaçon, permet de prélever un ou plusieurs échantillons, la plupart du temps sans valeur. Ce prélèvement est particulièrement nécessaire lorsqu'il s'agit d'une contrefaçon de procédés chimiques ; le prélèvement d'une petite quantité des liquides employés permet à l'expert chargé de faire la description, ou aux experts que le tribunal, jugeant au fond, peut croire utile de désigner, de déterminer exactement la nature

(1) Nouguier, n° 844. — V. Rouen, 7 mai 1885, Lessive Phénix, (Pataille, 85.363).

des éléments employés. Ces sortes de prélèvements peuvent-ils, doivent-ils être assimilés à une saisie partielle? Un arrêt de la Cour de Lyon, du 24 mars 1887, a, dans un cas semblable, fixé à 25,000 francs le cautionnement à déposer par le breveté, alors pourtant que la valeur des liquides saisis n'était pas du vingtième, ni même du centième de cette somme. Il s'agissait d'un procédé de teinture et le teinturier, chez qui était fait le prélèvement d'échantillons, prétendait que ce prélèvement, en révélant son secret de fabrication, était de nature à lui causer un préjudice considérable. La Cour de cassation, à qui cet arrêt a été déféré, a jugé « que la disposition de l'article 47 (qui permet au pré- « sident d'imposer au saisissant un cautionnement) est abso- « lue et doit recevoir son application toutes les fois qu'un « industriel s'est vu enlever contre son gré, par suite de la « mesure ordonnée, une partie quelconque de sa propriété; « qu'il en est ainsi notamment lorsqu'il y a simple prélève- « ment des produits fabriqués, ces échantillons, en dehors « d'une remise volontaire, ne pouvant, avant jugement, pas- « ser des mains du prétendu contrefacteur en celles de l'in- « venteur que par voie de saisie ». L'arrêt ajoute qu'en fixant à 25,000 francs le cautionnement, la Cour de Lyon n'a fait qu'user de la faculté qui lui était conférée par la loi (1). A prendre le texte même de la loi, l'arrêt de la Cour de cassation est irréprochable; il est certain que le prélèvement d'un échantillon, par cela même qu'il en prive celui chez qui il est prélevé, peut passer à la rigueur pour une saisie; il est certain encore et surtout que le juge est maître absolu de fixer à sa guise, et sans contrôle, le chiffre du cautionnement qu'il impose. Mais on ne saurait trop s'élever contre de pareilles décisions du juge du fait; pour fixer le chiffre du cautionnement, il doit envisager uniquement le préjudice immédiat, direct qui résulte du prélèvement autorisé, et non le préjudice éventuel qui peut résulter de la divulgation, plus ou moins problématique, d'un prétendu secret de fabrication. « Si ce système devait prévaloir en

(1) V. Rej., 14 mars 1888, Grawitz (Pataille, 88.288).

« jurisprudence, dit avec raison M. Plé, ce serait la porte « fermée à l'inventeur, quand il ne peut démontrer la contre- « façon qu'au moyen d'un prélèvement d'échantillons et « qu'il n'a pas dans sa caisse les sommes nécessaires pour « fournir un gros cautionnement (1). » L'arrêt de la Cour de Lyon est un déni de justice légal.

775. Étranger saisissant ; cautionnement obligatoire. — Le pouvoir du président cesse d'être facultatif quand le saisissant est un étranger. La loi impose alors au juge l'obligation d'ordonner le dépôt d'un cautionnement. Cette disposition s'explique naturellement par le peu de garantie qu'un étranger offre, en général, pour l'exécution des condamnations qui seraient prononcées contre lui. Il résulte des termes de l'art. 47 « *le tout à peine de nullité* »; que l'ordonnance autorisant un étranger à pratiquer une saisie réelle, sans lui imposer en même temps le dépôt d'un cautionnement, est radicalement nulle et ne peut servir de base légale à une saisie (2). Celui donc qui, étant étranger, sollicite une ordonnance afin d'être autorisé à saisir réellement un contrefacteur, doit, dans son propre intérêt, signaler au président sa nationalité et faire fixer par lui un cautionnement. Nous pensons pourtant que le saisi pourrait traduire l'étranger saisissant en référé pour lui faire imposer le dépôt d'un cautionnement (3); mais, s'il négligeait cette voie, il ne pourrait plus tard solliciter cette mesure du tribunal; c'est le président, en effet, qui est compétent, et seul compétent, pour l'ordonner : le tribunal n'aurait compétence que pour prononcer la nullité de la saisie.

Il a été jugé à cet égard que le saisi n'est pas tenu de faire opposition à l'ordonnance du président qui a omis d'imposer le cautionnement; il peut se pourvoir devant le tribunal correctionnel par voie d'exception et demander la nullité de la saisie (Trib. corr. Seine, 3 mai 1855, Sax (4), *Propr. ind.*, n° 33).

(1) V. la *Revue industrielle*, 26 mai 1888.

(2) V. un article de M. Huard dans la *Propr. ind.*, n° 320.

(3) V. *infrà*, n° 779.

(4) V. également Paris, 15 juin 1860, Sax (Pataille, 60.241) ; Paris, 22 janv. 1864, Beckers (Pataille, 64.99).

776. Étranger admis à jouir de ses droits civils. — Il ne se peut agir, dans le cas précédent, que de l'étranger non admis à jouir en France de ses droits civils. Autrement, c'est-à-dire s'il est admis à jouir en France de ses droits civils, il est assimilé aux Français, et, parmi les droits dont il jouit comme eux, il faut assurément placer en première ligne celui de plaider devant les tribunaux (1).

De même, il n'y aurait pas lieu d'imposer le cautionnement à l'étranger dont la nation est liée avec la France par un traité international, dispensant expressément les nationaux des deux pays des formalités ordinairement imposées aux étrangers.

777. Quelle est la nature du cautionnement ? — Il semble résulter des termes de l'art. 47 que, dans la pensée du législateur, le cautionnement qu'il prescrit doit être fourni en argent; c'est au moins ce qu'on peut induire des mots « *qu'il sera tenu de* CONSIGNER *avant de faire procéder* « *à la saisie* ». On ne consigne qu'une somme d'argent. Aussi, la plupart des auteurs estiment que le président ne pourrait, substituant une garantie à une autre, imposer au saisissant l'obligation de fournir caution bonne et solvable à la place d'une somme d'argent (2). Nous pensons pourtant que la disposition n'est pas tellement rigoureuse que le président ne puisse s'en écarter sans vicier pour cela son ordonnance. Ce qui importe d'abord, c'est que les droits du saisi soient garantis et qu'il ait la certitude de recouvrer le montant des condamnations qu'il peut obtenir (3). En tout cas, l'art. 47 ne dit pas où doit être opérée la consignation, et, s'il est naturel de penser qu'en principe elle doit se faire à Paris, à *la Caisse des dépôts et consignations*, et dans les départements à la Caisse publique, qui en tient lieu, rien n'empêche le président d'ordonner qu'elle se fera ailleurs s'il le juge convenable.

---

(1) V. Nouguier, n° 858; Picard et Olin, n° 651. — Comp. Renouard, n° 97.

(2) V. Nouguier, n° 856; Picard et Olin, n° 652; Gouget et Merger, n° 92.

(3) V. Dalloz, n° 347.

778. Consignation préalable du cautionnement. — Est-il besoin de faire observer que la saisie ne peut avoir lieu qu'autant que le saisissant a, au préalable, opéré la consignation du cautionnement qui lui est imposé? Le bon sens l'indiquait avant la loi. Elle s'en explique d'ailleurs formellement, lorqu'elle dispose (art. 47) : « Il sera laissé copie au « détenteur des objets décrits ou saisis, tant de l'ordonnance « que de l'acte constatant le dépôt du cautionnement, le cas « échéant; le tout à peine de nullité et de dommages-inté- « rêts contre l'huissier. » On remarque ici que le législateur engage la responsabilité personnelle de l'huissier instrumentant; c'est, en effet, à lui, qui connaît ou du moins est censé connaître la loi, à en observer les prescriptions.

779. Le cautionnement peut-il être ordonné sur référé ? — Il se peut que le président, soit par inadvertance, soit avec intention, et peut-être parce qu'il n'aperçoit pas du premier coup la gravité du procès, autorise la saisie réelle sans imposer au saisissant aucun cautionnement. Le saisi ne pourra-t-il être ensuite admis à faire valoir lés motifs qui, suivant lui, exigent, au contraire, cette mesure de protection? On admet, presque sans conteste (1), que le saisi peut se pourvoir en référé et obtenir que, par une seconde ordonnance, le président complète la première, s'il le juge opportun, et impose au saisissant l'obligation du cautionnement. Le saisi pourrait, par la même raison, se pourvoir en référé pour faire imposer au saisissant un cautionnement plus important que celui qu'avait fixé la première ordonnance (2).

780. *Quid* si l'ordonnance n'a pas réservé expressément le référé? — D'ordinaire, l'ordonnance porte (c'est même de style) que, en cas de difficulté, *il en sera référé*. Nul doute, en ce cas, que la voie du référé soit ouverte au saisi; mais, si l'ordonnance n'a pas expressément réservé au saisi le droit de référé, cette voie lui est-elle ouverte? On

---

(1) V. Douai, 27 fév. 1856, Villard (Jurisp. Douai, 56.54); Trib. corr. Seine, 4 mars 1847 (*Le Droit*, 11 mars). — V. pourtant Bruxelles, 22 janv. 1855, cité *infrà*, n° 801, 3°.

(2) V. Nouguier, n° 855.

ne concevrait pas qu'une négligence qui ne lui est pas imputable, qui peut être intéressée de la part de son adversaire, lui fermât une voie de recours aussi utile. Aussi, n'avons-nous jamais vu contester au saisi le droit d'aller en référé, et nous ajoutons que, dans la pratique, les saisis en usent fréquemment.

781. Le référé arrête-t-il la saisie? — C'est une question délicate que celle de savoir si le saisi, en provoquant un référé, peut momentanément arrêter la saisie, ou si, au contraire, cette mesure doit d'abord s'accomplir, sauf à ce que les parties se rendent ensuite au référé. Dans le sens de l'affirmative, on peut faire valoir qu'il suffit au saisissant d'établir gardien et de veiller à ce que rien ne soit enlevé, détruit ou modifié par le saisi, jusqu'à ce que le référé ait eu lieu ; on peut, toutefois, répondre, dans le sens de la négative, que précisément bien des cas se présenteront où l'établissement d'un gardien n'empêchera pas le saisi d'utiliser le temps qui s'écoulera jusqu'au référé pour faire disparaître les traces de sa contrefaçon. Aussi, admet-on, en général, que la saisie ou la description, suivant que l'ordonnance autorise l'une ou l'autre, doit être provisoirement pratiquée avant que les parties se rendent au référé (1).

782. Défaut de cautionnement ; saisie convertie en description. — La question suivante peut se présenter : admettez que le breveté ait requis la saisie et que le juge n'ait cru devoir l'autoriser que sous la condition qu'il dépose un cautionnement ; le breveté pourra-t-il se soustraire à cette obligation du dépôt en ne procédant qu'à la description sans saisie ? Le contrefacteur pourra-t-il, au contraire, obliger le breveté à déposer d'abord le cautionnement et à saisir ensuite ? Cette question ne nous semble pas susceptible d'une discussion sérieuse. Qui peut le plus peut le moins, et, puisque le breveté pourrait saisir, il peut, à plus forte raison, procéder seulement à une simple description (2). La pre-

---

(1) V. Nouguier, n° 859 ; Dalloz, n° 352 ; Gouget et Merger, n° 94 ; Picard et Olin, n° 656.

(2) V. Douai, 20 mai 1856, Villard (Jurispr. Douai, 56.258).

mière de ces mesures comprend évidemment la seconde. L'article 47 ne dit-il pas textuellement que « les propriétaires « de brevet pourront faire procéder à la désignation et des- « cription détaillées, avec ou sans saisie, des objets préten- « dus contrefaits » ? Le breveté autorisé à décrire avec saisie peut, à plus forte raison, décrire sans saisie. D'un autre côté, dès l'instant que le breveté s'en tient à la description, il n'est plus obligé au dépôt du cautionnement qui ne lui était imposé qu'en vue de la saisie. Quant au contrefacteur, on ne concevrait pas qu'il pût exiger l'exécution d'une mesure accordée contre lui et qui lui préjudicie.

783. *Quid* **si le saisi est absent ou refuse sa porte?** — Si le saisi est absent de son domicile ou s'il en refuse l'entrée, l'huissier ne peut pénétrer qu'avec l'assistance d'un magistrat, le juge de paix ou le commissaire de police. Sans eux, la perquisition constituerait une véritable violation de domicile (1).

784. *Quid* **de la présence du breveté à la saisie?** — Il n'est pas douteux que la présence du breveté à la saisie ne soit utile pour lui. Personne, en effet, mieux que le breveté n'est apte à reconnaître les objets argués de contrefaçon, personne n'est plus capable de les bien désigner à l'huissier, personne enfin, mieux que lui, ne saura découvrir l'endroit secret où le contrefacteur cache peut-être les produits de sa contrefaçon; son intérêt même éveille sa perspicacité. D'un autre côté, on ne peut se dissimuler que la présence du breveté chez un rival d'industrie ne puisse nuire à ce dernier. Qui sait si, dans cette visite, dans cette perquisition, le breveté ne découvrira pas certains secrets de fabrique, ne verra pas certains engins, certaines machines que son concurrent tenait essentiellement à lui laisser ignorer? Rien dans la loi ne permet cependant de penser que le législateur ait eu une opinion arrêtée sur ce point; si aucune disposition n'autorise la présence du breveté à la saisie, rien non plus ne l'interdit. Dans cette situation, c'est au président à tenir compte des circonstances et à décider, dans sa

(1) Comp. Paris, 12 déc. 1856, Laming (Pataille, 57.23).

sagesse, s'il doit ou non autoriser le breveté à procéder en personne. A défaut par lui d'avoir autorisé la présence du breveté à la saisie, l'industriel qui est l'objet de cette mesure, pourrait légalement s'opposer à l'entrée de son concurrent dans ses ateliers ou magasins (1).

Il est bien clair pourtant que, si, dans le silence de l'ordonnance, il n'avait fait aucune objection à ce que le breveté fût présent à l'opération, il ne pourrait ensuite se faire une arme de sa tolérance et demander, pour ce motif, la nullité du procès-verbal. C'est donc à tort, selon nous, que MM. Picard et Olin disent dans leur traité : « Il faut que cette per« mission soit sollicitée, et il y aurait nullité si le breveté as« sistait aux opérations sans en avoir spécialement reçu le « pouvoir (2). »

785. De quels actes doit-il être laissé copie au saisi ? — Avant tout, il doit être laissé copie au saisi de l'ordonnance autorisant la mesure dont il est l'objet. « Sans « parler de la nullité encourue pour l'inobservation de ces « formalités, disent MM. Picard et Olin, le saisi pourrait « empêcher qu'il fût passé outre ; il lui importe d'avoir con« naissance de la raison d'être d'une perquisition semblable « qui, dépouillée de l'autorisation du président, ne constitue« rait qu'une odieuse violation de domicile. Il a intérêt aussi « à savoir quelle est l'étendue des droits conférés au breveté « et sous quelles conditions celui-ci a été autorisé à les « exercer (3). » Cela est très bien dit de tous points.

Avec la copie de l'ordonnance, il faut encore remettre au saisi la copie de l'acte constatant, le cas échéant, le dépôt du cautionnement ; il faut, en effet, que le saisissant justifie qu'il a rempli l'obligation que lui imposait l'ordonnance.

Nous avons déjà eu l'occasion de faire observer que l'accomplissement des formalités était directement confié à l'huissier instrumentaire sous sa responsabilité personnelle ; nous le rappelons sans y insister. La loi a omis d'ordonner la re-

---

(1) Comp. Nouguier, n° 853 ; Blanc, p. 652.
(2) Picard et Olin, n° 657.
(3) Picard et Olin, n° 654.

mise de la copie du procès-verbal de saisie ; c'est un oubli évident, mais qui ne saurait empêcher de décider, comme plus haut et sous les mêmes peines, que l'huissier doit également en laisser copie au saisi ; à défaut de la loi spéciale, le droit commun le veut ainsi (1).

Seulement, que faut-il entendre par ces mots : « *Il sera* « *laissé copie* » ? Il arrive, dans la pratique, que l'huissier se présente au domicile du saisi, fait perquisition, rédige son acte de description ou de saisie et se retire sans rien laisser, sur le moment, aux mains de celui contre lequel il instrumente ; ce n'est que le lendemain, parfois quelques jours après, qu'il lui remet copie de l'acte. Nous pensons que cette manière de procéder est foncièrement vicieuse ; l'huissier doit rédiger sur place original et copie et laisser celle-ci au saisi. Si l'opération est assez longue pour exiger plusieurs vacations, il doit laisser au saisi la copie des opérations par lui faites dans chacune de ces vacations ; au moins doit-il, à la première vacation, laisser au saisi copie de l'ordonnance autorisant la perquisition. Cette pièce doit, en effet, dès la première heure, être et rester dans les mains du saisi (2).

Il a été jugé pourtant que l'article 47 de la loi de 1844 ne prescrit pas, à peine de nullité de la saisie, que la signification de l'ordonnance soit faite et copie du procès-verbal soit laissée avant l'assignation ; il suffit, pour la validité, que ces formalités soient remplies le jour de l'assignation (Trib. civ. Seine, 23 avril 1881, Compagnie de Terre-Noire (3), Pataille, 87.319).

786. *Quid* si la saisie ne fait découvrir aucune contrefaçon ? — Il est arrivé plus d'une fois qu'un breveté, trompé par les apparences, a fait perquisition chez un individu qui n'était en aucune façon contrefacteur. Quelle est, en ce cas, la conséquence de la saisie ? Peut-elle être assimilée à une violation de domicile ? Évidemment non, puisqu'elle est faite avec autorisation de justice, et, le plus sou-

(1) Comp. Nouguier, n° 861 ; Renouard, n° 236.

(2) V. Picard et Olin, n° 660.

(3) Comp. Trib. civ. Bruxelles, 21 juin 1859, B. J., 60, p. 25.

vent, sous le couvert et avec la garantie d'un magistrat, soit le commissaire de police, soit le juge de paix; cette mesure intempestive ne peut entraîner contre celui qui l'a faite que des dommages-intérêts dont la quotité est fixée par le tribunal en proportion du préjudice éprouvé par le saisi (1).

SECTION III.

Étendue des pouvoirs du président.

SOMMAIRE.

787. Pouvoirs du président. — 788. Mission de l'expert désigné par le président. — 789. *Quid* de la désignation d'un huissier par le président? — 790. Ordonnance générale; est-elle valable? — 790 *bis*. Jurisprudence. — 791. Le président peut ordonner de nouvelles saisies. — 792. *Quid* de la saisie des livres et correspondances? — 793. Jurisprudence. — 794. *Quid* de la permission de saisir en tous lieux? — 795. *Quid* de la saisie dans un établissement militaire? — 796. *Quid* de la saisie sur les personnes? — 797. Peut-on saisir en vertu d'une ancienne ordonnance? — 798. La même ordonnance peut-elle servir plusieurs fois? — 799. *Quid* de l'autorisation de saisir si le brevet est expiré?

787. Pouvoirs du président. — En traitant des formes de la saisie ou de la description, nous avons exposé les droits que l'un ou l'autre de ces modes de constatation confère au breveté; nous avons forcément touché à la question des pouvoirs du président; nous avons dit notamment dans quelle forme il rendait son ordonnance, et nous nous sommes expliqué sur le cautionnement qu'il peut ou doit, suivant les cas, imposer au saisissant. Il nous reste à examiner ici plusieurs questions de détail, dont quelques-unes ne manquent pas de gravité.

788. Mission de l'expert désigné par le président. — La loi permet au président de désigner, s'il y a lieu, un expert pour aider l'huissier dans sa description. On conçoit, en effet, que la description (par exemple s'il s'agit

---

(1) V. en ce sens Paris, 12 déc. 1856, Laming (Pataille, 57.23). — V. *infrà*, n° 1006.

d'une machine) exige des connaissances techniques que ne saurait avoir un officier ministériel. Il est donc naturel de lui adjoindre un homme de l'art qui puisse décrire le mécanisme dans tous ses détails; mais il faut bien prendre garde qu'il ne s'agit pas ici d'une expertise véritable, d'une expertise dans le sens juridique du mot. L'expert est simplement chargé *d'aider l'huissier dans sa description;* ce sont les termes de la loi. Il n'a rien autre chose à faire; il n'a pas à examiner les titres des parties, à discuter leurs prétentions, à en reconnaître ou à en dénier le bien ou le mal-fondé. Son rôle est purement passif. Si nous insistons ici sur des principes qui sont vraiment élémentaires, c'est qu'il nous est arrivé de voir des brevetés provoquer l'homme de l'art à une véritable expertise et s'appuyer ensuite sur cette expertise, faite sous leur inspiration, presque sous leur dictée, pour requérir condamnation. Pour être bien sûr qu'il ne s'agit en aucune façon, dans la pensée de l'article 47, d'une expertise proprement dite, il suffit, d'une part, de remarquer que l'expert, désigné pour procéder à la description, n'est pas tenu de prêter serment, et, d'autre part, de rappeler que, d'après les règles sévères du Code de procédure civile, il n'y a d'expertise régulière au civil que celle qui est faite par trois experts et *après prestation de serment.* Or, il est manifeste que le président, lorsqu'il statue seul par voie d'ordonnance rendue sur requête, ne peut avoir des droits plus étendus que le tribunal assemblé. Il est donc hors de doute que le travail de l'expert ne vaut que comme description, comme simple constat.

Jugé, en ce sens, que la faculté accordée au président du tribunal civil par l'article 47, § 2, de la loi du 5 juill. 1844, de nommer un expert, afin d'aider l'huissier dans sa description de l'objet à saisir, ne lui confère pas le droit de donner audit expert la mission de déclarer « si cet objet offre assez d'analogie avec celui porté au brevet, pour faire l'objet d'une saisie-contrefaçon »; une telle mesure, préjudiciant au principal, est entachée d'un excès de pouvoir, qui doit entraîner en appel l'annulation de l'ordonnance de référé qui la prescrit (Paris, 22 juill. 1885, Languereau, Pataille, 85.361).

789. *Quid* **de la désignation d'un huissier par le président ?** — Il arrive quelquefois que le président croit devoir désigner un huissier pour dresser le procès-verbal de description et de saisie. C'est, à notre avis, un excès de pouvoir que plus d'un magistrat commet sans s'en douter. Il suffit de se reporter au texte même de l'article 47, qui dispose expressément : « Les propriétaires du brevet pourront, en « vertu d'une ordonnance du président du tribunal de pre- « mière instance, faire procéder *par tous huissiers...* » Il est vrai que M. Nouguier, rapprochant ces expressions « *par* « *tous huissiers* » de celles-ci « *en vertu d'une ordonnance* « *du président,* » croit pouvoir en conclure que le président est à ce point « l'appréciateur des formes et conditions de la « saisie qu'il pourrait, pour être certain que la mission qu'il « donne sera convenablement remplie, commettre spéciale- « ment un huissier investi de sa confiance (1) ». Nous croyons que M. Nouguier se trompe; sans aucun doute, le président apprécie les conditions dans lesquelles devra se faire la saisie; mais il ne lui appartient pas de changer la procédure tracée par la loi ; il n'a pas à imposer au saisissant tel ou tel officier ministériel, et le breveté doit rester libre, au contraire, de s'adresser à qui bon lui semble. Qu'importe que l'huissier commis par le président ait la confiance de ce magistrat, si, en revanche, il n'a pas celle du saisissant !

Il peut arriver pourtant que ce soit le breveté qui sollicite du président la désignation d'un huissier; nous avons vu, dans certains procès dirigés contre de grands industriels, contre des personnages, le breveté dans l'impossibilité de pratiquer la saisie faute de trouver un huissier disposé à l'assister. En ce cas, il est de toute justice que le président, pour l'exécution de son ordonnance, commette un officier ministériel à ce spécialement désigné; mais alors, qu'on le remarque, la désignation n'est point imposée au breveté; elle a lieu sur sa demande et dans son intérêt.

790. Ordonnance générale ; est-elle valable ? —

---

(1) V. Nouguier, n° 848. — *Contrà,* Blanc, p. 650; Renouard, n° 237.

Une grave question est celle de savoir si le président peut rendre une ordonnance générale, c'est-à-dire une ordonnance dans laquelle il ne désigne pas nominativement les personnes chez lesquelles se fera la perquisition qu'il autorise.

M. Bozérian, qui a fait admettre par la Cour suprême la validité des ordonnances générales, a cherché à démontrer dans un article, inséré dans *la Propriété industrielle* (1), que l'obligation de spécifier dans l'ordonnance les personnes sur lesquelles la saisie doit être pratiquée, ne ressort ni des termes ni de l'esprit de l'art. 47. Il fait remarquer, à l'appui de sa thèse, qu'astreindre le breveté à inscrire dans sa requête les noms de toutes les personnes et de tous les endroits où il sera autorisé à saisir, ce serait, dans bien des cas, paralyser entre ses mains le droit de saisie, parce qu'il lui est impossible de connaître à l'avance les noms de tous ceux qui peuvent usurper son invention, recéler ou débiter les produits de la contrefaçon ; que, de plus, ce serait condamner le breveté à des lenteurs qui permettraient aux contrefacteurs de faire disparaître les preuves du délit avant toute constatation légale. Il ajoute que, la saisie frappant non les personnes mais les choses, il suffit que l'objet sur lequel doit porter la saisie soit spécifié pour que la loi reçoive pleine satisfaction.

A cette argumentation, on peut peut-être répondre par la suivante : l'art. 47 dit que le breveté pourra procéder à la description, avec ou sans saisie, des objets prétendus contrefaits; il semble donc que la première condition, pour obtenir une ordonnance, c'est qu'il *existe* des objets prétendus contrefaits; que, par suite, il ne suffit pas d'énumérer les objets que, le cas échéant, on arguera de contrefaçon, mais qu'il faut désigner au juge des objets déterminés auxquels le breveté attribue, à tort ou à raison, le caractère de la contrefaçon. S'il en était autrement, le breveté pourrait demander une ordonnance générale au moment même où il obtient son brevet, et il serait maître ensuite de saisir discrétionnairement pendant toute la durée de son privilège. Il est d'ailleurs

(1) V. *Propr. ind.*, n° 447. — Conf. Blanc, p. 655.

à remarquer que l'art. 47 autorise le président à imposer un cautionnement au saisissant, que ce cautionnement doit être fixé par l'ordonnance même qui permet la saisie et qu'enfin le breveté doit le consigner avant de procéder. Or, pour fixer le cautionnement, il faut nécessairement que le magistrat connaisse la situation du contrefacteur, puisque c'est d'après cette situation qu'il doit évaluer le montant du cautionnement; il faut au moins qu'il connaisse le nombre des contrefacteurs pour pouvoir, ne fût-ce qu'approximativement, évaluer la somme à déposer par le breveté; et l'on ne peut objecter utilement que, le cautionnement étant une mesure facultative pour le juge, il ne rendra l'ordonnance générale que lorsqu'il croira ce cautionnement inutile; il ne peut, en effet, savoir *à priori* et sans connaître ni les contrefacteurs, ni l'étendue de la contrefaçon, si le cautionnement sera ou non inutile. On répond, il est vrai, que l'individu, saisi comme contrefacteur, pourra provoquer un référé et réclamer par cette voie, s'il le juge convenable, le dépôt d'un cautionnement. Mais la question de savoir si le président peut, en référé, modifier l'ordonnance qu'il a antérieurement rendue, n'est pas à l'abri de toute controverse, et, notamment en matière de saisie-arrêt, matière dans laquelle le président agit de la même façon et en vertu des mêmes pouvoirs, plusieurs décisions ont condamné la voie du référé (1). Ne suit-il pas de là que l'esprit, aussi bien que le texte de la loi de 1844, condamne les ordonnances générales (2)? On peut d'ailleurs invoquer des analogies et rappeler qu'en matière de saisie-revendication, par exemple, tous les auteurs sont d'accord pour repousser les ordonnances générales (3).

Nous ne croyons pas, quant à nous, que le législateur de 1844, désireux de remédier aux inconvénients de la législation antérieure, ait jamais songé à autoriser les ordonnances

---

(1) Comp. Lyon, 25 avril 1856, Delmas (Dall., 57.2.91). — V. aussi Bruxelles, 22 janv. 1855, cité *infrà*, n° 801, 3°.

(2) V. Bertin, *Ordonn. sur requête*, n°s 540 et suiv.

(3) V. Thomine, t. 2, p. 424; Bioche, v° *Saisie-revendication*, n° 17.

générales; nous sommes, au contraire, porté à penser que, si la question lui eût été soumise, il l'eût nettement tranchée dans un sens opposé à celui que défend M. Bozérian. Toutefois, nous sommes les premiers à admettre des tempéraments; nous reconnaissons volontiers, par exemple, que l'ordonnance est légale lorsqu'elle autorise la saisie chez tel ou tel contrefacteur désigné et chez *tous autres* qui seront, au cours de la perquisition, reconnus être, soit ses complices, soit ses intermédiaires. Rien de plus naturel, en effet, que de permettre au breveté de saisir, en vertu de la même ordonnance, tous les individus qui sont unis par les liens d'une même contrefaçon qui ont directement participé aux mêmes faits. Ce que nous ne comprenons pas, c'est qu'une ordonnance, après avoir servi à constater certains faits de contrefaçon émanés de personnes déterminées, puisse encore servir ultérieurement à constater d'autres faits différents, émanant d'individus inconnus aux premiers et sans relations d'aucune sorte avec eux (1).

Constatons cependant que M. Nouguier (2) admet que le président peut autoriser la saisie chez *tous* contrefacteurs, et que, dans la pratique, les magistrats délivrent assez facilement, trop facilement même, de pareilles ordonnances. Il est au moins permis de protester contre cette tendance, et nous nous associons entièrement à l'observation que nous trouvons dans Sirey, en note de l'arrêt Raffard que nous citons ci-dessous. Après avoir rappelé que l'ordonnance émane du pouvoir discrétionnaire du président, l'arrêtiste ajoute : « C'est « là un motif de plus pour que le juge n'en use qu'avec une « extrême discrétion, la mesure qu'il autorise pouvant aller « jusqu'à entraîner des perquisitions domiciliaires et l'exa- « men de livres et de correspondances (3). »

790 *bis*. **Jurisprudence.** — Il a été jugé : 1°, *conformément à notre opinion*, que la faculté accordée par l'art. 47 aux propriétaires de brevets de faire procéder à la désigna-

(1) V. de Belleyme, *Ordonnances*, t. 1, p. 30.

(2) V. Nouguier, n° 851. — Comp. Blanc, p. 655.

(3) Sirey, 67.1.180, *note* 1-2.

tion et description des objets argués de contrefaçon en vertu d'une ordonnance délivrée par le président, sur requête, ne peut s'entendre que d'une ordonnance spéciale à la contrefaçon désignée dans la requête; autrement, la mesure prévue par l'art. 47 et destinée à protéger les intérêts des brevetés pourrait devenir dans leurs mains un moyen de persécution contre ceux de leurs concurrents qu'il leur conviendrait de gêner dans l'exercice de leur industrie; c'est dans cet esprit que l'art. 47 prévoit le cas où le juge peut, suivant les circonstances et le degré de moralité ou de responsabilité relative, soit du breveté, soit du prétendu contrefacteur, subordonner à une caution préalable l'autorisation de saisir ou décrire les objets argués de contrefaçon; cette disposition deviendrait superflue si, au moyen d'une autorisation générale que le breveté pourrait obtenir dès la prise de son brevet, il pouvait, pendant toute sa durée, opérer discrétionnairement des saisies chez tous les fabricants d'objets similaires (Paris, 13 août 1853, cité par Nouguier, n° 870); — 2°, *en sens contraire*, que le président du tribunal tient de l'art. 47 un pouvoir discrétionnaire qui l'autorise à rendre une ordonnance à fin de saisie, sans spécifier ni les lieux où ces perquisitions pourront être faites, ni les personnes qui pourront en être l'objet; ce magistrat, pour déterminer la portée de son ordonnance, prend en considération, d'une part, la valeur et l'importance du brevet et la position pécuniaire du breveté, et, d'autre part, les circonstances de la contrefaçon, les manœuvres qu'il s'agit de déjouer, la difficulté plus ou moins grande de les constater et la nécessité d'une action prompte et dégagée de toutes entraves dont la fraude pourrait profiter (Lyon, 30 nov. 1865, et Rej., 15 juin 1866, Raffard et autres, Pataille, 66.313).

791. Le président peut ordonner de nouvelles saisies. — Nous avons dit que le président ne pouvait rendre une ordonnance générale, permettant de saisir en tous lieux, en tout temps, sur toutes personnes, et en quelque sorte indéfiniment utilisable. Mais nous ne méconnaissons pas qu'il peut y avoir intérêt pour le breveté à faire constater que la contrefaçon continue, qu'elle devient plus audacieuse, qu'elle se développe, et, par suite, nous pensons que, même après qu'une première saisie a été faite, le président peut, sans aucune espèce de scrupule, autoriser une nouvelle saisie, même vis-à-vis de celui qui a été l'objet de la première. Rien ne s'oppose à cela dans la loi. Le fait qu'une saisie a été faite, que l'instance engagée sur cette saisie est actuellement pendante, n'est donc pas par lui-même une raison, pour le président, de n'en pas autoriser une seconde; c'est à lui à s'inspirer des circonstances et de sa conscience. A plus forte raison, lorsqu'il a autorisé la seconde saisie, que la procédure est engagée sur cette saisie, on ne saurait admettre qu'il appartient au président, de sa seule autorité et sous sa seule responsabilité, de rapporter la saisie, par lui d'abord autorisée, et de mettre à néant la procédure qui l'a suivie.

Jugé, en ce sens, qu'il n'y a pas lieu de rapporter l'ordonnance, qui autorise une saisie-contrefaçon, pour le motif qu'une autre saisie aurait été déjà antérieurement autorisée et pratiquée par le même breveté, pour le même objet, sur le même prétendu contrefacteur (Paris, 22 juin 1885, Placet (1), Pataille, 85.353).

792. *Quid* **de la saisie des livres et correspondances?** — Le président peut-il autoriser la saisie des livres, papiers, correspondances et de tous autres documents qui pouraient servir de preuves à la contrefaçon? La jurisprudence, on va le voir, est allée jusque-là. Il est certain, pourtant, que l'art. 47 ne parle textuellement que de la saisie des *objets contrefaits;* mais les partisans de cette mesure extrême tirent argument de l'art. 49, qui prononce, le cas échéant, la confiscation des instruments servant à la contrefaçon. Or, disent-ils, si la loi prononce la confiscation de ces objets, il faut de toute nécessité qu'elle en autorise préalablement la saisie, et, comme l'art. 47 n'en parle pas, on est ainsi naturellement conduit à élargir le cercle de l'art. 47. Dès lors, si l'on n'est pas enlacé dans les termes de cet article, il s'agit de consulter le but et l'esprit de la loi. Qu'a voulu le

(1) Comp. Paris, 8 mars 1860, Brossette (*Propr. ind.*, n° 144); Orléans, 9 août 1876, Ganne (Pataille, 78.27).

législateur en autorisant la saisie? Il a voulu que le breveté pût obtenir non seulement le dédommagement que lui procurera la saisie des objets contrefaits, mais aussi des pièces de conviction pour la poursuite du délit. N'est-il pas évident, à ce point de vue, que la saisie des correspondances, papiers, registres est souvent le seul, toujours le plus sûr moyen d'arriver à connaître ceux qui, sans se livrer eux-mêmes à la contrefaçon, prêtent leur intermédiaire aux contrefacteurs pour le placement de leurs produits (1)?

Ce raisonnement ne nous paraît pas décisif; d'abord, il n'est pas vrai de dire que les instruments servant à la contrefaçon ne peuvent être confisqués que s'ils ont été préalablement saisis; nulle part, la loi ne fait de la saisie la condition essentielle et nécessaire de la confiscation; et, du reste, la jurisprudence étend aujourd'hui la confiscation même aux objets contrefaits qui ont été simplement décrits, sans saisie (2); ensuite, la loi, en autorisant la désignation et description détaillées des objets contrefaits, comprend évidemment, dans ses expressions générales, les instruments servant à la contrefaçon: il est même impossible, dans la plupart des cas, de faire la description de l'objet contrefait sans faire en même temps la description des instruments qui servent à le fabriquer. Les efforts que l'on fait dans le système opposé, pour étendre le cercle de l'art. 47, pour en pouvoir appliquer les termes aux livres, papiers et correspondances, sont donc loin de nous paraître heureux. Enfin, il est difficile de comprendre en quoi la saisie des correspondances et papiers peut être utile à la découverte des contrefacteurs; une simple vérification suffit amplement à ce résultat, sans qu'on accorde à un particulier, dans son intérêt privé, un droit exorbitant que la loi pénale n'accorde qu'au juge d'instruction et refuse même au procureur de la République, sinon dans les cas de flagrant délit.

MM. Picard et Olin vont plus loin encore et refusent même au breveté, conformément d'ailleurs au droit commun, le

---

(1) V. Bozérian, *Propr. ind.*, n° 447; Nouguier, n° 852 *bis*.
(2) V. *infrà*, n° 981.

droit de compulser les livres et écritures de leurs concurrents : « L'art. 6 (de la loi belge), disent-ils, à l'imitation de « la loi française, parle uniquement des appareils, machines « et objets prétendus contrefaits. Or, il est impossible d'assi- « miler les écritures commerciales d'un négociant, soit à « une machine, soit à un appareil. A ce compte, ne faudrait-il « pas également prescrire la saisie définitive de ces livres et « pièces, lors du jugement sur l'action en contrefaçon ? Avec « un commentaire aussi arbitraire, où s'arrêterait-on dans « la désignation des objets qu'il serait permis de considérer « comme un moyen de contrefaçon, parce qu'ils se ratta- « cheraient plus ou moins étroitement à l'exploitation du « contrefacteur ? Il est préférable de s'en tenir à l'énuméra- « tion de l'art. 6 et de l'interpréter restrictivement, comme « toutes les dispositions qui sortent du droit commun. Le « breveté pourra, pendant le cours de l'instance, demander « la production des livres du défendeur ; il pourra en faire « l'objet d'un incident et tirer de puissantes présomptions de « l'absence de production de ce genre, mais l'intérêt des « inventeurs ne permet pas une mesure aussi exorbitante « que celle qui autoriserait le premier venu, porteur d'un « brevet, à saisir ou à compulser les écritures commerciales « de son concurrent (1). »

793. Jurisprudence. — Il a été jugé, contrairement à notre opinion, que, si le but principal de l'art. 47 est de donner aux brevetés les moyens de constater, par des descriptions et des saisies, les fraudes commises au préjudice de leurs brevets, il est aussi de les mettre à même de recueillir tous les éléments de preuve qui peuvent faciliter cette constatation ; donc, si, par une interprétation nécessaire, on admet que le droit de description et de saisie implique celui de faire des visites et perquisitions domicilaires, on doit reconnaître que, par une conséquence de même nature, il implique également celui de compulser les livres, correspondances et papiers, et même d'opérer la saisie de ceux qui contiendraient la preuve du délit recherché (Lyon, 30 nov. 1865, et Rej., 15 juin 1866, Raffard et autres, Pataille, 66.313).

(1) Picard et Olin, n° 648.

794. *Quid* **de la permission de saisir en tous lieux?** — On s'est demandé si le président pouvait autoriser le breveté à saisir en tous lieux, même dans le local d'une exposition publique, même en douane. Pourrait-il également autoriser la saisie dans une maison particulière? Nous pensons qu'il le pourrait et nous ne voyons, en ce point, rien qui entrave ou limite son pouvoir d'appréciation. La constatation, résultat du procès-verbal dressé, ne préjudicie en rien aux droits du fond, qui restent entiers. Dès lors, pourquoi n'aurait-elle pas lieu (1)? L'huissier saisissant devra seulement, suivant les cas, se faire accompagner d'un magistrat, commissaire de police ou juge de paix, dont la présence est requise par la loi générale.

Il a été jugé, par exemple, qu'il est permis de saisir à la douane les objets contrefaits qui sont en entrepôt; à la différence des objets en transit, les objets en entrepôt ne sont pas nécessairement expédiés à l'étranger; ils peuvent être retirés de la douane après l'acquit des droits (Paris 28 nov. 1861, Debain, Pataille, 62.422).

795. *Quid* **de la saisie dans un établissement militaire?** — Le pouvoir du président va-t-il jusqu'à autoriser la saisie dans un établissement militaire? D'une part, on sait que la séparation des pouvoirs est un principe fondamental de notre législation; d'autre part, la loi du 10 juillet 1791 confie au ministre de la guerre tous les établissements militaires, et le décret du 24 décembre 1811 défend d'entrer dans ces établissements sans l'autorisation du commandant d'armes, excepté le flagrant délit. MM. Picard et Olin sont d'avis que « la loi sur les brevets n'a pas dérogé à ces dispo- « sitions » (2). Nous ne partageons pas cette opinion; il nous semble que la séparation des pouvoirs n'a rien à faire ici; il ne s'agit pas, en effet, de s'immiscer dans l'administration des établissements militaires. Il s'agit uniquement de constater si les procédés de fabrication qui y sont employés

---

(1) V. Rendu et Delorme, n° 544; Gouget et Merger, n° 95; Dalloz, n° 351.

(2) Picard et Olin, n° 666.

constituent ou non une usurpation des droits d'un breveté. Autre chose est l'administration, autre chose la fabrication. On ne concevrait pas que le pouvoir militaire fût au-dessus de la loi qui défend la contrefaçon, et que l'administration, en interdisant l'entrée des établissements placés dans sa dépendance, pût empêcher de la constater. La loi de 1844 n'a fait aucune réserve, et, par sa généralité même, elle s'impose à tous au même titre. En ne faisant pas d'exception pour le cas qui nous occupe, le législateur l'a, par cela seul, compris dans ses dispositions. S'il en était autrement, quel moyen le breveté, dont le droit serait usurpé, aurait-il de constater cette usurpation et d'en obtenir justice? On ne peut à cela faire qu'une objection, tirée de ce que, les tribunaux militaires étant compétents pour statuer sur le délit de contrefaçon commis par un militaire, il y aurait quelque chose d'étrange et d'anormal à permettre que le président du tribunal civil autorisât les préliminaires d'une poursuite qui sera jugée ensuite par le conseil de guerre. A cela, deux réponses : d'abord, la fabrication dans les établissements militaires est quelquefois dévolue à des entreprneurs qui n'ont aucun caractère militaire, et, en second lieu, si la contrefaçon, commise par un militaire, peut être, en tant que délit, de la compétence des tribunaux militaires, elle n'en reste pas moins, à la volonté du breveté, de la compétence des tribunaux civils, et dès lors l'anomalie disparaît.

796. *Quid* **de la saisie sur les personnes?** — Le droit de constater la contrefaçon ne saurait aller jusqu'à légitimer la vexation et l'abus. L'huissier ne pourrait, par exemple, fouiller le prétendu contrefacteur, l'obliger à se dévêtir et pousser, en un mot, la perquisition jusque sur la personne. On cite pourtant une espèce où l'huissier n'avait pas craint de se porter à un pareil excès; il s'agissait de la contrefaçon d'un appareil orthopédique, et l'officier ministériel avait cru pouvoir le saisir sur une jeune personne de seize ans, qu'il avait obligée, pour cette constatation, de se dépouiller de ses vêtements. Un acte semblable n'est plus l'exercice du droit; c'est un abus criant qui, même au cas où la contrefaçon serait établie, autorise les magistrats à condamner celui qui s'en rend coupable à des dommages-intérêts (1).

797. Peut-on saisir en vertu d'une ancienne ordonnance? — Cette question se rattache à celle que nous avons examinée plus haut, touchant la légalité des ordonnances générales. Nous avons parlé de l'ordonnance générale eu égard au défaut de désignation du contrefacteur; il s'agit ici de rechercher dans quelle limite de temps une ordonnance est valable. L'est-elle indéfiniment, en ce sens que, dix ans par exemple après l'avoir obtenue, le breveté puisse encore s'en servir? Si l'on admet la validité des ordonnances générales, il faut admettre, comme corollaire, qu'elles sont indéfiniment valables, et, à nos yeux, c'est un argument de plus contre un système qui conduit à une pareille conséquence. C'est assez dire que nous nous prononçons ici encore pour la négative. Comment comprendre qu'une ordonnance, une fois obtenue, une fois utilisée, puisse conserver sa valeur? Quelle serait cette singulière formalité, et en quoi serait-elle protectrice du commerce et de l'industrie, si le président, après l'avoir autorisée dans un cas déterminé, à une époque précise, se trouvait du même coup l'autoriser pour un cas tout différent, pour une époque très éloignée, en vue de circonstances qu'il n'a même pu prévoir? Il semble, en vérité, que poser la question, en montrer les différents aspects, c'est en même temps la résoudre. De bons esprits cependant ne l'envisagent pas de la même façon, et M. Blanc, par exemple, se contente de dire : « On a prétendu que la saisie est nulle « quand elle a été formée en vertu d'une ordonnance *pé-« rimée*... Nous ne savons pas ce que c'est qu'une ordon-« nance *périmée*, lorsqu'elle ne fixe pas un délai au delà du-« quel on ne pourra plus s'en servir. » Et le même auteur ajoute plus loin : « Vainement dit-on que l'ordonnance du « juge serait, dans notre doctrine, une sorte de blanc-seing, « une véritable lettre de cachet. S'il en était ainsi, nous ne « savons trop si le contrefacteur serait bien venu à s'en « plaindre (2)... »

---

(1) V. Angers, 18 fév. 1841, Périer (Dall., 41.2.80).
(2) Blanc, p. 655.

Nous préférons l'opinion émise par M. Nouguier qui, tout en admettant que l'ordonnance peut permettre de saisir chez tous contrefacteurs, n'admet pas pour cela qu'elle puisse indéfiniment servir, et qui dit, au contraire, expressément : « Un breveté, qui a obtenu de saisir pour un cas particulier, « ne peut, dans d'autres cas qui n'ont pas été prévus par « l'ordonnance du président, puiser dans cette ordonnance « spéciale l'autorisation qui lui est nécessaire (1). »

MM. Rendu et Delorme partagent cet avis : « L'ordon- « nance portant autorisation de saisir n'a d'effet légal, disent- « ils, qu'à l'égard de la poursuite en vue de laquelle elle est « intervenue. Le breveté ne pourrait s'en prévaloir ultérieu- « rement pour faire procéder à des poursuites nouvelles, en « raison de faits postérieurs à l'ordonnance. Il serait absolu- « ment contraire à l'esprit de la loi que l'autorisation de saisir « demeurât indéfiniment efficace entre les mains du breveté, « et qu'il lui suffît de s'être adressé une fois à la justice pour « pouvoir saisir désormais à son jour et à son heure. Ce se- « rait rentrer indirectement dans le système de la loi du « 7 janvier 1791 (art. 12) qui autorisait la saisie en vertu « du brevet seul, système que la loi de 1844 a voulu précisé- « ment abolir. Les tribunaux pourront donc décider, en fait, « d'après la date ancienne de l'ordonnance et les circonstances « qui l'ont accompagnée, qu'elle ne peut valider la saisie de « beaucoup postérieure (2). »

798. La même ordonnance peut-elle servir plusieurs fois? — Nous ne parlons pas ici des ordonnances générales; nous avons dit ce que nous en pensions. Nous entendons parler d'une ordonnance spéciale, permettant de saisir chez un individu déterminé, et nous nous demandons si cette ordonnance peut servir à opérer plusieurs saisies successives. Nous ne le pensons pas; comme nous l'avons dit plus haut, l'ordonnance ne peut servir hors du temps, hors du cas surtout, pour lequel elle a été rendue. Lors donc

(1) Nouguier, n° 870. — V. en ce sens Paris, 13 août 1853, cité par Nouguier; Paris, 21 déc. 1871, Garnier (Pataille, 71.173).

(2) Rendu et Delorme, n° 549.

qu'en vertu d'une ordonnance on a opéré une saisie chez une personne, on ne peut, si l'on juge utile de faire une seconde saisie chez la même personne, s'autoriser de la même ordonnance; il en faut une seconde. On a quelquefois établi une distinction et l'on a déclaré l'ordonnance valable pour une seconde saisie, lorsque la première se trouvait nulle, soit pour défaut d'ajournement dans la huitaine, soit pour tout autre motif. Nous ne voyons rien dans la loi qui légitime cette distinction. Qu'importe que la saisie soit nulle ou non; il n'en est pas moins vrai que l'ordonnance a été utilisée, qu'elle a servi pour le cas auquel elle était destinée, que le breveté a usé des pouvoirs qu'elle lui conférait. Concevrait-on, pour faire une comparaison, que le permis accordé par une autorité quelconque de visiter, soit un musée, soit un arsenal, fût, en thèse générale, indéfini, et que l'effet même de ce permis survécût au fait de s'en être une fois servi? Quelle garantie offrirait le pouvoir délégué par la loi au président, si son ordonnance, après avoir servi de base légale à une première saisie, devenait, en dehors des prévisions de son auteur, la base d'une seconde, peut-être d'une troisième? Où s'arrêterait, en effet, le droit pour le breveté de faire usage de l'ordonnance? Combien de fois pourrait-il en user? Est-ce trois fois, est-ce dix fois? Et pourquoi dix fois plutôt que vingt? On voit clairement que, en dehors de notre système, tout n'est que contradiction ou du moins arbitraire (1).

799. *Quid* **de l'autorisation de saisie si le brevet est expiré? —** M. Nouguier dit à ce sujet : « Comme une « contestation doit être jugée par l'état du droit des parties « au moment où les faits se sont passés, l'autorisation de « saisir peut être accordée sur la production d'un brevet ex- « piré, si les faits sont antérieurs à l'expiration du brevet (2). » M. Nouguier n'ajoute rien de plus; la question mérite pourtant d'être examinée, et nous sommes porté, pour notre part, à adopter une opinion contraire à celle qu'exprime M. Nouguier. Il nous semble juste, lorsque le brevet est expiré, de

(1) Comp. Cass., 12 nov. 1854, Pain (*Gaz. trib.*, 23 novembre).
(2) Nouguier, n° 841.

priver le breveté du bénéfice des dispositions spéciales de la loi de 1844; pourquoi a-t-il attendu l'expiration de son brevet pour poursuivre la contrefaçon? Que ne faisait-il diligence? Du reste, l'art. 47 ne dit-il pas en propres termes : « Les *pro-* « *priétaires de brevet* pourront, en vertu d'une autorisation « du président, procéder à la description, etc. »? La loi ne manifeste-t-elle, par cela même, son intention de n'accorder le droit de saisie, dans les termes de l'art. 47, qu'à celui qui est propriétaire d'un brevet? Or, peut-il se dire encore propriétaire d'un brevet celui dont le brevet est expiré et non seulement n'a plus d'existence légale, mais encore peut librement, impunément être copié? Au moins, nous paraît-il dans la nature des choses de faire une distinction entre la simple description et la saisie. Que le breveté, même après l'expiration de son brevet, puisse, en vertu d'une ordonnance du président, procéder à la description, sans saisie, des objets qu'il argue de contrefaçon, nous n'y faisons pas obstacle; car, bien que ce droit soit écrit dans l'art. 47, à côté du droit de saisie, il faut reconnaître qu'il existait déjà en vertu des principes généraux, et que, même sans l'art. 47, nul ne contesterait au président le pouvoir d'ordonner ce qui n'est, après tout, qu'un pur constat. Il en est autrement de la saisie; c'est une mesure grave, presque exorbitante, en tout cas en dehors des moyens ordinaires de constatation; c'est, comme le remarque quelque part M. Renouard, une vraie confiscation anticipée. N'est-il pas naturel d'en restreindre l'usage plutôt que de l'étendre? N'est-il pas naturel d'en réserver le bénéfice à celui qui a été vigilant et soigneux de ses droits? Ce système, qui s'appuie incontestablement sur le texte précis, sur la lettre de la loi, ne porte d'ailleurs aucun préjudice aux intérêts du breveté. Sans doute, l'expiration du brevet ne doit pas empêcher le breveté de poursuivre le délit de contrefaçon commis à son préjudice antérieurement à cette expiration. Si le délit n'est pas prescrit (et c'est l'hypothèse que nous supposons), le breveté ne saurait être privé du moyen de le constater; seulement, nous pensons qu'il ne peut requérir la saisie telle que l'organise l'art. 47, et obtenir, comme le propriétaire d'un brevet non expiré, la mainmise préalable de la justice sur l'industrie d'un concurrent.

M. Pataille est de cet avis, et voici comment il l'exprime : « Lorsque le brevet est expiré, il n'y a plus de titre. Si, en « effet, on se réfère au texte même de l'article 47, qui auto- « rise *les propriétaires de brevets* à procéder avec autorisa- « tion du juge, par voie de procès-verbaux, avec ou sans « saisie réelle, on peut dire que celui qui n'a entre les mains « qu'un titre expiré n'est plus en droit de se dire *propriétaire « d'un brevet*. Si l'on se reporte à l'esprit de la loi, on ne « peut pas ne pas être frappé par cette considération que le « président, qui ne peut délivrer l'ordonnance que *sur la « représentation du brevet*, a nécessairement le droit de re- « fuser l'autorisation, si le titre ne lui paraît pas valable ou « si la mesure préventive qui est demandée lui paraît exor- « bitante ou inutile. Quant à nous, nous allons plus loin, et, « en admettant que le président ait le droit d'autoriser un « simple procès-verbal de constat, nous croyons : 1° qu'il « doit refuser toute autorisation de saisir même de simples « échantillons ; 2° que, s'il a accordé l'autorisation, la saisie « est nulle ; 3° enfin que, dans tous les cas, il n'y a pas lieu « à confiscation. Ces propositions nous paraissent ressortir « de ce double motif : d'une part, qu'il n'existe plus de titre « exécutoire, et, d'autre part, que les objets sur lesquels « porteraient la saisie et la confiscation sont devenus libres « et licites à partir de l'expiration du brevet (1). »

Il a été jugé que, bien que la description ait été régulièrement autorisée en présence d'un titre en apparence valable, il y a lieu de la déclarer nulle et de nul effet, lorsqu'il est établi que le brevet était frappé de déchéance à l'époque où elle se pratiquait (Trib. corr. des Sables-d'Olonne, 8 juin 1870, Gentil, Pataille, 72.210).

---

(1) V. observ. Pataille, 70.348. — Comp. toutefois, sur la confiscation, *infrà*, n° 988.

SECTION IV.

Recours contre l'ordonnance du président.

SOMMAIRE.

800. De l'appel contre l'ordonnance du président? — C'est une question controversée que celle de savoir s'il existe un recours contre l'ordonnance par laquelle le président autorise le breveté à décrire ou à saisir des objets prétendus contrefaits. Pour résoudre cette question, il faut évidemment rechercher à quelle juridiction appartient cette ordonnance. Est-ce à la juridiction *gracieuse?* Est-ce à la juridiction *contentieuse?* Dans le premier cas, point de recours, puisque le président ne relève que de lui-même; le recours, au contraire, est ouvert dans le second cas. Ce sont là les principes généraux, et, à défaut d'une disposition qui les contredise dans la loi spéciale, nous les devons appliquer. Qu'est-ce donc que la juridiction gracieuse? Qu'est-ce que la juridiction contentieuse? « La juridiction contentieuse, « dit M. Chauveau, est celle qui a pour mission de décider « entre les prétentions rivales de deux parties que la loi met « en présence; la juridiction gracieuse est celle qui prononce « sur les demandes d'une partie que la loi autorise à se pré- « senter seule, sans appeler l'adversaire qui pourrait avoir « quelque intérêt à la contredire. » Aucun des termes de cette définition ne nous paraît sujet à critique, et pour notre part nous l'acceptons entièrement. Cela étant, il est de toute évidence que l'ordonnance, qui est rendue par le président sur la simple requête du breveté, en l'absence de tout adversaire, de tout contradicteur, émane de la juridiction gracieuse; elle appartient donc à la conscience du magistrat, rien qu'à sa conscience, et il n'est pas de juridiction supérieure pour la réformer. La plupart des auteurs admettent avec nous cette solution (1).

801. Jurisprudence (2). — Il a été jugé en ce sens : 1° que les pouvoirs conférés au président par l'article 47 de la loi de 1844, comme ceux à lui conférés par l'article 558 du Code de procédure civile, constituent une juridiction non contentieuse ; les décisions prises alors par ce magistrat ne portent que sur des mesures urgentes et provisoires et ne sont sujettes à aucun recours ; en conséquence l'appel, qui serait relevé contre son ordonnance, est non recevable (Paris, 11 fév. 1846, Caron, Blanc, p. 647) ; — 2° que, s'il convient au président de ne statuer qu'après avoir entendu les parties en leurs explications contradictoires, cette circonstance n'altère en rien la nature de ses pouvoirs et ne convertit pas ses ordonnances en actes de juridiction contentieuse ; par suite, l'ordonnance qu'il rend en ce cas n'est pas davantage susceptible d'appel (Rej., 13 août 1862, Masse, Pataille, 62.387) ; — 3° qu'aucune voie de recours n'est ouverte contre l'ordonnance du président, et que l'on n'est même pas recevable à se pourvoir en référé auprès de ce magistrat pour obtenir de lui le retrait ou la modification de son ordonnance antérieure (Bruxelles, 22 janv. 1855, B. J., t. 13, p. 438).

802. *Quid* **du référé?** — Il n'est pas, avons-nous dit, de juridiction instituée pour réformer l'ordonnance émanée du pouvoir gracieux du président ; celui-ci, en la rendant, ne relève que de lui-même. Est-ce à dire que cette ordonnance est absolument inattaquable, et que le président lui-même ne pourrait la réformer ou la modifier? L'examen détaillé de cette question, vivement controversée en matière de saisie-

---

(1) V. Nouguier, n° 845 ; Renouard, n° 236 ; Gouget et Merger, n° 92 ; Dalloz, n° 350 ; Bioche, v° *Brev. d'inv.*, n° 20 ; Rendu et Delorme, n° 543 ; Calmels, n° 623. — *Contrà*, Blanc, p. 647.

(2) V. aussi Paris, 2 août 1845, Jourdan (Blanc, p. 647) ; Paris, 27 juin 1853, Martineau (*eod. loc.*) ; Paris, 30 août 1854, Darlincourt (*eod. loc.*). — V. toutefois, en sens contraire, Paris, 9 juill. 1855, Cavaillon (Dall., 56.5.47). — Comp. aussi Paris, 8 mars 1845 (De Belleyme, *Ordonnances*, t. 1, p. 32) ; Paris, 13 mars 1829 (*eod. loc.*, p. 35) ; Paris, 17 nov. 1853 (*eod. loc.*, p. 33).

arrêt, nous entraînerait trop loin. Qu'il nous suffise de dire que nous nous rangeons à l'avis de ceux qui pensent que le président, s'il ne peut rétracter son ordonnance, peut du moins la modifier ou la compléter. Ne serait-il pas absurde d'admettre que le président, après s'être laissé surprendre une autorisation générale, absolue, sans réserve ou sans condition, serait ensuite impuissant à en atténuer les effets fâcheux, à en corriger l'injustice ou l'excès? N'est-il pas naturel, au contraire, de permettre au président de rectifier ses propres actes ou de les maintenir après s'être éclairé sur leur portée? Nous pensons donc, d'accord en cela avec une pratique constante, que le saisi peut user de la voie du référé pour obtenir, soit le dépôt d'un cautionnement par le saisi, soit une augmentation du cautionnement primitivement ordonné, soit d'autres modifications de la première ordonnance (1).

803. Ordonnance de référé ; est-elle susceptible d'appel? — M. Nouguier se prononce pour la négative dans les termes suivants : « Ici encore, et quelle que soit sa décision, il (le président) fait acte de juridiction non contentieuse, et sa nouvelle ordonnance, pas plus que la première, ne peut devenir la matière d'un appel (2). » Sirey, en note de l'arrêt du 13 août 1862, rapporté ci-dessous, exprime la même opinion. L'arrêtiste assimile les ordonnances en matière de saisie-contrefaçon aux ordonnances en matière de saisie-arrêt et termine ainsi : « La conséquence de la « faculté ainsi reconnue au président (faculté de ne rendre « son ordonnance qu'à charge d'en référer en cas de diffi- « culté), c'est que l'ordonnance qu'il rend sur le référé « réservé à la partie n'a pas le caractère contentieux d'une « ordonnance de référé proprement dite, mais qu'elle est la « suite et le complément de l'ordonnance conditionnelle pré- « cédemment rendue et que, dès lors, la seconde ordon-

(1) V. Douai, 27 fév. 1856, Villard (Jurisp. Douai, 56.64). — Comp. Ordonn. référé, Trib. Lyon, 1er déc. 1871, Fayolle (Dall., 71.5.39). — V. toutefois Bruxelles, 22 janv. 1855 (*B. J.*, t. 13, p. 438).

(2) Nouguier, n° 859 *in fine*.

« nance, émanant, comme la première, du pouvoir discré-
« tionnaire que la loi donne au président, n'est pas plus que
« celle-ci susceptible d'appel (1). »

Nous n'acceptons pas cette théorie : et, si l'on se reporte à ce que nous avons dit plus haut, si l'on reprend la définition que nous empruntions tout à l'heure à M. Chauveau, on sera invinciblement amené à penser que l'ordonnance rendue par le président sur le référé qui est introduit par le saisi émane de la juridiction contentieuse, et, partant, qu'elle est susceptible d'appel. N'est-il pas certain, en effet, que le président, lorsqu'il statue en référé, *a pour mission de décider entre les prétentions rivales de deux parties que la loi met en présence?* Comment d'ailleurs admettre que l'ordonnance ne soit pas, en ce cas, susceptible d'appel, lorsqu'on relit l'art. 809 du Code de procédure civile? Aux termes de cet article, les ordonnances rendues sur référé sont susceptibles d'appel d'une façon générale, absolue; il faudrait que la loi spéciale contînt sur ce point une dérogation pour que l'art. 809 ne s'appliquât pas. Or, on y chercherait en vain cette dérogation qui du reste serait inexplicable.

Notre système, on le voit, se résume à ceci : l'ordonnance rendue sur la requête du breveté n'est pas susceptible d'appel ; il en est autrement de celle qui est rendue sur le référé provoqué par le saisi ; celle-là, aux termes du droit commun, peut être soumise à la juridiction du second degré.

Cet avis, que nous avions eu déjà l'occasion d'exprimer (2), est également partagé par MM. Picard et Olin, et voici comment ils réfutent les objections qu'on y peut opposer :
« On invoque la garantie du président qui, dit-on, prendra
« en mains les intérêts du prétendu contrefacteur. Mais, si
« nous ne suspectons pas sa sagesse, nous nous méfions de ses
« lumières; car il est impossible qu'en écoutant une seule

---

(1) Sirey, 62.1.929, *note* 1-2.

(2) V. *Propr. ind.*, n° 267. — *Nota* : Nous émettions alors la pensée, conformément à plusieurs monuments de jurisprudence, que même la première ordonnance pouvait être déférée à la Cour; c'était aller trop loin.

« partie il puisse sainement apprécier les choses. Ne sera-t-il « pas le premier à désirer les éclaircissements qui naîtront « d'un débat contradictoire? On se rejette sur la possibilité « d'une action en dommages-intérêts contre le breveté impru- « dent. Mais cette condamnation lui donnera-t-elle une sol- « vabilité dont il est peut-être dépourvu; suppléera-t-elle au « défaut d'une caution que le défendeur aurait certainement « obtenue avant la consommation du dommage, s'il avait joui « d'un recours auprès du magistrat, auteur de l'ordonnance, « et dévoilé la situation précaire du demandeur? Il n'y a pas « d'assimilation entre l'ordonnance rendue par le président « en notre matière et celle qui statue sur une demande de « saisie-arrêt. Il y a un rapport intime entre la première et « le fond du droit, tandis que la seconde est une mesure « toute conservatoire et dont les effets préjudiciables sont « naturellement fort restreints. Au surplus le point de savoir « si, en matière de saisie-arrêt, les parties jouissent d'une « voie de recours contre l'ordonnance du président est lui- « même l'objet d'une vive controverse, et des autorités nom- « breuses et respectables ont consacré la solution affirmative « de cette difficulté. Le recours en référé est d'ailleurs pres- « que généralement admis contre l'ordonnance qui autorise « la saisie, et la pratique de la plupart des tribunaux confirme « cette manière de voir. Nous estimons donc que l'appel est « recevable, mais qu'il doit être dirigé contre l'ordonnance « statuant sur le recours en référé. Cette opinion est plus « équitable, elle sauvegarde tous les intérêts, elle n'est con- « traire à aucun texte, elle concorde avec les principes « généraux (1). »

Depuis que nous avons écrit ce qui précède, M. Bertin a publié son remarquable livre des *Ordonnances sur requête ;* il a dissipé, on peut le dire, toutes les obscurités qui entouraient encore la question ; il a démontré, avec une admirable clarté, pourquoi l'ordonnance rendue sur requête n'est pas susceptible d'appel, et pourquoi celle qui est rendue sur référé peut être, au contraire, soumise au juge du second

(1) Picard et Olin, n° 656.

degré. Nous ne pouvons que renvoyer nos lecteurs à son travail (1).

804. Jurisprudence. — Il a été jugé en ce sens : 1° que l'ordonnance que le président rend sur le référé introduit par la partie saisie et par laquelle il ordonne le dépôt d'un cautionnement est susceptible d'appel : la Cour, sur l'appel, peut réduire le chiffre du cautionnement; le président, en pareil cas, doit, pour donner à son ordonnance une sanction, imposer un délai, passé lequel il y aura de plein droit mainlevée de la saisie (Douai, 9 avril 1856, Villard, Jurispr. Douai, 56.256); — 2° que l'ordonnance que le président rend en référé sur l'opposition de la partie saisie est susceptible d'appel; mais la partie qui exécute la première ordonnance sans réclamations ni recours est irrecevable à l'attaquer par voie de cassation; ce recours n'est ouvert qu'au profit de celui qui au préalable a usé des voies de redressement autorisées par la loi (Rej., 16 mai 1860, Torilhon, Dall., 60.1.432); — 3° que l'ordonnance à fin de saisie-contrefaçon constitue, au regard du président du tribunal civil, d'après les termes mêmes de l'article 47 de la loi du 5 juillet 1844, un acte d'instruction nécessaire de la poursuite; sa collation ne saurait donc être (à l'instar des conditions qui peuvent être mises à son exécution, en ce qui concerne soit l'adjonction d'un expert à l'huissier, soit le dépôt d'un cautionnement, lesquelles conditions sont facultatives), discrétionnairement accordée ou refusée au breveté qui en revendique le bénéfice sous sa responsabilité ; en conséquence, le magistrat, investi du droit de rendre l'ordonnance préliminaire à la poursuite en contrefaçon, ne saurait s'attribuer celui de la rapporter sans qu'aucune des conditions originairement mises à cette ordonnance ait été méconnue : par suite, est susceptible d'appel comme entachée d'incompétence et d'excès de pouvoir, l'ordonnance de référé qui en effectue le rapport (Paris, 22 juin 1885, Placet (2), Pataille, 85.353).

---

(1) V. Bertin, *Des Ordonnances sur requête*, nos 124 et suiv..

(2) V. Rej., 31 mai 1886, même affaire (Pataille, 87.48) et le rapport de M. le conseiller Lardenois. — V. aussi Paris, 22 juill. 1885, Languereau (Pataille, 85.361).

805. Jurisprudence contraire. — Il a été jugé dans un sens opposé : 1° que, si le président autorise les parties à lui en référer en cas de difficulté, cette voie, par lui ouverte pour compléter et pour rectifier au besoin l'ordonnance par lui rendue, n'est également qu'un mode d'exercice du pouvoir discrétionnaire à lui conféré; en conséquence, l'ordonnance complémentaire ou rectificative qui intervient par suite du référé ainsi réservé se confond avec la première ordonnance, est de la même nature et n'est pas plus qu'elle susceptible d'appel (Rej., 13 août 1862, Masse, Pataille, 62.387); —2° que la faculté, accordée au président du tribunal civil par l'art. 47 de la loi du 5 juillet 1844 sur les brevets d'invention de mettre sous la main de justice des objets argués de contrefaçon et de subordonner cette saisie au dépôt préalable d'un cautionnement, rentre dans l'exercice de son pouvoir discrétionnaire, et donne naissance à des actes de juridiction gracieuse, qui ne peuvent être frappés d'aucun recours ; l'ordonnance de référé, qui complète ou rectifie l'ordonnance sur requête, ayant autorisé une saisie-contrefaçon, émane du même pouvoir que celle-ci et n'est pas plus qu'elle susceptible d'appel; toutefois, la juridiction gracieuse du président est épuisée, lorsque la saisie est accomplie, que ses résultats ont été acceptés et que les difficultés qu'il est appelé à trancher en référé ne sont pas nées au moment même de la saisie ou avant sa terminaison ; l'intervention ultérieure de ce magistrat ne peut dès lors s'exercer que dans les conditions et avec les voies de recours prévues par l'art. 809 du Code de procédure civile (Rouen, 7 mai 1885, Lessive Phénix, Pataille, 85.363.)

SECTION V.

Nullité et mainlevée de la saisie.

SOMMAIRE.

806. Délai pour assigner après la saisie. — 807. *Quid* s'il y a force majeure? — 808. *Quid* en cas de plusieurs saisies ? — 809. *Quid* d'une saisie nouvelle au cours de l'instance ? — 810. Nullité de la saisie ; son effet sur l'action. — 810 *bis*. Jurisprudence. — 811. La nullité a-t-elle lieu de plein droit ? — 812. Nullité de la saisie ; peut-on saisir de nouveau? — 813. Jurisprudence. — 813 *bis*. *Quid* de la perte des objets saisis ? —

814. *Quid* si le breveté ne suit pas sur la saisie ? — 815. Compétence. — 816. Demande en mainlevée; étranger. — 817. *Quid* si la saisie a été ordonnée par un juge d'instruction ? — 818. *Quid* de la simple menace d'une saisie ? — 819. Jurisprudence.

806. Délai pour assigner après la saisie. — L'art. 48 est ainsi conçu : « A défaut par le requérant de s'être « pourvu, soit par la voie civile, soit par la voie correction- « nelle, dans le délai de huitaine, outre un jour par trois « myriamètres de distance entre le lieu où se trouvent les « objets saisis ou décrits et le domicile du contrefacteur, « receleur, introducteur ou débitant, la saisie ou description « sera nulle de plein droit, sans préjudice des dommages- « intérêts qui pourront être réclamés, s'il y a lieu, dans la « forme prescrite par l'art. 36. » Ainsi la loi est formelle : la saisie ou la description n'est valable qu'à la condition expresse qu'elle ait été suivie dans la huitaine d'une assignation.

Ces mots « dans le délai de huitaine » sont de nature à soulever une difficulté : le délai est-il de huit jours *francs?* Doit-on, par suite, exclure du délai le jour où la saisie est pratiquée? En présence des termes généraux de l'art. 1033 du Code de procédure civile, modifié par la loi du 3 mai 1862, il semble naturel de penser que le délai est de huit jours francs. Si, par hasard, la saisie durait plusieurs jours, il ne faudrait pas les compter dans le délai de huitaine; cela est de toute évidence; le dernier jour fixerait le point de départ du délai. Il n'est pas moins évident que le vœu de la loi est rempli dès que l'exploit est délivré dans la huitaine; peu importe, du reste, que l'ajournement soit donné pour une époque postérieure, de plus de huit jours à la saisie.

807. *Quid* **s'il y a force majeure?** — Nous pensons que la nullité ne devrait pas être prononcée si c'était par suite d'un obstacle de force majeure que l'assignation n'avait pas été lancée dans la huitaine. Nous ne voyons rien dans la loi spéciale qui apporte ici une dérogation aux principes généraux; nous ne comprenons donc pas l'opinion contraire, exprimée par MM. Picard et Olin (1). Comprendrait-on, par

(1) Comp. Picard et Olin, n° 670; Dall., v° *Brev. d'inv.*, n° 355.

exemple, qu'une saisie ayant été pratiquée et une inondation survenant, coupant pendant un certain temps les voies de communication, ce fait fît perdre au breveté, impuissant à le conjurer, le bénéfice de la saisie?

808. *Quid* **en cas de plusieurs saisies?** — Il arrive souvent que le breveté pratique des saisies chez plusieurs individus, à raison des mêmes faits de contrefaçon ; par exemple, il est fréquent qu'après avoir saisi chez le fabricant il saisisse chez plusieurs débitants ou réciproquement; en ce cas, est-il nécessaire que chaque saisie soit suivie d'une assignation dans la huitaine, ou bien les divers procès-verbaux, relatifs aux mêmes faits, ne forment-ils, en quelque sorte, qu'une seule saisie, de telle sorte qu'il suffise que l'une des assignations soient donnée dans la huitaine pour que la saisie soit valable à l'égard de tous ceux contre lesquels il a été verbalisé? M. Et. Blanc enseigne cette dernière opinion (1); mais elle ne nous paraît pas juridique. Il nous semble même que des termes de la loi il résulte clairement que chaque personne assignée a le droit de se prévaloir de la nullité résultant du défaut d'assignation dans la huitaine.

Jugé pourtant que la disposition de l'article 48 de la loi du 5 juillet 1844, qui déclare nulle de plein droit la saisie ou description non suivie d'assignation dans la huitaine, ne saurait être invoquée par les tiers détenteurs dont la mise en cause n'est astreinte par la loi à aucun délai de rigueur (Paris, 4 février 1874, Garabaux, Pataille, 74.124.)

809. *Quid* **d'une saisie nouvelle au cours de l'instance?** — L'instance engagée, il se peut que le breveté juge utile à ses intérêts de faire une nouvelle constatation, soit pour établir la persistance du préjudice commis à son détriment, soit pour en démontrer d'une manière plus complète l'étendue et l'objet. En ce cas, est-il nécessaire, à peine de nullité, que la saisie soit suivie, dans la huitaine, d'une assignation? Les auteurs sont d'accord dans le sens de la négative. Cette opinion paraît juste; ce que la loi a voulu,

(1) V. un article de M. Blanc dans la *Propr. ind.*, n° 454.

en ordonnant que la saisie fût promptement suivie d'un ajournement, c'est que le breveté ne pût indéfiniment entraver la fabrication du saisi. Or ici rien de semblable n'est à craindre, puisque la poursuite est engagée et la justice déjà saisie (1).

Il a été jugé en ce sens : 1° que le breveté, après avoir fait une première saisie suivie, dans les délais de la loi, d'une assignation régulière, peut valablement pratiquer une seconde saisie; cette saisie n'est alors qu'un incident de l'instance primitivement engagée, et n'a pour but que d'apporter aux juges de nouveaux et plus amples éléments d'appréciation; il n'est donc pas nécessaire de la faire suivre d'une nouvelle assignation qui n'aurait pour objet que d'occasionner des frais frustratoires (Paris, 8 mars 1860, Brossette, *Prop. ind.*, n° 144); — 2° que l'art. 48 de la loi du 5 juillet 1844, qui déclare « nulles de plein droit les saisies non suivies d'assignation dans la huitaine », n'est pas applicable aux saisies faites dans le cours d'une instance commencée; dans ce cas, la confiscation des objets décrits peut être prononcée sur de simples conclusions, par le tribunal saisi de la première instance, bien qu'il y ait été procédé en vertu d'ordonnances émanant de présidents d'autres tribunaux (Orléans, 9 août 1876, Ganne (2), Pataille, 78.27).

810. Nullité de la saisie; son effet sur l'action. — La nullité de la saisie ne préjudicie pas à l'action; comment en serait-il autrement, puisque la saisie n'est pas le préliminaire indispensable de la poursuite? La saisie anéantie, c'est une preuve qui s'évanouit. Désormais, le breveté ne peut plus invoquer la saisie pour prouver la contrefaçon, mais il lui reste la ressource d'invoquer d'autres preuves, s'il en a (3). D'où cette conséquence qui tombe sous le sens : si le procès-verbal de saisie est la seule, l'unique preuve dont dispose le breveté, la poursuite devient sans objet et le poursuivi doit être pure-

---

(1) V. Picard et Olin, n° 674.

(2) V. aussi Rej., 4 juin 1877, même affaire (*eod. loc.*).

(3) V. Renouard, n° 236; Blanc, p. 656; Rendu et Delorme, nos 545 et 550; Nouguier, n° 877.

ment et simplement renvoyé des fins de la demande. MM. Picard et Olin vont peut-être trop loin lorsqu'ils ajoutent : « Nous pensons même qu'il (le breveté) ne serait pas admis « à faire entendre comme témoins les rédacteurs de ce « procès-verbal, car ces derniers seraient reprochables aux « termes de l'art. 263 du Code de procéd. civ. pour avoir « donné un certificat par écrit dans l'instance (1). »

Ajoutons qu'il appartient au juge du fait d'apprécier souverainement si la nullité de la saisie ou l'absence de saisie (ce qui revient au même) permet ou non d'établir la contrefaçon ; le breveté ne pourrait utilement soutenir devant la Cour de cassation qu'il possédait des preuves de nature à suppléer à la saisie (2).

810 *bis*. **Jurisprudence.** — Il a été jugé à cet égard : 1° que la nullité de la saisie ne peut avoir pour effet de faire périr la demande principale, puisqu'elle n'en est pas le préliminaire obligé (Paris, 15 déc. 1865, Bouquié (3), Pataille, 68.7) ; — 2° que la recevabilité de l'action dirigée par le breveté contre le contrefacteur ne peut être à aucun titre subordonnée à la validité de la saisie qu'il aurait fait pratiquer, les art. 47 et 48 de la loi du 5 juillet 1844 n'édictant pour le demandeur en contrefaçon qu'une simple faculté dont ils déterminent les formes et les conditions, mais sans attacher aucunement à la nullité de cette mesure l'effet de rendre irrécevable une demande qui serait justifiée par d'autres moyens (Chambéry, 9 mai 1881, Frankfeld, Pataille, 81. 268) ; — 3° que la nullité de la saisie n'entraîne pas déchéance de l'action, et qu'il peut y être suppléé par la preuve testimoniale (Amiens, 28 déc. 1850, Jérosme (4), Dall., 51. 2.76, et Douai, 5 août 1851, mêmes parties, Dall., 54.2.72); — 4° que, dans le cas où la saisie est déclarée nulle, la contrefaçon peut être établie par tous autres documents, notam-

(1) V. Picard et Olin, n° 668.

(2) V. Rej., 24 fév. 1855, Bocchorst (*Le Droit*, 55.47).

(3) V. également Douai, 26 août 1865, Raffard (Pataille, 69.325) ; Paris, 14 mai 1870, Gougy (Pataille, 72.385).

(4) V. aussi Douai, 5 août 1851, même affaire (Pataille, 54.2.72).

ment par le relevé de mentions portées sur un livre de vente et indiquant la vente d'objets conformes à ceux brevetés (Paris, 15 juin 1860, Sax, Pataille, 60.241); — 5° mais que, lorsque la saisie est annulée et qu'aucune autre preuve de la contrefaçon n'est fournie par le plaignant, il y a lieu de renvoyer le prévenu des fins de la plainte (Paris, 22 janv. 1864, Beckers (1), Pataille, 64.99) ; — 6° que, d'ailleurs, la nullité d'une saisie d'objets contrefaits, non suivie de poursuites dans les délais légaux, ne peut plus être invoquée par le défendeur qui a conclu et plaidé au fond (Paris, 31 mars 1881, Pérille, Pataille, 82.130); — 7° qu'en tous cas, si la nullité de la saisie, à défaut d'assignation donnée dans la huitaine, n'empêche pas le breveté de poursuivre la contrefaçon, il faut du moins reconnaître qu'il ne peut former sa demande en contrefaçon par simples conclusions et par voie de demande reconventionnelle en réponse à la demande en nullité de saisie et en dommages-intérêts formée contre lui (Paris, 9 nov. 1872, Cabourg, Pataille, 73.42).

811. La nullité a-t-elle lieu de plein droit? — Il a été jugé que, lorsque la saisie faite par le breveté sur un prétendu contrefacteur n'est pas suivie, dans le délai de huitaine, d'une assignation, elle est nulle de plein droit aux termes de l'art. 48 de la loi du 5 juillet 1844, et qu'il n'y a pas lieu, dès lors, d'en prononcer mainlevée (Trib. civ. de Lille, 7 févr. 1882, Van Outryve, Pataille, 82.24).

812. Nullité de la saisie; peut-on saisir de nouveau? — Puisque la nullité de la saisie n'éteint pas l'action et n'innocente pas l'objet argué de contrefaçon, il est clair que cet objet peut être de nouveau saisi. Rien ne s'oppose à cela. Il serait même licite de le saisir au greffe du tribunal, s'il y avait été déposé à la suite de la première saisie et s'il y était encore. Au contraire, cet objet ne pourrait plus légalement être saisi dans l'hypothèse où la saisie annulée aurait été la seule preuve de la contrefaçon et où par suite, selon ce que nous avons dit plus haut, la nullité de la saisie aurait

---

(1) V. encore Trib. corr. Seine, 3 mai 1855, Sax (*Propr. ind.*, n° 33); Cass., 22 janv. 1881, Delong (Pataille, 81.5).

entraîné l'extinction de l'action elle-même. Mais, en ce cas, qu'on le remarque, ce n'est pas la nullité de la première saisie, c'est le mal-fondé reconnu de l'action qui rend impossible une saisie nouvelle ; il y a autorité de la chose jugée.

L'espèce suivante s'est rencontrée : un breveté saisit un objet comme contrefait, fait reconnaître son droit privatif et obtient la confiscation. Un autre breveté se présente alors, qui, prétendant avoir des droits antérieurs, saisit l'objet encore déposé au greffe et assigne en contrefaçon le breveté qui vient d'en être déclaré propriétaire. Son droit est-il fondé? Évidemment non ; le fait d'avoir obtenu une condamnation ne saurait équivaloir à aucun fait de contrefaçon, soit par fabrication, soit par vente ou autrement. L'action n'aurait de raison d'être que si le premier breveté vendait ou mettait en vente l'objet argué de contrefaçon par le second breveté ou, en un mot, commettait l'un des actes prévus par les articles 40 et 41 de la loi de 1844.

813. Jurisprudence. — Il a été jugé à cet égard : 1° que si, en principe, une saisie déclarée nulle ne peut être un obstacle à ce qu'une nouvelle saisie soit régulièrement pratiquée sur le même objet, alors même qu'il est déposé au greffe, il faut cependant admettre que la seconde saisie ne peut être validée et ne peut servir de base à de nouvelles poursuites qu'autant qu'elle a été motivée par un fait nouveau et n'ayant pas été l'objet d'une décision antérieure ; en conséquence, lorsque la saisie d'un objet prétendu contrefait et déposé au greffe a été annulée et que, à défaut d'autres preuves, le prévenu de contrefaçon a été renvoyé de la poursuite, ledit objet ne peut être de nouveau saisi au greffe et faire le sujet d'une nouvelle poursuite (Paris, 10 juin 1864, Beckers, Pataille, 65.51) ; — 2° que, quand un breveté a fait saisir un objet comme contrefait et qu'il a obtenu condamnation pour cette contrefaçon, un second breveté ne peut saisir à son tour cet objet encore déposé au greffe et poursuivre le premier breveté comme contrefacteur ; le seul fait d'avoir réussi dans le procès qu'il a intenté ne saurait rendre le premier breveté justiciable des tribunaux correctionnels ; sauf d'ailleurs au second breveté à se pourvoir par la voie civile, s'il prétend se faire attribuer le bénéfice de cette condamnation comme au véritable inventeur (Paris, 13 févr. 1862, Rouget de Lisle, Pataille, 62.358).

813 *bis*. *Quid* de la perte des objets saisis? — On peut supposer que les objets saisis et déposés au greffe y sont égarés ou même sont détruits, par exemple, par un incendie. A qui cette perte préjudiciera-t-elle? Il est clair que c'est au breveté, au saisissant. Si la preuve qu'il espérait tirer de cette saisie vient à lui manquer, il ne peut évidemment s'en prendre à celui contre qui elle était dirigée.

Jugé en ce sens que la demande en contrefaçon doit être rejetée comme sans fondement, lorsque la destruction des objets saisis par suite de l'incendie du greffe a rendu impossible toute comparaison avec l'objet revendiqué, et que le procès-verbal de description, dressé par l'huissier, n'offre pas assez de précision pour suppléer à la représentation des objets (Trib. civ. Seine, 5 déc. 1872, Lion, Pataille, 73. 246).

814. *Quid* si le breveté ne suit pas sur la saisie? — Il peut arriver que, la saisie faite, le breveté, soit qu'il reconnaisse que son action est mal fondée, soit qu'il sache la saisie viciée par quelque endroit, ne poursuive pas sa procédure et ne lance aucune assignation. Cette inaction emporte nullité de la saisie, puisque celle-ci n'est valable, nous l'avons vu, qu'à la condition d'être suivie, dans la huitaine, d'un ajournement. Toutefois, si la saisie est nulle de plein droit, il importe que cette nullité soit prononcée par une décision de justice; jusque-là, elle lie le saisi, qui n'est pas juge de son droit (1); le saisi, d'ailleurs, peut avoir éprouvé un préjudice et il lui en est dû réparation (2).

815. Compétence. — Cette demande en mainlevée de la saisie est naturellement de la compétence exclusive du tribunal civil. Nous expliquons ailleurs que le juge des référés ne pourrait prononcer cette mainlevée, qui serait une rétrac-

---

(1) V. pourtant *suprà*, n° 811.

(2) Comp. Trib. corr. Seine, 23 août 1842, aff. Guilloteaux (Dall., v° *Brev. d'inv.*, n° 355). — V. Trib. civ. Lille, 7 fév. 1882, Van Outryve (Pataille, 82.24).

tation de son ordonnance d'autorisation (1). Mais devant quel tribunal le saisi devrait-il porter sa demande? Il est évident qu'il pourra la porter devant le tribunal du domicile du saisissant; c'est là le droit commun. Mais sera-t-il obligé, tenu de la porter devant ce tribunal? Et, si le breveté demeure à l'autre bout de la France, s'il demeure, — nous pouvons le supposer, — hors du continent, en Algérie ou dans une colonie plus lointaine encore, sera-t-il contraint, lui, déjà vexé par la saisie, de s'adresser au tribunal lointain du domicile de son adversaire?

Il a été jugé, avec raison, que la demande en nullité et en mainlevée de la saisie d'objets argués de contrefaçon est valablement portée au tribunal du lieu de la saisie, par assignation donnée au domicile élu (Paris, 10 déc. 1866, Tillemans (2), Pataille, 67.397).

816. Demande en mainlevée; étranger. — L'étranger, dont les produits sont saisis sur le sol français comme entachés de contrefaçon, est-il obligé, si, à défaut de poursuites du breveté, il doit demander la mainlevée de la saisie, de fournir la caution *judicatum solvi?* Le doute vient de ce qu'en pareil cas il est réellement défendeur; ce n'est pas lui qui entame les hostilités; il ne fait qu'y répondre. S'il en était autrement, il dépendrait du breveté de changer la position de son adversaire en même temps que la sienne, et de se transformer de demandeur en défendeur.

Il a été jugé, toutefois, que l'étranger qui demande la mainlevée d'une saisie faite sur lui de marchandises arguées de contrefaçon est tenu de fournir la caution *judicatum solvi*; il est, en effet, demandeur au procès et, en cette qualité, astreint à fournir la caution (Trib. civ., Lyon, 25 janv. 1868. Œhler (3), Pataille, 69.135).

817. *Quid* **si la saisie a été ordonnée par un juge d'instruction?** — Nous avons eu l'occasion de dire que la

(1) V. *suprà*, n° 802.

(2) V. les observ. dont M. Pataille (*eod. loc.*) fait suivre l'arrêt.

(3) V. la note de M. Pataille et les nombreux auteurs qu'il cite en sens contraire.

procédure dont nous parlons ici est tout à fait inusitée dans la pratique. Cette procédure étant celle du Code d'instruction criminelle, il faudrait également la suivre pour obtenir la mainlevée, c'est-à-dire que le juge d'instruction, l'ayant ordonnée, pourrait seul en autoriser la mainlevée.

818. *Quid* **de la simple menace d'une saisie?** — On s'est demandé quel droit aurait celui auquel le breveté adresserait une menace de saisie sans y donner suite. Il est certain d'abord que celui-là ne pourrait valablement assigner le breveté à l'effet de lui faire interdire par un ordre de justice d'y procéder. Les tribunaux ne peuvent statuer que sur les contestations nées; ils n'ont pas à se prononcer sur le mérite de poursuites éventuelles (1). Toutefois, celui à qui s'adresse la menace de saisie peut avoir, suivant les circonstances, une action en dommages-intérêts. Nous disons : suivant les circonstances; il est clair, en effet, que, si cette menace était restée isolée, n'avait pas eu de retentissement, n'avait produit ni éclat ni scandale, il n'y aurait pas lieu à dommages-intérêts, puisqu'il n'y aurait pas de préjudice appréciable; au surplus, c'est là une question de fait abandonnée au sage arbitre des magistrats.

819. Jurisprudence. — Il a été jugé dans cet ordre d'idées : 1° que celui qui répand dans le commerce des circulaires dans lesquelles il donne avis que, étant inventeur d'un procédé breveté, il se propose de poursuivre comme contrefacteurs ceux qui l'emploient, et qui vise en même temps les articles de loi dont il entend user contre les détenteurs de ses produits, sans exercer d'ailleurs aucune poursuite contre ceux qu'il menace ainsi, commet un acte de concurrence déloyale et doit réparation du préjudice qu'il cause à ceux qui, sous l'empire de ces moyens comminatoires, voient retarder la commande d'ordres qu'ils avaient reçus ou allaient recevoir (Trib. comm. Seine, 18 juin 1853, Pritchard-Monneron, Nouguier, n° 720); — 2° que le brevet n'est pas une arme

(1) V. Nouguier, n° 875; Rendu et Delorme, n° 548; Dalloz, n° 355. —Comp. également Trib. civ. Seine, 18 avril 1844, Pellerin, cité par Nouguier.

dont le breveté puisse se servir seulement à titre de menace, et qu'il est tenu, en l'affirmant, à en user par les moyens légaux de la saisie et de la demande en contrefaçon : il est donc passible de dommages-intérêts lorsqu'il agit auprès des clients d'un de ses concurrents, en annonçant, sans en rien faire, qu'il va le poursuivre en contrefaçon, et en les empêchant par là de continuer ou de renouveler leurs commandes (Trib. civ. Seine, 15 juin 1864, Louchet (1), Pataille, 64. 358) ; — 3° mais que la lettre, par laquelle un breveté fait connaître à un fabricant ses prétentions sur un objet qu'un tiers a commandé à ce dernier, ne constitue ni une opposition dont ce tiers puisse demander la mainlevée, ni une entrave à l'exécution de conventions que le fabricant reste libre d'exécuter, s'il le juge convenable ou prudent (Trib. civ. Seine, 10 avril 1866, Gilbert, Pataille, 67.126).

CHAPITRE IV.

TRIBUNAUX COMPÉTENTS.

SOMMAIRE.

820. Juridiction compétente en matière de contrefaçon. — 821. Choix de la juridiction ; est-elle indifférente ? — 822. *Quid* en cas de pluralité de défendeurs ? — 823. Règles de la compétence. — 824. Comment s'apprécie la compétence ? — 825. *Quid* du tribunal du lieu de la saisie ? — 825 *bis*. Jurisprudence. — 826. *Quid* du lieu de la livraison ? — 827. *Quid* de la juridiction commerciale ? — 828. Jurisprudence. — 829. *Quid* de la juridiction arbitrale ? — 830. *Quid* si le contrefacteur est justiciable d'une juridiction exceptionnelle ? — 831. Jurisprudence. — 832. Étranger ; compétence.

820. Juridiction compétente en matière de contrefaçon. — Aux termes de l'art. 48, le breveté peut se

---

(1) V. les observ. de M. Perrot de Chaumeux, qui critique cette décision (Pataille, 64.359).

pourvoir, *soit par la voie civile, soit par la voie correctionnelle;* ce droit d'option résultait déjà des principes généraux (1). Il ne dépendrait pas du contrefacteur de rendre ce droit illusoire en portant devant le tribunal civil une demande en mainlevée de la saisie, sans attendre l'expiration de la huitaine, qui est accordée au breveté pour lancer son assignation. Malgré cette demande, le breveté conserverait le droit de poursuivre la contrefaçon devant la juridiction correctionnelle (2).

821. Choix de la juridiction : est-elle indifférente? — L'action en contrefaçon peut être portée, soit devant la juridiction civile, soit devant la juridiction correctionnelle. Mais le choix de l'une ou de l'autre n'est pas indifférent; chacune a ses avantages et ses inconvénients. La juridiction correctionnelle est plus prompte et beaucoup moins coûteuse; elle donne au breveté une double satisfaction, puisqu'elle permet aux tribunaux non seulement de condamner le contrefacteur à des réparations civiles, mais encore de lui appliquer les peines édictées par la loi; voilà ses avantages. En revanche, voici ses inconvénients : d'abord, elle autorise le contrefacteur à amener autant de témoins qu'il en désire, et le contrefacteur ne s'en fait jamais faute; il trouve toujours des concurrents du breveté qui sont prêts, même aux risques d'un faux serment, à affirmer que l'invention est vulgaire, qu'elle traîne dans le domaine public. Le juge a beau se garder de l'impression que peuvent produire sur lui ces témoignages la plupart du temps intéressés; il est rare qu'il y échappe. Au civil, au contraire, le contrefacteur ne peut traîner avec lui tout un cortège de témoins ; il faut qu'il articule par écrit les faits qu'il offre de prouver, il faut que ces faits soient déclarés pertinents et admissibles, et ce n'est qu'en suite de cette déclaration que la preuve en peut être administrée avec des formalités spéciales. En second lieu, si une expertise est ordonnée au correctionnel, elle peut avoir lieu, aux termes de la jurisprudence, même

(1) V. Paris, 10 fév. 1859, Pouillet (Pataille, 59.170).
(2) V. Nouguier, n° 886; Blanc, p. 662.

hors la présence des parties, laquelle est toujours exigée au civil. Enfin, la décision rendue au correctionnel n'a qu'une portée tout à fait restreinte, comme nous le montrons ailleurs, tandis que la décision rendue au civil constitue entre les parties l'autorité absolue de la chose jugée. De là, il ressort, à nos yeux, que la juridiction civile doit, en principe, être préférée à la juridiction correctionnelle, sauf dans certaines affaires qui présentent une urgence exceptionnelle ou dont l'importance ne comporte pas les frais, en définitive toujours élevés, d'une instance civile (1).

822. *Quid* **en cas de pluralité de défendeurs?** — Supposez que des saisies aient été pratiquées chez divers fabricants, vendeurs et détenteurs; devant quel tribunal le breveté devra-t-il porter son action? Si le breveté saisit la juridiction civile, il pourra assigner tous les défendeurs devant le tribunal du domicile de l'un d'eux à son gré. C'est l'art. 59 du Code de proc. civ. qui le lui permet expressément. Cette règle, bien entendu, ne s'applique que si les défendeurs sont unis par un lien commun. Il est clair que, s'il n'y a qu'un fabricant, c'est-à-dire un seul auteur principal de la contrefaçon et plusieurs vendeurs ou détenteurs, c'est-à-dire plusieurs complices, le breveté peut les assigner tous au domicile du fabricant, sauf au tribunal à observer la règle que nous avons posée sur la solidarité (2). Il ne pourrait assigner indistinctement tous les vendeurs ou détenteurs au domicile de l'un d'eux, à moins qu'ils n'eussent tous participé au même fait de contrefaçon; autrement, c'est-à-dire s'ils étaient étrangers les uns aux autres, s'ils avaient à répondre chacun de faits qui leur fussent particuliers, ils ne pourraient être assignés qu'à leur domicile (3). C'est l'application des règles ordinaires (4). On devrait également appliquer les principes du droit commun, si le breveté saisissait

(1) Comp. Huard, son article dans la *Propr. ind.*, n° 465.

(2) V. *suprà*, n° 700.

(3) V. Picard et Olin, n° 641.

(4) Conf. Orléans, 1er août 1888, Société *la Touraine* (*Gaz. Pal.*, 3 novembre).

la juridiction criminelle au lieu de saisir la juridiction civile.

Jugé qu'il n'y a pas de connexité, et qu'il n'y a même pas lieu à jonction de causes, lorsque les faits de contrefaçon, commis à l'égard du même breveté, sont personnels à leur auteur respectif, distincts l'un de l'autre et ne sont pas le résultat d'un concert préalable (Rej., 24 août 1854, veuve Gaudet, Dall., 54.1.293).

823. Règles de la compétence. — Si le breveté choisit la juridiction civile, la compétence est fixée par l'art. 59 du Code de proc. civ. ; s'il suit au contraire la voie correctionnelle, c'est l'art. 63 du Code d'inst. crim. qui fixe la compétence. Ce sont les principes généraux et nous n'avons rien à y ajouter.

Nous avons établi ailleurs que le véritable contrefacteur était non celui qui servait d'instrument aveugle et inconscient à la contrefaçon, mais celui d'ordre et pour compte duquel elle était commise (1). Il s'ensuit que, lorsqu'un objet réputé contrefait est mis en vente, pour le compte d'un individu, dans un lieu où cependant il n'est pas domicilié, la poursuite peut légalement être portée devant le tribunal du lieu où a été constatée la mise en vente ; c'est là en effet que le délit a été commis (2).

Il a été jugé, dans cet ordre d'idées, que, lorsqu'il y a eu fabrication dans un lieu et vente dans un autre, le plaignant peut, à raison de ces faits légalement connexes, porter à son choix son action devant le tribunal de l'un ou de l'autre lieu (Cass., 1er mai 1862, cité par Renouard, p. 472).

824. Comment s'apprécie la compétence ? — C'est la demande qui détermine la compétence ; comme le juge ne peut rien accorder au delà de ce qu'elle comporte, il est naturel que la juridiction se fixe d'après son objet. Le défendeur ne peut donc arguer de la question du fond pour soutenir que le tribunal devant lequel il est appelé n'est pas compétent (3). De deux choses l'une, en effet : ou bien la

---

(1) V. *suprà*, n° 657.
(2) V. Cass., 29 août 1851, Cailly (*Bull. crim.*, 51.569).
(3) V. Rej., 6 juill. 1861, Sax (Pataille, 61.291).

demande telle qu'elle est formée est recevable et fondée, ou bien elle ne l'est pas. Si oui, c'est avec raison que le tribunal a été saisi; si non, c'est-à-dire si la demande n'est que le prétexte d'une autre qui n'est pas ostensiblement formée, le juge, se bornant à juger ce qui lui est soumis, repoussera la demande telle qu'elle est formulée par l'assignation et se gardera de trancher l'autre dont il n'est pas saisi. Supposez, par exemple, une plainte en contrefaçon déférée au tribunal correctionnel, et admettez que le prévenu soutienne qu'il n'a fabriqué que d'après une convention intervenue entre lui et le breveté, et qu'il ne peut s'agir que de l'exécution de cette convention. Pourra-t-il se fonder sur ce fait pour décliner la compétence du tribunal correctionnel? Non; car la plainte en contrefaçon, formulée par la citation, est bien de la compétence de la juridiction correctionnelle. Il est vrai que le juge appréciera l'exception opposée par le prévenu, et que, suivant qu'il la jugera fondée ou non, il accueillera ou repoussera la demande (1). Toutefois, en faisant cela, il ne statuera que dans les limites de sa compétence; il ne tranchera pas souverainement la question de savoir s'il existe réellement une convention entre le breveté et le prévenu; il ne l'examinera que dans ses rapports avec le fait qui lui est déféré, et le prévenu restera libre de saisir le tribunal civil d'une demande à fin d'exécution de ces conventions. Nous expliquerons du reste plus loin les effets de la chose jugée, soit au civil, soit au correctionnel (2).

825. *Quid* **du tribunal du lieu de la saisie?** — Aux termes de l'art. 63, le tribunal du lieu où le délit a été commis est compétent pour y statuer, encore que le prévenu n'y ait pas son domicile. Il est facile de déterminer ce lieu; c'est celui où l'objet, réputé contrefait, a été fabriqué, mis en vente, vendu ou recelé; c'est encore le lieu où il est fait usage dudit objet; c'est enfin le lieu où est découvert l'objet, argué de contrefaçon, lorsqu'il a été introduit de l'étranger en France. Ce n'est donc pas, d'une façon absolue, le lieu

(1) Rej., 22 janv. 1864, Rouget de Lisle (Pataille, 65.180).

(2) V. *infrà*, n° 885 et suiv.

où l'objet incriminé est appréhendé et saisi. Peu importe, au contraire, le lieu où l'objet est saisi, s'il n'est en même temps le lieu où a été commis l'un des délits prévus et punis par la loi. Ainsi, la saisie pratiquée au cours d'un voyage ou au secrétariat d'une société savante, chargée d'examiner le mérite de la fabrication, ou même, dans certains cas, dans les galeries d'une exposition industrielle, ne serait pas, par son fait seul, attributive de juridiction au tribunal du lieu où elle aurait été opérée (1).

825 *bis*. **Jurisprudence.** — Il a été jugé : 1° que le tribunal du lieu où l'objet prétendu contrefait est saisi n'est compétent pour statuer sur l'action en contrefaçon qu'autant que, suivant les termes de l'art. 63 du Code d'instr. crim., le prévenu y a son domicile, ou bien y a commis le délit, ou bien y a été arrêté ; en tout cas, le seul fait que le contrefacteur ait livré un objet contrefait dans un lieu ne justifie pas la compétence du tribunal du lieu de la livraison, alors d'une part qu'il est établi que la vente elle-même n'y a pas été consommée et que, d'autre part, le détenteur de l'objet incriminé n'est pas lui-même poursuivi (2) (Paris, 28 mars 1855, Fondeur, Pataille, 55.26) ; — 2° que les objets qni ont figuré à l'Exposition universelle de 1867 ne peuvent être considérés comme ayant été mis en vente dans le sens de la loi : en conséquence, la contrefaçon de ces objets ne peut être poursuivie devant le tribunal correctionnel, encore bien qu'il soit celui du lieu de la saisie, si ce tribunal n'est pas d'ailleurs celui du domicile du prévenu (Trib. corr. Seine, 9 janv. 1868, Desouches, Pataille, 68.55).

826. *Quid* **du lieu de la livraison?** — Il a été jugé, par les mêmes motifs, que le fait de la livraison de l'objet contrefait, ne constituant pas le délit qui réside tout entier dans le fait de la vente, il s'ensuit que le tribunal du lieu de la livraison n'est pas compétent pour apprécier la contre-

---

(1) Comp. Bédarride, n° 617. — V. également les observations de Pataille, 55.27.

(2) V. aussi Trib. corr. Seine, 8 nov. 1871, Gentil.

façon (Trib., Seine, 28 juin 1842, Jaguel (1), *Gaz. des trib.*, 29 juin).

827. *Quid* **de la juridiction commerciale?** — A prendre le texte de la loi, il semble que l'incompétence ne soit pas douteuse. En effet, l'art. 48 dispose que la saisie des objets prétendus contrefaits, que la loi autorise le breveté à opérer pour constater ses droits, est nulle à défaut par lui de s'être pourvu dans la huitaine, soit par la voie civile, soit par la voie correctionnelle. La *voie civile*, par opposition à la voie correctionnelle, paraît bien clairement indiquer la juridiction des tribunaux civils de première instance, ou, pour parler le langage du Code, des tribunaux d'arrondissement (2).

De bons esprits pourtant, trop ingénieux peut-être, soutiennent que ces termes n'excluent pas nécessairement les tribunaux de commerce qui sont, eux aussi, compris sous la dénomination générique de *tribunaux civils* (3). Nous acceptons difficilement pour notre part cette explication. Sans doute, la jurisprudence admet que la juridiction commerciale est compétente pour apprécier certaines demandes en dommages-intérêts fondées sur un délit civil ou un quasi-délit, tel que celui qui résulte d'une concurrence déloyale ou illicite, ou même sur un délit pénal, tel que celui qui résulte de la contrefaçon des dessins de fabrique; mais, d'une part, la compétence commerciale, en matière de dessins de fabrique, résulte du texte formel de la loi et, d'autre part, la compétence commerciale, en matière de délits civils ou de quasi-délits, est encore aujourd'hui un sujet de controverse. Il faut, en effet, forcer singulièrement le sens des mots pour attribuer compétence aux tribunaux de commerce en pareille matière, et donner au mot « *engagement* », employé par l'art. 632 du Code de commerce, une signification bien détournée de sa signification habituelle. Nous renvoyons, du reste, sur ce point, aux développements qui se

(1) V. aussi Rej., 22 mai 1835, cité par Renouard, p. 471; Paris, 28 mars 1855, Fondeur (Pataille, 55.26).

(2) V. Blanc, p. 664; Nouguier, n° 908; Calmels, n° 710.

(3) V. Renouard, n° 218; Rendu et Delorme, n° 514; Dalloz, n° 330.

trouvent dans les ouvrages de droit commercial. Au surplus, lorsqu'il s'agit de la contrefaçon des brevets d'invention, nous ne sachions pas de décision judiciaire qui ait admis la compétence commerciale.

A l'appui de notre opinion, qui paraît être également la sienne, M. Pataille fait l'observation suivante : « Il est à « remarquer que l'art. 46 ne donne qu'aux tribunaux correc- « tionnels le droit de statuer par voie d'exception sur les « questions de nullité, de déchéance ou de propriété; de « telle sorte que, si l'on admet la compétence des tribunaux « de commerce pour connaître, entre commerçants, des « actions en dommages-intérêts, fondées sur la violation des « droits résultant d'un brevet, il suffira que le défendeur « conteste la validité ou la propriété du brevet pour que le « tribunal de commerce soit dans la nécessité de se déclarer « incompétent, ou de surseoir jusqu'à ce que l'exception « soit jugée par la juridiction civile (1). »

828. **Jurisprudence.** — Il a été jugé à cet égard : 1° que la juridiction commerciale est radicalement incompétente pour statuer sur une demande en dommages-intérêts fondée sur la contrefaçon d'un brevet d'invention : en ce cas, la Cour, saisie de l'appel, peut et doit, même d'office, déclarer son incompétence, sauf à évoquer le fond, si la cause est en état (Rouen, 26 juill. 1864, Levavasseur (2), Pataille, 65. 53); — 2° mais que l'exception d'incompétence, tirée de ce qu'une instance en contrefaçon aurait été mal à propos portée devant le tribunal de commerce, ne peut être opposée pour la première fois devant la Cour de cassation (Rej., 20 juin 1870, Dide, Pataille, 70.240).

829. ***Quid* de la juridiction arbitrale?** — Nous avons établi que la juridiction arbitrale n'était pas et ne pouvait pas être compétente pour statuer sur les questions de nullité ou de propriété de brevet. Lorsque, au contraire, il s'agit d'apprécier la contrefaçon et que, d'ailleurs, ni la vali-

---

(1) V. Pataille, 65.54.

(2) V. aussi Lyon, 13 déc. 1871, Train (Pataille, 73.297); Rouen, 14 fév. 1870, Joly (Pataille, 73.38).

dité ni la propriété du brevet ne sont en jeu, nous pensons que la juridiction arbitrale est compétente. Pourquoi ne le serait-elle pas? La compétence des arbitres, en dehors des exceptions formulées par la loi, n'a de limite que la volonté des parties. Or, la demande en contrefaçon ne se trouve explicitement ou implicitement exclue par aucun texte de loi de la juridiction arbitrale; dès lors, elle nous paraît pouvoir y être soumise. Il est clair, et c'est la même solution, que les parties pourraient, dans tous les cas, compromettre sur une question de contrefaçon, sauf aux arbitres à surseoir si la question de propriété ou de validité du brevet était soulevée devant eux (1).

830. *Quid* **si le contrefacteur est justiciable d'une juridiction exceptionnelle?** — Il se peut que le contrefacteur soit militaire ou membre d'une assemblée publique, ou dans telle autre situation qui le rende, en principe, justiciable d'une juridiction d'exception. Pour le militaire, la supposition n'a rien d'extraordinaire, surtout dans un temps où les esprits sont occupés du perfectionnement des armes de guerre; elle s'est au reste déjà présentée; elle s'est également présentée pour un membre de la Cour des comptes, qui était administrateur d'une compagnie de chemin de fer. En ce cas, il faut suivre la règle de droit commun : le délit de contrefaçon, comme tout autre délit, rend le délinquant justiciable du tribunal exceptionnel auquel la loi le défère (2). Le Code de justice militaire ne laisse pas de doute à cet égard, puisqu'il déclare les militaires justiciables des conseils de guerre *pour tous crimes et délits* (art. 56), et n'excepte de cette disposition que « les infractions commises aux lois sur « la chasse, la pêche, les douanes, les contributions indi- « rectes, les octrois, les forêts et la grande voirie (art. 273). » Est-ce là une règle d'ordre public, et, lorsque le prévenu n'oppose pas le déclinatoire, appartient-il au ministère public

(1) Blanc, p. 666; Picard et Olin, n° 640. — *Contrà*, Nouguier, n° 909.

(2) Comp. Dalloz, n° 331 ; Rendu et Delorme, n° 514; Renouard, n° 228; Blanc, p. 666.

de l'opposer pour lui, non seulement au début de l'instance, mais en tout état de cause ? Cette question, qui rentre dans l'examen des règles ordinaires de la compétence, a été diversement jugée. Nous inclinons à croire qu'il s'agit, en ce cas, de l'ordre même des juridictions, tel qu'il est établi par la loi, et qu'il n'est pas permis d'y déroger, à moins qu'une disposition légale n'autorise la dérogation.

Quant à la question de savoir à quel tribunal il appartient de juger le procès dans le cas où, parmi les contrefacteurs, les uns sont et les autres ne sont pas justiciables du tribunal d'exception, elle est également controversée. Pourtant, la doctrine et la jurisprudence se prononcent de préférence pour la compétence du tribunal d'exception (1). La question ne se présente pas quand l'un des délinquants est un militaire, ou plutôt elle est tranchée par le Code de justice militaire, dont l'art. 76 est ainsi conçu : « Lorsque la poursuite d'un crime, « d'un délit ou d'une contravention comprend des individus « non justiciables des tribunaux militaires et des militaires « ou autres individus justiciables de ces tribunaux, tous les « prévenus indistinctement sont traduits devant les tribu- « naux militaires, sauf les cas exceptés par l'article suivant « ou par toute autre disposition expresse de la loi. »

Ajoutons que les difficultés de la procédure devant les tribunaux d'exception font, dans la pratique, une loi aux brevetés de suivre de préférence la voie civile qui leur reste toujours ouverte.

831. Jurisprudence. — Il a été jugé : 1° sous l'empire de la loi du 3 pluviôse an II et suivant l'avis du Conseil d'État, en date du 7 fructidor an XII, que le délit de contrefaçon, commis par un militaire en activité de service, est, comme tout autre délit, de la compétence des tribunaux militaires (Cass., 9 févr. 1827, et 18 févr. 1828, Dalloz, n° 331) ; — 2° depuis la loi de 1844, que, lorsque le prévenu de contrefaçon est un membre de la Cour des comptes, il appartient à cette Cour, et il n'appartient qu'à elle de le juger dans les formes prescrites par l'art. 479 du

(1) V. Dalloz, v° *Compét. crim.*, n°s 176 et suiv.

Code d'instr. crim. ; le déclinatoire peut d'ailleurs être proposé pour la première fois devant la Cour de renvoi par le ministère public, en dehors de toute conclusion du prévenu : il importe peu que, devant la Cour dont l'arrêt a été cassé, ce déclinatoire n'ait pas été opposé ou que la partie civile se soit depuis désistée de son action à l'égard de ce prévenu ; car, d'une part, le désistement de la partie civile laisse subsister l'action publique, et, d'autre part, le déclinatoire tient à l'ordre des juridictions et peut, en conséquence, être proposé en tout état de cause; en ce cas, il est de principe, et il résulte d'ailleurs de l'indivisibilité des procédures, que le privilège attire, devant la juridiction exceptionnelle, tous les inculpés en cause (Amiens, 21 févr. 1856, Marchal (1), *Journ. droit crim.*, 56.206).

832. Etranger; compétence. — Rappelons que les tribunaux français sont incompétents pour statuer sur un délit commis hors de France par un étranger; il en est ainsi en matière de contrefaçon comme en toute autre. Il s'ensuit que l'étranger qui se borne à fabriquer à l'étranger un objet contrefait ne saurait être utilement cité devant la juridiction française (2). Il est clair, en même temps, que l'étranger, quoique domicilié à l'étranger, devient, au contraire, justiciable des tribunaux français s'il participe, comme auteur ou comme complice, à un délit commis sur le sol de France, et si, par exemple, après avoir fabriqué l'objet contrefait à l'étranger, il l'introduit en France, soit seul, soit de concert avec d'autres.

On s'est demandé si la règle était la même alors que le débat s'agitait au civil entre deux étrangers, ou lorsque, le débat s'agitant entre un Français demandeur et un étranger défendeur, celui-ci pouvait invoquer les clauses d'un traité international, attribuant compétence aux juges de son pays

---

(1) Cet arrêt a été cassé par arrêt du 9 mai 1856 ; mais les motifs de l'arrêt de cassation, tirés de ce que le jugement frappé d'appel avait acquis force de chose jugée vis-à-vis du ministère public dont l'action par suite était éteinte, laissent entière l'autorité de l'arrêt d'Amiens.

(2) V. Trib. corr. Seine, 13 mai 1863, Brianchon (Pataille, 63.275).

en matière d'action personnelle. On sait que beaucoup de traités contiennent cette stipulation. On raisonne ainsi : en principe, les tribunaux français ne sont pas compétents pour juger d'une action personnelle et mobilière entre étrangers. Il en est de même lorsque le défendeur seul est étranger, si quelque clause d'un traité diplomatique fait avec sa nation lui réserve le droit de se faire attraire devant ses juges naturels. Or, dit-on, une action en contrefaçon n'est, en définitive, qu'une action en dommages-intérêts; elle est essentiellement personnelle et mobilière. Dans les deux cas visés plus haut, les tribunaux français sont donc incompétents.

Une pareille thèse ne nous semble pas soutenable. Elle méconnaît, en effet, le caractère de l'action en contrefaçon, qui repose avant tout sur l'interprétation d'une loi essentiellement territoriale, la loi qui régit les brevets, et sur l'appréciation d'un acte, le brevet d'invention, qui émane de la puissance publique. Il ne peut appartenir qu'aux tribunaux français de connaître des conditions et des circonstances dans lesquels un tel acte a été sollicité et obtenu, et si son bénéfice doit être maintenu au breveté. Un brevet constitue une loi d'ordre public, créant, sinon un privilège, du moins un droit privatif, un monopole sur toute l'étendue du territoire, et restant sans force au delà ; il est impossible d'admettre que les contestations auxquelles l'exercice d'une telle prérogative gouvernementale peut donner naissance, même entre particuliers, soient renvoyées à l'appréciation d'une juridiction étrangère, et qu'une autre justice que la justice nationale soit appelée à se prononcer sur le maintien, la suppression ou l'application d'un monopole concédé par les pouvoirs nationaux, et de la loi répressive qui a pour but d'en réglementer l'exercice (1).

(1) V. Trib. civ. Seine, 26 juill. 1879, Spiller (Pataille, 79.364); Paris, 11 janv. 1876, Boxer (Pataille, 76.85). — Comp. Trib. civ. Seine, 31 mars 1875, Liébert (Pataille, 75.82; Paris, 20 mars 1879, Schaffhauser (Pataille, 82.122).

CHAPITRE V.

PROCÉDURE.

SECTION Ire.

Notions générales de procédure.

SOMMAIRE.

833. Des diverses procédures ouvertes au breveté. — 834. Division des jugements en contradictoires et par défaut. — 834 *bis*. Le demandeur peut-il faire défaut ?—835. Jugements par défaut au civil ? opposition ; délai. — 836. Jugements par défaut au correctionnel ; opposition ; délai. — 837. Arrêts par défaut ; opposition ; délai. — 838. Jugement ou arrêt rendu sur opposition. — 839. Jugements contradictoires ; appel. — 840. Appel incident au civil. — 841. *Quid* au correctionnel ? — 842. Jugements préparatoires ; interlocutoires ; définitifs. — 843. Jurisprudence. — 844. Jugements préparatoires ; recours. — 845. Pourvoi en cassation ; délai. — 846. Effets du pourvoi au civil ou au correctionnel. — 847. Effets de la cassation.

833. Des diverses procédures ouvertes au breveté. — Nous avons vu que le breveté peut agir contre les contrefacteurs soit par la voie civile, soit par la voie correctionnelle. Cette dernière voie se divise elle-même en deux branches, le breveté pouvant, comme toute personne lésée par un délit, procéder par voie de citation directe ou par voie de plainte au parquet. Nous ne citons, à vrai dire, cette seconde procédure que pour mémoire ; elle est tout à fait inusitée et nul assurément n'en voudrait faire grief au parquet. Cette observation faite, nous rappellerons que la procédure, soit au civil, soit au correctionnel, est la procédure ordinaire. Elle est donc tracée, suivant la juridiction devant laquelle on procède, par le Code de procédure civile ou par le Code d'instruction criminelle.

Ce volume étant spécial à la matière des brevets d'invention, on comprendra que nous n'entrions pas dans les détails de la procédure, les difficultés qu'elle peut faire naître étant toutes résolues dans de nombreux et excellents ouvrages. Nous nous bornerons à quelques règles essentielles à rappeler pour ceux de nos lecteurs qui seraient peu familiarisés avec l'étude du droit.

834. Division des jugements en contradictoires et par défaut. — Les jugements ou arrêts se divisent en jugements ou arrêts par défaut et jugements ou arrêts contradictoires, suivant que le défendeur contredit ou ne contredit pas à l'action.

834 *bis*. **Le demandeur peut-il faire défaut ?** — Au civil (1), le demandeur, obligé dans l'exploit même d'ajournement de constituer avoué pour le représenter, ne peut qu'exceptionnellement faire défaut. Le Code de procédure (art. 154) nous enseigne, — et la matière n'est pas sans difficulté, — dans quel cas il peut être pris contre lui un jugement de défaut-congé. Au correctionnel, au contraire, le plaignant peut ne pas se présenter sur sa citation ; s'il ne se présente pas, il est considéré comme faisant défaut. Le cité n'en a pas moins le droit d'obtenir jugement. Le ministère public, de son côté, est en droit de requérir l'instruction de l'affaire et son jugement. L'absence comme le désistement de la partie civile n'apporte aucune entrave à l'exercice de

(1) Devant le tribunal de commerce qui, lui aussi, juge civilement, le demandeur fait défaut, dès qu'il ne se présente pas en personne ou par mandataire.

l'action publique qui, une fois qu'elle est mise en mouvement soit par une plainte, soit par une citation directe, ne peut être arrêtée ou suspendue par la seule volonté de la partie privée.

835. Jugements par défaut au civil; opposition; délai. — Les jugements par défaut rendus par le tribunal civil sont de deux sortes, selon que la partie contre laquelle ils sont rendus n'a pas constitué avoué, ou, après avoir constitué avoué, ne conclut pas. Ils peuvent être attaqués par la voie de l'opposition ; dans le premier cas, l'opposition est recevable jusqu'à l'exécution du jugement ; dans le second cas, l'opposition n'est recevable que pendant la huitaine à compter du jour de la signification à avoué.

836. Jugements par défaut au correctionnel; opposition; délai. — Les jugements rendus par défaut au correctionnel peuvent être également attaqués par la voie de l'opposition, mais seulement dans les cinq jours de la signification. Le droit de faire opposition appartient d'ailleurs au plaignant aussi bien qu'au prévenu, puisque, d'après ce que nous avons dit plus haut, ils peuvent l'un et l'autre faire défaut. C'est un point constant en jurisprudence.

Jugé, à cet égard, que, lorsque le plaignant en contrefeçon ne s'est pas présenté au jour indiqué devant le Tribunal correctionnel, pour soutenir sa plainte et que, sur défaut-congé prononcé contre lui et en l'absence de réquisitions du ministère public, le prévenu a été renvoyé des fins de la poursuite, la partie civile a le droit de former opposition, mais pour les intérêts civils seulement (Paris, 10 juillet 1880, Leroux, Pataille, 81.221).

837. Arrêts par défaut; opposition; délai. — Les arrêts, rendus par défaut au civil ou au correctionnel, sont susceptibles d'opposition dans la même forme et dans le même délai que les jugements.

838. Jugement ou arrêt rendu sur opposition. — Le jugement ou l'arrêt rendu, même par défaut, sur l'opposition, est considéré comme contradictoire et ne peut, en conséquence, être attaqué, comme les décisions contradictoires, que par la voie de l'appel ou de la cassation.

839. Jugements contradictoires; appel. — L'appel

est la voie ouverte contre les jugements contradictoires ; il est recevable, savoir : si le jugement est rendu au civil, dans les deux mois de sa signification à personne ou à domicile, sauf les délais de distance, et, si le jugement est rendu au correctionnel, dans les dix jours de sa prononciation : néanmoins, s'il s'agit d'un jugement correctionnel rendu par défaut sur opposition, le délai de dix jours, pour relever appel, ne court que de la signification.

Jugé, d'ailleurs, qu'en matière correctionnelle, l'appel du procureur de la République, comme celui des parties, n'est recevable qu'autant qu'il a été formé dans les dix jours du prononcé du jugement (Paris, 25 janvier 1878, Soubiatt, Pataille, 78.195).

840. Appel incident au civil. — Au civil, la partie intéressée (celle contre qui est relevé l'appel) a le droit jusqu'au jugement, et en dehors de tout délai, de former appel pour les causes qui lui feraient grief.

841. ***Quid*** **au correctionnel?** — Au correctionnel, il n'y a pas d'appel incident, et la partie qui gagne son procès ne peut, en principe, rien réclamer devant la Cour au delà de ce que lui ont accordé les premiers juges, à moins qu'elle n'ait elle-même interjeté appel du jugement dans les dix jours de sa prononciation (1).

842. Jugements préparatoires, interlocutoires, définitifs. — Les jugements ou arrêts, qu'ils soient contradictoires ou par défaut, se divisent encore en *préparatoires*, *interlocutoires* et *définitifs*. Ils sont préparatoires, lorsqu'ils ordonnent, avant faire droit, une mesure d'instruction qui ne préjuge pas le fond, comme l'est, dans la plupart des cas, une expertise ; ils sont interlocutoires, lorsque la mesure d'instruction, ordonnée avant faire droit, préjuge le fond ; ils sont enfin définitifs, lorsqu'ils statuent sur le fond lui-même.

843. Jurisprudence. — Il a été jugé à cet égard : — 1° que l'on doit considérer comme interlocutoire l'arrêt qui n'or-

---

(1) V. Nancy, 2 fév. 1858, aff. Chardot (*Propr. ind.*, n° 14) ; Nîmes, 2 fév. 1877, Vatson (Pataille, 81.11). — V. toutefois *infrà*, n° 869.

donne une expertise qu'après avoir repoussé, soit l'application de la chose jugée, soit l'exception de déchéance tirée de certains faits allégués de divulgation ou après avoir limité le brevet, en déterminant d'une manière précise et contrairement aux prétentions du breveté, la portée et l'étendue de son droit (Rej., 9 janv. 1858, Florimond, Pataille, 58.170) ; — 2° que le jugement, qui donne mission à des experts de rechercher si le brevet, en vertu duquel la poursuite est intentée, porte sur tel point déterminé, alors que le breveté soutient qu'il ne revendique pas le point en question comme constituant son invention, est un jugement interlocutoire et, comme tel, susceptible d'être frappé d'appel (Dijon, 27 mai 1857, et Rej., 13 août 1857, Villard, Pataille, 57.426); — 3° qu'un jugement ordonnant une expertise doit être considéré comme interlocutoire, lorsque les experts reçoivent la mission d'examiner les antériorités opposées à un brevet d'invention et de déterminer la portée et l'étendue de ce brevet (Douai, 24 août 1880, Oudit, Pataille, 82.11).

844. Jugements préparatoires; recours. — Les voies de recours dont nous venons de parler ne sont ouvertes que contre les jugements ou arrêts interlocutoires et définitifs; au contraire, les jugements ou arrêts préparatoires, par cela même qu'ils ne préjugent en rien le fond, ne font aucun grief aux parties, dont ils réservent tous les droits, et, par conséquent, ne sont susceptibles d'aucun recours, ou du moins ne peuvent être attaqués qu'avec le jugement du fond (1). M. Nouguier enseigne pourtant que les jugements préparatoires, lorsqu'ils sont rendus par les tribunaux correctionnels, sont susceptibles d'appel immédiat (2); nous ne connaissons aucune décision qui confirme cette opinion.

Jugé, au contraire, que l'art. 451 du Code de procédure civile est applicable en matière correctionnelle; l'appel d'un jugement préparatoire ne peut être interjeté, au correctionnel comme au civil, qu'après le jugement définitif, et conjointement avec l'appel de ce jugement; le jugement qui

---

(1) V. Rej., 20 janv. 1862, Sax (Pataille, 62.21).
(2) V. Nouguier, n° 1064.

prononce la jonction de deux instances, et ordonne une expertise, tous droits, moyens et dépens réservés, ne saurait être considéré comme préjugeant le fond et est purement préparatoire ; la Cour ne saurait, alors qu'elle rejette l'appel ainsi formé, statuer sur des exceptions qui n'ont pas été soulevées devant les premiers juges, et notamment décider que l'expertise ne devra pas porter sur certains faits qui seraient couverts par la prescription, invoquée devant elle pour la première fois (Bourges, 6 avril 1882, Breloux, Pataille, 82. 76). — Jugé encore que l'arrêt qui ordonne que, avant de procéder à une nouvelle expertise, des témoins seront entendus, est un arrêt préparatoire contre lequel le pourvoi n'est pas recevable (Rej., 3 juill. 1862, Masse (1), Pataille, 62. 391).

845. Pourvoi en cassation ; délai. — Les arrêts interlocutoires et les arrêts définitifs peuvent être déférés à la censure de la Cour de cassation, mais seulement en tant qu'ils contiennent une violation de la loi ; nous avons expliqué ailleurs que le brevet est considéré lui-même comme une loi, et que sa violation constitue un moyen de cassation (2). Le pourvoi en cassation doit être formé contre les arrêts rendus au civil dans les deux mois de leur signification, et, contre les arrêts rendus au correctionnel, dans les trois jours de leur prononciation. Dans le premier cas, il est formé par voie de requête déposée au greffe de la Cour de cassation ; dans le second cas, par voie de déclaration faite au greffe de la Cour qui a rendu l'arrêt attaqué.

846. Effets du pourvoi au civil ou au correctionnel. — L'effet du pourvoi est différent, suivant que la matière est civile ou correctionnelle ; au civil, il n'est pas suspensif, c'est-à-dire que, malgré le pourvoi, la partie qui a gagné son procès a le droit de faire exécuter l'arrêt à ses risques et périls (3) ; au correctionnel, au contraire, il est suspensif et fait obstacle à l'exécution de l'arrêt, même en ce

(1) V. aussi Rej., 19 déc. 1873, Viol et Duflot (Pataille, 74.38).
(2) V. *suprà*, n° 82.
(3) Comp. Paris, 3 déc. 1857, Vandamme (Pataille, 58.242).

qui touche les intérêts civils sur lesquels il statue (1). La partie à laquelle l'arrêt est favorable serait, en conséquence, passible de dommages-intérêts si elle en poursuivait l'exécution sans attendre l'issue du pourvoi (2).

847. Effets de la cassation. — La cassation a pour effet, en général, de remettre les parties dans l'état où elles étaient avant l'arrêt qui est cassé. L'effet de la cassation peut être cependant moins étendu ; il arrive, en effet, que la Cour de cassation casse sur certains chefs seulement, auquel cas les autres chefs, si toutefois ils ne sont pas intimement liés aux premiers, conservent l'autorité de la chose jugée.

SECTION II.

Questions spéciales à la juridiction civile.

SOMMAIRE.

848. Action civile en contrefaçon ; préliminaire de conciliation. — 849. Le jugement reste exécutoire jusqu'à l'appel. — 850. Brevet tardivement invoqué. — 851. *Quid* des certificats d'addition ? — 852. *Quid* du certificat d'addition pris depuis le procès ? — 853. Défaut de motifs ; conclusions prises pour la première fois en appel. — 854. Pourvoi ; signification au failli.

848. Action civile en contrefaçon ; préliminaire de conciliation. — Le plus souvent les demandes en contrefaçon sont précédées d'une saisie ou d'une description, conformément à l'art. 48, et, en ce cas, nul doute qu'elles ne soient pas soumises au préliminaire de conciliation ; mais cette mesure n'est pas obligatoire, et, en conséquence, il peut arriver que la demande soit introduite sans qu'il y ait eu saisie ou description préalable : il peut aussi se faire que la saisie soit nulle. L'absence de la saisie, sa nullité ont-elles pour effet de rendre nécessaire le préliminaire de conciliation ? Nous ne le pensons pas ; la demande en contrefaçon,

(1) V. Trib. civ. Seine, 28 nov. 1863, Betbéder (Pataille, 64.39).
(2) V. Trib. civ. Seine, 4 juill. 1862, Betbéder (Pataille, 62.303).

de quelque façon qu'on l'introduise, est une demande qui requiert célérité ; c'est ce qui ressort avec évidence, pour nous, soit de la discussion de la loi, soit de son texte ; or, aux termes de l'art. 49 du Code de proc. civ., les demandes qui requièrent célérité sont dispensées du préliminaire de conciliation (1).

Il a été jugé toutefois, en sens contraire, que la nullité de la saisie, faute, par exemple, d'avoir déposé un cautionnement ordonné par le président, laisse sans aucun doute subsister le droit d'action, mais entraîne la nullité de l'instance comme n'ayant pas été précédée du préliminaire de conciliation : en ce cas, la nullité de l'instance est d'ordre public et peut être opposée en tout état de cause ; elle ne peut, en conséquence, être couverte par le fait d'un appel en garantie formé par le saisi, de telle sorte que l'appelé en garantie conserve le droit de l'invoquer (Douai, 26 août 1865, Raffard (2), Pataille, 69.325).

849. Le jugement reste exécutoire jusqu'à l'appel. — Si l'appel est suspensif, ce n'est qu'à partir du jour où il est régulièrement formé ; jusque-là rien ne le fait prévoir, et le jugement garde toute sa force. Il s'ensuit que la partie, à laquelle le jugement est favorable, a le droit de l'exécuter jusqu'à ce que l'adversaire ait relevé appel, et celui-ci ne peut s'en prendre qu'à lui-même, si son retard à interjeter appel entraîne contre lui certaines mesures d'exécution, telles qu'une saisie (3).

850. Brevet tardivement invoqué. — Un principe de notre procédure civile, c'est que l'exploit d'ajournement détermine la demande. Le demandeur peut bien ensuite, par de simples conclusions, modifier sa demande, la rectifier, mais il ne peut la métamorphoser ; il ne peut, en un mot,

---

(1) V. notre article dans la *Propr. ind.*, n° 391. — V. aussi Trib. civ. Marseille, 11 fév. 1872, Gougy (Pataille, 75.174) ; Trib. civ. Seine, 10 fév. 1875, Deschamp (*Gaz. trib.*, 15 avril) ; Nancy, 26 mai 1883, Herbillon (Pataille, 83.256).

(2) V. observ. critiques de Pataille, *cod. loc.*

(3) V. Trib. civ. Lyon, 20 juin 1857, Villard (Sir., 58 2.24) ; Lyon, 13 juin 1866, Raffard (Pataille, 72.184).

par simples conclusions, former une demande nouvelle : il est tenu, en ce cas, d'introduire une nouvelle instance qui pourra être jointe à la première si elle est connexe, mais qui n'en devra pas moins être formée séparément. Ceci posé, quelle règle doit-on suivre lorsqu'une demande en contrefaçon a été introduite en vertu d'un brevet spécifié dans l'exploit d'ajournement, et que le demandeur, au cours du procès, croit utile à ses intérêts d'en invoquer un ou plusieurs autres qu'il avait laissés de côté jusque-là? Doit-il introduire une nouvelle instance (1)? Peut-il s'en tenir à de simples conclusions? La question, on le voit, revient à celle de savoir si le fait d'invoquer de nouveaux brevets, non spécifiés dans la demande originaire, constitue ou non une demande nouvelle. Nous n'hésitons pas à penser qu'il constitue une demande nouvelle (2); chaque brevet, en effet, forme un titre séparé et distinct, et la demande, fondée sur un brevet déterminé, se trouve par cela même nettement définie et limitée à ce brevet. C'est à cette demande, ainsi précisée, que le défendeur doit répondre; il n'a point à se défendre contre autre chose. Connaissant le titre qu'on lui oppose, il en recherche, il en signale les vices. Le demandeur, s'il invoque, au cours des débats, un autre brevet, ne peut prétendre qu'il fortifie sa première demande; car quel appui le second brevet prêterait-il au premier? Est-ce que les brevets ne doivent pas être appréciés en eux-mêmes et indépendamment de toutes circonstances extérieures? Est-ce que la validité de l'un peut servir de près ou de loin à la validité de l'autre?

On objecte, il est vrai, que la demande soulève, en définitive, la question de savoir si le défendeur est contrefacteur, et que le demandeur ne change pas l'objet final du procès en introduisant au débat de nouveaux brevets. L'erreur de ce raisonnement est évident : ce que l'on contrefait, ce n'est pas la personne, c'est le brevet, et, dès lors, la question soulevée par la demande étant de savoir si le défenseur est contrefacteur de tel brevet spécifié, on s'écarte évidemment de la

(1) V. Picard et Olin, n° 686.
(2) Comp. Blanc, p. 140.

demande en prétendant le faire condamner comme contrefacteur d'un autre brevet; cela saute aux yeux; bien mieux, si l'on admettait qu'un individu, après avoir fondé sa demande sur un brevet, peut légalement, au cours de l'instance, et par de simples conclusions, en invoquer un autre, il faudrait aller jusqu'à dire que le demandeur, après avoir demandé au début que son adversaire fût condamné comme contrefacteur d'un brevet pris pour une machine à casser le sucre, peut demander ensuite sa condamnation comme contrefacteur d'un brevet pris pour un nouveau genre de bretelles. Ne pourrait-il pas dire, en effet, avec le raisonnement que nous combattons : « Je prétends que le défendeur a usurpé ma propriété, qu'il a porté atteinte à mes droits d'inventeur; que ce soit pour ceci ou pour cela, peu importe, il est toujours mon contrefacteur. » Pareille thèse est-elle soutenable (1)? Au surplus, ce qui prouve la vérité de notre système, c'est que nul ne voudrait admettre qu'un individu, après n'avoir invoqué devant les premiers juges qu'un brevet, pût en invoquer d'autres en appel; tant il est vrai que la contrefaçon fondée sur ceux-ci constituerait une demande radicalement différente et nouvelle (2)!

851. *Quid* **des certificats d'addition?** — Il n'est pas nécessaire que le demandeur mentionne dans son assignation les certificats d'addition qu'il peut avoir rattachés à son brevet. Par brevet d'invention, il convient, en effet, d'entendre non seulement le brevet principal, mais encore les certificats d'addition qui s'y rattachent, qui en sont l'accessoire obligé, et forment avec lui un tout unique; il s'ensuit que, lorsque le breveté n'a mentionné dans son assignation que le brevet, sans indiquer en même temps les certificats d'addition, il n'en est pas moins recevable à se prévaloir de ceux-ci : le prévenu ne saurait soutenir qu'ils doivent être écartés du

---

(1) V. Trib. civ. Seine, 21 juill. 1885, Bannier (Pataille, 87.227). — V. pourtant Paris, 15 déc. 1865, Bouquié (Pataille, 68.7); Paris, 21 juin 1883, Chapotat (Pataille, 83.360).

(2) V. Rej., 8 fév. 1827, Adam (*J. Pal.*, 27.140).

débat, sous prétexte que la discussion doit être renfermée dans les limites tracées par la citation (1).

852. *Quid* **du certificat d'addition pris depuis le procès ?** — Notons une réserve au principe précédent. Si le breveté peut se prévaloir des certificats d'addition qui se rattachent à son brevet, bien qu'il ne les ait pas mentionnés expressément dans son exploit introductif d'instance, c'est à la condition que ces certificats seront antérieurs aux poursuites ; pris depuis le commencement des poursuites, ils constituent un titre nouveau, qui peut être l'objet d'une demande nouvelle, mais qui ne saurait être compris dans la demande primitive. Comment admettre, en effet, qu'on puisse former une demande pour infraction à un titre qui n'a pas encore d'existence légale et que rien ne fait prévoir?

Jugé en ce sens que la Cour, saisie d'une action en contrefaçon, n'a pas pouvoir de statuer sur le mérite d'un certificat d'addition pris par le breveté demandeur depuis le jugement qui a repoussé sa plainte ; elle doit limiter son examen au brevet, seul titre antérieur aux poursuites, à moins, toutefois, d'un consentement des parties, lequel, en tous cas, ne se présume pas et ne peut résulter que de conclusions formelles (Rej., 1er mars 1862, veuve André (2), Pataille, 62. 215).

853. Conclusions prises pour la première fois devant la Cour. — Il y a lieu de distinguer entre les conclusions qui ne sont que la répétition avec plus ou moins de développements des conclusions de première instance et celles qui, absolument nouvelles, sont prises pour la première fois devant la Cour. Si la Cour est tenue, à peine de cassation, pour défaut de motifs, de répondre aux unes, l'omission de statuer sur les autres donne lieu à la requête civile, conformément à l'art. 480 du Code de proc. civ. (3).

---

(1) V. Paris, 26 juin 1863, Gougy (Pataille, 63.271). — V. pourtant, *en sens contr.*, Trib. corr. Seine, 12 mai 1882, Burc (Pataille, 82. 243).

(2) V. aussi Paris, 31 juill. 1866, Villardier (Pataille, 68.273).

(3) V. Rej., 23 déc. 1859, Dubosc (Pataille, 60.15).

854. Pourvoi; signification au failli. — Il est de règle que, pendant l'état de faillite, les actions en justice, tant actives que passives, appartiennent au syndic. Nous avons vu, toutefois, qu'en matière de contrefaçon, le failli peut être admis, soit comme demandeur, soit surtout comme défendeur, à suivre seul l'instance. Il s'ensuit, par une conséquence toute naturelle, que le pourvoi, formé contre l'arrêt favorable au failli, est régulier, quoiqu'il ait été signifié à ce dernier seulement, quand d'ailleurs le failli a toujours été seul en cause (1).

SECTION III.

Questions spéciales à la juridiction correctionnelle.

SOMMAIRE.

855. Droits du prévenu de se faire représenter. — 856. Forme des citations. 857. Délit n'ayant pas figuré dans la citation. — 858. Citation à une société. — 859. Jurisprudence. — 860. Liquidateur ; est-il civilement responsable ?—861. *Quid* du failli ?—862. Audition du ministère public. — 863. Défaut-congé ; ses effets sur l'action publique. — 864. Défaut-congé ; ses effets sur l'action civile. — 865. Renvoi du prévenu ; conséquence.— 866. Droit d'appel ; créancier du prévenu. — 867. Appel ; conséquence. — 868. Jurisprudence. — 869. Appel téméraire ; dommages-intérêts. — 870. Appel de la partie civile ; action publique. — 871. Jugement interlocutoire ; évocation ; action publique. — 872. Cas où il y a lieu à évocation. 873. Conclusions de la partie publique ; défaut d'y statuer. — 874. Témoins ; reproches. — 875. *Quid* du partage des juges ? — 876. *Quid* du décès du prévenu ? — 877. Recevabilité des conclusions au correctionnel. — 878. Brevet tardivement invoqué. — 879. Frais d'avoué ; *quid* au correctionnel ? — 880. Droits de la défense ; ordre des plaidoiries. — 881. Pourvoi ; point de départ du délai.

855. Droit du prévenu de se faire représenter. — Même devant la juridiction correctionnelle, le prévenu, aux termes de l'art. 185 du Code d'inst. crim., a le droit de se faire représenter par un avoué toutes les fois que le délit qui lui est reproché n'est pas de nature à entraîner contre lui la peine de l'emprisonnement. Il s'ensuit que, sauf le cas de

(1) V. Cass., 21 fév. 1859, Journaux-Leblond (Pataille, 59.103).

récidive et celui des circonstances aggravantes, prévues par l'art. 45 de notre loi, le prévenu de contrefaçon peut légalement se dispenser de se présenter en personne ; c'est dire la même chose en d'autres termes que de noter que le fait, par le récidiviste, de ne pas se présenter en personne, équivaut à un véritable défaut. Toutefois, si, en première instance, il s'est fait représenter par un avoué, et que la partie civile n'ait fait aucune objection, peut-elle, de ce chef, élever pour la première fois en appel une fin de non-recevoir? La négative a été jugée par un arrêt qui décide que la fin de non-recevoir, tirée de ce que le prévenu n'a pu se faire représenter par un mandataire à raison de sa qualité de récidiviste, ne peut être proposée pour la première fois en appel (1).

856. Forme des citations. — Les règles du Code d'instruction criminelle sont applicables en cette matière comme en toute autre ; nous n'avons rien à y ajouter. Notons seulement cette règle que nous trouvons dans un arrêt, à savoir que les formalités établies par le Code de procédure civile pour la validité des exploits ne sont pas applicables, en général, aux citations en police correctionnelle, et qu'il n'y a nullité de l'exploit qu'autant que les irrégularités peuvent être considérées comme substantielles pour l'exercice du droit de défense. Il suffit donc, pour la validité de la citation, que les énonciations qu'elle contient ne laissent aucun doute sur l'identité du plaignant ou du prévenu (2), sur la qualité dans laquelle il agit (3) ou sur la nature des faits relevés à la charge de ce dernier (4) : spécialement, il importe peu que la radiation de certains mots dans l'exploit n'ait pas été approuvée par l'huissier, si cette irrégularité n'enlève rien au sens et à la portée de l'acte (5).

857. Délit n'ayant pas figuré dans la citation.

(1) V. Paris, 13 fév. 1862, Rouget de Lisle (Pataille, 62.358).
(2) V. Trib. corr. Seine, 10 janv. 1878, Bouziat (Pataille, 78.106).
(3) V. Trib. corr. Seine, 10 janv. 1878, Bouziat (Pataille, 78.106).
(4) V. Rouen, 3 mars 1882, Pérille (Pataille, 84.281).
(5) V. Lyon, 8 janv. 1866, Muller et Œhler (Pataille, 66.331).

— Il a été jugé, à cet égard, que le tribunal correctionnel est incompétent pour statuer sur un délit reproché, au cours des débats, au prévenu de contrefaçon, alors que ce délit n'a pas figuré dans la citation, et que, d'ailleurs, il n'a pas été commis à l'audience, il en est du moins ainsi quand le prévenu repousse expressément le débat sur ce point et oppose la fin de non-recevoir résultant de l'irrégularité de cette procédure (Trib. corr., Seine, 18 juill. 1865, Bernhard (1), *Prop. ind.*, n° 414).

858. Citation à une société. — Une société est, aux yeux de la loi, un être moral susceptible d'acquérir des droits et capable de les soutenir devant les tribunaux, soit comme demandeur, soit comme défendeur. Néanmoins, cette fiction légale cesse précisément là où la réalité commence, c'est-à-dire devant la juridiction correctionnelle, qui demande au prévenu un compte personnel de ses actes, de ses intentions, et prononce des peines corporelles. De là, l'impossibilité absolue d'assigner une société devant un tribunal correctionnel et la nécessité, sous peine de la nullité de l'exploit d'ajournement, d'assigner les associés nominativement, ou du moins celui ou ceux d'entre eux qui ont personnellement participé aux faits de contrefaçon (2). Celui-là même dont le nom figure dans la raison sociale peut se prévaloir de la nullité de l'exploit (3). Notons, en sens inverse, que, bien que le gérant ou celui qui personnifie la société ait été assigné personnellement, sans que la citation mentionnât sa qualité, la société ne pourrait se plaindre de ce qu'une condamnation intervînt contre elle, lorsqu'il résulte de tous les documents de la cause

---

(1) Cela n'est vrai qu'autant que le fait prétendu délictueux n'a pas été rappelé dans la citation; car, si le fait a été mentionné par l'assignation, le tribunal correctionnel est compétent pour y statuer, encore que l'exploit l'aurait mal qualifié. Il appartient, en effet, aux juges correctionnels de rectifier la qualification des faits de la connaissance desquels ils sont saisis; cela est de jurisprudence constante.

(2) V. Nouguier, n° 924. — V. Trib. corr. Seine, 17 mars 1858, Milliet (Pataille, 59.161); Cass., 10 août 1860, aff. de Bergue (Pataille, 60. 466).

(3) V. notre article dans la *Propr. ind.*, n° 371.

que le gérant n'a jamais cessé de figurer au procès et de plaider comme agent de la société (1).

859. **Jurisprudence** (2). — Il a été jugé dans cet ordre d'idées : 1° qu'on ne peut poursuivre devant les tribunaux de répression que des êtres réels, sur lesquels peut porter une peine; conséquemment, une société commerciale, être moral, ne saurait répondre pénalement d'un délit ; ce principe ne reçoit d'exception que lorsqu'elle est prévue par des lois réglant certaines matières spéciales : par suite, est nulle l'assignation en contrefaçon donnée à une société devant la juridiction correctionnelle ; et cette nullité n'est pas couverte par la comparution et la défense de l'un des associés, alors qu'il n'a été assigné et n'a comparu que comme représentant de la société actionnée ; le vice d'une pareille assignation entache de nullité toute la procédure (Cass., 10 mars 1877, Meunier, Pataille, 77.205); — 2° que cette nullité peut être proposée pour la première fois devant la Cour de cassation (même arrêt); — 3° qu'une société, être moral, ne peut être traduite devant un tribunal correctionnel : la citation, délivrée dans ces conditions, est nulle, alors même qu'elle aurait été donnée en la personne du directeur, lorsqu'il résulte du dispositif de l'assignation que c'est bien la société qui est mise en cause : la nullité de la citation est d'ordre public, et peut, en conséquence, être invoquée en tout état de cause, même après des conclusions au fond (Paris, 16 déc. 1885, Cain, Pataille, 86-61); — 4° qu'il est de principe qu'on ne peut poursuivre devant les tribunaux de répression que des êtres réels, sur lesquels peut porter une peine ; une société, être moral, ne peut répondre pénalement d'un délit; il s'ensuit que la citation donnée à une société devant un tribunal correctionnel est nulle ; cette nullité, qui peut être produite pour la première fois en appel, entache de nullité toute la procédure ; il importe peu que l'un des associés ait déclaré à l'audience qu'il acceptait le débat, dès l'instant qu'il résulte de sa déclaration qu'il acceptait le débat, non pas en son nom peronnel, mais au nom de la société (Besançon, 6 mai 1882, Bonnefoy et

(1) V. Rej., 30 janv. 1863, Grassal (Pataille, 63.130).
(2) V. encore Paris, 25 fév. 1880, Schlosser (Pataille, 80.219).

autres, Pataille, 83.57) ; — 5° que, cependant, lorsqu'une assignation correctionnelle a été donnée irrégulièrement à une société, il n'y a pas lieu de se préoccuper de cette nullité, si le chef de la maison déclare accepter personnellement la responsabilité, même pénale, des faits de la prévention (Paris, 23 juillet 1880, Ville, Pataille, 81.10); — 6° que l'associé, simple commanditaire et bailleur de fonds, ne peut être traduit devant la juridiction correctionnelle pour y répondre de la contrefaçon reprochée à la société dont il fait partie, s'il n'a d'ailleurs, en cette qualité, participé en aucune façon à la fabrication incriminée (Paris, 23 juillet 1859, Popelin-Ducarre, Pataille, 60.120) ; — 7° Mais que le directeur d'une société anonyme, quoique n'ayant agi que comme mandataire de la société et dans la limite de ses pouvoirs, peut être poursuivi, même correctionellement, comme coupable de contrefaçon (Paris, 30 juin 1853, Thomas Laurens, Blanc, p. 622); — 8° qu'en tous cas, s'il est de principe qu'une société commerciale, être moral et collectif, ne peut pas être poursuivie pour contrefaçon devant la juridiction correctionnelle, la nullité de la procédure est couverte par une deuxième assignation aux mêmes fins que la première, donnée à chaque associé individuellement, comme auteur direct de la contrefaçon (Rej., 4 août 1876, Berthoud, Pataille, 77.201).

859 *bis*. La société peut être citée comme civilement responsable. — Tout en disant, conformément à la jurisprudence et à la loi, que la citation doit être donnée aux associés, gérants ou administrateurs, que l'on prétend être les auteurs ou les complices de la la contrefaçon, nous n'hésitons pas à penser que l'on peut en même temps appeler en cause la société même à laquelle ils appartiennent, et l'assigner comme civilement responsable des actes de ses préposés ou représentants. C'est ce que M. Pataille remarquait déjà avec raison (1).

Jugé à cet égard : 1° que les tribunaux correctionnels peuvent, en condamnant certains membres ou employés d'une

(1) V. Pataille, 59.161, *la note*.

société commerciale comme contrefacteurs, condamner également la société elle-même comme civilement responsable; mais cette condamnation ne porte que sur les dommages-intérêts et non sur les amendes (Paris, 12 avril 1878, et Cass., 30 nov. 1878, Fargue, Pataille, 78.311); — 2° que, toutefois, une société ne peut être déclarée civilement responsable de la contrefaçon relevée à la charge de son gérant, lorsqu'il n'est pas établi que ce dernier ait agi dans l'exercice de ses fonctions de gérant (Paris, 9 mai 1883, Paquelin, Pataille, 83.334).

860. Liquidateur; est-il civilement responsable? — Le fait que la société soit en liquidation ne saurait empêcher que la poursuite correctionnelle soit dirigée contre ceux des membres de la société qui, ayant commis le fait de contrefaçon, en demeurent personnellement responsables. Il est clair que le liquidateur, s'il est étranger à la contrefaçon, ne peut être assigné au correctionnel pour en porter la responsabilité. En revanche, il n'est pas douteux que, par cela même qu'il détient et administre l'actif social, il ne puisse être cité comme civilement responsable des condamnations qui pourraient être prononcées contre les anciens associés (1).

861. *Quid* **du failli?** — Le failli peut être cité, pour fait de contrefaçon, devant le tribunal correctionnel; cela tombe sous le sens. La faillite ne saurait avoir pour conséquence d'effacer la responsabilité pénale et d'empêcher la répression des délits commis par le failli. Concevrait-on qu'un individu, parce qu'il serait en état de faillite, pût impunément commettre un vol ou un abus de confiance? Ce qui est vrai de ces deux délits l'est au même titre et pour les mêmes raisons du délit de contrefaçon (2).

M. Nouguier enseigne seulement que, « dans les poursuites « en contrefaçon intentées contre un contrefacteur en état de « faillite déclarée, on doit mettre en cause tout à la fois le « contrefacteur et ses syndics, le contrefacteur qui doit être « condamné aux peines prononcées par la loi, les syndics qui

---

(1) V. Rej., 18 août 1853, Thomas et Laurens (*Bull. crim.*, 53.461).
(2) Comp. Cass., 21 fév. 1859, Journaux-Leblond (Pataille, 59.103).

« doivent comprendre dans le passif les dommages-intérêts « et exécuter sur les biens, dont ils sont les administrateurs, « les confiscations et autres réparations civiles allouées au « breveté (1). » Nous pensons également que le syndic peut être appelé devant le tribunal correctionnel comme civilement responsable des condamnations qui seraient prononcées contre le failli; le syndic, en effet, est un liquidateur judiciaire, et nous avons émis plus haut l'avis qu'un liquidateur pouvait être déclaré civilement responsable (2).

862. Audition du ministère public. — Le ministère public, devant la juridiction correctionnelle, est toujours partie au débat; il représente la société directement lésée par le délit, quel qu'il soit, et intéressée à en poursuivre la répression.

Il a été jugé, conformément à ces principes, qu'en matière de contrefaçon, comme en toute autre, l'audition du ministère public est de rigueur, et que le défaut de constatation de son audition équivaut à l'absence de conclusions de sa part; cette formalité est alors réputée omise, et son omission entraîne l'annulation de l'arrêt : il en est ainsi lors même qu'il s'agit pour la Cour de rendre un arrêt préparatoire, et, dans ce cas, il y a lieu de déclarer nul, non seulement l'arrêt qui a ordonné l'expertise, mais l'expertise elle-même, et jusqu'à l'arrêt rendu en suite de l'expertise et qui a statué sur le fond (3).

863. Défaut-congé; ses effets sur l'action publique. — Si le plaignant ne se présente pas sur sa citation, le tribunal prononce défaut-congé contre lui et passe outre au jugement. Il est clair que le plus souvent, en l'absence de contradiction, il prononcera le renvoi du prévenu. Ce renvoi, nécessairement prononcé en présence du ministère public, a pour effet d'éteindre l'action publique, que l'opposition de la partie défaillante ne saurait ensuite faire revivre (4).

---

(1) Nouguier, n° 923.
(2) V. *suprà*, n° 860.
(3) V. Cass., 28 juill. 1865, Sax (Pataille, 69.293).
(4) V. Cass., 8 janv. 1853, Rohlfs-Seirig (*Bull. crim.*, 53.14); Paris, 18 juill. 1845, Roberts (Sir., 45.2.477).

Le résultat serait le même, si la partie civile faisait défaut en appel et que l'arrêt, rendu par défaut contre elle, renvoyât le prévenu.

Rappelons, à ce propos, un détail de procédure qui a son intérêt pratique. Lorsque, à la première audience qui suit l'opposition de la partie civile à un jugement par défaut acquittant le prévenu de contrefaçon, il n'est intervenu de débouté d'opposition ni remise à un jour déterminé, l'affaire ne peut être régulièrement reprise à un jour ultérieur qu'autant que l'opposant a été prévenu par une citation (1).

864. Défaut-congé; ses effets sur l'action civile. — La partie civile, contre laquelle a été rendu un jugement de défaut-congé, garde le droit de faire opposition au jugement, et de saisir à nouveau le tribunal de l'examen de sa demande (2). En ce cas, le tribunal ne peut, il est vrai, infliger aucune peine au prévenu, auquel est définitivement acquis le bénéfice du renvoi; mais il peut encore examiner l'affaire au point de vue des intérêts civils du breveté; il peut, malgré le renvoi, reconnaître l'existence de la contrefaçon et condamner le contrefacteur à des dommages-intérêts. Les choses se passent alors de la même façon que devant la Cour, lorsque, après acquittement du prévenu en première instance, il n'y a d'appel que de la part du breveté (3).

865. Renvoi du prévenu; conséquences. — Le renvoi du prévenu a pour conséquence d'éteindre l'action publique et, avec l'action publique, l'action civile qui peut s'y trouver jointe. Par cela même que le délit n'existe pas et que la prévention disparaît, il ne peut y avoir lieu de statuer sur

---

(1) V. Rej., 29 avril 1865, Grassal (Dall., 66.5.275).

(2) V. Nouguier, n° 855; Carnot, sur l'art. 187 du Code d'instr. crim.; Mangin, *Traité de l'act. publ.*, t. 1, p. 175; Dalloz, v° *Brev. d'inv.*, n° 388; Grattier, *Lois de la presse*, t. 1, p. 452; Bourguignon, t. 1, p. 285; Morin, *Dict. de droit crim.*, v° *Opposition à jugement*, p. 556. — *Contrà*, Blanc, *Inv. brev.*, p. 673.

(3) V. Cass., 26 mars 1824, Ligonnet (Sir., 24.1.300); Paris, 20 nov. 1833, Lavoipierres (Sir., 34.2.14); Paris, 29 nov. 1837, Cadot (Sir., 38.2.153); Bruxelles, 20 sept. 1832 (*J. Pal.*, t. 24, 1480); Paris, 18 juill. 1845, Roberts (Sir., 45.2.477). — V. aussi *infrà*, n° 870.

la responsabilité de la partie citée comme civilement responsable. Le tribunal correctionnel se trouve dessaisi dès qu'il décide qu'il n'y a pas de délit.

Il a été jugé, par application de ce principe, qu'une compagnie anonyme ne peut être retenue en cause au correctionnel comme civilement responsable d'un de ses préposés, lorsque ce préposé est relaxé des fins de la plainte comme étranger aux faits incriminés (Cass., 10 août 1860, de Bergues, Pataille, 60.466).

866. Droit d'appel; créancier du prévenu. — L'art. 202 du Code d'inst. crim. énumère les personnes qui ont le droit d'appeler d'un jugement rendu par le tribunal correctionnel. Cette énumération est limitative et ne saurait être étendue à des personnes qu'elle ne comprend pas.

C'est donc avec raison qu'il a été jugé que le créancier du prévenu condamné en première instance ne peut interjeter appel du jugement, sous prétexte qu'il exerce les droits de son débiteur; cette faculté ne saurait lui appartenir, en présence de l'art. 202 du Code d'inst. crim. qui énonce les personnes qui peuvent interjeter appel d'un jugement correctionnel et qui ne mentionne pas le créancier du prévenu (Paris, 26 mars 1861, Dutertre, Pataille, 61.369).

867. Appel; conséquence. — La juridiction correctionnelle n'admet pas, nous l'avons dit, l'appel incident. Il en résulte que chacune des parties, si elle a quelque grief à élever contre le jugement, est tenue d'en interjeter appel dans les dix jours de la prononciation; celle qui n'aurait pas interjeté appel dans ce délai ne pourrait demander à la Cour aucune modification du jugement; il y a désormais chose jugée contre elle sur les points qui peuvent lui préjudicier. En un mot, au correctionnel, l'appel de l'une des parties ne permet à la Cour d'examiner et de réformer que les dispositions qui font grief à cette partie.

868. Jurisprudence. — Il a été jugé, conformément à ces principes : 1° que l'appel de l'une des parties au correctionnel ne remet en question que les chefs qui font grief à l'appelant, à moins qu'il ne s'agisse d'un fait qui tienne au fond du procès lui-même; en conséquence, lorsque les premiers juges ont rejeté l'exception de nullité du brevet invoquée par le prévenu, l'appel de la partie civile seule ne permet pas à la Cour d'admettre ladite exception ; le fait constituerait une violation de l'autorité de la chose jugée (Cass., 7 juin 1851, Jérosme, Dall., 51.1.246) ; — 2° que, lorsque la poursuite en contrefaçon se fonde sur deux brevets, et que la prévention, écartée par les premiers juges en ce qui concerne l'un des brevets, n'est maintenue que pour l'autre, l'appel du prévenu seul ne remet en question que celui des brevets sur lequel se fonde la condamnation ; la Cour n'a point à se préoccuper de l'autre qui se trouve définitivement écarté du débat (Rej., 29 mai 1868, Preux, Pataille, 69.79) ; — 3° qu'un prévenu de contrefaçon relaxé par les premiers juges ne peut, sur l'appel de la partie civile, former une demande en dommages-intérêts, s'il n'a lui-même relevé appel (Rouen, 1er mai 1862, Richard et Grassal, Pataille, 62.337) ; — 4° que l'appel interjeté par le prévenu seul ne peut avoir pour effet d'aggraver sa condamnation : en conséquence, la Cour ne peut le condamner à des dommages-intérêts plus élevés, en mettant, par exemple, à sa charge, à titre de supplément d'indemnité, les émoluments de l'avoué employé par la partie civile (Cass., 29 août 1851, Cailly, *Bull. crim.*, 51.569).

869. Appel téméraire; dommages-intérêts. — Néanmoins, il a été jugé que, même sans appel, la partie qui gagne son procès peut obtenir la réparation du préjudice résultant directement pour elle de l'appel de son adversaire (1). Les dommages-intérêts, en ce cas, ne seraient que la juste punition de la témérité de l'appel. Il importe peu d'ailleurs, dans ce système, que ce soit le prévenu ou le plaignant qui ait gagné son procès ; la situation est la même et, par conséquent, la règle aussi (2).

870. Appel de la partie civile; action publique. — Le jugement qui renvoie le prévenu des fins de la plainte a pour effet d'éteindre l'action publique, qui ne peut renaître que sur l'appel du ministère public. Par suite, l'appel de la

---

(1) V. Paris, 6 août 1842, Redouté ; Paris, 25 août 1854, Dousdebès ; Nouguier, n° 937.

(2) Comp. Nouguier, n° 937 ; Dalloz, n° 381. — V. toutefois, 29 août 1851, Cailly, *Bull. crim.*, 51.569.

partie civile ne remet en question que les intérêts civils; c'est là un principe de droit commun tellement certain qu'il nous paraît inutile d'y insister. La Cour peut donc, en infirmant le jugement, condamner le prévenu à réparer le dommage qu'il a causé au breveté, mais elle ne peut en même temps prononcer aucune peine contre lui (1). La même règle s'applique lorsque, sur un arrêt qui renvoie le prévenu, il intervient un arrêt de cassation rendu sur le seul pourvoi de la partie civile et sans que le ministère public se soit lui-même pourvu contre l'arrêt. En ce cas, l'action publique est éteinte et la Cour de renvoi ne peut prononcer aucune peine contre le prévenu (2).

Jugé, toutefois, qu'il n'y a pas lieu de prononcer, en ce cas, la cassation de l'arrêt qui a mal à propos ordonné l'amende; il suffit de procéder par voie de retranchement de la disposition qui fait grief au prévenu (Rej., 10 mars 1843, Mignot, *Bull. crim.*, 43.106).

871. Jugement interlocutoire; évocation; action publique. — Le jugement interlocutoire ne fait que préjuger le fond sans y statuer; l'action publique n'a donc pas lieu de s'exercer, et elle se trouve, en quelque sorte, suspendue jusqu'à ce que la mesure d'instruction, ordonnée par le jugement, ait reçu son effet. D'un autre côté, nous savons que les jugements interlocutoires peuvent être déférés à la Cour; ajoutons ici que, sur l'appel, les magistrats du second degré peuvent, s'ils infirment la décision des premiers juges, évoquer le fond et y statuer. Cette faculté d'évocation que la loi accorde à la Cour est une véritable dérogation au principe des deux degrés de juridiction. Quelle est, au correctionnel, l'influence de cette faculté d'évocation? Rend-elle

---

(1) V. Rej., 10 mars 1843, Mignot (*Bull. crim.*, 43.106); Paris, 2 août 1854, de Bergue (Pataille, 57.147); Paris, 26 mai 1855, Ozouf (Pataille, 56.42); Cass., 11 fév. 1858, Chevallier-Appert (Pataille, 58.344); Paris, 30 déc. 1859, Duterlre (Pataille, 60.148); Cass., 22 juin 1860, Juhel (Dall., 60.1.292); Paris, 15 juin 1861, Sagette (Pataille, 61.209); Paris, 16 juill. 1864, Mazier (Pataille, 64.284); Poitiers, 16 juin 1870, Gougy (Pataille, 72.382).

(2) V. Paris, 21 mai 1858, Dubrunfaut (Pataille, 58.281).

à l'action publique, que le jugement interlocutoire avait suspendue ou du moins empêchait de s'exercer, sa liberté entière? Le ministère public peut-il, devant la Cour, requérir des peines qui, par la force même des choses, n'ont pu être requises en première instance? Le ministère public le peut, et l'évocation du fond a pour résultat immédiat de remettre en mouvement son action un instant seulement paralysée (1). Cette faculté d'évocation, autorisée par la loi dans un intérêt de prompte et de bonne justice, ne saurait avoir pour effet d'innocenter le prévenu et de l'absoudre dans tous les cas. Remarquons d'ailleurs, avec un arrêt, que le droit d'évocation, dans les cas où il appartient aux juges d'appel, fait partie de leurs hautes attributions; l'exercice de ce pouvoir leur est confié, pour l'abréviation des procédures, pour assurer les intérêts d'une bonne et prompte justice; il n'est nullement subordonné, soit aux réquisitions du ministère public, soit à la demande des parties, et l'on ne concevrait pas que leur silence pût en paralyser les effets et le rendre inutile (2).

872. Cas où il y a lieu à évocation. — Il résulte des art. 212, 213 et 214 du Code d'inst. crim., combinés, d'une part, avec l'art. 215 du même Code, et, d'autre part, avec la loi du 20 avril 1816, que le droit d'évocation, hors le cas d'incompétence, appartient à la juridiction d'appel; il en est ainsi, soit que le juge du premier degré ait statué sur de simples incidents ou avant faire droit, soit qu'il ait prononcé au fond.

Il a été spécialement jugé que la Cour est en droit d'évoquer le fond lorsque, statuant sur l'appel d'un jugement qui a déclaré à tort une opposition non recevable, elle annule ledit jugement et déclare l'opposition régulière et recevable (Rej., 1er juin 1861, Chevallier-Appert, Pataille, 63.413).

873. Conclusions de la partie publique; défaut d'y statuer. — Le ministère public, au correctionnel,

---

(1) V. Cass., 8 janv. 1853, Rohlfs-Seyrig (*Bull. crim.*, 53.14); Rej., 28 fév. 1862, Franon (Pataille, 62.127).

(2) Rej., 1er juin 1861, Chevallier-Appert (Pataille, 63.413).

procède tantôt par voie de réquisitions, tantôt par voie de conclusions. Quand il se présente comme partie publique et pour exercer l'action publique, il procède par voie de réquisitions; lorsque la partie publique est désintéressée, c'est-à-dire lorsque l'action publique est éteinte, il procède par voie de conclusions. Dans le premier cas, les tribunaux sont tenus, à peine de nullité de leur sentence, de peser les réquisitions et d'y statuer; dans l'autre cas, le ministère public, ne faisant qu'exprimer son opinion personnelle, qu'émettre un simple avis, les magistrats ne sont pas tenus de se prononcer sur le mérite de ses conclusions et de les discuter. Par exemple, et c'est le cas le plus fréquent où la question s'élève, les conclusions que le ministère public prend devant la Cour, dans la discussion d'un jugement qui a renvoyé le prévenu des fins de la plainte, et dont il n'a pas, du reste, lui, partie publique, relevé appel, ne constituent pas des réquisitions dont l'examen s'impose à la Cour à peine de nullité (1).

874. Témoins; reproches. — Les enquêtes au correctionnel sont-elles soumises aux formalités des enquêtes ordonnées par les tribunaux civils? Il a été jugé, dans le sens de la négative, que les tribunaux correctionnels ne sont pas autorisés par le Code d'inst. crim. à appliquer aux témoins produits devant eux les cas de reproche prévus pour les enquêtes en matière civile; il leur appartient seulement d'avoir tel égard que de raison aux circonstances, en appréciant le mérite de chaque déposition (Paris, 19 mai 1866, Lavigne, Pataille, 66.228).

875. ***Quid*** **du partage des juges?** — On sait qu'une loi du 30 août 1883 a imposé aux juges, au premier comme au second degré, l'obligation de délibérer en nombre impair et qu'en pratique le partage est devenu impossible. Nous disons : en pratique, car, en théorie, on peut admettre que, même lorsque les juges sont en nombre impair, il se produise un conflit d'opinions distinctes dont aucune ne réunit une majorité (2). Rappelons seulement ici que la

---

(1) V. Rej., 23 juill. 1857, Cavaillon (Pataille, 56.364).
(2) V. pourtant Dalloz, 83.4.62.

déclaration de partage, avant la nouvelle loi, avait pour effet, au civil, d'amener une nouvelle discussion de l'affaire devant les mêmes juges, auxquels s'adjoignait, pour les départager, un magistrat qui n'avait pas connu de l'affaire. Il en était autrement au correctionnel, où le doute, et, par conséquent, le partage profitait toujours au prévenu (1). Cela était vrai, bien entendu, dans tous les cas, et que l'objet du partage fût l'action même dont le tribunal était saisi, ou l'exception opposée par le prévenu à l'action; le jugement devait, en effet, être rendu dans la même forme sur l'une et sur l'autre (2). Si donc, pour prendre un exemple tiré de notre matière, les magistrats se partageaient sur la question de la validité du brevet, c'est-à-dire sur une exception, cette circonstance profitait au prévenu, qui était renvoyé des fins de la plainte (3).

876. *Quid* **du décès du prévenu?** — Le décès du prévenu au cours de l'instance a pour effet d'éteindre l'action publique; en vertu du principe généreux de notre droit criminel, qui veut que le doute profite toujours au prévenu, celui-ci, quand il meurt avant le jugement, est réputé mourir innocent du délit qu'on lui reprochait. Il n'en est plus ainsi lorsqu'il meurt après le jugement, mais avant que la Cour ait prononcé sur l'appel interjeté, soit par lui, soit par la partie civile. L'appel, en effet, n'a pas pour résultat d'effacer le jugement, de l'anéantir; il ne fait qu'en suspendre l'exécution. Si donc le décès du prévenu, en ce cas, a pour conséquence d'empêcher que la Cour puisse prononcer contre lui aucune condamnation pénale, cette circonstance ne fait pas obstacle à ce que les magistrats du second degré, statuant sur les intérêts civils, maintiennent ou réforment à cet égard la décision des premiers juges (4). Dans une espèce semblable à celle sur laquelle nous raisonnons, la Cour suprême a admis,

---

(1) V. Cass., 22 déc. 1849, Bockorst (*J. Pal.*, 49.2.410).
(2) V. Metz, 16 août 1866, Hénon (Pataille, 67.279).
(3) Comp. Blanc, p. 662; Calmels, n° 712; Nouguier, n° 944.
(4) Rej., 24 août 1854, Villard (Pataille, 57.411); Paris, 6 mars 1860, Sylvain Dupuis (Pataille, 60.264); Rej., 21 janv. 1869, Cadet (Pataille, 69.186); Amiens, 5 août 1887, Marty (Pataille, 89.25).

en outre, qu'une personne, subrogée par les héritiers du prévenu dans les droits pouvant résulter à leur profit de la sentence d'appel, pouvait intervenir légalement dans l'instance (1). Cela nous paraît excessif. Que la Cour d'appel statue sur les intérêts civils, malgré le décès du prévenu, cela est juste ; qu'elle statue en présence des héritiers ou légataires qui sont les continuateurs immédiats et nécessaires de la personne du défunt, cela est naturel et logique ; mais qu'un étranger, qui ne puise son intérêt que dans un lien conventionnel, dans un contrat de pure spéculation, soit reçu à intervenir dans l'instance, voilà ce que nous ne comprenons pas. Les principes que nous venons d'exposer trouveraient également leur application au cas où le décès du condamné arriverait pendant l'instance introduite devant la Cour suprême.

Il a été jugé toutefois avec raison que, si le décès d'un condamné, avant qu'il ait été statué sur son pourvoi, éteint l'action publique et l'action civile, ce fait ne peut avoir pour effet de profiter à ceux qui auraient encouru avec lui une condamnation solidaire ; d'une part, en effet, les amendes sont personnelles et ne se rattachent entre elles par aucun lien d'indivisibilité, et, d'autre part, en ce qui concerne les dommages-intérêts dus à la partie civile, chacun des condamnés étant tenu de les payer intégralement, il s'ensuit que l'extinction de l'action civile, à l'égard de celui qui est mort, n'aggrave en rien la position des vivants (Rej., 21 janv. 1869, Cadet, Pataille, 69.186).

877. Recevabilité des conclusions au correctionnel. — Il a été jugé, et bien jugé selon nous, que, en matière correctionnelle, le dernier état du débat n'est irrévocablement fixé que par la prononciation du jugement ou de l'arrêt ; jusque-là, le ministère public et le prévenu doivent être admis à conclure et à produire toutes pièces et documents qu'ils croient utiles ; en conséquence, il y a violation des droits de la défense par l'arrêt qui, se fondant sur ce que les débats ont été définitivement clos par la réplique

(1) Rej., 16 juin 1860, Sylvain Dupuis (Pataille, 60.264).

du prévenu et la mise en délibéré, repousse comme tardives des conclusions signifiées par le prévenu à la partie civile, postérieurement à la mise en délibéré et déposées avant le prononcé de l'arrêt (Cass., 28 mai 1870, Asselineau (1), Pataille, 70.129).

878. Brevet tardivement invoqué. — Nous avons examiné précédemment la question de savoir si la juridiction civile peut légalement statuer sur un brevet tardivement invoqué, c'est-à-dire invoqué postérieurement à l'introduction de l'instance. Nous nous sommes prononcé dans le sens de la négative (2). Cette question, lorsqu'elle s'élève devant la juridiction correctionnelle, doit recevoir la même solution, mais par d'autres raisons. Au correctionnel, la demande est tout entière contenue dans la citation, et elle ne peut être ultérieurement modifiée ou rectifiée par des conclusions, la procédure criminelle n'admettant pas cette façon de procéder; il s'ensuit que le prévenu n'a et ne peut avoir à répondre qu'à la citation.

879. Frais d'avoué; *quid* au correctionnel? — Les dépens de l'instance sont à la charge de la partie qui succombe; cela est vrai au correctionnel comme au civil; cependant, au correctionnel, la partie civile demeure en tous cas, même lorsqu'elle gagne son procès, obligée envers le Trésor au remboursement des frais, sauf son recours contre le prévenu condamné. Les frais des avoués en cause, au civil, sont réglés, sont *taxés*, d'après un tarif qu'a établi le législateur, par l'un des juges qui ont pris part au jugement. Au correctionnel, en général, il n'y a pas de frais d'avoué, puisque d'ordinaire les parties se présentent en personne; il se peut cependant qu'il y en ait, car, d'une part, la partie civile n'est pas tenue de comparaître en personne, et, d'autre part, le prévenu lui-même peut se faire représenter par un avoué, toutes les fois que le délit qui lui est reproché n'est pas de nature à entraîner contre lui la peine de l'emprison-

---

(1) Conf. Paris, 29 janv. 1875, Margelidon (Pataille, 75.217); Orléans, 11 déc. 1882, Bardou (Pataille, 84.226).

(2) V. *suprà*, n° 850.

nement. A qui incombent, en ce cas, les frais qui en résultent? Cette question a été longtemps controversée, et trois systèmes se sont produits : dans l'un, on soutient que les frais de l'avoué ne doivent jamais entrer en taxe (1) ; dans un autre, on prétend, au contraire, qu'ils doivent toujours y être admis (2) ; dans un troisième, enfin, on admet une doctrine intermédiaire, d'après laquelle ces frais sont admis en taxe ou rejetés, suivant qu'en fait l'assistance de l'avoué est ou non reconnue avoir été utile. Cette dernière opinion rallie aujourd'hui la plupart des auteurs et la jurisprudence.

Disons d'ailleurs que, du moment où la loi autorise au correctionnel les parties à se faire assister d'un avoué ou même à se faire représenter par lui, on ne concevrait pas que la partie qui gagne son procès fût obligée de supporter les frais de cette assistance autorisée par la loi, et n'en pût faire tomber la charge, suivant la règle ordinaire, sur son adversaire, qui, en définitive, est le seul auteur, la seule cause du procès. Au moins, faudrait-il, pour admettre une semblable dérogation au droit commun, qu'elle fût écrite en propres termes dans la loi. Sans doute, il est naturel d'examiner les circonstances dans lesquelles a eu lieu l'assistance de l'avoué, afin de ne pas permettre qu'une partie, en usant trop facilement d'une faculté autorisée par la loi, se décharge de ses obligations, au risque d'augmenter le chiffre des frais ; mais, en vérité, on ne saurait aller plus loin et poser en thèse absolue que les frais résultant du ministère de l'avoué ne doivent jamais, au correctionnel, passer en taxe. Il ne faut pas oublier que, particulièrement dans la matière qui nous occupe, il y a lieu le plus souvent à des productions multiples de mémoires, de notes, de plans, de rapports d'experts, et que les parties, sans l'assistance d'un avoué, seraient dans l'impossibilité de suffire à leur tâche. Le ministère de l'avoué, dans la plupart des cas, est utile à la justice même, dont il facilite

---

(1) V. un article de M. Bigard, *Revue pratique*, 1857, p. 357.

(2) V. Legraverend, *Législ. crim.*, t. 2, p. 389 ; Chauveau, *Journ. des avoués*, 1857, p. 551 ; Faustin Hélie, *Journ. du droit crim.*, 1833, art. 1142.

la besogne à l'aide de conclusions rédigées dans une forme sobre et juridique; aussi, à tous ces points de vue, nous n'hésitons pas à nous ranger à la troisième des opinions que nous avons indiquées plus haut.

M. Bozérian, dans un article qu'on lira avec fruit, conclut de même en ces termes : « En matière criminelle, les droits « et honoraires des avoués, soit que leur ministère ait été « employé par la partie civile, soit qu'il ait été employé par « le prévenu, ne doivent pas être, *de plano*, passés en taxe; « ils ne doivent pas non plus, *de plano*, être rejetés de « la taxe. Les tribunaux doivent apprécier, d'après la na- « ture et les circonstances de l'affaire, si l'assistance de « l'avoué était utile ou nécessaire. Si oui, ils doivent « comprendre les droits et honoraires de cet avoué dans « les dépens mis à la charge du perdant; si non, ils doivent « les laisser au compte de la partie qui a employé son mi- « nistère (1). »

Il a été jugé, en ce sens, que les frais, qui résultent devant la juridiction correctionnelle de ce qu'une partie s'est fait représenter par un avoué, ne peuvent être passés en taxe qu'autant qu'il est d'abord constaté par le juge s'ils sont ou non frustratoires (Cass., 23 mai 1868, Leplay et Noël (2), Pataille, 68.204).

880. Droit de la défense; ordre des plaidoiries. — L'art. 190 du Code d'inst. crim. règle minutieusement la façon dont l'instruction de chaque affaire se fera à l'audience; toutefois, il ne prescrit à peine de nullité qu'une chose, c'est que l'instruction sera publique. Quant à l'ordre qu'il indique entre les plaidoiries et les conclusions du ministère public, il ressort des termes mêmes de l'article qu'il n'en fait pas une règle absolue et dont l'oubli vicierait la procé-

(1) V. Pataille, 65.115. — Comp. Berriat-Saint-Prix, *Proc. des trib. correct.*, t. 2, n° 1229; Bonnesœur, *Journal des avoués*, 1852, art. 1233.

(2) V. également Cass., 9 juin 1864, Gourgaud (Pataille, 65.125); Bourges, 13 mai 1864, Glatard (Pataille, 65.123); Cass., 27 juin 1861, Dussard-Belsunce (Pataille, 65.121).

dure ; en conséquence, aucune loi n'est violée lorsque l'avocat de la partie civile est entendu après le ministère public, si d'ailleurs la parole n'est pas refusée à l'avocat du prévenu (1).

881. Pourvoi; point de départ du délai. — Le délai pour former le pourvoi au correctionnel commence à courir du jour où l'arrêt de la Cour d'appel a été prononcé. Toutefois, la prononciation de l'arrêt ne devient le point de départ légal du délai qu'autant qu'elle a eu lieu en présence des parties ou que celles-ci n'ont pu l'ignorer. En général, elles ne peuvent l'ignorer; car les magistrats ont l'habitude de renvoyer à jour fixe la prononciation de leurs arrêts lorsqu'ils ne les prononcent pas immédiatement après la clôture des débats; et, de même, quand, au jour fixé d'abord pour rendre leur décision, ils ne se trouvent pas en mesure de le faire, ils renvoient de nouveau à un jour fixe. Les parties n'ont donc qu'à se présenter, comme c'est leur devoir, aux jours successivevement indiqués par la Cour, et elles assistent ainsi nécessairement à la prononciation de l'arrêt. Sans se présenter en personne, ce que la loi ne leur impose pas, elles peuvent du moins faire suivre les audiences et se tenir au courant de ce qui s'y fait. Il arrive cependant que la Cour, prévoyant un délibéré long ou désirant se renseigner sur certains faits allégués ou pour autre cause, est obligée de renvoyer le prononcé de son arrêt à un jour ultérieur, qu'elle ne désigne pas, ou, comme on dit dans la pratique, *au premier jour*. En ce cas, si la présence de la partie n'est pas constatée à l'audience où l'arrêt est prononcé, ou, si elle n'a pas été régulièrement mise en demeure de s'y trouver, elle peut légalement arguer de son ignorance, et le délai que la loi lui impartit pour se pourvoir en cassation ne commence à courir que du jour de la signification qui lui est faite de l'arrêt intervenu (2).

---

(1) V. Rej., 7 juill. 1855, Frezon et Meissonnier (Pataille, 55.110).
(2) V. Cass., 11 fév. 1858, Chevallier-Appert (Pataille, 58.344).

SECTION IV.

Questions communes aux deux juridictions.

ARTICLE Ier.

DÉFENSE A LA POURSUITE. — EXCEPTIONS. — CHOSE JUGÉE.

SOMMAIRE.

882. Défense à la poursuite. — 883. Chose jugée ; motifs des arrêts. — 883 *bis*. Chose jugée ; mêmes parties. — 884. Chose jugée ; ses effets. — 885. Chose jugée au civil. — 886. Chose jugée au correctionnel. — 887. Doctrine conforme. — 888. Jurisprudence. — 888 *bis*. Jurisprudence contraire. — 889. *Quid* des exceptions étrangères à la poursuite ? — 890. *Quid* des exceptions non mentionnées dans l'art. 46 ? — 890 *bis*. Jurisprudence. — 891. *Quid* de la possession antérieure ? — 892. Chose jugée résultant de la convention des parties. — 893. L'acheteur est-il l'ayant droit de son vendeur ? — 894. Sursis ; chose jugée. — 895. Chose jugée au civil ; pourvoi. — 896. Chose jugée ; exécution du jugement correctionnel. — 897. Chose jugée sur la contrefaçon ; ses effets.

882. Défense à la poursuite. — A une poursuite en contrefaçon, le cité peut, indépendamment des fins de non-recevoir dont nous n'avons pas à nous occuper spécialement, opposer quatre moyens principaux tendant directement à repousser la demande. Il peut soutenir ou qu'il est autorisé par le breveté à faire ce qu'il a fait, ou qu'il n'est ni l'auteur ni le complice du fait qui lui est reproché, ou que le brevet est sans valeur à son égard, soit parce qu'il est frappé de nullité ou de déchéance, soit parce qu'il est lui-même propriétaire de l'invention ou tout au moins qu'il la possédait antérieurement au brevet, ou enfin que, à supposer le brevet valable, il ne l'a pas imité. Tout procès en contrefaçon tourne forcément dans le cercle que nous venons de tracer. Ces exceptions peuvent indifféremment être soulevées soit devant la juridiction correctionnelle, soit devant la juridiction civile ; mais la décision qui intervient a-t-elle la même autorité, la même étendue, selon qu'elle est rendue au correctionnel ou au civil ? C'est ce que nous allons examiner.

883. Chose jugée ; motifs des arrêts. — Rappelons d'abord que la chose jugée ne résulte que du dispositif des décisions judiciaires; peu importent les motifs sur lesquels les juges se sont fondés; même s'ils sont erronés, il n'appartient à aucune juridiction de les reviser. Tirons de là deux conséquences : la première, c'est que, quels que soient les motifs d'une décision, on ne peut, en dehors d'un grief relevé dans le dispositif, se pourvoir contre cette décision, soit par voie d'appel, s'il s'agit d'un jugement, soit par voie de pourvoi en cassation, s'il s'agit d'un arrêt; la seconde, c'est que, de ce que les motifs d'un arrêt supposent expressément la validité ou la nullité du brevet, il n'en résulte pas pour cela que le brevet soit désormais et irrévocablement entre les parties valable ou nul, si d'ailleurs cette validité ou cette nullité n'a pas trouvé place dans le dispositif; il n'y a là qu'une opinion, un préjugé si l'on veut, mais rien de plus (1).

Observons toutefois qu'il n'est pas besoin d'une déclaration formelle de nullité dans le dispositif pour constituer la chose jugée à cet égard; elle peut résulter d'une corrélation intime entre les motifs et le dispositif, qui doivent être toujours appréciés ensemble et en contemplation l'un de l'autre lorsqu'on veut exactement mesurer la portée, l'étendue d'une décision judiciaire (2). La règle que nous posons ici a son importance, car elle s'applique à un cas qui se présente souvent en matière de contrefaçon; c'est celui où le poursuivi, sans demander reconventionnellement la nullité du brevet sur lequel se fonde la poursuite, se borne à l'opposer à titre d'exception de défense. En ce cas, on le conçoit, la nullité du brevet ne peut être déclarée par le dispositif du jugement, puisque autrement le juge commettrait un excès de pouvoir, en accordant plus qu'il ne lui est demandé.

883 *bis*. **Chose jugée; mêmes parties.** — Rappelons encore que, aux termes mêmes de l'art. 1351 du Code civil, qui définit la chose jugée, elle n'existe qu'à la condition que la demande soit entre les mêmes parties. Un breveté qui

---

(1) V. Rej., 16 nov. 1868, Labat (Pataille, 70.46). — Comp. Nancy, 11 août 1873, Frezon (Pataille, 73.321).

(2) V. Picard et Olin, n° 877.

a fait valider son brevet vis-à-vis d'un premier contrefacteur ne peut donc opposer à un second contrefacteur la décision qui lui a donné gain de cause qu'à titre de préjugé favorable ; il n'y peut puiser l'autorité de la chose jugée.

Jugé à cet égard : 1° que les tribunaux peuvent s'approprier des documents qui ont servi de base à une précédente instruction judiciaire, pourvu qu'ils les soumettent à leur contrôle propre et ne leur attribuent pas une autorité de chose jugée qui, en fait, ne peut effectivement leur appartenir (Rej., 13 mai 1882, Dame Delong, Pataille, 82.57) ; — 2° que les tribunaux peuvent, dans leurs décisions, invoquer à titre d'argument l'autorité doctrinale de précédentes décisions judiciaires, intervenues entre d'autres parties, pourvu qu'ils ne leur attribuent pas l'autorité de la chose jugée à l'encontre des parties en cause (Rej., 11 mai 1883, Germain, Pataille, 83.160) ;—3° que, si la chose jugée, ressortant d'une décision civile qui délimite le sens et la portée d'un brevet, n'est opposable qu'aux parties mêmes qui ont figuré dans l'instance, les juges correctionnels ne violent pas ce principe lorsqu'en l'étendant à d'autres ils se sont approprié, en les spécifiant, les mêmes motifs (Cass., 28 janvier 1881, Balin, Pataille, 81.53).

884. Chose jugée ; ses effets (1). — L'action en contrefaçon peut, avons-nous dit, être portée soit devant le tribunal civil, soit devant le tribunal correctionnel ; quel est l'effet de la chose jugée par l'une ou par l'autre de ces juridictions ? Est-il le même dans les deux cas ? Doit-on suivre les règles du droit commun, ou bien, au contraire, la loi de 1844 contient-elle à cet égard des dispositions spéciales ? Nous pensons, quant à nous, et nous allons essayer d'établir que la loi de 1844 n'a point innové et qu'elle s'en réfère, dans un cas comme dans l'autre, aux principes généraux. Pour faire cette démonstration avec clarté, nous traiterons successivement, d'abord de la juridiction civile, puis de la juridiction correctionnelle.

885. Chose jugée au civil. — Quant à la chose

(1) V. *suprà*, n° 566.

jugée par la juridiction civile, point de controverse; on est d'accord que la décision rendue produit les effets ordinaires de la chose jugée. L'article 1351 du Code civil s'applique dans toute son étendue et dans toute sa rigueur. Il s'ensuit que tous les points sur lesquels porte la décision ne peuvent plus être remis en question, du moins entre les mêmes parties. Si donc le défendeur à l'action en contrefaçon oppose la nullité ou la déchéance du brevet et se porte reconventionnellement demandeur en ce point; ou si, prévenant la poursuite en contrefaçon, il demande par action principale la nullité du brevet, la décision qui intervient ensuite, soit qu'elle valide, soit qu'elle annule le brevet, a désormais entre les parties l'autorité souveraine et inattaquable de la chose jugée. La nullité, si elle est prononcée, ne peut plus ultérieurement être valablement proposée par la même personne, encore bien qu'elle ait recueilli des preuves nouvelles et irréfragables. Supposez, par exemple, qu'on se soit prévalu du défaut de nouveauté de l'invention et que la juridiction civile ait, en dépit de la défense, déclaré l'invention nouvelle, partant le brevet valable; on ne pourrait ensuite, ayant découvert une antériorité ignorée jusque-là et manifeste, demander la nullité du brevet et l'obtenir (1). Ce sont, on le voit, les règles du droit commun, et la jurisprudence n'a jamais manqué de les appliquer (2).

886. Chose jugée au correctionnel. — Examinons maintenant la portée des décisions rendues au correctionnel. En principe, on le sait, les tribunaux correctionnels n'ont à se prononcer que sur un point : l'existence ou la non-existence du délit; s'ils sont juges des exceptions invoquées par le prévenu pour sa défense, ce n'est, d'une part, qu'en matière

---

(1) V. toutefois *suprà*, n° 568.

(2) V. Paris, 21 fév. 1856, Journet (Pataille, 56.140); Paris, 28 fév. 1857, Sax (Pataille, 57.236); Rej., 8 août 1857, Sax (Pataille, 57.263); Rouen, 24 juin 1868, Sax (Pataille, 59.33); Paris, 15 juin 1860, Sax (Pataille, 60.241); Paris, 3 déc. 1857, Vandamme (Pataille, 58.242); Rouen, 7 fév. 1863, Joly (Pataille, 64.28); Rej., 10 mai 1867, Roux (Pataille, 67.287); Rej., 22 janv. 1870, Leplay et Noël (Pataille, 70. 273).

mobilière, et, d'autre part, ce n'est qu'en tant que le jugement de l'exception les met en état de juger le délit. Leur décision sur ce point ne constitue jamais que l'appréciation d'un moyen de défense et n'emporte pas avec elle autorité de la chose jugée. C'est là une règle bien connue, il nous suffit de la rappeler (1).

En est-il de même en matière de brevets d'invention? Le doute vient de ce que la loi de 1844 renferme un article 46, ainsi conçu : « Le tribunal correctionnel, saisi d'une action « pour délit de contrefaçon, statuera sur les exceptions qui « seraient tirées par le prévenu, soit de la nullité ou de la « déchéance du brevet, soit des questions relatives à la pro« priété dudit brevet. » Eh bien, dit-on, dans un premier système, cet article est la preuve que la loi de 1844 s'est écartée des principes généraux, et qu'elle accorde au tribunal correctionnel le droit de statuer souverainement sur les exceptions soulevées au cours du débat par le prévenu ; s'il en était autrement, l'article serait inutile, et le législateur ne l'eût pas introduit dans la loi. Telle est l'objection, et nous n'en savons pas d'autre. Nous ne la croyons pas fondée, et voici nos raisons ; si l'on se reporte à la dicussion de la loi, on remarque que le projet du gouvernement contenait l'article suivant : « Si le prévenu fait valoir pour sa défense des « moyens de nullité ou de déchéance, ou soulève des ques« tions relatives à la propriété du brevet, le tribunal sursoira « à statuer et le renverra à se pourvoir, sans préliminaire de « conciliation, devant le tribunal compétent, dans un délai « qui sera déterminé par le jugement (2). » Cet article du projet ne fut pas admis par la commission de la Chambre des pairs, qui proposa, pour le remplacer, l'article 46, tel que nous le possédons aujourd'hui. Les motifs qui déterminèrent la commission furent les suivants : « Très souvent, dit le « rapport, les prévenus cités devant ces tribunaux (les tribu« naux correctionnels) excipent du défaut de nouveauté de « l'invention et se pourvoient en nullité du brevet. On pour« rait induire de l'exposé des motifs de la loi de 1838 que ces

(1) Comp. Nouguier, n° 991.
(2) V. Huard, p. 7.

« exceptions devraient être portées devant le tribunal civil ; « mais, d'après la jurisprudence des Cours royales, confir- « mée par un arrêt récent de la Cour de cassation (1), le pré- « venu est admis à prouver devant le tribunal saisi de l'action « en contrefaçon qu'il a employé l'invention antérieurement « au brevet, ou que d'autres en ont usé pareillement avant « le brevet. L'article 45 du projet du gouvernement chan- « geait cette jurisprudence, et renvoyait le jugement des « exceptions de nullité devant le tribunal civil. C'était un « grave inconvénient (2)..... »

Ainsi, il résulte de ce rapport, d'une part, que la loi de 1838, qui réglait la compétence en matière de contrefaçon, impliquait la nécessité, pour les tribunaux correctionnels, de surseoir à statuer sur les exceptions préjudicielles tirées par le prévenu de la nullité, de la déchéance ou de la propriété du brevet, et, d'autre part, que la jurisprudence, s'écartant de la loi de 1838, avait admis, au contraire, en matière de brevets, comme en toute autre, le droit pour les tribunaux correctionnels de statuer sur les exceptions soulevées. Il y avait donc là une divergence, et il était urgent pour le législateur de la faire cesser en prenant lui-même parti, soit pour la loi de 1838, soit pour la jurisprudence qui la contredisait ; de là l'article 46. La commission pensa que la simple suppression de l'article du projet ne rendrait pas clairement sa pensée, et voilà pourquoi elle introduisit dans la loi de 1844 une disposition formelle, dont le but était, non d'établir une théorie nouvelle, mais de consacrer simplement la jurisprudence suivie jusqu'alors. Or, cette jurisprudence, en attribuant aux juges correctionnels le droit de statuer sur les exceptions proposées par le prévenu de contrefaçon, ne lui reconnaissait rien au delà du droit commun, et ne lui permettait de statuer que dans la mesure ordinaire, dans la mesure restreinte que nous avons indiquée plus haut.

Il y avait d'ailleurs nécessité absolue pour le législateur de 1844 d'introduire l'article 46. S'il eût simplement gardé le silence à cet égard, n'eût-on pas pu argumenter de l'article 34,

(1) V. Rej., 4 mai 1844, Pélisson (*Bull. crim.*, 44, n° 161).
(2) V. Huard, p. 56.

qui attribue compétence exclusive aux tribunaux civils pour toutes les questions qui touchent à la nullité, à la déchéance ou à la propriété des brevets? N'eût-on pas inféré du silence même du législateur que le tribunal correctionnel devait surseoir à statuer dès qu'une question de ce genre était soulevée devant lui, de quelque façon que ce fût? L'article 46 était dès lors indispensable pour indiquer que, malgré les termes formels de l'article 34, le juge correctionnel demeurait libre de statuer sur les exceptions tirées par le prévenu de contrefaçon, soit de la nullité ou de la déchéance, soit de la propriété du brevet.

Il reste, en conséquence, démontré pour nous que la loi de 1844, dans son article 46, s'est conformée aux principes généraux; ajoutons qu'elle avait raison de s'y conformer. La décision rendue au correctionnel ne pouvait, en effet, inspirer au législateur d'alors à beaucoup près la même confiance et, partant, ne pouvait avoir à ses yeux la même autorité que la décision rendue au civil; les formes mêmes de la juridiction correctionnelle s'y opposaient, et, sans insister sur d'autres points dont nous parlerons ailleurs, il suffit de rappeler que la présence de cinq magistrats, au lieu de sept, suffisait, en ce temps-là, au second degré lorsqu'ils jugeaient correctionnellement, et que, de plus, le partage des juges au correctionnel profitait dans tous les cas au prévenu, au lieu d'amener, comme au civil, un examen nouveau et plus approfondi du débat.

M. Malapert combat cependant cette doctrine qui s'appuie aujourd'hui sur une jurisprudence unanime et sur d'imposantes autorités. Il va jusqu'à soutenir qu'elle est contraire aux règles du droit. Il ne donne, il est vrai, aucune raison bien sérieuse; il se borne à dire, d'une façon générale, que la chose jugée fait obstacle à ce que la même question puisse être une seconde fois débattue entre les mêmes personnes, et de ce principe, qui est incontestable, il conclut que, lorsque le juge correctionnel a statué sur les exceptions opposées à la poursuite, il y a chose jugée sur ces exceptions (1). Il est

(1) V. les articles de M. Malapert dans l'*Audience*, 1876, nos 45 et 46. — V. aussi Malapert et Forni, nos 1023 et suiv.

évident que M. Malapert se méprend ; il oublie que la seule chose qui soit jugée au correctionnel, c'est le fait de l'existence ou de la non-existence du délit. L'exception n'est envisagée qu'au point de vue de la poursuite ; elle constitue un argument qui, en définitive, est accueilli ou repoussé, mais rien de plus. Cela est certain dans toute autre matière que la nôtre. Pour qu'il en fût autrement ici, il faudrait que le législateur l'eût formellement déclaré ; or, les travaux préparatoires, quoi qu'en pense M. Malapert, n'ont rien dit de pareil ; ils n'ont porté aucune atteinte aux principes généraux, et le texte de l'article 46, loin d'accorder au juge correctionnel le droit de trancher définitivement les questions de nullité ou de propriété des brevets, dit, au contraire, qu'il ne les jugera que comme *exceptions* opposées à la poursuite. Que répondre à cela ?

887. Doctrine conforme. — L'opinion que nous émettons ici est partagée par la presque unanimité des auteurs (1). M. Bédarride, entre autres, résume très bien la question, lorsqu'il dit : « Les tribunaux correctionnels, ne « jugeant les questions civiles, que le prévenu soulève comme « exceptions, que dans la mesure et dans les limites de « l'action pénale, ne prononcent jamais ni la validité ni « l'invalidité du brevet. Ils acquittent ou ils condamnent, « c'est-à-dire qu'ils déclarent qu'il y a ou qu'il n'y a pas « délit. Donc ils ne statuent jamais que sur le passé, et dès « lors leurs décisions ne sauraient influer sur l'avenir ni « acquérir l'autorité de la chose jugée à l'égard des faits qui « peuvent être postérieurement dénoncés ou poursuivis (2). »

M. Sirey, en note d'un des arrêts que nous rapportons ci-dessous, admet la même doctrine et fait en même temps observer avec beaucoup de raison que, grâce à l'article 46,

(1) V. Blanc, p. 578 et 592 ; Nouguier et les consultations qu'il cite, n°s 987 et suiv. ; Schmoll, v° *France*, n° 80 ; Renouard, n° 226. — V. toutefois, en sens contraire, Morin, *Journ. de droit crim.*, 1855, p. 193, et une consultation de Berryer, citée par Nouguier, n° 995.

(2) Bédarride, n° 608. — V. aussi Pelletier et Defert, *Proc. en mat. de contref.*, n° 422.

« le demandeur perd en quelque sorte en autorité de décision « ce qu'il gagne en rapidité d'action (1). »

888. **Jurisprudence** (2). — Il a été jugé en ce sens : 1° que, lorsque, aux termes de l'art. 46, la juridiction correctionnelle, saisie d'une action pour délit de contrefaçon, statue sur les exceptions que le prévenu tire, soit de la nullité ou de la déchéance du brevet, soit de sa propriété, il ne fait qu'apprécier, au point de vue de la prévention, un moyen de défense qui est opposé à l'action correctionnelle ; la décision qu'il rend sur ce moyen de défense ne s'étend pas au delà du fait incriminé, et ne saurait dès lors être invoquée dans une autre instance, à raison d'autres faits, comme ayant l'autorité de la chose jugée (Cass., 29 avril 1857, Rohlfs-Seyrig (3), Pataille, 57.129); — 2° qu'une décision intervenue en matière correctionnelle ne saurait avoir l'autorité de la chose jugée à l'égard des faits postérieurs poursuivis ultérieurement, ces faits fussent-ils semblables et les parties identiquement les mêmes ; — il n'importe à cet égard que la première décision se borne à une simple appréciation du délit envisagé dans ses éléments constitutifs, ou bien qu'elle contienne la solution d'une question préjudicielle, telle qu'une question de propriété, de nullité ou de déchéance (Paris, 24 juillet 1884, Gérard-Mang, Pataille, 85.80); — 3° mais — et c'est en définitive le même principe — qu'en matière de contrefaçon, les jugements rendus par le tribunal correctionnel comportent, quant à la qualification du fait reconnu, la pleine autorité de la chose jugée, vis-à-vis de toutes personnes indistinctement, même

(1) Sir., 66.2.177, la note. — V. toutefois les critiques qu'il élève contre notre système au point de vue législatif.

(2) V. également Paris, 20 déc. 1848, Ducret (Huard, sur l'art. 34, n° 7); Paris, 13 nov. 1858, Heudebert (Pataille, 59.74); Cass., 21 fév. 1860, Journaux Leblond (Pataille, 59.103); Trib. corr. Lille, 1er fév. 1858, Delaunay (*Propr. ind.*, n° 14); Rouen, 1er mai 1862, Grassal (Pataille, 62.337) ; Lyon, 8 fév. 1868, Pascal (Pataille, 71.19) ; Rej., 22 janv. 1870, Leplay et Noël (Pataille, 70.273) ; Grenoble, 20 juill. 1877, Porion (Pataille, 78.83) ; Rej., 5 janv. 1878, Meunier (Pataille, 78.33).

(3) V., sur le renvoi, Paris, 4 janv. 1858 (Pataille, 58.76).

de celles qui n'ont pas été parties au procès ; en conséquence, il ne saurait appartenir à un tribunal civil, saisi après l'exécution d'un jugement passé en force de chose jugée, de lui faire échec soit directement, soit indirectement (Trib. civ. Seine, 27 janvier 1881, Galante, Pataille, 83.253).

888 *bis*. **Jurisprudence contraire.** — Il a été jugé toutefois, en sens contraire (1), que la décision rendue au correctionnel, et statuant dans les termes de l'art. 46, sur une exception invoquée par le prévenu, constitue entre les parties, relativement à cette exception, l'autorité de la chose jugée (Paris, 20 juin 1856, et Rej., 17 avril 1857, de Bergue, Pataille, 57.152).

889. ***Quid* des exceptions étrangères à la poursuite ?** — Puisque le juge correctionnel n'apprécie l'exception que dans son rapport avec la poursuite, et seulement en tant que sa décision, à cet égard, est indispensable pour juger le délit, il s'ensuit, par une conséquence logique et nécessaire, qu'il n'est pas compétent pour statuer sur les exceptions qui seraient étrangères à la poursuite en contrefaçon. Aussi approuvons-nous sans réserve M. Renouard, lorsqu'il dit : « Les tribunaux correctionnels n'ont attribution que « pour dire si la plainte en contrefaçon est recevable et si « elle est fondée, et pour déduire de leur décision sur ces « deux questions ses applications légales. Lorsque des con- « ventions consenties entre les parties seront soumises au « juge correctionnel, il n'aura à les examiner que dans leurs « rapports avec ces deux questions : l'action est-elle rece- « vable? La contrefaçon existe-t-elle? Ce n'est que pour déci- « der si l'action est recevable que la juridiction pénale a été « investie par l'art. 46 du pouvoir de connaître des excep- « tions relatives aux nullités, aux déchéances, à la propriété. « Quand des questions concernant l'exécution des con- « trats surgiront dans le cours de ces débats et quand ces « questions ne toucheront ni la recevabilité de l'action, ni « la vérification des faits de contrefaçon, le tribunal

(1) Cette décision est isolée, et la Cour de cassation ne s'y est rattachée par aucun autre arrêt depuis.

« correctionnel devra se déclarer incompétent quant à ce point (1). »

890. ***Quid* des exceptions non mentionnées dans l'art. 46 ?** — L'art. 46 ne parle que des exceptions tirées par le prévenu, soit de la nullité ou de la déchéance, soit de la propriété du brevet. Faut-il en conclure que, si le prévenu invoquait une exception qui, tout en étant intimement liée à la poursuite, ne toucherait ni à la nullité ni à la déchéance ni à la propriété du brevet, le tribunal correctionnel ne serait pas compétent pour y statuer? Par exemple, imaginez qu'un porteur de licence, c'est-à-dire un individu autorisé à exploiter le brevet sans jouir d'ailleurs d'aucune portion de la propriété privative, soit prévenu de contrefaçon, sous prétexte qu'il aurait violé les conditions de son contrat, et admettez en même temps qu'il se défende en invoquant le droit résultant à son profit des termes généraux de la licence, est-ce que le tribunal correctionnel ne sera pas juge de l'exception? Supposez encore qu'une transaction soit intervenue entre le breveté et un contrefacteur à l'occasion d'une première poursuite, et que le même individu, poursuivi une seconde fois, se retranche à tort ou à raison derrière certaines clauses de la transaction ; est-ce que le juge correctionnel sera incompétent pour apprécier l'exception tirée de la transaction? Il nous paraît que, du moment que l'exception se lie à la poursuite en contrefaçon, le juge correctionnel est compétent pour y statuer. On argumenterait vainement des termes de l'art. 46 pour soutenir qu'ils sont limitatifs. Si l'art. 46 ne mentionne que les exceptions tirées, soit de la nullité ou de la déchéance, soit de la propriété du brevet, c'est que, comme nous l'avons rappelé tout à l'heure (2), il y avait nécessité de s'expliquer pour celles-là ; c'est l'art. 34 qui a amené et motivé l'art. 46, et ceci est même un argument de plus pour le système que nous avons exposé plus haut. Le doute existant, ou du moins pouvant exister en ce qui touche les exceptions mentionnées

---

(1) V. Renouard, n° 226. — V. Nouguier, n° 892 ; Rendu et Delorme, n° 529 ; Calmels, n° 640.

(2) V. *suprà*, n° 886.

dans l'art. 46, le législateur a dû formellement se prononcer à leur égard ; le doute n'existait pas dans tout autre cas, et, par cela même, il suffisait au législateur de se taire pour indiquer qu'il s'en référait aux principes généraux (1).

Nous pensons également que si, en réponse à l'exception qu'invoque le prévenu, le breveté opposait certains faits ou documents, d'où il prétendrait tirer la preuve que l'exception n'est pas fondée, le juge correctionnel devrait apprécier ces faits ou documents qui, par cela même qu'ils sont intimement liés à l'exception, rentrent dans son examen.

890 *bis*. **Jurisprudence.**—Il a été jugé à cet égard : 1° que les tribunaux correctionnels, légalement saisis d'une poursuite en contrefaçon, sont juges de toutes les exceptions soulevées par le prévenu, et l'art. 46, loin de déroger à ce principe, n'a été introduit dans la loi de 1844 que pour en faire une nouvelle application : spécialement, c'est à bon droit qu'un tribunal correctionnel, appréciant la portée d'une licence accordée à un tiers, décide qu'étant personnelle à ce tiers, elle n'a pu être transmise au prévenu, et que, par suite, les faits de fabrication d'un objet breveté, reprochés à ce dernier et non déniés par lui, constituent le délit de contrefaçon (Rej., 4 avril 1868, Champonnois, Pataille, 68.133) ; — 2° qu'un arrêt doit être annulé pour défaut de motifs quand il admet l'exception tirée par un prévenu de contrefaçon de la nullité du brevet, sans s'expliquer sur la valeur d'une transaction invoquée par le breveté et de nature, suivant lui, à rendre le prévenu non recevable dans son exception (Cass., 27 juillet 1861, Rouget de Lisle, Pataille, 61.267) ; — 3° mais que le tribunal, saisi de la nouvelle poursuite en contrefaçon, est sans pouvoir pour prononcer au profit du breveté l'exécution de la clause pénale à laquelle le contrefacteur se serait soumis par transaction en cas de nouvelle infraction (Cass., 10 juillet 1854, veuve André, *Bull. crim.*, 54.381).

891. *Quid* **de la possession antérieure ?** — Il résulte de ce que nous venons de dire que le tribunal correctionnel est compétent pour apprécier l'exception que le

---

(1) V. toutefois Bédarride, n° 615.

prévenu de contrefaçon prétendrait tirer d'une possession antérieure; on peut même aller jusqu'à dire que l'art. 46, visant l'exception tirée de la propriété du brevet, comprend implicitement l'exception tirée de la possession de l'invention, antérieurement au brevet (1).

892. Chose jugée résultant de la convention des parties. — Les parties pourraient-elles convenir que la décision correctionnelle aura entre elles l'autorité de la chose jugée et qu'elle en produira tous les effets? Elles le pourraient certainement; les conventions, librement formées, tiennent lieu de lois à ceux qui les ont faites. Rien ne s'oppose donc à ce que les parties conviennent de donner une portée plus grande à la décision correctionnelle; mais il faut en ce cas une stipulation expresse, qui ne saurait se présumer ni s'induire de certains faits, de certaines circonstances plus ou moins caractéristiques (2).

893. L'acheteur est-il l'ayant droit de son vendeur? — Nous supposons qu'un individu, poursuivi en contrefaçon devant la juridiction civile, a reconventionnellement demandé et obtenu la nullité du brevet sur lequel se fondait la poursuite. Il est clair que désormais le voilà libre de fabriquer et de vendre l'objet breveté, comme aussi d'en faire usage sans crainte de poursuite en contrefaçon; c'est l'effet direct de la chose jugée. Mais que décider à l'égard de ses acheteurs? Les objets qu'il aura fabriqués pourront-ils être saisis entre les mains de ceux qui les auront achetés et le procès recommencera-t-il? En d'autres termes, la chose jugée avec le vendeur profitera-t-elle aux acheteurs? On concevrait difficilement qu'il en fût autrement : à quoi servirait au vendeur d'avoir gagné son procès, si son commerce n'était pas définitivement rendu libre, s'il était, au contraire, incessamment entravé, et si, ne pouvant être directement mis en cause lui-même, il pouvait cependant à tout moment être appelé comme garant? Au surplus, de ce qu'il pourrait être appelé

---

(1) V. Rej., 3 avril 1851, Joanne (*Bull. crim.*, 51.163). — Comp. Rej., 29 messidor an XI, Toussaint (Dall., v° *Brev. d'inv.*, n° 334).

(2) V. Rej., 9 juill. 1861, Vidi (Pataille, 61.343).

comme garant, ne résulte-t-il pas que ceux à qui il doit cette garantie peuvent invoquer l'exception qui lui profiterait à lui-même? N'est-ce pas, en effet, la règle que le garanti jouit du bénéfice des exceptions qui appartiennent au garant (1)?

894. Sursis; chose jugée. — Nous aurons l'occasion de rechercher si la juridiction correctionnelle peut ou non surseoir à statuer sur les exceptions tirées par le prévenu de la nullité ou de la propriété du brevet, et, sans rien décider par lui-même, renvoyer le prévenu à se pourvoir à cet égard devant le tribunal civil. Mais, en admettant en droit qu'il puisse surseoir et en fait qu'il ait sursis, est-il lié par la décision que rend ensuite la juridiction civile? Évidemment oui, et cela résulte *à fortiori* de ce que nous avons dit précédemment. Si la décision rendue au civil, en dehors de tout sursis du juge correctionnel, le lie et s'impose à lui, à plus forte raison en doit-il être ainsi lorsque c'est lui qui a provoqué la décision civile; autrement, le sursis n'aurait pas de raison d'être.

Il a même été jugé que, en pareil cas, le moyen tiré de la chose jugée doit être suppléé d'office par le tribunal correctionnel, qui, à raison du sursis par lui ordonné, a dû nécessairement avoir connaissance du rejet de la demande en déchéance (Cass., 18 juin 1852, Guillaume et Vinger, Dall., 52.5.61).

895. Chose jugée au civil; pourvoi. — Admettez que la juridiction civile ait statué sur une question de nullité de brevet, et que le breveté, ayant triomphé devant le juge civil, dirige ultérieurement contre son adversaire une poursuite correctionnelle en contrefaçon; admettez en même temps que la décision civile ait été frappée d'un pourvoi en cassation. Quelle sera l'influence de cette décision sur la poursuite correctionnelle? S'imposera-t-elle, même en ce cas, et malgré le pourvoi, au juge correctionnel? On n'en saurait douter, et la règle que nous avons établie plus haut

---

(1) V. Cass., 11 mai 1870, Joly (Pataille, 70.244). — V. aussi Douai, 6 mars 1856, Rohlfs-Seyrig (Pataille, 56.175).

s'applique ici de la même façon (1). Pourquoi s'en écarterait-on d'ailleurs? Le pourvoi, au civil, n'est pas suspensif; il laisse à la décision frappée du pourvoi son autorité tout entière ; rien ne s'oppose donc à son exécution, et dès lors le juge correctionnel doit y subordonner sa décision. Toutefois, dans la plupart des cas, les parties feront bien de se mettre d'accord pour solliciter un sursis, jusqu'à ce que la Cour suprême ait prononcé; elles éviteront ainsi d'abord une contradiction possible entre les décisions et, en outre, des frais frustratoires. Dans la pratique, les tribunaux, sans prononcer de sursis proprement dit, renvoient les affaires au premier jour ou à une date assez éloignée pour que la Cour de cassation ait rendu son arrêt ; ils évitent ainsi toute difficulté.

896. Chose jugée ; exécution du jugement correctionnel. — Nous avons vu que le jugement correctionnel, qui a admis la poursuite en contrefaçon et repoussé, par conséquent, l'exception tirée de la nullité ou de la déchéance du brevet, ne fait pas obstacle à ce que la juridiction civile, saisie ultérieurement de cette question de déchéance ou de nullité, ne la tranche dans un sens différent. Quelle est la conséquence de cette décision? Empêche-t-elle l'exécution du jugement correctionnel, s'il n'est pas encore exécuté? Et, s'il l'a été, permet-elle à celui qui gagne son procès au civil de réclamer des dommages-intérêts pour le préjudice que lui a causé l'exécution du jugement correctionnel? Évidemment non ; la décision civile n'a pas et ne peut avoir pour objet ou pour effet de réformer le jugement correctionnel ; ce qui est jugé par celui-ci, c'est-à-dire l'unique question de la contrefaçon, est définitivement jugé; la confiscation, par exemple, qu'il a prononcée de tel ou tel objet déterminé, est irrévocable, et le breveté, qui voit devant la juridiction civile son brevet lui échapper à jamais, n'en conserve pas moins le droit de se prévaloir des avantages restreints que lui assurait la décision correctionnelle. Quelque rigueur qu'il ait

(1) V. Paris, 3 déc. 1857, Vandamme (Pataille, 58.242).

donc apportée à l'exécution de ce jugement, il a agi dans la limite de son droit et ne peut être puni, sauf, bien entendu, le cas où cette exécution aurait été accompagnée ou suivie de manœuvres déloyales. On consultera avec intérêt les arrêts que nous citons (1).

897. Chose jugée sur la contrefaçon ; ses effets. — Si la chose jugée au civil s'impose au juge correctionnel, elle ne s'impose que dans les limites exactes de la décision qui la constitue; elle ne porte aucune atteinte au pouvoir d'appréciation que conserve le juge sur la question de contrefaçon. Par exemple, si une décision civile a décidé qu'un brevet est valable pour une combinaison définie d'éléments connus, le juge correctionnel est bien tenu, lorsqu'il statue entre les mêmes parties, de déclarer le brevet valable pour cet ensemble; mais il demeure libre, sans porter aucune atteinte à la chose jugée, d'apprécier l'objet argué de contrefaçon et de déclarer qu'il ne rentre pas dans ledit ensemble. Il importerait peu que, dans le procès civil, un objet semblable eût figuré et que la juridiction civile l'eût déclaré contrefait; sa décision, sur ce point, ne saurait s'imposer au tribunal correctionnel. Si nous insistons, c'est que le cas se présente assez souvent dans la pratique et qu'on y fait, en général, peu d'attention. Supposez, par exemple, un procès en contrefaçon porté devant la juridiction civile, et admettez que celle-ci déclare tout à la fois le brevet valable et l'objet incriminé contrefait. Supposez ensuite qu'un deuxième procès s'engage entre les mêmes parties, à raison d'un autre objet, en tout du reste semblable au premier. En quoi le second tribunal sera-t-il lié par la première décision? Il sera lié en ce qui touche la validité du brevet, de telle sorte qu'il devra forcément la consacrer; il ne sera pas lié en ce qui touche la contrefaçon. La première décision, en effet, n'a pu souverainement décider la question de contrefaçon qu'eu égard à l'objet incriminé qui était soumis au tribunal; elle n'a rien pu décider sur un objet qui n'était pas au procès, qui peut-

---

(1) V. Cass., 21 fév. 1859, Journaux-Leblond (Pataille, 59.103), et sur le renvoi, Rouen, 12 janv. 1860, même affaire (Pataille, 60.18).

être n'existait pas encore. Le tribunal, saisi du second fait de contrefaçon, conserve à cet égard une liberté entière d'appréciation. Si donc, au rebours du premier tribunal, il pense que l'objet incriminé devant lui ne constitue pas une contrefaçon, il le pourra dire sans que sa sentence puisse être attaquée pour violation de la chose jugée (1).

897 *bis*. Chose jugée ; *quid* s'il s'agit de jugements étrangers? — Il a été jugé, et cela ne saurait faire l'ombre d'un doute, que des jugements ou arrêts rendus à l'étranger entre les mêmes parties ne sauraient avoir l'autorité de la chose jugée à l'égard de faits semblables accomplis en France (Trib. civ. Nice, 24 fév. 1879, Legrand, Pataille, 81, 77.)

ARTICLE II.

SURSIS. — LITISPENDANCE.

SOMMAIRE.

898. Sursis ; *quid* au correctionnel ? — 898 *bis*. Jurisprudence. — 899. *Quid* du tribunal de commerce? — 900. Le tribunal civil peut-il surseoir ? — 901. Faits distincts ; litispendance. — 902. Demande en nullité ; litispendance. — 903. Application de l'adage : *Unâ viâ electâ*, etc. — 904. Connexité.

898. Sursis ; *quid* au correctionnel ? — Le tribunal correctionnel, saisi d'une plainte en contrefaçon, est juge, nous venons de le voir, des exceptions invoquées par le prévenu et se liant à la poursuite. Il se peut toutefois que, soit avant que le procès correctionnel soit engagé, soit depuis et au cours de ses débats, une demande en nullité du brevet ait été portée devant la juridiction civile. Que doit faire, en ce cas, le juge correctionnel? Reste-t-il compétent pour statuer sur l'exception? Est-il tenu de surseoir jusqu'au jugement du tribunal civil? Divers systèmes et certaines distinctions

(1) V. Rej., 23 mars 1861, de Coster (Pataille, 61.147) ; Paris, 17 janv. 1884, Chambaron (Pataille, 84.271) ; Paris, 24 juill. 1884, Gérard Mang (Pataille, 85.80). — Comp. Besançon, 16 janv. 1851, et Rej., 2 déc. 1861, Boillay (*Propr. ind.*, n° 222).

ont été proposés par les auteurs (1) ; mais ces systèmes ont échoué devant la jurisprudence, qui admet, sans s'être jamais démentie, que le sursis est facultatif pour le juge correctionnel. Il faut reconnaître d'ailleurs que la jurisprudence n'a fait que se conformer à la pensée du législateur, clairement exprimée dans le rapport supplémentaire présenté à la Chambre des pairs : « La jurisprudence, disait M. de Barthélemy, « fondée sur l'article 182 du Code forestier, pourra ou plutôt « devra toujours servir de règle aux tribunaux saisis du jugement du délit de contrefaçon ; le tribunal aura à apprécier « les circonstances. Suivant que de ces circonstances résultera le plus ou le moins de bonne foi des parties, ou il accordera le sursis en fixant un délai raisonnable pendant lequel « l'action civile sera jugée, ou il refusera le sursis demandé, « s'il voit que ce sursis n'est qu'un prétexte pour échapper « aux dispositions dudit article 46, et pour reproduire ce « circuit d'actions, ce double procès que le législateur a « voulu éviter. C'est ainsi, nous l'espérons du moins, que « l'on échappera, dans la pratique, aux inconvénients que « vous avez voulu prévenir et que l'on paraît encore redouter. « Nous nous confions, à cet égard et sans réserve, à la sagesse, « à la prudence et au discernement des juges (2). »

Ajoutons, et cela est à peine utile à mentionner, que, dans le cas où le juge correctionnel croit devoir prononcer le sursis, il peut impartir un délai dans lequel la décision du tribunal civil devra être poursuivie et obtenue (3).

898 *bis*. **Jurisprudence (4).** — Il a été jugé en ce sens :

---

(1) V. Blanc, *Inv. brev.*, p. 356 ; Rendu et Delorme, n° 531 ; Nouguier, n° 895, 3°.

(2) V. Duvergier, sur l'art. 46, 1844, p. 617. — Conf. Nouguier, n° 896 ; Renouard, n° 225 ; Blanc, p. 586 ; Dall., n° 333 ; Calmels, n° 706 ; Loiseau et Vergé, sur l'art. 46.

(3) V. Paris, 11 mars 1848, Duchesne (Blanc, p. 591).

(4) V. également Paris, 18 déc. 1847, et Rej., 5 mai 1848, Dida (*J. Pal.*, 49.1.175) ; Rej., 14 fév. 1855, Rohlfs-Seyrig et Cᵉ (*Bull crim.*, 56.77) ; Grenoble, 6 mars 1858, Lesobre (*Propr. ind.*, n° 26) ; Rej., 16 août 1860, Sax (Pataille, 60.358) ; Rej., 28 fév. 1862, Franon (Dall., 62.5.43) ; Lyon, 30 nov. 1865, et Rej., 15 juin 1866, Raffard et autres (Pataille, 66.313).

1° que, si la loi de 1844 a ouvert devant les tribunaux civils l'action en nullité ou en déchéance au profit de toute personne y ayant intérêt, l'article 46 de la même loi, dans un intérêt de justice évidente et pour faire cesser promptement l'usurpation, attribue formellement au tribunal correctionnel, saisi d'une poursuite en contrefaçon, le droit de statuer sur les exceptions que peut tirer le prévenu de cette nullité ou de cette déchéance; dès lors, le prévenu ne peut décliner la juridiction correctionnelle en se fondant sur ce que, depuis la poursuite, il aurait saisi le tribunal civil; car le but que s'est proposé le législateur par l'article 46, c'est-à-dire la prompte décision qu'il a voulu assurer en donnant sur toutes les exceptions compétence au juge correctionnel, ne pourrait être obtenu : le sursis demandé en pareil cas se prêterait aux calculs du contrefacteur, en lui permettant de se perpétuer dans l'exploitation d'un bénéfice illégitime; il résulte au surplus des termes et de l'esprit de la loi de 1844, aussi bien que des principes du droit commun et des règles de la compétence correctionnelle, que le juge est toujours libre d'ordonner ou de refuser le sursis, suivant les circonstances, en consultant les intérêts de la justice (Lyon, 5 déc. 1865, et Rej., 15 juin 1866, Œhler et Ramser, Pataille, 66. 326); — 2° mais que, néanmoins, dans le cas où, antérieurement à la poursuite correctionnelle, une demande en nullité a été portée devant le tribunal civil, il peut y avoir convenance à attendre que cette demande ait été examinée (Trib. civ. Seine, 27 nov. 1849, Tailbout-Verdier (1), cité par Blanc, p. 587).

899. *Quid* **du tribunal de commerce?** — Il se peut que le tribunal de commerce soit saisi d'une demande en exécution d'un contrat relatif à l'exploitation d'un brevet, et que la question de validité ou de nullité du brevet doive être appréciée avant qu'il soit statué sur l'action qui a trait à l'exécution du contrat. En ce cas, le tribunal de commerce, incompétent pour trancher la question de validité du brevet,

(1) V. aussi Paris, 22 fév. 1845, Christofle (Dall., v° *Brev. d'inv.*, n° 356); Trib. corr. Nice, 10 mai 1884, Société de Sospel (Pataille, 85. 252).

doit nécessairement surseoir jusqu'à ce que le tribunal civil ait lui-même prononcé.

Jugé, toutefois, que lorsque la juridiction commerciale est saisie d'une demande en exécution de conventions relatives à la cession de brevets d'invention et que la juridiction civile est saisie de son côté d'une demande en nullité de brevets formée par le cessionnaire, le tribunal de commerce, étant juge de la cession, n'est pas tenu de se dessaisir ni de surseoir si, d'ailleurs, il se borne à puiser les motifs de sa décision dans l'acte soumis à son appréciation (Rej., 14 août 1876, Ville, Pataille, 78.98).

900. Le tribunal civil peut-il surseoir? — Il ne peut être question de sursis que devant le tribunal correctionnel, puisque sa décision peut être entièrement subordonnée à la décision du tribunal civil. Celui-ci, en revanche, n'a aucune raison de surseoir. La décision correctionnelle est sans influence sur la sienne; dès lors, où serait l'utilité du sursis (1)?

901. Faits distincts; litispendance. — Chaque fait de contrefaçon constitue un délit distinct, nous avons eu l'occasion de le dire, et nous avons montré l'influence de ce principe sur la solidarité (2). Nous verrons bientôt, — et c'est la conséquence du même principe, — que chaque fait de contrefaçon devrait juridiquement donner naissance à une poursuite spéciale, s'il n'y avait avantage à comprendre, dans une seule et même poursuite, les faits de même nature. Il s'ensuit que, lorsqu'une poursuite a été introduite par le breveté devant la juridiction correctionnelle, il peut légalement, à raison d'un fait distinct de celui qui fait l'objet du premier procès, porter une demande nouvelle, contre le même contrefacteur, devant le tribunal civil. Le défendeur ne pourrait en ce cas opposer la litispendance ; la même solution serait également vraie si le breveté avait saisi d'abord le tribunal civil et ensuite le tribunal correctionnel, ou bien si, ayant à reprocher au même individu plusieurs délits, par exemple

---

(1) V. Paris, 14 janv. 1845, Debain (*J. Pal.*, 45.1.111).
(2) V. *suprà*, n° 700.

plusieurs délits de vente commis dans des lieux différents, il l'assignait en même temps devant les différents tribunaux dans le ressort desquels les délits auraient été commis. Il en serait de même encore si le breveté, après avoir saisi le tribunal du domicile du contrefacteur, découvrait un nouveau fait de contrefaçon dans lequel serait impliqué un complice; dans ce cas, il pourrait saisir, à raison de ce second fait et conformément aux règles ordinaires de la procédure, le tribunal du domicile du complice, sans que le contrefacteur, assigné lui-même devant ce tribunal, pût opposer la litispendance et demander son renvoi au tribunal saisi de la première poursuite (1).

902. Demande en nullité; litispendance. — Il résulte *à fortiori*, de ce que nous venons de dire, que le fait qu'une action en contrefaçon soit pendante devant la juridiction correctionnelle ne met pas obstacle à ce que le prévenu saisisse la juridiction civile d'une demande en nullité de brevet; ces deux actions, n'ayant pas le même objet, ne se font aucun tort l'une à l'autre, et le breveté, actionné devant la juridiction civile, ne saurait utilement se prévaloir d'une prétendue litispendance qui n'existe pas (Paris, 1er déc. 1863, Bertrand, Pataille, 65.241).

903. Application de l'adage : Unâ viâ electâ, etc. — Ce que nous avons dit de la litispendance, nous pouvons le dire de l'application de l'adage *Unâ viâ electâ*, etc.; supposez, par exemple, qu'une poursuite à raison d'un fait déterminé a été portée devant le tribunal correctionnel; on ne pourrait opposer la règle établie par l'adage à l'occasion d'une poursuite portée plus tard devant le tribunal civil et fondée sur un fait de même nature, mais distinct du premier. Le même fait pourrait encore se dédoubler et donner nais-

(1) V. Rouen, 16 août 1867, et Cass., 23 mai 1868, Noël et Leplay (Pataille, 68.202); Amiens, 18 mars 1869, Leplay et Noël (Pataille, 70.273); Paris, 15 fév. 1867, Gautrot (Pataille, 68.201); Lyon, 28 août 1865, et Rej., 9 mars 1866, Langlois (Pataille, 66.305): Rej., 15 juin 1866, Raffard et autres (Pataille, 66.312); Lyon, 12 déc. 1871, Train (Pataille, 73.297). — V. anal. Lyon, 13 juin 1866, Raffard (Pataille, 72.184).

sance à deux poursuites, qui seraient régulièrement portées devant deux tribunaux différents. L'arrêt que nous rapportons ci-dessous en donne un exemple très clair : il s'agit d'une transaction intervenue entre le breveté et un contrefacteur, à l'occasion d'une première poursuite ; par cette transaction, le contrefacteur, en cas de nouvelle infraction au brevet, s'obligeait à payer une clause pénale sans préjudice des poursuites correctionnelles qui pourraient être exercées contre lui. La transaction signée, une nouvelle infraction est commise ; le breveté intente une action correctionnelle et porte en même temps devant le tribunal de commerce une demande en payement de la clause pénale. Rien de plus parfaitement légal, et c'est avec pleine raison que fut repoussée l'objection que le contrefacteur prétendait tirer de l'adage *Unâ viâ electâ*, etc. Elle était absolument sans application possible.

Jugé en ce sens que, lorsque, après une première poursuite en contrefaçon, il est intervenu entre le breveté et le contrefacteur une transaction contenant clause pénale en cas de nouvelle contrefaçon, et que ce cas prévu s'est réalisé, il n'y a pas violation de la maxime *Unâ viâ electâ non datur recursus ad alteram*, si, en même temps que la juridiction commerciale est saisie de la demande en exécution de la clause pénale, une nouvelle plainte en contrefaçon est portée devant le tribunal correctionnel : il est d'autant plus naturel qu'il en soit ainsi que, d'une part, le tribunal correctionnel est incompétent pour statuer sur l'exécution de la transaction, et que, d'autre part, le tribunal de commerce est sans pouvoir pour prononcer sur certains chefs de la demande en contrefaçon, notamment sur la confiscation des objets prétendus contrefaits (Cass., 10 juill. 1854, Veuve André, *Bull. crim.*, 54.381).

904. Connexité. — L'art. 171 du Code de procédure civile s'applique en matière de brevet comme en toute autre et de la même manière. Nous n'avons donc aucune explication particulière à fournir sur ce sujet, qui est tout entier de droit commun. Rappelons d'ailleurs deux points : le premier, c'est que, aux termes de l'art. 171, le renvoi n'est pas nécessaire et obligatoire ; le juge est libre, suivant les circonstances, de l'ordonner ou de le refuser; le second, c'est que la disposition de l'art. 171 appartient à la procédure civile, non à la procédure criminelle; on ne saurait donc s'en prévaloir utilement dans une instance en contrefaçon portée devant la juridiction correctionnelle (1).

Jugé, par exemple : 1° au civil, que la loi de 1844 ne déroge pas aux dispositions de l'art. 171 du Code de procéd. civ., qui dispose que la demande connexe à une cause déjà pendante devant un autre tribunal peut être renvoyée à ce tribunal; en conséquence, lorsqu'un tribunal civil est saisi d'une action en contrefaçon, la demande en nullité du brevet qui est formée devant un autre tribunal civil peut, vu la connexité, être renvoyée par celui-ci devant le premier tribunal (Rej., 3 déc. 1849, Muller, Sir., 50.1.137); — 2° au correctionnel, que la règle de la connexité, établie en vue de prévenir le fractionnement des juridictions et d'empêcher qu'une même poursuite ne soit scindée et dévolue à des juges différents, ne fait pas obstacle à ce que le juge saisi de la poursuite d'un délit, auquel ont concouru plusieurs agents, ne disjoigne les causes et ne renvoie quelques-uns d'eux devant les juges de leur domicile; il suit de là qu'un tribunal saisi d'une poursuite en contrefaçon dirigée à la fois contre le fabricant et le débitant d'un produit contrefait, peut, sans violer la loi, retenir la cause en ce qui concerne le débitant domicilié dans son ressort et renvoyer le fabricant, domicilié hors de ce ressort, devant les juges de son domicile (Rej., 19 déc. 1884, Hiernaux, Pataille, 86.173).

904 *bis*. Connexité; jonction d'instances. — Il a été jugé — et c'est avec raison — que la jonction de plusieurs instances similaires, bien que dirigées contre des prévenus étrangers les uns aux autres et à raison de faits distincts, ne saurait être critiquée par eux, alors qu'il est statué par des chefs distincts et qu'aucune solidarité n'est prononcée, soit

---

(1) V. Rej., 16 août 1860, Sax (Sir., 61.302); Lyon, 28 août 1865, et Rej., 9 mars 1866, Langlois (Pataille, 66.305); Rej., 15 juin 1866, Raffard (Pataille, 66.312); Lyon, 12 déc. 1871, Train (Pataille, 73. 297).

pour les dommages-intérêts, soit pour les dépens (Paris, 26 août 1874, Trèbucien (1), Pataille, 77.301).

ARTICLE III.

RECOURS EN GARANTIE.

SOMMAIRE.

905. *Quid* au correctionnel? — Le principe de la juridiction correctionnelle est que chacun reste personnellement responsable de ses actes. Dès lors, le prévenu de contrefaçon doit justifier qu'il est étranger au délit ou prouver sa bonne foi; mais il ne peut appeler aucune personne en garantie. De quoi le garantirait-on, en effet? Des conséquences pénales du délit, des conséquences pécuniaires? Mais, de deux choses l'une : il est ou il n'est pas reconnu contrefacteur. S'il n'est pas reconnu contrefacteur, il n'a à répondre ni pénalement ni pécuniairement du délit; s'il est reconnu contrefacteur, à quel titre demanderait-il une garantie? Il n'avait qu'à ne pas commettre le délit; nul ne l'y obligeait. Et, s'il l'a commis à l'instigation ou avec la coopération d'un tiers, ce fait n'efface ni ne diminue sa culpabilité; il prouve qu'il avait un complice, coupable également, responsable au même titre, et voilà tout. Il n'y a donc pas d'appel en garantie possible devant les tribunaux correctionnels (2).

906. Jurisprudence (3). — Il a été jugé conformément à

---

(1) V. aussi Rej., 19 fév. 1875, même affaire (*eod. loc.*); Lyon, 17 juill. 1884, Descours (Pataille, 84.257).

(2) Comp. Nouguier, n° 930; Rendu et Delorme, n° 536; Calmels, n° 642.

(3) V. encore Trib. corr. Seine, 20 avril 1839, Vimont (Dall., v° *Brev. d'inv.*, n° 336); Dijon, 18 juill. 1856, Villard (Pataille, 57. 414); Trib. corr. Seine, 4 fév. 1858, Bédarride (*Propr. ind.*, n° 18);

cette doctrine : 1° que, l'emploi des objets contrefaits constituant un délit tout comme leur fabrication, il s'ensuit que celui qui en fait usage est personnellement responsable de son délit, comme le fabricant le serait du sien; que dès lors la culpabilité du second laisserait subsister tout entière la culpabilité du premier, d'où il résulte que, devant la juridiction répressive, le recours en garantie est inadmissible (Douai, 17 mai 1859, Lowry, Pataille, 62.247) ; — 2° que la juridiction correctionnelle est incompétente pour statuer sur une demande en garantie formée par le prévenu contre celui qui lui a vendu les objets argués de contrefaçon; les art. 191 et 212 du Code d'instr. crim. n'ouvrent au prévenu, devant les tribunaux correctionnels, qu'une seule action à fins civiles, celle qui a pour objet de faire condamner à des dommages-intérêts la partie civile dont la plainte est écartée : il n'existe dans la loi de 1844 aucune dérogation à cette règle générale, qui doit dès lors recevoir son application en matière de contrefaçon comme en toute autre (Paris, 7 déc. 1865, Leduc, Pataille, 66.67).

907. *Quid* **si l'appelé en garantie ne conteste pas la compétence?** — Il peut arriver que l'appelé en garantie, sans contester la compétence, se défende au fond; ce n'est pas une raison pour le tribunal d'accueillir cette défense et d'y statuer. Il se doit, au contraire, à lui-même et aux règles qui fixent sa compétence, de repousser d'office l'appel en garantie, encore que toutes les parties seraient d'accord pour l'accepter. C'est avec regret que nous avons vu des tribunaux, dans le silence des parties, oublier ces principes, ou du moins négliger de les rappeler et de les affirmer (1).

908. *Quid* **des frais faits sur l'appel en garantie?** — L'appel en garantie occasionne à celui qui en est

---

Paris, 21 juill. 1859, Farjon (*Propr. ind.*, n° 93); Trib. corr. Seine, 4 mars 1862, Massard (Pataille, 62.319); Rouen, 1er mai 1862, Grassal (Pataille, 62.337); Trib. corr. Saint-Quentin, 6 janv. 1876, Urbain (Pataille, 78.81).

(1) Comp. Rouen, 30 janv. 1857, Gâche (Pataille, 57.81).

l'objet des frais, soit à raison du déplacement auquel il est obligé, soit à raison du temps qu'il perd, soit à raison de la nécessité où il est, dans la plupart des cas, de charger un avocat de sa défense. Qui doit supporter ces frais? Il est de toute évidence que c'est l'appelant en garantie; seulement la juridiction correctionnelle est-elle compétente pour statuer sur cette question? Nous ne le pensons pas, et, si nous rappelons le principe en vertu duquel la juridiction correctionnelle n'a de compétence qu'au point de vue des intérêts civils naissant du délit lui-même, nous aurons prouvé qu'elle n'a pas compétence pour condamner l'appelant en garantie, soit aux frais que cette procédure a occasionnés, soit à des dommages-intérêts envers celui contre lequel ce recours aura été dirigé. Sans doute il est regrettable d'obliger ce dernier à un circuit d'action, mais il nous paraîtrait plus grave encore d'imaginer une procédure qui ne trouverait aucune base dans la loi (1).

909. Recours en garantie au civil. — La procédure civile admet l'appel en garantie en matière de contrefaçon comme en toute autre; seulement — et ceci est la conséquence nécessaire de ce que nous avons dit précédemment — cet appel en garantie n'est recevable qu'autant que celui qui le forme n'est pas lui-même reconnu coupable de contrefaçon.

Un exemple fera bien comprendre notre pensée : Un individu met en vente des produits contrefaits; ces produits sont saisis entre ses mains; sa bonne foi reconnue par les tribunaux n'empêche ni la confiscation des produits saisis ni sa condamnation aux dépens de l'instance ou même à des dommages-intérêts pour le préjudice causé au breveté. Mais, en ce cas, comme il n'est lui-même reconnu coupable d'aucun fait délictueux, il peut former un appel en garantie contre celui duquel il tient les produits contrefaits et qui est la cause de l'instance qu'il a été obligé de subir (2). Au contraire, s'il est établi qu'il a mis sciemment en vente ces produits contre-

(1) V. toutefois Rouen, 30 janv. 1857, Gâche (Pataille, 57.81).
(2) Comp. Rouen, 1er mai 1862, Grassal (Pataille, 62.337).

faits, c'est-à-dire qu'il est complice de la contrefaçon, l'appel en garantie doit être rejeté par les raisons développées plus haut (1).

910. **Jurisprudence** (2). — Il a été jugé conformément à ces principes : 1° que le recours en garantie n'existe pas, même au civil, en faveur de l'individu déclaré contrefacteur, contre celui qui lui aurait commandé la contrefaçon (Paris, 24 avril 1867, Levêque, Pataille, 67.132); — 2° qu'en matière de contrefaçon, comme pour tout autre délit, la garantie ne peut être valablement stipulée ; c'est du moins à celui qui, ayant stipulé une clause de garantie en sa faveur, est ensuite poursuivi en contrefaçon, à prouver, s'il le peut, sa bonne foi, pour échapper à la condamnation dont il est menacé; mais si, désertant l'audience, il transige avec le poursuivant et donne par cela même à penser qu'il n'était pas de bonne foi, il est sans droit à se prévaloir de la clause de garantie : au surplus la stipulation même de garantie élève une présomption qu'il n'était pas entièrement de bonne foi (Trib. comm., Strasbourg, 10 juillet 1867, Voeltzel (3), Pataille, 67.395) ; — 3° qu'il y aurait immoralité flagrante à ouvrir au complice ou au coauteur volontaire d'un crime ou d'un délit un recours en garantie contre l'agent ou le coagent du même crime ou délit; enchaînés par la même faute, placés par le même acte en dehors des lois civiles, ils ne sauraient ni l'un ni l'autre demander à la loi, qu'ils ont outragée, la sanction du pacte qui la viole ; en conséquence, celui qui s'approprie le bien d'autrui en commettant le délit de contrefaçon, qui n'est qu'une variété du vol, ne peut prétendre à aucun recours en garantie : spécialement, celui

(1) V. toutefois Dijon, 18 juill. 1856, Villard (Pataille, 54.714).

(2) V., dans le même sens, Rej., 24 fév. 1854 (Dall., 54.1.103); Lyon, 25 mai 1859, Montagnat (Dall., 59.2.161) ; Trib. civ. Seine, 24 avril 1861, Mauprivez (Pataille, 61.335) ; Amiens, 22 juin 1861, Normand (Pataille, 61.353); Trib. civ. Lyon, 15 juill. 1865, Jacquemont (*Gaz. des trib.*, 25 septembre) ; Lyon, 8 fév. 1868, Pascal (Pataille, 71.19); Nancy, 27 janv. 1875, Frezon (Pataille, 75.31); Rouen, 26 août 1868, Joly (Pataille, 75.289).

(3) V. observ. critiques de Pataille (*eod. loc.*).

qui, ayant acheté un appareil contrefait, est ensuite lui-même condamné comme contrefacteur pour en avoir fait usage et subit la confiscation ordonnée par la loi, ne peut légalement réclamer à son vendeur, condamné lui-même, le prix de l'appareil confisqué; par la même raison, le vendeur n'a point d'action pour le payement du prix de l'objet reconnu contrefait (Colmar, 28 janv. 1869, Bléger (1), Pataille, 71.28); — 4° qu'en matière de brevet d'invention, la promesse de garantie est illicite et illégale, quand elle a pour but de soustraire les garantis à la responsabilité qu'ils pourraient encourir pour des faits personnels de contrefaçon ; cette promesse est, au contraire, licite et légale, quand elle a pour but de réparer le dommage que causeraient aux garantis des faits de contrefaçon qui ne leur seraient pas personnels : spécialement, l'acheteur d'un objet contrefait, entre les mains duquel ledit objet est saisi et confisqué, en vertu du principe qui ordonne la confiscation même aux mains du détenteur de bonne foi, a droit d'exiger de son vendeur la garantie qui lui a été promise, lorsqu'il n'est pas lui-même personnellement déclaré coupable de la contrefaçon (Rej., 25 juillet 1866, Aubert et Gérard, Pataille, 66.410).

911. Jurisprudence, *suite.* — Il a aussi été jugé : 1° que la stipulation, par laquelle le vendeur s'oblige envers l'acheteur à la garantie des conséquences résultant des poursuites en contrefaçon qui pourraient être intentées contre lui à raison de l'objet vendu, est valable en tant qu'elle a pour objet d'indemniser le garanti des dommages qui pourraient lui être causés par suite du procès en contrefaçon, si, d'ailleurs, il n'est lui-même ni auteur ni complice du délit poursuivi; elle ne peut, au contraire, avoir d'effet, si elle est invoquée par le garanti pour s'affranchir des dommages résultant d'un délit de contrefaçon à lui imputable et dont la responsabilité lui incombe; la loi, en effet, et l'ordre public ne permettent pas qu'au moyen d'une stipulation de garantie on puisse s'exonérer éventuellement des conséquences d'un délit qu'on commettrait ou ferait commettre : et cela est vrai,

---

(1) V. encore Cass., 1er juin 1874, aff. Loir (Pataille, 74.176).

non seulement en ce qui concerne le montant des amendes auxquelles le garanti pourrait être condamné, mais encore en ce qui touche les réparations civiles; toute distinction entre les unes et les autres est inadmissible : toute convention contraire est nulle, comme ayant une cause illicite (Cass., 21 févr. 1870, Aubert et Gérard (1), Pataille, 70.65); — 2° que le contrefacteur ne peut appeler en garantie son prédécesseur qui lui a cédé les produits délictueux; il en est ainsi, alors même que le cahier des charges de l'adjudication du fonds de commerce et de ses accessoires contiendrait une clause de garantie qui ne s'applique qu'à l'existence des choses vendues et ne saurait, dans tous les cas, soustraire l'acquéreur à la responsabilité lui incombant pour des faits personnels de contrefaçon (Trib. civ., Melun, 8 févr. 1884, Lepinte, Pataille, 85.34); — 3° que l'individu, convaincu d'avoir fait usage d'un appareil breveté et condamné pour ce fait comme contrefacteur à l'amende et à la confiscation de l'appareil n'a aucun recours contre son vendeur : spécialement, il ne peut réclamer une réduction sur le prix du fonds de commerce, dans la vente duquel la machine confisquée se trouvait comprise (Cass., 22 déc. 1880, Turlure (2), Dall., 81.1.63.

ARTICLE IV.

INTERVENTION.

SOMMAIRE.

912. Intervention au correctionnel; distinction. — Nos lois criminelles ne prononcent nulle part le mot « in-

(1) Conf. Orléans, 5 août 1870, et Rej., 5 mars 1872, Aubert et Gérard (Pataille, 73.52); Paris, 27 avril 1872, Daubrée (Pataille, 74.117). — V. observ. de Pataille, 70.68).

(2) V. la note de l'arrêtiste.

tervention » et la loi de 1844 garde, à cet égard, le même silence que les lois générales. Est-ce à dire que cette forme de procédure n'est recevable que devant la juridiction civile? Nous pensons que la question doit se résoudre par une distinction. S'agit-il d'une personne qui intervient à côté du plaignant et vient en réalité joindre sa plainte à la sienne? Nous croyons que l'intervention est recevable. S'agit-il, au contraire, d'une personne qui intervient à côté du prévenu, soit pour prendre son fait et cause, soit pour partager sa responsabilité? Nous croyons que l'intervention n'est pas recevable. Voilà notre opinion; en voici les motifs.

913. Intervention à côté du plaignant. — Prenons d'abord un exemple et supposons que le brevet appartienne à plusieurs personnes, soit parce qu'il est l'objet d'une copropriété, soit parce que le breveté en a cédé une partie. Nous avons vu que, dans ces différents cas, l'action en contrefaçon appartient également, soit à tous les copropriétaires, soit au cessionnaire concurremment avec le breveté. Il se peut pourtant, pour un motif ou pour un autre, que l'action ait été introduite au début par l'un ou l'autre seulement des ayants droit. Ce fait empêchera-t-il ceux qui n'auront pas figuré dans la citation introductive d'instance d'y venir ultérieurement prendre part, d'y intervenir à côté de celui qui l'a introduite, pour soutenir la même plainte, pour défendre les mêmes droits (1)? Comment l'admettre? Puisque le breveté et le cessionnaire partiel, puisque tous les copropriétaires du brevet ont droit de poursuivre directement la contrefaçon, puisqu'ils peuvent, à l'origine, se réunir pour intenter de concert une action commune, sans que le contrefacteur ait la moindre objection à opposer à cette réunion de deux personnes qu'il lèse au même titre et au même degré, quel inconvénient y a-t-il à admettre que l'action, qui a pu être introduite dès le début, soit formée au cours de la procédure? Sur quelle disposition légale le contrefacteur s'appuierait-il pour repousser l'action ainsi formée? Quel prétexte pourra-t-il invoquer? En quoi sa situation sera-t-elle aggravée ou seule-

(1) V. Bordeaux, 18 mars 1856, Vieillard (Pataille, 56.105).

ment modifiée? Est-ce que le Code d'instruction criminelle, au contraire, ne permet pas à toute personne lésée par un délit de se porter partie civile *en tout état de cause et jusqu'à la clôture des débats* (1)? En ce cas l'intervention du breveté ou du cessionnaire, après que l'action a été engagée par l'un ou l'autre isolément, est tout simplement l'acte par lequel ils se portent partie civile et nous paraît, par cela même, parfaitement conforme aux règles du droit criminel. Il va de soi que, si la poursuite n'est pas justifiée, l'intervenant peut lui-même être condamné à des dommages-intérêts vis-à-vis du prévenu acquitté (2).

Jugé en ce sens que le syndic, ayant le droit de représenter le failli dans les contestations qu'il a engagées, au point de vue civil, a intérêt à intervenir, en sa dite qualité, dans un procès en contrefaçon, pendant devant le tribunal correctionnel, et doit être admis à reprendre, en son nom, la plainte du breveté tombé en faillite depuis le commencement des poursuites (Trib. corr. Seine, 26 fév. 1862, Simon, *Prop. ind.*, n° 248).

914. *Quid* **en cas de cession totale et sans réserve?** — Faudrait-il suivre encore notre opinion dans le cas où le breveté aurait cédé la totalité de son brevet? Peut-on admettre, par exemple, que, sur la poursuite intentée par le cessionnaire, il puisse intervenir lui-même et prendre part à l'instance? En principe, le fait de la cession totale dépouille absolument et irrévocablement le breveté de ses droits; désormais, étranger au brevet, il ne peut demander compte à qui que ce soit d'une infraction au privilège que ce titre lui conférait. Nous en concluons que le breveté qui a cédé la totalité de son brevet ne peut intervenir au correctionnel à côté du cessionnaire poursuivant (3), alors du moins que les formalités voulues par l'art. 20 ont été remplies et que la cession est devenue régulière et définitive à l'égard

(1) V. *Code d'instr. crim.*, art. 67.

(2) Comp. Nouguier, n° 931. — V. aussi Pelletier et Defert, *Proc. en mat. de contref.*, n° 410.

(3) V. Paris, 14 déc. 1860, Vallas (*Propr. ind.*, n° 162).

des tiers. Il en serait autrement si l'acte de cession lui avait réservé, ce que nous conseillons ailleurs (1), la faculté d'intervenir dans les poursuites en contrefaçon; alors, n'ayant pas abdiqué complètement ses prérogatives, il serait dans la position du breveté qui n'a fait qu'une cession partielle; il serait recevable à faire respecter des droits dont il ne s'est pas entièrement dépouillé.

915. Intervention à côté du prévenu. — En thèse générale, c'est un point controversé que celui de savoir si, devant les tribunaux correctionnels, un tiers est recevable à intervenir pour prendre le fait et cause du prévenu, et à venir ainsi au-devant d'une prévention qui ne l'a pas atteint. Pourtant, si l'on songe que la responsabilité personnelle est le principe fondamental de toute poursuite criminelle, on est porté à conclure que nul ne peut venir se joindre au prévenu pour l'exonérer en tout ou en partie du délit qui lui est reproché. Le prévenu tire sa défense de ses propres actes et s'efforce de prouver ou qu'il est étranger au délit, ou qu'il n'en a été que l'agent subalterne et irresponsable, ou qu'il a été de bonne foi; cela suffit pour faire tomber la poursuite à son égard.

On objecte que le prévenu, sans être étranger au délit, peut l'avoir commis sur les ordres d'une autre personne, et que cette personne, quoique non comprise dans la poursuite, a intérêt à y intervenir, pour soutenir le prévenu dans sa défense et empêcher qu'une décision ne soit rendue qui, tout en acquittant ce dernier, préjugerait à l'avance sa propre culpabilité; cette raison ne nous touche pas : pour y répondre, il nous suffit de rappeler que, en matière criminelle, il n'y a pas d'autorité de la chose jugée, sinon au point de vue du fait spécial dont la répression est poursuivie; de telle sorte que ce qui est jugé contre un individu peut être remis en question dans une seconde poursuite contre une autre personne. Qu'importe donc la première décision; elle est comme non avenue vis-à-vis de celui qui y a été étranger; elle ne peut à aucun titre être invoquée contre lui.

Il y a mieux; admettez l'intervention à côté du prévenu, et

(1) V. *suprà*, n° 243.

admettez, ce qui n'a rien que de naturel, que l'intervenant soit jugé coupable du délit de contrefaçon. Quelle sera sa situation devant le tribunal de répression? Puisque aucune plainte n'est portée contre lui par le breveté et que cette plainte cependant peut seule mettre l'action publique en mouvement aux termes de l'art. 45, il s'ensuit qu'aucune condamnation pénale ne pourra être prononcée contre lui. Et, d'une autre part, comme le juge correctionnel ne peut statuer sur les intérêts civils qu'autant qu'ils se lient au fait délictueux, il faut bien conclure que le tribunal, incompétent pour prononcer une condamnation pénale, sera également incompétent pour prononcer une condamnation civile. Cela seul ne suffit-il pas à démontrer l'impossibilité de toute intervention à côté du prévenu?

916. Jurisprudence. — Il a été jugé, conformément à notre opinion : 1° que la faculté d'intervenir, admise au civil en faveur du tiers à qui un jugement peut préjudicier, est, comme le recours en garantie, inadmissible au correctionnel (Douai, 17 mai 1859, Lowry, Pataille, 62.247); — 2° que, aux termes de l'art. 45, l'action correctionnelle ne peut être exercée par le ministère public que sur la plainte de la partie lésée, c'est-à-dire du propriétaire du brevet; il s'ensuit qu'un tiers, non actionné par le breveté, ne peut utilement intervenir dans une instance engagée contre une autre personne pour prendre le fait et cause du prévenu, et que le juge correctionnel ne peut prononcer aucune peine correctionnelle, aucune condamnation contre l'intervenant; en matière de contrefaçon, l'intérêt du breveté doit être avant tout respecté (Dijon, 18 juillet 1856, et Rej., 20 mars 1857, Villard, Pataille, 57.414); — 3° que, devant la juridiction correctionnelle, l'intervention n'est pas plus recevable au profit du prévenu que la garantie; c'est une règle d'ordre public : par suite, le fabricant qui, dans une instance en contrefaçon, dirigée contre le détenteur d'un objet contrefait, a pris fait et cause pour le prévenu et a été condamné comme auteur de la contrefaçon, est en droit d'obtenir, à la Cour, sa mise hors de cause, à la charge seulement de supporter les frais de son intervention (Bordeaux, 6 juin 1877, aff. Meunier, Pataille, 78.33).

917. Jurisprudence contraire. — Il a été jugé dans un sens absolument opposé : 1° que le tiers qui a fabriqué les objets argués de contrefaçon a le droit d'intervenir dans l'instance correctionnelle suivie par le breveté contre les détenteurs desdits objets ; dès l'instant où il aurait pu être directement appelé, on ne saurait lui dénier le droit de se présenter spontanément et de repousser une condamnation dont les effets pourraient ultérieurement rejaillir sur lui : en ce cas, quoiqu'il ne soit pas impliqué dans la poursuite comme coauteur ou complice du délit et qu'il intervienne de lui-même, il ne peut du moins échapper à la responsabilité civile qui pèse sur lui comme ayant concouru au dommage causé par la contrefaçon, et il peut être condamné à le réparer même solidairement avec le prévenu (Paris, 29 mars 1856, Gâche, Pataille, 57.69) ; — 2° que toute personne menacée, soit d'une citation en responsabilité civile à la requête d'une partie qui se prétend lésée, soit de l'éventualité d'une action ou d'un recours ultérieur devant les tribunaux civils, a le droit de soumettre à la juridiction correctionnelle déjà saisie l'appréciation, en ce qui la concerne, du fait dont cette juridiction est appelée à connaître, et du droit sur lequel elle se fonde ; son intérêt à intervenir est évident, comme aussi celui de l'inculpé à l'appeler en cause, selon les cas, à défaut d'intervention de sa part ; admise et établie par cette base en matière civile, l'intervention doit être, par identité de raison, accueillie en matière correctionnelle : sous ce rapport, comme sous beaucoup d'autres, le Code d'instruction criminelle se réfère implicitement par son silence au Code de procédure civile ; au surplus, le double droit d'intervention et d'appel en cause se lie au droit sacré de la défense, et le méconnaître serait rendre parfois la défense impossible (Amiens, 25 avril 1856, Manceaux (1), Sir., 56.2.535).

918. ***Quid* de la partie civilement responsable ?** — Signalons une dérogation au principe que nous venons de poser : on admet, en général, que la partie, qui peut être déclarée civilement responsable des condamnations pronon-

(1) Comp. Rej., 16 juin 1860, Sylvain-Dupuis (Pataille, 60.267).

cées contre le prévenu, a droit d'intervenir à côté de lui. Cette dérogation, qu'aucune disposition expresse n'autorise, peut cependant s'expliquer par le lien étroit qui unit le prévenu et la partie civilement responsable. En tous cas, elle ne contredit aucune des propositions que nous avons développées ; ce serait même le cas de dire que *l'exception confirme la règle*. En effet, si l'on permet l'intervention dans l'espèce qui nous occupe, c'est précisément parce que la défense du prévenu, au lieu de l'engager seul, engage en même temps et compromet irrévocablement la partie civilement responsable (1).

919. *Quid* **de l'intervention en appel ?** — En admettant que l'intervention soit, en certains cas, recevable devant la juridiction correctionnelle, est-elle admissible même en appel ou seulement devant le tribunal ? Le doute vient de ce que, d'une part, l'intervention, dans les cas où la loi civile l'admet, est recevable même en appel, et de ce que, d'autre part, la règle des deux degrés de juridiction est d'ordre public au correctionnel comme au civil. Toutefois, si l'on admet que la procédure civile complète la procédure criminelle toutes les fois qu'il n'y a pas inconciliabilité entre elles, on doit admettre, par voie de conséquence, que l'intervention, lorsqu'elle est recevable au correctionnel, l'est en appel comme en première instance (2).

920. Jurisprudence (3). — Il a été jugé, à cet égard, que la règle des deux degrés de juridiction est d'ordre public en matière correctionnelle comme en matière civile ; elle ne pourrait être méconnue sans porter atteinte à la défense des prévenus et sans entraver les poursuites ; le législateur, en autorisant le plaignant à se porter partie civile, suivant les expressions de l'art. 67 du Code d'inst. crim., *en tout état de cause et jusqu'à la clôture des débats*, a eu plus spécialement en vue la procédure des Cours d'assises ; mais il n'a nulle-

(1) Comp. Douai, 17 mai 1859, Lowry (Pataille, 62.247).

(2) V., en sens contraire, Nouguier, n° 941.

(3) V., en sens contraire, Rej., 10 juin 1860, Sylvain-Dupuis (Pataille, 60.267) ; Amiens, 25 avril 1856, Manceaux (Sir., 56.2.535).

ment entendu déroger à la règle des deux degrés de juridiction; aussi, en matière correctionnelle, l'application des expressions de l'article précédent doit être restreinte à la cause de première instance, et le débat, soit quant à l'objet de la poursuite, soit quant à la qualité et au nombre des parties qui l'engagent, est définitivement clos par les conclusions prises devant les premiers juges, et la cause débattue en appel ne peut être que celle qui a été instruite en première instance et qui est soumise, avec tous les éléments qui l'ont constituée, à l'examen d'un second degré de juridiction (Paris, 29 mars 1856, Beuchot (1), Pataille, 56.137).

921. Intervention au civil. — L'intervention est la voie ouverte à toute personne qui a intérêt à venir défendre dans un procès, auquel elle n'est pas elle-même appelée, ses droits éventuellement menacés. Les art. 466 et suivants du Code de proc. civ. règlent l'intervention devant les tribunaux civils, et ces articles s'appliquent naturellement à notre matière (2).

922. Jurisprudence. — Il a été jugé à cet égard : 1° que le cessionnaire partiel du brevet a intérêt et qualité pour intervenir, même en appel, dans une instance en nullité et défendre la propriété qui lui a été transférée (Paris, 15 avril 1856, Laming, Pataille, 56.184); — 2° que le membre d'une société poursuivie en contrefaçon a le droit d'intervenir devant la Cour, sauf à lui à supporter les frais de son intervention (Lyon, 23 juin 1860, Vignet, Pataille, 60.418); — 3° que, la masse des créanciers d'une faillite étant directement intéressée au maintien des condamnations prononcées au profit du failli, le syndic a le droit d'intervenir devant la Cour de cassation pour défendre avec le failli au pourvoi dirigé contre lui (Cass., 21 févr. 1859, Journaux-Leblond, Pataille, 59.103);—4° mais que des fabricants, menacés d'une poursuite en contrefaçon d'un brevet, n'ont pas qualité pour intervenir en appel, à côté d'une partie demanderesse en

---

(1) Conf., Paris, 6 mars 1860, Sylvain-Dupuis (Pataille, 60.267); Paris, 26 mars 1861, Dutertre (Pataille, 61.369).

(2) V. Paris, 28 mai 1867, Peltier (Pataille, 67.372).

nullité de ce brevet; le jugement rendu à l'égard de cette partie ne leur préjudicie en rien, puisque son autorité est limitée aux plaideurs en cause et que les droits des tiers, qui n'y ont pas figuré, restent entiers (Paris, 17 févr. 1883, Lecointe, Pataille, 84.109).

ARTICLE V.

EXPERTISE

SOMMAIRE.

923. Mesures d'instruction; expertise. — Il appartient aux tribunaux d'ordonner telle mesure d'instruction qu'ils jugent convenable, soit une expertise, soit une comparution de parties; ils peuvent également, en se conformant aux règles de la procédure civile, ordonner une enquête. L'expertise est, dans les procès en contrefaçon, la mesure la plus souvent ordonnée et, il faut le dire, le moyen le plus utile. Si étendues que soient leurs lumières, les juges ne peuvent, en effet, avoir la connaissance de toutes les questions techniques qui se présentent à eux, et il est naturel, il est d'une bonne justice qu'ils recourent aux hommes spéciaux. La loi autorise même les magistrats à ordonner l'expertise d'office et encore bien qu'aucune des parties n'y ait conclu (1).

(1) V. Rej., 14 janv. 1828, Guiraudet (Dall., 28.1.87); Rej., 24 déc. 1833, Endigoux (*J. Pal.*, 33.1098); Rej., 26 août 1840, Guibal et Rattier (Renouard, p. 489); Rej., 13 avril 1841, Fauchery (*J. Pal.*, 41.1.762); Paris, 21 fév. 1846, Journet (*Le Droit*, 28 février); Paris, 18 juin 1856, Bigot-Dumaine (*Le Droit*, 20 juin).

En revanche, ils ne sont pas tenus de l'ordonner, lors même qu'elle leur est formellement demandée, et que les deux parties seraient d'accord pour la solliciter, s'ils trouvent dans les documents de la cause les éléments nécessaires pour former leur conviction (1).

924. Demande d'expertise; défaut de motifs.— Si le juge n'est pas tenu d'ordonner une expertise quand il la croit inutile, il est du moins tenu de statuer sur la demande qui lui est régulièrement faite à cet égard, sous peine de voir sa décision cassée pour défaut de motifs (2). Faut-il, toutefois, qu'il y réponde en termes exprès, ou sa réponse peut-elle s'induire des motifs qu'il donne sur les autres chefs de conclusion? Il est clair que la loi n'impose au juge aucuns termes sacramentels, et qu'il suffit qu'il réponde d'une manière formelle, que sa réponse d'ailleurs soit directe ou indirecte (3). Toutefois, nous ne saurions trop regretter la facilité avec laquelle la Cour de cassation repousse les pourvois fondés sur un défaut de motifs, surtout en matière d'expertise.

Il a été jugé, par exemple, que la déclaration par les juges du fond que, des documents de la cause, il résulte que les procédés brevetés ne sont pas nouveaux, et qu'au surplus ils n'ont pas été contrefaits, suffit à motiver, quoique implicitement, le rejet des conclusions prises par le breveté à fin d'expertise (Rej., 13 juill. 1869, Galy-Cazalat (4), Pataille, 69.273).

925. Mission des experts; enquête. — La mission des experts peut être aussi large que possible, et il n'appartient qu'aux tribunaux de la limiter; pourtant, c'est une grave question que celle de savoir si elle peut comprendre même une enquête. La doctrine et la jurisprudence sont divisées sur ce point, qu'on fera bien d'élucider dans les traités spéciaux.

---

(1) V. Rej., 5 mai 1848, Dida (*J. Pal.*, 49.1.175).

(2) V. Cass., 16 fév. 1860, Bobœuf (Dall., 60.5.242); Cass., 26 août 1840 (Renouard, p. 489).

(3) V. Rej., 29 janv. 1864, Busson (Pataille, 64.282).

(4) V. anal., Rej., 10 mai 1867, Roux (Pataille, 67.287). — V. aussi Rej., 16 fév. 1872, Girardin (Pataille, 72.181); Rej., 5 janv. 1878, Menier (Pataille, 78.33); Rej., 22 mars 1878, Langlois (Pataille, 79.145).

Pour nous, nous sommes d'avis que les experts ne peuvent procéder régulièrement à une enquête proprement dite. Les précautions infinies dont le législateur a entouré cette procédure spéciale nous font penser qu'il n'a pas été dans ses intentions qu'on s'en écartât. Ajoutons que, dans la pratique, les tribunaux donnent souvent aux experts mission de procéder, sinon à des enquêtes proprement dites, du moins à des investigations qui, par les interrogatoires qu'elles nécessitent, y ressemblent beaucoup.

Notons, en passant, avec un arrêt, que lorsqu'un jugement a posé à un expert diverses questions déterminées, il n'en résulte pas que cet expert soit obligé de répondre à chacune de ces questions, du moment que la solution donnée à une question capitale rend superflu l'examen des questions secondaires (Rej., 22 nov. 1879, Bouziat, Pataille, 80.150).

926. *Quid* **de la présence des parties à l'expertise ?** — Aux termes de l'art. 315 et suiv. du Code de proc. civ., les parties doivent être présentes ou au moins dûment appelées aux expertises. Ces dispositions régissent-elles seulement les expertises ordonnées par la juridiction civile, ou bien s'appliquent-elles aussi aux expertises criminelles? Il semble qu'il n'y a aucune raison pour qu'il en soit différemment dans l'un et l'autre cas, et c'est ce qu'expose avec beaucoup de clarté M. Bozérian, dans la *Propriété industrielle* (1), en s'appuyant sur l'autorité de M. Faustin Hélie (2). La jurisprudence s'est pourtant prononcée dans un sens contraire (3).

927. *Quid* **devant les tribunaux de commerce ?** Certaines contestations, même en matière de brevets, peuvent être portées devant les tribunaux de commerce, et, par suite, cette juridiction peut avoir l'occasion d'ordonner une expertise. En ce cas, quelles sont les règles? Faut-il s'en référer

---

(1) V. la *Propr. ind.*, n° 135.

(2) V. Faustin Hélie, *Traité de l'instr. crim.*, t. 7, p. 322.

(3) V. Rej., 30 mars 1860, Lotz (Dall., 61.5.203); Paris, 13 fév. 1862, Rouget de Lisle (Pataille, 62.358); Paris, 27 janv. 1865, Sax (Pataille, 60.289); Rej., 30 janv. 1869, Langlois (Pataille, 69.128).

au Code de procédure civile? Doit-on s'en écarter sur certains points et sur quels points?

Il a été jugé, à cet égard, que la Cour, saisie de l'appel d'un jugement du tribunal de commerce, peut, lorsqu'il y a lieu à expertise, nommer d'office les experts, conformément à l'art. 429 du Code de procédure civile, si les parties n'en conviennent pas à l'audience; il n'y a pas lieu, en ce cas, de recourir à l'art. 305 du Code de procédure civile, qui n'est pas applicable aux matières commerciales; les experts nommés en matière de commerce peuvent s'aider de tous les renseignements qu'ils jugent utiles et faire toute vérification, même en l'absence des parties, et celles-ci ne peuvent se plaindre de ce qu'il a été ainsi procédé, alors que, dans une dernière réunion, il leur a été rendu compte de tout ce qui s'était passé, et qu'elles n'ont fait ni protestation ni réserve (Cass., 10 mars 1858, Chrestien, Pataills, 58.133).

928. L'expertise ne lie pas le juge. — L'expertise est une mesure d'instruction que le juge ordonne afin de s'éclairer, mais dont les résultats ne s'imposent en aucune façon à sa conscience. Il forme sa conviction, sans devoir compte à personne des éléments qui l'ont formée. De ce principe incontesté, tirons plusieurs conséquences : d'abord, le juge n'est pas tenu d'entériner le rapport des experts et d'en accepter les conclusions; il peut, au contraire, se décider dans un sens absolument opposé. En second lieu, si l'expertise vient à être annulée ponr une raison quelconque, il n'est pas tenu d'en ordonner une nouvelle en remplacement de la première; lorsqu'il a ordonné celle-ci, il ne se croyait pas suffisamment éclairé; après la nullité de l'expertise, il croit, au contraire, pouvoir juger en pleine connaissance de cause; pourquoi ordonnerait-il une mesure qui, dans sa pensée, serait l'occasion de frais purement frustratoires (1)? Notons encore ceci, c'est que, même après l'expertise ordonnée, mais avant qu'il y ait été procédé, le juge peut, sur de nouveaux documents à lui fournis, renoncer à la mesure qu'il avait

(1) V. Paris, 28 mars 1862, Masse (Pataille, 62.389); Rej., 30 janv. 1869, Langlois (Pataille, 69.128).

d'abord prescrite et rendre sa décision sans recourir à une expertise; il pourrait également, en ce cas, tout en ordonnant l'expertise, ordonner telle autre mesure d'instruction qu'il jugerait convenable et, par exemple, une audition de témoins (1).

Il a été jugé, dans cet ordre d'idées, que les tribunaux ne sont pas liés par les expertises qu'ils ont ordonnées; en conséquence, alors même que des experts, chargés d'examiner et de comparer deux procédés relatifs à l'extraction de la potasse contenue dans les résidus de vinasses de betteraves, déclarent que l'un procède par *incinération* et l'autre par *carbonisation*, les juges ont le droit, sans s'arrêter à cette différence signalée, de déclarer que les procédés sont identiques (Rej., 20 mai 1844, Hamoire, Dall., v° *Brev. d'inv.*, n° 63).

928 *bis*. Peut-on interjeter appel d'un jugement ordonnant une expertise? — On le peut certainement si le jugement est interlocutoire; on ne le peut pas, s'il n'est que préparatoire. Et, comme nous l'avons rappelé ailleurs, le jugement est interlocutoire ou préparatoire suivant qu'il préjuge ou qu'il ne préjuge pas le fond. La question ne peut donc être décidée que dans chaque espèce et d'après les termes du jugement.

Il a été jugé à cet égard : 1° que, si le jugement qui ordonne une expertise n'est pas nécessairement interlocutoire, il prend ce caractère lorsque la mesure ordonnée préjuge le fond en faisant pressentir l'influence qu'elle doit exercer sur le sort de l'instance : spécialement, il en est ainsi lorsque les experts reçoivent la mission d'examiner les antériorités opposées à un brevet d'invention, et de déterminer l'étendue et la portée de ce brevet (Douai, 24 août 1881, Oudit (2), Pataille, 82.11);—2° que le juge du fait motive suffisamment la décision par laquelle il déclare qu'un jugement ordonnant une expertise est interlocutoire, en disant qu'il préjuge le fond, sans qu'il soit nécessaire qu'il explique en quoi le fond est préjugé (Rej., 27 janvier 1882, Oudit, Pataille, 82.11).

---

(1) V. Rej., 2 juill. 1863, Masse (Dall., 63.5.166).
(2) V. aussi Rej., 27 janv. 1882, même affaire (*eod. loc.*).

929. Experts ; appréciations de droit. — Les experts ne sont jamais nommés par la justice que pour élucider certaines questions de fait qui, par leur spécialité même, sont en dehors des connaissances usuelles et, par conséquent, en dehors des connaissances des magistrats. Les experts doivent donc avec soin s'enfermer dans l'examen des questions techniques sur lesquelles ils sont consultés, et éviter de se livrer à l'appréciation des questions de droit que le procès soulève. Ils doivent borner leur examen aux faits en eux-mêmes et s'abstenir avec le plus grand soin d'en tirer aucune conséquence légale. Signaler, rassembler, grouper les faits en mettant dans une vive lumière leurs particularités : voilà le rôle de l'expert. Le rôle du juge est d'apprécier les faits signalés et de décider de leur influence sur le droit des parties. Remarquons cependant que, si l'expert se laisse aller à des considérations de droit et empiète ainsi sur la mission du juge, cette circonstance regrettable ne vicie en rien son rapport ; comment en serait-il autrement, puisque, même sur les questions de fait, l'expertise ne lie pas les tribunaux (1)?

930. Expertise étrangère à l'une des parties. — Il n'y a d'expertise régulière et pouvant être légalement opposable aux parties en cause que celle qui a été ordonnée sur la demande de l'une contre l'autre. Une expertise faite entre l'une des parties et un tiers dans un autre procès, même à l'occasion de faits semblables, ne constitue pas une expertise régulière et constitue, au contraire, ce que, dans le langage du droit, on appelle *res inter alios acta.* Faut-il aller jusqu'à dire qu'une pareille expertise doit être absolument écartée du débat, qu'elle ne peut y être versée même à titre de renseignement ou de document? Nous ne le pensons pas (2). Sans doute le juge du fait ne peut prononcer de condamnation contre une partie en se fondant uniquement sur une expertise à laquelle elle a été étrangère ; sans doute, il doit

---

(1) V. Paris, 13 fév. 1862, Rouget de Lisle (Pataille, 62.358).

(2) V. toutefois Cass., 30 juin 1863, Renard et Franc (Dall., 63.1. 275).

apporter une extrême circonspection à appliquer les conclusions d'une expertise à une partie qui n'a pas été admise à se défendre devant les experts; mais il peut, s'il reconnaît, s'il vérifie l'exactitude des faits consignés dans l'expertise, se les approprier et les faire servir de motifs à sa décision. On ne concevrait pas qu'un document semblable fût écarté sans examen, quand les parties sont reçues à en verser de toute nature et des moins autorisés dans le procès (1). En tout cas, lorsqu'une partie a produit elle-même une expertise ou qu'elle l'a discutée sans réserve ni protestation, elle ne saurait ensuite raisonnablement soutenir, surtout devant la Cour de cassation, que cette expertise ne pouvait être accueillie par le juge du fait (2).

Jugé dans le même sens que les tribunaux, en annulant une expertise, conservent le droit d'y puiser, mais à titre de simples renseignements, des indications propres à éclairer leur conviction (Bordeaux, 19 déc. 1864, Lemarchand, Pataille, 67.38).

931. Tiers admis aux opérations de l'expertise. —D'ordinaire, les experts, réunis chez l'un d'eux, écoutent, comme le feraient des juges, les explications des parties, assistées de leurs conseils. Par cela même qu'ils sont hommes de l'art, on ne conçoit guère que les experts aient besoin d'autres lumières que les leurs; mais si, en fait, ils appellent un tiers à leurs réunions, s'ils le consultent, quelle sera l'influence de ce fait sur la validité de l'expertise?

Il a été jugé à cet égard que le fait par les experts d'avoir appelé à leurs opérations une personne étrangère (dans l'espèce un expert nommé dans une autre affaire de la même nature), et que cette personne ait concouru avec eux à l'examen, à la délibération et même à la rédaction du rapport, n'entraîne pas la nullité du procès-verbal d'expertise; aucune loi n'interdit, en effet, à des experts de s'éclairer par tous les moyens qu'ils jugent utiles, même en conférant officieusement avec une personne chargée d'une mission pareille dans

(1) V. Rej., 30 janv. 1869, Langlois (Pataille, 69.128).
(2) V. Rej., 12 fév. 1858, Villard (*Bull. crim.*, 58.86).

une affaire semblable, et d'ailleurs l'expertise ne comprend que des renseignements de nature à éclairer le juge et qu'il est toujours libre d'admettre ou de rejeter (Rej., 17 juillet 1866, Lemarchand (1), Pataille, 67.38).

932. Expertise au civil; nécessité de trois experts. — C'est un principe, écrit en toutes lettres dans le Code de procédure civile, que les tribunaux civils, lorsqu'ils nomment des experts, ne peuvent se dispenser d'en désigner trois, à moins que les parties ne soient d'accord pour n'en nommer qu'un seul. La Cour ne pourrait donc maintenir un jugement qui, sans constater l'accord des parties, aurait nommé un seul expert. Seulement, de ce que les parties, lorsqu'elles sont d'accord, peuvent accepter que l'expertise soit confiée à un seul expert, il s'ensuit nécessairement que la comparution d'une partie, sans protestation ni réserve, devant l'expert nommé, emporte renonciation à se prévaloir de la nullité (2). Il est, au contraire, de jurisprudence que les tribunaux correctionnels, qui ne sont pas liés par les prescriptions du Code de procédure civile, peuvent légalement ne nommer qu'un seul expert.

933. Décès d'un des experts. — Les experts nommés ne peuvent agir que collectivement, et certains auteurs vont même jusqu'à soutenir que toute opération doit être faite par eux en commun, à peine de nullité. Sans aller aussi loin, et nous en référant à la jurisprudence établie sur ce point, rappelons seulement que le décès d'un des experts entrave et paralyse la mission des autres, qui ne peuvent plus régulièrement procéder (3). Il faut de toute nécessité, et à peine de nullité du rapport déposé par les deux experts survivants, qu'il soit pourvu par les soins de la partie la plus diligente au remplacement de l'expert décédé. On objecterait en vain que les deux experts survivants ont émis leur avis

---

(1) Il est vrai d'observer que l'arrêt attaqué constatait que les parties avaient assisté à l'expertise sans protestation ni réserve.

(2) V. Paris, 3 déc. 1860, Rey (*Propr. ind.*, n° 159); Paris, 3 mars 1870, Labrousse (Pataille, 72.312).

(3) V. Paris, 28 mars 1862, Masse (Pataille, 62.389).

d'accord, et qu'ils constituaient une majorité; en matière d'expertise, il n'y a pas de majorité, ou du moins l'expert dissident n'est pas tenu de se rallier à l'opinion de la majorité; il peut, il doit exprimer son avis séparément, sauf aux magistrats à se ranger ensuite à l'avis des uns ou de l'autre.

Jugé toutefois, — et cette décision doit être approuvée, — que, lorsqu'à la suite d'une expertise régulière et le décès de l'un des experts, il est produit au cours des débats, qui suivent l'expertise, des documents ou mémoires tendant à infirmer certains points du rapport, les juges peuvent demander à ceux des experts qui survivent leur sentiment sur les objections soulevées par l'une des parties, sans qu'on puisse voir dans cette mesure une nouvelle expertise, exigeant à peine de nullité l'accomplissement de toutes les formalités exigées par le Code de procédure civile (Nancy, 11 août 1873, Frezon, Pataille, 73.321).

934. Nullité de l'expertise; quand doit-on l'invoquer? — Nous n'avons pas à entrer ici dans le détail des nullités qui peuvent vicier le rapport des experts; ce sont là des questions connues; rappelons seulement que la nullité, quand on l'invoque, doit être demandée sur le seuil même des débats ouverts sur l'expertise; on ne serait pas recevable à soutenir devant la Cour que l'expertise est nulle, lorsqu'on ne s'est pas prévalu de la nullité devant le tribunal (1); à plus forte raison, on ne pourrait invoquer pour la première fois la nullité devant la Cour de cassation, en se fondant, par exemple, sur un défaut de prestation de serment de la part des experts (2).

935. Expertise; nullité; qui peut s'en prévaloir? — Les deux parties peuvent également se prévaloir de la nullité qui vicierait l'expertise; cela va de soi. Mais il ne saurait appartenir à celle qui a conclu à la nullité, et qui l'a obtenue, de se plaindre ensuite qu'elle ait été prononcée (3);

---

(1) V. Paris, 13 fév. 1862, Rouget de Lisle (Pataille, 62.358).

(2) V. Lyon, 30 nov. 1865, et Rej., 15 juin 1866, Raffard et autres (Pataille, 66.313).

(3) V. Rej, 3 juill. 1862, Masse (Pataille, 62.391).

on ne saurait être admis, suivant le besoin du moment, à soutenir tour à tour, dans la même cause, le pour et le contre, et invoquer successivement le même texte de loi pour lui prêter deux interprétations différentes.

936. Experts ; récusation. — Le Code de procédure civile précise les motifs de récusation qui peuvent être invoqués contre les experts, comme aussi le délai dans lequel doit se produire la récusation ; nous n'avons qu'à nous y référer.

Il a été jugé, par exemple, que les tribunaux ne peuvent nommer expert l'homme de l'art qui a précédemment statué comme arbitre-juge dans une contestation entre le breveté et une autre partie, mais relative au même brevet : dans ce cas, l'homme de l'art doit être considéré comme ayant donné un certificat sur l'affaire (Trib. civ. Seine, 4 janv. 1860, Courtois, Pataille, 60.77).

937. Taxe des honoraires des experts. — Les experts ont droit à des honoraires ; cela va sans dire. Toutefois, ces honoraires ne peuvent dépasser une certaine mesure au delà de laquelle ils seraient excessifs. Il y a donc lieu de les taxer ; mais qui est chargé de fixer la taxe ? On paraît d'accord pour confier ce soin au président de la chambre qui a commis les experts ; seulement, si, soit les experts, soit les parties font opposition à l'exécutoire délivré par le président, et entendent discuter la taxe, où sera portée cette opposition ? Une grave controverse s'élève sur ce point. Voici l'opinion de M. Bertin, le jurisconsulte assurément le plus versé dans toutes les questions qui se rattachent à la compétence de la chambre du conseil : « Nous estimons, dit-il, que la chambre « du conseil est incompétente pour connaître de l'opposition « à la taxe des experts. Notre doctrine est, il est vrai, con- « traire à deux arrêts de la Cour de Paris, des 31 janv. 1843 « et 9 juill. 1859 ; mais elle peut invoquer en sa faveur les « arrêts de cassation du 2 avril 1811 et de la Cour de Nancy « du 1er décembre 1829, ainsi que les opinions de Favard de « Langlade (*Rép.*, v° *Rapp. d'expert*, sect. 1, § 3, n° 8) ; « Berriat-Saint-Prix, t. 2, p. 497, note 17 ; Thomine-Des- « mazures, t. 1, p. 523 ; Pigeau, t. 1, p. 442 ; Carré, t. 1, « p. 756, n° 1208 ; Chauveau, *Comment. du tarif*, t. 1, « p. 312 ; Carré et Tripier, *Taxe en matière civile*, p. 191 ;

« Bioche, *Dict. de proc.*, v° *Experts*, n° 167. Nous pouvons « invoquer en outre, et en première ligne, un principe cer- « tain, incontestable. Ce principe consacre la règle, qu'à « moins d'une exception nette, formelle, écrite dans la loi, « les affaires contentieuses doivent être portées devant la « juridiction ordinaire et débattues en audience publique.

« C'est bien à tort, selon nous, que l'arrêt de la Cour de « Paris, du 12 juillet 1860 (1), déclare que l'opposition à la « taxe des experts ne constitue pas un *véritable contentieux.* « Lorsque l'ordonnance de taxe est attaquée par une opposi- « tion, il s'agit bien d'un débat, d'une contestation, d'un « véritable contentieux entre la partie qui réclame la taxe et « celle qui combat contre cette taxe. C'est donc par suite « d'une erreur évidente que le caractère contentieux a été « dénié à la contestation qui s'élève à l'occasion de la taxe du « rapport d'experts.

« La seule question à examiner est donc celle de savoir si « cette nature de contestation a été exceptionnellement attri- « buée à la chambre du conseil? Les trois arrêts que nous « rapportons ont cru trouver cette exception dans le décret « du 16 fév. 1807, et notamment dans l'art. 6 de ce décret. « Or, tout le monde reconnaît que le décret de 1807 ne dis- « pose, par son texte, qu'en vue de la taxe des frais faits par « l'avoué qui a obtenu la distraction à son profit; que l'avoué « qui n'a pas obtenu la distraction doit réclamer ses frais par « la voie ordinaire; que c'est seulement à la suite d'un juge- « ment de condamnation, et par suite de cette condamna- « tion, que la chambre du conseil peut être saisie de la con- « naissance du litige que soulève l'opposition à la taxe. Com- « ment est-il possible d'appliquer une telle disposition aux « contestations que soulève l'opposition à la taxe des hono- « raires des experts? Ils ne sont pas évidemment désignés, « même indirectement, par le décret de 1807; la disposition « qu'on prétend appliquer, par analogie de situation, résiste « par son texte, par les conditions qu'elle met à l'exercice du « droit d'opposition et d'appel, à cette application. C'est donc, « suivant nous, évidemment méconnaître le principe salu-

(1) V. *infrà*, n° 938.

« taire qui attribue les affaires contentieuses à la juridiction « ordinaire, au débat public, que de créer une exception que « le texte de la loi, ainsi que son esprit, repousse également (1). »

938. **Jurisprudence contraire.** — Il a été jugé, contrairement à l'opinion de M. Bertin : 1° que l'opposition, que la partie ou les experts ont le droit de former à l'exécutoire décerné par le président, doit être portée par eux, non devant la chambre jugeant en audience publique, mais devant la chambre réunie en chambre du conseil (Paris, 12 juill. 1860, et Rej., 22 déc. 1860, Masse et Innocent, Pataille, 61.408); — 2° que, d'ailleurs, l'appel formé contre la décision rendue en chambre du conseil par une des chambres correctionnelles d'un tribunal ne peut être déféré qu'à la chambre des appels de police correctionnelle (Paris, 16 mars 1861, Masse et Innocent, Pataille, 61.412).

ARTICLE VI.

QUESTIONS DIVERSES.

SOMMAIRE.

939. *Quid* de la caution *judicatum solvi?* — 939 *bis*. *Quid* sous l'empire de la convention d'union de 1883 ? — 940. Caution *judicatum solvi;* défense au fond. — 941. Appel; exécution; dénonciation. — 942. Jurisprudence. — 943. Appel ; restriction de la demande. — 944. Arrêt interlocutoire ; chose jugée. — 945. Pourvoi; renonciation au bénéfice de l'arrêt. — 946. Interprétation d'arrêt; *quid* en cas de pourvoi ? — 946 *bis*. Interprétation d'arrêt; brevet expiré dans l'intervalle. — 947. Fins de non-recevoir; moyens du fond. — 948. Jurisprudence. — 949. Contrefaçon ; renvoi ; pluralité de motifs. — 950. Payement des frais ; grosse du jugement. — 951. Conclusions ; leur importance. — 952. Jurisprudence. — 953. Nullité du brevet; demande nouvelle. — 954. Demande fondée sur deux brevets ; nécessité d'une double appréciation. — 955. Faits postérieurs ; compétence. — 956. Omission de statuer ; appel.

939. *Quid* **de la caution** *judicatum solvi?* — En toute matière, sauf en matière commerciale, les étrangers, demandeurs devant un tribunal français, sont tenus de fournir une

(1) V. Pataille, 61.413.

caution dite « caution *judicatum solvi* » (1). Cette caution doit-elle être déposée en matière de contrefaçon ? Se confond-elle avec le cautionnement spécial de la loi de 1844, ou, au contraire, s'y ajoute-t-elle? Il semblerait résulter de la discussion de la loi (2) que, dans la pensée du législateur, le cautionnement imposé à l'étranger, aux termes de l'art. 47, le dispense d'en fournir un second à titre de caution *judicatum solvi*. Pourtant, si l'on observe que, d'après les principes généraux, la caution *judicatum solvi* est une mesure qu'il appartient au tribunal d'ordonner et que cette mesure est ordonnée par lui après une discussion contradictoire, dans laquelle les faits de la cause peuvent lui être, au moins en partie, exposés, on est conduit à penser que, en l'absence d'une disposition formelle de la loi, il est préférable de laisser au tribunal son pouvoir particulier d'appréciation, et de lui réserver le soin de prescrire une mesure qui complétera au besoin celle déjà ordonnée par le président et qui sera, d'ailleurs, limitée aux justes nécessités du procès (3). M. Renouard est d'un avis contraire : il déclare nettement que l'étranger ne sera pas tenu à la caution *judicatum solvi* « quand, ayant « pratiqué une saisie, il aura nécessairement consigné déjà « un cautionnement (4) ».

Notons, du reste, que l'art. 16 du Code civil dispose que la caution *judicatum solvi* est due *en toute matière*, ce qui comprend même le criminel. Il s'ensuit que l'étranger qui saisit de sa plainte en contrefaçon le tribunal correctionnel et se porte partie civile doit la caution (5).

Ajoutons enfin qu'il est de doctrine et de jurisprudence

---

(1) V. *suprà*, n° 333.

(2) V. Huard, p. 383 et 384.

(3) V., en ce sens, un article de M. Huard dans la *Propr. ind.*, n° 320. — V. également Blanc, p. 669; Dall., v° *Brev. d'inv.*, n° 243; Massé, *Droit comm.*, t. 2, n° 750. — *Nota* : M. Massé avait soutenu l'opinion contraire dans une précédente édition. — V. aussi Trib. civ. Seine, 14 nov. 1860, Firnsthal (*Propr. ind.*, n° 155).

(4) Renouard, n° 98. — V. Calmels, n° 418.

(5) V. Massé, *Droit comm.*, t. 2, n° 750; Mangin, *De l'act. publ.*, n° 125.

que la caution *judicatum solvi* n'est pas due par l'étranger admis à jouir en France de ses droits civils (1).

939 *bis*. *Quid* **sous l'empire de la Convention d'union de 1883** ?—La question s'est posée de savoir si la Convention d'union du 20 mars 1883, conclue entre la France et un certain nombre d'autres nations, avait pour effet de dispenser les sujets des nations contractantes du payement de la caution *judicatum solvi*. La question s'est présentée d'abord en Belgique, où les Cours de justice l'ont résolue en sens différent, jusqu'au jour où la Cour de cassation belge s'est prononcée formellement dans le sens du maintien de la caution. Cette opinion est la nôtre. Il suffit même, pensons-nous, de se reporter aux travaux préparatoires de la Convention, autant qu'à son texte, pour être convaincu que l'obligation de fournir la caution n'a pas été abolie. La question avait été soulevée par l'un des membres de la conférence, lequel avait demandé à être fixé sur le sens de l'article 2 qui dispose, on le sait, « que les sujets de chacun des États « jouiront dans les autres des avantages appartenant aux « nationaux, et qu'ils auront, en conséquence, la même pro- « tection que ceux-ci et le même recours légal contre toute « atteinte portée à leurs droits, sous réserve de l'accomplis- « sement des formalités et des conditions imposées aux « nationaux par la législation intérieure de chaque État. » Et, comme on répondait à M. Demeur que cela ne touchait en rien à la caution *judicatum solvi*, il demanda que la Convention s'en expliquât clairement : c'est alors que, sur son désir et pour répondre à sa préoccupation, on inséra, dans le protocole de clôture, le paragraphe suivant : « Il est « entendu que la disposition finale de l'article 2 ne porte « aucune atteinte à la législation de chacun des États « contractants en ce qui concerne la procédure devant les « tribunaux et la compétence de ces tribunaux. » On ne comprend guère qu'après cela il ait pu s'élever un doute quelconque sur la question (2).

---

(1) V. Paris, 11 déc. 1852, Daud (Blanc, p. 669).

(2) Conf., Trib. civ. Seine, 4 fév. 1888, Greindl (*Le Droit*, 16 fé-

940. Caution *judicatum solvi;* **défenses au fond.** — En tout cas, le dépôt de la caution *judicatum solvi* n'est pas une mesure d'ordre public dont l'inaccomplissement vicie nécessairement la procédure; aussi doit-elle être réclamée avant toute défense au fond; une fois le débat engagé, il est trop tard : l'exception est irrévocablement ouverte (1).

941. Appel; exécution; renonciation. — Il faut bien se garder, soit avant, soit après qu'on a interjeté appel, de faire aucun acte d'où il puisse être induit qu'on a entendu exécuter la décision attaquée. L'exécution du jugement constitue, en effet, une véritable renonciation aux droits qu'on voulait faire valoir et rend l'appel non recevable. Il appartient toutefois aux juges d'apprécier la gravité des faits invoqués comme emportant exécution du jugement. Notons d'ailleurs que l'abandon d'un appel ne doit pas facilement se présumer et ne peut résulter que de faits qui ne laissent aucun doute sur les intentions de la partie.

942. Jurisprudence. — Il a été jugé conformément à ces principes : 1° que, s'il est vrai que la partie civile qui a interjeté appel d'un jugement correctionnel peut ensuite renoncer à cet appel, il n'en est pas moins certain qu'une pareille renonciation ne se présume pas et ne peut s'induire que d'actes inconciliables avec le maintien et l'exercice de la faculté qui lui est accordée par le législateur et dont elle a réclamé le bénéfice; si donc le breveté, après avoir triomphé sur plusieurs chefs de sa demande en contrefaçon, forme appel des chefs sur lesquels il a succombé, son appel est recevable, alors même qu'avant de le faire vider il poursuivrait l'exécution des condamnations prononcées à son profit; la disposition du jugement qui reconnaît son droit forme, en effet, un chef distinct de celui qui rejette en partie sa plainte en contrefaçon, et,

---

vrier). — V. aussi Cass., 5 avril 1888 (*Le Droit*, 1er mai); O. Maus, *Indust. moderne*, 1887, p. 105 et 116; Lyon-Caen, *Revue de droit intern.*, 1882, p. 192; Vincent et Penaud, v° *Propr. industr.*, nos 396 et 397; Plé, *Revue industrielle*, 28 avril 1888. — *Contrà*, Bruxelles, 28 juillet 1887 (*Le Droit*, 9 octobre).

(1) V. Trib. corr. Seine, 4 mars 1847, Penzold et Rohlfs (Huard, sur l'art. 47, n° 20). — Comp. également Nouguier, n° 954; Blanc, p. 669.

dès lors, poursuivre l'exécution de l'une, ce n'est pas donner au second un asquiescement préjudiciable : spécialement, poursuivre la confiscation qui a été prononcée à son profit, ainsi que le recouvrement des dommages-intérêts qu'il a obtenus, ce n'est pas, de la part du breveté, faire un acte qui soit incompatible avec l'appel qu'il a formé sur d'autres chefs et n'en implique pas l'abandon (Cass., 19 déc. 1846, Vallery, *Bull. crim.*, 46.495) ; — 2° mais que le contrefacteur qui, condamné en première instance, déclare, sur une sommation à lui faite d'avoir à remettre au breveté tous les objets confisqués, qu'il est prêt à opérer cette remise dans la huitaine, se rend non recevable à frapper d'appel le jugement de condamnation ; cette déclaration équivaut à un acquiescement pur et simple du jugement (Paris, 28 mars 1865, Lefebvre, Pataille, 67.323).

943. Appel ; restriction de la demande. — Le juge d'appel ne peut statuer que sur ce qui a fait l'objet du débat en première instance. Il est de règle, nous l'avons déjà vu, que les parties ne peuvent former devant la Cour des demandes nouvelles, sous peine de violer le principe des deux degrés de juridiction. Toutefois, il faudrait se garder de voir une demande nouvelle dans une simple modification ou dans une restriction de la demande originaire. Restreindre sa demande, ce n'est pas y ajouter : le plus renferme le moins (1).

944. Arrêt interlocutoire ; chose jugée. — La décision interlocutoire, avons-nous dit, est celle qui préjuge le fond. C'est ce qui rend possible le recours contre elle ; à défaut de recours ou quand le recours est épuisé, il y a chose jugée sur les points qui, touchant au fond du débat, ont été décidés par le juge. C'est une règle de droit commun qui s'applique ici comme ailleurs.

Il a été jugé, par exemple, que, lorsque la date d'un brevet a été fixée définitivement par un arrêt interlocutoire rendu entre les mêmes parties et contre lequel aucun pourvoi n'a été dirigé, l'autorité de la chose jugée est opposable au pré-

---

(1) V. Rej., 30 janv. 1863, Grassal (Pataille, 63.130). — Comp. Rej., 8 mars 1878, Balin (*Le Droit*, 10 mars).

venu, qui ne peut plus soutenir que le brevet n'a pas la date qui lui a été conférée par l'administration (Dijon, 30 juillet 1857, Christofle, Pataille, 58.108).

945. Pourvoi ; renonciation au bénéfice de l'arrêt. — L'intérêt est la mesure des actions ; le défaut d'intérêt rend donc en principe non recevable la demande en justice, quel que soit le tribunal devant lequel elle est portée. Cela est vrai devant la Cour de cassation comme devant toute autre juridiction. Ce serait pourtant se tromper que de ramener l'intérêt, principe de toute action en justice, à un intérêt purement pécuniaire. Il y a tel intérêt moral, d'un ordre élevé, qui suffit à justifier l'action. Admettez, par exemple, un contrefacteur qui gagne son procès devant un tribunal civil et obtient du juge du fait une décision qui, déclarant le brevet en vertu duquel avait lieu la poursuite nul et sans valeur, non seulement renvoie le défendeur des fins de la demande, mais encore lui alloue une indemnité pécuniaire. Sur le pourvoi du breveté, la partie gagnante renonce aux dommages-intérêts qui lui sont alloués. Il est évident que cette renonciation, laissant subsister la déclaration de nullité du brevet, ne saurait mettre obstacle au pourvoi ; il y a tout à la fois pour le breveté intérêt pécuniaire et intérêt moral : intérêt pécuniaire, car son brevet peut être une source de fortune ; intérêt moral, car on lui conteste sa qualité d'inventeur. Prenons l'hypothèse inverse, celle d'un individu poursuivi comme contrefacteur et condamné comme tel à des dommages-intérêts. Est-ce que la renonciation du breveté aux dommages-intérêts qu'il a obtenus rendrait le pourvoi de son adversaire non recevable ? Nous ne le pensons pas : car la renonciation aux dommages-intérêts n'effacera pas le jugement ni, par conséquent, la qualification de contrefacteur infligée au demandeur en cassation. Or, cette qualification est de nature à porter atteinte à la considération, et celui qui l'a subie a droit, par tous les moyens possibles, de la repousser (1).

946. Interprétation d'arrêt ; *quid* en cas de pourvoi ? — Les tribunaux ont le droit et le devoir d'inter-

(1) V. Cass., 27 août 1856, Christofle (Sir., 57.1.577).

prêter leurs décisions lorsque, par hasard, il s'y glisse quelque obscurité. Ils doivent, avant tout, aux parties une sentence claire et qui précise nettement les obligations de chacune d'elles. Il appartient, par exemple, à la Cour qui a rendu un arrêt limitant un brevet d'interpréter cet arrêt, s'il présente, dans son dispositif, quelque ambiguïté et qu'un doute sérieux se soit élevé ou puisse s'élever sur son sens et sa portée (1). Sans doute les tribunaux, sous prétexte d'interpréter leurs décisions, ne peuvent les modifier, y ajouter ou les restreindre ; mais ils ont le droit et même le devoir, sur la demande des parties, d'en fixer le sens et d'en expliquer les dispositions dont les termes peuvent donner lieu à un doute sérieux (2). Bien entendu, une demande en interprétation serait non recevable si elle visait, en réalité, non le dispositif de la décision faisant seul la loi entre les parties, mais un de ses motifs (3).

Ce droit d'interprétation est-il entravé ou suspendu par un pourvoi en cassation ? On ne peut l'admettre, surtout au civil, puisque le pourvoi n'est pas suspensif et ne fait pas obstacle à ce que la décision du juge du fait s'exécute. Il n'y aurait pas davantage lieu de l'admettre au correctionnel ; le fait que le pourvoi soit suspensif est sans importance ; le pourvoi est une mesure essentiellement différente du droit qu'a la partie de demander un arrêt interprétatif, et ne pourrait y suppléer. L'interprétation de l'arrêt, en fixant la pensée du juge, est d'ailleurs de nature à aider au jugement du pourvoi (4).

Jugé, d'ailleurs, qu'il en est ainsi à quelque moment de l'instance correctionnelle que la difficulté d'application s'élève, et alors même que l'interprétation ne serait requise qu'à l'occasion d'un pourvoi en cassation, alors que, ce pourvoi étant suspensif, l'exécution ne peut pas être considérée comme définitive (Cass., 28 janvier 1881, Balin, Pataille, 81.53).

---

(1) V. Rej., 28 janv. 1881, Balin (Pataille, 81.53).
(2) V. Rej., 11 nov. 1882, Balin (Pataille, 83.49).
(3) V. Paris, 27 fév. 1884, Balin (Pataille, 85.257).
(4) V. Rej., 21 juin 1856, Cavaillon (*Bull. crim.*, 56.364).

946 *bis*. Interprétation d'arrêt; brevet expiré dans l'intervalle. — Il a été jugé qu'un pourvoi, formé contre un arrêt interprétatif d'un premier arrêt fixant l'étendue et la portée d'un brevet d'invention, ne saurait être déclaré non recevable sous le prétexte que, le brevet étant expiré dans l'intervalle, le pourvoi serait sans intérêt, le demandeur pouvant avoir intérêt à établir la validité de son brevet, même dans le passé, et puisant, d'ailleurs, un intérêt suffisant au soutien de son pourvoi dans la seule question d'allocation des dépens (Cass., 14 novembre 1882, Balin, *Ann.*, 83.49).

947. Fins de non-recevoir; moyens du fond. — Il ne faut pas confondre la fin de non-recevoir avec le moyen du fond; la première s'attaque seulement à la forme de la demande, à sa régularité, et n'en conteste que les conditions extrinsèques; le second s'attaque, au contraire, à l'objet même de la demande et tend à faire déclarer non pas que la demande est irrégulière et mal formée, mais qu'elle ne repose sur aucune base, qu'elle n'est pas fondée. La fin de non-recevoir doit être proposée au seuil même du procès, sous peine d'être tardive et repoussée comme telle; le moyen du fond peut être proposé jusqu'à l'issue du débat, à la seule condition de l'être régulièrement; il peut même être opposé en appel, quoiqu'il n'ait pas été invoqué en première instance (1). La règle est la même au correctionnel et au civil, et se comprend d'autant mieux devant la juridiction répressive qu'il est juste de laisser jusqu'au bout au prévenu les moyens de se justifier du délit qu'on lui impute (2). Il y a exception toutefois pour certaines fins de non-recevoir qui tiennent soit à l'ordre public, soit à l'ordre des juridictions, et qui, par suite, peuvent non-seulement être opposées en tout état de cause par les parties, mais être suppléées d'office par les tribunaux.

948. Jurisprudence. — Il a été jugé dans cet ordre d'idées : 1° que l'exception, tirée de la nullité de l'assigna-

---

(1) Comp. Nouguier, n° 934; Renouard, n° 246.
(2) V. Paris, 13 fév. 1862, Rouget de Lisle (Pataille, 62.358).

tion pour défaut d'une énonciation claire de l'objet de la poursuite, ne peut être utilement soulevée pour la première fois en appel (Rouen, 24 juin 1858, Sax, Pataille, 59.33); — 2° que, lorsqu'un individu prévenu de contrefaçon commence par opposer à la plainte que le brevet n'est pas valable, il ne se rend pas pour cela non recevable à prétendre ensuite que, dans tous les cas, il n'est pas l'auteur de la contrefaçon; cette prétention ne constitue pas une fin de non-recevoir, mais un moyen du fond qui, par suite, peut être opposé, même pour la première fois, en appel (Rej., 27 nov. 1858, Levieux, Pataille, 59.382); — 3° mais que la fin de non-recevoir, fondée sur ce que la nullité du brevet aurait été définitivement prononcée à l'égard du ministère public, est d'ordre public et peut, en conséquence, être proposée, même après qu'il a été conclu au fond (Rouen, 28 mars 1866, Drieu, Pataille, 67.370).

949. Contrefaçon; renvoi; pluralité de motifs. — Lorsqu'un tribunal est saisi d'une demande en contrefaçon, et qu'il s'est fondé sur plusieurs motifs pour l'écarter, il suffit évidemment que l'un seulement de ces motifs soit justifié pour que la décision soit régulière. Le breveté ne pourrait se prévaloir devant la Cour de cassation de ce que certains des motifs, donnés par la sentence, seraient erronés et même contraires au droit. Qu'importe, en effet, cette circonstance! La rectification de l'erreur ne changerait rien à la décision; il est donc inutile que la Cour de cassation apprécie le mérite de tous les motifs (1).

950. Payement des frais, grosse du jugement. — La question s'est élevée de savoir si le contrefacteur, en exécutant la décision qui le condamne, en payant les frais, généralement quelconques, résultant de l'instance, est en droit d'obtenir la remise de la grosse de l'arrêt. Nous ne pensons pas qu'il le puisse, au moins dans la plupart des cas et lorsqu'il s'agit d'ailleurs d'une décision rendue au civil. La

(1) V. Rej., 28 janv. 1868, Deiss (Pataille, 68.43); Rej., 21 juin 1862, Joly (Pataille, 64.23).

décision, en effet, prononce le plus souvent tout à la fois sur la validité du brevet et sur les conséquences de la contrefaçon ; or, même alors que le contrefacteur s'exécute, la sentence forme titre pour le breveté, et il a un intérêt évident à le garder entre ses mains pour le cas où le contrefacteur commettrait une nouvelle infraction (1).

951. Conclusions ; leur importance. — L'importance des conclusions régulières est considérable au civil comme au correctionnel. Ce sont elles qui précisent le débat et qui déterminent les points auxquels le juge du fait doit répondre, à peine d'encourir la cassation pour défaut de motifs. Nous n'avons pas à dire ce qu'on entend par « conclusions » au civil ; nul ne l'ignore. Au correctionnel, il n'y a de conclusions régulières que celles qui sont signées, soit de la partie elle-même, soit d'un avoué pour elle ; il faut, de plus, avoir soin de faire constater par le greffier au plumitif le dépôt des conclusions sur le bureau de la Cour ; autrement, elles pourraient s'égarer et, aucune formalité spéciale ne constatant judiciairement leur existence, on ne pourrait ensuite, devant la Cour de cassation, se faire un grief du silence des juges du fait à leur égard. Il a même été décidé que, pour qu'il soit légalement établi que des conclusions ont été soumises aux juges du fond, il ne suffit pas qu'elles soient jointes au dossier transmis par la Cour d'appel à la Cour de cassation, il faut encore qu'elles aient été cotées et parafées, et que, dans le cas contraire, on ne peut se plaindre utilement d'un défaut de motif, fondé sur ce qu'elles ont été laissées sans réponse (2).

Rappelons encore que le juge n'est tenu de répondre qu'aux points formulés dans le dispositif des conclusions ; les motifs ne constituent que des arguments qui n'obligent pas le juge à statuer sous peine de nullité ; à plus forte raison, en est-il ainsi des arguments qui trouveraient place,

---

(1) V. Ordonn. référé, Trib. Seine, 29 août 1857, Guichard (*Le Droit*, n° 205).

(2) V. Rej., 17 avril 1862, Journaux-Leblond (Pataille, 62.244) ; Rej., 9 mars 1866, Langlois (Pataille, 66.305).

non dans les conclusions écrites, mais dans les observations orales du défenseur (1). Il faut aussi avoir grand soin, dans les conclusions successives qu'on prend, d'abord devant le tribunal, puis devant la Cour, de mentionner d'une manière précise les divers moyens dont on entend se prévaloir. Autrement, le fait de n'avoir pas repris en appel certains moyens, qu'on avait invoqués en première instance, pourrait être considéré comme un abandon de ces moyens et dispenserait légalement la Cour d'y statuer (2).

952. Jurisprudence (3). — Il a été jugé dans cet ordre d'idées : 1° que le breveté ne peut se plaindre de ce que les tribunaux aient apprécié seulement son appareil, et n'aient tenu aucun compte du procédé de fabrication, quand ni l'exploit introductif d'instance, ni aucunes conclusions, prises au cours de l'instance, ne demandaient qu'il fût statué distinctement sur l'appareil et sur les procédés (Rej., 23 juill. 1857, Cavaillon, Pataille, 57.364);—2° que, lorsqu'au début d'une instance, une partie a pris des conclusions sur un chef spécial, tel que celui de déchéance d'un brevet pour défaut de payement des annuités, et que ce moyen ne se retrouve ni dans les conclusions prises ultérieurement, ni dans le point de droit de l'arrêt, il peut être considéré comme abandonné, et l'on ne saurait reprocher aux juges de n'en pas avoir motivé le rejet (Rej., 15 juill. 1867, Letort, Pataille, 67.321); — 3° que, lorsque les conclusions prises devant les juges du fait ne les mettent pas spécialement en demeure de s'expliquer sur une question, on ne peut se faire un grief devant la Cour de cassation de ce que les juges ne se sont pas expliqués sur cette question : spécialement, un arrêt qui déclare qu'un objet, opposé à titre d'antériorité, n'a pas été fabriqué et livré

---

(1) V. Rej., 30 déc. 1852, Chaudun (*Bull. crim.*, 52.696); Rej., 14 fév. 1855, Rohlfs-Seyrig et Ce (*Bull. crim.*, 55.77); Rej., 18 août 1859, Gélis (*Le Droit*, n° 195); Rej., 19 juill. 1862, Dlle Huret (Pataille, 62.385); Rej., 31 mars 1865, Besson (Pataille, 65.402); Rej., 11 mars 1867, Canouil (Pataille, 67.122); Rej., 8 mars 1878, Balin (*Le Droit*, 10 mars).

(2) V. Rej., 19 déc. 1857, Delaunay (Pataille, 58.74).

(3) V. aussi Rej., 14 fév. 1855, de Bergue (*Bull. crim.*, 55.77).

au commerce dans des conditions de publicité suffisantes pour entraîner l'annulation du brevet, est suffisamment motivé, sans qu'on puisse reprocher à cet arrêt de ne pas s'être expliqué sur la question particulière de savoir si l'exhibition seule dudit objet suffisait à faire connaître les moyens de l'inventeur, du moment où cette question particulière n'a pas été formulée devant les juges du fait (Rej., 20 fév. 1868, Duliège, Pataille, 68.53); — 4° que les tribunaux ne sont tenus de donner des motifs spéciaux que sur chacun des chefs des conclusions prises par les parties, et non sur chacun des arguments invoqués à l'appui de ces divers chefs (Cass., 8 mars 1878, Balin, Pataille, 79.259); — 5° que les juges d'appel ne sauraient statuer sur un moyen de déchéance tiré du défaut d'exploitation, alors que ce moyen, invoqué seulement dans la plaidoirie, n'a fait l'objet d'aucunes conclusions ni en première instance ni en appel; il n'appartient pas à la Cour de se saisir d'office d'un moyen qui n'est pas coté dans les conclusions (Rouen, 13 février 1882, Tulpin, Pataille, 82.19).

952. Nullité du brevet; demande nouvelle. — Lorsque, en première instance, le poursuivi s'est borné à soutenir qu'il n'était pas contrefacteur, sans discuter d'ailleurs la validité du brevet, est-il recevable devant la Cour à prétendre que le brevet est nul? Nous résolvons la question par une distinction : il ne pourrait évidemment pas demander, à proprement parler, la nullité du brevet; car il formerait alors une demande véritablement nouvelle, et qui ne pourrait être de prime saut déférée aux magistrats d'appel; mais il pourrait assurément au civil, comme au correctionnel, se prévaloir de la nullité du brevet, y puiser une exception, un moyen de défense (1).

Il a été jugé, en ce sens, que le défendeur à une action en contrefaçon peut opposer pour la première fois en appel la nullité du brevet; ce n'est point alors de sa part une demande nouvelle, c'est une exception, un moyen de défense, évidemment recevable en appel (Colmar, 7 déc. 1864, Klotz, Pataille, 65.215).

---

(1) Comp. observ. Dalloz, 69.1.125.

954. Demande fondée sur deux brevets; nécessité d'une double appréciation. — Il se peut que le breveté fonde sa demande en contrefaçon sur plusieurs titres, soit qu'il possède lui-même plusieurs brevets, soit qu'il ait rattaché à son brevet un ou plusieurs certificats d'addition. En ce cas, il y a nécessité pour le juge du fait de s'expliquer sur chacun des titres invoqués par le demandeur (1). Il se peut, en effet, que le défendeur ait contrefait l'un des brevets et pas l'autre, ou encore qu'il ait reproduit seulement certains détails spéciaux à l'un des certificats d'addition. Le silence du juge, dans ces différentes hypothèses, constituerait un défaut de motifs au premier chef et entraînerait la cassation de sa sentence. Remarquons en passant que le juge, ayant à apprécier deux brevets, doit les examiner séparément. Il ne pourrait pas, bien entendu, mélanger, combiner ces deux brevets pour en faire sortir une invention qui serait le résultat de cette combinaison; il ne pourrait pas, en un mot, prendre à l'un des brevets un élément, au second un autre élément, et déclarer que la réunion de ces éléments, puisés par lui dans deux titres différents, constitue une invention brevetable. Chaque brevet forme un titre distinct et doit être apprécié en lui-même.

Ajoutons, — et cela est tellement évident qu'il suffit de l'énoncer, — que, si le juge du fait avait à apprécier un brevet et ses certificats d'addition, et qu'il déclarât le brevet nul, il ne serait en aucune façon tenu de s'expliquer séparément sur les certificats d'addition ; c'est la conséquence de la proposition que nous avons précédemment développée, à savoir, que, le brevet tombant, les certificats d'addition s'évanouissent du même coup (2).

955. Faits postérieurs; compétence. — On peut se demander si, lorsqu'une poursuite en contrefaçon est engagée à raison de certains faits déterminés, le breveté peut y comprendre postérieurement de nouveaux faits de même na-

---

(1) V. Cass., 27 juill. 1861, Rouget de Lisle (Pataille, 61.257) ; Cass., 12 janv. 1856, Rouget de Lisle (Pataille, 56.45).

(2) V. *suprà*, n° 154. — V. aussi Paris, 29 nov. 1888, Otto (*la Loi*, 25 janv. 1889).

ture. Lui faudra-t-il, en ce cas, intenter autant de poursuites distinctes qu'il fera de constatations nouvelles? Régulièrement, il le devrait. En quoi les faits nouveaux se rattachent-ils à la première poursuite (1)? Comment celle-ci comprendrait-elle logiquement des faits qui lui sont postérieurs? Toutefois les tribunaux, dans la pratique, s'écartent de la rigueur du droit et n'hésitent pas à statuer sur des faits nouveaux qui leur sont déférés par de simples conclusions additionnelles (2). Il va de soi qu'il n'en peut être ainsi que devant le tribunal et pour des faits antérieurs au jugement; on ne pourrait, en aucune façon, déférer à la Cour la connaissance directe de nouveaux faits qui n'auraient point été appréciés par les premiers juges ou qui se seraient produits depuis le jugement (3). Il y aurait évidente violation de la règle des deux degrés de juridiction (4).

Au contraire, il n'y aurait point excès de pouvoir de la part du juge qui, appelé à statuer sur des faits de contrefaçon, rappellerait dans les motifs de sa décision des faits postérieurs à l'instance dont il est saisi, si d'ailleurs, dans le dispositif, il n'alloue de dommages-intérêts que pour les faits réellement compris dans l'instance (5).

Il a été jugé, dans cet ordre d'idées, que chaque fait de contrefaçon constitue un délit distinct; et le breveté, après avoir triomphé dans une première poursuite, est recevable et fondé à poursuivre les faits postérieurs à cette instance; en ce cas, c'est au défendeur à prouver que les objets saisis ont été déjà compris dans la première instance ; on ne peut demander au plaignant d'autre preuve que celle qu'il tire de la saisie elle-même (Paris, 20 juin 1856, de Bergue, Pataille, 57.152).

956. Omission de statuer ; appel. — Autre chose est l'erreur commise par le juge dans sa sentence, autre chose

---

(1) V. Rej., 2 sept. 1853, Duchesne (*Bull. crim.*, 53.505).

(2) V. Rej., 8 août 1857, Sax (Pataille, 57.263).

(3) V. Cass., 21 août 1858, Sax (Pataille, 59.42). — Comp. Paris, 26 déc. 1883, Balin (Pataille, 84.321).

(4) Comp. Bédarride, n° 576.

(5) Rej., 13 avril 1861, Masse et Innocent (Pataille, 61.157).

l'omission de statuer. Lorsque les premiers juges ont omis de statuer à l'égard d'un des inculpés, le plaignant ne peut utilement interjeter appel pour obtenir la réparation de cette omission ; le défaut de décision des premiers juges ne permet pas de considérer le premier degré de juridiction comme épuisé et la Cour comme légalement saisie (1).

SECTION V.

Poursuite en contrefaçon aux colonies.

SOMMAIRE.

957. Dans quelles formes elle s'exerce. — La contrefaçon peut être poursuivie aux colonies de la même façon qu'en France ; la procédure est exactement la même, et les dispositions spéciales de l'arrêté colonial du 8 ventôse an XII n'ont aucun trait à l'action de contrefaçon.

Il a été jugé, en ce sens, que, s'il est vrai que l'arrêté colonial du 8 ventôse an XII exige que les actes venant de France ou de l'étranger soient, avant leur mise à exécution, revêtus du *visa* de l'autorité coloniale qui leur tient lieu de *pareatis*, néanmoins il est impossible d'attribuer le caractère d'une mise à exécution à une action en contrefaçon dont l'objet unique est de faire constater par la justice le droit de l'inventeur ; c'est donc à tort qu'une Cour impériale a repoussé une action en contrefaçon par ce motif que le brevet n'était pas revêtu du *visa* de l'autorité coloniale (Cass., 8 déc. 1866, Périer et Possoz, Pataille, 67.86).

---

(1) V. Paris, 10 janv. 1857, Florimond (Pataille, 57.14).

CHAPITRE VI.

RÉPRESSION DE LA CONTREFAÇON.

SECTION Ire.

Peines.

SOMMAIRE.

958. Amende. — 959. *Quid* en cas d'associés ? — 960. Circonstances atténuantes. — 961. *Quid* du cumul des peines? — 962. Cumul; faits antérieurs. — 963. Ouvrier du breveté; circonstance aggravante. — 964. Récidive.

958. Amende. — La peine de la contrefaçon est une amende de 100 fr. au moins et de 2,000 fr. au plus. C'est la même amende que prononce le Code pénal en matière de contrefaçon littéraire et artistique. Elle ne varie pas, soit pour les auteurs de la contrefaçon, soit pour les complices. Cette égalité de peines pour les uns et les autres, qui n'est, du reste, que l'application d'un principe général, n'a été admise qu'à la suite de la discussion de la loi. Elle rend inutile la disposition de l'art. 42, qui ordonne que « la peine la plus « forte sera seule prononcée pour tous les faits antérieurs au « premier acte de poursuite. » Cette disposition s'expliquait dans le système du projet qui admettait des différences dans la peine suivant la gravité de l'acte. Lors de sa rédaction définitive, on a négligé de l'effacer : c'est un pur oubli. De ce que l'amende est une peine il s'ensuit nécessairement que les tribunaux civils sont incompétents pour la prononcer (1).

959. *Quid* **en cas d'associés?** — L'amende est prononcée séparément contre chacun des prévenus; elle est la peine de la culpabilité personnelle; il s'ensuit que, si deux ou plusieurs associés se sont en commun rendus coupables du même délit de contrefaçon, s'ils y ont ensemble participé, il y a lieu de prononcer autant d'amendes qu'il y a d'individus personnellement déclarés coupables (2).

960. Circonstances atténuantes. — L'art. 44 de la loi de 1844 les admet en ces termes : « L'art 463 du Code « pénal pourra être appliqué aux délits prévus par les dispo« sitions qui précèdent. »

961. *Quid* **du cumul des peines?** — L'article 42 défend de cumuler les peines. Cette défense se comprend de soi-même. Il se peut, en effet, que le même individu ait tout à la fois fabriqué l'objet breveté, l'ait employé, exposé en vente et vendu; il se peut, en outre, qu'il ait à se reprocher plusieurs actes de fabrication, d'usage, de vente ou d'introduction, et, comme chacun de ces actes constitue un délit spécial et distinct, il y avait intérêt à ce que la loi précisât le point de savoir si l'amende est encourue pour chaque fait délictueux, ou si tous les actes incriminés doivent être considérés et punis en bloc. C'est à ce dernier parti que s'est arrêté le législateur en défendant le cumul des peines. Toutefois, bien que l'art. 42 interdise le cumul des peines et ordonne que la peine la plus forte soit seule prononcée pour tous les faits antérieurs au premier acte de poursuite, il n'y a pas lieu à cassation d'un arrêt qui a prononcé deux amendes contre un même prévenu, quand la somme de ces deux amendes n'excède pas le maximum fixé par la loi (3).

Jugé, d'après cette règle, que, dans le cas où un prévenu, en même temps qu'il est convaincu du délit de contrefaçon puni par l'article 40 de la loi du 5 juillet 1844, se trouve

(1) V. Renouard, n° 253.
(2) V. Rouen, 4 août 1859, Milliet (Pataille, 62.305).
(3) V. Rej., 14 avril 1859, Milliet (Pataille, 59.161).

convaincu du fait d'avoir pris sans droit la qualité de breveté et d'avoir ainsi commis le délit prévu par l'article 33 de la même loi, il y a lieu pour le tribunal, en conformité de l'article 365 du Code d'instruction criminelle, de ne prononcer contre lui que la peine la plus forte, celle de l'article 40 (Paris, 6 mai 1885, Fouillet-Chevance, Pataille, 85.334).

962. Cumul; faits antérieurs. — Le cumul des peines n'est interdit par la loi qu'à raison des faits antérieurs au premier acte de la poursuite. Si donc, la poursuite étant engagée, de nouveaux faits viennent à se révéler et que le plaignant, les réunissant aux premiers, joigne les instances pour y faire statuer par un seul jugement, le cumul cesse d'être interdit; il y a véritablement plusieurs poursuites, et, par suite, rien ne s'oppose à ce que le juge prononce plusieurs amendes (1).

963. Ouvrier du breveté; circonstance aggravante. — Si le contrefacteur est un ouvrier ou un employé ayant travaillé dans les ateliers ou dans l'établissement du breveté, ou si le contrefacteur, s'étant associé avec un ouvrier ou un employé du breveté, a eu connaissance par ce dernier des procédés décrits au brevet, il y a là, — nous l'avons vu, — une circonstance aggravante de la contrefaçon; la loi permet, en ce cas, de prononcer, tant contre le contrefacteur que contre l'ouvrier, son complice, un emprisonnement d'un mois à six mois.

964. Récidive. — Il est de principe que la récidive constitue une circonstance aggravante du délit qu'elle accompagne. La loi de 1844, fidèle à cette règle, prononce, en cas de récidive, outre l'amende portée aux articles 40 et 41, un emprisonnement d'un mois à six mois. Mais que faut-il entendre par récidive? Est-ce, d'une façon générale et absolue, le fait de commettre pour la seconde fois un des délits prévus et punis par les art. 40 et 41, abstraction faite du brevet contrefait? Est-ce seulement le fait de porter, pour la seconde fois, atteinte au même brevet? Cette question a été débattue avec vivacité lors de la discussion de la loi; le rapporteur a dit

(1) V. Rej., 2 sept. 1853, Duchesne (*Bull. crim.*, 53.505).

à ce propos : « Si un voleur relaps venait prétendre devant « un tribunal correctionnel qu'il n'est pas en récidive parce « qu'il a volé la première fois une personne et la seconde « fois une autre, trouverait-on cette défense légale et bien « convenable? Voterait-on la loi qui l'élèverait à la hauteur « d'un principe (1)? » Sur cette observation, et malgré les objections de M. Bethmont, la Chambre adopta l'article 43, qui définit ainsi la récidive : « Il y a récidive lorsqu'il a été « rendu contre le prévenu, dans les cinq années antérieures, « une première condamnation pour un des délits prévus par « la présente loi. » Il n'est donc pas douteux que la réitération d'un fait de contrefaçon dans un intervalle de cinq années, quel que soit du reste le brevet contrefait, constitue la récidive et entraîne l'aggravation de la peine.

Peut-être même faut-il aller plus loin et, d'après les expressions générales de la loi, décider qu'il y a récidive lors même que le premier délit serait, non le délit de contrefaçon des art. 40 et 41, mais l'un des autres délits relevés par la loi, notamment ceux qui (article 33) sont relatifs à l'usurpation de la qualité de breveté. Ce n'est pas, en effet, la réitération du délit de contrefaçon que l'article 43 punit comme récidive ; c'est la répétition d'un des délits *prévus par la loi*, sans distinction entre eux. Ainsi comprise, la loi de 1844 entendrait par récidive le fait de contrevenir deux fois, dans l'espace de cinq années, à l'une des dispositions pénales qu'elle établit ; on peut toutefois répondre que le premier paragraphe de l'art. 43 ne fait allusion qu'aux délits prévus par les art. 40 et 41, puisqu'il ne parle que des amendes édictées par ces articles, et que dès lors le second paragraphe, intimement uni au premier, n'a pas une portée plus étendue. On peut ajouter aussi que l'art. 33 a été intercalé après coup ; que, par conséquent, dans la pensée du législateur, l'art. 43 ne s'y pouvait rapporter, et enfin que l'art. 33 dispose expressément pour le cas de récidive des délits spéciaux dont il s'occupe (2). A quelque interprétation qu'il s'arrête, le juge trouvera en

---

(1) V. Huard, p. 370.
(2) Comp. Renouard, n° 252 ; Dalloz, v° *Brev. d'inv.*, n° 369.

tous cas, dans l'application de l'article 463 du Code pénal, le moyen de proportionner la peine aux circonstances de chaque espèce.

Il est encore un point à noter, c'est que, même en cas de récidive, s'il s'agit d'ailleurs d'un fait de contrefaçon proprement dit et non d'un fait de complicité, la bonne foi n'est point admissible ; c'est ce qui résulte de la discussion de la loi et du principe adopté par elle. Le juge, du reste, ici encore, peut, en appliquant l'art. 463, modérer la peine à son gré et la ramener aux proportions qui lui semblent rigoureusement justes (1).

Remarquons enfin qu'il n'y a récidive qu'autant qu'il y a eu condamnation par un tribunal de répression ; une première condamnation, prononcée par un tribunal civil, même pour un délit de contrefaçon, n'expose pas aux peines de la récidive (2).

SECTION II.

Confiscation.

SOMMAIRE.

965. Confiscation ; art. 49. — 966. Confiscation ; son caractère civil ; conséquences. — 967. La confiscation est obligatoire. — 968. Elle doit être judiciairement prononcée. — 969. *Quid* de la valeur des objets confisqués ? — 970. Sur quoi porte la confiscation ; objets indivisibles. — 971. Jurisprudence. — 972. Jurisprudence, *suite*. — 973. *Quid* en cas d'appareil contrefait ? — 974. Ce qu'il faut entendre par objets contrefaits ? — 975. Jurisprudence. — 976. *Quid* des objets inachevés ? — 977. *Quid* si le contrefacteur détruit les objets confisqués ?—978. Confiscation des instruments de fabrication. — 979. La confiscation est-elle restreinte aux objets saisis ? 980. Jurisprudence ; 1er système. — 981. Jurisprudence ; 2e système. — 981 *bis*. Jurisprudence ; 3e système. — 982. La confiscation peut être demandée en tout état de cause.—983. Confiscation ; indemnité par chaque jour de retard. — 983 *bis*. Frais de l'enlèvement de l'objet confisqué. — 984. *Quid* si le détenteur n'est pas en cause ? — 985. *Quid* en cas de bonne foi ? — 986. *Quid* en cas d'essai ? — 987. *Quid* en cas d'usage personnel ? — 988. *Quid* si le brevet est expiré ? — 989. L'objet confisqué est hors du commerce. — 990. Confiscation ; interprétation.

---

(1) V. Paris, 18 mars 1860, Borie c. Mortier et Courtois.

(2) V. Paris, 13 fév. 1862, Rouget de Lisle (Pataille, 62.358) ; Trib. corr. Seine, 31 janv. 1867, Desouches (Pataille, 69.24).

965. Confiscation ; art. 49. — L'article 49 est ainsi conçu : « La confiscation des objets reconnus contrefaits et, « le cas échéant, celle des instruments ou ustensiles destinés « spécialement, à leur fabrication, seront, même en cas d'ac- « quittement, prononcées contre le contrefacteur, le receleur, « l'introducteur ou le débitant. — Les objets confisqués se- « ront remis au propriétaire du brevet, sans préjudice de plus « amples dommages-intérêts et de l'affiche du jugement, « s'il y a lieu. » Ces dispositions, dont l'esprit est facile à saisir, soulèvent quelques difficultés d'interprétation que nous devons examiner en détail.

966. Confiscation : son caractère civil ; conséquences. — La confiscation n'est pas une peine proprement dite ; c'est un mode de réparation du préjudice causé au breveté par la contrefaçon. Cela ressort avec évidence du texte de l'art. 49 qui ordonne que les objets confisqués seront *remis* au propriétaire du brevet, *même en cas d'acquittement* du prévenu, et *sans préjudice de plus amples dommages-intérêts s'il y a lieu.* Cela ressort également de la discussion de la loi. M. Senac, commissaire du Gouvernement, répondait à ceux qui demandaient que les objets contrefaits fussent détruits : « Ce serait, dans la plupart des cas, détruire *l'élément naturel « de l'indemnité due au breveté ; car les objets contrefaits con- « stituent presque la seule valeur sur laquelle habituellement « repose cette indemnité.* D'ailleurs, la destruction complète « ne servirait à personne ; ce serait une perte absolue. Les « objets contrefaits seront conformes à ceux que fabrique le « breveté lui-même ; *les recevant en nature à titre de dédom- « magement*, il les vendra pour son compte, et il en tirera le « meilleur parti possible dans l'intérêt de sa propre fabrica- « tion. » Il suit de là que la confiscation peut et doit être prononcée par la juridiction civile tout aussi bien que par la juridiction correctionnelle (1). C'est un point qui ne fait plus

---

(1) V. Rej., 9 mai 1859, Villard (Dall., 59.1.205) ; Dijon, 18 juill. 1856, Villard (Pataille, 57.414) ; Rouen, 8 août 1857, Villard (Pataille, 57.440) ; Rouen, 28 août 1857, Delaunay (Pataille, 57.329) ; Cass., 22 juin 1860, Juhel (Dall., 60.1.292) ; Lyon, 25 fév. 1863, Delharpe (Pataille, 64.308) ; Rej., 29 juin 1875, Paillasson (Pataille, 75.413).

question (1). Il s'ensuit encore que la confiscation peut être prononcée par la juridiction correctionnelle, même sur l'appel interjeté par la partie civile d'un jugement qui a renvoyé le prévenu. Qu'importe, en effet, que l'action publique ait pris fin, puisque, en prononçant la confiscation, la Cour ne fait que statuer sur un intérêt civil.

967. La confiscation est obligatoire. — La confiscation des objets reconnus contrefaits est de droit; l'art. 49 le dit expressément; les juges ne peuvent se dispenser de la prononcer, encore qu'elle n'eût pas été formellement requise, et telle est la rigueur du principe qu'ils la doivent prononcer même en cas d'acquittement. Cela est juste; la loi ne pouvait admettre, en effet, que l'objet contrefait, c'est-à-dire fabriqué en fraude des droits du breveté, en fraude de la loi, pût rester dans le commerce. Quelle que soit la raison d'absoudre le contrefacteur, cette raison ne peut purifier l'origine illégale de l'objet qu'il détient.

968. Elle doit être judiciairement prononcée. — Si la confiscation est de droit, il n'en faut pas moins qu'elle soit prononcée par les tribunaux, et le breveté ne pourrait, en l'absence d'une décision qui l'ordonnât expressément, se faire justice à lui-même et s'emparer, de son autorité privée, des objets contrefaisant son brevet. Aussi, dans le cas où les juges, tout en condamnant les contrefacteurs, auraient omis de prononcer la confiscation des objets contrefaits, le breveté devrait se pourvoir à nouveau, soit par la voie de l'appel, si elle était encore ouverte, soit par action principale, à l'effet de l'obtenir (2). On s'est posé la question de savoir si la confiscation, prononcée en cas d'acquittement, emporte condamnation aux dépens. La question est controversée en jurisprudence, ou plutôt certains arrêts ont prononcé la condamnation aux dépens tandis que d'autres ne la prononçaient pas; mais ni les uns ni les autres ne donnent de motifs à l'appui de

(1) Comp. Renouard, n° 257; Ét. Blanc, p. 677; Nouguier, n° 1014; Rendu et Delorme, n° 568; Calmels, n° 717.

(2) Comp. Dalloz, n° 375; Rendu et Delorme, n° 558; Nouguier, n° 1017.

leur décision (1). Nous pensons que l'acquittement désarme absolument le juge correctionnel, qui, en vertu de l'art. 49, est bien tenu, par une véritable dérogation aux principes généraux, de prononcer la confiscation, mais ne peut aller au delà.

969. *Quid* **de la valeur des objets confisqués ?** — Les juges n'ont pas à se préoccuper de la valeur des objets contrefaits ni de la question de savoir si elle dépasse de beaucoup le préjudice éprouvé par le breveté ; ils n'en doivent pas moins prononcer la confiscation, sauf à eux à ne point accorder d'autres dommages-intérêts (2) ; il est cependant des cas où l'application de cette règle mènerait tout droit à un résultat absurde. On a, par exemple, imaginé naguère un nouveau système de nettoyage à la vapeur des façades de maisons et de monuments publics ; la contrefaçon de ce système n'a pu entraîner la confiscation de l'édifice, quoique la rigueur du principe y conduisît directement. Cela prouve une fois de plus la vérité du vieil adage : *Summum jus, summa injuria.* Dans un pareil cas, les juges ne peuvent qu'arbitrer le préjudice et l'évaluer en argent.

Jugé que la confiscation et la remise des objets contrefaits aux mains du breveté est tout à la fois une mesure d'ordre public et de justice, la loi ne pouvant permettre, sans favoriser elle-même la contrefaçon, que les objets contrefaits soient mis dans le commerce par le contrefacteur ; il s'ensuit que la valeur considérable des objets contrefaits, alors même qu'elle dépasse l'importance du préjudice causé au breveté, ne saurait être un obstacle juridique à la confiscation (Nancy, 27 janv. 1875, aff. Frezon, Pataille, 75.12).

970. Sur quoi porte la confiscation ; objets indivisibles. — La confiscation ne doit naturellement atteindre

(1) V., pour l'affirmative, Douai, 8 août 1865, Saunier (Pataille, 69. 248) ; Paris, 21 nov. 1867, Dassacq (Pataille, 67.359). — *Contrà,* Paris, 7 fév. 1868, Ledot (Pataille, 68.63) ; Paris, 19 mars 1874, Sapène (Pataille, 75.49). — Comp. *infrà,* n° 983 *bis.*

(2) Comp. Renouard, n° 258 ; Blanc, p. 677 ; Rendu et Delorme, n° 560 ; Calmels, n° 649 ; Nouguier, n° 1018. — V. également Metz, 14 août 1850, Alcan et Péligot (Sir., 50.2.604).

que l'objet même qui est contrefait ; il serait inique qu'elle comprît les objets auxquels il est accidentellement appliqué et qui n'ont aucun trait à l'invention. Par exemple, si le brevet est pris pour un nouveau système de serrure, la confiscation ne portera, bien entendu, que sur la serrure ; elle ne pourra comprendre la porte elle-même ; nul n'en doute ; on en détachera donc la serrure pour la remettre au breveté ; mais que décider si l'objet auquel est appliquée l'invention s'y est incorporé et forme avec elle un tout indivisible ? Que décider, par exemple, si l'invention consiste dans un nouveau mode d'apprêt des tissus ? Il faut forcément, en ce cas, prononcer la confiscation du tissu lui-même, car l'apprêt en est inséparable et fait corps avec lui. De là est née cette règle commandée par la nature même des choses : en principe, la confiscation ne frappe que l'objet breveté, rien que lui ; par exception, elle s'étend aux objets non brevetés dont il est inséparable ou, ce qui est la même chose, dont il ne peut être séparé sans dégât sérieux. Au reste, c'est aux tribunaux qu'il appartient de décider s'il y a ou non indivisibilité.

971. Jurisprudence (1). — Il a été jugé, conformément à cette doctrine : 1° que, lorsque des larmiers destinés à empêcher les eaux pluviales de filtrer entre la mitre et la cheminée sont la contrefaçon de larmiers brevetés, on doit confisquer au profit du breveté, non seulement les larmiers eux-mêmes, mais encore les mitres auxquelles ils sont adaptés (Cass., 2 mai 1822, Fougerol, Sir., 23.1.45) ; — 2° que, lorsqu'un procédé industriel, garanti par un brevet, a pour effet de donner un apprêt nouveau à un tissu déjà connu (le nankin, dans l'espèce), la confiscation doit comprendre le tissu lui-

(1) V. aussi Rej., 2 mai 1822, et 19 mars 1858, cités par Renouard, p. 498 ; Paris, 30 mai 1857, Lanoa (Pataille, 57.314) ; Rej., 11 juill. 1857, Fauconnier (Pataille, 57.321) ; Rej., 17 sept. 1858, Périn (Pataille, 58.312) ; Paris, 4 mars 1858, Périn (*Propr. ind.*, n° 12) ; Paris, 14 déc. 1860, Vallas (*Propr. ind.*, n° 162) ; Rouen, 1er mai 1862, Richard et Grassal (Pataille, 62.337) ; Lyon, 25 fév. 1863, Delharpe (Pataille, 64.308) ; Paris, 25 fév. 1864, et Rej., 31 mars 1865, Besson (Pataille, 65.402) ; Rej., 31 janv. 1869, Cadet (Pataille, 69.186) ; Lyon, 28 fév. 1870, Gougy (Pataille, 72.377) ; Paris, 9 mai 1883, Burc (Pataille, 84.93).

même, qui est inséparable du procédé contrefait (Cass., 31 déc. 1822 (1), Delarue, Sir., 23.1.225); — 3° qu'en principe, la confiscation, en matière de contrefaçon, ne doit porter que sur des objets contrefaits; si, par exception, d'autres objets peuvent être confisqués, ce n'est qu'autant qu'ils sont inséparables des premiers : en conséquence, lorsqu'un arrêt a ordonné la confiscation d'un bateau déclaré contrefait, à raison de sa forme, et qu'ultérieurement la question s'élève de savoir si la machine à vapeur doit être également confisquée, il appartient au juge du fait de déclarer que le premier arrêt n'a entendu faire porter la confiscation que sur la coque et les roues, et il ne viole en cela, ni l'autorité de la chose jugée, ni l'art. 49 de la loi de 1844 (Rej., 12 nov. 1858, Gache, Pataille, 59.70; — 4° mais que, lorsque l'objet contrefait est une serrure appliquée aux portières de voiture, il y a lieu de ne prononcer que la confiscation de la serrure; si l'on reconnaissait, dans un pareil cas, que la serrure et la portière forment un tout indivisible, il faudrait logiquement aller jusqu'à prononcer la confiscation de la voiture entière, sous le prétexte que la portière en est elle-même une partie considérable et essentielle (Paris, 13 déc. 1867, Desouches, Pataille, 69.28).

972. Jurisprudence, *suite.*—Il a été jugé de même : 1° que, lorsque le brevet porte sur un nouveau procédé de dorure, il y a lieu d'ordonner la confiscation des vases et porcelaines sur lesquels ladite dorure a été appliquée et dont elle fait partie intrinsèque (Paris, 26 mars 1861, Dutertre, Pataille, 61. 369); — 2° que, lorsque l'invention consiste dans l'application d'un genre d'amorces explosives aux pistolets-jouets, il a pu être décidé que les amorces et les pistolets-jouets forment un tout indivisible qui, en cas de contrefaçon, doit être confisqué au même titre (Rej., 11 mars 1867, Pataille, 67.122).

973. ***Quid* en cas d'appareil contrefait?** — Lorsque la contrefaçon porte sur un appareil, la confiscation comprend nécessairement l'appareil tout entier; le contrefacteur prétendrait en vain que l'appareil se compose de la réunion

(1) V. aussi Nancy, 27 fév. 1875, aff. Frezon (Pataille, 75.12).

de plusieurs organes faciles à séparer, dont quelques-uns, pris isolément, s'étendent dans le domaine public. Ici, l'indivisibilité résulte, non de la plus ou moins grande facilité qu'il y aurait à désagréger matériellement les organes, mais de la nécessité de leur fonctionnement simultané. Lors donc qu'il s'agit de la contrefaçon d'un appareil, il y a lieu de prononcer sa confiscation, c'est-à-dire la confiscation de tous les organes qui le composent, sans distinction de ceux qui pourraient en être plus ou moins aisément distraits, s'il est d'abord constaté, en fait, que ces organes sont utiles et nécessaires au jeu de l'appareil (1).

974. Ce qu'il faut entendre par objets « contrefaits ». — Il peut être en certains cas difficile de définir exactement ce qu'on doit entendre par ces mots « *objets contrefaits* ». Si l'invention consiste dans une machine, par exemple dans une machine à fabriquer des briques, ou dans un appareil à filer la soie, qu'est-ce qui constituera l'objet contrefait ? La machine d'abord, cela est hors de doute ; mais les produits qu'elle donne, briques ou fil, doivent-ils être réputés objets contrefaits par cela seul qu'ils ont été obtenus avec une machine contrefaite ? M. Blanc professe l'affirmative (2). On peut lui objecter, non sans raison, qu'il est exorbitant de confisquer des produits qui, en eux-mêmes, sont du domaine public et qu'il appartient à chacun de fabriquer librement ; que l'invention portant, non sur le produit, mais sur la machine qui les fabrique, c'est accorder au breveté plus que ne réclame son brevet, plus qu'il ne donne à la société. Ces raisons, très plausibles, ont amené les tribunaux à établir la règle suivante : En principe, le seul fait qu'un produit ait été obtenu à l'aide d'un procédé ou d'un appareil contrefait ne suffit pas pour en entraîner la confiscation ; il faut de plus qu'il soit reconnu que ce produit a, par l'emploi du brevet,

---

(1) V. Rej., 27 déc. 1851, Thomas et Laurens (Dall., 53.5.55) ; Rej., 30 janv. 1863, Grassal et Richard (Pataille, 63.130) ; Rej., 5 juin 1863, Mathias (Dall., 69.5.39) ; Colmar, 17 déc. 1863, Lesage (Pataille, 65. 434) ; Paris, 27 juill. 1864, Bernot (Pataille, 64.265).

(2) V. Blanc, p. 678.

subi une transformation telle, une modification si importante, qu'il doit être lui-même réputé contrefait. La déclaration du juge du fait à cet égard est non seulement nécessaire mais encore souveraine (1). On verra pourtant, en se reportant à la jurisprudence, que la Cour de cassation décide aujourd'hui, d'une façon constante, qu'il suffit qu'un objet ait été obtenu à l'aide d'un appareil ou d'un procédé contrefait pour qu'il soit lui-même considéré comme contrefait. En un mot, la contrefaçon reconnue du procédé s'étend nécessairement aux produits qu'il sert à obtenir.

975. Jurisprudence (2). — Il a été jugé d'après ces principes : 1° que le sens de ces mots « *objets contrefaits* » ne peut être restreint dans tous les cas à l'instrument ou au procédé, sujet du brevet ; il appartient au juge du fait d'apprécier, d'après les circonstances de la cause, si les marchandises ou objets de fabrication, auxquels l'instrument ou le procédé ont été appliqués, ont subi, par suite de cette application, dans leur nature, dans leur forme ou dans leur valeur, des modifications telles qu'ils doivent être considérés comme objets contrefaits et, partant, confisqués : spécialement, lors même qu'il est établi que le seul objet de l'invention est un peigne à épautir, il peut y avoir lieu, suivant les circonstances, de prononcer la confiscation des étoffes épauties à l'aide de ces peignes comme constituant elles-mêmes des objets contrefaits (Cass., 13 mai 1853, David Labbez, *Bull. crim.*, 53.247) ; — 2° qu'on doit réputer contrefaites et soumettre à la confiscation les matières qui ont été traitées par le procédé breveté : spécialement, étant donné un brevet pour l'ensimage des laines et tissus de laine par l'oléine, il y a lieu de confisquer les laines ou tissus qui ont été chargés d'oléine (Metz, 14 août 1850, Alcan et Péligot (3), Dall., 51.2.163) ;

---

(1) V. Nouguier, n° 1024.

(2) V. Trib. civ. Clermont-sur-Oise, 23 avril 1858, Brille-Vallet (*Propr. ind.*, n° 39) ; Cass., 28 mai 1853, Caujolle (Dall., 54.1.43) ; Cass., 2 déc. 1859, Popelin-Ducarre (Pataille, 60.120) ; Amiens, 2 mars 1871, Bail (Pataille, 71.126) ; Trib. civ. Albi, 31 mai 1880, Alain-Chartier (Pataille, 82.279).

(3) V., sur le renvoi, Rej., 20 août 1851, mêmes parties (Dall., 54.5.79).

— 3° que les tribunaux peuvent prononcer la confiscation d'alcools de betteraves qui ont été distillés dans des appareils déclarés contrefaits, lorsqu'il est en même temps constaté que ces matières ont subi une transformation plus prompte et acquis une augmentation notable de valeur (Rej., 20 mars 1857, Villard (1), Pataille, 57.414); — 4° qu'il y a lieu de prononcer la confiscation des tissus époutillés chimiquement d'après un procédé breveté, alors qu'il est constant, d'une part, que l'époutillage a eu pour effet d'en faire des produits complets et marchands, ce qu'ils n'étaient pas avant l'application du procédé, à raison des impuretés ou époutils qu'ils contenaient, et, d'autre part, que le tissu ainsi époutillé acquiert une souplesse, un fini, un éclat qu'il n'aurait pas sans cela (Nancy, 27 janv. 1875, aff. Frezon (2), Pataille, 75.12).

975 *bis*. **Jurisprudence,** *suite*. — Il a encore été jugé: 1° qu'un arrêt ne peut se refuser à prononcer la confiscation de produits obtenus à l'aide d'instruments reconnus contrefaits, sans s'expliquer sur la question de savoir si, par l'emploi de ces instruments, ces produits n'avaient pas subi des modifications telles qu'ils dussent être eux-mêmes réputés contrefaits (Cass., 5 janv. 1876, Godin, Pataille, 77.31); — 2° mais qu'il n'y a pas lieu à la confiscation des objets fabriqués à l'aide d'un appareil contrefait, lorsque l'emploi de cet appareil n'a procuré au contrefacteur qu'une simple économie dans la main-d'œuvre, sans apporter aucune modification dans la nature, la forme et la valeur intrinsèque des objets ainsi fabriqués, et que d'ailleurs le même résultat aurait pu être obtenu au moyen des procédés dont on se servait antérieurement (Amiens, 14 août 1877, Boucher, Pataille, 77.364); — 3° que de même les éléments de l'invention, qui isolément sont du domaine public, ne peuvent être confisqués qu'autant qu'ils ont subi la transformation nécessaire à les approprier

(1) V. également Paris, 19 juin 1858, Villard (Pataille, 58.305); Rej., 9 mai 1859, mêmes parties (Dall., 59.1.205); Rouen, 8 août 1857, Villard (Pataille, 57.440).

(2) V. aussi Rouen, 26 août 1868, aff. Joly (Pataille, 75.289); Cass., 5 janv. 1876, Boucher (Pataille, 77.31).

à l'objet du brevet : spécialement, le propriétaire d'un brevet pris pour un jupon à ressorts dit *carcasse indépendante* ne peut obtenir à son profit la confiscation des ressorts isolément, avant qu'ils aient été recouverts d'étoffe et disposés à l'usage du brevet, ces ressorts pouvant avant cette appropriation servir à tout autre usage (Paris, 30 mai 1857, Milliet et autres (1), Pataille, 57.187) ; — 4° qu'il n'y a pas lieu à la confiscation de matières premières non encore utilisées, ni préparées en vue de la contrefaçon (Amiens, 2 juin 1883, Overend, Pataille, 85.259) ; — 5° jugé pourtant, sans distinction aucune, qu'il suffit, pour que la confiscation soit prononcée qu'il soit constaté en fait que les produits ont été façonnés à l'aide de la contrefaçon (Rej. 10 fév. 1880, Grandry (2), Pataille, 81.113).

976. *Quid* **des objets inachevés ?** — Il a été jugé que la confiscation doit comprendre, en même temps que les objets contrefaits, les parties inachevées qui ont été fabriquées en vue de servir à la confection d'objets identiques et qui d'ailleurs présentent déjà la disposition qui fait l'objet de la contrefaçon (Rouen, 24 juin 1858 et Rej., 21 août 1858, Sax (3), Pataille, 59.33 et 42).

977. *Quid* **si le contrefacteur détruit les objets confisqués ?** — Il pourrait arriver que le contrefacteur, dans un accès de dépit fréquent chez le plaideur qui perd son procès, détruisît ou endommageât les objets déclarés contrefaits et confisqués au profit du breveté. Que décider en ce cas? Le breveté devrait-il souffrir de cet acte qui diminue singulièrement l'indemnité obtenue par lui? Il est évident que le breveté n'en doit pas souffrir et qu'il a droit à se pourvoir à nouveau afin de faire apprécier le dommage dont il est victime et en obtenir la réparation (4).

978. Confiscation des instruments de fabrication. — La loi permet également au juge d'ordonner la

---

(1) V. également Rej., 14 avril 1859, Milliet (Pataille, 59.161). — V. anal. Bourges, 25 avril 1868, Champonnois (Pataille, 69.266).

(2) V. aussi Rej., 30 mars 1881, Boucher (Pataille, 81.115).

(3) V. aussi Paris, 15 juin 1860, Sax (Pataille, 60.241).

(4) Comp. Nouguier, n° 1016.

confiscation des instruments ou ustensiles spécialement destinés à la fabrication des objets contrefaits. Toutefois la confiscation n'est pas ici obligatoire, et la loi ne la prononce que *le cas échéant*, c'est-à-dire si les tribunaux, d'après les circonstances, la jugent nécessaire. Le but du législateur a été de mettre le contrefacteur dans l'impossibilité de continuer la contrefaçon, en lui enlevant le moyen même de la commettre : il a voulu, comme on dit, couper le mal dans sa racine. Signalons une difficulté dans l'interprétation de cette disposition : la loi parle des instruments ou ustensiles *spécialement destinés à la fabrication de l'objet contrefait.* Faut-il en conclure que, si l'instrument qui sert à la fabrication de l'objet peut servir à d'autres usages parfaitement licites, il n'y a pas lieu à confiscation? Nous ne le croyons pas : même en ce cas, le juge peut ordonner la confiscation, si la nature, si le caractère de la contrefaçon lui dicte cette mesure extrême. Il est hors de doute qu'en principe la confiscation de l'instrument, servant ou pouvant servir en même temps à d'autres usages que la fabrication de l'objet contrefait, ne devra pas être prononcée (1); mais cela n'empêche pas qu'elle puisse, qu'elle doive l'être dans des cas déterminés, par exemple, lorsqu'il est constant que l'instrument, quoiqu'il soit de nature à servir à d'autres usages que la fabrication de l'objet contrefait, n'était employé par le contrefacteur qu'à la contrefaçon (2). Il est à peine besoin d'ajouter qu'on ne peut comprendre dans les instruments et ustensiles spécialement destinés à la fabrication de l'objet contrefait les voitures servant au transport et le mobilier industriel qu'exige toute exploitation commerciale (3).

Jugé, du reste, que, lorsqu'il n'est pas établi que les outils saisis ne peuvent servir qu'à la fabrication des objets contrefaits, leur confiscation ne doit pas être prononcée (Paris, 5 juill. 1884, Fournier, Pataille, 85.289.)

979. La confiscation est-elle restreinte aux ob-

---

(1) V. Paris, 23 août 1866, Courant (Pataille, 67.337).
(2) V. Nancy, 27 janv. 1875, aff. Frezon (Pataille, 75.12).
(3) V. Rouen, 1er mai 1862, Richard et Grassal (Pataille, 62.337).

jets saisis? — Cette question divise les auteurs et la jurisprudence a donné lieu en définitive à trois systèmes : Dans une première opinion, on soutient que la confiscation ne peut atteindre que les objets réellement saisis, sauf, bien entendu, aux juges à arbitrer en argent le préjudice résultant de la contrefaçon des objets non saisis et dont la confiscation ne peut être ordonnée (1). Dans une seconde opinion, on soutient que la confiscation doit atteindre non seulement les objets réellement saisis, mais encore ceux qui ont été simplement décrits (2). La troisième opinion consiste à dire que la confiscation doit atteindre tous les objets contrefaits, qui seront reconnus être en la possession du contrefacteur, sans distinction entre ceux qui ont été saisis ou décrits et ceux qui ont échappé à l'une ou à l'autre de ces mesures de constatation (3).

Nous n'hésiterons pas, quant à nous, à adopter ce dernier système, le seul qui nous paraisse d'accord avec l'esprit comme avec le texte de la loi. Qu'on le remarque, en effet ; l'art. 49 ne parle ni des objets saisis ni des objets décrits, il se borne à ordonner la confiscation des objets *reconnus contrefaits*, et, de même, il ordonne, en dehors de toute saisie ou description, la confiscation, le cas échéant, des instruments et ustensiles spécialement destinés à la fabrication de l'objet contrefait. Sur quoi dès lors peut-on s'appuyer pour prétendre que la confiscation doit être restreinte aux objets qui ont été saisis ou au moins décrits ? Puisque ce n'est pas sur le texte de la loi, est-ce sur son esprit ? Assurément non. Qu'importe, en effet, que l'objet ait été saisi ou décrit ou bien ne l'ait pas été ! Est-ce que la description ou la saisie est un préliminaire obligatoire de la poursuite? Est-ce qu'il n'y a pas tout autant de motifs pour enlever au contrefacteur les objets de la contrefaçon, qu'ils aient été ou non saisis ou décrits ? Quelle raison y a-t-il de les lui laisser lorsqu'ils n'ont été ni saisis ni décrits? Leur possession en sera-t-elle moins une atteinte aux droits du breveté ? Au

(1) V. Blanc, p. 681 ; Le Senne, n° 352.
(2) V. Renouard, n° 259 ; Calmels, n° 659.
(3) V. Dalloz, *Suppl.*, v° *Brev. d'inv.*, n° 364.

moins faudrait-il ordonner leur destruction, et alors où serait le profit pour le contrefacteur? Il y a mieux : quoi! le breveté serait d'autant moins favorablement traité qu'il a mis plus de modération dans sa poursuite, qu'il a permis au contrefacteur de continuer son exploitation, qu'il a pris garde de ne pas anéantir son industrie! Est-ce juste? est-ce seulement raisonnable? Encore cela pourrait s'admettre, si l'on était d'accord pour permettre au breveté, au début de l'instance, de requérir la saisie réelle et de la faire porter aussi loin qu'il lui plaît. Or, nous avons vu que l'opinion générale accorde au contraire au président le droit de restreindre la constatation, soit à la saisie de quelques échantillons, soit même à la simple description des objets argués de contrefaçon. Le droit du breveté sera donc livré au bon vouloir du président, qui, en lui refusant la saisie, pourra le priver de la seule réparation, au moins de la réparation la plus sérieuse sur laquelle il puisse compter. Tels sont les motifs qui nous déterminent, et nous n'y voyons qu'une objection, à laquelle, si peu fondée qu'elle nous paraisse, nous voulons répondre.

Nous avons dit plus haut que, dans la rigueur du droit, les tribunaux ne pouvaient apprécier que les faits de contrefaçon qui ont précédé l'introduction de l'instance; les faits qui se seraient produits depuis ne peuvent être appréciés que dans une instance nouvelle (1). Il est vrai que, dans la pratique, on s'écarte le plus souvent de cette règle et que les parties sont les premières à faire porter le débat même sur des faits nouveaux. Raisonnons cependant comme si les choses se passaient dans la plus stricte légalité. Ne peut-on pas dire, en ce cas, qu'en l'absence d'une saisie ou d'une description qui fixe l'existence des objets reconnus contrefaits antérieurement au commencement de l'instance, le juge sera exposé à faire porter la confiscation sur des objets qui n'ont été contrefaits que depuis l'instance engagée? L'objection n'est que spécieuse : le juge, en effet, prononce la confiscation des objets reconnus par lui contrefaits, et le breveté procède ensuite à l'exécution de la sentence. De deux choses

(1) V. *suprà*, n° 955.

l'une : ou il ne s'élèvera aucune difficulté sur cette exécution, ou au contraire le contrefacteur, prétendant que certains des objets qu'il possède n'ont pu être compris dans la décision qui l'a condamné parce qu'ils lui sont postérieurs, refusera de les remettre au breveté. Les parties reviendront alors devant le tribunal, et il en sera de cette difficulté comme de toutes celles qui s'élèvent à la suite d'autres jugements.

Ajoutons seulement que, dans la pratique, il ne s'élèvera le plus souvent aucune difficulté ; où serait pour le contrefacteur le bénéfice? que gagnerait-il à établir cette distinction? Il s'exposerait à un nouveau procès, à de nouvelles condamnations. Le voudra-t-il, et, sauf de rares exceptions, ne tiendra-t-il pas à régler une fois pour toutes sa situation vis-à-vis du breveté? Quoi qu'il en soit, de ce qu'une difficulté peut naître, on n'en saurait conclure qu'elle naîtra forcément, et surtout il n'en saurait résulter qu'elle doive empêcher l'application raisonnable et équitable de la loi.

980. Jurisprudence; 1er système. — Les expressions mêmes de l'art. 49 prouvent que le législateur n'a entendu prononcer au profit du breveté que la confiscation des objets matériellement saisis; ces objets, en effet, ne pourraient être rendus au contrefacteur, et ils devraient être détruits s'ils n'étaient remis à l'inventeur; mais ces motifs n'existent pas quand il s'agit d'objets qui ne sont pas représentés, qui ont été vendus et qui ont peut-être cessé d'exister; il appartient aux tribunaux de prendre en considération cette situation et, dans l'appréciation des dommages-intérêts à accorder, de tenir compte de l'impossibilité où ils se trouvent de prononcer la confiscation (Paris, 27 janv. 1865, Sax, Pataille, 69.289).

981. Jurisprudence; 2e système (1). — Il a été jugé que la confiscation frappe, non seulement les objets contrefaits qui ont été matériellement placés sous la main de la justice, mais encore ceux qui ont été simplement décrits dans les procès-verbaux de saisie, sauf toutefois aux tribunaux à fixer une somme pour représenter la valeur de ces derniers objets

(1) Dijon, 18 juill. 1856, Villard (Pataille, 57.414); Trib. corr. Marseille, 18 fév. 1859, Pichet (*Propr. ind.*, n° 74).

que les saisis ont pu aliéner, n'étant pas tenu de les représenter en nature (Metz, 14 août 1850, Alcan et Péligot (1), Sir., 50.2.604).

981 *bis*. Jurisprudence; 3e système. — Il a été jugé : 1° que l'arrêt qui reconnaît la contrefaçon peut légalement prononcer la confiscation de tous les appareils conformes à la description faite dans le procès-verbal et qui seront trouvés en possession des contrefacteurs ; une telle disposition n'est que l'application littérale des prescriptions de l'art. 49 et ne saurait être critiquée comme constituant une disposition générale réglementaire (Rej., 18 août 1853, Thomas et Laurens, *Bull. crim.*, 53.461) ;—2° mais que, en admettant que le procès-verbal de description ne soit pas une formalité indispensable pour asseoir la confiscation, il faut au moins que les objets contrefaits existent en la possession du contrefacteur poursuivi ; en effet, l'art. 41 indique quel est le but de la confiscation, en ordonnant *la remise* des choses confisquées au propriétaire du brevet ; si ces choses ne sont pas en la possession du contrefacteur poursuivi, lors d'ailleurs qu'il n'en a pas été judiciairement constitué possesseur ou dépositaire, la conséquence légale de la confiscation, c'est-à-dire la remise des objets contrefaits, devient naturellement impossible, et la réparation civile se réduit à des dommages-intérêts dont l'évaluation reste soumise aux règles d'équité et de droit (Bourges, 28 déc. 1869, Champonnois (2), Pataille, 70.239).

982. La confiscation peut être demandée en tout état de cause. — Il a été jugé que la confiscation des objets fabriqués en contrefaçon d'un brevet peut être demandée en tout état de cause, même à l'égard des tiers détenteurs qui n'auraient pas été mis originairement en cause ; spécialement, lorsqu'un breveté a obtenu un premier jugement civil constatant la contrefaçon et ordonnant une expertise pour déterminer l'importance du préjudice, et que l'affaire revient à l'audience pour statuer sur les dommages-intérêts,

---

(1) V. aussi Rej., 20 avril 1851, Alcan et Péligot (Sir., 51.1.648).

(2) V. également Rej., 14 août 1871, mêmes parties (Dall., 71.282). — Comp. Rej., 29 juin 1875, Paillasson (Pataille, 75.413).

il est recevable à demander la confiscation des objets contrefaits, bien qu'il eût omis de la demander dans ses premières conclusions. Il en est ainsi, même à l'égard d'un tiers détenteur chez lequel la saisie n'a été pratiquée que postérieurement, et qu'on n'a appelé en déclaration de jugement commun que pour faire prononcer, contradictoirement avec lui, la confiscation des objets saisis (Paris, 4 fév. 1874, Garabaux, Pataille, 74.124).

983. Confiscation ; indemnité par chaque jour de retard. — On rencontre des décisions qui, en même temps qu'elles prononcent la confiscation des objets reconnus contrefaits et en ordonnent la remise au breveté, fixent une indemnité par chaque jour de retard apporté par le contrefacteur à effectuer cette remise (1). Il est vrai que l'arrêt, auquel nous renvoyons, contient cette disposition sans donner aucun motif à l'appui. Nous croyons que cette mesure n'a rien que de naturel, et que les tribunaux civils, quand elle leur est demandée, peuvent l'ordonner sans scrupule. Ils évitent ainsi au breveté un nouveau procès pouvant résulter pour lui de la résistance du contrefacteur à l'exécution de l'arrêt. Il nous paraît certain que la juridiction correctionnelle serait sans pouvoir pour ordonner une semblable mesure ; ses attributions, au point de vue des intérêts civils, se bornent à statuer sur les dommages-intérêts dus, soit au plaignant par le prévenu, soit à celui-ci par le premier, et ne sauraient aller plus loin.

983 *bis*. Frais de l'enlèvement de l'objet confisqué. — Il a été jugé — et la décision ne peut être qu'approuvée — que la confiscation de l'objet contrefait prononcé par l'art. 49 a essentiellement le caractère d'une réparation civile ; et, de droit, l'enlèvement doit en être opéré, comme la remise faite, au bénéficiaire du brevet, aux frais du contrefacteur (2).

---

(1) V. Douai, 21 déc. 1864, Mainé (Jurisp. Douai, 64.423). — V. aussi Lyon, 28 fév. 1870, Gougy (Pataille, 72.377) ; Poitiers, 16 juin 1870, Gougy (Pataille, 72.382).

(2) V. Cass., 5 janv. 1876, Boucher (Pataille, 77.31), et, sur le renvoi, Amiens, 14 août 1877 (Pataille, 77.364).

On s'est demandé si cette règle doit s'appliquer lorsque la confiscation sera prononcée, non plus contre le contrefacteur lui-même, mais, après acquittement, contre un détenteur de bonne foi, en vertu de l'art. 49? Nous pensons qu'elle ne doit pas s'appliquer; sans doute le détenteur, même renvoyé d'instance, doit subir la confiscation; mais c'est en vertu d'une disposition formelle de la nouvelle loi, disposition qui constitue une véritable dérogation aux principes généraux, en vertu desquels le juge correctionnel est absolument désarmé vis-à-vis du prévenu qu'il acquitte. Il ne pourrait, même en reconnaissant une faute, une imprudence de la part du prévenu, le condamner à des dommages-intérêts; il ne peut même, lorsqu'il prononce, en ce cas, contre lui la confiscation, le condamner aux dépens (1). Comment dès alors pourrait-il lui faire supporter les frais d'enlèvement, que nécessite la confiscation? Ces frais ne seraient-ils pas pour lui de véritables dommages-intérêts?

Cette règle, bien entendu, n'est vraie que lorsque le débat s'agite au correctionnel; au civil, le juge peut apprécier l'imprudence, la faute, en dehors de toute mauvaise foi reconnue, et prononcer une condamnation à des dommages-intérêts, même la confiscation avec dépens, sauf recours du détenteur, ainsi condamné, contre le fabricant de qui il tient les objets déclarés contrefaits (2).

984. *Quid* **si le détenteur n'est pas en cause?** — Il se peut que le breveté ait dirigé sa poursuite contre le fabricant des objets contrefaits, et qu'il n'ait pas mis en cause les personnes auxquelles ce fabricant a pu les vendre et qui les détiennent actuellement. Pourra-t-il néanmoins obtenir la confiscation de ces objets? Il nous paraît hors de doute que la confiscation ne pourra être prononcée, par l'excellente raison que, le fût-elle, l'exécution du jugement de ce chef serait tout simplement impossible. Il faut, pour qu'elle le puisse être, que les détenteurs soient dans l'instance; on ne saurait, en effet, prononcer en leur absence et hors de leur contradiction une mesure qui est de nature à leur préjudicier, et à

(1) V. *infrà*, nos 985 et 1013.
(2) V. *suprà*, n° 900.

l'exécution de laquelle ils pourraient, par suite, très légitimement se refuser. Ce que le breveté cependant peut demander, ce qu'il peut obtenir, c'est que le fabricant soit tenu de lui remettre lesdits objets sous telle contrainte qu'il plaira au juge d'ordonner, ladite contrainte destinée à tenir lieu des objets au cas où la remise n'en serait pas effectuée (1). De cette façon, le breveté n'est pas obligé, après avoir actionné le fabricant, d'actionner les détenteurs, et il laisse, comme de juste, au fabricant, le soin de s'entendre avec les personnes, nombreuses peut-être, auxquelles il a indûment vendu les produits de sa contrefaçon.

Remarquons d'ailleurs que la confiscation peut être prononcée contre le détenteur, lorsqu'il est en cause, encore qu'il ne soit pas propriétaire de l'objet qu'il détient. La loi prononce, en effet, la confiscation contre le receleur, et nous avons vu que le recel était caractérisé par le fait matériel de la détention accompagnée de mauvaise foi (2).

985. *Quid* **en cas de bonne foi ?** — La bonne foi n'est pas exclusive de la confiscation ; l'art. 49 le déclare expressément, puisqu'il ordonne, même en cas d'acquittement, la confiscation des objets reconnus contrefaits. Cela est de toute justice ; car la bonne foi ne purifie pas l'origine illégale de l'objet, et il y aurait d'évidents inconvénients à les laisser aux mains même du détenteur de bonne foi. Remarquons d'ailleurs que, par le fait même du renvoi, le détenteur est constitué en état de mauvaise foi ; il ne peut plus désormais se faire illusion sur la légitimité de sa possession ; comment serait-il donc autorisé à garder un objet qu'il sait être délictueux (3) ?

---

(1) V. Trib. civ. Havre, 30 déc. 1857, Godet (*Propr. ind.*, n° 4) ; Poitiers, 16 juin 1870, aff. Gougy (Pataille, 72.382) ; Paris, 14 mai 1870, et Rej., 22 nov. 1872, aff. Gougy (Pataille, 72.385) ; Montpellier, 7 janv. 1874, aff. Mabille (Pataille, 74.107). — V. *suprà*, n° 983.

(2) V. *suprà*, n° 717. — V. aussi Rej., 12 mars 1863, Sax (Pataille, 63.126).

(3) V. Rej., 9 déc. 1848, Duchesne (Dall., 51.5.55) ; Rej., 20 août 1851, Alcan (Dall., 54.5.79) ; Poitiers, 17 fév. 1855, Berciaux (Sir., 55.2.539) ; Trib. corr. Seine, 29 déc. 1857, Pannelier ; Paris, 4 mars 1858, Périn (*Propr. ind.*, n° 12) ; Paris, 11 déc. 1857, Bonnet (Pataille,

En ce cas, la confiscation doit être prononcée sans dépens; car celui contre qui elle est prononcée par une disposition formelle de la loi spéciale, qui constitue une véritable dérogation aux principes généraux, étant renvoyé des fins de la plainte, ne peut supporter aucune part des frais (1).

986. *Quid* **en cas d'essai?** — Nous avons vu que le simple essai pouvait, suivant les circonstances, ne pas être considéré comme une contrefaçon. Il n'en faudrait pas conclure que l'appareil reconnu contrefait, mais dont le contrefacteur n'aurait encore fait usage qu'à titre d'essai, dût échapper à la confiscation. Dès que la contrefaçon est déclarée par le tribunal, il y a lieu de prononcer la confiscation (2).

987. *Quid* **en cas d'usage personnel?** — Nous avons exposé ailleurs ce qui constitue, à nos yeux, l'usage personnel, ainsi que les circonstances dans lesquelles il peut être considéré comme exclusif de contrefaçon. Lorsque l'usage personnel est de nature, comme nous l'avons expliqué, à constituer un véritable recel, nul doute qu'il ne puisse entraîner la confiscation (3); s'il en était autrement, l'art. 49 serait incompréhensible. Il nous reste seulement à rechercher si l'usage personnel, dans le cas où il est exclusif de contrefaçon, est en même temps exclusif de la confiscation. Nous ne le croyons pas, et il nous semble que les raisons qui ont déterminé le législateur à prononcer la confiscation, même en cas de bonne foi, existent ici avec plus de force encore s'il est possible (4). Il est à remarquer, en effet, que cet article prononce la confiscation, même en cas d'acquittement, contre le contrefacteur. Or nous avons vu que la contrefaçon est un délit en quelque sorte contraventionnel; la bonne foi, contrai-

---

58.137); Paris, 6 déc. 1859, Duranton (Pataille, 61.404); Paris, 2 mars 1864, Thierry (Pataille, 64.181); Lyon, 8 fév. 1868, Pascal (Pataille, 71. 19); Douai, 15 mai 1885, Dupont-Buisine (Pataille, 86.304).

(1) V. Paris, 19 mars 1874, Sapène (Pataille, 75.49). — Comp. Pataille, 58.140.

(2) V. Paris, 2 mars 1864, Thierry (Pataille, 64.181).

(3) V. *suprà*, n° 717.

(4) V. toutefois, en sens contraire, Rej., 25 mars 1848, Christofle (Sir., 48.1.579); Rej., 12 juill. 1851, Vachon (Dall., 51.5.56); Paris, 30 janv. 1888, Samoin (Pataille, 88.215).

rement aux principes généraux, n'efface pas le délit, qui reste toujours punissable. Il n'y a qu'un cas où la contrefaçon cesse d'être punissable, parce qu'elle est protégée par une présomption de bonne foi si forte, qu'elle s'élève au-dessus de la loi : c'est lorsqu'il s'agit d'un fait d'usage personnel. En ce cas, la contrefaçon par usage échappe à la loi; l'acquittement s'impose. C'est la seule circonstance qui puisse amener l'acquittement de celui qui fait usage de l'objet contrefait. C'est donc pour ce cas, puisqu'il est unique, que l'art. 49 prononce la confiscation contre le contrefacteur acquitté. N'est-il pas certain, d'ailleurs, ici encore, qu'il serait illogique de laisser l'objet contrefait aux mains de celui qui s'en sert pour son usage personnel, puisque, tout au moins, à dater du jour où il obtient son renvoi, il est assurément constitué possesseur de mauvaise foi (1)?

M. Dalloz dit dans le même sens : « Qu'est-ce que le détenteur d'un objet contrefait, sinon un receleur, mais qui peut « être acquitté s'il ne savait pas que l'objet fût contrefait? « L'art. 49, en accumulant ces expressions : *contrefacteur*, « *receleur*, *introducteur*, *débitant*, n'a-t-il pas indiqué par cela « même que la confiscation devait atteindre tout le monde? « Et, si elle subsiste nonobstant acquittement, n'est-ce pas « que la confiscation, dans ce cas, est moins une peine qu'une « réparation civile? L'article dit, en effet, que les objets con- « fisqués seront *remis* au propriétaire du brevet. Pourquoi? « parce que l'objet contrefait est, à proprement parler, sa « chose, et qu'entre ces deux intérêts, celui du breveté et « celui de l'acheteur, même de bonne foi, la rigueur du prin- « cipe voulait que le premier eût la préférence (2). »

988. *Quid* **si le brevet est expiré?** — Nous avons expliqué que l'expiration du brevet n'empêche pas que les faits de contrefaçon, antérieurs à l'expiration, ne puissent être

(1) Comp. Blanc, p. 677; Le Senne, n° 349. — V. aussi l'article de M. Plé (Pataille, 88.193). — V. encore Paris, 25 nov. 1885, Samain (Pataille, 88.215).—*Contrà*, Duvergier, sur l'art. 41 ; Renouard, n° 23 ; Rendu et Delorme, n° 559; Amiens, 16 nov. 1888, et Rej., 5 avril 1889 Samain (*La Loi*, 3 juin).

(2) Dall., 54.1.72, *notes* 6 et 7.

légalement poursuivis, sans toutefois que le breveté ait le droit de requérir la saisie réelle des objets qu'il prétend contrefaits (1). Il s'ensuit que la confiscation des objets reconnus contrefaits est obligatoire en ce cas comme en tout autre. On ne concevrait pas qu'il en fût autrement; puisque c'est la déclaration de contrefaçon qui entraîne, comme conséquence immédiate et nécessaire, la confiscation, qu'importe que la contrefaçon ait eu lieu à telle époque ou à telle autre, dès qu'en droit elle peut être reconnue et qu'en fait elle est déclarée.

Il a été jugé, en ce sens, que la confiscation doit être prononcée, encore que le brevet aurait pris fin entre la poursuite et le jugement (2). « Nous estimons, disent « MM. Picard et Olin, que cette solution doit être géné« ralisée. En effet, le droit des parties doit s'apprécier au « temps où il a pris naissance, et non au moment où le juge « le détermine. L'expiration du brevet livre l'invention au « domaine public; mais ce fait regarde l'avenir, il ne rétroagit « pas sur le passé; il donne une existence légale aux fabri« cations futures, il ne couvre pas le vice des contrefaçons « antérieures. A partir du jour où un individu contrevient « au brevet, l'inventeur a un droit acquis à la confiscation « de ces objets, s'il établit la mauvaise foi de leur auteur (3). « La confiscation, au surplus, revêt un double caractère dans « la loi nouvelle; elle constitue à la fois un gage réel pour « l'indemnité allouée au brevet; elle est, dans certains cas, « une peine qui vient s'ajouter au chiffre de la réparation. « Or la cessation du brevet ne porte atteinte ni à l'un ni à « l'autre de ces caractères; elle ne saurait atténuer la con« duite passée du contrefacteur, ni compromettre le droit du « breveté d'obtenir une garantie pour ses dommages-inté« rêts (4). » Ces réflexions s'appliquent très bien à notre loi,

(1) V. *suprà*, nos 751 et 799. — V., toutefois, observ. crit. (Pataille, 70.348).

(2) V. Rej., 20 août 1851, Alcan (*J. Pal.*, 52.1.279); Colmar, 30 juill. 1867, Gougy (Pataille, 70.342).

(3) La loi belge, à la différence de la nôtre, ne prononce la confiscation qu'au cas de mauvaise foi.

(4) Picard et Olin, no 715. — V. toutefois Pataille, 72.398.

et, précisément parce que la confiscation est le gage le plus sûr des dommages-intérêts, on ne concevrait pas qu'elle pût échapper au breveté.

Il a été jugé que les tribunaux doivent prononcer la confiscation des objets reconnus contrefaits, encore que la poursuite n'aurait commencé qu'après l'expiration du brevet (Lyon, 28 fév. 1870, aff. Gougy (1), Pataille, 72.377).

989. L'objet confisqué est hors du commerce. — La confiscation, qui frappe les objets contrefaits et les ustensiles ayant servi à leur fabrication, a pour effet de les placer, au regard de l'inventeur, hors du commerce, puisqu'ils ne peuvent être vendus que par lui, qu'ils doivent lui être remis, et qu'il aurait même le droit de les détruire. Le propriétaire du contrefacteur n'a donc aucun droit sur eux ; ils ne peuvent être un gage des loyers qui lui sont dus, et, par conséquent, son privilège ne peut être un obstacle aux poursuites exercées par le breveté pour en obtenir la remise (2).

Par une conséquence du même principe, le droit du breveté primerait, en cas de conflit, celui de l'administration des douanes. Ainsi, si des objets étaient tout à la fois poursuivis par un breveté pour contrefacon, et par l'administration des douanes pour contravention aux lois qui régissent cette matière, la confiscation n'en devrait pas moins être prononcée au profit du breveté exclusivement, non au profit de l'administration (3).

990. Confiscation ; interprétation. — Il appartient toujours aux juges du fait d'interpréter leurs sentences, lorsqu'elles portent en elles quelque ambiguïté. Il n'y a point

---

(1) V. Trib. Charleroi, 29 janv. 1857 (*Belg. jud.*, t. X, 5, p. 1274) ; Poitiers, 16 juin 1870, aff. Gougy (Pataille, 72.382) ; Paris, 14 mai 1870 et Rej., 22 nov. 1872, aff. Gougy (Pataille, 72.385). — V., *en sens contraire*, Trib. civ. Seine, 24 déc. 1829, Windsor (Dall., v° *Brev. d'inv.*, n° 47).

(2) V. Trib. civ. Seine, Ordonn. référé, Prélard c. Boucherie (Nouguier, n° 1029) ; Trib. civ. Seine, 3 avril 1861, Visseau (Pataille, 61. 380).

(3) Trib. corr. Seine, 25 juin 1835, Verlier (Dall., v° *Brev. d'inv.*, n° 375).

lieu, en ce cas, pour les parties de se retrancher derrière le principe d'autorité de la chose jugée. Il ne peut, en effet, y avoir d'autorité de la chose jugée qu'autant que la chose jugée s'impose avec clarté et précision. Si donc le juge, en ordonnant, par exemple, la confiscation, n'a pas nettement défini les objets sur lesquels elle doit porter, et si les parties sont en désaccord sur le sens de la décision à cet égard, il y a lieu de se pourvoir à fin d'interprétation ; cela est de toute évidence (1).

SECTION III.

Dommages-intérêts.

SOMMAIRE.

991. Réparation pécuniaire. — 992. Double mode de fixation. — 993. Tribunaux correctionnels ; fixation par état. — 994. Fixation par état ; *quid* en cas d'appel ? — 995. Règle pour l'évaluation des dommages-intérêts. — 996. Dommages-intérêts ; importance de l'invention. — 997. *Quid* des intérêts ? — 998. Appel ; augmentation des dommages-intérêts. — 999. *Quid* en cas de bonne foi ? — 1000. Condamnation exécutoire par provision. — 1001. Dommages-intérêts ; contrefaçons à venir. — 1002. Dommages-intérêts et dépens ; solidarité. — 1003. Dépens à la charge de celui qui gagne son procès. — 1004. Contrainte par corps. — 1005. Caractère commercial des dommages-intérêts. — 1005 *bis*. Cessionnaire : droit aux dommages-intérêts. — 1006. Action téméraire du breveté ; dommages-intérêts. — 1006 *bis*. Jurisprudence.

991. Réparation pécuniaire. — Les dommages-intérêts sont, avec la confiscation des objets contrefaits, le mode de réparation le plus ordinaire du préjudice éprouvé par le breveté. Les tribunaux ont à cet égard le pouvoir le plus étendu ; ils apprécient, selon leur conscience, l'importance du dommage et ne sont astreints à aucune règle pour fixer le chiffre des dommages-intérêts ; ils peuvent d'ailleurs n'en pas accorder s'ils jugent que le préjudice n'est point appréciable ; c'est ce que dit en termes positifs l'art. 49

(1) V. Rej., 12 nov. 1858, Gâche (Pataille, 59.70).

lorsqu'il ordonne la confiscation, *sans préjudice de plus amples dommages-intérêts, s'il y a lieu.*

992. Double mode de fixation. — Les tribunaux ont, en cette matière, deux façons de procéder : ils peuvent, d'après les documents de la cause, fixer dès à présent le chiffre des dommages-intérêts ou simplement ordonner qu'il sera fixé sur état. Ils ne commettent du reste aucun excès de pouvoir en prononçant condamnation pour un chiffre déterminé, alors pourtant qu'il ne leur est demandé que de statuer sur état ; ils ne peuvent, en effet, être tenus de différer leur jugement sur ce point, s'ils trouvent dans le procès tous les éléments qui leur sont nécessaires pour se prononcer en connaissance de cause (1).

993. Tribunaux correctionnels ; fixation par état. — Les tribunaux correctionnels, compétents pour statuer sur l'action civile, peuvent, tout comme les tribunaux civils, se contenter de reconnaître la légitimité de la demande à fin de dommages-intérêts et surseoir à fixer la quotité du dédommagement réclamé, en employant les mesures d'instruction qui sont de nature à éclairer leur conscience sur ce point (2).

994. Fixation par état ; *quid* en cas d'appel ? — C'est au juge qui a prononcé la condamnation aux dommages-intérêts qu'il appartient de les fixer après que l'état en a été établi. Le fait que le jugement, qui prononce une condamnation semblable, ait été déféré à la Cour ne porte aucune atteinte à cette règle en cas de confirmation, alors même que la Cour, tout en maintenant la condamnation, modifierait les bases d'évaluation La confirmation a pour effet, en maintenant le bien-jugé, de maintenir le juge de première instance dans la plénitude de ses attributions. La règle serait encore la même si, l'arrêt confirmatif ayant été cassé, il intervenait, sur le renvoi, un second arrêt confirmatif. Ce second arrêt, statuant dans les mêmes condi-

(1) V. Trib. civ. Chalon-sur-Saône, 6 août 1882, de Montebello (Pataille, 83.218).

(2) V. Rej., 7 juill. 1855, Frezon et Meissonnier (Pataille, 55.110).

tions que le premier, ne pourrait produire un effet différent (1).

Jugé, d'après cette règle, que, lorsqu'un jugement a condamné des contrefacteurs à payer au breveté des dommages-intérêts à fixer par état, et qu'il est confirmé en appel, la Cour ne saurait désigner un expert à l'effet d'établir l'évaluation de ces dommages-intérêts, une pareille mesure touchant à l'exécution du jugement, et la Cour n'ayant pas compétence pour y statuer (Paris, 10 août 1882, Germain frères, Pataille, 82.336.)

995. Règle pour l'évaluation des dommages-intérêts. — M. Nouguier dit avec raison que les dommages-intérêts, dus au breveté, doivent être calculés « non pas sur « le produit ou le gain obtenu par le contrefacteur, mais « plutôt sur le tort et le dommage éprouvés par le proprié- « taire du brevet (2). » La règle est bonne, à condition qu'elle soit bien interprétée ; elle doit être entendue en ce sens que le contrefacteur ne saurait se prévaloir de ce que sa contrefaçon lui a rapporté peu ou point de profit pour prétendre que le breveté n'a droit à aucune indemnité, et, de même, le contrefacteur, que sa situation dans l'industrie aurait mis à même de tirer de sa contrefaçon un gain énorme, ne pourrait soutenir que les dommages-intérêts dus par lui doivent être calculés sur le pied des bénéfices restreints que le breveté, dans une position difficile ou embarrassée, aurait pu lui-même réaliser. Ce que le contrefacteur doit avant tout, c'est l'intégralité des bénéfices illégitimes qu'il a faits ; il ne doit rien lui en rester ; il serait immoral qu'il lui en restât quelque chose, si peu que ce fût (3). Toutefois, dit un arrêt, s'il est constant que la restitution des bénéfices illicites faits par le contrefacteur puisse être demandée

(1) V. Rej., 18 janv. 1862, Drouin (Pataille, 62.75) ; Paris, 5 janv. 1877, Lemit (Pataille, 77.49).

(2) Comp. Nouguier, n° 1037 ; Renouard, n° 261 ; Dalloz, n° 277 ; Calmels, n°s 663 et 664 ; Rendu et Delorme, n° 564.

(3) V. Blanc, p. 683. — V. aussi Trib. corr. Seine, 8 août 1851, Masse-Tribouillet, cité par Blanc (*eod. loc.*). — V. pourtant Rej., 10 nov. 1881, Leboyer (Pataille, 82.204).

contre lui, c'est à la condition de démontrer la relation qui peut exister entre les bénéfices ainsi obtenus au moyen de la contrefaçon et les affaires personnelles de l'inventeur (1). Le contrefacteur doit, en sus, la réparation de tout le dommage qu'il a causé au breveté, en jetant, par une concurrence déloyale, la perturbation dans ses affaires, et, notamment, en avilissant les prix de vente (2). Un autre élément de l'indemnité due au breveté, élément que les tribunaux, malheureusement, sont trop portés à négliger, ce sont, comme le dit avec raison un jugement du tribunal de Lyon, les voyages, la surveillance nécessaire pour découvrir la contrefaçon et les faux frais obligés du procès (3). C'est aux juges à tenir compte de tous ces éléments qu'ils apprécient, du reste, d'une façon tout à fait souveraine.

Jugé, par exemple : 1° que le trouble, apporté dans la paisible possession d'un brevet par la contrefaçon, motive suffisamment une condamnation à des dommages-intérêts, sans que l'inventeur soit tenu de justifier d'autre préjudice (Lyon, 4 fév. 1882, Fabre, Pataille, 83.22); — 2° que le fait, de la part d'un contrefacteur, de soutenir pendant plusieurs années que le brevet en vertu duquel il est poursuivi est nul et de jeter ainsi sur la découverte un véritable discrédit, constitue un élément sérieux de dommages-intérêts, dont les tribunaux doivent tenir compte dans l'appréciation du préjudice (Rouen, 13 fév. 1882, Tulpin frères, Pataille, 82.19; — 3° qu'en matière de contrefaçon de brevets, l'éventualité d'un préjudice suffit pour motiver la demande de dommages-

---

(1) V. Paris, 4 août 1887, Vieillemard (Pataille, 88.273). — V. aussi la note de Pataille, 82.204).

(2) Comp. Paris, 21 juill. 1865, Mazier (Pataille, 65.308); Bourges, 28 déc. 1869, Champonnois (Pataille, 70.239); Paris, 26 déc. 1883, Balin (Pataille, 84.321).

(3) V. Trib. civ. Lyon, 28 avril 1869, Agnellet (*Monit. des inv.*, mai 1869). — Ce jugement a été confirmé le 11 déc. 1869. — V. encore Orléans, 7 fév. 1855, Thoisnier-Desplaces (Dall., 55.2.159); Trib. civ. Nérac, 1er mai 1884, Urbain (Pataille, 86.31); Paris, 26 déc. 1883, Balin (Pataille, 84.321); Paris, 27 déc. 1882, Delong (Pataille, 88. 118); Paris, 4 août 1887, Vieillemard (Pataille, 88.273).

intérêts (Trib. civ. Segré, 26 août 1884, Dard, Pataille, 85. 101).

996. Dommages-intérêts ; importance de l'invention. — Nous avons dit à plusieurs reprises que le peu d'importance de l'invention était sans influence soit sur la brevetabilité, soit sur la contrefaçon. Il n'en est plus de même lorsqu'il s'agit du règlement des dommages-intérêts ; on comprend, en effet, si l'objet contrefait est de minime valeur, que cette circonstance soit de nature à faire diminuer par le juge le chiffre des dommages-intérêts (1).

997. *Quid* **des intérêts ?** — Les tribunaux peuvent-ils, sans excès de pouvoir, et à titre de supplément de dommages-intérêts, ordonner que la somme, allouée par eux comme réparation du préjudice, produira intérêts à partir du jour de la demande et ce au taux de 6 p. 100 à raison de la nature commerciale de la cause? Un arrêt de la Cour de Paris l'a jugé ainsi, sans donner, il est vrai, de motif à l'appui (2). M. Pataille fait suivre cet arrêt des critiques suivantes auxquelles nous nous associons pleinement : « En principe, les « intérêts ne sont dus que lorsqu'on est en retard d'exécu- « ter soit une obligation, soit une condamnation précé- « dente, mais non lorsqu'il s'agit de dommages-intérêts dont « le chiffre est encore indéterminé. Lorsqu'en effet les tribu- « naux sont appelés à évaluer les dommages-intérêts dus à « raison d'un fait délictueux ou dommageable, c'est à eux à « faire entrer dans cette évaluation tous les éléments du pré- « judice souffert ; mais ils ne sauraient ajouter des intérêts « rétroactifs à la somme allouée, à moins qu'il ne s'agisse « de dommages-intérêts représentant la valeur d'une chose « déterminée, parce que, dans ce cas, c'est une véritable « restitution dont le défendeur connaissait l'importance et « qu'il pouvait opérer ou offrir dès la première mise en « demeure ; et l'on comprend alors que les juges puissent « allouer des intérêts qui ne sont que la représentation des « fruits et le complément des dommages-intérêts dus. Mais il

(1) Comp. Rendu et Delorme, n° 323.

(2) V. Paris, 31 août 1855, Frezon et Meissonnier (Pataille, 55.203).

« n'en est plus ainsi lorsque l'évaluation du juge doit porter « sur la nature et l'importance même du préjudice et que le « défendeur attend cette évaluation pour connaître le mon- « tant de ce qu'il peut devoir (1) ».

998. Appel; augmentation de dommages-intérêts. — On ne peut, devant la Cour, rien réclamer au delà de ce qu'on a obtenu en première instance, à moins d'interjeter soi-même appel; c'est ce que nous avons expliqué plus haut (2). Cependant, même en interjetant appel, on ne peut former devant la Cour une demande nouvelle; ce serait, assurément, former une demande nouvelle que de se plaindre en appel de faits de contrefaçon accomplis depuis le jugement et de réclamer de ce chef une augmentation de dommages-intérêts. Même en établissant que l'indemnité allouée par les premiers juges n'est pas en rapport avec le préjudice causé par les faits de contrefaçon qui sont la base de l'instance, on ne peut obtenir devant la Cour qu'ils soient portés à un chiffre plus élevé qu'à la condition d'avoir interjeté appel. Toutefois, on peut, devant le second degré de juridiction, réclamer additionnellement tous les accessoires échus depuis le jugement et qui sont la conséquence de l'appel formé par l'adversaire. Aussi, quand le prévenu relève appel du jugement de condamnation et, par là, cause au plaignant un préjudice nouveau, les dommages-intérêts alloués au plaignant peuvent être augmentés, alors même que le plaignant n'a pas de son côté interjeté appel (3).

Jugé, dans cet ordre d'idées, qu'il est permis devant la Cour, de demander des dommages-intérêts pour le préjudice souffert depuis le jugement; mais on ne peut, pour la première fois en appel, réclamer la réparation d'un préjudice souffert antérieurement à la décision des premiers juges,

---

(1) V. observ. de Pataille, *loc. cit.* — V. Cass., 21 nov. 1882, Flazols (Pataille, 83.61).

(2) V. *suprà*, n° 869.

(3) Comp. Nouguier, n° 937, et Paris, 25 août 1854, Dousdebès (*eod. loc.*); Rouen, 5 juin 1883, Kemp (Pataille, 84.201). — V. toutefois Paris, 14 déc. 1860, Vallas (*Propr. ind.*, n° 162).

alors qu'il n'a pas fait l'objet d'une demande devant eux : ce serait là une demande nouvelle dont la Cour ne saurait être saisie (Paris, 23 juill. 1883, Catillon, Pataille, 86.86).

999. *Quid* **en cas de bonne foi?** — Le débitant, relaxé pour sa bonne foi, est-il en droit de réclamer au breveté des dommages-intérêts? Sans vouloir poser un principe absolu, nous pensons pourtant qu'en règle générale le détenteur, quoiqu'il soit relaxé, n'a pas droit à des dommages-intérêts; l'action du breveté, en effet, n'est pas repoussée; elle est au contraire accueillie, et si bien accueillie que le juge doit prononcer la confiscation de l'objet détenu de bonne foi. La bonne foi reconnue assure d'ailleurs à celui qui en justifie cet avantage important qu'elle lui permet d'exercer un recours en garantie contre l'auteur de la contrefaçon. Voilà la juste récompense de la bonne foi (1).

1000. Condamnation exécutoire par provision. — L'appel est suspensif, au civil comme au correctionnel; c'est-à-dire que, pendant l'instance d'appel et jusqu'à ce qu'elle soit vidée, les condamnations prononcées par les premiers juges ne peuvent être exécutées. Cependant, le Code de procédure civile permet, dans certains cas déterminés, d'exécuter la condamnation par provision et nonobstant appel, tantôt avec caution, tantôt même sans caution. Cette disposition ne se retrouve pas dans le Code d'instruction criminelle et cela se conçoit à merveille; comme la question civile, au correctionnel, est toujours intimement liée à la question pénale, le juge du premier degré, s'il pouvait ordonner l'exécution provisoire de la condamnation civile, lui donnerait par cela même un degré de certitude qui préjugerait la décision du juge d'appel sur la question pénale. Or celle-ci doit arriver entière devant la juridiction du second degré. Il est bien vrai que l'art. 188 du Code d'instruction criminelle admet par exception la provision dans le cas spécial d'une condamnation par défaut; mais cette exception, que l'absence du défaillant, absence qui est déjà une grave présomption de culpabilité, autorise et explique, doit être restreinte au

(1) V. Rouen, 1er mai 1862, Richard et Grassal (Pataille, 62.337).

cas expressément prévu par cet article (1). Il va de soi, d'ailleurs, que, lorsqu'il ne reste plus à statuer que sur les intérêts civils, et que le prévenu a été condamné par une décision passée en force de chose jugée à des dommages-intérêts à fixer par état, la juridiction correctionnelle peut, comme la juridiction civile, accorder une provision à la partie civile (2).

1001. Dommages-intérêts; contrefaçons à venir. — L'art. 5 du Code civil défendant aux juges de statuer par voie de disposition générale et réglementaire, il est clair que les tribunaux violeraient cette disposition, si, en condamnant un contrefacteur, ils lui faisaient en même temps défense d'usurper à l'avenir les droits du breveté sous peine de payer une somme déterminée par chaque fait de contrefaçon dûment constaté (3). Ils ne peuvent, en effet, apprécier à l'avance le dommage résultant d'une contrefaçon qui ne s'est pas produite et qui peut se produire dans des circonstances tout à fait différentes de celles dans lesquelles ils sont actuellement appelés à juger (4). Cela ne veut pas dire qu'il y aurait excès de pouvoir de la part du juge, qui, statuant au civil et sans fixer d'ailleurs aucuns dommages-intérêts, se bornerait, après avoir validé le brevet, à faire défense au contrefacteur d'imiter à l'avenir ledit brevet. Puisque les décisions civiles constituent entre les parties l'autorité de la chose jugée, la défense dont nous parlons ici se trouve implicitement renfermée dans la déclaration de validité du droit; il ne saurait donc y avoir aucun excès de pouvoir à le dire en termes exprès (5).

On comprend que les observations précédentes ne s'appliquent qu'à la juridiction civile; la juridiction correctionnelle,

---

(1) V. Paris, 13 août 1856, Sax (Pataille, 57.228). — V., en sens contraire, Nouguier, n° 1038. — *Nota* : cet auteur ne donne aucun motif à l'appui de son opinion et se borne à citer un jugement du tribunal de la Seine, que l'arrêt ci-dessus a infirmé.

(2) V. Amiens, 19 mai 1859, Sax (Pataille, 59.208).

(3) Comp. Nouguier, n° 1042; Picard et Olin, n° 732; Dall., v° *Brev. d'inv.*, n° 355.

(4) V. Paris, 14 déc. 1844, Larenaudière (Blanc, p. 686).

(5) V. Rej., 11 mars 1867, Canouil (Pataille, 67.122).

ne pouvant juger que le fait délictueux et ses conséquences immédiates, est sans pouvoir pour prononcer une défense quelconque.

1002. Dommages-intérêts et dépens; solidarité. — La condamnation, soit à l'amende soit aux dommages-intérêts, peut être prononcée avec solidarité entre les poursuivis; rappelons seulement qu'il ne suffit pas que deux ou plusieurs personnes soient comprises dans la même poursuite pour que la solidarité soit prononcée contre elles; il faut de plus qu'elles aient participé aux mêmes faits et qu'il y ait eu concert entre elles pour les commettre (1).

1003. Dépens à la charge de celui qui gagne son procès. — Bien que les dépens soient à la charge de la partie qui succombe, les tribunaux peuvent les mettre à la charge de la partie qui, en définitive, gagne son procès, s'il est constant que ce sont ses déclarations mensongères ou ses fausses énonciations qui ont déterminé le procès. Ainsi jugé dans une espèce où le défendeur vendait ses produits sous le nom de *cirage au caoutchouc*, quoiqu'il n'entrât pas de caoutchouc dans la composition de son cirage (2). De même, un inventeur, qui était breveté pour un nouveau système d'établissement des voies ferrées, avait cédé le droit d'exploiter son brevet à la Compagnie du chemin de fer du Nord; celle-ci, à un moment donné, refusa de payer la prime convenue et prétendit que l'invention n'était pas nouvelle. De là saisie, procès en contrefaçon, jugement enfin qui déclare que le demandeur a mal procédé, qu'il n'avait d'autre droit que de réclamer le payement de la prime, et néanmoins condamne la Compagnie aux dépens par le motif que c'est sa résistance qui a induit le demandeur en erreur et occasionné le pro-

---

(1) V. *suprà*, n° 700. — V. aussi Cass., 10 nov. 1855, Thier (Pataille, 56.38); Rej., 16 août 1861, Dutertre (Pataille, 61.375); Amiens, 17 juill. 1858, Duvoir (*Propr. ind.*, n° 63); Paris, 15 fév. 1866, Mac-Avoy (Pataille, 66.173); Trib. civ. Lyon, 17 fév. 1872, Train (Pataille, 73.297); Cass., 12 juin 1875, Moisset-Foye (Pataille, 75.225); Cass., 19 juin 1875, Tescher et Manque (*Le Droit*, 20 juin).

(2) V. Paris, 26 déc. 1841, Robertson (Blanc, p. 630); Paris, 6 juill. 1854, Madeline (Blanc, p. 630). — Comp. également Nouguier, n° 774.

cès (1). Les juges ont d'ailleurs un pouvoir discrétionnaire en ce qui concerne l'allocation des dépens; en effet, si l'art. 138 du Code de proc. civ. dispose que toute partie qui succombera supportera les dépens, l'art. 131 du même Code ajoute que les juges pourront compenser les dépens en tout ou en partie, si les parties succombent respectivement sur quelques chefs; il suit de là qu'une partie ne peut attaquer par pourvoi devant la Cour de cassation la répartition qui a été faite des dépens (2).

Jugé, dans cet ordre d'idées (mais la décision paraît sujette à critique) que, dans le cas où la demande en dommages-intérêts, formée par le breveté, est manifestement exagérée, le tribunal peut mettre à sa charge une part des dépens (Trib. civ. Nérac, 1er mai 1884, Urbain, Pataille, 86.91).

1004. Contrainte par corps. — La loi du 22 juillet 1867 a, comme on sait, supprimé la contrainte par corps (3). Elle l'a toutefois exceptionnellement conservée dans quelques cas, notamment dans celui où il s'agit d'assurer le recouvrement des condamnations civiles prononcées pour réparation d'un crime ou d'un délit. Cette disposition, aux termes de l'art. 6, s'applique même au cas où c'est la juridiction civile qui prononce, si d'ailleurs le tribunal de répression a reconnu constant le délit ou le crime. De ces termes fort clairs, et qui doivent être restreints au cas spécial qu'ils prévoient, on doit conclure que la contrainte par corps ne saurait être prononcée au profit du prévenu qui obtient tout à la fois son renvoi et des dommages-intérêts en réparation du préjudice résultant pour lui de la poursuite (4).

Il a été jugé que la loi du 22 juillet 1867, pas plus que celle du 7 avril 1832, n'impose aux tribunaux l'obligation de

---

(1) V. Trib. civ. Seine, 4 juill. 1861, aff. Pouillet; Trib. civ. Saint-Étienne, 22 juin 1870, aff. Barrouin (Pataille, 71.123).

(2) V. Rej., 14 déc. 1868, Logette (Dall., 69.1.81). — Comp. Trib. civ. Seine, 9 mai 1879, Lauronce (Pataille, 79.255).

(3) V. Dalloz, 67.4.75.

(4) V. Paris, 30 avril 1868, Chevillon (Pataille, 68.179); Paris, 8 mai 1868, veuve Meunier (*eod. loc.*); Paris, 10 juin 1875, aff. Mac-Nish (Pataille, 76.298).

déterminer la durée de la contrainte par corps d'une manière distincte pour chacune des condamnations pécuniaires que prononce un jugement; les tribunaux peuvent en fixer la durée en se basant sur le total auquel ces condamnations s'élèvent (Rej., 13 mai 1882, Delong, Pataille, 82.57).

1005. Caractère commercial des dommages-intérêts. — La condamnation aux dommages-intérêts que le breveté obtient contre le contrefacteur a-t-elle un caractère commercial? Peut-elle, en conséquence, servir de base à une demande en déclaration de faillite? La question dont il s'âgit ici n'a pas, à nos yeux, un très grand intérêt; car la condamnation pour fait de contrefaçon eût-elle un caractère civil qu'elle pourrait de même, au moins dans l'opinion du plus grand nombre (1), servir de base à une déclaration de faillite. Quant à nous, dans nos précédentes éditions, nous émettions l'avis que la condamnation prononcée, soit par le tribunal civil, soit par le tribunal correctionnel, pour fait de contrefaçon, est une condamnation essentiellement civile, où ne se trouve aucun élément commercial. Réflexion faite, cette opinion ne nous semble pas juste et nous croyons aujourd'hui devoir nous rallier à la théorie de l'arrêt, rapporté ci-dessous, que nous critiquions naguère. On ne peut nier, en effet, que la contrefaçon ne soit un acte rentrant dans l'exploitation commerciale du contrefacteur et que les dommages-intérêts auxquels il est condamné ne soient, au moins pour partie, l'équivalent du gain illicite qu'il a réalisé. La contrefaçon est une sorte de concurrence déloyale; or qui doute que les dommages-intérêts, obtenus en matière de concurrence déloyale, aient un caractère commercial, pouvant servir de base à une demande en déclaration de faillite?

Il a été jugé, en ce sens, que la condamnation à des dommages-intérêts, prononcée par la juridiction correctionnelle à raison de faits de contrefaçon, a un caractère commercial, en ce sens qu'elle représente le bénéfice illicite obtenu par le contrefacteur exploitant indûment dans son commerce les procédés brevetés; elle peut donc servir de base à une de-

(1) V. Renouard, *Traité des faillites*, t. 1, p. 274.

mande en déclaration de faillite (Paris, 21 nov. 1863, Dumery, Teul., 64.311).

1005 *bis*. Cessionnaire ; droit aux dommages-intérêts. — Il est évident que les dommages-intérêts sont dus à celui qui a souffert le dommage ; il va donc de soi que, si le breveté a cédé son brevet, et si c'est le cessionnaire qui est victime de la contrefaçon, c'est à lui que revient, à moins de convention contraire stipulée par le breveté, le montant des dommages-intérêts. Mais il se peut que le cessionnaire, placé en face d'une demande reconventionnelle en nullité du brevet, juge à propos d'appeler en garantie le breveté ; en ce cas, si la demande reconventionnelle est repoussée, et si le contrefacteur condamné est tenu de payer des dommages-intérêts, le breveté peut-il en réclamer sa part? A notre sens, il le pourrait en justifiant d'un préjudice directement éprouvé par lui.

Jugé pourtant, mais c'est là selon nous un arrêt d'espèce, que, lorsque le titulaire d'un brevet a été appelé en garantie par le cessionnaire du droit d'exploitation dans une instance en contrefaçon, c'est le cessionnaire qui a droit aux dommages-intérêts, comme ayant éprouvé le préjudice causé par la contrefaçon ; quant au titulaire, il n'a droit qu'aux dépens (Montpellier, 20 mai 1872, Roger, Pataille, 73.347).

1006. Action téméraire du breveté ; dommages-intérêts. — S'il est juste de protéger le breveté contre les contrefacteurs, il faut, en revanche, protéger l'industrie contre les entreprises de ces audacieux spéculateurs qui n'ont de brevet que pour épouvanter les timides et les rançonner ; il appartient, en conséquence, aux tribunaux, lorsqu'ils rejettent une demande en contrefaçon, de condamner le breveté à réparer le préjudice que son action téméraire, eût-elle été engagée de bonne foi, dit un arrêt (1), a pu causer au poursuivi (2). A ce point de vue, ils peuvent le condamner à

(1) V. Dijon, 2 déc. 1885, Alain Chartier (Pataille, 87.24). — V. pourtant Cass., 6 mars 1889, Leuillier (*Gaz. Pal.*, 15 mars). — *Nota* : Cet arrêt exige que l'action ait été engagée par malice, de mauvaise foi, ou par suite d'une erreur grossière, équipollente au dol.

(2) V. Rej., 3 avril 1858, Popard (Pataille, 58.373).

tels dommages-intérêts qu'ils jugent équitables, même à des dommages-intérêts à fixer par état (1); ils peuvent ordonner l'impression et l'affiche du jugement à ses frais. Il n'y a que la contrainte par corps à laquelle il puisse échapper, même devant la juridiction correctionnelle; la loi nouvelle ne l'admet pas.

Un arrêt enseigne qu'il y a lieu, malgré le désistement du breveté, de faire droit aux conclusions additionnelles prises par son adversaire, intimé devant la Cour, pour obtenir la réparation du préjudice qu'il a éprouvé durant l'instance d'appel, par suite de la permanence de l'imputation de contrefacon à tort dirigée contre lui (2).

Remarquons que, si c'est un droit pour le prévenu, renvoyé des fins de la plainte, de demander immédiatement, devant le juge de répression, des dommages-intérêts, il n'est pas tenu d'en user, à peine de perdre son recours contre le breveté; il peut, au contraire, devant le tribunal correctionnel, se borner à demander son renvoi; puis, quand il l'a obtenu, former devant la juridiction civile une action principale en réparation du préjudice qu'il a éprouvé. La pratique montre même que cette dernière voie est, en général, la meilleure.

1006 *bis*. **Jurisprudence** (3). — Il a été jugé, dans cet ordres d'idées : 1° que la poursuite en contrefaçon engagée témérairement par un breveté dont l'invention n'est pas nouvelle, peut donner lieu à des dommages-intérêts au profit des défendeurs (Paris, 8 mars 1882, Durand, Pataille, 82.67); — 2° que les tribunaux, en renvoyant les prévenus, peuvent condamner le breveté à leur payer des dommages-intérêts; et, pour liquider le chiffre de ces dommages-intérêts, ils peuvent nommer des experts pour, sur le vu des livres de commerce des prévenus ou par tous autres moyens, formuler un avis sur ce chiffre (Lyon, 17 juill. 1884, Descours, Pataille, 84.

---

(1) Picard et Olin, n° 705. — V. également Liège, 20 juin 1857, Besson, cité par Picard et Olin, *eod. loc.*

(2) V. Paris, 20 mai 1882, Jean (Pataille, 87.85).

(3) V. Paris, 31 mars 1881, Pérille (Pataille, 82.130); Trib. corr. Seine, 3 déc. 1876, Drouhin (Pataille, 81.19); Dijon, 2 déc. 1885, Alain Chartier (Pataille, 87.24).

257); — 3° que, lorsque l'inventeur a fait saisir des marchandises indûment prétendues contrefaites, et les a ainsi frappées d'indisponibilité, les tribunaux peuvent, à titre de réparation, le condamner à les prendre en payant le prix au cours du jour de la saisie (Caen, 28 novembre 1873, Ballu, Pataille, 83.231); — 4° mais qu'il n'y a lieu d'accorder des dommages-intérêts à celui contre qui une saisie a été indûment faite, alors qu'il est établi que cette saisie n'a été faite qu'à la suite d'un certificat délivré par lui à une personne poursuivie en contrefaçon, lequel certificat était de nature à induire le breveté en erreur et à lui faire croire que l'auteur du certificat était lui-même un contrefacteur (Trib. civ. Lille, 7 fév. 1882, Van Outryve, Pataille, 82.24); — 5° que, de même, la demande reconventionnelle en dommages-intérêts ne saurait être admise, lorsque l'action en contrefaçon, n'étant pas téméraire dans le principe, n'a échoué que par suite de l'intervention, avant que le délit de contrefaçon ne soit consommé, du demandeur chez le prévenu, ce dernier, d'ailleurs, ne justifiant pas d'un préjudice appréciable (Paris, 20 juin 1883, Rolland, Pataille, 84.179); — 6° qu'en tout cas il n'y a point violation de domicile dans le fait d'un individu qui, en vertu d'une autorisation de justice, et avec l'assistance du juge de paix, se présente chez un fabricant, et, malgré l'opposition de ce dernier qui demande qu'il en soit préalablement référé au président, pénètre dans l'intérieur de la fabrique dans le but de constater une contrefaçon; ce fait donne seulement ouverture à une action en dommages-intérêts lorsque la contrefaçon n'est pas établie (Paris, 12 déc. 1856, Laming, Pataille, 57.23).

SECTION IV.

Publication du jugement.

SOMMAIRE.

1007. Publication du jugement; caractère civil. — 1008. Publicité ordonnée; effet de l'appel. — 1009. Publication; *quid* en cas de refus du juge? — 1010. Insertion ordonnée; ce qu'elle comprend. — 1011. *Quid* si le nombre des affiches ordonnées est dépassé? — 1011 *bis*. *Quid* du choix des villes où a lieu l'affichage? — 1012. *Quid* de la permanence des affiches? — 1012 *bis*. Les frais de publication du jugement entrent-ils en taxe? — 1013. Publicité; *quid* en cas d'acquittement? — 1014. Publicité accordée, quoique non demandée. — 1015. Publicité demandée; défaut d'y statuer.

1007. Publication du jugement; caractère civil. — L'art. 49 autorise expressément les tribunaux à ordonner, s'ils le jugent utile, l'affiche du jugement qui prononce une condamnation pour faits de contrefaçon. L'art. 1036 posait déjà, d'une façon beaucoup plus générale, le principe de la publication des jugements, puisqu'il autorise les tribunaux, dans les causes dont ils sont saisis et suivant la gravité des circonstances, à ordonner l'impression et l'affiche de leur jugement. Concluons d'abord des termes de l'art. 49, qui sont généraux et s'appliquent aussi bien à la juridiction civile qu'à la juridiction correctionnelle, et de ceux de l'art. 1036 du Code de procédure civile, qui, par sa place même dans ce Code, se réfère à la juridiction civile, que la publication des jugements est une mesure purement civile, constituant un supplément de dommages-intérêts et point du tout une peine (1). Il suit de là que le juge correctionnel peut ordonner cette mesure aussi bien en faveur du prévenu qu'il renvoie des fins de la plainte (2) qu'en faveur du plaignant; il s'ensuit encore qu'elle peut être ordonnée par la Cour sur le seul appel de la partie civile et en dehors de tout appel du ministère public (3).

Il a été jugé par application de ces principes : 1° que, lorsque la Cour réduit aux seuls dépens les dommages-intérêts alloués par les premiers juges et ne statue pas d'une façon spéciale sur le chef de la publicité, l'arrêt doit être entendu en ce sens qu'il n'a pas plus maintenu la publicité

(1) Comp. Renouard, n° 262; Dalloz, n° 380; Calmels, n° 672 (Pataille, 73.276). — V. également Cass., 21 mars 1839, Lagardo (*J. Pal.*, 39.2.389); Cass., 31 déc. 1822, Delarue (Sir., 23.1.225); Trib. civ. Gand, 6 juill. 1863 (*B. J.*, t. 21, p. 997).

(2) V. Rej., 12 déc. 1856, Popelin-Ducarre (Pataille, 57.101).

(3) V. Colmar, 26 oct. 1854, Villard (Pataille, 57.406); Paris, 26 mai 1855, Ozouf (Pataille, 56.42).

ordonnée par le jugement que les dommages-intérêts eux-mêmes (Rej., 12 déc. 1856, Popelin-Ducarre, Pataille, 57.101); — 2° que, si la publication d'un jugement de condamnation, par voie d'insertion dans les journaux ou d'affichage, a un caractère pénal lorsqu'elle est requise par le ministère public, elle constitue une réparation civile lorsqu'elle est demandée et prononcée au profit de la partie lésée (Aix, 20 mars 1879, Fumouze, Pataille, 81.179).

1008. Publicité ordonnée ; effet de l'appel. — La partie qui obtient en première instance l'affiche et l'insertion du jugement peut-elle y procéder légalement, malgré l'appel qui serait interjeté par l'adversaire? Il est vrai que l'appel est suspensif et que dès lors le jugement cesse, au moins momentanément, d'être exécutoire. Mais, d'un autre côté, l'appel peut être suivi de la confirmation du jugement, et, dans ce cas, les effets de la confirmation remontent non seulement au jour du jugement, mais même au jour de la demande. Il suit de là que la partie qui a obtenu l'affiche ou l'insertion peut y procéder à ses risques et périls (1), et sauf, au cas où l'arrêt lui serait contraire, à supporter les conséquences de sa précipitation ; à plus forte raison en serait-il ainsi si l'insertion ou l'affichage avait lieu avant que l'appel fût interjeté, puisque, jusqu'à cette époque, le jugement est exécutoire.

1009. Publication ; *quid* en cas de refus du juge? — En présence des art. 49 de la loi de 1844 et 1036 du Code de procéd. civ., qui, tous deux, se combinent et se fortifient, nous avons à rechercher quel est le droit de la partie à laquelle le juge a refusé d'accorder la publication du jugement aux frais de l'adversaire. Peut-elle, à ses propres frais, faire cette publication? Peut-elle indifféremment employer la voie de l'affiche, des prospectus et circulaires, ou celle de l'insertion dans les journaux? La question est controversée. Les uns soutiennent que chacun a le droit de publier les décisions judiciaires qu'il a obtenues, et fondent leur opinion sur ce principe de notre législation qui, non seulement autorise, mais com-

(1) V. Paris, 6 déc. 1859, Duranton (Pataille, 61.404) ; Lyon, 13 juin 1866, Raffard (Pataille, 72.184).

mande la publicité absolue des audiences. Les autres font remarquer que, si le législateur a cru devoir investir le juge du droit d'accorder ou de refuser l'insertion dans les journaux, c'est apparement qu'il n'a pas voulu laisser cette insertion au bon plaisir de la partie gagnante, et que lui permettre de faire insérer la condamnation, même à ses propres frais, alors que le juge a déclaré qu'il n'y avait pas lieu d'ordonner cette mesure, c'est violer à la fois et la décision du juge et la volonté de la loi (1). Dans une opinion intermédiaire, on admet que celui qui a gagné son procès peut, sinon insérer le texte du jugement, du moins annoncer et publier le fait de la condamnation (2).

De ces opinions, les deux dernières ne nous satisfont pas; d'abord, nous ne concevons pas bien comment il serait défendu de publier le jugement dans son entier, quand il est licite d'en publier le résumé et le résultat final. N'est-il pas plus logique, au contraire, d'autoriser la publication du jugement complet? N'arrive-t-il pas souvent que les condamnations prononcées, lorsqu'elles sont isolées des motifs qui les déterminent, n'ont ni la même signification ni la même importance? N'est-il pas fréquent que certains motifs du jugement soient de nature à atténuer, sinon la condamnation, au moins la culpabilité? Nous n'acceptons pas davantage l'opinion de ceux qui soutiennent que, en l'absence d'une autorisation du juge, la partie gagnante ne peut publier le jugement, même à ses frais; cette opinion, qui prétend s'appuyer sur le texte de la loi, n'y trouve, à nos yeux, aucun fondement. Ce que la loi permet au juge, c'est d'ordonner l'insertion ou l'affiche *aux frais* de la partie condamnée; mais de ce que le juge refuse d'accorder cette satisfaction à la partie qui gagne son procès, pourquoi en conclure qu'elle ne peut faire la publication à ses frais? Quel lien y a-t-il entre ces deux

---

(1) V. en ce sens Picard et Olin, n° 736. — Comp. Trib. corr. Seine, 6 juin 1844, Demarson (Dall., v° *Brev. d'inv.*, n° 383).

(2) V. Trib. comm. Seine, 20 août 1857, Mongin (*Gaz. trib.*, 28 août); Aix, 6 fév. 1857, Vermare (Pataille, 73.291); Paris, 1er mai 1860, Fattet (Pataille, 60.277).

idées si complètement différentes et qui ne dérivent en aucune façon l'une de l'autre?

Quant à l'opinion qui consiste, d'une façon absolue, à s'autoriser du principe de publicité des audiences pour soutenir que le droit de publier une décision judiciaire est général et absolu, nous l'acceptons, étant seulement entendu que la partie n'usera de son droit de publier la décision qu'elle a obtenue qu'avec modération; ici, comme toujours, l'abus du droit deviendrait répréhensible (1). Si donc la publication a lieu longtemps après sa date, sans nécessité, seulement par esprit de vengeance ou de rancune, si elle est précédée ou suivie de commentaires blessants, si elle est faite enfin dans une forme irritante et sans que rien la justifie, nous n'hésitons pas à penser que la publication, dans ces conditions, deviendra une cause légitime de dommages-intérêts. Nous ne croyons pas, d'ailleurs, qu'il y ait lieu de faire une distinction entre la publicité par voie d'impression dans les journaux et la publicité par voie d'affiches ou de circulaires, tout en reconnaissant que le juge devra se montrer plus sévère lorsque la partie procédera par voie d'affiches; l'affiche, en effet, par son caractère plus direct, plus apparent, a quelque chose de particulièrement agressif; ainsi, la place donnée aux affiches, leur nombre, leur forme, leur couleur, peuvent plus facilement constituer un abus que la simple impression dans un journal ou dans des circulaires (2).

Il a été jugé à cet égard: 1° qu'il appartient à la partie qui gagne son procès et obtient l'insertion du jugement aux frais de son adversaire de faire telles autres insertions qu'il lui plaît, mais à ses frais (Toulouse, 25 mars 1885, Provost, Pataille, 86.24);—2° que, si les tribunaux, même les tribunaux civils, peuvent, en vertu de l'art. 1036 du Code de procédure civile, ordonner l'impression et l'affiche de leurs jugements, les parties ne sauraient, sans commettre un fait illégal et

---

(1) V. Besançon, 5 fév. 1874, Raphanel (Pataille, 74.302). — V. encore Paris, 23 déc. 1873, Rigollot (Pataille, 77.104).

(2) V. en ce sens un article de M. Huard dans la *Propr. ind.*, n° 452. — V. aussi Pataille, 73.284. — Comp. Renouard, n° 262.

dommageable, se permettre de faire procéder à ces impression et affiche qui n'auraient pas été prescrites ; en conséquence, peut être condamnée à des dommages-intérêts et à subir elle-même la publicité du jugement la partie qui, sans autorisation de justice, a pris sur elle de faire afficher le jugement qui lui faisait gagner son procès (Paris, 23 fév. 1839, Pouet (1), Dall., 39.2.85); — 3° que d'ailleurs les tribunaux peuvent autoriser le breveté à faire insérer à ses frais la décision qui reconnaît ses droits, encore qu'à raison de sa bonne foi le prévenu soit acquitté (Amiens, 5 août 1887, Marty, Pataille, 89.25).

1010. Insertion ordonnée; ce qu'elle comprend. — L'insertion dans les journaux, ou l'affiche, lorsqu'elle a été ordonnée, comprend le texte entier du jugement, tel qu'il résulte de l'expédition délivrée par le greffier, à moins que, par une décision formelle, le juge n'ait cru devoir la restreindre. Comme le disent plusieurs décisions, les articles 141 et 142 du Code de procédure civile déterminent clairement la signification du mot *jugement;* ce mot comprend les noms et profession des parties, leurs conclusions, l'exposé des points de fait et de droit, les motifs et le dispositif du jugement, les noms des juges, du procureur de la République, s'il a été entendu, ainsi que des avoués. Lors donc qu'une décision de justice a ordonné l'insertion du jugement, cela doit s'entendre du jugement tel que le définissent les susdits articles (2). Si le jugement, qui ordonne l'insertion ou l'affiche, a été déféré à la Cour, et que celle-ci, tout en maintenant la disposition relative à l'insertion et à l'affiche, modifie cependant la sentence des premiers juges sur certains points,

(1) Il est à remarquer que l'arrêt constate, en fait, que « l'intention de nuire était rendue évidente par la forme d'affiche employée ».

(2) V. Trib. civ. Gand, 2 déc. 1863, Thomson (Pataille, 64.453); Lyon, 17 mars 1875, David (Pataille, 75.375) ; Trib. civ. Seine, 26 nov. 1878, Leroy (Pataille, 79.181) ; Orléans, 30 avril 1878, duc d'Aumale (*eod. loc.*). — Comp. également Paris, 21 janv. 1841, Ganilh (Dall., v° *Brev. d'inv.*, n° 381) ; Trib. civ. Seine, 9 avril 1844, Canquoin (Blanc, p. 688) ; Cass., 13 juill. 1885 (*La Loi*, 25 octobre). — V. aussi Pataille, 73.281.

il reste entendu que c'est l'arrêt, tel qu'il est, et non le jugement, qui doit être inséré et affiché (1). Il ne saurait, dans aucun cas, dépendre de la partie qui obtient l'affiche ou l'insertion d'en augmenter les frais abusivement, par exemple en employant des caractères trop forts ou des caractères de luxe, ou en multipliant les alinéas; il appartient d'ailleurs au juge de réduire les frais, s'il les juge excessifs (2). De même, il n'est pas loisible à la partie qui a obtenu l'insertion du jugement d'en faire suivre le texte d'observations et de commentaires quels qu'ils soient. Son droit est de publier le jugement, rien de plus; il en est ainsi, surtout si les observations sont malveillantes et de nature à porter atteinte à la considération de l'adversaire. Le caractère de ces observations pourrait même être tel qu'elles constituassent une diffamation véritable et entraînassent pour leur auteur une responsabilité pénale (3).

1011. *Quid* **si le nombre des affiches ordonnées est dépassé?** — Lorsque les tribunaux ont ordonné l'affichage du jugement et déterminé le nombre des affiches, la partie qui a obtenu cette mesure peut-elle faire afficher le jugement à un plus grand nombre d'exemplaires? Il suit de ce que nous avons dit plus haut (4) qu'elle le peut, sauf, d'une part, à ne réclamer à l'adversaire que les frais relatifs au nombre d'affiches prescrit par le juge, et sauf, d'autre part, à ne commettre aucun abus dans l'exercice de son droit. Ajoutons d'ailleurs que, suivant les circonstances, le juge du fait pourrait très légitimement décider qu'il y a eu abus à dépasser le nombre des exemplaires que le jugement avait fixé. Toutefois, à nos yeux, c'est là, qu'on le comprenne bien, une ques-

---

(1) V. Rej., 7 juill. 1855, Frezon et Meissonnier (Pataille, 55.110).

(2) V. Trib. civ. Seine, 19 sept. 1841, Desertine (Dall., v° *Brev. d'inv.*, n° 384); Trib. civ. Seine, 20 mai 1873, Rozière (Pataille, 73. 296); Cass., 21 janv. 1881, Jacquet (Pataille, 81.249). — V. pourtant Orléans, 30 avril 1878, duc d'Aumale (Pataille, 79.181); Trib. civ. Seine, 26 nov. 1878 (*eod. loc.*). — V. aussi *infrà*, n° 1012 *bis*.

(3) Conf. Trib. corr. Seine, 6 juin 1844, Demarson (Dall., v° *Brev. d'inv.*, n° 383).

(4) V. *suprà*, n° 1009.

tion de fait, non une question de droit. Aussi approuvons-nous de tous points M. Renouard, lorsque, critiquant l'arrêt que nous rapportons plus bas, il dit : « Il faut bien se garder « d'étendre la doctrine de cet arrêt et de l'isoler des faits « qu'il apprécie. L'impression des jugements et arrêts est le « droit, non seulement des parties, mais même de tous les « citoyens; ils constatent des vérités et proclament des doc-« trines qui sont la garantie et l'enseignement du public. « Où en seraient les droits et les leçons de la publicité, s'il « était interdit aux journaux, aux recueils, à la science, à « nous tous, de transcrire, publier, discuter les arrêts et les « faits sur lesquels ils sont rendus? Cette faculté, qui appar-« tient manifestement à tout le monde, ne peut pas raison-« nablement être interdite à ceux-là seuls qui ont été parties « au procès. L'unique conclusion légitime à tirer de l'arrêt « qui vient d'être cité, c'est que la publication d'un arrêt « peut donner lieu à des dommages-intérêts si elle est faite « à dessein de nuire (1). »

Il a été jugé toutefois, en droit, que la publicité des jugements par voie d'affiches, ordonnée par les tribunaux, conformément à l'art. 1036 du Code de procédure civile, est une peine extraordinaire prononcée contre celui qui succombe, et doit être restreinte dans les limites et dans les formes dans lesquelles elle a été prononcée; en conséquence, le propriétaire d'un brevet d'invention, qui a été autorisé à faire afficher à un certain nombre d'exemplaires un jugement qu'il a obtenu contre un contrefacteur, ne peut, en outre, faire imprimer et distribuer ce jugement, sous prétexte qu'il constitue son titre de propriété, sans être passible de dommages-intérêts envers le contrefacteur (Paris, 1er juin 1831, Sommier (2), Dall., 31.2.219).

1011 *bis*. *Quid* **du choix des villes où a lieu l'affichage?** — Il a été jugé, — et l'on s'étonne qu'il ait fallu une décision de justice sur un point si clair, — que la partie,

(1) Renouard, n° 262.

(2) V. également Trib. corr. Seine, 6 juin 1844, Demarson (Dall., v° *Brev. d'inv.*, n° 383).

qui a obtenu le droit d'apposer deux cents affiches sans désignation de villes, a le droit de les disséminer, par exemple, dans vingt-huit villes, sans enfreindre les dispositions de l'arrêt (Lyon, 17 mars 1875, David, Pataille, 75.375).

1012. *Quid* **de la permanence des affiches?** — La partie qui a obtenu l'affichage du jugement peut-elle rendre les affiches permanentes en les collant, par exemple, sur un carton qu'elle place, chaque matin, à sa porte ou en tel endroit qui lui convient, et qu'elle retire chaque soir ? Le doute vient de ce que, le jugement ne précisant pas, et ne pouvant, en réalité, préciser la durée qu'auront les affiches, la partie semble pouvoir s'autoriser de ce silence pour les rendre permanentes. Ici encore, la question ne peut, selon nous, être rérolue qu'en fait et d'après les circonstances d'espèce. Nous croyons que le caractère de l'affiche étant naturellement et nécessairement éphémère, il y aurait, en général, abus à la rendre permanente (1). Comme le disent fort bien MM. Picard et Olin : « Il existe une démarcation bien tranchée dans « la langue usuelle entre l'affiche et le tableau permanent, et « dût-il y avoir un doute sur l'interprétation de ces termes, « le doute ne devrait pas se résoudre dans le sens d'une « aggravation de la condamnation (2). » Pourtant, si celui contre lequel l'affiche a été ordonnée faisait ses efforts pour paralyser son effet, soit en la détruisant, soit en la faisant couvrir d'autres affiches, nous pensons qu'il y aurait exercice légitime du droit à la rendre permanente pour déjouer ces manœuvres.

Il a été jugé toutefois, en droit, que les affiches permanentes ne constituent pas un fait répréhensible, lorsque le jugement n'a pas déterminé le temps pendant lequel durerait chacune d'elles, et n'a statué ni sur la durée de ce mode de publicité, ni sur les moyens de conservation qu'il est loisible d'employer (Trib. civ. Seine, 25 oct. 1837, Mottard-Demilly, *Le Droit*, 26 oct.).

---

(1) Comp. Paris, 21 janv. 1841, Ganilh (*Le Droit*, 22 janvier).

(2) Picard et Olin, n° 738. — V. également Blanc, p. 687 ; Dall., v° *Brev. d'inv.*, n° 384. — V., en sens contraire, Renouard, n° 262.

1012 *bis*. **Les frais de publication du jugement entrent-ils en taxe?** — Il a été jugé : 1° que, si les frais de publicité d'une décision judiciaire ont, à certains égards, le caractère de dommages-intérêts, ils présentent une grande analogie avec les frais d'instance, qui ont d'ailleurs eux-mêmes ce caractère, puisque leur remboursement est la réparation des dépenses que le procès a occasionnées au plaideur; cette analogie justifie la pratique constante qui a fait adopter, pour le remboursement de ces dépenses, la procédure plus simple, plus prompte et moins coûteuse, réglée par le décret de 1807, pour la liquidation des frais et dépens; diverses procédures, notamment celle des saisies, des séparations, de l'interdiction, donnent des exemples d'affiches et d'insertions dans un journal qui sont réglées par la voie de la taxe et assimilées, sous ce rapport, aux actes faits par les officiers ministériels (Lyon, 17 mars 1875, David, Pataille, 75.375); — 2° que si, aux termes de l'art. 140 du décret du 18 juin 1811, le juge taxateur est tenu de taxer les états de frais qui lui sont présentés, avant de les rendre exécutoires, il a aussi le droit et le devoir, quand il s'agit de frais dont le chiffre n'est pas déterminé par ledit décret, de rechercher si les dépenses portées aux mémoires sont justifiées et de fixer dans quelles limites elles doivent être admises : spécialement, quand un jugement doit être inséré dans un journal, sans que le tribunal qui a ordonné l'insertion ait indiqué la place qu'elle devait y occuper, et que le jugement a été publié, d'accord avec l'intéressé et le gérant du journal, à une place où l'insertion coûtait trois fois plus cher qu'à la quatrième page, spécialement destinée aux annonces, le juge taxateur peut réduire le prix de l'insertion au prix qu'il eût atteint, si elle avait été faite à la quatrième page du journal, ainsi qu'elle aurait dû l'être (Cass., 21 janv. 1881, Jacquet, Pataille, 81.249).

1013. Publicité; *quid* **en cas d'acquittement?** — M. Nouguier s'exprime ainsi : « Même lorsque les receleurs, « vendeurs, exposants ou introducteurs d'objets contrefaits, « sont acquittés comme n'ayant pas agi sciemment, le tribu- « nal peut ordonner que son jugement sera affiché et inséré « dans les journaux à leurs frais. La bonne foi peut bien faire « disparaître le délit, mais comme elle laisse subsister le fait

« dommageable, la publicité peut être infligée à titre de « réparation du préjudice (1). » M. Nouguier fait une erreur évidente, ou du moins sa doctrine pèche par sa généralité. Nul doute qu'un tribunal civil, en reconnaissant la bonne foi des débitants et en leur réservant leur recours en garantie contre l'auteur de la contrefaçon, ne puisse néanmoins ordonner que le jugement sera inséré et affiché à leurs frais. Il peut, en effet, à défaut d'une culpabilité absolue, reconnaître du moins, dans les faits reprochés aux débitants, une imprudence de nature à engager leur responsabilité. Il n'en est pas ainsi devant le tribunal correctionnel ; dès que, pour une cause ou pour une autre, il constate l'absence du délit, il devient absolument incompétent pour statuer sur les intérêts civils, de quelque nature qu'ils soient, et il ne peut pas plus condamner le prévenu à l'affiche ou à l'insertion du jugement qu'il ne pourrait, en pareil cas, le condamner à des dommages-intérêts.

1014. Publicité accordée quoique non demandée. — Le droit d'afficher ou d'imprimer le jugement aux frais de l'adversaire constitue, pour la partie qui gagne son procès, un véritable supplément de dommages-intérêts, et, à coup sûr, ce n'est pas, dans bien des cas, le mode de réparation le moins important. S'ensuit-il que les tribunaux ne puissent l'accorder que sur la demande expresse de la partie, sous peine de commettre un excès de pouvoir? Le doute vient de ce que l'art. 1036 du Code de proc. civ. autorise les tribunaux à « prononcer, *même d'office*, des injonctions, supprimer des écrits, les déclarer calomnieux, et ordonner l'impression et l'affiche de leurs jugements. » Les mots *même d'office* s'appliquent-ils à toutes les dispositions de l'article? Nous ne le pensons pas ; ces mots, leur place même l'indique, ne s'appliquent qu'au cas où il s'agit d'injonctions à prononcer et ne doivent pas être étendus au delà (2). En tout cas, une partie ne peut se plaindre, pour la première fois, devant

---

(1) V. Nouguier, n° 1054. — V. aussi Trib. corr. Seine, 27 fév. 1873, Laterrière (Pataille, 73.294 et *la note*).

(2) V. toutefois Dall., v° *Affiche*, n°s 86 et suiv.

la Cour de cassation, de ce que les juges du fait aient statué *ultrà petita* en ordonnant une publicité qui n'était pas réclamée (1).

1015. Publicité demandée; défaut d'y statuer. — Lorsqu'une partie demande, par un chef spécial de ses conclusions, l'affiche et l'insertion de l'arrêt à intervenir le juge ne peut se dispenser d'y statuer, sous peine de voir sa décision cassée pour défaut de motifs. C'est là le droit commun qui s'applique naturellement ici comme ailleurs (2).

SECTION V.

Prescription.

SOMMAIRE.

1016. Distinction entre l'action et la peine. — 1017. Prescription de l'action; droit commun. — 1018. *Quid* si le prévenu a introduit une demande en nullité du brevet? — 1019. Prescription de la peine. — 1020. Fabrication; point de départ de la prescription. — 1021. Fabrication continue; est-ce un délit successif? — 1022. *Quid* de l'usage d'un objet contrefait? — 1023. Jurisprudence. — 1024. Jurisprudence contraire. — 1025. *Quid* des délits de vente, d'exposition en vente, d'introduction? — 1026. *Quid* du recel? — 1027. — *Quid* en cas de faits différents? — 1028. Prescription; à qui en incombe la preuve? — 1029. La prescription est une exception d'ordre public.

1016. Distinction entre l'action et la peine. — La contrefaçon est un délit, et, comme tout délit, elle est couverte par la prescription; il y a lieu, en cette matière, comme en toute autre, de distinguer entre l'*action* et la *peine*, chacune d'elles étant soumise à une prescription spéciale.

1017. Prescription de l'action; droit commun. — Après trois années écoulées, le délit de contrefaçon, comme tout autre délit, est couvert par la prescription. Conformément au droit commun, l'action civile en réparation du

(1) V. Rej., 14 janv. 1859, Luce-Villard (Pataille, 59.29).
(2) V. Cass., 11 juill. 1823, Gémont (*J. Pal.*, 18.29).

préjudice causé par le délit s'éteint en même temps que l'action publique (1); peu importe, d'ailleurs, que l'action civile soit portée devant le tribunal correctionnel en même temps que l'action publique ou séparément devant le tribunal civil. Dans l'un et l'autre cas, la prescription est acquise au bout de trois ans. Elle serait encore acquise, si le breveté, après avoir succombé dans sa plainte et interjeté appel, laissait trois années s'écouler sans suivre sur cet appel; son action, en ce cas, devrait être déclarée non recevable, le délit étant prescrit (2). Conformément encore au droit commun, tout acte d'instruction ou de poursuite fait dans l'intervalle, interrompt la prescription qui ne recommence à courir qu'à partir du jour où le dernier de ces actes a été fait. Il est de jurisprudence que la poursuite, intentée même devant un tribunal incompétent, interrompt la prescription (3). C'est dans les ouvrages qui traitent de l'*instruction criminelle* que l'on trouvera la définition exacte des actes d'instruction ou de poursuite (4).

1018. *Quid* **si le prévenu a introduit une demande en nullité du brevet?** — Que décider dans le cas où une demande en nullité du brevet a été introduite contre l'inventeur? Quelle sera l'influence de cette demande sur la prescription du délit de contrefaçon? Et, si de longs retards provenant par exemple d'une expertise difficile et compliquée, viennent à retarder le jugement de cette demande en nullité, le temps écoulé comptera-t-il pour la prescription? L'individu qui aura succombé dans sa demande en nullité, qui aura vu, malgré ses prétentions, le brevet validé, pourra-t-il, s'il est alors lui-même poursuivi en contrefaçon, se retrancher derrière la prescription? Nous ne le pensons pas; la demande en nullité du brevet constitue en réalité une de ces questions préjudicielles qui suspendent la prescription.

(1) V. Paris, 31 août 1855, Frezon et Meissonnier (Pataille, 55.203).

(2) V. Paris, 24 août 1859, Sax c. Besson.

(3) V. Rej., 12 mars 1863, Sax (Pataille, 63.126).

(4) V. art. 637 Code d'inst. crim. — Comp. Renouard, n° 266; Blanc, p. 674; Rendu et Delorme, n° 571; Dalloz, n° 397.

Comment en pourrait-il être autrement ? N'est-il pas évident que le droit du breveté s'est trouvé lui-même en quelque sorte suspendu ? N'a-t-il point été paralysé entre ses mains ? Pouvait-il engager une action en contrefaçon contre celui qui déniait son titre et l'attaquait ? Ne devait-il pas répondre à l'attaque, vider d'abord ce premier débat, dont l'issue avait une influence fatale sur la poursuite en contrefaçon ? De quoi peut se plaindre le poursuivi en contrefaçon ? N'est-ce pas lui qui a créé cette situation ? Par tous ces motifs, nous croyons que la prescription est suspendue pendant tout le temps que dure le jugement de la question préjudicielle.

1019. Prescription de la peine. — La prescription de la peine ne doit pas être confondue avec la prescription de l'action. Nous venons de voir dans quelles conditions et dans quel délai l'action se prescrit ; la peine se prescrit par cinq ans, qui commencent à courir, soit du jour où est rendue la décision qui la prononce, si c'est une décision en dernier ressort, soit du jour où l'appel n'est plus recevable, s'il s'agit d'un jugement en premier ressort.

La peine ne comprend d'ailleurs que les condamnations prononcées sur les réquisitions du ministère public, emprisonnement, amende ; les réparations civiles, ordonnées sur la demande de la partie privée, restent soumises à la prescription civile telle qu'elle est organisée par le Code civil.

1020. Fabrication ; point de départ de la prescription. — La prescription ne court que du jour où le délit est consommé ; mais quand peut-on dire que le délit, résultant de la fabrication d'objets contrefaits, est consommé ? C'est le jour où elle sera achevée ; car la fabrication est un fait nécessairement complexe, composé d'une série d'actes distincts, dont le dernier est aussi coupable que le premier. Tant que dure la fabrication, le délit se poursuit donc et se complète (1).

1021. Fabrication continue ; est-ce un délit successif ? — Il ne faudrait pas conclure de ce que nous

---

(1) Comp. Nougnier, n° 1080 ; Renouard, n° 266 ; Rondu et Delorme, n° 571 ; Blanc, p. 673.

disons sous le numéro précédent que celui qui fabrique sans interruption, ou du moins d'une manière continue, des objets contrefaits, ne commette qu'un seul délit, lequel commence le jour où il organise la contrefaçon et s'achève le jour où il la cesse ; ce serait faire du délit de contrefaçon un délit successif et tomber dans une grave erreur. La fabrication de chacun des objets contrefaits constitue un délit distinct ; le délit commence avec la fabrication de l'objet et se complète avec elle ; dès que l'objet est achevé, le délit est irrévocablement consommé. Il ne se confond pas avec celui qui l'a précédé ou qui pourra le suivre, de manière qu'avec eux il constitue un seul et même délit. Non ; chacun de ces délits peut être séparément poursuivi et se prescrit séparément. Il s'ensuit que, dans le cas d'une fabrication qui a commencé plus de trois ans avant la poursuite et s'est, depuis, continuée sans interruption, il y a lieu de distinguer entre les faits qui remontent à plus ou moins de trois années et, suivant cette distinction, de les déclarer prescrits ou non prescrits (1).

Jugé en ce sens : 1° que la fabrication d'un nombre plus ou moins considérable d'objets contrefaits ne peut être prise en bloc pour arriver à n'en faire qu'un seul et même délit, lequel serait soumis, seulement dans son ensemble, à la prescription applicable au dernier des actes de abrication ; il existe, en pareil cas, une succession de délits, mais non un délit successif : en conséquence, la prescription commence à courir à dater de chaque fait de contrefaçon et non à partir de la cessation du dernier fait ; il s'ensuit que tous les faits, consommés antérieurement aux trois années qui ont précédé la poursuite, ne tombent, à aucun point de vue, sous l'application de la loi (Cass., 8 août 1857, Sax (2), Pataille, 57.263) ; — 2° que le tribunal correctionnel, pour fixer les dommages-intérêts dus au breveté, ne peut tenir compte que des faits de contrefaçon se plaçant au cours des trois années antérieures

---

(1) V., en sens contraire, Nouguier, n° 1081.

(2) V. également, sur le renvoi, Rouen, 24 juin 1858, mêmes parties (Pataille, 59.33).

à l'assignation ; les agissements postérieurs n'ayant pas été déclarés délictueux par la juridiction répressive, ne sauraient être pris en considération ; il en est ainsi alors même que, pendant les débats, les prévenus de contrefaçon auraient reconnu la responsabilité générale d'actes par eux commis postérieurement à l'assignation, mais sans que cette reconnaissance ressortît nettement soit de l'arrêt de condamnation, soit d'actes formels de procédure (Paris, 26 déc. 1883, Balin, Pataille, 84.321).

1022. *Quid* **de l'usage d'un objet contrefait ?** — Nous pensons de même que l'usage continu de l'objet contrefait constitue, non un délit successif, mais une succession de délits distincts et soumis séparément à la prescription. Sans doute, les faits d'usage seront quelquefois si fréquents, si rapprochés les uns des autres, qu'on pourra dire, dans le langage du monde, que l'usage est continu ; mais pour le jurisconsulte, qui doit regarder de plus près et s'attacher à saisir la réalité même des choses, si subtile qu'elle soit, il est facile d'apercevoir que chaque fait d'usage est distinct. Il est distinct par le temps dans lequel il s'accomplit, par le résultat qu'il donne, par le bénéfice qu'il procure, par les intervalles qui le séparent du fait précédent, aussi bien que du suivant. Prenons un exemple dans l'un des arrêts que nous rapportons plus bas : il s'agit d'une pompe à bière en usage chez les limonadiers pour faire monter directement le liquide de la cave et le débiter ainsi, toujours frais, au gré du consommateur. N'est-il pas clair ici que chaque fait d'usage est bien distinct, bien séparé, bien défini ? N'est-il pas évident que le seul fait, de la part du limonadier, de posséder un de ces appareils ne constitue pas par lui-même un fait d'usage ? Qui voudrait soutenir le contraire ? L'usage, en effet, comporte un agissement, un acte de la volonté, une démarche active enfin, et ne saurait résider dans un fait purement passif comme la possession. Et, alors même qu'il s'agirait d'une machine marchant nuit et jour, nous dirions encore que son usage ne constitue pas un délit successif ; l'usage, en ce cas, est bien continu, en ce sens qu'il n'est pas matériellement suspendu, mais il exige à chaque instant le renouvellement de cet acte de la volonté, de cette démarche active qui maintient l'usage délictueux et en tire des produits. Il y a succession non interrompue, si l'on veut, mais il y a succession d'actes, et, par cela même, il n'y a pas de délit successif. Le contrefacteur n'a donc ici encore à répondre que des faits d'usage dont il s'est rendu coupable dans les trois années qui ont précédé la poursuite (1).

1023. Jurisprudence (2). — Jugé en ce sens : 1° que le délit, résultant de l'emploi des moyens brevetés, se compose de chaque fait journalier d'usage, dont le renouvellement successif constitue une série d'atteintes aux droits du breveté ; il suit de là que la prescription couvre les faits d'usage qui remontent à plus de trois années ; les faits postérieurs tombent seuls sous le coup de la loi (Rej., 6 déc. 1861, de Bergue, Pataille, 62.209) ; — 2° que l'action civile, procédant du délit de contrefaçon, se prescrit par trois ans, et que, chaque fait d'emploi des moyens brevetés constituant un délit distinct, il s'ensuit que le breveté n'a droit à aucuns dommages-intérêts pour les faits remontant à plus de trois années avant le premier acte de poursuite ; on objecterait en vain qu'il suffit de l'organisation permanente des appareils (dans l'espèce, appareils de distillation) pour perpétuer l'infraction, même pendant le chômage de l'usine, puisque le délit consiste précisément dans l'emploi des moyens brevetés et non dans la simple possession des instruments ou ustensiles destinés à la contrefaçon (Bourges, 28 déc. 1869, Champonnois (3), Dall., 70.2.153).

1024. Jurisprudence contraire. — Jugé en sens contraire : 1° que l'usage d'un appareil breveté constitue un délit continu, et, dès lors, que la prescription ne commence à courir que du jour où l'usage a cessé (Metz, 11 fév. 1869, Gougy Sir., 69.2.204) ; — 2° que, du moins, il y a délit successif dans l'usage permanent d'un appareil contrefait ; en ce

---

(1) V. Pataille, 72 396. — Comp. Faustin Hélie, t. 3, p. 707. — V., en sens contr., Blanc, p. 673.

(2) V. encore Trib. corr. Sables d'Olonne, 8 juin 1870, Gentil (Pataille, 72.209).

(3) V. aussi Rej., 14 août 1871, même affaire (Dall., 71.1.282).

cas, la permanence de l'instrument établit la permanence et la perpétuité du délit; par suite, la prescription ne commence à courir que du jour où l'usage a cessé (Besançon, 1er juin 1853, Thomas-Laurèns, cité par Blanc, p. 673).

1025. *Quid* **des délits de vente; d'exposition en vente; d'introduction?** — Ici pas de difficulté; chaque fait de vente, chaque fait d'introduction se distingue si nettement des faits de même nature que le doute ne peut exister; le délit n'est pas successif; autant de ventes ou d'introductions, autant de délits. Il ne nous paraît pas que le doute puisse davantage exister en ce qui concerne l'exposition en vente; il nous semble puéril de soutenir que l'exposition en vente est un fait continu; c'est, au contraire, un fait essentiellement discontinu, soit par la force même des choses, puisque la nuit suspend nécessairement toute exposition en vente, soit par la volonté du délinquant qui met l'objet en vente aujourd'hui, ne l'y met pas demain et qui même, suivant son caprice ou suivant les circonstances, le met en vente à un moment du jour pour le retirer le moment d'après. Au surplus, ce que nous avons dit de l'usage trouve ici son application. L'exposition en vente exige un acte de la volonté, et, par cela même, dans la continuité de l'exposition, il y a renouvellement de cet acte, par conséquent succession de faits délictueux.

Quant au délit d'introduction, il est de toute évidence qu'il n'est pas successif, puisque chaque fait constitue un délit spécial et distinct.

1026. *Quid* **du recel?** — Distinguons le cas où il y a, à des époques différentes, recel de plusieurs objets contrefaits, et le cas où il y a continuité du recel du même objet. Il est clair que chaque fait de recel, s'appliquant à un objet différent, constitue un délit distinct, et que la prescription de l'un reste sans influence sur l'autre. Lors au contraire qu'il s'agit du recel continu et persistant du même objet, nous pensons que le délit est continu et successif; nous ne voyons en effet un acte de la volonté qu'au moment où la possession commence et pour la faire commencer; ensuite elle se continue sans interruption, ni de jour ni de nuit, et le fait en réalité se perpétue. Nous sommes donc amené à conclure que, dans ce cas, mais dans ce cas seulement, la prescription ne court que du jour où cette possession a cessé.

1027. *Quid* **en cas de faits différents?** — Si chaque fait de même nature constitue un délit distinct et soumis à une prescription spéciale, à plus forte raison faut-il décider de même pour des faits de nature différente. C'est donc énoncer une vérité, presque naïve à force d'être évidente, que de dire que la prescription du fait de fabrication ne couvre pas le fait de vente, et que par suite la vente, depuis moins de trois ans, d'un objet contrefait constitue un délit, alors même qu'il est établi que sa fabrication remonte à plus de trois années (1).

1028. Prescription ; à qui en incombe la preuve? — La prescription constitue une véritable exception à la poursuite, et c'est au prévenu, demandeur à l'exception, à prouver qu'elle est fondée. C'est la règle du droit commun (2). Il est clair pourtant que le plaignant en contrefaçon doit préciser l'époque à laquelle se placent les faits qu'il incrimine. Supposez un breveté qui traduirait devant la justice un contrefacteur et se bornerait à établir contre lui des faits de contrefaçon remontant à dix ans auparavant, c'est-à-dire à un temps si éloigné que certainement la prescription serait acquise, et, en même temps, qui n'apporterait aucune présomption permettant de penser que cette contrefaçon a pu se perpétuer. Le défaut de précision de l'époque, à laquelle les faits auraient été commis, permettrait au juge d'acquitter le prévenu sans même que celui-ci eût besoin de prouver la prescription, ou plutôt la date même des faits fournirait la preuve du bien fondé de l'exception. Au contraire, supposez que le breveté prouve qu'un peu moins de trois ans avant la poursuite le prévenu a acheté et installé dans ses ateliers

(1) V. Paris, 26 juill. 1828, Boc Saint-Hilaire (Dall., 28.2.149); Rouen, 24 juin 1858, Sax (Pataille, 59.33); Rej., 21 août 1858, Sax (Pataille, 59.42); Rouen, 1er mai 1862, Richard et Grassal (Pataille, 62. 337). — Comp. Rennes, 18 nov. 1874, Mignon et Rouart (Pataille, 75. 180).

(2) V. Paris, 30 janv. 1847, Demy-Doineau (*Le Droit*, 22 février).

une machine contrefaite; en ce cas, la présomption est que cette machine, qui fournissait un travail utile à la veille du jour où la prescription aurait commencé, ne s'est pas arrêtée subitement comme par miracle et a continué son service après. C'est alors au prévenu, qui soutient que la machine a cessé de fonctionner, a disparu même depuis trois ans, à prouver le fait qu'il avance, et qui constitue la prescription.

1029. La prescription est une exception d'ordre public. — La prescription du délit et par conséquent la prescription de l'action civile qui en résulte constitue une exception d'ordre public, à laquelle les prévenus ne peuvent renoncer ni directement, ni indirectement, et qui doit, s'ils ne l'invoquent pas, être appliquée d'office par les tribunaux (1). Il suit de là qu'elle peut être invoquée en tout état de cause, même après qu'une première décision judiciaire, ayant acquis l'autorité de la chose jugée, a condamné le prévenu à des dommages-intérêts à fixer par état, sans faire aucune distinction entre les faits qui lui sont reprochés; en ce cas, les juges, appelés à statuer sur l'état fourni, doivent, malgré le silence de la première décision, écarter les faits antérieurs à trois années (2).

(1) V. Paris, 24 fév. 1855, Ragani (*J. Pal.*, 55.2.326).
(2) V. Paris, 31 août 1855, Frezon et Meissonnier (Pataille, 55.203).

DOCUMENTS LÉGISLATIFS

RAPPORTÉS PAR ORDRE CHRONOLOGIQUE.

LOI DU 5 JUILLET 1844 (1)

TITRE Ier.

DISPOSITIONS GÉNÉRALES.

Art. 1er. — Toute nouvelle découverte ou invention dans tous les genres d'industrie confère à son auteur, sous les conditions et pour le temps ci-après déterminés, le droit exclusif d'exploiter à son profit ladite découverte ou invention.

Ce droit est constaté par des titres délivrés par le Gouvernement, sous le nom de brevets d'invention.

Art. 2. — Seront considérées comme inventions ou découvertes nouvelles :

L'invention de nouveaux produits industriels ;

---

(1) Les travaux préparatoires doivent être consultés ; on les trouve, soit dans le *Moniteur officiel* de l'époque, soit sous une forme plus commode, dans le *Répertoire* de M. Huard. Toutefois, M. Huard a omis le rapport supplémentaire présenté à la Chambre des pairs par M. de Barthélemy : on le lira dans le *Moniteur officiel*, ou dans le recueil de M. Duvergier, 1844, p. 617.

L'ouvrage de M. Malapert et Forni (*suprà*, p. XXVIII) donne la liste d'un grand nombre de pièces et documents législatifs peu connus, se rapportant à la matière des brevets d'invention ; malheureusement, les auteurs se bornent à donner la date de ces documents, sans en fournir le texte. Ils ajoutent même que, malgré leurs recherches et leurs démarches, il leur a été impossible de se procurer le texte de plusieurs de ces pièces officielles.

L'invention de nouveaux moyens ou l'application nouvelle de moyens connus, pour l'obtention d'un résultat ou d'un produit industriel.

Art. 3. — Ne sont pas susceptibles d'être brevetés :

1° Les compositions pharmaceutiques ou remèdes de toute espèce, lesdits objets demeurant soumis aux lois et règlements spéciaux sur la matière, et notamment au décret du 18 août 1810, relatif aux remèdes secrets ;

2° Les plans et combinaisons de crédit ou de finances.

Art. 4. — La durée des brevets sera de cinq, dix ou quinze années.

Chaque brevet donnera lieu au payement d'une taxe, qui est fixée ainsi qu'il suit :

500 fr. pour un brevet de cinq ans ;
1,000 fr. pour un brevet de dix ans ;
1,500 fr. pour un brevet de quinze ans.

Cette taxe sera payée par annuités de 100 fr., sous peine de déchéance, si le breveté laisse écouler un terme sans l'acquitter.

TITRE II.

DES FORMALITÉS RELATIVES A LA DÉLIVRANCE DES BREVETS.

SECTION Ire.

Des demandes de brevets.

Art. 5. — Quiconque voudra prendre un brevet d'invention devra déposer, sous cachet, au secrétariat de la préfecture, dans le département où il est domicilié, ou tout autre département, en y élisant domicile :

1° Sa demande au ministre de l'agriculture et du commerce ;

2° Une description de la découverte, invention ou application faisant l'objet du brevet demandé ;

3° Les dessins ou échantillons qui seraient nécessaires pour l'intelligence de la description ;

Et 4° un bordereau des pièces déposées.

Art. 6. — La demande sera limitée à un seul objet principal, avec les objets de détail qui le constituent et les applications qui auront été indiquées.

Elle mentionnera la durée que les demandeurs entendent assigner à leur brevet dans les limites fixées par l'article 4, et ne contiendra ni restrictions, ni conditions, ni réserves.

Elle indiquera un titre renfermant la désignation sommaire et précise de l'objet de l'invention.

La description ne pourra être écrite en langue étrangère. Elle devra être sans altération ni surcharges. Les mots rayés comme nuls seront comptés et constatés, les pages et les renvois paraphés. Elle ne devra contenir aucune dénomination de poids ou de mesures autres que celles qui sont portées au tableau annexé à la loi du 4 juillet 1837.

Les dessins seront tracés à l'encre et d'après une échelle métrique.

Un duplicata de la description et des dessins sera joint à la demande.

Toutes les pièces seront signées par le demandeur, ou par un mandataire dont le pouvoir restera annexé à la demande.

Art. 7. — Aucun dépôt ne sera reçu que sur la production d'un récépissé constatant le versement d'une somme de 100 fr. à valoir sur le montant de la taxe du brevet.

Un procès-verbal, dressé sans frais par le secrétaire général de la préfecture, sur un registre à ce destiné, et signé par le demandeur, constatera chaque dépôt, en énonçant le jour et l'heure de la remise des pièces.

Une expédition dudit procès-verbal sera remise au déposant, moyennant le remboursement des frais de timbre.

Art. 8. — La durée du brevet courra du jour du dépôt prescrit par l'article 5.

SECTION II.

De la délivrance des brevets.

Art. 9. — Aussitôt après l'enregistrement des demandes, et dans les cinq jours de la date du dépôt, les préfets transmettront les pièces, sous le cachet de l'inventeur, au ministre de l'agriculture et du commerce, en y joignant une copie certifiée du procès-verbal de dépôt, le récépissé constatant le versement de la taxe, et, s'il y a lieu, le pouvoir mentionné dans l'article 6.

Art. 10. — A l'arrivée des pièces au ministère de l'agriculture et du commerce, il sera procédé à l'ouverture, à l'enregistrement des demandes, et à l'expédition des brevets dans l'ordre de la réception desdites demandes.

Art. 11. — Les brevets dont la demande aura été régulièrement formée seront délivrés, sans examen préalable, aux risques et périls des demandeurs, et sans garantie, soit de la réalité, de la nouveauté ou du mérite de l'invention, soit de la fidélité ou de l'exactitude de la description.

Un arrêté du ministre, constatant la régularité de cette demande, sera délivré au demandeur, et constituera le brevet d'invention.

A cet arrêté sera joint le duplicata certifié de la description et des dessins mentionnés dans l'article 6, après que la conformité avec l'expédition originale en aura été reconnue et établie au besoin.

La première expédition des brevets sera délivrée sans frais.

Toute expédition ultérieure, demandée par le breveté ou ses ayants cause, donnera lieu au payement d'une taxe de 25 francs.

Les frais de dessin, s'il y a lieu, demeureront à la charge de l'impétrant.

Art. 12. — Toute demande dans laquelle n'auraient pas été observées les formalités prescrites par les numéros 2° et 3° de l'article 5, et par l'art. 6, sera rejetée. La moitié de la somme versée restera acquise au Trésor ; mais il sera tenu compte de la totalité de cette somme au demandeur, s'il reproduit sa demande dans un délai de trois mois, à compter de la date de la notification du rejet de sa requête.

Art. 13. — Lorsque, par application de l'article 3, il n'y aura pas lieu à délivrer un brevet, la taxe sera restituée.

Art. 14.— Une ordonnance royale, insérée au *Bulletin des Lois*, proclamera, tous les trois mois, les brevets délivrés.

Art. 15. — La durée des brevets ne pourra être prolongée que par une loi.

SECTION III.

Des certificats d'addition.

Art. 16. — Le breveté ou les ayants droit au brevet auront, pendant toute la durée du brevet, le droit d'apporter à l'invention des changements, perfectionnements ou additions, en remplissant, pour le dépôt de la demande, les formalités déterminées par les articles 5, 6 et 7.

Ces changements, perfectionnements ou additions, seront constatés par des certificats délivrés dans la même forme que le brevet principal, et qui produiront, à partir des dates respectives des demandes et de leur expédition, les mêmes effets que ledit brevet principal, avec lequel ils prendront fin.

Chaque demande de certificat d'addition donnera lieu au payement d'une taxe de 20 fr.

Les certificats d'addition pris par un des ayants droit profiteront à tous les autres.

Art. 17. — Tout breveté qui, pour un changement, perfectionnement ou addition, voudra prendre un brevet principal de cinq, dix ou quinze années, au lieu d'un certificat d'addition expirant avec le brevet primitif, devra remplir les formalités prescrites par les articles 5, 6 et 7, et acquitter la taxe mentionnée dans l'article 4.

Art. 18. — Nul autre que le breveté ou ses ayants droit, agissant comme il est dit ci-dessus, ne pourra, pendant une année, prendre valablement un brevet pour un changement, perfectionnement ou addition à l'invention qui fait l'objet du brevet primitif.

Néanmoins, toute personne qui voudra prendre un brevet pour changement, addition ou perfectionnement à une découverte déjà brevetée, pourra, dans le cours de ladite année, former une demande qui sera transmise et restera déposée sous cachet au ministère de l'agriculture et du commerce.

L'année expirée, le cachet sera brisé et le brevet délivré.

Toutefois, le breveté principal aura la préférence pour les changements, perfectionnements et additions pour lesquels il aurait lui-même, pendant l'année, demandé un certificat d'addition ou un brevet.

Art. 19. — Quiconque aura pris un brevet pour une découverte, invention ou application se rattachant à l'objet d'un autre brevet, n'aura aucun droit d'exploiter l'invention déjà brevetée, et, réciproquement, le titulaire du brevet primitif ne pourra exploiter l'invention objet du nouveau brevet.

SECTION IV.

De la transmission et de la cession des brevets.

Art. 20. — Tout breveté pourra céder la totalité ou partie de la propriété de son brevet.

La cession partielle ou totale d'un brevet, soit à titre gratuit, soit à titre onéreux, ne pourra être faite que par acte notarié, et après le payement de la totalité de la taxe déterminée par l'art. 4.

Aucune cession ne sera valable, à l'égard des tiers, qu'après avoir été enregistrée au secrétariat de la préfecture du département dans lequel l'acte aura été passé.

L'enregistrement des cessions et de tous autres actes emportant mutation sera fait sur la production et le dépôt d'un extrait authentique de l'acte de cession ou de mutation.

Une expédition de chaque procès-verbal d'enregistrement, accompagnée de l'extrait de l'acte ci-dessus mentionné, sera transmise, par les préfets, au ministre de l'agriculture et du commerce, dans les cinq jours de la date du procès-verbal.

Art. 21. — Il sera tenu, au ministère de l'agriculture et du commerce, un registre sur lequel seront inscrites les mutations intervenues sur chaque brevet, et, tous les trois mois, une ordonnance royale proclamera, dans la forme déterminée par l'article 14, les mutations enregistrées pendant le trimestre expiré.

Art. 22. — Les cessionnaires d'un brevet, et ceux qui auront acquis d'un breveté ou de ses ayants droit la faculté d'exploiter la découverte ou l'invention, profiteront, de plein droit, des certificats d'addition qui seront ultérieurement délivrés au breveté ou à ses ayants droit. Réciproquement, le breveté ou ses ayants droit profiteront des certificats d'addition qui seront ultérieurement délivrés aux cessionnaires.

Tous ceux qui auront droit de profiter des certificats d'addition pourront en lever une expédition au ministère de l'agriculture et du commerce, moyennant un droit de 20 fr.

SECTION V.

De la communication et de la publication des descriptions et dessins de brevets.

Art. 23. — Les descriptions, dessins, échantillons et modèles des brevets délivrés, resteront, jusqu'à l'expiration des brevets, déposés au ministère de l'agriculture et du commerce, où ils seront communiqués sans frais, à toute réquisition.

Toute personne pourra obtenir, à ses frais, copie desdites descriptions et dessins, suivant les formes qui seront déterminées dans le règlement rendu en exécution de l'article 50.

Art. 24. — Après le payement de la deuxième annuité, les descriptions et dessins seront publiés, soit textuellement, soit par extrait.

Il sera en outre publié, au commencement de chaque année, un catalogue contenant les titres des brevets délivrés dans le courant de l'année précédente.

Art. 25. — Le recueil des descriptions et dessins et le catalogue, publiés en exécution de l'article précédent, seront déposés au ministère de l'agriculture et du commerce et au secrétariat de la préfecture de chaque département, où ils pourront être consultés sans frais.

Art. 26. — A l'expiration des brevets, les originaux des descriptions et dessins seront déposés au Conservatoire royal des Arts et Métiers.

TITRE III.

DES DROITS DES ÉTRANGERS.

Art. 27. — Les étrangers pourront obtenir en France des brevets d'invention.

Art. 28. — Les formalités et conditions déterminées par la présente loi seront applicables aux brevets demandés ou délivrés en exécution de l'article précédent.

Art. 29. — L'auteur d'une invention ou découverte déjà brevetée à l'étranger pourra obtenir un brevet en France. Mais la durée de ce brevet ne pourra excéder celle des brevets antérieurement pris à l'étranger.

TITRE IV.

DES NULLITÉS ET DÉCHÉANCES ET DES ACTIONS Y RELATIVES.

SECTION Ire.

Des nullités et déchéances.

Art. 30. — Seront nuls, et de nul effet, les brevets délivrés dans les cas suivants, savoir :

1° Si la découverte, invention ou application n'est pas nouvelle ;

2° Si la découverte, invention ou application n'est pas, aux termes de l'article 3, susceptible d'être brevetée;

3° Si les brevets portent sur des principes, méthodes, systèmes, découvertes et conceptions théoriques ou purement scientifiques, dont on n'a pas indiqué les applications industrielles;

4° Si la découverte, invention ou application est reconnue contraire à l'ordre ou à la sûreté publique, aux bonnes mœurs ou aux lois du royaume, sans préjudice, dans ce cas, et dans celui du paragraphe précédent, des peines qui pourraient être encourues pour la fabrication ou le débit d'objets prohibés;

5° Si le titre sous lequel le brevet a été demandé indique frauduleusement un objet autre que le véritable objet de l'invention;

6° Si la description jointe au brevet n'est pas suffisante pour l'exécution de l'invention, ou si elle n'indique pas, d'une manière complète et loyale, les véritables moyens de l'inventeur;

7° Si le brevet a été obtenu contrairement aux dispositions de l'article 18.

Seront également nuls, et de nul effet, les certificats comprenant des changements, perfectionnements ou additions qui ne se rattacheraient pas au brevet principal.

Art. 31. — Ne sera pas réputée nouvelle toute découverte, invention ou application qui, en France ou à l'étranger, et antérieurement à la date du dépôt de la demande, aura reçu une publicité suffisante pour pouvoir être exécutée.

Art. 32. — (*Modifié par la loi du 20 mai 1856*). Sera déchu de tous ses droits :

1° Le breveté qui n'aura pas acquitté son annuité avant le commencement de chacune des années de la durée de son brevet;

2° Le breveté qui n'aura pas mis en exploitation sa découverte ou invention en France dans le délai de deux ans, à dater du jour de la signature du brevet, ou qui aura cessé de l'exploiter pendant deux années consécutives, à moins que, dans l'un ou l'autre cas, il ne justifie des causes de son inaction;

3° Le breveté qui aura introduit en France des objets fabriqués en pays étranger et semblables à ceux qui sont garantis par son brevet.

Néanmoins, le ministre de l'agriculture, du commerce et des travaux publics pourra autoriser l'introduction : 1° des modèles de machines; 2° des objets fabriqués à l'étranger destinés à des expositions publiques ou à des essais faits avec l'assentiment du gouvernement (1).

Art. 33.— Quiconque, dans des enseignes, annonces, prospectus, affiches, marques ou estampilles, prendra la qualité de breveté sans posséder un brevet délivré conformément aux lois, ou après l'expiration d'un brevet antérieur; ou qui, étant breveté, mentionnera sa qualité de breveté ou son brevet sans y ajouter ces mots : *sans garantie du Gouvernement*, sera puni d'une amende de 50 francs à 1,000 francs.

En cas de récidive, l'amende pourra être portée au double.

SECTION II.

Des actions en nullité et en déchéance.

Art. 34. — L'action en nullité et l'action en déchéance pourront être exercées par toute personne y ayant intérêt.

Ces actions, ainsi que toutes contestations relatives à la propriété des brevets, seront portées devant les tribunaux civils de première instance.

Art. 35.— Si la demande est dirigée en même temps contre le titulaire du brevet et contre un ou plusieurs cessionnaires partiels, elle sera portée devant le tribunal du domicile du titulaire du brevet.

Art. 36. —L'affaire sera instruite et jugée dans la forme prescrite pour les matières sommaires par les articles 405 et suivants du Code de procédure civile. Elle sera communiquée au procureur du roi.

Art. 37. — Dans toute instance tendant à faire prononcer la nullité ou la déchéance d'un brevet, le ministère public pourra se rendre partie intervenante et prendre des réquisitions pour faire prononcer la nullité ou la déchéance absolue du brevet.

Il pourra même se pourvoir directement par action principale pour faire prononcer la nullité, dans les cas prévus aux n°s 2°, 4° et 5° de l'article 30.

---

(1) Ce dernier paragraphe, introduit par la loi de 1856, a remplacé le suivant, qui terminait l'article, dans la loi de 1844 : « *Sont exceptés des dispositions du précédent paragraphe les modèles de machines dont le ministre de l'agriculture et du commerce pourra autoriser l'introduction dans le cas prévu par l'article* 29. »

Art. 38. — Dans les cas prévus par l'article 37, tous les ayants droit au brevet, dont les titres auront été enregistrés au ministère de l'agriculture et du commerce, conformément à l'article 21, devront être mis en cause.

Art. 39. — Lorsque la nullité ou la déchéance absolue d'un brevet aura été prononcée par jugement ou arrêt ayant acquis force de chose jugée, il en sera donné avis au ministre de l'agriculture et du commerce, et la nullité ou la déchéance sera publiée dans la forme déterminée par l'article 14 pour la proclamation des brevets.

TITRE V.

DE LA CONTREFAÇON, DES POURSUITES ET DES PEINES.

Art. 40. — Toute atteinte portée aux droits du breveté, soit par la fabrication de produits, soit par l'emploi de moyens faisant l'objet de son brevet, constitue le délit de contrefaçon.

Ce délit sera puni d'une amende de 100 à 2,000 francs.

Art. 41. — Ceux qui auront sciemment recelé, vendu ou exposé en vente, ou introduit sur le territoire français un ou plusieurs objets contrefaits, seront punis des mêmes peines que les contrefacteurs.

Art. 42. — Les peines établies par la présente loi ne pourront être cumulées.

La peine la plus forte sera seule prononcée pour tous les faits antérieurs au premier acte de poursuite.

Art. 43. — Dans le cas de récidive, il sera prononcé, outre l'amende portée aux articles 40 et 41, un emprisonnement d'un mois à six mois.

Il y a récidive lorsqu'il a été rendu contre le prévenu, dans les cinq années antérieures, une première condamnation pour un des délits prévus par la présente loi.

Un emprisonnement d'un mois à six mois pourra aussi être prononcé, si le contrefacteur est un ouvrier ou un employé ayant travaillé dans les ateliers ou dans l'établissement du breveté, ou si le contrefacteur, s'étant associé avec un ouvrier ou un employé du breveté, a eu connaissance, par ce dernier, des procédés décrits au brevet.

Dans ce dernier cas, l'ouvrier ou l'employé pourra être poursuivi comme complice.

Art. 44. — L'article 463 du Code pénal pourra être appliqué aux délits prévus par les dispositions qui précèdent.

Art. 45. — L'action correctionnelle, pour l'application des peines ci-dessus, ne pourra être exercée par le ministère public que sur la plainte de la partie lésée.

Art. 46. — Le tribunal correctionnel, saisi d'une action pour délit de contrefaçon, statuera sur les exceptions qui seraient tirées par le prévenu, soit de la nullité ou de la déchéance du brevet, soit des questions relatives à la propriété dudit brevet.

Art. 47. — Les propriétaires de brevet pourront, en vertu d'une ordonnance du président du tribunal de première instance, faire procéder, par tous huissiers, à la désignation et description détaillées, avec ou sans saisie, des objets prétendus contrefaits.

L'ordonnance sera rendue sur simple requête, et sur la représentation du brevet; elle contiendra, s'il y a lieu, la nomination d'un expert pour aider l'huissier dans sa description.

Lorsqu'il y aura lieu à la saisie, ladite ordonnance pourra imposer au requérant un cautionnement qu'il sera tenu de consigner avant d'y faire procéder.

Le cautionnement sera toujours imposé à l'étranger breveté qui requerra la saisie.

Il sera laissé copie au détenteur des objets décrits ou saisis, tant de l'ordonnance que de l'acte constatant le dépôt du cautionnement, le cas échéant; le tout à peine de nullité et de dommages-intérêts contre l'huissier.

Art. 48. — A défaut, par le requérant, de s'être pourvu, soit par la voie civile, soit par la voie correctionnelle, dans le délai de huitaine, outre un jour par trois myriamètres de distance entre le lieu où se trouvent les objets saisis ou décrits et le domicile du contrefacteur, receleur, introducteur ou débitant, la saisie ou description sera nulle de plein droit, sans préjudice des dommages-intérêts qui pourront être réclamés, s'il y a lieu, dans la forme prescrite par l'article 36.

Art. 49. — La confiscation des objets reconnus contrefaits, et, le cas échéant, celle des instruments ou ustensiles destinés spécialement à leur fabrication, seront, même en cas d'acquittement, prononcées contre le contrefacteur, le receleur, l'introducteur ou le débitant.

Les objets confisqués seront remis au propriétaire du brevet, sans préjudice de plus amples dommages-intérêts et de l'affiche du jugement, s'il y a lieu.

TITRE VI.

DISPOSITIONS PARTICULIÈRES ET TRANSITOIRES.

Art. 50. — Des ordonnances royales, portant règlement d'administration publique, arrêteront les dispositions nécessaires pour l'exécution de la présente loi, qui n'aura effet que trois mois après sa promulgation.

Art. 51. — Des ordonnances rendues dans la même forme pourront régler l'application de la présente loi dans les colonies, avec les modifications qui seront jugées nécessaires.

Art. 52. — Seront abrogés, à compter du jour où la présente loi sera devenue exécutoire, les lois des 7 janvier et 25 mai 1791, celle du 20 septembre 1792, l'arrêté du 17 vendémiaire an VII, l'arrêté du 5 vendémiaire an IX, les décrets des 25 novembre 1806 et 25 janvier 1807, et toutes dispositions antérieures à la présente loi, relatives aux brevets d'invention, d'importation et de perfectionnement.

Art. 53. — Les brevets d'invention, d'importation et de perfectionnement actuellement en exercice, délivrés conformément aux lois antérieures à la présente, ou prorogés par ordonnance royale, conserveront leur effet pendant tout le temps qui aura été assigné à leur durée.

Art. 54. — Les procédures, commencées avant la promulgation de la présente loi, seront mises à fin, conformément aux lois antérieures.

Toute action, soit en contrefaçon, soit en nullité ou déchéance de brevet, non encore intentée, sera suivie conformément aux dispositions de la présente loi, alors même qu'il s'agirait de brevets délivrés antérieurement.

ARRÊTÉ

DU 21 OCTOBRE 1848 (1)

Qui règle l'application, dans les colonies, de la loi du 5 juillet 1844, sur les brevets d'invention.

LE PRÉSIDENT DU CONSEIL DES MINISTRES, chargé du pouvoir exécutif,

Sur le rapport du ministre de l'agriculture et du commerce; — Vu l'article 51 de la loi du 5 juillet 1844; — Vu l'avis du ministre de la marine et des colonies; — Le Conseil d'État entendu,

ARRÊTE :

Art. 1er. — La loi du 5 juillet 1844, sur les brevets d'invention, recevra son application dans les colonies à partir de la publication du présent arrêté.

Art. 2. — Quiconque voudra prendre, dans les colonies, un brevet d'invention devra déposer, en triple expédition, les pièces exigées par l'art. 5 de la loi précitée dans les bureaux du directeur de l'intérieur; le procès-verbal, constatant ce dépôt, sera dressé sur un registre à ce destiné et signé par ce fonctionnaire et par le demandeur, conformément à l'art. 7 de ladite loi.

Art. 3. — Avant de procéder à la rédaction de ce procès-verbal de dépôt, le directeur de l'intérieur se fera représenter : 1° le récépissé délivré par le trésorier de la colonie, constatant le versement de la somme de 100 francs pour la première annuité de la taxe; 2° chacune des pièces, en triple expédition, énoncées aux § 1er 2, 3 et 4 de l'art. 5 de la loi de 1844. Une expédition de chacune de ces pièces restera déposée sous cachet dans les bureaux de la direction pour y recourir au besoin; les deux autres expéditions seront enfermées dans une seule enveloppe scellée et cachetée par le déposant.

Art. 4. — Le gouvernement de chaque colonie devra, dans le

---

(1) Un décret du 5 juin 1850, conçu presque dans les mêmes termes, a réglementé pour l'Algérie l'application de la loi de 1844; le dépôt des demandes de brevet doit être effectué au secrétariat d'une des préfectures, à Alger, Oran ou Constantine.

plus bref délai après l'enregistrement des demandes, transmettre au ministre de l'agriculture et du commerce, par l'entremise du ministère de la marine et des colonies, l'enveloppe cachetée contenant les deux expéditions dont il s'agit, en y joignant une copie certifiée du procès-verbal, le récépissé du versement de la première annuité de la taxe, et, le cas échéant, le pouvoir du mandataire.

Art. 5. — Les brevets délivrés seront transmis, dans le plus bref délai, aux titulaires, par l'entremise du ministre de la marine et des colonies.

Art. 6. — L'enregistrement des cessions de brevets, dont il est parlé en l'art. 20 de la loi du 5 juillet 1844, devra s'effectuer dans les bureaux du directeur de l'intérieur. Les expéditions des procès-verbaux d'enregistrement, accompagnées des extraits authentiques d'actes de cession et de récépissés de la totalité de la taxe seront transmises au ministre de l'agriculture et du commerce, conformément à l'article 4 du présent arrêté.

Art. 7. — Les taxes prescrites par les art. 4, 7, 11 et 22 de la loi du 5 juillet seront versées entre les mains du trésorier de chaque colonie qui devra faire opérer le versement au trésor public et transmettre au ministre de l'agriculture et du commerce, par la même voie, l'état de recouvrement des taxes.

Art. 8. — Les actions pour délits de contrefaçon seront jugées par les Cours d'appel dans les colonies. Le délai des distances, fixé par l'article 8 de ladite loi, sera modifié conformément aux ordonnances qui, dans les colonies, régissent la procédure en matière civile.

LOI

DU 23 MAI 1868

Relative à la garantie des inventions susceptibles d'être brevetées et des dessins de fabrique, qui seront admis aux expositions publiques, autorisées par l'administration dans toute l'étendue de l'empire.

Art. 1er. — Tout Français ou étranger, auteur soit d'une découverte ou invention susceptible d'être brevetée aux termes de la loi du 5 juillet 1844, soit d'un dessin de fabrique qui doive être déposé conformément à la loi du 18 mars 1806, ou ses ayants droit, peuvent, s'ils sont admis dans une exposition publique, autorisée par l'administration, se faire délivrer par le préfet ou le sous-préfet, dans le département ou l'arrondissement duquel cette exposition est ouverte, un certificat descriptif de l'objet déposé.

Art. 2. — Ce certificat assure à celui qui l'obtient les mêmes droits que lui conférerait un brevet d'invention ou un dépôt légal de dessins de fabrique, à dater du jour de l'admission jusqu'à la fin du troisième mois qui suivra la clôture de l'exposition, sans préjudice du brevet que l'exposant peut prendre ou du dépôt qu'il peut opérer avant l'expiration de ce terme.

Art. 3. — La demande de ce certificat doit être faite dans le premier mois, au plus tard, de l'ouverture de l'exposition. — Elle est adressée à la préfecture ou à la sous-préfecture et accompagnée d'une description exacte de l'objet à garantir, et, s'il y a lieu, d'un plan ou d'un dessin dudit objet. — Les demandes, ainsi que les décisions prises par le préfet ou par le sous-préfet, sont inscrites sur un registre spécial, qui est ultérieurement transmis au ministère de l'agriculture, du commerce et des travaux publics, et communiqué sans frais à toute réquisition. — La délivrance du certificat est gratuite.

LOI

DU 8 AVRIL 1878

Portant dérogation, pendant la durée de l'Exposition universelle de 1878, à l'article 32, §§ 2 et 3 de la loi du 5 juillet 1844 sur les brevets d'invention.

(*Journal officiel* du 8 avril 1878.)

Art. 1er. — Tout breveté français ou étranger qui aura exposé à l'Exposition universelle de 1870 un objet semblable à celui qui est garanti par son brevet sera considéré comme ayant exploité sa découverte ou son invention en France, depuis l'ouverture de l'Exposition. — La déchéance prévue par l'article 32, § 2, de la loi du 5 juillet 1844, et non encore encourue, sera interrompue; le délai de déchéance courra à nouveau à partir seulement de la clôture officielle de l'Exposition universelle.

Art. 2. — L'autorisation du Ministre de l'agriculture et du commerce, exigée par la loi du 20-31 mai 1856, ne sera pas nécessaire pour l'introduction en France d'un spécimen unique, fabriqué en pays étranger, d'une invention brevetée en France, et qui sera admis à l'Exposition universelle de 1878. — La déchéance prévue par l'article 32, § 3, de la loi du 5 juillet 1844, sera encourue si ce spécimen n'est pas réexporté dans le mois de la clôture officielle de l'Exposition. — L'autorisation ministérielle restera nécessaire pour l'introduction de plusieurs spécimens, conformément à la loi susvisée du 20-31 mai 1856.

Art. 3. — Les dispositions qui précèdent seront applicables à tout breveté français ou étranger ayant pris part à l'Exposition ouvrière de Paris, s'il a, d'ailleurs, rempli les conditions qui seront ultérieurement indiquées dans un règlement d'administration publique.

LOI

DU 5 JUILLET 1881

Portant dérogation aux dispositions de l'article 32, § 3, *de la loi du* 5 *juillet* 1844 *sur les brevets d'invention, à l'occasion de l'Exposition internationale d'électricité, tenue à Paris en* 1881.

(*Journal officiel* du 6 juillet 1881.)

Art. 1er. — Toutes personnes brevetées en France ou leurs ayants droit pourront, sans encourir de déchéance, y introduire les objets fabriqués à l'étranger et semblables à ceux garantis par leurs brevets, qu'ils auront été admis à faire figurer à l'Exposition internationale d'électricité ouverte à Paris du 1er août au 15 novembre 1881.

Art. 2. — La déchéance sera encourue si ces objets ne sont pas réexportés dans le délai de trois mois, à partir du jour de la clôture officielle de l'Exposition.

Art. 3. — Les Français ou les étrangers qui prendront part à cette Exposition jouiront, pour la garantie des inventions susceptibles d'être brevetées, des modèles et dessins industriels, ainsi que des marques de fabrique et de commerce, du bénéfice de la loi du 23 mai 1868.

Art. 4. — Tout breveté français ou étranger qui aura exposé à l'Exposition internationale d'électricité un objet semblable à celui qui est garanti par son brevet sera considéré comme ayant exploité sa découverte ou son invention en France depuis l'ouverture officielle de cette Exposition. — La déchéance prévue par l'article 32, § 3, de la loi du 5 juillet 1844, et non encore encourue, sera interrompue; le délai de la déchéance courra à nouveau à partir de la clôture officielle de l'Exposition.

Art. 5. — Les objets admis à l'Exposition internationale d'électricité qui seront argués de contrefaçon ne pourront être saisis que par description dans l'intérieur de l'Exposition. — Les objets exposés par des étrangers ne pourront être saisis, ni à l'intérieur, ni à l'extérieur de l'Exposition, si le saisissant n'est pas protégé dans le pays auquel appartient le saisi. — Toutefois, ces objets ne pourront être vendus en France, et ils devront être réexportés dans le délai fixé par l'article 2.

LOI

DU 30 OCTOBRE 1888

Portant dérogation à la loi du 5 juillet 1844 sur les brevets d'invention et à la loi du 23 juin 1857 sur les marques de fabrique pour les produits admis à l'Exposition universelle de 1889.

Art. 1er. — Toute personne brevetée en France ou ses ayants droit, pourra, sans encourir de déchéance, y introduire les objets fabriqués à l'étranger et semblables à ceux garantis par son brevet qu'elle aura été admise à faire figurer à l'Exposition universelle de 1889.

Art. 2. — La déchéance sera encourue si ces objets ne sont pas réexportés dans le délai de trois mois, à partir du jour de la clôture officielle de l'Exposition.

Art. 3. — Toute personne brevetée en France qui aura fait figurer à l'Exposition universelle de 1889 un objet semblable à celui qui est garanti par son brevet sera considérée comme ayant exploité sa découverte ou son invention en France, depuis la date de l'ouverture officielle de cette exposition.

La déchéance prévue à l'article 32, § 2 de la loi du 5 juillet 1884, sera interrompue; le délai de déchéance courra à nouveau à partir de la clôture officielle de l'Exposition.

Art. 4. — Les objets figurant à l'Exposition universelle de 1889 et pour lesquels il aura été pris en France un brevet d'invention ou effectué un dépôt de dessin ou de modèle de fabriques, conformément à la loi du 18 mars 1806, ou sur lesquels sera apposée une marque de fabrique ou de commerce déposée en France, en vertu de la loi du 22 juin 1857, et qui seront argués de contrefaçon, ne pourront être saisis que par description dans l'intérieur de l'Exposition.

Les objets exposés par des étrangers ne pourront être saisis ni à l'intérieur, ni à l'extérieur de l'Exposition, si le saisissant n'est pas protégé dans le pays auquel appartient le saisi.

Toutefois, ces objets ne pourront être vendus en France, et ils devront être réexportés dans le délai fixé par l'article 2.

CONVENTION

CONSTITUANT UNE UNION INTERNATIONALE

POUR LA PROTECTION DE LA PROPRIÉTÉ INDUSTRIELLE (1).

(20 mars 1883.)

Art. 1er. — Les gouvernements de la Belgique, du Brésil, de l'Espagne, de la France, du Guatemala, de l'Italie, des Pays-Bas, du Portugal, du Salvador, de la Serbie et de la Suisse sont constitués à l'état d'union pour la protection de la propriété industrielle (2).

Art. 2. — Les sujets ou citoyens de chacun des États contractants jouiront, dans tous les autres États de l'Union, en ce qui concerne les brevets d'invention, les dessins ou modèles industriels, les marques de fabrique ou de commerce et le nom commercial, des avantages que les lois respectives accordent actuellement ou accorderont par la suite aux nationaux.

En conséquence, ils auront la même protection que ceux-ci et le même recours légal contre toute atteinte portée à leurs droits, sous réserve de l'accomplissement des formalités et des

---

(1) V. Pataille, 84.289.

(2) Ont adhéré depuis à la convention : l'Angleterre, les États-Unis, la République de l'Équateur et la régence de Tunis.

conditions imposées aux nationaux par la législation intérieure de chaque État.

Art. 3. — Sont assimilés aux sujets ou citoyens des États contractants les sujets ou citoyens ne faisant pas partie de l'Union, qui sont domiciliés ou ont des établissements industriels ou commerciaux sur le territoire de l'un des États de l'Union.

Art. 4. — Celui qui aura fait régulièrement le dépôt d'une demande de brevet d'invention, d'un dessin ou modèle industriel, d'une marque de fabrique ou de commerce, dans l'un des États contractants, jouira, pour effectuer le dépôt dans les autres États, et sous réserve des droits des tiers, d'un droit de priorité pendant les délais déterminés ci-après.

En conséquence, le dépôt ultérieurement opéré dans l'un des États de l'Union avant l'expiration de ces délais ne pourra être invalidé par des faits accomplis dans l'intervalle, soit, notamment, par un autre dépôt, par la publication de l'invention ou son exploitation par un tiers, par la mise en vente d'exemplaires du dessin ou du modèle, par l'emploi de la marque.

Les délais de priorité mentionnés ci-dessus seront de six mois pour les brevets d'invention, et de trois mois pour les dessins ou modèles industriels, ainsi que pour les marques de fabrique ou de commerce. Ils seront augmentés d'un mois pour les pays d'outre-mer.

Art. 5. — L'introduction par le breveté, dans le pays où le brevet a été délivré, d'objets fabriqués dans l'un ou l'autre des États de l'Union, n'entraînera pas la déchéance.

Toutefois, le breveté restera soumis à l'obligation d'exploiter son brevet conformément aux lois du pays où il introduit les objets brevetés.

Art. 6. — Toute marque de fabrique ou de commerce régulièrement déposée dans le pays d'origine sera admise au dépôt et protégée telle quelle dans tous les autres pays de l'Union.

Sera considéré comme pays d'origine le pays où le déposant a son principal établissement.

Si ce principal établissement n'est point situé dans un des pays de l'Union, sera considéré comme pays d'origine celui auquel appartient le déposant.

Le dépôt pourra être refusé, si l'objet pour lequel il est demandé est considéré comme contraire à la morale ou à l'ordre public.

Art. 7. — La nature du produit, sur lequel la marque de

fabrique ou de commerce doit être apposée, ne peut, dans aucun cas, faire obstacle au dépôt de la marque.

Art. 8. — Le nom commercial sera protégé dans tous les pays de l'Union, sans obligation de dépôt, qu'il fasse ou non partie d'une marque de fabrique ou de commerce.

Art. 9. — Tout produit portant illicitement une marque de fabrique ou de commerce, ou un nom commercial, pourra être saisi à l'importation dans ceux des États de l'Union dans lesquels cette marque ou ce nom commercial ont droit à la protection légale.

La saisie aura lieu à la requête, soit du ministère public, soit de la partie intéressée, conformément à la législation intérieure de chaque État.

Art. 10. — Les dispositions de l'article précédent seront applicables à tout produit portant faussement, comme indication de provenance, le nom d'une localité déterminée, lorsque cette indication sera jointe à un nom commercial fictif ou emprunté dans une intention frauduleuse.

Est réputée partie intéressée tout fabricant ou commerçant engagé dans la fabrication ou le commerce de ce produit, et établi dans la localité faussement indiquée comme provenance.

Art. 11. — Les hautes parties contractantes s'engagent à accorder une protection temporaire aux inventions brevetables, aux dessins ou modèles industriels, ainsi qu'aux marques de fabrique ou de commerce, pour les produits qui figureront aux Expositions internationales officielles ou officiellement reconnues.

Art. 12. — Chacune des hautes parties contractantes s'engage à établir un service spécial de la propriété industrielle et un dépôt central pour la communication au public des brevets d'invention, des dessins ou modèles industriels et des marques de fabrique ou de commerce.

Art. 13. — Un office international sera organisé sous le titre de : *Bureau international de l'Union pour la protection de la propriété industrielle.*

Ce bureau, dont les frais seront supportés par les administrations de tous les États contractants, sera placé sous la haute autorité de l'administration supérieure de la Confédération suisse, et fonctionnera sous sa surveillance. Les attributions en seront déterminées d'un commun accord entre les États de l'Union.

Art. 14. — La présente convention sera soumise à des revisions périodiques, en vue d'y introduire les améliorations de nature à perfectionner le système de l'Union.

A cet effet, des conférences auront lieu successivement, dans l'un des Etats contractants, entre les délégués desdits États.

La prochaine réunion aura lieu en 1885, à Rome (1).

Art. 15. — Il est entendu que les hautes parties contractantes se réservent respectivement le droit de prendre séparément, entre elles, des arrangements particuliers pour la protection de la propriété industrielle, en tant que ces arrangements ne contreviendraient point aux dispositions de la présente convention.

Art. 16. — Les Etats qui n'ont point pris part à la présente convention seront admis à y adhérer sur leur demande.

Cette adhésion sera notifiée par la voie diplomatique au gouvernement de la Confédération suisse, et par celui-ci à tous les autres.

Elle emportera, de plein droit, accession à toutes les clauses et admission à tous les avantages stipulés par la présente convention.

Art. 17. — L'exécution des engagements réciproques contenus dans la présente convention est subordonnée, en tant que besoin, à l'accomplissement des formalités et règles établies par les lois constitutionnelles de celles des hautes parties contractantes qui sont tenues d'en provoquer l'application, ce qu'elles s'obligent à faire dans le plus bref délai possible.

Art. 18. — La présente convention sera mise à exécution dans le délai d'un mois à partir de l'échange des ratifications, et demeurera en vigueur pendant un temps indéterminé, jusqu'à l'expiration d'une année à partir du jour où la dénonciation en sera faite.

Cette dénonciation sera adressée au gouvernement chargé de recevoir les adhésions. Elle ne produira son effet qu'à l'égard de l'État qui l'aura faite, la convention restant exécutoire pour les autres parties contractantes.

Art. 19. — La présente convention sera ratifiée, et les ratifications en seront échangées à Paris, dans le délai d'un an au plus tard.

---

(1) Cette réunion a eu lieu en 1886; mais les Chambres françaises n'ont pas encore statué sur les modifications proposées par cette conférence.

Protocole de clôture.

Au moment de procéder à la signature de la Convention signée à la date de ce jour (20 mars 1883) pour la protection de la propriété industrielle, les plénipotentiaires soussignés sont convenus de ce qui suit :

I. — Les mots *propriété industrielle* doivent être entendus dans leur acception la plus large, en ce sens qu'ils s'appliquent non seulement aux produits de l'industrie proprement dite, mais également aux produits de l'agriculture (vins, grains, fruits, bestiaux, etc.) et aux produits minéraux livrés au commerce (eaux minérales, etc.).

II. — Sous le nom de brevets d'invention sont comprises les diverses espèces de brevets industriels admises par les législations des États contractants, telles que brevets de perfectionnements, etc.

III. — Il est entendu que la disposition finale de l'article 2 de la convention ne porte aucune atteinte à la législation de chacun des États contractants, en ce qui concerne la procédure suivie devant les tribunaux et la compétence de ces tribunaux.

IV. — Le paragraphe premier de l'article 6 doit être entendu en ce sens qu'aucune marque de fabrique ou de commerce ne pourra être exclue de la protection dans l'un des États de l'Union par le fait seul qu'elle ne satisferait pas, au point de vue des signes qui la composent, aux conditions de la législation de cet État, pourvu qu'elle satisfasse, sur ce point, à la législation du pays d'origine et qu'elle ait été, dans ce dernier pays, l'objet d'un dépôt régulier.

Sauf cette exception, qui ne concerne que la forme de la marque, et sous réserve des autres articles de la convention, la législation intérieure de chacun des États recevra son application.

Pour éviter toute fausse interprétation, il est entendu que l'usage des armoiries publiques et des décorations peut être considéré comme contraire à l'ordre public, dans le sens du paragraphe final de l'article 6.

V. — L'organisation du service spécial de la propriété industrielle mentionné à l'article 12 comprendra, autant que possible, la publication, dans chaque État, d'une feuille officielle périodique.

VI. — . . . .

Le bureau international centralisera les renseignements de toute nature relatifs à la protection de la propriété industrielle, et les réunira en une statistique générale, qui sera distribuée à toutes les administrations. Il procédera aux études d'utilité commune intéressant l'Union et rédigera, à l'aide des documents qui seront mis à sa disposition par les diverses administrations, une feuille périodique en langue française, sur les questions concernant l'objet de l'Union (1).

. . . .

Le bureau international devra se tenir en tout temps à la disposition des membres de l'Union pour leur fournir, sur les questions relatives au service international de la propriété industrielle, les renseignements spéciaux dont ils pourraient avoir besoin.

. . . .

VII. — Le présent protocle de clôture qui sera ratifié en même temps que la convention conclue à la date de ce jour sera considéré comme faisant partie intégrante de cette convention et aura même force, valeur et durée. — (*Suivent les signatures*).

---

(1) Ce bureau est établi à Berne; il publie chaque mois, sous le titre *La Propriété Industrielle*, la feuille périodique dont la rédaction lui incombe.

TABLE

ALPHABÉTIQUE ET ANALYTIQUE

DES MATIÈRES

NOTA : Les numéros indiquent les paragraphes.

A

B

C

D

E

F

G

P

FIN DE LA TABLE ALPHABÉTIQUE ET ANALYTIQUE DES MATIÈRES.

TABLE DES MATIÈRES

LIVRE PREMIER.

DES BREVETS D'INVENTION.

LIVRE DEUXIÈME.

DE LA CONTREFAÇON.

DOCUMENTS LÉGISLATIFS.

FIN.

Paris. — Imprimerie L. BAUDOIN et Ce, rue Christine, 2.

www.ingramcontent.com/pod-product-compliance
Lightning Source LLC
LaVergne TN
LVHW020952300926
849160LV00007B/130